U0922266

# 中国—东盟商务年鉴

# CHINA-ASEAN BUSINESS YEARBOOK

# 第六届中国—东盟博览会

金秋十月，朱槿花开，绿城南宁，再迎盛会。2010年10月20日，以“海关与商界合作”为主题的第六届中国—东盟博览会在广西南宁隆重开幕。

第六届中国—东盟博览会设置商品贸易、投资合作、先进技术以及“魅力之城”四大专题，共设展位4000个，中国和东盟十国均组团参展参会，其中，印度尼西亚、老挝、马来西亚、缅甸、泰国、越南六个东盟国家包馆。第六届博览会采取延长展期、创新内容、扩大规模、改进服务、加强配对撮合等一系列创新举措，受到各国企业的欢迎。

第六届中国—东盟博览会开幕式由本届博览会主题国老挝工贸部部长南·维亚吉主持。广西壮族自治区主席马飚、东盟秘书长素林、中国商务部部长陈德铭、老挝总理波松先后致辞，对中国—东盟博览会推动中国—东盟自由贸易区的建设给予高度评价。

①第六届中国—东盟博览会展馆外景；②第六届中国—东盟博览会开幕式；③中国国务院副总理李克强宣布第六届中国—东盟博览会开幕；④第六届中国—东盟博览会分会场农业展开展仪式；⑤老挝总理波松在第六届中国—东盟博览会开幕式上致辞；⑥中国商务部部长陈德铭在第六届中国—东盟博览会开幕式上致辞；⑦东盟秘书长素林在第六届中国—东盟博览会上致辞；⑧广西壮族自治区党委书记郭声琨出席第六届中国—东盟博览会开幕式；⑨广西壮族自治区主席马飚在第六届中国—东盟博览会上致辞；⑩第六届中国—东盟博览会签约仪式：国内项目签约；⑪~㉑为第六届中国—东盟博览会魅力之城：依次为中国深圳；文莱斯里巴加湾；柬埔寨西哈努克；印尼西加里曼丹；老挝沙湾拿吉；马来西亚古晋；缅甸木姐；菲律宾怡朗市和卡加延德奥罗；新加坡；泰国沙没巴干；越南芹苴。

①

②

③

⑪

⑫

⑬

⑭

⑮

⑯

④ ⑤ ⑥ ⑦ ⑧ ⑨ ⑩

⑰

⑱

⑲

⑳

㉑

# 第六届中国—东盟商务与投资峰会

第六届中国—东盟商务与投资峰会于2009年10月20日上午在广西人民会堂隆重开幕。本届峰会的主题为“中国—东盟自由贸易区与东盟一体化：合作共进”。中共中央政治局常委、国务院副总理李克强，老挝总理波松，菲律宾众议长诺格拉雷斯，缅甸国家和平与发展委员会第一秘书长丁昂敏乌，越南常务副总理阮生雄，东盟秘书长素林，中国商务部部长陈德铭，中国国际贸易促进委员会会长万季飞，广西壮族自治区党委书记、自治区人大常委会主任郭声琨，中国国务院副秘书长尤权等出席开幕式。开幕式由广西壮族自治区主席马飚主持。来自中国、东盟以及世界10多个国家和地区的政府高官、商界领袖、企业精英、区域组织代表、知名专家学者和媒体代表约1500人参会。

①第六届中国—东盟商务与投资峰会开幕式

②开幕式全景

③中国国务院副总理李克强在第六届中国—东盟商务与投资峰会上致辞

④老挝总理波松在第六届中国—东盟商务与投资峰会上致辞

⑤中国贸促会会长万季飞在第六届中国—东盟商务与投资峰会上致辞

⑥广西壮族自治区党委书记郭声琨在第六届中国—东盟商务与投资峰会上致辞

⑦广西壮族自治区主席马飚在第六届中国—东盟商务与投资峰会上致辞

⑧缅甸第一副秘书长丁昂敏乌在第六届中国—东盟商务与投资峰会上

⑨第六届中国—东盟商务与投资峰会专题论坛

⑩第六届中国—东盟商务与投资峰会“10+1”工商领袖访谈会

②

①

③

⑧

CABIS
第六届中国—东盟商务与投资峰会
THE 6th CHINA-ASEAN BUSINESS & INVESTMENT SUMMIT
主办单位：中华人民共和国商务部
Co-sponsored by: Ministry of Commerce of the People's Republic of China
中国国际贸易促进委员会
China Council for the Promotion of International Trade
中国广西壮族自治区人民政府
People's Government of Guangxi Zhuang Autonomous Region
承办单位：中国—东盟商务与投资峰会秘书处
Organized by: China-ASEAN Business and Investment Summit Secretariat
④
⑤
⑥
⑦
CABIS
第六届中国—东盟商务与投资峰会
THE 6th CHINA-ASEAN BUSINESS & INVESTMENT SUMMIT
市场开放与新商机
An Opening Market with New Business Opportunities
⑨
CABIS
第六届中国—东盟商务与投资峰会
THE 6th CHINA-ASEAN BUSINESS & INVESTMENT SUMMIT
“10+1”工商领袖访谈会
Meeting with the Media by Business Leaders from China and ASEAN
⑩

# HONG LEONG ASIA LTD.

# 丰隆亚洲有限公司

1941年，年轻且富有远见郭芳枫先生在新加坡创立了专门经营建筑材料和胶园用品的贸易公司。经过多年的发展，公司已成为今日新加坡最大集团之一——丰隆集团，其业务包括房地产、酒店、金融服务、制造经销业等等。

丰隆亚洲(“HLA”)，这家新加坡的上市公司，是新加坡丰隆集团旗下负责制造业及经销业的下属公司。起初的业务只是在新加坡供应建筑材料，如今已发展成为中国及东南亚地区的多元化工业贸易企业。它既是中国制造业及经销业的主力军，也是新加坡和马来西亚最大的综合建材供应商。

丰隆亚洲的核心业务包括：

1. 家用电器制造经销—河南新飞电器有限公司
2. 柴油发动机制造经销—广西玉柴机器股份有限公司
3. 工业包装用材制造经销—利士工业包装（中国：上海、天津、东莞）
   —利士包装（香港）有限公司
   —利士包装（马来西亚）有限公司
   —PT利士塑胶（印度尼西亚）
4. 建筑材料—由分布于新加坡、马来西亚及印度尼西亚的公司组成的建材集团

FRESTECH 新飞
中国·新加坡合资企业

REX

In 1941, a young entrepreneur with a great vision, the late Kwek Hong Png set up a trading business in building materials and rubber estate supplies in Singapore which grew to what become the Hong Leong Group, one of Singapore's largest conglomerates dealing in property, hotels, financial services, manufacturing and distribution activities, etc.

Hong Leong Asia (“HLA”), a listed company on Singapore Stock Exchange, is the manufacturing and distribution arm of Hong Leong Group Singapore. HLA, which started as a building materials supplier in Singapore, has evolved into a major diversified industrial conglomerate in China and Southeast Asia. It is a leading player in manufacturing and distribution businesses in China as well as a leading integrated building materials supplier in Singapore and Malaysia.

The core businesses of HLA Group are as follow:

Manufacture and distribution of Household Appliances
—Henan Xinfei Electric Co.,Ltd.
Manufacture and distribution of Diesel Engines
—Guangxi Yuchai Machinery Co.,Ltd.
Manufacture of Industrial Packaging products
—Shanghai Rex,Tianjin Rex,Dongguan Rex in industrial packaging products (CHINA).
—Rex Packaging(Hong Kong) Ltd.
—Rex Plastics (m) Sdn.Bhd (MALAYSIA)
—PT Rexplast (INDONESIA)
Manufacture of Building Materials
—Companies in SINGAPORE and MALAYSIA and INDONESIA

HONG LEONG ASIA LTD.
丰隆亚洲有限公司

# 新加坡益嘉诚集团有限公司

# Universal Reliance (Holdings) PTE LTD

新加坡益嘉诚集团公司，拥有一批与时俱进、充满活力的国际化专业人才，高起点确定了公司发展战略目标。我们始终坚持以多元化投资、专业化经营、综合性发展为纲，业务范围涉及商务旅游、教育培训、房地产、海内外投资、国际贸易、企业顾问咨询等领域。

集团公司下属的商务旅游公司、科教经济文化交流中心及咨询顾问公司，以特有的企业文化成为了政商界业务伙侣的最佳选择：为顾客的“益”处着想是我们的出发点；得到顾客的“嘉”奖是我们的推动力；坚持以“诚”是企业发展的最高信念。以“诚意无限”的精神，精益求精、不断创新，同时凭借着深谙中新两地的资源优势，多年来通过提供培训、讲座与咨询顾问相结合、考察与交流活动并举等方式，为国内有需要的各地市的推介、招商引资提供全面的服务，为企业的融资和海外投资提供便捷的途径；同时也为有意向到中国投资兴业的新加坡公司或东盟国家公司提供专业的全方位的咨询与配套。我们诚心、诚信、诚恳的服务，赢得了广泛的信赖与嘉喻。

自中国—东盟博览会举办以来，公司也荣幸的受委为中国-东盟博览会秘书处新加坡联络处，肩负着中国—东盟博览会在新加坡推介、招商、招展等工作，并为双方互通相关博览会最新资讯、与当地政企界、商协会及相关部门联络沟通等发挥积极的作用。

我们一如既往的为促进新中及东盟各国的经济、贸易和文化的交流努力尽一份绵力，并在此高端平台上，发挥自身资本资源优势，投资实业为目标，在当今激烈竞争的国际环境中开拓自己的一片领域。“诚者，自成也！”

联系我们：

地址：120 LOWER DELTA ROAD #10-15/16
CENDEX CENTRE
SINGAPORE 169208
电话：65 63773313
传真：65 63773323
网址：www.ureliance.com
电邮：enquiries@ureliance.com

ideal innovation
integration into global community
理论创新 接轨世界
新加坡益嘉诚集团有限公司

移动400
助力
发展 始终如1

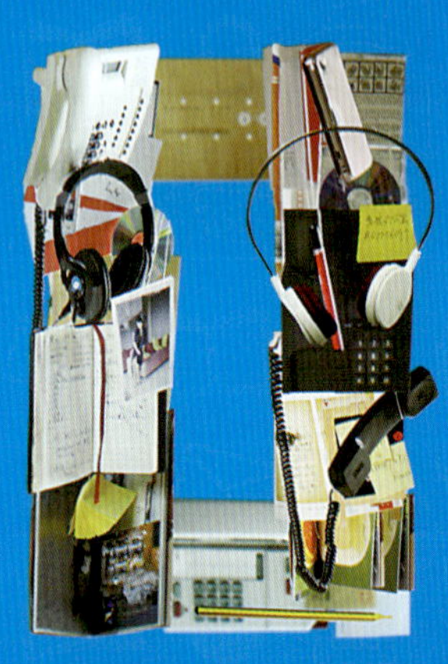

**移动400**是中国移动专为集团客户搭建的综合通信门户，通信费由主叫方与被叫方共同承担。集团客户可申请全国统一的**4001**号码，通过语音、短信等综合信息化手段，面向客户进行营销及服务，树立统一的企业形象，提升客户满意度，在竞争中一马当先。简单办理，优质服务不简单。请与当地客户经理联系或拨打10086和4001400400咨询详情。

## 励精图治 走向世界 共同发展
## Making great efforts to govern well, Going global, Seek common development

# 中国有色矿业集团有限公司
# China Nonferrous Metal Mining (Group) Co., Ltd.

总经理 党委副书记 罗涛
President LUOTAO

党委书记 副总经理 张克利
Vice President ZHANGKELI

中国有色矿业集团有限公司（简称“中国有色集团”，英文缩写“CNMC”）成立于1983年4月，是国务院国有资产监督管理委员会直接管理的大型中央企业。主业为有色金属矿产资源开发、建筑工程、相关贸易及服务，共有控（参）股企业35家，坚持并发扬“走出去”特色，是中国有色金属工业最早“走出去”并且开展国际投资与合作最成功的企业之一，得到了胡锦涛、江泽民、吴邦国、温家宝、贾庆林、习近平、李克强等党和国家领导同志的亲切关怀和高度关注。

作为中国企业实施“走出去”战略、开展国际有色金属矿业投资与合作的排头兵，中国有色集团始终坚执于国际化的梦想，遵循“互利双赢、共同发展”的合作理念，足迹遍及世界20多个国家和地区，与东盟10国中的8个国家建立了良好的业务往来，在境外投资开发了众多具有重大影响的优质资源项目。在周边国家、中南部非洲、矿业资本发达国家和地区形成了一定规模的有色金属矿产资源开发布局，拥有重有色金属资源量2000万吨，铝土矿资源量逾3亿吨。

中国有色集团在国际工程承包领域特别是亚洲工程承包市场享有广泛声誉。旗下企业连续多年入选美国《工程新闻纪录》（ENR）评选的“全球225家最大国际工程承包商”，所承建项目创造了诸多国家有色金属工业的“第一”，在中国30个省（直辖市、自治区）、100多个县、市建成大中型项目400多个，多次荣获鲁班奖，创造多项中国企业新纪录。

此外，中国有色集团的贸易及服务业务涵盖铜、铝、铅、锌、镍、黄金等25个有色金属品种，辐射能源、化工原料、冶金、建材、煤炭及旅游、会展、宾馆等多个领域。 中国有色集团正在全力打造具有国际竞争力和影响力的有色金属矿业集团，将秉承“互利双赢，共同发展”的合作理念，致力于与东盟国家的友好合作，实现共同发展。

Founded in April 1983, China Nonferrous Metal Mining (Group) Co., Ltd. (CNMC for short hereinafter) is a large-scale central enterprise directly under the management of the State-owned Assets Supervision and Administration Commission of the State Council. Its major businesses include the development of nonferrous metal mineral resources, engineering construction, and related trade and technical services. It controls (holds the shares of) 35 enterprises. CNMC has been one of the first and most successfully Chinese enterprises to implement the “going global” strategy and to carry out international investment and cooperation. Many of its projects have been included in the inter-government frameworks and received high attention and kind care from national and party leaders, such as Hu Jintao, Jiang Zemin, Wu Bangguo, Wen Jiabao, Jia Qinglin, Xi Jinping and Likeqiang.

As a pioneer among Chinese enterprises to implement the “going global” strategy and to carry out international investment and cooperation in the field of nonferrous metal mineral resources, CNMC has always been sticking to its dream of internationalization and following the cooperation concept of “mutual benefit, win-win situation, and joint development”. CNMC has expanded its business to over 20 countries and regions in the world, established good business relationships with 8 of the 10 countries of ASEAN, and invested in many influential high-quality resources projects beyond our national borders. CNMC has developed nonferrous metal mineral resources in countries around China and in central and southern Africa, and also in countries and regions with developed capital markets in mining industry. It possesses 20 million tons of nonferrous metal resources and over 300 million tons of bauxite resources.

CNMC enjoys good reputation in the contracting of international projects, especially Asian projects. Its subsidiaries were listed among “Top 225 International Engineering Contractors in the World” by US Engineering News Record (ENR) for many consecutive years. Projects undertaken by CNMC have created many “first of its kind” records in the non-ferrous metal industries of many counties. And CNMC has completed more than 400 large and medium-size projects in more than 100 counties and cities of more than 30 provinces (directly-governed cities and autonomous regions) in China, many of which won Luban Prizes and created many new records among Chinese enterprises. Besides, the trade and services of CNMC cover 25 nonferrous metals such as copper, aluminum, lead, zinc, nickel, and gold, and its influence has been extended to many fields such as energy, chemical raw materials, metallurgy, building materials, coal, tourism, exhibitions, and hotels. CNMC is now making every effort to build a non-ferrous metal mining group with international competitiveness and influence. Based on the “mutual benefit, win-win situation, and joint development” cooperation philosophy, CNMC will focus on the friendly cooperation with ASEAN countries and realize joint development.

中国企业500强
China Top 500 Enterprises

广西投资集团有限公司成立于1988年6月，注册资本41.97亿元，是广西壮族自治区重要的投融资主体和国有资产经营实体。

2009年底，广西投资集团参与投资的企业42家，其中控股企业19家，职工1.5万人，合并资产总额524亿元，实现营业收入170亿元、利税27亿元，是广西十佳企业，入选2010中国企业500强，排名343位。

广西投资集团主要投资和经营电力、铝业、金融等产业。截止2009年底，电力、铝业、金融资产量分别占总资产的32.62%、24.52%和27.69%。参与投资建设的电力项目总装机容量1528万千瓦，权益装机容量612万千瓦，占广西总装机容量的30%，是目前广西最大的地方发电集团；氧化铝年产能160万吨、电解铝年产能45万吨、铝材加工年产能15万吨，氧化铝、电解铝产能分别占广西总产能的32%和53%，也是广西最大的铝工业企业。

面向未来，广西投资集团将以科学发展观为统领，秉承"积聚财富，服务广西"的光荣使命，实施品牌战略、创新战略和"走出去"战略，加快经济增长方式转变和产业结构调整，积极发展循环经济、低碳经济、片区经济，力争到2015年实现营业收入500亿元，利税总额46亿元，把集团建成"主业更加突出、核心竞争力更加强劲、综合实力更加雄厚、带动作用更加明显"的大型综合投资集团。

诚邀合作,共创辉煌!

地址：广西南宁市民族大道109号广西投资大厦
邮编：530028
电话：0771-5533156　　传真：0771-5533308
网址：Http://www.gxic.cn 电邮：bgs@gxic.cn

Guangxi Investment Group Co., Ltd. (GIG), established in June 1988 with registered capital of 4.197 billion Yuan RMB, is a state-owned asset management entity and important financial and investment entity of the People's Government of Guangxi Zhuang Autonomous Region.

By the end of 2009, GIG has invested in 42 enterprises, in 19 enterprises of which GIG is a holding shareholder. GIG has 15 thousand employees and its consolidated total assets reached 52.4 billion Yuan RMB (about 7.7 billion USD). GIG, which has realized annual revenue of 17 billion Yuan RMB (about 2500 million USD) and annual profits and taxes of 2.7 billion Yuan RMB (about 397 million USD) In 2009, was awarded the titles of "Guangxi Ten Excellent Enterprise" and "Guangxi Top ten Enterprises"and listed 343rd in china's top 500 companies.

GIG mainly invests and operates in the fields of electricity generation, aluminum and securities. By the end of 2009, the assets of electricity, aluminum and securities account for 32.62%, 24.52%and 27.69%respectively of the Company's total assets. GIG has participated in investing electricity projects with a total installed capacity of 15280 MW, in which 6120MW are rights installed capacity, becoming currently the biggest provincial electricity producer. With regard to the aluminum industry, GIG holds a yearly production of 1.6 million tons of alumina, 450 thousand tons of electrolytic aluminum and 150 thousand tons of aluminum processing. GIG's production capacities of alumina and electrolytic aluminum account for 32% and 53% respectively of Guangxi's total, being the biggest aluminum industry enterprise.

Looking forward to the future, GIG shall lead with the Scientific Concept of Development, uphold the glory mission of"Accumulating Wealth, Serving Guangxi", implement branding strategy, innovative strategy and going-global strategy, accelerate the economy growth pattern transformation and the industrial structure adjustment, actively develop circular economy, low carbon economy and regional economy, strive for realizing by the end of 2015 annual revenue of 50 billion Yuan RMB, total profits and taxes of 4.6 billion Yuan RMB, turning GIG into a large-scale integrated investment group with main businesses more prominent, core competence more robust, comprehensive strength more powerful, leading role more apparent.

We are looking forward to cooperating with you, setting up together a bright future.

Address: Investment Building, No. 109 Minzu Avenue, Nanning, Guangxi
Post code: 530028
Tel.: 0771-5533156　　Fax: 0771-5533308
Website：Http://www.gxic.cn Email: bgs@gxic.cn

# 广西农垦主要产业园区介绍

## 一、中国·印尼经贸合作区

加强垦地合作实现互惠共赢

位于印度尼西亚首都雅加达地区的工业长廊上的“绿壤国际工业中心”内，该地区有7个大型工业区，产业聚集效应显著。

中国·印尼经贸合作区是经国家商务部、国家发改委批准，由广西农垦集团承建，是中国在印尼设立的第一个集工业生产、仓库、贸易为一体的经济贸易合作区。

中国·印尼经贸合作区总规划面积为500公顷，首期规划200公顷。合作区以家用电器、精细化工、生物制药、农产品精深加工、建材、机械制造及新材料相关产业为

## 二、明阳产业园

位于南宁市江南区，规划总面积为50.82平方公里，是由明阳工业区、海峡两岸代现代农业科技园区、现代物流园区、明阳卫星城组成的产业园区。

明阳产业园

## 三、新兴产业园

位于柳州市东南郊区，距柳州市中心15公里。规划总面积为49平方公里。按照“前店后厂”的模式，建设国际零部件生产基地，机动车零部件商贸城及机动车零部件物流配送集散基地，打造国际知名的汽车零部件产业园。

新兴产业园

## 四、西江产业园

西江产业园区

位于贵港市，规划总面积40平方公里。是自治区农垦局、贵港市建立战略合作关系共同推进的重要产业园区。

西江产业园依托区位优势，承接东部机电、轻工制造产业梯度转移，引进国内外知名企业，建成西南地区机电设备制造业、轻工制造业和物流中心。园区重点布局农产品深加工、轻工业制造、电子原器件、精密机械、电子计算机、新一代家用电器、电子多媒体、高效节能光源、办公自动化设备等产业。

## 五、广西农垦北部湾产业园

广西农垦北部湾产业园规划图

位于北海市。广西农垦北部湾产业园区分为北海、钦州、防城三个子园区，分别配套沿海三市临海石化、钢铁、电力、能源、重型机械、修造船、集装箱制造、港口机械、林浆纸、海洋产业、粮油加工及其他配套或关联产业等大工业，布局电子电器、建材、有色金属加工、塑料制品、机械制造、新材料、海产品深加工、现代农业等产业，辐射带动农垦其他产业园区的港口贸易。目前正在重点规划建设广西农垦北部湾产业园区的铁山港启动区、广西新加坡产业园区、合浦工业总部基地以及相应的商贸、娱乐配套设施等。

## 六、桂林科技新城

位于桂林老城区与雁山区之间。桂林科技新城系自治区农垦局与桂林市人民政府共建项目。项目规划面积10平方公里。

桂林科技新城以高科技产业为导向，发展无污染高科技产业项目，将科技研发、培训与产品制造有效的结合起来，形成高效的科技产业集聚区。主要发展软件外包、电子与通信设备制造产业、科技研发产业、电子与软件人才培训输出产业、新材料科技产业、光电信息科技产业、园区生活配套型产业。

桂林科技新城鸟瞰图

# 中国·崇左

# CHONGZUO CHINA

中国-东盟自由贸易区凭祥物流园的货车源源不断

## ◎辖区人口

崇左市是2003年8月成立的地级市，辖扶绥、大新、天等、宁明、龙州五县和江州区、凭祥市。全市土地面积1.73万平方公里，总人口240万人，以壮族为主的少数民族人口占总人口的88.6%。

## ◎地理位置

崇左市地处广西西南，东及东南部接南宁市、钦州市，北邻百色市，西及西南与越南社会主义共和国接壤，边境线长533公里。市委、市政府设在江州区（原崇左县），交通方便，有南宁至友谊关高速公路贯通全境并与越南一号公路相连，距广西首府南宁市 114公里，距越南首都河内市230公里。

## ◎经济发展优势

### ☆区位优势

崇左背靠中国腹地，面向东南亚，处于华南经济圈、西南经济圈和东盟经济圈的交汇点，是中国通向东盟的门户城市和最便捷的陆路通道。崇左市位于南宁-新加坡经济走廊的关节点，处在泛珠三角经济发达地区和东盟经济圈东部、海上东盟和陆上东盟的联结交汇点，纵贯南北，连接东西。中国东盟“一轴两翼”合作的构建，更加凸显了崇左和区位优势，扩大了崇左参与区域合作的地域空间。可以说，崇左“打开门就是越南，走两步就进东盟”。具体来说，崇左7个县（市、区）就有凭祥、宁明、龙州、大新4个县（市、区）分别与越南的3省10个县接壤，有国家一类口岸3个，二类口岸4个，边民互市贸易点13个。其中凭祥口岸已成为广西三大口岸之一。

### ☆商贸优势

1、对外贸易快速发展。2010年上半年，全市对外贸易进出口总额为153121万美元，同比增长68.53%，完成全年预期工作目标任务332312万美元的46.08%。其中出口138926万美元，同比增长80.02%；进口14195万美元，同比增长 3.75%。15月，全市外贸累计进出口总额、出口总额及当月进出口总额三项指标均居全区第一。

2、边境贸易稳步增长。今年上半年，全市边境贸易成交额为92.8亿元，同比增长39.25%，完成全年预期工作目标任务200亿元的46.4%。

从友谊关口岸入境的越南游客

## ◎2010年上半年商务（口岸）工作亮点

**☆全市外贸累计进出口总额、出口总额居全区第一。**今年1-6月全市外贸进出口总额为153121万美元，同比增长68.53%，增幅高于全区平均水平27.8个百分点。其中出口138926万美元，同比增长80.02%，增幅高于全区平均水平33.46个百分点；进口14195万美元，同比增长3.75%。

**☆边境小额贸易出口占全区八成多，为广西第一。**1-6月全市边境小额贸易进出口为104990万美元，同比增长41.37%，其中出口94933万美元，同比增长51.09%，占全市外贸出口总额的68.33%，占全区边境小额贸易出口总额116521万美元的 81.47%，边境小额贸易出口总额为广西第一。边境小额贸易出口仍是我市外贸出口的主要贸易方式，我市仍是全区边境小额贸易出口的主力。

**☆对东盟出口占全区近六成，为广西第一。**1-6月全市对东盟出口107027万美元，同比增长50.91%，占全市出口总额的77.03%，占全区对东盟出口总额176488万美元的60.64%；其中对越南出口103907万美元，同比增长47.81%，占全市出口总额的74.79%，占全区对越南出口总额150116万美元的69.22%，对东盟出口及对越南出口均为广西第一。

**☆全市有21家企业列入广西外贸出口额前50强，有3家企业名列广西外贸出口额前10强。**1-6月，我市列入广西外贸出口额前50强的企业有21家，占广西出口额前50强企业的42%，这21家企业出口额为70424万美元，占全市外贸出口总额的50.69%。其中广西正元商贸有限公司、凭祥市茂发进出口有限公司、广西冠霖进出口有限公司3家企业名列广西出口额前十强，占广西外贸出口总额前十强企业的30%。

**☆商贸物流口岸固定资产投资提前8个月完成全年任务目标。**1-6月份，在建项目48项，累计完成投资5.25亿元，占年度任务目标2亿元的262.5%，保持高速增长态势，在全市各项目分指挥部中率先提前8个月完成全年固定资产投资任务目标。

**☆社会消费品零售总额增速排名全区前列。**1-6月份，全市社会消费品零售总额实现28.85亿元，同比增长19.09%；增速排在全区前列，对拉动经济增长起了重要作用。

**☆家电下乡产品销售额大幅度增长。**目前全市家电下乡产品销售运行情况良好，1-6月份，全市累计销售家电下乡产品67312台，实现销售额12813.08万元，同比年增长226.35%。全市家电下乡销售额占全市乡村消费品零售总额的23.13%，家电下乡拉动农村消费的作用日趋显现。

南宁-友谊关高速公路（南友高速）

# 中国—东盟商务年鉴

# CHINA—ASEANBUSINESS YEARBOOK

# 2010

郑军健　主编

广西人民出版社

责任编辑　韦洁琳

出版发行　广西人民出版社
社　　址　广西南宁市桂春路6号
邮　　编　530028
网　　址　http://www.gxpph.cn
发　　行　全国新华书店
印　　刷　广西地质印刷厂
开　　本　889mm×1194mm　1/16
印　　张　30
字　　数　910千字
版　　次　2010年9月　第1版
印　　次　2010年9月　第1次印刷
书　　号　ISBN 978-7-219-07103-8/Z·203
定　　价　298.00元

版权所有　翻印必究

# 《中国—东盟商务年鉴2010》主创单位及人员


主 办 单 位　中国—东盟博览会秘书处

承 办 单 位　广西南博国际信息有限公司

支 持 单 位　文莱达鲁萨兰国驻中国大使馆

柬埔寨王国驻中国大使馆

印度尼西亚共和国驻中国大使馆

老挝人民民主共和国驻中国大使馆

马来西亚驻中国大使馆

新加坡共和国驻中国大使馆

中国驻文莱达鲁萨兰国大使馆经济商务参赞处

中国驻柬埔寨王国大使馆经济商务参赞处

中国驻印度尼西亚共和国大使馆经济商务参赞处

中国驻老挝人民民主共和国大使馆经济商务参赞处

中国驻缅甸联邦大使馆经济商务参赞处

中国驻菲律宾共和国大使馆经济商务参赞处

中国驻新加坡共和国大使馆经济商务参赞处

中国驻泰王国大使馆经济商务参赞处

中国机电产品进出口商会　　中国五矿化工进出口商会

中国对外承包工程商会　　广西出入境检验检疫局

特 邀 顾 问　（以姓氏笔画为序）

刁春和　于　勇　王　锐　王沅江　王树培　王家欣　卢　彦

伊斯甘达·萨鲁丁　刘　婕　吕在模　吴政平　宋迪·本库

张懋祥　李铭林　杨　彪　陈燮荣　凯·西索达　房秋晨　易慕龙

金　远　金永辉　金红根　姚文萍　高文宽　梁耀文　黄　涛

专家委员会　（以姓氏笔画为序）

王　勤　王玉主　古小松　石　峡　张蕴岭

李秋广　徐长文　秦小辉　高　歌　廖东声

编委会名誉主任　陈　武

编 委 会 主 任　郑军健

编委会副主任　李文杰　农　融　王　雷　宫起君　黄　媛　王晓光　郝志刚　余向东

编 委 会 委 员　曾　忠　覃维炳　时祖耀　黄平西　庞志军　李晓天　覃霄岗

许　瑾　莫轻思　黄　革　邓　霓　朱　炼　谢柱军　周占一

主　　　编　郑军健

执 行 主 编　李　梅

编 辑 人 员　黄少菲　陈文苑　陆雪梅　韦丹丹　徐　芬　卢艳英　陈　红　陈　丹

英 文 编 辑　吕秋颖　林婉怡

# 《中国—东盟商务年鉴2010》主创单位及人员

# 编辑说明

一、《中国—东盟商务年鉴》是一部国际商务性年鉴，着重收载中国和东盟各国商务方面的基本资料及重要信息，旨在为企业开拓东盟市场提供商务指导，帮助企业快速、全面了解东盟商机，促进双边贸易发展，并促进中国—东盟自由贸易区建设及宣传和提高中国—东盟博览会的商务影响力。

二、本年鉴从2008年起逐年编纂出版。本卷年鉴着重记述2009年中国—东盟商务的相关资料，但为提高年鉴的时效性，卷中东盟商务资讯的信息着重于2010年1～7月份；中国—东盟商务大事记已整理至2010年6月份。

三、本卷年鉴共设篇目13个。分别是国别篇、贸易投资篇、行业篇、商务资讯篇、企业案例篇、经商实务篇、政策法规篇、区域合作篇、活动篇、大事记、数据统计篇、文献、附录等。其中，东盟各国资料的编排，依国际惯例按国名的英文字母顺序排序；一国之内发生的事情，在同一篇目中按时序编排。

四、本年鉴由中国—东盟博览会秘书处主办。本年鉴供稿者均为专事东南亚研究领域的专家及学者，资料来源主要来自国内外权威机关、书籍、传媒或网站，具有一定的权威性和较高的参考价值，涉及的统计表格主要来自海关统计数据及国家商务部网站公开数据。

五、作为资料性工具书，本年鉴内容资料的选题选材和编排，条目的内容要素和记述程序等，都按照既定的体例有所规范。为方便读者阅读、检索，还配备双重检索系统：书前刊有详细目录，书后配有按照字母顺序索引。

六、本年鉴所涉及的单位名称、撰稿人职务均以截稿日期为准。

七、由于资料采集不易和成书时间仓促，本卷年鉴难免有所疏漏和不足，敬请国内外各界读者指正，我们将在今后的编纂工作中努力改进。

八、本卷年鉴在编纂过程中对一些作者和出版机构的著作进行了引用或选编，因时间仓促，部分作者和出版机构未能取得联系，请有关作者或出版机构见到本书后尽快与我们联系，我们将按照国家有关规定支付相应稿酬。

九、本年鉴在策划、组稿、编辑加工过程中，得到有关领导、机关单位、协办单位及社会各界人士的大力支持，谨表示衷心的感谢！

# Contents

# 目　录



## 国别篇

## 贸易投资篇

## 行业篇



## 商务资讯篇

# 政策法规篇

## 企业案例篇



## 经商实务篇



## 区域合作篇

## 活动篇



## 大事记



## 数据统计篇

## 文　献



## 附　录

# 国别篇

## 概况

### 中国

**国名**

中华人民共和国（The People's Republic of China），简称中国或中华。

**国旗**

中华人民共和国国旗是五星红旗。红色象征革命。旗上的五颗五角星及其相互关系象征中国共产党领导下的革命人民大团结。五角星用黄色是为了在红地上显出光明，而且黄色较白色明亮美丽。四颗小五角星各有一尖正对着大星的中心点，这是表示围绕着一个中心而团结，在形式上也显得紧凑美观。

**国徽**

中华人民共和国国徽的内容为国旗、天安门、齿轮和麦稻穗，象征中国人民自"五四"运动以来的新民主主义革命斗争和工人阶级领导的以工农联盟为基础的人民民主专政的新中国的诞生。

**国歌**

2004年3月14日，十届全国人大二次会议通过宪法修正案，规定"中华人民共和国国歌是《义勇军进行曲》"。由田汉作词、聂耳作曲的《义勇军进行曲》，被称为中国民族解放的号角，自1935年在民族危亡的关头诞生以来，在人民中广为流传，对激励中国人民的爱国主义精神起了巨大的作用。

**主要节日**

新年（1月1日，放假一天）；春节（农历新年，除夕、正月初一、初二放假三天）；清明节（农历清明当日，放假一天）；国际劳动妇女节（3月8日，妇女放假半天）；植树节（3月12日）；国际劳动节（5月1日，放假一天）；中国青年节（5月4日，14至28周岁的青年放假半天）；端午节（农历端午当日，放假一天）；国际护士节（5月12日）；儿童节（6月1日，未满14周岁的少年儿童放假一天）；中国共产党诞生纪念日（7月1日）；中国人民解放军建军纪念日（8月1日，现役军人放假半天）；教师节（9月10日）；中秋节（农历中秋当日，放假一天）；国庆节（10月1日，放假三天）；记者节（11月8日）。中国重大的传统节日还有元宵节。此外，各少数民族也都保留着自己的传统节日。

**国土与资源**

中国位于亚洲大陆的东部、太平洋西岸，陆地面积约960万平方公里。中国领土北起漠河以北的黑龙江江心（北纬53°30′），南到南沙群岛南端的曾母暗沙（北纬4°）；东起黑龙江与乌苏里江汇合处（东经135°05′），西到帕米尔高原（东经73°40′）。从南到北，从东到西，距离都在5000公里以上。中国陆地边界长达2.28万公里。中国同14国接壤，与8国海上相邻。领海由渤海（内海）和黄海、东海、南海三大边海组成，东部和南部大陆海岸线1.8万千米。内海和边海的水域面积约473万平方千米。海域分布有大小岛屿7600个，其中台湾岛最大，面积35798平方千米。

**国民**

**人　口**　2009年末全国总人口为133474万人，比上年末增加672万人。按性别分，男性68652万人，女性64822万人；按城乡分，城镇62186万人，乡村71288万人（数据来源于《中华人民共和国2009年国民经济和社会发展统计公报》）。东部人口稠密，西部人口稀少。

**民　族**　中国有56个民族，即汉族、蒙古族、回族、藏族、维吾尔族、苗族、彝族、壮族、布依族、朝鲜族、满族、侗族、瑶族、白族、土家族、哈尼族、哈萨克族、傣族、黎族、傈僳族、佤族、畲族、高山族、拉祜族、水族、东乡族、纳西族、景颇族、柯尔克孜族、土族、达斡尔族、仫佬族、羌族、布朗族、撒拉族、毛南族、仡佬族、锡伯族、阿昌族、普米族、塔吉克族、怒族、乌兹别克族、俄罗斯族、鄂温克族、德昂族、保安族、裕固族、京族、塔塔尔族、独龙族、鄂伦春族、赫哲族、门巴族、珞巴族、基诺族。

**宗　教**　宪法规定公民享有宗教信仰自由。中国宗教徒信奉的主要有佛教、道教、伊斯兰教、天主教和基督教。中国公民可以自由地选择、表达自己的信仰和表明宗教身份。据不完全统计，中国现有各种宗教信徒1亿多人，宗教活动场所8.5万余处，宗教教职人员约30万人，宗教团体3000多个。宗教团体还办有培养宗教教职人员的宗教院校74所。

## 行政区划

**一级行政区划**　中国行政区划为34个省、自治区、直辖市和特别行政区。即黑龙江、吉林、辽宁、河北、山西、山东、江苏、浙江、安徽、江西、福建、台湾、河南、湖北、湖南、广东、海南、云南、贵州、四川、陕西、甘肃、青海等23个省，广西、西藏、新疆、内蒙古、宁夏等5个自治区，北京、天津、上海、重庆等4个直辖市，香港、澳门2个特别行政区。

**主要城市**　首都北京市，简称京，位于华北平原西北端，周围被河北省和天津市所包围，是中国政治、经济、文化和国际交流中心，综合性产业城市，著名古都，重要航空港。行政区域面积1043.5平方公里。2009年末常住人口1755万人。其他重要城市有：上海、广州、天津、哈尔滨、长春、沈阳、大连、呼和浩特、太原、石家庄、济南、青岛、南京、苏州、杭州、合肥、福州、厦门、南昌、郑州、武汉、长沙、南宁、桂林、深圳、海口、昆明、贵阳、成都、重庆、拉萨、乌鲁木齐、兰州、西安、西宁、银川、香港、澳门、台北、高雄等。

## 经济

**国内生产总值**　2009年全年国内生产总值335353亿元，比2008年增长8.7%（数据来自《中华人民共和国2009年国民经济和社会发展统计公报》）。人均国内生产总值约为25124.97元（按国内生产总值与人口总数测算）。2009年全年农村居民人均纯收入5153元，剔除价格因素，比2008年实际增长8.5%；城镇居民人均可支配收入17175元，实际增长9.8%。农村居民家庭食品消费支出占消费总支出的比重为41.0%，城镇为36.5%。按2009年农村贫困标准1196元测算，年末农村贫困人口为3597万人。

**产　业**　第一产业包括农业、林业、畜牧业和渔业。种植业是农业的支柱，主要包括粮食作物种植业和经济作物种植业。粮食种植业主要种植小麦、水稻、玉米、薯类等作物，经济作物种植业主要种植棉花、油类（花生、油菜、芝麻、油茶）、麻类、糖料（甘蔗、甜菜）、豆类、茶叶、水果等作物。2009年粮食种植面积10897万公顷，比2008年增加217万公顷；棉花种植面积495万公顷，减少80万公顷；油料种植面积1360万公顷，增加76万公顷；糖料种植面积188万公顷，减少11万公顷。2009年全年粮食产量53082万吨，比2008年增加211万吨，增产0.4%。其中，夏粮产量12335万吨，增产2.2%；早稻产量3327万吨，增产5.3%；秋粮产量37420万吨，减产0.6%。（数据来自《中华人民共和国2009年国民经济和社会发展统计公报》）。2009年第一产业增加值35477亿元，增长4.2%。第二产业包括工业和建筑业。工业门类齐全，主要有矿产参选、金属冶炼及压延加工、金属制品、机械制造、食品加工和制造等行业。第二产业在国民经济中占主导地位，2009年第二产业增加值156958亿元，增长9.5%。第三产业包括地质勘查和水利管理、交通运输仓储邮电通信、批发和零售贸易、金融保险、房地产、社会财务、卫生体育和社会福利、教育文化艺术、广播电影电视、科学研究和综合技术服务等行业。第三产业在国民经济中的地位不断上升，2009年第三产业增加值142918亿元，增长8.9%。

**财　政**　2009年全年财政收入68477亿元，比2008年增加7147亿元，增长11.7%。其中税收收入59515亿元，增加5291亿元，增长9.8%。

**金　融**　主要银行有中国人民银行、中国建设银行、中国工商银行、中国农业银行、中国银行、中国农业发展银行、中国进出口银行、国家开发银行、交通银行、中国光大银行、中信实业银行等，其中中国人民银行是国家中央银行。主要保险公司有中国人民财产保险股份有限公司、中国人寿保险股份有限公司、中国太平洋财产保险股份有限公司、中国太平洋人寿保险股份有限公司、中国平安财产保险股份有限公司、中国平安人寿保险股份有限公司、新华人寿保险股份有限公司等。证券交易所有上海证券交易所和深圳证券交易所。

货币名称为人民币，单位为元。

2009年末国家外汇储备23992亿美元，比2008

年末增加4531亿美元。2009年末人民币汇率为1美元兑6.8282元人民币，比2008年末升值0.1%。

**进出口贸易** 2009年货物进出口总额22072亿美元，比上年下降13.9%。其中，货物出口12017亿美元，下降16.0%；货物进口10056亿美元，下降11.2%。进出口差额（出口减进口）1961亿美元，比上年减少1020亿美元。

### 就业

2009年末全国就业人员77995万人，比2008年末增加515万人。其中城镇就业人员31120万人，增加910万人，新增加1102万人。2009年末城镇登记失业率为4.3%，比2008年末上升0.1个百分点。

## 文莱

### 国名

文莱达鲁萨兰国（Brunei Darussalam），简称文莱。

### 国旗

文莱国旗呈横长方形，长宽之比为2∶1。由黄、白、黑、红四色组成。黄色的旗地上横斜着黑、白宽条，中央绘有红色的国徽。黄色代表苏丹至高无上，黑、白斜条是为纪念两位有功的亲王。

### 国徽

文莱国徽呈红色。国徽上，一弯新月环抱着一根棕榈树干，其上为展开的双翼，双翼之上为一顶华盖和一面旗帜，这象征文莱信奉伊斯兰教和苏丹至高无上。在新月中央用马来文写着“永远在真主指导下，万事如意”。中心图案两侧有两只手臂，表示人民向真主祈求，人民对苏丹和政府的拥护。国徽底部的饰带上写着“和平之城——文莱”。

### 主要节日

独立日：1月1日（1984年）；国庆日：2月23日（1984年）。

### 自然地理

文莱位于加里曼丹岛北部，国土面积5765平方公里。北濒南中国海，东南西三面与马来西亚的沙捞越州接壤，并被沙捞越州的林梦分隔为不相连的东西两部分。海岸线长约161公里，沿海为平原，内地多山地，有33个岛屿。东部地势较高，西部多沼泽地。属热带雨林气候，炎热多雨。年平均气温28℃。

文莱努洛伊曼皇宫

### 国民

**人　口** 40.6万（2009年）。

**民　族** 主要民族有20个。其中马来人占66.4%，华人占11%，其他种族占4%。

**语　言** 文莱的国语为马来语，通用英语，华语主要在华人中使用。

**宗　教** 国教是伊斯兰教，其他还有佛教、基督教、拜物教等。

### 行政区划

首都为斯里巴加湾市，位于文莱—穆阿拉区，面积16平方公里，人口约6万。原称文莱市，17世纪起成为文莱首都，1970年10月4日改为现名。全国分区、乡和村三级。全国划分为4个区：文莱—穆阿拉、马来奕、都东、淡布隆。区长和乡长由政府任命，村长由村民民主选举产生。

### 国体政体

**国　体** 文莱是一个享有主权、民主和独立的马来穆斯林君主制国家。君主（苏丹）拥有行政、立法、司法全部权利，同时也是宗教领袖。设宗教、枢密、内阁、立法、世袭等5个委员会（1984年独立后，立法委员会停止运作，内阁委员会改为内阁政府），协助苏丹理政。

**宪　法** 第一部成文宪法颁布于1959年9月29日，曾于1971年和1984年两次进行过重要修改。1959年宪法规定，苏丹是国家元首，拥有最高和全部行政权力。苏丹也是宗教领袖。宪法设首席大臣为最高行政官，与英国驻文莱高专向政府提供除伊斯兰教和马来习俗外的所有事务的咨询。1971年进行修宪，明确文莱主管所有内部事务，英国只负责文莱外交和国防。1984年文莱恢复完全独立，收回国防和外交权力，规定建立由首相和大臣组成的内阁政府，取代原来由首席大臣和高级官员提供顾问的马来传统政制。根据新宪法，内阁大臣由苏丹任命，向苏丹负责，苏丹可随时撤换大臣。副苏丹、总检察长和高级法院司法专员（大法官）亦由苏丹任命。苏丹有权宣布紧急状态和修改现有法律，包括宪法的条款。

**议　会**　原立法院由33人组成，其中16人由民选产生。1962年曾举行选举，1970年取消选举，议员改由苏丹任命。1984年2月，苏丹宣布终止立法会，立法以苏丹圣训方式颁布。2004年7月，苏丹宣布重开立法会。2004年9月，立法会恢复运作，议长卡马鲁丁和21名议员（包括当然议员6人、高官议员5人和委任议员10人）均由苏丹直接任命。2005年9月，苏丹解散立法会，重新任命卡马鲁丁为议长，并任命30名新议员。

**国家政要**　文莱元首是苏丹·哈吉·哈桑纳尔·博尔基亚·穆伊扎丁·瓦达乌拉，1967年10月5日继位，兼任首相、国防大臣和财政大臣。王储穆赫塔迪·比拉，1998年8月册封为王储。

**政　府**　本届政府于2005年5月由苏丹宣布组成，任期五年。设首相署、国防部、财政部、外交和贸易部、司法部、教育部、交通部、宗教部、文化青年体育部、内政部、发展部、卫生部、首相署能源部、工业和初级资源部等机构。2010年5月29日，文莱苏丹及国家元首苏丹·哈吉·哈桑纳尔·博尔基亚·穆伊扎丁·瓦达乌拉宣布改组内阁，当日生效。现任内阁成员：首相、国防部长和财政部长苏丹·哈吉·哈桑纳尔·博尔基亚·穆伊扎丁·瓦达乌拉，王储兼首相府高级部长穆赫塔迪·比拉，外交和贸易部长穆罕默德·博尔基亚亲王等。

**司　法**　文莱司法体系以英国习惯法为基础。一般刑事案件在推事庭或中级法院审理，较严重的案件由高级法院审理。最高法院由上诉法院和高级法院组成。最高法院首席大法官为穆罕默德·赛义德。文莱民事案件最终可上诉至英国枢密院。此外还设有伊斯兰教法院审理穆斯林的宗教案件。宗教法院首席法官为佩欣·达图·阿卜杜勒·哈密德，总检察长基弗拉维。

**政党**　1985年5月30日，苏丹宣布允许政党注册，随后出现了文莱国家民主党和文莱国家团结党。1988年文莱政府将国家民主党取缔，现仅存文莱国家团结党。另有国民觉醒党和国民进步党两个小党。

## 经　济

**国内生产总值**　2009年文莱国内生产总值约147.07亿美元，人均GDP达3.6225万美元。

**产　业**　文莱主要的经济活动以石油和天然气为主，占外汇收入90%以上。石油储量和产量仅次于印度尼西亚，居东南亚第二，液化天然气的出口居世界第二位。渔业水产养殖生产只占全国GDP的0.5%。

**金　融**　文莱不设国家中央银行，在财政部设货币局和金融局负责全国金融的管理。全国有9家银行、5家金融公司、26家保险公司和1家证券交易公司。货币名称为文莱元，与新加坡元等值。2009年文莱通货膨胀率为1.8%。2010年5月文莱元与美元平均比价为1.42∶1。

**进出口贸易**　文莱经济计划发展局统计数据显示，2009年文莱油气出口大幅下滑，导致当年出口总额下降30.2%。油气出口在出口总额中所占比例为96.1%。其中，原油出口50亿文元，下降37.4%；液化天然气出口50亿文元，下降24.3%。出口目的地方面，日本为文莱最大贸易伙伴，占其出口份额的46.1%，其他依次为韩国（11.6%）、印尼（10.8%）、印度（6.6%）、澳大利亚（7.3%），新西兰（4.4%）、中国（4%）、新加坡（2.6%）、泰国（1.9%）、马来西亚（1.6%）、美国（0.6%）等。进口方面，文莱2009年全年进口总额为35亿文元，下降4.3%。进口下降幅度较大的商品包括动物及植物油/脂（26.4%）、机械及运输设备（13.5%）、食品及动物（6.1%）和加工品（2.5%）等。

## 传　媒

文莱新闻社是文莱唯一的官方新闻机构，创建于1959年。主要报纸有：《婆罗洲公报》，日报（英、马来文）；《文莱灯塔》，周报（马来文）。文莱广播电视台创建于1957年5月，是文莱唯一的广播电视台。广播电台拥有两个广播网，一个用马来语和方言广播，一个用英语、华语和廓尔喀语广播。现每天播音超过30小时。电视台从1975年起开设彩色电视频道，播放马来文和英文节目。

# 柬埔寨

## 国　名

柬埔寨王国（The Kingdom of Cambodia），简称柬埔寨。

## 国　旗

柬埔寨国旗呈横长方形，长宽之比为3∶2。由三个平行的横长方形相连构成，中间是红色宽面，上下均为蓝色长条。红色象征吉祥和喜庆，蓝色象征光明和自由。红色宽面中间绘有白色镶金边的吴哥庙、著名的婆罗门教建筑，象征柬埔寨悠久的历史和古老的文化。

## 国徽

柬埔寨国徽是以王剑为中心线两边对称的图案。菱形图案中的王剑由托盘托举，意为王权至高无上；两侧为由狮子守护的五层华盖，“五”在柬埔寨风俗中象征完美、吉祥；两边的棕榈树叶象征胜利。底部的饰带上用柬文写着“柬埔寨王国之国王”。整个图案象征柬埔寨王国在国王的领导下，是一个统一、完整、团结、幸福的国家。

## 主要节日

独立日（建军日）：11月9日（1953年摆脱法国殖民统治，宣布独立）；国庆日：6月24日（1991年8月柬埔寨全国最高委员会决定将1991年6月24日柬埔寨停火日定为柬埔寨新的国庆日）。

## 自然地理

柬埔寨位于东南亚中南半岛南部，北接老挝，西北部与泰国为邻，东和东南部与越南接壤，西南濒泰国湾，陆地面积为18万多平方公里，海岸线长460公里。中部和南部是平原，东部、北部和西部被山地、高原环绕，大部分地区被森林覆盖。豆蔻山脉东段的奥拉山海拔1813米，为境内最高峰。湄公河在境内长约500公里，流贯东部。洞里萨湖是中南半岛的最大湖泊，低水位时面积2500多平方公里，雨季湖面达1万平方公里。沿海多岛屿，主要有戈公岛、隆岛等。属热带季风气候，年平均气温29℃～30℃。5～10月为雨季，11月至次年4月为旱季。受地形和季风影响，各地降水量差异较大，象山南端可达5400毫米，金边以东约1000毫米。

柬埔寨·吴哥窟

## 国民

**人　口**　柬埔寨人口约1422.63万人（据2009年GDP及人均GDP测算）。

**民　族**　有20多个民族，其中高棉族占人口总数的80%，其他还有占族、普农族、老族、泰族和斯丁族等少数民族。

**语　言**　高棉语为通用语言，与英语、法语同为官方语言。

**宗　教**　国教为佛教，全国80%以上的人信奉佛教；占族多信奉伊斯兰教；少数城市居民信奉天主教。

## 行政区划

首都为金边（Phnom Penh）。全国分为20个省和4个直辖市。金边地处洞里萨河与湄公河交汇处，是柬埔寨政治、经济、文化和宗教中心。

## 国体政体

**政　体**　柬埔寨实行君主立宪制。国王是终身制国家元首、武装力量最高统帅。

**宪　法**　柬埔寨现行宪法于1993年9月21日经柬埔寨制宪会议通过、由西哈努克国王于同年9月24日签署生效。1999年3月4日，第二届国会通过宪法修正案。宪法规定，柬埔寨实行自由民主制和自由市场经济，立法、行政、司法三权分立。国王是终身制国家元首、武装力量最高统帅，是国家统一和永存的象征，有权宣布大赦，在首相建议并征得国会主席同意后有权解散国会。国王因故不能理政或不在国内期间由参议院主席代理国家元首职务。王位不能世袭，国王去世后由首相、佛教两派僧王、参议院和国会正副主席共9人组成王位委员会在7日内从安东、诺罗敦和西索瓦三支王族后裔中遴选产生新国王。

**议　会**　参议院是柬埔寨国家立法机关，有权审议国会通过的法案。柬埔寨宪法规定，法案须经国会、参议院、宪法理事会逐级审议通过后，最后呈交国王签署生效。参议院主席礼宾顺序排在国王之后、国会主席和政府首相之前，属国家第二号领导人，在国王因故不能视事或不在国内时暂时代理国家元首。国会是柬埔寨国家最高权力机构和立法机构，每届任期5年。首届国会成立于1993年，由120名议员组成。

**国家政要**　国王诺罗敦·西哈莫尼，2004年10月就任；首相洪森，自2008年7月起连任；参议院议长谢辛，1999年3月任职；国会议长韩桑林，2006年3月任职。太皇诺罗敦·西哈努克，2004年

10月7日宣布退位。奉辛比克党前主席为诺罗敦·拉那烈。

**政　府**　柬埔寨第四届政府于2008年9月成立，洪森为首相。设9个副首相，16个国务大臣，26个部和2个国务秘书处。

**政　党**　1993年大选时柬埔寨共有40多个政党参选。1998年大选时有39个政党参选。2003年大选时有23个政党参选。2008年大选有11个政党参选。

主要政党有：

柬埔寨人民党（Cambodia People's Party）：该党前身为成立于1951年6月28日的柬埔寨人民革命党。1991年10月改为现名。现任党主席谢辛，副主席洪森，名誉主席韩桑林。现有党员410万。该党主张对内维护政局稳定，致力于经济发展和脱贫，建立民主法制国家；对外奉行独立、和平、中立和不结盟政策，支持建立国际政治经济新秩序，主张加强南南合作、缩小贫富差距及加强区域合作，维护地区和平与繁荣。

奉辛比克党（FUNCINPEC Party）：该党前身为“争取柬埔寨独立、中立、和平与合作”的民族团结阵线，由西哈努克于1981年创建，并由西哈努克担任主席。1992年改为现名，盖博拉斯美任主席。现有党员约40万。该党信奉西哈努克主义，对内主张政治民主化、经济私有化，维护君主立宪制；对外奉行独立、和平、中立与不结盟外交政策，主张与世界各国和一切友好政党建立和发展友好合作关系，主张以和平方式解决与邻国的边界领土争端。2003年大选获得26个国会议席，仍居第二位。2004年7月与人民党组成第三届联合政府。2006年10月，奉党召开全国特别代表大会，决定由盖博拉斯美取代拉那烈任奉党主席，卢莱斯棱任第一副主席，西索瓦·西里拉任第二副主席，涅本才任秘书长。2008年大选该党获2个国会议席。

森朗西党（Sam Rainsy Party）：原名高棉民族党，创建于1995年11月9日，1998年改为现名。森朗西任主席。现有党员25万人。推崇西方自由、民主、人权；主张捍卫国家主权、领土完整、收回割让给邻国的土地，解决非法移民问题；铲除贪污、腐败；发展自由经济，提高人民生活水平。在柬埔寨知识分子、工人、市民和青年学生中有较大影响力。该党原主张共和，反对君主立宪制，但近年来立场有所变化。1998年大选中该党获得15个国会议席和7个参议院议席，拒绝参加政府活动，成为国会反对党。在2002年初举行的乡级选举中获得13个乡（区）长职位。2003年大选获得24个国会议席，2008年获26个国会议席。

## 经　济

**国内生产总值**　2009年柬埔寨GDP总值约109.4亿美元，同比增长2.1%，人均GDP达到769美元，农业、工业、服务业产值分别占GDP的34.2%、21%、37.8%。

**产　业**　农业是柬埔寨经济的第一大支柱产业。农业人口占总人口的85%，占全国劳动力的78%。可耕地面积为630万公顷，其中可灌溉面积为37.4万公顷，占18%。主要农作物有稻谷、玉米、豆类、薯类等。湄公河、洞里萨河、巴萨河沿岸为主要产稻区。2009年柬埔寨农业产值约占GDP的34.2%，其中水稻种植占GDP的10.9%，其他种植占8.2%，畜禽养殖占4.8%，渔业占7.3%，林木业占2.9%。工业基础薄弱，门类单调。服装业是新兴工业，具有一定规模。2009年柬埔寨工业产值约占GDP的21%，其中，纺织和制衣业占GDP的9.2%，建筑业占GDP的5.6%，水电供应占GDP的0.5%，矿业加工占GDP的0.4%。柬埔寨工业严重依赖于纺织和制衣业。服务业仍快速发展。旅游业是带动柬埔寨服务业发展的原动力。旅游业的快速发展带动了与其相关产业的发展，2009年柬埔寨服务业产值占GDP的37.8%，远高于柬埔寨工业产值，其中，交通运输占GDP的7.3%，零售和批发占8.8%，酒店餐饮业占3.8%，住宅投资占6.3%，医疗和教育占1.8%，金融保险及不动产占1.4%，其他服务业占8.3%。2009年外国到柬埔寨游客为216万人次，其中中国游客达12.8万人次。

**财　政**　2009年柬埔寨政府财政支出约为17.14亿美元，争取到国际援助5.2亿美元。

**金　融**　国家外汇储备17.58亿美元。柬埔寨通货膨胀率为−1.2%。美元兑柬币平均汇率为1∶4100。

**进出口贸易**　2009年柬埔寨进口54.5亿美元，出口39亿美元，同比分别下降20.5%和20.4%。2009年全年柬埔寨出口成衣22.9亿美元，其他商品13.28亿美元，转口出口2.87亿美元；进口成衣原辅料10.82亿美元，燃油料17.61亿美元，其他食品饮料、化工、医药、化妆品和汽车及建材等23.64亿美元，进口转口2.39亿美元。

## 传　媒

有132家报刊，其中柬文报纸97家，英、法、中、日文报刊35家。柬埔寨私人报纸很多，发行量均不大。较有影响的有《柬埔寨之光报》（柬文，日报）、《柬埔寨日报》（英文、柬文）、《和平岛报》（柬文，日报）、《人民报》（人民党党报，柬文）、《金边邮报》（英文，双周报）、《柬埔寨时报》（英文、柬文，周报）、《华商日报》（中文，日报）等。

柬新社（AKP）为柬埔寨唯一的官方通讯社，成立于1980年。柬埔寨拥有11家超短波电台，其中FM103属国家台，全天播音18个小时。柬埔寨拥有6家电视台，主要有建于1984年的国家电视台（以柬语广播为主）、仙女11台（私人台）、第9台（私人台）、第5台（军队台）、首都第3台（官方）、巴戎台（私人台，每日有中文新闻报道）。此外，柬埔寨还有3家有线电视台：柬埔寨有线电视公司、金边有线电视公司和微波无线电视公司。

## 印度尼西亚

### 国名

印度尼西亚共和国（The Republic of Indonesia），简称印尼。

### 国旗

印尼国旗旗面由上红下白两个相等的横长方形构成，长宽之比为3∶2。红色象征勇敢和正义，还象征印度尼西亚独立以后的繁荣昌盛；白色象征自由、公正、纯洁，还表达印尼人民反对侵略、爱好和平的美好愿望。

### 国徽

印尼国徽由一只金色的鹰、一面盾和鹰爪抓着的一条绶带组成。鹰象征创造力。鹰两翼各有17根羽毛，其中尾羽8根，这是为了纪念印度尼西亚的独立日——8月17日。鹰胸前的盾面由五部分组成：黑色小盾和金黄色的五角星代表宗教信仰，也象征“潘查希拉”——印度尼西亚建国的五项基本原则；水牛头象征主权属于人民；榕树象征民族意识；棉桃和稻穗象征富足和公正；金色饰环象征人道主义和世代相传。盾面上的粗黑线代表赤道。鹰爪抓着的绶带上用印尼文写着“异中有同”。

### 主要节日

独立日：8月17日（1945年）；国庆日：8月17日（1945年）。

### 自然地理

印尼位于亚洲东南部，地跨赤道，是世界上最大的群岛国家，由太平洋和印度洋之间的17508个大小岛屿组成，其中约6000个岛屿有人居住。陆地面积为1904443平方公里，海洋面积3166163平方公里（不包括专属经济区），因此，印尼素称千岛之国。印尼北部的加里曼丹岛与马来西亚接壤，新几内亚岛与巴布亚新几内亚相连。东北部面临菲律宾，东南部是印度洋，西南与澳大利亚相望。海岸线总长54716公里。属热带雨林气候，年平均温度25℃～27℃。印尼是一个火山之国，全国共有火山400多座，其中活火山100多座。全国各岛处处青山绿水，四季皆夏，人们称它为“赤道上的翡翠”。

印尼巴厘岛

### 国民

**人　口**　2.248亿人（印尼国家统计局2009年统计），是世界第四人口大国。

**民　族**　有100多个民族、500多个部族，其中，爪哇族占47%、巽他族占14%、马都拉族占7%，其他较大民族还有马来族、米南加保族、巴达族、巴厘族、布吉斯族、望加锡族、达雅克族等。

**语　言**　官方语言为印度尼西亚语。各民族语言有200多种。通用英语。

**宗　教**　全国约87.2%的人信奉伊斯兰教，是世界上穆斯林人口最多的国家。其他宗教有：基督教6.1%、天主教3.6%、印度教2%、佛教1%，其余为原始拜物教等。

### 行政区划

首都为雅加达。印尼全国共有一级行政区30个，包括雅加达首都特区，日惹和亚齐达鲁萨兰2个地方特区，27个省即北苏门答腊、西苏门答腊、廖内、占碑、朋古鲁、南苏门答腊、楠榜、邦加—勿里洞、西爪哇、中爪哇、东爪哇、万丹、巴厘、西努沙登加拉、东努沙登加拉、北马鲁古、南马鲁古、巴布亚、北苏拉威西、中苏拉威西、东南苏拉威西、南苏拉威西、哥伦打洛、东加里曼丹、中加里曼丹、南加里曼丹、西加里曼丹。二级行政区

（县/市）410个。

## 国体政体

**政　体**　印尼是单一的共和制国家。立法、行政、司法三权分立。实行总统内阁制。

**宪　法**　现行宪法为《“四五”宪法》，于1945年8月18日颁布实施，1949年12月和1950年8月分别为《印度尼西亚联邦共和国宪法》和《印度尼西亚共和国临时宪法》所替代，1957年7月5日恢复实行。1999～2002年先后通过4个修正案。宪法规定，印度尼西亚为单一的共和制国家，“信仰神道、人道主义、民族主义、民主和社会公正”是建国五项基本原则（简称“潘查希拉”）。实行总统制，总统为国家元首、政府行政首脑和武装部队最高统帅。2004年起，总统和副总统不再由人民协商会议选举产生，改由全民直选，只能连选连任一次，每届任期5年。

**议　会**　人民协商会议是国家立法机构，由人民代表会议（国会）和地方代表理事会共同组成，负责制定、修改和颁布宪法及国家大政方针，并对总统进行监督，如总统违宪，人民协商会议有权弹劾罢免总统。人民协商会议每年召开一次年会，必要时召开特别会议，每5年换届选举。国会行使除修宪和制定国家大政方针之外的一般立法权，其无权解除总统职务，总统也不能宣布解散国会。但如总统违反宪法，国会有权建议人民协商会议追究总统责任。

**国家政要**　总统苏西洛·班邦·尤多约诺，2009年7月竞选连任成功，10月20日宣誓就职；副总统布迪约诺；现任人民协商会议主席陶菲克·基玛斯；人民代表会议议长马尔祖基·阿列。

**政　府**　实行总统内阁制，内阁由总统直接领导。总统任命内阁成员须征得国会同意。本届内阁于2009年10月组建，内阁成员34人，任期至2014年。主要成员包括：经济统筹部长哈达·拉加萨、外交部长穆罕默德·马尔迪·穆里亚纳·纳塔勒加瓦、财政部长阿古斯（印尼总统苏西洛2010年5月19日宣布，印尼曼迪利银行总裁将代替慕莉雅妮，成为印尼新财政部长）等。

**司　法**　在三权分立的权力机构设置下，最高法院和最高检察院独立于立法和行政机构之外。最高法院正、副院长由国会提名，总统任命。最高检察长由总统任免。现任最高法院院长是巴吉尔·马南，最高检察院总检察长是阿卡都拉赫曼·萨莱。

**政　党**　1975年政党法只允许三个政党存在，即专业集团、印尼民主党、建设团结党。1998年5月解除党禁。1999年1月28日新政党法规定，50名以上年满21岁的公民只要遵循“不宣传共产主义，不接收外国资金援助，不向外国提供有损于本国利益的情报，不从事有损于印尼友好国家的行为”的原则，便可成立政党。2009年大选中，由苏西洛创立的民主党赢得大选。印尼主要有6个大党。

民主党：成立于2003年9月9日，以“潘查希拉”为政治纲领，以维护和巩固国家统一为目标，倡导民族主义、宗教信仰自由、多元主义和人道主义。2009年4月在国会选举中赢得150个议席，成为国会第一大党。总主席为哈迪·乌托莫。

专业集团党：1959年组成松散的专业集团联合秘书处，1964年10月由61个群众组织联合成立专业集团，1970年12月扩大为291个群众组织的专业组织，1967年至1999年6月为事实上的执政党，但一直自称为社会政治组织。1999年3月7日正式宣布为政党。以“潘查希拉”为国家意识形态基础，主张在民主和民权的基础上进行政治体制改革，保障人权，改善民生。在2009年的国会选举中赢得107个议席，成为国会第二大党。总主席为尤素夫·卡拉。

印尼民主斗争党：由原印尼民主党分裂出来的人士组成，1998年10月正式成立，系民族主义政党，是印尼世俗政治力量的代表。坚持以“潘查希拉”为国家意识形态基础，弘扬民族精神，反对宗教和种族歧视。在2009年的国会选举中赢得95个议席，成为国会第三大党。总主席为梅加瓦蒂。

繁荣公正党：以伊斯兰教为纲领，主张通过参政来影响国家发展进程，利用传教便利教化大众，发扬伊斯兰互助精神，扶危济贫。在2009年的国会选举中赢得57个议席，成为国会第四大党。总主席迪法为杜尔·森比林。

国家使命党：成立于1998年8月23日，党员多为第二大穆斯林团体穆罕默迪亚成员，具有伊斯兰现代派特征。主张三权分立制衡、人民主权、经济平等、种族宗教和睦等。在2009年的国会选举中获43个议席，成为国会第五大党。总主席为苏特里斯诺·巴黑尔。

建设团结党：1973年1月由伊斯兰教士联合会、印尼穆斯林党、印尼伊斯兰教士联盟党和白尔蒂伊斯兰教党合并组成。20世纪80年代后伊斯兰教士联合会退出。原宗旨为“潘查希拉”，现回归伊斯兰教，并将党徽重新改回麦加天房图案。主张司法独立，实施广泛地方自治和宗教平等，全面提高人口素质。在2009年的国会选举中获37个议席，成为国会第六大党。总主席为苏尔亚达尔玛·阿里。

### 经济

**国内生产总值** 印度尼西亚国家统计局2010年2月10日发布的统计数据显示，2009年印尼国内生产总值为5613.4万亿印尼盾，同比增长13.4%。

**产业** 印尼第一产业、第二产业、第三产业产值占GDP的比重分别为15.3%、47.6%、37.1%。农业以种植业为主，是世界主要热带经济作物生产国。据印尼中央统计局发布数据显示，2009年印尼稻米产量数据上调了2%，为6380万吨，高于早先预测的6260万吨。采矿业为工业的支柱产业，其中石油、天然气开采占主导地位，是世界主要石油生产国。近几年制造业增长速度均超过经济增长速度，主要部门有采矿、纺织、轻工等。此外，印尼电子、汽车等新兴工业发展迅速。

**金融** 货币名称为印尼盾。2009年印尼盾升值15%以上，2009年底美元兑印尼盾汇率收于1∶9395，2009年全年美元兑印尼盾平均汇率为1∶10408。据印尼中央统计局公布的数据显示，印尼2009年度通货膨胀率为2.78%，是1999年以来的最低点。2009年底外汇储备量总值近660亿美元，创至今最高外汇储备记录，比2008年同期增加近144亿美元。印尼2009年度所有外债达940.7万亿盾（按当前汇率约合1020亿美元）。

**进出口贸易** 据印尼中央统计局统计，2009年1～10月出口总额为920.3亿美元，同比下降22.31%；进口总额为777.5亿美元，同比下降30.84%。2009年1～10月最大进口国为中国，中国进口总额107.6亿美元，占市场份额的17.16%，其次为日本79亿美元（12.60%）以及新加坡76.7亿美元（12.24%）。

### 传媒

主要印尼文报纸有《罗盘报》《专业之声报》《印尼媒体报》《共和国日报》《革新之声报》和《印尼商报》等；英文报纸有《雅加达邮报》《印尼观察家报》等；中文报纸有《印度尼西亚日报》《华文邮报》（中文和印尼文互译）《商报》《新生日报》《千岛日报》等。

1937年成立的安塔拉通讯社是官方通讯社，1967年成立的印尼民族通讯社为私营机构。

成立于1945年9月的印尼共和国广播电台是国家电台。1962年8月17日正式运营的印尼共和国电视台为国家电视台，私营电视台有1988年11月14日建立的印尼鹰记电视台、1990年8月成立的太阳电视台和1991年1月组建的教育电视台。2000年10月开设的美都电视台是印尼首家新闻电视台，开创了播放中文新闻的先例。

## 老挝

### 国名

老挝人民民主共和国（The Lao People's Democratic Republic），简称老挝。

### 国旗

老挝国旗旗面中间平行长方形为蓝色，占旗地一半，上下为红色长方形，各占旗地的四分之一。蓝色部分中间为白色圆轮，轮的直径为蓝色部分宽度的五分之四。蓝色象征富饶，红色象征革命。白色圆轮表示圆月。此旗原为老挝爱国战线旗帜。

### 国徽

老挝国徽呈圆形，由两束稻穗环饰的圆面上有具象征意义的图案：大塔是著名古迹，它是老挝的象征；齿轮、拦河坝、森林、田野等分别象征工业、水力、林业；稻穗象征农业。两侧的饰带上写着“和平、独立、民主、统一、繁荣昌盛”，底部的饰带上写着“老挝人民民主共和国”。

### 主要节日

独立日：10月12日（1945年）；国庆日：12月2日（1975年）；老挝人民军成立日：1月20日（1949年）；老挝人民革命党成立日：3月22日（1955年）；老挝新年（宋干节，也叫泼水节）：佛历5月，一般从每年公历4月13日开始，前后共3天；塔銮节：佛历12月，公历11月。

### 自然地理

老挝位于中南半岛北部，地处北纬13°52′～22°05′、东经100°10′～107°30′。老挝国土面积23.68万平方公里，北邻中国，南接柬埔寨，东接越南，西北达缅甸，西南毗连泰国。境内80%的国土为山地和高原，且多被森林覆盖，有“印度支那屋脊”之称。地势北高南低，北部与中国云南的滇西高原接壤，东部老、越边境为长山山脉构成的高原，西部是湄公河谷地和湄公河及其支流沿岸的盆地与小块平原。全国自北向南分为上寮、中寮和下寮，上寮地势最高，川圹高原海拔2000～2800米。最高峰比亚山峰海拔2817米。发源于中国的湄公河是最大河流，流经西部1900公里。属热带、亚热带季风气候，分为雨季（5～10月）和旱季（11月至次年4月）。

老挝琅勃拉邦

## 国民

**人　口**　约612.91万（据2009年GDP及人均GDP测算）。

**民　族**　全国共有60多个部族，大致分为老龙族、老听族和老松族三大民族。

**语　言**　官方语言是老挝语。部分国民也使用泰语、华语。老挝语和泰语大致可以相通。

**宗　教**　90%的国民信奉小乘佛教，少数信奉基督教、原始宗教等。

## 行政区划

首都为万象。全国划分为16个省、1个直辖市（万象市）和1个行政特区（赛宋本）。

## 国体政体

**国　体**　老挝宪法规定：老挝人民民主共和国是人民民主国家，全部权利属于人民，各族人民在老挝人民革命党带领下行使当家做主的权利。

**宪　法**　1991年8月，老挝最高人民议会第二届六次会议通过了老挝第一部宪法。老挝国家主席是老挝国内各族人民的代表。国家主席由国会选举产生，必须获得国会与会人数三分之二的选票才能当选，每届任期5年。

**议　会**　国会（原称最高人民议会，1992年8月改为现名）是国家最高权力机构和立法机构，负责制定宪法和法律。国会每届任期5年，每年召开两次会议，特别会议由国会常委会决定或由三分之二以上的议员提议召开。国会议员由地方直接选举产生。2006年5月第六届国会选举产生国会议员115名，2006年6月在万象召开首次会议，主席为通辛·坦马冯。

**国家政要**　老挝人民革命党中央总书记、国家主席朱马里·赛雅颂，2006年6月当选连任；总理波松·布帕万，2006年6月当选；第六届国会主席通邢·塔马冯，2006年6月当选连任。

**政　府**　政府是老挝国家最高行政机关。老挝本届政府于2006年6月组成。主要成员有政府总理波松·布帕万、副总理兼国家监察署主席阿桑·劳里、副总理兼外交部长通伦·西苏里、副总理兼国防部长隆再·披吉等。

**司　法**　最高人民法院为最高司法权力机关。最高人民法院院长坎米·赛亚冯，2006年6月连任；最高人民检察院院长宋潘·平坎米，2006年6月就任；老挝党中央党政监察委员会主任阿桑·劳里，2006年5月就任。

**政　党**　老挝人民革命党是老挝唯一政党和执政党，于1955年3月22日建立，原称老挝人民党，1972年召开“二大”时改为现名。现有党员14.8万名。

## 经济

**国内生产总值**　据老方统计，2008/2009财年老挝GDP达到55.53亿美元，增长7.6%，比国会调整制订的目标高0.1个百分点。人均GDP为906美元。

**产　业**　农业在国民经济中占较大比重。2008/2009年财年老挝稻米生产面积达87.5万公顷，稻米产量约为330万吨。其中，雨季稻生产面积为65.5万公顷，稻米产量252万吨；旱季稻生产面积为22万公顷，稻米产量78万吨。工业方面，老挝工业基础薄弱，主要企业有发电、锯木、采矿、炼铁、服装、食品，及小型修理厂和编织、竹木加工等作坊。第三产业方面，老挝的交通运输主要依靠公路，其次是河运、航空和畜力。在旅游业方面，老挝吸引的旅游观光客逐年增多，2009年入境旅游人数达190万人次。此外，老挝的邮电通讯业正处于起步阶段，通讯业具有较好的投资潜力。

**金　融**　老挝目前已有4个合资银行（合作开发银行、老越银行、老法银行、老泰银行），7个外资银行（曼谷分行、大众银行、SIAM银行、泰京银行、泰国军人银行、阿由他雅银行、印度支那银行），2个私营银行（万象商业银行、蓬沙旺银行）和1个外资银行代表处（渣打银行代表处）。货币名称为基普。2009年通货膨胀率为0.07%。2010年汇率是1美元约合8470基普。2009年外汇储备9.37亿美元。

**进出口贸易**　2009年老挝进出口贸易额为21.9亿美元，其中进口10.7亿美元，出口11.2亿美元，均较2008年下降约10个百分点。另据亚洲开发银行统计，2009年老挝进出口贸易额为33.8亿美元，较2008年下降10.08%，其中进口20.76亿美元，减少11.17%；出口13.04亿美元，回落8.30%。

**外 资** 据老方统计，2009年老挝吸引外资43亿美元，同比增长10.94倍，远高于2008年3.6亿美元的水平，年度新批外商投资12.4亿美元。外商重点投资领域包括电力、矿产、电信、农业、酒店、餐饮等。累计在老挝投资前10位的国家依次为泰国、中国、越南、法国、日本、印度、澳大利亚、韩国、马来西亚、新加坡。

### 传 媒

全国各种报刊约有20种。《人民报》为老挝人民革命党中央机关报，创刊于1950年8月13日，用老挝文出版。其他还有《新万象报》《人民军报》和《青年报》等。外语报有英文报《VIENTIANE-TIMES》和法文报《LE RENOVATEUR》。

巴特寮通讯社是官方通讯社，于1968年1月成立。

广播电台有老挝国家广播电台、老挝人民军广播电台和14个省级广播电台。老挝国家广播电台设在首都万象，用老挝语广播，对外用越、柬、法、英、泰语广播。电视台有老挝国家电视台和17家省（直辖市）电视台。老挝国家电视台建于1983年12月，每天播放老挝语节目5小时左右。

## 马来西亚

### 国 名

马来西亚联邦（Federation of Malaysia），简称马来西亚。

### 国 旗

马来西亚国旗呈横长方形，长宽之比为2∶1。主体部分由14道红白相间、宽度相等的横条组成。左上方有一深蓝色的长方形，上有一弯黄色新月和一颗有14个尖角的黄色星。14道红白横条和14颗星象征马来西亚的13个州和政府。蓝色象征人民团结及马来西亚与英联邦的关系——英国国旗以蓝色为旗底，黄色象征国家元首，新月象征马来西亚的国教伊斯兰教。

### 国 徽

马来西亚国徽中间为盾形徽。盾徽上面绘有一弯黄色新月和一颗14个尖角的黄色星，盾面上的图案和颜色象征马来西亚的组成及其行政区划。盾面上部绘有5把入鞘的短剑，分别代表柔佛州、吉打州、玻璃市州、吉兰丹州和丁加奴州。盾面中间部分绘有红、黑、白、黄4条色带，分别代表雪兰莪州、彭亨州、霹雳州和森美兰州。盾面左侧绘有蓝、白波纹的海水和以黄色为地并绘有3根蓝色鸵鸟羽毛，这一图案代表槟榔屿。盾面右侧的马六甲树代表马六甲州。盾面下端左边代表沙巴州，图案中绘有强健的褐色双臂，双手紧握沙巴州州旗。盾面下端右边绘有一只红、黑、蓝3色飞禽，代表沙捞越州。盾面下部中间的图案为马来西亚的国花——木槿。盾徽两侧各站着一头红舌马来虎，两虎后肢踩着金色饰带，饰带上写着格言“团结就是力量”。

### 主要节日

独立日：8月31日（1957年）。国庆日：8月31日（1957年）。灾难意识日：12月26日（2005年马来西亚政府设立）。选择这一天作为全国“灾难意识日”，是因为马来西亚多次在这一天遭受自然灾难的袭击。1996年12月26日，东马来西亚的沙巴州遭受强烈热带风暴袭击，有100多人死亡，许多房屋和财产被毁；2004年12月26日，马来西亚北部槟榔屿等州部分地区遭到印度洋海啸袭击，共有60多人死亡。

### 自然地理

马来西亚位于东南亚，地处太平洋和印度洋之间，陆地国土面积33万平方公里。全境被南中国海分成东马来西亚和西马来西亚两部分。西马来西亚为马来亚地区，位于马来半岛南部，北与泰国接壤，西濒马六甲海峡，东临南中国海。东马来西亚为沙捞越地区和沙巴地区的合称，位于加里曼丹岛北部，海岸线全长4192公里。属热带雨林气候，内地山区年均气温22℃～28℃，沿海平原为25℃～30℃。马来半岛西岸每年9～12月为雨季，西马东岸、沙巴、沙捞越等地雨季为每年10月至翌年2月。

马来西亚海湾一隅

## 国民

**人　口**　约2831万（据马来西亚统计局2009年7月31日数据公布）。其中，马来人68.7%，华人23.2%，印度人6.9%，其他种族1.2%。

**民　族**　沙捞越州原住居民以伊班族为主，沙巴州以卡达山族为主。

**语　言**　马来语为国语，通用英语，华语使用也较广泛。

**宗　教**　伊斯兰教为国教，其他宗教有佛教、印度教、基督教、拜物教等。

## 行政区划

首都为吉隆坡。全国分为13个州，包括西马的柔佛、吉打、吉兰丹、马六甲、森美兰、彭亨、槟榔屿、霹雳、玻璃市、雪兰莪、丁加奴以及东马的沙巴、沙捞越，另有三个联邦直辖区：吉隆坡、纳闽和普特拉贾亚（Putra Jaya，联邦政府行政中心）。

## 国体政体

**政　体**　实行君主立宪制。因历史原因，沙捞越州和沙巴州拥有较大自治权。

**宪　法**　1957年颁布马来亚宪法，1963年马来西亚成立后继续沿用，改名为马来西亚联邦宪法，后经多次修订。宪法规定：最高元首为国家首脑、伊斯兰教领袖兼武装部队统帅，由统治者会议选举产生，任期5年。最高元首拥有立法、司法和行政的最高权力，以及任命总理、拒绝解散国会等权力。1993年3月，马来西亚议会通过宪法修正案，取消了各州苏丹的法律豁免权等特权。1994年5月修改宪法，规定最高元首必须接受并根据政府建议执行公务。2005年1月，马来西亚议会再次通过修正宪法案，决定将各州的水供事务管理权和文化遗产管理权移交中央政府。

**统治者会议**　由柔佛、彭亨、雪兰莪、森美兰、霹雳、丁加奴、吉兰丹、吉打、玻璃市等9个州的世袭苏丹和马六甲、槟州、沙捞越、沙巴等4个州的州元首组成。其职能是在9个世袭苏丹中轮流选举产生最高元首和副最高元首；审议并颁布国家法律、法规；对全国性的伊斯兰教问题有最终裁决权；审议涉及马来族和沙巴、沙捞越土著民族的特权地位等重大问题。未经该会议同意，不得通过有关统治者特权地位的任何法律。内阁总理和各州州务大臣、首席部长协助会议召开。

**议　会**　也称国会，为最高立法机构。由上议院和下议院组成。2003年5月，国会通过重新划分国会和州议会选区的审议，国会下议院议席从194个增至219个，除沙捞越以外的12个州议席从422个增至505个。议员任期5年。2008年3月，马来西亚举行第12届全国大选，共设下议院议席222个。国民阵线在选举中赢得140席，反对党伊斯兰教党、民主行动党和人民公正党的下议院共夺得82席。下议长丹·斯里·达图·班迪卡·阿敏（Tan Sri Datuk PANDIKAR AMIN bin Haji Mulia），2008年4月28日就任。上议院共70席，由全国13个州议会各选举产生2名，其余44名由最高元首根据内阁推荐委任，任期3年，可连任两届。议长和副议长均在以上议员中选举产生。现任上议院议长丹·斯里·阿布·扎哈（Tan Sri ABU ZAHAR bin Pawanteh），2010年4月26日就任。

**国家政要**　最高元首米詹·扎因·阿比丁（Mijan Zainal Abidin），2006年11月被推选为马来西亚第13任最高元首，2006年12月13日宣誓就任，2007年4月26日登基；总理纳吉布·敦·拉扎克（Najib Tun Razak），2009年4月3日宣誓就职；国会下议院议长潘迪卡尔·阿明·穆利亚，2008年4月当选。

**政　府**　即内阁，联邦政府采用责任内阁制，内阁是马来西亚最高行政机关，由选举中占半数以上的政党组成。政府首脑是总理，由最高元首任命。2009年4月9日，纳吉布接任总理后进行内阁改组，共设25个部门。其中，总理兼财政部长纳吉布，副总理兼教育部长穆希丁·雅辛、外交部长阿尼法。

**司　法**　最高法院于1985年1月1日正式成立。1994年6月改名为联邦法院。设有马来亚高级法院（负责西马来西亚）和婆罗洲高级法院（负责东马来西亚），各州设有地方法院和推事庭。另外还有特别军事法庭和伊斯兰教法庭。联邦法院首席大法官丹·斯里·达图·斯里·艾哈迈德·法鲁兹，2003年3月就任。总检察长坦·斯里·阿卜杜尔·甘尼·帕泰尔，2002年1月1日就任。

**政　党**　注册的政党有40多个。由14个政党组成国民阵线联合执政。2001年5月，沙巴人民正义党解散，并入马来民族统一机构。2002年1月，反对党沙巴团结党重返国民阵线。主要执政党有：

马来民族统一机构（The United Malays National Organization，简称巫统，UMNO）：马来人政党。成立于1946年5月11日。现有党员280万名。2008年9月，沙巴进步党宣布退出国民阵线，成为独立政党。

马来西亚华人公会（Malaysian Chinese Association，简称马华公会，MCA)：最大的华人政党。1949年2月27日成立，原名马来亚华人公会，马来西亚成立后改为现名。现有党员103万名。

马来西亚印度人国大党（Malaysian Indian Congress，简称印度人国大党，MIC)：1946年8月2日成立。马来西亚印度国大党和巴基斯坦族政党，旨在争取和维护两族利益。现有党员55万名。

## 经 济

**国内生产总值** 2009年马来西亚统计局资料显示马来西亚国内生产总值为2059.65亿美元，比2008年减少1.7%。人均国内生产总值约22263.42林吉特。

**产 业** 农业以种植业为主，渔业也有一定规模。工业主要有电子、汽车、钢铁、石油化工、纺织和采矿等行业。制造业发展较快，在国民经济中占有重要地位，2009年外国直接投资马来西亚制造业221亿马币，同比下降52.1%。日本为马来西亚最大的投资国，总投资70亿马币，同比增长25%；香港、美国和新加坡分列第二至第四位，中国排第十五位。2009年马来西亚制造业总投资额326亿马币，同比下降48%，其中外资占67.8%；服务业领域总投资额363亿马币，同比亦大幅下降，其中投资额中的90.6%来自马来西亚本国。根据联合国世界旅游组织排名，马来西亚2009年游客入境人数达2365万人次，跻身2009年游客入境人数最多的十个国家之一。马来西亚2009年旅游总收入也达到了520亿马币（约153亿美元)。

**金 融** 共有商业银行35家，外资银行办事处36家，证券银行12家，伊斯兰银行8家，金融公司25家。货币名称为林吉特。2009年林吉特与美元平均汇率为3.3∶1。2009年通货膨胀率为0.6%。截至2010年4月，马来西亚外汇储备为957亿美元。

**应对金融危机** 2008年下半年以来，受国际金融危机影响，马来西亚国内经济增长放缓，出口下降，马来西亚政府为应对危机相继推出70亿林吉特和600亿林吉特的刺激经济措施。

**进出口贸易** 2009年，马来西亚进出口贸易总额9882亿林吉特，比2008年减少16.6%。其中，出口额5533亿林吉特，进口额4349亿林吉特，贸易顺差1184亿林吉特。马来西亚现为世界第18大贸易国。主要外贸对象为美国、新加坡、日本和中国。2009年，马来西亚主要出口产品为电子电器产品、棕油、液化天然气、原油、木材及以木材为基础的产品、石油产品。主要进口产品为机械设备和零件、化学化工产品、钢铁产品、金属制品。

## 传 媒

全国约有50份报纸，用8种文字出版。主要报纸有马来文的《马来使者报》《每日新闻》《祖国报》；英文的《新海峡时报》《星报》《马来邮报》；华文的《南洋商报》《星洲日报》等。

马来西亚国家新闻社（简称马新社）是一个半官方的通讯社，成立于1968年，在亚太地区设有33家分社。

马来西亚广播电台属官办，建于1946年，拥有6个广播网，用马来语、英语、华语和泰米尔语广播。马来西亚之声电台建于1963年，用马来语、阿拉伯语、英语、印尼语、缅甸语、他加禄语和泰语等8种语言对外广播。马来西亚电视台属官办，建于1963年，设有两个频道，用马来语、英语、华语和泰米尔语播放。另外还有第三电视台（TV3)、城市电视（METRO VISION）和国民电视（NTV）三家私营电视台。近年还开办了ASTRO卫星有线电视频道。

# 缅 甸

## 国 名

缅甸联邦共和国（Republic of The Union of Myanmar)，简称缅甸。

## 国 旗

缅甸国旗呈横长方形，长宽之比为9∶5。旗面为红色，左上角有一深蓝色的小长方形，里面绘有白色的图案——14颗五角星环绕着一个14齿的齿轮，齿轮中空内有一株谷穗。红色象征勇敢和果断，深蓝色象征和平与统一，白色象征纯洁和美德。14颗五角星代表缅甸联邦的14个省、邦，齿轮和谷穗象征工业和农业。

## 国 徽

缅甸国徽中心为一个由谷穗环绕的有14个齿的齿轮，上面绘有缅甸地图。谷穗两侧各有一头狮子，狮子被誉为缅甸的国兽，称为圣狮，是吉祥的标志。顶端为一颗五角星，在其两侧和谷穗周围装饰着缅甸花卉。底部的饰带上用缅文写着“缅甸联邦”。

## 主要节日

独立节：1月4日（1948年)。建军节：3月27日。泼水节（缅历新年)：4月13日。联邦节：2月

12日。农民节：3月2日。建军节：3月27日，初为抗日节，55年改为建军节。工人节：5月1日。烈士节：7月19日。民族节：12月1日。

缅甸南坎

## 自然地理

缅甸位于中南半岛的西部，在西藏高原和马来半岛之间，领土有676581平方公里。西北与印度和孟加拉国接壤，东北与中国为邻，东南与老挝、泰国毗邻，西南濒临孟加拉湾和安达曼海，海岸线长3200公里，均在南部。属热带季风气候，分热、雨、凉三季，3～5月为热季，6～9月为雨季，10月到次年2月为凉季。各地年平均气温为27℃。森林覆盖率占总面积的50%以上。

## 国 民

**人 口** 约4618.47万（据2009年GDP及人均GDP测算）。

**民 族** 缅甸共有135个民族，主要有缅族、克伦族、掸族、克钦族、钦族、克耶族、孟族和若开族等，缅族约占总人口的65%。

**语 言** 缅甸语为官方语言，各少数民族均有自己的语言，其中缅、克钦、克伦、掸和孟等族有文字。

**宗 教** 全国80%以上人口信奉佛教，约8%的人口信奉伊斯兰教。

## 行政区划

首都为内比都。全国分七个省和七个邦。省是缅族主要聚居区，邦多为各少数民族聚居地。

## 国体政体

**政 体** 缅甸是联邦制国家。缅甸实行军事统治，由军事领导人组成的国家和平与发展委员会为国家最高权力机构。总理内阁政府则受命于该委员会，且成员多为军队将领。

**宪 法** 缅甸于1974年制定了《缅甸社会主义联邦宪法》。1988年军政府接管政权后，宣布废除宪法，并于1992年起召开国民大会，制定新宪法。制宪国民大会从1996年4月起休会，2004年5月恢复召开。2008年5月，缅甸新宪法在全民公决中获得通过。根据新宪法，缅甸国名为“缅甸联邦共和国”，首都为内比都，实行总统制，由议会选举产生，议会分民族院（相当于上议院）和人民院（相当于下议院）。总统为国家元首和政府首脑，同时还是包括三军总司令在内的国家国防和安全委员会的主席。三军总司令为各种武装力量的最高统帅，军队继续在国家民族政治方面发挥作用。缅甸实行多党制、市场经济制度，奉行自主、积极、不结盟的外交政策，不允许外国在缅甸驻军。

**议 会** 国家和平与发展委员会（简称“和发委”），是缅甸最高权力机关，由13人组成，成立于1997年11月15日，前身为1988年成立的“国家恢复法律和秩序委员会”。国防军三军总司令丹瑞大将（Senior Gen Than Shwe）任主席，三军副总司令兼陆军司令貌埃上将任副主席，丁昂敏乌上将任第一秘书长。

**国家政要** 国家和平与发展委员会主席丹瑞大将（Than Shwe），1997年11月任职；总理吴登盛，2007年10月任职。

**政 府** 现任总理为吴登盛。主要成员有农业与水利部长吴泰乌，第一工业部长吴昂当，外交部长吴年温，商务部长吴丁乃登等。

**司 法** 法院和检察院共分4级。设最高法院和最高检察院，下设省邦、县及镇区三级法院和检察院。最高法院为国家最高司法机关，最高检察院为国家最高检察机关。

**政 党** 1988年，缅甸军队接管国家政权，宣布废除一党制，实行多党民主制。1990年5月27日举行首次多党制大选，当时有200多个政党注册，后大批政党自行解散或被取缔。2008年2月，缅甸正式宣布于2010年根据新宪法举行多党制全国大选。目前主要政党有：

全国民主联盟，成立于1988年9月29日，系缅甸最大政党和最有影响的反对党。曾在1990年5月27日的大选中获得485个议席中的396个席位。主席吴昂瑞，总书记昂山素季。

民族团结党，由原执政的缅甸社会主义纲领党于1988年9月24日改组而成，系缅甸第二大政党。在1990年5月27日大选中获10个席位。主席吴达觉，总书记吴吞意。

其他政党还包括掸邦民主联合会、若开民主联盟、孟族民族民主阵线、全国人权民主党、钦族民主联盟、克钦邦全国民主大会、联邦勃欧族联合会、掸邦果敢民主党、谬族（克密族）团结协会、拉祜族进步党、联邦克伦族联盟、果敢民族团结党、佤族发展党等。

## 经济

**国内生产总值** 2009年缅甸GDP约23万亿缅币，比上一财年增长10.1%。2008/2009财年缅甸国民的人均收入超过49.8万缅币（市场价约合474美元）。

**产　业** 农业在国民经济中占较大比重，农业劳动力约占全国劳动力总数的64%。以种植业为主。可耕种面积为8470万英亩。主要农作物有水稻、小麦、玉米、花生、芝麻、棉花、豆类、甘蔗、油棕、烟草和黄麻等。2008/2009财年，稻米种植面积2000万英亩，出产稻谷15亿缅箩，2009年出口大米100万吨。豆类种植面积900万英亩，产量270万吨，2008/2009财年，缅甸出口各种豆类达150万吨。棉花种植面积91万英亩，产量2.3万吨。橡胶种植面积115万英亩，年产橡胶9万吨。油料作物种植面积800万英亩，食用油生产能力为20万吨/年。工业主要行业有农产品加工、油气开采（蒲甘、宫达臣、坦德宾是现有的三大油田）、小型机械制造、纺织印染、木材加工、制糖、造纸、化肥、制药、电力等。第三产业发展较快，2008/2009财年赴缅甸旅游人数同比下降11.5%，游客总数25.5万人次，较2008年减少3.35万人次。

**金　融** 国有银行5家，私人银行20家。货币名称为缅币，单位为元。2009年，缅甸官方汇率为1美元兑换5.5080缅元，2010年6月市场汇率为1美元兑换990缅元。由于金融危机的影响，2009年缅甸外债累计67亿美元，外汇储备约36亿美元。

**进出口贸易** 2009/2010财政年度缅甸进出口额达118亿美元，其中出口额76亿美元，进口额42亿美元，贸易顺差34亿美元。出口额最大的商品依次为天然气、矿产品、豆类、林产品、水产品。进口额最大的商品依次为成品油、食用油、药品。

**外　资** 截至2009/2010财年，来自31个国家和地区在缅甸投资424个项目，投资总额160.5亿美元。主要投资国为泰国、英国、中国、新加坡和马来西亚，主要投资领域为能源、工业、旅游、建筑及农业等。

## 传媒

缅甸报纸均为官办，全国发行的报纸有3种：《缅甸之光》（缅文版）、《缅甸新光》（英文版）和1992年9月复刊的《镜报》。地方性的报纸有仰光出版的《首都报》、曼德勒出版的《曼德勒报》和《雅德那崩报》3份。此外，全国还有约140种杂志和期刊，较著名的有《妙瓦底》《秀玛瓦》《威达意》《视野》和《财富》等。1997年11月，华文报纸《缅甸华报》创刊，是缅甸唯一允许公开发行的华文报刊。

缅甸通讯社为国家通讯社。

官办的“缅甸之声”是唯一的广播电台，建于1937年。目前用缅甸语、英语及八种少数民族语言广播。全国有两个电视台。缅甸电视台建于1980年；妙瓦底电视台创办于1995年3月27日。目前，缅甸全国各地共有电视转播站177个，全国各省邦大部分地区都能收看电视节目。

# 菲律宾

## 国名

菲律宾共和国（The Republic of The Philippines），简称菲律宾。

## 国旗

菲律宾国旗呈横长方形，长与宽之比为2∶1。靠旗杆一侧为白色等边三角形，中间是放射着八束光芒的黄色太阳，三颗黄色的五角星分别在三角形的3个角上。旗面右边是红蓝两色的直角梯形，两色的上下位置可以调换。平时蓝色在上，战时红色在上。太阳和光芒图案象征自由；八道较长的光束代表最初起义时争取民族解放和独立的8个省，其余光芒表示其他省。3颗五角星代表菲律宾的3大地区：吕宋、萨马和棉兰老。蓝色象征忠诚、正直，红色象征勇气，白色象征和平和纯洁。

## 国徽

菲律宾国徽为盾形，中央是太阳放射光芒图案，3颗五角星在盾面上部，其寓意同国旗。左下方为蓝地黄色的鹰，右下方为红地黄色狮子。狮子和鹰图案分别为在西班牙和美国殖民统治时期菲律宾的标志，象征菲律宾摆脱殖民统治、获得独立的历史进程。盾徽下面的白色绶带上用英文写着“菲律宾共和国”。

## 主要节日

独立日：6月12日（1898年）。国庆日：6月12日（1898年）。自由日：2月25日。巴丹日：4

月9日（纪念二战阵亡战士）。五月花节：5月最后一个星期日。国家英雄日：8月27日。英雄节（纪念民族英雄黎刹就义）：12月30日。

## 自然地理

菲律宾位于亚洲东南部，西濒南中国海，东临太平洋，是一个群岛国家，共有大小岛屿7107个。这些岛屿像一颗颗闪烁的明珠，星罗棋布地镶嵌在西太平洋的万顷碧波之中，菲律宾也因此拥有“西太平洋明珠”的美誉。菲律宾陆地面积29.97万平方公里，其中吕宋岛、棉兰老岛、萨马岛等11个主要岛屿占全国总面积的96%。菲律宾海岸线长达18533公里，多天然良港。菲律宾属季风型热带雨林气候，高温多雨。植物资源十分丰富，热带植物多达万种，素有“花园岛国”的美称。其森林面积为1585万公顷，覆盖率达53%，产有乌木、檀木等名贵木材。

菲律宾海洋一隅

## 国民

**人　口**　约为9223万（截至2009年底）。

**民　族**　菲律宾是一个多民族国家，马来族占全国人口的85%以上，包括他加禄人、伊洛戈人、邦班牙人、比萨亚人和比科尔人等。少数民族和外国后裔有华人、印尼人、阿拉伯人、印度人、西班牙人和美国人，还有为数不多的原住民。

**语　言**　菲律宾有70多种语言。国语是以他加禄语为基础的菲律宾语，英语为官方语言。

**宗　教**　国民约84%信奉天主教，4.9%信奉伊斯兰教，少数人信奉独立教和基督教新教，华人多信奉佛教，原住民多信奉原始宗教。

## 行政区划

首都为马尼拉（Metro Manila）。全国划分为吕宋、维萨亚和棉兰老三大部分。共设有首都地区、科迪勒拉行政区和棉兰老穆斯林自治区，以及伊罗戈区、卡加延谷区、中吕宋区、南塔加罗格区、比克尔区、西维萨亚区、中维萨亚区、东维萨亚区、西棉兰老区、北棉兰老区、南棉兰老区、中棉兰老区和卡拉加区等13个地区。下设73个省，2个分省和60个市。

## 国体政体

**政　体**　菲律宾实行总统制。总统是国家元首、政府首脑兼武装部队总司令。

**宪　法**　菲律宾独立后共颁布过三部宪法，现行宪法于1987年2月由全民投票通过并正式生效。宪法规定，菲律宾实行三权分立政体；总统拥有行政权，由选民直接选举产生，任期6年，不得连选连任；总统无权实施戒严法，无权解散国会，不得任意拘捕反对派；禁止军人干预政治；保障人权，取缔个人独裁统治；进行土地改革等。

**议　会**　国会为菲律宾最高立法机构，由参、众两院组成。参议院由24名议员组成，由全国直接选举产生，任期6年，每3年改选50%，可连任两届。众议院由250名议员组成，其中200名由各省、市按人口比例分配，从全国各选区选出。25名由在参选中获胜的政党委派，另外25名由总统任命。众议员任期3年，可连任3届。本届国会于2007年7月选举产生。维拉和德贝内西亚当选参、众议长。2008年2月，诺格拉雷斯接替德贝内西亚任众议长；2008年11月，恩里莱接替维拉任参议长。

**国家政要**　总统贝尼格诺·阿基诺三世，2010年7月上任；现任外交部长罗慕洛留任。

**政　府**　菲律宾实行总统制，总统为国家元首、政府首脑兼武装部队总司令。本届内阁于2010年7月组成。目前，内阁成员24名。副总统为杰乔玛·比奈。

**司　法**　菲律宾司法权属最高法院和各级法院。最高法院由1名首席法官和14名陪审法官组成，均由总统任命，拥有最高司法权。下设上诉法院、地方法院和市镇法院。莱拉·德利马任司法部长，伏尔泰·加兹米恩出任国防部长。现任菲律宾国家警察总长赫苏斯·贝尔索萨继续担任现职，北吕宋军区司令里卡多·戴维中将出任武装部队总参谋长一职。

**政　党**　菲律宾共有政党100余个，大多为地方性小党。主要政党包括：

自由党，是菲律宾执政党，1945年11月自国民党中分裂出来。自由党创始者曼努埃尔·罗哈斯是菲律宾第三共和国的第一任总统，之后，自由党的党首埃尔皮迪奥·基里诺和迪奥斯达多·马卡帕加尔也先后当选为总统。自由党政府在1992年大选中失利，成为在野党。2000年，自由党领导了反对时任总统约瑟夫·埃斯特拉达的群众运动，将其推翻。2010年，自由党候选人贝尼格诺·阿基诺三世参选总统获胜，自由党重新成为菲律宾执政党。2010年，自由党在菲律宾国会中拥有4个参议员席位和19个众议员席位。

基督教穆斯林民主力量党（简称拉卡斯）是国内最大政党，系前总统拉莫斯于1991年底创立，由人民力量党、全国基督教民主联盟、菲律宾穆斯林民主联盟、团结党等整合而成。该党派主张通过谈判实现民族和解，促进社会稳定。经济上重视农业发展，增加就业，扶助贫困，加快私有化进程。倡导经济外交，奉行更加开放政策。该党全国主席是前任总统阿罗约，总裁是前众议长德贝内西亚。

民族主义人民联盟（NPC）是前总统埃斯特拉达的执政党联盟——爱国民众战斗党（LAMP）成员之一。2000年10月，埃斯特拉达被弹劾后成为独立党派，现为菲律宾众议院第二大党。该党支持修改宪法。为防止总统权力过大，主张实行议会制政体及实行两党制，支持加快国有企业私有化。现任主席为前众议员圣胡安。

摩洛民族解放阵线（简称摩解）系南部穆斯林武装组织，1968年创立，旨在棉兰老地区建立独立的伊斯兰国家。1996年，菲律宾政府与摩解达成和平协议。2001年，摩解主席密苏阿里与阿罗约政府发生利益冲突，并在霍洛岛发动武装叛乱。菲律宾政府迅速平叛，宣布密苏阿里犯有叛乱罪，摩解另一派系领导人胡安继任该党主席。2007年2月，阿罗约总统下令执行与摩解的和平协议条款，希望通过和平、发展、多种信仰对话及国际合作实现与摩解的最终和解，解决菲律宾南部冲突。

摩洛伊斯兰解放阵线（简称摩伊解）是最大的穆斯林反政府组织，主要活跃在棉兰老岛。

## 经济

**国内生产总值** 据菲律宾统计局初步统计，2009年菲律宾完成现价国内生产总值为76691.44亿比索（约1610.25亿美元），实际增长0.9%。人均国内生产总值为83152菲律宾比索，约合1746美元。

**产　业** 第一产业增加值为11446.15亿菲律宾比索，实际增长0.1%；第二产业增加值为22951.26亿菲律宾比索，实际下降2.0%；第三产业增加值为42294.02亿菲律宾比索，实际增长3.2%。第一、二、三产业占国内生产总值的比重分别为14.9%、29.9%、55.2%。

**财　政** 菲律宾2009年财政赤字一路飙升，最终达到2985亿比索（约合63亿美元），约占GDP的3.9%，极大超过2500亿比索的预算赤字目标以及国际公认的3%的警戒线。

**金　融** 主要银行有首都银行、商业银行等。货币名称为比索。2010年初比索和美元平均比价为44.82∶1。2009年通胀率锁定在3.2%。截至2010年5月底，菲律宾外汇储备升至创纪录的476.5亿美元。2009年，菲律宾预算赤字达2985亿比索，约占GDP的3.9%。

**进出口贸易** 2009年全年外贸进出口总额为813亿美元，同比下降23.17%。其中，出口为383亿美元，同比下降22%；进口为430.04亿美元，同比下降24.2%；贸易逆差为47.04亿美元，同比减少38.67%。

**外　资** 2009年菲律宾吸收外国直接投资13.28亿美元，同比上升17.9%，外资主要来源国为美国、日本、中国香港和荷兰等。

## 传媒

主要英文日报：《马尼拉公报》《菲律宾星报》《菲律宾询问日报》《自由报》《马尼拉时报》《马尼拉纪事报》。菲文日报：《消息报》《菲律宾快报》。华文日报：《世界日报》《商报》《菲华时报》《联合日报》和《环球日报》。

成立于1973年的菲律宾通讯社为官方通讯社，与中国、马来西亚、印尼、泰国、巴基斯坦、日本等15个国家和地区的通讯社建有新闻交换关系，与美联社、路透社均有工作联系。新闻组织有菲律宾全国新闻记者俱乐部、菲律宾新闻摄影家协会、菲律宾出版者协会等。全国有257家出版机构。

全国有629家广播电台，137家电视台。其中，广播局和人民电视台属官方性质，其余均为私人所有。菲律宾广播电台、电视台使用的语言主要是英语、他加禄语和华语。

# 新加坡

## 国名

新加坡共和国（The Republic of Singapore），简称新加坡。

## 国旗

新加坡国旗由上红下白两个相等的横长方形组成，长宽之比为3∶2。左上角有一弯白色新月和五颗白色五角星。红色代表人类的平等，白色象征纯洁和美德。新月象征国家，五颗星代表国家建立民主、和平、进步、正义和平等的思想。新月和五颗星的组合紧密而有序，象征新加坡人民团结和互助的精神。

## 国徽

新加坡国徽由盾徽、狮子、老虎等图案组成。红色的盾面上镶有白色的新月和五角星，其寓意与国旗相同。红盾左侧是一头狮子，这是新加坡的象征，新加坡在马来语中是“狮子城”的意思；右侧是一只老虎，象征新加坡与马来西亚之间历史上的联系。红盾下方为金色的棕榈枝叶，底部的蓝色绶带上用马来文写着“前进吧，新加坡!”。

## 主要节日

独立日：8月9日（1965年）。华人新年：每年1月或2月的农历新年。中秋节：农历8月15日。开斋节：回历10月新月出现之时。泰米尔新年：4、5月间。大宝森节：泰米尔历的1、2月间。蹈火节：10～11月。卫塞节：5月的月圆日。圣诞节：12月25日。复活节：3月21日月圆后的周日。

## 自然地理

位于马来半岛南端、马六甲海峡出入口，北隔柔佛海峡与马来西亚相邻，南隔新加坡海峡与印度尼西亚相望。由新加坡岛及附近约60个小岛组成，其中新加坡岛占全国面积的88.5%。地势低平，平均海拔15米，最高海拔163米，海岸线长193公里。属热带海洋性气候，常年高温潮湿多雨。年平均气温24℃～27℃，日平均气温26.8℃。年平均降水量2345毫米，年平均湿度84.3%。

新加坡著名建筑——榴莲屋

## 国民

**人　口**　公民和永久居民373.3万，常住人口498.8万（2009年）。华人占75%左右，其余为马来人、印度人和其他种族。

**语　言**　马来语为新加坡国语，英语、华语、马来语、泰米尔语为官方语言，英语为行政用语。

**宗　教**　主要宗教为佛教、道教、伊斯兰教、基督教和印度教。

## 行政区划

首都为新加坡。新加坡市行政上相当于国家，因此是一个城市国家，它分四个地区——市中心地区、市中心周围地区（北、东北和西部）、市郊区（东、北和西部）、外围地区（东、北和西部）。

## 国体政体

**国　体**　新加坡实行议会共和制。总统为国家元首，由全民选举产生，任期6年。实行立法、行政、司法三权分立。

**宪　法**　1963年9月，新加坡并入马来西亚后，颁布了州宪法。1965年12月，州宪法经修改后成为新加坡共和国宪法，并规定马来西亚宪法中的一些条文适用于新加坡。宪法规定：实行议会共和制。总统为国家元首。1992年国会颁布民选总统法案，规定从1993年起总统由议会选举产生改为民选产生，任期从4年改为6年。总统委任议会多数党领袖为总理；总统和议会共同行使立法权。总统有权否决政府财政预算和公共部门职位的任命，可审查政府执行内部安全法令和宗教和谐法令的情况；有权调查贪污案件。总统在行使主要公务员任命等职权时，必须先征求总统顾问理事会的意见。

**国　会**　新加坡实行一院制，任期5年。国会可提前解散，大选须在国会解散后3个月内举行。年满21岁的新加坡公民都有投票权。国会议员分为民选议员、非选区议员和官委议员。其中民选议员从全国9个单选区和14个集选区中由公民选举产生。集选区候选人以3～6人一组参选，其中至少1人是马来族、印度族或其他少数种族。同组候选人必须同属一个政党，或均为无党派者，并作为一个整体竞选。非选区议员从得票率最高的反对党未当选候选人中任命，最多不超过6名，从而确保国会中有非执政党的代表。官委议员由总统根据国会特别遴选委员会的推荐任命，任期两年半，以反映独立和无党派人士意见。本届国会于2006年5月6日选举产生，共有84名民选议员，其中人民行动党82名，工人党和民主联盟各1名。2006年11月召开第十一届国会首次会议，阿都拉连任议长。

**国家政要**　总统纳丹（S. R. Nathan），1999年9月1日就任，任期6年，2005年9月连任。总理李显龙（Lee Hsien Loong），2004年8月宣誓就职，

2006年5月再次当选，5月30日宣誓就职。

**政　府**　本届内阁于2006年5月30日成立。主要成员有：总理李显龙、国务资政吴作栋、内阁资政李光耀、国务资政兼国家安全统筹部长贾古玛、副总理兼内政部长黄根成、副总理兼国防部长张志贤、外交部长杨荣文、财政部长尚达曼等。

**司　法**　新加坡设有最高法院和总检察署。最高法院由最高法庭和上诉庭组成。1994年，废除上诉至英国枢密院的规定，确定最高法院上诉庭为终审法庭。最高法院大法官由总理推荐、总统委任。大法官陈锡强（CHAN Sek Keong），总检察长梅达顺（Sundaresh Menon），定于2010年10月起任职。

**政　党**　已注册的政党共24个。人民行动党为执政党。1954年11月由现任内阁资政李光耀等人发起成立。人民行动党从1959年至今一直保持执政党地位。李光耀长期任该党秘书长，1991年吴作栋接任。2004年12月，李显龙接替吴作栋出任该党秘书长。

近年来影响较大的还有工人党，创立于1957年11月。该党于1971年重建领导机构，提出废除雇佣制，修改国内治安法，恢复言论和结社自由。近年来工人党的影响有所扩大。1981年起，该党在大选中数次赢得议席，2006年大选中又获1席。

## 经济

**国内生产总值**　根据中华人民共和国外交部网站公布的统计数据，2009年新加坡国内生产总值为1840.3亿美元，比2008年减少2%。人均国内生产总值为36897美元。

**产　业**　农业在国民经济中占比重较小，2009年产值在国民经济中占不到0.1%。工业化程度高，主要行业是制造业和建筑业。是世界第三大炼油中心。2009年，新加坡工业产值624.9亿新元，占国内生产总值的23.6%。服务业发达，包括零售与批发贸易、旅游、交通与电信、金融、商业等行业，2009年服务业产值1736亿新元，占国内生产总值的65.5%。旅游业兴旺发达，被誉为“亚洲旅游王国”。游客主要来自东盟国家、中国、澳大利亚、印度和日本。2009年接待外国游客968.1万人次（不含陆地入境的马来西亚公民），下降4.3%，酒店住房率76.1%。

**金　融**　由金融管理局负责制定和实施各项金融政策，负责监督与管理商业银行及其他金融机构的经营活动，其实际上执行着中央银行的职能，但不发行货币。拥有1000多家金融机构。货币名称为新加坡元。新加坡国家统计局公布的数据显示，新加坡2009年通货膨胀率为0.6%，远远低于2008年的6.5%。2009年新元和美元平均比价为1.4545∶1。新加坡统计局公布的数据显示，截至2009年12月，新加坡外汇储备1896亿美元，无外债。

**进出口贸易**　主要出口电子真空管、加工石油产品、办公及数据处理机零件、数据处理机和电讯设备等，主要进口电子真空管、原油、加工石油产品、办公及数据处理机零件等。主要贸易伙伴为马来西亚、中国、美国、印尼和日本。

2009年，新加坡对外贸易进出口总额为7474.2亿新元，同比减少19.4%。其中，进口3563亿新元，减少26.5%；出口3911.2亿新元，减少21.9%，逆差348.2亿新元。

**外　资**　2009年，新加坡获得固定资产总投资118亿新元，超出2008年初的预期。在全球经济低迷的大环境下，新加坡凭借其扎实的基础仍然在2009年吸引了众多高质量的资金密集型、知识密集型和（或）创新密集型投资项目。

## 传媒

英文报有《海峡时报》《商业时报》《新报》；华文报有《联合早报》《联合晚报》《新明日报》；马来文报有《每日新闻》；此外还有泰米尔文报《泰米尔日报》。广播电台于1936年开播，1959年1月起用马来语、英语、华语、泰米尔语广播。新加坡广播电台拥有并经营12个国内电台和3个国际电台。新加坡电视机构拥有并经营2个频道，一个播送华文节目，另一个播送英文节目，每天播送24小时。12电视私人公司经营2个频道，一个主要为马来族和印度族人口服务，另一个主要播送体育及文艺节目。1995年有线电视网开通，用户可接收30多个频道、10余个国家的电视节目。1995年开通卫星电视。

# 泰　国

## 国名

泰王国（The Kingdom of Thailand），简称泰、泰国。

## 国旗

泰国国旗呈长方形，长宽之比为3∶2。由红、白、蓝三色的五个横长方形平行排列构成。上下方为红色，蓝色居中，蓝色上下方为白色。蓝色宽度相等于两个红色或两个白色长方形的宽度。红色代表民族和象征各族人民的力量与献身精神。白色代表宗教，象征宗教的纯洁。泰国是君主立宪政体国家，国王至高无上，蓝色代表王室。蓝色居中象征王室在各族人民和纯洁的宗教之中。

## 国徽

泰国国徽图案是一只大鹏鸟，鸟背上蹲坐着那莱王。传说大鹏鸟是一种带有双翼的神灵，那莱王是传说中的守护神。

## 主要节日

宋干节（公历4月13～15日）；水灯节（泰历12月15日）；国庆日（国王诞辰日，公历12月5日）；农耕节：6月（泰历）。节日由占卜师选择在每年5月（泰农历6月）的一个吉日良辰按照婆罗门教的习俗举行。

农耕节是泰国的重要节日，每年到农耕节时泰国都要在曼谷大王宫旁边的王家田广场举行大典。农耕节大典始于13世纪的素可泰王朝。

## 自然地理

泰国国土面积约51.3万多平方公里，位于亚洲中南半岛中南部，东南临泰国湾（太平洋），西南濒安达曼海（印度洋），西和西北与缅甸接壤，东北与老挝交界，东南与柬埔寨为邻，疆域沿克拉地峡向南延伸至马来半岛，与马来西亚相接，其狭窄部分居印度洋与太平洋之间。属热带季风气候。全年分为热、雨、旱三季。年均气温24℃～30℃。

泰国金沙岛

## 国民

**人　口**　约6698万（截至2009年底）。

**民　族**　泰国是一个由30多个民族组成的多民族国家，其中泰族占人口总数的40%、老族占35%，马来族占3.5%，高棉族占2%等。此外还有苗、瑶、桂、汶、克伦、掸等山地民族。

**语　言**　泰语为国语。

**宗　教**　佛教是泰国的国教，90%以上的居民信仰佛教，马来族信奉伊斯兰教，还有少数信奉基督教新教、天主教、印度教和锡克教。几百年来，泰国的风俗习惯、文学、艺术和建筑等几乎都和佛教有着密切的关系。到泰国旅游，处处可见身披黄色袈裟的僧侣，以及富丽堂皇的寺院。因此，泰国又有“黄袍佛国”的美称。佛教为泰国人塑造了道德标准，使之形成了崇尚忍让、安宁和爱好和平的精神风范。

## 行政区划

首都为曼谷。全国分中部、南部、东部、北部和东北部五个地区，现有76个府。府下设县、区、村。曼谷是唯一的府级直辖市。各府名称如下：曼谷（直辖市）、暖武里、巴吞他尼、大城、北标、北揽、佛统、夜功、那空那育、红统、信武里、素攀武里、乌泰他尼、猜那、华富里、龙仔厝、甘烹碧、北榄坡、帕、拍瑶、披集、清莱、夜丰颂、南邦、南奔、素可泰、清迈、程逸、彭世洛、碧差汶、难、呵叻、四色菊、加拉信、色军、孔敬、武里南、耶梭通、乌汶、乌隆、素林、那空帕农、猜也奔、莫达汉、廊开、黎逸、玛哈沙拉堪、巴真、北柳、尖竹汶、春武里、罗勇、达叻、巴蜀、叻丕、北碧、佛丕、达、甲米、北大年、宋卡、沙敦、也拉、拉农、洛坤、春蓬、陶公、素叻、普吉、博达伦、董里、攀牙、沙缴、安纳乍能、廊莫那浦。

## 国体政体

**宪　法**　现行宪法于2007年8月24日经普密蓬国王御准生效。分为总章、国王、公民权利、自由与义务、基本国策、议会、内阁、法院、权力监督、地方行政等15章309款。

**议　会**　现行宪法规定，国会是国家最高立法机构，实行上、下两院制。上议院设150个议席，其中76个议席由全国76府直选产生，其余74个议席由专门委员会遴选产生，任期6年。巴索素·汶德任国会副主席兼上议院议长。下议院设480个议席，其中400个议席由选举产生，其余80个议席根据各党的选票比例按区域分配，任期4年。猜·奇触任国会主席兼下议院议长。

**国家政要**　国王普密蓬·阿杜德（Bhumibol Adulyadej），1946年即位，1950年5月加冕；总理阿披实·维乍集瓦（Abhisit Vejjajiva），2008年12月当选；下议院议长兼国会主席猜·奇触，2008年5月当选。

**政　府**　现政府于2008年12月成立。总理阿披实·维乍集瓦、副总理素贴·特素班、副总理戴隆·素旺纳奇里、副总理沙南·卡宗巴萨、财政部长功·扎迪瓦尼、外交部长格实·披隆。现政府共有35位内阁成员。

**司　法**　大陆法系，以成文法作为法院判决的主要依据。司法系统由宪法法院、司法法院、行政法院和军事法院构成。宪法法院主要是对部分议员或总理质疑违宪、但已经国会审议的法案及政治家涉嫌隐瞒资产等案件进行终审裁定，以多数决定裁决结果。宪法法院由1名院长及14名法官组成，由上议院议长提名呈交国王批准，任期9年。行政法院主要审理涉及国家机关、国有企业及地方政府间或公务员与私企间的诉讼纠纷。行政法院分为最高行政法院和初级行政法院两级，并设有由最高行政法院院长和9名专家组成的行政司法委员会。最高行政法院院长的任命须经行政司法委员会及上议院同意，由总理提名呈国王批准。军事法院主要审理军事犯罪和法律规定的其他案件。司法法院主要审理不属于宪法法院、行政法院和军事法院审理的所有案件，分最高法院（大理院）、上诉法院和初审法院三级，并设有专门的从政人员刑事厅。另设有司法委员会，由大理院院长和12名分别来自三级法院的法官代表组成，负责各级法官任免、晋升、加薪和惩戒等事项。司法法院下设秘书处，负责处理日常行政事务。

**政　党**　截至2010年1月，共有56个政党在选举委员会登记注册。主要政党有：

民主党（DEMOCRAT PARTY）。1946年4月6日成立。党首阿披实·维乍集瓦，秘书长素帖·特素班。执委19人。在全国设有195个党部。党员286万人。

为国党（PUEA PANDIN PARTY）。2007年10月2日成立。党首参猜·猜隆棱，秘书长猜裕·集拉美塔功。执委55人。在全国设有5个党部。党员7621人。

同心发展泰国党（RUM JAJ THAI CHART PATTANA PARTY）2007年10月3日成立。党首万纳拉·参努军，秘书长巴迪·帕塔拉巴实。执委12人。在全国设有4个党部。党员6487人。

自豪泰党（BHUMJAITHAI PARTY）。2008年11月5日成立。党首差瓦乐·参威拉军，秘书长蓬提瓦·纳卡塞。执委12人。在全国设有5个党部。党员16478人。

泰国发展党（CHART THAI PATTANA PARTY）。2008年4月18日成立。党首春蓬·信拉巴阿差，秘书长比差·占佩。执委9人。在全国设有6个党部。党员13113人。

社会行动党（SOCIAL ACTION PARTY）。1982年8月20日成立。党首通蓬·迪派，秘书长萨勇普·吉萨勇普。在全国设有4个党部。党员27205人。

为泰党（PHEU THAI PARTY）。2007年9月20日成立。党首勇育·威猜滴，秘书长素尼·朗威吉。执委13人。在全国设有5个党部。党员11800人。

皇家人民党（PRACHARAJ PARTY）。2006年1月10日成立。党首沙诺·天通，秘书长塔尼·天通。执委8人。在全国设有5个党部。党员13354人。

## 经 济

**国内生产总值**　根据中华人民共和国外交部网站数据，2009年泰国国内生产总值约为2661亿美元，较2008年减少2.3%。人均国内生产总值为3973美元。

**产　业**　农业较发达，泰国是世界著名的大米生产国和出口国，大米出口是泰国外汇收入的主要来源之一，其出口额约占世界市场稻米交易额的1/3。全国可耕地面积约2240亿平方米，占国土面积的41%。主要作物有稻米、玉米、木薯、橡胶、甘蔗、绿豆、麻、烟草、咖啡豆、棉花、棕油、椰子等。2008年出口农产品293.7亿美元，同比增长30.1%。2009年农业占GDP比重为8.9%。泰国工业属于出口导向型工业，主要行业有采矿、纺织、电子、塑料、食品加工、玩具、汽车装配、建材、石油化工、软件、轮胎、家具等。工业在国内生产总值中的比重不断上升。2008年工业生产指数增长5.3%，商用运输设备生产增长14.8%，电子设备和食品生产也有不同幅度的增长。2009年工业占GDP比重为39.0%。2009年服务业占GDP比重为33.8%。旅游业保持稳定发展势头，是外汇收入的重要来源之一。主要旅游景点有曼谷、普吉、清迈、帕塔亚、清莱、华欣、苏梅岛等，近年来这些景点也越来越受到国内外游客的欢迎。近年来由于政局不稳，旅游业受到较大影响。

**财　政**　2009财政年泰国财政实际支出为1.8万亿铢，收入1.4万亿铢。

**金　融**　2009年泰铢和美元平均比价为34.34：1。截至2009年底，泰国外债为699亿美元，外汇储备1110亿美元。

**进出口贸易**　中华人民共和国外交部网站的数据显示，2009年泰国对外贸易额2882亿美元，其中，出口1508亿美元，进口1314亿美元，分别减少13.9%和24.9%。日本、美国、中国、东盟等国家和地区是泰国重要贸易伙伴。

## 传媒

泰国媒体以私营为主，按市场规则运作。泰文媒体是泰国的主流媒体，英文、华文媒体居辅助地位。主要泰文报纸有《泰叻报》《民意报》《每日新闻》《国家报》《沙炎叻报》《经理报》等；主要华文报纸有《新中原报》《中华日报》《星暹日报》《亚洲日报》《世界日报》和《京华中原日报》等；主要英文报纸有《曼谷邮报》《民族报》等。

广播电台有230多家，其中由政府民众联络厅掌管的有59家。泰国国家广播电台为国家电台，设有国外部，用泰、英、法、中、马来、越、老、柬、缅、日等语言广播。无线电视台共6家，都设在曼谷，大部分电视节目通过卫星转播。地方有线电视公司86家。电视网覆盖全国。

# 越　南

## 国名

越南社会主义共和国（The Socialist Republic of Viet Nam），简称越南。

## 国旗

越南国旗为长方形，长宽之比为3∶2，红底中间有五角金星。国旗旗底为红色，旗中心为一枚五角金星。红色象征革命和胜利。五角金星象征越南劳动党对国家的领导，五星的五个角分别代表工人、农民、士兵、知识分子和青年，即通常说的金星红旗。

## 国徽

呈圆形。红色的圆面上方镶嵌着一颗金黄色的五角星；下端有一个金黄色的齿轮，象征工业；圆面周围对称地环绕着两捆由红色饰带束扎的稻穗，象征农业；金色齿轮下方的饰带上用越文写着“越南社会主义共和国”。国徽图案于1956年选定。

## 主要节日

国庆日（独立日）：9月2日（1945年）；越南南方解放日：4月30日（1975年）；越南共产党成立日：2月3日（1930年）；胡志明诞辰日：5月19日（1890年）；越南民族传统节日主要有春节、清明、端午、中秋、重阳等，其中春节为最盛大的节日。

越南岘港

## 自然地理

越南位于中南半岛东部，北与中国接壤，西与老挝、柬埔寨交界，东面和南面临南海，海岸线长3260多公里，国土面积32.95万平方公里。越南地形狭长，南北长1600公里，东西最窄处为50公里。越南地势西高东低，境内四分之三为山地和高原。北部和西北部为高山和高原。中部长山山脉纵贯南北。主要河流有北部的红河和南部的湄公河。红河和湄公河三角洲地区为平原。1989年全国森林覆盖面积9.8万平方公里。越南全国地处北回归线以南，高温多雨，属热带季风气候。年平均气温24℃左右。年平均降雨量为1500～2000毫米。北方分春、夏、秋、冬四季。南方雨旱两季分明，大部分地区5～10月为雨季，11月至次年4月为旱季。河内时间：G—T+7小时（比北京时间晚1个小时）。

## 国民

**人　口**　8579万（2009年）。

**民　族**　越南是一个多民族的国家，有54个民族，京族占总人口的89%，岱依族、傣族、芒族、华人、侬族人口均超过50万。

**语　言**　通用越南语。

**宗　教**　主要宗教有佛教、天主教、和好教和高台教。

## 行政区划

首都为河内（Ha Noi），2008年8月1日，原河内市与整个河西省、永富省迷灵县、和平省梁山县4个乡合并成新河内市，总面积达3340平方公里，人口645万人（2009年）。全国划分为59个省和5个直辖市。

## 国体政体

**国　体**　越南宪法规定：越南是社会主义国家，越南共产党是领导国家和社会的力量，国家的一切权利属于人民，实行人民代表制度。

**宪　法**　越南宪法于1992年通过，是1946年、1959年和1980年宪法的继承和发展。宪法规定：越南社会主义共和国国家政权属于人民，越南共产党以马克思列宁主义和胡志明思想为指导思想。2001年国会对宪法部分条款作出修改，确定越南要发展“社会主义定向”的市场经济。

**议　会**　称为国会，是国家最高权力机关，通常每年举行两次例会。现为第12届国会，共有493名国会代表。现任国会主席阮富仲，2006年6月26日当选，2007年7月当选连任。

**国家政要**　越共中央总书记农德孟，2006年4月当选；国家主席阮明哲，2006年6月当选，2007年7月再次当选；国会主席阮富仲，2006年6月当选，2007年7月再次当选；总理阮晋勇，2006年6月当选，2007年7月再次当选。

**政　府**　本届政府于2007年8月成立。主要成员有：总理阮晋勇、常务副总理阮生雄、副总理兼外长范家谦、副总理张永仲、副总理黄忠海、副总理兼教育培训部长阮善仁等。

**司　法**　司法体系由最高人民法院、最高人民检察院及地方法院、地方检察院和军事法院组成。最高人民法院院长张和平，2007年7月就任；最高人民检察院检察长陈国旺，2007年7月就任。

**政　党**　越南实行一党制，越南共产党（简称越共）是唯一政党。1930年2月3日成立，同年10月改名为印度支那共产党，1951年更名为越南劳动党，1976年改用现名。现有党员约290万，基层组织48000个，同世界上180多个政党建有党际关系。越共中央总书记为农德孟。

越南祖国阵线是越南的统一战线组织，成立于1955年9月，南北方统一后于1977年同越南南方民族解放阵线和越南民族、民主及和平力量联盟合并。第七届祖国阵线中央主席团主席黄担，2008年1月当选。

## 经济

**国内生产总值**　2009年越南国内生产总值约为888亿美元，比2008年增长5.23%。2009年人均国内生产总值约为1100美元。

**产　业**　农业以种植业为主。工业主要有能源、机械、化工、建筑材料、钢铁、纺织、鞋类加工、食品等行业。2009年，越南农林渔业总产值为219.9万亿越盾，比2008年增长3%，其中农、林、渔业产值分别增长2.2%、3.8%、5.4%。2009年越南工业产值增长7.6%。其中，国有企业产值增长3.7%，外资企业产值增长9.9%。主要工业产品有：煤炭、原油、天然气、液化气、水产品等。2009年服务业产值增长11%。近年来旅游业增长迅速，经济效益显著。受国际金融危机影响，2009年全年接待国外游客220万人次，比2008年减少14.8%。

**财　政**　2009年越南财政收支基本完成年初计划。截至2010年6月15日，越南财政预算收入约为220.6万亿越盾，完成2010年计划的47.8%；财政总支出为249万亿越盾，完成2010年计划的42.8%；财政赤字约为28.4万亿越盾，为同期财政预算支出的12.9%。

**金　融**　货币名称为越南盾。2009年全年CPI同比上涨6.88%。2009年12月越南盾对美元的比价为18950∶1。主要银行有越南国家银行（亦称中央银行）、越南工商银行、越南外贸银行、越南国际贸易股份银行等。2009年越南外债总额约为230亿美元，高于2008年的218亿美元。其中，到期债务约为16亿美元。同期越南外汇储备约为192亿美元，低于2008年的238.9亿美元。

**进出口贸易**　受国际金融危机的影响，2009年越南外贸额有所下降。货物进出口贸易总额约为1254亿美元，贸易逆差122亿美元。其中，出口566亿美元，下降9.7%，进口688亿美元，下降14.7%。服务贸易进出口总额126.03亿美元。

越南主要贸易对象为：中国、美国、欧盟、东盟、日本。主要出口商品有原油、服装纺织品、水海产品、鞋类、大米、木材、电子产品、咖啡。

**外　资**　受国际金融危机影响，2009年外国在越南直接投资大幅减少。2009年外国新增在越南投资协议金额为214.8亿美元，减少70%，协议项目839个，实际到位100亿美元，减少13%。在越南总投资排名前四位的国家和地区依次是美国、开曼群岛、萨摩亚、韩国。

## 传媒

越南新闻出版法规定报纸由国家控制。中央及地方新闻单位共450家。主要出版社有政治出版社、文化出版社、文学出版社、科技出版社、教育出版社和世界出版社等。各种出版物13515种，年发行量2.18亿册。报社约150家，其余为行业小报。主要报刊有《人民报》，越共中央机关报，1951年创刊，在国外设有3个分支机构，1998年5月开设电子版；《人民军队报》，越南人民军总政治局机关报；《大团结报》，祖国阵线中央机关报；《西贡解放报》（越文和中文版），越共胡志明市委机关报；《共产主义》月刊，越共中央政治理论刊物，1956年创刊，2001年开设电子版；《全民国防》月刊。

越南通讯社：国家通讯社，1945年创立，1976年越南南方解放通讯社与之合并。在全国各省市均设有分社，驻外分社有16个。1998年8月开设互联网（越、英、法、西班牙文）。

"越南之声"广播电台：成立于1954年，有四套对内节目，用越南语及数种少数民族语言播音，每天广播98小时；对外广播用中国普通话、中国广东话、俄语、英语、法语、西班牙语、日语、泰语、老挝语、柬埔寨语、印尼语、马来语等。每日播音时长为26小时。

越南中央电视台：成立于1971年，可同时播送四套节目，每天播出约21小时。

# 双边关系

## 中国与文莱双边关系

### 一、双边政治关系与重要往来

中国和文莱于1991年9月30日建立外交关系，双边关系发展顺利，各领域友好交流与合作逐步展开。

近年来中国访文莱的领导人主要有：江泽民主席（2000年）、李鹏委员长（2001年）、朱镕基总理（2001年）、吴仪副总理（2005年）、胡锦涛主席（2005年）、顾秀莲副委员长（2007年）、周铁农副委员长（2008年）、戴秉国国务委员（2010年1月）。

近年来文莱访华领导人主要有：哈桑纳尔·博尔基亚苏丹（1993年、1999年、2001年、2004年、2006年、2008年）、外交大臣穆罕默德·博尔基亚亲王（2004年、2010年5月）、穆罕默德·比拉王储（2009年）等。

1993年两国外交部建立定期磋商制度，迄今已举行14次磋商。

### 二、双边经贸关系

建交初期，两国经贸合作进展缓慢。自2000年起，中国开始从文莱大量进口原油，双边贸易额大幅上升。2008年5月，两国举行首次经贸磋商。2008年9月，广东省海洋渔业局和文莱工业与初级资源部渔业局签署渔业合作谅解备忘录。2008年10月，中国工业和信息化部与文莱交通部签署关于加强信息通信领域合作的谅解备忘录。2009年中文贸易额为4.2亿美元，增长93.5%。其中，中方出口1.4亿美元，增长8.4%，进口2.8亿美元，增长217.5%。2010年1～3月，中文贸易额为2.12亿美元，同比增长411.5%。其中，中方出口0.35亿美元，增长36.2%，进口1.77亿美元，增长1020.1%。中方从文莱进口的商品主要是原油，向文莱出口的商品主要为纺织品、建材和塑料制品等。

2003年8月，华为公司与文莱电信局签订价值2000多万美元的文莱固定电话网合同，成为两国最大技术合作项目。2005年初，华为公司再度获得总价约1670万美元的文莱第三代移动通讯网设备合同。此外，中兴公司参与了文莱第三代移动通讯网全国性覆盖和应用项目。

两国签有《鼓励和相互保护投资协定》（2000年）、《避免双重征税和防止偷漏税的协定》（2004年）、《促进贸易、投资和经济合作谅解备忘录》（2004年）、《农业合作谅解备忘录》（2009年）。

### 三、其他领域的交流与合作

两国在民航、卫生、文化、旅游、体育、教育、军事、司法等领域的交流与合作逐步展开。先后签署了《民用航空运输协定》（1993年）、《卫生合作谅解备忘录》（1996年）、《文化合作谅解备忘录》（1999年）、《中国公民自费赴文旅游实施方案的谅解备忘录》（2000年）、《高等教育合作谅解备忘录》（2004年）、《旅游合作谅解备忘录》（2006年）。两国于2002年和2004年分别签署了《中华人民共和国最高人民检察院和文莱达鲁萨兰国总检察署合作协议》和《最高法院合作谅解备忘录》。2010年3月，文莱皇家航空公司重开斯里巴加湾至上海航线。

2003年9月，中央军委委员、总参谋长梁光烈访文莱，双方签署了《关于开展军事交流的谅解备忘录》。2003年11月，中国海军舰艇编队首次访文莱。2004年9月，文莱武装部队司令哈尔比少将访华。2005年10月，文莱国防部副部长亚斯敏访华。2006年7～8月，中国人民解放军军乐团赴文莱参加文莱苏丹60岁诞辰国际军乐节庆典活动。2007年，中文两国互设武官处。2008年1月，中央军委副主席、国务委员兼国防部长曹刚川访文莱。2008年9月，文莱武装部队司令哈尔比少将访华并观摩

“砺兵—2008”军事演习。2009年2月，中国人民解放军副总参谋长葛振峰访文莱。2009年8月，中国人民解放军海军南海舰队司令员苏支前少将访文莱，并率“广州号”导弹驱逐舰出席文莱第二届国际防务展。

自2003年7月起，中国对持普通护照来华旅游、经商的文莱公民给予免签证15天的待遇。2005年6月，两国就互免持外交、公务护照人员签证的换文协定生效。

2004、2005年分别成立了中国—文莱友好协会和文莱—中国友好协会。

**四、重要双边文件**

1991年9月，钱其琛外长和文莱外交大臣穆罕默德·博尔基亚亲王在纽约签署《中华人民共和国政府和文莱达鲁萨兰国苏丹陛下政府关于两国建立外交关系的联合公报》。

1999年8月，文莱苏丹对华进行工作访问期间，双方发表了关于两国关系未来发展方向的《联合公报》。

2005年4月，胡锦涛主席对文莱进行国事访问期间，双方发表了《联合新闻公报》。

（来源：中华人民共和国外交部网站. http://www.fmprc.gov.cn/chn/pds/gjhdq/gj/yz/1206_33/sbgx/. 2010—05—01）

## 中国与柬埔寨双边关系

**一、双边政治关系与重要往来**

中柬两国之间的传统友谊源远流长。1958年7月19日两国正式建交。长期以来，中国几代领导人与西哈努克国王建立了深厚的友谊，为两国关系的长期稳定发展奠定了坚实的基础。1955年4月，西哈努克亲王在万隆亚非会议上与周恩来总理结识。

中国访柬埔寨的领导人主要有：周恩来总理（1955年4月、1960年）、刘少奇主席（1963年）、江泽民主席（2000年11月）、朱镕基总理（2002年11月）、温家宝总理（2006年4月）、贾庆林政协主席（2008年12月）、习近平副主席（2009年12月）。

柬方访华的领导人主要有：西哈努克亲王（1956年2月、1958年、1965年、1970年、1979年、1992年、1994年、1999年）、谢辛参议院主席（1992年、1995年）、拉那烈国会前任主席（1994年、1999年）、洪森首相（1994年、1996年、1999年、2004年4月、2009年10月、2010年5月）、西哈莫尼国王（2005年8月）。

近几年，柬埔寨国王西哈莫尼、首相洪森、副首相兼外交大臣贺南洪都曾数次访问中国，特别是洪森首相曾多次来华参加重要的国际会议和对中国进行访问。

2000年11月，时任中国国家主席江泽民对柬埔寨进行国事访问，两国领导人就双边关系和共同关心的问题达成了广泛的共识，双方签署了《中柬关于双边合作的联合声明》。中柬之间不存在亟待解决的问题。两国传统睦邻友好合作关系在和平共处五项原则的基础上得到进一步发展。2002年11月，时任中国国务院总理朱镕基访柬埔寨，两国领导人同意将农业、基础设施建设和人力资源开发作为两国重点合作领域，中方宣布免除柬埔寨所有到期债务。2006年4月，温家宝总理访柬埔寨。双方发表《联合公报》，宣布建立“全面合作伙伴关系”。

2007年10月28～31日，柬埔寨首相洪森出席第四届中国—东盟博览会及第四届中国—东盟商务与投资峰会开幕式。

2008年7月18日，中柬在柬埔寨首都金边共同庆祝中柬建交50周年。

2008年8月8日，柬埔寨太皇诺罗敦·西哈努克前来出席北京奥运会开幕式。

2008年10月22～25日，柬埔寨首相洪森前来出席第五届中国—东盟博览会及第五届中国—东盟商务与投资峰会开幕式。

2009年10月西哈努克太皇出席中国建国60周年国庆招待会和天安门观礼活动。2009年10月，洪森首相来华出席第六届中国—东盟博览会，温家宝总理会见。2009年12月，习近平副主席访问柬埔寨。2010年3月，回良玉副总理访问柬埔寨。2010年5月，洪森首相出席上海世博开幕式，胡锦涛主席会见。

**二、双边经贸关系**

中柬两国经贸关系发展较快，合作领域不断拓宽。1996年，两国签订了贸易、促进和投资保护协定，并于2000年成立两国经济贸易合作委员会。受国际金融危机影响，2009年1～10月，中柬贸易额为7.73亿美元，同比下降21%。其中，中国对柬埔寨出口7.44亿美元，下降21.1%；自柬埔寨进口0.29亿美元，下降18.4%。据柬方统计，截至2009年底，中国累计对柬埔寨协议投资70.3亿美元，是柬埔寨最大的外资来源地。目前，已有300多家有实力的中国企业在柬埔寨开展贸易、投资等多种业务，在互惠互利的基础上实现共同发展。

## 三、其他领域的交流与合作

近年来，中柬在各个领域的交流与合作不断扩大。双方在政治、经贸、文化、教育、军事等领域的友好合作不断加强，在国际和地区问题上保持良好的协调和合作。两国先后签署了文化、旅游、农业等合作文件，两国议会、军队、警务、新闻、卫生、文教、信息、水利、气象、建设、农业、文物保护等部门领导人先后实现了互访。

两国外交部保持良好合作关系。1994年两国外交部官员团实现互访；1995年2月时任中国外交部副部长唐家璇访柬埔寨；1999年1月王毅部长助理赴柬埔寨进行外交磋商；1999年6月柬埔寨国务大臣兼外交、国际合作部大臣贺南洪访华；2000年7月，柬埔寨外交国务秘书吴金安来华进行外交磋商。2003年6月，中国外长李肇星访柬埔寨；2005年11月，中国外交部部长助理李金章访柬埔寨；2006年7月，柬埔寨副首相兼外交大臣贺南洪访华等；2008年1月，中国外交部长杨洁篪访柬埔寨。

2008年10月，柬埔寨参议院主席谢辛访华。同月，中国人民解放军副总参谋长张黎访柬埔寨。2008年11月，国务委员、公安部部长孟建柱访柬埔寨。2008年12月，全国政协主席贾庆林、全国人大副委员长陈至立分别访柬埔寨。

2009年1月，温家宝总理致信西哈努克太皇夫妇祝贺新春。2009年2月，全国政协主席贾庆林礼节性会见西哈莫尼国王。同月，柬埔寨副首相兼内政部大臣韶肯来华出席"万国禁烟会"一百周年纪念大会。

2010年5月27～31日，中国全国政协外事委员会主任赵启正率团访问柬埔寨。柬埔寨参议院主席谢辛亲王会见，参议院外事委员会主任迪波拉西、柬埔寨外交国际合作部国务秘书龙威萨罗分别与代表团会谈。

柬埔寨已在中国广州、上海、中国香港、昆明、重庆和南宁等地设立总领馆。中方保留在柬埔寨设领权力。

## 四、重要双边文件（1996年以来）

《中柬贸易协定》（1996年7月）

《中柬关于促进和保护投资协定》（1996年7月）

《中柬关于柬在香港特别行政区保留名誉领事馆的换文》（1997年4月）

《中柬关于柬在广州设立总领事馆的协议》（1997年12月）

《中柬在柬台通航问题上的协议》（1997年12月）

《中柬引渡条约》（1999年2月）

《中柬文化协定》（1999年2月）

《中柬旅游合作协定》（1999年2月）

《中柬关于柬在上海设立总领事馆的协议》（1999年5月）

《中柬关于柬驻香港领事馆升格为总领事馆的协议》（1999年7月）

《中柬关于双边合作的联合声明》（2000年11月）

《中柬关于成立经济贸易合作委员会协定》（2000年11月）

《中柬农业合作谅解备忘录》（2000年11月）

《中国红十字会与柬红十字会合作与互助协议》（2004年4月）

《中柬教育、青年和体育部体育合作协议》（2004年4月）

《中柬两国政府关于加强文物保护合作的谅解备忘录》（2004年4月）

《中柬关于旅游规划合作的谅解备忘录》（2004年4月）

《中柬联合公报》（2006年2月）

《中柬关于打击跨国犯罪的合作协议》（2006年4月）

《中柬卫生合作的谅解备忘录》（2006年4月）

《中柬关于大湄公河次区域信息高速公路项目柬埔寨段建设的谅解备忘录》（2006年4月）

《中柬关于合作保护吴哥古迹二期项目的协议》（2006年4月）

《中柬互免持外交、公务护照人员签证协定》（2006年7月）

《中华人民共和国审计署与柬埔寨国家审计署谅解备忘录》（2007年8月）

《中柬关于禁止非法贩运和滥用麻醉药品和精神药品的合作谅解备忘录》（2008年11月）

《中柬道路桥梁基础设施发展合作备忘录》（2010年6月）

中柬两国海关《合作协议》（2010年6月）

（来源：中华人民共和国外交部网站. http://www.fmprc.gov.cn/chn/pds/gjhdq/gj/yz/1206_14/sbgx/. 2010—07—27）

# 中国与印度尼西亚双边关系

## 一、双边政治关系与重要往来

中国与印尼于1950年4月13日建交。20世纪60、70年代，两国一度断交。20世纪80年代，两国关系开始松动。1989年时任中国外交部长钱其琛在日本分别与印尼总统苏哈托和印尼国务部长穆迪约诺就复交问题举行会晤。同年12月，两国就关系正常化的技术性问题进行会谈，并签署会谈纪要。1990年7月印尼外长阿拉塔斯应邀访华，中印两国发表《关于恢复两国外交关系的公报》。1990年8月8日，时任中国国务院总理李鹏在访问印尼期间，两国外长分别代表本国政府签署在《关于恢复外交关系的谅解备忘录》，宣布自当日起正式恢复两国外交关系。

近年来，中印关系快速发展。1999年底，两国就建立和发展长期稳定的睦邻互信全面合作关系达成共识。2000年5月中印两国签署《关于未来双边合作方向的联合声明》，成立了由双方外长牵头的政府间双边合作联委会。2005年4月两国元首签署《中印战略伙伴关系联合宣言》。2006年两国启动副总理级对话机制。

近年来中国访印尼的领导人主要有：胡锦涛副主席（2000年）、朱镕基总理（2001年）、李鹏委员长（2002年9月）、吴官正中纪委书记（2005年）、胡锦涛主席（2005年）、贾庆林政协主席（2006年）、陈炳德上将（2007年8月）、周永康政法委书记（2008年11月）等。

近年来印尼访华的领导人主要有：梅加瓦蒂总统（2002年）、阿敏人协主席（2002年）、苏西洛总统（2005年、2006年）、阿贡·拉克索诺议长（2005年）、希达亚特人协主席（2007年）、尤素夫·卡拉副总统（2007年、2008年）、苏西洛总统（2008年）等。

2008年1月，中央军委副主席、国务委员兼国防部长曹刚川访问印尼。2008年2月，全国政协副主席罗豪才访问印尼。2008年6月，阿贡议长应中联部邀请访华并出席第五届亚欧会议伙伴会议。2008年8月，印尼前总统梅加瓦蒂来华出席北京奥运会开幕式，印尼副总统卡拉出席北京奥运会闭幕式。2008年10月，印尼总统苏西洛来华出席北京第七届亚欧首脑会议。2008年11月，中共中央政治局常委、中央政法委书记周永康访问印尼。2008年12月，中国国务院副总理李克强对印尼进行正式访问，期间会见了印尼总统苏西洛，与副总统卡拉举行会谈并出席了第三次中印能源论坛。2008年12月，印尼地方代表理事会主席吉南加尔访华。

2009年3月，印尼经济统筹部长斯莉访华。同月，印尼央行行长布迪约诺访华。2009年7月，印尼外长哈桑对华进行正式访问。2009年11月，胡锦涛主席与苏西洛总统在出席新加坡APEC会议期间举行会晤。同月，杨洁篪外长在APEC会议期间会见了印尼外长马尔迪。2009年11月，中共中央政治局委员，北京市委书记刘淇访问印尼。2009年12月，印尼人民协商会议主席陶菲克访华。2010年1月，国务委员戴秉国对印尼进行正式访问并主持两国副总理级对话机制第二次会议。2010年5月，印尼社会部长沙里姆·塞加特访华。2010年5月，中央军委副主席郭伯雄访问印尼。

中印两国除互设使馆外，印尼在广州和香港设有总领馆，中国在泗水设有总领馆。

## 二、双边经贸关系和经济技术合作

两国经贸合作发展顺利。复交后双方签订了《投资保护协定》《海运协定》《避免双重征税协定》，并就农业、林业、渔业、矿业、交通、财政、金融等领域的合作签署了谅解备忘录。1990年两国成立了经济贸易技术合作联委会。2001年底，双方将农业、能源和资源开发以及基础设施建设确定为经贸合作重点领域。2002年3月成立两国能源论坛，2002年9月召开首次会议。2006年10月，双方在上海召开了第二次会议。2008年12月，能源论坛第三次会议在雅加达举行。2007年9月，双方在上海召开第九次经贸技术联委会。2008年3月，中国银行泗水分行复行。2009年，中方援建的印尼泗马大桥举行通车仪式。

2009年双边贸易额为283.8亿美元，同比下降9.9%，其中，出口147.2亿美元，同比下降14.4%，进口136.6亿美元，同比下降4.6%。2010年1～3月，双边贸易额为88.5亿美元，同比增长78.1%。

## 三、其他领域的交流与合作

两国在民航、科技、教育、卫生、旅游等领域的交流与合作不断发展。1991年1月两国签署航运协定，开辟直飞航线。1992年1月签署新闻合作谅解备忘录，新华社在雅加达开设分社，人民日报向印尼派驻记者。1994年签署旅游、卫生、体育合作谅解备忘录，启动互派留学生项目。1997年两国成立科技合作联委会，迄今已举行两次会议。2000年5月签订《关于在印尼举办汉语水平考试的协议书》，同年7月签署《刑事司法互助条约》。2001年11月重新签署《文化合作协定》。2001年印尼正式成为中国公民自费出境旅游目的地国。两国民航部门2004年12月就扩大航权安排达成协议。2005年，两国相互免除持外交与公务护照人员签证，印尼政府宣布给予中国公民落地签证待遇。

双边地方政府交流活跃。两国已缔结的友好省际关系和城市有：北京市—雅加达特区、广东省—北苏门答腊省、福建省—中爪哇省、云南省—巴厘省、成都市—棉兰市、漳州市—巨港市。

### 四、重要双边文件

1990年7月，中国外交部部长钱其琛与阿拉塔斯外长在北京签署《中华人民共和国政府和印度尼西亚共和国政府关于恢复两国外交关系的公报》。

2000年5月，唐家璇外长与阿尔维·希哈布外长在北京签署《中华人民共和国和印度尼西亚共和国关于未来双边合作方向的联合声明》及《关于成立中华人民共和国政府与印度尼西亚共和国政府双边合作联合委员会的谅解备忘录》。

2005年4月，胡锦涛主席与苏西洛总统在雅加达签署《中华人民共和国与印度尼西亚共和国关于建立战略伙伴关系的联合宣言》。

2005年7月，印尼总统苏西洛对华进行国事访问。两国发表《中华人民共和国与印度尼西亚共和国联合声明》。

2007年11月，中国国家海洋局局长孙志辉访问印尼。双方签署《中华人民共和国与印度尼西亚共和国海洋领域合作谅解备忘录》。

2007年11月，印尼国防部长尤沃诺访华。双方签署《中华人民共和国与印度尼西亚共和国关于防务领域合作的协议》。

2008年12月，李克强副总理访问印尼。双方签署了《中华人民共和国中华全国青年联合会和印度尼西亚共和国青年事务和体育部就青年事务合作的谅解备忘录》和《中华人民共和国政府和印度尼西亚共和国政府体育合作谅解备忘录》。

2009年3月，印尼央行行长布迪约诺访华。两国签署了金额达1000亿人民币的双边本币互换协议。2009年7月，印尼外长哈桑访华。双方签署了《中华人民共和国和印度尼西亚共和国引渡条约》。

2010年1月，国务委员戴秉国对印尼进行正式访问。双方签署了《中华人民共和国政府和印度尼西亚共和国政府关于落实战略伙伴关系联合宣言的行动计划》。

（来源：中华人民共和国外交部网站. http://www.fmprc.gov.cn/chn/pds/gjhdq/gj/yz/1206_43/sbgx/.2010—05—01)）

## 中国与老挝双边关系

### 一、双边政治关系与重要往来

中国和老挝是山水相连的友好邻邦，两国人民自古以来和睦相处。1961年4月25日中国和老挝正式建立外交关系，两国保持睦邻友好。20世纪70年代末至80年代中，两国关系曾出现曲折。1989年中老关系正常化以来，双边关系得到全面恢复和发展，两国领导人频繁互访，在政治、经济、军事、文化、卫生等领域的友好交流与合作不断深化，双方在国际和地区事务中保持密切协调与合作。老挝政府坚持一个中国的立场，支持中国人民和平统一祖国大业。

中老关系正常化以来中国访老挝的领导人主要有：李鹏总理（1990年12月）、邹家华副总理（1992年11月）、乔石委员长（1996年11月）、吴邦国副总理（1997年10月）；2000年11月，时任国家主席江泽民对老挝进行国事访问，这是中国国家元首首次访问老挝，在双边关系史上具有里程碑意义。访问期间，两国签署发表了关于双边合作的《联合声明》，确定发展两国长期稳定、睦邻友好、彼此信赖的全面合作关系；霍英东全国政协副主席（2001年1月）、阿不来提·阿不都热西提全国政协副主席（2004年1月）、吴仪副总理（2004年3月）、温家宝总理（2004年11月）、全国政协副主席王忠禹（2005年12月）；2006年11月，中共中央总书记、中国国家主席胡锦涛对老挝进行国事访问，双方发表《联合声明》，决定进一步深化两党两国传统友好与全面合作，推动中老关系不断迈上新的台阶；2008年3月，温家宝总理对老挝进行工作访问；2010年3月回良玉副总理访问老挝；同年6月习近平副主席对老挝进行工作访问。

中老关系正常化以来老方访华的领导人主要有：凯山·丰威汉部长会议主席（1989年10月）、坎代·西潘敦总理（1991年、1993年）、凯山·丰威汉主席（1992年4月）、诺哈·冯沙万主席（1995年6月）、沙曼·维亚吉国会主席（1995年5月、2000年1月、2005年12月）、坎培·乔布拉帕副总理（1995年11月）、本扬·沃拉吉副总理（1997年7月）、乌敦·卡迪亚国家副主席兼建国阵线中央主席（1998年3月）、西沙瓦·乔本潘总理（1999年1月）、坎代·西潘敦主席（2000年7月）、本扬·沃拉吉总理（2002年2月）、西沙瓦·乔本潘建国阵线中央主席（2002年5月、2009年9月）、坎代·西潘敦主席（2003年6月）、波松·布帕万副总理（2004年1月）、朱马里·赛雅颂主席（2006年6月、2008年8月、2009年9月）、波松·布帕万总理（2007年8月、2008年10月）、通邢·塔玛冯国会主席（2008年3月）、蓬沙瓦副外长（2009年8月）等。

2009年，中老两国建立全面战略合作伙伴关系，双方保持高层互访，各领域交流与合作不断扩大。全国人大副委员长周铁农（2009年1月）、中共中央政治局委员、书记处书记、中组部部长李源潮（2009年6月）和中央书记处书记、中纪委副书记何勇（2009年9月）访问老挝。老挝党总书记、国家主席朱马里（2009年9月），国会主席通邢·塔玛冯（2009年10月）正式访华；总理波松·布帕万出席第六届中国—东盟博览会。

## 二、双边经贸关系

中老经贸关系发展顺利。双方先后签署了贸易、投资保护、旅游、汽车运输等经贸合作文件，成立了双边经贸与技术合作委员会。2009年，中老双边贸易额达7.44亿美元，比2008年增长79%；2010年前5个月，双边贸易额达4.98亿美元，2010年有望达到12亿美元以上，比2009年增幅约达60%。从贸易结构上看，产品仍比较单一、高科技产品偏少。中国对老挝出口增量主要靠投资或援助项下的物资设备如钢材、工程机械带动，一般贸易商品仍然局限于摩托车、家电、农机、服装、建材和日用百货等，总量约占老挝全国市场份额的20%；老挝对中国出口增量主要以矿产品为主，一般贸易商品仍以木制品和木薯、玉米、甘蔗、大豆等农产品为主。中国公司于1990年开始赴老挝投资办厂，投资领域涉及水电、矿产开发、服务贸易、建材、种植养殖、药品生产等。中国公司在老挝还积极参与劳务和工程承包，占老挝承包工程市场四分之一份额。中国为老挝援建的项目有地面卫星电视接收站、南果河水电站及输变电工程、老挝国家文化宫、琅勃拉邦医院、昆曼公路老挝境内1/3路段等。

## 三、其他领域的交流与合作

中老两国外交部有着良好的合作关系。1992年，老挝在昆明设立总领事馆。1999年，两国就老挝在中国香港开设总领事馆达成协议。

中老两军关系顺利发展，中国军队领导人迟浩田、张万年、于永波、梁光烈等先后访老挝，老挝副总理兼国防部长隆再·皮吉等军队领导人也多次访华。

1989年以来，中老双方先后签订了文化、新闻合作协定及教育、卫生和广播影视合作备忘录。两国文艺团体、作家和新闻记者往来不断。中老两国于1990年开始互派留学生和进修生。老挝是中国对外提供留学生人数最多的国家之一，目前老挝在华留学生人数每年保持在230名。两国青年团交往密切，保持互访传统。2000年以来，中国共向老挝派遣80名青年志愿者，2009年10月，首届中老越三国丢包狂欢节组委会招募了青年志愿者540名。

## 四、重要双边文件（1996年始）

《中老旅游合作协定》（1996年10月）

《中老关于成立两国经贸技术合作委员会协定》（1997年5月）

《中老边界制度条约的补充议定书》（1997年7月）

《中老民事刑事司法协助条约》（1999年1月）

《中老避免双重征税协定》（1999年1月）

《中国、老挝、缅甸和泰国四国澜沧江—湄公河商船通航协定》（2000年4月）

《中华人民共和国与老挝人民民主共和国关于双边合作的联合声明》（2000年11月）

《中国国土资源部与老挝工业手工业部合作开发万象钾盐矿的原则协议》（2000年11月）《中老经济、贸易和技术合作委员会首次会议纪要》（2000年11月）

《中国农业部和老挝农林部关于农业合作的谅解备忘录》（2000年11月）

《中华人民共和国和老挝人民民主共和国引渡条约》（2002年2月）

《中国人民银行与老挝人民民主共和国银行双边合作协议》（2002年2月）

《中华人民共和国教育部与老挝人民民主共和国教育部2002～2005年教育合作计划》（2002年2

月）

《老挝广播电视系统改造项目考察换文》（2004年3月）

《贸促会与老挝国家工商会合作备忘录》（2004年3月）

《关于加快万象钾盐资源开发的原则协议》（2004年3月）

《关于拟承担那堆—巴孟公路项目可行性考察工作换文》（2004年11月）

《关于拟承担老挝北部矿产地质调查项目考察工作换文》（2004年11月）

《关于拟承担援老挝北部综合开发总体规划项目换文》（2004年11月）

《关于拟承担援老挝国家电力规划项目换文》（2004年11月）

《中华人民共和国教育部与老挝人民民主共和国教育部2005～2010年教育合作计划》（2005年10月）

《中华人民共和国与老挝人民民主共和国联合新闻公报》（2006年6月）

《中老越三国国界交界点条约》（2006年10月）

《中老联合声明》（2006年11月）

《中华人民共和国政府与老挝人民民主共和国政府关于禁止非法贩运和滥用麻醉品和精神药物的合作协议》（2006年11月）

《中华人民共和国卫生部与老挝人民民主共和国卫生部卫生合作谅解备忘录》（2006年11月）

《南乌江流域BOT项目开发协议》（2007年11月）

《中国国家航天局与老挝科技署关于空间科学与技术合作框架协议》（2008年8月）

《中国农业银行与老挝发展银行结算服务代表委派协议》（2009年3月）

《中国农业银行与老挝发展银行边贸网上结算协议》（2009年3月）

《中国农业银行与老挝发展银行共同开通结算账户协议》（2009年3月）

《中老边境联合保护区域合作备忘录》（2009年12月）

《中老两国政府经济技术合作协议》（2010年2月）

（来源：中华人民共和国外交部网站. http://www.fmprc.gov.cn/chn/pds/gjhdq/gj/yz/1206_17/sbgx/. 2010—07—27）

# 中国与马来西亚双边关系

## 一、双边政治关系与重要往来

中国与马来西亚于1974年5月31日正式建立外交关系。建交后，两国关系总体发展顺利。进入20世纪90年代，中马关系开始进入新的发展阶段，双方在政治、经济、文化、教育等各个领域的友好交流与合作全面展开，并取得丰硕成果。

近年来中国访马来西亚的领导人主要有：江泽民主席（1994年）、李鹏总理（1990年、1997年）、朱镕基总理（1999年）、李瑞环政协主席（1995年）、胡锦涛副主席（2002年）、姜春云副委员长（2002年）、李岚清副总理（2003年）、吴邦国委员长（2005年）、温家宝总理（2005年）、贾庆林政协主席（2006年）、胡锦涛主席（2009年）等。

近年来马来西亚访华的领导人主要有：阿兹兰最高元首（1990年、1991年）、贾阿法最高元首（1997年）、萨拉赫丁最高元首（2001年）、西拉杰丁最高元首（2005年）、巴达维总理（2004年、2006年、2008年）、拉姆利下议长（2007年）、米赞最高元首（2008年）等，此外，马哈蒂尔总理在职期间也曾多次访华。

2006年10月，巴达维总理赴广西南宁出席纪念中国—东盟建立对话伙伴关系15周年峰会，中国国务院总理温家宝会见。2007年4月，马来西亚下议长拉姆利应吴邦国委员长邀请访华。

2007年7月，哈密德·阿尔巴外长应中国外长杨洁篪邀请，对中国进行正式访问。2008年8月，马来西亚最高元首米赞来华出席北京奥运会开幕式。2008年10月，马来西亚总理巴达维来华出席第七届亚欧首脑会议。

2009年3月，全国人大常委会副委员长兼秘书长李建国访马来西亚。2009年6月，应温家宝总理邀请，马来西亚总理纳吉布正式访华。双方签署中马《战略性合作共同行动计划》等合作文件，并举办一系列建交35周年庆祝活动。2009年11月，胡锦涛主席对马来西亚进行国事访问，双方签署了多份合作文件。2009年12月，中共中央政治局委员、北京市委书记刘淇访马来西亚。

2010年3月28日至4月1日，中共中央政治局委员、全国人大常委会副委员长王兆国访问马来西亚。2010年4月3~6日，马来西亚上议院院长王苐明访华。

2010年4月8～11日，马来西亚前总理巴达维出席海南博鳌亚洲论坛年会，并当选为论坛新一届理事。

中方在马来西亚古晋设有总领馆，马方在中国上海、广州、昆明和香港设有总领馆。

### 二、双边贸易关系和经济技术合作

两国签有《避免双重征税协定》《贸易协定》《投资保护协定》《海运协定》《民用航空运输协定》等10余项经贸合作协议。1988年成立经贸联委会，迄今已举行8次会议。2002年4月成立中马双边商业理事会。

2009年中马贸易额为519.6亿美元，同比下降3%，其中，中方出口196.3亿美元，同比下降8.5%，进口323.3亿美元，同比增长0.7%。马来西亚是中国在东盟国家中最大的贸易伙伴。截至2009年底，马来西亚实际对华投资53.6亿美元，中国在马来西亚投资3.79亿美元。中国自马来西亚进口的主要商品有集成电路、计算机及其零部件、棕油和塑料制品等；中国向马来西亚出口的主要商品有计算机及其零部件、集成电路、服装和纺织品等。

两国金融合作成效显著。2000年，中国银行和马来西亚银行分别在吉隆坡和上海互设分行。2009年2月，中国人民银行与马来西亚国家银行签署了双边货币互换协议。

### 三、其他领域的交流与合作

两国在科技、教育、文化、军事等领域的交流与合作顺利发展。1992年两国签署《科技合作协定》，成立科技联委会，迄今已举行3次会议。双方还签署了《广播电视节目合作和交流协定》（1992年），《促进中马体育交流、提高体育水平的谅解备忘录》（1993年），《教育交流谅解备忘录》（1997年），《文化合作协定》（1999年），《中马航空合作谅解备忘录》（2002年），《空间合作及和平利用外层空间的协定》（2003年），《在外交和国际关系教育领域合作谅解备忘录》（2004年）等合作协议。2005年，双方签署了《卫生合作谅解备忘录》，并续签了《教育合作谅解备忘录》。目前中国在马来西亚留学生已达万人，马来西亚赴华留学生近千人。中国新华社、中新社在吉隆坡设立分社，中央电视台4套和9套节目在马来西亚落地，《人民日报》海外版在马来西亚出版发行。江苏省与马六甲州、厦门市与槟城市分别结为友好省市。

双方签署了《旅游合作谅解备忘录》。2009年马来西亚赴华人数105.9万人次，中国赴马来西亚旅游人数为60.9万人次。中国已成为马来西亚海外主要客源国之一。

1995年，两国互设武官处，军事交往增多，两国海军军舰多次互访。2002年，时任中华人民中央军事委员会副主席、国务委员兼国防部长迟浩田过境马来西亚，与马来西亚国防部长纳吉布举行会晤。2003年9月，时任中华人民中央军事委员会委员、总参谋长梁光烈访马来西亚。2004年7月，时任中华人民中央军事委员会副主席郭伯雄过境访问马来西亚，与马来西亚副总理兼国防部长纳吉布会晤。马来西亚海军军舰访问上海。2004年9月，马来西亚派员来华观摩中方军事演习。2005年9月，马来西亚副总理兼国防部长纳吉布访华期间两国签署了《防务合作谅解备忘录》。2005年12月，中方派团参加了马来西亚国际海空展。中国军事科学院代表团访马。2006年4月，时任中华人民中央军事委员会副主席、国务委员兼国防部长曹刚川访马来西亚。2006年5月，总参谋长助理章沁生少将率团访马来西亚，双方举行了首次防务磋商。2009年7月，马来西亚武装部队司令阿齐兹上将访华。

### 四、重要双边文件

1974年5月，马来西亚总理拉扎克访华，周恩来总理与其签署《中华人民共和国政府和马来西亚政府关于两国建立外交关系的联合公报》。

1999年5月，马来西亚外长赛义德·哈密德访华，时任中国外交部长唐家璇与其签署《中华人民共和国政府和马来西亚政府关于未来双边合作框架的联合声明》。

2005年12月，中国国务院总理温家宝总理访问马来西亚，与马来西亚总理巴达维发表《中华人民共和国和马来西亚联合公报》。

2009年6月，马来西亚总理纳吉布访华。杨洁篪外长与马来西亚外长阿尼法签署《中华人民共和国政府与马来西亚政府关于中马战略性合作共同行动计划》。

（来源：中华人民共和国外交部网站. http://www.fmprc.gov.cn/chn/pds/gjhdq/gj/yz/1206_20/sbgx/. 2010—05—01）

## 中国与缅甸双边关系

### 一、双边政治关系与重要往来

中缅两国是友好邻邦，两国人民之间的传统友谊源远流长。两国于1950年6月8日正式建交。20世纪50年代，中缅共同倡导了和平共处五项原则。20世纪60年代，两国本着友好协商、互谅互让的精神，圆满地解决了历史遗留的边界问题，为国与国之间解决边界问题树立了典范。长期以来，中缅坚持睦邻友好，在国际和地区事务中保持良好合作，双边关系稳步发展。

中缅领导人有着互访传统。刘少奇主席、周恩来总理、陈毅副总理等老一辈中国领导人都曾访缅甸，缅甸吴奈温主席、吴山友总统和吴貌貌卡总理等也曾多次访华。周恩来总理九次访缅甸和吴奈温主席十二次访华被两国人民传为佳话。

2001年12月，时任中国国家主席江泽民对缅甸进行国事访问，这是中国最高领导人首次访缅甸，在中缅关系史上具有里程碑意义。双方确定了农业、人力和自然资源开发、基础设施建设等重点合作领域，并签署了有关双边合作文件。此次访问为中缅传统睦邻友好关系在新世纪不断发展奠定坚实基础。

近年来中国访缅甸领导人主要有：李鹏总理（1994年12月）、李瑞环政协主席（1995年12月）、吴邦国副总理（1997年10月）、胡锦涛副主席（2000年7月）、李岚清副总理（2003年1月）、吴仪副总理（2004年3月）、何鲁丽副委员长（2008年1月）、习近平副主席（2009年12月）、温家宝总理（2010年6月）等。

近年来缅方访华领导人主要有：苏貌主席（1991年8月）、丹瑞主席（1996年1月、2003年1月、2007年9月）、貌埃副主席（1996年10月、2000年6月、2003年8月）、钦纽总理（2004年7月）。梭温总理三次来华出席在广西南宁举行的中国—东盟博览会（2004年、2005年、2006年），并应中国国务院总理温家宝邀请于2006年2月正式访华。国家和平与发展委员会第一秘书长登盛（2007年6月）、登盛总理（2008年8月、2008年10月、2009年4月）、瑞曼总参谋长（2008年12月）、貌埃副大将（2009年6月）、丁昂敏乌上将（2009年10月）、吴年温外长（2010年6月）等。

2009年3月，中共中央政治局常委李长春、中国人民解放军总参谋长陈炳德先后访问缅甸。2009年4月，缅甸总理登盛来华出席博鳌亚洲论坛2009年年会。2009年6月，缅甸国家和平与发展委员会副主席貌埃应习近平副主席邀请正式访华。

## 二、双边经贸关系和经济技术合作

中缅经贸合作取得长足发展，合作领域从原来单纯的贸易和经济援助扩展到工程承包、投资和多边合作。双边贸易额有较大幅度增长。2009年是中缅经贸合作全面深入发展并取得丰硕成果的一年。据中国海关统计，2009年前10个月，中缅双边贸易额达22.3亿美元，同比增长4.4%，在全球需求萎缩的大背景下，中缅贸易逆势上扬，并显示出蓬勃生机。到2009年底，中缅油气管道项目正式启动，中电在伊洛瓦底江上游投资的大型水电项目破土动工。目前，中国已成为缅甸第三大投资国。

双边经贸协定：1971年中缅签署贸易协定，双方相互给予最惠国待遇。1994年，中缅两国政府签署《关于边境贸易的谅解备忘录》。1997年中缅两国政府签署《关于成立经济贸易和技术合作联合工作委员会的协定》。2001年中缅两国政府签署《关于鼓励促进和保护投资协定》。

## 三、其他领域的交流与合作

中缅两国外交部一直保持良好合作。1992年双方建立外交磋商机制后，已举行九次副外长级外交磋商会议。1998年1月，双方签署《中缅两国政府关于互免持外交和公务护照者签证协定》。1993年中缅就恢复互设总领馆达成协议，缅甸驻昆明总领馆和中国驻曼德勒总领馆分别于1993年9月和1994年8月重新开馆。1997年3月两国签署《中缅两国边境地区管理与合作协定》，并就边境地区禁毒开展了合作。2006年5月两国签署《中华人民共和国政府和缅甸联邦政府关于禁止非法贩运和滥用麻醉药品和精神药物的合作协议》。

中缅文化交流历史悠久，两国建交后交往更加频繁。1960年，缅甸总理吴努曾率领由文化、艺术、电影等代表团组成的400多人大型友好代表团访华。1961年，周恩来总理率领530多人大型代表团回访缅甸，成为两国文化交流史美谈。近年来，两国在文化领域的交流与合作进一步加强，两国文化、历史、新闻、体育代表团交往不断。1996年1月，两国文化部签署了文化合作议定书。1994年和1996年，中国国宝文物佛牙舍利两次受应邀在缅甸被供奉，受到了缅甸政府和各界群众的热烈欢迎。

两军关系稳步发展。近年来，两军领导人保持互访的势头，中国国防部长迟浩田（1995年7月）、中国中央军事委员会副主席张万年（1996年4月）、总参谋长傅全有（2001年4月）、总参谋长梁光烈（2006年10月）、济南军区政委刘冬冬（2007年8月）、副总参谋长张黎（2008年10月）、总参谋长陈炳德（2009年3月）等军队领导人先后访缅甸。

缅甸陆军司令丹瑞中将（1989年10月）、缅甸三军副总司令貌埃上将（1996年10月、2003年8月）、缅甸陆军参谋长丁昊中将（1994年11月、2000年4月）、缅甸三军总参谋长杜拉瑞曼上将（2002年12月、2007年1月、2008年12月）、缅甸第一秘书长兼防空总局局长梭温中将（2004年7月）等军队领导人分别访华。

（来源：中华人民共和国外交部网站. http://www.fmprc.gov.cn/chn/pds/gjhdq/gj/yz/1206_23/sbgx/. 2010—07—27）

# 中国与菲律宾双边关系

## 一、双边政治关系与重要往来

中国同菲律宾于1975年6月9日建交。建交34年来，中菲关系总体发展顺利，各领域合作成效显著。

建交以来，中国访菲律宾领导人主要有：李鹏总理（1990年12月）、乔石委员长（1993年8月）、江泽民主席（1996年11月）、朱镕基总理（1999年11月）、李鹏委员长（2002年9月）、吴邦国委员长（2003年8月）、胡锦涛主席（2005年4月）、温家宝总理（2007年1月）等。

建交以来，菲方访华领导人主要有：马科斯总统（1975年6月）、阿基诺总统（1988年4月）、拉莫斯总统（1993年4月）、埃斯特拉达总统（2000年5月）、阿罗约总统（2001年11月、2004年9月、2007年6月）、德贝内西亚众议长（2008年1月）、卡敦戈格空军司令（2008年7月）、诺格拉雷斯众议长（2008年10月）等。

1996年，时任中国国家主席江泽民对菲律宾进行国事访问期间，两国领导人同意建立中菲面向21世纪的睦邻互信合作关系，并就在南海的“搁置争议，共同开发”问题上达成重要共识和谅解。2000年，双方签署了《中华人民共和国政府和菲律宾共和国政府关于二十一世纪双边合作框架的联合声明》，确定在睦邻合作、互信互利的基础上建立长期稳定的关系。

2005年，中国国家主席胡锦涛对菲律宾进行国事访问期间，两国领导人确认建立致力于和平与发展的战略性合作关系。

2007年1月，中国国务院总理温家宝对菲律宾进行正式访问，双方发表了联合声明，愿共同全面深化中菲致力于和平与发展的战略性合作关系。

2009年10月，中国外交部长杨洁篪对菲律宾进行正式访问，双方共同签署《中菲战略性合作共同行动计划》和《中菲领事条约》。

2009年11月，中国政协主席贾庆林对菲律宾进行正式友好访问，双方共同签署《中华人民共和国政府和菲律宾共和国政府关于相互承认高等教育学历和学位的协议》《中国政府向菲律宾政府提供1000万元人民币无偿援助换文》和《中国政府向菲律宾政府提供20万美元现汇的紧急人道主义救灾援助交接证书》。

2007年4月，阿罗约总统来华出席博鳌亚洲论坛2007年年会。2007年6月，阿罗约对成都和重庆进行考察访问。2007年10月，阿罗约来华出席上海特奥会并顺访山东烟台。2008年1月，菲律宾众议长德贝内西亚来华访问。2008年8月，阿罗约总统来华出席北京奥运会开幕式并顺访成都。2008年10月，阿罗约总统来华出席亚欧首脑会议并顺访武汉和杭州。2008年10月，菲律宾众议长诺格拉雷斯到广西南宁出席第五届中国—东盟博览会并顺访昆明和厦门。2008年10月，菲律宾副总统德卡斯特罗到成都出席第九届中国西部国际博览会。2008年11月，菲律宾副总统德卡斯特罗到南京出席第四届世界城市论坛并访问安徽和上海。2008年12月，阿罗约总统到中国香港出席“克林顿全球倡议论坛”亚洲会议。2009年4月，菲律宾副总统德卡斯特罗到安徽出席第四届中国中部投资贸易博览会。2010年4月，菲律宾副总统德卡斯特罗来华出席上海世博会开幕式，2010年5月赴宁波出席上海世博会“信息化与城市发展”主题论坛。

两国外交部自1991年起建立磋商机制，迄今已举行15次外交磋商。中菲除互设大使馆外，中国在宿务设有总领馆，2007年4月在拉瓦格开设领事馆。菲律宾在中国厦门、广州、上海、重庆、成都和中国香港分别设有总领事馆。

## 二、双边经贸关系和经济技术合作

2009年，中菲双边贸易额为205.3亿美元，同比下降28.3%，其中，中国出口85.8亿美元，下降6.0%，进口119.5亿美元，下降38.8%。2010年1～3月，中菲双边贸易额为59.62亿美元，同比增长51.6%，其中，中国出口25.17亿美元，增长47.1%；进口34.45亿美元，增长55.0%。

截至2010年3月底，菲律宾累计对华实际投资额为26.8亿美元。其中2010年1～3月，菲律宾对华投资实际投入3620万美元。截至2010年3月底，中国累计对菲律宾非金融类直接投资额为1.27亿美元，2010年1～3月新增直接投资额732万美元。

截至2010年3月底，中国累计在菲律宾签订承包工程和劳务合作合同额73.8亿美元，完成营业额28.5亿美元。其中2010年1～3月新签合同额11.33亿美元，增长909.5%；完成营业额1.85亿美元，增长197.5%。

1999年两国农业部签署《关于加强农业及有关领域合作协定》。2000年双方有关部门签署中方向菲方提供1亿美元信贷协议书。由中方援建的“中菲农业技术中心”于2003年3月在菲律宾竣工。中国优良杂交稻种和玉米在菲律宾试种成功，现正逐步推广。2004年两国签署《渔业合作谅解备忘录》。2007年1月，两国农业部签署《关于扩大深化农渔业合作的协议备忘录》。

### 三、其他领域的交流与合作

中菲在文化、科技、司法、旅游等领域的交流与合作不断深化。两国迄今签署了11个双年度文化合作执行计划，举行了13次科技合作联委会会议，共确定了244个科研合作项目。中国新华社在马尼拉设有分社。中国中央电视台第四套节目在菲律宾落地。中菲两国签有《科技合作协定》（1978年）、《文化合作协定》（1979年）、《民用航空运输协定》（1979年）、《体育合作备忘录》（2001年）、《信息产业合作备忘录》（2001年）、《打击跨国犯罪合作备忘录》（2001年）、《引渡条约》（2001年）、《打击贩毒合作协议》（2001年）、《旅游合作备忘录》（2002年）、《海事合作谅解备忘录》（2005年）、《青年事务合作协议》（2005年）、《卫生和植物卫生合作谅解备忘录》（2007年）、《教育合作谅解备忘录》（2007年）、《文化遗产保护协议》（2007年）、《卫生合作协议》（2008年）等一系列合作文件。

中菲缔结有24对友好省市，分别为杭州市和碧瑶市、广州市和马尼拉市、上海市和大马尼拉市、厦门市和宿务市、沈阳市和奎松市、抚顺市和利巴市、海南省和宿务省、三亚市和拉普拉市、石狮市和那牙市、山东省和北伊洛戈省、淄博市和万那威市、安徽省和新怡诗夏省、湖北省和莱特省、柳州市和穆汀鲁帕市、贺州市和圣费尔南多市、哈尔滨市和卡加延—德奥罗市、来宾市和拉瓦格市、北京市和马尼拉市、江西省和保和省、广西壮族自治区和达沃市、兰州市和阿尔贝省、北海市和普林塞萨港市、福建省和内湖省、无锡市和普林塞萨港市。

近几年中菲军事交往增多。2002年4月，菲律宾国防部长雷耶斯访华。2002年6月，菲律宾海军舰队首次访华。2002年9月，中华人民共和国中央军事委员会副主席、国务委员兼国防部长迟浩田访菲律宾。2004年，菲律宾武装部队总参谋长阿巴亚和国防部长克鲁兹先后访华，双方建立年度防务安全磋商机制。2005年5月，中国人民解放军副总参谋长熊光楷上将赴菲律宾，与菲律宾国防部副部长桑托斯举行中菲首次防务与安全磋商。2006年5月，菲律宾武装部队总参谋长森加上将访华。2006年10月，菲律宾国防部副部长桑托斯访华，双方举行第二次中菲防务安全磋商。2006年10月，中国海军北海舰队访菲律宾，与菲律宾海军举行非传统安全联合演习。2007年5月，中国人民解放军副总参谋长章沁生访菲律宾，双方举行第三次中菲防务安全磋商。2007年9月，中华人民共和国中央军事委员会副主席、国务委员兼国防部长曹刚川访菲律宾。2009年12月，菲律宾军队总参谋长维克托·伊布拉多访华。

### 四、重要双边文件

1975年6月，周恩来总理和菲律宾总统马科斯在北京签署《中华人民共和国政府和菲律宾共和国政府建交联合公报》。

2000年5月，菲律宾总统埃斯特拉达对中国进行国事访问，与江泽民主席在北京共同签署《中华人民共和国政府和菲律宾共和国政府关于21世纪双边合作框架的联合声明》。

2004年9月，菲律宾总统阿罗约对中国进行国事访问，双方发表《中华人民共和国与菲律宾共和国联合新闻公报》。

2005年4月，中国国家主席胡锦涛对菲律宾进行国事访问，双方发表《中华人民共和国与菲律宾共和国联合声明》。

2007年1月，中国国务院总理温家宝对菲律宾进行正式访问，双方发表《中华人民共和国与菲律宾共和国联合声明》。

（来源：中华人民共和国外交部网站. http://www.fmprc.gov.cn/chn/pds/gjhdq/gj/yz/1206_9/sbgx/. 2010—05—01）

## 中国与新加坡双边关系

### 一、双边政治关系与重要往来

两国于1990年10月3日建立外交关系。建交以来，两国高层交往频繁。

近年来中国访新加坡领导人主要有：杨尚昆主席（1993年）、江泽民主席（1994年）、李瑞环政协主席（1995年）、李鹏总理（1997年）、朱镕基总理（1999年）、胡锦涛副主席（2002年）、李岚清副总理（2002年）、吴邦国委员长（2005年）、温家宝总理（2007年）等。

近年来新方访华领导人主要有：黄金辉总统（1991年）、李光耀总理（1990年）、吴作栋总理（1993年、1994年、1995年、1997年、2000年、2003年）、王鼎昌总统（1995年）、纳丹总统（2001年）、李显龙（副）总理（1995年、2000年、2005年、2006年）、吴作栋国务资政（2007年）、李显龙总理（2008年）等。李光耀于1991年改任内阁资政后，迄今已20余次来华访问或出席有关会议。

2008年8月，李光耀内阁资政来华出席北京奥运会开幕式，纳丹总统来华观看北京奥运会。2008年9月，中国王岐山副总理与新加坡黄根成副总理在天津共同主持召开中新双边合作联委会第五次会议、苏州工业园区联合协调理事会第十次会议和天津生态城联合协调理事会第一次会议。新加坡国务资政吴作栋到天津出席第二届夏季达沃斯年会。2008年10月，新加坡总理李显龙来华出席第七届亚欧首脑会议并正式访华，李光耀内阁资政随美国摩根大通国际理事会高级代表团访华。2009年1月全国人大常委会副委员长周铁农访新加坡。

2009年1月，全国人大常委会副委员长周铁农访问新加坡。2009年3月，吴作栋国务资政访问广东。2009年4月，刘延东国务委员访问新加坡。2009年5月，李光耀内阁资政、黄根成副总理来华出席苏州工业园区开发建设十五周年庆祝活动并访问浙江。2009年6月，李显龙总理访问浙江、上海。2009年8月，杨荣文外长访华，王岐山副总理访问新加坡并主持中新双边会议。2009年9月，吴作栋国务资政访华并出席2009年夏季达沃斯论坛。2009年11月，胡锦涛主席对新加坡进行国事访问并出席APEC第17次领导人非正式会议。

2010年4月，吴作栋国务资政来华出席博鳌亚洲论坛；中共中央政治局委员李源潮访问新加坡；副总理兼国防部长张志贤访华。2010年5月，李光耀内阁资政访华。

两国外交部自1995年起建立磋商机制，迄今已举行5轮磋商。两国除互设使馆外，新加坡在上海、厦门、广州和中国香港设有总领事馆，在成都设有领事馆。

## 二、双边经贸关系和经济技术合作

中新经贸合作发展迅速。新加坡是中国第十大贸易伙伴、第二大海外劳务市场和第四大工程承包市场，对华贸易和投资均居东盟国家首位。中国是新加坡第三大贸易伙伴，仅次于欧盟和马来西亚。两国间主要合作项目有苏州工业园区、天津生态城、无锡工业园、大连港集装箱码头等。新加坡与山东、四川、湖北、浙江、辽宁、天津、江苏、广东等省市分别建有经贸合作机制。据中方统计，2010年1～3月双边贸易额为179.4亿美元，增长42.2%，其中，中国出口106.8亿美元，增长34.9%，进口72.6亿美元，增长54.4%。1999年10月，中新签署《经济合作和促进贸易与投资的谅解备忘录》，建立了两国经贸磋商机制。双方还签署了《促进和保护投资协定》《避免双重征税和防止漏税协定》《海运协定》《邮电和电信合作协议》《成立中新双方投资促进委员会协议》等多项经济合作协议。2008年10月两国签署《中新自由贸易协定》，2009年1月1日正式生效。

## 三、其他领域的交流与合作

两国在人才培训领域的合作十分活跃，主要项目有中国赴新加坡经济管理高级研究班、中国市长赴新加坡研讨班、中央党校中青年干部培训班赴新加坡考察、两国外交部互惠培训项目等。2001年起，新方定期派中高级官员团访华。2004年5月，双方决定成立“中国—新加坡基金”，支持两国年轻官员的培训与交流。2007年7月，双方签署《关于借鉴运用新加坡园区管理经验开展中西部开发区人才培训合作的谅解备忘录》。

1992年，两国科技部门签署《科技合作协定》，次年建立中新科技合作联委会。1995年成立“中国—新加坡技术公司”，1998年设立“中新联合研究计划”，合作项目共计18个。2003年10月，中国科技部火炬中心驻新加坡代表处正式挂牌成立。

1999年，两国教育部签署《教育交流与合作备忘录》及中国学生赴新加坡学习、两国优秀大学生交流和建立中新基金等协议，中国15所高等院校在新加坡开办了20个教育合作项目。目前中国在新加坡留学人员约3.3万人，新加坡在华留学生约1500人。

1996年，两国文化部签署《文化合作谅解备忘录》。2006年，两国政府签署《文化合作协定》。双方在文化艺术、图书馆、文物等领域的交流与合作不断深入发展。

两国在卫生、旅游、质检和环保等领域也进行了密切的交流与合作。2007年，新加坡来华旅游、探亲总人数达92.2万，增长11.4%；中国赴新加坡游客总人数为111.4万，增长7%。2007年7月，两国有关部门分别签署《出入境卫生检疫合作谅解备忘录》和《关于在城镇环境治理和水资源综合利用领域开展交流与合作的谅解备忘录》。2007年11月，两国签署《关于在中华人民共和国建设一个生态城的框架协议》及该框架协议的《补充协议》。2008年9月，中新天津生态城举行开工仪式，温家宝总理和吴作栋国务资政共同出席。

### 四、重要双边文件

1990年10月3日，中国外交部长钱其琛和新加坡外交部长黄根成在纽约签署了《中华人民共和国政府和新加坡共和国政府关于建立外交关系的联合公报》。

2000年4月，新加坡总理吴作栋访华期间，两国政府在北京发表了面向21世纪的《中华人民共和国政府和新加坡共和国政府关于双边合作的联合声明》。

2008年10月23日，在中国国务院总理温家宝和新加坡总理李显龙的共同见证下，中国商务部长陈德铭与新加坡贸工部长林勋强代表各自政府在北京人民大会堂签署了《中华人民共和国政府和新加坡共和国政府自由贸易协定》。同时，双方还签署了《中华人民共和国政府和新加坡共和国政府关于双边劳务合作的谅解备忘录》。

（来源：中华人民共和国外交部网站. http://www.fmprc.gov.cn/chn/pds/gjhdq/gj/yz/1206_35/sbgx/. 2010—05—01)

## 中国与泰国双边关系

### 一、双边政治关系与重要往来

1975年7月1日，中国与泰国建立外交关系。

近年来，中方访泰国领导人主要有：江泽民主席（1999年）、李鹏委员长（1999年、2002年）、胡锦涛副主席（2000年）、朱镕基总理（2001年）、胡锦涛主席（2003年）、杨洁篪外长（2009年）、温家宝总理（2009年）、梁光烈国防部长（2009年）等。

近年来，泰方访华领导人主要有：诗丽吉王后（2000年）、哇集拉隆功王储（1998年）、诗琳通公主（2008年4月）、沙玛总理（2008年6月、2008年8月）、巴索素上议长（2008年6月）、沙南副总理（2008年8月）、诗琳通公主（2008年8月、2009年4月、2009年7月、2010年4月）、颂猜总理（2008年10月）、朱拉蓬公主（2008年10月、2009年2月）、格实外长（2009年6月）、阿披实总理（2009年6月）、猜·奇触国会主席（2010年1月）。

两国除互设大使馆外，中国在泰国清迈、宋卡设有总领馆，泰国在广州、昆明、上海、香港、成都、厦门设有总领馆，在西安、南宁设有领事办公室。

### 二、双边经贸合作

两国经贸合作继续保持增长。泰国是中国第十四大贸易伙伴，东盟国家第三大贸易伙伴。中国是泰国第二大贸易伙伴。2009年双边贸易额为382亿美元，同比下降7.5%。其中，中国出口133.1亿美元，同比下降14.9%，进口249亿美元，同比下降3%。1996年以来中国对泰国贸易连年逆差。

两国双向投资情况良好。截至2009年底，泰国来华投资项目3975个，实际投入32.4亿美元。中国对泰国非金融类直接投资累计5.4亿美元。中国公司在泰国累计签订对外承包工程、劳务合作和设计咨询合同额66.4亿美元，完成营业额41.3亿美元。其中，2009年新签合同额为7.2亿美元，完成营业额5.3亿美元。

1985年两国成立部长级经贸联委会。2003年6月，两国决定将经贸联委会升格为副总理级。2004年7月，吴仪副总理与差瓦利副总理共同主持联委会首次会议。2005年9月，吴仪副总理访问泰国与泰国副总理颂奇共同主持联委会第二次会议。

双方还签订了《促进和保护投资协定》（1985年）、《避免双重征税和防止偷漏税协定》（1986年）、《贸易经济和技术合作谅解备忘录》（1997年）、《双边货币互换协议》（2001年）等。2003年10月，两国在中国—东盟自由贸易区《中国—东盟全面经济合作框架协议》框架下实施蔬菜、水果零关税。2004年6月，泰国承认中国完全市场经济地位。2009年6月，两国签署《扩大和深化双边经贸合作的协议》。

### 三、其他领域的交流与合作

两国在科技、文化、卫生、教育、体育、司法、军事等领域的交流与合作稳步发展。双方签署了《科技合作协定》（1978年，成立了科技合作联委会）、《海运协定及两个补充议定书》（1979年）、《民用航空运输协定和对方全权证书》（1980年）、

《旅游合作协定》（1993年）、《引渡条约》（1993年）、《民商事司法协助和仲裁合作协定》（1994年）、《文化合作谅解备忘录》（1996年）、《卫生医学科学和药品领域合作谅解备忘录》（1997年）、《关于高等教育合作谅解备忘录》（1999年）、《关于加强禁毒合作的谅解备忘录》（2000年）、《文化合作协定》（2001年）、《刑事司法协助条约》（2003年）、《环境保护合作谅解备忘录》（2005年）、《中国教育部与泰国教育部关于相互承认高等教育学历和学位的协定》（2007年）、《中华人民共和国教育部与泰王国教育部教育合作协议》（2009年）、《中华人民共和国国家质量监督检验检疫总局和泰王国农业与合作部关于泰国水果过境第三国输往中国检验检疫要求议定书》（2009年）等。

两国军方也长期保持友好交往，领导人经常互访，军事院校定期互换学员培训。2001年，两国国防部建立年度防务安全磋商机制。2008年，两军在泰国清迈举行陆军特种作战反恐联合训练（China-Thailand Army Special Forces Joint Training）（2008年7月）。2008年8月中国人民解放军副总参谋长马晓天赴泰国进行第七届中泰防务安全磋商。2008年9月泰国最高司令部参谋长宋吉滴上将（Gen. Songkitti Jakkabatra，Thai Chief of Joint Staff）访华并来京观摩"砺兵—2008"（Vanguard—2008）军事演习。

双方成立了泰中友好协会（1976年）、中泰友好协会（1987年）。两国缔结了25组友好城市和省府：北京市—曼谷市；上海市—清迈府；云南省—清莱府；河南省—春武里府；昆明市—清迈市；烟台市—普吉府；南宁市—孔敬市；葫芦岛市—碧武里市；广西壮族自治区—素叻他尼府；陕西省—素可泰府；梧州市—尖竹汶府；海南省—普吉府；柳州市—罗勇府；北海市—合艾市；潮州市—曼谷市；四川省—素攀府；云南德宏傣族景颇族自治州—达府；沈阳市—罗勇府；重庆市—清迈府；玉林市—北榄坡府；青岛市—清迈府；揭阳市—南邦市；钦州市—龙仔厝府；克拉玛依市—帕塔亚市；哈尔滨市—清迈府。

### 四、重要双边文件

1975年7月，周恩来总理同克立·巴莫总理在北京签署《中泰建交联合公报》。

1999年2月，唐家璇外长访问泰国，同素林外长签署《中华人民共和国和泰王国关于二十一世纪合作计划的联合声明》。

2001年8月，他信总理正式访华，双方发表《中国与泰国联合公报》。

2005年7月29日，中国科技部长徐冠华与泰国科技部长功说共同签署了《中华人民共和国科技部与泰王国科技部科技合作谅解备忘录》。

2007年5月，素拉育总理正式访华，双方签署了《中泰战略性合作共同行动计划》。

（来源：中华人民共和国外交部网站. http://www.fmprc.gov.cn/chn/pds/gjhdq/gj/yz/1206_30/sbgx/. 2010—05—01）

## 中国与越南双边关系

### 一、双边政治关系与重要往来

中国和越南于1950年1月18日建交。中越两国和两国人民之间的传统友谊源远流长。在长期的革命斗争中，中国政府和人民全力支持越南抗法、抗美斗争，越南视中国为坚强后盾，两国在政治、军事、经济等领域进行了广泛的合作。20世纪70年代后期，中越关系恶化。1991年11月，应时任中共中央总书记江泽民和中国政府总理李鹏的邀请，越共中央总书记杜梅、部长会议主席武文杰率团访华，双方宣布结束过去，开辟未来，两党两国关系实现正常化。

此后，两党两国关系全面恢复并深入发展。两国领导人保持频繁互访和接触，双方在各领域的友好交往与互利合作不断加强。1999年初，两党总书记确定了新世纪两国"长期稳定、面向未来、睦邻友好、全面合作"关系框架。2000年，两国发表关于新世纪全面合作的《联合声明》，对发展双边友好合作关系作出了具体规划。

近年来两国高层互访情况（按时间顺序排列）：

中国领导人访越南：李鹏总理（1992年）；江泽民主席（1994年）；李鹏总理（出席越共八大，1996年6月）；乔石委员长（1996年11月）；李瑞环政协主席（1997年）；尉健行书记（1998年9月）；胡锦涛副主席（1998年12月）；朱镕基总理（1999年）；胡锦涛副主席（出席越共九大，2001年4月）；李鹏委员长（2001年9月）；江泽民主席（2002年）；温家宝总理（正式访问并出席第五届亚欧首脑会议，2004年）；胡锦涛主席（2005年）；贾庆林政协主席（2006年3月）；胡锦涛主席（2006年11月）；周永康政法委书记（访问越南并出席第四次中越两党理论研讨会开幕式，2008年10～11

月）；戴秉国国务委员（2009年3月）等。

越南领导人访华：杜梅总书记、武文杰部长会议主席（1991年）；黎德英主席（1993年）；农德孟国会主席（1994年）；杜梅总书记（1995年）；潘文凯总理（1998年）；黎可漂总书记（1999年2～3月）；范世阅常委（1999年10月）；农德孟国会主席（2000年4月）；潘文凯总理（2000年9月）；陈德良主席（2000年12月）；农德孟总书记（2001年）；阮文安国会主席（2002年）；农德孟总书记（2003年4月）；陈德良主席（2003年9月）；潘文凯总理（2004年）；潘文凯总理（赴昆明出席大湄公河次区域经济合作（GMS）第二次领导人会议并顺访云南，期间与温家宝总理举行双边会晤，2005年）；陈德良主席（2005年）；农德孟总书记（2006年）；范家谦副总理（2007年）；阮富仲国会主席（2007年4月）；阮明哲主席（2007年5月8）；范家谦副总理（2008年1月）；农德孟总书记（2008年5月）；黄忠海副总理（2008年10月）；阮晋勇总理（2007年10月、2008年10月、2009年4月、2009年10月、2010年4月）；冯光青国防部长（2010年4月）。

2002年2月27日至3月1日，时任中共中央总书记、国家主席江泽民对越南进行正式友好访问。双方就加强新世纪两党两国关系深入交换意见并达成重要共识，即保持高层交往；扩大和加深两国经贸合作；以中越长期友好的精神教育两国人民；加快陆地边界勘界工作和北部湾渔业合作协定后续谈判；深化双方在治党治国经验和社会主义建设理论方面的交流；扩大和加深两国外交、国防、安全和公安等部门以及青少年交流。双方签署了《中越两国政府经济技术合作协定》和《中越两国政府关于中国向越南提供优惠贷款的框架协议》。江泽民总书记还在越南河内国家大学发表了题为《共创中越关系的美好未来》的演讲。

2003年4月7～11日，越共中央总书记农德孟对华进行工作访问，两党两国领导人均表示要继续加强和发展中越传统友谊和全面友好合作关系，进一步充实和丰富“长期稳定、面向未来、睦邻友好、全面合作”16字方针的内涵，把中越关系不断提高到新的水平，使两国和两国人民永做好邻居、好朋友、好同志、好伙伴。2003年6月13～15日，时任中国外交部长李肇星访问越南，同越南领导人就加强两国关系、深化互利合作和共同关心的国际地区问题深入交换意见并达成广泛共识。

2004年10月6～7日，应越南社会主义共和国政府总理潘文凯的邀请，中华人民共和国国务院总理温家宝对越南进行了正式访问。双方发表了《联合公报》。

2005年7月18～22日，越南社会主义共和国主席陈德良对中国进行国事访问。访问取得圆满成功，对推动中越睦邻友好与全面合作关系的发展起到了积极作用。双方发表了《联合公报》。

2005年10月31～11月2日，中共中央总书记、国家主席胡锦涛对越南进行了正式友好访问。双方认为这次成功访问将中越两党两国睦邻友好与全面合作关系提升到了一个新的发展水平，同时对本地区和世界的和平、稳定、发展与合作产生积极影响。

2006年3月20～24日，中共中央政治局常委、全国政协主席贾庆林对越南进行了正式友好访问。访问期间，贾庆林主席分别会见了越共中央总书记农德孟、国家主席陈德良、政府总理潘文凯，并分别与越共中央政治局委员、书记处常务书记潘演、越南祖国阵线中央主席团主席范世阅举行会谈。

2006年11月15～17日，应越南共产党中央委员会总书记农德孟、越南社会主义共和国主席阮明哲的邀请，中国共产党中央委员会总书记、中华人民共和国主席胡锦涛对越南进行国事访问。双方发表了《联合声明》。

2007年5月15～18日，应中华人民共和国主席胡锦涛邀请，越南社会主义共和国主席阮明哲对中国进行国事访问。胡锦涛主席与阮明哲主席举行会谈，会谈结束后双方发表了《联合新闻公报》。

2008年5月30日～6月2日，应中国共产党中央委员会总书记、中华人民共和国主席胡锦涛的邀请，越南共产党中央委员会总书记农德孟对华进行正式友好访问。访问期间，中共中央总书记、国家主席胡锦涛与农德孟总书记举行了会谈，全国人大常委会委员长吴邦国、国务院总理温家宝、全国政协主席贾庆林分别会见了农德孟总书记。双方发表了《联合声明》，确定建立全面战略合作伙伴关系，双方领导人还就治党理政经验等深入交换了意见。

2008年10月20～25日，越南政府总理阮晋勇正式访华并出席第七届亚欧首脑会议，国家主席胡锦涛、全国人大常委会委员长吴邦国、国务院总理温家宝、国务院副总理李克强、中共中央政治局常委周永康分别与阮晋勇总理举行了会谈，双方签署了经贸、卫生检疫、民间交往等领域合作文件，发表了《联合声明》。除北京外，阮晋勇总理还访问了海南省。

2008年10月28日～11月1日，中共中央政治局常委、中央政法委书记周永康访问越南并出席第四次中越两党理论研讨会开幕式，越共中央总书记农德孟、越南政府总理阮晋勇、越共中央政治局委员、公安部长黎鸿英等分别会见了周永康同志，越共中央政治局委员、中央书记处书记张晋创与周永康同志举行了会谈。

2009年3月，国务委员戴秉国访问越南并出席中越双边合作指导委员会第三次会议；2009年4月，越南政府总理阮晋勇来华出席博鳌亚洲论坛2009年年会并顺访广东、中国香港、中国澳门，越南政府副总理兼教育培训部部长阮善仁访华；2009年5月，外交部部长杨洁篪赴越南出席第九届亚欧外长会；2009年6月，中共中央政治局委员、中央书记处书记、中组部部长李源潮访问越南；2009年8月，中共中央书记处书记、中央纪委副书记何勇访问越南；2009年9月，越南政府副总理黄忠海来华出席夏季达沃斯论坛，全国政协副主席张榕明率团访问越南并出席越南祖国阵线第七次全国代表大会；2009年10月，越南政府总理阮晋勇来华出席西博会并顺访四川、重庆，越南政府常务副总理阮生雄来华出席中国—东盟博览会；2009年11月，最高人民检察院检察长曹建明赴越南出席第六届中国与东盟成员国总检察长会议。

## 二、双边经贸关系

2009年中越双边贸易额为210.5亿美元，增长8.2%。2009年中国新增对越南投资合同额为1.8亿美元，居越南外资排行榜第11位。截至2009年底，中国企业在越南签订承包工程、劳务合作和对外设计咨询合同，累计完成营业额78.3亿美元。

## 三、其他领域的交流与合作

中越关系正常化以来，两国在文化、科技、教育和军事等领域的交流与合作不断向广度和深度发展，党、政、军、群众团体和地方省市交往日趋频繁，合作领域不断扩大。双方还组织了社会主义理论研讨会和青少年交流活动。两国部门间签署了外交、公安、经贸、科技、文化、司法等合作文件近40项。两国空运、海运、铁路等均已开通。两国边境省区7对国家级口岸也已开通。

2006年11月，双方成立中越双边合作指导委员会。双方一致认为，这有利于加强对中越各领域合作的宏观指导、统筹规划和全面推进，协调解决合作中出现的问题，为两国睦邻友好与全面合作关系的长期、稳定、健康和持续发展发挥重要作用。2008年1月，双边合作指导委员会第二次会议召开，国务委员唐家璇与越南政府副总理兼外长范家谦共同主持，双方就进一步推进中越友好，深化全面合作达成一系列共识。2010年6月6日，全国政协副主席王志珍出席在胡志明市举行的2010年世界经济论坛东亚会议，并顺访越南，同时会见越南政府总理阮晋勇。

## 四、重要双边文件

2000年12月，应时任中共中央总书记、国家主席江泽民的邀请，越南国家主席陈德良于2000年12月25日至29日对中国进行正式友好访问。双方在北京签署并发表了《中华人民共和国和越南社会主义共和国关于新世纪全面合作的联合声明》。

2005年7月，应中华人民共和国主席胡锦涛的邀请，越南社会主义共和国主席陈德良于2005年7月18日至22日对中国进行国事访问。双方在北京发表《联合公报》。

2005年10～11月，应越南共产党中央委员会总书记农德孟和越南社会主义共和国主席陈德良的邀请，中国共产党中央委员会总书记、中华人民共和国主席胡锦涛于2005年10月31日至11月2日对越南进行了正式友好访问。双方发表《中越联合声明》。

2006年8月，应中国共产党中央委员会总书记、中华人民共和国主席胡锦涛的邀请，越南共产党中央委员会总书记农德孟于2006年8月22～26日对中华人民共和国进行正式友好访问。双方发表《中越联合新闻公报》。

2006年11月，应越南共产党中央委员会总书记农德孟、越南社会主义共和国主席阮明哲的邀请，中国共产党中央委员会总书记、中华人民共和国主席胡锦涛于2006年11月15～17日对越南进行国事访问。双方发表《中越联合声明》。

2007年5月，应中华人民共和国主席胡锦涛的邀请，越南社会主义共和国主席阮明哲于2007年5月15～18日对中国进行国事访问。双方发表《中越联合新闻公报》。

2008年5月30日～6月2日，越共中央总书记农德孟对中国进行正式友好访问。双方发表《中越联合声明》。

2008年10月，应中华人民共和国国务院总理温家宝邀请，越南社会主义共和国政府总理阮晋勇于2008年10月20～25日对中国进行正式访问并出席第七届亚欧首脑会议。双方发表了《中越联合声明》。

（来源：中华人民共和国外交部网站. http://www.fmprc.gov.cn/chn/pds/gjhdq/gj/yz/1206_45/sbgx/. 2010—07—27）

# 贸易投资篇

## 中国—东盟整体经济

### 中国—东盟<br>自由贸易区的经济效应分析

区域经济一体化已成为世界经济发展的重要特征之一。作为当今国际社会区域经济一体化的一种重要表现形式，自由贸易区呈现出蓬勃发展之势。至2006年底，全世界建立的区域性自由贸易区已达300多个，WTO的所有成员国都已经加入一个或多个自由贸易区。目前，最引人注目的当属历经十年酝酿并于2010年1月1日正式建成的中国—东盟自由贸易区（China—ASEAN Free Trade Area，简称CAFTA）。CAFTA建立的主要目标是通过双边制度性安排，推进中国与东盟诸国间的贸易自由化和投资自由化，同时加强经济技术等领域的合作。CAFTA的建成，不仅意味着仅次于欧盟与北美自由贸易区的全球第三大自由贸易区的诞生，也意味着一个由发展中国家组成的拥有19亿消费者的最大人口规模的自由贸易区的诞生。从本质上论，CAFTA仍属于南南型的区域经济合作组织，它将产生何种经济效应值得关注与思考。

#### 一、CAFTA的经济特征

（一）经济发展水平极不平衡

组成CAFTA的11个成员国在经济发展水平上呈现出显著的差异性（见表1），人均生产总值最高与最低的国家间相差70多倍，远高于欧盟与北美自由贸易区的内部差异。按照人均GDP水平高低可分为三个序列：一是人均GDP超过1万美元的新兴工业化国家，包括新加坡、文莱，它们的整体发展水平较高；二是人均GDP在10000美元和1000美元之间的发展中国家，包括马来西亚、泰国、中国、印度尼西亚、菲律宾；三是人均GDP不足1千美元相对较落后的发展中国家，包括越南、老挝、柬埔寨、缅甸。从人口数量上计算，处于三大序列的人口依次为0.25%、91.34%、8.41%，呈现出两头小、中间大的纺锤体结构，整体上仍是欠发达国家间的经济合作。

表1　2006年CAFTA各国人均国民生产总值

单位：美元；万人

| 国别 | 人均GDP | 总人口 | 国别 | 人均GDP | 总人口 | 国别 | 人均GDP | 总人口 |
|---|---|---|---|---|---|---|---|---|
| 新加坡 | 28940 | 435.1 | 中国 | 1926 | 130756 | 老挝 | 491 | 584 |
| 文莱 | 17381 | 35.8 | 印尼 | 1420 | 24100 | 柬埔寨 | 388 | 1440 |
| 马来西亚 | 5457 | 2626 | 菲律宾 | 1298 | 8500 | 缅甸 | 160 | 5540 |
| 泰国 | 2805 | 6476 | 越南 | 646 | 8312 | 加总 | 1855 | 188804 |

数据来源：根据《中国商务年鉴2008》与《中国—东盟年鉴2006》计算，其中缅甸、老挝为2005年统计值

（二）经济结构兼具互补性与竞争性

由于自然资源禀赋的先天差异，CAFTA各国在产业结构、产品构成上呈现出明显的互补性（见表2）。如东南亚第三大产油国和世界第四大液化气

生产国文莱，蕴涵丰富的矿产资源，但耕地面积仅为国土面积的5%，且土壤贫瘠，大量农产品需从国外进口；城市国家新加坡以商业、金融业、交通通讯业为主，能源需求以及农产品几乎全部依赖进口；千岛之国印度尼西亚自然资源丰富，农业和油气产业是其传统支柱产业；柬埔寨是传统农业强国，盛产橡胶、棉花、椰子等经济作物，但工业基础薄弱。此外，即使具有相同的资源与产业类型，其具体构成仍各具特色。以矿产为例，除新加坡、泰国外，其他九国都蕴含丰富的矿产资源，但在类型、丰度、品相上却千差万别。如文莱矿产资源主要类型为金、汞、铅、煤等，马来西亚锡矿储量居世界第二，储量大且品位高；菲律宾金属矿产丰富，铜、金、银、铁储量巨大。因此，资源禀赋的内在差异、经济结构的不同和经济产品的各具特色等因素，决定了各成员国在产品需求与供给上的差异，继而奠定了互补式贸易的基础。

表2　CAFTA各国主要资源与主导产业情况

| 国家 | 主要资源 | 主导产业 |
|---|---|---|
| 新加坡 | 植物资源 | 制造业、建筑业、服务业 |
| 文莱 | 石油、天然气、矿产 | 石油、天然气开采业 |
| 马来西亚 | 矿产、石油、天然气、热带硬木 | 种植业、渔业、石化、钢铁汽车、电子、旅游 |
| 泰国 | 矿产、农产品、水产 | 农业、采矿、纺织、石化、旅游 |
| 中国 | 水、生物、矿产、农产品 | 农业、采矿、金属冶炼、加工制造 |
| 印尼 | 油气、矿产、热带农业、海洋产品 | 种植业、采矿业、电子、汽车 |
| 菲律宾 | 矿产、地热、热带农业、水产 | 种植业、农林产品加工业 |
| 越南 | 矿产、林木、农产品 | 种植业、能源、机械、化工、加工制造 |
| 老挝 | 水力资源、矿产、木材、农业资源 | 农业、电力、采矿、服装、食品 |
| 柬埔寨 | 矿产资源、热带水果、珍贵木材 | 农业、纺织业、制鞋业 |
| 缅甸 | 稻米、森林、矿产、水力资源 | 种植业、农产品加工、油气开采、纺织印染 |

资料来源：根据《中国—东盟年鉴2006》整理

此外，由于CAFTA整体发展水平不高，成员国多属于劳动力丰裕甚至过剩的国家，区域内部的技术创新能力有限，因而相似的发展条件引致相近的发展路径，各国均以劳动密集型产业为主，产业结构相似度高。表3反映了2003年中国与东盟各国总体产业结构相似度接近100%。具体到不同的国家，产业结构的相似度略有下降。高度相似的产业结构意味着CAFTA内部诸国需要在竞争的基础上寻求合作。近年来，CAFTA内部呈现活跃的水平型分工贸易格局。如中国和马来西亚在化工产品、金属制品、电子原件等产品上的产业内贸易需求旺盛。2007年中国从马来西亚进口某金属焊丝总额达到244万美元，而同年中国向马来西亚出口该商品也达到179万美元。在农产品贸易中，中国大量从泰国进口芒果、榴莲、龙眼、火龙果等热带水果，而泰国则对中国的温带水果如苹果、梨、枣、桃等需求强劲。

表3　中国与东盟各国产业结构相似度

单位：%

| 印尼 | 文莱 | 泰国 | 越南 | 马来西亚 | 菲律宾 | 柬埔寨 | 新加坡 | 老挝 | 缅甸 | 东盟 |
|---|---|---|---|---|---|---|---|---|---|---|
| 0.98 | 0.98 | 0.97 | 0.97 | 0.94 | 0.92 | 0.89 | 0.81 | 0.74 | 0.73 | 0.99 |

资料来源：苏颖宏等.《我国与东盟国家的产业分工与协作》.《特区经济》.2007年第11期

## 二、CAFTA的贸易效应

贸易创造（trade creation）与贸易转移（trade diversion）是传统区域经济一体化效应分析的关键所在，也是关税同盟理论的两个核心概念。根据维纳（Viner）的观点，关税同盟一旦形成，高生产效率成员国的低成本产品将大量涌进低生产效率成员国国内市场，从而低生产效率国家将减少或者停止该产品的生产以实现生产资源的节约。这种因为使用高效国的低成本产品替代了低效国的高成本产品而获得的利益就是贸易创造。如果一国因加入关税同盟，使得原来从外部世界进口价格低廉的商品，变为向同盟内成员国购买高价商品，便发生了贸易转移。所谓贸易转移是指由原来向同盟以外国家的低价购买转而向同盟内伙伴国的高价购买而导致的福利损失。自由贸易区属于区域经济一体化的重要表现形式之一，与关税同盟不同，自由贸易区在内部实行自由贸易，而与区外其他国家保持着独立的关税水平。可以肯定，自由贸易区的建立将导致内部成员发生因关税水平的变化而引发的贸易流量大小和方向的变化。因此，可以借鉴关税同盟的贸易创造与贸易转移效应分析 CAFTA 的经济效应。自由贸易区的贸易效应是获益还是受损，取决于贸易创造和贸易转移的综合影响。

（一）贸易创造效应

随着 CAFTA 内各成员国关税水平的削减和取消，相对降低的进口价格在促使贸易量增加的同时，也相应增加了消费者剩余，提高了各国居民的经济福利。一般而言，组成 FTA（自由贸易区）的成员体间经济发展水平越接近，由相似的消费偏好决定的彼此经贸交往就会越密切。虽然 CAFTA 内部成员处于不同的发展阶段，但大多属于欠发达国家，地理上的邻近加之文化背景的相近，各国居民消费偏好相似度较高。因此区内关税与非关税壁垒的放松必将刺激成员体相互间贸易大幅增加。其次，成员国之间贸易互补性越大，因优势互补产生的增进区域利益的动力越大。CAFTA 诸国在自然资源和优势产业上具有较为显著的比较优势差异（见表 4），奠定了相互经贸合作的基础。虽然在产业结构上具有一定程度的竞争性，但成员体之间产业内贸易发展迅猛，显现出在竞争中寻找合作机会的良好趋势。中国与东盟各国的双边贸易已从基于要素禀赋差异的传统的产业间贸易，走向基于规模经济和差别产品的产业内贸易，产业内贸易日渐成为中国与东盟贸易的重要形式，而且这一趋势也会随着各国经济水平的不断提高而加强。产业内专业化分工和有效率的规模化生产，一方面满足了多样化的消费需求，另一方面有效避免了低层次的内耗，有利于降低生产成本，提高 CAFTA 整体出口实力。再次，市场容量的变化也将直接影响贸易创造效应。CAFTA 的建立形成了一个覆盖面积举世无双、边际消费倾向较高的巨型市场。随着各国经济水平的发展，居民可支配收入的增加，市场能量的不断积蓄壮大，CAFTA 将提高整体经济的稳定性，有助于区内福利的增加。

表 4　中国与东盟各国各自的贸易优势

| 贸易类型 | 贸易产品 | 在“10＋1”范围内具有优势的国家 |
|---|---|---|
| 商品贸易 | 农产品 | 越南、缅甸、老挝、马来西亚、印尼、菲律宾、柬埔寨、泰国、中国 |
| | 原材料 | 马来西亚、印尼、文莱、越南、中国 |
| | 半成品 | 印尼、柬埔寨、马来西亚、中国 |
| | 工业制成品 | 新加坡、马来西亚、印尼、泰国、中国 |
| | 高科技产品 | 新加坡、马来西亚、菲律宾、中国 |
| 技术贸易 | 硬件技术 | 新加坡、中国 |
| | 软件技术 | 新加坡、中国 |
| 服务贸易 | 金融保险 | 新加坡、泰国、马来西亚 |
| | 旅游娱乐 | 新加坡、马来西亚、泰国、菲律宾、印尼、柬埔寨、中国 |
| | 邮电运输 | 新加坡、泰国 |

资料来源：杨春梅.《中国与东盟进行贸易合作的战略选择》.《现代财经》. 2004 年第 4 期

（二）贸易转移效应

贸易转移效应与成员国之间的外贸结构与关税水平密切相关。2007 年中国前五位外销市场分别是欧盟（20.1％），美国（19.1％），中国香港地区（15.1％），日本（8.4％），东盟（7.7％），前五位进口市场分别是日本（14％），欧盟（11.6％），东盟（13％），韩国（10.9％），中国台湾地区（10.6％）。从出口商品结构看，中国主要向欧盟、美国、日本等国家和地区出口初级产品和劳动密集型商品，如食品、纺织原料与纺织制品、鞋帽、生活用品等。就进口商品结构而言，主要从进口市场获得资本技术密集型产品，如电气设备、运输设备、精密仪器零件等。反观东盟，无论是在主要贸易伙伴上，还是在进出口商品的主要构成上，均与中国接近。这意味着中国与东盟10国必然会发生相同比较优势产品在贸易市场上的竞争现象。由于中国与东盟10国均非彼此最大的进出口伙伴，这种由世界范围内的比较优势决定的竞争并不会造成CAFTA整体大的福利损失，但确切的贸易转移效应大小要视贸易双方的互补性和关税水平而定。如果各个国家在进行不同的自由贸易安排时能够从整体战略的角度对协议的内容和政策进行必要的协调，就可以在一定程度上避免或者减少贸易转移的产生。已有学者就CAFTA的贸易效应进行了实证分析，表明CAFTA既有贸易创造又有贸易转移，其贸易创造的百分比是0.5964%，而贸易转移的百分比是0.5227%，两相比较，贸易创造超出贸易转移0.0737%。

实际上，早在2000年11月朱镕基总理在新加坡举行的第四次中国—东盟领导人会议上首次提出建立CAFTA的构想后，中国—东盟经济合作专家组利用GTAP模型对CAFTA的建立进行了可行性分析。结果表明CAFTA的建立将对中国和东盟产生双赢的结果，能产生正面的贸易创造效应，拉动中国和东盟的出口总量分别增长2.73%和0.95%，社会福利分别增长17.87亿美元和29.86亿美元。现实中双边贸易的发展状况也印证了这一判断。自2002年开展建设以来，中国—东盟自由贸易区双边贸易发展迅猛，进出口总额一直保持高幅增长。2004年，中国与东盟双边贸易额达到1059亿美元，提前一年实现了1000亿美元的目标。2007年双边贸易额达到2026亿美元，提前三年实现2000亿美元的目标。尽管受到国际金融危机的影响，2008年，中国与东盟双边贸易额仍达到2311.2亿美元，比2007年增长14%。东盟也一跃成为中国第四大贸易伙伴。

表5　2000～2008年中国—东盟外贸发展情况

单位：亿美元

| 项目<br>年份 | 与东盟进出口情况 | | 全球总进出口情况 | | 东盟/全球 |
|---|---|---|---|---|---|
| | 总额 | 增幅 | 总额 | 增幅 | |
| 2000 | 395.2 | — | 4742.9 | 31.52% | — |
| 2001 | 415.85 | — | 5096.5 | 7.45% | 8.16% |
| 2002 | 547.67 | 31.70% | 6207.7 | 21.80% | 8.82% |
| 2003 | 789.19 | 44.10% | 6823.29 | 36.40% | 11.57% |
| 2004 | 1058.8 | 35.30% | 11547.92 | 35.70% | 9.17% |
| 2005 | 1303.7 | 23.10% | 14221.18 | 23.10% | 9.17% |
| 2006 | 1608.4 | 23.37% | 17606.86 | 23.81% | 9.14% |
| 2007 | 2025.08 | 25.90% | 21730.22 | 23.40% | 9.32% |
| 2008 | 2311.17 | 14% | 25616.32 | 17.80% | 9.02% |

数据来源：根据中华人民共和国商务部统计数据计算

### 三、CAFTA的投资效应

在短期内，自由贸易区（FTAs）具有促进商品与贸易自由化的功能。随着时间的推移，它还将显现出促进生产要素自由流动、实现资源优化配置的投资效应。自北美自由贸易协定将投资利益纳入FTAs的讨论范畴以来，区域集团在签订经济一体化协议时逐渐重视区域一体化的投资效益。与贸易效应一致，投资效应具体分为投资创造（investment creation）效应和投资转移（investmentdiversion）效应。丁伯根（Kindleberger）认为，区域经济一体化产生的贸易转移使区域外跨国公司商品进入到区域内变得困难，跨国公司通过在区域内建立分支机构的方式来替代商品出口，可以达到绕过关税壁垒占领市场的目的，即投资创造效应。同时，区域内已有的跨国公司利用大市场统一的机会和自身优势，对区域内的生产经营进行重新布局，以实现规模经济和生产专业化，即投资转移效应。相比贸易自由化，资本的自由流动过程，对区域经济发展过程的影响亦更深远。

#### （一）投资创造效应

根据资金流向，投资创造效应可以分为两种情形：一是区外对区内的投资创造，即一体化组织外部的其他国家对区内成员国的投资增加；二是区内对区内的贸易创造，即一体化组织内的成员对其他成员的投资增加。区域经济一体化的投资创造效应主要通过两条路径实现：首先，区域经济一体化协定中的相关投资便利化措施改善了投资环境，对FDI流动有直接促进作用；其次，通过在区域经济一体化内部实现贸易自由化，进而通过贸易与投资的相互作用，间接促进FDI在区域内的流动。

先考察第一种情形。根据边际报酬递减规律，生产要素将自动从边际收益低的区域流向边际收益高的区域。因而，资本丰裕的发达国家在逐利动机驱使下自动将资金转移到资本收益更高的欠发达国家与区域。《世界投资报告》中2001～2007年国际直接投资流量证实了这一趋势。1995～2000年，发达经济体流出资金占总额的89.18%，流入资金占总额的71.58%，发展中经济体上述比例分别为10.5%和26.9%。2006年发达经济体流出资金占总额比重为84.12%，而流入资金对应比重为65.67%，发展中经济体上述比重对应为14.34%和29.03%。在此背景下，整体经济欠发达的CAFTA必然是国际直接投资的净流入目标区域之一。同时，由于FTAs的建立，CAFTA将融合成一个更大规模的超级市场，区内直接生产的方式能够在原产地原则下回避关税壁垒的负面影响，进一步吸引FDI；二者的综合效应带来投资创造效应的增加。从东盟和中国吸引FDI的实际情况来看，2000年以后两大经济体的FDI流入量均大幅增长。中国自2002年首次超过美国成为世界上最大的外资接受国以来，在吸引FDI上一直具有很强的竞争力。2008年实际使用外资金额923.95亿美元，同比增长23.58%。东盟自2000年以后逐渐走出亚洲金融危机的阴影，吸引FDI总量亦显著回升。再考察第二种情形。CAFTA建成后，生产要素如资本、劳动、技术等能在成员国间实现完全自由的流动，阻碍投资流动的管制与限制一一取消，这将促进区内投资创造效应的增加。根据东盟秘书处的研究结果，中国—东盟自由贸易区启动后，东盟对华投资将增长48%，对华实际投资规模将由目前每年的30亿美元增加到50亿美元。截至2008年底，东盟国家在中国实际投资520亿美元，占中国吸引外资的6.08%。在“走出去”战略引导下，中国对东盟的投资表现出快速增长态势。2008年中国对东盟直接投资达21.8亿美元，比2007年增长125%。越来越多的中国与东盟国家企业把CAFTA中的其他国家作为主要投资目的地，内部相互投资效应呈现出递增势头。

表6　中国与东盟的相互投资状况

单位：亿美元

| 国家＼年份 | 2000 | 2001 | 2002 | 2003 | 2004 | 2005 | 2006 |
|---|---|---|---|---|---|---|---|
| 东盟对中国 | 28.46 | 29.84 | 32 | 323.7 | 348.38 | 310.54 | 335.11 |
| 中国对东盟 | 1.33 | 1.47 | 0.81 | 1.89 | 2.26 | — | — |

资料来源：根据中华人民共和国商务部及中国贸易外经统计年鉴计算

（二）投资转移效应

相应地，投资转移效应也可细分为两种情形：一是区外对区内的投资转移，即CAFTA外部的国家投资在成员国之间的转移效应；二是区内对区内的投资转移，即CAFTA内部成员国之间的投资转移效应。根据邓宁的划分，FDI可以分为四种类型，分别是市场寻求型、资源寻求型、效率寻求型和资产寻求型FDI。

市场寻求型FDI以进入东道国消费市场为目的，由东道国的市场规模、增长速度、投资环境等决定，内在的市场差异性不会带来国家间的引资竞争。CAFTA建立后，随着区域内贸易与投资壁垒的减少，区域内有效市场范围的扩大，成员国间市场寻求型FDI会下降，但区外跨国公司的市场寻求型FDI将增加。资源寻求型FDI以获取东道国自然资源为目的，与东道国先天的资源禀赋紧密相关。组成CAFTA的诸国自然资源禀赋差异较大，优势显著的如印度尼西亚、文莱等国是此类投资的主要目标，自由贸易区的建立带来区域整体投资数额增加的同时，不会导致此类投资在国家之间的偏转。资产寻求型FDI，以扩大投资企业竞争力为目的，寻求可以增加跨国公司优势的资源（例如新技术或新工艺)。鉴于中国与东盟整体的技术水平不高，这一类型的投资在各成员国间的竞争实际上十分有限。效率寻求型 FDI，以降低生产成本为目的，倾向于生产优势的发挥。一般而言，低廉的劳动成本对其有明显的吸引力。此外，劳动者技术水平、供应链条、基础设施、物流设施、服务机构等配套因素均会影响此类 FDI 的最终流向。CAFTA 各成员国因相对低廉的劳动力成本对外资具有较强的吸引力，存在一定程度的竞争。由于各国经济发展水平的层级差异，加之配套生产网络发育程度的差异，效率寻求型 FDI 在成员国间的流动路径相对稳定，竞争的程度和范围均十分有限，不会导致此类投资的大规模转移。

从实证研究的结果看，Busakorn 等研究者的计量分析结果表明：中国与东南亚 8 个经济体之间吸引外资水平呈正相关关系，且与它们在亚洲和在发展中国家吸引外资的份额呈负相关关系。周毓萍等运用 FDI 区位决定因素模型和固定效应方法分析了中国与东南亚国家吸引外资的相互影响，结果亦表明在 1986 年至 2001 年间，中国吸引外资的增长实际上提高了邻国经济吸引外资的能力。基于上述实证研究的结论可以推测：CAFTA 的建立将促使成员国整体投资收益增加。

综合以上分析，FTA 的建立将给各成员国整体带来正面的贸易效应与投资效应，有助于提高 CAFTA 诸国的福利水平。此外，按照区域经济一体化的理论分析框架，CAFTA 还将带来规模经济与竞争深化效应、产业结构调整的生产效应和消费结构升级的消费效应等多种影响。

### 四、CAFTA 的发展前景与中国的策略

FTA 的建立是区域经济一体化的起点。CAFTA 的如期建立是中国与东盟在经济交往中的一个里程碑，迈开了双方开展更深层次区域合作、增进区域共同利益的关键一步。随着一体化进程的深入，CAFTA 将从基础的经济贸易合作走上金融、政治、安全等多领域、全方位的合作道路。中国与东盟（10＋1）的成功经验也为东盟与日本、东盟与韩国“10＋1”的成功建立并走向“10＋3”的进程提供了一条制度捷径，对加速东亚地区的合作、深化彼此间的联系并逐步走向东亚共同体具有积极的意义，甚至为发展中国家展示了南南型经济合作新的思维模式与发展路径。对比成熟的一体化组织，CAFTA 在贸易自由化进程中，一方面需要尽快健全合作机制和市场规则，在贸易互补性基础上形成合理的产业分工布局，实现 FTA 内部资源配置的效率改进；另一方面，通过与韩国、日本等周边国家的沟通协调，优化经济合作成员的组织网络，为建设东亚共同体奠定基础。

作为占据 CAFTA 近三分之二人口容量与空间容量和一半以上经济总量的发展中大国，中国加入 FTA 具有重要的历史意义和现实意义。CAFTA 是中国参与的第一个区域性贸易组织，因此，发挥大国的积极影响，推进 CAFTA 的顺利发展是中国未来区域发展战略目标之一。具体的策略应包括以下几个方面：

首先，积极承担大国责任，以 CAFTA 为平台营造一个有利的外部环境，在世界经济新秩序的建立中体现大国价值，实现经济发展的内部提升与外部优化的正向反馈。须促进 CAFTA 的制度化建设，构建紧密的全方位合作格局；化解区域内部的矛盾与冲突，增强组织内部的凝聚力；适时推进货币一体化进程，不断巩固和提高政治影响力，增强经济实力及抵御金融风险的能力。

其次，立足比较优势，以产业结构优化调整促进区域协调发展。CAFTA 内部发展水平千差万别，各国经济实力位于不同的序列。而中国区域发展不平衡特征显著，四大板块发展水平差异显著。CAFTA 的建立，使中国与东盟诸国间既可以扩展位于同一发展水平的区域之间的联系，又能在位于不同发展水平的区域间深化经贸往来，因地制宜利用自然资源、人力资源、产品结构的比较优势，拓展双边交错式经贸网络。随着贸易效应、投资效应的延伸，及时启动产业结构调整的大幕，在更广阔的空间里实现生产要素的优化配置，促进全国各区域的共同发展。

第三，完善操作细节，充分发挥 FTAs 的经济效益。大力宣传 CAFTA 的相关优惠政策与内容，引导市场主体利用自由贸易区的优惠条款组织经济生产，增进收益；加快基础设施的配套完善，缩减空间距离束缚；建立通畅及时的信息网络，降低经贸往来的成本。

（来源：姜文仙，许娇丽.《东南亚南亚研究》. 2010 年第 1 期）

## 中国—东盟自由贸易区的影响分析
## ——经济利益与战略关系

2010 年 1 月 1 日，中国—东盟自由贸易区（以

下简称自贸区）正式建成，中国与东盟双边将有7000多种贸易产品享受零关税待遇，而逐步落实的《投资协议》则承诺给予双方直接投资的国民待遇。作为经过10年艰苦努力取得的合作成果，自由贸易区的建成标志着中国—东盟关系开始进入一个崭新的发展阶段。回顾中国—东盟双边自由贸易区的发展历程，可以发现，建立在双边关系发展基础上的自由贸易区安排从一开始就包含着超越经济利益的诉求。因此，本文将从这一视角出发，结合对自由贸易区基本框架的剖析，分析自由贸易区建设对双边关系的影响。文章的基本结构如下：第一部分简要分析中国的自由贸易区的利益诉求，第二部分剖析中国—东盟自由贸易区的基本框架，重点探寻其体现的几个特点。在此基础上，第三部分结合历史资料预测自由贸易区建成对双边关系的影响。文章最后对自由贸易区的未来发展作出简要分析。

**一、超越经济利益的自由贸易安排**

中国—东盟自由贸易区建设是中国与东盟双方在经济相互依赖水平日益提升，政治互信不断加强的背景下，双方提升合作水平的制度性安排。1997年爆发的亚洲金融危机是这种安排得以实现的一个重要背景。随着经济合作的深入，自由贸易区被视为加强双边关系的重要载体，成为塑造周边的战略平台。

（一）中国与东盟合作的深化

20世纪末冷战格局的打破彻底改变了第二次世界大战后形成的国际力量格局，这成为中国与东盟开展合作并最终达成自由贸易区这种制度性安排的结构性基础。1991年，时任中国国务院副总理钱其琛应邀出席东盟外长会议，开启了中国与东盟双方交流合作的大门。此后，中国作为东盟的磋商伙伴开始了与东盟的经济合作。1996年，中国成为东盟对话伙伴国，但正当双方试图在新的形势下推动经济合作时，一场突如其来的危机袭击了以出口导向为核心发展战略的东亚。1997年亚洲金融危机给东盟国家带来了极大的影响，其通过区内安排来应对经济区域化挑战的信心同时受到打击。危机不仅使东盟国家的出口下降，同时也使其外资流入数量大幅下滑。

为了抑制危机的进一步扩大，中国在国内面临巨大自然灾害等压力的情况下，坚持人民币不贬值。中国在危机中“展现出一种富有同情心、具有责任感、乐于助人、亲切待人的伙伴形象”，改变了东盟国家对中国的认知。1997年底，时任中国国家主席江泽民出席中国—东盟领导人会议，并把中国与东盟的关系定义为“睦邻互信伙伴关系”，从这个意义出发，这场金融危机为中国与东盟合作提供了契机。

此后，中国与东盟无论是在双边、还是在“10＋3”多边框架下的合作都得以加强。1991年，当中国与东盟双方刚刚开始官方接触时，中国海关统计的双边贸易额只有84亿美元，东盟在中国对外贸易中所占份额大约为6%。到20世纪90年代末，双边贸易已经跃升到接近300亿美元，贸易依存度也大幅提升，尤其是中国从东盟的进口在中国进口总量中所占份额，已经从1991年的6.2%提升到9%。同一时期投资领域的合作发展也很快，其间东盟国家自1995年以来对中国的投资一直保持在每年30亿美元左右。贸易投资领域合作的加深是中国—东盟自由贸易区计划的重要基础，同时也是自由贸易区追求的一个直接目标。

（二）自由贸易区与双边关系的战略塑造

从某种意义而言，中国—东盟自由贸易区计划代表着中国主动塑造其与东盟关系的开始（注：在作者看来，中国在与东盟合作关系的发展过程中，经历了从被动应对到主动塑造的变化。王玉主：《中国东盟关系中的相互依赖与战略塑造》《国际问题论坛》2008年秋季号）。2000年是中国与东盟经济合作历史上的一个转折点，为了消除东盟国家对于中国加入世界贸易组织后竞争力加强的顾虑，时任中国国务院总理朱镕基提出了建设双边自由贸易区的构想。这成为双边经济合作迈向制度化安排的重要一步。随后，中国与东盟双方在2001年达成了建设自由贸易区的协议，并于2002年签署了《中国—东盟全面经济合作框架协议》，明确在2010年建成自由贸易区。

而这时，随着“富邻、睦邻、安邻”政策的提出，塑造稳定周边环境、构建中国经济崛起大局的战略也开始现出雏形。通过建立和睦的周边环境来保持周边安定，这是中国外交战略政策调整后周边外交战略在总体战略中的提升。中国先是发表了“南海各方行为宣言”，后又加入了《东南亚友好合作条约》，将双边关系上升到战略合作伙伴层次。根据框架协议的要求，双方相继在2004年签署了《货物贸易协议》，在2007年签署了《服务贸易协议》，又在2009年签署了《投资协议》。这些协议的签署意味着双边自由贸易区建设已形成基础框架。

中国—东盟自由贸易区建设虽然是从区域经济

一体化入手，但也很清楚地被赋予了塑造双边关系的使命。自2004年开始举办的中国—东盟博览会很好地体现了中国通过加强经济合作带动双边关系的战略意图，这个在中国—东盟自由贸易区框架下开展的博览会从一开始就表明要“站在国家战略的高度，紧紧围绕中央确定的‘与邻为善、以邻为伴’的周边外交方针，为巩固和平安定的周边环境，深化与东盟国家的经贸合作”。

中国—东盟自由贸易区发展历程表明它是一个目标多元化的合作平台。一方面，自由贸易区是双边关系发展到一定阶段的产物，表达了双方试图通过加强双边合作获取更大收益的努力。另一方面，自由贸易区还是双方化解利益冲突的一种手段，通过内部贸易投资自由化、便利化安排，消除由竞争而给双边关系带来的负面影响，为双边关系发展服务。同时，虽然东盟并未放弃其“大国平衡”外交战略，但频发的国际危机日益加深了中国和东盟的相互依赖关系，中国和东盟在这些问题面前甚至开始表现出越来越清楚的共同身份，这为中国通过自由贸易区建设这一平台来塑造双边关系提供了基础。对于自由贸易区建设本身来说，这实际上是一种超越性诉求，也是双边合作追求的重要目标。而自由贸易区建设的这种复合目标，也是接下来评价中国—东盟自由贸易区影响的主要方面。

## 二、以渐进性、妥协性推动的一体化

对于中国来说，中国—东盟自由贸易区承载着经济利益和战略诉求，是一个复合目标的载体，而它本身也表现为一种包含多个领域合作的一体化进程。要推动这一进程，很重要的一点在于要依照由东盟发展的多元性决定的“东盟方式”，即协议的协调一致性、渐进性、妥协性等。这使得中国—东盟自由贸易区合作与西方的模式存在一定差异，也在很大程度上影响自由贸易区作用的发挥。

### （一）中国—东盟自由贸易区结构框架解析

中国—东盟自由贸易区的基本框架是由2002年双边签署的《中国—东盟全面经济合作框架协议》确定的。《框架协议》从推动中国—东盟经济合作的总体视角，规定了自由贸易区建设涵盖的范围、进程的安排以及实施的原则等，是自由贸易区建设的核心指导文件。根据《框架协议》规定，自由贸易区建设将包括货物贸易、服务贸易以及投资领域的相关安排。此外，争端解决机制的制定也是自由贸易区建设的一项重要内容。

1. 自由贸易区建设的时间框架

在货物贸易方面，协议规定有关关税削减或取消和其他问题的协议谈判于2003年初开始，2004年6月30日之前结束，以建立涵盖货物贸易的中国—东盟自由贸易区。对于文莱、中国、印度尼西亚、马来西亚、菲律宾、新加坡和泰国，建成自由贸易区的时间是2010年，东盟新成员国缅甸、越南、老挝、柬埔寨建成自由贸易区的时间是2015年。与此相关的货物贸易原产地规则谈判应在不迟于2003年12月结束。为了使协议各方尽快享受到自由贸易区的实惠，《框架协议》还规定将双方贸易中的农产品（HS1－8章）列入“早期收获计划”，各方不迟于2004年1月1日开始落实协议。

服务贸易和投资方面，各项协议的谈判应于2003年开始，并应尽快结束，以依照相互同意的时间框架付诸实施，但实施时需要考虑各缔约方的敏感领域，并为东盟新成员国提供特殊和差别待遇。此外，协议规定各缔约方应在本协议生效1年内为实施本协议建立适当的正式的争端解决程序与机制。在实际操作中，由于一些客观因素的影响，《货物贸易》协议于2004年11月签署，2005年7月开始实施。《服务贸易协议》于2007年7月开始实施，而《投资协议》则于2009年8月签署。

2.《货物贸易协议》的基本内容

协议规定，纳入关税削减或取消计划的税目应该包含所有未被早期收获计划包含的税目。这些税目进一步分为正常类和敏感类，各自遵循双方协定的减税模式（具体减税安排见表1～3）。在贸易产品的涵盖范围问题上，协议对于一般性例外和安全例外也做出了规定，以保护任一缔约方的安全或基本利益。协议同时对货物贸易的原产地规则、数量或非关税壁垒以及争端解决机制等问题做出了明确的规定。

表1　中国与东盟6国的减税表

| X＝最惠国税率 | 中国—东盟自由贸易区优惠税率（不迟于1月1日） | | | |
|---|---|---|---|---|
| | 2005＊ | 2007 | 2009 | 2010 |
| X＞20％ | 20 | 12 | 5 | 0 |
| 15％＜x＜20％ | 15 | 8 | 5 | 0 |
| 10％＜x＜15％ | 10 | 8 | 5 | 0 |
| 5％＜x＜10％ | 5 | 5 | 0 | 0 |
| X＜5％ | 维持不变 | | 0 | 0 |

注：东盟6国指东盟6个老成员国。＊开始落实日期为2005年7月1日。

表2　　越南的减税表

| X＝最惠国税率 | 中国—东盟自由贸易区优惠税率（不迟于1月1日） | | | | | | | |
|---|---|---|---|---|---|---|---|---|
| | 2005＊ | 2006 | 2007 | 2008 | 2009 | 2011 | 2013 | 2015 |
| X＞60％ | 60 | 50 | 40 | 30 | 25 | 15 | 10 | 0 |
| 45％＜X＜60％ | 40 | 35 | 35 | 30 | 25 | 15 | 10 | 0 |
| 35％＜X＜45％ | 35 | 30 | 30 | 25 | 20 | 15 | 5 | 0 |
| 30％＜X＜35％ | 30 | 25 | 25 | 20 | 17 | 10 | 5 | 0 |
| 25％＜X＜30％ | 25 | 20 | 20 | 15 | 15 | 10 | 5 | 0 |
| 20％＜X＜25％ | 20 | 20 | 15 | 15 | 15 | 10 | 0～5 | 0 |
| 15％＜X＜20％ | 15 | 15 | 10 | 10 | 10 | 5 | 0～5 | 0 |
| 10％＜X＜15％ | 10 | 10 | 10 | 10 | 8 | 5 | 0～5 | 0 |
| 7％＜X＜10％ | 7 | 7 | 7 | 7 | 5 | 5 | 0～5 | 0 |
| 5％＜X＜7％ | 5 | 5 | 5 | 5 | 5 | 5 | 0～5 | 0 |
| X＜5％ | 维持不变 | | | | | | | 0 |

＊开始落实日期为2005年7月1日。

表3　　柬埔寨、老挝和缅甸的减税表

| X＝最惠国税率 | 中国—东盟自由贸易区优惠税率（不迟于1月1日） | | | | | | | |
|---|---|---|---|---|---|---|---|---|
| | 2005＊ | 2006 | 2007 | 2008 | 2009 | 2011 | 2013 | 2015 |
| X＞60％ | 60 | 50 | 40 | 30 | 25 | 15 | 10 | 0 |
| 45％＜X＜60％ | 40 | 35 | 35 | 30 | 25 | 15 | 10 | 0 |
| 35％＜X＜45％ | 35 | 35 | 30 | 30 | 20 | 15 | 5 | 0 |
| 30％＜X＜35％ | 30 | 25 | 25 | 20 | 20 | 10 | 5 | 0 |
| 25％＜X＜30％ | 25 | 25 | 25 | 20 | 20 | 10 | 5 | 0 |
| 20％＜X＜25％ | 20 | 20 | 15 | 15 | 15 | 10 | 0～5 | 0 |
| 15％＜X＜20％ | 15 | 15 | 15 | 15 | 15 | 5 | 0～5 | 0 |
| 10％＜X＜15％ | 10 | 10 | 10 | 10 | 8 | 5 | 0～5 | 0 |
| 7％＜X＜10％ | 7＊＊ | 7＊＊ | 7＊＊ | 7＊＊ | 7＊＊ | 5 | 0～5 | 0 |
| 5％＜X＜7％ | 5 | 5 | 5 | 5 | 5 | 5 | 0～5 | 0 |
| X＜5％ | 维持不变 | | | | | | | 0 |

＊开始落实日期为2005年7月1日。＊＊缅甸可以在2010年维持不高于7.5％的税率。

3.《服务贸易协议》的基本内容

《服务贸易协议》规定了双方在自由贸易区框架下开展服务贸易的权利和义务，同时包括中国与东盟10国开放服务贸易的第一批具体承诺减让表。各方将根据减让表承诺的内容进一步开放相关服务部门。协议规定，中国在WTO承诺的基础上，在建筑、环保、运输、体育和商务等5个服务部门的26个分部门，向东盟国家做出市场开放承诺，东盟10国也分别在金融、电信、教育、旅游、建筑、医疗等行业向中国做出市场开放承诺。此外，协议还要求双方对第二批具体承诺减让表进行谈判。

4.《投资协议》的基本内容

协议的目标旨在通过：（1）逐步实现东盟与中国的投资体制自由化；（2）为一缔约方的投资者在另一缔约方境内投资创造有利条件；（3）促进一缔约方和在其境内投资的投资者之间的互利合作；

(4) 鼓励和促进缔约方之间的投资流动和缔约方之间投资相关事务的合作；(5) 提高投资规则的透明度以促进缔约方之间投资流动；(6) 为中国和东盟之间的投资提供保护来促进东盟与中国之间投资流动，建立自由、便利、透明和竞争的投资体制。协议同时还对国民待遇、最惠国待遇以及投资待遇做了具体规定。

(二) 中国—东盟自由贸易区框架的几个特点

从上面的简单分析可以看出，中国—东盟自由贸易区的框架安排具有以下几个特点：

1. 这是一个超越自由贸易的安排，因为《投资协议》约束的主要是双方未来直接投资领域的合作，虽然与贸易密切相关，但不完全属于贸易范围。例如，东盟自1992年开始推动的东盟自由贸易区计划就没有包含投资问题，而是在之后启动了单独的东盟投资区计划以加强区内投资合作。但把投资自由化和便利化纳入自由贸易区建设后，将使中国—东盟自由贸易区建设在促进双边合作上有更广泛的基础。

2. 中国—东盟自由贸易区的减税安排是一个渐进过程，与北美自由贸易区那种经过认真谈判达成减税协议后立即实现自由贸易的安排相比，2005年以来的逐步减税实际上都应该看作是一种“早期收获”。这种安排体现了发展中国家之间开展经济合作的主要特色，但这必然使得自由贸易区对双边经济合作的促进作用只能逐步释放，而不是在某一点上突然释放，对双边贸易产生巨大影响。

3. 货物贸易中敏感产品的安排以及对东盟新成员的特殊安排也是发展中国家推动自由贸易合作的特点，一方面它充分考虑了自由贸易区各成员之间的经济发展水平差距，设置了一定期限的缓冲期，使得自由贸易区减税安排不至于对欠发达成员国内的某些产业造成过分的负面冲击，有利于自由贸易区减税安排获得各方的支持。但一个负面的影响就是这种安排将使自由贸易区对贸易的促进作用大打折扣，尤其是在敏感产品由各方自我确定的情况下，这几乎是无法避免的。

## 三、自由贸易区对双边经济以及战略关系的影响

第一部分的分析说明，中国—东盟自由贸易区是一个超越经济利益诉求的安排，而第二部分所揭示的自由贸易区框架安排特点将主要影响其经济效应的释放，对于双边关系的塑造，除了经济上相互依赖的构筑外，还必须考虑影响双边关系的非经济因素。因此，接下来笔者先结合双边经济关系的发展来分析自由贸易区建成后的经济影响。在此基础上，结合其他因素分析自由贸易区在塑造双边关系方面作用的发挥。

(一) 自由贸易区：朝向双边经济深度相互依赖的渐进过程

自2003年中国—东盟自由贸易区协议下“早期收获计划”开始落实，自由贸易区对双边经济合作的促进作用就开始显现。2005年《货物贸易协议》后，中国与东盟双边贸易发展的促进作用还是比较明显的。1991～2001年双边自由贸易区计划提出后，双边贸易额从84亿美元增加到416亿美元，贸易增加额为332亿美元，年均增幅为18.5%。2002年自由贸易区协定签署后到2004年，双边贸易从2001年的416亿美元增加到2004年的1059亿美元，3年中贸易增加额为643亿美元，年均增长超过200亿美元，增幅为36.6%。2005～2007年，双边贸易每年增长都超过300亿美元，年均增幅接近25%。虽然受金融危机影响，2008年中国与东盟贸易仍增长近300亿美元（图1）。

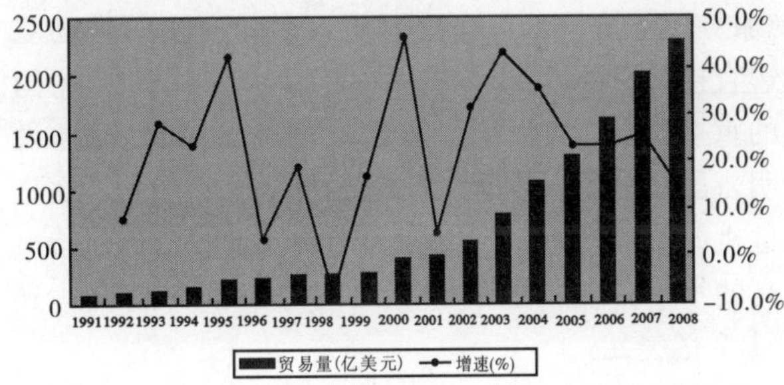


图1 中国东盟贸易总量及增长速度（1999～2008）

资料来源：原始数据采自《中国对外经济贸易统计年鉴》及中华人民共和国商务部网站

总体来看，尽管两次危机的影响都使中国—东盟贸易的增速有所下滑，中国—东盟双边贸易仍处在一个加速发展的时期。《货物贸易协议》实施以来，双边贸易的实质性增长更快，只用了3年的时间就从1000亿美元跃上了2000亿美元台阶，提前3年实现2000亿美元目标。按照这个发展趋势，随着2010年中国与东盟6国7000多种贸易产品实施零关税开始，中国与东盟贸易将会有更大幅度的增加。做出这样的判断还基于以下几点：

一是除包含产品税率降低外，随着中国—东盟自由贸易区的建成，会有越来越多以敏感产品名义得到保护的产品将会被纳入减税轨道，同时东盟新成员国产品的关税也将逐步降低。这意味着双边贸易中享受自由贸易安排的产品越来越多，这是双边贸易的自然推动力量。

二是2010年开始《投资协议》将在通过各国认

可后付诸实施，加上《服务贸易协议》的落实，必将推动中国—东盟双方直接投资的增长，尤其是中国对东盟国家直接投资的增加。因为一般来说直接投资都对贸易有一定的促进作用，这是双边贸易发展的关键因素之外的推动力。

三是随着中国—东盟自由贸易区的建成，自由贸易区概念将逐步深入人心，越来越多的贸易企业将会寻求利用自由贸易区的优惠安排获利。这是自由贸易区促进双边贸易的重要力量。从目前的情况来看，虽然双边的减税安排已经推动了数年，但一项调查表明企业对中国—东盟自由贸易区优惠安排的利用率并不高。造成这一现象的原因目前看包括多个方面，比如自由贸易区认知度、优惠幅度等都是被调查企业反映的影响因素。从目前情况来看，中国已经注意到这个问题并开始着手处理。相信随着自由贸易区的深化以及各方的努力，自由贸易区优惠安排利用率低这个问题将得到解决，并成为推动双边贸易的一个重要因素。

除了双边贸易外，自由贸易区的建成还将会因《服务贸易协议》和《投资协议》的落实而推动双边直接投资的合作。东盟国家自1995年以来对中国的直接投资一直保持在每年30亿美元左右。表4说明，虽然东盟多数国家的经济在2008年受到了次贷危机的影响，但2008年东盟对中国的投资仍保持很高的水平，仅新加坡等5国的对华投资额就达到51.2亿美元。

表4　东盟国家对中国直接投资

单位：亿美元

| | 2004 | 2005 | 2006 | 2007 | 2008 | 2009（1～6月） |
|---|---|---|---|---|---|---|
| 印尼 | 1.0 | 0.9 | 1.1 | 1.3 | 1.7 | 0.7 |
| 马来西亚 | 3.9 | 3.6 | 4.5 | 4.0 | 2.5 | 2.3 |
| 新加坡 | 20.1 | 22 | 24.6 | 31.8 | 44.4 | 19 |
| 菲律宾 | 2.3 | 1.9 | 1.4 | 1.9 | 1.3 | 0.6 |
| 泰国 | 1.8 | 0.9 | 1.5 | 0.9 | 1.3 | 0.1 |
| 合计 | 29.1 | 29.3 | 33.1 | 39.9 | 51.2 | 22.7 |

资料来源：中华人民共和国商务部网站统计信息

同时，虽然受经济发展水平的制约，中国对外直接投资发展起步较晚，但近年来中国对东盟国家的直接投资开始起步，因此，中国—东盟之间的国际直接投资已经逐步从单向流动转向双向互动。2008年中国对外直接投资已经达到521亿美元，中国对东盟国家的投资也因此有了非常显著的增加。根据东盟秘书处的统计，仅2006～2008年3年时间内，中国对东盟国家的直接投资累计就达到36.8亿美元。其中，2008年中国对东盟直接投资14.4亿美元，占东盟当年602亿美元外资总额的大约2.4%，超过韩国成为东盟第四大外部直接投资来源地。自由贸易区建成后贸易投资之间的相互促进作用应该会使双边的直接投资更进一步发展。

因此，从经济影响上看，自由贸易区将深化双边经济的相互依赖程度。只是由于自由贸易区完全实现是一个渐进过程，经济福利的增加也将是渐进的，它不仅受到自由贸易区进程本身的影响，还将受到中国与东盟双方经济发展水平的影响。

（二）自由贸易区对双边关系的塑造效应可能会下降

未来一个时期内，中国与东盟双边关系将逐步走向战略合作，自由贸易区的平台作用虽不会消失，但其效用可能会下降。

1. 中国—东盟自由贸易区计划启动以来，其对双边关系的促进作用是很明显的。一方面，经济关系本身就是双边关系的一部分，更加紧密的经济安排本身就是双边关系深化的一部分。另一方面，作为双边关系发展的平台，中国—东盟自由贸易区建设以来，双方高层互访不断，信任加强，从对话伙伴到全面战略合作伙伴的转变，尤其是中国率先加入《东南亚友好合作条约》，实际上说明了中国与东盟关系的快速提升。正如中国驻东盟大使薛捍勤所言，自1991年中国与东盟开启对话进程以来，双方政治互信不断增强，经济合作日益扩大，社会文化交流愈发紧密，相互了解进一步加深。而东盟秘书长素林在接受采访时也表示："东盟国家与中国的关系十分密切。东盟各国都赞赏中国在地区事务中发挥的重要作用。中国是地区的稳定因素，而且在加强区域合作时充分考虑到这些国家的利益和感情。中国在地区事务中的作用是有效的……我认为中国在处理与东盟和亚洲其他国家的关系时是负责任的，能充分照顾到其他国家的利益。"正是在这种共识的基础上，中国国务院总理温家宝在泰国华欣举办的第十二次中国—东盟领导人会议上就中国与东盟下一阶段合作提出6点建议。同时温总理倡议制订2011～2015年《落实中国—东盟面向和平与繁荣的战略伙伴关系联合宣言的行动计划》，推动中国与东盟关系迈上新台阶。到目前为止双边关系在自由贸易区框架内的塑造是卓有成效的。

2. 中国与东盟关系正处于历史发展最好时期，而且中国—东盟自由贸易区的建成将会推动双方经贸关系在新的起点深入发展。但很显然，自由贸易区建设作为经济一体化的重要步骤，被认为会将双方导向更高层面的关系。欧盟从经济合作到全面一体化的历史被作为某种可借鉴的先例，这就是为什么有人会认为与东盟的经济整合既有助于平抑、牵制包括南海领土资源争端、中国加速崛起等在内的政治军事安全压力，又有助于树立中国维护和平推动合作的负责任大国形象。实际上，虽然不能否认经济相互依赖对双边关系发展的积极作用，但以经济合作为手段对双边关系的全面塑造一旦超出低端政治，其作用将会十分有限。中日经济相互依赖关系的发展与双边关系中“政冷经热”现象的持续，说明东亚合作与欧洲存在着某些质的差异。

同时，中国与东盟的关系在东盟采取“大国平衡”战略的背景下成为一个敏感的多边问题。2009年以来美国重返东南亚、日本对于东亚合作的新倡议以及李光耀在美国发表的关于将美国纳入东亚共同体制衡中国的言论，都充分证明了中国与东盟关系的复杂性。而随着双边关系逐步向高端政治迈进，自由贸易区对于双边关系的促进作用可能越来越有限。因此，尽管中国与东盟日渐加深的合作对双方的战略意义都越来越重要，但双方关系的发展不能仅仅依靠经济一体化，中国与东盟关系的健康塑造有赖于全方位的合作。

### 四、结论

2010年1月1日，中国—东盟自由贸易区宣布建成，对于这个号称全球最大的自由贸易区，无论是中国还是东盟方面都有很多期待。但本文的分析说明，尽管自由贸易区的建成及未来发展会推动双边经济合作，但作为塑造双边关系的平台，其作用将随着中国与东盟关系的深化而受到限制。

从未来发展看，双方加强合作的意愿比较强烈，这其中既有双边经济相互依赖不断加深的因素，也有金融危机的影响。但从国际关系层面来看，中国崛起问题并没有完全解决。尽管大多数东盟国家开始正面看待中国经济的崛起，并表示乐见中国在国际事务中发挥更大的作用，但与此同时大国在东南亚地区的争夺又有重新抬头的趋势。这给中国与东盟通过自由贸易区建设拓展双边关系带来了一些不确定因素。

（来源：王玉主.《东南亚纵横》. 2010年第1期）

# 东盟十国投资环境

## 经济多元化政策下的文莱投资环境

文莱经济以石油天然气产业为支柱。根据美国能源信息署2005年数据，文莱探明原油储量为11亿桶（2006年文莱对外公布数据14亿桶），天然气储量为约4000亿立方米（文莱公布为3200亿立方米），是东南亚地区第三大产油国，世界第四大液化天然气出口国。2008年，文莱油气产出占GDP的70.1%。平均日产原油17.5万桶，天然气3300万立方米，分别比上年下降12%和3%。文莱油气生产绝大部分供出口，年出口原油6300万桶，液化天然气671万吨，油气出口占其出口总额的98%左右。

近年来，文莱经济保持微幅增长的趋势。2008年受国际金融危机影响，国际原油市场价格在低位徘徊，文莱经济首次出现负增长，全年GDP总额142.6亿美元，下降1.9%，人均GDP为3.59万美元（2009年数字尚未公布）。根据亚行预测，受国际原油价格低迷影响，2009年仍会小幅下降1.2%，2010年将增长2%。文莱政府预计2010年经济增长率将在0.7%至2.3%之间。

### 一、经济多元化发展计划

2008年制定的《文莱达鲁萨兰国长期发展计划（2035年远景展望）》提出，到2035年，文莱将拥有最高国际标准的良好教育，充满活力的可持续发展经济，定下了人民生活质量进入全球前十、人均收入进入世界前十的“双十”目标。为推动国民经济健康稳定发展，2009年以来，文莱政府一方面宣布设立经济持续增长基金，用石油收入盈余部分支持推进经济多元化发展计划；一方面大力发展油气下游产业、伊斯兰金融及清真产业、物流与通讯科技产业，推动基础设施建设，一批住房、公路、港口、桥梁、水坝等重点项目进度加速。同时加大对农业领域的投入，提出把粮食自给率由目前的3%提高到2010年的20%、2015年的60%，还先后采取房地产投资分层地契法，下调公司税、放宽中小企业信贷条件及额度、奖励出口等政策措施，刺激经济持续稳定发展。世界经济论坛2009年9月份公布的2009～2010年全球竞争力报告显示，此外，文莱宏观经济稳定性首次跃居全球首位。

### 二、经济多元化政策

为摆脱对石油资源的严重依赖，文莱自1984年起启动多元化发展战略，调整单一经济结构，减少油气产业比重，实现“进口替代”。该战略在20世纪80年代中期至90年代初期的重点是发展工业和农牧业，90年代中期转向资本再生开发，进行海外投资、推动国内中小企业发展等，近年来，文莱政府又采取了以下积极鼓励发展经济多元化措施：

（一）加大吸引外资的力度。鼓励国内外商人在文莱投资、经商，促进中小型私人企业、商业部门的发展，外资在高科技和出口导向型工业项目可以拥有100%的股权；中小企业是文莱工商业的主力，被视为带动国家经济增长的“火车头”，目前，比较活跃的中小企业约有6000家。为促进中小企业的发展，文莱政府设立了中小企业发展基金，为中小企业提供财政支持。

（二）培育文莱为地区国际金融中心。文莱于2000年建立了文莱国际金融中心，积极吸引外资到该中心落户。2006年，文莱政府加大实施伊斯兰金融力度，成立了伊斯兰金融监管理事会，发行短期伊斯兰金融债券，并将文莱伊斯兰银行（IBB）及文莱伊斯兰发展银行（IDBB）合并，成立了文莱达鲁萨兰伊斯兰银行（IBBD）。文莱先后颁布10项与金融中心有关的法令，对在该中心注册的外国企业，给予免税的待遇。至2007年底，已有超过9000家离岸公司在该中心注册。

（三）加速发展石油、天然气的下游产业。2001年文莱政府专门在首相府下成立了文莱经济发展理事会（Brunei Economic Development Board），向外国投资者推荐文莱的投资项目。2003年初该理事会提出以港口建设和工业园建设为主要内容的“双叉战略”，一是利用大摩拉深水港（水深16米）的优势，试图打造本地区最大的货物集散中心，并以港口建设带动基础设施建设；二是利用油气资源兴建双溪岭工业园项目，先后就甲醇厂、尿素厂和炼铝厂的建设和可行性研究与外国公司签订了备忘录，其中，文日合资的甲醇厂即将建成投产。

（四）大力发展旅游业。旅游业是文莱近年来除油气业外大力发展的又一产业，文莱政府专门成立了文莱旅游发展委员会，指导旅游业的发展。文莱主要旅游景点有：独具民族特色的水村、金碧辉煌的清真寺、一望无际的淡布隆原始林海、驰名国内外的帝国饭店和沙滩海洋等。

（五）加大对农、林、渔业的投入，包括扩大粮食和蔬菜种植面积，增加牛、羊、鸡、鱼、虾的养殖及蛋奶的生产，提高粮食自给率，减少进口量。

（六）推行私有化。逐步将政府管理的电讯、邮政、水电、交通等公共服务部门私有化，以提高服务质量和办事效率，减少政府财政负担，拟通过推动私有化，使文莱经济由政府主导逐步转向私人经济主导的方向发展。

为保护民族资本，文莱法律规定，外资须和本地公司或商人合资，文方至少占51%的股份。但不涉及文莱国家食品安全，并且产品全部出口的工业，外国人可以有100%的所有权。鼓励在化工、制药、制铝、建筑材料和钢材及扩大金融业等方面投资，但森林领域不对外资开放。此外，文莱政府于1999年放宽政策，在一定范围内，允许合作捕鱼。

（来源：中华人民共和国商务部·商务参赞访谈. http://gzly. mofcom. gov. cn/website/face/www_face_history. jsp? desc=&p_page=1&sche_no=1569. 2010—04—06）

## 柬埔寨行业投资环境

柬埔寨经济在前几年以年均10%以上的增速增长后，2009年遭受了国际金融危机的严重冲击。据柬埔寨财经部预测，2009年柬埔寨GDP总值约109.4亿美元，增长2.1%。其中，农业产值约占GDP的34.2%，工业占21%，服务业占37.8%。人均GDP约769美元。国家净外汇储备约17.58亿美元，可保证3.5个月的进口。进出口总额预计为68亿美元，其中出口约26亿美元，进口约42亿美元。全年财政赤字4.88亿美元，外债24.4亿美元，年通货膨胀率2.5%。柬埔寨货币汇率基本稳定在4100瑞尔兑换1美元。

柬埔寨经济属输血型经济，经济增长主要依赖外来投资、多双边援助和外来游客的支撑。由于金融危机对世界各国未来经济影响程度难以预测，未来各国的经济形势发展尚不明朗，原对柬埔寨传统投资国企业何时能摆脱危机，原对柬埔寨传统的多双边援助国政府财政状况如何，是否仍会承担前些年对柬埔寨援助的数额等诸多因素，将左右着柬埔寨2010年宏观经济形势。根据柬埔寨2009年下半年进出口和税收情况看，柬埔寨经济已开始企稳回升，但金融危机的阴云尚未散去。预计柬埔寨2010年经济会有3%左右的小幅增长。

### 一、电力

柬埔寨电力能源设施落后，供应短缺，电价

高。2009年，柬埔寨电力装机能力为909.7兆瓦，全国用电家庭数约为20多万户，年人均用电量为54度。柬埔寨政府将电力发展列为其经济战略的优先发展领域，对外来投资给予政策上的倾斜和法律保护。到2010年底，柬埔寨政府计划装机1346兆瓦，实现全国用电家庭数达到37万户，年人均用电量89度。

近年来，中国企业以BOT方式进入柬埔寨电力市场，速度快，规模大。目前，中国企业以BOT方式与柬埔寨签约的6个项目，总装机约为92.7万千瓦，总投资18.2亿美元，上述工程将于2012～2015年陆续建成并投入运营，届时将基本缓解柬埔寨电力供应紧缺状况，柬埔寨百姓亦将获得低廉和清洁的能源。

## 二、农业

柬埔寨是个农业国，农业自然资源有较强的比较优势。土地肥沃，气候条件适宜农作物种植、水产养殖和畜牧业及橡胶业发展。在柬埔寨政府提出的以优化行政管理为核心，加快农业发展、加强基础设施建设、吸引更多投资和开发人才资源的“四角战略”中，农业是柬埔寨经济发展的第一角，其宗旨是提高农业生产力和促进产业多样化，努力使农业成为经济增长和减轻贫困的主要动力。柬埔寨全国可耕地面积约630万公顷，农业发展潜力巨大。2009年稻谷种植面积229.8万公顷，同比增长1.96%。稻谷产量590.6万吨，同比增长3.1%，每公顷产量2.57吨。预计2009年全年出口320万吨。

## 三、投资优势

柬埔寨自恢复和平、重新融入国际社会以来，其作为新兴市场的发展潜力对企业具有较大吸引力。为加速经济发展，吸引国内外投资，柬埔寨于1994年通过《投资法》，并于2003年通过《投资法修正法》，为在柬埔寨境内投资提供相对较为优惠的税收和土地租赁政策。企业选择在柬埔寨投资的主要因素在于以下八个方面：

（一）环境安全。柬埔寨政局稳定，国内治安状况良好，无种族冲突；无地震、台风、海啸等自然灾害；柬埔寨与中国世代友好，无领土争端和历史遗留问题。官方语言以高棉语为主，英语和中文也是最常用的语言，国内90%的人信佛教，民风淳朴。

（二）地理位置。柬埔寨地处东南亚交通枢纽位置。陆路：东临越南，北接老挝，西北靠近泰国；水路：西南临泰国湾，湄公河自北向南贯穿全境；拥有国际深水港码头——西哈努克港；航空：拥有金边、吴哥、西哈努克三个国际机场，北京、广州、上海、中国香港均可直航柬埔寨首都金边，其中上海—金边航程只需3.5小时。

（三）柬埔寨自然资源丰富，在矿产、农产品、渔业等方面资源较为丰富。盛产柚木、铁木、紫檀等高级木材；据初步勘探，石油储量近20亿桶；此外，还有丰富的金、铁、铝土等矿藏；洞里萨湖为东南亚最大的天然淡水湖，素有“鱼湖”之称。

（四）投资保障。除柬埔寨王国宪法中有关土地所有权规定外，所有投资者，不分国籍和种族，在法律上一律平等；柬埔寨王国政府不实行损害投资者利益的国有化政策；对已获批准的项目，柬埔寨王国政府不对其产品价格和服务价格进行管制；柬埔寨王国政府不实行外汇管制，允许外汇资金自由出入。据柬埔寨《投资法》第四章规定：不实行损害投资者利益的国有化政策；对已获批准的项目，不对产品价格和服务价格实行管制；允许投资者从银行系统购买外汇转往国外，作为清算与其投资活动有关的财政债务。

（五）实行开放的自由市场经济政策，经济活动高度市场化、自由化，其经济自由度排名与日本相当。除宪法规定外国人不得购买和拥有柬埔寨土地以及从2001年起不得砍伐森林外，无其他明显投资壁垒。包括银行、保险、电信、旅游、医疗卫生及教育等领域在内的服务领域实行全面开放。

（六）作为最不发达国家之一，柬埔寨享受发达国家给予的多项优惠，例如美、欧、日等28个国家对柬埔寨包括成衣在内的许多出口产品给予普惠制待遇（GSP）。

（七）发展机遇。柬埔寨目前处于发展起步阶段，处处充满商机。实行每周六天工作制，劳动力成本较低，纺织工人月最低工资标准为50美元；中国—东盟自由贸易区的建立，意味着企业进入了拥有5.8亿人口的东盟大市场；欧美等发达国家给予特殊的贸易优惠政策；没有贸易壁垒和反倾销；区域经济合作进程的加速，为其发展提供了良好的发展机遇。

（八）相对低廉的劳动力成本。

柬埔寨发展理事会是柬埔寨政府唯一负责柬埔寨投资和重建发展综合事务的政府机构。理事会下设柬埔寨投资委员会、柬埔寨重建与发展委员会和柬埔寨特别经济区委员会，分别负责管理私人投资

(包括外资直接投资)、公共投资(政府发展项目、接受国外援助等)和特别经济区(包括经济特区、工业开发区、自由贸易区等)业务。柬埔寨投资委员会作为柬埔寨投资主管机构，由柬埔寨涉及投资的各部门代表组成，实行“一站式”审批。

(来源：中华人民共和国商务部·商务参赞访谈. http://gzly.mofcom.gov.cn/website/face/www_face_history.jsp? desc=&p_page=1&sche_no=1544.2010—02—20)

# 印度尼西亚贸易投资环境研究

印尼经济在建国初期发展缓慢，1950～1965年GDP年均增长仅2%。20世纪60年代后期调整经济结构后，经济开始提速，1970年至1996年间GDP年均增长6%，跻身中等收入国家。1997年受亚洲金融危机重创，印尼经济严重衰退，货币大幅贬值。从1999年底开始，印尼经济缓慢复苏。2003～2008年，印尼经济持续稳定增长，2009年印尼经济增长4.5%，通货膨胀率2.8%，当年人均GDP超过2500美元。2003年底，印尼按计划结束国际货币组织的经济监管。截至2010年1月底，印尼外汇储备达696亿美元，创历史新高。

从三次产业结构上看，农业、工业和服务业均在印尼国民经济中发挥重要作用。其中服务业占GDP比重近40%，吸纳近三分之一就业人口。从GDP构成上看，个人消费的贡献最大，2007年占GDP比重达60%。近年来，印尼政府消费、投资和进出口的增速超过了个人消费。

从投资环境吸引力角度上分析，印尼竞争优势主要有六个方面：政治社会总体稳定；经济增长前景看好，市场潜力大；自然资源丰富；地理位置重要，控制着关键的国际海洋交通线；人口众多，有丰富、廉价的劳动力；市场化程度较高，金融市场充分开放。当然，印尼也存在基础设施有待完善、政策法律连续性和执行力有待提高、社会信用体系有待健全等问题，在一定程度上制约了其投资环境的改善。世界经济论坛《2007～2008年全球竞争力报告》显示，印尼在全球最具竞争力的102个国家中排名第60位。

印尼是主要经济体中除中国和印度外，2009年经济保持正增长的少数国家之一。随着世界经济复苏，今后5年有望成为印尼经济新的增长期。印尼现任总统苏西洛已在2009年大选中胜出，印尼政治社会环境将保持稳定，经济政策将继续保持，特别是苏西洛政府重视吸引外来投资、加强基础设施建设、增加就业机会、消除贫困、加强法制建设和反腐工作，这些将为中印尼经贸关系发展创造良好条件。中国—东盟自由贸易区已于2010年1月1日全面建成，双边贸易和投资自由化便利化程度进一步提高，中印尼经贸关系发展面临着历史性机遇。

## 一、承包工程市场潜力巨大

印尼承包工程市场潜力巨大，前景广阔。受1997年亚洲金融危机冲击，印尼承包工程市场发展基本停滞，导致目前印尼基础设施严重落后，如全国电力普及率仅为56%，高速公路只有960多公里。印尼政府已经认识到落后的基础设施严重制约了国民经济发展。大力发展基础设施建设已成为印尼政府振兴经济的重要手段。2009年获得连任的印尼总统苏西洛已决定将加强印尼基础设施建设作为其“百日纲领”的重要内容，特别是在电力、交通、通讯等领域。印尼财政部计划在未来5年内投入2000亿美元用于基础设施建设。自2002年开始，印尼承包工程行业开始复苏，承包工程业产值以年均29.7%的速度增长。据印尼建筑劳务研展机构估计，印尼市场潜力仅次于中国和印度，位于亚洲第三位。

印尼是中国承包工程的重要市场。据印尼政府统计，印尼每年的承包工程国际发包额在100亿美元以上，涉及能源、矿产、交通运输、通讯等众多领域。中国自1990年开始在印尼积极开展承包工程，近几年来，中国在印尼的承包工程业务发展迅速，据中国商务部统计，2009年中国对印尼承包工程新签合同额18.1亿美元，同比下降46%；完成营业额26.5亿美元，同比增长16.2%；截至2009年底，中国对印尼工程承包签订合同总额近146.2亿美元，完成营业额84.5亿美元。中国公司在印尼的承包工程主要集中在电力、化工、水利、通讯、冶金、煤矿开采、建筑、机械、纺织等领域，资金来源属于业主自筹的约占半数，其余则为出口信贷、世界银行和亚洲开发银行贷款等。

## 二、吸引外资的鼓励措施

(一)进口税务

所有由印尼投资协调委员会(印尼负责投资的机构)批准的外资企业和内资企业，如果以多于已安装生产能力的30%的规模扩展其项目来生产类似产品或增加其产品种类，印尼政府将会准予进口关税的减免和征收优惠。

对以下情况，进口税可减至5%，对于进口税价目（BTBMT）中的进口税为5%以下的货物，则按进口税目表的规定征收。

1. 进口生产所需的资本货物如机械、仪器、零件、附件等，进口期限为2年，自同意减免税同意书签发日起算。

2. 进口生产期限为2年的产品所需的原材料和配件。

对于已经享受优惠政策而进口上述物品的企业，如还有需要的物品要进口，可从2002年10月30日起再延长一年。

免征首次在印尼进行的船舶注册契约或证明的有权转让费。

（二）税收

印尼政府给予特定项目或领域的国内外投资者如下优惠：将投资税减轻至30%；加速折旧和摊提；亏损结转可长达10年；关于红利的10%的所得税，若双方在税务协议上取得一致，则还可再降低。

（三）产品出口

1. 对用于生产出口产品而进口的货物可退进口税。

2. 对于在印尼国内购买用于生产出口产品的物资免增价税和奢侈品税。

3. 企业可自由选择在印尼国内或国外购买生产所需要的原料。

（四）保税区

对于在印尼保税区内设立的企业，有以下优惠措施：

1. 对于进口生产过程中所需要的资本货物、设备以及原料可免进口税、所得税以及奢侈品的增值税。

2. 允许企业将50%的最终出口产品通过正常的进口手续转移到国内市场，若是非最终出口产品，可100%转移到国内市场。

3. 允许将一些边角料或废料销入印尼关境内，但含有生产所用材料的量不超过5%。

4. 允许这些企业将自己的机器设备出借给保税区以外的或无出口加工地位的分包商进行深加工，期限不超过2年。

如果这些企业将其产品从保税区或出口加工转口区交到这些区域以外的分包商或是这些区域内的其他公司进行深加工，则对其免征增值税和奢侈品销售税。

（五）综合经济发展区（KAPET）

为发展某些区域的经济建设，如印尼东部地区或者偏远地区，印尼政府已开辟几个综合经济发展区，在这些区域的投资者，可获以下优惠措施：给予30%的投资补助；加速折旧和摊提；亏损结转可延长10年；降低股息税。

## 三、服务贸易相关规定

印尼服务贸易并不发达，加上受1997年亚洲金融危机和2008年全球金融危机的打击，目前仍处恢复期，印尼在WTO和相关自由贸易区中服务贸易承诺尚未完全落实。在某些服务贸易部门，仍有特殊要求和规定。如进入印尼市场的法律公司必须与当地公司建立合资企业，要在印尼开展业务，所有的律师必须取得印尼国籍和印尼法律认证机构的学位证书；外资进入批发零售业务是允许的，但是必须与当地中小企业成立合资公司；禁止所有的外国投资进入广播和传媒行业；外资可以和印尼当地公司成立合资企业，但必须在印尼政府认为当地公司无法从事的行业和地区范围内；外资卫星运营商必须有一个印尼合作伙伴。

目前，东盟已经结束关于建筑、通信、商业服务、金融服务、海运、空运和旅游方面的谈判，给予东盟成员国在服务机构设立和专家聘请方面以优先市场准入。

（一）水平承诺：

1. 商业存在

市场准入方面：除另行规定外，外国服务提供者实现商业存在的方式包括设立合资企业和/或代表处。合资企业须满足以下要求：（1）应为有限责任公司；（2）外国合伙人在有限责任公司中所占资本比例不能超过49%。

国民待遇方面：根据印尼《收入税法》，非居民纳税人从印尼获取利息、版税、分红及在印尼提供服务的收费所得等收入时，需代扣20%的所得税。

土地获得：根据1960年颁布的《土地法》，任何外籍人士（包括法人和自然人）都不允许在印尼拥有土地。但是，合资企业拥有土地使用和建筑权，并可以租赁/承租土地和资产。任何法人和自然人都必须满足职业资格要求。

2. 自然人流动

市场准入方面：根据印尼劳工和移民的法律法规，除另有规定外，只有董事、经理和技术专家/顾问允许居留两年，期满后可延长两次，每次两年。其中，经理和技术专家（公司内部流动人员）

的入境取决于经济需求测试。商务人员的短期入境和居留期最长为60天，最长可延长到120天。

国民待遇方面：对外籍人士征收的费用，所有在印尼提供服务的外国自然人都应交纳政府征收的相关费用。根据劳工法，所有合资企业和代表处雇用的外国人士，和/或其他类型的法人，以及个体服务提供者都必须持有印尼劳工移民部发放的工作许可证。

（二）部门承诺

1. 海运

市场准入方面：对跨境交付和境外消费不作承诺；应以建立代表处的方式联合经营；有限责任公司中外国合伙人的资本金份额外不得超过60%；自然人流动与水平承诺规定相同。

国民待遇方面：在跨境交付方面，外国船运公司应指定印尼船运公司或合资船运公司作为总代理；对境外消费不作承诺；商业存在和自然人流动与水平承诺规定相同。

2. 旅游

市场准入方面：对跨境交付和境外消费不作承诺；进行国际酒店经营必须在印尼司法部注册为印尼公司采用合同管理的方式。旅游咨询必须在印尼司法部注册为印尼公司。在与印尼本国公司合作经营的情况下，需采用合资企业、联合经营和合同管理的方式。有限责任企业中，外国合伙人所占的资本份额不能超过49%。旅馆和餐饮业在印尼东部的明古鲁、占碑等地区，外国投资者可以拥有100%的股份。除旅馆企业的总经理、餐饮部经理、客房部经理、审计员、市场营销经理等高层管理人员和厨师长、副厨师长、特级厨师等高级专业人员外不作限制。

国民待遇方面：对跨境交付和境外消费不作承诺；在旅馆和餐饮服务业：（1）外国服务提供者的投入资本需高于国内服务提供者，此项规定将于2020年取消；（2）只限于三、四、五星级旅馆不作限制；对自然人流动与水平承诺规定相同。

3. 空运（计算机订票服务）

市场准入方面：对跨境交付和境外消费不作承诺；对商业存在和自然人流动不作限制。

国民待遇方面：对跨境交付和境外消费不作承诺；对商业存在和自然人流动不作限制。

4. 商业服务

市场准入方面：对跨境交付和境外消费不作承诺；应通过建立代表处的方式联合经营；除经理和技术专家不作限制。

国民待遇方面：对跨境交付不作限制；对境外消费不作承诺；印尼合作方须为印尼咨询协会成员；自然人流动与水平承诺规定相同。

5. 建筑服务

市场准入方面：对跨境交付不作限制；对境外消费不作承诺；商业存在应以建立代表处的方式联合经营；合资企业应以有限责任公司形式存在，且外国合伙人所占的资本份额不能超过55%。自然人流动与总体承诺规定相同。

国民待遇方面：对跨境交付和境外消费不作限制；对合作经营不收取注册费，代表处的许可证有效期为3年，期满后可延期；印尼合作方应为印尼承包商协会成员；合资企业印尼合作方应为印尼承包商协会成员，且外国合作者所占资本份额不能超过55%。自然人流动与总体承诺规定相同。

6. 通讯服务

市场准入方面：在跨境交付方面除国际通讯、公共数据网络服务、电传、电传只能通过INDOSAT和SATELINDO公司进行外，不作承诺；在境外消费中，除国际长途回呼外，不作承诺；在商业存在方面，每种行业有3～5家专营或运营公司，合资企业以合资企业、联合经营和合同管理方式，外资份额不能超过40%；在自然人流动方面，管理人员和技术专家不得超过20人。

国民待遇方面：对跨境交付和境外消费不作限制；对商业存在不作承诺；自然人流动与水平承诺规定相同。

（来源：中华人民共和国商务部·商务参赞访谈. http://gzly.mofcom.gov.cn/website/face/www_face_history.jsp? sche_no=1561. 2010—03—22）

## 老挝贸易投资环境

2000～2009年，老挝共吸引合同外资130多亿美元。2005～2007年是吸引外资的高峰年，分别为12.5亿美元、27亿美元和11.4亿美元，2008年降为3.6亿美元，2009年达到43亿美元。

据老挝方统计，2009年老挝吸引外资43亿美元，同比增长10.94倍，远高于2008年3.6亿美元的水平，年度新批外商投资12.4亿美元。外商重点投资领域包括电力、矿产、电信、农业、酒店、餐饮等。累计在老挝投资前10位的国家依次为泰国、中国、越南、法国、日本、印度、澳大利亚、韩国、马来西亚、新加坡。

在世界经济缓慢复苏的大背景下，老挝经济保持较快增长，除了老挝政府采取了比较积极的财政政策外，周边国家尤其是中国经济的回升、向好，中老贸易、投资合作快速增长，为老挝经济注入了活力，同时来自国际社会约 4 亿美元的援助为老挝经济发展起到推动作用。据老方统计，2008～2009 年财年中国对老挝直接投资合同金额 9.33 亿美元，同比增长 10 倍，占中国对老挝累计投资合同总额的 27%。投资快速增长的原因在于老挝政府采取较积极的财政政策，并对外商投资给予税收和政策优惠。

## 一、积极的财政政策

为应对全球金融危机，保持其国内经济平稳、持续、快速增长，老挝政府采用了比较积极的财政政策，主要体现在：第一，通过承办第 25 届东南亚运动会及筹备万象市建都 450 周年庆祝仪式等重大活动增加政府投资，加强基础设施建设，拉动内需；第二，改善旅游设施，举办特色民俗文化活动吸引外国游客；第三，鼓励出口，实施出口和替代进口补贴。随着老挝主要贸易伙伴经济形势的好转，国际矿产品价格回升，矿产品生产和出口增加等，出口下降幅度收窄；第四，努力创造就业机会，失业率保持较低水平。

## 二、开放的国内市场

2009 年，老挝国内电信、汽车、地产、旅游市场进一步开放。迄今，老挝共计批准了 LTC、ETL、STL 和 Tigo 四家电信运营商参与老挝国内电信市场竞争，目前有固定电话用户 11.40 万，手机用户 23.27 万。中国上海贝尔、中兴、华为等企业也逐步在老挝通信领域的基础设施、技术设备与产品服务方面找到市场切入点。

随着老挝经济保持增长，居民消费水平不断提升，汽车市场竞争更加激烈，品牌逐步多元化。2009 年，日本丰田汽车在老挝销售突破 2000 辆。中国产奇瑞、长城、力帆、比亚迪等轿车相继进入老挝市场。其中，奇瑞轿车进入老挝两年多时间已销售 500 多辆，长城轿车进入老挝市场不到半年即售出 100 多辆，比亚迪 F0 迷你轿车也以价格和节油优势逐步受到老挝市场青睐。

由于外资的引入，地产、旅游市场也更加活跃，2009 年上半年，老挝政府批准的越南 Long Thanh 高尔夫俱乐部房产开发公司在万象市西沙塔那县投资一亿美元、占地 500 公顷的高尔夫球场和豪华酒店项目，成为目前老挝最大的旅游投资项目。中国开行云南分行万象新城开发项目选址工作也有所进展。

## 三、吸引外资的优惠政策

老挝重视对外招商引资发展本国经济。目前，老挝政府准备出台一项新的投资促进和管理法律，将原来的《国内投资促进和管理法》与《外国投资促进和管理法》合并，形成新的《老挝投资法》。新法将会对投资的优惠政策、程序等做出详细规定，并下放审批权限，缩短审批期限，将个人投资纳入鼓励范围等。按《老挝投资法》（草案）规定，老挝对外国投资的优惠政策主要有如下几个方面：

1. 利润税优惠：属于一类地区（指无辅助设施的偏远地区）内投资按项目类别可减免 4～10 年的利润税；属二类地区（指有一定辅助设施的地区）内投资按项目类别可减免 2～8 年利润税；属三类地区（指有较好辅助设施的地区）内投资按项目类别可减免 1～6 年利润税。

2. 其他税收优惠：将利润用于扩大再投资的，可减免下年利润税；进口项目所需设备、原料和车辆可按相关规定减免进口关税；来料加工出口产品可免出口关税等。

3. 投资项目优惠：老挝政府对部分优先发展行业采取投资项目优惠政策，如投资医院、学校等项目可按情形享受场地使用租金优惠和额外的 5 年利润税减免政策等。

## 四、宽松的金融环境

老挝《经济社会报》数据显示，截至 2009 年 11 月底，老挝央行存款总额比 2008 年增长 22.5%，占 GDP 的 21.3%，其中本币存款占比 42%，增长 4.8%；全国贷款余额增长 70.9%，超出计划 1.6%，占 GDP 的 18.6%。其中，央行放贷增长 185.8%，商业银行放贷增长 55.6%；基普和美元、泰铢的贷款利率分别降低 1%和 0.5%，全年平均贷款利率为 15.34%和 9.02%；汇率保持基本稳定，基普较美元升值 0.5%，较泰铢贬值 4.5%；外汇储备 9.37 亿美元，可供至少 5 个月进口外汇使用；通胀率为 0.07%，财政赤字 8%。

老挝金融环境相对宽松，外汇管制逐渐放宽，为外国投资者营造了较好环境，但金融业务种类仍比较单一。老挝政府鼓励使用本国货币基普（KIP）并规定基普为有条件兑换货币，但在市场上基普、美元及泰铢可相互兑换及使用，人民币目前在中老边境地区可兑换使用。近些年，老挝货币兑美元的汇率呈稳定上升趋势。2005年老挝公布的汇率是10600基普兑换1美元，最近公布的基普兑换美元汇率为8470基普兑换1美元，升值约20%。

老挝政府规定在老挝注册的外国企业可以在老挝银行开设外汇账户用于进出口结算，外汇进出老挝需要申报，个人携带现金如超过5000美元，需要申报并获得同意方可出入境。在老挝工作的外国人，其合法税后收入可全部转出国外。

老挝政府鼓励外国金融机构到老挝设立分支机构或成立合资企业。目前已有4个合资银行（合作开发银行、老越银行、老法银行、老泰银行），7个外资银行（曼谷分行、大众银行、SIAM银行、泰京银行、泰国军人银行、阿由他雅银行、印度支那银行），2个私营银行（万象商业银行、蓬沙旺银行）和1个外资银行代表处（渣打银行代表处）。来自日本、泰国、越南等国的保险公司相继在老挝开立保险业务。

老挝银行资产少，经营方式单一，尚未建立个人信用体系，银行也较弱小，银行惜贷，贷款条件及利息较高。当地信用卡使用尚未普及，但中国发行的带有银联标志或VISA及万事达卡可以在当地较大商店使用。老挝政府已做出计划并经国会通过定于2010年正式建立证券交易市场，目前正在做前期准备，包括人才培训、建证券交易所等。

### 五、积极拓展国际合作

老挝政府积极拓展国际合作，加强GMS国家经济联系。实施“湄公河次区域过境服务中心”战略，重点发展交通路网，优先发展公路基础设施建设，充分发挥中老南北经济走廊和越南、老挝、泰国的东西经济走廊沿线城市经济带动作用。2010年老挝能源供给状况将进一步改善，装机规模为108万千瓦的南吞2水电站建成发电，总投资40亿美元装机规模为180万千瓦的洪沙火力发电厂开工建设，电力将可满足老挝工、农业增长的需求。老挝政府已经批准110多家公司在老挝16个省和万象市进行金、铜、铁、锡、锌、铅和石灰石等22个矿种的项目投资，“以资源换资金”的步伐渴望加快，矿产品收入可占GDP的10%。但是，资金短缺、交通基础设施落后仍是制约老挝经济社会发展的因素。2010年湄公河干流出现历史上罕见的水位下降也给老挝上半年水路运输、旅游和农业灌溉带来挑战。

总体上看，在世界经济复苏加快，外部环境进一步趋好的条件下，老挝经济利好因素比2009年有所增加。只要全球矿产市场价格不出现大幅波动，国际能源市场价格基本稳定，预期的国际社会援助能够到位，老挝目前制定的各项经济预期目标就有望实现。中国—东盟自由贸易区的启动为老挝扩大在区域内的贸易提供了有利条件，2010年外贸总额有望达34亿美元。

（来源：根据中华人民共和国驻老挝人民民主共和国大使馆经济商务参赞处、中国投资指南网的有关资料整理而成）

## 马来西亚投资环境的竞争优势分析

马来西亚投资环境的竞争优势体现在五个方面：地理位置优越，位于东南亚核心地带，可作进入东盟市场和前往中东澳新的桥梁；经济基础稳固，经济增长前景较好；原产品资源丰富，人力资源素质较高；工资成本较低，没有最低工资限制；民族关系比较融洽，三大种族和谐相处，政治动荡风险较低。

### 一、进一步放宽外国投资条例

按照最新公布的政策，马来西亚将停止多数领域的外资投资限制，对基金管理公司、证券公司开放门户，也同时放宽置产条件、撤除土著持股比例。马来西亚政府还承诺重组大型政府相关公司，包括强制这些公司剥离非核心资产、强化核心业务、展开公平竞争等，促使马来西亚企业努力增强竞争优势。新政策规定，从即日起，废除马来西亚外资委员会就公司股权、合并与收购所制定的各项条例与指南；国内外公司在马来西亚寻求上市时，不必再遵守该委员会规定的土著居民占有30%股权的限制。

此外，当局还宣布提高单位信托公司和经纪公司的外资权益上限，单位信托公司和经纪公司的外资股权比例从49%增至70%；开放证券业，让外国公司在马来西亚证券业的持股权从目前的49%提高至70%；全面开放大型基金管理领域，让在马来西亚运作的合格基金管理公司拥有100%股权。

新政策还规定，所有的房地产交易不再需要获得外资委员会的批准，除非这些交易有可能损害马来西亚的权益。

为应对国际金融危机，马来西亚政府2009年推出的政策显然是加大了力度。2008年，马来西亚已经公布了几项重大措施，如简化交易手续、放宽发债条件、增设信用评级机构等，相比之下，2009 年马来西亚政府的政策重点显然旨在进一步强化本国的亲商形象，放宽规定、提高效率，以便在当前经济疲弱之际能够吸引更多外资。

### 二、鼓励投资领域

马来西亚政府特别鼓励外商进入新兴工业等领域，给予投资者优惠税收待遇。这些投资领域主要有：

1. 电气与电子业。电气与电子业是马来西亚的主要工业，其产品出口约占制成品出口的 2/3。

2. 以棕榈油为基础的工业。鉴于全球对天然油脂化学产品的需求增加，马来西亚政府鼓励发展油脂化学品及其下游的附加价值衍生产品，这些衍生产品有除垢剂、化妆品、食品等。

3. 木材工业。马来西亚木材工业的原料源自天然森林、橡胶种植园及森林种植园。

4. 橡胶工业。其下游制成品消费的橡胶正在增加，马来西亚已成为全球首要的橡胶手套、胶绵及医疗用导管生产及输出国之一。

5. 农业与食品工业。可分为四类：鱼和鱼类产品、畜牧业和牲畜产品、水果和蔬菜产品、花卉栽植。

6. 化学工业。化学工业在马来西亚越来越重要，主要领域包括石油、石化、无机化学品、油脂化学品和工业用气体，主要产品是人造树脂、甲醇、醋酸、丙烯酸、氧醇、芳烃、纯对苯二酸、脂肪酸及脂肪醇。

7. 材料业。包括聚合物、金属、合成物和陶瓷品的生产。在马来西亚，塑料是聚合物业中最发达的，而金属业则以钢铁最重要。合成物方面的产品有玻璃纤维、不饱和聚酯和炭纤产品。陶瓷业生产的多样产品包括电子业用的先进陶瓷品。

8. 交通工具业。汽车工业为马来西亚最大的交通工具制造业。

9. 机械制造业。

10. 纺织与成衣业。配合以外销为主导的工业化政策，马来西亚的纺织与成衣业出口在该国制成品的出口总收入中名列前茅。

### 三、中国和马来西亚的双边经贸关系

目前，中马双边贸易、投资和经济合作已形成多层次、多领域、多形式的互利合作格局，双边经贸关系进入历史最好时期。中国连续 8 年成为马来西亚的第四大贸易伙伴，2009 年 1～9 月中国是马来西亚第二大出口市场和最大进口来源地。同时，两国贸易结构日趋优化，依托性日益增强。中国出口到马来西亚的商品主要是机械设备、自动数据处理设备及零部件、化学品、轻纺产品等具有比较优势的产品；马来西亚出口到中国的商品主要是集成电路及微电子组件等高科技产品及棕油、天然橡胶、石油、木材等资源性产品。自 2002 年以来，中国一直是马来西亚棕油和橡胶的第一大进口国。

中国对马来西亚投资起步晚，数量少，规模小，近年来随着“走出去”战略的实施，对马来西亚投资逐渐呈现出增速快、规模大的趋势。据马来西亚贸工部统计，中国企业在马来西亚投资累计 7.6 亿美元。中国企业在马来西亚的投资主要集中在金属、化工、产品制造、汽车装配、橡胶以及木材加工等领域。

马来西亚是中国在东南亚重要的承包市场之一，中国公司在马来西亚开展承包工程和劳务合作开始于 1984 年。近年来，随着中国企业承建大型工程项目的技术水平不断提高，再加上中国企业承包工程价格比较合理，工期有保障，马方对中国企业技术水平和施工能力逐渐认可。2007 年 7 月，中国港湾公司与马来西亚有关部门签约承建槟城第二大桥，该大桥全长 22 公里，总造价约 12 亿美元，是目前两国政府间最大的经济合作项目。2009 年 1～8 月，中国企业在马来西亚新签承包工程和劳务合同金额 18.07 亿美元，完成营业额 8.24 亿美元。截至 2009 年 8 月底，中国企业在马来西亚累计签订承包和劳务合同金额 86.17 亿美元，完成营业额 47.57 亿美元。

（来源：中华人民共和国商务部·商务参赞访谈. http://gzly.mofcom.gov.cn/website/face/www_face_history.jsp? sche_no=1513.2009—12—17）

## 缅甸投资贸易环境调查

### 一、丰富的自然资源

（一）矿产资源

缅甸矿产资源丰富，现已探明的主要矿藏有铜、铅、锌、银、金、铁、镍、红宝石、蓝宝石、玉石等，部分已得到大面积开采。

1. 铜矿：已探明总储量约 9.55 亿吨。

2. 铅锌银矿：铅、锌、银储量分别为 30 万吨、

50万吨、750万吨，该矿带向北延伸到中国云南省，向南延伸到泰国，全长2000多公里。最大的矿床是掸邦北部的包德温矿。

3. 镍矿：位于曼德勒以北，主要有达贡山镍矿和莫苇塘镍矿。

4. 铁矿：在缅北克钦邦有一个帕敢铁矿，属大型褐铁矿，储量约2.23亿吨，综合品位50.65%。

5. 金矿：缅甸金矿主要集中在缅甸中北部实皆地区，金矿平均品位为10～20克/吨。

（二）石油与天然气

缅甸石油天然气资源主要分布在缅甸中部和沿海地区，石油开采有百余年历史。缅甸石油已探明储量为20.21亿桶；缅甸天然气主要蕴藏在近海，储量非常丰富，专家预计储量达2.54万亿立方米。天然气是缅甸出口创汇最多的产品。2007～2008财年出口天然气创汇25.94亿美元。截至2008年8月底，缅甸石油和天然气领域引进外资32.4亿美元，来自澳大利亚、英国、加拿大、印度、中国、俄罗斯、韩国、印度等13个国家的公司在缅甸境内从事85个石油天然气项目的勘探和开采。

（三）林业资源

缅甸森林覆盖率为51%，达33.67万平方公里，世界60%的柚木储量和国际市场上75%的柚木均产自缅甸。缅甸还盛产檀木、灌木、鸡翅、铁力、酸枝木、花梨木等各种硬木和名贵硬木。缅甸每年主要向印度、泰国、马来西亚和日本出口20多万立方吨的柚木。此外，缅甸还有丰富的竹类和藤木资源。竹类品种97种。藤木32种。

（四）水力资源

缅甸河流密布，主要河流有伊洛瓦底江、萨尔温江、亲敦江和湄公河，支流遍布全国。缅甸利用水力发电潜力很大，缅甸第一电力部长佐民上校称，缅甸蕴藏水力装机容量约5000万千瓦。截至2008年12月，缅甸官方公布全国总装机容量为255.7万千瓦，各类大小水电站4494个。

（五）渔业和海洋资源

缅甸海岸线漫长，内陆湖泊众多，渔业资源丰富，因受资金、技术、捕捞、加工、养殖水平等条件限制，对外合作开发潜力大。水产已成为仅次于农业、工业的第三大主要经济产业和重要创汇产业。2008缅甸水产出口额为4.8亿美元。2009～2010财年计划出口7亿美元。

## 二、投资吸引力

从投资环境吸引力的角度来看，缅甸的竞争优势有以下四个方面：缅甸有丰富的自然资源、人力资源和文化遗产；缅甸有很大的市场潜力，又是连接东南亚和南亚两大市场的重要通道之一；缅甸政治虽然存在不确定性，但目前政局相对稳定；缅甸政府欢迎外国企业到缅甸投资，并大力支持以资源为基础的外资投资项目、出口项目，以及以出口为导向的劳动密集型项目，其允许投资的范围广泛，包括农业、畜牧水产业、林业、矿业、能源、制造业、建筑业、交通运输业和贸易业等。缅甸自然资源丰富，土地肥沃，主要需要资金和技术的合作。今后可以重点加强在农业方面的合作。近几年来，缅甸政府加大了对交通、通讯等领域的建设力度，公路、桥梁、机场、铁路、通讯等基础设施不断得到改善。

## 三、政府积极采取有力措施

为促进经济发展，缅甸政府积极采取有力措施：

1. 坚持“以农业为主，带动其他产业发展”的方针，重视水利、电力等基础设施建设，扩大农田种植和灌溉面积，增加稻谷产量。2007～2008财年稻谷产量达3137万吨，创历史新高；2008～2009财年出口大米70万吨，创汇超过2亿美元；2009～2010财年计划出口大米150万吨；缅甸是世界第二大豆类出口国，2008～2009财年出口150万吨豆类，创汇8亿多美元。2009～2010财年预计出口170万吨。

2. 加快国营企业私有化进程。为搞活国营企业，从2007年开始加快国营企业私有化进程，允许私有化的国营企业门槛亦有所降低。

3. 采取贸易便利化措施，推动对外贸易发展。缅甸政府相继采取缩短进出口审批工作时限、提高进出口审批工作效率、加快进出口商品定价协调会召开频率、扩大允许进出口商品范围等有利措施，促进进出口贸易额增长。

4. 利用自身资源优势积极开展招商引资，大力推动油气开发，与泰国、中国、印度、韩国、俄罗斯、马来西亚等国油气合作全面开展。

## 四、投资优惠政策

为引进更多外资，缅甸《外国投资法》提供了很多激励和担保措施。按照外国投资法批准的企业将享受3年免税期，其中包括企业开始商业运营的当年。如果企业申请，而且缅甸投资委认为项目符合国家利益，也可将免税期延长。此外，缅甸投资委也可能批准其他相关的一项或几项减免措施。

根据外国投资法规定，外商投资活动可以通过外商独资的形式来实现，也可以通过与缅甸的个人、私有企业、合作社或者国有企业组成合资公司来完成。在所有的合资公司里，外商至少要占到本公司35%以上的股份。酒店以及房地产项目可以采取BOT（建造、运营和转让体系）方式，而自然资源的开发和开采则可以采用PSC（产品分成合同）方式。

目前，缅甸政府正在起草《经济特区法》，一旦通过，将会为外资进入提供更多的优惠条件。

（来源：中华人民共和国商务部·商务参赞访谈. http://gzly.mofcom.gov.cn/website/face/www_face_history.jsp? desc＝&p_page＝1&sche_no＝1426.2009—07—17）

## 菲律宾投资贸易环境分析

菲律宾在20世纪60年代后期，采取开放政策，积极吸引外资，经济发展取得显著成效，1982年被世界银行列为中等收入国家。此后受西方经济衰退和自身政局动荡影响，经济发展明显放缓。目前，菲律宾经济发展水平在东南亚国家中居中等水平，贫困人口比例较大，约占总人口的40%。

2003～2007年，菲律宾经济保持年均5%以上的稳定增长。2007年菲律宾经济高速增长，国内生产总值（GDP）增长7.1%，创31年来的最高纪录，GDP总量达到1446亿美元，人均GDP为1630美元。2008年，受美国经济衰退影响，菲律宾经济面临巨大挑战，GDP总量为1686亿美元，增长3.8%。

菲律宾的一大优势是拥有廉价而受过教育的通用英语的劳动力。菲律宾识字率达到94.6%，在亚洲地区名列前茅。加之菲律宾劳动成本大大低于发达国家的工资水平，因而吸引了大量西方公司把业务转移到菲律宾。

世界经济论坛《2008～2009年全球竞争力报告》显示，菲律宾在全球最具竞争力的134个国家中，排名第71位。

### 一、基础设施

（一）公路：菲律宾公路通行里程约20万公里，国家级占15%，省级占13%，市镇级占11%，其余61%为乡村土路，可全天候通行的里程不及一半。高速公路总长200多公里。全国共有7743座桥梁。

（二）铁路：铁路总长1200公里，主要集中于菲律宾吕宋岛，其中可运营的铁路400多公里，但设施较为陈旧，运力有限。

（三）空运：每天或每周都有多个航班从马尼拉飞往亚洲及美国、欧洲与中东的主要城市。菲律宾共有203个机场，其中8个为国际机场（重要的国际机场位于马尼拉和宿务），85个为国营机场，118个为私营机场，但很多机场设施落后，许多省会机场是土石跑道的简易机场。

（四）水运：菲律宾共有414个主要港口。大多数港口需要扩建和升级，以容纳大吨位轮船和货物。菲律宾的集装箱码头设施较完善，但由于国内航运被少数几家公司垄断，运费较为昂贵，一定程度上制约了物流业发展。

（五）通信：菲律宾的通信基础设施发展良好，能力属于中上水平，且近年来一直在扩建。

（六）电力：在亚洲国家中，菲律宾电价仅次于日本，增加了企业的营运成本。2007年，菲律宾全国发电总装机容量为15000兆瓦。2008～2014年，菲律宾至少还需要新增5000兆瓦的发电能力。菲律宾政府将通过对菲律宾国家电力公司进行私有化改革等工作，努力提高发电量，降低电价水平。

### 二、投资菲律宾的八大优势

（一）极具发展战略位置

菲律宾群岛位于亚洲大陆的南缘，北有中国香港、上海和台北，南有印尼雅加达，西有马来西亚吉隆坡和泰国曼谷，并且西南有澳大利亚和新西兰。由于邻近这些国家和城市，菲律宾成为亚太地区的入口以及东西方的商业、贸易和文化的交叉路口。

（二）自然资源十分丰富

从陆地到海洋，菲律宾都蕴藏着丰富的自然资源和矿物资源。其土壤适合种植各种食物类经济作物供国内消费和出口；岛屿之间的水域在开发海产养殖方面有着巨大的潜力；菲律宾是东南亚最大的黄铜生产国，也是居世界前10名的黄金生产国；7100座岛屿赋予它美丽的海滨和令人惊叹的风景，供度假者和游客休闲娱乐。

（三）拥有大量高级专业人才和熟练工人

菲律宾汇聚着大量受过高等教育的专业人才以及熟练的工人，他们都通用英语。在《2000年世界竞争力年鉴》的一项报告中，菲律宾在熟练劳动力方面是亚洲最具有竞争力的国家，而在高级管理人员方面，菲律宾仅次于美国和智利，位居全球第三名。这种独特的优势来源于菲律宾人精通英语（菲律宾是世界第三大讲英语的国家）。全球新经济指数（GNEI）通过几种指数来衡量每个国家的准信息技术状态和能力，根据这个指数，菲律宾也是全世界知识工人的主要来源。

（四）民主和政治稳定

菲律宾的行政、立法和司法三权鼎立，与私营部门共同致力于支持国家的经济复苏，加快经济发展。在亚太地区的国家中，菲律宾有着比较稳定的民主制度。

（五）生活质量良好

据香港政治与经济风险顾问有限公司（PERC）的调查，在亚洲国家中，菲律宾的外国人生活质量最好。它仅次于澳大利亚和美国而名列世界第三名，排名在新加坡和日本之前。它有着与外国人兼容的文化，能提供住房、运动休闲设施和一流的教育。

（六）经营成本低

相对美国、欧洲和其他东南亚国家而言，菲律宾的经营成本较低，使它成为亚洲地区最有投资吸引力的国家之一。菲律宾的工资通常低于美国工资的五分之一，通信、电力及住房的费用不及美国费用的50%。外国公司在菲律宾开展外包程序设计工程和商业流通领域的业务，预计可节省30%～40%的企业成本、15%～30%的呼叫中心费用和应用系统费用以及35%～50%的软件开发费用。其他费用也相当低廉。例如，出口加工区/工业区营业用地租金仅为0.40美元/平方米，国际长途直拨（IDD）到所有国家0.40美元/分钟，饭店订餐/自助餐5～10美元。

（七）有利于经商的自由化经济环境

菲律宾允许私营部门加入开发和经营基础设施，并成功施行了具有革新意义的“建造—经营—转让法”（BOT）。菲律宾实行经济开放政策，在几乎所有的经济领域中，允许外国公司拥有百分之百的所有权。菲律宾巩固了资本市场，并解除了对银行业、保险业、航运和电讯行业的管制，从而消除了菲律宾市场经济的垄断体制。菲律宾在其国内许多经济特区和工业区内，对众多有资格的企业给予了具有吸引力的优惠待遇。

（八）充满无限商机

在东盟自由贸易区协议（AFTA）的框架下形成的东盟经济环境中，菲律宾具有自然的和重要的战略地位。菲律宾已通过世界贸易组织、亚太经济合作会议以及东盟自由贸易区协议承诺对其产品减少关税比率。菲律宾为投资者改良并完善了商业领域的环境，为其提供了巨大的商业机会。另外，菲律宾还提供由国内经济竞争而形成的一个有活力的消费市场。

### 三、菲律宾的“投资优先计划”

菲律宾政府每年公布旨在鼓励国内外投资的“投资优先计划”，并予以特殊的优惠待遇，单独管理各类经济区、出口加工区和保税区的国内外投资。2005年4月26日，菲律宾政府在马尼拉市正式签署了2005年“投资优先计划”中的优先投资领域，包括农业综合企业、保健产品和服务、信息和通信技术、电子仪器、机动车产品、能源、基础设施、旅游业、造船/航运、珠宝和时装等。

1995年通过的经济特区法案（《菲律宾共和国法令第7916号》），旨在通过发展经济特区来鼓励经济增长。该法律规定，由菲律宾经济区当局（PEZA）实施该法并授予合格企业奖励措施。

菲律宾对经济特区企业的奖励措施包括：进口资本、设备、原料、零部件、供应品、繁殖家畜、基因物质免除税收和关税；对非首创和首创项目分别享有4到6年的所得税免税期；所得税免税期结束后，享有国家和地方税收总收入5%的特别税率；扣除进口替代税收；免码头税、出口税及进口关税；扣除国内资本设备、繁殖家畜和基因物质税收；无限制使用委托设备；另行扣除增加的人工费用和培训费用。

（来源：根据中华人民共和国商务部·商务参赞访谈、广州市对外贸易经济合作局的有关资料整理而成）

## 新加坡投资环境分析

新加坡经济发达，对外开放程度高，高度依赖国际市场，也直接受地区及全球经济发展形势的影响。服务业占其经济总量的比重超过60%，制造业只占约20%，2008年人均GDP约3.7万美元。电子工业是其传统制造产业之一，石油化工、生物制药、交通工程、精密工程等也是其重要的产业部门。另外，金融服务、运输仓储、旅游、商业服务等行业是新加坡重要的服务业部门。

新加坡自然环境优美洁净，基础设施完备先进，社会治安稳定，民族关系和睦，法律制度完善，公民法律意识强，市场环境公开透明、竞争有序，且对外联系广泛密切，这些要素构成了新加坡良好的投资贸易环境。

**一、基础设施**

（一）公路：虽然国土稀缺，新加坡政府在道路建设上却毫不吝啬，拿出15%的土地面积用于建设道路，形成了以8条快速公路为主线，众多普通道路为支线的公路网络，覆盖到全岛每个角落。

（二）铁路：新加坡铁路与马来西亚连接，主要开往吉隆坡、柔佛州新山市等马来西亚主要城市。正在计划中的泛亚铁路，将连接中国云南昆明以及包括新加坡在内的7个东盟国家，预计全长7000公里。新加坡本岛内地铁、轻轨、公交车等公共交通线路四通八达，方便快捷。全岛地铁和轻轨线路有138公里和97个站点，公交车线路302条，公交站点4544个。

（三）空运：新加坡地点适中，是亚洲地区重要的航空运输枢纽。目前共有80家航空公司驻扎樟宜机场，形成了以新加坡为中心往返59个国家的189个城市、每周4432班次的航空网络。樟宜机场占地1300公顷，正在运行的4个搭客大厅年总载客能力达6870万人次。中国与新加坡间每周往返班次336次。

（四）水运：新加坡海运业具有悠久的传统，以新加坡为中心的海运网络由200多条航线组成，连接123个国家的600个港口。新加坡港有4个集装箱处理码头、54个集装箱船泊位，年集装箱处理能力为3500万个标准箱。

（五）通信：截至2008年底，新加坡移动电话用户数为633.9万户，移动电话普及率为131%。新加坡政府高度重视网络基础设施建设，并将其纳入提升国家知识型经济层次和国际竞争力的发展战略。根据其“智慧国2015”计划，到2015年，新加坡将采用光纤到户技术，将全岛宽带网速提升到1Gbps，比现有最高网速快10倍，宽带网普及率提升到90%。

（六）电力：新加坡电力资源供应充足，可满足本国经济和社会发展需要。2007年，新加坡全国电力装机容量约为10680兆瓦，全部为火电，燃料为石油和天然气。88%的用户为居民，用电量占20%；2%为制造业用户，用电量占40%；其他商业用户用电量占40%。

（七）金融：新加坡的货币为新加坡元（Singapore Dollar），新加坡没有外汇管制，资金可自由流入流出。但为保护新元，1983年以后实行新元非国际化政策，主要限制非居民持有新元的规模。如银行向非居民提供500万新元以上融资，用于新加坡境内的股票、债券、存款、商业投资等，需向新加坡金管局申请；非居民通过发行股票筹集的新元资金，如用于新加坡金管局许可范围外的境内经济活动，必须兑换为外汇并事前通知新加坡金管局等。2008年新加坡共有商业银行113家，其中本地银行6家，外国银行107家。新加坡本地主要银行有：星展银行、大华银行、华侨银行等。中国银行、工商银行、建设银行和农业银行均在新加坡设有代表机构。

**二、中国与新加坡对外经贸关系**

新加坡国内市场规模小，经济外向型程度高，高度依赖国际市场，2008年进出口总额是其GDP的近4倍。因此新加坡政府一直积极参与并推动全球贸易自由化进程。1973年，新加坡加入《关税和贸易总协定（GATT）》，是1995年1月1日WTO创建时的正式成员。新加坡还是亚太经合组织（APEC）、亚欧会议（ASEM）、东南亚国家联盟（ASEAN）等区域合作组织的成员，也是世界上签订多双边自由贸易协定最多的国家之一。

中国与新加坡的经贸关系是两国最重要的双边关系。双边贸易额从1990年建交时的28亿美元增加到2008年的524亿美元。根据新加坡统计，2009年上半年双边贸易额为228.3亿美元，中国是新加坡的第二大贸易伙伴，仅次于马来西亚。2009年1月1日开始实施的中新双边自由贸易协定也为进一步推动双边经贸关系的发展注入了新的活力。

中新两国领导人一直高度重视并积极推动双边经贸关系的发展，先后建立了中新双边合作联合委员会、苏州工业园区中新联合协调理事会和中新天津生态城联合协调理事会等三个副总理级的合作机制。同时，两国还建立了经贸磋商、经贸理事会等多层次、宽领域的经贸合作机制，为巩固和发展两国的友好合作关系发挥了重要作用。

目前，新加坡已成为中国利用外资的主要来源地之一，截至2009年6月底，新加坡对华直接投资项目12657个，实际投资金额397.3亿美元，主要涉及房地产、能源和基础设施、物流、污水处理等行业。中新合作的旗舰项目——苏州工业园区开发建设15年来取得了令世人瞩目的发展业绩，主要经济指标年均增幅达到30%左右。另外，天津生态城、广东“知识城”等一批新的合作项目都在稳步推进。

随着中国“走出去”战略的实施和不断推进，中国企业也积极赴新加坡设立企业，并广泛参与对新加坡的合作，合作规模不断扩大，领域不断扩展，方式也趋于多样化。赴新加坡中资企业主要涉及金融、能源、机电、航运、物流、汽车配件等行业。目前中国已成为新加坡最大的外国上市企业来源地，截至2009年5月底，共有149家中国企业在新加坡交易所上市，占新加坡交易所上市公司总数的近20%。

新加坡也是中国重要的对外承包工程市场和第二大海外劳务市场。截至2009年6月底，中国在新加坡累计签订劳务合作合同额60.13亿美元，完成营业额66.8亿美元，分别占中国对外劳务合作合同总额和营业总额的9.5%和11.14%。而中国在新加坡劳务人员约8.57万人。

### 三、新加坡关于知识产权的规定

新加坡政府一直致力于把新加坡建成重要的区域知识产权中枢，制定了一系列保护知识产权的法律法规，同时通过资金支持等手段积极营造鼓励创新、方便智力成果产业化的科研、政策和商业环境。

新加坡是众多与知识产权有关的公约和国际组织的成员，包括《巴黎公约》（Paris Convention）、《伯尔尼公约》（Berne Convention）、《马德里协议》（Madrid Protocol）、《专利合作条约》（Patent Cooperation Treaty）、《布达佩斯条约》（Budapest Treaty）、《与贸易有关的知识产权协议》（Agreement on Trade—related aspects of IP right）、和“世界知识产权组织”（World Intellectual Property Organization）等。

在新加坡受到保护的知识产权有专利、商标、注册外观设计、版权（著作权）、集成电路设计、地理标识、商业秘密和机密信息以及植物品种。新加坡分别制定了单项法规以对这些知识产权进行保护。以专利权为例，在新加坡规范专利权保护的法律是《专利法》（Patents Act）。要获得专利法保护必须向专利登记处（Registry of Patents）提交专利申请，申请中要包含专利的相关信息，包括发明以及操作说明和相关披露。专利法没有明确列出哪些发明是受法律保护的，但规定了不能取得专利的发明，如具有攻击性、不道德以及反社会的行为。而可以获得专利的发明要具有新颖性、创造性和工业应用性。专利有效期是自申请之日起20年。

（来源：中华人民共和国商务部·商务参赞访谈．http://gzly.mofcom.gov.cn/website/face/www_face_history.jsp?desc=&p_page=1&sche_no=1509.2009—12—09）

## 解读泰国投资环境

前一时期泰国政治局面不稳定和玛达朴工业区环保问题的影响，导致泰国对外国投资者的吸引力有所下降。泰华农民研究中心认为，未来泰国在吸引外商投资方面，势必面临对手国家更为激烈的竞争。

2010年1月1日，中国—东盟自由贸易区全面启动，这将有助于吸引跨国公司到东盟国家投资设立生产基地，并将产品出口到其他东盟国家。因此，泰国必须在投资者决定转往其他国家投资之前改善投资环境，尽快恢复作为东盟主要外商投资目的地的地位。

### 一、投资吸引力

从投资环境吸引力的角度分析，泰国的竞争优势有六个方面：社会总体较稳定，对华友好；经济增长前景良好；市场潜力较大；地理位置优越，位处东南亚地理中心；工资成本低于发达国家；政策透明度较高，贸易自由化程度较高。世界经济论坛《2007～2008年全球竞争力报告》显示，泰国在全球最具竞争力的131个经济体中排名第28位。在2008年世界轻松经商环境排名中，泰国名列第15位。此外，Grand Thornton调查报告表明，全球最具吸引力的新兴市场投资排名中，泰国与马来西亚并列第8位，位于越南和菲律宾之前。

泰国的基础设施条件较好。全国公路运输网络共16万公里，包括高速公路网以及连接各地区、各府的公路系统；建有37个大小机场，其中国际机场有8个，曼谷是本地区的航空枢纽，每年客流量1700万人次，每周有74个航空公司的1722个航班到达曼谷；全国共有47个国有私营码头，包括21个国际码头、26个海运码头，主要国际码头有Laem Chabang、Bangkok、Phuket和Songkla港。

### 二、2009年促进投资项目简况

2009年1～10月，泰国共接收申请促进投资项目共929项，资金共计3334亿铢，主要来自中国、韩国和印度等亚洲国家，项目集中在电子、机械和发电项目的中小型企业。1～10月投资许可资金440亿铢，包括夏普电子生产、发电等。

根据泰国投资委员会（BOI）2009年11月11日报告，外国投资统计简况如下：

●2009年1～10月，外国投资者申请促进的项目数目以及投资资金数量比2008年同期下降23.2%和36.5%。

●外国投资者申请促进的工业产业最多的是服务产业和基础设施产业，而在投资资金数量方面是电子产业和电力器材产业。

●生产项目输出80%以上，有166个项目，占外资申请促进项目的30.3%，大部分是生产电子组件、农产品加工和轻工业。

●1～10月申请促进的大型项目（投资金额10亿泰铢以上）有31个，分成各种产业（轻工业除外）：投资的项目以服务业、基础设施业最多，共9项（电力生产、酒店和海上航运等）；其次是投资电子产业和电力器械产业，共12项；橡胶和汽车部件共4项；农产品、化学药品、石油以及金属类产品各有2项。

●中国投资方面：申请促进16个项目，投资101.74亿泰铢，项目减少3个，投资金额比2008年同期增加87.2亿铢。申请促进的大型项目有生产初级化学药品（Citric Acid），投资金额为55.4亿铢。投资中泰合作项目煤炭产品，投资金额为31.9亿铢。

●中国台湾地区投资方面：申请促进31个项目，投资金额55.2亿泰铢，项目数减少27.9%，投资金额降低20.9%，申请促进大型项目为2项电子产品，目的是扩大投资，共投资29.8亿泰铢。

●春武里府是外资投资项目建工厂和扩展事业最多的地区，占获取许可项目的46.6%。

### 三、促进投资措施

为了进一步促进2010年外资进入，泰国投资促进委员会（BOI）协同泰国财政部拟推出优惠政策，促进CDM项目，鼓励厂商进入清洁能源领域。

1. 进一步放宽中小型企业投资限制，从10类放宽至57类，这将进一步提高中小型企业竞争力，达到国际标准。过去五年，至少150家获得投资鼓励，涉及制造业、食品加工、包装、水果蔬菜加工、面粉生产业等行业。

2. 鼓励创意经济，推动所有中小型企业和符合泰国社区产品标准（TCPS）或中小型企业办公室规定的一村一产品参与。

3. 在服务业方面，中小型酒店可获得特别投资鼓励和优惠，从过去100个房间以上的酒店下调至当前的40个房间可获得优惠。区域仅限于第三区，不包括合艾、华欣、差安和苏梅以及攀牙府和甲米府等旅游胜地。

### 四、投资鼓励优惠政策

2009年9月14日，泰国投资委员会（BOI）出台一系列优惠措施，将对国家利益重要的项目进行列表，实施更优惠的投资鼓励政策，刺激经济发展，改善泰国投资环境。

1. BOI将纳米材料生产等四项高新科技列入鼓励项目。

2. 在全国范围内，乐器生产设备、完全建成房子（CBU）、简易房（CKD）生产设备可免征进口税。如80%土地用于旅游项目的服务业园区，2009年底前向BOI申请投资优惠，如获得通过，则可享受投资年度系列优惠。

3. 举办国际会议等促进旅游活动可获得免征机械设备进口税，在一区、二区和三区可免征法人所得税分别是5年、7年和8年。

4. 在泰国设立地区总部可获得税收优惠，对已设立的地区总部也将考虑给予优惠。

5. 在国家标准和技术发展办公室项目下的人力资源开发、用于增强竞争力的配套资金可获免税优惠，包括对教育或研究机构的配套资金捐赠等。

6. 除此之外，还增加投资鼓励项目列表项目，如机械设备及零配件生产制造、火车、电气列车以及零配件生产、硬盘设计、平板显示器的生产、电子设备及材料的生产制造等。

泰国投资委员会（BOI）把以下12类列入最新鼓励投资项目：

（1）无缝钢管生产

（2）功能性纤维生产

（3）功能性纱线生产

（4）电子工业机械设备生产

（5）农业用电子产品生产

（6）电信业设备生产

（7）半导体、硬盘及零配件生产

（8）医药品生产

（9）农业电子机械零配件生产

（10）汽车电子零配件生产

（11）柔性电路印刷板生产

（12）旅游局鼓励项目下的游船出租可免征游船及零配件进口税，在一定时期内可免征法人所得税。

（来源：综合整理自中国对外投资和经济合作网）

# 越南投资贸易环境解析

越南政局稳定，市场潜力较大，市场化程度不断提高，地理位置优越，工资成本低于老东盟成员国，政策透明度不断提高。迄今已有81个国家和地区在越南投资，全球500强企业中已有110家在越南落户。

越南是传统农业国，工业基础较薄弱。1986年推行革新开放路线，成效显著，过去10年国内生产总值（GDP）年均增长7.2%。2008年，越南受本国金融震荡和国际金融危机影响，经济发展遇到困难。2009年，国际金融危机仍进一步蔓延，全球经济衰退趋势明显，越南内需、出口、投资等经济发展主要动力都继续受到影响。2009年越南GDP增长约为5%。

2010年上半年，越南GDP增长约6%～6.1%（第一季度增长5.83%，第二季度增长6.2%～6.3%），其中农林水产业增长2.7%～3.2%，工业和建筑业增长6%～6.7%，服务业增长6.8%～7.2%。全国商品零售和服务总额约747.4万亿越盾（约合395亿美元），同比增长26.7%；旅越国际游客250万人次，同比增长35%，国内游客数为148万人次，同比增长10.7%；出口约321亿美元，同比增长15.7%，进口约389亿美元，同比增长29.4%；全社会总投资约337万亿越盾（约合178亿美元），占GDP的43.5%；签署官方发展援助（ODA）协议额约14.1亿美元，同比增长11%，其中贷款约13.1亿美元，无偿援助约1亿美元；全国新批外资项目438个，同比下降20%，协议额79亿美元，同比增长43%；消费价格指数（CPI）较2009年12月增长4.78%，同比增长8.75%；全国新增企业3.63万个，协议额222.2万亿越盾（约合117亿美元），同比增长13.3%。

## 一、基础设施

1986年革新开放以来，越南积极利用国际组织和有关国家提供的ODA援款及本国资金，加大对基础设施建设投入，交通、电力、通讯等设施状况得到明显改善。

（一）公路：公路运输为越南主要运输方式，总里程约21万公里，2008年共运送旅客17.44亿人次，运输货物4.35亿吨。目前在建和规划的高速公路20多条，全长5873公里。

（二）铁路：越南铁路总里程约2530公里，以米轨为主（长2128公里，占总长84.18%），共7条干线，其中河内—胡志明市铁路全长1726公里，经3次提速后行程全线约29小时。目前，日本向越南提供援款进行南北高速铁路的规划工作。

（三）航空：越南航空业拥有43架飞机，平均机龄不足10年。已开通连接国内16个城市的23条航线和连接国外26个城市的41条航线。越南共有17个达到一定规模的机场，但只有河内内排机场、胡志明市新山一机场、岘港机场3个国际机场。

（四）电力：2008年，越南发电量为750亿千瓦时，其中水电占53%，火电占22%，燃汽轮机机组和柴油机组占25%。越南电网已覆盖全国96%的县和76%的村。随着越南经济持续较快发展，电力需求越来越大，供需较紧张。今后几年，越南政府将继续加大对电力领域的投入。

（五）通讯：越南通讯业发展较快，2008年全行业营业额41.9亿美元。全年新增电话用户2760万户，目前全国电话用户达7940万户；新增因特网用户150万户，目前全国因特网用户达670万户。全年使用因特网人数达2080万人，增长12%。越南邮电通讯集团（VNPT）为龙头企业，约占70%的市场份额。

## 二、投资贸易的优惠政策

（一）贸易方面

关于进口，根据加入WTO的承诺，越南逐步取消进口配额限制，基本按照市场原则管理。关于出口，越南主要采取出口禁令、出口关税、数量限制等措施进行管理。

越南现行关税制度包括四种税率：普通税率、最惠国税率、东盟自由贸易区税率及中国—东盟自由贸易区框架下特别优惠税率。普通税率比最惠国税率高50%，适用于未与越南建立正常贸易关系国家的进口产品。原产于中国的商品享受最惠国税率，其中属于越南海关税则第1～8章的商品适用于“早期收获”税率。

（二）投资方面

2006年7月1日，越南出台新的《投资法》，对国内和外商投资实行统一管理，取消先行实施的《外国投资法》的诸多限制，进一步开放市场。

越南鼓励外商投资高新技术产业，对投资于高技术园区的高科技项目，越南给予税收优惠，包括：所得税税率为10%（园区外高科技项目为15%，一般性生产项目为20%～25%）、所得税免减期限为头4年免征，后9年减半征收。

### 三、吸收外资的十大领域和存在的六大问题

2009年越南吸收外商直接投资（FDI）的前十大领域，分别为酒店和餐饮服务、房地产、加工制造、建筑、开矿、文艺休闲、维修批发零售、运输仓储、电和燃气生产销售、科技活动。

越南在吸引外资过程中仍存在着六大问题：一是投资法律体系和政策不同步；二是行政手续繁杂；三是基础设施薄弱，特别是供电、供排水、交通和港口等服务生产和商品进出口的能力差；四是目前投入成本高；五是土地价格日益增高；六是投资促进工作不专业，效果欠佳。

尽管如此，仍有部分国家认为越南是外国直接投资目的地中具有吸引力的国家。2009年虽受全球经济危机冲击，但越南GDP仍取得了5.32％的增幅。越南和中国、印度是为数不多的已走出金融危机影响的国家。从中期看，越南仍是外国投资的首选目的地之一，未来几年，将有几百亿美元的外资投进越南。

（来源：根据中华人民共和国商务部·商务参赞访谈、中华人民共和国驻越南社会主义共和国大使馆经济商务参赞处、中国对外投资和经济合作网有关资料整理而成）

# 中国企业到东盟开展投资合作应注意的问题

## 到文莱开展投资合作应注意的问题

### 一、投资方面

（一）了解文莱的劳工现状及政策

在文莱，劳工受到法律的保护。雇主支付雇员薪金的时间不得超过当月10日，如延期支付被检举，雇主会受到不高于1500文元的罚款；如无法支付薪金给雇员，雇主将受到不超过六个月的监禁；如雇主在未获得许可的情况下雇佣外来劳工，将会受到1万文元或入狱6个月至3年的惩罚。

外国人到文莱就业需要得到两年内有效的工作准证。欲获得该准证需向文莱劳工局申请。经文莱劳工局推荐，文莱移民局颁发许可证。文莱劳工局要求申请者提供金额为文莱至劳工来源国单程机票款的押金或银行担保。工作准证在签发后6个月内不得更改。在公司或外国公司的分支机构注册批准之前，申请将不会被接受。

文莱劳工局已经采取适当的措施，分阶段推行“文莱化”政策，鼓励本地的私人机构优先聘请本地人，以便减少本国人失业。一些领域，如秘书、会计、服务员、收银员、保安人员、仓库管理人、营业代表等，将不再授予外籍劳务配额，只限本地人担任。银行业外籍工作人员不得超过员工总数的一半。医生、律师等专业性较强行业须取得当地就业执照。

（二）适应当地政府部门工作效率

文莱政府机构办事较慢，且宗教节假日较多。同时，由于机构重叠，有时项目审批需拖延很长时间。

（三）重视宗教影响

文莱为伊斯兰国家，要注意处理好宗教性敏感问题，遵守宗教习俗，如投资食品加工等行业，必须得到宗教部的批准等等。

### 二、贸易方面

文莱贸易政策的制定和实施主要由文莱工业与初级资源部负责，财政部、经济发展理事会等有关部门参与管理。

在文莱经商必须熟悉并适应当地特殊的贸易环境和文化背景，采取有效措施拓展业务。要认识到文莱国内市场规模不大，经营商多且以华人为主。同时当地支付方式比较规范，对产品品质要求较高。

### 三、承包工程方面

在文莱承包工程，要了解工程承包的基本状况。近年来，文莱建筑市场逐渐复苏，工程量逐年上升，建筑企业间的竞争更加激烈，表现在投标价格一降再降，利润空间十分有限。外国公司在普通建筑工程项目上优势不大。

随着文莱经济稳定发展，一些基础建设项目正逐步展开，同时文莱在努力实施经济多元化战略，制订鼓励投资的法规，吸引外国投资者来文莱投资建厂，这为中国企业开拓文莱工程市场提供了机遇。中国承包商可以结合自身优势，积极寻求发展机会。

### 四、劳务合作方面

中国在文莱的劳务人员不多，劳务合作规模不大，2005年以前主要集中在服装制造业，而后仅有零星劳务散布在基础设施建设和服务等领域。建议

中国派出的劳务人员在签署合同及在外期间须懂得用正当合理的渠道维权，对国内外生活与工作环境的较大反差做好充分准备。

### 五、防范投资合作风险

在文莱开展投资、贸易、承包工程和劳务合作，要特别注意事前调查、分析、评估相关风险，事中做好风险规避和管理工作，切实保障自身利益。包括对项目或贸易客户及相关方的资信调查和评估，对投资或承包工程国家的政治风险和商业风险分析和规避，对项目本身实施的可行性分析等。建议相关企业积极利用保险、担保、银行等保险金融机构和其他专业风险管理机构的相关业务保障自身利益，包括贸易、投资、承包工程和劳务类信用保险、财产保险、人身安全保险等，银行的保理业务和福费庭业务，各类担保业务（政府担保、商业担保、保函）等。

建议企业在开展对外投资合作过程中使用中国政策性保险机构——中国出口信用保险公司提供的包括政治风险、商业风险在内的信用风险保障产品，也可使用中国进出口银行等政策性银行提供的商业担保服务。

如果在没有有效风险规避情况下发生了风险损失，也要根据损失情况尽快通过自身或相关手段追偿损失。通过信用保险机构承保的业务，则由信用保险机构定损核赔、补偿风险损失，相关机构协助信用保险机构追偿。

### 六、其他应注意的问题和事项

在文莱办理工作准证规定比较严格，建议中国企业通过当地合作伙伴或聘请当地具有丰富经验的律师协助办理工作准证的相关手续。

［来源：改编自商务部国际贸易经济合作研究院、商务部投资促进事务局、中国驻文莱大使馆经济商务参赞处共同主编.《对外投资合作国别（地区）指南——文莱》. 2009年版第49～50页］

## 到柬埔寨开展投资合作应注意的问题

### 一、投资方面

1. 准确把握柬埔寨投资政策和法规

企业开展投资活动，首先要做到知法、依法。要全面掌握柬埔寨投资的相关法律法规，准确把握柬埔寨政府在投资保障、投资优惠和限制、外汇、土地使用、商业组织形式等方面的政策。

2. 客观分析对柬埔寨投资的比较优势

在柬埔寨投资的主要优势包括：（1）实行开放的自由市场经济政策，经济活动高度自由化；（2）政府是推动外国直接投资的主要动力，投资相关的法律法规以鼓励外国投资为基本思路，外资基本享受与内资相同的待遇；（3）柬埔寨具有丰富的自然资源，在矿产、水利、农产品、渔业等方面资源较为丰富，这些将为企业提供较多的投资机会。

在柬埔寨投资的主要不利因素为：水、电、交通、通讯等基础设施条件差，相关成本费用高，工人工资水平比周边的越南、孟加拉等纺织服装竞争对手高，投资的软环境较差。主要体现在：第一，人民对“外国资本家”有较大的抵触情绪，工会组织繁多且罢工、示威等活动十分频繁；第二，市场经营秩序混乱，法制不健全。法律、司法对外资保护不力，无经济法庭；第三，柬埔寨经济发展主要依赖外援和外资，但柬埔寨在二者发生冲突时则常会“重援而轻资”，造成在许多投资政策的制订和执行过程中受到“外援”的左右。

3. 规避投资风险

针对一些中资企业在柬埔寨投资项目存在成功率低、收益率低、亏损高等问题，企业可采取以下措施规避投资风险：（1）全面了解信息，提高决策质量。主动联系中国驻柬埔寨经商机构，通过正规渠道取得国别信息，深入目的国做好国情和市场调研，在做出投资决策前全面了解投资风险，防止决策失误；（2）保持清醒头脑，凡事务求落实。企业不可听信一面之词，对于一切承诺均应以正式获得政府批件为准。在选择合作伙伴时，也应先对其背景和实力进行考察。

### 二、贸易方面

在柬埔寨经商不受国籍限制，但中方企业和人员必须熟悉并适应当地的特殊贸易环境，采取有效措施拓展业务。

1. 熟悉柬埔寨贸易的主要特点

柬埔寨是落后的农业国，工业生产以两头在外的制衣业为主，因而其进出口贸易带有如下鲜明特点：（1）工业制成品和服装加工原料几乎全靠进口。出口产品绝大部分为服装，另有少量农林渔等初级产品；（2）外商投资的服装加工企业是外贸增长的主要力量，近年来柬埔寨服装出口占出口总额的比重一直维持在95％以上；（3）主要出口市场为美国、欧盟，主要进口来源地为东盟和东亚国家。近年来，自东盟国家进口增长迅速。

2. 了解柬埔寨贸易的优势和制约因素

柬埔寨于1999年加入东盟，在共同有效优惠关税体制下，东盟成员国将按步骤实现关税减让目标。2002年11月，中国和东盟签署《中国—东盟全面经济合作框架协议》，2010年1月1日，中国—东盟自由贸易区正式建成，中国与越南、老挝、柬埔寨和缅甸四个东盟新成员将在2015年对90％的中国产品实现零关税的目标。此外，东盟与印度、韩国、日本、澳大利亚、新加坡的自由贸易区建设也在进行中。东盟经济一体化进程和自由贸易区建成，将在很大程度上推动柬经济和对外贸易的发展。

美国、欧盟、日本等28个国家均给予柬埔寨普惠制待遇（GSP）。对于自柬埔寨进口纺织服装产品，美国给予较宽松的配额和减免征收进口关税、欧盟不设限、加拿大给予免征进口关税等优惠措施。

在柬埔寨从事贸易的制约因素包括：（1）柬贸易结构单一，以出口成衣为主并集中于美欧市场，易受国际经济环境特别是美欧经济形势变化的影响。一方面，全球金融危机导致欧美经济衰退，进口减少，影响柬成衣出口；另一方面，世界粮油价格的上涨导致成衣企业成本大幅增加，盈利减少。（2）柬成衣出口仍可享受优惠待遇，但今后将面临日趋平等的待遇和自由竞争的挑战。越南等周边国家的劳动力成本和专业技术与柬埔寨相比具有明显的竞争优势。撒哈拉以南非洲国家纺织品服装出口受到美国免配额免关税待遇后，出口增长迅速。（3）柬埔寨制衣业已趋近饱和状态，该行业越来越难以吸引新的投资，导致近年来外商投资制衣业的项目和金额逐年减少。

3. 灵活运用税务规则

柬埔寨目前主要有以下的税种和税率，分别是：所得税9％或20％、增值税10％、营业税2％。柬对私人投资企业所征收的主要税种和税率分别是：所得税9％、增值税10％、营业税2％。

4. 注重提升产品质量

质量就是信誉，是企业生存的根本。中国企业出口到柬埔寨的产品主要有纺织品及其原材料、机械、电器、食品、汽车配件、建筑材料、医药、烟草及化工产品。中国企业应注重提升出口产品质量，打造良好的国际商誉。

## 三、承包工程方面

1. 抓住市场机遇

大力发展基础设施建设成为柬政府的重要经济目标之一。世界银行和亚洲开发银行每年向柬埔寨提供近亿美元的优惠贷款，主要涉及技术支持、电力、供排水、道路和机场等基础设施建设以及卫生、农业、减贫和教育等领域。中国企业应该抓住柬埔寨基础设施建设的机遇，大力开拓柬埔寨工程市场。

2. 选好承包方式

考虑到柬政府急需大量资金建设基础设施项目，应国际竞争的需要，中国企业应选择一些具有较好前景的项目，以BOT、BOO等方式进行带资承包，并以此带动中国机电设备、成套设备和劳务出口。

3. 提高承包层次

中国工程承包企业应加紧培养人才，特别是高素质、高级技术人才的培养，充分发挥自身优势，选择专业性较强、技术要求较高的项目，也应努力尝试参与工程咨询性项目的竞争。

4. 进一步开拓市场

中国有能力的企业应在承担中国政府援柬埔寨成套项目的同时，力争树立良好的企业形象，为扎根当地市场打下基础，增强在国际招标中的竞争优势，进一步拓展柬埔寨承包工程市场。

5. 开展良性竞争与合作

中国企业参与竞争和编制报价要坚持以下原则：技术上力所能及、经济上有利可图、执行项目上风险可控。切忌盲目竞争。企业之间还应进行灵活多样的合作，联合开拓柬埔寨市场。

## 四、劳务合作方面

1. 了解中柬劳务合作现状

柬是中国外派劳务的重要市场之一。除在柬投资和承包工程带出中国部分劳工外，随着柬埔寨制衣业的发展，中国向柬埔寨输出了大量服装加工等技术劳工，主要分布在中、港、台资等数十家制衣厂，大多数劳工为服装技工、指导工和熟练操作工。另有部分劳工分布在建筑和服务业。

但由于柬埔寨劳务市场混乱，中国劳务输出（境外就业）体制不完善，加之一些不法商人利用不正当手段或不实劳务项目骗取中国劳工赴柬埔寨务工的现象时有发生，致使在柬埔寨非法务工的问题较为严重，各类劳务纠纷频繁发生。中国有关部门多次采取措施加强管理和在媒体上公开发表通告，要求有关企业和劳务人员通过正当、合法途径办理赴柬埔寨务工手续，但非法务工的问题仍较为严重。

2. 熟悉劳工政策

柬埔寨政府管理外国劳工的主要依据是 1997 年颁布的《劳工法》、2002 年 1 月柬埔寨劳工部发布的《关于雇佣外国人来柬埔寨就业的申请办法的公告》。

柬埔寨有关劳工政策处在不断发展变化之中，但其原则思路始终是：严格控制外劳输入，积极实施技术人才本地化战略，千方百计地解决其国内劳动力大量过剩的问题，努力寻找国外就业市场。

3. 依法用工

企业需要雇佣中国劳工，必须按照中国商务部有关规定，通过正当、合法途径办理赴柬埔寨务工手续，禁止非法用工。

企业还需在每年 11 月底前向柬埔寨劳工部申请下一年度雇佣外劳的指标，未申请年度用工指标，将不被允许雇佣外劳。所雇佣的外劳还必须满足《劳工法》规定的所有条件。

4. 积极开拓新领域

而对中国在柬埔寨最大的劳务合作领域——纺织服装业已开始出现萎缩的局面。在继续巩固传统劳务市场的同时，中国输出劳务的重点领域应有所转变，并积极开发旅游业、农业、华文教育和职业培训中心等劳务合作领域。

## 五、防范投资合作风险

在柬埔寨开展投资、贸易、承包工程和劳务合作，要特别注意事前调查、分析、评估相关风险，事中做好风险规避和管理工作，切实保障自身利益，包括对项目或贸易客户及相关方的资信调查和评估，对投资或承包工程国家的政治风险和商业风险分析和规避，对项目本身实施的可行性分析等。建议相关企业积极利用保险、担保、银行等保险金融机构和其他专业风险管理机构的相关业务保障自身利益，包括贸易、投资、承包工程和劳务类信用保险、财产保险、人身安全保险等，银行的保理业务和福费庭业务，各类担保业务（政府担保、商业担保、保函）等。

建议企业在开展对外投资合作过程中使用中国政策性保险机构——中国出口信用保险公司提供的包括政治风险、商业风险在内的信用风险保障产品，也可使用中国进出口银行等政策性银行提供的商业担保服务。

如果在没有有效风险规避情况下发生了风险损失，也要根据损失情况尽快通过自身或相关手段追偿损失。通过信用保险机构承保的业务，则由信用保险机构定损核赔、补偿风险损失，相关机构协助信用保险机构追偿。

## 六、其他应注意的问题和事项

办理工作许可过程中，首先，应认真了解法律法规。总体而言，柬埔寨关于劳工规定是完全参照西方发达国家劳动标准制订的，要求较为严格，且很多规定和中国国内规定差异较大。中国企业到柬埔寨投资合作涉及到用工问题时，一定要认真阅读有关法律法规，避免出现劳务纠纷问题。

其次，要聘请有经验的律师。在柬埔寨办理工作许可证和雇佣卡的要求比较多，手续比较复杂。建议中国企业及相关人员聘请当地具有丰富经验的律师或中介机构协助办理相关手续。

［来源：改编自商务部国际贸易经济合作研究院、商务部投资促进事务局、中国驻柬埔寨大使馆经济商务参赞处共同主编.《对外投资合作国别（地区）指南——柬埔寨》. 2009 年版第 55～60 页］

# 到印度尼西亚开展投资合作应注意的问题

## 一、投资方面

1. 适应法律环境的复杂性

中国企业到印尼投资首先应该注意法律环境问题，印尼的法律体系整体比较完整，但也有很多法律规定模糊，可操作性差，且不同的法律之间存在矛盾和冲突。由于法律环境复杂，中国企业到印尼开展投资合作依然要坚持守法经营，密切关注当地法律变动的情况，依法保护权利，履行义务。处理关键法律问题，还要聘请专业律师。在劳动法方面，虽然印尼政府近年采取相关法律条规进行了修改，但大多数外商还是认为新的劳动法并没有解决投资商的担忧，也不利于外商的正常经营，所以一些劳动密集型的企业纷纷将工厂迁到劳动力成本更为低廉的越南和柬埔寨。

2. 做好企业注册的充分准备

在印尼投资设立公司注册手续繁多，审批时间较长。虽然印尼政府 2007 年修订了《投资法》《公司法》，并完善了相关的配套措施，推行“一站式”

审批服务，以促进和吸引外国投资，但执行效果仍不理想。企业注册可以聘请专业律师、公证员、投资顾问等专门人员代为办理，但须注意甄选和审核，防止法律文件及手续出现瑕疵。

3. 适当调整优惠政策期望值

为了吸引外国投资，印尼政府出台了一些投资鼓励政策，但力度不大。印尼2007年《投资法》将对内外资的法律统一由一部法律调整，明确规定平等对待内外资。虽然如此，中国企业应调整对优惠政策的期望值。

4. 充分核算税负成本

印尼的税收体制比较复杂，企业的税收成本比较高。2008年7月，印尼国会通过新的《所得税法》，调低了企业所得税和个人所得税税率，新法从2009年1月1日起执行。印尼税法对于中小微型企业有税收优惠，还有其他产业税收优惠措施等。中国投资者要认真研究相关法律规定，用足用好优惠政策，降低税负成本。

5. 有效控制工资成本

印尼的工资成本整体来说相对较低，但由于《劳工法》对于劳工保护规定比较苛刻，对于资方比较不利。如果职工离职，要支付离职费或者补偿金，即使工人罢工，只要程序合法，也要支付薪水。中国到印尼投资应了解当地劳工法关于工资和保护劳工权益的具体规定，精心核算工资成本。

## 二、贸易方面

印尼市场环境整体比较复杂，风险较高。在印尼开展贸易活动必须做好充分的市场调研，结合当地特殊的贸易环境，采取有效措施拓展业务，规避风险。

1. 注意合作伙伴和中介问题

印尼的华人数量众多，相同的语言和文化背景，使很多中国企业更愿意通过华人来开展经贸合作，华人中介起到了很好的促进作用。但由于印尼华人中介良莠不齐，恶意欺诈等损害中国企业利益的行为也时有发生。良好的合作伙伴或中介是顺利开展业务的重要保证，因此，中国企业应广泛调查、认真研究、慎重选择。

2. 注重提升产品质量

中国产品在印尼占有广泛的市场，品类丰富，价格便宜，富有竞争力，但也存在部分劣质产品问题，对中国产品的整体形象造成一定损害。中国企业应该特别重视产品质量和售后服务，维护中国在印尼市场可持续出口的良好环境。

3. 注意言谈举止

印尼作为中国企业“走出去”的重要目的地，已经吸引了越来越多的企业和人员到印尼投资兴业，独立个体的行为也会直接影响到中国企业的整体形象。因此中国企业和人员在国外须注意言行举止，与人交往要文明礼貌，讲究诚信，守法经营，共同维护企业和国家形象。

## 三、承包工程方面

随着印尼经济的进一步发展和开放程度的提高，国际金融机构和外国贷款的招投标项目将会日益增多，为了抓住机遇，发挥优势，能在印尼拿到更多更好的承包工程，需要注意以下几个方面的问题：

1. 项目招投标程序

不同类型的工程项目具有不同的招标和参与方式。印尼的承包工程项目主要分为四类：第一类是国际金融机构提供资金的项目，如世界银行、亚洲开发银行、欧洲复兴开发银行等提供融资的项目；第二类是外国资金援助的印尼政府项目；第三类是外国和本国资金投资的政府项目；第四类是私人资金项目。

对于由国际金融机构提供资金的项目，一般进行国际招标。凡该国际金融机构的成员国，都有资格参加投标。投标者的资格预审、招标程序均按国际咨询工程师联合会菲迪克（FIDIC）条款要求进行。除第一类项目外，凡要求参加由外国提供资金援助的政府项目、外国和本国投资的政府项目以及私人投资项目的外国承包商，必须在印尼成立代表处并与印尼公司合营，或就具体项目进行投资与合作，成立外国资本投资公司。

2. 投标时应注意的问题

第一，需要调查承包工程项目的资信情况。

通常项目资信调查内容包括以下方面：

(1) 该工程项目是否已有印尼政府的批准文件。

(2) 该工程项目的资金是否已落实，如果是自筹资金，其资金来源是否有保证。如果项目要求提供卖方信贷，是否已有外国银行提供贷款，而该外国银行是否在印尼已有可接受的银行为其提供保函和开具信用证。

(3) 该工程方案是否确定，有无经济、技术可行性分析研究报告，且已证实该工程项目的可行性，并落实了该工程项目建设的土地。

(4) 对工程业主和承包工程的伙伴进行切实可行的资信调查，防止上当受骗。

第二，承包工程宜采用与印尼公司分包施工的合作方式进行。

由于印尼政府禁止输入一般性劳务，在承包印尼工程项目需要寻求和选择一家印尼当地的土建施工或能从事简单设备安装的工程公司作为合作伙伴。

合作伙伴要选择得准确合适，除了具备分包工程所应具有的基本条件外，它还应该能为工程总承包的投标成功作出贡献。此外，要在承包工程投标之前确定与该分包商的合作关系，以便会同总承包商共同进行经济核算。

第三，因为资金的匮乏，印尼更欢迎那些资金实力雄厚，融资能力强的国际大企业来竞标基建项目。带资承包约占国际工程承包市场的65%，印尼基建市场更是大于这个比例。

第四，在投标中，大型项目如水电站、公路等的招标工作通常情况下都是聘请西方一些著名咨询公司评标，技术要求相当严格，标书内容制作应符合国际规范，一定要注意招标答疑的细节问题，标书外观应精美，否则难以中标。

## 四、劳务合作方面

1. 获取工作许可难度大

印尼经济处于稳步复苏期，资源实力雄厚，拥有可持续发展的巨大潜力，对于劳动力特别是高素质劳动力的需求不断增加。但由于印尼对本国劳工保护极为严格，对外国劳工的使用要求非常苛刻，工作签证签发要求很高，除高级管理岗位和高级技术人员之外，本国劳工可以胜任的工作，均不允许雇佣外国劳工。

2. 非法居留工作问题

因印尼工作签证审批难度大，外国人使用商务签证或者旅游签证在印尼务工现象普遍存在，印尼有关部门经常采取措施进行打击，非法滞留开展商务的外国人被拘捕或处以刑罚的事件也常有发生。

## 五、办理工作许可过程中应该注意的问题

外籍工作人员签证办理手续较为繁琐，费用较高，通常通过中介办理。主要程序如下：

1. 企业须具备经由印尼劳工部批准的《外籍员工使用计划》，主要包括外派人员数量、职位、组织架构等。外派人员仅限于管理职位或当地不能提供的专家，人力资源管理岗位须由当地人员担当。在企业1～3年的外籍员工使用计划获批后，方可开始聘用外籍员工。

2. 在印尼移民局办理临时居留签证（Visa Berdiam Sementara，VBS）。

3. 在印尼驻中国使馆领取VBS。

4. 持VBS进入印尼，并在两周内到以下部门办理有关证件：到移民局，办理KITTAS（外籍人员身份证件）和多次出入境准证（如需要）；到劳工部，办理工作准证及其他文件。

5. 每一年延长KITTAS、工作准证和其他文件，每半年延长多次出入境准证（如需要）。

另外，企业须按外籍人员数量，每人每个月交纳100美元作为当地人员培训费。缴纳该费用是办理工作准证的必备条件，培训费交至印尼劳工部，名为“工作技能发展基金”。

## 六、防范投资合作风险

在印尼当地开展投资、贸易、承包工程和劳务合作，要特别注意事前调查、分析、评估相关风险，做好风险规避和管理工作，切实保障自身利益，包括对项目或贸易客户及相关方的资信调查和评估，对投资或承包工程国家的政治风险和商业风险分析和规避，对项目本身实施的可行性分析等。建议相关企业积极利用保险、担保、银行等保险金融机构和其他专业风险管理机构的相关业务保障自身利益，包括贸易、投资、承包工程和劳务类信用保险、财产保险、人身安全保险等，银行的保理业务和福费庭业务，各类担保业务（政府担保、商业担保、保函）等。

建议企业在开展对外投资合作过程中使用中国政策性保险机构——中国出口信用保险公司提供的包括政治风险、商业风险在内的信用风险保障产品，也可使用中国进出口银行等政策性银行提供的商业担保服务。

如果在没有有效风险规避情况下发生了风险损失，也要根据损失情况尽快通过自身或相关手段追偿损失。通过信用保险机构承保的业务，则由信用保险机构定损核赔、补偿风险损失，相关机构协助信用保险机构追偿。

## 七、其他应关注的问题

1. 政府管理水平

印尼政府的腐败问题值得关注。此外，印尼大多数政府机关办事效率较低、服务意识薄弱，缺乏为外商投资提供服务的意识和便利措施。

2. 劳动力状况

印尼适龄劳动力约有1.3亿，劳动力充足。目前有810万劳动力处于完全失业状态，半失业的大

约有3600万。当地劳动力生产效率较低，缺乏高知识、高级技术人才及熟练工人。

印尼相关政策倾向保护本国劳动力，如印尼的劳工法过分保护工人的权益，最典型的是工人不管以什么原因离开企业，企业都必须给予一定的补偿。同时在印尼的民主化改革进程当中，代表劳工利益的工会势力日益强大，与资方发生的矛盾与日俱增，由此导致的罢工和游行经常发生，使投资方遭受损失。

另外，印尼法律对外资的投资领域和投资比例有较多的限制，在能源、矿产、电力以及相关领域，仍然由国家垄断，外国投资者缺乏充足的投资机会。经常变化的法律法规也令外国投资者无所适从。自印尼2001年1月地方自治法生效以后，一些外商就因为投资地的法令不明朗，不得不停止或撤出在当地的投资项目。

[来源：改编自商务部国际贸易经济合作研究院、商务部投资促进事务局、中国驻印度尼西亚大使馆经济商务参赞处共同主编.《对外投资合作国别（地区）指南——印度尼西亚》.2009年版第41～44页]

# 到老挝开展投资合作应注意的问题

## 一、投资方面

1. 客观评估投资环境

老挝的法律、法规基本齐备，但执行中存在一定程度的有法不依、执法不严的问题，需注意法律风险。老挝社会总体稳定，少有暴力、恐怖事件发生，但对外国投资企业的偷盗、抢劫案件时有发生，需注意人身、财物安全。老挝人口少，市场小，难以规模化生产制造，大部分物品靠进口，成本相对高，投资经营中需注意成本调查、核算。老挝基础建设条件较差，工业基本不配套，造成物流成本高，运输时间长；煤炭严重缺乏；水电丰富，但电网建设跟不上。目前，多家中国电力企业进入老挝开发水电资源，包括南方电网、中国水利水电、大唐集团、国网新源、中国葛洲坝集团公司、中国重型机械总公司等企业。老挝劳动力不足，且素质偏低，技能不高，当地雇员一般不愿加班加点，因而在工期的项目执行中难度较大。

2. 适应法律环境的复杂性

近年来随着对外开放力度加大，老挝的各种法律都在修改完善之中，需不断关注最新法律、法规和政策的出台和修订，可聘用律师事务所和政府部门中的资深法律专家作为法律顾问，也可随时登门或电话咨询和请教。还需特别注意两点：第一，在同老挝政府签订投资协议中，老方承诺的优惠政策应有法律作依据，否则在执行中仍可能会出现争议；第二，老挝计划投资部为老方外商投资的统一受理窗口部门，但在实际运作中仍存在内部程序多、时间长的问题，因此需要有耐心并保持沟通，及时提供补充资料和解答有关问题。

3. 全面客观了解老挝的优惠政策

老挝政府公布的外商投资优惠政策对不同行业、不同地区、不同贡献的企业有不同的标准，要全面、客观了解优惠政策申报条件、时限等，做好调查研究，规避政策风险。进入经济特区、上业园区的投资企业，虽然可享受保税、免税的政策，但企业要自行解决三通一平等基础设施的建设投入，需要统筹评估利弊关系。

## 二、贸易方面

1. 贸易管理规定

老挝贸易管理中不同商品有不同的管理规定，比如木材贸易中原木、锯材等禁止出口，只有木材制成品才能出口；矿产品贸易中原矿不能出口，必须是半加工品以上才能出口；药材贸易中大黄藤需向老政府申请配额后方能出口等等。老方进口商品主要按中国—东盟自由贸易区货物贸易协定执行，即除敏感商品外，其余商品关税逐年降低，到2015年降为零关税。此外，除对老援助和投资项目之外，进入老挝的产品在实施期内可享受零关税。

2. 支付条件

由于中老银行之间没有业务往来，因此在双边贸易中采用不开信用证．不用定金等支付方式，主要通过现金交易，在现金交易中应注意规避汇率风险和信用风险等。

3. 商品质量和服务

由于老挝和泰国之间的文字、信仰、习俗、气候、地理条件相近，老挝公民容易接受泰国产品，因而中国产品要进入老挝开展市场竞争应先了解泰国同类产品的质量、性能、包装等，尤其在商品包装的文字以及在稳定供货及售后服务等方面应有竞争性，同时注意商品应适应老挝炎热的气候。

4. 商务礼仪

由于老挝语是特殊语种，中方熟练掌握老挝语的人不多。在投资贸易的交流合作中，如果语言不通或不准确，将会错失很多商机，因而具备良好的老挝语翻译很重要。老挝是佛教国家，十分讲究礼仪，注意尊重当地风俗、礼节、规矩及卫生要求。

**三、承包工程方面**

1. 抓住市场机遇

老挝各种基础建设处于起步阶段，公路、铁路、航空、电站、电网等基础建设项目及城市设施项目正陆续上马，农业、矿业等资源开发项目将逐步增多，工程承包市场潜力较大，应密切跟踪项目，树立企业信誉、打好企业品牌、从小到大、从分包到总包，逐步延伸项目市场。应注意规避竞争风险、资金风险、市场风险等，建议中国企业在当地设立办事处或公司，准确掌握最新发展动向，以期实现预期目标。

2. 注意选择不同的经营方式

由于老挝政府资金短缺，项目资金主要来源于国际援助、世界银行、亚洲开发银行贷款及外商投资，政府财政资金主要用于项目配套。项目经营方式有带资承包、出口买方信贷、BOT、资源换资产等。要注意研究各种不同项目类型、不同资金渠道，注意规避支付风险。

3. 认真做好劳动成本核算

由于老挝劳动力数量和质量总体不能满足需要，中方项目承建商需从国内带出劳务，这涉及劳工在老挝的居住证、就业证、多次往返证等。因证件费用昂贵，企业需认真核算成本。

4. 注意量力而行

随着市场竞争加剧，业主选择有资质、信誉好、有当地业绩的企业作为承包商，因此备齐各种证件，提供有利的竞争条件是必须具备的。企业要客观评价自身实力，量力而行，找好进入市场的切入点，切勿盲目行事。

**四、劳务合作方面**

中老双边劳务合作目前仅限于中国企业执行的工程项目和投资项目的项下劳务合作，至今未出现任何重大劳务问题，开展双边劳务合作的环境较好，具体表现在：

1. 老挝国内环境较好。经过35年的发展，老挝已建立了良好的内部环境，政治稳定、社会安宁、人民友好，革新开放力度不断加大，经济发展快速、平稳，人民生活水平不断提高，国内没有民族、宗教、政党、反叛武装的斗争和冲突，与周边国家也没有边界冲突问题。

2. 中老关系为开展双边劳务合作创造良好的外部环境。2009年中老关系已提升为全面战略合作伙伴关系，政治互信增强，中老经贸合作不断深化，为中老开展双边劳务合作营造了良好的外部环境。

3. 开展中老双边劳务合作具有较大发展空间。近些年，老挝经济持续保持7%以上增长速度，每年获得近4亿美元国际援助，2009年外国投资合同额达40多亿美元，老挝国内基础设施建设和项目投资呈现一派繁荣景象，需要大量高质量高效率建设队伍。同时，老挝政府正实施“湄公河次区域过境服务中心”战略，重点发展交通路网如南北、东西铁路和南北、东西高速路等，并明确表示将强化与中国的经贸合作重心地位，把中国视为最主要的外援、外资来源国和出口市场。由此看来，中老经贸合作势必在较长时间内保持快速增长势头。开展和加强双边劳务合作具有较大发展空间，当属应运而生，更应顺势而为。

**五、防范投资合作风险**

在老挝开展投资、贸易、承包工程和劳务合作，应特别注意事前调查、分析、评估相关风险，事中做好风险规避和管理工作，切实保障自身利益，包括对项目或贸易客户及相关方的资信调查和评估，对投资或承包工程国家的政治风险和商业风险分析和规避，对项目本身实施的可行性分析等。建议相关企业积极利用保险、担保、银行等保险金融机构和其他专业风险管理机构的相关业务保障自身利益，包括贸易、投资、承包工程和劳务类信用保险、财产保险、人身安全保险等，银行的保理业务和福费庭业务，各类担保业务（政府担保、商业担保、保函）等。

建议企业在开展对外投资合作过程中使用中国政策性保险机构——中国出口信用保险公司提供的包括政治风险、商业风险在内的信用风险保障产品，也可使用中国进出口银行等政策性银行提供的商业担保服务。

如果在没有有效风险规避情况下发生了风险损失，也要根据损失情况尽快通过自身或相关手段追偿损失。通过信用保险机构承保的业务，则由信用保险机构定损核赔、补偿风险损失，相关机构协助信用保险机构追偿。

**六、其他应注意的事项和问题**

当地政府对在老挝办理居住证、就业证、多次往返证等有严格的规定，费用昂贵，手续复杂，建议中方企业请当地有经验的律师协助，并要注意这些证件的有效期，需提前办理延期手续，逾期不办将受到罚款、遣返等处理。

［来源：改编自商务部国际贸易经济合作研究院、商务部投资促进事务局、中国驻老挝大使馆经济商务参赞处共同主编.《对外投资合作国别（地区）指南——老挝》. 2009 年版第 22～24 页］

## 到马来西亚开展投资合作应注意的问题

### 一、投资方面

1. 客观评估投资环境

中国投资者赴马来西亚开展投资合作首先应该客观评估其投资环境，主要注意以下问题：经济规模及产业优势；政府及各界对待外国投资的态度；投资经商的便利化措施；人文、语言及宗教环境；政府部门的执行力及工作效率；经商习惯及民商法律制度；社会治安状况。

2. 适应法律环境的复杂性

独立前的马来西亚是英国殖民地，因此其法律体系深受英国法律体系的影响，成文法与判例法在商业活动中都发挥作用。中国企业到马来西亚投资首先要注意法律环境问题，要严格遵守马来西亚各项法律规定，密切关注当地法律变动情况；聘请当地有经验、易于交流的律师作为法律顾问；处理所有与法律有关的事务，涉及投资经营重大问题和合约谈判及签署，事先一定要听取专业律师的意见。

3. 做好企业注册及申办各类执照的充分准备

在马来西亚投资合作的起步阶段最大的困难是公司注册和申办各类执照。这些执照的申请程序复杂，文件繁多，审批时间较长，需要交涉的事务头绪纷繁。中国企业要对马来西亚关于外国投资注册的相关法律法规有一定了解；聘请专门的秘书公司和专业律师协助处理有关申请事宜；按照要求，提前备齐所需文件，及时履行相关手续。马来西亚各类申请文件及公司文书均须企业法定代表人亲自签名，并加盖公司的正式印章。

4. 适当调整优惠政策的期望值

马来西亚政府虽然制订了多项投资优惠政策和鼓励措施，但是这些政策不能自动获得，企业必须向政府主管部门提出申请，政府根据企业情况酌情给予一定优惠政策。中国企业要详细了解这些优惠政策的内容、申请条件及程序，适当调整对优惠政策的期望值，并在专业人士指导下向政府申请有关优惠政策。

5. 充分核算税负成本

马来西亚的税收体系比较复杂，缴纳税务专业要求高。中国投资者要认真了解当地税收政策，仔细听取专业会计和税务人员的意见，充分核算税负成本，尽量选择在能够获得所得税减免的领域或地区投资。

6. 有效控制工资成本

马来西亚没有最低工资标准，总体工资水平较高，但是企业工薪支出包括工资、公积金及保险和年度分红等。中国企业需要了解当地劳动法令关于正常工资和加班工资的具体规定，精心核算工资成本，提高劳动生产效率。

### 二、贸易方面

在马来西亚经商必须熟悉和适应当地特殊的贸易环境，采取有效措施拓展业务，规避风险。

1. 适应当地支付条件

马来西亚进口商通常向出口商开具信用证，但部分进口商基于彼此信任或急于成交，未坚持要求出口商开具信用证，可能酿成纠纷，为此需要保持警惕。

2. 注重提升产品质量

马来人非常注重商品的质量，认为质量代表着信誉。中国的轻工产品在马来西亚的市场份额较高，因而，中国企业在马来西亚更应该注意产品质量和售后服务。

3. 态度鲜明不失礼貌

在商务谈判中，马来人会在寒暄后直奔主题，态度鲜明，但不失礼貌和温和。中国企业要熟悉业务，礼貌倾听，把握要点，适时回应，以期达成一致。

4. 着装得体

马来西亚人出席商务或社交等正式场合，非常注意着装得体，着西装领带或马来传统服装峇（音“巴”）迪。商业伙伴的形象举止会影响到经营合作的正常进行。

### 三、承包工程方面

马来西亚是中国对外承包工程的传统市场。2009 年 1～5 月份，中国企业在马来西亚新签合同额为 14.35 亿美元，完成营业额 4.5 亿美元。

1. 抓住市场机遇

2008 年，中国承包工程企业主要集中于传统的房屋建筑和制造加工业市场，在石油、电力、矿山建设份额很小，电子通讯、交通运输、供排水等方面则处于市场拓展的过程中。可以发现，中国企业在马来西亚的市场潜力还是很广阔的。

2009年，马来西亚第九个五年计划对基础设施建设的投入继续加强，中国企业依然可以在马来西亚找到发展的好机会。比如马来西亚亟待合作的大型路桥等基础建设工程就非常欢迎中国企业参与建设。除了基础设施建设之外，马来西亚当地企业的改建、扩建工作也常常由国外工程建筑企业来完成。

另外，马来西亚良好的基础设施、越来越高的市场开放程度以及马来西亚政府对培养相关的熟练技术工作人员、提高员工素质所做的努力，都为中国企业提供了有利的条件。而且马来西亚华人众多，中国企业在马来西亚展开经济合作时，相似的文化传统使得中国企业与当地政府、企业之间的交流障碍得以减少，降低了沟通成本。

2. 选好经营方式

马来西亚推行一些大型政府私营化工程，这类项目往往需要马来西亚政府提供担保，向银行、金融公司或外国机构借款，因此中国企业如果想参与，必须选择有实力、讲信誉的当地公司作为项目合作伙伴，利用其关系和背景，共同实施项目。中国工程企业进入马来西亚承包工程项目，为跟踪项目和实施现场管理，建议在当地注册公司。

3. 因地制宜，实行本地化经营

马来西亚外劳数量庞大，合法外劳约有230万人，专门从事建筑和服务业，成本比较便宜，中国工人的竞争优势不明显。中国企业在马来西亚开展承包工程业务的重点是工程设计和项目现场管理，施工人员应因地制宜，雇佣外劳，并在部分现场管理岗位聘用当地人员，实行本地化经营。

4. 量力而行

在马来西亚开展工程承包业务，业主会根据项目情况要求承包商具备一定资质，项目执行需要一定的管理能力、融资能力和人力资源，跟踪谈判项目需要较强的交涉和谈判能力，洽谈项目合约需要较广的人际关系，否则会遭遇很多困难。中国企业刚进入马来西亚时要客观评估自身实力，量力而行，找好市场切入点，不要盲目行动，一味追求大型或施工难度高的项目，以免为企业带来不必要的经济损失。

**四、劳务合作方面**

截至2009年底，马来西亚尚未对中国开放普通劳务市场。根据中马两国政府达成的谅解备忘录，马来西亚自2004年开始向中国开放陶瓷、古建筑维护、木器加工以及家具制造四个领域，但是由于马方雇主提供的薪水较低，上述领域劳务合作尚未得到有效履行。此外，针对其国内紧缺的技术工人和工程师，马来西亚政府允许外资企业自行从国外引入，但需要与雇主事先签订用工合同，协定工资及工作时间，并办好工作准证。

**五、其他应注意的问题和事项**

在马来西亚开展投资、贸易、承包工程和劳务合作，要特别注意事前调查、分析、评估相关风险，事中做好风险规避和管理工作，切实保障自身利益，包括对项目或贸易客户及相关方的资信调查和评估，对投资或承包工程国家的政治风险和商业风险分析和规避，对项目本身实施的可行性分析等。建议相关企业积极利用保险、担保、银行等保险金融机构和其他专业风险管理机构的相关业务保障自身利益，包括贸易、投资、承包工程和劳务类信用保险、财产保险、人身安全保险等，银行的保理业务和福费庭业务，各类担保业务（政府担保、商业担保、保函）等。

建议企业在开展对外投资合作过程中使用中国政策性保险机构——中国出口信用保险公司提供的包括政治风险、商业风险在内的信用风险保障产品，也可使用中国进出口银行等政策性银行提供的商业担保服务。

如果在没有有效风险规避情况下发生了风险损失，也要根据损失情况尽快通过自身或相关手段追偿损失。通过信用保险机构承保的业务，则由信用保险机构定损核赔、补偿风险损失，相关机构协助信用保险机构追偿。

［来源：改编自商务部国际贸易经济合作研究院、商务部投资促进事务局、中国驻马来西亚大使馆经济商务参赞处共同主编.《对外投资合作国别（地区）指南——马来西亚》. 2009年版第47～50页］

## 到缅甸开展投资合作应注意的问题

**一、投资方面**

中国投资者到缅甸（以下简称缅）投资兴业应注意以下问题：

1. 缅政府为促进本国经济发展，鼓励外国人来缅投资兴业，于1988年颁布实施了《缅甸联邦外国投资法》及其实施细则。但缅政府对引进外资仍持保守谨慎态度，甚至对引进外资设置政策限制或者人为障碍。中国投资者来缅投资前应熟悉缅甸的法律法规及相关政策，避免盲目投资，遭受损失。

2. 部分外国投资者为避开政策限制，借用缅甸人身份在缅开展投资经营活动。由于此类外国投资不受缅甸法律保护，因合作失败或缅甸合作方利益纠纷而致外国投资者蒙受损失的现象时有发生。中国投资者对此应格外注意。

3. 长期以来，缅中央政府和部分少数民族组织之间的关系十分微妙。中国投资者应尽可能避免单方面同缅地方政府以及在少数民族控制区进行投资合作，此类合作一旦有意外事件发生，两国政府将难以及时有效介入。

4. 由于缅投资政策模糊，基础设施薄弱，不可预见因素较多，在缅投资面临困难较大。中国投资者应综合考虑各类风险及成本。

(1) 客观评估投资环境

中国和缅甸在经济上有着很强的互补性。在缅甸开展投资合作应注意以下问题：

①缅甸政府法规不全，政策多变，给投资者带来许多不确定性风险。

②缅甸基础设施落后。由于缅甸工业发展水平低，交通、通讯等基础设施十分落后，电力供应不足，燃料短缺，给外资带来诸多不利因素。

③缅甸双重汇率相差悬殊。2009年7月，官方汇率1美元兑换约5.5080缅币，而市场自由兑换率为1美元兑换约1130缅元，相差悬殊，对外国投资者利益造成影响。

(2) 做好企业注册的充分准备

依据《缅甸联邦外资投资法》及《缅甸联邦外国投资法实施细则》的相关规定，分别办理投资许可证、双方签署合资协议、注册公司，相关手续如下：

①办理投资许可证。外资公司需准备以下材料：按照缅甸《公司法》起草公司章程、备忘录；按照缅甸投资委范本准备项目建议书；准备合同（合资协议）文本，包括资本结构、分成、税收、项目融资、公司管理等内容及其他材料。相关材料准备齐全之后报缅方项目主管部审核——报投资委（MIC）审核——报国家贸易委员会（TC）审核——报内阁审核——内阁批准后由投资委颁发投资许可证。

②签署合同（合资协议）。获得投资委颁发的投资许可证后，双方签署合资协议，合资协议具备法律效力。

③注册公司。外资公司填写成立公司相关文件——报经计划与经济发展部下属投资与公司注册局（DICA）审核——由DICA分别征求内政部、财政部、外交部、缅甸联邦总检察署意见——报国家计划与发展部审核——报投资委审核——报贸易委员会审核——报内阁审核——DICA颁发登记执照（公司营业执照）——合资协议开始生效。

(3) 充分核算税负成本

缅甸政府与外资直接相关的税收法律共有五部，即《缅甸联邦外国投资法》(1988)、《所得税法》(1974)、《商业税法》(1990)、《关税法》(1992)、《仰光市政发展法》(1990)，对外资入缅都作了相应规定，相关内容详见姜永仁等主编的《缅甸联邦经济法律法规汇编（1988～2001年）》。

## 二、贸易方面

需确认从事进出口贸易的公司是否在缅甸商务部登记注册后具备《进口商注册证》或《出口商注册证》，双方签订贸易合同后，缅方方能申请《出口许可证》或《进口许可证》。进出口许可证未经缅甸商务部批准不得转让。如遇贸易纠纷，须按缅甸现行《仲裁法（1944）》进行解决。

目前缅甸的对外贸易多以美元或欧元通过银行信用证结算，但受美国等西方国家的制裁，缅甸无法直接与中国各银行间开展信用证结算，要通过设在新加坡或中国香港等第三地的公司。中缅两国银行已就中缅边境贸易中以人民币结算问题进行过多次商谈。

总体看，缅甸银行结算体系、汇率制度等有待进一步完善。无论是在缅局势平稳还是动乱时期，对缅贸易及结汇问题均存在风险，需谨慎为之。

## 三、承包工程方面

1. 充分挖掘市场潜力

20世纪60年代以来，缅甸经济由于历史原因长期在低谷徘徊，积重难返，导致国内基础设施陈旧、产业发展落后，严重制约经济社会的发展。近年来，缅甸政府努力推行市场导向的经济改革，在坚持继续抓好农业发展的基础上，大力发展基础工业，兴修水利工程，加大交通设施建设投入，合理开采石油矿产资源，经济社会发展有了较大起色，也给承包工程市场带来巨大商机。

近年来，中国企业在缅甸的工程承包合作顺利发展，相继中标并顺利完成电站、桥梁、铁路、工厂、通讯设施以及输变电项目等工程建设，在缅甸创出了品牌，赢得了信任。中国企业宜利用这一优势，继续挖掘缅甸市场潜力，推动中缅经贸合作关系向纵深发展。截至2009年3月，中国企业在缅甸累计签订对外承包工程、劳务合作和对外设计咨询合同额58.3亿美元，完成营业额39.1亿美元。

2. 建立良好合作关系

与缅甸政府部门以及当地有实力、有影响力的企业建立起良好的合作与互信关系，不仅可以帮助企业更加有效的开拓市场，而且在实施工程项目建设任务的过程中，更有可能获得对方的支持与配合，使企业在缅甸承包工程市场上能够做到游刃有余。

3. 避免恶性竞争

中国企业在缅甸应严格执行项目备案制度，服从国内有关部门及商会的协调意见，从长远大局出发，坚持互利合作，避免恶性竞争，实现中国企业在缅甸承包工程市场上共赢的局面。

4. 造福当地社会

中国企业在缅甸承揽项目，在追求经济利益的同时，应积极回报社会，参与社会公益活动，实施一些利民小工程，施惠于当地社会，同当地人民分享劳动成果，赢得地方支持。实现长期、稳定发展。

5. 充分考虑困难与风险

缅甸基础设施落后，国内物资匮乏，工业加工水平较低，缺乏质量管理标准和工业标准，外国承包商在缅甸实施工程项目有可能遇到不少困难。同时，由于西方对缅甸实行制裁，缅甸经济长期在低谷徘徊，积重难返，国家债台高筑，外汇储备短缺，且缅甸政府对外支付工程款项需经过漫长复杂的审批程序，付款不及时或拖欠现象普遍存在。因此，中国企业需充分考虑收汇风险以及汇率变动风险，减少损失。

### 四、劳务合作方面

劳务人员来缅甸务工前应与具有外派劳务资质的正规企业或单位签订外派合同，将派遣时限、工作条件、劳动报酬、违约责任等关键条款见诸文字，保存好证据，一旦出现劳务纠纷可有效维护自身权益。

劳务人员到缅甸工作之前，首先应对缅甸的法律法规、风俗习惯有所了解。由于缅甸法律规定对违法犯罪行为处以重罚，劳务人员在缅工作务必严格遵守当地法律法规，尊重缅甸人以及缅甸人的风俗习惯，以免因为行为不当给自己带来麻烦。

此外，缅甸处于热带和亚热带地区，卫生防疫条件落后，部分地区疟疾、登革热等疾病盛行。在这些地区工作的人员要具有疾病防范意识，讲究卫生，常备有关药品。

### 五、防范投资合作风险

缅甸社会治安状况总体良好，但一些不稳定性因素时而对社会安定构成威胁，这对中国企业及人员在缅开展投资合作项目带来不利影响。企业应建立完善的突发事件应急预案，提高驻外人员自我保护意识，加强安全教育培训，防患于未然。在当地开展投资、贸易、承包工程和劳务合作，要特别注意事前调查、分析、评估相关风险，事中做好风险规避和管理工作，切实保障自身利益，包括对项目或贸易客户及相关方的资信调查和评估，对投资或承包工程国家的政治风险和商业风险分析和规避，对项目本身实施的可行性分析等。建议相关企业积极利用保险、担保、银行等保险金融机构和其他专业风险管理机构的相关业务保障自身利益，包括贸易、投资、承包工程和劳务类信用保险、财产保险、人身安全保险等，银行的保理业务和福费庭业务，各类担保业务（政府担保、商业担保、保函）等。

建议企业在开展对外投资合作过程中使用中国政策性保险机构——中国出口信用保险公司提供的包括政治风险、商业风险在内的信用风险保障产品，也可使用中国进出口银行等政策性银行提供的商业担保服务。

如果在没有有效风险规避情况下发生了风险损失，也要根据损失情况尽快通过自身或相关手段追偿损失。通过信用保险机构承保的业务，则由信用保险机构定损核赔、补偿风险损失，相关机构协助信用保险机构追偿。

[来源：改编自商务部国际贸易经济合作研究院、商务部投资促进事务局、中国驻缅甸大使馆经济商务参赞处共同主编.《对外投资合作国别（地区）指南——缅甸》. 2009年版第57～61页]

## 到菲律宾开展投资合作应注意的问题

### 一、投资方面

菲律宾对外商投资持欢迎态度，但在股份比例上对外资有较为严格的限制，加之基础设施老化、政局不稳以及恐怖威胁等不利因素制约，菲律宾吸引外资规模不大。近年来，菲律宾每年引进外资额始终徘徊在20～30亿美元。中国投资者在菲律宾开展投资合作应该注意以下问题：

1. 熟悉菲律宾有关投资的法律法规

菲律宾投资法律对于大多数产品在菲律宾境内销售的外商投资一般有不超过合资公司40%股份比例的限制，少数行业在股份比例上有一定浮动，出口型产业的外商投资可控股或独资。因此中国企业赴菲律宾投资应充分了解有关投资法律法规，积极参与到菲律宾投资署公布的《投资优先计划》中鼓励投资的领域，或根据《菲律宾经济特区法案》申请经济特区企业有关优惠政策。

2. 认真进行实地考察调研

菲律宾岛屿众多，各地在语言文化、宗教信仰、基础设施、安全局势、政策优惠等方面都存在一定差异。因此，中国企业赴菲律宾投资一定要进行认真、细致的实地调研，寻找最适宜投资的地区，切忌道听途说，盲目投资。

3. 注意合资对象的选择

菲律宾华人众多，经济实力较强，这是中国企业进入菲律宾的有利条件之一，选好合资对象将起到事半功倍的作用。中国企业赴菲律宾投资应慎重选择合作伙伴，充分了解合作方的信誉、实力、资质，避免上当受骗。

4. 合理有效利用当地人力资源

菲律宾人口众多，民风比较淳朴，英语普及面广，号称世界第三大英语国家，人力资源相对丰富。但菲律宾民众工作效率偏低，大多不愿带薪加班。因此，如何在尊重当地文化和传统的基础上，充分有效利用当地人力资源，是企业应积极思考的问题。

## 二、贸易方面

近年来中菲两国贸易发展迅速，中国已成为菲律宾第三大贸易伙伴，菲律宾则是中国在东盟的第四大贸易伙伴。随着双边贸易额的增长，贸易纠纷也越来越多，中国企业在与菲律宾商人做生意时应该注意以下几个问题：

1. 选择安全稳妥的付款方式

在与菲律宾商人做生意时，应尽量争取采用信用证或付款交单（D/P）方式付款，对于赊账销售应持谨慎态度。

2. 重视产品质量

虽然中国商品出口菲律宾有着廉价的优势，但中国企业不应以牺牲产品质量为代价片面追求低价销售，特别是食品、药品等关系到身体健康的特殊商品，企业更应该始终视产品质量为生命。一旦发生恶性事件将对整个企业乃至中国商品的整体形象造成很大损害。同样，从菲律宾进口商品，特别是矿产品，也应该注意到货质量是否与合同规定相符。

3. 注意船运代理的选择

选择信誉好、实力强的船运代理公司也是做贸易时应积极考虑的重要一环，避免不法货代或船代与不法商人勾结骗取货物。目前中国大型船运公司都在菲律宾设有分公司。

4. 充分享受中国—东盟自由贸易协议带来的关税优惠

中国与东盟国家于2004年签署了中国—东盟自由贸易区《货物贸易协议》，2005年启动了全面降税进程，2010年与6个东盟成员国（包括菲律宾）取消大部分商品的关税。中国企业在向菲律宾出口商品时，凭检验检疫机构签发的中国—东盟自由贸易区原产地证书（From E原产地证书）就可获得减免关税的优惠待遇。同样从菲律宾进口商品出具菲律宾政府机构签署的原产地证明，也可享受优惠关税待遇。

## 三、承包工程方面

1. 抓住承包市场发展机遇

20世纪六七十年代，菲律宾一度是亚洲经济比较繁荣的国家。但此后二三十年，由于政治局势不稳定等原因，导致经济发展缓慢，基础设施已比较陈旧，不能满足经济发展的需要。阿罗约总统上台后，政府意识到发展基础设施建设的重要性，发布了《2004年～2010年菲律宾发展中期规划》，重点在交通、电力、供水、通讯等基础设施建设领域加大投入。中国企业可予以关注，抓住合适的市场机遇。在2010年菲律宾大选过后，中国企业可更多地关注近年来发展比较迅速的私营项目。

2. 拓宽承揽项目的思维模式，选择适当的经营方式

目前菲律宾承包市场项目大致可分为海外援助项目、菲律宾政府资金项目以及私营项目等三类。中国企业应结合自身实际，根据项目的不同性质，具体问题具体分析，拓宽承揽项目的思维模式，选择适当的经营方式。菲律宾是西方发达国家传统的援助对象国，也是亚洲开发银行总部所在地，近年来韩国、中国等也加大了对菲律宾贷款力度，海外贷款资金来源相对充足，项目收款普遍有保障，中国企业可多关注跟踪此类项目。阿罗约总统执政以

来，菲律宾经济发展速度相对加快，政府用于基础建设的资金日益增多，但内资项目一般只允许国内企业参与承包。近年来，房地产、小水电等私营项目数量也不断增多，虽然规模不大，但具有周期短、推进快、效率高的优点，企业可积极跟踪参与。不过不少私营项目需要部分带资承包，因此企业在承包过程中还应注意控制风险。

3. 认真研究菲律宾国情，注意守法规范经营

近年来，中国企业在菲律宾承包工程的过程中遇到了一些挫折，归根到底是对菲律宾国情没有深入了解。中国企业在菲律宾开展承包合作应认真研究菲律宾具体国情，入乡随俗，同时应遵守当地法律，规范经营，避免恶性竞争。

### 四、劳务合作方面

菲律宾是世界上重要的劳务输出国之一，海外劳务汇款是其重要经济支柱。菲律宾对外国人到菲律宾从事普通劳务有严格的限制，只有投资者、高级管理人员、技术人员等经过一系列审批手续后才能获得工作或居留许可。过去曾发生过中国企业员工不按规定办理手续或违反务工规定被扣留的事件，因此中国企业不要贪图一时之利，应特别注意遵守菲律宾移民局关于在菲律宾居留和工作的相关规定。

### 五、防范对外投资合作风险

在菲律宾开展投资、贸易、承包工程和劳务合作，要特别注意事前调查、分析、评估相关风险，事中做好风险规避和管理工作，切实保障自身利益，包括对项目或贸易客户及相关方的资信调查和评估，对投资或承包工程国家的政治风险和商业风险分析和规避，对项目本身实施的可行性分析等。建议相关企业积极利用保险、担保、银行等保险金融机构和其他专业风险管理机构的相关业务保障自身利益。包括贸易、投资、承包工程和劳务类信用保险、财产保险、人身安全保险等，银行的保理业务和福费庭业务，各类担保业务（政府担保、商业担保、保函）等。

建议企业在开展对外投资合作过程中使用中国政策性保险机构——中国出口信用保险公司提供的包括政治风险、商业风险在内的信用风险保障产品，也可使用中国进出口银行等政策性银行提供的商业担保服务。

如果在没有有效风险规避情况下发生了风险损失，也要根据损失情况尽快通过自身或相关手段追偿损失。通过信用保险机构承保的业务，则由信用保险机构定损核赔、补偿风险损失，相关机构协助信用保险机构追偿。

### 六、其他应注意的问题和事项

1. 金融汇率风险

经历了1997年东南亚金融危机后，菲律宾金融体系得到一定程度的巩固，但受经济规模和结构的制约，菲律宾汇市波动加大。2007年菲律宾比索兑美元升值幅度达19%，成为亚洲表现最强劲的货币，2008年比索却大幅贬值，一度创下两年来最低纪录。2010年3月19日，菲律宾比索收盘于45.535比索兑换1美元，为自2008年8月21日45.46比索兑换1美元以来的最高值。因此中国企业在菲律宾开展经营活动要注意规避汇率风险。

2. 关于政治和商业腐败

菲律宾政治和商业腐败问题比较突出，在多个国际组织关于清廉程度的排名中名次都较为靠后。在“透明国际 Transparency International”2007年的清廉国别排名中，菲律宾位列180个国家和地区中的131位。中国企业在菲律宾开展活动应以遵纪守法为前提，不卷入当地政治斗争，同时注意改进与当地社会打交道的方式和技巧。2010年大选，阿基诺三世上台后承诺将严厉打击菲律宾腐败现象。因此即将赴菲律宾开展投资经营活动的中国企业可于近期观望新一届菲律宾政府的政策走向，以更好地规避商业风险。

3. 防范安全风险和自然灾害

中国企业在菲律宾投资过程中还应当注意政治波动、恐怖活动、治安欠佳等安全形势的影响，特别是去边远山区和棉兰老岛等地区投资更要注意当地安全局势，妥善处理与当地政府、军队、教会以及民众之间的关系。同时，中国投资者应提高对台风、地震、泥石流以及火山等自然灾害的警惕性和防范意识。

[来源：改编自商务部国际贸易经济合作研究院、商务部投资促进事务局、中国驻菲律宾大使馆经济商务参赞处共同主编.《对外投资合作国别(地区)指南——菲律宾》. 2009年版第39～41页]

## 到新加坡开展投资合作应注意的问题

### 一、投资方面

1. 严守法纪。新加坡是法治国家，对各种违法

行为均有明确、严厉的处罚。到新加坡投资不可弄虚作假、谎报材料，更须杜绝贿赂等犯罪行为的发生。

2. 充分利用优惠政策。新加坡政府对吸引外资制定多项优惠政策，特别是在新加坡设立分公司、代表处、地区总部、国际总部的外资企业，均享有不同程度的税收优惠。企业可根据自身条件、发展情况和设定的远景目标，选择适当的投资方式，以争取最大的优惠政策。

3. 符合新加坡国内审批条件。到新加坡主板上市，需符合新加坡发改委、商务部、证监会等有关部门制订的标准条件并经新加坡有关主管部门批准。

## 二、贸易方面

1. 慎重选择贸易伙伴

在寻找贸易伙伴和贸易机会时，应尽可能通过参加中新各种交易会以及实地考察等正式途径接触和了解客户，避免与资信不明或资信不好的客户开展贸易。外资企业进行业务联络的同时，可咨询新加坡工商业联合会、新加坡中华总商会、新加坡中国商会等行业协会组织或委托专业机构对客户进行资信调查。

2. 签订全面有效合同

新加坡法制环境良好，与新加坡商人开展贸易业务须签订全面有效的贸易合同，并尽量在合同中规定仲裁等纠纷处理条款，通过法律途径解决贸易纠纷。

## 三、承包工程方面

1. 企业重视与支持。中国总公司要加大对新加坡子公司的重视和支持。一方面须提高企业资质等级，在注册资金上予以支持。另一方面须将总公司具有竞争优势的技术带到新加坡，为在新加坡企业配备外语精通、业务熟练的管理干部。

2. 发挥优势。在新加坡承包工程企业要依托中国总公司在隧道、港口、交通等基础设施领域内的施工经验和成熟技术，发挥劳动力成本较低而素质较高的优势，打造一支市场竞争力强、施工技术先进的中资承包工程企业队伍。

3. 加强合作。进一步加强与新加坡本地和跨国大型承包商的合作。学习其先进的管理经验和施工技术，利用其广阔的市场网络和融资渠道，提升企业的市场竞争力，积极开拓第三地市场。

4. 在引进劳动力方面须注意，目前中国建筑专业学历只有清华大学和香港大学的建筑学学位得到新加坡的认可。

新加坡政府规定建筑企业雇佣外籍劳务的额度限制为 1：7，即每雇佣 1 名新加坡公民，公司可最多申请雇佣 7 名外国工人。公司每个月要为所聘用的外籍劳工支付 150 新元的外国劳工税。同时，建筑工人赴新加坡务工，必须先通过新加坡建设局组织的技术资格专门考试，目前在中国北京、南京、杭州、沈阳、青岛、郑州和重庆设有考点，考试包括木工、抹灰工、钢筋工和电焊工等科目。

5. 在建筑工程承包需要注意，虽然建筑费用的高涨和相关专业人员的匮乏迫使新加坡政府在 2008 年 5 月和 7 月采取措施冻结或者推迟了一系列大型公共项目的进行，但是基于严峻的国际金融环境和疲软的外来需求与投资情况，新加坡政府在 2009 年全面展开计划中的大型公共项目会。从 2009 年至 2012 年，建筑市场持续稳健的增长是可以预见的。但是有两点值得注意，一是不断高涨的建筑材料机具费用，劳工供应短缺和急剧恶化的外部宏观经济环境会遏制蓬勃发展的建筑热潮；二是很多属于交通和旅游业的基建设施已经进行到高峰期或者接近尾声，未来建筑需求的不确定性将有所增加。尽管如此，在未来四年，新加坡基础建设仍然可能保持 17%的平均年增长。

## 四、劳务合作方面

中国外派劳务企业应严格遵守中国外派劳务和对新加坡劳务合作的有关规定，认真办理劳务项目确认、审查以及出境证明等手续，通过制度约束，将劳务合作项目风险降至最低。经营公司应加强对派出人员进行技能和遵约守诺的教育培训，如实、详细讲解合同条款，不做夸大宣传，并加强对外派劳务人员的跟踪管理。

## 五、防范投资合作风险

在新加坡开展投资、贸易、承包工程和劳务合作，要特别注意事前调查、分析、评估相关风险，事中做好风险规避和管理工作，切实保障自身利益，包括对项目或贸易客户及相关方的资信调查和评估，对投资或承包工程国家的政治风险和商业风险分析和规避，对项目本身实施的可行性分析等。建议相关企业积极利用保险、担保、银行等保险金融机构和其他专业风险管理机构的相关业务保障自身利益，包括贸易、投资、承包工程和劳务类信用保险、财产保险、人身安全保险等，银行的保理业务和福费庭业务，各类担保业务（政府担保、商业担保、保函）等。

建议企业在开展对外投资合作过程中使用中国

政策性保险机构——中国出口信用保险公司提供的包括政治风险、商业风险在内的信用风险保障产品，也可使用中国进出口银行等政策性银行提供的商业担保服务。

如果在没有有效风险规避情况下发生了风险损失，也要根据损失情况尽快通过自身或相关手段追偿损失。通过信用保险机构承保的业务，则由信用保险机构定损核赔、补偿风险损失，相关机构协助信用保险机构追偿。

### 六、其他应注意的问题和事项

1. 做好充分的调查研究

新加坡以华人为主，在语言、传统文化等方面与中国有许多相近之处，双方更容易沟通，这是两国企业开展交流合作的优势条件。但同时也须认识到，新加坡具有自身的鲜明特点，在社会和法律制度、教育体系、人们的思维方式、通用语言、生活习惯等方面与中国有很大差别。因此，在新加坡开展合作须做好充分的调查研究，避免盲目投资。如可以通过新加坡经济发展局等官方投资促进机构或专业会计师、律师事务所或聘请专业法律和财务顾问，全面了解新加坡相关的法律和制度规定，掌握新方合作伙伴的资信和经营状况。

2. 重合同、守信用

新加坡是法制社会，各项法律法规完善，公民法律意识很强，在商业领域则表现为高度重视并严格依照合同行事。为此，中国企业在与新加坡企业合作或到新加坡投资设立分支机构时，须充分认识合同的重要性，加强自我保护意识，严格细致地商定合同条款，明确各项权利、义务、免责和救济措施。合同一旦签订，须按照约定认真履行各项义务，做到重合同、守信用。

［来源：改编自商务部国际贸易经济合作研究院、商务部投资促进事务局、中国驻新加坡大使馆经济商务参赞处共同主编．《对外投资合作国别（地区）指南——新加坡》．2009年版第55～57页］

## 到泰国开展投资合作应注意的问题

### 一、投资方面

1. 客观评估投资环境

总体来讲，泰国拥有较好的投资环境。其地理位置优越，交通便利，是东南亚地区经济、金融中心和航空枢纽，基础设施较为完善。泰国政局近一年来虽然不够稳定，但目前已恢复了良好的社会秩序和社会治安状况。泰国与中国政治外交关系友好，是中国的友好邻邦。

由于泰国投资项目审批程序复杂，周期较长，目前中国企业来泰国开展投资合作须考虑政治风险因素。

2. 全面了解投资市场

首先，泰国投资市场的竞争相当激烈。泰国的外来投资主要来自日本、美国、欧盟、韩国、新加坡以及中国台湾和中国香港等国家和地区。有传统优势的产业投资市场几乎被先期投资者占领，从市场格局、资金实力和技术水平以及国际投资经验等方面看，中国企业来泰国投资面临的挑战较大。

第二，泰国国情、社会制度和法律体系均与中国不同，办事方式和效率不同，中国企业进入泰国投资前应对有关情况进行前期调研，做好充分准备后再进行投资。

第三，泰国人力资源的使用问题。泰国的人力资源成本虽低于欧美日，但高于中国，且组织纪律性和技能逊于中国工人。

3. 注重履行社会责任

在中国实施“走出去”战略、不断提高对外开放水平的新形势下，中国驻泰国企业积极履行社会责任具有重要意义。企业在开展跨国经营时，将承担更多的社会责任，不但是对企业自身品牌、信誉和社会形象的投资，而且也有利于平衡国家之间、企业之间、企业与社会之间的各种利益关系，对企业的经营产生积极影响。驻泰国的中国企业须本着“互利共赢、共同发展”的原则对外开展业务，热心参与赈灾、济贫、环保、教育、社保、节约资源、劳动保护等各类社会公益活动，融入当地社会，树立中资企业的良好形象，营造与当地社会和谐相处、共同发展的良好氛围。

### 二、贸易方面

1. 了解贸易管理体制

泰国贸易管理有关法律法规有《货物进出口控制法》《关税法》《出口商品标准法》《反倾销和反补贴法》《外商经营企业法》《直销贸易法》《外汇管理法》和《商业竞争法》等。泰国负责贸易管理的部门有商业部和财政部海关厅。中国企业与泰国进行贸易活动需了解这些法律法规，了解所经营商品是否受限、关税如何、有无技术性贸易壁垒等。

建议中国企业与泰国投资合作前就有关问题咨询当地律师事务所。

2. 讲究信誉质量

信誉质量是企业的生命线。中国企业应细致了解所产商品并对该商品在泰国市场的供求进行调研。在和泰国商人进行商品贸易时应讲信誉、重质量并注重售后服务，提升中国商品质量和形象。

3. 做好调查研究

市场调研、资信调查是企业进行贸易活动必须重视的问题之一，也是企业开展贸易活动的重要基础和依据。必须要了解清楚贸易商品的市场需求、贸易伙伴的资信情况才能保证贸易的顺利进行。货物样品和实际发货要样货一致，否则很容易引发贸易纠纷。同时，对一些中介商要小心提防，避免上当受骗。

4. 注重商务礼仪

泰国商界比较注重着装，正式场合特别是访问政府部门一般着深色西装。商界见面时也可着长袖衬衫打领带。

### 三、承包工程方面应该注意的问题

1. 了解泰国法律法规，依法经营

中国企业在泰国开展业务，应了解和遵守当地有关法律法规和政策规定，做到依法经营。必要时聘请当地律师，可避免陷入一些不必要的法律纠纷。如泰国对本国企业法人从事建筑业经营实行登记制，对外国人经营建筑业限制较多。建筑业不是泰国鼓励外资投资的行业。泰国《1999年外籍人经商法》规定，建筑服务业不对外国人开放。外国投资者从事建筑业经营，必须要通过与当地企业设立合资公司，且当地公司控股股份占51%以上。

泰国政府对要求在泰国设立办事处、代表处等非营利性机构的外国申请者从严审批甚至不批。由于泰国是劳务输出国，对于输入一般工种的外籍劳务严格限制，输入经营管理类人员也有严格限制。一般规定，企业注册资金在1亿泰铢以上者，每输入1名外国人员需雇佣4名当地劳工；企业注册资金在1亿泰铢以下者，每输入1名外籍人员则需雇用五名当地劳工。中国企业在泰国开展承包工程业务一定要遵守泰国有关法律法规，做到守法经营。

2. 实施本土化经营策略

本土化是跨国公司生存发展的重要经营策略，只有实施本土化经营和属地化管理，企业才能更加熟悉当地市场情况，适应市场变化，增强对项目的管控能力，从而降低成本，提高竞争力。在泰中资承包企业实施本土化经营主要有三个方面：一是经营观念本土化，即坚持以经营为中心，以盈利为目的，树立市场观念、竞争观念和效益观念；二是运作方式的本土化，即学习借鉴优秀的国际承包商和本地公司的先进架构、管理经验和运作方式等，博采众长，兼收并蓄，提高公司在激烈的市场竞争中取胜的本领；三是人才本土化，要依靠和任用本地人才。一方面须提高海外公司中当地经营管理人员的比例，充分发挥他们的作用，使之成为中国公司的中高级管理人员，为公司的生存、发展和壮大发挥重要作用。另一方面要使国内派出的经营管理人员的思维方式、工作方法、管理素质等逐步适应泰国当地市场竞争的要求。

3. 审慎选择好的合作伙伴

好的合作伙伴是项目成功的关键因素。中国企业来泰国开展业务，切不可急于求成，盲目合作。对于一些中介机构或中间人介绍的各类项目不可轻信，尤其是一些所谓特大型项目。要设法了解清楚合作方的背景情况，选择信誉好、实力强、关系硬、能力强、懂营销、善合作的合作伙伴。

4. 要高度重视在泰国经营的安全问题

发展是目的，管理是保障，安全是前提。各企业均应将安全问题放在首位。在泰国开展业务的中资企业必须将安全工作放在首要位置来抓。要制订有效的安全防护措施和紧急事件应急机制，切实维护好企业的人员和财产安全。注意防火、防盗、防骗、防爆炸。同时，采取有效措施切实维护国有资产和信贷资金的安全，加强承包工程项目管理，做好成本核算和资金风险控制，保证承包工程项目的质量。

5. 要了解泰国自然条件及社会文化环境

泰国自然条件及社会文化环境等因素对承揽项目的影响容易为企业所忽略。如：泰国节假日较多，泰国工人经常放假；泰国雨季期间（一般是每年5月至10月）难以施工，签合同时要考虑工期是否足够；泰国人多数性情温和、注重礼仪，但办事效率相对较低，不少事情拖而不决等。

### 四、劳务合作方面

外籍人在泰国工作须及时办理工作许可证。由于劳工许可证不能在异地使用，因此外籍人特别是从事建筑业者在申请工作场所时要将总公司、分公司场所分别加以注明。分公司以总公司名义申请时，要在分公司所在地申请。泰国官员不主张外籍人通过中介机构办理外国人工作许可证申请。泰国官方尚未授权任何中介机构从事代办外籍劳务工作许可业务，建议有关雇主或个人通过合法程序向劳工部申办工作许可，劳工部将提供便利条件。对临时入境提供技术服务的外籍人，如不超过15天可免办工作许可证。

限制进入泰国从业的有39类工种：普通劳工；农、林、牧、渔业（农产管理人员除外）工人；制砖、木匠或其他建筑工种；木雕工；驾驶员（航空器材飞行员、机械师除外）；固定摊贩；市场传销；会计管理；珠宝加工；理发、美容；手工织布；制席；手工造纸；漆器；泰式乐器；乌银镶嵌器；金银器皿制作；泰式嵌石制品；泰式玩具制作；床单、被褥制作；制钵；手工泰丝制品；佛像制作；刀具制作；纸伞、布伞制作；制鞋；制帽；除国际贸易代理外的其他代理；建筑规划设计（专业技术专家除外）；手工艺品制造、设计、估价；首饰设计；泥制品加工；手工卷烟；导游；流动摊贩；泰文打印；手工抽丝；文秘；法律咨询。

### 五、其他应注意的问题和事项

在泰国开展投资、贸易、承包工程和劳务合作，要特别注意事前调查、分析、评估相关风险，事中做好风险规避和管理工作，切实保障自身利益，包括对项目或贸易客户及相关方的资信调查和评估，对投资或承包工程国家的政治风险和商业风险分析和规避，对项目本身实施的可行性分析等。建议相关企业积极利用保险、担保、银行等保险金融机构和其他专业风险管理机构的相关业务保障自身利益，包括贸易、投资、承包工程和劳务类信用保险、财产保险、人身安全保险等，银行的保理业务和福费庭业务，各类担保业务（政府担保、商业担保、保函）等。

建议企业在开展对外投资合作过程中使用中国政策性保险机构——中国出口信用保险公司提供的包括政治风险、商业风险在内的信用风险保障产品，也可使用中国进出口银行等政策性银行提供的商业担保服务。

如果在没有有效风险规避情况下发生了风险损失，也要根据损失情况尽快通过自身或相关手段追偿损失。通过信用保险机构承保的业务，则由信用保险机构定损核赔、补偿风险损失，相关机构协助信用保险机构追偿。

[来源：选编自商务部国际贸易经济合作研究院，商务部投资促进事务局、中国驻泰国大使馆经济商务参赞处共同主编.《对外投资合作国别（地区）指南——泰国》. 2009年版第59～63页]

## 到越南开展投资合作应注意的问题

### 一、投资方面

1. 认真进行调查研究和市场考察，避免盲目投资。

2. 充分了解越南吸收外资的法规政策和投资环境。

3. 尽量以独资方式投资设厂，如与越方以合资方式设厂，应对越方合作伙伴进行深入了解，寻求信誉好的合作伙伴。

4. 加强投资风险防范，按规定办理国内外投资报批许可手续。

5. 选派能力强、素质高、外语好（越语或英语）的业务人员到越南开展工作。

6. 注意处理好与合作方以及当地有关部门的关系，注意内部协调。

7. 遵守越南的法律法规和相关规定，守法经营。

8. 搞好生产经营管理，树立以质取胜的经营理念。

9. 保持与中华人民共和国驻越南社会主义共和国大使馆（经济商务参赞处）的联系，定期向经济商务参赞处汇报企业生产经营和管理情况。遇到重大问题要及时向使馆报告。

### 二、贸易方面

1. 须坚决贯彻“以质取胜”战略，杜绝假冒伪劣商品

一些中国企业对越南出口忽视质量要求，既影响中国商品在越南的市场形象，加深越南消费者对中国商品的偏见，又容易因质量问题引发纠纷，给企业造成经济损失。近年来，越南经济水平迅速提高，产品质量进步很快，中国企业必须严把商品质量关，且重视外观款式，才能适应市场需求，并逐步树立中国商品在越南市场的声誉。

2. 须慎重选择合作伙伴，加强风险管理，防止遭受损失

越南现有国营企业1500多家，私营企业超过20万多家，外资企业4000多家，其中国营企业主要分中央企业和地方企业。越南中央直属国有企业在各行业中占有重要地位，实力相对较强，资金较

有保障，与其合作风险相对较小；越南私营企业数量很多，信誉不一，虽经营方式灵活、决策快，但规模较小，抗风险能力弱，甚至有个别企业在与中国企业合作过程中有恶性欺诈行为，因此，中国企业与其合作应注意甄别，降低风险。

3. 须规范操作，严把贸易流程各环节

商谈合同应谨慎，特别是对于质量、运输、交货、结算、争议等条款应认真商谈，须仔细审核，避免漏洞。建议采取信用证结算方式，可选择越南外贸银行、农业与农村发展银行、投资发展银行或工商银行等信誉较好的银行作为开证行，特别注意防止对方在信用证条款中加入与国际惯例不符的条款。另外，应严格按照合同执行，在商品质量、运输交货、制单等环节务必谨慎，防止被钻空子，造成经济损失。

### 三、承包工程方面

1. 应抓住市场机遇

近年来，越南重视基础设施建设，特别是交通、电力、化肥、水泥、通信量领域的建设，工程承包市场潜力较大。经过多年努力，中国企业在越南工程承包市场正逐步打开局面。中国工程技术和成套设备日渐为越方所认可和接受，特别在水电、火电、水泥、化肥等领域有较强竞争优势。

2. 要实行本地化经营

越南劳动力市场巨大，劳动力整体素质在不断提高，成本相对便宜。今后，中国企业在越南开展工程承包业务的重点在工程设计和施工管理上，应多雇佣当地人员，实行本地化经营。

3. 参与项目投标应该注意的问题

在越南，中国企业参与当地项目的投标时，应尽量注意以下几个方面的问题：

首先，在了解当地项目时，需要调查承包工程项目的资信情况。对于一些大型项目，中国企业可通过中国对外承包商会或各地商务厅向驻越南使馆经商处来函咨询或查看驻越南使馆经商处网站了解相关信息。

其次，在需要当地代理进行相关业务拓展时，应该寻找资信较好的当地代理并按国际惯例支付其雇金。当地代理同上层有密切关系，在收集资料、提供信息和疏通关系方面可起重要作用。一般而言，越南的大型工程承包项目透明度较高，其国内主要报刊均会刊登招标信息，因此，不可轻易相信一些所谓“代理”的发包项目。

此外，越南的大型项目如水电站、公路等招标工作通常情况下都是聘请西方一些著名咨询公司评标，技术要求相当严格，中国企业在制作标书时应该尽量符合国际规范，注意招标答疑的细节问题。

### 四、劳务合作方面

1. 应通过正规中介进行

因两国地理位置相邻，往来便利，一些非法中介利用收费较低之便，私自开展越南劳务输出业务，这样容易对劳务人员造成损失。

2. 严格遵守规定

越南是劳务输出国，限制一般劳务进口，因此，中国投资者应注意严格按越方规定办理各种手续。

### 五、防范投资合作风险

在越南开展投资、贸易、承包工程和劳务合作，要特别注意事前调查、分析、评估相关风险，事中做好风险规避和管理工作，切实保障自身利益，包括对项目或贸易客户及相关方的资信调查和评估，对投资或承包工程国家的政治风险和商业风险分析和规避，对项目本身实施的可行性分析等。建议相关企业积极利用保险、担保、银行等保险金融机构和其他专业风险管理机构的相关业务保障自身利益，包括贸易、投资、承包工程和劳务类信用保险、财产保险、人身安全保险等，银行的保理业务和福费庭业务，各类担保业务（政府担保、商业担保、保函）等。

建议企业在开展对外投资合作过程中使用中国政策性保险机构——中国出口信用保险公司提供的包括政治风险、商业风险在内的信用风险保障产品，也可使用中国进出口银行等政策性银行提供的商业担保服务。

如果在没有有效风险规避情况下发生了风险损失，也要根据损失情况尽快通过自身或相关手段追偿损失。通过信用保险机构承保的业务，则由信用保险机构定损核赔、补偿风险损失，相关机构协助信用保险机构追偿。

### 六、其他应关注的问题

1. 政府腐败与地方保护主义

越南政府贪污腐败现象比较严重，在国际工程招标中行政干预事件时有发生，不少政府官员、项目业主公开或暗中向外商索贿。

目前越南政府仍然实行价格双轨制，保护主义倾向比较严重，在许多收费项目中，外资企业支付的费用远高于越南企业，价格双轨制使外企的费用支出增加，生产成本提高。

2. 外资企业雇佣当地员工的有关规定

根据该国《投资法》和《劳动法》有关规定，外资企业可以通过中介机构录用当地劳动力，并可根据生产需要及有关法律规定增减劳动力数量。劳资双方需签署劳动合同。合同内容应包括工作内容、工作地点、工作时间、休息时间、薪水、合同期限、劳动卫生、社会保障、保险等。

企业因变更生产经营而裁减已工作12个月以上的工人，需组织相关培训，以便被裁减人员寻找新的工作岗位。如无法安排培训，则应支付不低于两个月薪水的遣散费。若企业被并购，新的企业主应根据劳动合同继续履行相关义务。在劳动合同执行过程中，任何一方提出修改合同内容，应提前3天告知另一方。企业要求员工加班，应按照规定支付加班费。劳资双方出现纠纷时，由双方通过协商解决，如无法协商解决，则提交法院审理。

3. 法律健全程度

越南的法律体系尚不完善，无法可依的现象依然存在，使外商常常无所适从。此外，越南部分现行法律、法规的执行力度不够，随意性较大，存在有法不依的现象，如《外国投资法》规定，正在实施投资项目的外国人可申办与项目活动期限相符的多次有效入境签证，但实际上越南公安部门只允许办理3个月或最多不超过6个月的签证，而且对具体期限的适用范围无明确规定。这样，外国投资者每3～6个月就得办一次延期手续，增添了费用负担和不必要的麻烦。

4. 自然环境与施工人员雇用

越南属热带雨林气候，雨季长达半年，基础设施较差，施工条件较艰苦，设备和材料均需进口，在办理设备和材料入关清关手续时程序繁杂且运输困难，因此，企业在投标和施工时应考虑周全。

此外，越南熟练工人比较缺乏，一般劳务人员较多，故在当地承包工程项目时，项目技术人员应在中国聘请，但到越南后必须办理工作证和临时居住证。而一般劳务人员可在当地雇用，以降低成本。

[来源：改编自商务部国际贸易经济合作研究院、商务部投资促进事务局、中国驻越南大使馆经济商务参赞处共同主编.《对外投资合作国别（地区）指南——越南》. 2009年版第36～37页]

# 贸易投资论文

## 中国—东盟《服务贸易协议》与中国服务业的发展

2002年11月，中国与东盟共同签署了《全面经济合作框架协议》，决定在2010年建成中国—东盟自由贸易区。随后双方在市场开放方面取得一系列重大成果，继2004年11月签署了《货物贸易协议》后，2007年1月双方又签署了《服务贸易协议》（以下称《协议》），该协议自2007年7月1日开始实施。该协议是中国与其他国家签署的首个关于区域服务贸易的协议，其意义不仅在于中国和东盟的经贸关系，而且对于中国实施自由贸易区战略也将产生重要的影响。该协议的签署和实施为全面建成中国—东盟自由贸易区奠定了坚实的基础。

### 一、中国—东盟《服务贸易协议》的解读

（一）《服务贸易协议》的主要内容

《服务贸易协议》是规范中国和东盟服务贸易市场开放和处理与服务贸易相关问题的法律文件。《协议》共分为四个部分：第一部分界定了与服务贸易有关的定义和协议的效力范围；第二部分义务和纪律包括了透明度、机密信息的披露、国内规制、承认、垄断和专营服务提供者、商业惯例、保障措施、支付和转移、保障国际收支的限制、一般例外、安全例外、补贴、合作等条款。此外，为扶持和促进东盟新成员服务贸易的发展，协议还特别设置了加强柬埔寨、老挝、缅甸和越南参与的条款；第三部分具体承诺涵盖了市场准入、国民待遇、附加承诺、具体承诺减让表、减让表的扩大与适用、逐步自由化、具体承诺减让表的修改条款；第四部分其他条款包含了联络点、审议、争端解决、利益的拒绝给予、生效等条款，对实施《协议》的程序性问题做了规定。

《协议》还包含一个附件，该附件列出中国和东盟成员国的具体承诺表。其中，中国对建筑、环保、运输、体育和商务服务等5个服务部门的26个分部门作出了承诺。东盟新成员柬埔寨、老挝、缅甸和越南也在商务服务、电信、建筑、金融、旅游和运输等部门作出了开放承诺，在不同程度上减少了市场准入限制。

（二）《服务贸易协议》是对GATS的超越

在WTO框架下，区域一体化安排是最惠国待遇原则的例外存在。GATS第5条允许成员方区域经济一体化安排的例外。GATS和中国—东盟自由贸易区《服务贸易协议》自由化程度的逻辑联系点，正是GATS本身的逐步自由化原则以及有关区域一体化方面的例外规定。

就《协议》所覆盖范围和所涉及内容而言，中国—东盟《服务贸易协议》是对GATS的超越。目前在东盟成员国中，缅甸和老挝为非WTO成员方，《协议》开创了东盟国家的WTO成员方与非成员方在服务贸易发展方面的法律制度先河，受益主体的扩大是东盟服务贸易自由化程度更高的一个重要体现。在《中国—东盟全面经济合作框架协议》中，中国同意给予东盟非WTO成员以多边最惠国待遇，即将中国加入WTO时的承诺适用于这些国家。

此外，中国、菲律宾、越南、印尼、新加坡、柬埔寨、马来西亚、文莱既是WTO的成员方，又是自由贸易区的成员方，这些国家既要遵循GATS的相关规则，又要受《协议》具体承诺的约束。从中国和东盟的具体承诺来看，其所涉及范围的扩展毫无疑问是自由化程度推进的具体表现。以中国为例，在《协议》中的具体承诺较之WTO框架下服务贸易的承诺有更进一步的开放。

1. 新增了承诺开放的服务部门。在“职业服务”的F类其他商业服务中，《协议》新增承诺了市场调研服务；与管理咨询相关的服务；人员安置和提供服务；建筑物清洁服务；在费用或合同基础上的印刷和与装订服务。此外，在中国入世承诺中，没有就“娱乐文化体育服务”作出任何承诺，而中国将其中的D类体育和其他娱乐服务列入了《协议》具体承诺表中。

2. 对已承诺的服务部门放宽了条件。这集中体现在市场准入限制方面。在服务贸易四种提供方式中，商业存在无疑是最主要的一种，市场准入相关条件和要求的设置与商业存在的形态和运作方式密切相关。

一是入世承诺中，对某些服务部门仅允许外国服务提供者设立合资企业形式，如对职业服务的B类计算机及其相关服务中，软件实施服务、数据处理服务——输入准备服务和D类房地产服务中，以收费或合同为基础的房地产服务、笔译和口译服务以及环境服务。而在《协议》中则放宽了形式上的要求，允许设立外资独资公司。

二是入世承诺中，对某些服务部门设立外资独资子公司设置了年限要求。如在职业服务的F类其他商业服务中承诺在入世6年后，允许设立外资独资子公司，在建筑及相关工程服务中承诺在入世3年后，允许设立外资独资子公司等等，虽然目前中国已顺利进入了WTO后过渡期，这些年限的要求也已失效，但从规则制定上来看，《协议》所搭建的服务贸易自由化平台无疑是更高标准的，当然这在很大程度上得益于GATS在推动服务贸易自由化进程中的正面效应。

三是入世承诺中，中国对合资企业的外资比例做了严格限制，如在运输服务的F类公路运输——铁路货运（CPC7112）、公路卡车和汽车货运（CPC7123）中，外资股比例不得超过49%，在H类所有运输方式的辅助服务——货物运输代理服务（不包括货检服务）中，外资股比例不得超过50%。而在《协议》的具体承诺表中中国则取消了这些股权比例方面的限制。此外，在入世承诺中有关设立合资企业的营业许可需进行经营需求测试等要求在《协议》中也得以进一步放宽。同时也放宽了自然人流动的要求。在入世承诺中所做出的关于自然人流动方面的水平承诺仅限于高级管理人员、高级雇员及服务销售人员入境的最长居留时间，除此之外未作其他承诺。而《协议》中则新增了允许外国自然人为履行雇主从中国获取的服务合同，进入中国境内提供临时性服务的承诺，其具体涉及会计服务、医疗及牙医服务、建筑设计服务、工程服务、城市规划服务、计算机及其相关服务，建筑及相关工程服务、教育服务、旅游服务等部门。

## 二、中国—东盟《服务贸易协议》对中国服务业的挑战

### （一）《协议》的实施效果

虽然中国服务业整体竞争力较弱，但从以下图表中中国与东盟5国的服务贸易比较优势指数CA来看，中国在旅游、建筑、计算机与信息服务、个人文化与休闲服务、其他商业服务方面还是有着比较优势的。中国向东盟承诺开放的服务市场基本上体现了这种比较优势和竞争力，不具有比较优势的运输部门的劣势也不明显，在较短时间内是能够通过竞争提高比较优势的服务部门，这有利于中国服务业开拓、进入东盟服务市场，并在一定程度上避免了劣势服务部门受到东盟国家相应优势部门的冲击。但是这种符合经济上竞争优势的安排是否能够实现优势互补和贸易促进，还取决于《协议》的执行效果。因为区域贸易安排的实施不同于国内法律，它不能直接在各成员国国内产生执行力，在各

成员国市场开放和市场准入的承诺的实现实际上依赖于各国国内的服务业法律和政策。在中国明显具有吸引外资优势的形势下，《协议》的实施势必造成服务贸易、投资向中国推进，不可避免地加剧中国与东盟国家在吸引外资方面的竞争。东盟有些国家基于东盟服务业的空心化的担忧，就会倾向于在国内政策和法律上设置市场准入壁垒，这必将使《协议》的实施效果大打折扣，减弱了优势互补和贸易促进应带来的经济利好，从而动摇中国与东盟构建自由贸易区的根基。

东盟有些国家的担心是一种中国“威胁论”思潮的反映。事实上，虽然中国在吸引外资方面比东盟各国更有优势，但并未达致“威胁”的程度。对于服务业的开放，中国更不可能构成对东盟的“威胁”。因为服务业的转移与制造业不同，并不是单纯意义上的“迁移”，更多的是一个设立投资机构、扩大服务的营销面、建立网络的创造过程，也就是说，这是一个新增而不是此消彼长的过程。而且这个逐步完成过程，正是东盟拓展产业链，发展服务核心竞争力的良好契机。除此之外，各国的承诺实际上都是基于开放优势行业，保护相对滞后的行业的宗旨做出的，符合各国的服务业发展现状。

因此，中国与东盟各国还需要加强沟通、互信和理解。《协议》的实施在国际层面和国内层面还应该得到更多的制度支持和促进，通过制度的协调来消除各国服务业发展水平的差异和合作的障碍，实现区域内服务部门的互利合作，优势互补，扩大服务贸易出口，增强服务竞争力的目标。

2006 年中国与东盟 5 国服务贸易部门的 CA 值

| 部门＼国别 | 中国 | 印尼 | 马来西亚 | 菲律宾 | 新加坡 | 泰国 |
|---|---|---|---|---|---|---|
| 运输服务 | −0.2411 | −0.4244 | −0.3639 | −0.5223 | −0.0522 | −0.4947 |
| 旅游服务 | 0.1652 | 0.1157 | 0.3058 | 0.3501 | −0.2640 | 0.4571 |
| 通讯服务 | −0.0174 | 0.3374 | −0.0174 | 0.7088 | — | 0.2119 |
| 建筑服务 | 0. 1464 | −0.1996 | −0.0884 | 0.6429 | 0.3525 | −0.2669 |
| 保险服务 | −0.8831 | −0.9162 | −0.3572 | −0.6053 | −0.3326 | −0.7469 |
| 金融服务 | −0.7195 | −0.1897 | −0.3301 | 0.0100 | 0.6483 | — |
| 计算机与信息服务 | 0.2595 | −0.5838 | 0.0406 | 0.1728 | 0.1749 | — |
| 专利与许可证服务 | −0.9402 | −0.5698 | −0.9575 | −0.9662 | 0.8815 | −0.9556 |
| 个人文化与休闲服务 | 0. 0614 | −0.4881 | −0.1843 | 0.5429 | −0.1721 | — |
| 其他商业服务 | 0. 1688 | −0.5204 | −0.0775 | 0.1839 | 0.2800 | −0.1290 |

注：印度尼西亚和新加坡为 2005 年的数据。

数据来源：根据 UNCTAD Handbook ofStatistics 2007 online 的数据计算所得

（二）中国某些行业面临被“矮化”的危险

“矮化”是指中国服务业市场被东盟国家其他相对低水平的服务业市场同行同化，放弃了自身高质量服务转而不自觉地放低了自身服务质量。在服务贸易开放过程中，中国一方面要推进优势产业走出国门，同时也要吸引东盟各国的部分优势产业来补充、促进中国相应产业的发展。在吸引东盟国家优势服务产业时，中国企业必须清醒地认识到，虽然东盟国家在一些服务业上具有比较优势，但这种优势本身可能缺乏合理的基础。例如，在世界银行组织的一个研究报告中专设一章“东南亚政府政策角色之反思”，列举了泰国、马来西亚、印度尼西亚等国的产业政策、利用外资、国家干预及官员“寻租”情况，得出的结论性意见是：“即使政府的角色需要规范，国家能力还是值得提倡”，揭示了东盟一些国家存在不规范的政府干预导致优势产业不优质的问题。而这些披着“优势”、“优质”外衣的劣质服务产业一旦引入中国，无疑会造成损害消费者利益，产生劣币驱逐良币效应，扰乱中国正常市场秩序的恶果。因此，在吸引东盟国家优势服务产业时，应当对其优势根基进行仔细鉴别，以便随时可采取高效的应对措施，防止这些“优势”对中国服务贸易质量的矮化。

（三）对劳动力市场的冲击

短期内，《协议》的实施对中国冲击较为明显的是劳动就业市场。从就业结构的比较分析来看，中国自身的服务业劳动力市场就存在着转移速度慢、就业比重偏低，就业结构不合理、传统服务业就业人员素质低等一系列亟待解决的问题。《协议》实施之后，自然人流动更加便利，与经济发展水平较低的东盟一些国家相比，在员工和社会福利水平方面明显具有优势的中国势必会吸引大批劳动力，从而给中国国内劳动力市场带来一定的冲击。为此，在《协议》的框架下，除严格执行劳动用工制度外，还应加大社会福利的投入，利用相关行业开放带来的行业复苏，拓宽旅游、餐饮等低技能职位的就业渠道。在对劳务人员辅以各种职业技能培训以加强劳动技能的同时，还应加强就业信息的沟通。同时，要鼓励有条件的具有丰富从业经验的人员到境外就业，以自然人流动的方式参与国际服务贸易。

**三、中国与东盟《服务贸易协议》给中国服务业带来的机遇**

（一）区域服务业的互补性强

《协议》的签订促进了区域内的合理分工和各成员国之间的合作。中国和东盟国家在服务业方面各有所长，例如，中国在计算机服务等方面有比较优势，新加坡得益于自由港、转口贸易以及区域性金融中心等因素，泰国找准了旅游业作为其支柱产业。正是因为中国与东盟双方在服务贸易的发展基础、产业格局等方面存在较大的差异，使得双方的服务贸易具有较强的互补性，为双方扩大服务贸易奠定了基础。

然而，东亚地区经济发展很不平衡，政治制度差异较大，或隐或现的“冷战思维”，领导或主导地位存在竞争，以及一些长期遗留的历史问题悬而未决等，阻碍着区域贸易合作的开展。这些问题导致了东亚各国的服务市场长期处于一种非合作的博弈局面，彼此没有形成建立在竞争优势之上的服务贸易的互动和融合现象。东亚各国服务业的发展正是渴求合作博弈安排，以协调彼此间的利益冲突。

《协议》通过制度安排确立了各国开放本国服务市场应遵循的规则，将各方的权利、义务和责任明确地加以规定，并旨在通过进一步的谈判，寻求各自利益的平衡点和共同利益的汇合点。根据《协议》规定，中国和东盟双方还要继续就第二批服务部门的市场开放问题进行谈判。将来双方还要就服务贸易的进一步开放问题积极进行磋商，以逐步实现本地区的服务贸易自由化、便利化。《协议》安排下的各成员国之间的合作使区域之间实现优势互补、优势共享或优势叠加，由此获得整体大于部分之和的“合成效益”，强调以发挥区域优势为前提的地域分工与合作，从而有利于提高效率和整体效益等。

（二）服务业产业结构得到优化

中国—东盟服务贸易合作框架的形成，将进一步优化中国服务业结构。传统服务业行业比例下降，具有现代服务业特点的服务行业比例上升是国际产业结构演化的规律。中国促进服务业发展应当“适应新型工业化和居民消费结构升级的新形势，重点发展现代服务业，规范提升传统服务业”。《协议》的签订促进了这一战略的实施。首先，中国向东盟各成员国承诺开放的 5 个行业部门中绝大部分都是具有比较优势的现代服务业，对于中国现代服务业的发展起到推动作用；其次，这些部门都是属于辐射集聚效应较强的服务行业，以运输为例，澜沧江—湄公河国际联运航道的开通，泛亚铁路和昆明—曼谷高等级公路的建设，以及中国与东盟各国许多空中航线的开通势必会拉动旅游、餐饮、咨询、银行等相应服务行业的发展和开放。凭借这种辐射集聚效应，还可以培育依托城市群、中心城市，主体功能突出的国家和区域服务业中心。这不仅优化了服务业产业结构，而且促进了服务业发展的科学布局。

（三）服务贸易发展环境得以改善

《协议》的签署标志着中国与东盟之间服务贸易活动规模化和规范化的开始，其为中国创造了一个货物贸易、服务贸易良性循环的国际环境，对于中国解决非市场经济地位问题的意义重大。非市场经济地位成为制约中国对外贸易发展的重要因素。尽管 2001 年公布的调查情况显示，中国 98%的商品都是根据市场定价的，已经达到了市场经济标准，但是，由于美国的作梗，中国虽然加入了 WTO，其市场经济地位却成了“问题”。2004 年 11 月 29 日签署的《中国与东盟全面经济合作框架协议货物贸易协议》第 14 条中指出，“东盟十国中每一个成员国统一承认中国是一个完全市场经济体，自本协议签署之日起，将对中国与东盟十国中任何一个成员之间的贸易，不适用《中华人民共和国加入世界贸易组织协定书》第 15 条和第 16 条以及《中国加入世界贸易组织工作组报告书》第 242 段”。可以说东盟国家普遍认可中国的市场经济主体地位将很大程度上提高中国对外贸易、投资的自由、便利程度，并有助于其他发达国家不同程度上承认中国市场经济地位，从而改善中国服务贸易发展的国际环境。

### 四、中国—东盟自由贸易区框架下中国服务业发展的战略

（一）适度推进中国服务业的开放发展

《协议》的签署标志着中国与东盟开展服务贸易的规模化和规范化的开始，为中国创造了一个货物贸易、服务贸易良性循环的法律环境。例如旅游业的发展带来的人员流动必然带动客运运输，进而加快旅游交通基础设施的建设，如澜沧江和湄公河国际联运航道的开通，泛亚铁路和昆明—曼谷高等级公路的建设，以及中国与东盟各国许多空中航线的开通等。在进行旅游服务贸易基础设施建设的同时，也促进了其他服务行业的发展，如金融业和保险业等等。但是，对于开放部门的选择和准入的限制，必须根据国家经济安全原则和比较优势原则来加以确定。对可能危害国家经济安全的敏感产业，不开放或者开放限度低，约束条件多。在此前提下对发展比较成熟，具有比较优势的行业，优先放宽甚至取消限制，以换取对方的对等待遇；对于竞争优势不明显的行业，可以采取限制措施或在《协议》安排下采取双边协议的方式，逐步开放。中国在服务业的开放中应坚持从有限制的、渐进的开放，逐渐扩展到多部门多类型的合作思路。

（二）加强次区域服务贸易合作

从近几年的发展来看，中国与东盟东部增长区、印尼—马来西亚—泰国增长三角、大湄公河等次区域服务贸易合作已经有了较好的基础。中国与东盟《服务贸易协议》的签订，更是推动双方次区域服务贸易合作的天赐良机。

中国西南地区与东南亚陆地相连，隔海相望，具有加强次区域服务贸易合作的良好条件。《协议》的签署勾勒出了广西北部湾城市群这个新增长极的跨越式发展路线，中国也借此机会提出了要将广西建成中国西南地区对外开放的重要门户，成为中国—东盟自由贸易区区域性国际物流基地、商贸基地、加工制造基地和信息交流中心。毫无疑问，“泛北部湾合作”正成为国家经济发展的一个重要战略选择，泛北部湾次区域的经济合作有利于实现华南经济圈、西南经济圈与东盟经济圈的对接，这为中国调整产业布局，构筑产业梯度转移体系搭建了重要的战略平台。次区域服务贸易合作将成为中国与东盟经贸合作的一个新亮点。

（三）完善《协议》实施的配套机制

在区域贸易安排方面，中国和东盟各成员国应建立或指定类似于《货物贸易协议》项下的组织协调机构，以监督和促进《协议》的实施，增强服务贸易的机制性。FDI（外商直接投资）与服务贸易竞争力关系密切，以服务贸易出口额来衡量服务贸易竞争力，用流入各行业FDI作为自变量对服务贸易竞争力进行分析，就会发现FDI增强了中国服务贸易的竞争力。目前，中国与东盟之间服务贸易FDI规模小，而且多集中在传统服务业，对提高服务业竞争力作用有限，因此，完善有关服务业投资的规定是促进服务业发展的重要途径之一。此外，还应强化争端解决机制在解决服务贸易争端中的作用。

在国内相关机制方面，应逐步加以完善。应制定《协议》转化适用的国内法律规则，例如，中国等国至今尚无《旅游法》，外国服务提供者和消费者难以了解其零散的规定。又如在一些已经开放的需要专业资格认证的部门，由于各国还没有互相承认学历和专业资格认证，服务提供者难以自由流动。此外，对服务贸易的统计数据还有待于在方法和标准上加以统一和完善。由于服务贸易的范畴以及划分标准与发达市场经济国家及国际惯例不完全一致，使得统计数据在全面性和准确性上尚有一定的差距，某些部门存在法律空白，透明度不够。

总之，中国与东盟签署的《服务贸易协议》是在符合WTO原则的前提下，在双方产业利益互补性的驱动下，就服务贸易自由化程度向纵深推进所作的重大努力。这一区域法律制度的安排必将对中国、东盟乃至世界经济的发展影响深远。因此，应把握好这一历史契机，采取措施切实落实这一法律制度，并以积极姿态应对面临的挑战，形成中国与东盟在服务贸易领域的联动效应，促进中国服务业的发展。

（来源：张晓君.《河北法学》. 2010年第3期）

## 中国—东盟自由贸易区建成对广西边境贸易的影响分析

### 一、中国—东盟自由贸易区降税安排

2002年11月4日，中国与东盟签署了《中国—东盟全面经济合作框架协议》，决定在2010年建成中国—东盟自由贸易区（以下简称自贸区），标志着中国—东盟自由贸易区建设进程正式启动。为尽快享受到自贸区带来的好处，中国与东盟制定了“早期收获计划”，决定从2004年1月1日起对500多种产品（主要是《税则》第一章至第八章的农产

品和少量其他章节的产品）实行降税，到2006年1月1日，中国与东盟老成员均对早期收获产品实行零关税，越南等新成员也于2008年12月底实现早期收获产品零关税。

随着2010年1月1日自贸区全面建成，中国自东盟进口产品有93%约7000种产品实行零关税。根据《中国—东盟全面经济合作框架协议》，文莱、印度尼西亚、马来西亚、菲律宾、新加坡和泰国等东盟老六国对中国90%以上约7000种进口产品实行零关税，而越南、老挝、柬埔寨和缅甸这四个东盟新成员在2010年不降税，自2011年起再次进行关税削减，2012年不降税，2013年再进行一次关税削减，2014年不降税，至2015年将关税削减为零。其中越南的降税进程略快于老挝、柬埔寨、缅甸三国。东盟老六国成员及越南的降税模式详见下表。

（一）中国和东盟老成员的降税进程

| 税率 | 中国—东盟自由贸易区优惠税率（不迟于1月1日） | | | |
|---|---|---|---|---|
| | 2008 | 2005 | 2006 | 2007 |
| X≥20% | 20 | 12 | 5 | 0 |
| 15%≤X<20% | 15 | 8 | 5 | 0 |
| 10%≤X<15% | 10 | 8 | 5 | 0 |
| 5%≤X<10% | 5 | 5 | 0 | 0 |
| X≤5% | 保持不变 | | 0 | 0 |

（二）越南的降税进程

| 税率 | 中国—东盟自由贸易区优惠税率（不迟于1月1日） | | | | | | | |
|---|---|---|---|---|---|---|---|---|
| | 2015 | 2005 | 2006 | 2007 | 2008 | 2009 | 2011 | 2013 |
| X≥60% | 60 | 50 | 40 | 30 | 25 | 15 | 10 | 0 |
| 45%≤X<60% | 40 | 35 | 35 | 30 | 25 | 15 | 10 | 0 |
| 35%≤X<45% | 35 | 30 | 30 | 25 | 20 | 15 | 5 | 0 |
| 30%≤X<35% | 30 | 25 | 25 | 20 | 17 | 10 | 5 | 0 |
| 25%≤X<30% | 25 | 20 | 20 | 15 | 15 | 10 | 5 | 0 |
| 20%≤X<25% | 20 | 20 | 15 | 15 | 15 | 10 | 0～5 | 0 |
| 15%≤X<20% | 15 | 15 | 10 | 10 | 10 | 5 | 0～5 | 0 |
| 10%≤X<15% | 10 | 10 | 10 | 10 | 8 | 5 | 0～5 | 0 |
| 7%≤X<10% | 7 | 7 | 7 | 7 | 5 | 5 | 0～5 | 0 |
| 5%≤X<7% | 5 | 5 | 5 | 5 | 5 | 5 | 0～5 | 0 |
| X≤5% | 保持不变 | | | | | | | 0 |

## 二、自贸区建成对广西边贸的影响分析

由于广西与越南接壤，广西边贸主要是对越南的贸易，因此，自贸区建成对广西边贸的影响，主要也是越南的降税进程及有关的经济政策对广西边贸的影响。由于越南是东盟的新成员，其降税进程与东盟老成员的进程不同，因此，自贸区建成对广西边贸的影响，可分为近期和远期的影响。

（一）近期的影响

总体而言，自2010年1月1日起正式建成的自贸区近期对广西边贸没有产生实质性的影响。主要有两个原因：

1. 广西边贸已提前享受了自贸区带来的好处。根据中国与东盟制定的“早期收获计划”，从2004年1月1日起对500多种产品实行降税。到2006年1月1日，中国与东盟老成员均对早期收获产品实行零关税。越南等新成员也于2008年12月底实行早期收获产品的零关税。为此，越南于2008年底颁布2009～2011年中国—东盟自由贸易区特别优惠进口税率，从2009年1月1日起降低从中国进口的部分商品特别优惠进口税率。其中农产品进口税率由5%降至0%，纺织品从20%降至15%，机电设备

从17%降至10%等。

在此政策的影响下，即使在全球发生金融危机的形势下，广西受惠产品边贸出口仍大幅增长，经营成本大幅降低。根据广西商务厅统计，2009年1～11月广西边贸出口红瓜子、柑橘、洋葱、绿豆、黄大豆等农产品分别为0.29亿美元、0.64亿美元、0.26亿美元、0.25亿美元和0.14亿美元，同比分别增长269.2%、59.55%、54.1%、50.3%和63.7%；边贸出口棉袜、女士棉制上衣、化纤背心、毛巾织物及连衣裙等纺织品分别为0.68亿美元、0.68亿美元、0.47亿美元、0.42亿美元和0.30亿美元，同比分别增长385.5%、167.6%、1452.3%、113.2%和164.7%；边贸出口厨房电器、彩电接收机及摩托车配件等机电产品分别为0.14亿美元、0.59亿美元和0.18亿美元，同比分别增长5582.7%、652.7%和650.9%。

2009年1～11月广西边贸农产品、纺织品及机电产品分别出口3.9亿美元、8.1亿美元和4.8亿美元，根据越南上述降税幅度推算，仅2009年1～11月，广西边贸农产品、纺织品及机电产品分别享受0.20亿美元、0.41亿美元和0.34亿美元的关税优惠，直接为广西边贸企业节约经营成本0.95亿美元，边贸企业的盈利能力大大增强。

2. 越南2010年无降税安排。根据《中国—东盟全面经济合作框架协议》，到2010年1月1日，文莱、印度尼西亚、马来西亚、菲律宾、新加坡和泰国等东盟老六国对中国90%以上约7000种进口产品实行零关税，而越南、老挝、柬埔寨和缅甸这四个东盟新成员在2010年不降税，自2011年起再次进行关税削减，2012年不降税，2013年再进行一次关税削减，2014年不降税，至2015年将关税削减为零。也就是说，要到2015年，越南才会对中国90%以上约7000种进口产品实行零关税，其降税的进程也是隔年进行。由于越南2010年无降税安排，如果其他条件不变，2010年建成的中国—东盟自由贸易区不会对广西边贸产生实质性的影响。

（二）远期的影响

由于越南要到2015年才会对中国90%以上约7000种进口产品实行零关税，因此，其对广西边贸的影响将是逐步和长期的，既会产生积极的影响，也会产生消极的影响。这些影响将从以下方面有所表现：

1. 随着中越两国间关税的逐渐减免，广西边境贸易进出口将进入一个快速增长期。从中长期来看，越南将按照自贸区降税进程在2011年、2013年和2015年分别安排三次降税，并最终全面实现零关税。届时，除农产品在“早期收获计划”已实现零关税外，广西出口量占比60%以上，且与越南进出口互补性更强的纺织和机电等产品关税也会逐步削减为零。可以预见，如同“早期收获计划”实施后广西受惠产品边贸出口大幅增长的情形相似，越南关税的逐步减让，也会不断降低广西边贸企业的经营成本，提高边贸企业的赢利能力，进而吸引东盟国家及境内其他省份的大量货源借助广西对越南边贸渠道进出口，推动广西边贸进出口大幅快速增长。

2. 中国与东盟经贸合作的加强和边贸的快速增长将带动广西的金融服务业，特别是边贸结算业务的快速发展。中国—东盟自由贸易区启动后，中越双方在经济金融等方面的交流合作将进一步加强，双方将建立更为广泛的业务代理关系，互设更多的金融机构，促进边境地区金融业良性竞争和金融业创新发展，带动当地金融业整体服务质量、效率的提高，为边境贸易主体提供更方便快捷的结算服务，进而加速边境贸易的发展。

3. 部分边贸可能会向一般贸易转移。零关税时代开启后，中国与文莱、印度尼西亚、马来西亚、菲律宾、新加坡和泰国等东盟老六国的90%以上约7000种商品双方实行零关税，越南、老挝、柬埔寨和缅甸这四个东盟新成员则享受五年过渡期，即在2015年起才将进口关税降为零。广西边贸的对象仅有越南，且广西边贸多为代理，其中占出口总量60%的纺织品和日用品货源来自广东、浙江及江苏等省份，只有占30%的农副产品直接来自本地农户，在越南暂不实行零关税的情况下，原先借助广西边贸优势出口越南的广东、浙江及江苏省等外地货源对广西边贸代理出口的依赖性会大大降低，可能避开广西边贸而转向一般贸易渠道直接出口到东盟老六国成员，以获取自贸区的零关税优惠，进而导致广西边贸出口下降。同时，东盟老六国优势产品更有条件进入广西，广西的优势产业将会遇到新的对手，广西边贸将进入“多面作战”时期。

4. 边贸政策优势可能会逐渐丧失。2010年自贸区零关税时代开启后，相比自贸区，广西边贸现有的政策优势逐渐丧失，劣势突显。劣势主要体现在：一是跨境贸易人民币结算试点获批后，试点企业与越南等东盟十国的一般贸易都能用人民币结算，边贸结算币种优势削弱；二是东盟老成员实行零关税，与东盟老成员的一般贸易关税优惠大大提升，边贸出口奖励优势变得微不足道；三是跨境贸易人民币结算能获得出口退税奖励，而即使边贸人民币结算允许出口退税，但由于边贸多为代理出口，难以完全满足税务部门出口退税需提供增值税发票等单证要求，边贸的增值税劣势凸现。随着边贸政策优势的减弱和消失，广西边贸将受到较大冲击。边贸与自贸区优惠政策对比情况详见下表。

| 项目 | 边贸优惠政策 | 自贸区优惠政策 |
|---|---|---|
| 进出口报关 | 边民互市不需报关，边境小额贸易仍需办理报关手续。 | 都要履行货物报关手续。 |
| 结算币种 | 除可自由兑换货币外，人民币与越南盾也可用于贸易和服务结算。 | 可自由兑换货币（广东、上海人民币结算已获批，广西、云南等地跨境贸易人民币结算也已申报待批）。 |
| 关税优惠 | 边境小额贸易进口税收减半征收被取消，互市进口免税额度由每人每天3000元提高到8000元。另外，同样可享受自贸区关税优惠。 | 享受自贸区关税优惠。 |
| 增值税优惠 | 以自由兑换货币结算可办理出口退税。 | 享受国家出口退税优惠。 |
| 出口奖励 | 2009年5月1日开始奖励0.04元人民币/美元出口（凭祥为0.045元人民币/美元）。 | 0.03元人民币/美元出口。 |

## 三、相关建议

（一）尽快实施边境贸易人民币结算出口退税

目前广西边贸出口企业过于依赖出口奖励等政府短期优惠政策，一旦政策优惠程度减少或停止，将对广西边贸出口造成较大影响，因此应尽快实施边贸人民币结算出口退税，调动那些能满足出口退税的边贸企业的出口积极性，推动广西边贸的长足发展，使国家出口退税的政策也能惠及广西边贸企业。

（二）加快产业调整，提高产品竞争力

广西应加大资金投入，加强自主创新，提高产品的技术含量和附加值，调整改良农产品品种，减少与东盟国家的同质产品，发展与东盟国家互补的产业，不断提升广西边贸产品在东盟国家的竞争力。

（三）加强金融人才队伍建设，进一步完善银行结算服务

各边贸结算银行应完善金融人才流动、激励机制，注重引进、培养金融人才，全方位造就高质量的人才队伍。同时积极创新，完善边贸结算业务，简化流程手续，提升服务手段，加强银行自身竞争力，为中越边贸客商提供更方便快捷的银行结算业务。

（四）清理边贸收费项目，稳定边贸出口奖励

响应《国务院关于促进边境地区经济贸易发展问题的批复》（国函〔2008〕92号）的政策，将边境小额贸易转移支付用于促进边小企业能力建设方面，同时规范和清理涉及边境贸易企业的行政事业性收费项目，取消不合法、不合理的收费项目，减轻边贸企业负担。同时，积极支持地方政府的边贸奖励政策，并在较长时间内保持相对稳定。

（五）充分利用边境地区保税监管区域区位、政策及功能优势，推动边贸快速健康发展

加快中越跨境经济合作区、凭祥综合保税区及钦州保税港区的开发建设和招商引资，早日借助凭祥和钦州等边境城市的区位优势和保税监管区域的保税、免税及退税等政策和功能优势，推动广西边境贸易的快速发展。

（来源：苏意君.《区域金融研究》. 2010年第2期）

# 行 业 篇

## 东盟重点市场分析

### 东盟汽车工业市场前景看好

目前，美国、欧洲和日本等汽车传统市场已近乎饱和，而东南亚国家汽车拥有量较少、制造成本较低，成为经济前景看好的新兴市场。

随着中国—东盟自由贸易区的建立，一向壁垒森严的东盟汽车进出口工业，也开始进入新的发展时期。2009年，东盟十国汽车总销量约190万辆，其中商用车占1/3。泰国、印度尼西亚、马来西亚等国家2010年一季度的汽车销量增幅很大，其中最先受益的是泰国等东盟内部的汽车生产大国。2010年，泰国汽车总产量有望比2008年增长20%，达到120万辆。其中，泰国国内汽车销量有望比2009年增长约9%，达到60万辆；汽车出口量有望增长8%～12%，达到57.5万～59.5万辆。印尼汽车工业协会（Gakindo）预测，2010年印尼汽车产量将突破70万辆，同比增长50.6%，其中出口10万辆。

东盟汽车业良好发展前景得益于东盟汽车工业的自身优势，主要表现为：东盟已奠定了汽车制造业基础，拥有一支水平较高的技术队伍；世界主要厂商在东盟设有装配厂，并已初具规模；劳工充足，工资低廉；地价便宜；汽车销售市场前景广阔等。东盟汽车工业主要集中在马来西亚、印度尼西亚、菲律宾、泰国四国。

**一、马来西亚汽车零件业前景亮丽**

东盟市场开放后，马来西亚将变成不同品牌汽车在本区域私家车的制造中心，汽车零件业前景会一片亮丽。马来西亚国内汽车零件供应商正充满信心，期待着东盟汽车市场的开放。中国—东盟自由贸易区落实后，作为东盟最大私家车市场的马来西亚无疑将是本区域最理想的私家车制造中心，而印尼、泰国将会成为多用途汽车与小型卡车的制造中心。日本的丰田、韩国的起亚及现代纷纷把生产线设在马来西亚，充分显示了其未来的发展趋势，也为零件制造业带来更多商机。东盟开放后，马来西亚国产车的销量也许会受到一些冲击，但更大的零件供应市场足以抵消这方面的冲击。这些零件供应商除了供应国产车之外，也供应零件给欧美与日本等设在本地区的制造厂。

起步较早的马来西亚汽车零件制造业无论在价格或品质方面都稍占有优势。虽然人力成本难以与泰国竞争，但人力成本实际只占零件成本的7%左右，许多泰国汽车零件公司高薪聘请了不少日本和美国的高层管理人，加重了人力成本的负担。马来西亚汽车零件生产成本较低，主要是业者采用中国台湾及中国内地的机械，价格只是欧美或日本产品的一半。在泰国设厂的欧美及日本汽车公司，机械都从本国引进，间接提高了生产成本。根据以日本制造成本指数为基准的调查显示，马来西亚零件整体上制造成本要比泰国更具竞争力。一些马来西亚国产车零件供应商已小规模供应一些零件给泰国的汽车制造厂，市场正在迅速扩大中。

**二、经济前景及相关政策促使菲律宾汽车提高销售量**

菲律宾的汽车产业政策相对比较开放，日本、美国的一些汽车生产企业在菲律宾均有投资，但菲律宾汽车产业无论从资源还是技术方面都很薄弱，80%的原材料和配件依靠进口，然后组装成整车，产品缺乏自主研发能力。目前菲律宾市场上有机动车450万辆，且以4.4%的速度在增长，年平均销售3.1万辆小轿车、1.3万辆客车、1万多辆货车、4万多辆吉普尼（城市载客工具）。受全球经济危机影响，2009年上半年菲律宾汽车销售量为59910辆，比2008年同期下降了2.8%，日系车丰田、三菱和本田继续占据菲律宾汽车市场的最大份额。菲律宾汽车制造商协会此前预计，2009年菲律宾汽车销售总量将由2008年的12.4万辆增长至13万辆。

近年来，菲律宾的汽车工业已经逐渐走出1997年亚洲金融危机以来的低谷期。随着亚洲国家间贸易壁垒的消失以及菲律宾国内关于汽车出口信贷优惠措施的出台，菲律宾汽车工业市场发展比较迅速。对于经济前景的良好预期以及由于国产税务法的实施使其需求规范化，都将促进菲律宾汽车销售量的提高。此外，现行的有关限制二手车进口保护菲律宾国内汽车制造业的法律措施是推动销售量提升的另一个因素。通过二手车进口禁令，菲律宾政府希望随着国内需求量的复苏和扩展为国内的汽车产量提供恢复的机会。菲律宾政府的目标是：到2010年，国内销量提高到20万辆，出口量为5万辆。另外，即使达不到像泰国或印度尼西亚那样规模的产量，也要想方设法成为一个独具特色的轿车工业。同时，汽车零件是继电子业和纺织品之后，菲律宾创汇最大的行业。菲汽车零件制造商公会此前预期2009年出口将增长9%，主要原因是生产量增加。菲律宾丰田汽车零件公司也预期2009年出口收入达4.2亿美元，比2008年同期增长10%。丰田汽车2008年的出口收入占该行业总收入的27%。菲律宾的汽车零件业规模比较小，只有256家生产厂家。

### 三、印尼汽车市场容量大

目前印尼汽车市场主要由日本厂商控制，日本汽车厂商在印尼建立了一些独资或合资的整车生产组装厂，部分产品已本地化，销售和维修网络完善，良好的售后服务和零配件供应已赢得了用户的信任。ASTRA公司和INDOMOBILE公司都与日本汽车企业合资生产，建立了比较齐全的销售网络，其产品的销售价格、油耗、运行等方面都占有不同的优势，在本地非常畅销。印尼汽车工业主要集中在小轿车生产组装行业，年生产能力约为70万辆，市场上进口的大排量豪华汽车份额不到10%，小排量中低档汽车份额超过90%。目前印尼市场有许多原装进口汽车（如奔驰、宝马、大众、铃木、标志、福特、现代、切诺基等十几种车型）在销售和使用。印尼每年二手车销量在10万辆左右，汽车年出口量为1200～2000辆。印尼有汽车零部件生产厂163家，从业人员8.4万，目前汽车保有量530万辆，平均每40人拥有一辆汽车，汽车市场在印尼有巨大潜力和良好的发展前景。

### 四、泰国可能成为东盟统一市场的汽车出口基地

泰国汽车业曾在1997年亚洲金融危机发生前出现过短暂的辉煌。金融危机对泰国汽车工业造成了严重打击，国内和地区市场需求的急剧减少迫使生产规模萎缩超过40%。经过近几年的发展，泰国汽车市场恢复很快，泰国2002年汽车产量创历史最高纪录。汽车工业目前成为泰国的第三大产业，可以毫不夸张地说，泰国汽车业的发展超乎很多人的想象。有业内人士预测，21世纪前10年，泰国汽车工业将以每年10%～15%的速度增长，预计到2010年，泰国汽车年产量将达到150万辆。

泰国汽车销量持续增长首先得益于泰国经济的加速增长。在这种情况下，消费者对经济前景和收入增加充满信心，加之泰国政府长期实行低利率政策，市场对汽车等耐用消费品的需求稳步增长；其次，泰国政府长期以来一直采取优惠政策吸引世界各大汽车制造商来泰国投资设厂。目前丰田等世界主要汽车制造商已将泰国作为其在亚洲的生产基地。同时，由于中国—东盟自由贸易区的启动，东盟国家之间的关税将大幅降低，泰国作为世界汽车制造商向东南亚地区扩大市场的桥头堡地位也日益突出。泰国政府在这种情况下已提出了建设“东方底特律”的口号。2010年1月1日启动的中国—东盟自由贸易区将使泰国、新加坡、马来西亚、菲律宾、文莱和印度尼西亚对85%的商品实施0%～5%的关税。以目前的生产能力，泰国很有可能成为未来东盟统一市场的汽车出口基地。

（来源：印尼资讯网. http://www.indost.com.cn/newslist.aspx?id=1296&page=1.2009—10—14）

## 东盟五金市场发展潜力巨大

东盟是个拥有近6亿消费者的市场。为吸引投资，加快发展，东盟各国正加大其在油气开采、加工、运输、发电及港口等基础设施建设，而东盟各国的基础设施建设以及庞大的市场都离不开五金机电物资，其进口的大部分五金产品来自中国。作为中国—东盟自由贸易区建设的重要内容，中国—东盟自由贸易区《投资协定》的实施为双边五金企业创造了更加便利、自由、公平的投资环境。与此同

时，中国五金企业可利用中国—东盟自贸区的优惠政策，到东盟设厂，通过东盟转出口到与东盟实施“零关税”的国家，如日本、韩国等。

## 一、物美价廉的中国五金产品占据市场优势

据预测，未来10年，仅基础设施建设领域，东盟就将投资1500亿美元。而东盟国家大多数都是农业国，工业基础薄弱，五金生产能力极为有限，产品大部分来自中国，产品价格也比中国市场高出许多。同样，现在市场上与中国五金产品具有相近性能的发达国家五金产品的价格也高出中国五金产品两三倍。相比之下，物美价廉的中国五金产品在东盟国家占据了相当大的市场优势。

## 二、东盟是产业梯度转移的好场所

东盟各国拥有丰富的原油、木材、煤矿等原材料资源，但由于经济和工业发展的原因，其利用率还停留在初级阶段。同时，东盟各国劳动力资源普遍比较充裕，各国均面临严峻的就业形势，劳动密集型产业前去投资无疑会得到当地政府的欢迎。

从中国五金行业的发展历史来看，无论是五金企业还是五金市场的发展，都解决了中国很大部分劳动力的就业问题。东盟各国的人力资源成本也相对低廉，对于劳动密集型产业的五金行业来说，东盟将是产业梯度转移和开拓国际市场的重要场所。

## 三、五金机电闯东盟市场渐入佳境

2005年7月1日，《中国—东盟自由贸易区货物贸易协议》正式实施。中国与东盟各国之间将有包括五金机电产品在内的7000种商品开始削减关税。2010年1月1日，中国—东盟自由贸易区建成启动，中国与东盟双方相互开放市场。中国对外贸易的平均关税9.8%，而对东盟平均关税则降至0.1%，93%自东盟进口的产品实现零关税，东盟也将对中国90%以上的进口产品实行零关税。中国和东盟都是世界上重要的机电产品生产基地，双方的机电产业在参与全球生产体系的竞争中形成了相互匹配的生产链条。东盟各国从中国进口大量的机电产品，但也向中国出口大量机电产品零部件，这些零部件有不少进入中国经组装后又出口到欧盟、东盟、美国、日本等市场。降税计划的实施将更有利于区域间的分工合作，也使得中国的机电产品更具有竞争优势。

目前，中国一些传统的机电产品质优价廉，对东盟国家有出口优势，随着正常降税进程的启动，这种出口优势对东盟新成员国的表现将更为明显。很多广西的五金企业也大举进军东盟市场。近年来，广西对东盟的贸易中，五金机电产品占了绝对的主角。而广西南宁因位于中国出口东盟的“必经之路”，也逐渐成为全国五金机电产品流通的重要枢纽，五金机电市场越做越大。仅南宁物资机电市场的年成交额就达100多亿元。

目前，中国的五金机电产品电子商务几乎为零。随着经济一体化的进一步发展，五金机电产品电子商务已成为未来发展的主流。中国与东盟各国机电产品大范围降税将发生在2009年，整体降幅约为3%。对国内的机电企业而言，目前，应重点关注马来西亚和泰国两国逐步开放市场带来的诸多变化，尽早做好准备，把握好全面开拓东盟市场的有利商机。

## 四、东盟市场成中国五金企业重点争夺之地

中国—东盟自由贸易区“零关税”时代的到来，广东、浙江、云南三省的五金行业受益最大。

截至2009年11月，广东与东盟的进出口额达到559.6亿美元，占中国东盟贸易总额的三成以上，出口则实现了6.2%的增长。目前，广东累计在东盟设立企业168家，格力、华为、中兴、粤电、美的、TCL相继走进东盟。东盟已经成为继中国香港地区、美国、欧盟之后，广东的第四大贸易伙伴。广东凭借与东盟地区经贸合作密切、交通往来便利、资金技术雄厚、人缘商缘相通四大优势，在未来与东盟的合作中将获得更大的商机和广阔的市场。随着关税的大幅度下降，前期维持较高税率的家电、机械、钢铁等产品将成为直接受益者，而广东是家电生产大省，也是钢铁、机械需求大省，自贸区优惠政策对广东来说将是难得的良机。

东盟是浙江省嘉兴市海盐县最重要的出口地之一。2009年海盐共有117家企业对东盟有出口实绩，其中上半年对10个成员国的出口额就达到1953.77万美元，同比增长57.7%，高于全县平均增幅29.1个百分点。海盐县外经贸局的统计数据显示，2009年前11个月海盐对东盟的出口总额已经达到3665万美元。中国—东盟自由贸易区的启动将会使海盐外贸企业受益增加。其实，金融危机爆发后，海盐不少企业就已经把目光瞄准了东盟市场，而“零关税”时代的到来进一步加大了企业转攻东盟市场的步伐。在五金紧固件出口目的地中，东盟明显上升。2010年1～3月浙江省温州市对东盟出口紧固件516吨，增长156.2%，占同期温州紧固

件出口总量的17.5%，东盟跃升为温州市紧固件第一大出口市场。

另据云南省昆明海关统计，2009年1～10月，云南省机电产品出口创汇额达22962万美元，同比增长27.2%。其中对缅甸、越南、老挝三国机电产品的出口总额占整个机电产品出口总额的60%左右。五金机电产品成为拉动该省对外贸易增长的亮点。在“走出去”的进程中，云南省五金机电商会成为一支重要力量，其凭借云南与东盟国家地缘桥头堡的优势，努力贯彻“走出去”的战略，先后多次组织会员到泰国、缅甸、越南、老挝进行贸易交流及参展活动，带领会员单位抱团打开东亚和南亚两个近26亿人口的大市场，让中国名优机电产品走出国门。

（来源：综合整理自中国—东盟五金机电网、中国—东盟商务理事会）

## 中国—东盟电力走廊建设和电力产业合作亟待加速推进

随着中国与东盟各国合作的日益深化，双方经贸合作领域越来越广，特别是电力贸易与合作份额不断扩大。为保障双方的能源安全，促进区域经济社会发展，应积极加快推进电力走廊建设和电力产业合作。

### 一、电力走廊建设条件已经成熟

当前全球资源约束不断加剧，能源安全形势复杂多变，加强能源合作已成为共识，目前开工建设的中缅油气管道项目可实现中缅互利共赢。新形势下，电力等能源产业的合作有利于缓解部分东盟国家的电力供需矛盾，带动相关产业不断壮大，加快次区域经济发展。

目前中国与次区域国家已经开展了广泛的电力合作，且成效显著。

一是电力合作机制初步形成。中国与次区域国家先后成立了电力论坛和电力联网与贸易专家组，签署了《政府间电力联网与贸易协定》及第一阶段实施原则谅解备忘录，完成了《电力贸易路线图》，形成较为完善的电力合作机制。

二是电源电网建设合作稳步推进。目前，中国企业与缅方合作已建成装机28万千瓦的邦朗电站，在建装机60万千瓦的瑞丽江一级水电站；与柬埔寨合作建设的松博、柴阿润（规划装机共326万千瓦）水电项目，占柬全国水电装机总容量的63.3%；云南电网已建成4回110千伏、3回220千伏对越南送电通道；中越500千伏联网项目和与泰老缅等国的电力通道建设也在积极推进中。

三是电力贸易已快速展开。如云电送越，到2009年11月底，已累计送电105.34亿千瓦时。

中国—东盟电力走廊建设和电力产业合作已具备坚实基础。

第一，突出的区位优势为双边、多边电力合作提供了有利的空间资源。

第二，中国与东盟已建立了战略伙伴关系，政治互信明显增强，中国—东盟自由贸易区、大湄公河次区域合作等取得重大进展。

第三，次区域水能资源理论蕴藏量达29562万千瓦，经济可开发量21915万千瓦；煤炭资源及太阳能、风能、地热能和生物质能等新能源也相当丰富。

第四，中国和东盟各国经济持续快速发展，社会用电量逐年增加。越老缅泰柬五国现有电力装机容量1985万千瓦，到2018年五国电力缺口将达5268万千瓦。

由于东盟电力投资竞争激烈、水资源开发利用与保护面临新形势、金融危机席卷全球导致电力发展不确定性因素增多等方面原因，电力企业将面临一些困难，但加强区域合作仍是世界经济发展的大趋势，推动中国—东盟电力走廊建设和电力产业合作前景非常广阔。

### 二、四条电力走廊亟待加强建设

当前要加强四条电力走廊的建设：

（一）文山—越南走廊。目前已建成110千伏、220千伏文山—越南“云电送越”通道，但从文山建设电网连接越南电网，将进一步加大红河—文山段电网的电力负荷。要依托现有电网，在文山大力发展冶金、建材、林纸、生物制药和农特食品加工等产业，在越南河江省、富寿省和宣光省大力发展冶金、建材、化工、林纸等产业，并积极融入泛珠江三角洲经济区和泛北部湾经济圈。从红河—越南走廊看，近期在已建成红河（河口）至越南送电通道的基础上，下一步要由红河通宝新建2回500千伏线路至越南朔山变电站，远期力争实现与越南500千伏联网送电。在走廊沿线开发建设一批中小水电站，在越南红河平原推动建设一批大中型火电站，形成水火互补的电力开发格局。在走廊红河段布局一批冶金、机械、化工、生物资源加工等产业，在走廊越南段大力发展机械、造船、纺织、化工、制糖、卷烟、电力设备制造等产业。

（二）西双版纳—老挝—泰国走廊。在已建成1回35千伏对老挝送电通道基础上，新建1回110千伏勐腊至老挝南琅塔变电站线路；中远期力争建成云南—泰国500千伏送电通道。加快推进云南小湾、糯扎渡、橄榄坝和老挝南俄3、南俄5、南吞河1、色贡4等水电站建设，合作开发泰老边境湄公河水电资源。同时，结合工业园区建设，在国内普洱和西双版纳以及老挝北部、泰国清迈、泰老边境等地布局和发展一批以当地资源和市场为依托的工业企业。

（三）滇西（德宏、怒江、保山）—缅甸走廊。要依托瑞丽江和缅甸恩梅开江、迈立开江、伊洛瓦底江等江河的电力开发，新建2回220千伏缅北瑞丽江变电站至瑞丽、1回220千伏缅甸太平江电站至大盈江变电站电网，向云南回送电力；继续推进500千伏德宏—搏尚—墨江—红河—砚山“西电东送”南通道建设，构建500千伏南外环网，将云南500千伏“日”字型单环网延伸为“田”字型双环网。在德宏潞西和瑞丽、缅甸八莫、腊戌和曼德勒等地建立或完善工业园区，推动发展一批特色产业。建设怒江、保山—缅甸500千伏电网通道，连接缅甸恩梅开江、迈立开江、伊洛瓦底江等江河开发的主要电源点，把电力资源送入国内。与缅甸合资建立密支那工业园，发展矿产品采选、建材、玉石加工、家具制造加工业等行业。

按照计划，力争2010年实现“云电送越”35亿千瓦时，创汇1.6亿美元；到2020年实现云南与东盟国家主干电网联网，区域内电力资源实现优化配置，主要电源项目投产发电，云南与东盟国家电力相互输入和输出，相关产业得到大力发展，有效吸纳电力资源。

### 三、合作须注重实效、双赢

对于中国（云南）—东盟电力走廊建设和电力产业合作，应加强各国政府间沟通与交流，提高合作层次，继续签订电力产业合作框架协议和长期合作协议。要充分发挥商会和企业协会的桥梁纽带作用，大力推动与东盟国家民间交流与合作，形成政府主导，企业、商会、行业协会积极参与的合作机制。

第一，可设立东盟电力开发中介服务机构，开展境外电力投资信息咨询，在缅甸、老挝等重点合作国家设立分支机构。编撰《东盟电力投资指南》，正确引导投资者有序进入东盟国家投资开发电力资源。加大对外合作支持保障力度，在项目融资、环评、设备及施工技术人员出入境等方面给予尽可能多的支持和便利。加强电力企业与中国出口信用保险公司的合作，促其为境外电力项目提供更为完善的保险服务。

第二，应改善投资软环境，鼓励和引导中国国内电力企业与东盟的电力企业相互投资，鼓励和支持中方企业以合作共建、独资、服务外包、技术输出和人才培养、电力设备输出与生产合作以及工程总承包、劳务合作等多种灵活方式参与东盟国家的电力项目建设。大力推进银政、银企合作，支持企业与国内相关金融机构签订战略合作协议，建立项目信贷“绿色通道”。

从长远看，电力合作绝不仅仅是电力通道的合作，还应包括电力发、输、配、送、受等各个环节的合作；电力人才培训、电力设施维护、电站设计、电网建设、生态环境保护、河流治理等方面的合作以及电力与各种资源配置（如开展矿电、磷电合作）的合作。同时，电力也不仅仅是水电和煤电的合作，还包括风能、太阳能、生物质能等方面的合作。除此之外，还要拓宽思路，把石油、天然气、煤炭、电力设备及技术等纳入合作范围，使合作从电力合作向整个能源合作领域拓展，从而建立更大范围、更广领域的能源安全保障体系。

（来源：新华社. http://www.gx.xinhuanet.com/dm/2010—06/11/content_20050688.htm. 2010—06—11）

## 中国—东盟农产品贸易发展前景分析

### 一、东盟各国农产品贸易情况

泰国：泰国是世界上最大的大米出口国之一，在年产量1900万吨中内外销比例接近对半，中国是泰大米出口的主要市场之一；木薯输出位居全球之冠，中国是泰国木薯出口的最大目的地；橡胶名列世界第三，中国是泰国橡胶出口的最大目的地；玉米排名第四；鱼制品出口在亚洲仅次于日本；榴莲、山竹等特色水果的出口继续保持良好势头，目前中国是泰国龙眼、榴莲、山竹等热带水果出口的最大目的地。在泰国的10大出口商品中，农产品占了6个。

柬埔寨：柬埔寨农副产品出口额为1294万美

元。除了越南和泰国，柬埔寨是亚洲另外一个重要的大米出口国。

老挝：与中国的农产品贸易额逐年增加。中国海关的数据显示，2007 年老挝与中国农产品和食品累计进出口总额达 2220 亿美元。其中，老挝向中国出口的玉米累计达 1.61 万吨，占当年中国玉米进口总量的 46%。咖啡也是老挝重要的出口农产品。

马来西亚：世界上最大的棕油及相关制品的生产国和出口国。产量和出口量分别占全球总量的 50%。

缅甸：中国已成为该国主要水果的出口市场，出口价格略低于国际市场。2007 年，中国自目的地进口中，木材占比重最大，占进出口的 51.1%，水产品、蔬菜的进口增长较快，进口增长率分别达到 353%、292%。

菲律宾：菲律宾是世界上最大的大米进口国之一。

越南：世界最大的胡椒粉和腰果出口国，越南历来是一个香料出口大国，黑胡椒是香料出口中最重要的商品，目前越南黑胡椒的出口量已经位于世界第一位。大米和咖啡出口 2006 年排名世界第二。2007 年，越南大米出口金额排名第四。越南大米的出口市场是亚洲和非洲，其中菲律宾是越南大米最大的进口国，占越南大米出口的近一半，其次是马来西亚、南非、日本及印度尼西亚。越南咖啡主要用于出口，出口量约占总产量的 95%。

越南主要出口商品是咖啡、橡胶、胡椒、腰果。中国一直是越南重要的出口市场之一，主要集中在农产品的需求上。越南橡胶、木薯、腰果等产品在中国南方的市场潜力巨大。越南橡胶出口量占总产量的 90%以上，是越南农产品中最重要的出口商品之一。越南同时也是世界出口水产品的十大国家之一。越南是广西最大的贸易伙伴。2007 年中国已成为越南最大的贸易伙伴。

## 二、中国—东盟农产品贸易形势

中国和东盟构建中国—东盟自由贸易区，实施农产品零关税，使中国和东盟的农产品贸易进入了一个新的阶段，给中国—东盟农产品贸易带来了新的机遇。但是，零关税的实施一方面给中国农产品开拓东盟市场带来了机遇，另一方面也增强了东盟农产品的竞争力，让中国的农产品出口面临东盟市场的强大竞争。零关税实施至今，中国与东盟农产品贸易出现了一些新的变化。

（一）中国—东盟农产品贸易额迅速增长

中国—东盟农产品实现零关税以来，中国和东盟农产品的贸易壁垒大大减少，降低了中国农产品的出口成本，中国的农产品可以借助这个平台，扩大对东盟各国的出口规模，有利于中国农产品开拓国际市场。同时，东盟国家的农产品也获得了非常好的出口机遇，对中国市场的出口额出现大幅增长。2006 年中国—东盟农产品零关税全面实施以来，中国—东盟的农产品贸易每年以两位数的速度增长，2007 年突破了 100 亿美元，双方农产品贸易迅速发展。

（二）中国对东盟的农产品贸易逆差不断加大

中国—东盟实施农产品零关税给中国和东盟的农产品贸易带来了巨大的发展机遇，但是，这一政策在促进中国对东盟农产品出口的同时，也促进了东盟向中国出口农产品，且东盟向中国出口农产品的增长速度更快，中国和东盟农产品的贸易逆差不断加大。泰国、越南、马来西亚等国是传统的农业大国，在实现零关税后，面对中国巨大的消费市场，这些传统农业大国进一步扩大了对中国农产品的出口。在中国—东盟农产品贸易中，中国进口额的增长速度明显高于出口额的增长速度，导致原本就一直存在的贸易逆差不断加大。从 2004 年“早期收获”计划启动到 2008 年，中国—东盟的农产品贸易逆差增长了近两倍。

（三）中国对东盟农产品贸易条件改善程度小于东盟

中国和东盟实施农产品零关税后，双边贸易额迅速增长，但是中国的出口增长速度慢于进口增长速度，中国对东盟的农产品贸易逆差不断加大。自 2005 年到 2008 年，中国对东盟的农产品进出口价格基本呈上涨趋势，双边农产品贸易的数量也呈上涨趋势，双边农产品贸易条件都得到改善。从 2005～2008 年的数据来看，中国东盟农产品进口的环比价格指数分别为 103.4、133.1、137.3 和 130.5，明显高于农产品出口的环比价格指数 105.3、105.6、108.9 和 l14.7。进口农产品的价格上涨程度明显高于出口农产品的价格上涨程度，使得中国对东盟出口农产品的贸易条件改善程度小于东盟，这也是近年来中国和东盟农产品贸易逆差不断扩大的重要原因之一。

## 三、中国—东盟农产品贸易的发展前景

（一）中国—东盟农产品贸易发展空间巨大

自 2000 年开始，中国农产品出口贸易已经实现 7 年快速增长，到 2006 年，中国出口农产品总额达到 310.3 亿美元。中国第一大出口市场是日本，其

余依次为欧盟、美国、东盟，出口主要集中于具有竞争优势的水产品、蔬菜、水果、肉类制品和加工品。中国是亚洲最大的农产品出口国，而东盟十国作为一个整体，出口规模则远远超过中国。泰国、马来西亚、印尼是东盟3个最大的农产品出口国。1996年中国与东盟农产品双边贸易额达22.87亿美元，2003年达到70.4亿美元，2007年增加到85.15亿美元。

虽然农产品贸易额双边增长速度较快，但在各自的农产品对外贸易额中占比重不大，双方均不超过10%，仍有较大的发展空间。

（二）宽松的外部环境是中国与东盟农产品贸易发展的保证

2001年11月，中国与东盟签署了有关农业中长期合作的《农业合作谅解备忘录》，双方开始逐步废除以农产品为主的600项产品的关税，并在2006年完成。同时，《中国—东盟全面经济合作框架协议》条款中，还专门针对东盟新成员国越南、柬埔寨、老挝、菲律宾、缅甸制定了“早期收获”计划，将鲜活动物、肉类、乳制品、活树木、食用蔬菜、水果等产品列入提前实现贸易自由化的产品种类。中国还分别同新加坡、马来西亚、越南、老挝、菲律宾、文莱六国签署了《相互投资保护协议》，2003年6月18日，中泰两国又签署了200多种果蔬农产品进出口零关税的协议。

中国—东盟自由贸易区《货物贸易协议》自2005年7月实施以来，中国与东盟的贸易进出两旺，降税对双边贸易的促进作用日益凸显。自2007年开始，中国与东盟的平均关税水平已由降税前的9.9%降低到6.6%。东盟国家也对中国实施了降税。以关税较高的泰国为例，2005年其平均税率由12.9%削减到10.7%，2007年则进一步降至6.4%。为进一步打开双边贸易增长空间，2009年1月1日，平均关税降到2.4%。2010年中国自东盟进口的产品将有93%实现零关税。

另外，澜沧江—湄公河次区域合作和中国与东盟国家实行的开放政策都为双方农产品贸易发展提供了良好的条件。

（三）中国—东盟农产品存在的互补性和竞争性为双边农产品贸易提供了多样性

中国出口的农产品同东盟国家之间的农产品既存在竞争性又有互补性，竞争中有互补，而互补性中间又逐渐产生出新的竞争。由于东盟国家位于热带和亚热带地区，中国则处于温带和亚热带地区，因此在农产品方面既有相同也有差异。比如中国虽然也生产橡胶，但远远不能满足工业生产需要，必须从泰国、马来西亚、印尼大量进口。中国木材供求存在着很大的缺口，中国的木材产品在日本市场同菲律宾和印尼虽有竞争，但中国市场份额只有印尼的1/4，不足菲律宾的1/6，中国还向印尼等国大量进口胶合板。中国一方面向日本市场出口家具，市场份额超过泰国家具近1倍，另一方面，中国也大量进口泰国木制家具。

中国虽然是世界第一大粮食生产国，但也大量进口泰国的大米和玉米。至于像棕榈油、椰油、可可这样的东南亚特产，进口有增无减。

双方农产品贸易的竞争性为同质产品产业内贸易提供可能，而双方的互补性又可大力发展差异性产品的产业内贸易。

（四）云南、广西成为与东盟农产品贸易发展的前沿阵地

地处中国西南边陲的云南省有着4000余公里的边境线，与缅甸、老挝、越南接壤，在农产品贸易领域有得天独厚的地缘优势。云南是连接中国和东南亚两个潜力巨大的市场结合部，18亿人口的消费市场使双方农业存在着巨大的依存性。云南是一个农业大省，农业在国民经济中占有突出地位，全省人口的74%分布在农村，工业原料70%以上来自农业。就云南市场而言，对东盟国家的粮食、天然橡胶、棕榈油、椰油、海水产品、热带水果、木材等产品需求巨大。而东盟国家对云南的优质无公害蔬菜、温带特色水果以及肉牛为主的畜禽等产品需求旺盛，对云南省的农机具产品、饲料、化肥、农药、稻种、果苗等农资产品的需求较大。

云南省作为中国距离泰国最近的地方，滇泰之间的贸易往来成为中泰两国经济合作的先驱，泰国出口到云南的水果、农副产品增幅很大，云南出口到泰国的农产品也大幅增长。

云南与缅甸接壤，是缅甸在中国的第一大贸易市场，缅甸也是云南省的第一大贸易伙伴。据专家预计，未来东盟国家粮食出口总量将达到2000万吨以上，大米生产和出口呈上升趋势，高、中、低档次产品都具有较强的竞争力，可以成为中国今后粮食进口的一个重要来源。

东盟是广西的最大贸易伙伴，其中越南是广西的最大贸易伙伴。2007年广西与东盟双边贸易额达29.1亿美元。农产品贸易是双方贸易的一大组成部分。

（来源：综合整理自黑龙江科技信息网、《时代经贸》2009年第10期）

# 中国纺织业进军东盟利弊分析

第41届东南亚国家联盟（东盟）经济部长系列会议于2009年8月16日在泰国曼谷闭幕，中国—东盟自由贸易区《投资协议》的签署是本次会议的重要成果之一。按照中国与东盟协议，自2010年1月1日起，双方将相互开放市场，双方超过90%的产品（约有7000种）贸易关税将降为零，实现货物贸易自由化。这对于严重依赖欧美市场、出口严重疲弱的中国纺织服装业来说无疑是雪中送炭。

当前，中国对外投资正处于起步阶段，纺织行业是实施“走出去”战略的优势产业，而东盟将是中国实施这一战略的重点地区。与东盟国家相比，中国纺织品出口优势明显。虽然东盟部分国家将一些纺织产品列为敏感产品进行保护，但敏感产品的数量毕竟有限，而且敏感产品也将逐步降税。当正常降税进程启动后，中国纺织企业开拓东盟市场将面临新的机遇。

## 一、中国纺织品走进东盟市场的优势

东盟国家人口基数大、增长快，对纺织品有很大需求量，自有生产明显不足，所需纺织品90%依靠进口。由于其技术条件的差异，对经过一定加工、技术含量高的纺织品，例如布料、辅料、服装的需求量更大。随着中国—东盟自由贸易区建设步伐的不断加快，一系列优惠政策会陆续出台，商机之大不言而喻。

中国与东盟各国的经贸关系发展良好，为中国纺织企业“走出去”创造了优越的国际氛围。加上当地基础设施的完善、华人基础以及丰富的劳动力和自然资源、投资环境基础良好，为中国进军东盟提供了多条宽畅的道路。东盟将会成为继美国、欧盟之后中国纺织品的第三大市场。

其优势体现在以下几点：

（一）出口环境有利

随着《货物贸易协议》的施行，东盟国家的纺织品关税将大幅降低，到2010年基本实现零关税。关税的降低进一步提高中国纺织品的竞争力，扩大对东盟的出口，而且东盟贸易壁垒少，不存在配额、反倾销、特别保障等贸易限制。不像美国、欧盟等市场对中国纺织品频频设限，贸易摩擦剧烈。相比之下其具有更低的市场准入且贸易摩擦小。此外，自由贸易区的建成对于推动跨境贸易人民币结算具有重要意义，将大大加快跨境贸易人民币结算试点的步伐，最终有利于中国纺织企业规避汇率风险，降低经营成本。

（二）投资环境不断优化

大部分东盟国家都实行自由经济政策，各国都采取各种措施，加大引资力度，放宽外资准入，加强投资促进工作，不断优化投资环境。老挝、缅甸、越南、柬埔寨等国由于纺织业落后，因此都颁布政策吸引外来投资，在地租、费用、税收上都给予相应的优惠。柬埔寨免征投资纺织生产企业的生产设备、建筑材料和原材料等的进口关税，纺织企业投资可享受3～8年的免税期，免税期后按税法缴纳20%的所得税，如利润再投资，免征所得税，分配红利不征税，产品出口免征所得税、增值税。柬埔寨无外汇管制，外汇法对任何外汇经营都不设限，包括转账和国际结算。美元可以在柬埔寨国内自由流通，并可以自由汇入汇出。劳资双方合同关系简单，双方均可以自主选择解除合约。

（三）利用转口规避贸易限制

取道东盟，在当地完成加工，然后转口到欧美市场，可以有效避开贸易摩擦，降低贸易风险，绕开贸易壁垒，获得稳定的贸易环境，重新获得发展的机会。例如纺织品在老挝加工程度达到40%，就可享受零关税或低关税出口欧美和南亚市场，而且没有配额限制。

柬埔寨被美、欧、日等28个国家视为最不发达国家，对包括成衣在内的许多纺织品给予普惠制待遇外还有许多其他优惠政策。尤其是美国，其纺织品出口从未受到过配额的限制。越南与世界各国和地区签署了86项双边贸易协定，46项鼓励和保护投资协定，与美国签有纺织品优惠政策协议。这些进入发达国家市场的优惠政策为中国纺织品在当地转口创造了有利条件，也是吸引中国纺织企业进入柬埔寨市场的首要原因。

中国—东盟自由贸易区的建立，将加快东盟经济的复苏步伐，使其逐渐摆脱金融危机的影响，从而也将带动该地区对纺织产品的消费需求上升，最终则利于中国对东盟纺织出口份额的扩大，利于2010年中国纺织行业更好地落实《纺织工业调整和振兴规划》中实施出口市场多元化的战略方针。

## 二、中国纺织业进军东盟面临的问题

尽管东盟商机巨大，但是在宏观和微观上还存在一些问题，阻碍中国纺织业开拓东盟市场。主要问题在于东盟一些欠发达国家还存在政策不稳定、执行不力、税收体系不够完善等诸多问题。尤其是那些被列为敏感产品的纺织品可能会受到一定的抵制，有些国家还缺乏规范的市场运行机制，政府对市场的调控能力较差，具有一些市场风险。再加上东盟对中国纺织品缺乏深入了解，对中国纺织品质量差的印象仍没有完全改变。这主要是因为过去企业在认识上存在误区，低价竞销、恶性竞争，导致产品质量下降，产品形象和利益受损。

中国纺织品的品牌意识不强，中国纺织企业不重视品牌的树立，目前在东盟市场上还没有知名的中国品牌，出口东盟的纺织品80%是贴上当地的牌子来销售；中国国内的纺织企业不懂得利用品牌效应，不重视提高纺织品的技术含量，增加附加值，依然倾向于走低价、量大的老路。

同时，中国国内熟悉东盟市场、精通外贸业务的人才缺少，尤其是懂当地语言又懂经营管理的复合型人才更稀缺。中国企业对当地人往往不信任，不愿使用和培养当地人才，人才匮乏已经成为制约大多数纺织企业“走出去”的首要难题。如青岛纺织、德棉等已经“走出去”的企业明显感觉后续人才不足，无法满足扩大投资的需要。正在考虑走出去的樱花、绮丽、即发等公司也表示，由于缺乏国际化的专业人才，它们不敢轻易迈出国门。

中国政府对于鼓励开拓东盟纺织市场的相关法律法规滞后，特别是对纺织企业开展境外加工的规定以及对中小企业获取贷款支持和海外信用担保方面的政策还不完善，对东盟纺织市场相关信息、政策的收集和发布不力，这些问题都成为中国纺织业进军东盟的障碍。

（来源：慧聪纺织网. http://info. textile. hc360. com/2009/08/24083080410. shtml. 2009—08—24）

## 中国化工企业与东盟市场互动趋热

2010年1月1日，中国—东盟自由贸易区全面启动。按照《中国一东盟全面经济合作框架协议货物贸易协议》的规定，目前由东盟国家进口的动物、植物产品全部实现零关税。农用化工、油脂化工、磷化工、橡胶制品、塑料制品和矿产品中的大部分产品要实现零关税或有不同程度的关税优惠。除敏感产品之外，其他出口到东盟的化工类产品都能享受到优惠关税。中国—东盟自贸区给化工产业带来的影响开始凸显。

据了解，东盟所拥有的矿产品、塑料原料、橡胶原料、化学原料、棕榈油等资源正是中国所需要的。而中国大量物美价廉的纺织化纤等产品，又被许多东盟国家消费者所青睐。在中国—东盟自由贸易区建设的进程中，化工产品的进出口越来越活跃。据海关总署统计，近五年来化工产品已成为中国与东盟各国之间贸易往来的重要货物。从广西口岸来看，年均贸易总额占双方货物贸易往来的三成左右。目前中国主要从东盟进口初级形状的塑料、原油、成品油、天然橡胶等化工产品，而东盟国家从中国进口的化工商品主要是化肥、塑料及橡胶制品、农药、乙醇、磷酸、焦炭等。由此可见，中国与东盟化工企业有着广阔的合作前景。

### 一、优势互补创造市场合作前景

中国—东盟自贸区的成功构建，使东盟各国出口产品的比较优势得到充分体现。在化工原料、农矿产品、能源等方面，东盟与中国相比具有更大的比较优势。马来西亚、新加坡的化工原料，印尼、文莱的油气，越南、新加坡的矿物原料，越南、老挝、缅甸的生物能源原料等方面的比较优势得到充分体现。此外，中国作为拥有13亿人口的大市场，也为东盟产品的出口提供了广阔的市场空间和有利的机遇。

大多数东盟国家是农业国，对化肥的需求量大，但其化肥工业起步较晚，技术水平普遍落后，生产成本较高，产能不足，需要大量从国外进口。中国是化肥的生产和出口大国，氮肥和磷肥产能过剩严重。近年来，中国化肥工业稳步发展，产量逐年增加，2009年全国化肥产量超过5800万吨。特别是在目前化肥出口形势严峻的情况下，中国—东盟自贸区为中国化肥出口提供了新的更广阔的市场空间。在东盟一些附加值较高、竞争激烈的复合肥市场都出现了中国化肥企业和产品的身影。从2010年前4个月的出口统计数字看，中国出口复合肥排名前5位的国家，有4个是东盟国家。

虽然许多东盟国家都是农业国，但其化肥工业起步较晚，技术水平普遍落后，需要大量从国外进口。近年来，越南、柬埔寨、老挝等东盟国家从中国进口了大量的化肥、农用机械、农药原材料等产品。以越南为例，越南是东南亚最早从中国进口化肥的国家，该国目前仅能年产100万吨尿素、250万吨复合肥，远未达到其国内用肥需要，每年还需进口尿素150万吨至180万吨、磷酸二铵70万吨、复合肥20万吨。农药的生产原料及各类活性物质的80%依靠进口。

在7000多种实现零关税的商品中，化工产品和与化工密切相关的商品有近2000种，其中塑料产品是实施零关税最多的项目之一。中国与东盟之间在塑料产业上基本处于上下游的阶段，塑料贸易互补性较强。中国自东盟进口的塑料产品多为原料性质的，如初级形状的聚乙烯、聚丙烯和聚苯乙烯等，而中国向东盟出口的主要是塑料制品。2009年中国对东盟出口最多的塑料及其制品为未列名塑料制品。其次为塑料制餐具及厨房用具、塑料的板、片、膜、箔等，还有塑料小雕塑品及其他装饰品、塑料制其他家庭用具及盥洗用具等。以上几种产品出口额共占中国塑料制品出口总额的35.3%。与东盟的贸易关税降为零后，塑料的进出口贸易将更加顺畅。

### 二、中国化工企业看好东盟市场

2010年6月初，第18届中国昆明进出口商品交易会暨第三届南亚国家商品展在昆明开展，据悉，该展会是作为商务部支持的南向开放的重要展会。参展的行业有五矿化工、轻工等行业，参展目的旨在开拓东南亚国家联盟市场。据悉谈判数年之久的中缅油气管道项目正式启动。该项目填补了云南成品油生产空白。由此可见，东盟市场在未来将会有很大的发展空间。

（一）聚氨酯市场

中国聚氨酯下游的纺织、制鞋企业，可以利用规模效应以及零关税带来的出口商或者进口商的低成本，将该效应应用于东盟报价上，有益于提高成交量。

从聚氨酯原料来看，相比之下影响较大的主要集中在聚醚进出口，海关数据显示，2009年7月中国进口东盟国家聚醚总量在1000吨左右，出口量为3300吨左右。而且陶氏位于泰国MapTaPhut的世界级的39万吨/年过氧化氢制环氧丙烷装置将于2010年建成投产，届时，将可能影响到中国国内环氧丙烷及聚醚市场。

（二）橡塑市场

东盟塑料加工企业应不断向前推进以维持和提高效率，从而保证区域和全球的竞争力。在此方向上迈出的第一步就是提高全电式射出成型机的使用比例，2010年该建议被提出。

绿色技术也正在成为东盟塑料市场转变的趋势。太阳能电池板和太阳能热水设备在马来西亚、菲律宾、新加坡和泰国生产，小规模的风力涡轮机也有开辟出该地区新市场的潜力。

对东盟地区不断增长的关注还出现在生物塑料领域。根据美国市场研究集团弗里多尼亚的调查，预计亚太地区将在2013年成为增长动力。虽然大部分的增长份额将来自非东盟国家日本，但是更多的活跃因子正在马来西亚和泰国等国家出现。在当地，跨国公司和政府已经制定了发展生物树脂的战略。

另外，需要注意的是，中国化工企业要出口东盟需要有产地证。从国家有关部门了解到，中国—东盟自由贸易区出口货物原产地证书（简称产地证），是根据《中国—东盟自由贸易区原产地规则》签发的具有法律效力的官方证明文件，由出口成员方的政府机构签发，被称为商品进入东盟的“护照”。凡是出口到东盟国家的产品，只有在获得产地证之后，才可享受减免关税的优惠待遇，以及获得便利的通关条件。也就是说，获得产地证是企业享受优惠关税的先决条件。

（来源：综合整理自中国投资咨询网、中国化工信息网、慧聪化工网）

## 东盟医疗器械市场情况分析

目前，中国与东盟的经贸关系已步入黄金期，中国—东盟自由贸易区进入实质性运作阶段。在中国对东盟的零关税清单中，98%的医药保健品都被列入零关税清单。中国与东盟国家相互开放市场，医疗器械市场也呈现出勃勃商机。

### 一、中国对东盟出口增长迅猛

2005～2009年的5年间，中国与东盟医疗器械双边贸易呈快速增长态势。2009年，中国医疗器械出口总额为122.4亿美元，进口总额为61.0亿美元。其中，对东盟国家出口额为8.0亿美元，占出口总额的6.5%；对东盟国家进口额为2.0亿美元，占进口总额的3.3%。虽然中国医疗器械对东盟国家的进出口仅占中国进出口市场很小的比例，但是，出口的增长幅度是令人瞩目的。近10年，中国医疗器械对东盟出口年平均增幅高达28.1%，高于中国医疗器械出口年均增幅（25.11%）3个百分点，进口额的年均增幅为13.1%。

按产品分析，医用敷料和诊疗设备是中国对东盟出口的两类主要产品，相关出口额占中国医疗器械对东盟出口总额的73%。2009年，中国对东盟的医用敷料出口增长较快，拉动了整体出口额的增长。但是，诊疗设备、一次性耗材和保健康复用品的出口同比有所下降。

## 二、贸易成本有一定程度的降低

在中国对东盟零关税清单中，涉及医药保健品税则号有425个，其中，医疗器械税则号为88个（东盟各国对中国医疗器械产品的进口税率各有不同）。但是，基于医药产品管制的特殊性，在医药行业，零关税政策效应的释放将是一个较为平稳的过程。此外，虽然一些贸易投资便利化措施将有利于降低贸易成本，但根据中国—东盟自由贸易区（以下简称自贸区）相关协议，只有凭借原产地证明才能获得关税减免，这一环节又增加了企业的运营成本。有些企业对东盟的贸易成本总体上约降低了10%。

## 三、国别市场潜力各不相同

据不完全统计，东盟五个主要国家（新加坡、马来西亚、泰国、印尼和菲律宾）的医疗器械进口规模约为40亿美元。其中，新加坡是最大的市场，医疗器械进口规模约18亿美元。但是，近年来，新加坡医疗器械的进口需求呈小幅下降趋势，而且受金融危机影响，2009年其进口需求同比下降了6.26%。因此，新加坡是一个相对成熟的市场，市场竞争格局比较稳定。

在东盟十国中，中国医疗器械在马来西亚市场上所占份额最高，为12%。泰国、印尼和菲律宾市场是未来最具增长潜力的市场。一方面，这三个国家近几年医疗器械进口需求保持稳定增长态势。根据英国贸易问题研究机构（GTA）统计，泰国医疗器械进口市场年均增长率为5%，印尼为21%，菲律宾为12.59%。另一方面，就这三个国家经济发展水平和人口规模而言，它们在东盟十国中处于中上等水平，对医疗保障的需求相对较高，是非常值得关注的市场。而缅甸、柬埔寨、老挝和文莱的市场需求则相对较小，这与他们的经济发展水平及人口规模有关。

近年来，随着东盟国家人口、经济的增长，卫生费用的增加，对医疗器械的需求也呈增长态势。但是，东盟各国医疗器械和医疗设备生产能力有限，大到CT机、X线机，小到轮椅推车、听筒，几乎都依赖进口，因此，东南亚已成为世界医疗器械厂商竞相争夺的一个新兴市场。

## 四、诊疗设备需求最大

根据GTA数据分析，诊疗设备类产品是东盟市场需求量最大的一类产品，这类产品的进口额占东盟医疗器械进口总额的50%以上。尤其是印度尼西亚和菲律宾这两个国家，近年来对中小型设备的需求增长很快。2009年，仅超声波扫描仪，印度尼西亚进口同比就增长了80.33%，菲律宾进口同比则增长了53.79%。

目前，在东盟诊疗设备市场上，还是欧洲、美国、日本的生产商占主导地位，中国企业的市场占比相对较低，竞争优势不是很突出。但是，可以预见，自贸区零关税和各项贸易的便利化政策，加上双边地缘比邻的优势，将会提升中国产品相对于欧美产品的优势。此外，中国国内医疗器械产业的发展、产品技术的提升以及价格上的优势，有利于实现欧美产品替代，尤其是监护仪、B超仪、呼吸机等部分中型医疗设备，有望在东盟市场上获得更大商机。

## 五、医疗器械需求增势不改

近年来，随着东盟国家人口、经济的增长，卫生费用的增加，其对医疗器械需求呈现增长态势，特别是越南等新兴市场对中国医疗器械需求呈现加速增长趋势。在东盟国家医疗器械市场容量相对固定的情况下，中国特定产品的竞争性替代会有所增加。

从近10年医疗器械出口品种变化趋势来看，在某些产品市场已处于相对稳定的情况下，具有比较竞争优势的产品将有大幅增长，如针线导管类；有的则稳定增长，如高科技的小型医疗器械；劳动密集型产业的竞争，如低附加值产品（药棉、纱布类产品），则与东盟国家竞争激烈。

从国家医疗器械产业角度分析，由于东盟国家的医疗器械产业科技投入不足，在相当长的时间内，中国医疗器械对东盟国家的出口会远大于进口，医疗器械进口最多的国家可能限于新加坡。

中国—东盟自由贸易区的政策影响主要是关税水平的降低，但医疗器械属特殊管理商品，医疗器械进入东盟国家市场同样需要注册管理。在自由贸易区的基础上，协商注册、检测、认证的互信，可以降低费用。此外，从行业角度考虑，对新兴市场的产品质量要求应更严格，以维护中国产品的声誉。

东盟国家的医疗器械市场一直是欧、美、日等发达国家和地区企业的主要目标市场，中国医疗器械产品在这一市场的竞争十分激烈。目前，从贸易额上看，美国、日本仍然是东盟的主要贸易伙伴，远远超出东盟与中国的贸易水平。但是，中国对东盟出口的增多，特别是中国具有比较优势的中低档产品，已经成为美国、日本、欧盟等国家和地区在东盟市场上强有力的竞争对手，这有可能引起发达国家的市场干预行为，而东盟国家也有贸易保护主义抬头的倾向。

目前可以得出的预测是：在未来10年内，中国对东盟国家医疗器械进出口仍然可以保持增长趋势，这种趋势将会维持相当长一段时间。具体的特点是：出口增长仍大于进口增长；出口增长速率会有所缓和，特别是一些占比重较大产品的出口已经稳定，增长空间有限，一些具有中国比较优势的中高档小型仪器设备以及医用耗材类产品，呈现稳定增长态势，仍有增长空间。从国家角度分析，传统市场出口增幅可能会趋于稳定，如新加坡，但新兴市场（如越南）则增长迅速；从时间段上分析，前五年增幅会高于后五年增幅，平均年增幅仍可望达到10%以上，之后，在正常情况下，会趋于稳定增长。

（来源：综合整理自《国际商报》《中国医药报》）

# 中医中药在东盟国家的市场及前景分析

## 一、中国与东盟中药贸易快速增长

随着2010年1月中国—东盟自由贸易区的启动，中国与东盟各国间涉及中药类商品的关税大幅降低，推动了中药贸易快速增长。2010年1～3月，中国对东盟中药出口18086吨，同比增长54%，出口金额为9991万美元，同比增长82%；同期中国从东盟中药进口额为1814万美元，同比增长17%。

中国对东盟出口的中药商品是以中药材饮片、保健品和提取物为主。其中，出口金额增长较快的主要是枯茗子、枸杞、樟脑和菊花；而中国从东盟进口额增长较快的为薄荷油、阿拉伯胶、提取的油树脂和燕窝等商品。

中国对东盟中药出口的主要大省分别为广东、山东、江西、湖南和江苏。其中2010年一季度中国对东盟中药出口额增长最快的是山东和湖南，同比增长分别达到3.98倍和1.36倍。私营企业占中国对东盟中药出口额的60%，而且增长较快，同比增长50%左右。

## 二、中医药针对东盟国家的主要出口市场

中药贸易历来是中国与东盟贸易的重要组成部分，中药市场广阔。2010年第一季度，中国中药出口东盟地区的主要国家为马来西亚、越南、新加坡、印度尼西亚和泰国。2010年一季度中国对上述国家的中药产品出口均出现大幅增长，中国与东盟的中医药领域合作呈现加深的态势。

越南：中国中药在越南医药品市场上享有较高声誉。根据统计，近年越南中药市场红火，商家在各地先后开设的大型中药材店铺就有200多家，这些药店销售的药80%以上都是从中国进口的。该公司代理的大部分产品都来自中国知名品牌企业，如北京同仁堂、广药集团、天津天士力、云南白药等。越南本身也拥有丰富的中药资源，但是越南的药材生产不发达，多是简单的加工或整理，所以大部分的中药还得依靠进口。目前，越南从中国进口的中药材主要有当归、生地、黄连、黄芩、黄芪、白术、川芎、白芍、党参三七、桔梗、茯苓、大黄、板蓝根、柴胡、甘草、白芷、枸杞等。而中国主要从越南进口的中药材有鸡血藤、丁公藤、千年健、大海子、广豆根、小环草、黄藤、草果及绞股蓝等。

马来西亚：马来西亚是中草药的重要销售国及中药商品集散地，那里的华裔已逾700万人。该国中药店数千家，较具规模者也有千余家。街头随处可见药材商店的招牌、幌儿。据统计，该国从中国香港地区与中国大陆采购中药及中药制品每年达2000万美元，居东南亚第二，非常规经营渠道贸易也很活跃。2010年一季度马来西亚占中国对东盟地区中药出口的28%，但中药在该国只被华人社会认可，并未得到马来西亚政府医院及私立医院的完全接受。只有少数几家华人经营的私立医院聘请中医师门诊并经营中药，绝大部分传统药物是通过中药店和经销商与消费者见面。中国对马来西亚中药出口主要是其他苷及其盐、醚、酯和其他衍生物（提取物）、未列名主要用做药料的植物及其某部分（中药材及饮片）、樟脑、菊花、中药酒和其他中式成药，其中菊花和中药酒2010年一季度出口额增长较快。

新加坡：新加坡深受中国传统养生保健文化影响，对中药材和中药制品颇为推崇，一直是中国中药材及中成药传统的出口市场之一。新加坡政府鼓励中医药发展，已允许中药作为药品合法进口。另外，新加坡政府决定大力发展生化医疗科学产业，希望该产业能够成为新加坡经济的第四个重要产业。据粗略统计，新加坡每年中医求诊人数达到100万

人次，每天12%的门诊患者选择看中医。新加坡政府2000年通过了传统中医法案，承认中医的合法地位，随后成立中医管理委员会，确立中医师注册制度。近年来，新加坡中药市场稳定，现有中药店千余家，中医医疗机构30多所。2010年一季度新加坡占中国对东盟地区中药出口的12%，新加坡中药的销售方式主要由新加坡中国医药保健品商会所属40多家会员将进口中药批发给五间综合中医院和中药公会500多家的中药店进行销售。许多药店还专门聘请中医师或中医药剂师，指导消费者购买中药。中国对新加坡中药出口主要是桉叶油（提取物）、其他仅含有氧杂原子的杂环化合物（提取物）、未列名人参和其他中式成药。其中2010年一季度中国对新加坡的人参出口额同比增长了10倍多。

泰国：泰国天然药物越来越受欢迎，尤其是治病类、保健类以及美容类中成药。2000年6月30日泰国卫生部公布了《关于批准使用中医方法治疗疾病的规定》，这是泰国第一次承认中药治疗为一种医学，而且泰国政府已允许中药作为药品合法进口。泰国华侨崇圣大学在2004年已经开办中医学院，在泰国最大的综合性大学玛希隆大学也已经开设中医系。据泰国卫生部不完全统计，泰国有60%的人喜欢采用中医药及当地传统医药疗法。

印度尼西亚：印度尼西亚华人多，滋补品消费量大。印尼中药消费群中华人占60%。印尼中药年销售额约960亿印尼盾，约合1103万美元，中国的中成药名牌、老牌产品长盛不衰。此外化学药、生物制品等在印尼也有较大的市场空间。

菲律宾：菲律宾医药制造产业十分薄弱，传统上以从欧美国家进口药品为主，消费能力与高昂医药产品价格之间的矛盾十分尖锐，目前正在寻求新的价格较低、性能能够满足市场需要的进口产品。

除对传统中医药的认可外，中国和东盟各国丰富的药用植物资源也为双方在中医药领域的合作奠定了基础。如印尼至少有超过7000种药用植物，占了亚洲全部药用植物的90%；泰国有疗效的药用植物有1500多种；越南有10650种植物，其中有草药3850种。中国的药用植物资源也非常丰富，但每年也会从东盟各国进口一些中药材。中国与东盟诸国的药材资源可互补，丰富的药用植物资源是中药产品开发的基础，是与发达国家竞争的优势。

### 三、中医中药在东盟国家的发展前景

随着近年来中国国际影响力的增强，中国—东盟自由贸易区的建立以及中国—东盟博览会永久落户广西南宁，中国和东盟各国交流和合作的范围日益扩大。2010年的第七届中国—东盟博览会把医药学的合作与发展确定为未来的合作范围，这就给中医药在东盟的发展带来了新的机遇和挑战。

机遇：

（一）中国—东盟自由贸易区是中医药的大市场

东盟十国的土地面积有450万平方公里，人口约5亿。随着各国经济逐渐恢复，加上中国经济一直保持快速稳定的增长，预计在未来的十年内，中国—东盟自由贸易区的建立将会形成一个人口规模近20亿，总资产超过2万亿美元的庞大市场。这也将是一个中医药的大市场。中国—东盟自由贸易区在2010年建成，如果实施顺利，中国和东盟各国产品在自由贸易区内就可以享受到特惠关税待遇，关税降低后，中国出口东盟的成本随之降低，有利于中国的产品形成价格竞争力。由于东盟国家普遍认可中国的中医药，这样，中国的产品在东盟就有延伸的空间，此外，由于东盟国家的药用植物非常丰富，很多中药的加工和制作都可以在当地完成，这样就更加节省成本和耗费，甚至还可以创造出一些大的品牌进入市场。同时，中国可以充分利用在东盟生产的有利条件，进入更多在中国直接出口可能会面临障碍的其他市场。中国和东盟的医药市场均为国际医药市场的重要组成部分，东盟医药市场则是中国中医药走向世界的台阶，如果中医药能在东盟各国享有知名度和占有市场，将有利于中国实现中医药国际化的目标。

（二）中国独具特色的东西吸引东盟国民的眼球

自古以来，中医药就深受东盟国民的喜爱，但由于地域的限制，他们对中医特别是中药的获取途径往往是通过国家整体的进口。随着自由贸易区的建立，各国的交通和往来限制会相对减小，这就使得中医药的出口途径更加广阔，东盟民众接触到的中医药会更加全面和深入，中国独具特色的东西更加能够吸引他们的目光。由于中草药和中医药均属天然药物，特别受到东盟国家的华人和当地民众的欢迎，尤其是一些高档滋补品和化妆品备受青睐，一些名贵中药材，如人参、西洋参、冬虫夏草等非常走俏。因而在未来中医药的发展中，此类药材将不断增多，存在极大的发展空间。其他一些中医的传统疗法也会与西医结合，以现代化、科技化为依托，建立统一的国际标准，也将能不断满足东盟民众的消费需求。

中国及东盟国家历史上有着深厚的渊源，中医药在一定程度上影响了东盟国家的传统医学，因此也促成了东盟各国的国民对中医的认同；中医显著的功效和临床价值也印证了其在东盟国家未来的广阔市场和良好的发展前景。而中国—东盟自由贸易区的建立则在此基础上给中医药在东盟国家的发展迎来了另一个春天。

挑战：

面对新机遇，中国中药产业必须正视现有的问题和不足，主要体现在几个方面：

第一，国内中药企业大多准备不足。长期以来，中国中药主要满足于国内市场的需求。在医药市场国际化趋势日益明显的今天，中药生产企业参与国际医药市场的竞争已是大势所趋，但国内医药生产企业对此还缺乏相应的对策。从中国出口中药的商品结构来分析，作为原材料或简单加工品出口的中药材始终占到65%以上，其显性优势主要体现在初级加工低价值的比较优势。反观日本、韩国，他们的植物药（中药）制造业竞争力很强，他们从中国进口中药材，加工成中药后大量返销中国。一些植物药生产比较发达的西欧国家制药公司如德国、法国开始仿制中国传统的中药，产品逐步打入中国市场。如果中国中药企业不注重技术创新，生产不出竞争力强的产品，不仅会失去国外市场，也将逐步失去赖以生存的国内市场。

第二，知识产权保护欠缺。中国中药产品知识产权保护方式主要有专利保护、新药保护、中药品种保护和传统的保密方式及商标保护。目前，国内企业惯用的是行政保护，寻求法律保护的意识不强。随着中医药产业的国际化发展，随着双边或多边合作的加深，中医药知识产权面临严重威胁，中医药传统知识由于缺乏有效的法律保护，被不当占有、使用的事件屡屡发生。随着国内、国际医药市场竞争加剧，没有专利的中药产品就没有独立生产、销售的安全保证，还可能被他人“合法”仿制。发达国家较早实行了药品专利，一方面以合作开发名义获得中国的中药知识产权；另一方面又以知识产权为武器，企图独占被其获取的一些中药财富。在这方面中国有不少惨痛的教训。而中国现行涉及传统医药的法律法规，主要参照西医药模式制定，无法有效体现中医药等传统医药自身的特点和发展规律，在一定程度上制约了传统医药的发展。如《专利法》只能保护中药配方和配方的剂量，对配方的用途、加减则未能有效保护，这对中药复方的专利保护是不利的。

第三，目前中国中医药领域存在的一些问题也会制约其在东盟的发展。例如中药企业大多规模不大、缺乏竞争力；对中药毒副作用机制的研究相对滞后；缺乏中医药临床疗效评价体系；中药材质量不稳定；过度开发使一些宝贵的中药材资源濒临枯竭；农药残留污染尚未得到解决等。

（来源：综合整理自中国中医报、育龙网、专家学者论坛网、生意社）

# 东盟国别行业专题分析

## 文　莱

### 文莱水产养殖业情况

文莱位于热带，天气和地理环境良好，其海域不受工业及其他农业污染，非常适合各项水产养殖活动，水产养殖业在文莱已越来越受重视。

根据文莱渔业局预测，水产养殖业的潜在价值为每年文币7100万元，主要的养殖品种为海虾，其他包括在海湾水域养殖活动的海上浮网箱海鱼养殖；淡水鱼养殖，包括观赏鱼养殖及食用鱼养殖。文莱的主要经济活动以石油和天然气为主，占外汇收入90%以上。水产养殖生产只占全国总生产量GDP的0.5%。

#### 鼓励更多人投入

近年来，文莱政府鼓励群众积极投入水产养殖行业，水产品除了供应本地市场外，同时还向外国出口。另外文莱政府也欢迎外国投资者到文莱投资水产养殖业。

为加速实现各项水产养殖的发展计划，文莱政府将沿海几个区域规划成水产养殖区，提供工业电流、电机、饮用水供应等设施。

文莱海域不受工业及其他农业污染，地理环境非常适合各项水产养殖活动。文莱政府鼓励以出口为主的高档水产品养殖业，如海虾与名贵海鱼的生产。

#### 重视墨西哥蓝虾

文莱政府早在1999年就开始重视墨西哥蓝虾的养殖计划，并以高薪聘请来自美国夏威夷的水产专家在文莱政府渔业局虾苗繁殖场从事培育墨西哥蓝虾的研究，实践证明墨西哥蓝虾可在热带地区繁殖，而虾苗在热带的池塘生长也很快。

因此，文莱政府渔业局虾苗繁殖场以高价从美国引进大量墨西哥蓝虾的SPF种虾培育虾苗供应各养虾户。因墨西哥蓝虾曾在文莱流行一阵时期，聪明的美国人便利用文莱政府大肆鼓励人民养殖墨西哥蓝虾，并在新加坡设立推销养殖墨西哥蓝虾的咨询公司，然而在这时期中国已大面积养殖南美白虾（L. vannamei）。

南美白虾可作高密度放养，产量高，又适应低盐度，成为亚洲许多养殖户的首选。养殖墨西哥蓝虾之风只在文莱兴起，因此文莱养殖墨西哥蓝虾从20世纪90年代后期到目前，也有了近十年的历史。

墨西哥蓝虾在亚洲的养殖面积较小。到目前为止，也只能在文莱找到墨西哥蓝虾。反而南美白对虾已代替亚洲老虎虾养殖地位，普遍传播到泰国、马来西亚、印度尼西亚、越南和菲律宾，占据了这些国家80%的养虾场。

墨西哥蓝虾学名为Litopenaeus stylirostris，其天然产地在大西洋墨西哥附近海域，体型可达20厘米长，比老虎虾小，但比起南美白虾（Litopenaeus vannamei）则大许多，体色蓝色，因此称墨西哥蓝虾。外型很像文莱本地白虾（Penaeus indicus或Penaeus mergeuensis）。在热带的池塘养殖比起本地白虾生长快。文莱的养虾户也把墨西哥蓝虾当作本地白虾出售，文莱人称为Udangrostris，市价每公斤文币10～12元。

目前文莱共有13家养虾场，养殖面积161公顷，墨西哥蓝虾的放养量约占30%，其他均为老虎虾。

### 面临虾苗供应短缺

据了解，文莱仅有一家虾苗繁殖场，生产量有限，因此养殖户不得不面对虾苗供应短缺的困扰。目前文莱渔业局开放了虾苗进口，大多数虾苗由马来西亚的吉打和柔佛州虾苗繁殖场提供。

文莱的海水虾养殖区分别位于Sibabau、Telisai和Danau。其中Kamalia公司的养虾场开发在Pangkaran Sibabau 2的红树林地区，这一地区是文莱政府规划好的水产养殖区，提供了良好道路、工业电流、日常用水、电机设备及进水沟等设施。该养虾场共开发了22个池塘，每个池塘面积4000平方米，水深1.5米，以及一个大型蓄水与消毒池。据了解，这一养殖规划区共有4间养殖场，共用一大型进水沟。文莱养虾场的劳工主要来自孟加拉国、菲律宾和印度尼西亚，而技术人员则来自菲律宾、印度尼西亚和泰国。

Sibabau 2养殖区位于Sibabau 1养殖区不远处。该区域最大的养虾场分别为SRI Kota老虎虾养殖场和Tuah Maju养殖场。Kg. Serdang是一片15公顷的红树沼泽区，共有5家螃蟹养殖场，产量仅够内销。

### 海鱼品质上等

文莱的海上网箱养殖海鱼分别位于Buang Tawar、Keingaran、Sg Bunga和Anduki四片海域。这些养殖区地理环境非常优良，风浪不高。这些海域所养鱼的品种包括金目鲈、红曹、红鸡、白鱼、金鲳、银鲳、老虎斑、老鼠斑和青斑。文莱的五星级酒店餐馆都喜欢选用网箱养殖的海鱼作为喜宴，因人工养殖的海鱼体重均一，新鲜度及品质上等，是五星级酒楼名厨烹饪料理的好原料。

文莱海上网箱的设计与马来西亚养殖作业者的设计相似，浮排木架四方3×3×2米和5×5×2米，每家养殖户30～80个浮网。目前业者共有35家。海鱼养殖浮网箱总数1225个，其中3家华裔文莱居民养鱼的投喂饲料为鲜什鱼。每副浮网箱的放养密度为20～25尾，8～10个月便可达每尾600～800克。

文莱鲜什鱼供过于求，每公斤只售文币30分，其品质非常优良。在海上浮箱网工作的印度尼西亚劳工也常食用这些作为饵料的鲜什鱼。

上浮网箱海鱼养殖的鱼苗仅有文莱渔业局的1间繁殖场可以提供，鱼苗供应严重不足。目前文莱渔业局也开放了外国鱼苗贸易，主要来源于中国台湾地区、泰国、新加坡、马来西亚及印度尼西亚。一些渔夫也捕捞天然海域的鱼苗出售，每尾文币100元。

### 淡水鱼养殖

文莱的淡水养殖面积只有16公顷，业者90家。文莱的外来劳工多来自孟加拉国、菲律宾和印度尼西亚，土杀、八丁、红非洲鱼、鲤鱼及白须公等淡水鱼很受外来劳工的喜爱。一些马来西亚餐馆里的酸辣土杀鱼、咖喱八丁、干煎黄姜红非洲鱼等菜肴也非常受食客的欢迎，因此文莱每个月淡水鱼的消耗量约为10吨。

文莱淡水资源丰富，该国政府也鼓励养殖生产观赏鱼如日本锦鲤、金鱼及其他胎生品种。出口价值高的金龙鱼及当地特有的Betta macrostoma鱼也是政府鼓励的养殖品种，主要供外销。

（来源：中华人民共和国商务部. http://sousuo.mofcom.gov.cn/query/queryDetail.jsp?articleid=20100606959157&query=%E6%96%87%E8%8E%B1%E6%B0%B4%E4%BA%A7%E5%85%BB%E6%AE%96%E4%B8%9A%E6%83%85%E5%86%B5. 2010—06—26）

## 文莱重视农业发展

文莱属热带雨林气候，年均温28℃、湿度82%，炎热多雨。雨季当年11月至次年2月，旱季3月至10月。文莱农业总体水平落后，土壤贫瘠，规模萎缩，只占GDP总值的1%（2007年），耕地面积只占国土面积的5%。目前仅种植少量水稻、蔬菜、水果、橡胶、胡椒等，林业、牧业和渔业亦很落后。文莱农业生产一般是家庭式的经营，以水稻为主，蔬菜自给率57.9%，水果自给率23.4%，大米自给率3.2%，其他粮食自给率5.2%。

### 一、文莱水稻生产现状

文莱水稻田贫瘠、沼泽田多，且农田基本设施差、劳力极缺、务农人员素质差，品种水平和栽培水平极低，鼠雀极多。

第二次世界大战前文莱水稻自给且有少量出口。20世纪70年代以来，由于石油、天然气和公共服务业的发展，农业人口弃农转行，传统农业受到冲击。近年来，文莱国内大米产量虽有所增长，但远不能满足市场需求。1998～2007年文莱水稻年均产量为525.2吨，年均进口量为30076.3吨。2007年文莱国内粮食消费，大米累计31241吨，其他粮食累计消费11500吨，大米在国内粮食市场中占主导地位。

目前，文莱进口大米97%来自泰国，文莱政府对大米市场价格实行补贴和管制政策，其国内市场上国产大米价格远高于进口泰国大米售价。进口泰国普通大米0.84文元/公斤，国产普通大米2.91文元/公斤。2007年文莱水稻种植区域为马来奕区（Belait）、淡布隆区（Temburong）、文莱—穆阿拉区（Brunei－Muara）和都东（Tutong）区，稻农1355人，水稻种植面积1233公顷，稻谷产量1512.1吨，平均1.23吨/公顷，生产大米983吨。目前水稻种植品种为pusu和bario，生育期长达180天，高秆易倒伏。另从印尼引进新品种pandan试种（据文莱农业局资料）。

### 二、文莱实施农业扶持计划

从1994年起，文莱启动经济多元化发展战略，着眼于国家持久发展，积极鼓励和支持油、气以外的经济发展，以调整单一经济结构，减少油气产业比重，实现经济的多元发展。

2004年文莱政府为调动农民种植积极性，开始实施扶持计划，着力改善农业基础设施，提供半价化肥、杀虫剂以及咨询服务等。在该政策支持下，文莱农户数量和稻田面积分别从2004年的214户、757公顷增加到2007年的549户、1233公顷。

2005年12月，文莱农业局计划开发2500公顷水稻田，将水稻面积扩大至3000公顷，希望本地水稻种植者与国外合作，引进先进技术提高水稻产量。

2006年6月，湖南国际经济合作公司与隆平高科，同文莱坎普兰农业合作社私人公司合资组建种植水稻公司。

2008年以来的全球粮食供应危机和国际市场粮食价格飙升对文莱冲击较大，高额粮价也加重了政府财政负担，粮食安全已成为文莱面临的重要社会经济问题。要想实现粮食自给，必须与国外公司联合引进先进技术、专业技术人员并加大投入，才能达到目标。

2008年8月原能源部长叶海亚（Pehin Yahya）任职工业与初级资源部长，着力加大经济多元化推进力度。文莱工业与初级资源部农业局已提出了将水稻自给率从2008年的3%提高至2010年的20%、2015年的60%，并开始着手制订短期、中期和长期农业发展规划。文莱财政部已增拨预算发展农业，并积极寻求国际合作。文莱提出通过引进杂交水稻技术，提高粮食自给率。

2008年5月印度与文莱就水稻研究达成协议。2008年7月文莱Koperasi Setia Kawan. BHD试验中国杂交水稻种子。2008年10月中国国家主席胡锦涛会见文莱苏丹，苏丹希望双方加强水稻生产合作。

### 三、文莱促进农业增长措施

2009年，文莱推出促进农业增长五项措施。

（一）基本鼓励政策。加快引进和推广新技术，提高农业产量；鼓励在农业领域与外国企业开展合资合作；政府在土地、基础设施及病虫害控制等领域加大投入。

（二）特别鼓励政策。对农业物资继续提供价格补贴。种子、化肥、杀虫剂、除草剂、农业机械等基本农业物资均可获得政府50%的价格补贴。

（三）农业扶持补贴。根据第五个“五年发展规划”中的“水稻价格扶持计划”，继续采用补贴价收购国产水稻；对商业化蔬菜种植农户提供设备支持；由农业发展服务部门为企业提供技术服务，包括兽医服务、食品卫生及安全服务等。

（四）市场促进计划。推动农产品的国内销售和对外出口，指导农户科学安排生产计划，合理利用市场工具。

（五）企业拓展计划。对为国家农业发展作出贡献的企业进行鼓励和支持，包括增拨用地、改善基础设施等。

2009年3月，文莱政府特别拨款3000万文元，用于执行国家粮食发展战略，提高粮食自给率。主要包括引进高产水稻品种，采用最新水稻种植技术，改善农业基础设施等。4月菲律宾农业部长黄严辉出席文莱苏丹的水稻示范田插秧仪式，并签署两国农业合作谅解备忘录，菲律宾水稻所与文莱联合开发 Laila（Brunei Darussalam Rice 1）文莱新品种。5月文莱工业与初级资源部部长叶海亚出席文莱实现水稻种植自给项目启动仪式，文莱政府制定了中长期计划，改善农业基础设施，扩大水稻种植面积，鼓励农民应用新技术，以实现水稻自给率的阶段性目标。

2009年5月，文莱工业与初级资源部部长叶海亚访问中国，与中国农业部部长孙政才共同签署了中文农业合作谅解备忘录。中国为文莱培训水稻生产技术人员，派专家到文莱进行技术指导，引进适合文莱生态环境的优良品种并开展试验示范，帮助文莱就地选育优质高产抗性强的水稻新品种，鼓励和支持中国农业企业到文莱投资合作。文莱叶海亚部长又先后访问了湖南及广西，并就水稻种植合作先后同湖南农科院及广西农科院签署了谅解备忘录。广西开设了文莱水稻高产技术培训班为文莱培训水稻生产人员。目前已有新加坡的 Sunland 公司、菲律宾水稻所和马来西亚亚洲米业三公司在文莱试种示范水稻新品种，另有中国、印度、泰国等国家的公司亦积极准备参与开发水稻。

（来源：胡继银，蒋艾青．上海农业网．http://www.shac.gov.cn/fwzx/nykj/kjdt/lwjx/201005/t20100511_1265737.htm．2010—05—14）

## 文莱："石油大厦"的多元化经济发展策略

### 石油带来的巨富

1929年，在文莱白拉奕区诗里亚镇发现的一口油井，让文莱开始了有史以来最重大的一次产业结构调整，石油和天然气给这个"袖珍国家"带来了巨额的财富。

文莱首相署经济计划与发展局统计，2000～2005年文莱经济依旧高度依赖油气出口，占文莱GDP的66％和出口收入的93.6％。文莱的石油产量在东南亚居第三位，天然气产量在世界排名第四位。2007年，单一油气经济结构依旧是文莱经济结构的主体，石油和天然气占GDP与出口财政收入的指数还在上涨，分别达到了67.4％和95％。

一场金融危机袭来，让文莱这种相对单一的经济结构问题更加突出。2008年席卷全球的金融危机使全球经济衰退，国际油价大跌，进而导致文莱财政收入锐减。此前，因为生产成本上升、油井开采难度增加和新油气资源缺乏等原因，2007年文莱石油总产量同比下降13.1％。再加上2008年文莱继续实行石油产量限量措施，石油产量仍然处于下降状态。

2009年3月，受油气收入下降影响，文莱财政部预计2009～2010财年政府收入仅为27.6亿美元，相比上财年收入减少约11.4亿美元。根据文莱经济计划发展局正式公布的数据，2008年文莱GDP按不变价格统计，同比负增长1.9％。

由于预测2010年国际油价可望逐步回升，文莱国家经济计划发展局预测，文莱经济2010年将取得0.7％至2.3％的增长率。亚洲开发银行也预测文莱在2009年经济下降1.2％，而2010年可实现2％左右的增长。

### 2035年宏愿

早在1984年独立以前，文莱就已经意识到，文莱不能仅仅依靠石油和天然气。为了减少对油气的依赖，文莱开始推行经济多元化政策。

1994年起，文莱启动多元化发展战略。该战略最初（20世纪80年代中至90年代初）重点是发展工业和农牧业，20世纪90年代中期开始转向资本再生开发，即进行海外投资、推动国内中小企业发展等。因成效不大，文莱于2003年起转而实施"双叉战略"：开发大摩拉岛深水港，建设本地区最大的集装箱集散港口，并以港口建设带动岛内基础设施建设，建立加工区和免税区；同时在文莱西部的双溪岭建设工业园区，发展油气下游工业、制造业及配套服务业。

在经济多元化战略下，石油以及天然气的下游产业链是一个重点。经过数年建设，由文莱国家石油公司与日本三菱瓦斯株式会社和伊藤忠商事株式会社联合组建的文莱甲醇公司将要投产。另外，文莱经济发展局也正在吸引其他外来投资者投资其他以石油为基础的工业、甲醇衍生品工业以及其他配套工业项目。同时，文莱也在积极地发展清真食品产业，以此作为经济多样化的旗舰。全球清真产品市场价值5.7亿美元，其中仅清真食品就占了1.6亿美元，为此，2007年8月，文莱推出了清真品牌认证。预计到2013年，文莱的清真品牌将为文莱带来1.6亿美元的收入。

经多年努力，非油气产业在文莱GDP中的比重逐渐上升，文莱经济多元化的成果已初步显现。但文莱经济多元化仍处于初期阶段，经济结构性问题仍存在，经济结构单一、过分依赖石油和天然气的问题仍未能很好解决。

为了更好地解决经济可持续发展问题，文莱从2007年开始制定2035年宏愿计划，该计划在于培训造就更多具备国际水准的专业技术人才；让文莱成为全球前十名高生活质量的国家之一；促使文莱在人均收入方面进入全球前十名，实现可持续的经济发展。

为了一步步地实现2035年宏愿，30年间，文莱将制定3项发展策略纲领，每项长达10年；同时制定6项国家发展计划，每项为期5年，每两项国家发展计划对应一项10年期发展策略纲领。

（来源：第一财经日报. http://finance.jrj.com.cn/2010/05/1004197429697.shtml. 2010—05—10）

# 柬埔寨

## 柬埔寨投巨资发展柚木产业

### 一、柬埔寨柚木产业的现状

近年来，柬埔寨多家公司投入巨资引进柚木，在柬埔寨东北各省大面积种植。2007年初，柬埔寨多家公司在金边培育树种和在贡布省种植柚木，经过一年的考察试验后，取得了很好的成果。在贡布省的柚木林场，180公顷的土地上种植的柚木株株通直，而种植两年多的柚木高度已经超过10米，平均每年可长4米，长势喜人。除了在贡布省种植柚木外，金边市波成东工业区的2.5公顷土地上开辟了柬埔寨首家出售科学培育优良树种的种苗园，为追求高效益种植柚木的公司提供速生种苗。目前已有不少公司和个人前往接洽购买种苗。

柬埔寨土地肥沃，柚木的长势良好。特别是宝信科技发展有限公司在贡布省种植的180公顷柚木，通过科学管理，已发展成柬埔寨长势最好、效益最高的柚木基地，得到农林业界人士的广泛关注。

过去，在柬埔寨各省种植的柚木种子主要来自泰国和缅甸，未经精选，收益也大打折扣。事实上，有些种子供应商在采摘种子时贪图方便，往往采摘树型矮、开花早、分枝多的树木的果实。只有在优良柚木产地遴选出好的品种，经过无菌无土的科学种苗培育，才能种植出高收益的经济柚木。采用优良树种种植的柚木主树干通直浑圆，不弯曲，木材色泽和花纹优美，经济价值很高。而使用良好的技术管理方法，可缩短收成时间，大幅提高效益。

此外，在林场内饲养山羊、鸡、鸭、鹅等家禽家畜，可缩短投资周期回报。特别是在林场内养羊，草食丰足，既产生了短期经济效益，也为林区除草提供了方便。结合养羊是很好的方式，羊可为林地除草，还可排粪便作为肥料，直接带来短期投资效益。

### 二、柬埔寨柚木的价值和收益

柚木速生、材质好，是装修的珍贵材料，收益非常高。每公顷土地可种植柚木1200株，在种植后第6年可砍伐一半，砍伐的木材直径为15厘米～20厘米，可用于刨片做装修面板、木地板或支柱。据估算，用来制作地板的6年生柚木每立方米售价约1000美元，600株保守计算约可产木材24立方米，而按中国专家计算可达60立方米～70立方米。剩下的600株柚木到第12年再砍伐一半，出产木材保守估计130立方米。最后剩下的300株保留到第15年～20年时砍伐，约产木材300立方米，按目前国际价格，每立方米价值高达3000多美元。

柚木有“万木之王”的美称，具有高度耐腐蚀的作用。在泰国、印度等国的庙宇中还可看到有上千年的柚木梁柱至今未腐烂。柬埔寨人在缺乏水泥等合适材料的情况下，使用柚木在烂泥中打桩建房子的情况非常普遍，柚木柱子在水中浸泡数十年后依然能不腐烂。在船舶原料方面，柚木耐腐作用是其他木材无可替代的。引人关注的是，取自泰坦尼克号沉船甲板的柚木材，即使刨去其极薄的表层后，仍能显出历久弥新的材质。

### 三、柬埔寨柚木可做“绿色投资”

在全球金融危机的严峻形势下，投资造林不仅可以绿化环境，而且可以避开金融危机，是一个非常明智的“绿色投资”选择。

金融危机导致全球木材市场和家具市场萎缩，木材出口受阻，各木材生产国亟待从困境中突出重围，寻求新的发展机遇。投资造林正好可以避开木材加工业当前面临的低谷。无论多么严峻的金融危机终究都要过去。待到目前投资种下的树木长大成材，而市场又恢复了，木材产品正好可以大量上市，眼前的投资将赢得丰厚的回报。

必须记住的是，投资造林虽然前景诱人，但技术问题却不可忽视。最基本也最易于记住的至少有两点：一要选好树种，二要适地适树。一般选择那些适应当地环境条件、栽培技术比较成熟、优良种苗供应充分、木材受市场青睐的树种。柚木恰好具备了以上条件。柚木是珍贵木材种，栽培管理技术成熟，生长周期较短，发展的风险低，投资回报高，值得在适宜栽培的地区发展。

（来源：中国林业新闻网. http://www.greentimes.com/green/news/hqxc/ywcz/content/2009—09/02/content_61524.htm.2009—09—02）

## 柬埔寨：期待淡水渔业支撑经济

柬埔寨王国位于泰国湾的东部，西北与泰国为邻，北面与老挝为界，东南与越南接壤，海岸线长435公里，拥有广泛的红树林。柬埔寨海域平均水深不及80米，专属经济区范围与陆架面相当，是渔业生产力相当高的海区。柬埔寨国土的中部是由低地构成的一大片湄公河三角洲大平原，湄公河及其支流构成了全国的主要河系，具有发展淡水渔业的良好自然条件，全国渔业总产量的90%来自洞里萨湖和湄公河沿岸的淡水区域。

柬埔寨大约有100万人以捕鱼为生，渔业的生产、加工及销售为该国230万人创造了就业机会。

### 海洋渔业——资源正在衰退

海洋渔业在柬埔寨渔业中占比重较小，主要集中在泰国湾东岸。泰国湾是一个高生产力渔场，渔业资源分为两部分：中上层鱼类和底层鱼类。中上层鱼类主要是沙丁鱼、鲐鱼、参鱼、鲳鱼和小型金枪鱼等经济鱼类，其中沙丁鱼产量最高；底层鱼类主要有金线鱼种、石首鱼科、留鲷科、大眼鲷科、狗母鱼科、鲽形目、蛇鲭科、板鳃亚纲、康吉鳗科。尽管泰国湾的生产力很高，但由于柬埔寨渔船队的捕捞能力较低，与邻国越南和泰国相比，柬埔寨每单位渔获量较低。

柬埔寨的海洋渔业属于小型和个体渔业性质，以多鱼种为捕捞对象是商业渔民的主要收入来源。柬埔寨的海洋渔业年渔获量自20世纪80年代中期以来大幅增长。

近年来，柬埔寨的海洋渔业资源衰退，杂鱼在总渔获量中有所上升，而高价鱼不断减少，这意味着所捕捞的都是处于食物链底层的品种。

### 淡水渔业——经济支柱产业

柬埔寨的国土大部分是湄公河及其支流的冲积平原。平原上的洞里萨湖（又称金边湖）东面与湄公河相通，长约150公里、宽约30公里，面积约3000平方公里，是中南半岛上最大的湖泊，也是世界上淡水渔业资源最丰富的渔区。据联合国粮农组织和柬埔寨渔业部统计，洞里萨湖淡水渔业资源居世界首位，总渔获量居第四位。研究表明柬埔寨淡水鱼类年总产量在29万～43万吨之间，仅洞里萨湖年产量就有约23.5万吨。随着邻国泰国和越南对高价淡水鱼需求的增加，洞里萨湖渔业已成为柬埔寨出口创汇的支柱。

柬埔寨的渔业生产主要在内陆水域，海洋渔业的比重较小，主要在泰国湾东海岸生产。该湾是一个高生产力的渔场，具有浅海的特征（平均水深20米，最大水深87米），底质为泥和沙泥，适合各种鱼类生活。

柬埔寨的内陆渔业分为三类：大型、中型和小型。由于政府把渔权拍卖给私人公司，所以大型渔业在柬埔寨的内陆渔业中占有绝对的优势。中型渔业由于使用的渔具较为原始简陋，大多数鱼在捕捞期间就受伤或死去，所以中型渔业的鱼货质量无法与大型渔业相比，渔获大多销往市场或附近的加工厂。小型渔业主要是家庭作业方式，一般是由1～2人操作，除在开阔水体作业外，渔民还在泛滥平原的稻田里捕鱼。

### 水产养殖——在传统中创新

在技术和经济条件落后的情况下，柬埔寨的交通主要依靠水路，渔民也只是靠简单的渔具捕捞活鱼，运往城市出售。但由于水路运输时间长，活蹦乱跳的鱼还没有运到目的地就大量死亡，以至于腐烂变质，严重影响了渔民的收入。为了减少损失，渔民们将活鱼放入挂在船尾半浸水中的竹笼或木笼中暂养。竹笼、木笼不仅是活鱼的暂养工具，而且还是商品鱼养殖生产的一种手段。这种“笼养鱼”就是最早的网箱养鱼。一些专家也认为，网箱养鱼是柬埔寨一种传统的养殖类型，湄公河下游是国际网箱养鱼的发源地。目前，柬埔寨全国至少有网箱1300个以上，产量占水产养殖总产量的80%左右。

**渔业发展——潜力困难并存**

目前，柬埔寨的海洋渔业管理面临诸多挑战，当局既要面对世界上最丰产水域资源萎缩的现状，又要面对该国国内和国外渔船的过度开发，却又因监测环节薄弱，资源和开发趋势难以评估。

鉴于海洋开放入渔政策是造成资源衰退的主要因素之一，柬埔寨政府把注意力集中在发展淡水渔业上。从目前的情况看，柬埔寨要想可持续发展，淡水鱼的最佳年产量应该在40万吨左右，不能对再提高产量寄予太大希望。同时，湄公河上游水坝造成的供水问题、农业生产的化肥农药造成的污染问题以及地价上涨和土地被大量占用等问题，都给柬埔寨淡水渔业的发展带来了重重困难。柬埔寨未来水产养殖和渔业的发展还有很长的一段路要走。

（来源：陈思行. 中国渔业报. http://www.farmer.com.cn/wlb/yyb/yy7/200902120280.htm. 2009—02—12）

## 柬埔寨服装业遭遇多事之秋

近些年柬埔寨服装制造业发展迅速，主要得益于美欧等发达国家给予柬埔寨的优惠措施、柬埔寨低廉的劳工成本以及柬埔寨政府提供给外国投资者的扶植政策，这三点吸引了大量投资者选择柬埔寨兴建纺织服装工厂。由于柬埔寨属于落后国家，美国、欧盟、日本等28个国家都给予柬埔寨普惠制待遇（GSP），不仅如此，美国、欧盟和加拿大对于从柬埔寨进口纺织品服装还减免征收进口关税。柬埔寨政府充分利用美欧等国给予的优惠政策以及本国劳工成本低廉的优势吸引外资，开出了对外资纺织服装企业减免9年所得税、免征出口税、免征原材料进口税的优惠条件。2009年，柬埔寨的经济增长5%，对服装工业的税收减免帮助推动了服装工业的发展。

当然，柬埔寨服装业也存在一些弱点，制约着其产业的进一步发展，包括员工缺乏培训，且经常爆发罢工和示威活动；产业链不完整，过度倚赖进口纺织材料；基础设施落后，水、电及运输成本高昂；法制不健全，遇到商业纠纷，投资者权益得不到有效保障等。

虽然柬埔寨服装制造业还存在诸多不足，但投资者权衡利弊后，还是愿意选择柬埔寨来投资建厂。目前，柬埔寨300多家服装企业中，绝大多数是外资企业，主要来自中国大陆、中国香港地区、中国台湾地区和韩国、日本、新加坡等地，使柬埔寨成为东盟地区服装出口增长最快的国家之一。

不过，2008年柬埔寨服装出口开始呈下降趋势，比2007年下降2%，主要原因是过度依赖美国市场。柬埔寨服装年出口额不到30亿美元，其中，大约70%至80%出口到美国，4%出口到加拿大，其余服装多出口到欧洲国家。面对美国的经济衰退，作为柬埔寨支柱产业的服装业将遭受严重影响，从2008年8月起，柬埔寨已有70家服装厂关闭，5万余名工人失业。为此，柬埔寨政府采取了一系列措施支持服装业，如简化进出口申请手续、协助企业寻找商业贷款、呼吁工人停止罢工、消减了10%的服装出口费用（出口管理费和一些其他费用）、启动出口资金补助计划等。柬埔寨服装企业也开始积极开拓日本和其他国家的市场来应对美国市场萎缩的问题。

作为柬埔寨服装产品的最大采购国，美国可能需要2～3年的时间来处理经济衰退问题，因此柬埔寨的服装生产单位寻找新市场显得更为迫切。日本可能成为柬埔寨服装生产单位的可选市场。在2009年初，柬埔寨向日本出口10000件夹克和10万双鞋。虽然目前订单较少，但日本的采购商已经列出了部分建议，这能够帮助柬埔寨提高产品质量获取订单。2009年1月和2月，柬埔寨的服装订单同比下降了40%。柬埔寨服装制造商协会表示，将鼓励采购商增加从柬埔寨采购的纺织品的订单，帮助服装工厂提高质量，以同其他国家竞争。

近期从柬埔寨服装行业所处的状况来看，困难和危机依然存在。但相对其他东盟国家，柬埔寨有一项独特优势，就是国际劳工组织对柬埔寨的制衣厂工作环境进行独立监察及汇报，全球只有柬埔寨一个国家享有这一待遇。现在，重视劳工标准已成为发达国家挑选服装采购地的三大准则之一。

另外，服装加工出口一直是柬埔寨重要经济支柱产业，尤其是柬埔寨加入东盟和世贸组织后，其服装产品得以在优惠条件下出口世界各国和地区。

由于受全球金融危机的冲击，柬埔寨服装生产出口业难免也受到了影响，不少制衣厂被迫关闭。但是有一些中国台湾商家选择这个时候来柬埔寨投资，主要是为了企业长远发展考虑。目前在柬埔寨共有80多家台资服装企业。2008年台湾共向柬埔寨制衣厂（主要是台资企业）供应了约2.7亿美元的布料等服装原材料。柬埔寨服装加工出口行业前景很好，但由于当地没有纺织业，几乎所有服装原材料都依赖进口，而中国台湾拥有技术含量高，符合欧美等国际市场要求的布料等服装生产原材料。因此，如果柬埔寨制衣厂能从中国台湾地区采购更多布料原材料，双方将实现互利共赢。

（来源：综合整理自中国服装网、国际服饰网）

# 印度尼西亚

## 印度尼西亚家电市场虎年发虎威

自1998年亚洲金融风暴后，沉寂了多年并受到此次全球经济衰退重创的亚洲四小虎（泰国、印尼、马来西亚、菲律宾）之一的印尼经济，开始显现出作为东南亚小丛林兽王的本色。自2009年下半年以来，该国内需消费市场开始复苏，其中“跑赢大市”的家电及个人消费的电子市场更是呈现出后危机时代领跑者的“金虎头”旺态。预计进入2010年，印尼家电及个人消费的电子市场还将进一步呈现出一幅“虎虎生威”的景象。

### 平板电视加速普及时代到来

权威调查机构GFK亚洲发布预测报告称，预计2010年印尼的液晶及等离子电视的市场销量同比增幅将达到29.9%，年销量增加到62.1万台，将再度刷新该国平板电视年销量纪录。

2009年印尼的液晶、等离子电视销量较2008年同比增长7.2%，达到约47.8万台；CRT（显像管）电视增长则超当初预期，增幅达7.4%，达到382.6万台。

在当前平板电视普及加速趋势的影响下，GFK亚洲预计2010年印尼市场CRT电视的销量将出现首个同比下降的情况，负增长3%左右，减少到371.1万台。而电视整体的销售量将同比微增0.7%，增加到433.2万台。

销售额方面，GFK亚洲预计显像管电视将同比下降4.9%，减少到46642亿印尼盾；液晶、等离子电视则同比增长12.2%，增加到36255亿印尼盾；电视整体的销售量将同比微增1.8%，增加到82898亿印尼盾。电视将成为印尼9大类家电销售中增长最快的品类。

业内分析人士则表示，2010年将是印尼电视市场正式进入平板电视普及加速时代的标志，甚至不排除2010年平板电视销售额超过CRT电视的可能。这也是三星、LG、松下及夏普等品牌纷纷加大在印尼当地工厂的投资、扩大产能的内在驱动力。同时，这也将对中国国产彩电在印尼市场的销售产生一定的影响。

### 洗衣机、空调、冰箱保持良好增长态势

GFK亚洲同时预测，紧随液晶、等离子电视之后，印尼的空调、洗衣机市场也将保持两位数以上增长的良好态势。

2009年印尼的洗衣机市场超预期同比增长25.1%，增加到130.3万台；预计2010年则将同比增长25.1%，增加到156.4万台；销售额则预计同比增长12%，增加到26642亿印尼盾。

2009年印尼的空调销量在135.8万～144.2万台之间，超过此前预测的5成左右，成为9大类产品中销售台数增长最多的产品。2010年，预计将实现156.1万～165.8万台的空调销量，增长率在8.3%～2.1%之间；销售额预计的增长空间则为13%～27.4%，增加到50449亿～53574亿印尼盾。

四大白色家电中，仅有冰箱的增长率低于两位数。2009年实现9.8%的同比增长，创下了首次突破200万台、共计销售206.9万台的新销售记录。预计2010年印尼的冰箱总销量将同比增长5%，增加到217.3万台；销售额则预计增长8%左右，增收至47515亿印尼盾。

### AV家电市场仍将持续低迷

GFK亚洲发布的预测报告还称，液晶、等离子电视除外的AV类家电自2008年以来出现的低迷态势仍将持续。

预计2010年DVD刻录机的销售台数将同比微增3%，增加到245.6万台，但是与2008年23.1%的高两位数增幅相比，增速明显放缓。销售额则预计同比微增0.9%，增加到8888亿印尼盾。

DV（摄像机）的年销量则预计同比下降1.6%，减少到12.7万台；销售额预计下降1%，减少到5606亿印尼盾。

预计2010年收录两用机的市场销量和销售额将呈下降趋势。销售台数预计同比下降12.%，减少到74.4万台；销售额则预计下降13.8%，减少至3151亿印尼盾。

此外，家庭影院的销量预计下降5.9%，减少到30.3万台；销售额则预计下降3.2%，减收至5949亿印尼盾。

尽管AV家电的销量持续出现下降，但平板电视、冰箱、洗衣机和空调的增长将会抵消其带来的

不利影响，9大类家电总体市场销售额将达到23.42万亿印尼盾。

**专家建言**

印尼、新加坡、马来西亚、菲律宾等东南亚市场历来是中日韩家电厂商保持业绩增长的海外新兴国市场战略的“兵家必争之地”，在东盟零关税政策开始实施的背景下，中国家电企业不但应该考虑提高自有品牌对海外市场出口比例的问题，还应该进一步考虑“走出去”，加大或加快在东南亚各国当地工厂的投资及产能提升的问题，这样才能够在与日韩家电企业在“新兴国市场份额争夺战”中获得对等的竞争地位，否则将面临竞争因素导致海外市场的“外需”持续下降的困境。

（来源：李德俊. 中国家电网. http://www.cheaa.com/News/GuoJi/2010－2/103949.html.2010—02—10）

## 印度尼西亚橡胶行业重在结构调整

印度尼西亚是世界第二大天然橡胶生产国，天然橡胶种植面积居世界第一。印尼2009年天然橡胶产量为259万吨，比2008年下滑了5.7%。目前印尼橡胶产业的发展重点是调整结构、改善和更新橡胶树，提高本国橡胶消费量。据印尼橡胶业协会主席阿斯里尔介绍，调整结构、限产减产政策将延续到2014年。另外，他建议政府制定政策减少中国—东盟自由贸易区对橡胶产业的负面影响。

印度尼西亚是仅次于泰国的世界第二大天然橡胶出口国，天然橡胶出口量约占其产量的85%。天然橡胶出口的主要品种是SIR20，其中标准胶所占比例逐年增大，高达95%，而烟片胶所占比例正逐年减少。印度尼西亚的橡胶出口方式主要有两种：一是由新加坡的营销商采购，产品标准执行印尼标准；二是大型跨国公司到印尼厂家直接定点采购，产品标准可以由用户提供，按需生产，保障需要。印尼天然橡胶出口的主要国家包括美国、日本、中国、新加坡、韩国等。印尼中央统计署2009年11月公布的数据显示，该国橡胶和橡胶制品出口额从2008年的5.326亿美元减少到了2009年的4.629亿美元。印尼天然橡胶生产国协会预测，2010年印尼的天然橡胶出口量有望达到230万吨。

印尼十分重视橡胶加工生产，近3年来新增了本地及外商投资的20多家橡胶加工厂，苏门答腊、爪哇一带主产区都有强大的加工企业集群，巨港和棉兰两市的天然橡胶加工能力在120万吨以上，企业规模较大，年生胶加工能力2万～6万吨，平均为5万吨/年。

阿斯里尔表示，预计全球汽车制造业不会在2014年前完全复苏，因此印尼的天然橡胶业在2014年之前都将继续减产。印尼政府更是借限产之机设法提高该国橡胶的质量。印尼贸易部官员阿里夫表示，印尼政府和相关行业已达成协议，给橡胶产品制定更高的质量标准，主要是降低产品中杂质的含量。印尼在制定新橡胶质量标准，尤其是杂质含量的标准时，参考了其他国家的相应标准，此举将提高印尼橡胶产品的竞争力。据了解，印尼生胶的质量稳定，多为米其林等大型跨国轮胎公司所直接采用。

目前，印尼的很多农民都在利用减产的机会更新橡胶林，这一更新工作很可能会持续到2014年，印尼的橡胶产量将因此而减少。此外，印尼政府正设法提高本国市场对天然橡胶的消费量。目前，印尼国内天然橡胶的年消费量仅占总产量的15%，远低于马来西亚的40%。为增加本国消费量，印尼政府积极发展橡胶产业，采取有效措施保护本国的轮胎制造业等橡胶业的下游产业。

阿斯里尔称，中国生产的轮胎售价为95美元/条，印尼生产的轮胎售价为127美元/条，如果没有该国政府的帮助，在中国—东盟自由贸易区开启后，印尼的轮胎产业很难与中国同行竞争。

随着中国市场消费量的攀升，印尼对中国的天然橡胶出口份额也在迅速提升。针对中国对印尼橡胶采购量的增加及中国—东盟自贸区零关税的实施，专家建议中国轮胎企业可以效仿米其林公司定点、定标准直接采购的方式，对中小企业用胶，可通过信誉好、实力强的营销公司，实行联合采购，让印尼加工厂按中方所需的标准加工。同时，也可以通过中国国内已建立起来的贸易市场，吸引印尼厂商到市场设点，直接供应，建立不通过第三方的新型采购体系，以保证天然橡胶的品质和货源的稳定，降低采购成本。

（来源：中国化工报. http://www.shengyidi.com/news/d－186555/.2010—02—01）

## API计划为印度尼西亚银行业发展指明方向

### 一、印尼银行业现状

印尼银行业诞生于印尼独立以后，20世纪50

年代印尼政府将几百家荷兰及其联盟金融机构国有化后，成立了印尼自己的银行。当时印尼拥有4家商业银行、4家外资银行及100家小型私人银行。到1997年金融危机前，印尼共有144家国内商业银行，4150家分支行，44家外资、合资银行，1527家政府银行，这种膨胀式发展最终导致了印尼银行业在金融危机时期的崩溃。

1998年亚洲金融危机使印尼银行业遭受重创，东南亚金融危机以后，印尼政府对银行业进行了重组与整合，商业银行的盈利能力普遍增强，资产质量明显改善。2004年后，印尼央行开始实施《巴塞尔协议II》，并规定各商业银行须在2008年前达到《巴塞尔协议Ⅱ》设置的所有目标。经过数年的努力，印尼银行业逐步摆脱金融危机的影响迈向平稳发展的轨道。

根据印尼央行的统计资料，截至2008年末，印尼共有124家商业银行，其中5家国有商业银行、26家区域性发展银行、68家私营全国银行（其中32家具有外汇业务牌照，36家不具有外汇业务牌照)、25家外资合资银行（其中合资银行15家，外资银行10家）。按总资产排名，在印尼前三位的商业银行分别是曼德利银行、印尼人民银行和东亚银行。排名前三位的外资银行分别是花旗银行、德意志银行和汇丰银行。

近年来，全球金融不稳定和经济放缓对印尼金融行业产生较大压力，但总体来说印尼金融业状况良好。印尼金融业主体银行业相对其他亚洲国家来说运行状况尚可，资本充足率达到16.2%。虽然全球经济呈下滑趋势，该国国内经济增长放缓在未来一段时间内继续存在，但是印尼央行对于银行业前景持正面积极态度。

## 二、印尼银行业结构改造计划（API）

（一）印尼央行API计划启动

2004年1月，印尼央行（Bank Indonesia）推出印尼银行业结构改造计划（Arsitektur perbankan Indonesia，简称API计划）。作为印尼银行业系统宏观而基础的框架，印尼银行业结构改造计划为其银行业指明了未来5年到10年内的发展方向、大纲和工作结构。该结构体系规定未来银行业发展的政策导向将基于如下方针：打造一个完善、强大而有效的银行系统，从而为国家经济增长提供稳定的金融体系。印尼银行业结构体系的六大支柱已经设定，以确保该结构体系实行其计划目标。

（二）调整后的API计划

自启动API计划以来，印尼央行接收到各方面的赞扬和建设性的建议，促进了API计划和国家经济发展的统一。另外，全球银行业的发展也在客观上要求API计划进行调整，提供高质量的人力资源、高水平的信息技术和充足的支持基础。

调整过的API计划更加注重国家银行体系的巩固、回教银行的长期发展、对中小型企业的融资便利和农村银行的制度化建设。调整后的API计划分阶段实施至2013年，包括6个计划、20个项目和55项业务行动。

根据API计划，10～15年内印尼将拥有2～3家国际银行、3～5家国家银行、30～50家专业银行。2007年底之前，所有商业银行资本金须达到800亿盾，2010年底前达到1000亿盾，2011年开始，新设银行资本金须达到3万亿盾。现有小规模银行须通过原有股东或新的投资者注入新资、与其他银行合并、在资本市场发行股票等方式来达到最低资本金要求。

为有效实施API计划，鼓励银行合并，加强对银行业的有效监管，印尼央行还出台了产权单一制（Single Presence Policy）新规定，禁止投资者拥有超过一个银行的25%的控制性股权。此类投资者可通过减持其他银行控制性股权、合并整固持股银行及组建控股公司三种方式改变拥有多家银行控股权状况。

此外，印尼央行还将为合并后的银行转为外汇银行提供降低最低资本金、税收等的优惠政策。印尼政府希望通过API计划的实施，在未来10～15年内逐步建立稳定、健康、具有强竞争力和抗风险能力的银行产业和金融体系，推动国民经济的增长。

## 三、印尼银行业的发展与开放

印尼银行业已经实施了一系列强有力的银行业改组计划，包括资本结构重组计划以及与相关国际标准接轨的监督和规范措施。以上三方面因素皆促进印尼银行业的持续增长，商业银行金融状况（如：资本充足率和不良贷款率）得到有效改善。大多数银行通过实施严格的贷款工作和改组计划，积累了充足的资本，并成功减少了受损贷款。印尼银行业重新步入稳步、健康发展的轨道。

2002～2008年度，印尼银行业主要财务指标在一定程度上反映出其发展和繁荣：银行贷款由2002年度第四季度的410.3兆印尼盾（合513亿美元）增加到2008年末的1307.7兆印尼盾（合130亿美元）。银行存贷比率从2002年38.2%增长到2008年底的74.7%，消费信贷和营运资本信贷是实现信贷扩张策略的主要目标，中小企业已成为银行融资的另一主要渠道。尽管中小企业贷款仍然缺乏理想的目标，但发放给中小企业贷款的比例在不断稳步上升。财务状况也得到极大改善，资本充足率（CAR）保持在较高水平；不良贷款同经济危机时相比已大大减少，不良贷款率从经济危机时的48.6%下降到目前的3.2%。

银行并购效果明显，银行数量趋于稳定。从1999年开始，印尼银行业就致力于产业内部的合并，其实现方式主要为合并和收购。印尼原有200多家商业银行，经过几年的兼并和收购，银行数量从2004年开始趋于稳定。至2008年底印尼全国共有商业银行124家。从实际效果来看，这种并购整合了资源、提高了金融服务水平，加强了印尼银行业的整体竞争力。据印尼央行估计，商业银行还有进一步合并行动，计划到2015年，印尼营业的银行将仅剩70家左右。

由于印尼政府加快了银行业对外资开放的速度，加上外国投资者看中印尼日益走好的经济形势和潜在的银行业发展前景，国际投资者也对印尼银行业重拾信心，纷纷通过入驻实力雄厚的银行实现控股，以便增加其在印尼境内的投资。爱国银行的进入有效促进了印尼银行业间的竞争，提高银行业的总体效率，并推动印尼政府对银行体制框架实施改革。

### 四、印尼银行业存在的主要问题

印尼银行业不断进行改革，整体情况已逐渐转好，但仍然存在许多问题：

（一）消费信贷增长过猛，还贷前景不乐观。印尼银行信贷的增长主要依赖消费信贷，相反对企业信贷的比率有所下降。由于失业信贷和投资信贷增长缓慢，印尼许多企业尤其是中小企业因为资金周转不灵而减产或关闭。

（二）商业银行主要把资金投资于国家公债和央行有价证券（SBI），以弥补存款利息支出，导致企业急需的资金在银行业内部循环。

（三）银行实力仍然普遍较弱，多数银行由于基础薄弱、规模小，难以参与市场竞争。另外商业银行经营成本高、经营效率低下是印尼银行业普遍存在的突出问题。从印尼各大银行公布的财政报告来看，印尼银行的营业支出与营业收入比率（BOPO）普遍超过85%，而该比率在马来西亚和新加坡分别为70%左右和60%左右。

（中华人民共和国驻印度尼西亚共和国大使馆经济商务参赞处. http://id.mofcom.gov.cn/aarticle/ddgk/zwrenkou/200912/20091206646817.html?4294768573=850387913.2009—12—01）

## 印度尼西亚新能源发展势头强劲

近年来，印尼全国每年的发电量约29700兆瓦，主要依靠石油和煤炭。但印尼目前的电力供应已无法满足人口增加和经济增长带来的需求，印尼全国大部分地区经常发生断电现象。居住有约一半印尼人口的爪哇和巴厘岛是电力消耗最多的地区，目前正面临严重的电力危机。

随着石油等传统能源产量已无法满足印尼日益增长的消费需求，发展包括生物燃料在内的新能源替代化石燃料成为印尼政府"国家能源战略"的重要一环。印尼通过大力发展新能源实现减少贫困、缓解就业压力，解决能源安全的问题。经过近几年努力，印尼新能源发展势头强劲，可望有效解决当前的能源短缺危机。

### 新能源列入国家能源发展战略

经过长达3年半的协商，印度尼西亚国会于2008年底全体通过了备受争议的《新能源与矿物法》。该法案的主要内容有要求投资商开发矿产资源的每一个步骤（包括地震勘探、开采、可行性研究和项目建设）都必须得到印尼政府的批准；限制投资商在某些特定地区进行开采活动以保护该国的小型和中型矿业公司；要求投资者必须在印尼国内设立冶炼厂对矿产资源进行加工；将商业合同制度和经营煤炭矿物商业合同改为矿物商业准证等。

印尼是世界棕油第一大生产国，国内能源作物种类丰富。目前发展生物燃料作物品种包括油棕榈、麻风树、椰子、木薯、甘蔗、甜高粱等。印尼目前主要生产两种生物燃料，即生物柴油和生物乙醇。前者原料主要来自棕榈原油、麻风树，后者原料为木薯、甘蔗。同时，印尼也在加大对第二代生物燃料的研发力度，以秸秆、甘蔗渣、稻壳等为原料生产非粮作物乙醇、纤维素乙醇等。

印尼计划到2010年使用生物燃油将占所有能源的2%，2025年达到5%。为满足生物燃料产能增加的需求，印尼近年大力开发生物能源作物，其中油棕榈和甘蔗种植园面积最大，分别为600万公顷和220万公顷。按照印尼农业部的规划，到2010

年印尼棕榈园种植面积将达到800万公顷。

### 加大生物能源推广力度

面对国际油价高位徘徊和国内经济需求带来能源供应不足的压力，印尼政府出台了一系列新举措，在大力发展以核能和蒸汽为主的发电厂的同时，积极发展以蓖麻和棕榈加工为主的生物柴油，及以木薯和甘蔗加工为主的乙醇等生物能源。目前，印尼国营电力公司对传统燃油的使用已下降25%，而使用柴油机的发电也已减少16%。总体而言，印尼生物能源市场已渐成规模。为加大实施生物能源政策力度，印尼国会2008年10月份通过一项法案，要求生产企业在能源消耗中使用生物燃油的比例至少达到2.5%。印尼能源矿产部还强制规定企业使用生物燃料的额度，交通运输、工商业、电站使用生物柴油的最低标准分别是1%、2.5%和0.25%，同时要求零售商保证出售1%的生物柴油和3%的生物乙醇。

印尼发展生物能源的基本思路是按地区分阶段推进，严格规划生物能源作物产区，一般是在偏远乡村实施“能源自给计划”。印尼政府从2006年开始实施“乡村能源自给计划”。印尼政府提供资金和技术指导，村民就地取材，开展生物能源作物种植、加工。

鉴于巴西已成功开发生物乙醇并得到广泛应用，印尼还派遣有关专家到巴西学习生物燃料开发技术。目前，很多印尼企业和国外投资商已瞄准这一朝阳产业，希望抓住时机，及早动手以便及早获益。

### 政府补贴生物燃油

2008年初，52个投资商与6家银行为发展印尼生物燃料签署了一项承诺投资111兆盾（12.4亿美元）与承诺贷款25兆盾的合作协议。由于该协议的推动，预计到2010年印尼将每日生产20万桶的生物燃料或植物燃料。印尼政府指定国家石油公司通过覆盖全国各地的加油站来推广生物燃油。从2008年1月份开始，在雅加达、泗水和巴厘岛等地已有200多个加油站销售生物燃油。生物燃油由印尼政府定价，当生物燃料价格高于化石燃料价格时，印尼政府予以补贴。

目前印尼国家石油公司每卖出1升生物燃油，印尼政府便补贴1000印尼盾。比如，生物页岩油（其中混合2.5%的生物柴油和97.5%的传统柴油）在市面上的价格跟柴油价格一样，都是4500印尼盾，但是生物燃油的成本要高很多，印尼政府会给予补贴，希望国有石油公司能坚持下去，同时也带动整个产业。印尼政府在2008年10月实施一项法案，要求生产企业在能源消耗中使用生物燃油的比例至少达到2.5%，以减少对石化能源的依赖度。第一步在人口稠密、工商业集中的爪哇岛和苏门答腊岛实行，然后在全国推行。

为确保法案的实施，印尼政府将与当地国营和外资主要石油生产商、零售商合作，在原油制成品中添加比例达2.5%的生物燃料。印尼政府这一举措除了减少对石化能源的依赖，扩大能源供应种类，也给在当地发展的生物能源企业吃了一颗“定心丸”。

### 期待走出能源发展困境

目前生物能源产业面临的挑战是化石燃料和生物燃料价格走势趋同，而生产生物能源原料主要是棕榈油的成本偏高，造成该行业经济效益差，因而失去吸引力。而印尼政府补贴计划落实缓慢，使得一些厂家暂时停产，或者低产量运行。

印尼发展生物能源面临的另一个问题是，长期以来印尼政府对国内燃油实行高额补贴，即使目前对生物燃油给以同样的补贴，价格上也没有优势可言。由于生产生物能源成本高，不仅不能从根本上为生产者实现盈利，而且也给印尼国家财政造成更大负担。如果没有补贴，生物燃油企业就没有办法生存。对此，印尼政府表示将提高对生物燃油的补贴，从目前的1升生物燃油补贴1000印尼盾提高到2000印尼盾，同时逐步减少对传统油气能源的价格补贴。

目前印尼生物能源发展仍处于起步阶段。长远来看，由于化石燃料存在稀缺性，目前石油价格也在回升，生物能源发展前景广阔，其市场有望在5到10年之后走向成熟。

（来源：中国石化新闻网. http://www.sinopecnews.com.cn/shnews/content/2009—10/26/content_686579.htm. 2009—10—26）

## 印度尼西亚汽车业：企业合资生产具有较好销售前景

### 一、印尼汽车业现状

印尼汽车市场主要由日本厂商控制，日本汽车厂商在印尼建立了一些独资或合资的整车生产组装厂，部分产品已本地化，销售和维修网络完善，良好的售后服务和零配件供应已赢得了用户的信任。ASTRA公司和INDOMOBILE公司都与日本汽车企业合资生产，且建立了比较齐全的销售网络，其产品的销售价格、油耗、运行等方面都占有不同的优势，在本地非常畅销。

印尼汽车工业主要集中在小轿车生产组装行业，市场上进口的大排量豪华汽车份额不到10%，小排量中低档汽车份额超过90%。目前印尼市场有许多原装进口汽车（如奔驰、宝马、大众、铃木、标志、福特、现代、切诺基等十几种车型）在销售和使用。2005年汽车销售总量为50万辆。每年二手车销量在10万辆左右。印尼有汽车零部件生产厂163家，从业人员8.4万，目前汽车保有量660万辆，平均每35人拥有一辆汽车，汽车市场在印尼有巨大潜力和良好的发展前景。出口方面，据印尼汽车工业协会公布的资料，印尼汽车主要销往沙特、阿曼、科威特、阿联酋、巴林及卡塔尔等中东国家。

当前全球汽车巨子竞相逐鹿印尼，本土厂商则沦为外国车商的“组装者”。国际汽车厂商目前控制着印尼90%的市场，剩余10%则被欧洲、美国以及韩国的进口车所瓜分。像东南亚其他市场一样，日本车在印尼市场上占据了大部分份额，本田、丰田、尼桑、马自达等品牌的组装车或进口车占据了客车市场销量的81.5%。印度本土的汽车巨子，已经公开上市的阿斯特拉国际企业集团是印尼合资厂商中的佼佼者。

据印尼汽车工业协会预测，至2010年五年间印尼汽车国内销量将达到760万辆。因此，建立汽车整车合资企业或合作生产具有较好的销售前景。

## 二、印尼的汽车产业政策

外国汽车（非东盟国家）汽车及零部件进口在海关须缴纳关税及奢侈品税，增值税（10%）、所得税（2.5%）在进口后流通时再缴。1993年至2002年印尼从泰国、马来西亚、菲律宾、新加坡和越南五国进口汽车关税为0%～5%，2003年～2009年这六个东盟国家间汽车进口关税为零，2010年后，所有东盟国家间汽车进口关税均为零。目前小轿车从东盟国家进口奢侈品税为45%，其他类型车及零部件没有奢侈品税。目前印尼工业部正在考虑将汽车奢侈品税按汽车的零售价格而不是按排气量来征收。

印尼工业部要求从外国进口至印尼的汽车在试销三年后需在印尼设厂装配。这一措施主要是针对印尼已掌握其技术的而技术又相对简单的进口汽车，如小型商用车或机动三轮车，以保护该国国内工业。印尼政府还呼吁国内装配厂减少零部件进口，尽量在国内设立零部件厂以提高利润。据印尼媒体报道，目前印尼汽车工业采用国内零部件的比例是：轿车30%～40%，第一类汽车60%，第二类汽车40%，摩托车90%。另外，印尼从2005年1月1日起要求进口汽车尾气排放达到欧洲Ⅱ号标准。

印尼1999年颁布新的汽车产业政策并沿用至今。

目标：使印尼汽车工业具有高效率和较强的全球竞争力。

策略：集中发展零部件产业；持续加强发展小型商用车（5吨以下）工业及摩托车产业；发展排气量在1500CC以下的微型汽车工业，并以此开拓微型汽车零部件工业的出口市场。

政策：开放、开发并维护国内市场及其安全；强化出口市场；培育产业结构。

国内市场发展策略：印尼将重新调整进口关税及奢侈品税以减轻市场负担以便恢复国内市场和吸引外资；目前已经取消了生产汽车的“本地化含量”要求，取消了外商投资所持股份的比例要求，可完全独资控股；放松进口措施，以便通过市场机制建立正常的、可负担得起的汽车价格体系；政府介绍推广“分期付款”措施：即用于生产目的而进口的零部件和原材料可以在货物离开保税仓库一个月后再缴纳进口税。

## 三、投资印尼汽车产业注意事项

根据印尼实际情况，外国汽车整车要想长期稳定出口印尼市场已经不现实，必须在印尼国内设立组装厂。目前看来皮卡/卡车、多用途厢式车、大小公共汽车以及特种用途车辆在印尼国内仍有一定空白市场，可考虑在印尼合资设厂。如选择独资建厂，因为对印尼情况不了解及企业自身资金实力有限，可能产生意想不到的困难。选择合作伙伴时，可优先选择那些拥有自己的财务公司或在商业银行有较多股份的有实力的企业集团，以便在以后分期付款销售产品时减少困难，不必要求这些印尼合作方有汽车生产方面的经验，只要有实力、经营状况良好又能使双方真诚友好合作即可。合作形式可以是投资企业提供设备、技术、人员培训，印尼方提供厂房、土地、工人等。这样可以带动投资企业生产设备以及零配件长期稳定的出口。

（来源：季益宇.《国际商报》. 2009年12月29日第006版）

# 老挝

## 老挝矿业资源：吸引中国企业投资的新热点

矿业作为老挝经济增长最快、利润最高的产业之一，正成为各国投资家茶余饭后的热门话题。在中国对老挝的投资领域中，矿产资源投资目前已经显现出蓬勃生机。近几年以万象钾盐矿投资开采项目为代表，不少国有、民营企业纷纷涉足铝土矿、铁矿、铜矿、金矿等开发。

目前，老挝地质勘查程度和开发处于初级阶段，矿业开采基础薄弱，矿业产值在国民经济中占有比例较低。但老挝矿产资源较丰富，主要有岩盐、钾盐、石膏、宝玉石、煤、石油及金、锡、钨、铅、锌等，出口矿产品以锡、石膏等为主。开发利用老挝矿产资源，不仅有交通和地理位置上的区位优势，更有两国友好合作的政策环境优势。中国企业应该利用自身的资金和技术，加快和老挝的合作，查清其资源情况并将资源转化为生产力，实现双赢。

### 一、中国企业投资老挝矿业全面升温

2003年，老挝政府将在沙湾拿吉等地三大已探明金矿区中三分之二区域的开采经营权划给部队开发经营，但由于缺乏资金和技术，无法开采经营。国内政府部门和企业有开采权但无能力开采的状况，逼迫老挝政府寻求外援。于是，老挝政府颁布了《矿业法》《矿产投资标准条例》和《老挝鼓励外国投资法》及相关政策，逐步规范矿业管理体制，使矿业投资环境大为改善。此后老挝矿业发展突飞猛进。不仅越南、澳大利亚、日本等国企业都对老挝矿产非常重视，中国也加入了“掘金”行列。2005年初，云南铜业集团在老挝拥有8个铜矿的探矿权和1个锑矿的开采权。2006年8月中色矿业集团有限公司取得老挝华潘省88平方公里铜矿的探矿权。重庆市地勘局下属的107地质队注册成立“老挝—重庆矿业有限责任公司”，拿到了老挝64平方公里土地的金矿开发权。据老挝地矿局报告，截至2006年8月23日，中国企业在老挝投资勘探开发的各类矿业项目已达47个，约占整个老挝矿业项目开发的34%。其中2006年的1～8月份，老挝政府批准给中国企业的勘查项目达21个，但获准开采的项目仅3个，其他项目均处在勘探阶段。

2009年，中国五矿旗下的有色金属板块成功收购了澳大利亚OZ矿业公司的主要资产从而获得了老挝Sepon铜金矿的开采权，为老挝的经济建设和社会发展贡献力量。同时，中国五矿希望未来能够在老挝寻找煤炭、铁矿石、铝矾土、锡等矿产资源的投资机会，进一步扩大在老挝的投资规模，争取为老挝社会、经济发展做出新的更大的贡献。

需注意的是，中国企业拟在老挝从事矿产资源勘查、勘探、开采、加工等经济活动，须在准备阶段向商务部和国土资源部办理备案手续。在向老挝矿产资源部门提出项目申请前，须征求中国驻老挝大使馆经济商务参赞处的意见。在经商处回复征求意见时，有关企业或公司须出具境外矿产资源开发项目备案回执、发改委有关批文及企业相应行业资信证明材料。此外，若出现两家或多家中国公司同时申报同一个项目（特别是申报矿点），以到经商处报到登记的时间为准，驻老挝使馆经商处将支持到经商处报到登记早的企业或公司。

### 二、老挝矿产多处未被开发

老挝煤矿总储量不大，已知煤田主要分布在南部、中北部和北部三个地区。煤质最好的是在沙拉湾北部的东北部地区，煤层产于上石炭统；中部万象北部的煤层产上石炭统；铁矿主要分布在川圹、甘蒙、色贡、万象和赛松本等省区，其中赛松本特区的帕莱地区和川圹省的富诺安地区最为集中，川圹—赛松本地区还有许多类似的铁矿点，估计优质铁矿资源量不会低于10亿吨；锡是老挝的优势矿产，全国估计有锡储量6.5万～8万吨，最重要的锡矿床位于南通河谷的锡石—硫化物矿，有矿石储量6.5万吨，含锡0.5%～7%；金矿在老挝分布非常广泛，大小河流的冲击层中普遍有沙金产出。斑岩型铜金矿和卡林型微细粒金矿应有很大的找矿前景，富开姆和赛奔两铜金矿也是目前老挝已知金矿资源的主要储藏地，其储量分别为8.3吨和37.3吨；老挝铅锌矿资源主要分布在中部和北部地区，万象省的铅锌矿资源比较丰富，在万象省万荣地区发现有一个大型铅锌矿，其地表氧化带锌品位平均达到32%；铝土矿主要分布在老挝南部菠萝芬高原及阿速坡省—色贡省之间的高原地带。该地区广泛覆盖喜山期玄武岩。据老挝地质矿产局资料，矿石含$Al_2O_3$49.7%，矿石质量极好；老挝钾盐资源主要分布在万象平原、沙空那空盆地的西北部分，含盐面积2000平方公里。老挝曾对其中965平方公里的地区进行过勘探，认为储量巨大。

### 三、老挝矿业管理与相关政策

（一）矿业管理

老挝矿业管理的政府主管部门是能源和矿山部（MEM）。该部下属的地质矿山局（1975年成立）负责相关矿业的具体管理工作，包括受理矿业权的申请工作，同时还承担国家地质调查方面的多项职能，包括地质与矿业数据采集、对国内外矿业投资项目的计划与合约进行评价、就矿业政策和法规向政府提供咨询服务等。

老挝矿业管理的主要法律依据是1997年5月出台的《矿业法》及2005年12月29日颁布施行的《矿产投资标准条例》。在老挝从事矿业活动，必须得到主管部门签发的相关许可证，包括：1. 普查许可证：期限2年，可延期1年，最大面积2000平方公里；2. 勘探许可证：有效期3年，可延期2次，每次2年，最大面积100平方公里；3. 采矿许可证：期限30年，可延期2次，每次10年，最大许可面积10平方公里。

（二）矿业政策

1994年4月21日老挝国会颁布的新修订的《外资法》规定，政府不干涉外资企业的事务，允许外资企业汇出所获利润；外商可在老挝建立独资企业、合资企业，国家将在头五年不向外资企业征税等。2004年，老挝继续补充和完善外商投资法，放宽矿产业投资政策。

根据2004年11月15日颁布施行的老挝《鼓励外国投资法》，老挝政府以制定关税、税收政策、规章、措施、提供信息、服务及便利等鼓励外国组织和个人投资矿业领域（含普查、勘探、开采和加工生产经营活动），并保护其合法权益。规定外国投资者进行矿业投资时须按照老挝《鼓励外国投资法》《矿产法》和有关政策规定办理投资项目申请报批手续并获政府有关部门批准颁发相关许可证后方可开展活动，并按规定享受老挝政府对外资企业提供的相关政策优惠。

（来源：中国矿产资源网. http://topics. huanqiu. com/border/invest/2009－09/580153. html. 2009—09—17）

## 老挝林业经济在调整中发展

森林是老挝重要的自然资源之一。老挝的森林分布相对均匀，阔叶树种主要有龙脑香、榄仁树、紫檀、娑罗双、坡垒和柚木等，针叶树种主要有苏门答腊松、思茅松、杉木和福建柏等，其中紫檀和柚木都是非常名贵的珍稀树种。老挝林业经济在国民经济中占有重要地位。

尽管老挝森林资源丰富，但老挝的毁林率比较严重，森林覆盖率由1940年的70％下降到目前的47％。老挝每年森林面积都在减少，特别是北部、中部地区。森林面积减少的主要原因除战争留下的创伤外，还有不断出现的刀耕火种、轮垦、森林火灾、不合理的采伐等等。同时，林业也面临着基础设施较差、林业人才缺乏、资金短缺等问题。

对此，老挝政府已经采取措施控制森林面积的减少局面，制定符合生长量的采伐规定，努力振兴木材产业。老挝的林业政策主要由农林部林业局负责制订，林业政策包括森林经营和人工造林政策、山地开发政策，采伐许可审批权和课税征收权掌握在军队下属的3个地区开发公司手中。林业法令主要有《禁伐令》《关于村落的森林资源管理的义务和权力之规定》《森林和林地管理及利用的总理法令》《植树和森林保护的土地及林地分配的总理法令》。1996年《森林法》开始实施。

老挝2005年制定森林发展战略，确立林业领域风险和利益相关的能力，控制导致减少森林覆盖率的过程；改善依赖森林维持生计的农村贫困人口生活水平；制定和实施有效的法律和规章，建立可持续森林管理；保护资源和生物多样性，确保非木材林产品的可持续经营管理。

老挝实行改革开放以来，由于林业资源开发不当，没有给政府带来预期的经济收入，也没有解决当地人的就业问题，所以自2000年来，老挝政府开始限制原木直接出口，但效果并不明显。直到新一届政府在2006年10月颁布法令，明确未经加工的木材不准出口后，这种情况才有了一定好转，但在实施中仍有一些贸易商把木材简单锯成各种尺寸后出口，或是一些地方官员钻政策的空子，帮助贸易商出口未加工木材。

面对这种情况，2007年4月老挝工贸部出台新的规定，明确提出“只有木制成品才能出口。”其措施有：1. 列出清单供地方政府和海关严格核对把关，例如桌子，必须加工成品部件才算制成品准予出口；2. 成立了国家木材贸易委员会，加强对具体执行部门的监督；公安、海关加大查处、打击非法出口和走私木材和力度；3. 老挝工贸部直接对违法出口行为罚没和起诉。2007年5至6月间老挝工贸部又先后查处关闭了2088家耗材未达标的锯木厂，只保留800家。由工贸部下达采伐、采购木材的配额指标，鼓励引进外资和技术进行合作，推动集约化生产加工和经营管理。在这种条件下，中国投资者在老挝从事木材进出口业时，必须增加初始投资，在老挝设厂进行一定的木材加工。但国际市场对木材的需求大于供给并将长期维持供不应求的情况下，整个行业投资机会较大。

老挝注重发展木材深加工工业，将木材加工制成胶合板出口。这不仅对保护本国的森林资源有利，而且还提高了产品的附加值，取得较好的经济效益。目前，一些有影响的东南亚木材工业集团已陆续到老挝投资，办起了许多胶合板生产厂，其大部分产品用于出口。近年来，老挝采取招商投资方式，进一步发展木材深加工工业。现在老挝全国有制材厂98家、木质板厂8家、胶合板厂1家。由于劳动力短缺以及资金、技术等方面的问题，老挝木材加工劳动生产率、出材率都处于较低的水平。老挝的传统出口产品包括原木和锯材、木材和木制品等，但自2000年以来，经济作物特别是咖啡、玉米、蔬菜及其他商品（如橡胶）已成为重要的出口产品。

老挝政府实行经济改革政策20年来取得了明显成效，经济增长速度近五年来平均达6.2%。目前，老挝政治、社会稳定，经济持续增长，人民生活不断得到改善，这为进一步调整和发展老挝林业经济创造了有利条件。根据老挝政府第六个5年（2006年～2010年）计划，到2010年老挝每年生产天然木材可以保持在20万～30万立方米。

（来源：综合整理自广西新闻网、云南省替代种植发展行业协会网）

## 老挝劳务市场概况

### 一、老挝劳动就业和劳动力市场基本情况

（一）劳动就业基本情况

老挝全国人口约600万，从业人员约300万人，其中约80%从业人员属稳定就业（含农民、公职和企业在编人员），约20%从业人员属转移就业。老挝社会福利劳动部资料显示，在转移就业工作中，用工单位共151906家，就业人数共652000人，其中农业406000人、工业建筑业102000人和服务业144000人。2009年，老挝新增就业人数214949人，比2008年增长近3倍，其中国内就业210922人，从事农业197654人、工业建筑业12960人和服务业308人；国外就业（外派劳务）4027人，比2008年增长30%，其中从事农业134人、工业建筑业3476人和服务业417人；自主创业165人；登记求职人数8813人，比2008年减少约3倍，其中农业132人、工业建筑业8486人和服务业195人。

劳动输出方面，老挝劳务主要输出市场是泰国。据统计，老挝籍公民在泰国务工人数累计120580人，其中合法劳工61929人。

劳务输入方面，2009年共计17083人外籍劳务人员进入老挝工作，其中按国家分是：中国3215人、越南6864人、泰国3524人及其他国家3480人；按行业分：农业2121人、工业8796人、服务业1230和其他行业4938人。

（二）劳动力市场基本情况

1. 劳动力供求情况

根据2009年初老挝社会劳动部《关于金融危机对老挝劳动就业的影响与对策报告》，金融危机导致老挝国内工人下岗约2000人、失业48806人、待业2795人；从国外失业回国15000人，合计需解决失业人数68601人。与此同时，老挝国内还存在劳动力短缺的情况，如沙湾拿吉省有5家用工单位需长工9424人、短工15830人。部分项目尤其是农业项目如橡胶、沉香木、桉树和小油桐等种植项目需要增加部分劳动力约5500人；纺织业需要14000人；能源矿产业需15564人。此外，外国劳务市场对老挝劳务的需求也在增加，如泰国需求约20000人、韩国约2500人、日本约300人、马来西亚需1000人、美国需500人，合计用工人数84618人，其中短工15830人，足以解决金融危机带来的失业问题。同时，在2010年老挝社会福利劳动部工作计划中称，随着老挝社会经济将继续保持快速发展，越来越多的援助项目、矿产、水电、建筑、加工、农业和服务业等产业将新增大量工作岗位。老挝的劳动力市场明显呈现出供小于求的局面。

外籍劳务需求方面，2010年来老挝劳务市场出现“两增一减”的趋势，即对高新技术人才、高级经营管理人才、新兴产业和特殊专业技能人才的需求明显增加；对脏苦险行业工种需求增加；对普通工人、简单技工、低层次经营管理人才需求减少。如建筑业中工程规划设计人员、项目管理人员、工程师、监理工程师等供不应求，需从中日韩等国家输入。普通建筑工人则多数是本地老挝人和越南籍工人。这类工人由于技能和劳动生产效率低下，供给过剩，导致待遇不断下降。

2. 劳动力价格

2009年老挝国内生产总值增幅达7.6%，人均国内生产总值达906美元，比上年增长约12%。老挝劳动力价格也随着社会经济的增长而增长，老挝

社会福利劳动部于2009年初将最低劳动工资标准从29万基普（约35美元）调高至34.8万基普（约41美元）。在实际执行中，老挝劳动力价格远高于政府制定的最低工资标准。

3. 劳动就业服务

2009年中旬，老挝社会福利部在万象市举办了首次劳动就业招聘会，共有8000多名求职者参加。2010年1月，老挝社会福利劳动部出台《劳动就业服务企业设立和管理决定》，将进一步规范老挝劳动就业服务市场，提高服务质量，增加就业机会。截至目前，老挝共有9家劳动就业服务公司，它们从2006年起至今共为1.4万人联系了劳动就业机会。

### 二、老挝劳务市场存在的突出问题

（一）供求矛盾突出。老挝劳动力80%集中在农业部门，随着老挝社会经济的快速发展，越来越多的农林种植加工项目、基础建设项目、水电矿产资源开发项目进入实施阶段，需要大量农林技术工人和工业建筑业从业人员。但老挝教育尤其是职业教育发展滞后，工业基础薄弱，产业工人缺乏，老挝全国有知识、有技术、守纪律的从业人员仅约10万人，全国100多所职业学校每年仅培养约1.4万个技术工人，远不能满足老挝社会经济现代化和工业化进程要求，突显其供求关系不平衡的矛盾。

（二）就业结构性矛盾突出。一方面相当数量的从业人员文化程度偏低、技能单一，难以满足用工单位需求；另一方面部分从业人员择业观念陈旧，对岗位和收入待遇期望值较高，往往不愿意到脏苦累险岗位就业，自谋职业也顾虑重重。

（三）企业用工成本过高。与东南亚其他国家相比，老挝劳动力成本价较低（约为泰国的1/3），但这些劳动力并不符合企业实际需求，企业需对招来的员工从基础知识开始培训，承担起职业技术学校的职能。加上很多老挝劳工缺乏吃苦精神、工作节奏慢、效率低、纪律和法律意识淡薄、稳定性差、闹情绪和跳槽现象严重，企业难以从制度上和按工作进度对工人进行管理，需重复招聘和培训，造成企业用工成本过高。

### 三、中国—老挝开展双边劳务合作

中国—老挝双边劳务合作目前仅限于中国企业执行的工程项目和投资项目的项下劳务合作，至今未出现任何重大劳务问题，开展双边劳务合作的环境较好，具体表现在：

（一）老挝国内环境较好。经过35年的发展，老挝已建立了良好的内部环境，政治稳定、社会安宁、人民友好，革新开放力度不断加大，经济发展快速、平稳，人民生活水平不断提高，国内没有民族、宗教、政党、反叛武装的斗争和冲突，与周边国家也没有边界冲突问题。

（二）中老关系为开展双边劳务合作创造良好的外部环境。2009年中老关系已提升为全面战略合作伙伴关系，政治互信增强，中老经贸合作不断深化，为中老开展双边劳务合作营造了良好的外部环境。

（三）开展中老双边劳务合作具有较大发展空间。近些年，老挝经济持续保持7%以上增长速度，每年获得近4亿美元国际援助，2009年外国投资合同额达40多亿美元，老挝国内基础设施建设和项目投资呈现一派繁荣景象，需要大量高质量、高效率的建设队伍。同时，老挝政府正实施“湄公河次区域过境服务中心”战略，将重点发展交通路网如南北、东西铁路和南北、东西高速路等，并明确表示将强化与中国的经贸合作重心地位，把中国视为最主要的外援、外资来源国和出口市场，中老经贸合作势必长时间内保持快速增长势头。开展和加强双边劳务合作具有较大发展空间，当属应运而生，更应顺势而为。

（来源：中华人民共和国驻老挝人民民主共和国大使馆经济商务参赞处.http://la.mofcom.gov.cn/aarticle/ztdy/201001/20100106769094.html?905124794=850387913.2010—01—30）

# 马来西亚

## 马来西亚汽车产业迎来新释放

2009年10月28日，马来西亚国际贸易和工业部部长拿督慕斯达化·莫哈公开披露了其在汽车产业方面的新政策。根据马来西亚已经公布的计划，这项政策大致分为18个方面，在整车、零部件、二手车、关税等各个方面都进行了调整。新政策旨在利用跨国汽车公司的力量改变马来西亚汽车的现状，以便使马来西亚的汽车产业能首先达到进而超越泰国的水平，成为东南亚地区最重要的汽车生产基地。按照计划，新政策将在2015年后逐渐发挥功效。

### 一、风雨中调整步伐

宝腾公司是马来西亚国有控股的汽车业大鳄，

1997年，马来西亚的宝腾公司一举摘取世界跑车界的奇葩——莲花，引来汽车界一阵喝彩。2001年开始，又传出马来西亚要与中国合资生产轿车的消息。马来西亚进举中国汽车市场的行为，表明马来西亚发展汽车的雄心壮志。在马来西亚汽车业本土政策的保驾护航、东盟市场的及时开放以及需求增长的巨大拉动使马来西亚汽车业以其独特的优势跻身进入东盟整体汽车市场。在中国—东盟自贸区即将迎来零关税后，作为东盟最大私家车市场的马来西亚无疑将是本区域最理想的私家车制造中心。面对全球性的金融危机，马来西亚汽车产业将迎来它的涅槃时刻。

当面对国内汽车市场不断萎缩，以及国有控股的宝腾汽车在选择跨国汽车公司合作伙伴上引发的口水战不断时，马来西亚决定改变汽车行业的运作方式。在他们看来，利用外资已经成为不可逆转的趋势，或许只有借助外资的力量才能拯救备受关注的汽车行业。

马来西亚宝腾汽车一直在试图找寻新的发展模式以便能借助跨国汽车公司的力量改变其在产品与技术方面的落后状况。马来西亚国际贸易和工业部部长拿督慕斯达化·莫哈公开披露了其在汽车产业方面的新政策后，跨国汽车公司立即响应，大众、通用、PSA等都希望能借助与宝腾汽车的合作，扩大其在马来西亚的发展。按照计划，新政策将在2015年后逐渐发挥功效，所以诸多的分析认为，现在是尝试进入这一地区的最佳时机。

## 二、中国民营汽车的马来西亚之路

中国—东盟自贸区的建立为中国汽车企业扩大了市场，在中国国内汽车产业达到辉煌的时候，国内汽车企业开始把眼光放到了东盟，其中具有代表性的就是中国的民营汽车产业。早在2004年11月12日，奇瑞和马来西亚Alado公司就在北京签署了《整车出口以及技术转让协议》，并最终在马来西亚实现CKD（成套散件出口组装）生产的协议。Alado公司专门从事汽车贸易和销售，营业范围包括整车进口、分销和本地化整车组装，拥有约200多个销售、维修网点，其发展目标是在本地组装汽车并出口到东南亚国家。根据计划，Alado公司将以整车进口形式，进口1万辆QQ，然后再逐渐转成CKD方式。然而签约仅仅4天，从天而降的一盆冷水浇熄了奇瑞汽车进军马来西亚的热情——美国通用汽车公司的一纸状书将奇瑞告上了法庭。通用称奇瑞QQ多次涉嫌抄袭通用SPARK的专利，同时通用也向中国国家知识产权局专利复审委员会申请奇瑞QQ的外观设计专利无效。随后，通用在全世界展开狙击奇瑞的活动，奇瑞进军海外市场的前景蒙上了阴影，只好暂时全面停止了QQ在马来西亚的出口，以前进入的样车全部运回中国。

无独有偶，浙江吉利集团在进军马来西亚汽车市场的过程中，也遭遇了与奇瑞类似的坎坷。

2005年5月30日，在马来西亚吉隆坡国会大厦，吉利汽车控股有限公司（吉利集团在香港上市的子公司）与马来西亚IGC集团就整车项目合作及CKD项目合作正式签约，自此，中国本土品牌汽车企业实现了海外建厂零的突破，是中国民族汽车工业发展史上的一个里程碑。

根据协议，吉利与IGC集团在马来西亚制造、组装和出口吉利汽车，2005年底出口整车3000辆，计划2006年达到向马来西亚出口1万辆整车、3万辆成套散件的规模，并将在马来西亚的关丹设组装厂，享受“进口关税全免，前5年免70%企业税”的优惠，以马来西亚为组装基地，将汽车出口到其他东南亚国家。当时由于东盟给马来西亚汽车产业的两年过渡期即将终止，马来西亚国内各派力量对新的汽车产业政策展开激烈的争论，正酝酿进入马来西亚市场的中国汽车企业成了矛头所向。在吉利马来西亚项目签约几天后，马来西亚前总理马哈蒂尔认为，由于来自中国等地的汽车价格过于低廉，已威胁和抢占本土汽车企业PROTON（宝腾）的原有市场份额，让其蒙受重大损失。为此，他敦促马来西亚政府限制中国汽车进口，希望以此保证马来西亚本土汽车企业的市场份额。

在马哈蒂尔的呼吁下，马来西亚政府做出决定：新进入马来西亚的汽车品牌，在当地生产及组装后，必须100%出口。这次汽车产业政策的调整切断了吉利进入马来西亚汽车市场的美梦，与吉利当初在当地设厂的初衷相违背，建厂只是徒增吉利的生产、劳动力成本。2005年11月底，吉利在马来西亚生产的第一辆车刚刚下线，就遭遇马来西亚政府的禁令，大量的汽车停靠在港口不能进入马来西亚市场，使吉利进军马来西亚的计划严重受挫，合作项目被迫搁浅。

## 三、零关税带来的商机

自2005年开始，中国本土的汽车制造商利用各种不同的方式进入马来西亚市场，但由于马来西亚在产业政策方面存在争议，因此，中国汽车制造商在当地的发展也处于变化之中。

据悉，马来西亚汽车业的新政策包括了许可证发放、关税、鼓励性措施、技术和环境、安全和标准，以及核准证（AP）制度等新汽车政策要求，只要跨国汽车公司能在马来西亚进行发动机排量超过1.8升、单车成本高于15万马币的生产，都可以在当地设立100%控股的子公司。在零部件方面，马来西亚鼓励有资质的制造商在当地建立生产工厂，除满足本土生产的需求外，更鼓励他们积极出口，而且承诺在出口方面也会给予大幅的优惠，至于优惠的幅度将根据出口零部件的增值来进行。与之前为保护本土汽车制造商发展，对跨国汽车公司在马来西亚设立子公司严格的要求相比，这一次马来西亚的汽车新政策有了前所未有的突破。这对中国汽车制造商而言，马来西亚汽车产业政策的调整是一次寻求突破的机会。

（来源：周杰.《国际商报》. 2009年11月10日第006版）

## 马来西亚——棕榈的国度

马来西亚是棕榈油世界中的巨人。2008～2009年，马来西亚的棕榈油产量仅次于印度尼西亚，成为世界上第二大棕榈油生产国和出口国。

棕榈树的原产地在非洲，在1870年作为观赏植物被引入马来西亚，自1917年开始，其经济价值开始受到重视，种植面积逐步扩大，目前已经成为马来西亚的第一大经济作物。

马来西亚位于赤道附近，属于热带雨林气候，雨量充沛，日照充足，气候温暖，而且没有台风和洪水等自然灾害的侵害，丰富的光热资源为马来西亚的棕榈油产业提供了得天独厚的自然条件。

### 一、马来西亚棕榈油产业现状

1910年，美国人威廉·赛姆和亨利·达比在马来西亚开辟了棕榈种植园，2007年，塞姆·达比种植园合并了金·希望种植园和卡姆巴兰种植园，成为世界上最大的棕榈种植园和棕榈油生产基地，另外，印度尼西亚和利比里亚的生产基地每年能够生产2.4万吨初榨棕榈油，占世界总产量的6%。

美国农业部吉隆坡办事处公布的马来西亚年度报告中显示，2008～2009年马来西亚初榨毛棕榈油的产出量为1790万吨，同比增长2%。另外，马来西亚还有能力出口1500万吨的毛棕果油和100万吨的棕果仁油。

中国一直是马来西亚最重要的棕榈油进口国，美国也跃居马来西亚棕榈油第四大进口国。近年来，美国棕榈油的进口量增加了近一倍，由2006年的60万吨增加到2009年的120万吨。

根据马来西亚棕榈油管理局统计，目前在马来西亚有411家毛棕榈油压榨企业在进行生产，产能达到9460万吨。有42家棕仁油压榨企业，年产能520万吨。还有51家棕榈油精炼厂和17家人造奶油生产厂，产能分别为1920万吨和260万吨。由于棕榈油正处于厄尔尼诺过后的恢复期，市场普遍预计2010年7月份马来西亚棕榈油产量可能仅能增长3%～5%，而在正常年景，处于生产旺季的棕榈油产量会增加5%～7%。

### 二、马来西亚棕榈油产业特点

马来西亚棕榈油产业的快速发展起于20世纪60年代初。经过40多年的发展，目前已拥有世界领先水平的科研机构和加工技术，掌握了生物工程技术，且有着成熟的生产加工资源市场和供销经营市场。

（一）种植面积不断增加。由于油棕的经济价值高，马来西亚不断开垦土地种植油棕，原来的橡胶园等也改种油棕。油棕的种植面积越来越大，2001年种植面积为350万公顷，到2004年底，种植面积已达380万公顷。

（二）产量不断增加。1992年原棕油的产量为640万吨，1996年为840万吨，2002年为1190.93万吨。

（三）出口贸易地位突出。马来西亚是世界上最大的棕榈油及相关制品的生产和出口国，棕榈制品的出口量约占世界总出口量的2/3，直接影响世界棕榈油的价格走向。据统计，近年来马来西亚棕榈油产量和出口量分别占世界总量的50%和60%左右。

（四）从业人员众多。马来西亚全国从事棕榈油加工的各类企业超过400家，直接从事油棕种植开发及棕榈油和相关制品生产、贸易及研究的各类人员超过35万人，而间接带动的相关产业从业人员达到200万。

（五）科研先进适用，建立了油棕的种质资源库和基因数据库。近年来，马来西亚政府不断加大投入，加强了对棕榈油上下游产品的研究与开发。棕榈油业对于推动马来西亚国家工业化进程起了重要的作用。

### 三、马来西亚棕榈油产业优势

棕榈树原产地是非洲。1917年马来西亚开始进行商业化种植，不到一百年时间其就成为世界棕榈油生产第一大国，占领世界棕榈油市场大半份额。马来西亚棕榈油产业能取得成功，其优势体现在：

（一）优越的气候和土壤条件。油棕的生长需要充沛的水分和充足的阳光。马来西亚位于赤道附近，属热带雨林气候，年平均气温35℃。雨量充沛，年降雨量为2500毫米。日照充分，气候温暖，而且没有台风和洪水等自然灾害的侵害。丰富的光热资源为马来西亚的棕榈油产业的发展提供了独一无二的自然条件。

（二）规模化效益明显。马来西亚棕榈油生产规模化程度很高，到处都是一望无际的棕榈树园，棕榈树农场逐步走向大规模集约化经营，小农场逐步消失，种植的面积不断扩大，2004年种植面积就达380万公顷。其中，60％的农场归私人所有，大约30％是合作共有地，只有10％归小佃农拥有。集中成片种植，实行集约化经营，统一品种和栽培标准，从而形成优势产区。

（三）龙头企业的作用明显。如IOI集团、马来西亚联邦土地所属的棕榈油业集团公司等。他们拥有种植园、棕榈油加工厂、精炼厂、运输服务公司、船运服务公司、储油库公司及行销服务公司。由此可见，这些龙头企业都具有良好的销售和储运体系，其大型的船只码头成为企业的左膀右臂。产品主要出口到中国、印度、巴基斯坦、斯里兰卡、西亚以及地中海及欧洲各地，年销售量超过11亿美元，每年棕榈油产量230万吨，在世界棕榈处理业方面居于主导地位。同时，这些公司在国外也拥有棕榈油的提炼厂、储存库公司，如在中国的武汉和北京都设立了棕榈油的提炼公司，在天津港口也拥有储存库；在巴基斯坦、巴西等国也设有储存库。这些大公司一旦接到订单，就可根据顾客要求及时进行资源最优配置，不必从马来西亚总部发货。这样的分销体系有效地降低了营销成本。

（四）重视油棕的科学研究。马来西亚十分重视油棕的科研，应用研究与理论研究并重。对油棕选种、提早开花结果、树身矮化、主要病虫害、含油量和品质生理、贮藏运输生理等研究项目都进行了长期、稳定和持续的研究。在育种方面，他们在非洲、美洲收集野生和半野生的油棕种子（特别重视油棕近缘属的收集），通过常规杂交选育出许多属间属内新品种。同时，通过生物技术以组织培植的方式复制油棕，用有益基因进行基因改造的油棕是举世闻名的抗虫害、抗病害的高产新品种。在油棕的种植方面，一方面注重油棕营养研究的基础方面，如：评估不同的土壤和肥料对油棕的影响，肥料在不同环境中的恢复情况；基因品种、代数遗传品种的产量及营养情况；油棕树生态系统中营养的再利用；微量元素的需求等。另一方面注重油棕的种植适当与管理技术，如：重视机械化耕作对油棕的影响；评估不同的面积内水土的保持情况；种植密度对油棕产量的影响；科学的使用肥料以及油棕园中废弃物的利用与管理等等。同时还特别重视信息技术在油棕种植方面的作用，建立了油棕资源信息系统，用地球信息系统，全球定位系统及微观分析系统指导油棕园的种植管理实践。

（五）不断提高机械作业水平。为了解决人力资源短缺和需求量大的矛盾，马来西亚棕榈油管理局投入了大量的人力物力进行攻关，其所属的农场机械研究组专门负责此项工作，一些公司也对采果集运设备及其他的作业机械进行了大量的研究探索。首先推广适用于采用机械进行采果作业的矮种高产的油棕树，其次在实践中摸索出有利于机械化生产的科学的工艺流程，在此基础上研制出各种油棕种植作业中切实可行的高效率的作业机械。从20世纪80年代到90年代，由于机械化程度的不断提高，在土地的耕作效率上，马来西亚采用微型拖拉机牵动的拖车和水陆两用拖拉机以及现今的自动攫取机，人力对土地的比率已从过去的1∶6.5提高到1∶9.8。油棕的种植生产作业中采用机械作业的生产比例达到37.5％。

（六）注重棕榈油的综合利用和深加工。马来西亚龙头企业以棕榈油为原料，精炼出高纯度的不同级别工业用棕榈油，如马来西亚土地局和美国宝洁公司在马来西亚的关丹港口建立化学油脂联营工厂，精炼出不同的油品，主要用于化妆品、保健品以及其他日化用品，有效提高了棕榈油的附加值。同时，马来西亚政府能源开发局一直致力于棕榈油能源应用，当棕榈油产品过剩及市场不景气时，及时将棕榈油转化为电能、热能或汽油的代用品，可以维持棕榈油市场的整体价盘，保护种植者的利益，维护其信心。一般当棕榈油价格低于每吨800马币时，马来西亚政府会及时启动能源政策。

（七）政府支持是产业发展必不可少的条件。马来西亚政府一直重视棕榈油业的发展，先后在两个发展计划中专门对棕榈油产业制订了发展计划。随着棕榈油出口量的加大，马来西亚政府还与许多国家谈判，说服他们降低棕榈油的进口关税并取消非关税壁垒，还在世界各地建立办事处来提供对棕榈油的技术服务。同时，马来西亚政府还以各种方式促销棕榈油，包括给进口国以贷款、安排以货易货锁定外销市场，有限度地给予部分棕榈油出口免税。为了进一步促进推动马来西亚棕榈油产业的发展，马来西亚政府于2005年5月1日在原有的棕榈油研究与发展委员会、棕榈油研究院以及棕榈油注册管理局等三家机构基础上合并成立马来西亚棕榈油委员会，负责对该国总体棕榈油产业的具体管理并为其提供经营和科技支持。

（来源：闫巍.《粮油市场报》. 2010年1月28日第B04版）

## 中国与马来西亚矿业合作前景分析

### 一、马来西亚矿产资源开发现状

马来西亚矿业在国民经济中占有重要地位。矿业对马来西亚GDP的直接贡献为270亿吉林特(2007年亚太矿业大会报告，1美元约合3.5林吉特)，约占国内生产总值的5.3%，其中92.6%来自天然气和石油。马来西亚生产的其他主要矿产还有煤、锡、金、铝土矿、稀土矿物、铁矿石、钛铁矿、硅砂和高岭土等。

(一)石油和天然气

马来西亚进行天然气勘探和开发的重要区域之一是马来西亚—泰国联合开发区（JDA），位于下泰国湾地区，由马来西亚—泰国联合管理机构（MT-JA）共同管理。马来西亚—泰国联合开发区包括区块A—18、B—17和C—19。马来西亚国家石油天然气公司与Amerada Hess公司以均股的形式参与区块A—18的开发，泰国石油管理局（PTT）与马来西亚国家石油天然气公司以等额权益开发其余区块。

目前马来西亚是原油和天然气的净出口国，是世界第三大天然气出口国。2005年油气生产总量的50%供出口，主要出口到日本、印度、泰国和中国。过去10年，马来西亚原油产量总体呈下降趋势，其主要原因是石油储量连年下降，1996年的石油储量为43亿桶，目前已经下降到30亿桶。外界预测马来西亚除非能获得新的大型油田发现，否则在今后几年也可能会成为一个石油净进口国。2007年马来西亚国家石油天然气公司总执行长丹斯里莫哈末哈山马力肯估计，马来西亚3年后将成为石油进口国。他指出，到2010年，马来西亚的石油产量将减少至每天30万桶；到2011年石油产量将减少15%；从2014年开始，产量每年减少10%。

（二）煤

2005年马来西亚煤炭产量为78.9万吨，比2004年翻了一番。马来西亚的煤炭勘探和开采均集中在沙捞越州，生产煤田集中在沙捞越州的Bintulu、Merit—Pila、Silantek和Tutoh几个地区，其中Merit—Pila是马来西亚最大的煤田。马来西亚的煤炭产量远远不能满足国内的需要，90%以上的煤炭需求依靠进口。

2005年马来西亚进口煤炭930万吨，比2004年增长8.1%。进口煤炭主要来自澳大利亚、中国和印度尼西亚。马来西亚国内煤炭需求的70%（国内产量加上进口量）用于电力生产，其余部分主要用于水泥和钢铁生产。

（三）锡

锡矿是马来西亚的重要矿产，锡矿产量在世界上曾经占有重要地位。近年来，虽然国际锡矿产品价格持续升高，但经过100多年的开采活动，马来西亚的优质锡矿资源大幅度减少，品位降低，使其锡矿产量连年下降。2005年锡矿山产量为2857吨，仅为5年前的45.3%，15年前的10%。目前正运营的锡矿山约30多个，主要集中在马来西亚半岛。

2005年马来西亚精炼锡产量为36924吨，比2004年增长8.9%。马来西亚冶炼公司（MSC）是马来西亚唯一的精炼锡生产商。马来西亚精炼锡国内消费仅占一小部分，大部分供出口，2005年国内消费锡4100吨，出口32947吨，主要出口到新加坡、韩国、日本和中国台湾。

（四）铝土矿

马来西亚铝土矿生产集中在柔佛州，有2个正在生产的铝土矿的矿山位于柔佛州的Bungai Rengit地区。近年来由于资源耗竭，铝土矿产量大幅度下降，2001年产量还有64161吨，2005年下降到4735吨，仅为5年前的7.4%。马来西亚国内没有铝土矿的精炼和冶炼厂。因此，生产的全部铝土矿均出口到邻近的东南亚国家。

近年来，马来西亚政府正试图通过引进外资来改变没有原铝生产厂的现状。目前马来西亚与多家外国企业协商在马来西亚建铝厂之事，其中包括力拓公司、中铝国际工程有限公司等。

（五）铁矿石

马来西亚每年只生产少量的低品位铁矿石，主要产自霹雳州、彭亨州和丁加奴州。2005年铁矿石产量为95万吨，比2004年增长43.1%。由于国内缺少优质的铁矿资源，马来西亚每年要从巴林、巴西、加拿大和智利等国进口大量高品位的铁矿石用于炼钢。马来西亚拥有较强的钢铁生产能力，但实际利用率很低。2005年原钢产量为530万吨，比2004年减少7%。

（六）金矿

2005年马来西亚金矿产量为4.2吨，比2004年增长0.7%，主要产自彭亨州的Penjom金矿，该矿山的所有者是英国的Avocet公司，经营者是该公司的子公司——马来西亚特种资源公司，此外，在吉兰丹州、彭亨州和丁加奴州有一些较小的金矿山。目前在马来西亚进行金矿勘探的公司很少，Avocet公司是其中之一，其正在Penjom金矿附近的Panau进行金矿勘探。

## 二、中国与马来西亚矿业投资前景分析

（一）马来西亚与中国的经贸关系

马来西亚已经与包括中国在内的51个国家或国际组织签订了双边投资保障协议，和包括中国在内的47个国家签订了避免双重关税的协议。从双边贸易的货物构成、贸易额来看，中国与马来西亚的经贸合作存在着一定的潜力。比如，合作开发其丰富的矿产资源，包括金属矿产资源、油气煤炭等能源资源、黏土等非金属矿产资源。此外，在开发海洋渔业资源的双边渔业合作、机电产品出口及投资制造业等方面也具有很大潜力。

（二）外商投资政策

马来西亚政府欢迎外商投资各个行业，尤其是制造业及高科技产业。一般政策规定，外资在合资企业中最多只能拥有30%的股份，但在制造业出口外向型产业中允许外商独资。凡涉及矿产品开采加工的项目，外商也可独资。在决定所有权比例时，需要考虑投资的级别、项目中的技术和风险因素、马来西亚本国是否有该矿产品勘探、开采和加工方面的专家等因素。马来西亚政府鼓励土著马来人拥有一定的资产，经常要求外资企业与土著马来人合作，并要求职员中也要有一定比例的土著马来人。马来西亚的外国投资者除了资产限制以外在各方面均享有国民待遇。

（三）移民政策及外国人工作许可

马来西亚政府限制企业雇佣海外侨民的数量，同时，马来西亚政府还监督企业招聘员工的程序，以保证雇员种族结构的平衡。从1997年开始，一些相关的政府部门可以先批准马来西亚国内极度缺乏的外国专家、科学家和学者的工作签证，然后再提交到移民部以签发相关文件。

（四）外资管理部门及法律政策

马来西亚政府对经济贸易事务的管理是公开的。主要贸易管理部门是国际贸易和工业部（MITI），其下属的对外贸易发展局是马来西亚外贸出口的促进机构，工业发展局（MIDA）是马来西亚制造业外国直接投资的审批和管理机构，此外，还有马来西亚外资委员会（FIC）及有关部委。马来西亚的对外投资管理机构主要为国际银行（Bank Negara）。

马来西亚国内的法律体系健全、公开和透明，是联合国解决投资争端公约的签字国之一，设在首都吉隆坡的区域仲裁中心可以对国际贸易纠纷提供仲裁和调解服务。其主要相关法律包括《外资企业准则》、1986年颁布的《促进投资法》、1967年颁布的《所得税法》和《矿业法》等。

（五）马来西亚的矿权管理

马来西亚法律规定，各州政府负责本州矿权的管理，主要法律依据是1994年的《矿产开发法》（MDA）和《州矿产法令》（SME）。各州政府设有矿产资源委员会（SMRC），具体负责矿权的审批。各州政府都设有一站式管理中心，中心设在土地和矿山领导办公室（SDLM），负责矿产勘查许可证、勘探许可证和采矿租约及延期申请办理工作。中心拥有关于矿产地的全部信息，包括是否已经审批和目前的执行情况。全部矿权的申请需要得到州矿产资源委员会（SMRC）的审批。

总体而言，马来西亚社会政治较稳定、经济发展健康、法律制度较健全，具有较好的矿业投资环境。但外资占股最多不能超过30%，这对外资方进行各项活动产生较大约束。

此外，马来西亚某些矿产资源有着巨大的潜力，中国可以根据国内外市场需要，与马来西亚建立矿产资源特别是油气资源的合作伙伴关系。

（来源：冯佳睿，周振华，朱爱中，唐长钟.《资源与产业》. 2009年第03期）

# 走进马来西亚农药市场

马来西亚地处地球赤道，国土面积大约33万平方公里，为典型的热带气候，常年炎热多雨。马来西亚人口约2700多万（2007年，世界第43名），由马来人、华人、印度人以及这三类人种的混血儿组成，是名副其实的“大熔炉”。其中，华人大约占到总人口的30%，多以中国广东、福建、云南等地的客家人后裔为主。马来西亚被人们称为转口贸易国，在东南亚和东盟的地位举足轻重，与西亚、

南亚及至欧美、非洲的距离都相对较近，联系非常紧密。此外，紧靠“黄金水道”马六甲海峡更使马来西亚具有得天独厚的交通优势。

## 一、农业生产的基本状况

20世纪70年代前，马来西亚以农业经济为主，依赖初级产品出口。随着工矿业及其他产业的发展，马来西亚农业在其国民经济中的地位已开始下降。马来西亚农业生产长期集中于热带经济作物，粮食生产比较薄弱。主要经济作物包括橡胶、棕榈、椰子等。其他主要产品还有胡椒、烟叶、菠萝和茶叶等。马来西亚曾是世界最大的橡胶生产国与出口国。水稻是马来西亚的主要粮食作物，自给率约为65%。全国有8个水稻主产区。2006年人均收入达20841元。随着人民生活水平的提高及对高质量产品的需求与日俱增，使得人们开始寻求更多的植保措施，农药产品的使用量上升趋势。

## 二、马来西亚的植保状况

马来西亚的耕地面积相对较少，其农药市场占东南亚农药市场的15%。马来西亚2006年农药用量为8700万美元，除草剂主要用于油棕，杀虫剂主要用于水稻和橡胶，杀菌剂主要用于水稻、蔬菜和水果。由于全国以种植油棕为主，除草剂成为马来西亚使用的主要农药品种，草甘膦在该国的用量位居第一。2008年41%的水剂年均用量达1500万公升，百草枯的年均用量为700万公升，草铵膦和甲磺隆的用量都达100万公升。油棕的病害较少，因此杀虫剂和杀菌剂的用量较少，油棕害虫防治主要集中在防治幼龄甲虫、高龄毛虫和结草虫上。杀虫剂主要有Bt和毒死蜱、阿维菌素。马来西亚的农药品种主要从中国进口。

水稻是马来西亚的主要粮食作物，尽管种植面积较小，但用药水平很高。嘧啶肟草醚、氰氟草酯、敌稗、2，4－D等是常用除草剂。由于大部分地区采用直接播种的农艺方式，长芒稗、千金子等禾本科杂草普遍发生。主要害虫是二化螟、稻飞虱、卷叶蛾。常用的杀虫剂有合成除虫菊酯（氯氰菊酯、高效氯氟氰菊酯等）、氟虫腈、吡虫啉、虱螨脲等，主要病害为稻瘟病。近年来，杀菌剂的用量呈上升趋势。

在马来西亚，十字花科蔬菜上的主要害虫有小菜蛾、甜菜夜蛾等。其他作物如茄子、豆、辣椒、秋葵、榴莲上的害虫有小食心虫、甜菜夜蛾、潜叶蛾、粉虱、牧草虫、螨类等。普遍使用的杀虫剂包括合成除虫菊酯、吡虫啉、茚虫威、多杀菌素、甲胺基阿维菌素、阿维菌素等。普遍使用的杀菌剂包括代森锰锌、丙森锌、百菌清、铜剂等。

马来西亚的销售体系比较完善，零售商遍布多数城镇。这些分销商、零售商和农民最为关注的是农药产品的质量，因此，供应商必须确保可靠、稳定的产品质量，才能得到消费者长久的信赖。

## 三、马来西亚的农药登记

在马来西亚，所有农药在上市前都必须先进行登记。只有在马来西亚农药部进行登记后，农药产品才能进口、供应、销售或使用，而且，马来西亚只允许本地公司进行登记注册农药产品。

从2005年4月至2010年3月，马来西亚农药登记3100多个品种，约合460多种，农药登记注册企业160多家。

马来西亚农药部会从以下几个方面对申请进行评估，包括产品质量、毒理、对靶标的生物活性，对人类、畜类及建议使用的植物或水果上的不良影响。

产品质量是马来西亚农药部最关心的问题。申请者及生产者在提交申请前必须对其产品进行完整测试。一旦产品化学分析不合格，该申请就会被拒绝。产品登记所需要的时间取决于产品的申请人所提供的相关资料的完整性，大概需要1年或1年半以上的时间，每个产品的平均登记费用约为2900美元，取得登记后有效期为5年。

农药登记分为两类：普通农药——在全球市场上销售不少于15年，并在马来西亚登记不少于6年的农药；专有农药——上述普通农药以外的其他农药。

较专有农药的登记而言，普通农药登记所需要的资料要简单很多，仅需提供急性经口和经皮毒性资料。而专有农药的登记，除了需要完整的基本数据之外，还需提供毒理资料和环境影响资料，而一个商品化的农药的登记只需要经口、经皮毒性资料即可。

## 四、中国企业开拓马来西亚市场策略

2010年1月1号正式全面启动的中国—东盟自由贸易区将成为世界最大的自由贸易区，中国—东盟自由贸易区启动后，中国与东盟双方约有7000种产品将享受零关税待遇，实现货物贸易自由化。也就是说，中国与东盟国家90%的贸易产品将实现零关税。中国—东盟自由贸易区的启动将对中国2010

年的农药出口形成利好环境。

中国企业计划开拓马来西亚市场时，首先要全面了解该国风土人情和当地风俗习惯。其次要对马来西亚市场进行调研和分析，熟悉当地农药市场、市场准入制度及相关法规以及经销商的特征，了解市场的消费趋势，以及消费者的消费习惯与特点，以便对市场进行正确的定位，针对性研发适合当地销售的产品。在此基础上，选择马来西亚当地有信誉的代理商和合作伙伴，充分发挥质优价廉的优势进入当地市场。只有将前期准备工作做到充分到位，才能在后期操作过程中做到游刃有余。

其次，加大制剂单剂及混剂的登记及终端市场渠道的建设，真正走进马来西亚。精耕细作做好市场，抢抓终端，建立种植园农场主的销售渠道，打造样板市场，从而作为跳板，使产品进一步地通过马来西亚走向印尼、非洲等国家。

第三，要尊重马来西亚经销商，改变与经销商的交流方式。应该经常跟他们进行深入沟通，并且及时吸取他们的有效建议。马来西亚当地的制剂商既可以进口成品也可以进口原药在当地加工，然后或在本国或在周边国家销售，还有一些出口到世界其他国家，其对印尼农药市场有着很强的控制力。还可以通过广告、参加展销会、政府及各类工商协会组织筹组贸易拓展团等各种形式扩大对中国农药产品的宣传力度，建立国际知名度，培养中国产品的消费群体。

第四，要注意防范风险。马来西亚与中国近邻，促使了小批量交易的发展，而交易金额小使得进口商没有必要开信用证。此外马来西亚外贸操作远不如欧美规范，与中国企业发生业务关系的东盟客户并不像欧美地区那样庞大和持久，多是做短期贸易，业务量小，企业无法花大量精力去确认对方的资讯，一旦进口企业破产或采取不付款方式逼迫中国出口企业让步，赔付不该赔付的款项，都会造成较大的赊账风险。另外要注意外汇风险，现阶段中国—马来西亚贸易结算仍用美元，由于美元的贬值、人民币的升值对中国出口企业产生一定的影响，特别是对已出口而尚未收汇的企业，其影响更为直接。因此可以采用跨境人民币结算业务，人民币跨境交易业务虽然只是试点，但第一批已覆盖的国家和地区正好包括东盟十国。

（来源：侯常青.《农药市场信息》. 2010 年第 10 期）

# 缅　甸

## 缅甸能源发展简况

随着一个国家经济、社会的发展，对能源的需求也与日俱增，全世界的发展中国家正全力以赴发展经济，因此每一个国家对能源的需求都相当大。缅甸能源部根据政府制定的能源政策，正在积极努力地解决能源的需求问题。

缅甸有百余年石油开采历史，1853 年仁安羌油田的石油就开始出口到欧洲。缅甸的油田主要分布在缅甸中部和沿海地区。现缅甸陆上已开发油田 18 个；海上、陆上开发天然气田 3 个，主要天然气田为 Yadana 和 Yetagun，已探明储量分别约为 1839.5 亿和 905.6 亿立方米；韩国大宇、印度 ONGC Videsh 有限公司和印度 GAIL 有限公司在若开邦海上 A—1 区块和 A—3 区块发现了大型天然气田，预计储量达到 1613.1 亿至 2830 亿立方米；2009 年 12 月 25 日，莱河上又在新架设一条天然气管道。

回顾 1988 年以前缅甸的能源状况，只有陆上油田 19 个，陆上油气管道 403.965 公里，还没有开发海上油气，无法满足缅甸对能源的需求。缅甸无论是海上还是陆上都有丰富的石油和天然气资源，但实际开采量还少。1988 年，为了扩大石油天然气的开发，缅甸开始引进外资。1989 年以来，截至 2006 年 4 月 30 日，缅甸已与 24 个国际石油公司签订 39 份 43 个区块的产品分成合同，协议外资达 26.34 亿美元，是缅甸引进外资最多的行业。主要的投资方为韩国、印度、日本、马来西亚、泰国、印尼、法国和中国等。

目前，缅甸的陆上油、气田共有 47 块。莫塔玛、德林达依、若开近海等缅甸海域有 26 块、深海有 18 块，目前正与外资公司合作开采。从缅甸目前执行的天然气计划来看，若开近海的“瑞”项目已和韩国大宇、印度 ONGC、GAIL、韩国燃气公司签署协议，至 2013 年，所开采的天然气将实现出口。此外，缅甸已与中国签署了《铺设石油管道协议》，莫塔玛近海的若地嘎天然气项目、缅甸国内使用的 179 英里 24 英寸耶德纳—仰光天然气管道等项目正在实施。这些项目完成后，从能源上获得的利益将促进缅甸各领域的发展。

按照缅甸的地质构造情况来看，缅甸石油与天然气勘探前景看好。缅甸共有 14 个地质沉积盆地，其中，缅甸石油与天然气公司仅对位于缅甸中部地区、卑谬地区和伊江三角洲地区的盆地进行过广泛的勘探，缅甸尚有许多地方具有新发现石油与天然气的可能性。缅甸石油与天然气公司与外国公司合作，正在进一步扩大双方的合作范围。同时，依靠自己的财力，在缅甸较偏远的实阶省莫莱镇区茵多和洪马林镇区乌约河边的耶波密村开始实施陆地石油勘探计划，进一步发现了皎块、阿漂、娘东、打基当、斯贝和英多等一批新天然气田。将来这些新天然气田不仅能满足缅甸国内需求，还可以出口。

此外，缅甸除陆上新油田 12 个，近海新油田 5 个以外，还增加了 2765.56 公里油气管道。从下缅甸到上缅甸皎塞的陆上油气管道长 3169.53 公里，近海有天然气管道 685.86 公里。管道总长达 3855.39 公里。目前，缅甸陆上油、气田每天产油 9300 多桶，产天然气 283 万余立方米。此外，近海区的耶德纳和耶德贡天然气田每天也能产天然气 2830 万余立方米。

以下是缅甸 1988 年与 2009 年各省/邦能源生产对比情况：

| 省/邦 | 能源 | 单位 | 1988 年 | 2009 年 |
|---|---|---|---|---|
| 德林达依省 | 石油产量（近海） | 桶 | — | 3044414 |
| | 天然气产量（近海） | 百万立方米 | — | 4013.1381 |
| 马圭省 | 油田（陆上） | 个 | 10 | 20 |
| 仰光省 | 石油产量（陆上） | 桶 | — | 2823 |
| | 天然气产量（陆上） | 百万立方米 | — | 52.806668 |
| 伊洛瓦底省 | 石油产量（陆上） | 桶 | 178435 | 220271 |
| | 天然气产量（陆上） | 百万立方米 | 452.014109 | 637.4067 |
| | 天然气产量（近海） | — | — | 206324 |

目前，缅甸国家的发展规划是：有计划地使用能源，满足各行业需求，提高全国人民的经济和生活水平，缩小各地差距。此外，有计划地创收外汇。

为保障国家的长远利益，缅甸政府有计划按步骤地实施能源开发计划。目前缅甸进一步开采新发现的陆上油气田皎块、阿漂、娘东、打基当、斯贝和英多等。此外，为了进一步开发近海新油田，在若开、莫塔玛、德林达依等近海区域，与俄罗斯、中国、印度、新加坡、马来西亚、韩国等国公司共同合作继续勘探油气。通过这些工作，当世界面临能源困难之时，缅甸的能源问题会得到缓解。

缅甸正在继续开发的项目

| 序号 | 项目名称 | 备注 |
|---|---|---|
| 1 | 增加陆上石油和天然气产量 | 正在对陆上的皎块、赖班多、涛下彬、卑、瑞卑达、阿漂、娘东、玛乌彬等油田进行新井试开采 |
| 2 | “瑞”项目 | 近海 A1、A3 区 |
| 3 | 若地嘎项目 | 近海 M—9 区 |
| 4 | 马圭—标布、艾—宾百天然气管道 | 管道已铺设完工 |
| 5 | 标布艾—内比都—耶尼天然气管道 | 2009 年 4 月开工 |
| 6 | 耶德纳—仰光天然气管道 | 管道长 265.65 千米 |
| 7 | 油气工厂计划 | 已建在娘东和终桥 |
| 8 | 新建日产 5 万桶炼油厂计划 | 准备建在曼德勒省谬达市附近 |

（来源：中华人民共和国驻缅甸联邦大使馆经济商务参赞处. http://mm.mofcom.gov.cn/aarticle/ddgk/zwjingji/201003/20100306816294.html?1218900157=850387913. 2010—03—11）

## 缅甸天然气汽车业前景分析

### 一、自然条件

虽然缅甸已建立本国的战略石油储备，仍需每年从马来西亚进口约 990 万到 1900 万欧元的汽油和柴油，但缅甸在天然气方面资源丰富，拥有一个 5100 亿立方米的天然气气田。

### 二、政策推动

1986 年，缅甸政府设立了一项天然气汽车的示范项目，第一次将天然气汽车引进缅甸。从 2004 年 8 月开始该国大规模地推动天然气汽车的发展，到 2005 年天然气汽车保有量达 3796 辆。除将传统汽柴油车进行改装外，缅甸政府也鼓励从国外直接进口原厂生产天然气汽车，缅甸贸易委员会曾批准进口 5000 辆天然气汽车。

2005年上半年开始，缅甸政府为汽车改装提供50亿缅甸币（约500万美元）的贷款，同时还规定天然气汽车必须标有特殊的天然气标记，以区别于其他车辆。缅甸的天然气价格是石油价格的十分之一，所以公交公司进行天然气改装的投资回报率非常高，这使公交公司现已成为缅甸天然气燃料的主要消费者。因为公交车对燃料的需求量较大，天然气公交车将为公司节省大量的燃料费用。因此，从2005年9月缅甸政府允许公交公司进行天然气改装后，天然气公交车开始在缅甸蓬勃发展，现在其数量已翻一番。例如在缅甸仰光，一半以上的城市公交车已改装为天然气汽车。

**三、发展前景**

目前，缅甸的名字常常被天然气汽车设备出口大国提及。2006年，缅甸天然气汽车数量从原有的4000辆发展到10900辆，增长近三倍。2006年，一家印度公司和一家美国工程公司考虑出口1200套天然气设备给缅甸。当前，不仅传统燃料汽车在缅甸越来越少，而且缅甸石油和天然气公司2006年5月宣布将停止供应液化石油气，并鼓励LPG汽车的拥有者将汽车改装为天然气汽车。

缅甸天然气汽车业发展概况表

| 时间表 | 实数 | 目标 | 备注 |
| --- | --- | --- | --- |
| 从1986年开始 | — | — | 天然气汽车的示范项目 |
| 2004年8月 | 587辆天然气汽车；5座加气站 | — | 从1986年开始，Insein镇、Hmawby镇、Yenangyoung镇和Minbu镇全部开始改用天然气汽车。 |
| 2005年9月 | 3796辆天然气汽车 | — | 其中有1958辆为天然气改装车 |
| 2005年12月 | 4000辆天然气汽车 | 5200辆汽车 | 这4000辆天然气改装汽车中，有365辆出租车/私家车，3586辆巴士/卡车。 |
| 2006年12月 | 10900辆天然气汽车；20座天然气加气站 | 10000辆汽车 | 这10900辆天然气汽车中，有6373辆公交车。 |
| 2007年12月 | — | 40座天然气加气站 | — |

（来源：资源网. http://www.lrn.cn/stratage/resposition/200912/t20091211_442658.htm. 2009—12—11）

## 缅甸旅游业现状及发展

缅甸是一个具有悠久历史和璀璨文化的国家。丰富的自然资源和独特的人文景观使缅甸旅游颇具吸引力。

**一、自然旅游资源**

缅甸自然资源景观复杂多样，旅游资源极其丰富，有以滨海风光为特色的滨海旅游区，如若开邦的丹兑——额不里，就是著名的海滨度假胜地。南部是典型的热带风光，西北部海拔4000米以上的山地则可以看到高山雪景。伊洛瓦底江、萨尔温江水面宽阔，两岸峰峦起伏，森林茂密，著名的伊洛瓦底江三峡绚丽妩媚。克耶邦的鲁比达瀑布落差600米，气势磅礴。

**二、人文旅游资源**

缅甸有“佛塔之国”的美称，保存有许多历代佛塔建筑。如古代佛教圣地、万塔之城蒲甘现有佛塔5000多座，保存有2000多座700～900多年前的古塔，在世界上都是罕见的。众塔之王是仰光的大金塔，它坐落在仰光市区北部，是缅甸的象征，为世界著名佛塔之一，不仅是佛教徒朝拜的圣地，也是游览胜地。世界闻名的文化古都曼德勒（瓦城）曾是贡榜王朝的京都，有佛塔1000多座。

缅甸主要的人文景点还有班都拉公园、吴威沙拉铜像、昂山博物馆、丹老的中国庙、太公城等。与此同时，缅甸有着浓郁的民族民风。缅甸是佛教国家，它的文化层面有着浓厚的宗教色彩。缅甸的人文景观与东南亚信奉小乘佛教的国家有共同之处，由于其文化深受印度文化和中国文化的影响，又是多民族的国家，各民族世代相传的生活习俗、优美的民族音乐舞蹈、民间手工艺技艺、丰富的民族节日、多彩的服饰装束乃至各民族的社会生活均构成独具魅力的旅游资源，具有强烈的民族特色。

## 三、政府措施

为促进国民经济的发展，缅甸政府十分重视发展旅游事业。在促进旅游业发展方面具体采取了以下措施：

（一）通过立法，组建旅游机构，为发展旅游提供保障

1990年6月，缅甸政府颁布自国家独立以来的第一部旅游相关法律——《旅游法》，允许私人和外商经营旅游业，为发展旅游业提供了法律保障。为了进一步加快旅游业的发展，缅甸政府于1992年9月24日新成立了饭店旅游部，主要组成部门有饭店旅游总局、饭店旅游服务公司和餐饮公司，加强对旅游业的宏观指导。1994年4月27日，缅甸又成立了以钦纽秘书长为主席的旅游发展管理委员会。同年，缅甸成立了缅甸国际航空公司，旨在推进旅游业的发展。为推动旅游业，拉动经济成长，缅甸政府在1995年制定出未来旅游发展计划，即在1996～1999年陆续举办“缅甸观光旅游年”等活动，以便在20世纪末前实现接待50万名国际游客到缅甸旅游的目标，希冀以旅游业为龙头带动农业、交通、建筑、贸易和服务行业的发展。2002年10月24日，缅甸政府组织成立了全缅旅游业主协会。

（二）改善旅游环境，鼓励国内外投资者从事旅游业，加强旅游交通设施建设

通过努力，缅甸的旅游基础设施得到改善。缅甸有大小酒店533家，拥有客房15848间。其中，耗资5.85亿美元修建的25家外资宾馆已投入使用。统计数据显示，正在修建的宾馆达11家，其总投资额达5.83亿美元。此外，缅甸还有私营旅社、饭店498家，共有客房1.13万套。

从1993年起，缅甸政府大力发展旅游业，积极吸引外资，建设旅游设施。缅甸旅游部公布的数据显示，缅甸自1988年对外资开放以来，投入旅游业的外资已达10.54亿美元，投资项目增加到42个。另外，在缅甸注册的521家旅游公司中有1家是外国独资公司，另有12家为合资公司。缅甸政府已对仰光国际机场进行扩建，并在缅甸第二大城市曼德勒建造了一个可起降大型客机的国际机场。此外，缅甸还新增了同文莱、印度、马来西亚和中国澳门特区之间的国际航线，并计划在勃固市建造缅甸第三个国际机场。

（三）加强同其他国家在旅游领域的合作

缅甸国家计划与经济发展部中央统计组织（CSO）2010年1月初公布的数据显示，泰国和中国旅客位居前列。长期以来缅甸和泰国交流频繁，泰国是缅甸人的第一大旅游目的地，主要旅游目的是就医、购物、观光。2008年缅甸前往泰国的游客有75641人，2009年达到80000人，2009年10月份泰国游客总数达到4131人次，同比增长两倍多。

2006年10月至2007年3月，缅甸旅游业发展达到高峰，平均每月游客总数达两万人次。但是近年来，由于种种原因，游客人数明显下降。2009年10月份在仰光举行的珠宝玉石展首先推动了缅甸旅游行业的复苏。CSO数据显示，2634名中国人从仰光国际机场入境，是平日的五倍。针对中国这个旅游客流大市场，缅甸通过多种途径加强了与中国的旅游贸易合作。2009年3月，在边境旅游合作上，云南恒益实业集团下设的五洲国际旅行社与缅甸东风联盟集团签订了《中缅旅游合作协议》。根据协议规定，2009年开通密支那到缅甸仰光、蒲甘、曼德勒、威哨、俄布礼等地的旅游线路，由原来的腾冲—密支那单点旅游线扩大到缅甸所有城市。

（四）做好旅游景点的保护与开发工作

缅甸的历史遗迹众多，缅甸正致力于加强保护文化遗产和发展自然旅游业，尤其是注重开发新的自然旅游项目，如丰富多彩、前景看好的海岸消遣旅游项目，“威桑”、“乔达”等海洋旅游景点项目，“过当”和“媚专群岛”地区的旅游项目，“布达尔”地区的年轻人旅游和登山探险旅游项目等。此外，为了吸引更多拜佛游客到缅甸各地旅游，缅甸继续和东盟各成员国进行磋商，出版与拜佛相关的刊物、开通相关网站、拍摄拜佛游记影片和举行摄影比赛等。

（五）放宽限制，简化手续

之前因为缅甸没有开办落地签证，未设缅甸使馆的国家要转到泰国和新加坡申请签证，十分不便。2010年5月1日，缅甸政府在曼德勒和仰光的国际机场启动外国人落地签证服务，第一批游客——四位菲律宾人在仰光机场办理了落地签证。今后外国游客入境缅甸将变得更加便捷，有利于促进缅甸旅游业的发展。

无论来自哪个国家，只要符合办理落地签证条

件的都准予申请落地签证。要求申请人的护照有效期不得少于6个月，旅游签证收费30美元，可停留28天，不能延期；商务签证40美元，可停留70天，可延期；访问类签证40美元，可停留28天，可延期；过境签证18美元，可停留24小时。落地签证申请表可通过各航空公司网上获取，需持有返程机票。

（来源：南博网．http://info.caexpo.com/zixun/jingjqj/2010－07－02/78507.html.2010—07—02）

## 缅甸木材产业前景广阔

缅甸木材一度是中国木材市场上畅销的产品。近两年，在金融危机、国内战乱、林业政策调整、雨季风暴破坏等因素的影响下，缅甸木材行情跌宕起伏，发展形势隐忧不断。但随着中国—东盟自由贸易区的建立以及木材等产品免税措施的实施，一度陷入低谷的缅甸木材贸易又迎来了新的发展机遇。

### 关税壁垒彻底打破

2010年1月1日起，中国一东盟自由贸易区全面实施货物贸易自由化，双方90%以上的商品实施零关税。随着机遇的到来，新的发展模式正悄然形成。

自由贸易区的建立对于刚刚经历了金融危机的缅甸木材市场来说，无疑是一个新的发展机遇，缅甸木材后市的发展前景值得期待。其一，中缅双方在自然资源、产业结构和生产能力上存在差异，两国木材产业互补性强。自贸区将缅甸的资源优势和中国的加工贸易优势结合起来，可扬长避短，形成跨区域的经济协作关系和行业竞争合力。其二，以往横亘在中缅木材贸易间的关税壁垒被彻底打破，缅甸原材将以更低廉的价格进入中国，为中国木材流通、加工行业减轻成本压力。其三，往年，中国经销商和木材加工企业主要将缅甸木材及其制品销往发达国家和地区，如今，相关企业开始改变惯性思维，充分利用区域经济一体化和零关税政策，吸收国内外资金、技术和管理经验，进一步强化中国—缅甸木材制品研发生产能力，努力寻找国内外新买家，开辟国内外新兴消费市场，占据更多市场份额，缅甸木材市场将更加广阔，抗风险能力也会增强。

### 新卖点有待挖掘

良机虽有，但从业者还应审时度势，结合自身优势，拓宽缅甸木材经营思路。

近年来，中国很多木材商利用地理便利的优势，纷纷前往缅甸包山包地自主开发经营缅甸木材，并依照缅甸政府政策，在开采缅甸林地之后按规定补种树木。如今，缅甸木材经销商也越来越重视国内林木种植业务，前往云南、贵州等地承包经营林地、开厂加工的现象已较为普遍。包山经营具有安全、便利等优势，既可种植缅甸木材树种，又可根据国人购买力种植一些实用的品种，如杉木，这在一定程度上可缓解缅甸木材资源趋紧的局面，同时也为将来的木材市场储备资源。

除了柚木、西南桦、水冬瓜、黑胡桃等常见品种外，缅甸还有很多不为人熟悉的木材，经销商若能通过调查考证，寻找到新的品种，发掘出新的市场卖点，就能获得不菲的效益。例如，往年名不见经传的烟炮木、白沙木成为近年枋材市场的亮点，颇受客户欢迎；经营烟炮木、白沙木等价格低廉、材质较好的木材，既有助于开拓市场，又能规避很多潜在的市场风险。

### 金融危机前后的缅甸木材

缅甸木材一直以来都是木材行业中备受瞩目的地区材种。与其他材种相比，具有独特的优势。

材质优良，市场广泛认可。材质优良，市场广泛认可。缅甸海拔高，日照充分，四季如春，拥有大面积原始森林，树木全年均匀成长，木材木质细腻、结构匀称，造就了缅甸木材优良的稳定性，颇受市场欢迎。比如，柚木、椿木、西南桦、黑胡桃、水冬瓜、金丝柚等木材均是市场常用产品。

成本较低，极具市场竞争力。在中国市场上，绝大部分缅甸木材的售价集中于2000～5000元/平方米之间，多数木材加工企业均能承受；而欧美国家及众多东南亚国家由于实行限伐政策、运输费用昂贵、人工成本偏高等原因，相关木材的价格动辄数千元甚至数万元。两相对比，不难发现缅甸木材的价格实属低廉。

品种齐全，具有一定的替代作用。缅甸树木种类多，涵盖了东南亚国家所能出产的绝大部分材种。部分缅甸木材在质地性能、色泽纹路等方面接近北美材、非洲材和东南亚名贵木材，比如缅甸黑胡桃、西南桦分别可作为北美黑胡桃、红橡木的替代品。因此，价格便宜的缅甸木材为木材加工企业提供了更多的选择余地。

地处要塞，区位优势明显而独特。缅甸毗邻中国，与云南省接壤，为中国数以万计的木材加工企业源源不断地输送原材料；缅甸地处东南亚与南亚之间的唯一陆路通道，各类缅甸木材通过陆路、水路，经由中国、印度、越南、泰国等国将缅甸木材产品销往世界各地，便捷的交通有力地保障了缅甸林木经济的繁荣。

基于诸多优势，缅甸木材贸易在过去很长时间内长盛不衰。但是，金融危机对缅甸木材的冲击不可小觑，几乎所有缅甸木材的量价水平均出现不同程度下滑。据了解，2009 年上半年，缅甸木材出口同比大幅下降，降幅分别为：柚木（原木）60%、硬木 6%、锯木 57%；还有报道称，缅甸 1070 家木材加工企业总出口额下降了 30%。然而随着全球经济的逐步复苏并开始好转，凭借中国—东盟自贸区这一平台，缅甸木材会重现往日辉煌，产业前景将更加宽阔。

（来源：南博网．http://info.caexpo.com/zixun/jingjqj/2010－06－29/78130.html.2010—06—29）

# 菲律宾

## 菲律宾积极开拓海外劳务市场

菲律宾是世界上第一个运用“分布式经济”模式的国家，是亚洲最大的劳务输出国，每年有 1/10 的出国劳务工作在世界 160 多个国家和地区。根据菲律宾海外就业管理局公布的数据，2008 年菲海外就业人数达到 137.68 万，创历史新高。庞大的海外劳工队伍为菲律宾经济的发展作出了重要贡献。几年来，菲律宾海外劳工的收入不断增长，成为除国家出口和外国投资之外的主要外汇来源。2009 年菲律宾海外劳工全年汇款增长 5.6%，达 173 亿美元，菲律宾央行预期 2010 年这一数字将再增长 6%。

### 一、菲律宾劳务市场的现状

菲律宾海外事务委员会发表的一份报告指出，截至 2008 年底，菲律宾共有海外侨民 900 万人。菲籍劳工遍布世界 160 多个国家和地区，最集中的地方有沙特阿拉伯、中国、日本和意大利。由于菲律宾人勤劳、诚实，受教育程度高（绝大多数能讲英语，不少人大学毕业），工资水平低，在海外特别受欢迎。

菲律宾海外劳务包括海外合同工人、持工作签证工人和持其他非移民签证但已就业的人员。海外合同工人是菲律宾海外劳务的主体。按工作地点划分，可以分为陆上劳务和海上劳务两类。陆上劳务人员约占菲律宾劳务输出总量的 93.7%。占每年劳务输出量的 3/4。2008 年，在遭受金融危机冲击的背景下，依然有 137.6 万菲律宾人到海外工作，比 2007 年上升了近 30%。新出国就业劳务人员中女性比例上升较快。平均占新出国就业劳务人员总数的 71%。在服务人员和专业技术人员中，女性所占的比例尤为突出，平均分别占到 91%和 85%；在中高层管理人员、制造业和农业生产行业中男性居多。而办公室职员和销售人员则男女各半。菲律宾海外劳务人员主要分为以下几类：服务人员，占劳务输出总量的 37.8%，其中家政服务（俗称菲佣）是最重要的行业；专家和各类技术人员；制造业工人和职员；贸易、销售人员；经理和高级管理人员；农业工人；在外籍船只上从事客货运输和渔业捕捞的菲律宾海员，以及在外国轮船公司工作的职员，这部分海上劳务人员占菲律宾海外输出总量的 20%左右。

### 二、菲律宾对本国劳务输出的组织和管理

菲律宾对劳务输出采取了健全管理、法律保护、系统培训、政策支持等各种措施。

（一）完善的菲律宾劳务输出立法制度

1995 年《海外劳工与海外菲人法》（《No. 8042 菲律宾共和国法》）是菲律宾关于海外劳工派遣与管理的主要法规，为海外就业提供全过程的管理与服务，以维护海外菲律宾劳工的权益，推动海外劳务输出的发展。此法包括以下内容：

1. 利用网站、出版物等大众传媒，提供充足的海外就业信息。菲律宾所有驻外大使馆、领事馆都要通过海外就业管理局定期发布有关所在国的劳动就业条件、移民情况和特定国家遵守人权和劳工权利国际标准等的情况，每月至少在报纸上公布 1 次。以菲律宾外交部牵头建立的政府信息共享系统，将有关菲律宾劳工在海外的数据资料通过计算机联网在相关机构间自由交换实现共享，以便于海外菲律宾劳工的管理。

2. 设立海外工人贷款保证基金，为所有将出国工人和已就业工人提供出国前贷款和家庭援助贷款及贷款担保。出国前贷款用于满足新签合同的海外工人出国前准备的需要，用以支付职业介绍费用、机票费、生活费、衣装和零用钱等；家庭援助贷款用于为已就业工人或符合规定的经济援助者或家庭提供的旨在协助其在紧急情况下渡过难关的贷款。

3. 加强海外菲律宾劳工的就地管理。菲律宾在有 2 万以上菲律宾劳工国家的使领馆设立劳务管

理机构，由来自不同政府部门的人员组成，至少包括劳工专员、外交官员、福利官员、协调官员各一人。在被菲律宾列为高问题国家派驻律师和社会工作者，海外劳务管理机构保持24小时办公，并与外交部设立的24小时信息援助中心相连，以保证总部与各中心联络畅通。

4. 及时遣返海外工人。本法规定海外工人及其个人财产的遣返是招募派出机构的首要职责，任何派遣机构都不得要求工人在合同中预付执行遣返费用。招募派出机构在海外必须预付所有工人遣返费用支出，工人回国后如雇用终止是由于工人的个人过失造成的，招募派出机构将索回遣返费用支出。

5. 促进回国工人再就业。1999年6月菲律宾劳工部为回国劳工成立了再就业中心，促进回国劳工再就业。再就业中心通过与私营企业协调，为回国菲律宾劳工开发谋生项目；与菲律宾政府有关部门合作，建立计算机信息系统，将有特长的回国劳工的信息提供给国内所有公营或私营招工机构和雇主；为回国劳工提供定期学习和求职的机会。

（二）菲律宾对海外劳工的保障制度

菲律宾政府十分注意对海外劳工的保护，其保护是全方位的：菲律宾外交部的国内机构或国外使领馆有保护移民工人和海外菲律宾人的义务。菲律宾外交部下设移民工人事务法律助理，由菲律宾总统任命负责提供所有的法律援助服务；菲律宾劳动和就业部注意海外工人在东道国的劳动和社会保障法律下是否得到公正待遇，帮助劳工得到法律援助和推荐适当的医疗中心或医院；由于海外劳工的事务涉及同有关国家的关系，菲律宾外交部专门设有海外劳工事务局。在海外劳工比较集中的国家，菲律宾使馆设有劳工事务参赞和秘书，帮助劳工寻找工作、解决困难和纠纷。菲律宾海外工人福利署（OWWA）给予菲律宾移民工人及其家属力所能及的帮助，负责与代理人或雇主联系。

（三）菲律宾对劳务人员高效的培训体系

菲律宾政府非常重视劳务输出人员的培训，在劳动和就业部下设海外劳工就业署、海外劳工福利署和技术培训中心。各省、市、县也有相应的组织机构、培训中心和管理人员。每个出国人员都要参加由招募机构或劳务人员所在实体单位举办的免费出国前定向学习班，学习方案均由海外就业署审查和批准。根据劳工所去的国家和所要做的工作，安排他们参加不同类型的培训。包括有关国家的风俗习惯和基本的工作要求等，争取派出的劳工都能找到和适应工作。

（四）菲律宾对劳务输出的财政支持政策

菲律宾政府还在财政上支持本国劳务输出。如设立了紧急遣基金、海外移民工人贷款担保基金、法律援助基金、国会移民工奖学金共计4个海外工人基金，最初总规模为5亿比索。此外，1998年开始菲律宾政府规定海外劳工免交个人所得税，并设专门机构为回国的劳工在国内就业方面提供方便，并在不同程度上提高政府部门的工作效率，简化劳务人员出国手续，加强对劳工的社会服务保障工作等。

（五）菲律宾给予劳工崇高的政治荣誉

1995年拉莫斯执政时，确定了菲律宾海外劳工。这一名称的确立体现了菲律宾劳工的菲律宾公民身份，是菲律宾政府保护劳工合法权利的一种努力。当然，与之相应的还有各种立法工作和社会保障等方面的工作。菲律宾政府将每年的6月7日定为外籍劳工日，以资纪念和表彰。此外，菲律宾政府给予菲律宾劳工崇高的荣誉，将他们称为“现代英雄”。

过去20多年来，全球经济发展历经起伏跌宕，而菲律宾海外劳工汇款却一直保持着增长态势。尽管受国际金融危机的影响，有些国家就业机会减少，但是如加拿大、中东、澳大利亚等地的劳务人员仍旧短缺。虽然国际上对从事家政服务等简单劳动的人员需求量有所下降，出现部分劳工失业返乡的情况，但是对于高技术人才的需求依然有增无减。鉴于此，菲律宾政府正积极与上述国家进行接触，商讨派遣海外劳工事宜。此外，菲律宾政府还对伊拉克、黎巴嫩和尼日利亚等国家的劳务市场进行考察，以确定是否取消禁止本国公民前往以上地区工作的相关规定。

（来源：综合整理自《劳动保障世界》2009年第8期、经济日报）

## 亟待重振的菲律宾制鞋业

菲律宾位于亚太地区的战略位置，是目前世界上成长最快的地区之一。菲律宾经济是出口导向型经济，其第三产业在国民经济中地位突出，同时农业和制造业也占相当重要地位。菲律宾皮革与制鞋业曾经一度辉煌，但随着中国等国家制鞋业的快速崛起，加上受到中国鞋品物美价廉优势的极大冲击，而渐渐走向衰退。特别是国际知名运动品牌的订单向他国转移，更对菲律宾制鞋业造成严重影响。

据菲律宾国家统计署表示，受海外需求疲弱及本国出口减少影响，菲律宾 2009 年 8 月份的生产指数下跌 13.3%，为连续第 10 个月下跌。其中鞋及皮革等行业产量跌幅在 25%以上。而菲律宾知名的鞋类产品制造商 SS 合资企业也因阿迪达斯结束了与其签订的供货协议而陷入困境。

由菲华鞋业联合公会提供的数据表明，2007 与 2008 财年菲鞋类制品进出口数量及价值如表 1 和表 2 所示。

表 1　2007/2008 年菲律宾鞋类出口数量及价值

| 鞋品类别 | 2007 财年 | | 2008 财年 | |
|---|---|---|---|---|
| | GK | FOB（美元） | GK | FOB（美元） |
| 皮鞋类 | 40567 | 677191 | 157755 | 1743543 |
| 非皮革类 | 257319 | 1112178 | 202662 | 1078146 |
| 拖鞋/便鞋 | 501683 | 3261446 | 349938 | 2168218 |
| 特殊用途鞋 | 218735 | 1679835 | 200720 | 4174740 |
| 运动鞋 | 3632799 | 22216401 | 3135177 | 21752021 |
| 总计 | 4651103 | 28947051 | 4046252 | 30916668 |

表 2　2007/2008 年菲律宾鞋类进口数量及价值

| 鞋品类别 | 2007 财年 | | 2008 财年 | |
|---|---|---|---|---|
| | GK | FOB（美元） | GK | FOB（美元） |
| 皮鞋类 | 3982727 | 7348844 | 3646841 | 9036184 |
| 非皮革类 | 16639681 | 17201704 | 19475209 | 14352374 |
| 拖鞋/便鞋 | 11298837 | 7241660 | 15811953 | 7235751 |
| 特殊用途鞋 | 248593 | 943624 | 422013 | 1424634 |
| 运动鞋 | 5130948 | 17586737 | 5193335 | 14955639 |
| 总计 | 37300786 | 50322569 | 44549351 | 47004582 |

图表数据表明，2008 年度较 2007 年度皮鞋与特殊用途鞋类出口值有所提升，而其他鞋种则下降。各鞋种合计出口数量减少但出口总值还是有所提高。非皮革类鞋品进口量增值减，而皮鞋类进口量减值增。总计进口鞋类量增值降。

菲律宾制鞋业先后受 1997 年的亚洲金融危机及 2008 年的全球金融危机的极大冲击，不少鞋厂转做鞋类贸易而放弃了工厂生产，只有一些中等规模及有自有品牌的鞋厂仍然坚持生产营运，共同抢占菲律宾约年需 1.5 亿双鞋的国内市场。还有部分公司也利用原有网络从事转口贸易。

菲律宾国内也不乏知名的品牌，例如，史提芬路鞋服有限公司（Stefano Footwear Corp），该公司是由菲华商联董事、菲华鞋业联合公会前任会长，现任名誉理事长王连侨先生经营，产品有真皮男绅士鞋、淑女鞋、儿童鞋，供销菲律宾国内市场。自有品牌“GIBI”在菲律宾、中国台湾、中国香港、中国内地均有申请专利注册，并拥有 170 多家零售连锁店。

此外，菲律宾鞋业联盟公会（Philippine Footewar Federation Inc.）理事长 Litos Lopez 先生是目前菲律宾经营鞋款规模最大的企业家，他开设的 Rusty Lopez 公司，生产鞋类、手提包、服装配件、生活用品等，并均以 Rusty Lopez 注册品牌，除了制鞋工厂，还有 275 家以 Rusty Lopez 命名的连锁店，销售其自有品牌的鞋款、手提包、背包带、运动服装、体育用品。

运动鞋工厂则主要为国际知名品牌专业代工生

产，例如SS鞋厂，但目前正面临订单不继的困境。

为重振制鞋产业，菲律宾政府正在加大吸引外资力度，并建立相关工业园区。由于菲律宾工人从小受学校教育，可以用英文沟通，加上菲律宾对员工宗教信仰的包容性比较大，而且工资水平不高（普通工人日薪约300比索，约合44元人民币），水电供应正常，道路交通也较为顺畅，相对其他亚洲国家，其综合优势较为明显。因此菲律宾对外商投资仍有一定吸引力。

（来源：中国杂志. http://www.industrysourcing.com/china/make_art.asp? id=39384. 2010—02—24）

## 聚焦菲律宾印刷业

20世纪60年代末，菲律宾在工业方面开始取得较快发展，特别是90年代以来电子业的发展更为突出。目前菲律宾已有汽车装配、电器、纺织、石油、冶炼、化肥、建材等制造业。制造业已成为菲律宾工业中最重要的部门，主要集中在马尼拉地区。但菲律宾工业门类不全，许多机器设备都要依靠进口。

在印刷设备方面，菲律宾100%依赖进口设备，日本是最大的进口设备来源地，约占据菲律宾印刷设备进口市场28%的份额，其次是美国，占据24%的份额，接下来是德国和英国的设备。据调查，菲律宾印刷企业主要通过当地经销商购买印刷设备，购买力最大的是胶印机，其次是凸版印刷机和凹印机。

另外，在菲律宾印刷市场中占主导地位的是特种印刷、商业印刷和出版印刷。在过去的四年里，菲律宾印刷业一直占据着整个国家经济8%的份额。而在两年前，印刷业的销售增长了至少30%，这都成为菲律宾印刷市场不断拓展的有力证明。预计未来几年里，菲律宾印刷行业还将持续增长15%。

### 一、菲律宾印刷业的现状

目前，菲律宾印刷行业约有5000家印刷企业组成，大部分企业分布在马尼拉。印刷行业投资额超过100万美元，投资分配比例为：中小企业60%，中型企业35%，大型企业5%。近年来，菲律宾印刷品出口持续增长约25%，出口最多的产品是明信片、圣诞卡和贺卡。

由于经济不景气，复苏的前景不明确，印刷业整体仍然处在停滞不前的状态。尽管如此，全球技术飞速发展的浪潮已经登陆并影响到菲律宾的印刷产业，数字印刷、按需服务不断得到人们的认可，企业也在不断引进数字化的多色胶印机。但缺乏资金、人才和政府的有效调控，是菲律宾印刷业发展面临的不利因素。

目前，菲律宾印刷企业多数是内销型的传统企业，年销售额在1亿美元左右。85%以上印刷企业采用胶印投资采购，其他为凸印和柔印，并在印前处理、印刷、印后加工中结合了信息技术和计算机技术。许多印刷企业购置了数字化生产设备。近几年大量引进了能印刷A3幅面且具计数功能的小型胶印机。但是大多数印刷企业都买不起高档的印刷机和输出图文胶片的照排机，因此某些品牌公司如海德堡就对这类企业提供租赁服务。在菲律宾科印精品调研，只有少数的几个印刷及出版公司采用最尖端的数字印刷技术。从整体上看，菲律宾本地的大量印刷厂在使用来自日本、美国及德国的二手印刷设备。与此同时，也还有一小部分传统的印刷企业，仍使用凸版印刷工艺专门从事一些单据、信笺以及请柬之类的印刷。

### 二、菲律宾印刷业存在的问题及解决途径

菲律宾印刷业目前存在的主要问题：缺乏正式的印刷出版途径；缺乏有技能的劳务供给；运作成本比较高；同行业的竞争太过于激烈；国内市场纸张供应的可靠性不够；投资成本比较高；资金缺乏，几乎没有金融机构愿意投资支持印刷业；电子商务尚处于初期阶段；缺乏可靠的行业统计数据。

菲律宾印刷业把这些问题作为一个整体统筹考虑予以解决，提出了以下加强企业战略优势的解决途径：投资于新技术；投资于人力资源；关注特定的市场；提供特性化产品和服务；工艺过程和产品的标准化；与客户密切地合作；巩固经营业务；发展与IT关联的竞争力。

### 三、菲律宾印刷业努力寻求发展与合作

为适应全球化和数字化的要求，菲律宾印刷业希望与亚洲国家合作并实现以下目标：

一是举办区域性的印刷行业展会。其作用不仅仅是展示印刷设备器材和新技术新工艺，还可按印前、印刷与印后提供区域性服务，并进行有关促进各国印刷业发展的交流研讨。

二是信息交流。开展持续的信息交流，以使各国印刷企业了解国际印刷业和印刷技术的发展动向。区域性的印刷设备器材供应商应当努力使用户

熟悉其产品，并提供相应的技术培训。

三是业务互补。整个区域的印刷市场潜力巨大，并考虑到电子商务可能带来的印刷业务，大量的商业机遇有待印刷企业去开拓。希望区域内各国认识到自己的强项和弱势，相互交流，促进各国印刷业的共同进步。

菲律宾希望日本和其他亚洲邻国积极主动地到菲律宾推销产品，在菲律宾对欧盟敞开大门之后，菲律宾更愿意与亚洲的国家建立更密切的合作关系，因为一些亚洲国家如日本、中国、韩国等的产品质量有保障，而且价格便宜。

（来源：综合整理自中国东盟商务会展中心网）

## 菲律宾医药市场概况

菲律宾人口增长速度较快，目前已接近8000万，对各类医药的需求呈稳定增长的趋势。但由于长期以来菲律宾经济发展缓慢，其本国医药制造产业十分薄弱，传统上又主要是从欧美国家进口药品，所以目前其消费能力与医药产品价格高昂之间的矛盾十分尖锐。菲律宾卫生部已意识到医药市场受欧美商家控制，药品大量从欧美国家进口，药品价格昂贵的问题突出，因此开始寻求新的价格较低、性能能够满足市场需要的进口产品来源地。中国、印度等国有可能成为其新的医药产品进口来源地。

### 一、菲律宾医药市场和进口药品情况

（一）市场需求量及主要产品构成

菲律宾医药消费市场规模在全世界排名约第28位，在东南亚地区排名第3位，超过印度尼西亚、泰国、中国香港，约占东南亚医药市场的13%。按生产销售价格计算，目前年销售额约折合13亿美元。其中73%以上是在马尼拉地区和吕宋岛内销售，中部维撒亚地区占14%，南部棉兰佬地区占13%。

在菲律宾整个医药市场中，抗生素类药品占22%；各类维生素及营养药品占整个市场的18%；呼吸道系统药品占13%；心血管疾病药品占12%；中枢神经系统疾病药品占9%。此四类药品占菲律宾医药市场一半份额以上。

（二）菲律宾医药产品的主要销售渠道

在全部医药产品中，药店销售的占79%，医院销售的占13%，其他途径销售占8%。其中，通过药店零售的药品占销售总量的61%。

（三）菲律宾每年进口药品的数量、主要品种和国别

表1　菲律宾进口药品的主要原产地国家和进口额（FOB千美元）

| 国别 | 进口额 |
|---|---|
| 瑞士 | 37337 |
| 德国 | 34867 |
| 澳大利亚 | 34549 |
| 美国 | 30198 |
| 法国 | 24045 |
| 英国 | 22018 |
| 意大利 | 16863 |
| 瑞典 | 12535 |
| 荷兰 | 12258 |
| 日本 | 12227 |
| 新加坡 | 11781 |
| 比利时 | 10177 |

上述国家向菲律宾供应的医药产品占菲律宾进口的80%以上。

表2　菲律宾进口量最大的10类药品（FOB千美元）

| 药品名称 | 进口额 |
|---|---|
| 常规药品 | 129377 |
| 抗生素成品 | 23758 |
| 抗生素原料 | 20219 |
| 兽医疫苗 | 13801 |
| 人类医用疫苗 | 12360 |
| 维生素 | 12197 |
| 癌症、艾滋病等专用药品 | 11603 |
| 维生素C的派生药品 | 7887 |
| 盘尼西林、链酶素的派生药品 | 11207 |
| 维生素原和维生素的复合药剂 | 4627 |
| 其他 | 70382 |

菲律宾本地的医药公司所需的原材料和半成品基本上是通过进口满足市场需求，主要是抗生素类药品的原料。菲律宾政府对原材料的进口实行严格的集中控制，其进口、分配、销售工作全部由该国政府控制的Chemfield公司负责。

菲律宾共有约4000家各类从事医药产品产销活动的企业。其中从事医药产品销售的企业占80%，从事医药产品进出口贸易的企业占12%，从事药品生产的企业占7%，从事医疗产品生产和贸易的企业占1%。本地的医药生产厂商生产成药主要是依赖进口的原材料或成品药所需的配剂。只有极少数公司从事研究生产药品原料。

### 二、医药产品进入菲律宾市场的主要程序

菲律宾医药市场的管理部门是菲律宾卫生部药品管理局。该部门对于进口药品市场的管理措施还是比较严格的。主要程序为：

1. 药品生产厂家要将本企业的医药产品向该部门注册登记。注册登记需要准备以下文件：申请书，有效的商标证明，生产商、进出口商、分销商之间的协议书，药品配方，原材料分析报告，产品分析报告，成品技术规格，对生产、加工、包装方法的详细说明书，产品检测程序及试验数据，用于市场销售或实验室化验的样品，原产国准许销售证书，原产国政府出据的关于生产厂家资信、生产能力以及技术状况的证书。

2. 在提交上述资料后，经该部门审查合格后，颁发药品注册登记证书。

3. 拟出口的医药产品在本地注册登记后，即可通过代理商向本地市场出口医药产品。

4. 对于药品原材料的进口，菲律宾政府采取严格的控制措施，全部的进口、国内分销工作均通过Chemfield公司实施。

（来源：南博网. http://info.caexpo.com/zixun/jingjqj/2009—06—11/61763.html.2009—06—11）

# 新加坡

## 新加坡房地产行业

### 一、新加坡房地产概况

新加坡是一个人口密度较高的城市型国家，城市很小，又是岛国，对外发展的空间很小。随着人口的不断增长，人们在收入增长的同时对改善住宅的要求也不断增长。

在新加坡，民用住宅主要由政府组屋和商品房两部分组成。政府组屋由新加坡政府投资修建，价格也由政府统一规定，以低价出售或出租给中低收入阶层使用。包括共管公寓等高级公寓和私人住宅在内的商品房则是由私人投资修建，并按市场价格发售。据统计，过去40多年中，新加坡共修建组屋近100万套，目前约84%的人安居在组屋中。而商品房的购买者主要是收入较高的二次置业者、投资者或者外国公民。

新加坡房地产业在1995年和1996年的时候异常火爆，1996年底新加坡政府推出一年内卖房征收100%增值税的措施，紧接着出现1997年亚洲金融风暴，新加坡房价在半年内狂跌40%。此后从1999年到2004年新加坡房价一直平稳发展，房价没有任何上涨。而从2005年开始，新加坡房价有复苏的趋势，目前已有1%的涨幅。

怎样在有限的土地上建造国民所需要的住房，并将房价控制在较为合理的范围内，一直是新加坡政府极为重视的问题。新加坡政府长期坚持以政府分配为主、市场出售为辅的原则，在房地产市场上牢牢掌握了主动权，既解决了大部分国民的住房问题，也有效地平抑了房价。

为防止房价剧烈波动，新加坡对房地产市场进行严格监控。例如，新加坡建屋发展局（HDB）的政策定位是“以自住为主”，对居民购买组屋的次数有严格的限制。购买组屋后，屋主在一定年限期内不得整房出租；在购买组屋后5年之内，不得将其转让，也不能用于商业性经营。新加坡政府还规定，一个家庭同时只能拥有一套组屋，如果要购买新房子，旧组屋必须退出来，以防有人投机多占。对于商品房，新加坡政府规定，业主出售购买时间不足1年的商品房，需要缴纳高额房产税，从而有效抑制了“炒房”行为和商品房价格暴涨。

在组屋分配方面，新加坡建屋发展局会在组屋建成后，按照公平原则进行合理分配。符合配房条件的住户一律排队等候政府分配住房，低收入者可以享受廉价租房待遇，中等收入者可以享受廉价购房待遇。

目前在新加坡期房可以转让，购房者只需先付房价的20%，剩余的购房款可在交房的时候再付清，而在此期间如果该楼盘房子行情见涨的话，房地产的工作人员会提醒房主是否要进行期房转让。目前在新加坡购房不征收增值税和营业税。

## 二、新加坡房地产发展模式

新加坡房地产业的发展靠强势有效的政府制定出了符合本土国情的政策，从而促进了新加坡地产业的快速、良性、持续发展。

（一）新加坡的公屋制度

新加坡的“人人有其屋”，是以80%的公屋为主体，18%私有房屋为辅，2%的政府出租房为补充的住房制度作为保障的，这种制度使大多数人有其屋。

新加坡的公屋类似中国的经济适用住房，是一个介于私有和公有之间权属类型的住房品种，没有土地权属，价格也不是由房屋的成本决定，而是由国民的平均收入而定，而价格与成本之差部分是由政府承担。由于公屋的价格是由国民的平均收入而定，因此70%以上的人都能买得起。

（二）保障人人有其屋的支持体系

这种支持体系首先要靠强势有效的政府来保证，新加坡建屋发展局（HDB）是代表政府行使这方面权利的主体，而必要的法律保障也为政府做到强势、有效提供了必要支持。比如新加坡在拆迁方面规定：只要被拆迁区域内80%的业主认同所持有的物业定价并同意拆迁，政府就可以依法对这个区域内不同意被拆迁的人实施强拆，新加坡没有因为钉子户的蛮横而影响发展商开发。

（三）住房公积金和提供的按揭贷款

组屋按地段、面积不同，价格从15万新加坡元到25万新元（约合75万元人民币）不等。符合条件的购房者可以向建屋发展局申请优惠按揭贷款，而中央公积金则是新加坡人购房的主要资金来源。新加坡自1955年开始建立中央公积金制度，由员工和雇主每月按一定比例交纳。新加坡人在购买组屋时，公积金可以用来支付购房的首付款，也可以用于支付月供。此外，新加坡政府还以各种形式向公民提供大量的住房补贴，从而使组屋价格保持在一般新加坡人能够承受的范围内。

另外，目前在新加坡银行贷款利率为2.05%，购房者有收入证明的话可以贷款房屋总价的80%，没有收入证明的可以贷款房屋总价的60%，贷款的最高年限为35年。此外，新加坡的房子按使用面积出售。

（四）政府正确、有效、稳定的政策

新加坡政府正确、长期有效、稳定的政策保障了新加坡房地产业的稳健持续发展：土地公有及政府提供土地，保证了地产业的稳定发展。房价高时多供土地，房价低时少供土地；新加坡政府每年控制公屋供给总量，保障了地产市场的稳定；新加坡政府勇于承担社会责任，保证人人有其屋，保证了社会安定，同时，房产行业及其他各行业也得到了发展；新加坡政府在房地产业方面的民族政策保证了房地产市场的稳定——规定了一个区域内各民族所占的比例并且分住；新加坡的中心城区＋卫星城镇（功能较齐全）的城市发展模式，使新加坡的房屋价格较均衡，价格市场的稳定也促进了房地产业的健康发展。

## 三、新加坡房产投资受青睐

新加坡凭借稳定的商业环境、优越的投资环境、有远见以及高素质的人力队伍和利好的移民政策吸引着来自世界各地的移民投资者，成为海外房地产的投资热门地之一。

随着新加坡政府发展经济措施的逐步推行，新加坡的经济与投资环境也将进一步的平稳向前，所以目前是新加坡房产自住及投资的最佳时机。

根据新加坡的私人住宅成交量统计，中国买家占海外买家的四分之一，而且还在呈上升的趋势。越来越多的中国买家前往新加坡投资置业，他们偏爱面水和临近学校的房子，因为这些区域的房子环境优美，方便子女入学。而中国新移民最喜欢的地区有东海岸、武吉知马和乌节路。目前，新加坡的私人住宅的价格约为每平方米4万元人民币到十几万人民币不等，不同的是，新加坡购房时以套内面积计算。

与中国不同，新加坡发展商兴建的公寓项目是精装修，装入厨房卫浴，共用设施多元化，环境绿化舒适，且土地使用期限是99年或永久。

新加坡房屋也可以期房的形式进行预售，在政府严格监管下，保障购房者权益。外国人也可享受与新加坡人同样的贷款政策和程序，最高可申请至70%的贷款。而银行贷款利率非常低，只介于2%～2.5%之间。

（来源：综合整理自投资新加坡网）

# 新加坡电子商务的发展特点分析

新加坡是世界上信息化程度较高的国家，也是世界上最早发展电子商务的国家之一。根据2009年4月欧洲商学院和世界经济论坛联合发布的《2008～2009年全球信息技术报告》，新加坡在全球信息与通信技术发展和使用程度排名中位列第四。新加坡还曾在2004～2005年度的这项排名中名列世界第一。新加坡高度开放的外向型经济、狭小的国内市场的自然条件限制，以及全球经济一体化的趋势，是新加坡大力发展电子商务的推动力，而规划先行、立法保障和政府推动，则可归纳为新加坡电子商务发展的主要特点。

## 一、规划先行

### （一）信息化方面的规划

新加坡电子商务的发展与其信息产业的快速发展密切相关。新加坡非常注重信息化的长远规划，从1980年开始连续制定了一系列国家战略以发展信息产业。1980年，新加坡成立国家计算机委员会，制定了第一个五年发展计划"国家计算机化计划"，通过实施该计划，实现新加坡政府部门办公的自动化和无纸化，从而提高政府部门在处理公共行政事务上的办事效率和服务水平。1986年制定了第二个五年计划"国家IT计划"，在第一个五年计划的基础上，着重利用20世纪80年代中期的融合运算和交流功能的网络技术，进一步深化公共行政事务的计算机化，同时鼓励私人企业参与。1992年，新加坡进一步实施了国家信息基础设施计划"IT2000"，力图用10年时间建设覆盖全国的高速宽带多媒体网络，普及信息技术，在地区和全球范围内建立联系更为密切的电子社会，将新加坡建成智慧岛和全球性IT中心。2000年，新加坡又通过了"信息通讯21世纪计划"，计划到2005年成为网络时代的"一流经济体"。2006年6月，新加坡公布了最新的"智慧国2015计划（iN2015）"，旨在通过一系列有益于公众、企业和全球社会的行动，到2015年将新加坡建设成为一个信息技术支撑的智能化国家和全球化城市，确保其未来10年的全球经济竞争力。

经过上述一系列规划，新加坡的信息产业得到迅猛发展。根据新加坡信息通讯管理局（IDA）的信息产业统计调查，新加坡的信息产业收入在2005年、2006年和2007年分别增长8.9%、19.9%和13.8%；2008年达到581亿新元，比2007年增长12.4%。在家庭信息化方面，2008年新加坡家庭拥有电脑的比例达80%，在家上网的比例达76%，网上购物者的比例为36%；在企业信息化方面，新加坡企业整体使用电脑的比例为76%，拥有员工50人以上200人以下的企业使用电脑比例达到99%，200人以上员工的企业使用电脑的比例达到100%。新加坡企业拥有自己网站的整体比例为36%，员工在50人以上200人以下的企业拥有网站的比例为78%，员工人数为200人以上企业拥有网站的比例为90%。

### （二）电子商务方面的规划

早在1986年，新加坡就宣布国家贸易网络开发计划，大力开发EDI（Electronic Data Interchange）电子数据交换系统，并于1989年推出全国性EDI贸易网Trade Net，这是世界上第一个用于贸易文件综合处理的全国性EDI网络。它连接了新加坡海关、税务等35个政府部门，与进口、出口（包括转口）贸易有关的申请、申报、审核、许可、管制等全部手续均可通过贸易网进行。该网24小时运行，自动接收、处理、批准和返还电子申报。商家通过电脑终端10秒钟即可完成全部申报手续。目前，新加坡进出口报送手续的EDI处理普及率已达到95%。Trade Net可以说是新加坡以互联网为基础的电子商务的开始。之后，新加坡推出了"医疗网络"（Medi Net）处理医疗方面的事务，"法律网络"（Law Net）处理法律方面的事务。这些网络的建设，为新加坡电子商务的高速化、安全化发展作出了重要贡献。

1996年8月，新加坡政府推出了"电子商务温床计划"（The Electronic Commerce Hotbed Program），目的是发展电子商务法律和技术基础设施以及电子商务服务。之后，新加坡推行了一系列措施，如成立了东南亚第一个认证机构Netrust。Netrust是一套网上安全系统，旨在为供应商和政府机关提供身份认证及信号传输安全保密服务。此外，新加坡于1997年专门成立"电子商务政策委员会"（Electronic Commerce Policy Committee），负责讨论与规划所有跟电子商务有关的法律与政策。

1998年新加坡推出了更加综合的"电子商务总规划"（Electronic Commerce Master Plan），目标是在新加坡做国际贸易、国际金融服务、通讯及资讯等传统优势基础上，进一步将新加坡打造成一个国际性的电子商务中心，计划在2003年把电子商务运用比例提高至50%，以电子商务形式交易的产品和服务达到40亿新元。主要发展战略是：发展与国际一致的电子商务基础设施；迅速将新加坡发展成为一个电子商务中心；战略上对采用电子商务的企业给予鼓励和支持；促进公共和商业领域的电子商务活动；制订适宜跨国交易的电子商务法律和政策。考虑到跨国企业有自己的电子商务发展规划，新加坡政府促进电子商务发展的政策主要针对的是新加坡企业，特别是新加坡中小企业，同时在电子商务的信用、安全和立法方面下功夫。

## 二、立法保障

新加坡政府非常重视电子商务方面的立法，在联合国贸易法委员会于1996年颁布《电子商务示范法》之后，新加坡即开始相关电子商务的立法研究与立法起草工作。自1998年开始，新加坡推出了一系列关于规范网络信息和电子商务的法律法规，主要包括《电子交易法》（Electronic Transactions Act）及配套法规、《滥用计算机法修正案》（Computer Misuse Act），修订了知识产权法，明确了网络内容规范和电子商务税务处理等方面的法律法规。

《电子交易法》。新加坡《电子交易法》由新加坡电子商务政策委员会制定，于1998年6月29日经国会通过，1998年7月10日正式实施。《电子商务法》的颁布使新加坡成为世界上率先在电子商务领域进行立法的国家之一。《电子交易法》是一部有关电子商务的综合性法律文件，该法旨在解决电子交易中的法律问题，建立一个促进和保障电子交易发展的法律环境。该法主要涉及与电子商务有关的三个核心法律问题，即电子签名、电子合同的效力和网络服务提供者的责任问题。其中，有关电子签名的法律规定占据了大量的篇幅，是该法最核心的内容。该法共分为12个部分，包括序言、电子记录和签名、网络服务提供商的责任、电子合同、安全电子记录和签名、数字签名的效力、有关数字签名的一般责任、认证机构及证书申请者的责任、认证机构的认证规则、电子记录和签名的政府使用（尤其是政府部门和法定机构对电子填单的认可）等。之后，新加坡又相继出台了《电子交易执法指南》《电子证书指南》《新加坡电子交易（认证机构）规则》等《电子交易法》的配套法律法规。

修订知识产权法。为了不妨碍文化传播，保护版权人在新技术环境下的利益，同时提高公众对知识产权的使用率，1998年9月新加坡同意加入《伯尔尼合约》，保持与全球知识产权法原则上的协调。新加坡又于1999年8月对《版权法》进行了修订，修订《版权法》是为了使其知识产权法与《1996世界知识产权组织版权条约》和《1996世界知识产权组织表演和录音制品公约》基本原则一致。世界知识产权组织的这两个条约是基于互联网时代新的知识产权问题提出的，故又称为互联网公约。修订《版权法》进一步强化了新加坡在数字领域的版权保护和强制措施，通过界定版权所有者、网络服务提供者等互联网各方的权利和义务，促进了互联网的使用和电子商务的发展。

《滥用计算机法修正案》。为了对付新出现的、潜在的计算机信息系统滥用事件，1998年6月30日新加坡通过了《滥用计算机法修正案》，该法案是为了应付日益严重的计算机犯罪及其造成的严重后果，并促进电子商务的发展。该法案是在1993年《滥用计算机法》的基础上修订的。修正法案列明三项有关非法进入计算机系统的新犯罪行为：干预或阻碍合法使用的行为；在授权和未经授权的情况下，进入计算机系统作案；将进入网络的密码透露以非法获利和使别人受损失。该法案从1998年8月1日起生效。为了与该法配套，新加坡政府又制订了《信息安全指南》和《电子认证安全指南》。

互联网内容管理规定。新加坡对互联网内容的管理采取了轻度干预、鼓励行业自我管理和公众教育相结合的方式。1996年7月15日新加坡政府颁布了《互联网管理法规》，也称"分类许可证制度"（Class License Scheme）。1997年11月1日颁布了《互联网操作规则》（Internet Code of Practice），该规则是分类许可证制度的补充。这二个法律条例都是为了鼓励人们正当使用互联网，保护网络用户特别是年轻人免受非法和不健康信息的传播之害。这两部条例对网络传播内容方面的规定，形成了新加坡网络"自我调节式管理"的基础。此外，2001年2月，经过新加坡政府管理部门、互联网业界的协商和对用户意见的调查，一套自愿性质的行业自律规范——《行业内容操作守则》制定完成。《行业内容操作守则》主要由三方面内容组成：公平竞争、自我监管和用户服务。《行为内容操作守则》规定：对于任何采纳《守则》的网络服务提供商或内容提供商，必须履行以下核心义务：不得故意在网上放置不恰当的、让人反感的或是法律明确禁止的内容；采用恰当的内容分级系统，将不同的信息加以区分，标明其所属的网站；不得使用错误或误导性的描述；尊重用户个人资料的隐私；未经对方请求不得发出电子邮件；遵守新加坡现行的广告管理标准。《行业内容操作守则》虽不具备法律的强制性，但互联网服务提供商或内容提供商一旦签署，就必须全盘接受，不得删改。

《电子商务税务指引》新加坡没有针对电子商务制定专门的法律文件，而是明确规定电子商务交易行为适用现行税法的基本原则。新加坡实行的是属地税制。应税所得的确定以收入是否发生或来源于新加坡，或是在新加坡收到为原则来判断。在新加坡，电子商务交易涉及的税种主要是所得税和货物和服务税（GST）。为便于从事电子商务的企业和个人更好地理解和运用相关税收规定，新加坡税务机关发布了《电子商务所得税指引》和《电子商务货物和服务税指引》。《指引》对可能存在的各种电子商务行为适用的税收问题进行了明确规定。如《电子商务所得税指引》中针对电子商务以下三种基本商业模式涉及的税务问题进行了明确规定：1. 公司业务在新加坡，通过设在新加坡的网站从事电子商务活动，产生所得；2. 公司业务在新加坡，通过设在新加坡境外的网站和分支机构从事电子商务活动，产生所得；3. 公司业务在新加坡境外，通过设在新加坡的网站和分支从事电子商务活动，产生所得。此外，《所得税指引》中还对双重征税、常设机构和预提所得税等问题进行了明确。新加坡税务局还将根据税收政策的变化，对《指引》适时进行更新，以便于纳税人掌握最新政策。

## 三、政府推动

新加坡政府在电子商务的规划、立法和推广中始终起着主导和推动作用。新加坡政府认为，没有一定程度上的管理，电子商务不可能发展得这么快。没有规则的贸易是危险的，但政府的职能应从垄断式管理转向提供服务。新加坡的所有电子商务活动都由政府控制，商业机构签约开展电子商务活动，可得到研究和发展应用的资金支持。新加坡政府还设立了 20 亿美元的基金用于系统建设和计算机应用的普及。新加坡政府认为，在未来的世界，政府不再是一个固定实体，而是竞争中的服务提供实体，各国政府之间是竞争关系，谁能以最好的价格提供服务，谁就能吸引更多投资促进当地的发展。

### （一）电子政府的示范和引导作用

新加坡被公认为电子政府建设全球领先的国家之一。新加坡电子政府的宏愿和理念是实现“多个部门，一个政府”，把公民当客户对待，以公民为本，通过轻松、便捷、整合的电子服务，提升整个社会的效率和便捷性。自 2003 年 3 月起，凡新加坡居民都可以申请一个“电子交易密码”（Sing Pass），这是公民获得不同政府部门网上服务的通用密码，用户通过网络办理各项业务，只要记住这一个密码，就可以从不同部门得到不同服务。新加坡公民或企业在上网办理业务时，不必分别登陆各个政府站点，可通过政府的门户网站（Singapore Government Online Portal），即可实现“一站式”网上办公。新加坡的电子政府服务主要包括三个方面：一是政府对企业的电子政务（G2B）。主要是为企业提供各种网上申请服务，搭建电子采购和招投标平台等；二是政府对公民的电子政务（G2C）。新加坡建立了电子公民门户网站（e－Citizen Portal），为公民提供娱乐，安全、体育运动、交通运输、旅行、医疗保健、住房、就业等众多在线政府服务；三是政府对公务员的电子政务（G2E）。主要是通过政府人力资源管理系统（People Matters Management System），为公务员提供一站式人力资源管理服务，涵盖人力资源策划、员工调查、申请休假、薪酬福利等多项服务，也为政府各部门提供了一个统一、安全、整合的信息平台，便于他们进行人力资源数据分析和人力资源策划等。

新加坡开展电子政务的原则，始终以满足广大公众的意愿、需要和使用便利为中心。在历次国家信息化战略中，电子政务都是一个重要组成部分。新加坡政府推出的个人电子税务网（my Tax Portal）、电子商务网（GeBIZ）、网上商业执照服务（Online Business Licensing Service）、贸易平台“商贸讯通”（TradeXchange）等为民众和企业带来了极大便利，也极大促进了电子商务和电子社区的发展。新加坡国务资政吴作栋在介绍新加坡推行电子政府经验时指出，一个国家要成功地推行电子政府服务，首先必须拥有形成良好治理的三大要素：一是保持透明度、实行问责制及确保公共服务清廉；二是持续对计划进行监管与审查；三是有意识地打破政府部门各自为政的藩篱，以一个全面政府的形象面对民众。他指出，成功的电子政府服务不是单靠硬件和软件的部署就能形成的，电脑本身不能提高效率，推广宽带网络本身也不会提高生产力。只有当这些投资加上良好的治理，才能提升行政效率，并对国民的生活产生积极影响。

### （二）强有力的组织领导和管理体制

新加坡负责信息通讯和电子商务发展的政府机构是新加坡资讯通信发展管理局（IDA）。该局是新加坡新闻、通信及艺术部下的一个法定机构，成立于 1999 年 12 月，由原国家电脑局与电信管理局合并而成。IDA 的主要职能是负责政府资讯通信相关课题及部署政府资讯通信系统的技术顾问，制定国家资讯通信发展总蓝图和政策，管制电信业，促进及发展资讯通信业及其人力资源，促进资讯通信科技在商界及社会的使用。

除资讯通信管理局（IDA）外，新加坡政府还设有政府首席资讯办公室（GCIO），通常由 IDA 的高级官员全权负责。GCIO 的作用相当于新加坡政府的首席信息及技术官，主要行使以下职能：为政府信息化的总体规划提供技术领导，并为政府信息技术开发提供指导；为政府制定信息产业的标准、政策、指导方针及程序；开发、实施和管理整个政府的信息基础设施并将之理念化；开发、实施和管理整个政府的信息应用系统并将之理念化。GCIO还为政府各部门及其他政府机构提供信息技术专业人力资源，其官员被派往这些部门担任各种职务：首席信息官（CIO）、信息系统经理（ISM）、技术经理、项目经理及信息技术顾问等。

此外，为尽快实现电子经济、电子政府和电子社会的目标，2001年2月，新加坡政府成立“国家电子商务行动委员会”，由8个政府部门组成，负责协调和推动主要行业（包括制造、贸易、金融与银行、企业、传统行业、旅游、商业、运输和信贷等）的电子商务活动。

（三）加强基础设施建设提供便利条件

新加坡一向非常重视基础设施建设。新加坡作为亚太乃至世界金融贸易中心和交通枢纽，其发达的通信、商业贸易、金融、航空、船运等传统产业为电子商务的发展奠定了必要和良好的基础。随着国家信息化规划的不断实施，新加坡信息通讯基础设施也在不断发展和完善。继“智慧国2015计划（iN2015）”推出之后，新加坡又实施了“下一代全国宽带网络计划”（Next Generation National Broadband Network）。它是一种全国性的超高速光纤到户（FTTH）网络，最高连接速度可达1Gbps。该计划预期到2012年，实现60％的家庭和办公场所的覆盖率，至2012年实现全国范围覆盖率。此外，在2006年，新加坡又推出了“无线新加坡计划”（Wireless@SG）。目前，新加坡全国拥有超过7500个无线网络热点，覆盖机场、中心商务区及购物区。该网络现有130万用户，其中有超过42万客户每月平均用网超过3小时。

（四）务实措施推动企业应用电子商务

为推动企业应用电子商务，新加坡采取了多方面的措施，包括通过各机构为企业提供便捷的形式多样的财务援助计划，如本地企业融资计划、商务开发计划、本地企业技术援助计划、培训补助计划、公司研究奖励计划等；运用教育宣导方式协助企业了解电子商务在提高生产力与竞争力方面的效力；提供易于使用的交易方式或平台鼓励中小企业的参与；以补助等方式鼓励企业在管理与技术性专业人力培养上的投资。

以针对中小企业的资讯通信计划为例。该计划旨在帮助中小企业全面应用资讯通信技术，以降低成本，提高效率。该计划为企业提供轻松易得、安全可靠的资讯通信服务，使企业可享受一站式客户服务体验。中小企业开发的第一个网站可以享受高达2000新元的补贴。该计划自推出以来，已有超过1500家中小企业从中获益。

（五）大力培养信息技术人才

新加坡政府认识到，要建立一个全面的电子化社会，培养人才是关键。为此，在“信息通讯21世纪计划”和“智慧国2015计划（iN2015）”的指导下，新加坡大力发展世界级的学院，改进课程，吸引和留住国际人才，培养网络精英、信息化技术人才，提倡终身学习，提高人力资源的数量和质量。新加坡教育支出从以前占国内生产总值的3.6％增加到4.5％，每年增加15亿新元的教育投入。根据新加坡IDA的调查统计，截止到2008年6月，新加坡的信息技术人才已达13.9万人，年龄在39岁以下的占71％，大学以上学历占82％。

（来源：中华人民共和国驻新加坡共和国大使馆经济商务参赞处. http://sg.mofcom.gov.cn/aarticle/yuyan/200908/20090806451766.html?3733657274=850387913.2009—08—11）

## 全方位解读新加坡物流业

世界地图上的新加坡只不过是个“小红点”，但新加坡所处的地理位置却是世界的十字路口之一。得天独厚的地理条件使新加坡发展成为一个主要的商业、运输、通讯、旅游中心。靠水吃水，一直以来，新加坡凭借自己独特的地理位置大力发展现代物流业。目前，物流业已经成为新加坡的支柱产业，新加坡港的吞吐量也一直名列世界各港口前列。

### 一、平台

新加坡是亚太地区领先的物流和供应链管理中心。新加坡的樟宜机场是世界第四大货运机场，每周有4000个航班连接57个国家的182个城市。机场内设有樟宜航空货运中心（也称物流园），面积达47公顷，是一个24小时运作的自由贸易区。这个一站式的服务中心，提供了装卸航空货物所需的设备和服务，从飞机卸下的货物送到收货人手里，前后只需一小时。新加坡民航局不定时研究制定樟宜机场的发展规划，以确保机场有足够的能力应付亚太地区航空交通的强劲增长。

新加坡利用其优良的深水港，兴建了4个集装箱码头。新加坡港务集团每年可装卸超过1500万个集装箱，是世界最大的单一箱运码头经营机构。2008年，新加坡港以260多万标箱（TEU）及两位数的增幅，再次雄踞国际港口的榜首。在新加坡，200家船务公司把新加坡与123个国家的600个港口连接起来。这一切都使新加坡毋庸置疑地成为亚太地区领先的物流和供应链管理中心。

## 二、地位

正因为新加坡拥有强大的海上和空中网络连接亚洲和世界各地，所以有超过9000家的物流企业利用新加坡作为区域转运及配运中心，包括位列全球业界前茅的17家第三方物流公司中的10家在新加坡设立亚洲总部。这里也是许多正在进入亚洲市场的跨国公司的亚洲总部。据一项调查显示，新加坡工业及商业企业运用物流组织管理技术和运用专业化的3PL服务非常普遍，约60%的新加坡企业使用3PL服务，其中有83%已经是3年以上的3PL服务客户。超过90%的使用者认为，3PL的服务能帮助他们降低成本，并对3PL提供的物流服务十分满意，这是新加坡3PL服务产业化发展的重要基础。

此外，世界知名物流企业如敦豪、联邦快递、辛克等都在新加坡设立了区域总部。再加上与互联网结合，新加坡物流业更以电子物流的全新经营模式，整合了一套独具特色的网络供应链管理系统（IS—CM），吸引跨国企业利用新加坡物流业的优势，构建亚太地区的外包供应网，让跨国企业专注于产品研发及市场营销，提高国际竞争力，从而更加巩固了新加坡物流业的支柱地位。

## 三、政策

新加坡政府对经济的发展扶持在世界上既具有知名度，也较为成功。新加坡物流业的快速发展得益于该国政府的大力支持。新加坡政府支持物流行业发展的政策，主要有税收优惠、研究经费的资助和提供各项教育与在职培训计划。由于得到政府的大力支持，新加坡的物流行业投资规模较大，且有强大的推动力和持续性。新加坡物流业的发展，还在于其政策上对物流业进入、投资没有限制，而良好的物流服务环境则吸引了大批国际著名企业在新加坡驻足及设置物流运作基地。作为长期发展的现代物流业，新加坡物流可以用高效率、高科技、高服务、高专业“四高”来形容。

新加坡物流业充分体现了“高效”的含义，这不仅由于新加坡地理位置优越、交通便利，还在于其各环节畅通无阻。以通关程序为例，新加坡政府使用“贸易网络”，实现了无纸化通关，涉及贸易审批、许可、管制等环节通过一个电脑终端即可完成。

高科技是新加坡物流业的主要支撑力量之一，而网络技术则是重中之重。新加坡物流公司基本实现了整个运作过程的自动化，一般都拥有高技术仓储设备、全自动立体仓库、无线扫描设备、自动提存系统等现代信息技术设备。新加坡物流企业都斥资数百万美元建成电脑技术平台，通过公司的技术平台，客户不但可以进行下订单等商务联系，还可以随时了解所托运货物当时的空间位置、所处的运送环节和预计送达的时间。现代科技还保证了货物的安全和物流过程中的准确性，如条形码和无线扫描仪的使用使每天多达数千万份的货物运送准确率超过99.99%。

服务的专一性是新加坡物流企业能够提供高质量服务的重要原因。它们可以专门为某一行业的企业提供全方位的物流服务，也可以为各行业的客户提供某一环节的物流服务。新加坡港口、机场附近均设有自由贸易区（保税区）或物流园区，提供集中的物流服务，在园区内就能找到运输、仓储、配送等各个环节的专业物流商，极大地方便了客户联系业务。在樟宜国际机场附近的物流园，吸引了数十家大型物流公司进驻，达到了较好的规模经济效果。新加坡现代物流业已经转向“量身定做”的服务，以满足每个客户的不同需要为出发点和最终归宿点，服务范围之广之细可谓空前。公司和客户共同研究、选择出一种或几种最理想的服务方式，最终找出能最大限度为客户提供低成本的解决方案。

## 四、注重人才的培养

注重物流业的人才培养也是新加坡物流业可持续发展的重要方式。新加坡政府以讲座的形式向公司及公众介绍物流技术的最新发展，并推出了政校合作、国际交流等多项物流人才培训计划，并配合市场的实际需要推出广泛的专材训练课程。新加坡政府也与物流专业机构、协会或商会合作，推动举办物流展览会、研讨会，促进国际交流与合作。新加坡政府在新加坡国立大学和南洋理工大学等高等学府设立物流硕士课程，培养物流专业的高级管理人才。

1999年，新加坡政府提供2000万新元资助新加坡国立大学和美国佐治亚州科技学院在新加坡合作成立亚太物流学院，主要训练物流及供应链管理的专业人才。全球二十八所著名学府认可其物流专业资格，完成课程的学员可在这些学府升读物流的硕士课程。此外，新加坡政府还鼓励私立教育机构开办物流专业课程，为在职专业人员提供培训。如新加坡物流学院，目前在校受训的在职人员达 1500 人，该校同时也提供学位教育，培养物流专业的本科生和硕士研究生。

**五、新加坡物流业的外扩之路**

国土窄小、没有工业成为新加坡物流业发展的瓶颈。经过几十年的发展，新加坡的物流市场已成熟，因此新加坡的物流业者认识到必须走出国内市场，寻求新的促进增长的道路。

亚太物流业报告指出，亚洲物流业估计价值 1 万亿美元，以中国为首，其后依次是东盟国家和印度。经济的环球化造成了生产基地向东移；世界贸易组织的多边贸易开放、区域贸易协定和双边贸易协定，都有助于国际货物流动的大幅增加；采购原材料、分包制造以及成品配送活动正日益环球化，这增加了企业供应链的长度和复杂性，这一切都决定了生产企业无暇顾及全面的产业，也就要求必须把部分物流业外包。

新加坡物流业者也急需摆脱其国内物流业的饱和状态。一直以来，新加坡物流业虽然是区域跨国企业的物流服务提供商，拥有广泛的网络，但仍需要进一步扩大业务，达到足够的规模，以取得更大的利润。

可见，新加坡物流业外扩成功不仅仅是顺应全球经济形势，也与长期以来的硬件发展密不可分。

（来源：南博网. http://info.caexpo.com/zixun/jingjqj/2010－05－18/74936.html. 2010—05—18）

## 新加坡银行业应大胆走出去

新加坡是亚洲金融中心，金融服务占 GDP 的比重 12%以上，并带动其他商业服务及制造业的增长。新加坡的商业银行总数只有 114 家，其中新加坡本地银行 6 家、外资银行 108 家、在新加坡设立代表处的外资银行有 50 余家。而亚洲另一金融中心中国香港共有 200 余家认可机构，其中持牌银行 140 家左右、有限制牌照银行 30 余家、接受存款公司 30 余家；在中国香港设有代表办事处的外资银行有近 90 家，是新加坡的两倍。中国香港的外资银行分别来自近 40 个国家，并且有近 70 家隶属于全球最大的 100 家银行。各家银行及接受存款机构所持的海外净资产总值近 2 万亿港元，使中国香港成为全世界最大的银行中心之一。中国香港的金融规模远比新加坡要大，金融市场也更加多元化，这对中国香港在竞争中巩固其国际金融中心的地位有重要意义。同时，新加坡金融业的计划经济味道较重，透明度较低。

一个国际金融中心应该具备健全而完备的金融市场，包括银行业、外汇市场、货币市场、股票市场、衍生产品市场，具有种类多样的金融工具，如股票、债券、金融期货、期权等。同时，这些金融市场和金融工具需要有足够大的规模和深度，能够满足数额巨大的交易要求。而新加坡金融市场的规模和深度都还不够，银行业即是一例。

**一、大胆地走出去**

新加坡市场较小，其金融管理局可以说是“一把抓”。成立于 1971 年的新加坡金融管理局，负责新加坡中央银行及监管银行业工作，1977 年把保险业的监管工作也囊入其中，1984 年开始同时监管证券业，至 2002 年，新加坡政府取消货币发行局，由金融管理局接管货币发行的工作。新加坡金融管理局对属下 3 家注册银行（星展银行、大华银行及华侨银行）的监管甚严，资本充足比率定为 10%。

新加坡银行业的“走出去”与其他国家的外资银行不同。其他国家的银行在海外设据点，首批最重要的客户多数是自己的“同乡”，为来自同一国家的企业提供银行业方面的业务，而新加坡的市场实在太小，“走出去”是真正的“走出去”，服务对象是当地的企业。但是，由于日益增长的不确定因素与地区政治风险，将业务收缩并集中在新加坡，一直是星展银行、大华银行和华侨银行这三家本地银行乐于采取的避险术。

1999 年 5 月，新加坡银行业监管机构——金融管理局发表政策声明，提出开放新加坡银行业，标志着新加坡银行业实施改革。这次银行改革政策中包含了一个重要的观点，即面对当今世界的新趋势，过去的保护政策必须改变。应当通过竞争来强化本地银行，特别是通过放宽对外资银行的限制政策，推动本地银行的集中，从而提升竞争力。本地银行在与国际大银行竞争时，必须不断地改革、创新或吸收、模仿和发展新产品，而不能继续在保护环境下墨守成规。同时，新加坡银行业进一步集中，使企业监管和治理也得到进一步加强。

## 二、开放地引进来

1999年，新加坡打算利用五年放宽银行业管制计划，增发各类银行执照给外资银行，来推进银行业的行业与市场结构调整：进一步开放让外资银行进入新加坡国内市场，为外资银行签发新银行执照，称为特准全面银行（Qualifying Full Bank），增加限制性银行（Restricted Bank）的数目，允许岸外银行（Offshore Bank）在批发新加坡币的交易方面享有更大灵活性。新加坡金管局只允许那些资金雄厚、管理完善，有意在新加坡长远发展的外资银行进入新加坡市场，以维持银行业的高水准，减低新加坡存户的风险，同时使新加坡成为具竞争力的金融中心。

新加坡金管局从1999年至2001年，预先推行一项三年配套，准备于三年内分两期发出6张执照给予记录良好、管理完善、对新加坡金融中心地位有贡献的外资银行；然后检讨进展，评估国内银行业，再采取进一步的放宽措施。原定的五年试验期，只实行了三年，到2001年，就已经将"特准全面银行"原来限定的10个营业点增至15个，还允许它们加入本地银行再三强调要保护的"电子转账系统"。

截至2001年12月，已有18家外国银行获得在新加坡经营的牌照，分别发给可经营全面业务的银行和批发业务的银行。这些牌照允许外国银行在新加坡零售银行市场经营。另外，外资银行可以享用当地的自动柜员机网络。虽然牌照仍会限制外资银行的分行数目，但容许外资银行参与当地的自动柜员机网络及扩展本身的自动柜员机网络，对银行的业务发展相当重要。

2004年，新加坡政府进一步开放本地银行业，让外资银行在本地零售银行市场有更大的扩展空间。2005年起，特准全面银行（QFB）设立分行和自动提款机（ATM），ATM从15个增加到25个。此外，特准全面银行可以即刻跟本地银行商量，让其信用卡客户使用本地银行的提款机预支现金。但持有这些外资银行信用卡的新加坡国人还无法使用这一业务。新加坡金融管理局也将发出更多批发银行（Whole sale Bank）执照给符合条件的外国银行。

## 三、来自中国的声音

2008年9月，中国银监会主席刘明康在出席新加坡—中国双边合作联委会第五次会议时，就中资银行在新加坡分行牌照升格需求问题与新加坡相关官员交换了意见。双方表示将继续努力，争取早日解决有需求的中资银行在新分行牌照升级问题。

目前，包括工商银行、农业银行、中国银行、建设银行和交通银行在内的一些中资银行均在新加坡设立分行。但由于牌照升级问题迟迟未能解决，这几家银行在新分行所经营的业务范围相对有限，如不能吸收当地居民零售存款、不能开设分支机构等。类似的限制对中资银行的海外发展造成障碍。

中国早就对新加坡的银行业敞开了大门，为进一步加强对话与合作，新加坡也应发放更高级别的银行经营牌照给中国的银行业。

## 四、博大胸怀拥抱未来机会

历史潮流滚滚向前，行如逆水行舟，不进则退。金融风暴的来临不应成为新加坡停止向全球金融中心进发的理由。

2004年，新加坡副总理李显龙指出，虽然现在下定论还言之过早，但银行业开放措施至今已达到带来更多竞争的目标。它促进了本地银行业的整合，否则这个过程会需要更多时间。本地和外资银行的整体市场占有率并没有骤变，但银行业的素质整体得到改善，增强了新加坡金融业的蓬勃性。

新加坡现在是亚洲最开放的银行市场之一，但随着银行业逐日改变，新加坡将来也必须作好进一步开放的准备。

虽然新加坡银行业进行了一系列的改革与开放措施，但无论是走出去还是引进来，以一个重要金融中心的角度去考量，其力度还不够。新加坡这样一个城市国家要生存，就必须将自身的特质找出来，并予以加强。新加坡如果想要参与全球竞争，就必须找出自己的区域竞争优势。

首先，要自保区域金融中心地位。新加坡是一个小国，其周围有比它更巨大的市场，并且有对手在后面野心勃勃地追赶，若不谨慎，很可能被边缘化，以致渐渐从国际舞台上消失。虽然新加坡的国内金融市场目前仍然在东南亚是最大，但未必能长久保持下去。

其次，要以博大胸怀扩大金融业开放，推动银行业参与更激烈的竞争，为新加坡提供更高质量的银行业服务以及增加金融业的深度和竞争力，在成为区域金融中心的同时，向国际金融中心的目标迈进。

（来源：南博网. http://info.caexpo.com/zixun/jingjq/2009—07—17/63190.html. 2009—07—17）

# 泰　国

## 泰国糖业回顾与展望

由于甘蔗平均单产有所提高，美国农业部（USDA）已上调了2007～2008制糖年和2008～2009制糖年泰国甘蔗预期产量。不过，受主要食糖进口国的食糖产量增加的影响，估计2008～2009制糖年，泰国食糖出口步伐或将放缓。

尽管种植面积不断减少，但得益于良好的天气条件和单产的提高，估计2008～2009制糖年，泰国的甘蔗产量将高于先前的预期，糖产量将略高于2007～2008制糖年，可望达到790万吨。不过，受主要食糖进口国的食糖产量增加的影响，估计2007～2008制糖年，泰国的食糖出口量不能达到先前的预期目标。

由于大多数酒精厂仍用糖蜜来生产酒精，估计2008～2009制糖年泰国用于生产酒精的甘蔗数量不会有大的变化。虽然泰国的酒精汽油日消费量不断增加，但所有的酒精厂都没能满负荷生产。另外，因泰国政府在甘蔗和食糖法中增加收益分享办法后，生产酒精的回报率仍然不具吸引力，造成糖厂扩大甘蔗酒精生产线受到了限制。在预期木薯原料供给不成问题的背景下，未来泰国拟新建的大多数酒精厂将以投资木薯生产线为主。

### 甘蔗和酒精生产

天气较好，加上甘蔗单产提高，美国农业部已上调了2007～2008制糖年和2008～2009制糖年泰国的甘蔗预期产量。尽管泰国的甘蔗种植面积继续减少，但因甘蔗单产提高，估计2008～2009制糖年泰国的甘蔗产量将略高于先前的预期。此外，因大多数蔗田所处的地势较高，不久前发生的洪灾对甘蔗生产的影响不大。不过，传闻泰国的甘蔗种植面积仍在缩减，特别是泰国东北地区，由于种植木薯的收益是食糖的近三倍，泰国东北部地区的农民已纷纷转种木薯。另外，泰国内阁已批准在种植完2008～2009制糖年生产用蔗后，转过来上调2007～2008制糖年的甘蔗保护价。

甘蔗产量高的预期将导致2008～2009制糖年泰国的食糖产量略高于2007～2008制糖年，可望达到790万吨，不仅如此，糖蜜的产量也有可能小幅增加到330万吨。

表1　近年来泰国的食糖和糖蜜单产及其价格

| 制糖年 | 2005年度 | 2006年度 | 2007年度 | 2008年度 | 2009年度 |
|---|---|---|---|---|---|
| 吨甘蔗产糖量（公斤） | 108.49 | 103.56 | 105.33 | 106.63 | 107.00 |
| 吨甘蔗产糖蜜产量（公斤） | 47.29 | 45.81 | 47.01 | 44.72 | 44.70 |
| 种植成本（泰铢/吨） | 658 | 847 | 702 | 557 | 800～900 |
| 食糖批发价（泰铢/100公斤） | 1177 | 1498 | 1498 | 2033 | 2033 |
| 糖蜜批发价（泰铢/公斤） | 1800 | 4000 | 2100 | 2500 | 2500 |

### 食糖和酒精消费

由于与用糖蜜或木薯生产酒精相比，泰国用甘蔗生产酒精并不具有优势，绝大多数甘蔗仍被用来生产食糖。现阶段泰国的酒精汽油消费量已增至910万公升，而酒精的日产量仅增至90～100万公升的水平。目前泰国9家酒精厂生产的酒精总量只占总产能的60%～70%，其中大多数酒精厂仍用糖蜜来生产酒精。2008年泰国东北部地区用于生产酒精的甘蔗总量仅为57345吨。由于泰国政府在甘蔗和食糖法中增加收益分享办法，甘蔗种植户要分享70%的酒精销售净收入，生产甘蔗酒精的收益不具诱惑力，这种局面有可能会进一步抑制甘蔗酒精的生产。

另外，随着木薯种植面积的不断扩大，木薯的单产有可能是目前的两倍以上，在预期木薯原料供给不成问题的背景下，估计未来泰国拟新建的大多数酒精厂将以投资木薯生产线为主。目前泰国正在新建一条日产20万公升的甘蔗酒精生产线，即年产6000万公升甘蔗酒精。根据与农民签订的9600公顷甘蔗订购协议，这条酒精生产线每天可收榨5000吨甘蔗，估计该条酒精生产线将于2010年开始生产酒精。

估计2008年度和2009年度泰国的生活用糖和工业用糖都将双双增加，另外，由于2008年5月份泰国政府已把国内食糖调控价上调了32%，传闻泰国饮料产业将面临生产成本上升的局面。

### 食糖贸易

由于主要食糖进口国的食糖产量上升，估计2008～2009制糖年泰国食糖出口步伐或将放慢。在预期中国和马来西亚国内甘蔗增产的背景下，估计2008～2009制糖年泰国出口到中国和马来西亚的原糖可能会大幅下降。另外，受印度尼西亚国内食糖产量和食糖库存量足以满足其国内需求的影响，估计2008～2009制糖年泰国出口到印度尼西亚的白糖也可能减少。至于出口到美国市场的原糖数量，据了解，到目前为止，泰国已履行完美国分配给泰国的2008财政年14743吨食糖准入配额量。

由于泰国国内食糖供给充足，估计2008年度和2009年度泰国的食糖进口量不会有大的变化。根据其对世界贸易组织（WTO）的承诺，泰国政府将继续以65%的关税进口13760吨配额食糖，非配额进口糖将被征收94%的关税。

### 糖业政策

因为国际糖价有可能上涨的影响，估计2008～2009制糖年泰国的甘蔗扶持价将高于2007～2008制糖年的807泰铢/吨（约26美元/吨）。基于2008年5月1日政府已将白糖的零售价格上调了5泰铢，调至19泰铢/千克（约27美元），精制糖的出厂价上调至20泰铢/千克（约29美元），估计2008～2009制糖年泰国国内市场上的食糖调控价不会再有什么变化。目前泰国蔗糖基金会欠泰国农业合作银行（BAAC）的债务已超过200亿泰铢（约5.88亿美元）。

表2　甘蔗产供销一览表

| 制糖年 | 2006/2007 | | | 2007/2008 | | | 2008/2009 | | |
|---|---|---|---|---|---|---|---|---|---|
| 开榨时间 | 2006.12 | | | 2007.12 | | | 2008.12 | | |
| | 前期公布数据 | | 最新预测 | 前期公布数据 | | 最新预测 | 前期公布数据 | | 最新预测 |
| 种植面积 | 1070 | 1070 | 1070 | 1080 | 1080 | 1080 | 1025 | | |
| 收割面积 | 1030 | 1030 | 1030 | 1040 | 1040 | 1020 | 990 | | |
| 产量 | 63800 | 63800 | 63800 | 68000 | 72000 | 73310 | 68000 | | |
| 总供给量 | 63800 | 63800 | 63800 | 68000 | 72000 | 73310 | 68000 | | |
| 榨糖用量 | 63750 | 63743 | 63743 | 67950 | 71940 | 73250 | 67930 | | |
| 生产酒精用量 | 50 | 57 | 57 | 50 | 50 | 60 | 70 | | 70 |
| 使用总量 | 63800 | 63800 | 63800 | 68000 | 72000 | 73310 | 68000 | | |

表3　泰国食糖产供销一览表

| 制糖年 | 2006/2007 | | | 2007/2008 | | | 2008/2009 | |
|---|---|---|---|---|---|---|---|---|
| 开榨时间 | 2006.12 | | | 2007.12 | | | 2008.12 | |
| | 前期公布数据 | | 新公布数据 | 前期公布数据 | | 新公布数据 | 前期公布数据 | |
| 开榨前库存量 | 1760 | 1760 | 1760 | 1745 | 1745 | 1745 | 2245 | 2245 |
| 甜菜糖产量 | 0 | 0 | 0 | 0 | 0 | 0 | 0 | 0 |
| 蔗糖产量 | 6720 | 6720 | 6720 | 7650 | 7650 | 7820 | 7200 | 7200 |
| 食糖总产量 | 6720 | 6720 | 6720 | 7650 | 7650 | 7820 | 7200 | 7200 |
| 原糖进口量 | 0 | 0 | 0 | 0 | 0 | 0 | 0 | 0 |
| 进口总量 | 0 | 0 | 0 | 0 | 0 | 0 | 0 | 0 |
| 供给总量 | 8480 | 8480 | 8480 | 9395 | 9395 | 9565 | 9445 | 9445 |
| 原糖出口量 | 1983 | 1983 | 1983 | 2200 | 2200 | 2300 | 2500 | 2500 |
| 精糖出口量（原糖值） | 2722 | 2722 | 2722 | 2900 | 2900 | 2600 | 3100 | 3100 |
| 出口总量 | 4705 | 4705 | 4705 | 5100 | 5100 | 4900 | 5600 | 5600 |
| 民用消费量 | 2030 | 2030 | 2030 | 2050 | 2050 | 2200 | 2100 | 2100 |
| 其他 | 0 | 0 | 0 | 0 | 0 | 0 | 0 | 0 |
| 使用总量 | 2030 | 2030 | 2030 | 2050 | 2050 | 2200 | 2100 | 2100 |
| 末期库存量 | 1745 | 1745 | 1745 | 2245 | 2245 | 2265 | 1745 | 1745 |
| 总销售量 | 8480 | 8480 | 8480 | 9395 | 9395 | 9565 | 9445 | 9445 |

表 4　泰国食糖出口量（单位：吨）

| 出口目的地 | 2007 年 | 2008 年 |
|---|---|---|
| 印度尼西亚 | 937766 | 952285 |
| 日本 | 299232 | 404269 |
| 中国 | 120794 | 71943 |
| 马来西亚 | 150691 | 22256 |
| 韩国 | 36486 | 138803 |
| 柬埔寨 | 53873 | 164805 |
| 中国台湾 | 56924 | 210419 |
| 俄罗斯 | 34679 | 21560 |
| 新加坡 | 89130 | 56930 |
| 孟加拉国 | 61030 | 0 |
| 其他 | 1840605 | 2043270 |
| 未统计数量 | 914003 | 442556 |
| 总数 | 2768883 | 2495218 |

表 5　泰国原糖出口量

| 出口目的地 | 2002 | 2003 | 2004 | 2005 | 2006 | 2007 | 1 月～6 月 | |
|---|---|---|---|---|---|---|---|---|
| | | | | | | | 2007 | 2008 |
| 中国 | 168982 | 180567 | 252455 | 175529 | 221503 | 160292 | 111803 | 2052 |
| 刚果 | | | | | | | | |
| 印度尼西亚 | 387971 | 373106 | 463426 | 423816 | 196017 | 736749 | 525276 | 6209 |
| 伊朗 | 30780 | | | | | | | |
| 日本 | 383685 | 565822 | 751129 | 602690 | 543980 | 557482 | 296230 | 4042 |
| 朝鲜 | 6378 | 62877 | 41 | 2560 | | | | |
| 韩国 | 110044 | 175976 | 144877 | 87423 | 38376 | 48316 | 35241 | 1335 |
| 马来西亚 | 240636 | 242141 | 245564 | 64820 | 31190 | 182963 | 134676 | 257 |
| 莫桑比克 | | | | | | | | |
| 菲律宾 | 3078 | | 286 | | | 205 | | |
| 罗马尼亚 | | 41040 | | | | | | |
| 俄罗斯 | 484253 | 696757 | 66279 | 46170 | 38885 | 53711 | 34679 | 2131 |
| 新加坡 | 52644 | 2786 | 429 | | 221 | 128 | | |
| 斯里兰卡 | 64384 | 52711 | 55149 | 9593 | 4361 | 14877 | 14877 | 1423 |
| 坦桑尼亚 | 33006 | 10012 | 10841 | 208 | 770 | 54070 | 53814 | 975 |
| 中国台湾 | 102794 | 201234 | 3131528 | 75544 | 53282 | 62059 | 17378 | 1204 |
| 乌克兰 | | | | | | | | |
| 美国 | 14614 | 14615 | 14615 | 14615 | 24939 | 21299 | 14275 | 9392 |
| 阿联酋 | 45785 | | | | | | | |
| 越南 | | | | 70179 | 51505 | 11126 | 3591 | 1958 |
| 其他 | 20075 | 72779 | 23333 | 18172 | 16890 | 68163 | 59562 | 4704 |
| 总量 | 2149108 | 2692423 | 2341952 | 1591319 | 1221847 | 1971440 | 1301402 | 13702 |

（来源：泰国蔗糖联盟会办公室、泰国工业部）

表6　泰国白糖和食糖出口量

| 目的国 | 2002 | 2003 | 2004 | 2005 | 2006 | 2007 | 1月～6月 | |
|---|---|---|---|---|---|---|---|---|
| | | | | | | | 2007 | 2008 |
| 孟加拉国 | 31717 | 200676 | 304502 | 55001 | 116967 | 16846 | 16755 | |
| 文莱 | 7490 | 1831 | 6233 | 6202 | 5033 | 5707 | 2764 | 3123 |
| 缅甸 | 80 | 1031 | 7023 | 1800 | 5711 | 3691 | 3691 | 145 |
| 柬埔寨 | 244344 | 112394 | 195545 | 229749 | 257147 | 217013 | 53873 | 1648 |
| 中国 | 13954 | 27640 | 34013 | 5280 | 8780 | 60211 | 8991 | 5142 |
| 印度 | | 348 | 803 | | | | | |
| 印度尼西亚 | 616165 | 903304 | 864095 | 750834 | 115279 | 686712 | 412490 | 331 |
| 伊朗 | 63368 | 14445 | | | 17816 | 252621 | 168040 | 8295 |
| 约旦 | 55961 | 46042 | 65698 | 257 | 17687 | 45143 | 44108 | 123 |
| 朝鲜 | 46073 | 81045 | 84073 | 89581 | 32085 | 17246 | | 22876 |
| 韩国 | 26300 | 73497 | 83280 | 81253 | 793 | 1244 | 1244 | 5221 |
| 肯尼亚 | 1074 | 4693 | 598 | | 1252 | 8710 | 3947 | |
| 老挝 | 27899 | 23947 | 27887 | 41657 | 51122 | 26376 | 11000 | 20308 |
| 马来西亚 | 129248 | 206155 | 331552 | 78727 | 12136 | 31706 | 16016 | 22000 |
| 马尔代夫 | | | | 264 | 1035 | | | |
| 巴基斯坦 | | | | 15774 | 18138 | 3570 | 1646 | 1605 |
| 菲律宾 | 31168 | 45878 | 51193 | 18427 | 33606 | 95537 | 53728 | 45203 |
| 俄罗斯 | 6793 | 17129 | 10664 | 874 | 259 | | | 247 |
| 沙特阿拉伯 | 4280 | 5350 | | | 1873 | 9131 | 7794 | 7025 |
| 新加坡 | 105910 | 75356 | 116864 | 41111 | 29308 | 219426 | 89130 | 56109 |
| 索马里 | 75555 | 61692 | 21568 | | | | | |
| 斯里兰卡 | 40081 | 22455 | 24430 | 6210 | 87163 | 38249 | 23857 | 6527 |
| 叙利亚 | 119379 | 234129 | | | 1739 | 41542 | 34284 | |
| 坦桑尼亚 | 23039 | 25351 | 10352 | 1190 | 134 | 20444 | 20065 | 466 |
| 阿联酋 | 3210 | 5280 | 15095 | 129 | 26568 | 64354 | 59405 | 1915 |
| 越南 | | | 4347 | 2390 | 10983 | 34053 | 23460 | 20865 |
| 也门 | 52890 | 167254 | 26910 | | | 249779 | 74227 | 2461 |
| 其他 | 283349 | 330120 | 206120 | 71627 | 172249 | 554587 | 336966 | 33322 |
| 总量 | 2009327 | 2687042 | 24927042 | 1498337 | 1498337 | 1024863 | 2703898 | 11249 |

表7　泰国每月原糖出口价格（FOB价）（单位：泰铢/吨）

| 月份 | 2001 | 2002 | 2003 | 2004 | 2005 | 2006 | 2007 | 2008 |
|---|---|---|---|---|---|---|---|---|
| 1月 | 9934 | 6820 | 6340 | 5588 | 6763 | 10226 | 9715 | 8463 |
| 2月 | 9713 | 6910 | 7014 | 5342 | 7984 | 8991 | 9812 | 8457 |
| 3月 | 9102 | 6269 | 7101 | 5598 | 8318 | 10495 | 8915 | 8398 |
| 4月 | 9321 | 6408 | 7045 | 5590 | 8291 | 10409 | 8807 | 8594 |
| 5月 | 9546 | 6194 | 6948 | 6092 | 8848 | 11385 | 8391 | 8491 |
| 6月 | 9428 | 6323 | 7350 | 6665 | 8558 | 11871 | 8238 | 8758 |
| 7月 | 9542 | 6442 | 6464 | 6426 | 8699 | 12315 | 7645 | |
| 8月 | 10044 | 6504 | 6653 | 6667 | 8768 | 12407 | 8590 | |
| 9月 | 9617 | 6782 | 6789 | 7151 | 8832 | 12599 | 7909 | |
| 10月 | 9228 | 6702 | 6427 | 6633 | 8889 | 11658 | 7167 | |
| 11月 | 7514 | 6330 | 6444 | 7127 | 8746 | 9963 | 8189 | |
| 12月 | 7518 | 5808 | 6292 | 6302 | 8385 | 11151 | 8215 | |
| 平均价格 | 9368 | 6415 | 6891 | 6249 | 8561 | 11389 | 8502 | 8527 |
| 汇率(8月份)(铢/美元) | 44.43 | 42.96 | 41.48 | 40.22 | 40.22 | 37.88 | 34.52 | 32.3 |

表8　泰国每月白糖出口价格（FOB价）（单位：泰铢/吨）

| 月份 | 2001 | 2002 | 2003 | 2004 | 2005 | 2006 | 2007 | 2008 |
|---|---|---|---|---|---|---|---|---|
| 1月 | 10245 | 8851 | 8582 | 7189 | 9549 | 10226 | 11994 | 1010 |
| 2月 | 10227 | 8578 | 8129 | 6965 | 9923 | 12471 | 11798 | 9254 |
| 3月 | 9927 | 8142 | 8362 | 7488 | 10063 | 14286 | 10738 | 1010 |
| 4月 | 9791 | 8324 | 8530 | 7506 | 10251 | 13396 | 11042 | 1008 |
| 5月 | 9972 | 7971 | 8554 | 7566 | 10357 | 13673 | 10722 | 1081 |
| 6月 | 10309 | 7714 | 8318 | 8108 | 10443 | 14898 | 10470 | 1023 |
| 7月 | 10794 | 8182 | 7977 | 7716 | 10929 | 15016 | 10251 | |
| 8月 | 11033 | 7742 | 7914 | 8314 | 11186 | 13786 | 10132 | |
| 9月 | 10897 | 8393 | 7778 | 8762 | 10806 | 14496 | 10202 | |
| 10月 | 10091 | 8751 | 7068 | 9996 | 11475 | 13745 | 9112 | |
| 11月 | 10359 | 9046 | 7592 | 9319 | 11399 | 12859 | 9616 | |
| 12月 | 10658 | 8830 | 7696 | 9569 | 11230 | 15552 | 9552 | |
| 平均价格 | 10260 | 8262 | 8115 | 7983 | 10378 | 13835 | 10505 | 1010 |
| 汇率（8月份）(铢/美元) | 44.43 | 42.96 | 41.48 | 40.22 | 40.22 | 37.88 | 34.52 | 32.3 |

（来源：中国商品网．http://ccn.mofcom.gov.cn/spbg/show.php?id=8746&ids=．2009—01—24）

# 泰国的兰花产业

## 一、泰国兰花产业概况

兰花原产于亚洲热带地区，是热带兰中的珍品。地处热带的泰国，是一个具有得天独厚自然环境、生产条件十分优越的种养兰花的国家。泰国兰花生产面积分散于中心区域四周，主要有曼谷、侬塔布里、佛统、拉差汶里、萨姆萨空、甘加那汶里、萨姆萨空、甘加那汶里及阿育达耶。热带兰花，特别是石斛兰，在大约3529公顷的栽培面积中为最重要的栽培作物。此外，石斛兰、胡姬花、文心兰、肾药蜻蜓兰、Aranda、万代兰、龙爪兰、肾药兰、千代兰、蝴蝶兰、嘉德丽亚兰及拖鞋兰，均以切花及盆花模式来生产。

在泰国各大小城市里，无论是住宅区还是宾馆、旅店的四周，处处摆放着可爱的兰花。泰国有不少宾馆、饭店、酒家皆以“兰花”命名。泰国每年都要举办一次兰花盛会，招待外国使节、社会名流和外国旅游者参观。与此同时，泰国各地还有专门成立的兰花学会，经常召开兰花栽培技术研讨会和举办花展。在泰国，大部分的兰花如同一般的花卉常见，并且普遍使用于宗教目的上。如今，随着兰花价值的提高，兰花被当成了礼品、讲究形式的装饰品且具有社交上的功能。由于泰国兰花的色彩和形状尤为优美别致，因此各国对泰国兰花的需求日益上升。泰国兰花种植业近年来继续呈现良好增长势头，其兰花切花出口额高居泰国各类切花出口之首，也使泰国成为全球最大的兰花切花出口国。最受国际市场青睐的是色彩鲜艳、保鲜期长的石斛兰。

泰国自1850年开始发展兰花种植，如今已在亚洲兰花销售舞台上扮演着举足轻重的角色。1960年，泰国开始尝试兰花出口，2000支石斛兰切花分别销往四个国家。之后10年间，由于组织培养的优势，使得兰花产业成为该国最重要的花卉产业之一。据了解，泰国兰花产量的一半都供应国际市场。切花的生产地集中在距离曼谷200公里的范围内，以保证出口时的新鲜程度。盆花生产所需要的投资及生产成本较低，但同样能生产出高品质产品，大约有60家国际兰花组培公司在泰国设有基地。由于泰国的气候湿润、温和，适宜兰花生长，其生产的兰花已远销世界十几个国家，每年出口创外汇达600多万美元，成为亚洲最大最多的花卉生产国之一。泰国兰花及鲜切花的大规模生产带来了巨大的经济效益，并为泰国经济文化的繁荣做出了积极的贡献。

## 二、泰国兰花产业优势

泰国拥有许多核心的竞争力，包括种原基因的歧异度、生产技术、杂交品种的研发和健全的商业网络。而泰国位处于航空转运中心则是它的另一个优势。学者相信再配合上其本身所能提供的高品质的兰花，到2010年，泰国的兰花出口值就能达到1.5亿美元的目标。

泰国能在兰花市场上占领一席之地，主要原因是：首先，科学引种。泰国生产的商品兰花，最著名的切花品种是从法国引进，由于其颜色鲜艳、产量高、适宜包装而深受人们喜爱。

其次，运用先进科学技术。现代科学技术的飞速发展，为兰花新品种的培育创造了条件。20世纪60年代创立的兰花组织培养技术如今已发展成为花卉快繁脱毒不可缺少的重要手段，结合常规育种也培育出一些新品种，而今由于植物分子生物学的迅猛发展，使得基因工程成了最有前途的兰花育种新技术，一旦获得比较理想性状的植株，即可通过组培快速繁殖进入商品化生产，以使泰国的兰花产业保持兴旺。如曼谷花卉中心每年都要推出3～4种符合市场要求的兰花新品种。

温室技术的广泛推广应用为兰花生产的专业化、规模化创造了条件，特别是计算机控制全天性气候，自动化水肥灌溉和无土栽培等管理系统，为兰花的技术、设施、管理现代化和兰花生产专业化、规模化提供了保证。一些大中型专业化水平极高的兰花企业，通过多年的栽培、选育，不仅总结出适合这种兰花生产的整套技术，而且已选育出了色彩丰富、受市场欢迎的许多新品种，既简化了生产过程，又提高了市场竞争能力。

再次，从业人员职业化、服务体系协会化。泰国兰花不仅进入千家万户，还远销到世界十几个国家，为亚洲最大的兰花出口国。规模化生产反过来促使兰花产业向分工的精细化、经营的高度集约化发展。兰花从业人员职业化，从事兰花生产、经营、销售等的苗圃、公司、企业都有严格要求，通过一定教育和技术培训，从生产者、管理者到经营者都有一定的基础和素质要求。泰国3000多个兰花种植场，既有几千会员的协会，也有几人的兰友会。每年各地都举办各种兰展，他们自愿组织，只要缴纳相应的会费，就可以享有协会规定的各种服务。

### 三、泰国兰花产业的商机

2010年1月1日，中国—东盟自由贸易区如期建成，为中国和东盟各国的贸易发展和经济合作增添了新的动力，也给泰国出口产品带来新的商机。据分析，2010年泰国对中国的出口将从零关税的实施中受惠。兰花作为泰国主要出口产品之一，凭借中国—东盟自由贸易区的贸易平台，其产业将不断发展壮大，并带动旅游业和相关产业的发展。

泰国政府目前已在制订一系列措施来资助兰花种植户，积极改善兰花的出口质量，寻找其他更好更优质的兰花品种。兰花进入市场，需要有统一的规格和标准，以便进行批量化交易。不论是盆栽、切花，还是包装、保鲜、贮藏、运输等各个环节，均有相应的配套产品和机械化设备。“兰花工厂”从试管苗、幼苗到开花植株，再到切花及包装，都实行流水线自动化、标准化生产，使兰花生产走向规模化、现代化和一体化。兰花产业的发展，不仅使泰国增加了外汇收入，还有利于提升国家整体形象，发展观光旅游事业。

（来源：综合整理自广西日报、上海农业网）

## 泰国天然橡胶业分析

早在1901年，英国殖民者在马来西亚种植橡胶时，就把橡胶种植技术传到了泰国，现今泰国已发展成为世界上第一大天然橡胶生产国。在20世纪初很长一段时期内，泰国橡胶业发展相当缓慢，直至20世纪30年代泰国才开始大面积推广种植。此后，随着国际市场对橡胶需求的急剧增长，泰国橡胶种植业发展迅速，产量一直持续上升，并于20世纪90年代取代马来西亚和印度尼西亚，居世界之首。目前天然橡胶已成为泰国的重要支柱产业，全国约600多万人从事橡胶业，约占全国人口的10％。2009年泰国橡胶种植面积达250万公顷，然而非季节性的降雨导致泰国橡胶减产，比2008年下降8.9％，降至288.1万吨，橡胶出口下滑3.2％，降至274万吨。由于周边国家天然橡胶市场的竞争日趋激烈，泰国2010年的天然橡胶出口量将与2009年持平，维持在270万吨左右。

### 全球最大产胶国

泰国自1991年以134万吨的产量成为全球最大天然胶产胶国和出口国以来，其橡胶种植业一直稳步发展，并使泰国稳居全球天然胶的霸主地位。

由于橡胶树性喜高温多雨，在赤道边的热带多雨地区最宜种植。所以泰国生产天然橡胶得了地利之便，产量多能维持正常状况。又由于天然橡胶从种植到胶树能供割胶的投产期较长，通常要7年之久，因此天然橡胶迅速大量生产受到一定的制约。泰国天然橡胶开发得早，有天时、地利、人和的特别条件，泰国的天然橡胶产业还将会维持一段时期的荣景。

据泰国橡胶协会统计，泰国现有橡胶种植园主和独立种植者约300万人，其中95％以上是小规模的个体种植者，橡胶园面积通常不超过2公顷。

泰国橡胶业的特点是：种植面积大但产量不高，优良品种的推广相对较慢，加之割胶技术差，伤树严重，导致胶树更新时间提前，资源浪费较大；泰国制胶加工工艺先进，生产规模大，机械化程度高，且非常重视产品质量检验工作，从而保证了产品的质量信誉；橡胶从生产到销售只有一项费用，国家对每千克天然胶提取0.9铢（折合人民币0.18元），而这笔费用的85％又返回到胶农种植、开垦和更新上。另外，胶农以合作社的形式组织起来，共同抵御经营风险，许多日常事务都由合作社负责解决。

泰国政府对橡胶产业非常重视，经营橡胶的企业几乎没有社会负担，也没有过多的税费，且政策优惠。但是泰国橡胶行业存在管理过于分散的问题，导致世界胶市行情常随泰国政局和天气等因素大幅波动。

### 90％产量供出口

泰国橡胶产量的90％供出口，主要出口国有中国、日本、马来西亚、美国和韩国，这五大出口目的地占泰国橡胶出口总金额的70％以上。泰国橡胶出口的主要品种有标准胶、烟胶片和乳胶。2004年以前，烟胶片的出口量占一半左右，2004年以后，标准胶的出口量超过了烟胶片，标准胶约占40％，烟胶片占30％，乳胶占20％。

泰国橡胶出售一般通过三个渠道进行：一是通过世界市场例如新加坡SICOM市场、日本TOCOM市场、伦敦市场以及纽约市场等；二是通过橡胶出口商和橡胶使用者之间的直接贸易；三是通过对销贸易来进行。

### 稳定世界橡胶行情

国际市场的天然橡胶行情，十余年前曾有平均2到3年出现一次循环的现象，亚洲于1998年发生金融风暴后，更曾创过天然橡胶27年来最低价纪录。进入21世纪以来，天然橡胶却维持相当程度的平稳，产地与市场不曾有任何失衡现象。随着中国和印度内需市场的扩展，天然橡胶产品需求有增无减，预估未来10～20年间还将是一片荣景，成为天然橡胶市场的另一保证。

中国是泰国橡胶出口主要目的地，占泰国橡胶总出口的30%以上。泰国是世界第一大生产国，而中国是世界第一大消费国，泰国橡胶出口与中国需求密切关联。受金融危机影响，2009年泰国对日本、美国市场的橡胶出口量锐减，但对中国的出口量比2008年增加一倍多，主要原因是中国汽车业的快速发展。

2010年1月泰国橡胶出口继续维持强劲势头，主要原因是中国买家在2月中旬春节长假之前买入橡胶。泰国商业部长蓬提瓦介绍，泰国农产品每年对华出口额超过3600万美元，其中橡胶产品占48.4%，希望中国企业来泰国北部和东北部投资橡胶加工业。

作为天然橡胶生产国协会主要成员，泰国橡胶产量约占全球总量的三分之一，在世界橡胶行业拥有较大话语权。2009年初，针对金融危机影响橡胶需求的情况，泰国、马来西亚和印尼三国联合成立的国际橡胶公司决定在年内砍伐27万棵胶树，以适应市场变化，减少整体产量。年中由于天然橡胶价格已高于1美元/磅，泰国等三大橡胶生产国结束了为期10个月的限制橡胶出口政策。

目前世界橡胶价格接近历史高位，天然橡胶生产国协会希望泰国率先采取行动平抑已升至每千克3美元以上的现货胶价。国际社会希望泰国努力稳定橡胶行情，引导全球橡胶行业健康持续发展。

（来源：中国化工信息网. http://www.cheminfo.gov.cn/ZXZX/page_info.aspx? id=58950&Tname=gjhgxx. 2010—02—09）

## 泰国打造东盟时装和纺织产业中心

纺织服装业是泰国最大的制造业，纺织服装年出口额达60多亿美元，是泰国第二大出口行业。泰国纺织业覆盖了从纤维到成衣生产整个产业链的各个环节，形成了配套齐全的产业，包括纤维、纺纱、织造、针织、漂白、染色、印花和后整理，以及成衣生产和家用纺织品。泰国提出了将自身打造成为东盟时装和纺织产业中心的目标。

### 一、优势特点

目前，泰国打造东盟时装和纺织产业中心已具有雄厚基础以及其他东盟国家无法比拟的优势。第一，泰国的纺织业规模大、设备先进，最重要的是泰国产品质量已达到国际市场公认的水平。第二，泰国具有良好的投资环境。相比其他东盟国家和其他远东国家，泰国很少有环境问题，也没有社会问题和种族问题；泰国基础设施完备，道路、空中、海运运输便利，水电供应充足；泰国还采取了一系列吸引外资的鼓励措施。第三，泰国享有自由贸易区的优势。泰国可享受中国—东盟自由贸易区关税优惠；泰国与多个国家接壤，跨境运输成本低廉。

2010年1月1日，中国—东盟自由贸易区成员国进口零关税开始生效，将使东盟国家之间的供应链更加紧密。泰国目前已在向东盟国家提供高质量的纺织品原材料和中间产品方面做好充分的准备。而东盟各国的合作，将推动东盟成为世界纺织品贸易中心，届时泰国将进一步从扩大纺织品基地计划中受益。

### 二、机遇与挑战

东盟市场已是泰国纺织品的重要出口市场，出口额占泰国上游和中游纺织品出口总值的28.5%。泰国在上游和中游纺织品植物、纱线和人造纤维等方面拥有的优势，使其上述产品赢得了东盟这一重要市场。泰国与东盟国家在纺织品交易金额高达300亿铢，占整个东盟纺织品出口商品总数的10%。

泰国85%的服装出口由500家企业完成，其中的50%由大约30～50家企业完成。其客户包括许多世界知名的品牌和零售商，如耐克、阿迪达斯、沃尔玛、彪马、丽诗加邦等。泰国已经是耐克的头号供应商。2003年5月，泰国政府许诺将服装出口值的1.5%用于时装产业，2004年2月正式启动的曼谷时装之都项目，泰国政府投资了4500万美元。此项目的目标是使泰国在2005年成为地区时装潮流引领者，到2012年成为世界时装中心之一。

2010年中国—东盟自由贸易区成立，这标志着由中国和东盟10国组成的、接近6万亿美元国民生产总值、4.5万亿美元贸易额的区域开始步入零关税时代。实施零关税后，东盟国家尤其是越南、柬埔寨、老挝和印尼将是泰国服装出口的重要竞争对手，因它们拥有劳动力工资成本低的优势，而且获得来自重要服装进口国如美国和欧盟给予的普惠制优惠待遇，这对于泰国纺织服装业而言是一个很大的挑战。

不过，东盟同时也是泰国上游和中游纺织品如织物、纱线和人造纤维的重要出口市场，因为上述国家全力推动扩大作为下游纺织品的服装的出口，同时上述国家国内原材料和中间产品生产无法满足需求或质量无法达到出口产品的要求，因此必须进口原材料和中间产品，而泰国对此拥有多方面的优势，可以成为上述产品的重要来源。

### 三、泰国采取有力措施促进纺织业发展

（一）致力降低纺织、成衣等产业存货成本。为有效协助制造业者降低物流成本，2010 年泰国工业部将存货成本类别划分为 13 大类，前 6 项约计 1800 亿铢，占 GDP 的 1.12%，分别指食品、石化与塑料、汽车、电器与电子、橡胶、及纺织成衣等，并考虑了中小企业因素，与东协其他国家比较，泰国已提出大型的物流发展计划。根据制造业的物流计划期程，6 个主要产业部门计划自 2011 年展开，至 2016 年的期间，将达成减少存货持有成本 15%的目标，约计 270 亿铢，包括将提高物流及交通等相关行业的投资。

（二）加薪吸引业内人才。目前泰国纺织业及成衣业的工厂多达 4000 多家，其中有 200 家经营者来自国外，例如美国、欧盟及日本。而泰国纺织业劳动力缺口约 5 万人，多家经营者加紧采取措施，例如增加劳工福利待遇，吸引更多劳动力进入纺织业工作。同时，为使体系内的 110 万名劳动力稳定在这个行业，部分企业为员工增加月薪 5%～10%，技术工人的收入状况也得到改善。

（三）大力支持服装升级改造。近些年泰国政府大力支持纺织服装业的升级改造，为产业长期发展做好前期铺垫工作。泰国出口促进部从 2001 年开始就启动了一个整合纺织和服装行业的计划，邀请意大利专家对提高泰国纺织业从纺纱、染色、印花、后整理技术到设计、生产管理、市场开发进行全方位的指导。2002 年至 2004 年泰国纺织业共投资 125 亿美元用于纺织设备升级，这些设备全部来自欧洲、日本以及中国台湾。2004 年泰国投资 4500 万美元启动曼谷时装之都项目，旨在大力培养时装设计人才，打造自有品牌，促进泰国服装产业从 OEM 向 ODM 转变，进而向 OBM 发展，最终将曼谷打造为世界知名时装中心。2007 年泰国与日本签订泰日经济合作伙伴协议（JTEPA），日本援助泰国发展纺织业，派技术人员赴泰国协助研究和发展漂染工业，生产特色布料；而泰国使用日本或泰国制造的布料制成服装出口日本，并享受零关税的优惠。

（来源：综合整理自广西日报、世界服务鞋帽网、亚洲纺织联盟网）

## 泰国会展业的成长之路

泰国，这个充满宗教风情与东方特色的国家，除了为人熟知的观光产业之外，近年泰国政府所大力推动的会展产业，也已然与时尚产业一起成为泰国在经济发展上的新动力。

会展业的成长与一国的整体经济密切相关，近年来泰国经济的迅猛发展成为会展业最大的推动力。

2009 年 11 月 19 日，一年一度的由泰国会议展览局（TCEB）及励展泰国公司共同协办的、东南亚规模最大的机械与金属加工行业展会 METALEX 于泰国曼谷国际展览中心拉开帷幕，仅 METALEX 几年的成功经验便足以证明，作为亚洲会展目的地之一的泰国，如今已做好了蓄势待发的准备，踏上了开拓会展业的骄子之路。

### 一、交通：打开泰国会展的任督二脉

由于泰国会展业位居东盟的战略地位，因此泰国国内外的交通建设，便是另一个发展的基础。首先，与东盟其他成员国相比，泰国拥有与中国以及印度更多城市之间的航班。国际航线方面，从曼谷和远至约翰内斯堡（南非）、阿拉木图（哈萨克斯）、德黑兰（伊朗）、马斯喀特（阿曼）和特拉维夫（以色列）等目的地之间已开设共 90 条客机直航航班。而宽松的签证政策，也加大了国际会展参与者到泰国参展的意愿。

据了解，由中国倡议兴建的亚洲高速公路，对未来泰国的会展业也将起到重要促进作用。这条全长 141000 公里的高速公路，将交叉连接 32 个亚洲国家，自然也增加泰国在区域内的核心地位。该公路在东南亚的部分将使印度与越南相连，并使中国与新加坡相连，由于这些国家的公路均将穿过泰国，并在泰国境内几个地方交会，这个与欧洲公路网类似的工程将促进亚洲大陆内货物的运输，也将改变亚洲会展业的生态。

此外，2006 年 9 月投入使用的曼谷新国际机场和素汪那普国际机场，加上旧有的曼谷廊曼国际机场，旅客载运量达到每年 800 万人次。由于素汪那普国际机场比廊曼国际机场更靠近旅游胜地芭堤

雅，该地区的会展业务也将得到进一步提升。

### 二、展馆：泰国会展业的基础

泰国目前拥有6座世界一流的展览中心，展览面积达到260000平方公尺，在亚太地区仅次于中国。

位于曼谷的展览中心主要包括：IMPACT展览中心、BITEC展览中心（Bangkok International Trade Exhibition Centre）、QSNCC会议中心（Queen Sirikit National Convention Center）、Royal Paragon展览厅与Central World会议中心。另外，还有位于渡假圣地芭堤雅内的PEACH会展中心（Pattaya Exhibition Convention Hall）。

### 三、政府：重视会展业发展

为促进会展行业的发展，泰国政府专门成立了泰国会议展览局（TCEB），泰国会议展览局是根据泰国王室宪报所刊敕令而成立的官方机构，致力于推广泰国的企业会议（Meeting）、奖励旅游（Incentive）、大型会议（Conference）和展览（Exhibition），使泰国成为全球MICE在亚洲首选的目的地。该局的宗旨是：致力于推进行业协会和公司举办的会议、奖励活动和展览的发展。该局现已成为泰国快速成长的会展业的旗舰，泰国总理被提名为该局的总负责人。泰国政府对会展业极为重视，并将其视为一个独立而重要的经济领域。

目前TCEB的目标主要有以下三点：首先，力求赢得更多的国际会议及展览，这是国家会展业发展的基本；同时，热情邀请并支持一些在会展行业从业的人员到泰国参观和指导，从而建立一个良好的合作与交流平台；此外，每年根据不同国家和地区的状况，制定不同的宣传计划来大力推广泰国在会展业方面的优势，提高认知度。

近两年，在全球金融危机及国内政局动荡的双重打击下，泰国面临着几十年不遇的经济困境。2009全年GDP负增长2.3%，虽然优于原预测的负增长3%，但是泰国的外资净流入量却是大幅减少。2009年底，海外民企进入泰国投资的资金净值为68亿余美元，比2008年减少138亿余美元。

泰国政府部门一直致力于吸引更多中国客商，这一点在会展业尤其明显，因为泰国的会展可租场地数居东盟之首，场馆容量居亚洲第四，首都曼谷更是拥有5个世界级展馆。曼谷希望极力打造成为“东盟展览之城”，而为了这一目标，首先就得需要取得中国企业的信赖。虽然中国游客是泰国旅游市场的主流（接近三成），但是中国参展商只占国际参展商总人数的一成左右，中国买家更是只占国际买家总人数的5%，泰国官方渴望提升这个比例。TCEB近些年联合泰国的主要国有企业及会展企业，在中国广州、上海、北京频频举办巡回推介，就是为了争取中国的客源与采购商。为了大幅提高中国赴泰国人流中的商务人士比例，TCEB不遗余力地在中国推销其国际化一站式服务，包括给前往泰国参展的中国参展商一定资助，提升泰国会展业在中国的认知度。

近年来，泰国会展业可谓在世界上屡屡得到关注，2008年世界狮子会（慈善机构的相关展会）及国际电信大会的成功竞标，都使泰国成为东南亚地区备受关注的会展业热土。TCEB运作了将近6年时间，泰国的会展行业正处于发展的中间阶段，并且呈现出蓬勃发展的趋势。

### 四、旅游业的会展活动被持续看好

旅游业作为会展活动的一大主题，每年在世界各国各地都有大大小小的与旅游业相关的展会如火如荼地开展。在泰国，据TCEB的统计数字显示，每年前来泰国参与奖励旅游、会奖旅游相关展会的一般约有50万～60万人之多。仅与会奖旅游相关的展会和会议每年就约有10个左右，其中最为知名的便是亚太奖励旅游和会议展览（简称ITCMA），并且泰国会议展览局还在积极尝试举办国际旅游展（简称ITB）。在泰国，旅游业的会展活动将是被持续看好的。

（来源：综合整理自中国商务会展网、第一财经日报、环球时报）

# 越　南

## 越南电动自行车市场

### 一、背景

越南是一个摩托车大国，拥有大约1700万辆摩托车，平均5人拥有一辆摩托车。河内摩托车大约300万辆，平均1.6人拥有一辆摩托车，且每月以大约2万辆的速度增长。目前，胡志明市摩托车保有量为370万辆，每天以平均1000辆的速度增加。摩托车数量太多，容易造成交通堵塞。每年胡志明市因交通不合理造成约10亿美元的损失，因交通事故造成的直接损失年均约7400万美元。2009年，在胡志明市召开的“加快发展公共交通，逐步减少私车”研讨会上公布的调查报告指出，摩托车对环境的影响比公共汽车高30倍。越南摩托车的发展正面临着严峻的形势。

此外，知名品牌摩托车的销售状况不佳，进口摩托车如HondaPS、SH、Spacy等销售困难，Yamaha、SYM和Suzzuki代理销售也不景气。Piaggio摩托车2008年至今的销售量下降约50%。为此，许多品牌摩托车大幅降价，有的价格已经低于厂家公布的价格。摩托车市场处于低迷期。

摩托车市场的低迷现象一直持续，与此同时，由于油价连续上涨，也迫使该国民众寻找新的适用代步工具。2009年金融危机下，一些越南人开始寻求价格低、成本小、环保、能缓解交通堵塞状况的交通工具，在这种形势下，电动自行车应运而生，一些摩托车厂商开始转型做电动自行车甚至有的摩托车企业开始组装电动自行车。由于电动自行车拥有无噪音、无污染、价格便宜等优点，而且符合目前越南城市交通限制摩托车发展的现状，所以选择购买电动自行车的消费者日益增多，越南的电动自行车市场正在悄然兴起。

## 二、越南电动车市场现状

（一）发展现状

越南电动自行车市场启动较晚，只有几年时间，但增长速度较快，年销售量以10%的速度增长。总体上看，以胡志明市为代表的南方，其市场发展速度和拥有的电动车数量都远远超过以河内为代表的北方。目前，越南国内市场销售的电动自行车品牌有E—Bike、Delta、Viha、Bluewing和E—Go等。与中国同类电动自行车相比，在越南的中国台湾公司生产的电动自行车零配件、电动机和电瓶保修较方便，法国新款电动自行车和Delta公司的雅马哈电动自行车也备受青睐。在越南生产的电动车，如河内旅游公司的Spacy、Dylan、Piaggio等品牌电动车也较畅销。

在越南市场上销售的电动自行车主要有两个来源：一个是越南自行生产，二是从国外进口。目前越南最大的电动车生产商是胡志明市的Delta公司，这家公司2003年开始同日本Sony公司合作，生产Delta和Yamaha两种品牌的电动车。河内的生产商是统一自行车摩托车公司，生产Viha品牌电动车。这些生产厂家大都采用中国台湾的生产设备，电池、电动机等主要部件都从日本、韩国进口，质量过硬。也有一部分配件从中国进口。另外，一些摩托车生产商正在积极准备生产、组装电动车。而采购的电动车以中国内地、中国台湾和日本产品为主。目前越南市场上的中国产品大多是越南商家从云南、广西通过边贸进口而来。也有一些外商直接在越南设厂，但越南商家比较认同自己的品牌，他们认为越南电动自行车技术标准与外国产品比较并不差，较符合越南自然条件，如安装的电动机位置较高，在雨季行走不易被水淹，蓄电池能得到保护。而且越南消费者也比较喜欢选购自己本国的产品。

（二）市场价格

越南市场上销售的电动自行车价格大体如下：越南从日本进口的电动车均为二手车，一辆8成新的日本车，售价在人民币2500元以上，5成新的售价在1750～2300元之间。中国产品1250～2500元/辆，越南产品1750～3000元/辆。总的来说，进口电动车和国产电动车价格差别不是很大，价格大多集中在1500～3000元/辆之间。由于厂家的竞争，预计电动自行车的价格还会下降。

（三）经销商情况

以河内为代表的北方，市场还处于起步阶段，只有为数不多的几家经销商，产品都是同自行车摆放在一起。由于汽油价格屡次上涨，电动车销售形势看好，销量最多的达每月100多辆，买主以老年人和大学生为主。

以胡志明市为代表的南方，市场比较成熟，经销商的数量较多，而且有专门的电动车经销商。由于经销商多，竞争也比较激烈，即便如此，经销商的月平均销售量仍超过100辆，胡志明市的消费者以大学生和青年工人为主。

总体上看，目前电动自行车的销售形势不算乐观，但电动车的优点正被越来越多的消费者认同。比如电动车充电一次可以行驶50～70公里，电费大约只相当于人民币0.25～0.5元，一个新电池的售价只需200～250元，可以反复充电400次，每次的费用只有0.25元。也就是说，电动车行驶50公里的费用还不到1元钱，而摩托车行驶同样的距离，至少需要5元人民币。

## 三、越南电动自行车销售的瓶颈

（一）无价格优势

一辆中国产的摩托车，最低零售价只有2500多元人民币，而一辆外形与自行车完全相同的电动车市场零售价大约2650元人民币（日产），外形与摩托车相似的电动车售价更高，作为摩托车的替代产品，其完全没有价格优势。

（二）速度太慢、行程太短

摩托车是越南人出行的主要交通工具，摩托车具有灵活、速度快、行程远等优势。电动车与之相比，除灵活性还可以一提外，速度太慢（越南国产电动车的最高时速仅30公里，而越南人驾驶摩托车时，一般都在60公里以上，有的甚至达到90公里），行程太短（电动车一次充电的最大行程不超过50公里，摩托车加一次油的最大行程大约150～200公里，与之相比，电动车不适应远距离行驶）。

（三）载重太少

摩托车不仅是越南人的主要交通工具，也是重要的运输工具，一般几十公斤的货物，越南人都会选择用摩托车运输，电动车则难以完成这类运输任务。

（四）维修不易

越南的摩托车维修店随处可见，摩托车维修非常方便，但是基本上没有电动车维修点，一旦出了问题，根本找不到地方维修。有不少越南人宁可花高价购买摩托车而不选择价格较便宜的电动车，维修不便是一条主要的制约因素。

（五）充电麻烦

越南的民用电网大多数都是使用多年的老化电线，不能承受大负荷的电压。电动车充电时，负荷较大，线路可能无法承受。

**四、如何打开越南电动车市场**

（一）外形多样化

目前越南市场上的电动自行车，大多保持传统自行车的外形，不是很受消费者欢迎，消费者更喜欢摩托车的外形。针对越南消费者的心理，可以考虑将电动车高端产品设计成摩托车的外形。

（二）针对女性和学生消费群体

在短时间内，电动车难以撼动摩托车的霸主地位。针对女性和学生这个消费群体市场，电动车具有一定的优势。电动车轻便、价格便宜、外形靓丽，这些特点深受年轻女性和学生消费者的喜爱。

（三）针对老年人市场

对老年人而言摩托车既笨重又不安全，轻便、小巧、速度较慢的电动车是不错的选择。此外，安全性能比较重要。因此可以根据老年人的特点，开发三轮电动车。

（四）进军中小城市和农村市场

中小城市和农村的消费者较大城市的消费者收入略低，价格适宜而外形又像摩托车的电动车能满足他们的消费需求。

（五）重点放在南方

相对而言，以胡志明市为代表的南方市场比较成熟，南方人也比北方人更重实际，价格和维护费用都较低的电动车更受欢迎，因此应将主要的精力投放在南方市场。

（六）提高速度和行程

虽然电动车不是摩托车，不可能与摩托车比拼速度和行程，但是速度和行程也必须大大提高。事实上，速度较快、行程较远的电动车还是有一定的市场。

（七）越南组装

不宜整车进口。整车进口的关税过高，到越南后没有价格优势。而采取零配件进口本地组装的办法，可以享受到越南政府的投资优惠政策，从而大幅度降低制造成本。

（八）提高质量

质量是开拓市场最好的保证，尤其是要保证电动机和电池的质量。

（九）根据越南的特点设计产品

越南气候炎热，雨水偏多，而且有的街道积水很严重，因此电动机的安装位置应比在中国高一点，这样电动车在雨季行走就不怕水淹，蓄电池也能得到保护。将链条设计全成全封闭，提高机身的防水功能。

（十）设立维修点

针对电动车维修难的问题，应该将每个销售点的销售人员培训成维修人员，以确保维修带动销售。条件成熟后，可在销售区域设立更多的维修点。

（来源：南博网．http://info.caexpo.com/zixun/touzjh/2010－07－02/78455.html.2010—07—01）

## 剖析越南矿产业

**一、越南主要矿产资源分布状况**

越南位于印支半岛东部，东南濒海，长山山脉纵贯南北。石油、天然气和矿产资源比较丰富，目前已发现的有金、银、铜、铁、铅、锌、钡、钼、镍、钨、铬、锰、铀、锡、钛、锑、煤、硫、汞、石油、天然气、重晶石、铝矾土、石英、云母、磁石、磷灰石、硝石、石墨、石膏、磷酸盐、石棉、宝石、石灰石、肥煤、稀土、高岭土、耐火原料、白砂、矿盐和矿泉水等90多种矿藏，其中储量较大并有开采价值的有石油、天然气、煤、磷灰石、铝矾土、铁、钛、锡、锰、铬、稀土、磷酸盐、宝石和矿泉水等。

（一）石油、天然气

越南的石油、天然气主要集中于湄公河三角洲和红河三角洲平原洼地、昆岛南凹区域等大陆架。至今已探明的工业储量约10亿吨，其中石油3.1亿吨，天然气折合石油7.18亿吨。以上储量，可以开采的产量达2000万吨/年。到2009年，越南的原油开采量达1630万吨，成为世界上中等水平的产油国。

（二）煤炭

越南的煤主要分布在广宁省，煤带全长150公里，煤层厚度20～28米，面积220平方公里，储量约36亿吨，其中可以露天采掘的有2亿吨。广宁省的鸿基煤矿是东南亚最大的煤矿，盛产高质量的无烟煤。此外，北太省的太原地区已探明煤的储量为8000万吨，谅山省那阳的火煤储量达1亿吨，足以供应越南的水泥工业。湄公河三角洲平原的泥煤储量为4～5亿吨。红河三角洲有大储量的褐煤，约1280亿吨，但位于地下200～2000米深处。越南煤炭总公司计划至2010年将原煤产量提高到4000万吨，2020年总产量将达到5000万吨，稳居世界煤炭生产大国的前列。

（三）铁矿

越南铁矿总储量达数10亿吨，主要分布在北太省太原地区，高平省石林、保乐地区，谅山省新朗、富舍、浪纳地区，宣光省宣光周围地区，以及老街省、安沛省、清化省、义安省、河静省的部分地区。越南铁矿多数是含铁55%～60%的富铁矿，而且接近地表，便于开采。

（四）磷灰石

越南磷灰石总储量达15亿吨，主要分布在从老街省到安沛省90公里长的地带。老街省柑塘露天矿储量约2亿吨。此外，谅山、青冒、如春、永静也有分布。

（五）铝矾土

越南铝矾土估计储量为120亿吨，集中分布于西原的德农（25亿吨）、宝录（2.2亿吨）等地区，品位中等，易开采。

（六）铬矿

铬矿总储量约1900万吨，主要分布在清化市郊的古定地区。越南铬的储量占世界总储量的15%，居世界第二位。

（七）钛矿

钛矿储量达1000万吨，大部分分布在从芒街到河仙的沿海一带，易开采、易选炼。

（八）锡矿

目前已探明越南锡矿储量为8.6万吨，主要集中于高平省静栗、黄连山省山阳、义静省葵合。目前，年开采量为数千吨。

（九）磷酸盐

磷酸盐矿主要分布在高平、谅山、北太、广宁、山罗、河南宁、清化、义安、河静、建江等省，总储量300多万吨。

（十）稀土

稀土储量约1000万吨，主要集中于莱州地区，大部分属轻型。

（十一）其他

越南宝石主要分布在老街、安沛、清化、义安、河静和林同等省。近年已开始与泰国合作开发安沛省陆安地区的宝石。越南的矿泉有300余处，有不少矿泉储量大、质量好。锰矿储量为140万吨，主要集中于高平等地。此外，还有年产数10万吨的硫铁矿、高岭土和制玻璃的白沙和年产数万吨的非金属矿产石墨、云母、石棉、耐火材料等。

## 二、越南矿产投资的有利条件

（一）越南新矿法的颁布

在过去几年中，越南积极创造加入世界贸易组织的必要条件，其中修改、完善和建立相应的法律体系是一项重要的工作。作为符合世贸组织要求加快立法进程的一部分，2005年越南政府对1996年矿法进行重新修订，修订后的新矿法于2005年10月1日生效。

越南新矿法中的一个重要变化是明确了中央政府与地方政府间在矿权授予方面的权力分配：越南自然资源和环境部（MNRE）是越南中央政府的矿业主管部门，根据新修订的矿法，自然资源和环境部负责全国的矿产调查、勘探、开采和加工许可证的审批发放（省政府管理范围除外），省人民委员会有权发放个人采矿许可证和涉及普通建筑材料矿产的普查、勘探、采矿和加工许可证，以及国家矿产总计划以外地区或国家矿产储备地区以外地区的采矿和加工许可证的发放。许可证的发放者有权批准该许可证的延长、撤销、恢复和转让。

此外，新矿法为“矿产总规划”的制定提供了基础框架，使矿业活动更加有序。

（二）越南矿产原料需求扩大

越南系发展中国家，1986年开始实行革新开放。2001年越南共产党第九次全国代表大会确定建立社会主义的市场经济体制，并确定了三大经济战略重点，即以工业化和现代化为中心，发展多种经济成分、发挥国有经济主导地位，建立市场经济的配套管理体制。2006年越南共产党第十次全国代表大会提出发挥全民族力量，全面推进革新事业，使越南早日摆脱欠发达状况，到2010年国内生产总值总量比2000年翻一番多，年均增长7.5%～8%，人均国内生产总值提高到1000美元。经过二十多年的革新，越南经济保持了较快增长，1990年～2004年年均GDP增长7.3%；2005年～2007年年均GDP增长超过8%；2007年GDP增长达8.5%，创10年来新纪录，基本形成了以国有经济为主导、多种经济成分共同发展的格局。2008年上半年越南经济一度剧烈动荡，越南政府采取一系列抑制通胀、鼓励出口、促进生产、打击黑市的措施，力保经济增长势头。2008年，越国内生产总值（GDP）880亿美元，同比增长6.23%，人均GDP约1024美元。而2009年越南的生产总值（GDP）为1645万亿越南盾（合889.2亿美元），符合其政府提出5.2%～5.5%的2009年经济增长率既定目标区间。

（三）越南国企私有化

近些年来越南政府通过对国有企业进行股份制改革，加快了国企私有化的进程。2006年颁布的《投资法》规定，在2009年年底前，将越南国有企业（除合作社外）全部转为有限责任公司或股份公司。按计划，越南有关职能部门将对所有国有集团、总公司进行审计，并对其向股份公司转变的过程加以监督，同时对生产经营效率低的国有企业按规定进行重组。经股份制改革后的许多国企在当地股市上市，越南开始集中向国内外战略投资者出售股票的方式推进国企股份制改革，2009年，越南已基本完成国有企业的重组和股份制改革工作。越南在未改革前，有约1.2万家国营企业，时至今日，已降至约1900家。从各种迹象来看，越南国企改革许多地方仿效中国，但步伐要比中国快。

## 三、越南矿产投资的不利条件

（一）政府对外资政策仍有较多的限制

越南中央政府对矿产资源对外开放政策持非常审慎的态度，对官方正式投资人尤其如此。越南《外资法实施细则》规定，矿产勘探、开发和深加工属鼓励投资领域，石油和稀有矿产开采、加工属有条件限制投资领域。在实际操作中，重要矿产开发对外资都有明显的限制，石油项目很难进入，煤炭、铝土矿也有较多限制。对煤炭开发，越方规定外资只能采用联营方式；联营的股份比例，外方最高为50%。越政府规定不得出口铝土矿，因此进行铝土矿开发的同时还应当附带氧化铝厂的建设。越南政府规定对于年产100万吨氧化铝以上规模的项目及2010年后设立的铝冶炼项目，外商只能采用合资合作的方式参与投资，而且必须由越方控股。这些项目，将由越南企业牵头，与外方合作伙伴合作对矿区的储量进行勘探和评估。

（二）矿产资源谈判合作难度大

已发现和探明的矿权归国有公司或地方政府管理，谈判合作难度大。

虽然越南法律上允许外资以独资、合资、联营及短期合作企业等多种形式参与越南矿业投资，但目前已发现和探明的矿产资源各有其主，越南政府已交越南国有专业公司或地方政府管理，外资要开采大多以合资或合作经营方式进行，越方要把矿区开采权作价入股，且要价很高。签订合作合同上对外方的要求有许多保证条款，外资普遍反映合作难度大。例如对煤炭的开发，外资只能采用联营方式。虽然越方同意外方持股比例可以达到50%，但附加条件是投入资本要保证产生利润，包括基础设施建设也要产生利润；关于产品销售，越方要求投资以外方为主，可以在国际与国内销售产品，但出口数量需越南政府决定；关于销售价格，对方要求不能低于越南国内价格；关于技术与安全方面，要求按越南国内标准为主，若国外技术标准和安全标准高过越南，则可以按国外标准执行；关于员工工资，越方要求不低于越南国内同行业最低工资收入。

此外，中方独资在签订合约方面也有许多比较苛刻的附带条件。青化省古定铬矿项目是中国独资项目，项目总投资2000万美元，中越双方签订合约时就附带许多条件，如越方要求500万美元注册资金一次到位，首期投入人民币1亿元；必须集中初级冶炼，以铬铁出口，不允许原矿精选后出口；同时承诺三年后承包附近一个铁矿，以古定铬矿生产的铬铁为加工原料，冶炼在越南还是空白的不锈钢钢锭；招收当地员工达600多人，此外还要交10%的增值税。

上述合同中的保证条款和附加条件规定增加了外资进入越南矿业的难度。

（三）勘探许可证不具备采矿许可证的专有权

根据越南新修订的矿法，勘探许可证持有者仍然不具有申请采矿许可证的专有权，仅具有一个特别申请权，而且这个权力也只是在勘探许可证期满后的6个月内有效。

由于勘探活动需要大量前期投入和时间，而采矿许可证是对投资者进行勘探工作的一个激励。采矿许可证能否得到批准的不确定性是在越南进行矿产勘探活动的主要障碍。

此外，基础建设落后，交通运输困难，电力不足，电价很高，这些都将加大越南矿业的开发成本。再有，近年来有大量其他的外国矿业公司进入越南矿业领域，使中国企业面临比较激烈的竞争。

**四、越南矿产投资建议**

（一）做好项目可行性研究。目前越南正处在一个大变革时代，法律体系还不够完善，相关政策也常有变动，去越南投资矿业的中国企业，应在投资前对越南的矿业市场、矿业法及相关法律法规、政策环境等作充分的调研和科学分析，权衡利弊，制定出一套完整的投资计划，以避免盲目性。

（二）利用越南国企改制之机购买越南矿业公司股份。根据越南国企改制计划，在2009年年底前，越南国有企业将全部转为有限责任公司或股份公司。中国企业或个人可以借越南国有企业改制之机，购买越南矿业公司股份。特别是对一些中小矿山企业，西方发达国家企业极少涉足，中方竞争对手相对较少，此外中国的勘探、开采、加工技术也具有一定优势，这已经得到越南方面的认可，因此机会相对较多。这应当是中国企业或个人参与开发和利用越南矿产资源较便捷的有效途径之一。

（三）重点关注铝土矿、铁矿和铬矿。上述几种矿产在越南比较丰富，但目前开发程度较低，因此，有非常大的潜力。且这些矿产又是中国特别紧缺的矿产，在中国会有很大的市场。

（四）尽量避开单一矿产开采或简单加工项目。前些年，越南在矿石出口方面管理较松，有大量的原矿出口到国外，中国是主要出口地之一，包括铁矿石、钛铁矿、铬矿等。中国的一些企业和个人参与了相关的开发项目。近年来，越南要求禁止原矿（特别是铁矿石）出口的呼声很高，为此，2005年8月2日越南工业部发布第4号《关于2005～2010矿产出口指导计划》的通知，从此结束了过去矿产出口的无序状态。通知对未来五年的矿产出口秩序进行了规范化管理，具体规定了允许出口的矿产种类、质量标准、矿源地域限制、允许出口的时限和经营矿产出口企业条件等，其中重要的一条是严禁原矿出口，鼓励企业对原矿进行深加工，提高矿产品的附加值。该通知提高了矿产出口的门槛，而且以后可能会更高。因此单一矿产开采或简单加工项目存在较大的政策风险，虽然目前符合出口规定，一旦门槛提高（越南现行法律上存在不确定性，新矿法允许该国政府在任何规定的时间内宣布允许出口和限制出口的矿产表），企业将陷入困境。而采选冶一条龙项目或矿石深加工项目可避开这一风险。越南矿石加工业总体比较落后，许多地方还是空白，因此，目前投资这一领域机会较多。

（来源：南博网. http：//info. caexpo. com/zixun/touzjh/2010—07—01/78390. html. 2010—07—01）

# 越南农药市场分析

**一、越南农药市场需求大**

越南位于中南半岛东部。全年平均气温22℃～27℃，平均降水量1500毫米～2000毫米，为农作物的生长创造了良好环境，但同时也给害虫繁殖、杂草生长提供了温床。据统计，越南大约有3000多种作物虫害、几百种杂草。另外，苍蝇、蚊子、蚂蚁等虫害肆虐，这就给农药生产厂商提供了广泛的市场空间。据专家估计，每年越南农药市场容量约1.2亿～1.5亿美元，中国农药在越南农药市场上所占份额现为30%～40%。另外，每年有不少中国产农药经越南运往老挝、柬埔寨等东南亚国家。这些国家都是传统农业国，农药工业发展滞后，主要依靠进口，市场潜力较大。

随着农业的发展，越南市场对农药的需求量越来越大，但因自身条件限制，越南每年需进口大量农药产品。目前越南市场上销售的农药产品中的98%是从日本、美国、德国、法国和中国等国家进口的。中国从1991年开始向越南出口农药产品，但由于种种原因，中国在越南农药市场上所占份额比较少。在越南进口的1000多种农药中，中国只占3%。越南及东南亚国家农药市场巨大的商机，已经引起中国农药企业的关注。

根据越南2010年的化工发展计划及有关专家预计，目前越南化工产品市场对农药产品有相当大的需求，市场比重约为国际市场的0.5%，总销售量年增5万吨左右。在农药生产领域，越南将增加使用防治效果好、选择性强、生产及使用简便、易分解、毒性低的产品。同时，越南还将逐渐调整产品机构，减少杀虫剂比例，增加除草剂类产品，以及家用和卫生检疫类的产品。

## 二、越南农药市场特点及现状

目前，越南农药市场呈现四大特点：一是产品的进口需求量大；二是需求增长快，市场潜力大；三是中低档农化产品受欢迎；四是受中国农药企业经营观念和行为的影响，越南农药市场营销环境与中国有明显的同质化趋势。

越南是一个以农业为主的发展中国家，从农作物种植结构来看，水稻占有绝对地位，经济作物种植面积增加趋势非常明显，农业人口占总人口的90%，由于越南的基础设施较差，经济状况相对落后，外汇短缺，因而更欢迎实用性强的中低档农化产品。农作物的60%分布在越南南部的6省市，农药销售与使用数量也相应占了60%～80%份额，非常集中。据越南农业和农村发展部预测，越南农药进口额约为1.5亿美元/年，每年需求农药5万吨左右。中国农药产品在越南农药市场上的份额约占34%，未来还有较大的市场空间。对于中国企业而言，这是难得的机遇。

越南农药原药生产企业少，科技落后。目前，越南有42家企业从事农药生产经营，年生产能力4.6万吨。其中10家国营企业生产能力达32630吨/年，占全国生产能力的70%，9家合资企业占7%，23家非国营企业占23%。2000年越南已登记的允许使用的农药有效成分有168个，其中杀虫剂有71个、杀菌剂有48个、除草剂有49个；制剂品种共有288个，其中杀虫剂有108个、杀菌剂有78个；除草剂有74个。2003年越南登记的允许使用的农药有效成分有196个，其中杀虫剂有84个、杀菌剂55个、除草剂有57个；制剂品种共有314个、其中杀虫剂有131个、杀菌剂99个、除草剂有84个。三年中，越南登记的允许使用的有效成分增加了28个，增长了166%，其中杀虫剂增加了1%。从品种结构上看，杀虫剂、杀菌剂与除草剂的比例为62∶16∶22，不尽合理，杀虫剂和除草剂增长速度较快。

自1996年以来，越南农药生产企业已投资500亿盾用于深度投资、更新技术设备等，主要有BAM5H型、VIBASU10H型水溶粉剂生产线，乳剂和溶液产品，以水为溶剂的浓缩悬浮状产品生产设备，并新装备粒状、粉状农药产品生产包装自动化系统以减少环境污染。越南农药产业将来的主要问题是如何生产活性产品和产品标准化问题。

目前，用于加工农药的活性物质大部分需要进口。越南有机合成水平较落后，不能满足其国内市场需求。在此领域，越南仅有2家合资企业具备生产能力，KOSVIDA专门生产一些以CACBAMATE为基础的除虫剂，如CARBOFURAL、BPMC、CARBYRYL、GPYPHOSPHATE除草剂及IS-PROTTHIOLANE去病虫害的产品，产量为2000吨/年。VIAGUTO公司按微生物技术生产VALI-DAMYCIN活性物质，年产3000吨。以上仅能满足越南30%的市场需求，其余需要从国外进口。

在质量方面，总体而言，越南各种农药产品达到东南亚地区各国水平，但有些企业质量把关不严，造成产品质量与包装标识不符。目前，在越南已有130多种农药商标根据越南国家、行业和各单位的标准登记用于农业、家庭和医疗领域。

在越南农药领域，除了国营、外国独资企业外还有有限责任公司和上千家从事农药买卖、配制、分瓶、装袋的私人单位。越南平均每个省有200个农药经销门市部，有的省甚至有600多个。越南市场现有近1000个农药品种已允许销售使用。总的来看，近些年越南农药市场供应及时、方便，抗病虫害效果较好，但由于经营农药产品利润高，经营秩序混乱，市场上出现一些假冒伪劣产品。其中一些农药通过不法途径进入市场，价格低，质量难以保证。

## 三、越南农药市场发展趋势

据预计，2003年至2010年间，越南将在农药产业投入1.3亿美元，其中2003年到2005年将投入4000万美元，2006年到2010年将投入9000万美元。预计2003年至2010年间，越南将大力投资更新技术设备，提高加工工艺，生产新型环保产品。该阶段中新型加工能力约1万至1.5万吨/年，总投资将达1000万美元。届时，越南农药加工能力可完全满足其国内市场需求，但加工原料及各类活性物质的80%仍将继续依靠进口。越南计划将新建2座活性物质生产厂，年产量将为3000吨/年，主要生产PYRETHOID类的4～5种活性物质。

因越南缺乏自身研究开发活性物质的能力，从2003年到2005年，越南农药行业主要集中进口各种活性物质生产设备。2006年以后投资建设一个年产7000万～10000万吨的表面活性物质工厂，主要用来供应农药生产、染料工业和在容桔或清化的炼油厂。到2010年，越南生产除草剂占自产农药总量的48%，与本地区先进水平持平。同时越南还将注重使用微生物类新型活性物质和从植物中提炼出来的活性物质。

（来源：山东农药网. http://www.sdnyxh.com/Info.aspx? ModelId=1&Id=1997. 2009—08—26）

# 越南汽车市场发展前景分析

## 一、越南汽车工业概况

目前，越南居民生活水平尚低，购买力弱；基础设施差，道路交通情况不理想，城市规划不适应汽车市场发展，住房无停车场地，街道停车场也较少。因此，越南汽车市场小、机械制造工业弱、汽车配套工业几乎为零、提高国产化率困难重重。近年来，越南汽车市场容量约为5万辆/年（包括进口汽车在内）。目前，越南全国汽车保有量约70多万辆，其中在流通车辆为435882辆。2009年7月，越南汽车市场各类别车型占比：旅游车3866辆，占32.91%；商务车5280辆，占44.95%；其他车型2600辆，占22.14%。

越南汽车公司目前以两种所有制结构为主，国有企业和外资企业。越南汽车产业的基础是工业部、交通运输部下属的大型总公司。此外，在胡志明市和岘港市还有一些企业具备进一步扩大投资的潜力。越南企业年组装能力共约2500～3500辆，2000年实现3164辆，2001年实现5240辆。越南国内外资汽车企业，除HINO公司专门生产重型卡车外，其他各家外资组装企业均可按市场需求生产。

越南有30多家内资汽车生产组装企业，60多家汽车零部件加工厂。但是60多家零部件加工厂只能生产一些低端产品，在汽车所需要的三万多种零部件中，越南汽配企业能独立生产的产品很少。由于受到配套基础产业规模化、生产程度低等多方面因素制约，厂商都无法开足马力生产，据统计，2006年越南轻型车生产行业产能利用率仅47.7%，而这个数字在2008年才有望突破50%。大部分内资企业都是从中国、韩国、独联体国家进口底盘，在越南组装，以客车、载重车为主。越南进口的汽车零件主要来自亚洲的日本、韩国、中国台湾和中国大陆等国家和地区，2007年进口汽车零配件金额接近10亿美元。2009年前5个月，越南汽车零部件进口金额为4.24亿美元，同比下降53.9%。越南从中国进口的主要是载重汽车和客车零配件，中国载重汽车和客车将以其价格优势进一步扩大在越南的市场份额。

目前有世界14家汽车厂商在越南投资，竞争十分激烈。其中13家汽车合资厂年生产能力为17.3万辆，主要以CKD1和CKD2方式进口散件组装生产轿车、越野车、小型旅游车为主，或以IKD方式组装，国产化比例不超过5%。2003年以来，有6家企业经营赢利，5家亏损，其中丰田（越南）公司利润最大，累计赢利2945.7万美元；MEKONG公司累计亏损1800万美元。

## 二、越南贸易政策及汽车行业法规

越南加入WTO时承诺，整车关税到2018年逐步降到5%以内，目前整车关税为83%，CKD散件目前平均关税18%。从2009年1月1日起，越南正式开放汽车和摩托车市场，并允许外商独资企业成立汽车和摩托车销售公司。

总体上看，由于汽车项目要求投资规模大，越南政府长期未进行实质性投入，主要寄希望于外资企业快速提高本国汽车产业水平，在各合资企业中，越方几乎都以土地使用权作价30%参股，外方以技术设备等占70%股份。目前越南的政策调整及走向是：鼓励本地CKD生产、鼓励零配件国产，对整车进口通过高额关税进行限制。鼓励小排量节能型轿车、农用车、国家生产必须的特种车（矿山、建筑、垃圾处理等）发展。为了提高汽车产品国产化率，越南政府出台了一系列措施，包括向国内企业提供低息的贷款及优惠的税收政策；根据不同零配件确定进口税率，取代原来的CKD进口税表；提出制造汽车发动机、变速箱、传动系统、生产专用汽车和普通汽车项目的优惠机制等。争取到2010年国产化比例达到35%～40%，并力争向周边国家和地区出口汽车零配件。就目前而言，越南汽车提高国产化率的收效甚微，仍以合资企业和进口汽车及零部件为主。

## 三、越南汽车市场发展前景

越南人口平均年龄不到25岁，社会负担轻，随着道路条件、住房结构改善，现有的1700万摩托车消费人口，将会迅速转变为汽车消费人口。越南是全球经济发展最快的国家之一，是个潜力巨大的新兴市场。

据越南工业部工业政策战略研究院报告预测，2010年越南汽车市场需求量为25.6万辆/年。据越南交通运输部预测，2010年参加流通的车辆总数将达129万辆，其中轿车31万辆、各类客车36万辆、卡车62万辆。到2020年总需求量为280万辆。

据越南政府城市交通发展规划，2005～2010年越南每年需要购置3.5万辆公共汽车用于服务各大城市公共交通系统。由于越南正处于经济发展期，用于城市和交通基础设施建设的大吨位重型自卸车、工程车、牵引车、集装箱用车和农用车具有较大需求，大型豪华旅游车、中型客车和适合小城镇使用的微型客车逐步成为市场新需求。越南政府正在采取的逐步限发摩托车牌照的措施，对于富庶家庭购买微型面包车和小轿车具有间接的刺激作用。

（来源：Motorlink 汽车网. http://www.motorlink.cn/html/marketInfo/10000125b620767720091224102854562.html. 2009—12—10）

## 中国中医药企业开拓越南市场浅析

### 一、中国中医药在越南市场的现状

在中国中成药行业飞速发展的影响下，层出不穷的中成药产品通过多种方式进入越南医药市场，受到越南民众广泛的追捧。在当今的越南医药市场上，中成药已经成为中国中医药及其产品在越南医药市场上的代名词。

近年来，随着越南市场对中成药需求的不断增加，越南政府也出台了许多鼓励发展中成药工业的优惠措施，越南本土的中成药工业从无到有，逐步发展壮大。目前，在越南知名的中成药工业企业就有北京同仁堂、宝龙中成药股份公司、河南药业股份公司和安拜药业股份公司等。但是，越南本土的中成药工业企业，由于成立时间短，存在许多不足，如企业生产品种单一、生产技术水平低、规模小、品牌知名度不高等问题，远远不能适宜快速增长的越南医药市场的需求。在这种情况下，越南医药市场所需要的中成药，通过多种渠道进口的比例高达 60%，而且大多数是来自中国大陆的中成药制药企业生产的产品。

近年来，随着越南对医药市场的整顿和规范管理步伐的不断加快，中国中成药在越南市场上的许多弊端也逐步暴露出来。首先，最大的问题是没有通过正常渠道进入越南市场，属于非法走私和违法销售的产品，一旦检查出来，就当成假冒伪劣产品处理；其次，一些假冒伪劣产品打着中国正规生产企业的幌子，也随之进入越南市场，败坏了中国中成药行业或企业的声誉；再次，一些“三无”产品也打着中国中成药的旗号非法进入越南市场，在越南消费者心目中产生了负面影响；最后，中国名牌优质中成药品种在越南医药市场的占有率很低，大多数都不能满足越南市场的需要。

总体而言，目前在越南市场上，中国中成药的现状：一方面，越南民众从品种到数量都大量需要中国中成药产品，特别是中国优质传统的中成药名牌品种；另一方面，与此不相适应的是，通过正规或合法手续和渠道进入越南市场的中国中成药较少，中国优质名牌中成药品种更是少之又少，远远无法满足越南民众或医药市场的需要。这也是在越南市场上，假冒伪劣中成药能够长期占有市场的主要原因。如果中国优质的中成药能够合法地大量进入越南市场，目前越南市场上假冒伪劣产品也就会自然消退，越南医药市场中成药经营混乱的局面也就得到控制。

### 二、中国中成药在越南市场的优惠待遇

针对日益扩大的医药市场和民众对医药产品消费不断增长的需求，及越南国内药品供给不足，特别是中成药供求缺口不断增大的现状，越南政府对于中国中成药的进口和西药相比，采取了更宽松和优惠的政策。越南是世界上唯一全面承认《中国药典》的国家，只要是《中国药典》收载的中成药品种，在中国市场上销售 5 年以上，且通过中国官方 GMP 认证的企业合法生产出品的中成药品种，到越南卫生部办理简单的注册登记手续以后，就可以通过合法的渠道进入越南市场销售。如果中国中成药生产企业在越南投资生产中成药，还获得更多的优惠待遇和政策扶植。

### 三、中国中成药在越南市场的优势

中国中成药在越南市场上除了越南官方给予的多种优惠条件以外，其具有顽强的生命力和巨大的市场潜力的优势也彰显出来：

1. 中成药源于中国传统中医药，传统中医药浩如烟海的典籍，丰富的民间用药，广大民众根深蒂固的中成药消费情结，巨大的中成药消费市场等，都是中国中成药行业持续发展、取之不尽用之不竭的源泉。

2. 中成药是中国特有的行业，也是具有独立知识产权的行业，因此在面向国际医药市场时，其具有不可比拟的优势条件，也是中国走向世界的优势行业。

3. 中国中成药工业的生产和工艺技术经过了多年的努力，已经达到或超过了世界水平，为中国中成药行业走向世界提供了坚实的基础。

4. 中国具有丰富的中药材资源，其中，大多数为家种药材，中药材种植业也是中国传统中医药的重要组成部分，是中国中药材稳定的商品来源，很多优质中药材品种已经建立了 GAP 基地，保障了

中成药工业稳定优质的原料来源。

另外，随着中国国际地位和中成药企业经济实力的不断增强，传统医药行业对国外医药行业以及整个国际主流医药贸易的影响力不断增加，国外消费中成药的人群和市场也将迅猛扩展。有关专家指出，中国中成药产品终将走向国际市场，成为中国强有力的出口资源。

**四、中国中医药进入越南市场的相关程序**

越南民众对中国中成药产品的广泛欢迎，造就中成药坚实的市场基础和巨大的商机。越南政府对中国中成药进入越南市场也采取相对规范而又积极且灵活多样的优惠政策和鼓励措施，越南相关的民间组织和工商企业则主动跟进，积极推动中国中成药产品进入越南市场。只要是中国食品药品监督管理局（SFDA）批准在中国境内生产销售的中成药产品，均可申请进人越南市场。

根据越南相关法规及《2005年保护人民健康的药品和美容产品的进出口指导通知》的具体要求，中国中成药要合法进入越南市场销售，生产经营企业必须向越南药品管理局提出产品登记申请，并同时提供申请注册资料，包括中成药品种名称、最小销售单位的中成药样品及其检验方法和内容、生产流程报告、稳定性研究、毒性实验、临床实验报告、企业概况、相关证照及GMP证书复印件、银行信用证明、注册资金证明、验资报告，以上材料一式三份，翻译成越文，费用约70美元；每个中成药品种交纳200美元的评估费，审批法定时间不得超过一年，一般4～6个月就能完成。通过审批能够进入越南市场销售的中成药品种同时获得药品登记编码，由越南医药经营企业负责国内市场销售。若要进行长期贸易，可继续交纳2000美元的执照审批费，获得经营许可，并发放许可证，3～5年内有效，到期可继续申请延期。

以上手续办妥后，中国企业就可以和越南各医药进出口公司或相关企业开展业务往来，获得登记编码的中成药品种在正常办理海关进出口手续之后，就可进入越南市场。这种运作方式适合大批量或销售市场非常明确及市场成熟的中成药品种进入越南市场。同时也可以委托越南进出口公司、中介公司或代理商办理，手续费一般为1.5%～3%，关税视不同中成药的品种为0%～9%不等，省去了很多麻烦，快速简捷地通关进入越南市场销售。

**五、在越南投资开办中医药生产企业**

近年来，越南政府采取一系列改善投资环境的措施，尤其是颁布实施新《投资法》《企业法》和《证券法》，投资渠道更加通畅便利，使越南成为外国投资商眼里最具吸引力的国家之一。到目前为止，中国中成药生产在越南的投资项目仍然很少，越南也少有中成药生产企业。越南国内需求完全依赖进口，从长远的发展来看，这种状况是很不正常的。中国仅仅靠输出中成药产品进人越南市场的现象也不会长期维持下去。越方也衷心希望中国真正有实力的中成药名牌生产经营企业能在越南投资办厂，同时也出台了相应的优惠政策，规定投资可以独资或合资联营，利用本土的资源优势进人东盟市场。

从中国制药工业全行业的情况来看，中成药是中国具有独立知识产权和中国特色的产品，是传统中医药和现代制药制剂工业有机相结合的科学产物，它凝结了中国制药人的聪明才智。中成药工业的根基在中国，中成药市场优势的原动力也在中国。并且，中国在中成药工业生产、制剂工艺技术、科研、资源利用、产品创新、市场推广等领域都具有很强的优势和先决条件，有的已达到国际先进水平。西药制药行业则不然。首先，中国与国外企业相比仍处于绝对劣势的地位，在越南市场上无法与国外西药制药企业抗衡。其次，到目前为止，在越南登记注册的西药制药企业高达250家，包括223家外国制药公司（不少跨国制药公司早已登陆越南市场）、8家合资企业、16家外资企业和3家私营企业，注册资金达数亿美元，从产能方面来看，已远远超过了越南市场当前的容量，而中成药生产企业则处于空白。因此，中国在越南投资中成药生产企业，将有望顺利实现资源优势的快速转化，成为优化的经济利益或市场优势，并在越南中成药市场上大展宏图。

（来源：王东海.《市场论坛杂志》. 2009年第8期）

# 商务资讯篇

## 中国与东盟化肥行业合作前景看好

2010年1月1日，中国—东盟自由贸易区正式宣告成立。这个目前全世界最大的自贸区正逐步形成一个拥有近6亿美元生产总值、4.5万亿美元贸易总量的经济大市场，其巨大的化肥、农药、农膜等农资市场潜力为业内人士所看好。

中国—东盟农资商会副会长、中农集团副总裁郭雁民介绍，多数东盟国家与中国一样，都是典型的农业国家，对化肥、农药等农资产品的需求日益增长。近年来，越南、柬埔寨、老挝等东盟国家从中国进口了大量的化肥、农用机械、农药原材料等。因为原先已有较好的合作基础，在中国—东盟自贸区成立后，中国化肥已经在东盟国家成功打开了市场，特别是尿素产品，成功取代了俄罗斯、中东等国在东盟的大部分市场份额。

由于看好东盟巨大的农资市场，不少大型磷肥生产企业纷纷进入东盟，并陆续将其产品打进了东盟市场。郭雁民表示，对东盟国家而言，中国的高浓度磷复肥具有较强的竞争力。对中国企业而言，在东盟销售比在国内销售获得更多的经济效益。而西南部的高浓度磷复肥企业与国内同类企业相比，又具有许多突出的优势：一方面，工厂离口岸近，便于出口运输；另一方面由于具有区位优势，便于同东盟销售商沟通。目前中国一些高浓度磷复肥企业已确定以出口东盟为主、内销为辅的市场策略。郭雁民建议中国企业下一步可选择有条件的东盟国家进行高浓度磷复肥的生产投资。与此同时，企业还要挖掘自身潜力，扩大生产规模，降低生产成本，进一步提高产品质量，以提升自身产品在东盟市场上的竞争力。

（来源：南博网. http://info.caexpo.com/zixun/cafta/2010—06—29/78128.html. 2010—06—29）

## 中国—东盟自由贸易区加速台商投资广西

根据广西壮族自治区台办统计，2010年上半年台商在广西的投资额同比增长15%左右，所投资项目涉及电子、物流、加工制造、食品、农林花卉等众多产业，很多已建项目也准备增加投资。

广西南宁市台商企业协会会长周世进表示，中国—东盟自由贸易区（简称“自贸区”）建成后，中国与东盟国家90%以上的产品实现了零关税，双方在贸易投资等领域都呈现出迅猛增长态势，而以大陆和东盟为主要贸易市场的台湾则面临较大压力。

广西桂林市台商协会创会会长杜永盛介绍，广西地处中国—东盟自由贸易区的前沿地带，是中国通往东盟的“桥头堡”，与东盟的综合交通设施日益完善，一年一度的中国—东盟博览会也逐渐成为中国东盟经贸交流的最好平台。此外，中越目前正在边境打造一个跨境经济合作区，台商可以通过在边境设立工厂、办事处或者仓库，采取直接发货或者边境接单、台湾发货的模式，就可以享受到自贸区零关税的优惠。

事实上，基于自贸区带来的效应，近年来，广西已经逐渐成为台企在大陆投资的一个新洼地，光宝、台泥、统一、旺旺、康师傅等一批知名台企纷纷落户广西。

目前，台商考察的项目由原来的餐饮、农业等传统领域拓展到教育合作、海洋产品及IT、电子业等领域。

（来源：新华网. http://news.xinhuanet.com/2010—06/25/c_13369282.htm. 2010—06—25）

## 东盟成为中国西药类产品出口的第三大市场

据统计，2009年12月以来，中国西药类产品对东盟、南亚、非洲等市场的出口出现大幅增长，东盟已成为中国西药类产品出口的主要市场之一。在西药产品出口的主要市场中，欧美成熟市场的需求普遍下降，而新兴市场的需求日益旺盛。中国对东盟国家西药类产品出口占到接近全球出口总额的10%。2009年，尽管西药类产品对全球出口下滑，但对东盟出口仍然保持了8.5%的增速，进入第四季度更是进入高速增长轨道，东盟已成为继美国、印度之后，中国西药类产品出口的第三大市场。

据了解，2009年12月，中国对东盟西药类产品出口额达1.76亿美元，同比增长65.3%，比中国对全球西药类产品的出口增速高出30个百分点。其中，生化药出口2654万美元，同比增长4.33倍；药原料药出口1.32亿美元，同比增长50.5%；西成药出口1631万美元，同比增长24.7%。西成药中的抗感染和其他西成药，原料药中的解热镇痛类、激素类、四环素类、抗感染类及其他西药原料出口都有大幅反弹。

（来源：南博网. http://info.caexpo.com/zixun/cafta/2010－06－24/77743.html. 2010－06－24）

### 广西跨境贸易人民币结算业务正式启动

2010年6月22日上午，中国工商银行广西分行同时在广西凭祥、东兴两地成功办理了两笔跨境贸易人民币汇出汇款业务，同时，中国银行广西分行等银行的跨境贸易人民币结算业务正式启动。

据悉，中国工商银行广西分行这两笔跨境贸易人民币结算业务采用了代理行清算模式进行清算，其中越南工商银行在中国工商银行广西分行开设了境外参加行跨境贸易人民币结算同业往来账户，而越南MHB银行广宁省分行芒街市支行则是利用其在广西东兴工行开立的人民币边贸结算账户进行清算。两笔业务从汇款行汇出后几分钟便到达了收款行，收款行即时解付给境外收款人。

2010年6月22日，中国人民银行公布消息，中国中央银行、财政部、商务部、海关总署、税务总局和银监会决定扩大跨境贸易人民币结算试点范围，试点地区从原有的5个城市扩大到北京、天津、内蒙古、辽宁、上海、江苏、浙江、福建、山东、湖北、广东、广西、海南、重庆、四川、云南、吉林、黑龙江、西藏、新疆等20个省（自治区、直辖市）。跨境贸易人民币结算的境外地域由港澳、东盟地区扩展到所有国家和地区。

跨境贸易人民币结算是人民币区域化、国际化的重要组成部分，是完善和改进国际金融体系的重要因素。位于中国—东盟合作前沿地带的广西，在中国—东盟自由贸易区建成大背景下与东盟国家交往日益密切，经贸往来日益频繁。中国工商银行、中国银行等银行跨境贸易人民币结算业务对促进广西与东盟贸易便利化、帮助企业规避汇率风险、保障出口企业收汇安全等起着十分积极的作用。

（来源：中国新闻网. http://www.chinanews.com.cn/cj/news/2010/06－22/2356623.shtml. 2010－06－22）

### 东盟商品贸易协定启动

据《越南经济时报》2010年5月19日报道，东盟秘书处称，东盟商品贸易协定（ATIGA）于5月17日正式启动。这是东盟协调内部货物贸易活动的全面协定，是根据对CEPT/AFTA及其相关协定的承诺基础上签订的。协定明确规定越南、老挝、柬埔寨、缅甸4国取消关税时限延长至2018年。

（来源：中华人民共和国商务部网站. http://www.mofcom.gov.cn/aarticle/i/jshz/new/201005/20100506921284.html?1612119997=850387913. 2010－05－19）

### 中国—东盟基金正式成立并投入运营

2010年3月29日，中国—东盟投资合作基金（以下简称“中国—东盟基金”）主发起方中国进出口银行及境内外金融机构和企业作为初始投资人签署了基金有限合伙协议等一系列投资文件，这标志着中国—东盟基金及基金管理机构正式成立并投入运营。

2009年4月18日，温家宝总理在博鳌亚洲论坛上正式宣布，中方将发起设立总规模为100亿美元的中国—东盟投资合作基金。作为致力于促进中国对外经济合作的政策性银行，中国进出口银行担任基金的主发起方，在不到一年时间里，该行以国际化和市场化的方式，与国内外专业投资机构和著名国际经济合作企业建立了合作构架，完成了该基金首期近10亿美元的募集工作。

中国—东盟基金旨在从中国与东盟各国经济合作的实际需要出发，为双方企业在基础设施、能源和资源等领域的投资合作提供股权和准股权融资，促进和催化中国与东盟各国经济合作关系的不断深化。该基金的设立也是中国进出口银行不断改革创新，针对中国与东盟各国经济合作现实，在融资模式上进行的一项重大创新。

据介绍，中国进出口银行以市场化的运作方式，通过与国内外专业投资机构和企业合作，搭建股权和准股权融资平台，适应了中国与东盟各国企业经济合作新的融资需要，必将在促进中国与东盟各国企业间的经济合作方面发挥重要作用。

（来源：新华网. http://news. xinhuanet. com/fortune/2010—04/01/c_1211859. htm. 2010—04—01）

## 东盟将于2015年成立东盟经济共同体

据越南通讯社2010年3月2日报道，第16次东盟经济部长非正式会议2月28日在马来西亚举行，与会的东盟各国经贸部长达成一致，将于2015年成立东盟经济共同体（AEC）。

报道称，马来西亚贸易部长Mustpha表示，受全球经济危机影响，各国贸易保护主义越来越明显，对东盟于2015年成立AEC的进程造成了一定影响。目前东盟内部在11个优先一体化的经济领域中仅在旅游、空运、纺织和汽车制造等四个领域取得了一致，部分成员国未能实现取消非关税壁垒、统一商品标准和促进快速通关的目标。但是总体来看，东盟各国已实现了经济融合的大部分目标，各国经贸部长承诺将推动东盟按计划于2015年成立AEC。

报道称，东盟秘书长素林也表示，尽管还存在一些问题，但是东盟各国“在方向上取得了一致”，各国将尽最大努力落实已签署的各项框架协议。

（来源：中华人民共和国商务部网站. http://www. mofcom. gov. cn/aarticle/i/jyjl/j/201003/20100306803787. html? 2921004989=850387913. 2010—03—03）

## 中国汽车开进东盟

随着2010年1月1日中国—东盟自由贸易区全面启动，中国车企对东盟的汽车整车及零配件出口预期大幅提升。其中，在泰国和马来西亚等国建立整车生产基地的计划正在进一步谈判中。

中国奇瑞汽车发言人金弋波表示，奇瑞于2009年11月和泰国荣创集团达成协议，共同开发泰国及其周边市场，这是奇瑞进入东南亚市场的第一步。泰国奇瑞荣创有限公司以半散件组装形式生产奇瑞车，初期年产预计为5000辆。

吉利轿车的“酷比”车以散件方式销往台湾，并开始在越南销售，未来还将销往马来西亚、印尼和菲律宾等地。

长城汽车已经在越南组建了第二家整车组装厂。因此，长城汽车对越南当地市场产生了很大冲击。

（来源：南博网. http://info. caexpo. com/zixun/cafta/2010—01—14/69331. html. 2010—01—14）

## 东南亚成为中国自主品牌逐鹿世界市场的首站

随着东盟与中国、日本、韩国三国以及香港金融管理局宣布正式签署清迈倡议多边化协议，规模为1200亿美元的亚洲区域外汇储备库正式运作。这标志着亚洲金融合作又向前迈进了一大步。

广东鞋业厂商会秘书长吴航表示，随着中国—东盟自由贸易区全面启动，东盟市场成为2010年中国鞋业最具开拓潜力的市场，东南亚成为中国自主品牌逐鹿世界市场的首站。

中国政法大学经济学家杨帆教授认为东南亚将率先接受人民币。他表示，哪个经济体与中国的经济紧密度越高，接受人民币的步伐将越快。目前，人民币在中国香港地区结算已经成为现实，随着中国—东盟自由贸易区的成立，东南亚国家将逐步接受人民币，最后是日韩，从而形成东盟10+3都将接受人民币贸易的格局。未来随着中国经济、生产力的持续提高，人民币仍然有20%的预期升值空间。只要有升值空间存在，周边经济体就会乐意持有人民币。杨教授预计5年内，人民币在东南亚范围内将畅通无阻。

（来源：南博网. http://info. caexpo. com/zixun/cafta/2010—01—04/68844. html. 2010—01—04）

## 广西六项措施构建中国—东盟旅游合作机制

中国—东盟自由贸易区于2010年1月1日建成，这给广西旅游业加快发展带来重大机遇。广西紧紧抓住这一机遇，将从以下六个方面推进构建中国—东盟旅游合作，推进广西旅游快速发展。

一是争取设立一个区域性的旅游协调机构。在筹建的中国—东盟促进中心设立旅游工作部，主要任务是提出中国与东盟各国旅游合作的指导方针和发展方向，研究旅游合作的各项活动、计划与项目，协调解决旅游合作过程中的相关问题，促进政府部门之间、旅游企业之间的协调与合作。成员由中国与东盟各成员国的旅游高级官员组成，用“轮值制”的形式确定主席方，定期或不定期召开会议。

二是建立中国（广西）—东盟各国主要城市旅游联盟。在平等、互信、互利原则的基础上，开展主要旅游城市之间的旅游合作。

三是各国间可互设或增设旅游办事处。如在泰国曼谷新设一个中国旅游办事处。若条件具备，广西旅游部门与贸易部门可联合在适合的国家开设贸易、旅游办事处。

四是联合举办中国—东盟旅游合作论坛。争取将旅游合作论坛办成中国—东盟博览会正式的分论坛。

五是建立高层旅游会晤和磋商机制。逐步建立旅游资源合作开发、旅游市场联合促销、旅游企业共拓市场、市场秩序共同维护、旅游突发应急事件联合处理以及旅游人才交流合作培训等机制。

六是引导企业间组建旅游企业联盟。本着“自愿、合作、共赢、发展”的宗旨，加强各国旅行社、民航、酒店、景区等旅游企业间的合作。

（来源：南博网. http://info. caexpo. com/zixun/cafta/2009－12－24/68592. html. 2009－12－24）

## 广西与东盟图书版权贸易加深

从2008年起，中国新闻出版总署授权广西壮族自治区新闻出版局承办了两届中国图书在越南、柬埔寨的展销暨版权贸易洽谈会，这是中国出版走向东盟的一个很好的平台，对中国出版走出去、扩大中华文化的影响力、提升中国的国际地位产生重要作用，有利于增进中国与东盟国家人民之间的了解、互信和友谊。

广西已向新加坡、马来西亚、泰国、越南和柬埔寨等东盟国家出口一批出版物，总码洋为750多万元。与新加坡、马来西亚、泰国和越南达成版权贸易的图书、音像制品、电子出版物共计200种。2009年广西向东盟输出图书版权达117种，创广西版权输出的历史新高。

中国—东盟自由贸易区建成后，中国与东盟的图书版权贸易将会更加便利，中国图书将更多地走进东盟国家。

（来源：新华网. http://www. gx. xinhuanet. com/newscenter/2009－12/17/content_18525864. htm. 2009－12－17）

## 东盟十国将发展成为中国农机重要出口市场

东盟十国是中国农业机械出口传统市场。1999年出口强劲反弹以来，中国农机对东盟十国出口保持稳定快速增长，到2007年出口一举突破十亿美元，达13.43亿美元；2008年1～7月出口额达11.74亿美元，同比增长62.9%，再上一个台阶。

中国对东盟十国农机出口约占中国农机全球市场的1/10，对这一地区出口增幅近年来高于全年出口平均增幅，东盟十国市场将发展成为中国农机出口的重要市场，成为互惠互利、优势互补的合作伙伴。从2007年中国农机对东盟十国出口额排序看，对越南、印度尼西亚、泰国、缅甸和新加坡的出口均超过1亿美元，居于出口前位；对文莱、老挝和柬埔寨出口较少，有待开拓。

目前中国企业开拓东盟市场面临更加有利的发展机遇。中国与东盟的货物贸易降税计划启动后，将促使中国与东盟的双边贸易额进一步增长。

（来源：南博网. http://info. caexpo. com/zixun/cafta/2009－12－04/67731. html. 2009－12－04）

## 文莱与美国企业开展龙虾养殖合作

2010年6月21日，文莱渔业局与美国Darden Aquafarm Inc公司签署了《龙虾研究和开发合作谅解备忘录》。文莱政府公告称，该项目是配合文莱政府打造“区域水产技术研发中心”启动的最新项目。按照协议，双方首先开展文莱水域龙虾养殖评估，再根据评估结果确定项目中长期发展规划。

另据介绍，美方合作伙伴是美国Darden集团子公司，后者拥有世界最大的餐饮服务链，年营业额达72亿美元，而目前世界龙虾市场年需求达15万吨。

（来源：南博网. http://info. caexpo. com/zixun/jingjqj/2010－06－24/77717. html. 2010—06—24）

## 文莱将于2010年底实施ISO 50001能源管理系统

2010年6月15日，文莱发展部代部长阿里在“替代能源和能源效率国际研讨会”上宣称，文莱发展部将实施ISO 50001能源管理系统，预计于2010年年底实行，该部门同时还计划实行ISO 15392房屋建设标准，将持续发展的概念应用在建筑工程中。阿里表示，文莱依赖碳氢化合物为消费及商务活动提供能源，如果没有适当的能源节约策略，这种依赖将无法持续。

（来源：南博网. http://info. caexpo. com/zixun/jingjqj/2010－06－21/77399. html. 2010—06—21）

## 文莱对逾200项产品进行清真认证

文莱政府在2008年8月1日起实施清真认证及商标条例后，迄今逾200项产品达到文莱清真认证标准，获得文莱清真商标注册。目前，仍有大约50项产品的清真认证及商标注册申请正在审理中。

获得文莱清真商标注册的产品将获准印上文莱清真商标，有关产品也会获得文莱政府授予文莱清真证书。文莱宗教部、卫生部和工业及主要资源部携手合作，为申请文莱清真认证及商标注册的产品进行验证。

目前，清真食品已崛起成为全球食品工业主流，清真食品的消费群不单是回教徒，也包括非穆斯林，这是清真食品的最大竞争优势。近年来，清真食品强调安全、卫生及健康，广受非穆斯林欢迎。

（来源：南博网. http://info. caexpo. com/zixun/jingjqj/2010－06－07/76367. html. 2010—06—07）

## 文莱甲醇厂建成并向中国出口首批产品

2010年5月25日，文莱甲醇厂举行落成仪式。该项目累计投资6亿美元，由文莱政府与日本三菱煤气化学株式会社和伊藤忠商事株式会社联合投资，年出口85万吨，采用国际先进技术，甲醇产品可达到AA级质量。

据悉，该公司首批1万吨产品已装船发往中国。甲醇厂是文莱经济多元化战略重点项目之一，得到了文莱政府的大力支持。文莱壳牌石油公司与该企业签订了长达22年的天然气供应协议。

（来源：南博网. http://info. caexpo. com/zixun/jingjqj/2010－05－28/75800. html. 2010—05—28）

## 文莱未来3年将推出投资总额20亿美元的石化发展计划

文莱经济发展理事会主席王德旺表示，文莱政府目前已圈定4家海外公司为近期石化发展计划的潜在合作伙伴。此外，仍在研究的投资项目还包括投资额18亿美元的铝厂、投资额30亿至40亿美元的石油出口炼滤厂以及投资额5千万美元的资料中心等。

（来源：南博网. http://info. caexpo. com/zixun/jingjqj/2010－05－11/74471. html. 2010—05—11）

## 文莱摩拉港成为国际邮轮停泊站

《联合日报》2010年5月19日报道，文莱摩拉港已正式列入东盟邮轮作业网络，预计到访外国邮轮将大幅增加。数据显示，过去2年内摩拉港累计接待了50艘邮轮，外国游客逾3万人，2010年仅前3个月就接待了10艘邮轮。文莱旅游部门希望通过将文莱列入海上观光配套路线，促进文莱旅游业的发展。

（来源：中国—东盟在线. http://asean. gxnews. com. cn/staticpages/20100521/newgx4bf5ebe5－2963944. shtml. 2010—05—21）

## 文莱政府奖励企业出口

文莱工业及初级资源部于2010年3月25日推出新的奖掖办法以推动产品出口。新的奖掖计划提供高达文币50万元的出口再融资便利，帮助业者有充裕的资金更顺畅地开拓国外市场。

文莱工业及初级资源部副常任秘书玛丽亚娜介绍，该部已与文莱宗教部和卫生部合作，前不久已成功制定了有关药物、传统草药、成药及营养品等符合清真条件的管理和制作守则。她表示，希望在政府和私人业者大力配合下，进一步提升文莱产品出口的附加价值和品质水准。她表示，文莱政府开发文莱清真品牌、清真科学园和农业技术园等，将有助于文莱的经济发展。

（来源：南博网. http://info. caexpo. com/zixun/jingjqj/2010－03－10/71008. html. 2010—03—10）

## 广西水稻在文莱试种成功

为保障本国粮食安全，文莱于2009年4月启动了“大规模种植水稻计划”。

文莱依仗石油、天然气而富甲一方，但是农业发展长期落后，稻米自给率仅为3%。2008年全球粮食危机给该国造成严重冲击，引起文莱政府对粮食安全问题的高度关注，从而提出要通过引进优质水稻品种及相关种植项目来提高粮食自给率，以及在2010年粮食自给率达20%的具体目标。

玉林是中国广西的现代农业示范城市。2009年10月，该市一名高级农艺师和两名农民前往文莱支援文莱开展水稻试种工作。水稻实验区所采用的全部是玉林本地选育的水稻种子。试种一年后，将会选出适合文莱生长的高产水稻，再全面进行推广种植。

（来源：南博网. http://info.caexpo.com/zixun/jingjqj/2010－02－03/70108.html. 2010—02—03）

## 文莱推出全球首个清真药品标准

文莱经济发展理事会（BEDB）首席执行官钟文杰表示，文政府发布的清真药品准则（Halal Pharmaceutical Guidelines）是由该部门与政府宗教部门、农业部门以及卫生部门联合制订的。作为全球首个清真药品加工标准，该标准将确保从原料供应到产品加工的整个生产环节均符合清真标准。他表示，文莱政府此举有助于在全球巨大的清真产品市场上占据先机，吸引外国来文莱投资。据介绍，目前一家加拿大公司已宣布投资1200万美元在文莱建厂生产清真药品、维生素及保健品。

（来源：南博网. http://info.caexpo.com/zixun/jingjqj/2010－01－13/69227.html. 2010—01—13）

## 文莱陆地仍蕴藏丰富石油

文莱当局在都东县展开的陆地石油第二波探勘显示，文莱深土仍蕴藏丰富石油。文莱当局采用三维地质波震技术进行第二波石油探勘，涵盖范围达350平方公里，历时6至8个月完成。随着文马重叠水域主权争议在2009年初获得圆满解决，海上石油探勘活动也在文莱深海展开。获得深海油藏开发权的文莱国家石油公司已做好准备，全面开发深海油藏。

由于旧油井的开采年限到期，文莱2008年石油产量减少，此外，石油开采成本暴增也导致石油收益减少。首相署能源部官员表示，在收益减少、开销增加的情况下，文莱当局准备进一步开发石油资源。

（来源：中华人民共和国驻文莱达鲁萨兰国大使馆经济商务参赞处. http://bn.mofcom.gov.cn/aarticle/jmxw/200908/20090806433996.html?451411389＝850387913. 2009—08—02）

## 柬埔寨政府公布《2009～2013年国家发展战略计划（修正案）》

2010年7月7日，柬埔寨政府公布了《2009～2013年国家发展战略计划（修正案）》，该战略计划已于2010年5月底获国会批准，根据柬埔寨政府“四角战略”第二阶段政策制定，旨在进一步推动各领域发展，实现新千年发展目标。

柬埔寨副首相吉春表示，战略计划中公共领域投资总额为61.2亿美元，柬埔寨政府在资金上存在困难，希望政府各部门、发展伙伴和各国际组织积极参与，确保战略计划顺利实现。

（来源：中华人民共和国驻柬埔寨王国大使馆经济商务参赞处. http://cb.mofcom.gov.cn/aarticle/jmxw/xmpx/201007/20100707014462.html?318962621＝850387913.2010－07－09）

## 柬埔寨—老挝光纤网络系统正式连通

2010年7月5日，柬埔寨与老挝光纤网络系统正式接通，标志着大湄公河次区域信息高速公路项目又向前迈进了一大步。柬埔寨邮电部部长索昆表示，感谢中国政府在大湄公河次区域信息高速公路项目上对柬埔寨提供的援助，柬埔寨政府计划向中方再申请5000万美元贷款用于设备安装。

（来源：中华人民共和国驻柬埔寨王国大使馆经济商务参赞处. http://cb.mofcom.gov.cn/aarticle/jmxw/jbqk/201007/20100707007775.html?3285646013＝850387913.2010－07－06）

## 中国援柬埔寨水利项目顺利开工

2010年2月2日，中国向柬埔寨提供优惠出口买方信贷资金支持的马德望省水利灌溉项目举行开工仪式，柬埔寨首相洪森、中国驻柬埔寨大使张金凤、经商参赞金远等官员共同出席。洪森在讲话中衷心感谢中方长期以来对柬埔寨提供的帮助，希望中方帮助柬埔寨建设更多的水利设施，逐步使柬埔寨农业摆脱“靠天吃饭”的局面。

马德望省水利灌溉项目是中方提供优惠买方信贷资金支持的第一个水利项目。项目区内土地面积4.9万公顷，其中耕地面积3.43万公顷，合同金额4872万美元。承建单位为广东建工对外建设有限公司，监理单位为广州万安监理有限公司。工期40个月，拟于2013年6月完工。

（来源：中华人民共和国驻柬埔寨王国大使馆经济商务参赞处. http://cb.mofcom.gov.cn/aarticle/jmxw/xmpx/201002/20100206774829.html?4278385597=850387913.2010—02—03）

## 新疆哈密瓜在柬埔寨市场深受欢迎

中国新疆生产建设兵团在柬埔寨投资的华夏农业投资有限公司经过6年努力，在柬埔寨批量种植的“西洲蜜一号”哈密瓜成功在柬埔寨周边国家打开市场。华夏农业投资有限公司的农场位于柬埔寨干拉省，有17个大棚，每棚占地1000平米，种植的哈密瓜月产量达18吨～20吨，不仅深受柬埔寨当地市场欢迎，而且已成功打入泰国市场。

（来源：中华人民共和国驻柬埔寨王国大使馆经济商务参赞处. http://cb.mofcom.gov.cn/aarticle/jmxw/xmpx/201001/20100106751734.html?604240829=850387913.2010—01—19）

## 柬埔寨积极开拓中国市场

2009年12月16日，柬埔寨国务兼商业大臣占蒲拉西在金边召开的“柬埔寨商务投资论坛”上表示，2010年1月1日中国—东盟自由贸易区建成后，中国将为柬埔寨6000多种产品提供免税或降税进口待遇。由于中国日益强大，消费能力可能比美国更强，因此柬埔寨需要积极开拓中国这个大市场，以此推动柬埔寨经济发展。占蒲拉西还表示，目前在柬埔寨国内已建和在建的经济特区有16个，但发展最快的是中国公司投资建设的西哈努克港经济特区。

（来源：中华人民共和国驻柬埔寨王国大使馆经济商务参赞处. http://cb.mofcom.gov.cn/aarticle/jmxw/xmpx/201001/20100106747142.html?2181167805=850387913.2010—01—15）

## 柬埔寨政府全力支持西哈努克港经济特区发展

2010年1月9日，柬埔寨发展理事会秘书长索庆达、西哈努克港副省长及柬埔寨商业部、劳工部、海关等14名主管部门官员对西哈努克港经济特区（简称“西港特区”）进行联合考察。索庆达表示，西港特区是柬埔寨最大的特区，由中柬两国联合开发，受到两国领导人的高度重视和支持。特区建成后将有300余家企业入驻，为柬埔寨提供更多就业机会。

西港特区是中国商务部批准的首批境外经贸合作区项目之一。特区首期规划面积5.28平方公里，总投资约3.2亿美元。目前，中方投资主体——红豆集团已投入6700多万美元，6家企业已全部完成入园手续。

（来源：中华人民共和国驻柬埔寨王国大使馆经济商务参赞处. http://cb.mofcom.gov.cn/aarticle/jmxw/xmpx/201001/20100106747236.html?1661074109=850387913.2010—01—15）

## 柬越合资航空公司正式签约

柬埔寨政府于2009年7月26日在金边举行仪式，正式宣布与越南国家航空公司合资成立柬埔寨吴哥航空公司，协议有效期30年，公司注册资金为1亿美元，其中柬方占51%股份，越方占49%。公司将像其他投资公司一样，获得柬埔寨政府提供的优惠待遇。公司初期将有两架ATR型飞机飞行，计划到2015年拥有六架飞机。

同时，越南投资发展银行宣布在柬埔寨设立办事处。近几年，柬越贸易额增长迅速，预计2010年两国贸易将达20亿美元，到2020年达64亿美元。越南在柬埔寨投资主要是通讯、矿产和橡胶等领域。

（来源：中华人民共和国驻柬埔寨王国大使馆经济商务参赞处. http://la.mofcom.gov.cn/aarticle/jmxw/201004/20100406875277.html?1107557053=850387913.2009—07—28）

## 印度尼西亚瓷砖市场供不应求

印尼瓷砖协会主席阿齐默德（Achmad）2010年6月30日在雅加达举行的印尼建筑工程博览会暨世界瓷砖论坛上表示，由于房地产业发展导致需求增加，以及燃料供应持续匮乏导致企业开工率不足，印尼瓷砖市场呈现供不应求态势。阿齐默德称，过去几年间，尽管房地产业发展带来的瓷砖需求不断增长（预计2010年瓷砖需求将继续增长6%～8%），但印尼的瓷砖产量一直维持在每年3亿平方米左右。2009年，印尼20%的瓷砖产品出口到美国、澳大利亚、斯里兰卡和孟加拉等国，出口额达4511万美元。同时从中国、越南和马来西亚等国进口瓷砖产品，进口额达3314万美元。

（来源：印尼《雅加达邮报》. http://id.mofcom. gov. cn/aarticle/ziranziyuan/law/201007/20100707000320. html? 4109695677＝850387913. 2010－07－01)

## 印度尼西亚国油公司与多国企业合作开发锡江海峡油气

北塔米纳国油公司属下上游能源公司（PHE）与美国雪佛龙集团等多家外企达成了有关在锡江海峡深海钻探油气的合作，全部的工程包含了5个地区共4项生产分利合同，价值达70亿美元。

北塔米纳上游能源公司常务总经理马托诺表示，锡江海峡合作钻探油气工程包括了大约2200米海底的5个油气田，分别是庞卡（Bangka）、葛恒（Gehem）、根达罗（Gendalo）、玛哈（Maha）和甘棠（Gandang）。参与这项深海钻探油气的企业分别是印尼雪佛龙公司、雪佛龙玛卡公司、雪佛龙卡纳尔公司、雪佛龙拉巴克公司、埃尼卡纳尔公司、埃尼穆亚拉巴奥公司、法国燃气公司。北塔米纳上游能源公司在这个财团中占据10%的股份。

根据2007年的锡江海峡油气开采计划蓝图，开采工程将进行至2028年，工程价值约达70亿美元。如果这项工程能顺利进行，预计锡江海峡5个油气田在2016年可开始生产，在2018年达到日产2264万平方米天然气的生产最高峰。根据已有的原则协议（POA），锡江海峡油气田将来生产出来的75%产品，将以液态天然气的方式供应给日本。

（来源：《国际日报》. http://id. mofcom. gov. cn/aarticle/ziranziyuan/zhengt/201006/20100606976823. html? 2065300413＝850387913. 2010－06－21)

## 印度尼西亚致力于对外商开放房地产市场

印尼副总统布迪约诺在巴厘岛举行的第61届国际房地产协会论坛上表示，印尼政府正在积极筹备对外国人开放房地产市场的工作。

根据印尼当前法律，外国人不能拥有房产权。非本国居民只能租赁房产，租期25年，之后可以延期2次，分别为20年和25年。

印尼人民住房国务部长苏哈尔索·莫诺阿尔法表示，目前房地产市场是一个全球化的市场，人们可以自由移居，限制外国人拥有房产不再是一个明智的方法。印尼通过开放房地产市场，每年将会带来30亿～60亿美元的收入。

苏哈尔索透露，印尼政府正在起草一份法案，部分房产类别如豪华公寓和高价值的房产将逐步对外国人开放。法案提议允许外国人初次租赁房产可享有70年的居住权。

但有部分人士表示，印尼政府起草的法案面临巨大阻碍，因为这项法案必须遵守印尼《土地法》和《外国投资法》。印尼政府在2008年试图用类似的方法管理外国公司的投资，简化延长土地使用的程序，但是最后遭到了宪法法院的拒绝。

（来源：《国际日报》. http://id. mofcom. gov. cn/aarticle/ ziranziyuan/ law/201006/ 20100606952093. html? 284555965＝850387913. 2010－06－07)

## 印度尼西亚药材96%需要进口

印尼卫生部医疗器械和药物辅导局局长丝莉·英德拉娃蒂称，印尼对进口药材的依赖率至今仍很高，几乎96%的药材需要进口。她进一步解释，目前印尼国内药物市场容量达25亿美元，其中，大约5亿美元用于药材进口支出。

丝莉在和草药商协会、食品和药物监督机构、卫生部及国会第九委员会的听证会上称，印尼对进口药材的依赖是造成印尼药物价格比东盟其他地区更贵的原因之一。由于印尼药材进口量高，因此外国的药材价格提高或降低，对印尼的药物价格都会造成很大影响。

（来源：《国际日报》. http://id. mofcom. gov. cn/aarticle/ ziranziyuan/ jjfz/ 201005/ 20100506928257. html? 938736317＝850387913. 2010－05－24)

## 印度尼西亚政府大力发展海藻加工业

印尼海洋渔业部渔业养殖总署长马德·奴尔查纳2010年5月11日在邦加勿里洞省勿里洞县海藻丰收仪式宣读海洋和渔业部长致词时称，2015年印尼将是世界海洋与渔业产品最大生产国，而海藻即是其中的支柱商品。与此同时，印尼海洋渔业部也将于2012年限制干海藻出口，以推动印尼国内加工工业的发展。在落实海藻生产指标框架内，印尼海洋渔业部将采取两项步骤：第一是强化或增加养殖业单位；第二是通过养殖单位数目增加以提高海藻产量。

（来源：《国际日报》. http://id. mofcom. gov. cn/aarticle/ziranziyuan/zwnsjg/201005/20100506910 337. html? 32897725＝850387913. 2010－05－12)

## 印度尼西亚政府鼓励油气与地热勘探业

根据印尼财政部24/PMK.011/2010号条例，印尼政府向油气和地热勘探业提供财政鼓励。印尼财政部公关主任哈利苏拉汀称，所谓鼓励就是用以油气或地热勘探活动所需进口的物品的增值税全由印尼政府承担，条件是该进口物品在印尼国内还不能生产，或虽然印尼国内能生产但质量还未达到标准，或产量还无法满足需求。获得印尼政府承担进口物品增值税的申请手续是油气和地热勘探企业向关税总署提呈申请书，并附上能源与矿务部油气总署长批准的物品进口计划书。

（来源：《国际日报》.http://id.mofcom.gov.cn/aarticle/ziranziyuan/zhengt/201005/20100506900931.html?3538942653=850387913.2010－05－06）

## 外企纷纷将生产基地转移到印度尼西亚

鉴于印尼市场地位越来越重要，目前已有来自中国大陆、中国台湾地区、日本和越南共37家企业准备把生产基地转移到印尼，涉及的业务包括成衣、电子、鞋类、钢铁和皮革等，投资总值约达5.2万亿印尼盾。其中，32家中国大陆企业准备在2010年把生产基地转移至印尼，成为转移工厂数量最多的地区，此外3家中国台湾企业、1家日本企业和1家越南企业也准备在印尼建立生产基地。

印尼经济统筹部长工业与贸易方面助理艾迪在雅加达表示，自全球金融危机发生后，国际社会越来越重视印尼的经济发展及其前途。特别是在制造业方面的外国投资者，都把印尼看作是转移生产基地最好的选择。

在成衣制造业方面，有9位中国投资家准备把生产基地转移到印尼，投资价值共达9000亿盾；电器生产业方面，3家日本企业、中国和越南各1家企业准备在印尼建厂，投资总值约达1.2万亿盾；鞋业方面，来自中国大陆和台湾的4家企业将在印尼投资2亿美元建设制鞋工厂；皮革生产方面，有1家来自台湾的企业将在年内投资约1000亿盾建厂；钢铁生产业方面是中国企业的天下，共计20家中国钢铁企业准备在近期把生产基地转移到印尼，投资总值约达1万亿盾。

（来源：《国际日报》.http://id.mofcom.gov.cn/aarticle/ziranziyuan/zhengt/201005/20100506900931.html?3538942653=850387913.2010－04－20）

## 大量外资进入印度尼西亚鞋类制造领域

德国耐克集团、美国阿迪达斯集团和新百伦、日本虎牌鞋业和美津浓等5家世界鞋业巨头准备把最近5年以来的订单转移印尼，订单总值约达5亿美元。

印尼鞋业协会辅导主席哈利展托在雅加达表示，受上述5家世界级鞋业企业准备向印尼转移大量订单影响，来自中国大陆、中国台湾地区和印尼本土的鞋厂已在2010年第一季度开始兴建新的鞋厂，投资总值约达2亿美元。这些鞋厂竣工后，每年的总产量可达2000万双。

哈利展托称，国外投资者一方面担心境内鞋厂会出现生产过剩，同时又认为印度、巴基斯坦和越南的投资环境，特别是在基础设施方面不如印尼，因此海外制鞋企业纷纷把印尼作为新的生产基地。

来自海外的3家鞋业企业的投资预计能为印尼增加1.5万人的就业机会。哈利展托称，据估计，印尼2010年鞋类出口额可达20亿美元，比2009年增加5.5%。

（来源：《国际日报》.http://id.mofcom.gov.cn/aarticle/ziranziyuan/shehui/201004/20100406858203.html?2614820285=850387913.2010－04－08）

## 印度尼西亚看好蔬果进入中国市场前景

2010年4月3日，在印尼日惹举行的第十届印尼与中国经济合作会议上，中国允诺为印尼热带蔬果进入中国市场给予帮助。印尼国内纷纷看好蔬果出口前景，认为在年内印尼蔬果出口商将可向中国市场供应更多种类的热带蔬果。此前，印尼水果只有芒果和蛇皮果进入中国市场。

印尼农业部农园总署长阿赫玛在雅加达作出上述表示。他认为，尽管根据以往经验，落实实施措施需要一年多的时间，但此次情况特殊，有望在2010年内得到落实。

阿赫玛称，中国素有“世界水果王国”的美称，其国内水果种类繁多，因此，中国海关部对舶来水果的检疫非常严格。但他同时表示，中国国内市场非常广阔，而且这个市场很欢迎印尼的热带蔬果。

（来源：《国际日报》.http://id.mofcom.gov.cn/aarticle/ziranziyuan/jjfz/201004/20100406855963.html?2364799677=850387913.2010－04－07）

### 印度尼西亚急需资金改造制糖和化肥工业

印尼工业部长表示，根据印尼五年发展规划纲要，印尼需要约折合80亿美元用于改造落后的制糖和化肥工业。其中约53.4亿美元将用于化肥工业改造，其余用于制糖工业。化肥工业改造的重点是尿素工厂改造，约占化肥工业总预算资金的96%，其余为氮磷钾复合肥工厂改造资金。

（来源：印尼《雅加达邮报》．http://id.mofcom.gov.cn/aarticle/ziranziyuan/shijian/201002/20100206781793.html?3908369085=850387913．2010－02－09）

### 印度尼西亚国家电力公司寻求与实力较强的私企承包商合作

印尼国家电力公司（PLN）总裁余世甘（Dahlan Iskan）2010年2月3日表示，PLN将在5年内建设共达3000万千瓦电力工程（即每年增加500万千瓦电力供应），但PLN仅能承建大约一半的工程，因此PLN希望寻求与有实力的私营企业合作，由后者承担另外1500万千瓦电力的工程。

（来源：印尼《雅加达邮报》．http://id.mofcom.gov.cn/aarticle/ziranziyuan/zhengt/201002/20100206777286.html?3524918205=850387913．2010－02－05）

### 中国镍矿控股公司投资印度尼西亚钢铁业

中国镍矿控股公司通过印尼子公司——曼丹钢铁公司在南加省投资10亿美元兴建钢铁生产建设工程。

印尼工业部金属机器与纺织等工业总署金属工业总局长苏雅维拉宛在雅加达声称，中国的曼丹钢铁公司于2010年4月份启动在南加省的钢铁上游业务工程，开始兴建年产量可达50万吨的钢铁工厂。该公司已与当地先期投资的中资企业中原矿务公司签署了钢块和钢板供应合同。

根据曼丹钢铁公司的投资计划，在印尼南加省的钢铁投资工程分为三个阶段：从2010年至2012年，首期投资是2.2亿美元，钢铁年产量是50万吨；到2012年，其投资价值可达到10亿美元，年产量也将达300万吨。

（来源：《国际日报》．http://id.mofcom.gov.cn/aarticle/ziranziyuan/huanbao/201001/20100106745608.html?4175035837=850387913．2010－01－14）

### 预计印度尼西亚2009～2015年电力需求平均每年增长9%

印尼国家电力公司总裁法米表示，预计印尼2009～2015年的电力需求平均每年增长9%，印尼国家电力公司计划在2008～2015年7年期间将增加3900万千瓦发电量，其中国电投资2400万千瓦，私营企业投资1500万千瓦。为此，国电需要822亿美元投资资金，其中电站535.7亿，电力输送136亿，配电设备97亿以及贷款利息。同时，法米也呼吁政府制订具有保护性或激励性的能源条例，保障印尼电力供应更有效率并持续地实现发展。

（来源：《国际日报》．http://id.mofcom.gov.cn/aarticle/ziranziyuan/zhengt/200912/20091206685317.html?1193016253=850387913．2009－12－21）

### 中国工程机械产品在印度尼西亚市场优势明显

自2002年以来，印尼的建筑行业蓬勃发展。随着基础设施建设对工程机械和设备的需求，印尼政府用于公路、铁路、港口、机场、发电站等项目的投资共计2300亿美元，公寓、购物中心以及写字楼的建设以363%的速度在增长。在未来的五年中，印尼政府还将投入巨资用于各个领域建设，其中包括机场、铁路、公路及住宅建设等。预计印尼基础建设市场将会保持快速发展的良好势头，这对其国内工程机械市场将产生重要的推动力。

目前，中国的工程机械产品在印尼市场优势明显。主要表现以下几个方面：

一、业务领域广。中国工程机械产品专业领域齐全，尤其在各类房建、交通运输、水利电力、通信等方面更具专业优势。

二、承揽和实施项目的能力增强，承包方式多样化。表现在工程施工能力和配套能力上，中国承揽大型项目的能力有了大幅度提高，如巨港电站、泗水—马都拉大桥都是上亿美元的特大项目。承包方式则逐步转向EPC、BOT、BOOT等总承包方式，如对巨港电站的承包采用BOOT方式，对阿萨汗水电站的承包主要采用EPC方式。

三、成本低，替代市场巨大。印尼大多数承包商使用的设备都是在1997年金融危机之前购买的，已无法满足当前高速高质工程的建设需要，亟须更新换代。与目前市场占有份额较高的美日产品相比，中国工程机械产品的价格在印尼基建市场上有较大优势。

四、从两国的关系看，自2005年4月双方宣布建立战略伙伴关系后，两国经贸合作已经步入持续健康发展的新时期。中国政府自2003年以来给印尼政府提供优惠买方信贷8亿美元。根据贷款协议，这些项目将由中资公司完成并实施，且仅用于桥梁、电站、铁路等基础设施项目上，而这些项目的建设需要大量的工程机械产品，因此这成为中国企业拓展印尼市场非常有利的优势。

（来源：《国际日报》. http://id.mofcom.gov.cn/aarticle/ziranziyuan/baoxian/200912/20091206677419.html?1878325949＝850387913.2009－12－17）

## 欧盟看好印度尼西亚煤和天然气发电前景

欧盟研究指出，印尼煤和天然气发电业前景广阔，是各国投资者最看好的投资领域。欧洲委员会负责印尼和文莱事务的代表团大使朱利安·威尔逊表示，研究发现印尼的电力行业是最有前途的企业之一，不过印尼需要学习欧洲企业的领先技术和设计。

这项研究还显示，欧盟企业可再生能源的电力项目非常有竞争性，包括水电、地热、核能和风能，但印尼在短期内不可能运用这些技术，因此前景比不上煤和天然气发电厂广阔。

印尼政府通过国营电力公司（PLN）已决定将重点放在建设10,000兆瓦（MW）燃煤电厂的计划上。预计在未来数年至少有24座燃煤电厂建成。不过目前欧洲公司没有参与该项目，投资商主要以中国和日本的公司为主。欧盟研究报告还表示，在印尼市场上中国产品能够通过低价格占有显著优势，相比之下欧洲产品更昂贵但污染较少。欧洲在“清洁煤”技术发展中占领先地位，能够找到一个适合印尼的应用方式。不同于价格竞争力的燃煤电厂业务，欧盟在天然气发电方面仍然有信心。研究报告称，欧洲在目前市场中是天然气领域技术和产品的领导者，因而没有被价格较低的中国产品所威胁。在这方面欧盟企业的主要竞争对手来自同样拥有最先进燃气技术的美国和日本。

（来源：《国际日报》. http://id.mofcom.gov.cn/aarticle/ziranziyuan/zhengt/200912/20091206671950.html?974912445＝850387913.2009－12－15）

## 印度尼西亚贸易部颁布咖啡出口新条例

印尼贸易部推出有关咖啡出口的新条例，该条例要求每个咖啡出口商每年至少出口200吨咖啡。

新条例被纳入2009年第41号印尼贸易部长条例中，是对2008年第27号印尼贸易部长条例的修正。

印尼贸易部对外贸易局局长Diah Maulida表示，必须改进咖啡出口的相关规定，才能增强印尼在世界咖啡市场的竞争力。

根据新条例规定，尚未拥有ETK（注册咖啡出口商）身份的商家必须申请EKS（暂时咖啡出口商）身份才能继续进行咖啡出口，EKS有效期为1年。而拥有ETK或EKS身份的出口商如连续两次未能完成出口任务，将被降至EKS或吊销出口资格。

印尼咖啡出口商协会（AEKI）秘书Rachi Kartabrata认为，新条例使得小规模出口商经营更加困难。对于出口量较小的特种咖啡如狸猫咖啡（kopi luwak），因其产量有限，很难满足新条例的要求。

（来源：《印度尼西亚商报》. http://id.mofcom.gov.cn/aarticle/ziranziyuan/jjfz/200910/20091006563251.html?2834561725＝850387913.2009－10－16）

## 神华集团3.31亿美元投资印度尼西亚煤电项目

2009年7月27日，中国神华集团公告称，公司投资的印尼南苏煤电项目正式开工。据介绍，该项目位于印尼南苏门答腊省Muara Enim县，距省会巨港市约100公里。该项目由国华（印尼）南苏发电有限公司进行建设和经营。中国神华集团持有国华（印尼）南苏发电有限公司70％股权。

印尼南苏煤电项目为煤电一体化项目，总投资额为3.31亿美元。该项目计划建设1座年产煤炭150万吨的露天煤矿和2台单机容量为150兆瓦的燃煤发电机组。初步估计该项目配套煤田储量约4亿吨，其中已经完成地质储量勘探的面积约500公顷，可采储量约6000万吨，可满足电厂30年用煤需要。此次开工建设的两台发电机组预计分别于2011年4月和2011年6月投产。

（来源：中华人民共和国驻印度尼西亚共和国大使馆经济商务参赞处. http://id.mofcom.gov.cn/aarticle/ziranziyuan/zhengt/200907/20090706422174.

html? 3491494845=850387913.2009—07—27)

## 老挝第四个金矿点准备进入开采阶段

老挝普比亚矿业公司向老挝政府申请的普比亚山铜金矿勘探开发项目目项下第3个金矿点，即万象省赛松奔县的会赛村矿点进入开采阶段。该矿点已探明黄金矿储量100万盎司，白银500万盎司，总投资约1.5亿美元。此前，该公司已获得普比亚山和普坎山两个矿点的开采权。会赛村矿点目前已通过老挝政府有关部门的经济可行性研究报告、环境影响评估报告和社会影响评估报告的审批，预计2012年可进行正常生产，成为继色奔（沙湾拿吉省）、普比亚和普坎之后的第4个金矿开采点。

（来源：老挝《经济社会报》. http://la.mofcom.gov.cn/aarticle/jmxw/201004/20100406875277.html?3389258429=850387913.2010—04—19）

## 中国水电矿业（老挝）钾盐有限公司获批钾盐矿开采权

2009年12月28日，中国水电建设集团国际工程有限公司下属中国水电矿业（老挝）钾盐有限公司与老挝政府签订《万象市赛塔尼县塔贡钾盐矿开采加工项目协议》，获批39.33平方公里区域钾盐矿开采权。目前该项目矿区内5.8平方公里区域已探明氯化钾矿石储量约7000万吨，公司拟投资9465万亿美元进行每年12万吨的钾肥试生产加工。

截至目前，老挝政府已正式批准5家中资企业钾盐矿勘探开发权，其中进入开采加工阶段3家，分别是中寮钾盐有限公司、中农钾肥有限公司和中水电矿业（老挝）钾盐有限公司。2010年正式产出老挝本地钾肥。

（来源：中华人民共和国驻老挝人民民主共和国大使馆经济商务参赞处. http://la.mofcom.gov.cn/aarticle/jmxw/201001/20100106717567.html? 234879677=850387913.2010—04—19）

## 老挝计划5年内实现人均国民收入1700美元

老挝计划投资部联合总理府农村发展和消除贫困指导委员会在老挝波里坎赛省召开《第7个经济社会发展5年计划草案》和《第4个农村发展和消除贫困5年计划草案》征求意见会议。草案内容显示，2010至2015年5年内，老挝将力争保持8%以上的GDP年增长速度，其中农业年增长不低于3%、工业年增长不低于15%、服务业年增长不低于6.5%。到2015年，老挝实现人均国民收入1700美元，贫困人口低于18%，贫困家庭低于11%，小学入学率达98%，15岁以上识字率达89%，1岁以下婴儿死亡率不超过49人/千人。

（来源：《巴特寮报》. http://la.mofcom.gov.cn/aarticle/jmxw/201004/20100406859820.html? 4178181053=850387913.2010—04—09）

## 老挝各行业遭遇技术劳工短缺问题

老挝教育部联合劳动与社会福利部对全国8省市（万象市、占巴色省、阿速波省、沙湾拿吉省、甘蒙省、万象省、琅勃拉邦省和南塔省）内的817家企业开展企业用工状况调查。参与调查企业涉及能源、矿产、纺织、建筑、旅游、农业、加工业、家具生产、批发零售、机器等行业。调查结果显示，老挝各行业遭遇技术劳工短缺问题，如家具生产行业技术劳工短缺约3000人，旅游行业短缺约2000人，矿产行业短缺约1000多人等。另外，调查还发现接受调查的企业有23%存在雇佣外国劳务现象，外国劳务中40%为管理人员，60%为技术劳工。

（来源：老挝《经济社会报》. http://la.mofcom.gov.cn/aarticle/jmxw/201004/20100406858976.html?4244896445=850387913.2010—04—08）

## 老挝琅勃拉邦新机场建设开工　三年后投入使用

为满足大型客机起降需求，老挝琅勃拉邦新机场2010年3月中旬已开工建设，项目投资8400万美元，工期3年。据琅勃拉邦省副省长坎平介绍，施工2个多月来，已完成部分土地平整和约500户移民搬迁工作，工程正式奠基仪式于2010年5月份举行。新机场将配备2800米长、45米宽的跑道，可起降波音737和空客320客机。

琅勃拉邦省是老挝旅游胜地，2009年共接待老挝国内外游客24万人次。该机场由中国国际工程股份有限公司承建。

（来源：老挝《经济社会报》. http://la.mofcom.gov.cn/aarticle/jmxw/201003/20100306825313.html?1477114813=850387913.2010—03—17）

## 老挝新版《投资促进法》正式实施

老挝国家主席签署第75号主席令，正式颁布实施老挝新版《投资促进法》。

新版《投资促进法》由原来的《国内投资促进管理法》和《外国投资股促进管理法》合并而成，并对其中8处作了修订和完善，包括投资方式、投资类型、审批程序、一站式投资服务、投资指导目录、优惠政策、专门经济区开发投资以及中央与地方管理职能划分等内容。

（来源：老挝《经济社会报》. http://la.mofcom.gov.cn/aarticle/jmxw/201003/20100306808589.html?2164587197=850387913.2010—03—05）

### 老挝未来五年经济社会发展需150亿美元投资

老挝计划投资部2010年3月2日召开会议，对第7个五年（2011～2015年）经济社会发展计划草案进行讨论。按照草案，老挝政府未来5年的经济社会发展主要目标是保持国民经济平稳快速发展、调整经济结构、改善人民生活水平和解决贫困、老挝国内生产总值（GDP）年均增幅达8%以上。为此，未来5年内老挝需要127万亿基普（折合150亿美元）投资，其中政府投资占8%～10%，约10万亿～12万亿基普（折合11.8亿～14.1亿美元）；国际无偿援助占26%～28%，约33万亿～35万亿基普（折合38.8亿～41.2亿美元）；老挝国内和外国企业投资占50%～56%，约64万亿～70万亿基普（折合75.3亿～82.4亿美元）；银行放贷和个体投资占10%～12%，约13万亿～15万亿基普（折合15.3亿～17.6亿美元）。

（来源：老挝《经济社会报》. http://la.mofcom.gov.cn/aarticle/jmxw/201003/20100306802665.html?1812659133=850387913.2010—03—02）

### 中国五矿并购的老挝金铜矿项目将年产铜8万吨

中国五矿集团澳大利亚MMG公司旗下老挝色本金铜矿项目增加投资9000万美元，其中6000万美元投资用于占老挝色本金铜矿项目75%收入的铜矿扩产项目，计划两年内将铜的年产量从目前6.7万吨增至8.05万吨；投资1250万美元建设115千伏输变电线路；投资1400万美元用于开发新生产工艺。

（来源：老挝《社会经济报》. http://la.mofcom.gov.cn/aarticle/jmxw/200912/20091206701821.html?3523935165=850387913.2009—12—27）

### 老挝北部工业经济发展规划将工业作为产业发展支柱

老挝北部工业经济发展规划提出将工业作为产业发展支柱，包括冶金、电力、加工业、旅游及贸易等产业。规划分为2008～2015年近期规划及2015～2020年长远规划，按“1、3、3、3”方针发展。其中1以琅勃拉邦经济为中心；3条经济走廊，即中国—磨丁—南塔—会赛—泰国经济走廊、中国—磨丁—琅勃拉邦—万象—泰国经济走廊及泰国—老挝—越南经济走廊；3个工业聚集区，即万象工业区、乌多姆赛工业区及川圹工业区；3个边境贸易区，即老中磨丁边境贸易区、老泰会赛边境贸易区及老越华潘省那苗边境贸易区。同时磋商研究建设铁路、纵向横向交通干线及老挝国内外水路空中运输线，促进外贸发展。

（来源：老挝《社会经济报》. http://la.mofcom.gov.cn/aarticle/jmxw/200912/20091206664902.html?3473275581=850387913.2009—12—10）

### 老挝政府批准装机187万千瓦的洪沙火电项目

2009年11月30日，老挝政府与富飞矿业公司（音译）及洪沙电力公司分别签署装机187.8万千瓦的老挝沙耶武里省洪沙县褐煤及建设火力发电项目特许经营合同，老挝计划投资部副部长通米·蓬米赛代表老挝政府签署合同。

老挝洪沙火力发电项目股东由泰国的班布公司（BPP）及拉沙布里马哈春电力公司（RATCH）各持40%股份，老挝控股公司持股20%，计划2015年建成发电。根据老泰两国政府2007年12月签署的供电谅解备忘录，至2015年老挝将向泰国售电700万千瓦，其中，泰国电力公司确认拟从洪沙火电项目购电147.3万千瓦。

（来源：《巴特寮报》. http://la.mofcom.gov.cn/aarticle/jmxw/200912/20091206654297.html?1628175293=850387913.2009—12—06）

### 老挝与韩国合资共建老挝证券市场

据2009年7月23日老挝《经济社会报》报道，2009年7月22日，老挝中央银行与韩国证券（公司）签署合资共建老挝证券市场协议，其中老方以证券大楼及场地作资，占51%股份；韩方则负责提供系统软件、硬件设备及人才培训，占49%股份。老挝中央银行行长布佩·坎普冯称，老挝政府2009年5月25日总理令宣布成立老挝证券及证券市场管理委员会，由老挝政府常务副总理担任主席、老挝中央银行负责操作并指导证券市场建设的运营工作，确保在2010年底前建成老挝证券市场。

（来源：老挝《社会经济报》. http://la.mofcom.gov.cn/aarticle/jmxw/200907/20090706428365.html?3624926141=850387913.2009—07—29）

## 老泰合资铺设光纤电缆　连接五国信息高速公路

2009年7月13日，老挝电力公司（EDL）和泰国Cownexia Co.，Ltd签订总投资为3000万美元的光纤电缆合资项目，该项目是连接中国—老挝琅勃拉邦省—老挝万象市—泰国—马来西亚—新加坡等五国的信息高速公路，建设期为五年，其中老方占股18%。项目建成后老挝将成为五国区域的电信通讯枢纽，并获得巨大利好；在区域间上网通讯比以往方便、快捷、安全可靠，并且价格便宜。

（来源：《万象时报》. http://la.mofcom.gov.cn/aarticle/jmxw/200907/20090706413378.html?63830717=850387913.2009—07—22）

## 赴老挝旅游人数近十年年均增长20%

据2009年7月21日老挝《人民报》报道，自2000年以来近十年时间，来老挝旅游的外国人数年均增长20%，2000年来老挝旅游的外国人数仅70万人次，2008年达170万人次。即使在全球金融危机的影响下，2009年第一季度，赴老挝旅游的外国人数同比仍增长15%，这得益于老挝近年来吸引外资发展旅游业的政策。目前老挝允许外资100%投资经营酒店、餐厅；允许外资在旅游咨询、导游业中占股达30%～70%。

（来源：《人民报》. http://la.mofcom.gov.cn/aarticle/jmxw/200907/20090706413353.html?4027579325=850387913.2009—07—22）

## 马来西亚欲加大橡胶进口

世界第三大橡胶出产国马来西亚2010年预计需要进口橡胶60万吨，高于往年40万～50万吨的进口量，以应对世界市场的需求。尤其是中国汽车工业快速发展对橡胶需求量大，预计中国2010年将从马来西亚进口橡胶70万吨。预计2010年马来西亚国内橡胶产量将从2009年的85万吨增加到100万吨的高峰。

泰华农民研究中心认为，马来西亚是中国重要的橡胶块条进口来源地，因此中国进口需求增长也带动马来西亚增加橡胶进口。马来西亚需要从泰国进口橡胶液以供应橡胶手套等行业，因此，马来西亚的橡胶需求将成为刺激泰国橡胶价格上涨的因素之一。在过去三四年中，由于国际市场橡胶价格偏低，马来西亚种植园改种油棕代替橡胶树，使得马来西亚橡胶年产量大幅下滑110万～120万吨。

（来源：中华人民共和国商务部网站. http://www.mofcom.gov.cn/aarticle/i/jyjl/j/201006/20100606989446.html?1225588413=850387913.2010—06—26）

## 马来西亚在新兴市场投资机会指标中名列第八

根据美国咨询公司均富国际最新调查，马来西亚在新兴市场的投资机会表现中，比此前上升了一名，排名第八。同时提醒马来西亚商家积极筹划新谋略，并展开拓展计划，以在全球经济复苏中获利。

根据《2010年均富国际经商报告》的新兴市场投资机会指标，前5名的排名和2008年一样维持不变，中国继续坐稳其龙头老大位置。马来西亚则排名第八，比2008年跃升一个位置，而且还拥有东盟国家最强稳的医疗保险系统。

均富国际营运伙伴加萨尼表示，马来西亚拥有石油、橡胶与木材等天然资源，而且其国人工作勤奋，所处位置具有策略性，是重要的进出口国家，地处的位置优势使其与其他亚太地区国家合作更便捷。因此这也是推动马来西亚在新兴市场投资机会指标中名列前十的原因。

（来源：南博网. http://info.caexpo.com/zixun/jingjqj/2010—05—27/75657.html.2010—05—27）

## 森马等160家温州企业零关税进入马来西亚

2010年6月24日至27日，森马等160多家温州企业走进马来西亚，参展马来西亚中国（温州）名优产品博览会暨马来西亚国际日用消费品博览会。

随着中国—东盟自由贸易区全面建成，中国与东盟双方约7000种商品将享受零关税待遇。这对商行天下的温企而言是前所未有的挑战和机遇。近几年来，温州市与东盟的进出口贸易额快速增长，其中对马来西亚的贸易发展尤其迅速，成为该市对东盟贸易总额最高的国家。

据悉，该展会由浙江省贸促会、马来西亚霹雳州政府、温州市政府等共同主办，已被温州市列为2010年境外展览重点项目，参展企业的展位费、展品运输费均得到温州市政府部门的全额补贴。

此次展会的承办单位温州豪丰展览有限公司董事长张小群介绍，展会设在马来西亚霹雳州首府怡保市，共有220多个展位，展出六大类温州名优产品，涵盖食品类，服饰、鞋类、箱包类，家具、床上用品、办公用品类，眼镜、打火机、工艺礼品类，水暖、五金、汽摩配类以及家电电子类，参展企业不乏森马、法派等各贸易领域的领军企业。

另悉，温州首家境外名优产品展示中心，也将于博览会举办的同时在马来西亚霹雳州开业，目前首批50多家温企已全部就位。张小群称，以展示中心为基础，2010年下半年还将启动建设马来西亚温州贸易城，届时贸易城可容纳300多家企业，预计2011年可以完成。

（来源：南博网. http://info. caexpo. com/zixun/jingjqj/2010—05—17/74816. html. 2010—05—17）

## 马来西亚成为全球十大旅游目的地之一

根据联合国世界旅游组织排名，马来西亚2009年游客入境人数达2365万人次，跻身2009年游客入境人数最多的十个国家之一。

马来西亚在游客入境人数上排名第九，较前年上升两位，2009年旅游总收入也达到了520亿令吉(约153亿美元)。2010年马来西亚希望能吸引2400万人次游客，获得540亿令吉收入。马来西亚旅游部长黄燕燕表示，旅游业是马来西亚第二大收入来源。

（来源：南博网. http://info. caexpo. com/zixun/jingjqj/2010—05—11/74432. html. 2010—05—11）

## 马来西亚邮政上调邮资

马来西亚邮政18年来首次上调其国内邮资。20克标准邮件的邮资将从30仙涨至60仙；50克标准邮件的邮资将从40仙涨至70仙。

马来西亚邮政常务董事兼首席执行官Datuk Syed Faisal Albar指出，由于过去几年公共邮件量的持续下降，迫使马来西亚邮政在保证生产效率基础上，采取各种方法控制成本。

Syed Faisal近期在一份声明中指出，邮资上调影响了马来西亚邮政调整邮递员及柜台职员薪金的能力，邮政员工薪金水平与其他政府部门相同级别的人员相比，要低大约19个百分点。他同时向顾客保证，马来西亚邮政将会继续寻求方法来提升工作效率，改进服务水平并保证服务的可靠性。

据悉，100克以下的非标准邮件、期刊、挂号邮件及2公斤以下的包裹将受到此次邮资上调的影响。

（来源：南博网. http://info. caexpo. com/zixun/jingjqj/2010—04—29/73547. html. 2010—04—29）

## 马来西亚2011年实施生物燃料掺混政策

据马来西亚商品部表示，马来西亚将继续实施5%的生物燃料掺混政策，实施时间将推迟至2011年6月份。

马来西亚商品部表示，根据调整后的计划，生物燃料项目将分阶段实施。马来西亚政府将资助位于Klang港口和Klang流域地区、Dickson港口、Negeri Sembilan地区和Tangga Batu地区的掺混设施，总投资可能达到4310万令吉。

目前马来西亚只有四千辆政府汽车使用棕榈油—生物燃料。2011年6月份实施的生物燃料掺混政策将给马来西亚国内生物燃料生产商带来极大的提振。由于进口政策以及棕榈油—生物燃料的二氧化碳排放潜力受到质疑，来自欧洲和美国的需求出现下滑。

马来西亚政府官员表示5%的生物燃料掺混政策将带来每年50万吨的棕榈油需求。生物燃料掺混政策将会支持棕榈油价格，帮助生产商恢复生产。

马来西亚已经批准了56份生物燃料生产许可，总产能达680万吨。

据德国汉堡行业期刊《油世界》表示，2010年马来西亚棕榈油产量将达1780万吨。2010年棕榈油期末库存为200万吨，相比之下，2009年为220万吨。

（来源：南博网. http://info. caexpo. com/zixun/jingjqj/2010—03—25/71710. html. 2010—03—25）

## 中国将加大在马来西亚的木材投资计划

中国作为马来西亚最大的贸易伙伴之一，将在马来西亚进一步扩大在油棕和木材方面的贸易额及相关投资。

中国已经快速成为马来西亚地区锯材、胶合板和原木的主要买家。据相关预测，至2010年马来西亚的经济将上涨9%，这得益于当地的马来西亚国内消费和出口的增长。

马来西亚在木业消费方面增长的期望很高，这主要是由于马来西亚政府计划的低成本房屋建设项目。这个项目的目的是在2009年至2011年间为马来西亚国内750万令吉的低收入家庭提供低成本建造的房屋。

印度2008年木材进口额大约为14亿美元，其中3.628亿来自于马来西亚。这使印度成为继美国、日本之后，马来西亚木材第三大进口国。

马来西亚出口到印度的产品包括价值2.63亿令吉的原木，主要是沙捞越和价值4480万令吉的木制家具。据马来西亚木业协议报道指出，由于印度拥有庞大的人口数量，随着中等收入人群的增长，印度将有望成为马来西亚地区的主要进口商。

（来源：南博网. http://info.caexpo.com/zixun/jingjqj/2009－12－22/68390.html.2009－12－22）

## 中资积极进军马来西亚种植业

中国驻马来西亚商务参赞高文宽披露，中国公司寻求在马来西亚扩大投资，并计划在马来西亚种植更多油棕树及稻米。中国与马来西亚公司已经就上述计划进行洽谈，双方有意进行“联姻”，计划将在2010年启动。在过去4年内，一些中国公司已投资马来西亚吉打州的稻米种植。

高文宽指出，2009年，中马两国相互投资数额继续增长。中国在马来西亚各领域的投资高达50亿令吉，马来西亚在中国的投资也比2008年高。2009年1至10月，马来西亚在中国投资达11.5亿令吉，比2008年高出50%，投资的领域涉及电子产品、房地产、酒店、棕油以及玉米种植业。

（来源：南博网. http://info.caexpo.com/zixun/jingjqj/2009－12－21/68343.html.2009－12－21）

## 马来西亚生物草药业前景广阔

马来西亚卫生部长廖中莱2009年12月12日表示，马来西亚的草药市场预计将以每年10%至15%的速度成长，发展潜力巨大。

廖中莱在吉隆坡举行的第三届全球生物草药经济论坛开幕式上表示，全球草药的使用率增长稳健，而马来西亚2005年草药产品的市场价值估计已达45亿林吉特（1美元约合3.4林吉特）。

廖中莱指出，马来西亚的动植物种类繁多，在亚洲排名第四，全球排名第十二，而马来西亚森林更孕育了5.2万种具有商业价值的野生草药，为马来西亚成为草药出口国奠定了基础。

廖中莱认为，马来西亚是多元民族国家，每个民族都传承了历史悠久的传统医药，也采用了多种在马来西亚雨林中蕴藏的草药。草药业者应妥善利用本地人对草药累积的丰富知识，通过生物科技进行提纯，萃取有用的草药精华，并加以商业化。

马来西亚卫生部致力于推广辅助医疗，目前已有三家政府医院开设中医和传统医疗部。廖中莱表示，截至2009年年底，马来西亚政府开设中医和传统医疗部的政府医院增加到七家。

廖中莱还指出，马来西亚政府鼓励私营企业和政府开展研发工作，进一步统一各种草药产品的成分，这有利于马来西亚草药进军澳大利亚、欧洲和美国等市场。

（来源：新华网. http://news.xinhuanet.com/fortune/2009－12/13/content_12639398.htm.2009－12－13）

## 马来西亚出台汽车新政

马来西亚国际贸易与工业部公布了国家汽车新政策，以加强马来西亚汽车业的竞争力。

据了解，该项措施涵盖了进口许可证、进口税、奖励、环保、安全标准等诸多方面，并于2010年1月1日开始执行。

新的国家汽车政策规定：在马来西亚本地装配的1.8升和上路价在15万令吉以上的豪华汽车，允许外资享有100%的经营装配股权；在18个月内逐步废除二手汽车组建及配件的进口；从2016年1月1日起禁止二手商用车进口；从2011年开始，汽油及柴油推行欧四标准；探讨推行汽车报废政策措施；2015年12月31日前取消公开的汽车进口准入证；部分汽车组件生产商可获税务优惠。

不过，新的汽车政策继续维持现行的政策进口及组装汽车的税务机制，即对非东盟国家的汽车进口税为整车30%，本地组装10%，摩托整车进口为30%，本地组装为0至10%，对来自东盟成员国的整装进口汽车和摩托车为5%，2010年1月1日实现零关税。同时承诺根据所签订的自贸区协议，逐步减少或废除汽车进口税。

（来源：南博网. http://info. caexpo. com/zixun/jingjqj/2009－12－11/67990. html. 2009－12－11）

## 马来西亚采取措施吸引外国劳工

马来西亚总理署部长诺尔·穆罕默德·雅各布2009年10月6日表示，马来西亚政府将积极采取措施吸引更多外国劳工来马来西亚工作，以缓解马来西亚经济发展中劳动力不足的问题。

雅各布出席在首都吉隆坡举行的2009年联合国全球人类发展报告发布会时指出，随着全球化的发展，人口流动已成为推动经济发展的力量之一。当今一个国家的竞争力更多是由一个国家发展、吸引和留住对经济发展有益生产要素的能力决定的，其中人力资本在加强竞争力和经济转型中的作用越来越重要。

他表示，经过多年努力，马来西亚已经成功地发展成一个中高收入国家，而为了实现在2020年使马来西亚成为发达国家的发展目标，政府应采取措施刺激人力资本的供求，以满足新经济发展模式的需要。

雅各布透露，目前，马来西亚合法外劳人数已达200多万，占全国劳动力人口的20%。他指出，外来劳工在马来西亚可以获得高于本国的收入，而马来西亚主要行业也可得到充足的劳动力，有利于经济建设和发展，对双方而言是双赢。

他强调，除外来劳工外，马来西亚国内的人口流动，特别是从农村到城市的流动人口，已成为推动经济发展的主要动力。

他表示，除外国劳动力和马来西亚国内劳动力流动外，马来西亚将积极吸引和推动本国劳动力回流。目前，大约有35万马来西亚人在海外工作，其中很多是知识型人才。

（来源：新华网. http://news. xinhuanet. com/world/2009－10/07/content_12188924. htm. 2009－10－07）

## 缅甸减征国产烟酒税　加征进口烟酒税

为了增强国产烟酒在缅甸国内市场上与进口烟酒的竞争力，从2010年6月1日起缅甸对国产烟酒在原税率基础上降低征税。

减税商品有国产香烟、国产冉酒、白兰地、威士忌及其他国产威士忌等。对这些在缅甸国内销售的国产商品现依贸易法第8条a款按50%征税；对国产烟原按75%征税，现改按50%征收；对国产酒原征60%，现按50%征收；对进口酒类原征75%税，现改按100%征收。

（来源：中华人民共和国驻曼德勒总领事馆经济商务室. http://mandalay. mofcom. gov. cn/aarticle/jmxw/201007/20100707006903. html? 2146236861＝850387913. 2010—07—06）

## 缅甸举行首届国内汽车展

缅甸仰光举行首届国内汽车展，一款用进口中国零部件组装的小型客车成为此次车展上的最大明星。

缅甸三家汽车制造商联合在缅甸原首都仰光举行了为期3天的首届国内汽车展。截至目前，缅甸国产汽车大多是组装车，一般是从日本旧汽车上拆下引擎，其他关键部件则在缅甸手工加工。

此次车展展出的最新7座小客车，是用从中国进口的零部件组装的，售价为4.47万～6.77万美元（约合人民币30.38万～46.02万）。

（来源：国际在线. http://gb. cri. cn/27824/2010/06/30/2585s2903919. htm. 2010—06—30）

## 为满足国内需求　缅甸准许进口稻种

在缅甸第一届特别稻谷种子公司工作研讨会上，缅甸农业和水利部部长吴忒乌透露，为满足国内对稻谷籽种的需求，从国外进口的稻种在经过按照缅甸国家籽种委员会规定的标准检验后，准许在缅甸国内销售。

他还表示，生产种子要有规模，缅甸鼓励私企参与生产。为使种子生产工作进一步发展，该国农业和水利部将对种子生产田地进行检查，对种子质量进行化验，并对销售优良稻谷品种出具证明。从国外进口的新品种，只要经检验符合缅甸国家种子委员会规定的标准，都被准许销售。

目前，在缅甸推广种植的有9个稻谷品种。

（来源：中华人民共和国驻曼德勒总领事馆经济商务室. http://mandalay. mofcom. gov. cn/aarticle/jmxw/201006/20100606993560. html? 33225149＝850387913. 2010—06—29）

## 缅甸允许自由进口汽油

缅甸商务部贸易司2010年6月1日发布消息，

私营企业可自由进口汽油。进口汽油的方式与进口柴油的方式相同，直接向缅甸贸易政策委员会申请即可，通过水路进口和通过边境进口需要分别申请。

缅甸商务部 2010 年 6 月 14 日发行的刊物中指出，开放私人进口燃油后，柴油、汽油的进口量均有所增加。

据了解，目前，政府规定私人油站的汽油为每加仑 2350 缅元，柴油则依据市价收费。据了解，缅甸自纳尔吉斯风灾后就已开始允许私人进口柴油。

（来源：中华人民共和国驻缅甸联邦大使馆经济商务参赞处. http://mm. mofcom. gov. cn/aarticle/jmxw/201006/20100606979309. html? 250804413=850387913. 2010—06—22）

## 缅甸为外国游客提供落地签证

缅甸为吸引外国游客，从 2010 年 5 月份起，在缅甸的仰光和曼德勒两个主要机场为外国游客提供落地签证。

缅甸观光协会官员表示，目前游客抵达仰光和曼德勒机场后，就能拿到落地签证。申请办理落地签证条件为：申请人的护照有效期不得少于 6 个月，旅游签证收费 30 美元，可停留 28 天，不能延期；商务签证 40 美元，可停留 70 天，可延期；访问类签证 40 美元，可停留 28 天，可延期；过境签证 18 美元，可停留 24 小时。

（来源：中华人民共和国驻曼德勒总领事馆经济商务室. http://mandalay. mofcom. gov. cn/aarticle/jmxw/201005/20100506910405. html? 1912207805=850387913. 2010—05—12）

## 中国收音机在缅甸市场畅销

据市场调查，2010 年缅甸国内市场收音机购买力增加三倍以上。购买收音机的大多数是喜爱和经常收听新闻和国际时事的人员。

仰光拉达镇区一家家电商店老板透露，2010 年 3 月该店售出 30 部收音机，而 2009 年一个月仅售出了 5 部。销量最好的是中国产 KK 908 Model 和 KK 928 Model 两种品牌。价格根据品牌不同从 2000 缅元到 20000 缅元不等。

（来源：中华人民共和国驻曼德勒总领事馆经济商务室. http://mandalay. mofcom. gov. cn/aarticle/jmxw/201004/20100406879342. html? 3589863869=850387913. 2010—04—21）

## 缅甸计划 2011 年初向马来西亚出口活牛羊

据缅甸《新闻》周刊报道，为了向马来西亚出口活牛羊，缅甸已在密铁拉县、仰光省迪洛瓦和德宁达伊省梅群岛各建成一座牛羊储存仓库，计划在 2011 年初向马来西亚出口活牛羊。

缅甸养殖业协会一位负责人表示目前缅甸已经获准向马来西亚出口 1 万只活牛羊，这 1 万只活牛羊由出口公司分别出口。缅甸目前已有储存仓库，预计 2011 年可实现向马来西亚出口活牛羊。

（来源：中华人民共和国商务部网站. http://www. mofcom. gov. cn/aarticle/i/jyjl/j/201004/20100406854634. html? 169606845=850387913. 2010—04 — 06）

## 缅甸规定外国酒、烟、纯净水等须粘贴完税标签方可销售

据缅甸财政和税务部国内税务局负责人介绍，2010 年 3 月 1 日缅甸发布公告，从 2010 年 3 月 4 日起从国外进口的酒、啤酒、香烟、红酒、纯净水一律须粘贴完税标签后方可出售。全国每个镇区要各建一个检查组进行检查。该检查组由镇区税务部门牵头，税务、缅玛经济银行、行政管理、镇区市政委员会和警察部门派出代表组成。税种包括进口税、商业税、一般税和罚没金。如一瓶价值 15000 元的威士忌须纳税 700 元。

上述商品将给予一个月的准备期限，准备期限后若发现未粘贴完税标签，检查组将依照税务法和其他现行法律将其收归国有。

（来源：中华人民共和国驻曼德勒总领事馆经济商务室. http://mandalay. mofcom. gov. cn/aarticle/jmxw/201003/20100306808365. html? 3120036285=850387913. 2010—03—05）

## 缅甸新开五种行业外汇收入进口许可

缅甸央行外汇部门公布的一项声明中指出，自 2010 年 1 月 26 日起，缅甸允许包括酒店旅游业在内的五种行业所得的外汇收入进口物资。

新进口许可的五种行业分别为饭店旅游业、除展销会外国内销售珠宝、手工艺品等所得外汇、租赁房屋所得外汇、国内外工作所得外汇、国内外服务业所得外汇等。

据了解，上述行业所得外汇在缴纳10%的税后，其余90%可用于进口。只要在有关部门开设外汇账户并按照有关规定缴税后即可进口物资。

过去仅允许使用出口所得外汇、珠宝展销会所得外汇以及裁剪，缝制和包装业（CMP）、国内外部分工作等所得外汇等进口物资。如今该政策的松动将进一步提高缅甸的外贸水平。

缅甸经济领域的新变化和有关政策的松动为私营企业提供了更多机会，受到普遍欢迎。

（来源：中华人民共和国驻缅甸联邦大使馆经济商务参赞处. http://mm.mofcom.gov.cn/aarticle/jmxw/201002/20100206791992.html?1777465533=850387913.2010—02—23）

## 2010年缅甸对进口ICT产品全部实行零关税

缅甸从2009年开始消减进口关税。2008年对92种信息通信技术（ICT）产品实行零关税，2009年又取消55种ICT产品关税，2010年1月1日取消剩余41种ICT产品的关税。缅甸计划在2012年将80%进口商品的关税降到位，届时汽车进口关税将降到40%。

（来源：中华人民共和国驻曼德勒总领事馆经济商务室. http://mandalay.mofcom.gov.cn/aarticle/jmxw/200912/20091206658516.html?619903421=850387913.2009—12—08）

## 2009～2010年计划赴缅游客数达100万

据缅甸饭店与旅游部消息，2008年到缅甸的外国游客接近20万人，2009～2010年计划入缅游客数将达100万人。目前缅甸旅游业主管部门和旅游业企业家们都在努力提升缅甸旅游业的档次，希望振兴缅甸的旅游业。同时，为了满足缅甸旅游业发展的需要，还将在现有基础上扩大酒店建设的投资规模。

截至目前，缅甸全国共有酒店652个，客房总数26610间。近年到缅甸的外国游客数分别为2006年20多万人，2007年2.4797万人，2008年19.3319万人。

（来源：中华人民共和国驻缅甸联邦大使馆经济商务参赞处. http://mm.mofcom.gov.cn/aarticle/jmxw/200908/20090806437932.html?3203070141=850387913.2009－08－04）

## 菲律宾将降低多种产品进口税

菲律宾国家经济发展署披露，菲律宾总统阿罗约即将签署一项行政令，取消原油进口3%的关税。桑托斯署长表示，此举是迫于中国—东盟自由贸易区的压力而行事。目前，东盟其他国家均已实行零关税。桑托斯还表示，政府将陆续调整多种产品的进口税，其中将冷、热轧钢的进口税从7%减少到零；将烷基苯和烷基萘甲醇的进口税从3%减少到1%；将尼龙－6切片的进口税从10%减少到1%。但大米进口税在2010～2014年仍维持在40%，2015年后减少至35%；白糖进口税在2010～2011年仍维持在38%，以后再逐步降低，至2015年降至5%。与此同时，菲律宾财政部透露，这些减税措施将造成34亿～40亿比索的税收损失。

（来源：南博网. http://info.caexpo.com/zixun/jingjqj/2010－05－27/75655.html.2010—05—27）

## 菲律宾推出首部国家投资促进计划

由菲律宾投资署、经济区署、苏比克湾管理署、克拉克开发公司、基地转型与开发管理局、卡加颜经济区署、菲韦德克（Phividec）产业局、投资署棉兰老自治区办公室和投资署三宝颜办公室等9家机构共同制定的首个《菲律宾投资促进计划》（PIPP）于2010年6月初发布。

该计划将东南亚其他国家视为菲律宾吸引跨国公司投资的潜在竞争对手。为提高菲律宾竞争优势，计划确定了电子业、商业流程外包和可再生能源为菲律宾具有竞争优势的产业，同时将采取必要措施提高这些关键产业的竞争力，包括针对潜在投资者预先制定营销计划，各个投资促进机构之间加强信息沟通与共享，建立投资促进办公室以协调菲律宾驻各国商务专员的活动，为投资促进机构获得更多的预算拨款等等。

根据该计划制定的目标，2010年各投资促进机构的引资额（包括内资和外资）将比2009年增长10%，2011年和2012年各增长15%，2013年和2014年各增长20%。2010～2014年的平均增长率为16%，5年内投资翻一倍。这也意味着菲律宾投资署、经济区署、苏比克湾管理署和克拉克开发公司这四大机构在2014年将吸引投资6586亿比索，比2009年的3144亿比索翻一倍。

(来源：南博网. http://info. caexpo. com/zixun/jingjqj/2010－05－14/74768. html. 2010—05—14)

## 菲律宾最大快餐连锁店收购中国三品王55%股权

菲律宾最大的快餐连锁店快乐蜂 Jollibee Foods Corp. JFC. PH 表示，计划以人民币 3000 万元收购中国三品王 55%股权，后者在中国广西壮族自治区经营牛肉面连锁店，旗下有 34 家餐厅。

快乐蜂称，将通过旗下全资子公司 Jollibee Worldwide Pte. Ltd. 收购三品王。这家子公司将通过与 Guangxi Zong Kai Food and Beverage Investment Co. Ltd. 建立合资公司的模式获得三品王股权，后者将投资人民币 2000 万元用于合资公司扩建。该合资公司将于 2011 年 1 月开始运营。

快乐蜂递交给菲律宾当地证交所的文件显示，三品王 2010 年预计年销售额为人民币 1 亿元，公司处于盈利状态并且没有债务负担。

(来源：南博网. http://info. caexpo. com/zixun/jingjqj/2010－05－05/73982. html. 2010—05—05)

## 菲律宾计算机市场潜力广阔

全球领先的国家风险分析、宏观经济预测和行业研究供应商 Business Monitor International 公司(BMI) 分析，菲律宾计算机市场潜力广阔，到 2014 年，个人计算机销售额将从 2010 年的 24 亿美元上升到 39 亿美元。

该公司表示，由于菲律宾家庭收入的提高，商务程序外包业的进一步发展，学校教育和公共运营系统的计算机化以及经济的复苏，计算机销售量将大幅上升。

据该公司调查，近几年菲律宾国民在计算机等硬件的购买一直处于上升趋势，预计 2010 年－2014 年间，年均增长率将达到 12%。

(来源：南博网. http://info. caexpo. com/zixun/jingjqj/2010－05－05/73954. html. 2010—05—05)

## 菲律宾椰油生产商开拓亚洲新市场

菲律宾环球椰子产品公司正寻求在亚洲国家开拓新市场，认为中国、日本、韩国等国市场前景广阔。

位于菲律宾中部维萨亚地区的环球公司年加工椰油 150 吨，70%供出口。为进军亚洲、欧洲、美洲市场，环球公司近年积极参加世界各地举办的经贸洽谈会。该公司长期为欧美食品、化妆品公司提供椰油，产品包括有机椰油、椰子原油、椰子脂肪酸、椰干饼、椰子生物原料、润滑油及各种精炼、脱色、除味椰油。

菲律宾是椰子产品主要生产国。官方预测菲律宾 2010 年干椰肉的产量是 233 万吨，高于 2009 年的 214 万吨。2010 年椰油产量有可能创出 147 万吨的新记录，比 2009 年增加 9%。

(来源：南博网. http://info. caexpo. com/zixun/jingjqj/2010－04－26/73271. html. 2010—04—26)

## 菲律宾总统签令解除中国和东盟关税

菲律宾总统阿罗约发布 850 行政令，减少更多来自文莱、印尼、马来西亚、新加坡和泰国的产品进入关税，这些都是东盟组织的五个成员国。2009 年 12 月 23 日的行政令在 2010 年 1 月 1 日生效。

850 行政令是菲律宾对东盟自由贸易的承诺，这项自由贸易协议旨在通过减少东盟国的关税、非关税障碍以及吸引更多外国在区内的直接投资，以增强东盟国家的竞争力。

根据原有的共同有效优惠关税的计划表，高度敏感的产品，如大米，应该在 2010 年分阶段实行。可是，这已经被延缓。东盟国家泰国和越南都是全球最大的大米出口国，而菲律宾是一个全球最大的大米进口国。可是，作为东盟的新成员，越南有不同的共同有效优惠关税时间表，以减少东盟产品关税至 0%到 5%。

东盟组织内的低关税产品包括制造货品及获国家经济及发展署委员会确认的未经加工的农产品。

(来源：中华人民共和国驻宿务总领事馆经济商务室. http://cebu. mofcom. gov. cn/aarticle/jmxw/201001/20100106738359. html? 4261804989＝850387913. 2010—02—12)

## 菲律宾希望高端农产品借助自贸区打入中国市场

中国一东盟自由贸易区（简称“自贸区”）的建成给菲律宾扩大农产品出口提供了良机，椰子油、金枪鱼等高端农产品有望借机打入中国市场。

菲律宾目前是世界上最大的椰子油出口国，在菠萝、香蕉、芒果等热带水果的出口上也具有比较优势，相信菲律宾将从自贸区中获益。

菲律宾农业部数据显示，2008 年菲律宾农产品出口创汇38.9亿美元，其中椰子油、新鲜香蕉、金枪鱼和菠萝及相关产品是菲律宾最主要的出口农产品，美国、日本、欧盟和东南亚邻国则是主要的农产品出口地。

中国是菲律宾的第三大贸易伙伴，2008年双边贸易额达到282.8亿美元，但菲律宾对华贸易目前集中在电子零部件领域，中国和菲律宾官员表示，两国在农业、渔业和矿业合作方面还有很大潜力。

菲律宾出口发展理事会行政委员会成员许经旋表示，菲律宾高端农产品在中国市场最具潜力，比如高纯度的椰子油是极佳的润肤护肤品，在寒冷干燥的中国北方应该有很大的市场空间。另外，随着中国中产阶级的扩大以及饮食品位的提高，对新鲜金枪鱼的需求也会不断增加。

（来源：南博网．http://info.caexpo.com/zixun/jingjqj/2010－01－22/69685.html.2010—01—22）

## 菲律宾最大商业集团SM将加快在中国开设新店步伐

考虑到迅速崛起的中国拥有更多的投资机会，菲律宾最大的商业集团SM将加快在华开设新店速度。目前，SM集团已在华经营了3家商城，2010年建设面积达7.3万平方米的苏州店开业，重庆和淄博店也将陆续开业。SM集团是菲律宾华大班施至诚旗下的产业，其对华投资由设立在香港的SM中国有限公司进行操作，公司有意在华开设8～10家店后开始上市。

（来源：南博网．http://info.caexpo.com/zixun/jingjqj/2009－12－21/68334.html.2009—12—21）

## 中国将与菲律宾进行矿业领域的长期战略合作

中国和菲律宾的官员均表示，菲律宾正致力于成为下一批搭乘中国庞大资源需求快车的国家之一，这两个亚洲邻国正努力建立更紧密的矿业联系。

菲律宾拥有丰富的黄金、镍、铜和其他珍贵的矿产资源，但受治理不善、外资所有权限制及菲律宾国内反对声挥之不去等原因影响，该国的矿业多年来一直表现不佳。

目前菲律宾正努力将年度矿业投资增加近2倍至20亿美元。其中，中国被外界视为主要买家以及菲律宾部分大型矿产项目的资金来源。

（来源：南博网．http://info.caexpo.com/zixun/jingjqj/2009－10－30/66290.html.2009—10—30）

## 新加坡和香港贸易开放度最高

世界经济论坛报告指出，新加坡和中国香港地区是国际贸易最开放的地区，名列全球贸易便利排行榜前两位。

中国排名第48位；俄罗斯则在125个国家和地区中排名第114位；越南是排名上升最快的国家之一，上升18位至第71位。

此项排名综合考察机构、政策、商品过境和运输服务、市场准入、边境管理、运输、通讯和商业环境因素等。

（来源：南博网．http://info.caexpo.com/zixun/jingjqj/2010－05－25/75496.html.2010－05－25）

## 新加坡医疗保健服务业者寻求中国合作伙伴

由新加坡国际企业发展局组织的新加坡医疗保健服务代表团赴中国广东省的广州、深圳和佛山等市进行考察与交流，寻求合作机会和合作伙伴。该代表团是由新加坡10家医疗机构的17名代表组成。

新加坡国际企业发展局中国司华南区副司长饶忠明表示，新加坡医疗保健机构一直致力于高水平管理和优质服务以及秉持以病人为本的护理理念。无论是医疗中心、医院管理、医疗培训还是医疗信息系统的应用，新加坡行内业者都期望与中国同行进行深入的交流和合作，为中国居民提供更完善的医疗保健服务。

新加坡的医疗保健制度曾被世界卫生组织评选为世界最佳医疗保健制度之一，其医疗水平堪比发达国家。新加坡的整体医疗保健开支一直保持在低于其国内生产总值4%的水平。除了三级医疗保健服务以外，新加坡成功的医疗保健制度的关键在于建立广泛的基层保健设施，加强保健工作对人民健康意识的宣传，同时定期为医生、护士及保健辅助人员提供专业培训。

（来源：南博网．http://info.caexpo.com/zixun/jingjqj/2010－05－19/75057.html.2010－05－19）

## 广东惠州咸鸭蛋首次出口新加坡

从广东惠州市检验检疫局获悉，经该局检验检疫合格出口的一批14万枚、货值近3万新加坡元的咸鸭蛋，顺利在新加坡通关，成功进入新加坡市场，这是惠州咸鸭蛋首次进入新加坡市场。

据了解，新加坡咸蛋制品市场的95%依赖进口，主要来自中国大陆、越南、中国台湾地区和马来西亚。2007年初，中国蛋制品在新加坡被检验出含有苏丹红后，新加坡农业和兽医局对中国蛋制品的进口出台了一系列规定，其中包括只有获得新加坡农粮与兽医局批准的供应商，才能把咸蛋出口到新加坡。

惠州首批进入新加坡市场的咸鸭蛋是兆发农产品（惠州）有限公司生产的，该公司专门从事咸蛋、皮蛋的加工与销售业务，年生产约960吨，产品大部分外销韩国、马来西亚、菲律宾等国家及中国香港地区。

据该公司有关负责人介绍，随着经济效益逐年增长，公司也在不断引进加工生产设备，使生产规模逐渐扩大。他表示，在整个东南亚，新加坡对蛋制品的要求最高，此次咸鸭蛋能够顺利进入新加坡市场，对公司的技术考量有特别的意义，同时，对公司海外市场的开拓也有着积极的作用。接下来公司将积极为进入东南亚其他国家市场而做好准备。

（来源：南博网. http://info. caexpo. com/zixun/jingjqj/2010－05－14/74717. html. 2010－05－14）

## 中国企业在新加坡银行业务猛增

2010年第一季度，新加坡当地银行获得的中国企业客户业务量足足翻了一番。

据花旗新加坡银行统计，其中国企业客户数量增长超过了100%，这些中国企业客户主要来自于石油与海事、资讯通信、电信及消费者产品等产业。花旗新加坡银行预计，该项业务量到2010年底将提高三倍以上。

渣打银行也称，其旗下的交易银行所服务的中国企业客户数目，在第一季度增加了一倍；同样，汇丰银行也表示，在第一季度和已经来临的第二季度中，中国企业表现最为活跃。

新加坡当地受访银行表示，不少中国企业在国内的成长已具有相当规模，需要寻求向海外扩展业务。因此，积极寻找海外地点设立全球财务中心，以专门管理与海外买家和供应商之间的现金往来，这样才能提高效率。而新加坡的高技能人才、健全的金融管理及监管环境、先进的金融基础设施、良好的资本市场、美元的流动性以及文化语言上的优势等都是吸引中国企业的重要原因。

（来源：南博网. http://info. caexpo. com/zixun/jingjqj/2010－05－07/74270. html. 2010－05－07）

## 新加坡水务巨头青睐中国水市场

新加坡公用事业局、供水（水厂）署署长陈玉仁来华介绍“2010年新加坡国际水源周”时透露，新加坡在节省用水方面主要有如下举措：第一是实施耗水税，居民用水要缴纳至少30%的耗水税；第二是如果居民每个月用量超过了40立方米，在实施阶梯式水价的同时，耗水税也将提高50%；第三是政府对公用建筑、水流量都有严格法定，超过一定水流量属于违法。

新加坡凯发集团早在1994年就瞄准了中国市场，截至目前已在中国建成10座污水处理厂，另外的34座正在兴建中。2007年，该公司八成营业额及一半利润均来自中国的水处理业务。

（来源：南博网. http://info. caexpo. com/zixun/jingjqj/2010－04－29/73612. html. 2010－04－29）

## 智利第一大葡萄酒厂拟在新加坡开设办事处

智利《金融日报》2010年4月27日消息，智利第一大葡萄酒厂 Vina Conchay Toro 在2010年将投资4000万美元用于增加和修复受到地震破坏的公司库存能力和增加新的葡萄种植园，该厂目前在智利有葡萄种植园6266公顷，在阿根廷有1973公顷。

2010年该厂关注的市场之一是亚洲市场，并计划在新加坡开设一间办事处。

（来源：中华人民共和国商务部网站. http://www. mofcom. gov. cn/aarticle/i/jyjl/l/201004/20100406890447. html? 1998847677＝850387913. 2010－04－28）

## 新加坡欲引进吉林猪肉　项目2010年内启动

作为中国与新加坡两国政府的重要合作项目，中新吉林食品工业园项目选址已经结束，该项目最终落户吉林市永吉县。双方将2010年作为项目启动年，并决定将生猪养殖作为启动项目，最终实现“永吉养猪，新加坡卖肉”的目标。

2008年10月，《中新自由贸易协定》签订时，中国和新加坡两国总理温家宝和李显龙就食品工业园项目进行了探讨，并提出要把项目建设的重点放在食品的质量和安全上，双方政府应对这个项目给予必要的支持。

截至目前，新加坡已派出各级考察组近20次进行实地考察和论证。最终，工业园的启动项目生猪养殖选址定于吉林省永吉县岔路河特色农业园区，目前项目已进入实质性操作阶段。在生猪产业化项目上，立项申报工作全部就绪，投资测算基本完成，项目的相关优惠政策已经制定，组建合资公司方面也有了重要进展。

新加坡主要承担这一项目的星桥国际公司常务副总裁曾士生表示，将尽快在园区启动100万头生猪养殖加工项目。预计从2013年开始，永吉猪肉将进入新加坡市场。

中国是世界第一养猪大国，但长期以来中国生猪及产品的出口都受到很大限制。吉林市有关部门表示，这一项目的建设，有利于从技术上解决生猪及产品的食品安全问题。其产品通过出口新加坡并进而转出口到其他目标市场，可增强中国畜产品的国际竞争力。

（来源：南博网. http://info. caexpo. com/zixun/jingjqj/2010—03—25/71682. html. 2010—03—25）

## 冷冻鲍鱼抢攻新加坡市场

据新加坡《联合早报》报道，新加坡冷冻食品进口商抓住农历新年的商机，2010年首次进口冷冻新西兰鲍鱼，趁鲍鱼需求量增大的这段时期抢攻鲍鱼市场。

新加坡每年冷冻鲍鱼进口量少于10吨，约占鲍鱼总进口量的1%，但仅仅在2010年1月，进口商斌企业私人有限公司已经进口了至少5吨新西兰冷冻鲍鱼。该公司执行董事刘佑华透露，公司2009年12月底从新西兰船运1集装箱的冷冻鲍鱼，想趁农历新年时期打进新加坡鲍鱼市场，之后依市场反应每个月持续进口。

新加坡每年进口的鲍鱼多数是罐装鲍鱼，冷冻鲍鱼的数量不多，主要来自澳大利亚、墨西哥和南非。刘佑华表示，他是经一名在新西兰设鲍鱼养殖场的朋友介绍才决定引进新西兰鲍鱼的，而且即使过了农历新年仍会持续进口。他认为，市场对鲍鱼的需求会持续一整年。

除了鲍鱼外，农历新年期间鱼虾也因需求量大而涨价。鱼贩表示，新年期间的海水鱼如红石斑、白鲳、斗鲳和午鱼价格波动较大。有的鱼贩指出，斗鲳价格上涨了大概50%，但是消费者的购买欲普遍不减。

新加坡鱼商总会长李文昭表示，鱼虾批发价整年起起落落，而2010年新年期间的鱼虾价格只是稳中略升。虽然海虾的价钱攀高，但需求量不大。而较受新加坡人欢迎的养殖虾价格涨幅小，人们可以买到便宜虾。

（来源：南博网. http://info. caexpo. com/zixun/jingjqj/2010—03—11/71078. html. 2010—03—11）

## 新加坡公布2010年财政预算案

新加坡政府将在未来5年内投入55亿新元协助企业与个人提高生产力，为改造新加坡经济奠定基础。为了取得每年2%至3%的生产力增长，政府将从三方面着手，以实现在未来10年内将国民的实际收入提高1/3的目标。

新加坡财政部长尚达曼2010年2月22日在发表2010年财政预算案声明时表示，2010年的预算案重点在于改善工作的性质，通过提高生产力来实现更高的收入，并提高人民的生活水平。为达到目标，新加坡有必要加速经济结构转型，协助各行业提高生产力，并加强教育和培训以提升每名员工的技能。

尚达曼在声明中勾划出三大策略，以达到提高生产力的目标。首先，新加坡政府将在未来五年里投入55亿新元，增强企业与个人的技能和专能。其次，政府将培育更多具有国际竞争力的新加坡企业，并协助它们把研发成果商品化。再次，确保全民从经济增长中受惠，人人都有机会发挥潜能，每户家庭都可享受更高的生活质量。

新加坡政府2010年2月22日在年度预算报告中指出，政府将从2010年7月份开始，分阶段提高对外籍工人的征税。到2012年前，预计制造业和服务业的工人每人要缴纳的税费约增加100新元，而对建筑工人的征税可能会更高。政府还将采取一些会导致赋税更高的额外调整措施。

（来源：南博网. http://info. caexpo. com/zixun/jingjqj/2010—02—25/70414. html. 2010—02—25）

## 新加坡政府延长商贷援助方案至2011年

2009年12月28日，新加坡政府宣布，将延长其国内公司金融支持方一年时间至2011年，并于2011年1月前为84亿美元新贷款提供担保。

新加坡贸易与工业部（MTI）和财政部的联合声明称，此次延期将基于修正后的具体条款，并考虑到全球及新加坡经济形势的改善。

目前，新加坡政府预计从2010年2月至2011

年1月末为高达84亿美元的新贷款提供支持，但新加坡政府强调，全球经济前景已经不再对新加坡国内经济构成严重威胁。

新加坡政府2009年1月出台205亿新加坡元的经济刺激方案，希望以此缓冲经济衰退对新加坡出口依赖型经济的冲击，其中58亿新加坡元的措施旨在激励银行业信贷。

（来源：南博网. http://info. caexpo. com/zixun/jingjqj/2009－12－29/68723. html. 2009－12－29）

## 新加坡海皇集团拟在重庆建立全球服务中心

新加坡运输行业最大的上市公司——新加坡海皇集团宣布，将在中国重庆建立全球服务中心，专为旗下的美国总统轮船公司（APL）提供业务支持。据悉，重庆首家中外合资物流企业即由海皇集团投资组建。

据介绍，根据海皇集团计划，位于重庆的全球服务中心将为APL在中国、日本、韩国和南北美洲区提供海关合规、提单制作和发票开具服务，以降低运作成本。此前，这些业务均由海皇集团在上海的地区行政中心负责。海皇集团称，重庆全球服务中心有望在2010年全面投入使用，预计可提供约200个工作岗位。

新加坡海皇集团是一家综合性运输及物流跨国企业，也是世界十大集装箱码头经营商之一。集团旗下的美国总统轮船公司（APL）是全球十大集装箱运输公司之一，拥有超过100艘集装箱船的船队。

（来源：南博网. http://info. caexpo. com/zixun/jingjqj/2009－11－10/66703. html. 2009－11－10）

## 三菱汽车拟在泰国投资150亿铢建新工厂

日本三菱汽车公司（Mitsubishi）经理表示，计划在泰国投资修建新工厂，使泰国成为小型汽车的生产基地，总投资额约150亿铢，每年产量约20万辆。此前，三菱公司曾表示将投资约80亿铢，用于生产节能汽车。

三菱经理透露，在产能满载的情况下，新工厂将提供3000个工作岗位，但是首年将仅生产约5万辆，并将于同年在泰国开拓节能汽车市场。另外，新工厂将生产多款汽车，与法国汽车产商进行合作。

据悉，三菱汽车公司在东南亚地区多个国家都设有工厂，包括泰国、印度尼西亚、菲律宾以及越南等。针对节能汽车的生产，公司仅计划在泰国工厂生产。

（来源：南博网. http://info. caexpo. com/zixun/jingjqj/2010－07－08/78862. html. 2010—07—08）

## 马来西亚“十五”计划给泰国带来商机和挑战

总值高达690亿美元的马来西亚第十个国家发展计划（2010～2015年），将给泰国经济带来多方面的益处和挑战，尤其是在2010年中国—东盟自由贸易区生效和2015年即将建成东盟共同体的环境下。

泰华农民研究中心认为，马来西亚第十个国家发展计划短期内对泰国的影响不大，因为马来西亚政府放宽法律规定和减少繁杂程序，除了在中国—东盟自由贸易区框架下取消泰国商品进口关税外，还便于泰国商品进入马来西亚市场。马来西亚可能需要相当长的时间才能提升工业产品的水平使之超过竞争对手，而多种泰国产品的实力与马来西亚不相上下。投资方面，尽管放宽有关法律规定将有助于泰国投资者降低企业经营成本，但仍存在来自保护马来西亚人利益措施的障碍。

从长期来看，马来西亚采用高端创新技术来制造商品，可能导致马来西亚对来自泰国的中间产品需求的增加。此外马来西亚人的收入水平提高也将增加对泰国消费品的需求，尤其是以重视质量和特色的高收入者为目标群体的商品。反之，在东盟框架下泰国和马来西亚都享有关税优惠的市场下，如果泰国企业不加紧提高产品质量以达到马来西亚的水平，泰国将被马来西亚夺去高附加值产品在马来西亚和其他出口市场的占有率。

总而言之，马来西亚第十个国家发展计划给泰国经济所带来的正负两方面影响，最终将取决于马来西亚经济改革能否取得成功以及泰国未来自我调整应对马来西亚竞争的能力。

（来源：南博网. http://info. caexpo. com/zixun/jingjqj/2010－06－30/78239. html. 2010—06—30）

## 泰国工业部拟修订2010年促投目标

泰国工业部长猜武表示，工业部将考虑修订2010年的促进投资目标，目前目标为5000亿铢。与促进投资委员会（BOI）讨论，得知外资还有意在泰国投资，有扩大投资项目及新投资项目，如三菱汽车公司（Mitsubishi），估计将扩大投资150亿铢。

针对玛达浦问题，泰国将继续与有关部门协商解决，如自然资源与环境部，7月将有明确解决思路。在76个被叫停的项目中，已经有多个项目得到帮助及恢复投资，预计在2010年内全部解决。

泰国商业部副部长阿隆功表示，对泰国投资有信心，满意各种问题的解决成果，政府能有效缓解政局纷争，因此，泰国仍有投资及商业潜力。2010年6月24日泰国商业部与各国驻泰使馆、国外商会、外资等举行座谈会，听取各方意见，调查业者受影响情况，以便拟订援助措施。

日本贸易振兴机构（JETRO）表示，将为在泰国受示威影响的日本企业提供援助，同时也会与泰国政府合作，推动泰国成为中南半岛地区的物流中心，成为通向东西方的大门。

（来源：南博网. http://info.caexpo.com/zixun/jingjqj/2010－06－21/77475.html.2010—06—21）

## 泰国利用自贸区优惠渗透东盟新成员国市场

2010年下半年柬埔寨、老挝、缅甸和越南四个东盟新成员国（CLMV）经济走势趋好，源于世界经济特别是亚洲经济复苏的影响，加上受欧债危机影响不大。预计2010下半年泰国对柬老缅越市场的出口有持续增长的趋势。

泰华农民研究中心预期，虽然2011～2015年柬埔寨、老挝、缅甸、越南四国的经济增长速度有超越东盟老成员国的势头，但泰国增加对柬老缅越市场出口的空间不太大。因为与东盟老成员国相比，柬老缅越四国经济规模小，大多数人购买力低下。此外，四国持续调低进口关税使得大部分商品税率已不到5%，因此即使到2015年四国逐步调降或取消进口关税，对泰国出口产品的益处不大。不过，目前肉类、清洁用品和非酒精饮料等几类商品的进口关税仍然较高，加上当地消费者年龄结构尚低而购买力趋向增强，因此未来减免关税后泰国这几类出口产品受益最大。

泰华农民研究中心认为，泰国经营商应重视柬埔寨、老挝、缅甸、越南四国市场，但对其出口的商品必须符合当地的消费行为，应以四国首都和主要经济中心城市为主要目标市场。当然，泰国商品可能遭遇新的非关税壁垒，并遇到中国和东盟其他成员国家等与四国建有自贸区的对手竞争。因此，有机会打入柬老缅越四国市场的泰国商品包括汽车、摩托车及维修用零配件、装饰配件和安全头盔，以及日常生活用品、织物，家具、建筑材料、农用机械等。

（来源：南博网. http://info.caexpo.com/zixun/jingjqj/2010－06－21/77403.html.2010—06—21）

## 泰国能源部鼓励工厂投资生产沼气

泰国能源部能源策划办事处负责人乌伊拉蓬表示，目前已开始实施工业工厂用沼气技术促进项目，鼓励将各种工业废物、废水及垃圾等加工成沼气，作为替代能源来使用，并制订目标于2012年前覆盖338家有潜力的工厂，预计每年能够生产约6.37亿立方米沼气，总值约49.5亿铢。

乌伊拉蓬透露，观察前2年的实施情况，共有90家工厂业主参与上述项目，其中棕榈油工厂占32家、乙醇工厂约13家、食品工业约12家、浓胶汁工厂3家等，投资总值约9.05亿铢，促使泰国每年可生产4.34亿立方米沼气，带来的商业价值约27.03亿铢，并可每年减少排放390万吨温室气体，促使民间持续投资，额度将不低于100亿铢。

乌伊拉蓬指出，计划于2010年继续推动74家工厂生产沼气，援助资金总额6.6亿铢。参与者必须为工厂业主，例如面粉工厂、植物油提炼工厂、乙醇工厂、浓胶汁工厂以及食品加工工厂等。

办事处制定目标于2010年内生产1.408亿立方米沼气，每年可节约11.08亿铢能源支出。

（来源：南博网. http://info.caexpo.com/zixun/jingjqj/2010－06－17/77230.html.2010—06—17）

## 泰国商业部积极向中国市场推广水果

泰国商业部副部长阿隆功表示，将举办泰国水果展销项目，由于中国是泰国主要出口目的国，泰国将与中国业者合作举办展会。

商业部将努力推动水果产品出口中国各省，目前主要市场为上海、北京、广州。同时还将与中国商业部门协商，扩大运输航线，降低物流成本，目标是促使两国贸易总额每年达500亿美元，目前约400亿美元。

阿隆功表示，目前泰国水果主要通过上海世博会以及广州亚运会向中国消费者推广。他要求商业发展厅应与100多家商会以及泰国大型公司合作，扶持业者开发国外市场，促进出口大幅增长，推动经济发展。

中国莲花超市董事长素帕吉表示，目前超市举办促销活动，销售泰国新鲜水果17种及干果23种，受到消费者的欢迎，特别是榴莲、山竹、芒果、椰子等。

素帕吉透露，公司准备调整中国莲花超市模式，以符合当地消费行为，应对市场竞争。并且增加商品种类满足消费者需求。计划3年内增加分店40家，目前已经有73家，分别在北京、上海及广州，每年销量约15亿人民币。此外公司还考虑开设小型便利店。

（来源：南博网. http://info.caexpo.com/zixun/jingjqj/2010－06－08/76587.html. 2010—06—08）

## 泰国民企盼外商投资汽车零配件业

泰国汽车机构负责人旺罗表示，计划引进外资投资泰国的汽车零配件工业，以应对汽车产量大幅提高的需求。首期将侧重日本、美国及德国等地区的投资者。目前泰国平均每年进口零配件总值达2000亿铢，并计划未来5年内提高至每年5000亿铢。

针对汽车零配件5年发展计划，旺罗透露，将侧重提高员工潜力，引进最新技术，吸引为汽车产商供给零配件的外资进入泰国设生产基地。因为目前几乎所有的汽车产商都在泰国设有生产基地。

旺罗表示，如果泰国国内政局恢复平稳，汽车工业将大幅好转，汽车产商可能会调高2010年汽车目标产量，从140万辆提高至160万辆，可分为出口从80万辆增高至95万辆；内销从60万辆增加至65万辆。

（来源：南博网. http://info.caexpo.com/zixun/jingjqj/2010－06－04/76293.html. 2010—06—04）

## 泰国为引外资计划免税15年

泰国财政部副部长巴迪称，从2010年6月1日起，外资在泰国设立企业总部（ROH）将免收15年法人所得税。具体规定为，来自国外的收入不需要交纳所得税，之前纳税额为10%；至于在泰国所获得的收入，法人所得税纳税额从30%降至10%；在ROH工作的外国人，8年内个人所得税率为15%，之前只有4年，同时取消50%收入来自国外的规定。

巴迪表示，降低税收可以吸引外资进入泰国投资消费，增加其他税种的收入，还可以推动酒店、餐厅、旅游行业，因此应该大力吸引外资进入设立办事处。预计从2010年6月1日起，将有约100家外资在泰国设立办事处。

巴迪还表示，泰国国内各部门也将提高工作效率，提供便利服务，为外资办理相关手续。同时，计划在2010年8月份降低ROH的商业税，不过还需要与税收部门协商。

（来源：南博网. http://info.caexpo.com/zixun/jingjqj/2010－05－27/75686.html. 2010—05—27）

## 中国取代美国成为泰国最大的出口市场

统计数字显示，2010年第一季度泰国对中国出口总值达50.50亿美元，比2009年大幅增长69.9%，中国已经取代美国成为泰国最大的出口市场。

泰国泰华农民研究中心提供的资料显示，出口到中国的主要泰国产品有计算机设备及零部件、橡胶及制品等。同时中国也是泰国第二大进口来源地，第一季度泰国从中国进口总值达到52.44亿美元，同比增长55.35%。泰国从中国进口的主要产品有计算机设备及零部件、电器产品及零部件以及机械设备及零部件等。

该中心认为，2010年首季中国国内生产总值增长达11.9%，中国经济的稳定增长有助于拉动其国内消费和投资的持续增长，同时也有利于泰中贸易的持续增长。

（来源：南博网. http://info.caexpo.com/zixun/jingjqj/2010－05－25/75550.html. 2010—05—25）

## 泰国工业部拟投资10亿铢发展模具业

泰国工业部准备制订2010～2014年泰国国内发展模具业能力计划，使用预算10亿铢，其中1.25亿铢用于提高专业铸模人才的能力。

目前泰国模具业技术仍须从国外引进。由于工业增长迅速，泰国模具业水平已经不能满足市场需求。据2004年的资料，泰国从国外进口模具机床总值达250亿铢，并且年均增长达10%～20%。但自从工业部推动模具业能力计划后，进口总值减少，2009年进口总值210亿铢，如果工业部没有实施行业发展计划，相信进口额可能超过350亿铢。

泰国模具业公会主席威洛表示，由于泰国国内工业连续增长，最近还有6家汽车企业要投资小型节能汽车，相信他们都需求模具生产配件。至于模具出口方面，目前已出口至越南、印度尼西亚及日本等国家，日本大部分企业均是从泰国进口模具生产家庭用具及卫生器皿，可见泰国模具业仍有发展前景。

（来源：南博网. http://info.caexpo.com/zixun/jingjqj/2010－05－14/74711.html.2010—05—14）

## 泰国商业部拟采用六大措施开拓国际市场

泰国商业部报道，泰国促进出口厅已制订5年国际贸易策略，并已提交商业部长蓬提娃研审。该策略不仅有利于促进泰国经济稳定发展，确保出口稳健成长，而且推动泰国成为东盟国家的领导者，提高泰国在国际舞台上的谈判和订价能力。

泰国商业部制订以上策略，原因是目前泰国经济还存在许多弱点，尤其是仍必须依靠出口及旅游收入支撑经济增长。同时泰国在人力资源发展方面存在问题，不符合市场的需求，导致部分行业人才短缺，影响促进投资及研究工作。

上述的国际贸易策略可分为六大项。第一项是提高泰国商品质量及形象，树立泰国商标；第二项是促进生产，鼓励厂商提高商品及服务质量，符合市场需求；第三项是分散泰国出口市场，加紧在全球各国开发市场及基地，并促进民营部门善用自由贸易协议的优惠措施；第四项是推动泰国成为东盟经济共同体的领导者；第五项是提高泰国经营者在国际市场上的竞争能力，重视培训新出口商及中小型企业；第六项是重视与各国进行谈判，扩展国际贸易机会，并保护国家的利益。

（来源：南博网. http://info.caexpo.com/zixun/jingjqj/2010－01－28/69948.html.2010—01—28）

## 泰国连续7年获评世界最佳旅游国

挪威旅游业界将泰国列为2010年世界最佳旅游国家，这是泰国连续7年获得此殊荣，而泰国航空公司连续6年荣获最佳国际航空公司。据介绍，此次评选由挪威国内400多家旅游业公司投票产生。

据悉，挪威旅游业界将泰国列为世界最佳旅游国家，泰航列为最佳国际航空公司这一利好消息将进一步吸引挪威游客前去旅游。2009年受到国际金融风暴等不利因素影响，世界旅游业一片萧条。但2010年世界旅游景气得到恢复，预期2010年来泰国旅游的挪威游客超过15万人次，相对于挪威只有约400万人口中属较高比率。

此外，挪威在泰国普吉设立了领事馆，为其国民提供领事服务。而泰航于2009年6月开通了曼谷至奥斯陆的航班，也为挪威游客前来泰国旅游提供了便利，促进两国之间的贸易与投资。

（来源：南博网. http://info.caexpo.com/zixun/jingjqj/2010－01－19/69514.html.2010—01—19）

## 泰国工业部实施生态工业城市政策

泰国工业部泰国工业区管理局蒙达表示，泰国工业部委员会通过生态工业城市发展政策草案，以推动生态工业城市建设，注重环境及健康保护。

蒙达透露，发展草案中规定，注重加强各方的合作，拟定各地发展大纲，推动总体发展。计划10年内（2010～2019年）在全国设立42个生态工业城市，初期2010～2014年将设立15个生态工业区，2015～2019设立27个生态工业区。

蒙达还表示，发展生态工业区将有官方、业者及小区参与，目标是促使工业、小区、环境共存，推动经济、社会、环境的共同发展。

（来源：南博网. http://info.caexpo.com/zixun/jingjqj/2010－01－15/69374.html.2010—01—15）

## 泰国石油强势挺进中国大陆润滑油市场

泰国石油宣布，与中国广东省东莞市同舟化工有限公司结成战略合作伙伴关系，将以广东为据点，首年向中国出口200万升润滑油，未来每年出口中国市场的润滑油销量有望达500万升。

在全球润滑油市场下滑的背景下，中国润滑油市场却增长。根据著名美国咨询公司克莱恩公司公布的《2009年全球润滑油行业概述》的数据表明，2009年全球润滑油产业进入一个大的负增长期。而与之形成鲜明对比的是，中国润滑油市场在未来5年内将以每年3.5%的速度增长，成为全球增长最快的市场。预计到2020年，中国润滑油消费量将超过美国，中国将成为全球最大的润滑油市场。

发展迅猛的中国润滑油市场，已成为国外润滑油企业群雄逐鹿的竞技场。BP、美孚等跨国石油巨头都早已在中国布局多年，近年来更是加快占领市场的步伐。就在泰国石油（PTT）宣布将每年向中国出口200万升润滑油不久，壳牌在珠海开建了亚洲最大的润滑油调配厂。

（来源：南博网. http://info.caexpo.com/zixun/jingjqj/2010－01－14/69288.html.2010—01—14）

## 中国—东盟自由贸易区有利于泰国扩大塑料树脂出口

泰华农民研究中心预测，2010 年泰国塑料树脂的新增产能将超过 240 万吨，达到 720 万吨，比泰国国内需求量高出 400 万吨，从而将促使泰国扩大出口。预期 2010 年泰国的塑料树脂出口额将比 2009 年增长 5%～6%，缘于需求将随全球经济的复苏趋势而增长，同时趋向走高的原油价格也将刺激塑料树脂价格趋于上扬。

该中心指出，泰国塑料树脂的主要出口市场是东盟，出口额年均增长约 30%，占泰国塑料树脂出口总额的 21.7%。从 2010 年 1 月 1 日起按中国与东盟自由贸易协议将塑料树脂进口关税降至零后，东盟市场上的塑料树脂竞争局势将更加激烈。

（来源：南博网. http://info.caexpo.com/zixun/jingjqj/2010－01－07/69026.html. 2010—01—07）

## 越南企业希望加强中越在机械设备制造领域的合作

越南机械企业协会主席阮文树 2010 年 7 月 1 日在第八届中国机械（越南）展览会新闻发布会上表示，机械设备制造一直是越南工业的重点发展领域之一，越南企业希望以各种合作形式加强和中国机械制造企业的交流与合作。

阮文树表示，自越南加入世界贸易组织以来，已将发展机械设备制造以及相关的汽车制造和造船等行业确定为政府优先扶持发展的领域。近年来，越南机械制造行业产值年均增长超过 19%，到 2020 年，越南的机械装备自给率将达到 50%。

他指出，中国生产的机械设备，尤其是水泥、水电设备和工程机械的质量和科技含量较高，价格适中，在越南的保有量很高，符合越南国情和企业的实际需要。本届中国机械（越南）展览会将为两国企业搭建相互交流、寻找商机、加强合作的平台。

该展览会主办方粤召（香港）国际展览公司代表李司伟在发布会上表示，连续举办多届的中国机械（越南）展览会目前已成为中国在越南举办的规模最大的展览会之一。本届展会展品丰富，集中展示中国企业制造的各种大型工程机械、金属加工机械、机床、食品包装机械和发电设备等，体现了中国机械工业近年来的最新科研成果和先进技术。他还表示，历届中国机械（越南）展览会都取得了巨大成功，相信本届展会将为中越两国有关企业进行贸易洽谈和技术交流提供更完善的服务，促进两国经贸关系的深入发展。

第八届中国机械（越南）展览会于 2010 年 7 月 28 日至 31 日在越南胡志明市举行。本届展会提供 350 个标准展位，展览面积为 1 万平方米，超过 250 家中国机械行业的厂家参展，其中一半参展商是中国知名的大企业。

（来源：新华社. http://www.gx.xinhuanet.com/dm/2010－07/02/content_20231046.htm. 2010—07—02）

## 越南鼓励发展生物学燃料业

越南副总理黄忠海指示越南工贸部与有关部门配合，建立和制定鼓励发展使用生物学燃料的机制和政策。

越南工贸部表示，近年来越南的生物学燃料工业发展迅速。按计划，至 2011 年越南全国将有 5 家乙醇燃料生产厂投入运行，年产乙醇 36.5 万吨，足以配制 730 万吨 E5 号汽油。

根据越南至 2015 年并面向 2025 年生物学燃料发展提案，越南生物学燃料生产工艺力争至 2025 年达到世界先进水平，乙醇和植物油产量达 180 万吨，可满足全国成品油需求的 5%。

（来源：中华人民共和国驻越南社会主义共和国大使馆经济商务参赞处. http://vn.mofcom.gov.cn/aarticle/jmxw/201006/20100606994480.html?2651781821=850387913. 2010—06—29）

## 越南颁布进口动物食品新规定

越南农林水产品质量管理局颁布了关于对进口动物食品进行卫生安全检查及相关指标限额的两项新规定，文件名如下：

一、关于对进口动物食品进行卫生安全检查的第 25 号通知（25/2010/TT-BNNPTNT），文件英文名为 Circular No. 25/2010/TT-BNNPTNT of April 8，2010 guiding the food hygiene and safety control for imported products of animal origin。

二、关于颁布进口和在越南国内市场生产流通的动物食品卫生安全指标和限额目录的第 29 号通知（29/2010/TT-BNNPTNT），文件英文名为 Circular NO. 29/2010/TT-BNNPTNT of May 6，2010 promulgating the lists of food safety criteria and maximum levels thereof in certain domestically-produced or imported foodstuffs of animal origin under the management of the Ministry of Agriculture and Rural Development。

越南兽医局通报称，上述两项规定自2010年7月1日起实施，具体内容可从越南农林水产品质量管理局网站（http://www.nafiqad.gov.vn/）下载。有关企业可登陆上述网站查询。

（来源：中华人民共和国驻越南社会主义共和国大使馆经济商务参赞处.http://vn.mofcom.gov.cn/aarticle/jmxw/201006/20100606990930.html?2565339325=850387913.2010—06—28）

## 越南将大幅调高矿产资源税

越南财政部正在编制新的资源税税率表，大幅上调各种矿产的资源税税率。根据新的税率表，在金属矿类中，金矿与稀土矿的资源税税率最高，达到15%；其次是铝和钒土矿，税率为12%；第三是锰矿和钛矿，税率为11%。其余矿产如铜、镍、汞、镁、银、锡、铅、锌、钨等矿种的资源税税率为10%。而根据现行税制，铁、锰、钛、银、锡、钨、铅、锌、铝等矿种的资源税税率只有7%。

新的税率表也将非金属矿类的资源税税率普遍上调1%～4%。其中，钻石、红宝石、蓝宝石的税率最高，达22%；各类石英矿的税率为15%；用于制造玻璃的砂矿的税率为11%；高岭土、耐火粘土、花岗石和沙子的税率为10%。

（来源：中华人民共和国驻越南社会主义共和国大使馆经济商务参赞处.http://vn.mofcom.gov.cn/aarticle/jmxw/201006/20100606988205.html?1544420029=850387913.2010—06—25）

## 越南每年需进口400万～500万立方米木材

越南木材和林产品协会表示，从即时起至2020年，越南每年需进口木材400万～500万立方米。

据了解，2009年越南木材产量为388万立方米，其中种植林开采370万立方米。为服务于木材出口加工，需进口400万立方米木材。越南木材和林产品协会表示，预计至2010年、2015年和2020年，越南木制品出口金额分别达30亿美元、45亿美元和70亿美元。从即时起至2020年，越南每年需进口木材400万～500万立方米。

由于许多木材出口国陆续出台政策减少或禁止出口整木和木板，未来越南木材原料供应市场将收窄。

（来源：中华人民共和国驻越南社会主义共和国大使馆经济商务参赞处.http://vn.mofcom.gov.cn/aarticle/sqfb/201006/20100606954758.html?503183805=850387913.2010—06—08）

## 越南水产加工原料短缺

2010年前5个月越南水产出口16亿美元，同比增长18%。2010年计划出口45亿美元，但困难很大。前5个月水产养殖产量87.2万吨，同比下降5.2%。目前最大的困难是水产原料短缺。九龙江平原现有水产加工企业193家，加工能力120万吨/年，预计2010年该地区水产量仅有75万吨，仅能满足62%的需求。目前水产加工企业开工率仅有40%～59%，产量严重不足。

（来源：中华人民共和国驻胡志明市总领事馆经济商务室.http://hochiminh.mofcom.gov.cn/aarticle/jmxw/201006/20100606949642.html?4242995389=850387913.2010—06—04）

## 越南对从华进口瓷砖征收20%～40%进口税

根据越南工贸部规定，自2010年6月1日起，越南老街海关对从中国进口的各类瓷砖征收20%～40%的进口税，包括老街国际口岸和边民互市点（此前为免税）。越南老街海关称，之前每天经老街口岸进口的瓷砖达3.5万平方米。

（来源：中华人民共和国驻胡志明市总领事馆经济商务室.http://hochiminh.mofcom.gov.cn/aarticle/jmxw/201006/20100606944911.html?2749823165=850387913.2010—06—02）

## 越南调整商品盐进口规定

越南工贸部颁发通知，对越南国内市场生产和经营的商品盐进口规定进行调整。

根据越南工贸部调整后的新规定，自2010年6月1日起，按关税配额获得商品盐进口许可的企业只能进口以下几种盐类：海关编码为2501.00.90.90的粗盐、海关编码为2501.00.41.20的医疗、实验和化工用精盐以及海关编码为2501.00.49.20的食用盐。对于关税配额外的进口盐，在签署进口合同前须获得越南农业与农村发展部的许可。

（来源：中华人民共和国驻越南社会主义共和

国大使馆经济商务参赞处. http://vn. mofcom. gov. cn/aarticle/jmxw/201005/20100506931300. html. 2010—05—25)

## 越南保险市场潜力大

国际商务观察（BMI）2010 年第二季度越南保险市场报告预测，越南市场保险费将大幅增长，由 2009 年的 13.02 亿美元增至 2014 年的 30.93 亿美元。其中，非人寿保险费将由 2009 年的 7.14 亿美元增至 2014 年的 14.5 亿美元；人寿保险费由 5.87 亿美元增至 16.4 亿美元。

BMI 报告称，2010 年第一季度在非人寿保险领域，越南保越集团、越南保明股份总公司和越南油气保险股份总公司分别占该市场份额的 42%、12% 和 12%。在人寿保险领域，越南 Prudential 公司、越南保越公司和 Manulife 保险公司分别占该市场份额的 40%、33%和 10%。

（来源：中华人民共和国驻胡志明市总领事馆经济商务室. http://hochiminh. mofcom. gov. cn/aarticle/jmxw/201005/20100506908574. html? 2076768445=850387913. 2010—05—01）

## 越南规定可携带的 35 种边民互市贸易商品

越南工贸部下发了 2010～2012 年边民互市贸易进口商品的 10/2010/TT－BCT 号通知，允许越南边民以互市贸易方式进口产自接壤国家的 35 种商品。其中，13 种农产品为河鱼、鱼干、蔬菜、鲜果、干果、稻米、玉米等；另外还有水泥、煤炭、成品油、油气、化肥、天然橡胶、学生书包等其他商品。通知规定边民每人携带的上述免税商品总值不能超过 200 万越盾，有效期自 2010 年 6 月 1 日起至 2012 年 12 月 31 日止。

（来源：中华人民共和国驻胡志明市总领事馆经济商务室. http://hochiminh. mofcom. gov. cn/aarticle/jmxw/201004/20100406885204. html? 3502766269=850387913. 2010—04—26）

## 越南拟再进口 5 万吨食糖

由于越南国内食糖供应不足，目前食糖零售价已翻番，由 1.1 万～1.2 万越盾/公斤上涨至 2 万越盾/公斤。预计未来几个月内糖价仍将面临上涨压力。为稳定国内市场糖价，越南工贸部已批准再进口 5 万吨食糖。

（来源：中华人民共和国驻胡志明市总领事馆经济商务室. http://hochiminh. mofcom. gov. cn/aarticle/jmxw/201003/20100306823641. html? 2932144317=850387913. 2010—03—16）

## 越南拟优先发展 7 个优势产业

越南计划投资部在关于调整经济结构的提案中向越南政府建议，今后几年越南应优先发展以下 7 个优势产业：冶金、石油炼化、造船及其他运输工具制造、民用电器设备、电子信息、物流（货运、海港、海关服务、仓储、分销服务等）、旅游服务（酒店、宾馆、旅游、旅客运送、疗养、保健、文化、娱乐、购物、传统民间艺术、生产加工和食品供应等）。

越南计划投资部表示，在越南转变增长方式和调整经济结构过程中，上述产业具有发展潜能且有一定市场，可带动越南国内其他产业发展，同时能够促进越南经济与地区及世界经济的融合。

（来源：中华人民共和国驻越南社会主义共和国大使馆经济商务参赞处. http://vn. mofcom. gov. cn/aarticle/ jmxw/201003/20100306802501. html? 1762196157=850387913. 2010—03—02）

## 越南对投资国外的企业实行税收优惠政策

越南财政部颁发〔2010〕11 号通知，规定对投资国外的企业实行税收优惠政策。通知称，若投资国外的企业出口的机械设备和原料为构成投资项目的固定资产部分则可享受增值税的零税率；若在项目结束后有关设备等进口返回越南，则可享受退还已交纳的出口税，相应地，再进口的实际商品数量免征进口税。投资国外的企业营业税税率为 25%。

（来源：中华人民共和国驻胡志明市总领事馆经济商务室. http://hochiminh. mofcom. gov. cn/aarticle/jmxw/201002/20100206793892. html? 885323965=850387913. 2010—02—24）

## 越南禁止进口二手信息通讯设备

越南信息通讯部发出通知，禁止进口二手印刷机、打字机、点钞机、电话及移动电话、笔记本电脑、数码相机等 8 种商品。但允许进口用于保修服务或翻新再出口的上述商品的零配件。该通知自

2010年2月15日起生效。

（来源：中华人民共和国驻胡志明市总领事馆经济商务室. http://hochiminh. mofcom. gov. cn/aarticle/jmxw/201001/20100106738710. html? 1069676733=850387913. 2010—01—12）

## 2010～2012年越南将新增32条水泥生产线

2010年1月5日，越南建设部通知各省市，从2010年1月5日起至2020年，停止审批水泥生产项目。越南建设部信息中心称，截至2009年底，越南已建97条水泥生产线，设计生产能力5740万吨。预计2010年将新增13条水泥生产线投入生产，设计生产能力1170吨；2011年又增12条生产线，功率935万吨；2012年再增7条生产线，功率672万吨；2015年再增7条生产线。

（来源：中华人民共和国驻胡志明市总领事馆经济商务室. http://hochiminh. mofcom. gov. cn/aarticle/jmxw/201001/20100106728398. html? 3972069565=850387913. 2010—01—07）

## 越南房地产市场潜力大

越南建设部副部长裴范庆表示，每年越南各城镇住房需求总面积高达3700万平方米，总投资约320亿美元。目前，越南全国约700万人有购房或租房的需求，所需总面积高达1.5亿平方米。另外，2009年～2015年越南需增建2.25万间客房以满足旅游业发展的需求。但由于越南法律法规不健全，企业难以筹集到足够的资金发展房地产。

（来源：中华人民共和国驻胡志明市总领事馆经济商务室. http://hochiminh. mofcom. gov. cn/aarticle/jmxw/200909/20090906528774. html? 499120317=850387913. 2009—09—22）

## 2006～2010年越南投资200万亿盾建设电力项目

越南国家电力集团（EVN）称，2006～2009年阶段EVN已建和在建电力项目29个，总功率11820兆瓦，总投资206.68万亿盾。2006～2009年完成5000兆瓦。预计2010年将有7个电源项目投入运行，总容量为2130兆瓦。同时，EVN还将开工建设4个总功率为2216兆瓦的电源项目。

目前越南全国电力总功率为15763兆瓦。其中，EVN电力占68%，水电所占33.4%。目前，越南全国110千伏～500千伏高压电线总长超过23694公里，中、低压电线总长为27.7520万公里。

（来源：中华人民共和国驻胡志明市总领事馆经济商务室. http://hochiminh. mofcom. gov. cn/aarticle/jmxw/200909/20090906504335. html? 1539176637=850387913. 2009—09—08）

## 越南鼓励进口废钢铁生产钢坯

越南工贸部副部长阮成边建议越南国家银行（央行）指导各商业银行为国内钢坯生产企业购买和借贷外汇创造有利条件，以帮助其进口废料钢铁和其他原辅料，服务国内钢坯生产。

目前越南的钢坯生产主要依赖进口原料，2009年预计需进口200万吨钢铁废料以确保国内钢坯生产。越南央行曾于2009年7月初要求各商业银行向进口钢坯和成品钢的企业优先供应外汇，但不包括进口废钢铁和原辅料的企业。

越南钢铁协会副主席阮进宜表示，2009年前7个月，越南销售各类成品钢约230万吨，同比增长近10%。

（来源：中华人民共和国驻越南社会主义共和国大使馆经济商务参赞处. http://vn. mofcom. gov. cn/aarticle/jmxw/200908/20090806463902. html? 1040644797=850387913. 2009—08—18）

## 越南80%植保药剂及农药需进口

目前越南年均使用12万～13万吨植保药剂，总费用约5亿美元。越南植物保护局称，2008年越南进口原料药及农药约10.67万吨，进口额4.19亿美元；2009年1～6月进口额2.31亿美元。越南植保药剂生产原料主要从中国、印度、瑞士、新加坡和德国进口。其中，中国占进口总额的40%。目前越南有75家植保药剂生产包装企业和25314家代理营销店。

（来源：中华人民共和国驻胡志明市总领事馆经济商务室. http://hochiminh. mofcom. gov. cn/aarticle/jmxw/200908/20090806461789. html? 3351115965=850387913. 2009—08—17）

## 越南就加大水果出口提出四项主要措施

越南农业与农村发展部提出2010年水果出口目标为7.6亿美元，并就如何挖掘水果出口潜力提出以下主要措施：一是集中改造杂交水果果园；二是对在国内外市场有竞争优势的水果分别建立种植专区，包括菠萝、香蕉、龙眼、荔枝、芒果和火龙果等；三是进一步推动已在重点市场形成品牌与优势的水果的出口，如火龙果（被视为世界第一）、菠萝（加工后销往欧洲、日本和美国）、香蕉（出口至中国）和柚子（出口至香港、欧洲和俄国）等；四是迅速扩大山竹、青皮柚等有出口潜力水果的种植面积。

据越南蔬菜水果协会通报，2009年上半年，越南水果出口额和订单持续减少，蔬果出口企业的收入同比下降20%～30%。其主要原因是经济危机和国外市场食品卫生安全规定（VSATTP）等技术性贸易壁垒。

目前越南水果已出口至50多个国家和地区，其中大的出口市场有中国、日本和美国等。2008年出口金额为3.5亿美元。

（来源：中华人民共和国驻越南社会主义共和国大使馆经济商务参赞处. http://vn. mofcom. gov. cn/aarticle/jmxw/200908/20090806452616. html? 3053845181=850387913. 2009—08—11）

## 越南计划至2020年将芒街市打造成国际口岸城市

越南政府总理批准了广宁省提出的2020年芒街国际口岸城市发展报告。根据该报告，芒街将建设成为越南北部湾沿海经济带的经济发展中心，成为越南东北部地区发展的强大动力。

据了解，芒街的主要发展行业是贸易、服务、旅游和国际交通。至2020年，芒街将建设成现代化的边境二类城市。芒街不仅是绿色环保城市，同时担负保卫国防安宁的职责。届时，芒街城市人口约为17.5万，朝着文明、现代、应用净化工艺和减少环境污染的方向同步发展城市工程系统，同时注重发展社会经济，集中建设基础结构，尤其是发展海港和河港系统，包括将万嘉港建成年货物吞吐量达500万～700万吨的综合性海港。

越南总理还要求芒街市领导与中国广西东兴市领导进行交流，以便双方在符合两国法律的基础上，朝着在商品进出口和人员出入境及居留等一些领域实施共同规定的方向上开展建立边境经济合作区试点。

（来源：中华人民共和国驻越南社会主义共和国大使馆经济商务参赞处. http://vn. mofcom. gov. cn/aarticle/jmxw/200908/20090806438338. html? 4228184765=850387913. 2009—08—04）

## 越南旅游行业仍吸引投资者

截至2009年7月，越南拥有新批住宿及饮食服务项目18个，协议金额达6.7亿美元，旧项目增资38亿美元。新批及增资住宿及饮食服务项目的投资额占外资投资总额的50%。在主要旅游区投资需求仍在继续增加，尤其是中部沿海旅游区。据越南旅游总局统计，目前越南全国共有10800个旅游宾馆，20.8万个床位。其中，四星级宾馆89家，床位11068个；五星级宾馆33家，床位8564个；高级宾馆仅占9.4%且主要集中在河内和胡志明市。因此，对高级休闲旅游区的投资需求还很大。虽然2009年上半年越南国际旅客同比下降了19%，但随着经济的回暖，越南旅游业将成为恢复最快的行业，旅游投资也将进一步加大。

（来源：中华人民共和国驻胡志明市总领事馆经济商务室. http://hochiminh. mofcom. gov. cn/aarticle/jmxw/200907/20090706416284. html? 2579364029=850387913. 2009—07—23）

## 越南计划从国外进口煤炭

近年来，越南新建的火电项目陆续投产，对煤炭需求逐年增加，2010年需求量将达到4370万吨，2015年为6140万吨，2025年为7690万吨。由于越南国内产量有限，今后越南需从国外进口煤炭。根据计划，2015年将进口2550万吨，2020年进口3520万吨，2025年进口2700万吨。越南煤炭矿产集团表示，2010～2012年，只有在满足越南国内需求而且仍有剩余的情况下才安排出口。

今后，越南各火电厂所需煤炭将主要来自红河平原矿区。目前该矿区尚未完成规划，正在进行试点开采。

（来源：中华人民共和国驻越南社会主义共和国大使馆经济商务参赞处. http://vn. mofcom. gov. cn/aarticle/jmxw/200907/20090706416871. html? 939653821=850387913. 2009—07—23）

## 越南口岸经济区可继续享受免税销售政策

越南政府总理批准在越南各口岸经济区和特别贸易经济区内经营的企业可继续享受免税销售政策，期限至2012年。

越南政府总理于2009年3月2日颁布有关口岸经济区的财政政策，规定自2009年7月1日起将不再对内地游客实施免税优惠。

（来源：中华人民共和国驻越南社会主义共和国大使馆经济商务参赞处. http://vn.mofcom.gov.cn/aarticle/jmxw/200907/20090706389783.html?1191246525=850387913.2009—07—10）

## 越南调整部分电力设备进口关税

越南财政部下发通知，调整优惠进口税率表中部分电力设备进口关税。

自2009年8月17日始，海关编码为8504.23.10.00、功率为1万千伏安～1.5万千伏安的各类电力设备和海关编码为8504.23.21.00、功率为1.5万千伏安～2万千伏安的各类电力设备，其进口关税从5%上调至20%。海关编码为8504.31.10.90，用于电度表的各类变压器和海关编码为8504.31.20.90，用于电度表的各类变流器，其进口关税从28%降至20%。

（来源：中华人民共和国驻越南社会主义共和国大使馆经济商务参赞处. http://vn.mofcom.gov.cn/aarticle/j mxw/200907/20090706388231.html?3573545405=850387913.2009—07—09）

## 越南建筑沙的需求将继续增加

越南建设部在呈交至2015年及面向2020年越南国内建筑沙石供求预测报告中，建议暂停出口普通建筑沙。

越南建设部表示，近年来越南国内建筑沙的销售量均超出规划需求量。实际上，2005年建筑沙销量为6444万立方米，2006年为7309万立方米，而此前仅预测2010年的需求量为3500万立方米。随着越南都市化进程加快和住房建设需求日益增高，当前至2020年越南建筑沙的需求将继续增加。

（来源：中华人民共和国驻越南社会主义共和国大使馆经济商务参赞处. http://vn.mofcom.gov.cn/aarticle/jmxw/200907/20090706385057.html?4076796349=850387913.2009—07—08）

# 政策法规篇

## 东盟十国对外国投资合作的法规和政策

### 文莱对外国投资合作的法规和政策

#### 一、对外贸易的法规和政策规定

1. 贸易主管部门

文莱贸易政策的制定和实施主要由文莱工业与初级资源部负责，财政部、经济发展理事会等其他有关部门参与。

文莱工业与初级资源部主要职责是：鼓励和支持当地企业及外国投资者开展商品生产和服务，保障国家食品安全和就业，推动经济持续、多元化发展。该部下辖5个执行局：农业局、森林局、渔业局、工业发展局和旅游局。

2. 贸易法规体系

文莱与贸易相关的主要法律包括《海关法》《消费法》以及一系列涉及食品安全和清真要求的法规。2001年和2006年分别颁布《证券法》和《银行法》。具体包括：

表1　截至2007年与贸易相关的主要法规

| 法规名称 | 主要内容 |
| --- | --- |
| 《海关法及相关规定》(2006) | 有关海关规定。包括特别关税、关税返还、对违反规定的处罚等 |
| 《进口商品估价规定》(2001) | 根据世贸规则明确海关估价 |
| ①《东盟通用特别关税条例》(2005)　②《中国—东盟全面经济合作框架协议下东盟—中国早期收获计划商品关税条例》(2005)　③《中国—东盟全面经济合作框架协议下海关货物贸易协议》(2006) | 实施有关东盟贸易协议 |
| 《公司法》(1957) | 公司注册法规等 |
| 《证券法》(2001) | 政府间金融往来、为经营商及有关个人在管理和交易证券方面提供建议 |
| 《银行法》(2006) | 银行执照 |
| 《投资促进法》(2001) | 投资领域 |
| 《清真肉类法》 | 规范清真肉类产品的进口和市场供应 |
| 《商标法》(2000) | 商标 |
| 《公共卫生(食品)条例》(2001)<br>《公共卫生(食品)法》(2002) | 食品安全 |

资料来源：文莱工业与初级资源部

3. 贸易管理的相关规定

文莱实行自由贸易政策，除少数商品受许可证、配额等限制外，其余商品均放开经营。

【进口管理】出于环境、健康、安全和宗教方面的考虑，文莱海关对少数商品实行进口许可管理。

植物、农作物和牲畜须由农业局签发进口许可证（植物不能带土），军火由皇家警察局发证，印刷品由皇家警察局、宗教部和内务部发证，木材由森林局发证，大米、食糖、盐由信息技术和国家仓库发证，二手车由皇家海关发证，电话装置、无线电设备由通讯局发证，药品由卫生部发证，鲜、冷冻的鸡肉和牛肉由宗教部、卫生部和农业局发证。除以上有关部门发放进口许可证外，机动车、农产品、药品及与药品相关的产品进口还须提供相关的原产地证书和检验证明。

禁止进口商品包括：鸦片、海洛因、吗啡、淫秽品、印有钞票式样的印刷品、烟花爆竹（从2008年起允许指定经营商进口）等。

酒精饮料进口受到严格限制。

【出口限制】除了对石油天然气出口控制和禁止销售Nouvelles美容产品、天山雪莲药丸等5种产品外，对动物、植物、木材、大米、食糖、食盐、文物、军火等少数物品实行出口许可证管理，其他商品出口管制很少。

4. 进出口商品检验检疫

文莱公共卫生（食品）条例规定所有食品，无论是进口产品还是本地产品，都要安全可靠，具有良好品质，符合伊斯兰教清真食品的要求，尤其对肉类的进口实行严格的清真检验。对于某些动植物产品，如牛肉、家禽，需提交卫生检疫证书。进口食用油不能有异味、不含任何矿物油，动物脂肪需来自在屠宰时身体健康的牲畜并适合人类食用，动物脂肪和食用油须是单一形式，不能将两种或多种脂肪和食用油混合。脂肪和食用油的包装标签上不得有“多不饱和的”字眼或相似字眼。非食用的动物脂肪须出具消毒证明。进口活动物必须有兽医证明。

大豆奶应是从优质大豆中提取的液体食品，可包括糖、无害的植物物质，除了允许的稳定剂、氧化剂和化学防腐剂外，不得含有其他的物质，并且其蛋白质含量不少于2%等。

此外，该条例对食品添加剂、包装以及肉类产品、渔类产品、调味品、动物脂肪和油、奶产品、冰淇淋、糖与干果、水果、茶、咖啡、无酒饮料、香料、粮食等，都规定了相应的技术标准。对食品的生产日期、保质期、食品容器及农药最大残留量、稳定剂、氧化剂、防腐剂等都有明确的规定。

5. 海关管理规章制度

【管理制度】2006年新《海关条例》对特别关税、关税返还、处罚方式等做了规定。

【关税税率】对东盟成员国产品的关税税率大部分在0%～5%之间。对食品类及大部分建筑材料和工业机械免征进口税，电器类商品及香水、化妆品、地毯、珠宝、水晶灯、丝绸、运动器材等征5%的进口税，汽车征收20%的进口税，烟和酒精饮料有特别税率。

对其他国家的极少部分商品的进口关税略高于对东盟成员国的关税。

## 二、对外国投资的市场准入的规定

1. 投资主管部门

文莱主管国内投资和外国投资的政府部门为工业与初级资源部和经济发展理事会。

2. 投资行业的规定

文莱对外来投资实行准入限制。

【禁止的行业】包括武器、毒品及与伊斯兰教义相悖的行业等。

【限制的行业】林业不对外资开放。

【鼓励的行业】包括化工、制药、制铝、建筑材料及金融业等行业。

2001投资促进法将部分产业纳入先锋行业，投资享受税收优惠，以吸引外来投资。

3. 投资方式的规定

为保护民族资本，法律规定，外资与本地公司或商人合资的企业，文方须占51%以上股份。不涉及国家食品安全且产品全部出口的工业，外国人可拥有100%所有权。

1999年文莱政府放宽外国投资者在渔业领域的投资，基本政策是：合资经营，文方股权不少于30%；只能在文莱渔业局批准权限和海域范围内捕鱼；准予使用挂文莱国旗的渔船，捕捞的鱼必须在文莱上岸；养殖活动只限于文莱渔业局所限制的品种。

外资并购文莱企业的案例极少，具体操作时应向有关主管部门充分咨询过户手续及审批期限，必要时可寻求中国驻文莱使馆经商处协助。

## 三、文莱关于企业税收的规定

1. 税收体系和制度

文莱无个人所得税，也无出口税、销售税、薪工税、资本收益税和生产税。文莱的税种也很少。在投资者创业和发展阶段，文莱提供比其他国家更为优惠的条件。

文莱不征收营业税、工资税、生产税及出口税。独资和合伙经营商行无需交纳所得税，有限公司需交纳公司所得税。外国投资者可以享有20年的免公司税的优惠待遇。已经完税的公司分红不再征税，其他任何分红都计算在征税额之内，但不对分红代扣所得税。公司亏损可从未来6年的收入中结转，并可追溯1年。为鼓励投资，近年来文莱政府连续下调公司税，2010年已降至23.5%，并且在一定条件下还可以申请减免。

2. 主要税赋和税率

【企业税】企业需对以下收入纳税：（1）各项经济活动中获取的利润；（2）从未在文莱纳税的公司中获得的分红；（3）利息和补贴；（4）版税、奖金和其他财产收入。

文莱无资本收益税。但如果征税官确定其中部分收入来自普通贸易，则按正常收入征税。

独资和合伙经营商行无需交纳所得税，在文莱注册的公司有义务对其从文莱或境外所获得的收入交纳所得税。非本地注册公司只需对其在文莱获得的收入纳税。

有限公司所得税征税率为27%，在一定条件下可以减免。

外国税收免除的相关规定：（1）文莱和英国签订了避免双重税务协定，所得税可以按比例免除，课税扣除只针对本地公司；（2）英联邦国家提供内部互免优惠，但优惠额不能超过文莱税率的一半，此优惠提供给本地及非本地注册公司；（3）2004年9月，中国与文莱签署了《避免双重征税和防止偷漏税协定》。

【印花税】根据文莱相关法律，印花税主要征收范围包括抵押、房屋租赁、转让。其中，抵押每500文元征税1.0文元，房屋租赁（年租金）每250文元征税收1.0文元，转让每250文元征税1.0文元。

【石油税】1963年修改后的所得税法为石油生产征税特别立法。对扣除王室分成、政府分成及各项成本后的石油净收入按照55%征收石油税。

【代扣所得税】非本地公司的债券、贷款等的利息收入按20%比例交纳所得税。

【房地产遗产税】1988年12月15日后去世的人，其房地产遗产按每200万文元3%的税率征收。

【进口税】工业用的食品和其他产品免交进口税。电器产品、木材、照相设备和耗材、家具、汽车及零部件的进口税率为20%，化妆品和香水进口税率为30%。

## 四、文莱对外国投资的优惠

1. 优惠政策框架

文莱政府于1975年颁布《投资促进法》，2001年在该法基础上颁布新的投资促进法令，延长了对部分鼓励投资产业的税收优惠期。文莱政府以投资项目可能带来的实际利益确定适当的税收优惠。为鼓励在工业产品方面的投资，文莱工业及主要资源部列出十大工业，以及这些工业所生产的产品都属于先进工业和先进产品而得到税收优惠。主要包括如下方面：食品制造（飞机上的各类食品及各种罐头、饮料）；药品制造（各种药品、维生素丸、糖浆等）；建筑材料（水泥）；钢铁材料（制造用各种钢铁、钢条等）；化学工业（防锈剂、杀菌剂、净化剂以及各种清洁剂等）；造船（船的修理及保养）；造纸（薄纸、餐巾纸）；纺织（各种服装）。

2. 行业鼓励政策

根据投资促进法，在以下产业投资享受税收优惠：

（1）先锋产业，即有限责任公司达到以下要求：①符合公众的利益；②该产业文莱未达到饱和程度；③具有良好的发展前景，产品应具有该产业的领先性，可以获得先锋产业资格证书，并享受以下优惠：免收所得税；免30%的公司税；免公司进口机器、设备、零部件、配件及建筑构件的进口税；免原材料进口税；为生产先锋产品而进口的原材料免征进口税；可以结转亏损和享受津贴。

表2　先锋产业的免税期

（从生产日开始计算）

| 注册资本金额 | 免税期 |
| --- | --- |
| 50万～250万文元 | 5年 |
| 250万以上 | 8年 |
| 高科技园区内 | 11年 |
| 免税期延长 | 每次3年，总共不超过11年 |
| （高新区）免税期延长 | 每次5年，总共不超过20年 |

资料来源：文莱经济发展局

先锋产品包括：航空食品、搅拌混凝土、制药、铝材板、轧钢设备、化工、造船、纸巾、纺织品、听装、瓶装和其他包装食品、家具、玻璃、陶瓷、胶合板、塑料及合成材料、肥料和杀虫剂、玩具、工业用气体、金属板材、工业电气设备、供水设备、宰杀、加工清真食品、废品处理工业、非金属矿产品的制造。

（2）先锋服务公司，即符合公众利益，并从事以下经营活动的公司：涉及实验、顾问和研发的工程技术服务；计算机信息服务和其他相关服务；工业设计的开发和生产；休闲和娱乐的服务；出版；

教育产业；医疗服务；有关农业技术的服务；有关提供仓储设备的服务；组织展览和会议的服务；金融服务；商业顾问、管理和职业服务；风险资本基金业务；物流运作和管理；运作管理私人博物馆；部长指定的其他服务和业务，可享受免所得税以及可结转亏损和补贴待遇。免税期8年，可延长，但不超过11年。

3. 地区鼓励政策

文莱政府在国内共划出10个工业区以吸引外国投资。其中双溪岭工业区（Sungai Liang Industrial Site）为最主要的工业区，规划面积283公顷，主要用于油、气下游和高科技产业。

表3　文莱十个工业区

| 编号 | 工业区名称 | 规划面积（公顷） | 主要用途 |
|---|---|---|---|
| 1 | Serasa | 83 | 制造业及服务 |
| 2 | Kampong Salar | 40 | 家具、仓储及冷藏 |
| 3 | Lambak Kanan (East) | 74 | 高科技产业 |
| 4 | Lambak Kanan (West) | 45 | 食品加工 |
| 5 | Beribi I&II | 47 | 制造业及服务 |
| 6 | Serambangun | 40 | 制造业及服务 |
| 7 | Sungai Liang（双溪工业区） | 283 | 石油下游产业，高科技 |
| 8 | Sungai Bera | 50 | 制造业及服务 |
| 9 | Pekan Belait | 38 | 制造业及服务 |
| 10 | Batu Apoi | 5 | 制造业及服务 |

资料来源：文莱工业与初级资源部

## 五、文莱关于劳动就业的规定

### （一）劳工法的核心内容

在文莱，劳工受到法律的保护。雇主支付雇员薪金的时间不得超过当月10日，如延期支付被检举，雇主会受到不高于1500文元的罚款；如无法支付薪金给雇员，雇主将面临不超过六个月的监禁；如雇主在未获得许可的情况下雇佣外来劳工，会受到10000文元或入狱6个月至3年的惩罚。

### （二）外国人在文莱工作的规定

外国人到文莱就业需要得到两年有效的工作准证。欲获得该准证需向文莱劳工局申请。经劳工局推荐，文莱移民局颁发许可证劳工局要求申请者提供金额为文莱至劳工来源国单程机票款的押金或银行担保。工作准证在签发后6个月内不得更改。公司或外国公司的分支机构注册批准之前，申请将不会被接受。

文莱劳工局已经采取适当的措施，分阶段推行“文莱化”的政策，鼓励本地的私人机构优先聘请本地人，以便减少本国人失业。一些领域，如秘书、会计、服务员、收银员、保安人员、仓库管理人、营业代表等，将不再授予外籍劳务配额，只限本地人担任。银行业外籍工作人员不得超过员工总数的一半。

外国人在劳工、家政、司机、厨师、餐厅服务生、工程师等岗位就业者占大多数，医生、律师等专业性较强行业须取得当地就业执照。

## 六、与投资合作相关的主要法律

与投资相关的法律包括《合同法》《土地法》以及《投资促进法》。

文莱工业与初级资源部负责有关投资合作政策的制订和实施，查询网址：www. brubeimipr. gov. bn。

［来源：改编自商务部国际贸易经济合作研究院、商务部投资促进事务局、中国驻文莱大使馆经济商务参赞处共同主编.《对外投资合作国别（地区）指南——文莱》. 2009年版第31～41页］

# 柬埔寨对外国投资合作的法规和政策

## 一、对外贸易的法规和政策规定

1. 贸易主管部门

柬埔寨商业部为柬埔寨贸易主管部门，主管全国的贸易，负责出口审批和免税进口核准等手续。

2. 贸易法规体系

柬埔寨与贸易相关的法律法规主要包括《进出口商品关税管理法》《关于制衣行业原产地证书、商业发票、出口许可证核发的规定》《关于商业公司贸易行为的规定》《关于实施装运前检验服务的规定》《加入世界贸易组织法》《关于风险管理的次法令》《关于成立海关与税收署风险管理办公室的规定》等。

《海关法》和《原产地规则法》即将颁布。

3. 贸易管理的相关规定

商业部负责出口审批和免税进口核准手续。在多数情况下，进口货物无需许可证。但部分产品需要获得相关政府部门特别出口授权或许可后方可出口。

【作为最不发达国家享受的出口优惠】作为最不发达国家，欧、美、日等28个国家给予柬埔寨普惠制待遇。美国给予柬埔寨较宽松的配额和进口关税，欧盟在《除军火外所有商品倡议》下，给予柬埔寨除军火外几乎所有产品零关税的待遇。

【出口商品当地含量及原产地原则】柬埔寨目前无当地含量要求，即不限制使用进口原材料、零部件（对健康、环境或社会有害的原材料、零部件除外）。

在柬埔寨，出口商应重视普惠制的原产地规则要求。普惠制下出口至美国的产品，原产地规则对当地含量的最低要求为35%（符合条件的东盟成员国，即柬埔寨、泰国、印尼和菲律宾，在原产地规则要求中视为同一国家）。在《除军火外所有商品倡议》下，原产地规则要求出口产品至少有40%的含量出自出口国。

【出口优惠、限制】根据投资法修正法，由柬埔寨投资委员会批准的出口型合格投资项目可享受免税期或特别折旧。其出口产品增值税享受退税或贷记出口产品的原材料，并可免税进口生产设备、建筑材料、原材料等。但为了取得生产用原材料免税收政策进口批件，进口公司应每年向来柬埔寨投资委员会申报拟进口材料的数量和价值。

禁止或严格限制出口的产品包括文物、麻醉品和有毒物质、原木、贵重金属和宝石、武器等。半成品或成品木材制品、橡胶、生皮或熟皮、鱼类（生鲜、冷冻或切片）及动物活体需交纳10%出口税。

服装出口需向商业部缴纳管理费。普惠制下服装出口至美国或欧盟的，需获得出口许可证。

【免税进口】根据投资法修正法，由柬埔寨投资委员会批准的出口型合格投资项目可免税进口生产设备、建筑材料、原材料和生产投入附件。为取得生产用原材料免税进口批件，进口公司应每年向柬埔寨投资委员会申报拟进口材料的数量和价值。

4. 进出口商品检验检疫

柬埔寨财经部海关与关税署、商业部进出口检验与反欺诈局联合负责进出口商品检验。检验地点为工厂或进出口港口。目前，柬埔寨全部进出口货物均接受检验，检验地点通常为工厂或进出口的港口，政府正计划逐年降低检验比率。价值5000美元或以上的进口货物，在出口国进行装运前检验。检验报告和其他装船前检验文件将被递交柬埔寨海关，货物抵达柬埔寨后，货主凭检验单据到海关交纳税款并提出货物。

5. 海关管理规章制度

【管理制度】柬埔寨政府近年来不断改进海关管理制度，致力于实现简洁、高效、透明和可预测的海关管理。

2006年，柬埔寨起草完成并通过《关于通过风险管理实施贸易便利化的次法令》，准备实施基于贸易商档案数据的风险管理系统，即通过利用电脑系统分析贸易商档案数据、商品和/或原产地进行海关监管。为此，柬埔寨政府还采用了计算机化海关清关综合系统——自动海关数据系统。

此外，为简化海关程序，柬埔寨政府决定推行使用“海关一站式服务系统”，并计划在西哈努克港安装自动海关数据系统终端。柬埔寨政府希望籍此减轻贸易活动的行政负担，并减少腐败滋生的机会。

【关税税率】除天然橡胶、宝石、半成品或成品木材、海产品、沙石等5类产品外，一般出口货物无需缴纳关税。

所有货物在进入柬埔寨时均应缴纳进口税，投资法或其他特殊法规规定享受免税待遇的除外。进口关税主要由四种汇率组成：7%、15%、35%和50%。部分进口产品税率见下表：

表1　柬埔寨主要商品的税率

| 货物类别 | 关税 | 特别税 | 增值税 |
|---|---|---|---|
| 布类 | 35% | — | 10% |
| 服装 | 35% | — | 10% |
| 童装、运动装 | 7% | — | 10% |
| 窗帘、床罩 | 7% | — | 10% |
| 伞 | 7% | — | 10% |
| 卷烟 | 50% | 10% | 10% |
| 啤酒 | 35% | 10% | 10% |
| 葡萄酒、烈酒类 | 35% | 33.33% | 10% |
| 饮料 | 35% | 10% | 10% |
| 罐头 | 35% | — | 10% |
| 水果 | 7% | — | 10% |
| 茶叶 | 7% | — | 10% |
| 肉类（鲜、冻） | 35% | — | 10% |
| 鱼类 | 15% | — | 10% |
| 药品 | — | — | 10% |

续表

| 货物类别 | 关税 | 特别税 | 增值税 |
| --- | --- | --- | --- |
| 学生文具 | — | — | 10% |
| 玩具类 | 7% | — | 10% |
| 游戏机类 | 50% | — | 10% |
| 古董、艺术品 | — | — | 10% |
| 家电类 | 15% | — | 10% |
| 125cc以下摩托车 | 15% | 5% | 10% |
| 125cc及以上摩托车 | 15% | 45% | 10% |
| 贵金属（金、银） | 30% | — | 10% |
| 钻石 | 50% | — | 10% |
| 农具 | — | — | 10% |
| 其他五金制品 | 15% | — | 10% |
| 塑料制品 | 7% | — | 10% |
| 发电机 | 15% | — | 10% |
| 纸类 | 7% | — | 10% |
| 水泥 | 7% | — | 10% |
| 钢铁 | 7% | — | 10% |
| 玻璃 | 7% | — | 10% |
| 铝材 | 7% | — | 10% |
| 化肥 | — | — | 10% |
| 汽油、柴油 | 30% | — | 10% |
| 机油、润滑油 | 30% | — | 10% |

资料来源：柬埔寨海关

在东盟自由贸易协定的共同有效关税体制下，从东盟其他国家成员国进口、满足原产地规则规定的产品可享受较低的关税税率。按照整体关税减让时间表规定，到2010年，除少数特例商品外，柬埔寨关税税率降至0%～5%。

## 二、对外国投资的市场准入的规定

1. 投资主管部门

柬埔寨发展理事会是唯一负责重建、发展和投资监管事务的一站式服务机构，由柬埔寨重建和发展委员会和柬埔寨投资委员会组成。该机构负责对全部重建、发展工作和投资项目活动进行评估和决策，批准投资人注册申请的合格投资项目，并颁发最终注册证书。

但对于下列条件的投资项目，需提交内阁办公厅批准：（1）投资额超过5000万美元；（2）涉及政治敏感问题；（3）矿产及自然资源的勘探与开发；（4）可能对环境产生不利影响；（5）基础设施项目，包括BOT、BOOT、BOO和BLT项目；（6）长期开发战略。

2. 投资行业的规定

柬埔寨政府视外国直接投资为经济发展的主要动力。柬埔寨无专门的外商投资法，对外资与内资基本给予同等待遇，其政策主要体现在《投资法》及其修正法等相关法律规定中。

【鼓励投资的领域】柬埔寨政府鼓励的重点投资领域主要是：新兴产业或高科技工业；能创造就业机会的产业；增加出口的产业；旅游工业；农用工业产品的生产加工；基础设施建设及能源生产；发展各省和农村及环保产业，以及在依法建立的特别开发区投资。

【限制投资的领域】《投资法修正法实施细则》列出了禁止柬埔寨和外籍实体从事的投资活动，包括：制造或加工文化产品；锯木材、薄板、夹板、以本地原木作为原材料生产的木制产品；DBSA产品；影响社会健康或环境的有毒化学制品；生产有毒化学制品或是利用有毒介质；制造治疗精神病的物质和麻醉药品；制造武器及军火等。

此外，该细则还列出了“不享受投资优惠的投资活动”和“可享受免缴关税，但不享受免缴利润税的特定投资活动”。

【开放但有一定限制的领域】对外国投资者开放但有一定限制的产业：香烟制造；酒精工业；电影制作；开采宝石；黏土制瓦和砖块（空心或实心）；大米碾磨；木雕及石雕；丝织等。对外国投资有特别限制的服务活动则有：出版业、印刷、电台及电视节目活动等。

【对外国公民的限制】《投资法》对土地所有权和使用作出规定：（1）用于投资活动的土地，其所有权须由柬埔寨籍自然人、或柬埔寨籍自然人或法人直接持有51%以上股份的法人所有；（2）允许投资人以特许、无限期长期租赁和可续期短期租赁等方式使用土地。投资人有权拥有地上不动产和私人财产，并以之作为抵押品。

3. 投资方式的规定

【外国直接投资】在柬埔寨进行投资活动比较宽松，不受国籍限制（土地法有关土地产权的规定除外）。除禁止或限制外国人介入的领域外，外国投资人可以个人、合伙、公司等商业组织形式在商业部注册并取得相关营业许可，即可自由实施投资项目。但拟享受投资优惠的项目，需向柬埔寨发展理事会申请投资注册并获得最终注册证书后方可实施。获投资许可的投资项目称为“合格投资项目”。

【合资企业】合格投资项目可以合资企业形式设立。合资企业可由柬埔寨实体、柬埔寨及外籍实体或外籍实体组成。柬埔寨王国政府机构亦可作为合资方。股东国籍或持股比例不受限制，但合资企业拥有或拟拥有柬埔寨王国土地或土地权益的除外。在此情况下，非柬埔寨籍实体的自然人或法人合计最高持股比不得超过49％。

【合格投资项目合并】两个或以上投资人，或投资人与其他自然人或法人约定合并组成新实体，且新实体拟实施投资人合格投资项目，并享受合格投资项目最终注册证书规定投资优惠及投资保障的，新实体需向投资委员会书面申请注册为投资人，并申请将合格投资项目最终注册证书转让新实体。

【收购合格投资项目】投资人或其他自然人或法人收购合格投资项目所有权，且拟享受合格投资项目最终注册证书规定投资优惠及投资保障的，应向投资委员会提出收购申请，将合格投资项目最终注册证书转让新实体。收购人为未注册自然人或法人的，需先申请注册为投资人。

投资人股份转让造成受让方取得投资人控制权的，投资人须向投资委员会提出转让申请，并提供受让人名称和地址。

## 三、柬埔寨关于企业税收的规定

1. 税收体系和制度

柬埔寨实行全国统一的税收制度，并采取属地税制。1997年颁布的《税法》和2003年颁布的《税法修正法》为柬埔寨税收制度提供法律依据。

2. 主要税赋和税率

现行赋税体系包括的主要税种是：利润税、最低税、预扣税、工资税、增值税、财产转移税、土地闲置税、专利税、进口税、出口税、特种税等。柬埔寨对私人投资企业所征收的主要税种和税率分别是：利润税9％、增值税10％、营业税2％。

【利润税】利润税应税对象是居民纳税人来源于柬埔寨或国外的收入，及非居民纳税人来源于柬埔寨的收入。税额按照纳税人公司类型、业务类型、营业水平而确定使用实际税制、简化税制或预估税制计算。除0％和9％的投资优惠税率外，一般税率为20％，自然资源和油气资源类税率为30％。

【最低税】最低税是与利润税不同的独立税种，采用实际税制的纳税人应缴纳最低税，合格投资项目除外。最低税税率为年营业额的1％，包含除增值税外的全部赋税，应于年度利润清算时缴纳。利润税达到年度营业额1％以上的，纳税人仅缴纳利润税。

【预扣税】居民纳税人以现金或实物方式支付居民的，按适用于未预扣税前支付金额的一定税率预扣，并缴纳税款。税率有15％、10％、6％和4％四种。从业居民纳税人向非居民纳税人支付利息、专利费、租金、提供管理或服务的报酬、红利等款项的，应按支付金额的14％预扣，并缴纳税款。

【工资税】工资税是对履行工作职责获得工资按月征收的赋税。柬埔寨居民源于境内及境外的工资，及非居民源于柬埔寨境内的工资应缴纳工资税，由雇主根据以下分段累进税率表预扣。

表2 柬埔寨工资税税率表

| 月应税工资（瑞尔） | 税率（％） |
|---|---|
| 0～500000 | 0 |
| 500001～1250000 | 5 |
| 1250001～8500000 | 10 |
| 8500001～12500000 | 15 |
| 12500000以上 | 20 |

资料来源：柬埔寨发展理事会

【增值税】增值税按照应税供应品应税价值的10％税率征收。应税供应品包括：柬埔寨纳税人提供的商品或服务；纳税人划拨自用品；以低于成本价格赠与或提供的商品或服务；进口至柬埔寨的商品。对于出口至柬埔寨境外的货物，或在柬埔寨境外提供的服务，不征收增值税。

【其他税赋】柬埔寨其他税种及税率如下表所示：

表3 柬埔寨其他税种及其税率

| 税种 | 税率 |
|---|---|
| 针对特定商品或服务征收的特种税<br>国内及国际航空机票<br>国内及国际电信<br>饮料<br>烟草、娱乐、大型车辆、排气量125cc以上摩托<br>石油产品、排气量2000cc以上汽车 | <br>10％<br>3％<br>20％<br>10％<br>30％ |
| 财产转移税<br>不动产和某些类型车辆的所有权转让 | 转让价值的4％ |
| 土地闲置税（超过1200平方米以上的部分征收） | 评估价值的2％ |
| 专利税（企业年度注册时缴纳） | 300美元 |
| 房屋土地租赁税 | 租金的10％ |

## 四、柬埔寨对外国投资的优惠

1. 优惠政策框架

柬埔寨政府给予外资与内资基本同等的待遇，《投资法》及其修正法为外国投资提供了保障和相对优惠的税收、土地租赁政策。此外，外国投资同样可享受美、欧、日等28个国家/地区给予柬埔寨的普惠制待遇（GSP)。

【投资保障】柬埔寨政府对投资者提供的投资保障包括：(1) 对外资与内资基本给予同等待遇，所有的投资者，不分国籍和种族，在法律面前一律平等；(2) 柬埔寨政府不实行损害投资者财产的国有化政策；(3) 已获批准的投资项目，柬埔寨政府不对其产品价格和服务价格进行管制；(4) 不实行外汇管制，允许投资者从银行系统购买外汇转往国外，用以清算其与投资活动有关的财政债务。

【投资优惠】经柬埔寨发展理事会批准的合格投资项目可取得的投资优惠包括：(1) 免征投资生产企业的生产设备、建筑材料、零配件和原材料等的进口关税；(2) 企业投资后可享受3～8年的免税期（经济特区最长可达9年)，免税期后按税法交纳税率为9%的利润税；(3) 利润用于再投资，免征利润税；分配红利不征税；(4) 产品出口，免征出口税。

2. 行业鼓励政策

柬埔寨行业鼓励政策主要体现在农业和旅游业两个方面。

【农业】在吸引外商投资农业产业上，柬埔寨政府依据投资法对开发种植1000公顷以上的稻谷、500公顷以上的经济作物、50公顷以上的蔬菜种植项目；对畜牧业存栏在1000头以上、饲养100头以上的乳牛项目、饲养家禽10000只以上项目；以及占地5公顷以上的淡水养殖、占地10公顷以上的海水养殖项目均给予支持和优惠待遇。主要鼓励措施是：(1) 项目在实施后，从第一次获得盈利的年份算起，可免征盈利税的时间最长为8年。如连续亏损则被准许免征税。如果投资者将其盈利用于再投资，可免征其盈利税；(2) 政府只征收纯盈利税，税率为9%；(3) 分配投资盈利，不管是转移到国外，还是在柬埔寨国内分配，均不征税；(4) 对投资项目需进口的建筑材料、生产资料、各种物资、半成品、原材料及所需零配件，均可获得100%免征其关税及他赋税，但该项目必须是产品的80%供出口的投资项目。

【旅游业】自柬埔寨王国政府提出优先发展旅游业的战略以来，柬埔寨旅游业的经济功能受到了充分重视，为旅游业的产业化发展奠定了良好基础。十多年来，旅游业成为柬埔寨国民经济的主要增长点和支柱产业。目前全国大多数省市都把发展旅游业作为首要工作之一，将旅游产业定位于“优先发展行业”、“支柱产业”、“特色产业”来加快发展。据统计，2004～2007年柬埔寨国内外私人投资资金中用于旅游业建设的资金就达11.069亿美元，用于基础设施建设的资金达14.44亿美元。2006～2010年国际援助资金中，用于旅游业的为3000万美元，用于基础设施建设的为88000万美元。在2008～2010年公共投资计划资金中，旅游业投资3247万美元。

3. 特别经济区政策

2005年12月，《关于特别经济区设立和管理的148号次法令》颁布，特别经济区体制在柬埔寨开始施行。柬埔寨发展理事会下设的柬埔寨特别经济区委员会是负责特别经济区开发、管理和监督的一站式服务机构，特别经济区管委会是在特别经济区现场执行一站式服务机制的国家行政管理单位，由柬埔寨特别经济区委员会设立，并在各特别经济区常驻。至2008年底，斯登豪、曼哈顿、柴柴、欧宁、金边和西哈努克等六个特别经济区已获政府正式批准，另有五家也已取得特别经济区委员会许可。

特别经济区次法令规定特别经济区委员会应向全部特别经济区提供优惠政策。《投资法》修正法规定，位于特别经济区的合格投资项目有权享受与其他合格投资项目相同的法定优惠政策和待遇。经济区开发商和区内投资企业可享受的优惠投资政策见表4。

表4　特别经济区享受的优惠政策

| 受益人 | 优惠政策 |
|---|---|
| 经济区开发商 | 1. 利润税免税期最长可达9年<br>2. 经济区内基础设施建设使用设备和建材进口免征进口税和其他赋税<br>3. 经济区开发商可根据《土地法》取得国家土地特许，在边境地区或独立区域没立特别经济区，并将土地租赁给投资企业 |
| 区内投资企业 | 1. 与其他合格投资项目同等享受关税和税收优惠<br>2. 产品出口国外市场的，免征增值税。产品进入国内市场的，应根据数量缴纳相应增值税 |

续表

| 受益人 | 优惠政策 |
| --- | --- |
| 全体 | 1. 经济区开发商、投资人或外籍雇员有权将税后投资收入和工资转账至境外银行<br>2. 外国人非歧视性待遇、不实行国有化政策、不设定价格 |

资料来源：柬埔寨发展理事会

## 五、柬埔寨关于劳动就业的规定

### （一）劳工法的核心内容

1997年颁布的柬埔寨《劳工法》，是完全参照西方发达国家劳动标准制定的，要求较为严格，现实执行中更强调保护劳工权益。该法规反映出柬埔寨政府劳工政策的原则思路：积极实施技术人才本地化战略，千方百计地解决其国内劳动力大量过剩的问题，努力寻找国外就业市场。严格控制外劳输入，只有柬埔寨缺乏的技术、管理人才，才能获准在柬埔寨工作。

【原则规定】《劳工法》为劳动者权益提供全面保护，该法主要原则性规定如下：（1）严格禁止强迫或强制劳动；（2）雇主雇用或解雇工人时，应在雇用或解雇之日起1.5日内向劳动主管部门书面申报；（3）雇主用工人数超过8个的，应制定企业内部规章制度；（4）允许就业的最低年龄为15岁，工作性质涉及危害健康、安全或道德的，最低就业年龄为18岁。

【签订劳动合同】劳工与雇主通过劳动合同建立工作关系。劳动合同受普通法管辖，以书面或口头形式订立雇主签订或存续雇佣合同时，不得要求交纳抵押金或任何形式保证金。工作合同分为试用（一般雇员不得超过3个月，专业工人不得超过2个月，非专业工人不得超过1个月），定期（不得超过2年，可一次或多次续签，续签期限也不得超过2年）和不定期三种。

【终止劳动合同】固定期限劳动合同通常在指定截止日终止。但经双方达成协议，也可提前终止合同。该协议需以书面形式订立，劳动监察员在场见证，由合同双方签署。合同双方未达成协议的，除非因严重不当行为或不可抗力，不得提前终止。合同一方以上述以外原因提前终止合同的，另一方有权获得至少与其合同终止日期应得报酬或遭受损失相当的赔偿金。合同一方拟不予续签时，应提前通知另一方（合同期限超过6个月的，提前10天；合同期限超过1年的，提前15天），未提前通知的，合同应按其原始合同相等期限予以延期。

不定期劳动合同可由合同任一方自由中止（例外情况除外）拟终止合同的一方应书面提前通知另一方。

【劳工报酬】《劳动法》对劳动者工资作出如下规定：劳动主管部门制定最低保障工资标准，劳工工资至少应与最低保障工资相同。工资应以硬币或纸币形式直接支付工人本人，工人同意以其他方式支付的除外。工人工资每月应至少支付2次，间隔最多不得超过16天，雇员工资每月至少支付1次。

【工作时间】工人工作时间（不论性别）每天不得超过8小时，或每周不得超过48小时，严禁安排同一劳工每周工作六天以上。因特殊和紧急工作需工人加班的，加班工资应为正常工资的150%，在夜间或每周休息日加班的，加班工资为正常工资的200%。工作计划需进行轮班的，正常情况下企业仅可安排两班（早班和下午班），夜间工作须按照上述加班工资标准支付（“夜间”是指包含22点至凌晨5点，且至少连续11小时的一段时间）。

【假期】同一工人每周工作时间不得超过6天，周歇班应至少持续24小时，且原则上安排在星期日。全部工人均有权享受带薪假，按每连续工作1个月休假1天半计算，在此基础上劳工资历每增加3年，带薪假增加1天一发生直接影响工人直系亲属的事件，雇主应准予该工人特别假（最多不超过7天）。女工有权享受90天产假，产假期间，应发放其一半的工资和津贴；产假后返厂工作的2个月内，应指派其从事轻微劳动。

【工会】无论劳工或雇主均有权不需预先核准，自主组建专业组织，以集体或个人方式研究、促进组织章程所涉及人员。

### （二）外国人在柬埔寨工作的规定

根据柬埔寨有关劳工法规，任何企业雇用外国劳工必须向柬埔寨劳工部申请，并遵守以下规定：

1. 需要雇佣外籍专业技术和管理人员的企业，必须在每年11月底前向劳工部申请下一年度雇佣外劳的指标，每个企业所雇佣的外劳不得超过企业职工总数的10%。未申请年度用工指标，将不被允许雇佣外劳。

2. 雇佣外劳必须满足以下条件：雇主必须提前取得在柬工作的合法就业证；必须合法进入柬埔寨王国；必须持有有效护照；必须持有有效的居留许可证；必须有足够的适应企业需要的技能，且无传染病。

### 六、与投资合作相关的主要法律

《投资法》制约所有柬埔寨人和外国人在柬埔寨境内的投资活动，对投资主管部门、投资程序、投资保障、鼓励政策、土地所有权及其使用、劳动力使用、纠纷解决等作出明确的规定。

《投资法修正法》是对《投资法》的补充和修正。在投资申请、投资项目购进与合并、合资经营、税收、土地所有权及其使用、劳动力、惩罚等方面给出相关定义，并作出明确规定。

《关于柬埔寨发展理事会组织与运作法令》规定了柬埔寨投资主管部门——柬埔寨发展理事会的组织结构、职权任务和运作方式。

《关于特别经济区设立和管理的第148号法令》规定了建立经济特区的法律程序，经济特区的管理框架与任务、对经济特区的鼓励措施、对出口加工生产区的特别措施、劳动力管理与使用、职业培训、侵权与纠纷的解决。

《商业管理与商业注册法》对商业公司的成立、组织、运作、解散、转让和变更做出了规定，对公司的类型进行了划分。

《商业合同法》规定了所有类型合同的成立、履行、解释和执行。它也进一步详细地描述了某些类型的合同，比如销售合同、租赁合同、借贷合同、个人财产抵押和担保。

［来源：改编自商务部国际贸易经济合作研究院、商务部投资促进事务局、中国驻柬埔寨大使馆经济商务参赞处共同主编《对外投资合作国别（地区）指南——柬埔寨》. 2009年版第33～48页］

## 印度尼西亚对外国投资合作的法规和政策

### 一、对外贸易的法规和政策规定

1. 贸易主管部门

印尼主管贸易的政府部门是贸易部，其职能包括制定外贸政策，参与外贸法规的制定，划分进出口产品管理类别，进口许可证的申请管理，指定进口商和分派配额等事务。

2. 贸易法规体系

印尼与贸易有关的法律主要包括《贸易法》《海关法》《建立世界贸易组织法》《产业法》等。与贸易相关的其他法律还涉及《国库法》《禁止垄断行为》和《不正当贸易竞争法》等。与投资有关的法律主要包括《外国投资法》《国内投资法》。

3. 贸易管理的相关规定

除少数商品受许可证、配额等限制外，大部分商品均放开经营。2007年底，印尼贸易部宣布了进出口单一窗口制度，极大简化了管理程序。

【关税管理】印尼对大部分进口产品征收从价税，但对大米和糖类等产品征收从量税。

印尼进口产品的关税分为一般税率和优惠税率两种。根据《中国—东盟全面经济合作框架协议货物贸易协议》，2007年起对自中国进口的产品关税将降至8%。2009年起自最惠国进口产品的税率由5%降为0%。2010年前中国与印尼将逐步削减关税，将对绝大多数产品实行零关税。

【进口管理】印尼政府对某些产品实行进口许可管理制度。该制度分为自动许可和非自动许可。印尼政府对氟氯化碳、溴化甲烷、危险物品、酒精饮料及包含酒精的直接原材料、工业用盐、乙烯和丙烯、爆炸物及其直接原材料、废物废品、旧衣服9类进口产品实行自动许可管理；对丁香、纺织品、钢铁、合成润滑油、糖类、农用手工工具6类产品实行非自动许可管理。

同时，印尼政府通过配额和许可证两种形式实施自动许可和非自动许可管理。只有酒精饮料及包含酒精的直接原材料这一类产品采用配额形式。进口配额只发放给经批准的国内企业。进口许可证适用于工业用盐、乙烯和丙烯、爆炸物、机动车、废物废品、危险物品，并将许可证发放给有资格的生产型企业。获得许可的企业只能将这些进口物品自用于生产。合成润滑油、人造甜料、农用手工工具的进口许可证只发给经批准的进口商。

【出口管理】印尼禁止出口活鱼产品、低质橡胶、橡胶原材料、未加工的鳄鱼皮、废铁品（除原产于batam半岛的之外）、圆木和木片、受《濒临野生动植物国际贸易公约》［Convention on International Trade in Endangered Species of Wild Flora and Fauna（CITES）］保护的野生动物和自然植物、尿素。此外，印尼禁止向以色列出口任何产品。

印尼主要采取出口指导和出口控制两种出口限制形式。出口指导产品须符合印尼的出口审批要求。这类出口指导产品涉及活牛、活鱼、棕榈果仁、含铅铝的铁矿石、石油、尿素化肥、鳄鱼皮、未受保护的野生动植物、未加工的金银品、各种金属材料的废品等产品。此外，印尼对出口控制产品采取出口许可证和配额两种方式进行管理。这类出口控制产品涉及咖啡、纺织品服装、橡胶、胶合板或类似的复合木板、柚木、混合藤条和藤条半成品。

【贸易壁垒】技术型贸易壁垒：印尼要求所有的进口药品都要在食品药品管理局（BPOM）进行注册后方可在市场上销售。药品注册分为传统药品注册和化学药品注册，二者的注册程序不同。化学药品注册申请人必须为药品出口国生产商指定的印尼销售代理商或批发商，如果要在印尼生产，则由指定的印尼制药工厂提出申请，药品出口国生产商无权申请药品注册。这一规定使出口国生产商丧失了药品注册的权利，不利于保护出口企业的利益。

其他壁垒：“灰色清关”问题突出。大部分出口至印尼的中国集装箱货物，大多通过印尼的清关公司办理通关手续。据估计印尼有近300家清关公司。据了解，目前的“灰色清关”行情是，除了要交纳关税和10%的增值税外，20尺的集装箱要另交给清关公司400～600美元，40尺的集装箱要交600～1000美元。而中国货物属于薄利多销，单位价值低，按照集装箱的个数交纳清关费用对中国企业不利。

4. 进出口检验检疫的相关规定

【卫生与植物卫生措施】印尼所有进口食品必须注册，进口商必须向印尼药品食品管理局申请注册号，并由其进行检测。检测过程繁琐且费用昂贵，每项检测费用从5万印尼盾（约合6美元）到250万印尼盾（约合300美元）不等，每一件产品的检测费用在100万印尼盾（约合120美元）到1000万印尼盾（约合1200美元）之间。此外，印尼药品食品管理局在测试过程中要求提供极其详细的产品配料和加工工艺情况说明，这可能涉及商业秘密。这些规定加重了出口商的负担。

2007年11月，印尼针对新鲜球茎蔬菜采取更为严格的检验检疫措施和技术要求，以提高印尼新鲜植物产品的国际竞争力。此次颁布的植物产品进口检验检疫要求是印尼政府自2007年第二次针对进口植物产品的修改规定，重点对以球茎形式进口的新鲜蔬菜的检验检疫和技术两方面提出要求。在检验检疫方面，该规定扩大了证书要求范围，除了需具备与2005年法规相同的原产国权威机构签发的证书外，经转运的产品还须被提供转运国授权的证书。在技术要求方面，该规定加严了原产国无虫害地区的调查及对植物性检疫虫害进行风险分析。上述规定在一定程度上提高了中国植物产品的出口门槛。

5. 海关管理的相关规定

【管理制度】印尼关税制度的基本法律是1973年颁布的《海关法》。现行的进口关税税率由印尼财政部于1988年制定。自1988年起，财政部每年以部长令的方式发布一揽子“放松工业和经济管制”计划，其中包括对进口关税税率的调整。印尼进口产品的关税分为一般关税和优惠关税两种。印尼关税制度的执行机构是财政部下属的关税总局。

【关税税率】根据WTO对各成员2006年进口关税水平的统计，2006年印尼的简单平均进口关税税率为9.5%。其中，工业品的简单平均税率为9.2%，农产品为11.4%。印尼对超过99%的进口产品征收从价税，但对大米和糖类等进口产品征收从量税。

根据《中国—东盟全面经济合作框架协议货物贸易协议》，自2007年起，印尼对自中国进口的产品关税降至8%。在2010年前，中国与印尼将逐步削减进口关税，对绝大多数进口产品实行零关税。

## 二、对外国投资的市场准入的规定

1. 投资主管部门

印尼主管国内投资和外国投资的政府部门分别是：投资协调委员会、财政部、能矿部。其职责分工是：印尼投资协调委员会负责促进外商投资，管理工业及服务部门的投资活动，但不包括金融服务部门；印尼财政部负责管理金融服务部门的投资活动，包括银行和保险部门；印尼能矿部负责批准能源项目，而与矿业有关的项目则由能矿部的下属机构负责。

2. 投资行业的规定

【鼓励、限制、禁止投资的领域】根据2007年第25号《投资法》，印尼国内外投资者可自由投资任何营业部门，除非已为法令所限制与禁止。法令限制与禁止投资的部门包括生产武器、火药、爆炸工具与战争设备的部门。另外，根据该法规定，基于健康、道德、文化、环境、国家安全和其他国家利益的标准，政府可依据总统令对国内与国外投资者规定禁止行业。相关禁止行业或有条件开放行业的标准及必要条件，均由总统令确定。

2007年7月4日，印尼颁布第25号《投资法》的衍生规定，即《2007年关于有条件的封闭式和开放式投资行业的标准与条件的第76号总统决定》和《2007年关于有条件的封闭式和开放式行业名单的第77号总统决定》。根据这两个决定，25个行业被宣布为禁止投资行业，仅能由政府从事经营，禁止外商投资的行业主要包括无线电广播与电视广播、公路设备、经营机动车辆定期检验、含酒精饮料工业、糖精工业和黑锡金属工业等。另外，有43个行业鼓励中小型企业投资，36个行业为有条件开放的投资行业。

2007年7月5日，印尼出台新的电信投资法案，该法案规定外资对手机公司的所有权从95%下降到65%，对固线电话公司的控股比例降为49%。外资对印尼航空公司的所有权比例上限为49%。为了限制外资对战略性行业的控股比例，外资对机场和海港的所有权上限为49%。该法案不影响现有的合资项目。该法案从2007年7月4日起生效，有效期为三年。

3. 投资方式的规定

【合资企业】根据2007年第25号《投资法》及相关规定，在规定范围内，外国投资者可与印尼的个人、公司成立合资企业。

【独资企业】依照印尼《投资法》的规定，外国直接投资可以设立独资企业，但须参照《非鼓励投资目录》规定，属于没有被该《目录》禁止或限制外资持股比例的行业。

【股票收购】外国投资者可以通过公开市场操作，购买上市公司的股票，但受到投资法律关于对外资开放行业相关规定的限制。

## 三、印尼关于企业税收的规定

1. 税收体系和制度

印尼实行中央和地方两级课税制度，税收立法权和征收权主要集中在中央。现行的主要税种有：公司所得税、个人所得税、增值税、奢侈品销售税、土地和建筑物税、离境税、印花税、娱乐税、电台与电视税、道路税、机动车税、自行车税、广告税、外国人税和发展税等。

2. 主要税赋和税率

【所得税】2008年7月17日印尼国会通过了新《所得税法》，个人所得税最高税率从35%降为30%，分为四档：5000万盾以下，税率5%；5000万盾至2.5亿盾，税率15%；2.5亿盾至5亿盾，税率25%，；5亿盾以上者，税率30%。

企业所得税率：2009年为过渡期税率28%，2010年后降为25%。印尼对中、小、微型企业还有鼓励措施，减免50%的所得税。

【增值税】一般情况下，对进口、生产和服务等征收10%的增值税。

【印花税】印花税是对一些合同及其他文件的签署征收3000或6000印尼盾的象征性税收。

## 四、印尼对外国投资的优惠

1. 税收政策

根据2007年印尼《有关所规定的企业或所规定的地区之投资方面所得税优惠的第1号政府条例》，印尼政府对有限公司和合作社形式的新投资或扩充投资提供所得税优惠。提供的所得税优惠包括：(1)企业所得税税率为30%（根据新《所得税法》，2010年后为25%），可以在6年之内付清，即每年支付5%；(2)加速偿还和折旧；(3)在分红利时，外资企业所缴纳的所得税税率是10%，或者根据现行的有关避免双重征税协议，采用较低的税率缴税；(4)给予5年以上的亏损补偿期，但最多不超过10年。上述所得税优惠，由财政部长颁发，并且每年给予评估。

外企用于研究开发、奖学金、教育和培训以及废物处理的开支可列入成本并从毛收入中提扣；对政府鼓励的重点领域，可提供8～10年亏损结转或提高设备及建筑物折旧率；开创性行业的投资，企业所得税可由政府承担10～12年。

对用于生产出口产品而进口的货物可退进口税；对于在国内购买用于生产出口产品的物资免增值税和奢侈品税；企业可自由选择在国内或国外购买生产所需要的原料。

为发展某些区域的经济建设，如印尼东部地区或者偏远地区，印尼政府已开辟几个综合经济发展区，在这些区域的投资者，可获以下优惠措施：给予30%的投资补助；加速折旧和摊提；亏损结转可延长10年；关于红利的10%的所得税，若双方在税务协议上取得一致，则还可再降低。

对于在保税区内设立的企业，有以下优惠措施：对于进口生产过程中所需要的资本货物、设备以及原料可免进口税、所得税以及奢侈品的增值税；允许企业将50%的最终出口产品通过正常的进口手续转移到国内市场，若非最终出口产品，可100%转移到国内市场；允许将一些边角料或废料销入印尼关境内，但含有生产所用材料的量不超过5%；允许这些企业将自己的机器设备出借给保税区以外的或无出口加工地位分包商进行深加工，期限不超过两年；如果这些企业将其产品从保税区或出口加工转口区交到这些区域以外的分包商或是这些区域内的其他公司进行深加工，则对其免征增值税和奢侈品销售税。

2. 投资促进政策

自2007年1月1日起，印尼政府对6种战略物资豁免增值税，即原装或拆散属机器和工厂工具的资本物资（不包括零部件），禽畜鱼饲料或制造饲料的原材料，农产品，农业、林业、畜牧业和渔业的苗或种子，通过水管疏导的饮用水，以及电力（供家庭用户6600瓦以上者例外）。

2007年2月，为吸引外商进入印尼，与当地企业合作从事渔类加工业，印尼政府准备采取多项税收措施，具体包括免除国内加工鱼产品的出口税，减轻渔业加工机械进口税，减免收入税及增值税，在综合经济开发区和东部地区投资的企业还可获得土地建设税减免优惠。

2007年8月，印尼中央与地方政府实行投资审批一站式服务。实行一站式服务之后，每个部门都派代表到投资统筹机构办事处，以便加快办理审批手续。依据2007年第25号《投资法》第30条第7款，需要中央政府审批的投资领域包括对环保有高破坏风险的天然资源投资，跨省级地区的投资，与国防战略和国家安全有关的投资。

### 五、印尼关于劳动就业的规定

（一）劳工法的核心内容

印尼国会于2003年2月25日通过第13/2003号《劳工法》，对劳工提供相当完善的保护。但因部分规定过于偏袒劳工方，大幅提高了劳工成本，影响印尼产品之竞争力。2006年，印尼政府决定修订该法，但因劳工方强烈示威抗议，劳工法修订工作无果而终。印尼的第13/2003号劳工法的要点如下：

【离职金】由原来薪水的7个月，调高到9个月。

【罢工】劳工因反对公司相关政策而举行罢工，雇主仍需支付罢工劳工工资，但劳工必须事先通知雇主与主管机关，且必须在公司厂房范围内进行罢工。如劳工违反罢工程序，罢工即属非法，雇主可暂时禁止劳工进人工厂并可不必支付罢工工资。

【工作时限】每星期工作时间为40小时。

【离职补偿】对于自愿离职与触犯刑法的劳工，雇主可不必支付补偿金（compensation），但需支付劳工累积的福利金（worker's accumulated Lenefits）。

【童工】准许雇佣童工工作，每日以3小时为限。

【临时工】合同临时工以3年为限。

【休假】连续雇佣工作满6年的劳工可享有2个月的特别休假（但服务满第7年及第8年时，开始享有每年休假1个月，但在此两年期间不得享有原有每年12天的年假，另特别休假的2个月休假期间只能支领半薪）。

此外，依印尼政府规定，外国人投资工厂应允许外国人自由筹组工会组织。全国性的工会联盟有全印尼劳工联盟（SPSI）和印尼工人福利联盟（SBSI）。

（二）外国人在印尼工作的规定

印尼劳工总政策旨在保护印尼本国的劳动力，解决本国就业问题。根据这一总政策，印尼目前只允许引进外籍专业人员，普通劳务人员不许引进。对于印尼经济建设和国家发展需要的外籍专业人员，在保证优先录用本国专业人员的前提下，允许外籍专业人员依合法途径进人印尼，并获工作许可。受聘的外国技术人员，可以申请居留签证和工作准证。

【手续】受聘的外籍专业人员到达印尼前必须履行下列手续：印尼公司聘用的外籍专业人员向印尼政府主管技术部门提出申请；取得劳工部批准；到移民厅申请签证。

【申请】外国合资公司聘用的外籍人员须向印尼投资协调委员会提出申请，内容为：（1）雇主的姓名和在印尼的地址；（2）聘用人员的姓名和地址；（3）简述拟聘用人员就任的职位、聘用期限、工资及其他福利待遇；（4）雇主拟议或执行中的培训印尼人未来胜任该职位的计划；（5）有关部门的介绍信。

### 六、与投资合作相关的主要法律

主要法律有：《投资法》《公司法》《所得税法》《劳动法》《知识产权法》《破产法》《贸易法》《海关法》等。

［来源：改编自商务部国际贸易经济合作研究院、商务部投资促进事务局、中国驻印度尼西亚使馆经济商务参赞处共同主编.《对外投资合作国别（地区）指南——印度尼西亚》. 2009年版第25～33页］

## 老挝对外国投资合作的法规和政策

### 一、对外贸易的法规和政策规定

1. 贸易主管部门

老挝贸易主管部门为老挝工业与贸易部（下设省市工业与贸易厅、县工业与贸易办公室），主要职责是制订、实施有关法律法规，发展与各国、地区及世界的经济贸易联系与合作，管理进出口、边贸及过境贸易，管理市场、商品及价格，对商会或经济咨询机构进行指导以及企业与产品原产地证明管理等。

2. 贸易管理法律体系

老挝与贸易相关的主要法律有《投资促进管理法》《关税法》《企业法》《进出口管理令》《进口关税统一与税率制度商品目录条例》等。

3. 贸易管理的相关规定

老挝所有经济实体享有经营对外经济贸易的同等权利，除少数商品受禁止和许可证限制外，其余商品均可进出口。

【禁止进口商品】枪支、弹药、战争用武器及车辆；鸦片、大麻；危险性杀虫剂；不良性游戏；淫秽刊物等5类商品禁止进口。

【禁止出口商品】枪支、弹药、战争用武器及车辆；鸦片、大麻；法律禁止出口的动物及其制品；原木、锯材、自然林出产的沉香木；自然采摘的石斛花和龙血树；藤条；硝石；古董、佛像、古代圣物等9类商品禁止出口。

【进口许可证管理商品】活动物、鱼、水生物；食用肉及其制品；奶制品；稻谷、大米；食用粮食、蔬菜及其制品；饮料、酒、醋；养殖饲料；水泥及其制品；燃油；天然气；损害臭氧层化学物品及其制品；生物化学制品；药品及医疗器械；化肥；部分化妆品；杀虫剂、毒鼠药、细菌；锯材；原木及树苗；书籍、课本；未加工宝石；银块、金条；钢材；车辆及其配件（自行车及手扶犁田机除外）；游戏机；爆炸物等25类商品进口需许可证。

【出口许可证管理商品】活动物（含鱼及水生物）；稻谷、大米；虫胶、树脂、林产品；矿产品；木及其制品；未加工宝石；金条、银块等7类商品出口需许可证。

4. 进出口商品检验检疫

老挝对各类动植物产品的进口有检疫要求，要求对进口产品的特征及进口商的相关信息进行检查。

【动物检疫】根据老挝动物检疫规定，活动物、鲜冻肉及肉罐头等进口商须向农林部动物检疫司申请动物检疫许可证。商品入境时由驻口岸的动物检疫员查验产地国签发的动物检疫证和老挝农林部签发的检疫许可证。

【植物检疫】老挝农林部负责植物检疫工作。进口植物及其产品须在老挝的边境口岸接受驻口岸检查员检查，并出示产品原产国有关机构签发的植物检疫证。

5. 海关管理的相关规定

【管理制度】老挝政府于1994年12月颁布实施《统一制度和进口关税商品目录条令》，2005年5月颁布实施《关税法》及2001年10月颁布实施《商品进出口管理法令》等法律法规，对海关管理作了系列规定。其中《关税法》对进出口商品限制、禁止种类、报关、纳税、仓储、提货、出关、关税文件管理及报关复核等作了相关规定。

【关税税率】老挝关税分自主关税、协定关税、优惠关税、减让关税和零关税等五种不同的税率。详情可参看《统一制度和进口关税商品目录条令》及有关关税调整通知等文件。

【报关流程】货物进入仓库→过磅→做仓库临时报关单→打货物临时报关单→报海关审核→报海关领导签字→打税单上税→海关检验货物→付仓库费→海关作记录、进关。

【报关所需材料】老挝投资部批文、企业投资许可证、企业申请报告、企业营业执照（复印件）、企业税务登记（复印件）和货物老文清单（含数量、价格、重量、规格等）。

## 二、对外国投资的市场准入的规定

1. 投资主管部门

老挝中央政府设有外国投资管理委员会，由总理、副总理等官员组成。日常管理外国投资的机构是老挝国内国外投资管理局。投资管理局审批外国投资申请后，向投资委提出项目意见，并按政府的计划和法定程序直接代表政府和外国投资者签订合同。

2. 投资行业的规定

老挝鼓励外国投资者以多种投资方式到老挝各个领域投资，如：农林、农林加工业；手工、服务业；生态环境和生物保护；重要工业用原料及设备生产；使用先进工艺和技术的产业；基础设施特别是交通、运输建设；饭店旅游及过境服务等。

3. 投资方式的规定

老挝投资法规定：外国投资者可以选择的投资方式，一是和老挝国内投资者成立合资企业（外国投资者的出资额不得少于注册资金的30%），二是成立独资企业；外国投资者有权租用、转让老挝的土地并有权转让在自己所租用土地上兴建的动产和不动产；老挝政府不干涉外国投资者的行政、经营管理；在招聘劳务人员时，要优先招聘老挝公民，如果专业特殊，外国投资者也可招聘外国人。外国投资者可以通过设在老挝的银行把自己的合法收入汇回本国家或第三国。

## 三、老挝关于企业税收的规定

1. 税收体系和制度

目前老挝实行全国统一的税收制度，外国企业和个人与老挝本国的企业和个人一样同等纳税。老挝共有6个税种，其中间接税含营业税和消费税2种，直接税含利润税、最低税、所得税、手续和服务费等4种。经老挝国会通过，2010年1月1日起实行增值税。

2. 主要税赋和税率

【营业税】指个人、法人或者机构在老挝境内进行商品买卖和服务时必须按比例缴纳营业税（部分免税商品除外），缴纳比例一般为5%和10%，但出口商品免交营业税。

【消费税】老挝政府规定：燃油、酒（含酒精）类、软饮料、香烟、化妆品、烟花和扑克牌、车辆、机动船只、电器、游戏机（台）、娱乐场所服务、电信服务、彩票和博彩业服务等15类商品和服务项目必须缴纳消费税，具体税率从10%～110%不等。

【所得税】老挝政府规定：薪金、劳务费、动产和不动产所得、知识产权、专利、商标所得等必须缴纳所得税，具体税率以30万基普为起征点，30～150万基普为5%、150～400万基普为10%、400～800万基普为15%、800～1500万基普为20%、1500万基普以上为25%。外国人按总收入的10%计征。

【利润税】按可收税利润（6千万基普以上）的35%计征。

【红利税】公司股东年终分红时须缴纳红利税，税率10%。

【最低税】生产单位每年需缴纳最低税，即年度收入的0.25%计征。

【增值税】消费者在购买产品同时需额外支付产品进项价格10%的增值税。

## 四、老挝对外国投资的优惠

1. 优惠政策框架

老挝对外来投资者的优惠政策主要是减免利润税及进口生产原料、设备和交通工具的关税等，满足投资者在土地和自然资源使用以及国内劳务使用的需求，同时在居住和进出境方面给予便利等。

2. 行业鼓励政策

老挝鼓励外国投资的行业有：（1）出口商品生产；（2）农林、农林加工和手工业；（3）加工、使用先进工艺和技术、研究科学和发展、生态环境和生物保护；（4）人力资源开发、劳动者素质提高、医疗保健；（5）基础设施建设；（6）重要工业用原料及设备生产；（7）旅游及过境服务。

税收优惠政策方面：（1）进口用于在老挝国内销售的原材料、半成品和成品可享受减征或免征进口关税、消费税和营业税。即：进口经有关部门证明并批准的原材料可免征进口关税和营业税；进口老挝国内有但数量不足的半成品5年内可按最高正常税率减半征收进口关税和营业税；进口经有关部门证明并批准的老挝国内有但数量不足或质量不达标的配件可按照东盟统一关税目录中的税率征收配件关税及消费税。（2）进口的原材料、半成品和成品在加工后销往国外的，可享受免征进口和出口的关税、消费税和营业税。（3）经老挝计划投资部批准进口的设备、机器配件可免征进口关税、消费税和营业税。（4）经老挝计划投资部或相关部门批准进口的老挝国内没有或有但不达标的固定资产可免征第一次进口关税、消费税和营业税。（5）经老挝计划投资部或相关部门批准进口的车辆（如载重车、推土机、货车、35座以上客车及某些专业车辆等）可免征进口关税、消费税和营业税。（6）将利润用于扩大再投资的，可减免下年利润税。（7）进口项目所需设备、原料和车辆可按相关规定减免进口关税。（8）来料加工出口产品可免出口关税。

投资项目优惠政策方面：老挝政府对部分优先发展行业采取投资项目优惠政策，如投资医院、学校等项目可按情形享受场地使用租金优惠和额外的5年利润税减免政策等。

3. 地区鼓励政策

老挝政府根据不同地区的实际情况给予投资优惠政策：（1）一类地区，指没有经济基础设施的山区、高原和平原。按项目类别可减免征4～10年的利润税。（2）二类地区，指有部分经济基础设施的山区、高原和平原。按项目类别可减免征2～8年的利润税。（3）三类地区，指有经济基础设施的山区、高原和平原。按项目类别可减免征1～6年的利润税。免征利润税时间按企业开始投资经营之日起算；如果是林木种植项目，从企业获得利润之日起算。

此外，企业还可以获得以下4项优惠：(1) 在免征或减征利润税期间，企业还可以获得免征最低税的优惠；(2) 利润用于拓展获批业务者，将获得免征年度利润税；(3) 对直接用于生产车辆配件、设备，老挝国内没有或不足的原材料，用于加工出口的半成品等进口可免征进口关税和赋税；(4) 出口产品免征关税。对用来进口替代的加工或组装的进口原料及半成品可以获得减征关税和赋税的优惠；经济特区、工业区、边境贸易区以及某些特殊经济区按照各区的专门法律法规执行。

### 五、老挝关于劳动就业的规定

(一) 劳动法的核心内容

老挝国会于2006年12月通过《劳动法》(修改稿)，有关工时、加班、工休、年休、解聘、工资或工薪及加班费、社保待遇等内容简介如下：

【工时】普通工作，每周6天，每天不超过8小时，或者一个星期不超过48小时；特殊工作，如辐射性或疾病传染性工作、接触有毒烟雾或气味和危险化学物品的工作、在地下或隧道或水底下或天上的工作、冷热不正常的场所工作、振动性作业等每天不能超过6小时或每周不超过36小时。

【加班】用工者在征得工会或劳工代表及本人同意后可以要求工人加班，加班时长每月不超过45小时或每天不超过3小时，非紧急情况下如灾害或者对劳动单位造成巨大损失等则禁止连续加班。

【工休】劳动者有权每周休息一天，时间可协商确定；法定休息日休息；劳动者在出具医院证明情况下有权申请病假，但每年不得超过30天，病假期间有权获得正常工资；按天数、时数或承包量计算者，必须工作满90天后才能按个人投保情况获得劳动报酬。

【年休】工作满1年及以上者，可以申请休15天年假；从事重体力劳动或有害身体健康工作者可以申请休18天年假，休假期间获得正常工资。年假时间不能将每周休息日、法定休息日计算在内。

【解聘】雇佣双方需解除劳动合同时，体力劳动者需提前至少30天、专业技术劳动者需提前15天告知对方。有规定期限的劳动合同须在期限结束前至少35天告知对方，需继续合作者，合同双方需重新签订劳动合同；按工作量规定的劳动合同须在工作完成后才终止，如果受雇期间死亡，雇佣者须按实际完成工作量给受雇者支付工资及其他相关补助。

【工资或工薪】老挝政府按不同的工作种类制定不同的最低工资标准。加班费分两种情况：正常工作日加班者，白天以日常工资150%计算，晚上以200%计算；法定节假日、公休日加班者，白天一日以日常工资250%计算，晚上以300%计算；晚上(22:00～5:00) 轮值班补贴日常工资的15%。

【社保待遇】任何劳动单位必须参加强制性社会保险。

(二) 外国人在老挝工作的规定

老挝劳动社会福利部于1999年3月颁布实施《外籍劳工引进和使用管理决定》。该决定规定进入老挝务工人员必须身体健康并具有一定技能；需要引进外籍劳工单位和个人必须向老挝劳动社会福利部劳务司递交引进申请并注明所需数量、专业、时间等内容；获得批准后，用工单位须持相关材料到劳务司进行劳工登记 (材料含：登记申请、引进批准书、护照、健康证、学历证或技能证明、简历、劳动合同、2张相片)；外籍劳工入老工作的期限为半年或一年。需要延期者须办理延期手续 (需递交的材料有：延期申请、用工者评价及推荐信、工作证、完税证明等)。

另外，按老挝《外国投资促进管理法》规定，外国投资者使用外籍劳工，长期工作者不能超过本企业劳工总人数的10%；临时工作者根据相关部门批准确定。

### 六、与投资合作相关的主要法律

《民法》规定了老挝的自然人之间、法人之间以及自然人与法人之间的财产关系，为私有财产提供保护。

《企业法》规定了企业成立、组织、运作、解散、转让和变更，划分企业类型，规范企业章程。

[来源：改编自商务部国际贸易经济合作研究院、商务部投资促进事务局、中国驻老挝大使馆经济商务参赞处共同主编.《对外投资合作国别 (地区) 指南——老挝》. 2009年版第23～28页]

## 马来西亚对外国投资合作的法规和政策

### 一、马来西亚对外贸易的法规和政策规定

1. 贸易主管部门

马来西亚主管对外贸易的政府部门是国际贸易和工业部 (http：//www. miti. gov. my)，主要职责

是：负责制定投资、工业发展及外贸等有关政策；拟定工业发展战略；促进多双边贸易合作；规划和协调中小企业发展；促进和提升私人企业界和土著的管理和经营能力。

2. 贸易法规体系

马来西亚主要对外贸易法律有《海关法》《海关进口管制条例》《海关出口管制条例》《海关估价规定》《植物检疫法》《保护植物新品种法》《反补贴和反倾销法》《反补贴和反倾销实施条例》《2006年保障措施法》《外汇管理法令》等。

3. 贸易管理的相关规定

马来西亚实行自由开放的对外贸易政策，部分商品的进出口会受到许可证或其他限制。

【进口管理】马来西亚实行宽松的商品进口管理政策，除对一些涉及健康、安全、道德和动植物保护等原因而禁止进口的商品和一部分实行进口许可管理（有关商品目录会定期公布）的商品，如汽车马达、车壳、摩托车、基本钢材产品、咖啡、原糖等外，其他商品都可以自由进口。马来西亚政府主要通过进口关税和消费税来调节商品进口，政府从推动贸易自由化的目标出发，定期调整关税税率，有关进口关税的削减通常是通过年度预算案公布。为体现公平竞争原则，马来西亚政府对许多商品的采购实行公开招标制度，外国供货商可以直接或通过其代理进行投标。此外，为稳定国内市场，马来西亚政府也规定一些关系国计民生的商品和原料性商品如大米、水泥等，必须由国家指定或批准的公司经营。

【出口管理】马来西亚政府规定，大部分商品可以自由出口至除以色列外的任何国家。但是，部分商品需获得政府部门的出口许可，包括短缺物品、敏感或战略性及危险性产品，以及受国家公约控制或禁止进出口的野生保护物种。此外，马来西亚对出口商品的管理划分为三类：禁止出口商品、实行出口许可管理的商品和自由出口的商品。禁止出口的商品主要有：珊瑚、藤条、海龟蛋和所有以以色列为目的港的出口商品；实行出口许可管理的商品主要有：出于健康、卫生、动植物保护、安全和保证国内稳定需求等原因需加强管理的商品和实行被动配额管理的纺织品等。国际贸易与工业部及国内贸易与消费者事务部负责大部分商品出口许可证的管理。

为了鼓励和促进出口的发展，马来西亚政府实行了一系列措施，如对以出口为导向的外国投资的制造业给予股权方面的优惠待遇。除马来西亚中小企业有能力生产的特定产品外，申请投资制造业的外商投资企业不限出口比例均可拥有100%的股权、对出口产品实行全额退税、对出口促销的各种费用给予所得税抵减、为出口企业提供出口信贷融资计划和为中小企业发展出口提供优惠贷款等。此外，为了稳定国内市场供应或鼓励深加工产品出口，马来西亚政府也对一些出口商品，如原棕油、橡木、活动物等征收出口税。

4. 进出口商品检验检疫

马来西亚要求所有肉类、加工肉制品、禽肉、蛋和蛋制品必须来自经农业部兽医服务局检验和批准的工厂，所有进口产品必须获得兽医服务局颁发的进口许可证。

所有肉类、加工肉制品、禽肉、蛋和蛋制品必须通过网教中心的清真认证，牛、羊、家禽的屠宰场以及肉蛋加工设备必须获得穆斯林发展部的检验和批准。

5. 海关管理规章制度

【管理制度】马来西亚关税有两种归类系统：一种用于东盟内部贸易，税则号为6位数字；另一种用于与其他国家贸易。国际贸易及工业部下属关税特别顾问委员会负责对关税进行评审，每年在政府预算中公布。

【关税水平】马来西亚关税99.3%是从价税，0.7%是从量税、混合税和选择关税。2005年，马来西亚最惠国关税简单平均关税税率约8.1%。

## 二、对外国投资的市场准入的规定

1. 投资主管部门

马来西亚主管工业领域投资的政府部门是贸工部下属的马来西亚工业发展局（http://www.mida.gov.my），主要职责是：制定工业发展规划；促进制造业和服务业领域的国内外投资；审批工业执照、外籍员工职位以及企业税务优惠，协助企业落实和执行投资项目。

马来西亚其他行业投资由马来西亚外资委员会（FIC）及有关政府部门负责，FIC负责审批外资持股比例，而政府部门则负责其业务有关事宜的审批。

2. 投资行业的规定

【限制的行业】外商投资下述行业会在股权方面受到严格限制：金融、保险、法律服务、电信、直销及分销、房地产开发、基础设施建设、汽车制造及组装等。一般外资持股比例不能超过30%或50%。

【鼓励的行业】马来西亚政府鼓励外国投资进入其出口导向型的生产企业和高科技领域。

马来西亚比较适合外国投资的主要产业包括：(1) 原材料产品领域，包括棕油、橡胶以及农渔业；(2) 石油化工行业；(3) 电子电器业；(4) 机械制造业；(5) 清真食品业；(6) IT类高科技产业；(7) 生物科技业；(8) 产品出口至东盟其他国家的制造加工业。

3. 投资方式的规定

【直接投资】外商可直接在马来西亚投资设立各类企业，开展业务。直接投资包括现金投入、设备入股、技术合作以及特许权等。

【跨国并购】马来西亚允许外资收购本地注册企业股份，并购当地企业，但某些领域，尤其是服务业的外资股权会限制较多。一般而言，在制造业、采矿业、超级多媒体地位公司、伊斯兰银行等领域，外资可获得100%股份；但如果设立或收购上市公司，须保留30%股份予当地土著。

【股权收购】马来西亚股票市场向外国投资者开放，允许外国企业或投资者收购本地企业上市，但须获得马来西亚外资委员会（FIC）批准。外国投资者在吉隆坡股票交易所购买上市公司的股票，其购买量占上市公司股份5%以下的，无需向证券委员会报告；购买量达到或超过上市公司股份5%，投资者应通知上市公司秘书，由其向证券委员会报告；购买量达到或超过上市公司股份33.3%，需要获得证券委员会的许可，同时还须向公司其他股东公布收购情况。

## 三、马来西亚关于企业税收的规定

1. 税收体系和制度

马来西亚联邦政府和各州政府实行分税制。联邦财政部统一管理全国税务，负责制定税收政策，由其下属的内陆关税局（征收直接税）和皇家关税局（征收间接税）负责实施。直接税包括所得税和石油税等；间接税包括国产税、关税和进出口税、销售税、服务税和印花税等。各州政府征收土地税、矿产税、森林税、执照税、娱乐税和酒店税、门牌税等。外国公司和外国人与马来西亚企业和公民一样同等纳税。

2. 主要税赋和税率

【公司税】自2006年起的3年内，公司税从28%开始，每年降低1个百分点。截至2008年底，马来西亚的公司税为26%。但对缴足资本低于250万马币的公司，第一个50万马币收入的税率为20%，以后收入的税率为26%。

【个人所得税】采用0%～28%的累进税率，并可获得减免，起征点为2500马币。对在马来西亚短期逗留和在马来西亚工作不满60天的非居民取得的收入可免税。

【预扣税】非居民公司或个人应缴纳预扣税，特殊所得（动产的使用、技术服务、提供厂房及机械安装服务等）为10%；专利所得为10%；利息为15%；大众演出所得为15%；依照合同获得承包费用：承包商缴纳15%、雇员缴纳3%。

【销售税】对所有在马来西亚制造的产品和进口商品征税，平均税率为10%，税率范围为5%～25%。

【消费税】税率通常为5%，在服务收费或销售物品时征收，起征点介于15万至50万马币之间。

【进口税】大多数进口货物需缴纳进口税，税率分从价税和特定税，从价税率介于2%～300%。

【出口税】马来西亚对包括原油、原木、锯材和棕榈油等在内的资源性产品出口征收出口税。

【印花税】企业资产首次达到10万马币的，征收1%的印花税，超过该金额的，征收2%的印花税。对于可转让票据，税率为0.3%。

【国产税】本地制造的一些特定产品，包括香烟、酒类、纸牌、机动车辆等，须缴纳国产税。

## 四、马来西亚对外国投资的优惠

1. 优惠政策框架

外国投资在马来西亚享受最惠国待遇，政府主管部门通过个案核准形式批准其享有的优惠政策，这些政策一般以直接或间接的减税形式体现。马来西亚鼓励投资的优惠措施主要包括：

【新兴产业地位】获得新兴产业地位称号的公司可获准部分减免所得税，即可仅就其法定所得的30%缴纳所得税。免税期为五年。

【投资税赋抵减】获得投资税赋抵减奖励的公司，自符合规定的第一笔资本支出起五年内，所发生符合规定资本支出的60%，可享受投资税赋抵减。

【高科技企业】高科技公司、从事科学研究与开发及在“多媒体超级走廊”内设立电子信息通讯科技企业的，5年内免缴所得税。

【外商企业】向马来西亚国内公司或个人转让先进技术的外商企业，其技术转让费免缴所得税；涉及国家重大利益和对国家经济发展有重大影响的战略性项目，10年内免缴企业所得税。

【环保产业】投资于环保产业领域，5年内公司营业利润的70%免缴所得税；从事植树造林的，10年内免缴企业所得税。

【粮食生产企业】投资于财政部核定的粮食生产（包括槿麻、蔬菜、水果、药用植物、香料、水产物及牛羊等牲畜饲养）的企业，10年内免缴企业所得税。

【出口型企业】出口型企业如出口额增长30%，出口增加额的10%免缴所得税，如其出口额增长50%，出口增加额的15%免缴所得税。

【营运总部和采购中心】在马来西亚设立地区营运总部和采购中心的，5年内免缴所得税，5年期满后，经申请核准后，可再延长5年免缴所得税。

【进口原材料和零部件】为生产出口产品（出口量占其生产量的80%以上）而进口的原材料和零部件免缴进口税。马来西亚国内不能生产或虽能生产但质量或标准不符要求的机械设备，免征进口税和销售税。

【服务业项目的原材料和零部件及其消耗品】直接用于财政部核准的服务业项目的原材料和零部件及其消耗品，如马来西亚国内无法生产或虽能生产但质量或标准不符要求的，可免缴进口税和销售税，本地采购的设备和机械免缴销售税和国产税。

2. 行业鼓励政策

【清真食品加工及认证】凡生产清真食品的公司，自符合规定的第一笔资本支出之日起五年内所发生符合规定资本支出的100%可享受投资税赋抵减。

【多媒体超级走廊公司】为了成为全球信息与通讯技术产业的中心，马来西亚政府于1996年制定了信息与通讯技术计划，即“多媒体超级走廊”。所有取得多媒体超级走廊地位的公司都可享受马来西亚政府提供的一系列财税、金融鼓励政策及保障，主要包括：提供世界级的硬件及资讯基础设施；无限制地聘请国内外知识型雇员；公司所有权自由化；长达10年的税收豁免政策或五年的财税津贴等。

【鼓励发展生物科技】马来西亚《2007年财政预算报告》公布了一系列新举措，鼓励在生物科技领域的投资，推动生物科技的发展。投资鼓励政策包括：第一，生物科技公司从首年盈利开始，免交10年所得税；第二，从第11年开始缴纳20%的所得税，优惠期仍为10年；第三，在生物科技领域进行投资的个人和公司，将减去与其原始资本投资相等的税收，并获得前期的融资支持；第四，生物科技公司在进行兼并或收购时，可免征印花税，并免交5年的不动产收益税；第五，用于生物科技研究的建筑物可获得有关的工业建筑物津贴。

3. 地区鼓励政策

2007年10月，马来西亚政府公布了投资伊斯干达特区的优惠措施，实施区域为特区的首个中心地区（即Node 1），国内外投资者均可享受该优惠措施。主要内容是：特区鼓励创意、教育服务、金融咨询、保健、物流和旅游这6个领域，特区首个中心点主要发展休闲、住宅、金融和高端工业园等。财务优惠措施包括：对于具有特区地位的公司而言，在2015年前开业的特区地位公司，可免税10年；非国民预扣的服务税和权利金可获10年豁免。对于发展商而言，2015估税年前，在区内第一中心出售土地所获得的法定收入可免税；2020估税年前，商业建筑物租赁或买卖收入免税；非国民的服务税、利息及权利金豁免预扣税直至2015年12月31日。对于产业发展管理人而言，提供管理、监督或行销服务的产业发展管理人，法定收入可免税直至2020年估税年；提供相关服务的非国民，可免预扣税直至2015年12月31日。非财务优惠措施包括：豁免遵守外国投资委员会条例。享有宽松的外汇管理，其中包括：向国民支付或收取外币；向境内银行及非国民借贷任何数额的外币；可用外币在境内及境外投资；可将出口收入保留在境内；聘请外国专门人才无限制，境外专业人才可进口或购买免税汽车自用。

## 五、马来西亚关于劳动就业的规定

（一）劳工法的核心内容

马来西亚劳工法令包括《1955年雇用法》《1967年劳资关系法》《1991年雇员公积金法》《1969年雇员社会保险法》，主要内容如下：

【1955年雇用法】适用于所有月薪不超过1500马币的雇员及所有体力劳动者。规定：每个雇员必须有书面合约；工资须在受薪期结束后的7天内支付；正常工作时数，每天不得超过8小时，或每周48小时；超时加班工作的补贴为平时工作的1.5倍，假日及假期为2倍；女性工人不得在晚上10点至早上5点之间从事农业或工业类工作。

【1991年雇员公积金法】雇主为雇员强制缴纳公积金，比例不少于雇员月薪的11%。但2008年10月，马来西亚政府宣布，自2009年1月起，雇员公积金缴纳比例可降低到8%，为期两年。

【1969年雇员社会保险法】包括职业伤害保险计划与养老金计划，职业伤害保险缴纳比例为雇员

月薪的1.25%，养老金缴纳比例为雇员月薪的1%。

【1967年劳资关系法】调整资方、劳方与工会之间关系，包括预防和解决劳资争端；规定工会的权利、集体谈判的范围及程序、通过仲裁公平迅速解决争端等。

（二）外国人在马来西亚工作的规定

马来西亚政府鼓励各类公司培训和使用本地员工，但因其国内劳动力短缺，允许在部分领域雇佣外国劳工。这些领域为建筑业、种植业、服务业（佣人、餐馆工人、清洁工人、货物搬运工人、收容所、洗衣店及岛屿度假胜地工人，以及高尔夫球俱乐部的球童）以及制造业。自2008年全球金融危机爆发后，马来西亚政府暂停了部分领域外劳引进工作。外国人在马来西亚工作必须获得工作许可。

外资公司可雇用外籍员工担任公司管理职务，也可将某些主要职位永久保留给外国人。规定如下：外国公司缴足资本在200万美元以上者，可自动获得最多10个外籍员工职位，包括5个关键性职位；执行员职位的外籍员工雇用期最长可达10年，非执行员可达5年。外国公司缴足资本超过20万美元但少于200万美元者，可自动获得最多5个外籍员工职位，包括至少1个关键性职位；执行员职位的外籍员工雇用期最长可达10年，非执行员的可达5年。外国公司缴足资本少于20万美元者，外籍职位核定将依据以下原则考虑：（1）缴足资本达到14万美元（约50万马币），可考虑给予关键性职位；（2）具备专业资格及实际经验的执行员职位可考虑获得10年雇用期，具备专业资格及实际经验的非执行员可达5年，但是公司必须培训马来西亚国民使其最终能接任该职位；（3）关键性职位及时限的数目依据个案而定。

马来西亚国民拥有的制造业公司，可依要求自动获得所需的技术性外籍职员位置，包括研发职位。马来西亚工业发展局负责工业公司外籍职位的审批工作。

### 六、与投资合作相关的主要法律

《合同法》规定了合同的订立、撤销、履行、代理等内容，是马来西亚民商法律的基础。

《公司法》对公司登记成立、股份债券、抵押登记、公司管理、股份公司、公司账目与审计以及公司清盘作出了详细规定，还明确了投资公司、外国公司的概念。

《工业协调法》规定了从事制造业的公司，如果投资超过250万马币，或其全职雇员超过75人，必须向贸工部（MITI）申请工业执照；工业执照需每年申请更新。

《投资促进法》是马来西亚工业投资促进方面最重要的法律，投资优惠措施以直接或间接税赋减免形式出现，直接税激励指对一定时期内所得税进行部分或全部减免，间接税激励则以免除进口税、销售税或消费税的形式出现。

《劳资关系法》调整资方、劳工和工会之间的关系，预防与解决劳资争端。

在马来西亚办理投资合作相关手续，需向当地律师、专门秘书或代理机构以及相关咨询机构寻求帮助，有关政策事项也可与中国驻当地使馆经济商务参赞处/经商室联系。

［来源：改编自商务部国际贸易经济合作研究院、商务部投资促进事务局、中国驻马来西亚大使馆经济商务参赞处共同主编.《对外投资合作国别（地区）指南——马来西亚》. 2009年版第29～39页］

## 缅甸对外国投资合作的法规和政策

### 一、对外贸易的法规和政策规定

1. 贸易主管部门

缅甸贸易主管部门为缅甸商务部，负责办理批准颁发进出口营业执照、签发进出口许可证，管理举办国内外展览会、办理边境贸易许可、研究缅甸对外经济贸易问题、制定和颁布各种法令法规等。下设贸易司和边贸司，边贸司在各边境口岸设有边境贸易办公室，负责办理边境贸易各种事务。缅甸私商从事对外贸易须通过进出口贸易注册办公室领取营业执照，申领进出口许可证，在国家政策许可范围内自由从事对外贸易活动。

2. 贸易法规体系

现行与贸易管理相关的法律和规定有：《缅甸联邦进出口贸易（临时）管理法》（1947年）、《缅甸联邦贸易部关于进出口商必须遵守和了解的有关规定》（1989年）、《缅甸联邦进出口贸易实施细则》（1992年）、《缅甸联邦进出口贸易修正法》（1992年）、《缅甸联邦关于边境贸易的规定》（1991年）等。

3. 贸易管理的相关规定

1988年以来，缅甸政府实行市场经济，允许私人从事对外贸易，对外贸易实行许可证管理制度。

1989年3月31日，缅甸政府颁布《国营企业法》，宣布实行市场经济，并逐步对外开放。缅甸政府放宽了对外贸的限制，允许外商投资，农民可自由经营农产品，私人可经营进出口贸易，并开放了同邻国的边境贸易。

自2006年以来，在中缅边境地区出口的木材及矿产品贸易，需获得缅甸商务部、林业部木材公司出具的证明及中国驻缅甸使馆经济商务参赞处的证明。

4. 进出口商品检验检疫

缅甸进出口检验检疫工作由农业部主管。《缅甸植物检疫对外投资合作国别（地区）指南法》（1993年）规定禁止有害生物通过各种方法进入缅甸；切实有效抵制有害生物；对准备运往国外的植物、植物产品，必要时给予消毒、灭菌处理，并发给植物检疫证书。无论是从国外进口的货物，还是旅客自己携带的物品入境时，都必须接受缅甸农业服务公司的检查、检疫。

《缅甸植物细菌防疫法》（1993年）规定不论任何人未取得进口许可证，不准从国外进口植物、植物产品、细菌、有益生物和土壤。必要时对即将运往国外的植物或植物产品进行杀虫和灭菌工作，发给无菌证书。根据接收国的需要，规定进行检验的方法。

《缅甸联邦对从事进出口贸易的最新规定》对进出口需要申报进行植物检疫的商品作了详细规定。

5. 海关管理规章制度

《缅甸海关进出口程序》（1991年）对禁止进出口的物品作了详细规定，《缅甸海关计征制度及通关程序》对进出口关税、通关程序作了详细规定。与海关管理相关的法规还有：《海洋关税法》（1978年）、《陆地海关法》（1924年）、《关税法》（1953年）、《国家治安建设委员会1989年第4号令》、《商业税法》（1990年）、《进出口管制暂行条例》（1947年）、《外汇管制法》（1974年）。

## 二、对外国投资的市场准入的规定

1. 投资主管部门

缅甸投资委（Myanmar Investment Committee）是主管投资的部门。其主要职能：根据《缅甸联邦外国投资法》《缅甸联邦公民投资法》的规定，投资委对申报项目的资信情况、项目核算、工业技术等进行审批、核准并颁发项目许可证，在项目实施过程中提供必要帮助、监督和指导，同时也受理许可证协定时限的延长、缩短或变更的申请等。

缅甸投资委员会由相关经济部门领导组成，自2007年以来，由畜牧水产部长貌貌登准将兼任投资委主席，国家计划与经济发展部副部长都迎佐上校兼任秘书长，商务部长、交通部长、建设部副部长为投资委员会成员。国家计划与经济发展部下属的投资和公司管理局主管公司设立及变更登记、投资建议分析及报批、对投资项目的监督等习常事务。

2. 投资行业的规定

缅甸政府欢迎外国企业到缅甸投资，其允许投资的范围广泛，包括农业、畜牧水产业、林业、矿业、能源、电力、制造业、建筑业、交通运输业和贸易等。

【农业】缅甸是农业大国，闲置土地和农村劳动力众多，逾60%的人口在农村，热带、亚热带地区的农产品均可以开发种植。缅甸政府欢迎外国公司来缅甸进行农业资源开发投资及农产品种植、加工。农业部是缅甸从事农业开发、发展的职能部门。外资来缅甸进行农业投资的程序是通过农业部上报。农业投资没有控股的任何限制，外国公司可以通过合资、独资形式与缅甸开展合作，作为合资公司外资最低要占到35%的份额。投资时间不分长短，多年生、一年生植物种植均可。土地可以出租，租赁期限可长达30年，期满后根据要求还可以5～10年续租。农业部有5000英亩（约2025公顷）的审批权，超过5000英亩（约2025公顷）要通过农业部上报。可垦荒地的年租金为15美元/英亩，农民的熟地不属出租范围。

【畜牧水产业】缅甸有长达3200公里的海岸线，与之相连的是22.9万平方公里的大陆架以及48.6万平方公里的专属经济区。缅甸领海的渔业开采还相对较少。缅甸的渔业可分为淡水渔业和海水渔业。淡水渔业可以依靠广阔的河流和大量降雨来实现。同时，很多地方也利用池塘、湖泊和水库进行渔业养殖，按照联合国关于海洋法会议制定的相关条款，考虑到与邻国共同分享盈余的渔业资源，缅甸渔业部从1989～1990年开始批准渔业合作捕捞项目以及合资公司的建设。缅甸渔业发展潜力巨大，具备了成为渔业大国的基本条件，同时也可以成为外国投资者出口海外的工厂所在地。

【林业】缅甸有丰富的林业资源。缅甸林业部行使林业的管理职能，主要从事植树造林、林产品生产加工等。植树造林属于林业司管理；林产品加工方面由林业部下属的林业公司管理；伐木要在保持生态平衡的基础上实行可持续发展，需要经过上报、审批。

缅甸政府鼓励外国公司来缅建立林产品加工厂，但是要与缅甸国家木材公司合作。缅甸政府非常鼓励外国公司来缅甸植树造林，尤其十分欢迎进行柚木、硬木等珍贵林木种植。缅甸十分欢迎外国企业到缅甸开展竹类、林木资源方面的开发与合作。1993年始，缅甸政府规定木材须经林业部下属的国家木材公司通过招标方式才能出口，并限制原木出口。缅甸《外国投资法》规定，外资可独资或与缅甸国营和私营木材公司合资进行林业开发合作。合作公司中，外资占股份49%，缅方占51%，外资以机械设备和技术入股，利润按股比分成，缅甸政府保证年供应1.2万吨柚木和杂木；独资公司中，缅甸政府以土地、原材料入股，享有25%的利润股。

【矿业】缅甸矿产资源丰富，重要的矿产有铜、金、铅、锌、银、锡、钨、锑、铬、镍。缅甸的矿产储量在亚洲国家中处于领先地位，但资源很少得以开发利用。缅甸矿业部的政策目标就是尽快提高目前矿物产量，以满足国内日益增长的对矿石和金属制品的需求，同时扩大出口。根据缅甸政府规定，外资企业有意向与缅甸开展矿业合作，需按程序直接与缅甸矿业部接洽，提出申请并取得相关许可证后才能视为合法。缅甸矿业部负责矿产资源开发与合作，下设矿业司、地质调查与矿产勘探司、第一矿业公司、第二矿业公司、第三矿业公司、珠宝公司、珍珠公司、盐业公司8个公司。

缅甸对外资开发矿产的程序是：提出项目建议—勘探—实验—提交可行性研究报告—提交项目建议书—缅方安排与有关矿业公司合作。合同期限根据不同的矿种，由双方谈判确定；每个项目都有具体的地域划分。截至2008年底，以上程序不适用珠宝矿，缅甸珠宝矿不允许外国公司实验、开采，只允许加工。

【石油和天然气】缅甸《外国投资法》颁布以来，缅甸能源部邀请了许多外国石油公司来缅甸和缅甸石油天然气公司合作，以产品分成合同方式(PSC)开采原油和天然气。缅甸共与13个国家44家公司签订了60份不同种类的合同，共涉及56个海上和陆上区块。目前，有23份合同正在24个海上及陆上石油区块执行。

【电力】缅甸在水力发电方面的潜力巨大，伊洛瓦底江、锡唐、萨尔温江以及亲敦江通过水力发电可以生产5000万千瓦的电力。截至2007年底，缅甸全国电力装机总容量为190.44万千瓦，其中水电站共有28座，装机容量74.6万千瓦。自实行市场经济体制以来，全国对电力的需求不断增加，缅甸政府鼓励外国投资者在缅甸投资水力发电厂项目。

【制造业】缅甸制造业尚未发展起来。缅甸外国投资法和公民投资法鼓励发展劳动密集型产业，如纺织厂、制鞋厂、电子零件厂等。此外，为了促进工业的进一步发展，缅甸政府也鼓励建立劳动密集型产业。

3. 投资方式的规定

【投资方式】根据外国投资法规定，外商投资活动可以通过外商独资的形式来实现，也可以与缅甸的个人、私有企业、合作社或者国有企业组成合资公司来完成。在所有的合资公司里，外商至少要占到本公司35%以上的股份。酒店以及房地产项目可以采取BOT（建造、运营和转让体系）方式，而自然资源的开发和开采则可以采用PSC（产品分成合同）方式。

经许可组建的企业，必须优先招聘缅甸公民。但是如果确属需要，缅甸管理外资的机构联邦投资委员会允许企业适当招聘外国专家和技术人员。外国公司经批准与缅甸国营公司、合作社组建企业，必须签订合同。如合同期限未满签约双方同意终止合同，必须向投资委员会提出申请，经委员会审查认为情况属实，即批准终止合同。经允许成立的外资企业也像缅甸企业一样必须向缅甸保险公司投注机器、火灾、水灾、人身伤害保险。

由于缅甸外汇短缺，政府优先发展可以为国家节省外汇或增加创汇的项目。电力、能源、农业和铁路交通等属于重点发展的领域。虽无明文规定，但一般而言，涉及国防的敏感项目、贵重矿产资源（如金矿、玉矿）的开发和少数民族地区的项目一般不允许外国公司介入。

【外商投资的最低标准】缅甸投资委公布的外商投资的最低金额是：生产制造业为50万美元，服务业为30万美金，投资可以是货物也可以是现金的形式。在缅甸通常列为外国资本的包括：外国人经批准注入企业的外国资金、机器设备、机器部件、机器零配件、工具等企业确实需要而国内又没有的物资；执照商标、专利等无法计价的知识、技术；企业增值利润、再投资等。目前，由投资委根据投资数额来决定投资时间的长短。

【土地利用】根据现行的缅甸土地法，任何外国的个人和公司不得拥有土地，但可以长期租用土地用于其投资活动。

## 三、缅甸关于企业税收的规定

1. 税收体系和制度

缅甸的财政税收由5个部所属的6个局管理。如下图

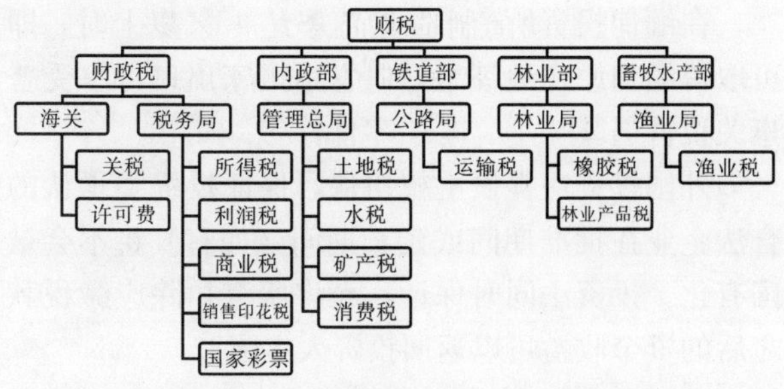


图3—1　缅甸财政和税收管理部门及相关税收表

缅甸财政税收体系包括对国内产品和公共消费征税、对收入和所有权征税、关税、对国有财产使用权征税四个主要项目下的15种税费。以上税收由不同部门管理，其中缅甸国家税务局管理占89%以上的政府各项税收。

2. 主要税赋和税率

【所得税】缅甸所得税法于1974年颁布，个人、企业、公司及其他团体产生的源于缅甸的所得都要缴税，非缅甸居民只对在缅甸的所得赋税。所得税主要包括企业所得税、个人所得税和资产获得税。

表1　缅甸所得税税率一览表

| 项目 | 纳税人 | 税率（%） |
|---|---|---|
| 1 | 公司 | 30 |
| 2 | 外资企业 | 30 |
| 3 | 外国组织从事国家项目的 | 30 |
| 4 | 从事国际项目的外国人 | 20 |
| 5 | 非本地人来自国外的收入 | 10 |
| 6 | 当地外国人收入 | 15 |
| 7 | 当地资产所得 | 10 |
| 8 | 非当地外国人资产所得 | 40 |
| 9 | 工资 | 3～30，收入超过500001缅币按30% |
| 10 | 个人非公开所得 | 5～35，超过20000001缅币按35% |
| 11 | 非本地外国人 | 35或以上的税率 |
| 12 | 合作性社团 | 3～30，收入超过500001缅币按30% |
| 13 | 国有企业 | 30 |

资料来源：缅甸财税部国税局，2008年9月

【利润税】1976年利润税法颁布，税基是私人公司和自营者的收入、利润、资本所得，所得税法没有征收项目的适用于该法，当选择两种税赋之一时，公民必须提供相关证明给当地财税部门。税率从3%～50%不等。

【商业税】1990年制定了商业税法，代替了原来的货物和服务税法，适用于所有部门，是在产品生产和销售过程中征收的税赋，既适用国内产品也适用进口产品。

表2　缅甸商业税税率一览表

| 项目类号 | 商品表 | 税率（%） |
|---|---|---|
| 1 | 72 | 免税 |
| 2 | 58 | 5 |
| 3 | 134 | 10 |
| 4 | 91 | 20 |
| 5 | 55 | 25 |
| 6 | 19（特殊商品） | 30～200 |
| 7 | 10种服务 | 5～30 |

资料来源：缅甸财税部国税局，2008年9月

【印花税】1935年颁布了印花税条例，印花税包括确定（根据法院收费条例）和非确定（根据缅甸印花税条例）的印花税。

【彩票税】昂巴勒国家彩票是唯一的官方彩票，1938年设立，直到1989年3月每两个月开一次，国家彩票委员会是发行彩票并且征税的唯一合法组织，2005年11月一等奖达到50000000缅币，60%销售所得用于奖金，40%用于彩票税，以上前两项是直接税，后两项是间接税。

【关税】新的《关税法》共四章，将商品按统一代码（H·S）分成6062个税目。

表3　缅甸关税税率表

| | | |
|---|---|---|
| 第一章 | 进口税 | 由24个税率组成，税率范围为0%～40% |
| 第二章 | 特许税 | 免税或最高为10% |
| 第三章 | 出口税 | 一般出口税不计税，但以下商品计税：大米及其制品，按每公吨100缅元计征；豆类及其他作物、油籽饼、生皮和皮，5%；竹，5% |
| 第四章 | 边境出口税 | 0%～15% |

资料来源：缅甸财税部国税局，2008年9月

## 四、缅甸对外国投资的优惠

1. 优惠政策框架

为了鼓励外国在缅甸投资，缅甸政府特别注意在税收方面实行优惠的政策措施：政府可对任何商品、服务和被评估人给予免税或减税；政府可确定无需征税的销售和服务的金额；任何时候，新建企业及为新建项目安装而使用的进口的商品可免税减税；给予在本国生产并供出口的任何商品免税或减税。

专门负责外资管理的缅甸联邦投资委员会给予投资者的具体税收减免优惠措施有：

(1) 任何生产性或服务性的企业，从开业的第一年起，连续三年免征所得税。如果对国家有贡献，根据投资项目的效益，还可继续适当地减免税收；

(2) 企业将所得利润在一年内进行再投资，对其所得的经营利润，给予减免税收；

(3) 为加强所得税的管理，委员会可按原值比例，从利润中扣除机械、设备、建筑场地及企业设施折旧费后进行征收；

(4) 凡是商品生产企业，其产品远销国外所得利润的50%减征所得税；

(5) 投资者有义务向国家支付来自国外受聘于企业的外国人的所得税，此项税收可从应征税收中扣除；

(6) 上述外国人的收入按照国内公民支付所得税的税率征收；

(7) 如属国内确需的有关科研项目和开发性项目的费用支出，允许从应征的税收中扣除；

(8) 每个企业在享受上述第一款减免所得税后，连续两年内确实出现亏损，从亏损的当年起，连续三年予以结转和抵消；

(9) 企业在开办期间，确因需要而进口的机器、设备、仪器、机器零部件、备件和用于业务的材料，可减免关税或其他国内税或两种税收同时减免；

(10) 企业建成前3年，因用于生产而进口的原材料，可减免关税或其他国税，或两种税收同时减免；

(11) 企业建成后头3年，进口生产所需原材料，可减免关税或国内税，或者这两种税都减免；

(12) 保证不对外国投资者的投资实行国有化，保证外国投资者在投资结束后以外币形式撤回投资的权利、准许外国投资者所聘外籍人员提取外币存款；

(13) 企业产品出口的，可申请免征商业税。

在缅甸投资所产产品增值率达45%以上时，即可取得缅甸原产地证书，向发达国家出口可享受普惠关税待遇。

外国投资法提供主权担保，保证投资委承认的合法企业在批准期间或延长期间（如有）将不会被国有化。投资法同时保证，允许所有扣除应缴税款之后的资金收益可以返回投资人本国。

2. 经济特区鼓励政策

缅甸政府正在起草经济特区法，目前尚未正式通过。

## 五、缅甸关于劳动就业的规定

（一）劳动法的核心内容

【聘用程序】超过5人的公司在招聘员工时，须向镇区劳动力、登记备案。之后雇主可请镇区劳动办通过后备人才库向其推荐适合人选，也可通过劳务中介或直接在媒体刊登招聘广告招聘员工。

【签订劳动合同】雇主和员工之间须签订劳动合同，方能确立雇佣关系。劳动合同分为有固定期限劳动合同和无固定期限劳动合同，合同类型以及合同期长短由劳资双方协商确定劳动合同中通常会规定员工的试用期，一般不超过三个月。劳动合同签订后，副本要交镇区劳动办备案。

【解除劳动合同】如果雇佣双方任何一方提前解除劳动合同，须提前一个月通知对方。雇主提前解除固定期限劳动合同时，如果员工的工作期限在3年以下，须向员工支付3个月工资作为补偿，如果工作期限大于3年，则须向员工支付5个月的工资作为补偿。也有部分劳动合同规定，如果员工主动提出提前解除劳动合同，须向雇主支付一定数额的违约金。

【劳动条件及报酬】雇主须为员工提供安全、环保的工作环境，保证员工身心健康。公司、商店、贸易中心、服务型企业、娱乐场听的员工每天工作8小时，每周48小时；工厂、油田、矿井工人每天工作8小时，每周44小时，但流水线作业的工厂工人每周可工作48小时，井下作业工人每周工作40小时。

为私人企业工作的员工每年可以享受6天临时请假，30天病假、10天带薪假期，21天公共假期。

劳动者的薪金根据工作的不同可分为计件制、计时制、日薪制和月薪制。缅甸政府规定，实行月薪制的劳动者最低工资不得低于每月15000缅币。

【职工社会保险及福利】根据缅甸1956年实施的《社会福利法案》，在雇佣人数5人以上的制造业企业、铁路、公共工业及交通、港口、采矿业、石油开采业等行业工作的员工，不论任何工种或工作形式，都被强制性纳入职工社会保险及福利计划的范畴。根据该计划，参保员工可以享受到疾病、生育、死亡、工伤以及职业病等多项保险以及免费医疗服务、疾病与生育津贴、工伤津贴、抚恤金等多项福利。对于未被纳入社会保险及福利计划的劳动者，1932年颁布实施的《劳动者薪酬法案》规定，如劳动者因公受伤或患有职业病，雇主有责任向劳动者支付补偿金。

社会保险及福利基金主要有两大资金来源，一是企业和员工上缴部分，总额度为员工工资的4%（其中企业负担2.5%，员工负担1.5%），一是政府每年划拨2亿多缅币，用于支持该项保险及福利计划。

（二）外国人在缅甸工作的规定

【商务签证】外国人赴缅甸工作，须持有效护照及商务签证（Business Visa）进入缅甸。办理商务签证需要缅甸政府有关部门或企业出具的邀请函。中国公民可在缅甸驻华使馆以及缅甸驻昆明总领馆办理商务签证二缅甸商务签证有效期为70天，可办理延期。如外国人在缅甸超期停留90天以内者，每超期1天需要缴纳罚金3美元，90天以上每天缴纳罚金5美元。

【暂住证】外国人连续在缅甸居留90天以上者须到移民局办理暂住证（Foreigner's Registration Certificate—FRC）。未办理暂住证的外国人，缅甸政府将不予办理签证延期。所有暂住证有效期到每年的11月30日自然截止，持证人须在当年的12月份重新办理。

【签证及居留许可延期】凡属中国企业与缅甸政府部门合作开展的承包工程项目或投资项目项下外派劳务人员，缅甸政府部门通常会协助办理中国劳务人员的签证以及居留许可延期。

中国企业向缅甸合作企业派遣的劳务人员，如需办理签证和居留许可延期，可向中国驻缅使馆经商参处提交申请免费办理。经核实确属中国企业或国内劳务派遣公司合法派出的劳务人员，使馆将定期照会缅甸外交部，申请批准中国劳务人员的签证及居留许可延期。外交部复照同意后，中国劳务人员可持有效证件及材料直接去移民局办理签证及居留许可延期。

中国劳务人员到经商参处申请办理签证及居留许可延期时须提供以下证件及材料：

（1）填妥的《注册为缅甸公司的中国企业明细表》或《为缅甸企业工作的中国公民明细表》；

（2）本人护照及有效签证页复印件；

（3）国内工作单位或劳务派遣公司出具的有效派遣证明；

（4）国内工作单位或劳务派遣公司的有效营业执照复印件；

（5）缅甸雇主提供的证明本人在该企业工作的有效证明；

（6）缅甸雇主的有效营业执照复印件。

外交部复照同意中国劳务人员办理签证及居留许可延期后，中国劳务人员须持以下证件及材料到移民局办理：

（1）本人护照；

（2）本人暂住证（FRC）；

（3）缅甸雇主的有效营业执照复印件。

### 六、缅甸与投资合作相关的主要法律

缅甸与投资合作相关的主要法律有：《缅甸联邦外国投资法》《缅甸联邦外国投资法实施细则》《缅甸联邦外国投资委员会1989年第一号令》《缅甸联邦贸易部关于国内外合资企业的规定》《外国对缅甸联邦投资程序及优惠政策》《缅甸联邦公民投资法》《缅甸联邦公民投资法实施细则》《缅甸允许私人投资的经济项目》等。

［来源：改编自商务部国际贸易经济合作研究院、商务部投资促进事务局、中国驻缅甸大使馆经济商务参赞处共同主编.《对外投资合作国别（地区）指南——缅甸》. 2009年版第35～50页］

## 菲律宾对外国投资合作的法规和政策

### 一、对外贸易的法规和政策规定

1. 贸易主管部门

贸工部（DTI）是菲律宾的外贸政策制定及管理部门。它成立于1898年6月，其前身为菲律宾商务部。

【主要职能】制定综合的工业发展战略；制定鼓励政策促进出口；创造有利于促进投资贸易和工业发展的环境；促进竞争和公平贸易；负责双边和多边贸易合作的谈判；支持中小企业的发展。

【日常事务】定期进行回顾和评估国家出口状况、问题和前景；确定影响出口发展的主要问题及问题所存在的领域；监督有关部门制定和实施质量控制原则，保证出口商品的质量管理；向国会建议有利于出口发展的立法；组织国际贸易展览会；为国内外进出口商提供信息服务；整理进出口贸易数据库；对本国的消费者和贸易商进行培训；审批各种贸易商会成立的申请；审批外资企业在菲律宾投资设厂；颁发进出口许可证。

贸易工业部下设的产品标准化局主要负责产品技术标准和法规的管理和实施；进口服务署主要负责特定产品进口法规的实施以及发起和指导反倾销、反补贴及保障措施的初步调查。

菲律宾关税委员会主要负责关税政策的制定，包括关税的减让、变更、退还，负责反倾销和反补贴的公众听证会和磋商以及保障措施的调查工作。

菲律宾财政部下设的关税局主要负责关税法律的具体实施和进出口关税、进口产品增值税及其他附加税的征收。

其他贸易管理机关还有：海关总署、国家经济发展署、中央银行、贸工部的工业局、投资署、环境管理署、卫生部、技术转让署、食品和医药品局、危险药品局、渔业和水产资源局、国家肉类检疫委员会、计划工业局、能源管理署和服装纺织品出口局等。

2. 贸易法规体系

菲律宾是世界贸易组织（WTO）和亚太经合组织（APEC）成员，也是东南亚国家联盟（ASEAN）的成员国，实行多边的、自由的、外向型的贸易政策，同时对国内幼稚产业适当进行保护。菲律宾政府对其贸易政策不断进行调整并出台了系列出口鼓励措施。

菲律宾管理进出口贸易相关法律主要包括：《海关法》《出口发展法》《反倾销法》《反补贴法》《保障措施法》等。

3. 贸易管理的相关规定

【进口商品管理】菲律宾对进口商品分为三类：自由进口商品；限制进口商品；禁止进口商品。

禁止进口商品包括：枪支弹药；不道德的印刷品、底片、电影、相片、艺术品；违法堕胎的物品及宣传广告；用来赌博的装备及用具；含金、银或其他贵重金属或合金制成的物品；假冒劣质的食品或药品；鸦片或其他麻醉品及其合成品；合成盐或成品盐；鸦片吸管及配件；有关菲律宾法律禁止进口的物品及配件。

限制进口产品必须经过菲律宾政府机构如农业部、食品药品局核发的进口许可证才能进口，主要涉及汽车、拖拉机、小汽车、柴油机、汽油机、摩托车、耐用消费品、新闻出版和印刷设备、水泥、与健康及公共安全有关的产品等130多种，约占进口商品的4%。

【出口商品管理】菲律宾政府对出口贸易采取鼓励政策，主要包括简化进口手续并免征出口附加税，进口商品再出口可享受增值税退税、外汇资助和使用出口加工区的低成本设施等。

4. 进出口商品检验检疫

菲律宾是《关税与贸易总协定》东京回合中《技术贸易壁垒协议》的签约国。该技术协议要求在采用标准程序和建立争端解决审议程序时公开，目的是确保政府机构遵守这些规定。菲律宾产品质量局是负责产品质量标准的机构，它通过质量管理认证的手段来促进产品质量的提高，对进口商品粘贴合格标志来管理进口商品。适用的标准是ISO 9000和ISO 14000。

【工业品】有28种产品要在当地进行产品标准检验，包括：照明用品、电线电缆、卫生洁具、家用电器、气胎和水泥等。至于其他产品，海关通常接受产品质量证明或原产国标准证明。产品生产者应依据本国或普遍国际标准进行生产，其产品上要附有产品标准质量标志。

【民生、健康、安全和财产的商品】菲律宾贸工部要求出具产品标准许可和产品标准局的证明。这些产品包括：医用氧气、消费品、电器和防火设备、建筑材料等。非公制的度量衡用品、仪器、仪表的进口由产品标准局事先发放许可。

【环保的要求和规定】菲律宾环境和自然资源部主要负责实施政府的环境保护政策。进口商要符合环保的要求和规定。

【食品健康和安全规定】食品方面，如成分、添加剂、非酒精饮料及混合物、糖果类、咖啡、茶、点心、乳制品、蔬菜、水果、肉类等必须符合食品法典委员会（Codex Alimentarius Commission）和世界动物卫生组织（OIE）制定的标准；新鲜、冷冻鱼类产品必须取得菲律宾农业部1999年颁布的《195号行政法规》中规定的国际健康证和卫生植物检疫证；如果进口来自有害虫区的蔬菜和水果，则应具有消毒证明；化妆品、医药在生产时必须取得生产许可证，并提供国际认证机构的临床试验报告。对于危险品的进口，必须依照菲律宾卫生部标准添加标签、销售和扩散。规定中的危险品包括刺激物和腐蚀性、易燃和放射性物质。

【植物及植物产品】目前，植物及植物产品如要进入菲律宾市场须办理如下检疫手续：出口商将发票和箱单传给菲律宾进口商，进口商凭出口商的发票和箱单向菲律宾农业部农作物局植物检疫处（BPI）申请进口许可证，该证会注明每种产品离岸前的要求；进口商将该证交给出口商，出口商提请出口国检疫部门对产品进行离岸检疫并出具检疫证明；出口商将检疫证明和其他运输单据一起以适当渠道转交菲律宾进口商；在货物到达菲律宾港口后，进口商提供给菲律宾检疫部门进口许可证和出口国的检疫证明；菲律宾检疫部门根据进口许可证和检疫证明进行复验，合格后方可入关。

【动物、动物产品及其副产品】菲律宾农业部动物产业局是负责动物、动物产品及其副产品进出口检疫的政府部门。动物产业局对不同动物的进出口有不同的进出口程序和检疫规定。

5. 海关管理规章制度

菲律宾进出口关税的主要法律是《菲律宾关税与海关法》，进口关税税率由菲律宾关税委员会确定公布，出口关税的税率由海关总署确定，并由海关通过有授权的菲律宾中央银行征收。

菲律宾对大部分进口产品征收从价关税，但对酒精饮料、烟花爆竹、烟草制品、手表、矿物燃料、卡通、糖精、扑克等产品征收从量关税。根据《税收法》，海关对汽车、烟草、汽油、酒精以及其他非必要商品征收进口消费税。进口产品还应向菲律宾海关当局缴纳12%的增值税，征税基础为海关估价价值加上所征关税和消费税。

菲律宾还对进口货物征收印花税，该税一般用于提货单、接货单、汇票，其他交易单、保险单、抵押契据、委托书及其他文件。

菲律宾还将陆续调整多种产品的进口税，取消原油进口3%的关税；将冷、热轧钢的进口税从7%减少到零；将烷基苯和烷基萘甲醇的进口税从3%减少到1%；将尼龙－6切片的进口税从10%减少到1%。但大米进口税在2010～2014年仍维持在40%，2015年后减少至35%；白糖进口税在2010～2011年仍维持在38%，以后再逐步降低，至2015年降至5%。

【进口关税】菲律宾关税与海关法将应税进口商品分为21类，进口关税税率一般为3%～30%。

表1 进口关税税率

| 税率 | 项目 |
|---|---|
| 3% | 国内缺乏或不能生产的原材料，如天然石墨、粘土、金属矿砂、精矿、煤炭等矿产品及无机化学品等 |
| 10% | 国内能生产的原材料，如大理石、石油、棉花及制品等 |
| 20% | 零配件如小五金工具、各种方式切割的木材、汽车、摩托车零配件等 |
| 30% | 制成品如部分农产品、各类服装、烟酒、汽车、摩托车整车等 |

资料来源：菲律宾海关署

另外，菲律宾对部分农产品实行关税与配额并用的措施，对配额内的产品征收正常关税，对配额外的商品则征收高关税。如活动物及其产品、新鲜蔬菜等。

菲律宾将于2010年对东盟成员国实现全部产品零关税。

【出口关税】菲律宾对以下出口商品征收关税，且关税税率均为20%：圆木、木材、饰面用薄板和胶合板；金属矿砂及其精矿、金、矿渣水泥、硅酸盐水泥；船用燃料油、石油沥青；银；未加工的ABACA（一种产纤维的植物，产于菲律宾）；香蕉、椰子及椰子产品、菠萝及其成品、糖及糖制品、烟草、小虾和对虾。

【出口退税】《菲律宾关税和海关法》规定：用于从事对外贸易或沿海贸易的船舶推进器燃料油，可退还不超过99%的已征关税或给予税收抵免；用进口原材料生产或制造的产品（包括包装、标签等）出口时，对所用原材料进口时征收的关税将予以退还或给予税收抵免；财政部根据海关总署的建议可发布允许对本法规定的商品实行部分退税的法规规章。退税将由海关总署在收到一套正确、完整的文件后60天内支付。

## 二、对外国投资的市场准入的规定

1. 投资主管部门

菲律宾贸工部是负责投资政策实施和协调、促进投资便利化的主要职能部门。贸工部下设的投资署负责投资政策包括外资政策的实施和管理。

2. 投资行业的规定

菲律宾政府将所有投资领域分为三类，即优先投资领域、限制投资领域和禁止投资领域。对于优先投资领域，菲律宾政府每年制定一个“投资优先计划”，列出政府鼓励投资的领域和可以享受的优惠条件，引导内外资向国家指定行业投资。在这些投资领域，外资可以享有100%的股权，并对那些高度优先项目提供广泛的优惠条件，包括减免所得税、免除进口设备及零部件的进口关税、免除进口码头税、免除出口税费等财政优惠，以及无限制使用托运设备、简化进出口通关程序等非财政优惠。

目前菲律宾的“投资优先计划”中鼓励投资的领域包括：医疗和健康产品及服务、电子服务、汽车零部件生产、能源开发和利用、造船和航运、珠宝生产、时装生产；基础设施发展包括商务园区、大众住房以及与铁路有关的大容量交通设施；农业、渔业的生产和加工、信息与通讯技术、旅游。

菲律宾国家经济发展署通常会公布限制外资项目清单，该清单每两年更新一次。包括工程、医药等52个领域禁止外国人投资（部分领域为规模限制，如小规模零售业禁止外国人投资）。部分领域外国人权益不得超过25%，绝大多数领域外国人权益不得超过40%。

限制外资项目清单详见菲律宾国家经济发展署网站 www. neda. gov. ph/references/files2007/thR-FlNL_E0584_paper. pdf。

3. 投资方式的规定

对于绝大多数公司，菲律宾公民须拥有至少60%的股份以及表决权，不少于60%的董事会成员是菲律宾公民。如果公司不能满足上述关于菲律宾公民所占比例的要求，则必须满足以下条件：(1)经投资署批准，属于先进项目，菲律宾公民无法承担，且至少70%的产品用于出口；(2)从注册之日起30年内，必须成为菲律宾本国企业，但是产品100%出口的公司无须满足该要求；(3)公司涉及的先进项目领域不属于宪法或其他法律规定应由菲律宾公民所有或控制的领域。

## 三、菲律宾关于企业税收的规定

1. 税收体系和制度

菲律宾税收的基本法是《国家内部收入法》，1997税收改革法案（RA No. 8424），及2005年11月1日开始实施的9337号修正案（RA No. 9337）。主要税种有：公司所得税、个人所得税、增值税、消费税和关税。

2. 主要税赋和税率

【所得税】国内公司以菲律宾国内外所有净收入为基础纳税；常驻外国公司（180天以上）就菲律宾境内取得的净收入纳税；非常驻外国公司则就菲律宾境内的总收入纳税。

现行的公司所得税税率为应纳税金额的35%，自2009年1月1日起税率降至30%。

如果公司应纳税收入为零或负数，或最低公司所得税超过其普通公司应纳所得税，则自该公司第4个年度起可按2%的最低公司所得税征收。专营教育机构和非盈利性医院按应纳税收入净额的10%征收。

居民、非常驻居民、常驻外国人、非常驻外国人在菲律宾从事商业和贸易按5%到32%的超额累进税率征收个人所得税。在菲律宾不从事商业和贸易的外国人一律按25%的税率对其收益进行征收（如利息、投资收益）。

【增值税】根据9337号修正案规定，增值税率从2006年2月1日起提高到12%。部分交易免征增值税。免征增值税的交易主要包括：农产品、水产品、种子、种苗、鱼苗、饲料、认证的私人教育机构提供的教育服务、由个人提供的服务、在合作发展署登记的农业合作社对其会员的销售、直接用于农业投入的进口机械和设备包括零部件等、销售、进口或出租船舱、货舱和飞机，包括发动机、设备和零部件等。

【消费税】消费税主要征收对象为在菲律宾生产、制造的用于国内销售或消费以及其他目的的特定商品（如烟、酒、机动车等）。消费税也适用于部分应缴纳增值税和关税的进口商品。

【比例税】免征增值税的个人和实体，如从事国内或国际客运交通或娱乐业的，将按总收入征收比例税（营业税）。

表2　各商业类别的比例税率

| 商业类别 | 比例税率 |
| --- | --- |
| 在菲律宾营业的人寿保险公司 | 所收保费总额的5% |
| 水和气的公用事业单位，广播和/或电视公司，年收入不超过1千万比索 | 总收入的2%<br>总收入的3% |
| 本地普通递送 | 总收入的3% |
| 经营运送和车库 | 根据经营场所和使用的运输工具的不同，征收税率不同 |

续表

| 商业类别 | 比例税率 |
| --- | --- |
| 从菲律宾用电话、电报和其他通讯设备服务进行的海外调度、信息或会议传输 | 总收入的10% |
| 银行和非银行金融机构 | 1. 借贷活动产生的利息、佣金、折扣和金融租赁收入，以票据形式且不超过5年的，征收5%，超过5年征收1%。<br>2. 分红、股权和补助的净收入—0%。<br>3. 版权等专有权，不动产或私人财产出租，交换得来的利润—7%。<br>4. 纳税年度内外汇贸易净盈余、债券、衍生产品及其他类似的金融工具—7% |
| 在证券交易所名单中并在证券交易所交易的股票的销售 | 0.5% |
| 其他非增值税登记的业务 | 总销售或总收入的3%，不超过150万比索 |

资料来源：菲律宾国内税务局

【印花税】印花税征税范围包括文件、契约、证券、贷款协议，还有接收、签署、销售转移责任、权力或资产等的证明。征收对象为制作者、签字人、接收者或转移者。

【关税】进入到菲律宾的商品一般都要缴纳关税。根据关税和海关代码中商品的分类确定申请的税率。特殊商品进口可以免税，如进入海关免税仓库的商品。

进口商及其代理应从商品进口之日起，保留进口商品记录3年。这期间海关署有权对进口商代理商的记录进行事后审核，以确认是否符合海关条例及评估是否少付关税。

【地方税】地方政府法规定，地方政府有权在其管辖范围内对某些特殊行为或商业行为征税，法律规定免税的除外。地方政府也有权每年对不动产征税，如土地、建筑物、机械和其他改造，还有对不动产的销售、捐赠、易货、或其他任何形式的转移进行征税。然而，地方政府无权征收所得税、关税、印花税、财产税、礼品税。

## 四、菲律宾对外国投资的优惠

1. 优惠政策框架

【财政优惠政策】

（1）免所得税

新注册的优先项目企业将免除6年的所得税，传统企业免交4年所得税。扩建和升级改造项目免税期为3年，如项目位于欠发达地区，免税期为6年。

新注册企业如满足任一下列条件，还将多享有1年免税奖励：①本地生产的原材料至少占总原材料的50%；②进口和本地年产的固定设备价值与工人的比例不超过每人1万美元；③营业前3年，年外汇存款或收入达到50万美元以上。

（2）可征税收入中减去人工费用。

（3）减免用于制造、加工或生产出口商品的原材料的赋税。

（4）可征税收入中减去必要和主要的基建费用。

（5）进口设备的相关材料和零部件减免关税。

（6）减免码头费用以及出口关税。

（7）自投资署注册日起免除4～6年地方营业税。

【非财政优惠措施】

（1）简化海关手续；

（2）托运设备的非限制使用：托运到菲的设备贴上可出口的标签；

（3）进入保税工厂系统；

（4）雇佣外国公民：外国公民可在注册企业从事管理、技术和咨询岗位5年时间，经投资署批准，期限还可延长。总裁、总经理、财务主管或者与之相当的职位可居留更长时间。

2. 行业鼓励政策

菲律宾投资署每年根据《2004～2010年菲律宾中期发展规划》制定一份“投资优先计划”表，列出菲律宾政府鼓励投资的项目，列入该表的项目可享受财政和非财政优惠措施。最新的“投资优先计划”于2009年5月由阿罗约总统签署299号备忘令发布，该计划的特点是突出了保障就业，除延续2008年计划明确的14个鼓励投资的领域（包括农业和渔业、基础设施建设、旅游业、研发活动、机械设备和钢铁制造、战略性投资、植树造林、采矿、印刷出版、石油、固体废物处理、净水工程、残疾人辅助设施和出口促进活动）以外，特别提出了一个“应急计划”，对受到2008年全球金融危机影响而仍能保持或扩大投资和保障员工就业的企业，以及上马新项目的中小企业，提供税收和其他优惠，但该“应急计划”也有一些排除在外的领域，包括：银行及其他金融机构，零售业，服务业，小型矿业，因安全、国防、卫生、道德风险而限制的活动，外国人参与的中小企业，非农基本消费品，保健品等。另外，棉兰老岛穆斯林自治区提供特殊清单，符合要求的企业也可以享受投资优惠措施。该计划详情可以查询菲律宾投资署网站www.boi.gov.ph。需要注意的是，这些领域中有一些是限制或禁止外国投资的领域。

【经济特区鼓励政策】菲律宾经济区主要由PEZA所辖的96个各类经济区和独立经营的菲弗德克工业区、苏比克、卡加延、三宝颜、克拉克自由港等组成。这些经济特区的优惠政策包括：

（1）企业可获得4年所得税免缴期，最长可延至8年。所得税免缴期结束后，可选择缴纳5%的“毛收入税”（GROSS INCOME TAX），以代替所有国家（中央）和地方税，其中3%上缴中央政府，2%上缴地方财政；

（2）进口资本货物（设备）、散件、配件、原材料、种畜或繁殖用基因物质，免征进口关税及其他税费。同类物品如在菲国内采购，可享受税收信贷（TAX CREDIT），即先按规定缴纳各项税费，待产品出口后再返还（包括进口关税部分的折算征收、返还）；

（3）经批准，允许企业生产产品的30%在菲律宾国内销售，但须根据国内税法纳税；

（4）免缴码头税费和出口税费；

（5）给予初始投资在15万美元以上的投资者及其配偶和未成年子女（21岁以下）在经济区内永久居留的身份，此类人员可以自由出入经济区，而不需向其他部门另行申请；

（6）简化进出口程序；

（7）允许聘用外籍雇员，为外国经理人员和技术人员办理2年的可延续工作签证，但外籍雇员数量不能超过企业总雇员的5%；

（8）企业用于员工技术培训和提高管理能力的费用的一半可以从上缴中央政府的3%税收中扣除；

此外，是否给予E.O.226规定的其他优惠待遇，由PEZA自行决定。

## 五、菲律宾关于劳动就业的规定

### （一）劳动法的核心内容

菲律宾《劳动法》对于工资标准和雇佣关系进行了规定。

【工作时间】雇员的工作时间为每天工作不超过8小时或每周工作不超过48小时，这段工作期间应支付雇员正常工资。雇员在连续工作6天后应享受连续24小时的休息。该要求不适用于政府雇员、管理人员、野外作业人员、提供私人服务者及根据工作成果领取工资者。

【加班补贴】加班补贴是超过规定工作时间的补贴，加班费率如下表所示：

表3　加班补贴

| 类别 | 计算 |
|---|---|
| 正常工作日加班 | 日工资×1.25 |
| 休息日或特别假日加班 | |
| 前8小时 | 日工资×1.30 |
| 超过8小时 | 日工资×1.69 |
| 特别假日与休息日重合 | |
| 前8小时 | 日工资×1.50 |
| 超过8小时 | 日工资×1.95 |
| 大众假日 | |
| 前8小时 | 日工资×2.00 |
| 超过8小时 | 日工资×2.60 |
| 大众假日与休息日重合 | |
| 前8小时 | 日工资×2.60 |
| 超过8小时 | 日工资×3.38 |

资料来源：菲律宾劳动和就业部

【最低工资】农业和非农业工人的最低工资由各地区的三方工资委员会决定。1990年7月生效的《菲律宾共和国第6727号法令》对最低工资进行了合理化调整，以显示地区间或地区内生活成本的不同。工资或薪水必须两周支付一次，且不能以发票、代币等形式发放。

【雇员保险与福利】私人雇员适用社会保险系统（SSS），政府雇员适用政府服务保险系统（GSIS），该计划是强制性的，适用于每一个拥有一个或更多雇员的雇主、国家政府及其具有政府职能的分支机构，包括政府拥有和控制的公司。他们应每月向该计划支付其雇员工资的1%作为贡献金。

所有菲律宾公民均享受国家健康保险计划（NHIP），该计划由菲律宾健康保险公司（PHIC）管理，该计划为非强制性。所有该计划的成员要根据PHIC制定的理性、公平的和递增的费用表支付国家健康保险基金。保险计划受益范围包括：房间和食物；专业的健康服务；医疗检查服务；处方药及生物制剂；急救、医疗和牙科服务。

劳动和就业部要求每个雇主都要提供紧急救助药物和设备。如果是危险性工作，必须配备兼职的内科医生或牙医。如果雇员人数达到一定标准，则要求配备全职的内科医生。如果工作不是危险性的，内科医生和牙医应随叫随到。

如果女性雇员是 SSS 的成员，并在 12 个月的期限内已交满 3 个月的贡献金，即可享受 60 天的带薪产假，或 78 天的剖腹产假。

已婚男性雇员，如其合法妻子生产前 4 个孩子，则有权在每次生产时享受 7 天的带薪假期。

【终止雇用】政府保证工人在职的安全性，保护工人不被任意剥夺工作。因此，所有的雇主不得终止雇员的服务，除非有特殊原因或得到劳动法的授权。这些特殊原因包括：犯了一系列的错误或故意不听从命令，明显的和经常性的对工作忽视，欺骗、犯罪或冒犯其雇主，或类似的行为。如果开除是基于上述任何原因，雇主必须给雇员 2 次书面通知和 1 次听取申诉的机会。

另外，在以下情况雇主也可中止对雇员的雇用：雇主安装了节约劳动力的设备，存在冗员现象，为了节省费用以避免损失，或关闭、终止经营。在这种情况下，法律规定雇主必须提前 1 个月向雇员和劳动部出示书面通知。

（二）外国人在菲律宾工作的规定

外籍人在菲律宾工作需获得劳工部颁发的外侨就业许可和移民局的合法签证。外籍人在菲律宾工作享有与本地雇员相同的权利。

外侨就业许可由劳工部签发给欲在菲律宾就业的外籍人（离岸银行和地区总部的执行官不包括在内）。劳工部用以评估申请者的主要标准是申请者能否在菲律宾胜任其申请工作的要求并愿意从事该工作。在获得许可后，非经劳工部批准，外籍人不得更换工作或雇主。若外国承包商雇佣的员工是外国人，那么这些员工在菲律宾应用其专业前，还必须通过菲律宾劳工部和专业管理委员会组织的劳动市场测试。

## 六、与投资合作相关的主要法律

菲律宾有数个涉及投资的重要法律，目前有关方面正在推动将所有促进投资的法律合并成一部法律，进一步规范各部门出台财政或非财政激励政策。

【《1987 年综合投资法典》】共和国第 226 号法令，共和国第 7918 号法令对其进行了修正。该法典为国内外企业提供一系列国家优先发展领域的综合激励措施。企业需参与“投资优先计划”所列的领域且享受这些优惠措施。如果企业未参与列入“投资优先计划”的领域，在满足以下任一条件后也能享受这些优惠措施：

（1）50％以上的产品出口（菲律宾公民所有的企业）；

（2）70％以上的产品出口（外商持股 40％以上的企业）。

【《1991 年外国投资法》】共和国第 7042 号法令，共和国第 8179 号法令对其进行了修正。外国公司被允许在菲律宾从事未列入《外国投资限制清单》的行业。在《外国投资限制清单》中列举了禁止和限制外国投资的领域，主要包括两部分：

清单 A 为宪法或其他法律规定禁止和限制外国投资的领域；

清单 B 为外商所有权受法律限制的领域，包括与国防、执法、公众卫生、道德、保护中小企业等相关的领域。

【《1995 年经济特区法案》】共和国第 7916 号法令，共和国第 8748 号法令对其进行了修正。该法案于 1995 年通过，旨在通过发展经济特区促进经济增长。菲律宾经济特区署（PEZA）负责该法的实施和给予经济特区内的合格企业优惠政策。经济特区分为工业园区、出口加工区、自由贸易区、旅游经济区、IT 园区、农业经济区等各类经济园区。

每个经济特区都朝着政府干预最小化、独立自由区域的目标发展。经济特区不需政府提供特别帮助，自我管理经济、金融、工业及旅游发展，同时与周边区域建立起相应的联系。

【《1992 年基地转型及发展法案》】共和国第 7227 号法令。根据该法案成立了基地转型发展委员会、苏比克湾管理署（SBMA）以及苏比克经济特区和自由港区（SSEFZ）。在苏比克经济特区和自由港区注册的企业将享受各种投资优惠，包括一流的商业、居住和旅游设施。

【《地区总部、地区生产总部和地区仓储中心相关法案》】共和国第 8756 号法令。该法案明确了关于在菲律宾设立跨国公司地区总部（RHQs）、地区生产总部（ROHQs）和地区仓储中心（RWs）的规定和指南。地区总部是指跨国公司在菲律宾设立、但并不从菲律宾获取收入的分支机构。地区生产总部指跨国公司在菲律宾设立、可以通过提供服务而获取收入的分支机构。

【《投资者租赁法案》】共和国第 7652 号法令。该法案允许外国投资者在菲律宾租用商业用地最长不超过75年（过去规定为50年）。根据该法，任何到菲律宾投资的外国投资者在遵守菲律宾法律和下列条件的情况下，可租赁私人土地：（1）土地租赁合同期限为50年，仅可一次性延长25年；（2）租赁的土地仅做投资用途；（3）租赁合同应符合《综合土地改革法》和《地方政府法案》。

【《1994年出口发展法案》】共和第7844号法令。该法案向出口商提供优惠政策，鼓励增加在出口方面的投入，包括：（1）设立出口发展委员会；（2）鼓励私营部门参与出口推介活动，包括建立世界水准的菲律宾贸易中心；（3）设立私营部门为主导的融资中心，直接为促进出口服务；（4）为出口商提供财政激励政策。

《出口发展法案》在相关政府部门如投资署和菲律宾经济区管委会给予优惠政策的同时，还给予其他的优惠政策。

【《BOT法》】共和国第7718号法令。明确了私营企业参与一般由政府负责的基础设施建设和有关服务的政策和规定。

［来源：改编自商务部国际贸易经济合作研究院、商务部投资促进事务局、中国驻菲律宾大使馆经济商务参赞处共同主编.《对外投资合作国别（地区）指南——菲律宾》. 2009年版第16～28页］

# 新加坡对外国投资合作的法规和政策

## 一、对外贸易的法规和政策规定

1. 贸易主管部门

新加坡国际企业发展局（International Enterprise Singapore，简称企发局或IE Singapore），是隶属于新加坡贸易工业部的法定机构，是新加坡对外贸易主管部门，其前身是成立于1983年的新加坡贸易发展局（贸发局）。企发局下设贸易促进部，并分设商务合作伙伴策划署和出口促进署，主要职责是宣传新加坡作为国际企业都会的形象以及提升以新加坡为基地公司的出口能力。

2. 贸易法规体系

新加坡与贸易相关的主要法律有《商品对外贸易法》《进出口管理办法》《商品服务税法》《竞争法》《海关法》《商务争端法》《自由贸易区法》《商船运输法》《禁止化学武器法》《战略物资管制法》等。

3. 贸易管理的相关规定

【开展进出口和转运业务的基本条件】（1）必须在新加坡组建一家公司并向会计与企业管理局注册（查询网址：http://www.licences.business.gov.sg，通过在线商业注册服务注册公司）。（2）注册公司后，需向新加坡关税局免费申请中央注册号码。中央注册号码将允许通过贸易网系统提交进出口和转运准证申请。

贸易交换网（TradeXchange）系统是新加坡全国范围内的贸易电子信息交换系统，能让公共和私营部门在此平台上交换电子贸易数据和信息。一般情况下，在新加坡开展进出口或转运业务必须在贸易交换网上获得相关业务准证。（查询网址：http://www.tradexchange.gov.sg）

【货物的进口】新加坡进口产品都不限制配额，大部分产品无需许可证及可免税进口。尽管如此，进口医药品、危险品、化学药品、电影电视、武器和弹药等受管制产品的进口需要有进口许可证。

货物进口到新加坡前，进口商需通过贸易交换网向新加坡关税局提交准证申请。如符合有关规定，新加坡关税局将签发新加坡进口证书和交货确认书给进口商，以保证货物真正进口到新加坡，没有被转移或出口到被禁止的目的地。一般情况下，所有进口货物都要交纳消费税。如果进口货物是受管制的货物，必须向相关主管部门提交准证申请并获得批准。

表1 新加坡进口管制物品及主管机构一览表

| 项目 | 主管机构 |
|---|---|
| 投币式或盘片操作游戏机，包括弹球桌、射击游戏机和影像放映游戏机 | 公共娱乐执照组（PELU） |
| 动物、禽类及其产品 | 农粮与兽医局（AVA） |
| 武器与爆炸物 | 武器与爆炸物执照署（A&E） |
| 石棉制品 | 污化管制处（PCD） |
| 具防攻击功能的衣物，包括防弹背心 | 武器与爆炸物执照署（A&E） |
| 电池（普通），碱性、碳锌和汞氧化物 | 污化管制处（PCD） |

续表

| 项目 | 主管机构 |
| --- | --- |
| 预录的盒式磁盘、卡式磁带、音频光盘 | 媒体发展管理局（MDA） |
| 化学品：<br>毒性及危险性化学品<br>有毒及易制度化学品<br>杀虫剂 | <br>污化管制处（PCD）<br>国家机构、化学武器公约（NA，CWC）<br>污化管制处（PCD） |
| 香口胶<br>香口胶（牙科用）<br>香口胶（药用） | 违禁品，新加坡关税局（Singapore Customs）<br>化妆品控制单位（CCU）<br>管制支援单位（RSU） |
| 氟氯碳化合物（CFCs） | 污化管制处（PCD） |
| 打火机—气枪或左轮手枪形状 | 违禁品，武器与爆炸物执照署（A&E） |
| 化妆品与美容产品（除了由RSU管制的皮肤与面部药性美容液或膏） | 化妆品控制单位（CCU） |
| 柴油或汽油 | 污化管制处（PCD） |
| 来自黎巴嫩未经加工的钻石<br>未经加工的钻石（KPCS） | 违禁品，新加坡关税局（Singapore Customs）<br>新加坡关税局（Singapore Customs） |
| 胶卷/影片/录像/激光光盘 | 媒体发展管理局（MDA） |
| 爆竹 | 违禁品，武器与爆炸物执照署（A&E） |
| 鱼类与渔业产品 | 农粮与兽医局（AVA） |
| 易燃物质 | 新加坡民防部队（SCDF） |
| 食品（不包括新鲜或冷冻蔬菜及水果） | 农粮与兽医局（AVA） |
| 水果（新鲜或冷藏） | 农粮与兽医局（AVA） |
| 水果机/吃角子老虎机 | 新加坡警察部队执照署（SPF） |
| 人参 | 农粮与兽医局（AVA） |
| 唱片 | 媒体发展管理局（MDA） |
| 手铐 | 武器与爆炸物执照署（A&E） |
| 哈龙（Halons） | 污化管制处（PCD） |
| 染发剂与护发品：<br>毒性<br>无毒性 | <br>管制支援单位（RSU）<br>化妆品控制单位（CCU） |
| 头盔：<br>工业安全型<br>钢质 | <br>职业安全健康处（OSHD）<br>武器与爆炸物执照署（A&E） |
| 人类病原体 | 生物安全组（BSB） |
| 工业安全项目（安全带、安全挽具、救生绳索、安全绳、救生网） | 职业安全健康处（OSHD） |

续表

| 项目 | 主管机构 |
| --- | --- |
| 放射性器材 | 放射防护中心（CRP） |
| 任何媒介的录制与翻录器材（CD、CD－ROM、VCD、DVD、DVD－ROM） | 新加坡关税局（Singapore Customs） |
| 动物与禽类的肉与肉制品 | 农粮与兽医局（AVA） |
| 药物、药剂、药制品 | 管制支援单位（RSU） |
| 兽医用药剂 | 农粮与兽医局（AVA） |
| 奶粉以及马来半岛、沙巴、沙捞越生产的新鲜、去脂、巴氏杀毒牛奶 | 农粮与兽医局（AVA） |
| 硝化纤维素 | 武器与爆炸物执照署（A&E） |
| 有机肥料 | 农粮与兽医局（AVA） |
| 石油 | 新加坡民防部队（SCDF） |
| 带泥土或不带泥土的植物、花及种子 | 农粮与兽医局（AVA） |
| 罂粟种子（kaskas） | 中央肃毒局（CNB） |
| 易制毒化学品 | 中央肃毒局（CNB） |
| 出版物 | 媒体发展管理局（MDA） |
| 放射性物质 | 放射防护中心（CRP） |
| 犀牛角及处理后该产品的废料和粉末 | 违禁品，农粮与兽医局（AVA） |
| 米（不包括米糠） | 新加坡国际企业发展局（IE Singapore） |
| 阴离子表面活性剂 | 污化管制处（PCD） |
| 餐桌用品与厨房器皿（陶瓷、晶质玻璃） | 农粮与兽医局（AVA） |
| 磁带（预录） | 媒体发展管理局（MDA） |
| 通信设备 | 新加坡资讯通信发展管理局（IDA） |
| 木材与术料 | 农粮与兽医局（AVA） |
| 玩具手枪、气枪、左轮手枪 | 武器与爆炸物执照署（A&E） |
| 玩具对讲机 | 新加坡资讯通信发展管理局（IDA） |
| 蔬菜（新鲜、冷藏） | 农粮与兽医局（AVA） |
| 废铅酸电池及任何废铅、镉或汞制电池 | 污化管制处（PCD） |
| 部分从朝鲜进口或转口的货物 | 违禁品，新加坡关税局（Singapore Customs） |
| 部分从伊朗进口或转口的货物 | 违禁品，新加坡关税局（Singapore Customs） |

资料来源：新加坡海关

【货物的出口】非受管制货物通过海运或空运出口，必须在出口之后3天内，通过贸易交换网提交准证申请。受管制货物，或非受管制货物通过公路和铁路出口的，需要在出口之前通过贸易交换网提交准证申请。出口受管制货物还必须事先取得相关主管机构的批准或许可。

表 2 新加坡出口管制物品及主管机构一览表

| 项目 | 主管机构 |
| --- | --- |
| 动物 | 农粮与兽医局（AVA） |
| 武器与爆炸物 | 武器与爆炸物执照署（A&E）<br>新加坡关税局（Singapore Customs） |
| 具防攻击功能的衣物，包括防弹背心 | 武器与爆炸物执照署（A&E）<br>新加坡关税局（Singapore Customs） |
| 化学品：<br>有毒及易制度化学品<br>杀虫剂 | 国家机构、化学武器公约（NA，CWC）<br>新加坡关税局（Singapore Customs）<br>污化管制处（PCD） |
| 氟氯碳化合物（CFCs） | 污化管制处（PCD） |
| 未经加工的钻石 | 新加坡关税局（Singapore Customs） |
| 鱼类与渔业产品 | 农粮与兽医局（AVA） |
| 人参 | 农粮与兽医局（AVA） |
| 手铐 | 武器与爆炸物执照署（A&E） |
| 哈龙（Halons） | 污化管制处（PCD） |
| 钢质头盔 | 武器与爆炸物执照署（A&E） |
| 放射性器材 | 放射防护中心（CRP）<br>新加坡关税局（Singapore Customs） |
| 肉类与肉类制品 | 农粮与兽医局（AVA） |
| 军事设备、其他军用品 | 新加坡关税局（Singapore Customs） |
| 易制毒化学品 | 中央肃毒局（CNB）<br>新加坡关税局（Singapore Customs） |
| 放射性物质 | 放射防护中心（CRP）<br>新加坡关税局（Singapore Customs） |
| 犀牛角及处理后该产品的废料和粉末 | 违禁品，农粮与兽医局（AVA） |
| 米（不包括米糠） | 新加坡国际企业发展局（IE Singapore） |
| 橡胶 | 新加坡国际企业发展局（IE Singapore） |
| 出口欧盟或美国的新加坡生产纺织品和服装 | 新加坡关税局（Singapore Customs） |
| 木材与术料 | 农粮与兽医局（AVA） |
| 玩具手枪、气枪、左轮手枪 | 武器与爆炸物执照署（A&E） |
| 废铝酸电池及任何废铅、镉或汞制电池 | 污化管制处（PCD） |
| 出口到阿富汗、科特迪瓦、刚果民主共和国、伊拉克、利比里亚、卢旺达、塞拉利昂、索马里、苏丹各类武器和相关物品及零件 | 违禁品，新加坡关税局（Singapore Customs） |
| 出口或转口到朝鲜坦克、装甲车、大口径炮、战斗机、战斗直升机、军舰、导弹或导弹系统及设备零件<br>任何与核项目、弹道飞弹等联合国列名项目相关的材料、设备、技术等；奢侈品 | 违禁品，新加坡关税局（Singapore Customs） |
| 出口或转口到伊朗<br>任何与核项目、弹道飞弹等联合国列名项目相关的材料、设备、技术等 | 违禁品，新加坡关税局（Singapore Customs） |

资料来源：新加坡海关

【货物的转运】所有从一个自由贸易区转运至另一个自由贸易区的货物，或在同一个自由贸易区内转运受主管部门管制的货物，必须事先通过贸易交换网取得有效的转运准证才能将货物装载到运输工具上。

4. 进出口商品检验检疫

新加坡对进口商品检验检疫的标准和程序十分严格。负责进口食品、动植物检验检疫的部门是农粮兽医局（Agri－Food and Veterinary Authority，简称农粮局或 AVA)，负责进口药品、化妆品等商品检验的部门是卫生科学局（Health science Authority，简称 HSA)。

【农产品和食品检验】农产品和食品的进口商须向 AVA 申请执照，只有获得 AVA 进口执照的贸易商才能在新加坡从事农产品和食品进口业务。AVA 有完整的一套食品安全计划，对肉、鱼、新鲜水果和蔬菜、蛋、加工食品等商品的进口来源、包装运输、检验程序、检验标准有不同的要求和详尽的规定（查询网址：http:// www. ava. gov. sg)。

【动物检疫】只有获得 AVA 执照的进口商才可以在新加坡从事商业用途的动物进口。每次进口动物须向 AVA 申请许可，并提前获得海关清关许可。所有进口动物需符合 AVA 的兽医标准（查询网址：http://www. ava. gov. sg)。

【植物检疫】进口植物及植物产品需出示原产国有关机构签发的植物检疫证书并获得 AVA 的进口许可。所有进口植物及植物产品必须符合 AVA 规定的健康标准，除另有规定外，植物及植物产品进口后必须接受 AVA 检查。受 CITES 保护的濒临绝种植物，必须备有 CITES 的许可证方可进口。

【药品、化妆品检验】根据《药品法》《有毒物质法》《滥用药物法令》，新加坡所有从事药品进口、批发、零售以及出口的经营者需向 HSA 取得相关许可方可开展业务。进口药品和化妆品前，需向 HSA 如实申报其成分、疗效等相关信息，获得批准后方可进口。HSA 对进口相关产品进行抽检，一旦与申报不符，即取消其经营相关产品的资格。

5. 海关管理规章制度

新加坡《海关法》规定，进口商品分为应税货物和非应税货物，应税货物包括石油、酒类、烟类和机动车辆等 4 大类商品，非应税货物为上述 4 大类商品之外的所有商品。应税货物和非应税货物进口到新加坡都要征收 7% 消费税，应税货物除征收消费税外，还需征收国内货物税和关税。

2008 年 10 月中新签署的自由贸易协议中，新加坡对从中国进口的应税货物税率给予了优惠安排。

表 3　新加坡应纳税商品及关税/国内货物税一览表

| 商品名称 | 国内货物税 |
|---|---|
| 酒类商品 | 每公升 48～70 新元 |
| 烟草类商品 | 每千克 181～352 新元 |
| 石油类商品 | 每十升 3.7～7.1 新元 |
| 机动车 | 20% |
| 带引擎的摩托车、自行车 | 12% |

资料来源：新加坡海关

## 二、对外国投资的市场准入的规定

1. 投资主管部门

新加坡负责投资的主管部门是经济发展局（EDB，简称经发局)，成立于 1961 年，是隶属新加坡贸工部的法定机构，也是专门负责吸引外资的机构，具体制订和实施各种吸引外资的优惠政策并提供高效的行政服务。其远景目标是将新加坡打造成为具有强烈吸引力的全球商业与投资枢纽。

2. 投资行业的规定

新加坡对外资准入政策宽松，除国防相关行业及个别特殊行业外，对外资的运作基本没有限制。此外，新加坡政府还制定了特许国际贸易计划、商业总部奖励、营业总部奖励、跨国营业总部奖励等多项计划以鼓励外资进入。

根据新加坡政府公布的 2010 年长期战略发展计划，电子、石油化工、生命科学、工程、物流等 9 个部门被列为奖励投资领域。

3. 投资方式的规定

外资进入新加坡无方式限制。除金融、保险、证券等特殊领域需向主管部门报备外，绝大多数产业领域对外资的股权比例等无限制性措施。

## 三、新加坡关于企业税收的规定

1. 税收体系和制度

新加坡以属地原则征税。任何人（包括公司和个人）在新加坡发生或来源于新加坡的收入，或在新加坡收到或视为在新加坡收到的收入，都属于新加坡的应税收入，需要在新加坡纳税。也就是说，即使是来源于新加坡之外的收入，只要是在新加坡收到，就需要在新加坡纳税；相应的，如果收入来源于新加坡境外，并且不是在新加坡收到或视为收到，则不需在新加坡纳税。

新加坡为城市国家，全国实行统一的税收制度。任何公司和个人（包括外国公司和个人）只要根据上述属地原则取得新加坡应税收入，就需在新加坡纳税。

2. 主要税赋和税率

新加坡现行主要税种有：企业所得税、个人所得税、消费税、不动产税、印花税、车船税等。此外，还有对引进外国劳工的新加坡公司征收的劳工税。新加坡之前还有遗产税，政府在 2008 年 2 月 15 日之后取消了该税。

【企业所得税】新加坡对内外资企业实行统一的企业所得税政策。新加坡税法规定，企业所得税的纳税义务人包括按照新加坡法律在新加坡注册成立的企业、在新加坡注册的外国公司（如外国公司在新加坡的分公司），以及不在新加坡成立但按照新加坡属地原则有来源于新加坡应税收入的外国公司（合伙企业和个人独资企业除外）。新加坡根据公司的控制和管理职能是否在新加坡，对纳税人分为居民公司和非居民公司两类。居民公司是指公司的控制和管理职能在新加坡的公司。换言之，只要公司的控制和管理职能在新加坡，无论公司是否按照新加坡的法律在新加坡注册，其即为新加坡居民公司。反之，若公司的控制和管理职能不在新加坡，即使是按照新加坡法律在新加坡注册的公司，在税务上也为非居民公司。

自 2008 年估税年度起（即在 2008 年度缴纳 2007 财年的所得税时），企业所得税税率为 18%，自 2010 年估税年度起所得税税率调为 17%，并且所有企业可以享受前 30 万新元应税所得的部分免税待遇：一般企业前 1 万新元所得免征 75%，后 29 万新元所得免征 50%；符合条件的起步企业前 10 万新元所得全部免税，后 20 万新元所得免征 50%。

【个人所得税】纳税人分为居民个人和非居民个人两类。居民个人包括：新加坡人、新加坡永久居民，以及在一个纳税年度中，在新加坡居留或者工作 183 天以上（含 183 天）的外籍个人（公司董事除外）；非居民个人是指在一个纳税年度内，在新加坡居留或者工作少于 183 天的外籍个人。

一般情况下，居民个人和非居民个人都要就其在新加坡取得的所有收入纳税。自 2004 年 1 月 1 日之后，纳税人在新加坡取得的海外收入不再纳税，但通过合伙企业取得的海外收入除外。因为合伙企业不是一个法律实体，合伙企业本身不需缴纳企业所得税，但每个合伙人需要纳税。如果合伙人是个人，则需按照个人适用的所得税税率缴纳个人所得税；如果合伙人是公司，则需按照公司适用的所得税税率缴纳企业所得税。

居民个人的应纳税所得额为收入总额扣除费用、捐赠和税务减免后的所得。适用税率为 0%～20%的超额累进税率。

非居民个人的应纳税所得税额为收入总额扣除费用和捐赠后的所得，非居民个人不适用税务减免。非居民个人的受雇所得适用 15%税率和居民个人所得税税率两者间较高者。董事费、咨询费和其他所得，适用 20%的税率。

表 4　居民个人所得税税率表

| 年应纳税所得额 | 税率（%） | 应纳税额 |
|---|---|---|
| 首 20000 新元<br>后 10000 新元 | 0<br>3.5% | 0<br>350 |
| 首 30000 新元<br>后 10000 新元 | —<br>5.5% | 350<br>550 |
| 首 40000 新元<br>后 40000 新元 | —<br>8.5% | 900<br>3400 |
| 首 80000 新元<br>后 80000 新元 | —<br>14% | 4300<br>11200 |
| 首 160000 新元<br>后 160000 新元 | —<br>17% | 15500<br>27200 |
| 首 320000 新元<br>320000 新元新元以上 | —<br>20% | 42700 |

资料来源：新加坡税务局

【消费税】即货物和劳务税（Goods and Services Tax），是对进口货物和所有在新加坡提供货物和劳务服务征收的一种税，相当于一些国家的增值税，税负由最终的消费者负担。从事提供货物和劳务服务且年营业额在 100 万新元以上的纳税人，应进行消费税的纳税登记。进行了消费税登记的纳税人，其消费税应纳税额为销项税额减去购进货物或服务支付的进项税额后的差额。

自 2007 年 7 月 1 日之后，消费税的税率为 7%。住宅财产的销售和出租以及大部分金融服务可免征消费税。出口货物和服务的消费税税率为零。

【不动产税】这是对所有不动产如房子、建筑物和土地征收的一种税。所有的不动产所有人都应为所拥有的不动产缴纳不动产税。不动产税按年缴纳，每年1月份缴纳全年的不动产税，纳税基数为不动产的年值。不动产的年值是根据不动产的年租金收入估计的，估计的租金收入不包括出租的家具、装置和服务费。不动产出租、自用或空置适用同样的基数。新加坡税务局每年会对不动产的年值进行审阅，以确定是否需要修改。如果不动产的年值发生变化，税务局会通知纳税人。目前不动产税的税率为10%。居住在自有住宅里的个人适用4%的减免税率。

【印花税】这是对不动产有关的书面文件征收得一种税。与不动产有关的文件包括不动产得买卖、交换、抵押、信托、出租等；与股份有关的文件包括股份的派发、转让、赠予、信托、抵押等。在新加坡境内签署的文件，应在文件签署之日起14日内缴纳印花税；在新加坡境外签署的文件，应在新加坡收到文件的30日内缴纳印花税。不同的文件使用的税率不同。印花税支付根据文件中得条款确定，如果文件对此未加以明确，则根据下表确定纳税人。

表5　印花税纳税义务人确定原则

| 文件种类 | 纳税义务人 |
|---|---|
| 债券、债券契约或证书 | |
| 正本 | 承租人 |
| 副本 | 出租人 |
| 财产转让 | 受让人 |
| 财产出租 | |
| 正本 | 承租人 |
| 副本 | 出租人 |
| 抵押 | 抵押人或债务人 |
| 分割 | 财产分割参与方 |

资料来源：新加坡税务局

## 四、新加坡对外国投资的优惠

1. 优惠政策框架

新加坡优惠政策的主要依据是《公司所得税法案》和《经济扩展案》（Economic Expansion Incentives）以及每年政府财政预算案涉及的一些优惠政策。

新加坡采取的优惠政策主要是为了鼓励投资、出口、增加就业机会、鼓励研发和高新技术产品得生产以及使整个经济更具有活力的生活经营活动。如对涉及特殊产业和服务（如高技术、高附加值产业）、大型跨国公司、研发机构、区域总部、国际船运以及出口企业等给予一定期限的减、免税优惠或资金扶持等。

2. 行业鼓励政策

【先锋企业奖励】享有先锋企业（包括制造业和服务业）称号的公司，自生产之日起，其从事先锋活动取得的所得司享受免征5～10年所得税的优惠待遇。先锋企业由新加坡政府部门界定。通常情况下，从事新加坡目前还未大规模开展而且经济发展需要的生产或服务的企业，或从事良好发展前景的生产或服务的企业可以申请“先锋企业”资格。

【发展和扩展奖励】从政府规定之日起，一定基数以上的公司所得可享受最低为5%的公司所得税率，为期10年，最长可延长到20年。此项政策主要是为鼓励企业不断增加在高新技术和高附加值领域的投资并提升设备和营运水平。曾享受过先锋企业奖励的企业以及其他符合条件的企业均可申请享受此项优惠。

【服务出口企业奖励】从政府规定之日起，向非新加坡居民或在新加坡没有常设机构的公司或个人提供与海外项目有关的符合条件的服务的公司，其符合条件的服务收入的90%可享受10年的免征所得税待遇，最长可延长到20年。

【区域/国际总部计划】将区域总部（RHQ）或国际总部（IHQ）设在新加坡的跨国公司，可适用较低的企业所得税税率。区域总部为15%，期限为3～5年；国际总部为10%或更低，期限为5～20年。此项政策主要是为鼓励跨国公司将区域或国际总部设立在新加坡。具体优惠企业可与新加坡企业发展局（EBD）进行商谈，企业发展局可根据公司规模和对新加坡贡献为企业量身定做优惠配套。

【国际船运企业优惠】拥有或运营新加坡船只或外国船只的国际航运公司，可以申请10年免征企业所得税的优惠，最长期限可延长到30年。申请企业应具备以下条件：是新加坡居民公司；拥有并运营一定规模的船队；在新加坡的运营成本每年超过400万新元；至少10%的船队（或最少一只船）在新加坡注册。此类优惠项目由新加坡海运管理局（MPA）负责评估。

【金融和财务中心奖励】此项政策是为鼓励跨国企业在新加坡设立金融和财务中心（FTC），从事财务、融资和其他金融服务业务而制定。金融和财务中心从事符合条件的活动取得的收入可申请享受10%的企业所得税优惠税率，为期10年，最长可延长到20年。

【研发业务优惠】为鼓励企业加大研发力度，

新加坡政府规定，自2009估税年度起，企业在新加坡发生的研发费用可享受150%的扣除，并对从事研发业务的企业每年给予一定金额的研发资金补助。

【国际贸易商优惠】为鼓励全球贸易商在新加坡开展国际贸易业务，对政府批准的全球贸易商给予5～10年的企业所得税优惠，税率减低为5%或10%。此项优惠项目由新加坡国际企业发展局(IES)负责评估。

此外，新加坡还对部分金融业务、海外保险业务、风险投资、海事企业等行业给予一定的所得税优惠或资金扶持。

### 五、新加坡关于劳动就业的规定

（一）劳动法的核心内容

新加坡主要通过《移民法案》《就业法案》《外国工人雇佣法案》和《职场安全与健康法案》等几部重点法律来规范其劳动力市场中所涉及的工作准证、劳动关系、外国工人管理及职业安全与健康等方面问题。

【工作合同】只要是雇佣双方以书面、口头、明示或暗示等形式共同达成的协议均构成工作合同。

当工作合同中列明的具体工作被完成或达到规定的期限，该合同自动解除。无具体期限的工作合同，签约双方均有权提出终止。签约一方在合约期满前提出终止工作合同须提前书面通知对方：

(1) 如雇员工作少于26周须提前1天通知；

(2) 如雇员工作在26周至2年期间须提前1周通知；

(3) 如雇员工作2年至5年期间须提前2周通知；

(4) 如雇员工作超过5年须提前4周通知。

【工作时间】工人的正常工作时间每天不超过8小时，每周工作5天半，即每周不超过44小时或每两周不超过88小时。工人在雇主的要求下在超过规定的时间以外工作，雇主应该支付工人至少为正常1.5倍的工资。

【给付薪水】依据工作合同确定工资，包括工人根据合同完成的超时工作奖金，不包括住宿、水电费、医疗及其他生活福利等。雇主应及时给付工人工资，当月工资应该在第二个月的前7日内支付，当月超时工作奖金应该在第二个月的前14日内支付。雇主支付工人月工资时，可扣除工人未做工日薪、因工人失职造成的钱物损失、向工人提供的食宿费用、提前支付工人的预付款或贷款或多支付的工资以及须由工人支付的所得税。上述扣款一般不得超过月工资的50%。

（二）外国人在新加坡工作的规定

与中国对新加坡开展劳务输出业务最为相关的是《外国工人雇佣法案》。该法案列明了雇佣外国工人的条款和条件，规定了对雇主或工人违法行为的处罚，有利于维护新加坡特别针对外籍工人所建立的工作准证系统并保护外籍工人的福利。2007年5月22日，新加坡国会审议通过了该法案的修订稿，并将法案更名为《外国人力雇佣法案》。新《法案》的立法权限较旧法案更为清晰，所规范的内容也更加全面，并进一步放宽对引进中国工人的行业限制，具体内容如下：新加坡海事业公司可以聘用不超过公司外籍员工总量75%的中国工人；新加坡制造业公司可以聘用不超过公司外籍员工总量25%的中国工人；新加坡服务业公司可以聘用不超过公司外籍员工总量10%的中国工人。

[来源：改编自商务部国际贸易经济合作研究院、商务部投资促进事务局、中国驻新加坡使馆经济商务参赞处共同主编.《对外投资合作国别（地区）指南——新加坡》. 2009年版第29～45页]

## 泰国对外国投资合作的法规和政策

### 一、对外贸易的法规和政策规定

1. 贸易主管部门

泰国主管贸易的政府部门是商业部（Ministry of Commerce)，其主要职责分为两部分，对内负责促进企业发展、推动国内商品贸易和服务贸易发展、监管商品价格、维护消费者权益和保护知识产权等；对外负责参与WTO和各类多双边贸易谈判、推动进出口贸易良性发展等。泰国商业部主管对外业务的部门有贸易谈判厅、出口促进厅和国际贸易厅等，主管国内业务的部门有商业发展厅、国内贸易厅、知识产权厅和灾祸保险厅等。

2. 贸易法规体系

泰国与贸易相关的主要法律有1960年《出口商品促进法》、1979年《出口和进口商品法》、1973年《部分商品出口管理条例》、1979年《出口商品标准法》、1999年《反倾销和反补贴法》、2000年《海关法》等。

3. 贸易管理的相关规定

【进口管理】泰国对多数商品实行自由进口政策，任何开具信用证的进口商均可从事进口业务。泰国仅对部分产品实施禁止进口、关税配额和进口许可证等管理措施。禁止进口产品主要涉及公共健康、国家安全等的产品；关税配额产品包括桂圆等23种农产品，但关税配额措施不适用于从东盟成员国的进口产品；进口许可分为一般产品许可和特殊产品许可，并规定进口许可的产品必须得到泰国商业部批准后才能到港。

【出口管理】泰国除通过出口登记、许可证、配额、出口税、出口禁令或其他限制措施加以控制的产品外，大部分产品可以自由出口，受出口管制的产品目前有45种，其中征收出口税的有大米、皮毛皮革、柚木与其他木材、橡胶、钢渣或铁渣、动物皮革等。

【贸易壁垒】泰国对WTO成员方的平均关税是14.6%，非WTO成员方的平均关税是16 8%。

(1) 关税高峰。泰国现对大量的进口产品征收超过30%的关税，包括农产品、汽车和汽车零部件、酒精饮料、纤维和一些电子产品。如丝织品、羊毛织物、棉纺织品及其他一些纤维织物的进口关税多为60%，摩托车及一些特殊用途车的进口关税达到或超过80%、大米52%、奶制品216%。

(2) 关税升级。泰国对绝大多数工业原材料和必需品，如医疗设备征收零关税；对有选择的一些原材料、电子零配件以及用于国际运输的交通工具征收1%的关税；一些化工原料，如氯化铵、氯化钙、氯化镁等氯化物的关税也仅为1%；对初级产品和资本货物大部分征收5%的关税；对中间产品一般征收10%的关税；对成品一般征收20%的关税；对需要保护的特殊产品征收30%的关税。

(3) 关税配额。根据WTO《农业协定》，泰国对23种农产品实行关税配额管理，分别是桂圆、椰肉、牛奶、土豆、洋葱、大蒜、椰子、咖啡、茶、干辣椒、玉米、大米、大豆、洋葱籽、豆油、椰子油、速溶咖啡、土烟丝、生丝等。这些产品在配额内实行低关税，在配额外实行高关税，如大蒜进口配额仅64.6吨，配额内关税为27%，配额外关税高达57%。

(4) 进口限制。泰国规定26种产品需要进口许可，包括原材料、石油、工业原料、纺织品、医药品及农产品。泰国禁止进口二手摩托车及其零件和游戏机。产品进口必须满足规定的要求，如缴纳特别费用、需要原产地证明等。进口食品、医药产品、矿产品、武器弹药、艺术品，需要相关部长的特别许可。泰国要求在食品进口登记中提供关于食品生产工艺及组成成分的详细产品经营信息。泰国卫生部食品药品管理局规定所有食品、药品及部分医疗设备的进口均须符合进口许可证的管理。食品进口许可证每三年换一次，每次均需要重新认证，文件送达食品药品管理局后还需重新收费、药品进口许可证每年更换一次，同样需要缴纳有关费用。

(5) 技术性贸易壁垒。泰国对10个领域的60种产品实行强制性认证，包括农产品、建筑原料、消费品、电子设备及附件、PVC管、医疗设备、LPG气体容器、表层涂料及交通工具等。泰国卫生部食品药品管理局规定，所有进口食品、药品及部分医疗设备要符合标准、检测、标签和认证要求。进口上述产品必须附有泰文说明产品名称、重量或容量、生产和失效日期的标签，并经泰国卫生部食品药品管理局批准。

(6) 政府采购。泰国不是WTO《政府采购协定》的签署国。在政府采购招标中，泰国对外国投标企业设置一系列限制，使外国企业无法投标或难以中标。如泰国常在招标文件中规定非泰国产品不得参与投标；政府采购部门对投标资格的规定不确定，有权在任何时候接受或拒绝部分或所有投标，甚至可以在招标过程中修改技术要求；投标者对招标结论没有申诉权利等。根据2000年5月泰国颁布的《对销贸易法》，对金额超过3亿泰铢的政府采购合同，外国中标企业须易货回购价值不低于合同金额50%的泰国产品，该规定大大提高了外国中标企业的经营成本。

4. 进出口检验检疫

泰国负责商品质量监督、检验和标准认证的管理部门主要是卫生部下属的食品与药品监督管理局(Food and Drug Administration，简称FDA)及农业合作部下属的国家农业食品和食品标准局(National Bureau of Agriculture Commodity and Food Standards，简称ACFS)。

FDA行使职责依据的国内法规和国际协议主要有：泰国1967年《药品法》、1975年《精神类物质法》、1979年《食品法》、1979年《麻醉品法》、1988年《医疗器械法》、1990年《防止滥用挥发性物质法》、1992年《化妆品法》、1992年《危险物质法》和1971年《关于精神类物质的国际公约》、1988年联合国《关于反对非法买卖麻醉品和精神类物质的协定》等。FDA根据相关法律法规对商品的市场准入进行控制，审核发放各类商品相应的卫生证明、GMP 证明、HACCP 证明和自由销售证明等。进口商必须申请进口许可证后才能进口食品，指定的食品储藏室必须经 FDA 检验后才能使用，进口许可证要每三年更新一次；对于特别控制的食品，进口商必须到 FDA 注册，获得批准才能进口。

ACFS 的主要职责是制定初级农产品、食品和加工农产品的标准，发放许可证明，对有关产品的认证机构及企业进行认证等，此外，还协助和参与技术问题、非关税措施及国际标准等方面的对外谈判，其主要工作目标是发展泰国农产品和食品标准体系使其适应国际标准，以扩大泰国农产品和食品的出口额。ACFS 自成立以来，共制定公布了 22 项植物食品标准、10 项动物产品标准、3 项鱼类食品标准和 20 项其他标准。

5. 海关管理规章制度

《海关法（Customs Act）》是泰国实施海关管理的根本法律制度。目前，泰国海关进出口商品代码和关税管理体系是根据 1987 年修订的海关关税法令（Customs Tariff Decree 1987）制定的。泰国政府根据管理需要会对商品代码分类和海关关税进行不定期调整，有关法令和公告可在泰国海关厅网站上查询，网址为 www. igtf. customs. go. th/igtf/en/main. frame. jsp。

在泰国，大部分进口商品都需要缴纳两部分税，一是海关关税，二是增值税（VAT）。关税计税方法一般为按价计税，也有部分商品按照特定单位税率的方式征税。一般情况下，进口商品关税额计算公式为商品到岸价（CIF）乘以该项商品的进口税率，绝大部分商品的进口关税在 0%～80%之间；增值税的计算公式为进口商品缴纳关税和消费税（部分商品需缴纳）后的总价值乘以 7%。

表 1 泰国主要进口商品的关税税率

| 商品名称 | HS 编码 | 一般关税税率 |
|---|---|---|
| 原油 | 2709 | 25% |
| 集成电路 | 8542 | 35% |
| 打字机等办公机器的零部件 | 8473 | 40% |
| 摩托车零部件 | 8708 | 60% |
| 光盘、磁带、记忆卡等未录制内容的固体媒体存储介质（胶卷除外） | 8523 | 60% |
| 成品油 | 2710 | 部分采用 30%的税率按价计税，部分采用特定单位税率 2.91 铢/升 |
| 天然气和其他气体燃料 | 2711 | 采用特定单位税率 0.001 铢/千克 |
| 未加工的精铜和铜合金 | 7403 | 6% |
| 自动数据处理设备 | 8471 | 40% |
| 未加工的金、金粉 | 7108 | 35% |

泰国给予东盟成员国和与其签订多双边贸易协定的国家地区不同程度的关税减让，具体商品的关税税率和减让情况均可以通过 HS 税号或商品名称在海关网站上查询，网址为 www. igtf. customs. go. th/igtf/en/main. frame. jsp。

## 二、对外国投资的市场准入的规定

1. 投资主管部门

泰国主管投资促进的部门是投资促进委员会（Board of Investment，简称 BOI），负责根据 1977 年颁布的《投资促进法（Investment Promotion Act）》及 1991 年第二次修正和 2001 年第三次修正的版本制定投资政策。投资促进委员会办公厅（Office of the Board of Investment）是隶属于泰国工业部的国家厅级单位，负责审核和批准享受泰国投资优惠政策的项目、提供投资咨询和服务等。

2. 投资行业的规定

2002 年，BOI 发布了泰国鼓励外商投资的五大行业，分别是农业、汽车业、电子业、时尚业（包括信息技术和电信）、高增值服务业以及能源行业。2009 年，BOI 又增加了 6 个可享受投资优惠的行业，包括高科技项目，如通讯、电子零配件等；另有大型投资项目，如捷运线车厢生产等。

泰国列入鼓励投资的行业种类有：农业及农产品加工业（26 种）；矿业、陶瓷及基础金属工业（18 种）；轻工业（16 种）；金属产品、机械和运输设备制造业（22 种）；电子和电子工业（9 种）；化工产品、纸张及塑胶业（15 种）；服务业及公用事业（21 种）等七大类行业。

外国人在泰国可以投资、经营，但要受到一定限制的行业有：批发业，出口贸易，机器、机械和工具的零售业务，旅游食品、饮料销售，饲料生产，植物油制品，纺织和纺织品，玻璃容器（包括灯泡）生产，口缸、茶杯、器皿生产，印刷纸，岩盐生产，矿业等。还有其他部分涉及服务、建筑等的 10 多个行业，也受到限制。对这些行业进行投资，必须经商业注册登记局许可。

禁止外国人在泰国投资的有 12 个行业：稻米生产、制盐、国产农产品的国内贸易、不动产交易、会计事务、法律事务、建筑设计、广告业、中介人和代理人、推销业务、理发美容店和大楼建筑等。

不允许外国人在泰国投资的则有 39 个行业和职业：体力劳动，农林牧渔，烧砖，建筑工，木工，汽车驾驶员，运输，搬运，机械操作（除国际航线飞机驾驶员），店员，推销业务，会计（包括监督员），宝石切磨，理发、美容，编织，以藤、竹、麻为原料的制品业，手工纸制品，漆器，泰国乐器，象嵌、牙雕，金银贵重制品，石工，泰国玩具，床垫、外套罩衫，托钵，丝织手工艺品，佛像生产，刀具，布纸伞生产，制鞋，制帽，代理店，与建筑有关的计划、计算、组织、分析、检查，建筑设计、制图、成本核算，陶瓷生产，服装，手工卷烟，旅游导游，摊贩、行商，泰文打字员，丝织手帕，公务员、秘书，法律、诉讼。

泰国有关农业、畜牧业、渔业、勘探与开采矿业和外商投资法中的服务行业规定：泰籍投资者的持股量必须不低于 51%；工业企业的投资，无论生产场所设在何处，允许外商持大股或全部股；除非有特殊理由，BOI 规定某些行业外商投资的限额。

3. 投资方式的规定

【股权投资】外籍人在泰国开展投资经营活动的方式可分为以下两类：一是按照泰国法律在泰国注册为某种法人实体，具体形式有合伙企业、有限公司和大众有限公司等；二是成立合资公司（Joint Venture），通常指一些自然人或法人根据协议为从事某项商业活动而组建的实体，根据泰国《民商法典》，合资公司不是法人实体，但是根据《税法典》，合资公司在缴纳企业所得税时被视为单一实体。

【上市】泰国法律规定，只有公众有限公司才有资格申请登记加入证券交易市场。根据 1992 年颁布的《公众有限公司法（Public Limited Company Act）》的有关规定，有限公司可以转为公众有限公司。泰国没有关于外资公司在泰上市的特殊限制，在泰国注册成立的公众有限公司，只要符合泰国证券交易委员会（Securities Exchange Commission，简称 SEC）和股票交易所（Stock Exchange of Thailand，简称 SET）的有关规定，即可申请上市。

【收购】泰国没有关于跨国并购的专门法律法规，规范收购行为的法律法规是《公众有限公司法》和 1992 年颁布的《证券交易法（Securities and Exchange Act）》。收购行为通常有股票收购、兼并和资产收购。收购上市公司，必须符合《证券交易法》和泰国证券交易委员会的有关规定，当收购量达到上市公司股份的 25%，收购者必须正式提出股权收购。有关法律法规可查询泰国证券交易委员会网站，网址为 www.sec.or.th/laws_notification/file_dw_en/SEC_eng.pdf。

4. 外汇管理

自 1991 年 4 月 1 日起，泰国充分放宽了对外汇交易的管制。

【资金进入】非本国居民：过境的个人通常可以自由携带外汇和可流通的票据。

本国居民：对携带入境的外汇和流通票据的数量没有限制。但所有的外汇和票据须在收到或进入泰国 7 天内存入一家商业银行的外汇账户上。

投资者：对进入泰国的外汇如投资基金、离岸贷款等没有限制，但这些外汇须在收到或进入泰国 7 天内兑换成泰铢，或存入一家授权银行的外汇账户上。

【资金汇出】投资基金、分红和利润以及贷款的偿还和支付利息，在所有适用税务清算之后，可以自由汇出。同样，本票和汇票也可以自由汇出境外。

【商业交易中的外汇汇兑】泰国居民的外汇账户，对以下情况，允许泰国个人和法人保留外汇：在泰国授权银行开立的账户，存入从国外或从曼谷离岸业务机构借来的外汇。存款人须提交证据，证明在存款日期三个月内，要向国外的个人、授权银行、泰国进出口银行或泰国工业金融公司偿付外汇。但存款人的存款不能超过上述偿付数额。外汇存款票据和银币不能超过 2000 美元/天。每一个法人所有账户的日到期余额不得超过 500 万美元，个人不得超过 50 万美元。

（1）非本国居民的外汇账户。非本国居民可以在泰国授权银行开立并保留外汇账户，存款须来自海外资金。上述账户的余额可以不受限制地转移。

（2）非本国居民的银行账户。非本国居民可以在泰国任意一家授权银行开立账户。可以自由提取包括出售境外外汇所得的收入或非本国居民外汇账户上的外汇、其他非本国居民泰铢账户上转移过来的数额、本国居民与非本国居民间偿付债务的款项等。

(3) 进口。进口商可为进口支付而自由购买或从自己的外汇账户上提取外汇。进口商无需得到泰国银行的许可，但在进口货物或交易价值超过50万泰铢时则须提交F.T.2表格以及货物提单给客户。

(4) 出口。出口可不受任何外汇管制。但出口收入或交易超过50万泰铢以上时须自出口之日120天内收到外汇并交予一家授权银行或在收到外汇7天内将其存入授权银行的外汇账户。

(5) 无形交易。在提交支持性文件给授权银行后，非本国居民的汇款可以用于非资本项目，如服务费、利息、红利、利润和税费。居民的旅行支出或教育费用也可自由使用外汇。无形交易的收入须交授权银行或在收到收入7日内存入一家授权银行的外汇账户。

居民可以在泰国内持有或交易黄金珠宝、金币、金条。

5. 工厂许可

泰国目前实施的是1992年修订后的《工厂法(Factory Act)》，该法明确规定了工厂建设、运行、扩建和安全的有关要求。由工业部工业建设厅(Department of Industrial Works，Ministry of Industry)根据该法负责管理，对于工厂建设项目的管理控制程度通常取决于环境保护的需要，例如对排放造成污染的产业控制就更加严格。根据该法，工厂被分为三类：

第一类，不需要政府许可就可以建设运行；

第二类，开始建设运行前需要事先告知政府有关部门，业主在收到工业部确认的回执后即可开始建设；

第三类，工厂建设前需要向工业部工业建设厅申请许可证。

在工厂试运行前和正式开工生产之前，业主要至少提前15天告知有关政府部门。

许可证的有效期为自项目运营起至第五年年底结束，如果工厂转让、出租或者停产，则在新业主取得许可证之日原许可证作废，或者在停产之日原许可证作废。业主在许可证到期前可以申请延期。

## 三、泰国关于企业税收的规定

1. 税收体系和制度

泰国关于税收的根本法律是1938年颁布的《税法典》，财政部有权修改《税法典》条款，税务厅负责依法实施征税和管理职能。外国公司和外国人与泰国公司和泰国人一样同等纳税。泰国对于所得税申报采取自评估的方法，对于纳税人故意漏税或者伪造虚假信息逃税的行为将处以严厉的惩罚。目前泰国的直接税有3种，分别为个人所得税、企业所得税和石油天然气企业所得税，间接税和其他税种有特别营业税、增值税、预扣所得税、印花税、关税、社会保险税、消费税、房地产税等，泰国并未征收资本利得税、遗产税和赠与税。

2. 主要税赋和税率

【企业所得税】在泰国具有法人资格的公司都须依法纳税，纳税比例为净利润的30%，每半年缴纳一次。基金、联合会和协会等则缴纳净收入的2%～10%，国际运输公司和航空业的税收则为净收入的3%。未注册的外国公司或未在泰国注册的公司只需按在泰国的收入纳税。正常的业务开销和贬值补贴，按5%～100%不等的比例从净利润中扣除。对外国贷款的利息支付不用征收公司的所得税。企业间所得的红利免征50%的税。对于拥有其他公司的股权和在泰国证券交易所上市的公司，所得红利全部免税，但要求持股人在接受红利之前或之后至少持股3个月以上。企业研发成本可以作双倍扣除，职业培训成本可以作1.5倍扣除。注册资本低于500万泰铢的小公司，净利润低于100万泰铢的，按20%计算缴纳所得税；净利润在100～300万泰铢的，按25%计算缴纳。在泰国证交所登记的公司净利润低于3亿泰铢的，按25%计算缴纳。设在曼谷的国际金融机构和区域经营总部按合法收入利润的10%计算缴纳。国外来泰国投资的公司如果注册为泰国公司，可以享受多种税收优惠。

【个人所得税】个人所得税纳税年度为公历年度。泰国居民或非居民在泰国取得的合法收入或在泰国的资产，均须缴纳个人所得税。税基为所有应税收入减去相关费用后的余额，按从5%到37%的五级超额累进税率征收。按照泰国有关税法，部分个人所得可以在税前根据相关标准进行扣除，如租赁收入可根据财产出租的类别，扣除10%～30%不等；专业收费中的医疗收入可扣除60%，其他30%，著作权收入、雇佣或服务收入可扣除40%，承包人收入可扣除70%。

【增值税】泰国增值税率的普通税率为7%。任何年营业额超过120万泰铢的个人或单位，只要在泰国销售应税货物或提供应税劳务，都应在泰国缴纳增值税。进口商无论是否在泰国登记，都应缴纳增值税，由海关厅在货物进口时代征。免征增值税的情况包括年营业额不足120万泰铢的小企业；销售或进口未加工的农产品、牲畜以及农用原料，如化肥、种子及化学品等；销售或进口报纸、杂志及教科书；审计、法律服务、健康服务及其他专业服务；文化及宗教服务；实行零税率的货物或应税劳务包括出口货物、泰国提供的但用于国外的劳务、国际运输航空器或船舶、援外项目项下政府机构或国企提供的货物或劳务、向联合国机构或外交机构提供的货物或劳务、保税库或出口加工区之间提供货物或劳务。当每个月的进项税大于销项税时，纳税人可以申请退税，在下个月可返还现金或抵税。对零税率货物来说，纳税人总是享受退税待遇。与招待费有关的进项税不得抵扣，但可在计算企业所得税时作为可扣除费用。

【特别营业税】征收特别营业税的行业有银行业、金融业及相关业务、寿险、典当业和经纪业、房地产及其他皇家法案规定的业务。其中，银行业、金融及相关业务为利息、折旧、服务费、外汇利润收入的3%，寿险为利息、服务费及其他费用收入的25%，典当业经纪业为利息、费用及销售过期财物收入的2.5%，房地产业为收入总额的3%，回购协议为售价和回购价差额的3%，代理业务为所收利息、折扣、服务费收入的3%。同时在征收特别营业税的基础上还会加收10%的地方税。

## 四、泰国对外国投资的优惠

1. 优惠政策框架

BOI向投资者提供两种形式的优惠政策：一是税务上的优惠权益，主要包括免缴或减免法人所得税及红利税、免缴或减免机器进口税、减免必需的原材料进口税、免缴出口产品所需要的原材料进口税等；二是非税务上的优惠权益，主要包括允许引进专家技术人员、允许获得土地所有权、允许汇出外汇以及其他保障和保护措施等。

非税务优惠适用于所有获BOI批准的项目，税务优惠则根据项目所在地和所属行业等不同情况享受相应的优惠。一般而言，位于受到特别鼓励投资区域的项目、生产出口型的项目或者属于泰国政府鼓励支持产业范畴内的项目均可以获得更大程度的优惠。

此外，为鼓励外商投资，BOI还放宽了对外商持股比例的限制，对于工业企业投资，无论工厂设在何处，允许外商持大部分或全部股份，如果有适当理由，BOI可规定外商在某些受鼓励的行业持股比例的限额。

另外，泰国计划推出特别税收优惠举措，以鼓励外国投资者在泰国设立地区总部。

2. 行业鼓励政策

BOI将鼓励投资的行业分为七大类，分别是：农业及农产品加工业，矿业、陶瓷及基础金属工业，轻工业，金属产品、机械设备和运输设备制造业，电子与电器国内工业，化工产品、造纸及塑胶和服务业及公用事业。

每个大类下还细分为许多小类，BOI对一些重点鼓励投资的行业都规定了特别的优惠条件，其中，农产品加工业、人才及科技发展业、公共事业、基础设施、环境保护等属于特别重视的项目。

3. 地区鼓励政策

BOI根据全国76个府的收入和基础设施等经济发展因素，将其划分为三个区域：

第一区共6个府，分别是曼谷、北榄、龙仔厝、巴吞他尼、暖武里和佛统。

第二区共12个府，分别是夜功、叻丕、北碧、素攀、大城、红统、北标、坤西育、北柳、春武里、罗勇和普吉。

第三区为其他58个府，分为两组，即36个府一组和22个低收入府一组。

设立在不同区域的外商投资企业可获得不同优惠幅度的所得税减免待遇，免税期分别为3～8年不等，其中第三区为最高待遇投资区。无论在哪一区，经投资署批准的特别优先扶持的投资领域的项目可免缴所得税8年。

4. 泰国工业园的鼓励政策

泰国工业部下设有工业园管理机构（Industrial Estate Authority of Thailand，简称IEAT），负责发展工业园区和科技园区等工业地产。2007年，IEAT第四次修改《工业园机构条例（Industrial Estate Authority of Thailand Act）》，以提高工业园内投资者的竞争能力。

根据《工业园机构条例》，泰国的工业园分为两类：一是一般工业区；二是自由经营区（原出口加工区）。在一般工业区投资的外国投资者，不必向BOI提交申请，就可以获得工业园内的土地所有权和引进外国技术人员、专家来泰国工作的权利。此外IEAT还向工业园内的投资者提供便利设施和一条龙服务，如运输服务、仓库、培训中心和医疗服务等。在自由经营区的投资者，还可以享有更多的优惠政策，如无条件向国外出口产品，享受更大的进口物件和原材料便利，除BOI鼓励投资政策提供的优惠条件外，还可以享受更多的税务优惠。

目前，泰国 IEAT 独立开发的工业区有 10 个，IEAT 与合作者联合开发的工业区共有 28 个，此外还有很多私人投资者开发的工业区。

5. 税收优惠政策

进口税优惠：产品出口超过 30%的企业，为生产出口产品而进口的原材料免关税一年；符合一定条件的企业可享受进口设备减免征收关税的待遇；凡经投资署批准的鼓励类项目，进口设备均免缴增值税和关税，国内采购原材料可申请退还增值税（增值税 7%）；出口加工区内，凡产品出口超过 40%的企业，经投资署批准，进口设备、原材料可免除全部关税和增值税。此外，税率为 10%的外商投资企业免缴收入汇出税。

在泰国成立区域经营总部可享受更多的税收优惠。从 2010 年 6 月 1 日起，外资在泰国设立企业总部（ROH）免收 15 年法人所得税。具体规定为：来自国外的收入不需要交纳所得税，之前纳税额为 10%；至于在泰国所获得的收入，法人所得税纳税额从 30%降至 10%；在 ROH 工作的外国人，8 年内个人所得税率为 15%，之前只有 4 年，同时取消 50%收入来自国外的规定。

## 五、泰国关于劳动就业的规定

### （一）劳动法的核心内容

泰国目前实施的《劳动保护法（Labour Protection Act）》制定于 1998 年，其中明确了雇主和雇员的权利及义务，建立了关于一般劳动、雇佣女工和童工、工资报酬、解除雇佣关系和雇员救济基金等方面的最低标准。同时，《劳动保护法》也赋予了政府干预管理的权利以确保雇主和雇员双方关系的公平、健康发展。此外，相关立法还有《劳动关系法（labor Relation Act）》（1975 年）、《工会法（Act on Establishment of Labor Courts and Labor Courts Proce—dures）》（1979 年）、《社会保险法（Social Security Act）》（1990 年）和《工人抚恤金法（Workmens Compensation Act）》（1994 年）等。

上述法律法规的主要内容有：

【最低工资】按照地区的不同规定了不同的最低工资水平。根据 2008 年 1 月 1 日起实行的标准，泰国 76 个府的最低工资标准从每天 148～203 泰铢不等。这个标准会不定期调整。

【工作时间和请假】工作时间标准为每日不超过 8 小时，每周不超过 48 小时，特殊行业每日工作时间可能延长，但是每周工作总时长不得超过 48 小时。对于有害雇员健康的工作和危险工作，每日不得超过 7 小时，每周不得超过 42 小时。雇员每周至少应休假一天，雇主不得要求雇员加班，除非雇员同意，且超过最高工作时间必须付给雇员补偿金，补偿金为正常工作时间工资的 1.5～3 倍。雇员每周工作时间不得超过最长工作时间 36 小时。

雇员请病假没有限制，但是每年带薪休病假的总天数不得超过 30 个工作日，雇员请 3 天病假以上，雇主可以要求提供医生证明。为同一雇主连续工作 1 年以上的雇员，每年在国家 13 个法定假日之外还可以享受 6 天的带薪假期。女雇员可以享受包括假日在内共 90 天的孕产假，但是其中只有 45 天为带薪假。

【雇员记录】雇佣 10 人及以上的雇主自雇员达到 10 人之日起 15 天内必须制定劳动管理章程并公示，管理章程应在宣布或公示之日起 7 天内提交给劳工部劳动福利保护厅。雇佣 10 人及以上的雇主还必须建立雇员记录，包括雇员工资发放、加班和假日工作等情况，上述雇员记录和证明材料在雇员离职后还要保存至少两年。

【女工的使用】规定了雇主不得使用女工从事劳动的工作种类，以及雇主不得使用孕妇从事劳动的工作种类。规定雇主不得因女工怀孕而对其解雇。

【童工的使用】规定了雇主不得雇佣童工（15～18 岁）从事劳动的工作种类。雇主只允许雇佣 15 岁以上的童工，且要向劳动检查部门申报雇佣童工情况。雇主不得雇佣童工加班或在假日工作，一般也不得雇佣童工在晚上 10 点至次日 6 点工作。

【工人抚恤金】雇主必须向因工作原因或在工作过程中受伤、生病和死亡的雇员提供抚恤，具体可分为抚恤金、医药费、复原费和丧葬费四类。抚恤标准根据事件的严重程度而定，一般情况下雇主必须每月支付给雇员原工资的 60%作为抚恤金，但不低于每月 2000 铢或高于每月 9000 铢，对于失去器官、致残或致死的情况，雇主要依法支付抚恤金达到一定时间段。所有雇主都要于每年 1 月 31 日前向社会保险办公室管理的工人抚恤基金缴款，缴款标准由劳工部规定。

【社会保险】所有雇主必须依法在雇员每月工资中代扣社保基金，目前规定的社保基金缴纳标准为雇员月工资的 5%（月工资最高基准为 15000 铢），雇主也必须为雇员缴纳同样金额的社保基金。雇主和雇员必须于次月的 15 日前向将社保基金汇给社会保险办公室。在社保基金注册的雇员非因公受伤、患病、残疾或死亡可以申请补偿，还可以享受儿童福利、养老金和失业金。

【解除雇佣关系】对于没有时限的雇佣合同，雇主和雇员双方都可以在发薪日当天或之前通知对方，然后在下一个发薪日前解除雇佣关系。雇员出现违法犯罪、因故意或疏忽给雇主带来巨大损失、连续旷工三日以上等情况，雇主不需事先通知即可解雇雇员并停发工资。没有任何过错而被解雇的雇员，有权取得离职费，具体金额根据雇员为雇主工作的年限而定。

雇主因为部门和业务调整、设备技术改造等原因裁员，应提前 60 天通知雇员或者支付给雇员 60 天的工资作为离职费。此外，对于为同一雇主连续工作年满 6 年的雇员，还需增发离职费，计算方法为自工作的第七年起每增加一年工龄增发 15 天工资，最多不超过 360 天工资。

（二）外国人在泰国工作的规定

1978 年修订颁布的《外籍人工作法（ Alien Employment Act）》是泰国政府管理外籍人在泰国工作的基本法。1979 年《外籍人工作从业限制工种规定》、2004 年劳工部就业厅颁发的《外籍人工作申请批准规定》是泰国受理审批外籍人在泰国工作的主要依据。

其中对于外籍人在泰国工作的要求主要有：

任何泰国雇主欲雇佣外籍人士在泰国境内工作，均须向泰国劳工管理部门提出申请；

申请劳工许可证者须具备的条件：一是在泰国境内有住所或按照移民法允许入境的暂时居留人员，不包括旅游者或过境人员；二是不属于部长在政府公报上列明的几类不够资格或禁止从事工作的人员；

劳工证到期前须及时提出续延申请；

劳工证持有者须随身携带劳工证；

在劳工管理部门官员（挂有身份证件）到业主住地履行公务时，向被检查者查验证件时，雇主要予以适当协助；

任何外籍人违法打工，将视情节轻重被处以不超过 5 年的监禁，或处以 2000～100000 泰铢的罚款，或两者并罚；

申办在泰国工作许可收费办法：手续费 100 铢/例；新办工作许可证：不超过 3 个月为 750 铢/例；3～6 个月为 1500 铢/例；6～12 个月为 3000 铢/例；许可证续延：续延不超过 3 个月为 750 铢/例；续延 3～6 个月为 1500 铢/例；续延 6～12 个月为 3000 铢/例；更换许可证 150 铢/例；变更工种 150 铢/例；变更工作场所 150 铢/例。

泰国政府鼓励在泰国外国人通过合法程序申请合法工作许可证，对外国人在泰国投资、经商、从教等人员申请工作许可持积极、鼓励态度。泰国政府为方便外国工作许可申请者，劳工部自 2004 年 11 月 15 日起与泰国移民局试行联署办公，受理审批劳工申请事项，一般审批时间视工种而定，约需 1～5 天。

## 六、与投资者合作相关的法律

1.《民商法典（Civil and Commercial Code）》，明确了自然人、团体和法人之间的民事关系，对法人的设立、组织、经营、变更等行为作出了规定。查询网址：www. samuiforsale. com/Civil_Code_text_english_I. html。

2.《外籍人经商法（Alien Business Act）》，规定外籍人在泰国经商行为的根本法律。查询网址：www. dbd. go. th/mainsite/index. php? id＝791&L＝1。

3.《税法典（Revenue code）》，规定泰国税种、税率和计算方式等税务相关问题的根本法律。查询网址：www. rd. go. th/publish/37693. 0. html。

4.《投资促进法（Investment Promotion Act）》（以及历次修改公告），明确了外商在泰国投资可以享受的各项优惠权益。查询网址：www. boi. go. th/chinese/about/law_and_regulations. asp。

5.《劳动保护法（Labour Protection Act）》，明确了雇主和雇员的权利及义务。查询网址：www. mol. go. th/download/laborlaw/labourprotection1998_en. pdf。

6.《外籍人工作法（Al'en Employment Act）》，规定外籍人在泰国工作的根本法律。查询网址：www. mol. go. th/law_labour. html。

7.《海关法（Customs Act）》，规定了商品进出泰国关境的原则和方式，明确了进出口经营者和海关管理机构的权利义务等。查询网址：www. customs. go. th/law/lawl7. htm。

*［来源：改编自商务部国际贸易经济合作研究院、商务部投资促进事务局、中国驻泰国大使馆经济商务参赞处共同主编.《对外投资合作国别（地区）指南——泰国》. 2009 年版第 25～44 页］*

# 越南对外国投资合作的法规和政策

## 一、对外贸易的法规和政策规定

1. 贸易主管部门

越南主管贸易的部门是工贸部，设有36个司局和研究院，负责全国工业生产（包括机械、冶金、电力、能源、油气、矿产及食品、日用消费品等行业生产）、国内贸易、对外贸易、WTO事务、中国—东盟自由贸易区谈判等。

2. 贸易法规体系

越南主要贸易法律法规包括：《民法》《贸易法》《电子交易法》《海关法》《进出口税法》《知识产权法》《信息技术法》《反倾销法》《反补贴法》《企业法》《会计法》《统计法》等。

3. 贸易管理的相关规定

【进口管理】根据加入WTO的承诺，越南逐步取消进口配额限制，基本按照市场原则管理。禁止进口的商品主要包括：武器、弹药、毒品、有毒化学品、军事技术设备、麻醉剂、部分儿童玩具、颓废和反动的文化品、爆竹、烟草制品、二手消费品、右舵驾驶机动车、二手物资、低于30马力的二手内燃机、含有石棉的产品和材料、各类专用密码及各种密码软件等。

2010年，越南对用于国内市场生产和经营的商品盐进口规定进行调整。自6月1日起，按关税配额获得商品盐进口许可的企业只能进口以下几种盐类：海关编码为2501.00.90.90的粗盐、海关编码为2501.00.41.20的医疗、实验和化工用精盐以及海关编码为2501.00.49.20的食用盐。对于关税配额外的进口盐，在签署进口合同前须获得越南农业与农村发展部的许可。

【出口管理】关于出口，越南主要采取出口禁令、出口关税、数量限制等措施进行管理。禁止出口的商品主要包括：武器、弹药、爆炸物和军事装备器材、毒品、有毒化学品、古玩、伐自国内天然林的圆木、锯材、来源为国内天然林的木材、木炭、野生动物和珍稀动物、用于保护国家秘密的专用密码和密码软件等。

根据签署的3092/VPCP号文，越南政府批准在2010年由越南钢铁总公司总经销越南老街贵沙铁矿。原则上，优先售予越南国内企业，剩余部分可出口，但不得超过50万吨，以便换取肥煤和焦炭。

4. 进出口商品检验检疫

越南进出口商品检验检疫工作根据不同商品种类由不同部门负责，食品和药品检验由卫生部负责，动植物和其他农产品检验由农业与农村发展部负责。越南农林水产品质量管理局新颁布了关于对进口动物食品进行卫生安全检查及相关指标限额的两项新规定，分别为《关于对进口动物食品进行卫生安全检查的第25号通知（25/2010/TT－BN-NPTNT）》和《关于颁布进口和在越南国内市场生产流通的动物食品卫生安全指标和限额目录的第29号通知（29/2010/TT－BNNPTNT）》。上述两项规定自2010年7月1日起实施，具体内容可自越南农林水产品质量管理局网站（http://www.nafiqad.gov.vn/）下载。

5. 海关管理规章制度

【管理制度】越南现行关税制度包括四种税率：普通税率、最惠国税率、东盟自由贸易区税率及中国—东盟自由贸易区框架下特别优惠税率。普通税率比最惠国税率高50%，适用于未与越南建立正常贸易关系国家的进口产品。原产于中国的商品享受最惠国税率，其中属于越南海关税则1～8章的商品适用于“早期收获”税率。

【关税税率】越南部分商品进口税率见下表：

| 商品名称 | 关税税率 | 商品名称 | 关税税率 |
|---|---|---|---|
| 香烟 | 45% | 纺织原料 | 5%～30% |
| 皮革原料 | 0% | 成衣 | 35% |
| 皮革制品 | 30% | 鞋 | 35% |
| 木材原料 | 5%～10% | 玻璃 | 3%～5% |
| 纸浆 | 1% | 钢材 | 0%～10% |
| 纸张 | 5%～30% | 发动机 | 5%～25% |
| 农机 | 5%～15% | 汽车（5座） | 83% |

资料来源：越南海关

## 二、对外国投资的市场准入的规定

1. 投资主管部门

越南主管投资的政府部门是计划投资部，设有26个司局和研究院，主要负责对全国计划和投资的管理，为制定全国经济社会发展规划和经济管理政策提供综合参考，负责管理国内外投资，负责管理工业区和出口加工区建设，牵头管理对官方发展援助（ODA）的使用，负责管理部分项目的招投标等。

2. 投资行业的规定

【禁止投资项目】

(1) 危害国防、国家安全和公共利益的项目；

(2) 危害越南文化历史遗迹、道德和风俗的项目；

(3) 危害人民身体健康、破坏资源和环境的项目；

(4) 处理从国外输入越南的有毒废弃物、生产有毒化学品或使用国际条约禁用毒素的项目。

【限制投资项目】

(1) 对国防、国家安全、社会秩序有影响的项目；

(2) 财政、金融项目；

(3) 影响大众健康的项目；

(4) 文化、通信、报纸、出版等项目；

(5) 娱乐项目；

(6) 房地产项目；

(7) 自然资源的考察、寻找、勘探、开采及生态环境项目；

(8) 教育和培训项目；

(9) 法律规定的其他项目。

【鼓励投资项目】

(1) 新材料、新能源的生产；高科技产品的生产；生物技术；信息技术；机械制造；

(2) 种植、养殖；农林水产品加工；制盐；培育新的植物和畜禽种子；

(3) 应用高科技、现代技术；保护生态环境；研究、发展、创造高技术；

(4) 劳动密集型；

(5) 基础设施项目；

(6) 发展教育、培训、医疗、体育和民族文化事业的项目；

(7) 传统手工艺项目；

(8) 其他需鼓励的生产和服务项目。

3. 投资方式的规定

根据越南《投资法》，外国投资者可选择投资领域、投资形式、筹集资金方式、投资地点和规模、投资伙伴及投资项目活动期限。外国投资者可登记注册经营一个或多个行业；根据法律规定成立企业；自主决定已登记注册的投资经营活动。

【直接投资】直接投资方式包括：外商独资企业；成立与当地投资商合资的企业；按 BCC、BOT、BTO 和 BT 合同方式进行投资；通过购买股份或融资方式参与投资活动管理；通过合并、并购当地企业的方式投资；其他直接投资方式。

【间接投资】间接投资方式包括：购买股份、股票、债券和其他有价证券；通过证券投资基金进行投资；通过其他中介金融机构进行投资；通过对当地企业和个人的股份、股票、债券和其他有价证券进行买卖的方式投资。间接投资的手续根据证券法和其他相关法律的规定办理。

【外资并购】越南正在对隶属于 70 多家集团和总公司的 1600 多家国企进行改革，包括银行、航空、通信、造船、汽车、电力、水泥、交通等重要行业，鼓励外商参与，允许外商购买股份和参与管理，仅保留 554 家与国防、安全等有关的国有全资企业。外商可通购买上市企业的股票，或购买股份制企业的股权等方式进行并购。

## 三、越南关于企业税收的规定

1. 税收体系和制度

越南实行属地税法，已建立以所得税和增值税为核心的全国统一税收体系。根据越南《投资法》规定，外国投资企业和越南内资企业都采用统一税收标准，对于不同领域的项目实施不同的税率和减免期限。例如，特别鼓励投资项目所得税率为 10％，减免期限为 12～15 年；鼓励投资项目所得税率为 15％，减免期限为 8～12 年；普通投资项目所得税率为 20％～25％，减免期限为 3～5 年。

2. 主要税赋和税率

越南是以间接税为主的国家，现行税制中的主要税种是：公司所得税、个人所得税、增值税、特别销售税、社会保障税、健康保险、进出口税、生产特许权使用费、财产税和预提税。

【公司所得税】

(1) 纳税人：越南公司税的纳税人分为居民公司和非居民公司。公司所得税法对常设机构作了规定。外国对越南投资必须得到有关当局批准且取得营业执照，而取得公司所得税纳税人身份是获得批准的手续之一。居民纳税人身份与外汇管制和税收协定相关。

(2) 征税对象、税率：居民公司应当就其来源于全世界的经营所得纳税，非居民公司仅就来源于越南的经营所得纳税。

从 2004 年 1 月 1 日起，外国投资公司、国内公司、外国公司的分支机构以及不受《外国投资法》管辖的外国承包商适用的标准公司所得税税率为 28％。建设—经营—移交（BOT）企业的标准税率为 10％。

国内外石油、天然气企业的标准税率为 50％，优惠税率最低为 32％。

符合政府规定条件（见税收鼓励政策）的外国投资公司和国内公司，优惠税率为20%、15%和10%。

外国企业的分支机构目前已允许在越南开业，但有许多限制条件。外国银行、烟草公司和法律公司等分支机构取得的利润，按照28%的税率纳税。

（3）应纳税所得额和应纳税额的计算

存货估价。对存货的估价目前没有专门规定。存货的税务处理采用会计处理方法，遵循《越南会计标准》。

资本利得。取得资本利得应当缴纳公司所得税。根据资产的属性，某些销售收入还应当缴纳增值税。外国投资者转让在越南注册公司的权益取得的利得，按照28%的标准税率纳税。

公司间股息。公司间股息目前不征税。外国所得。按照国内税法的规定，取得外国所得在缴纳公司所得税之前可以享受税收抵免。

折旧的扣除。从2004年1月1日起，税收折旧应与会计折旧区别对待。在计算公司所得税时，超过规定折旧率的部分不能扣除。对各类资产（包括无形资产在内）规定了最长和最短使用年限。一般采用直线折旧法计算，在特殊情况下也可采取双倍余额递减折旧法和生产折旧法。

【个人所得税】

（1）纳税人：越南个人所得税纳税人分为居民纳税人和非居民纳税人。外国人12个月中在越南居住和工作的时间满183天，则为居民纳税人，按累进税率纳税；在越南居住和工作不满183天，则为非居民纳税人，按单一税率纳税。

（2）征税对象、税率：居民纳税人应当就来源于全世界的所得纳税。非居民外国人仅就来源于越南的所得纳税，第一年适用25%的税率，以后年度适用居民外国人的税率。与越南签订了避免双重征税协定国家的居民个人纳税人，如果是越南的非居民纳税人并符合一定条件，则可以免缴个人所得税。

【其他主要税种】

（1）增值税：是就商品和服务的增值额征税。在越南设立的本国和外国的所有经营机构都应当缴纳增值税。从2004年1月1日起，根据商品和服务的种类，增值税税率分别为0%、5%、10%（标准税率），此外还有许多税收减免措施。制造类和加工类产品的出口和出口劳务，实行零税率。进口增值税的优惠政策从2004年1月1日起取消。

（2）特别销售税：只对部分商品和服务征收，如酒类、进口汽车、汽油、香烟、扑克、迪斯科舞厅、按摩、卡拉OK、赌场、高尔夫球俱乐部、经营赌博和彩票的娱乐场所等。对于商品，只在生产或者进口环节征收特别销售税，税率为15%至100%。从2004年1月1日起，缴纳特别销售税的商品也应当纳税增值税。因自然灾害引起的损失以及汽车组装商，可以暂时免缴特别销售税。

（3）社会保障税：雇主和雇员分别按照雇员工资的15%和5%按月缴纳社会保障税。外国人免缴社会保障税。

（4）健康保险：由雇主和雇员分别按照雇员工资的2%和1%缴纳。外国人免缴健康保险。雇员缴纳的社会保障税和健康保险可以在计算个人所得税时扣除。

（5）进出口税：一般商品的进口税税率是0%到50%。但是对某些产品，如酒和烟，税率高达100%。对外国投资中作为资本投入的商品和来料加工再出口的商品，给予免税。由于越南加入了东南亚国家联盟，该国的关税到2006年之前必须降至5%以内，所以政府正在修改税率。在与东南亚国家联盟的成员国开展进出口贸易时，部分产品已实行修改后的新税率。出口税只对出口自然资源征收，税率为0%到45%。

（6）生产特许权使用费：以自然资源税的形式，对开采石油、天然气、其他矿产品、森林、鱼类和矿泉水等自然资源的产业征收，税基为产品价值，税率为0%到40%。

（7）预提税：1998年12月31日之后签订的贷款协定，其利息应缴纳10%的预提税。但外国政府或政府性机构提供的海外贷款，按照双边税收协定的规定，可以免缴预提税。

知识产权按10%的税率纳税。

外国承包商应缴纳的增值税和公司所得税由承包方按应税流转额的一定比例预缴，转包额除外。根据合同的性质不同，预缴的比例不同。公司所得税和增值税的预提税税率都为1%至10%，预缴的增值税可以在增值税申报表中作进项抵扣。

【主要税收优惠】

越南政府规定，符合某些条件的企业和在鼓励投资的行业或者地区进行投资的企业，其公司所得税可以享受10%、15%和20%的优惠税率，优惠期为开始经营年度起10年之内或在整个项目存续期间。优惠期满后，税率调整回标准税率（28%）。

外国投资者还可以享受免税期，即从企业开始盈利（冲抵亏损之前）起的一定时期内可以免缴公司税，并且在以后的一定时期内减半征税。免税期的长短直接与该项目适用的税率有关，最长可以达到8年。

位于出口加工区、工业区和高技术区的外国投资企业和建设—经营—移交项目，如果符合一定条件，还可以享受其他税收优惠。

## 四、越南对外国投资的优惠

1. 优惠政策框架

2006年7月1日，越南出台新的《投资法》，对国内和外商投资实行统一管理，取消先行实施的《外国投资法》的诸多限制，进一步开放市场。取消的限制包括：要求优先购买、使用国内商品和服务，或必须购买国内某一生产厂家的产品和服务；要求商品或服务出口必须达到一定比例；限制出口商品和服务的种类、数量和价值；要求商品进口数量和价值与商品出口数量和价值相当或必须通过自身出口来平衡进口所需外汇；要求商品生产要达到一定的国产化比例；要求研发工作要达到一定水平或价值；要求在国内外某具体地点提供商品及服务；要求总部设在某具体地点等。

2. 行业鼓励政策

越南鼓励外商直接投资发展高新技术产业，尤其是鼓励到高新技术开发区投资设立企业。

越南规定进驻高技术园区的条件，包括：高科技产品的销售额占营业收入的70%以上；生产技术需达到先进程度；产品可以出口或替代同类进口产品；产品质量达到ISO 9000标准；人均产值达40000美元以上等。为加快人才培养，越南还规定：至少40%的企业员工拥有高等学历，并在国外研究机构或现代化生产一线受过业务培训；100%的中层干部和工人应得到业务和技术培训，其中至少5%的员工需经过国外现代生产线操作培训；科研经费的支出不得低于年营业收入的2%；对于法定资金超过1000万美元的项目，科研和培训经费至少每年20万美元，人均营业收入需达到70000美元（法定资金超过3000万美元，员工超过1000人的企业除外）等。

越南对该类投资项目提供如下优惠政策：

(1) 外商投资高新技术产业的项目可长期享受10%的企业所得税（园区外高科技项目为15%，一般性生产项目为20%～25%），并从盈利之时起，享受4年免税和随后9年减半征税的优惠政策。

(2) 在高新技术企业工作的越南籍员工与外籍员工在缴纳个人所得税方面享受同等纳税标准。

(3) 外国投资者和越国内投资者享受统一的租地价格；投资者可以土地使用权价值及与该土地使用面积相关联的财产作抵押，依法向在越南经营的金融机构贷款；对高新技术研发和高科技人才培训的项目，可根据政府规定免缴土地使用租金。

(4) 在出入境和居留方面，外籍员工及其家属可申请签发与其工作期限相等的多次入境签证；越政府依据有关法律规定为外籍员工在居留，租房购房等方面提供便利条件。

(5) 高新技术项目：投资者根据其他投资优惠政策法规文件的规定享受最高的优惠政策待遇。

3. 地区鼓励政策

越南的工业区、出口加工区对外资企业实行优惠税收政策。这些优惠的税收政策，不仅有力地促进了越南吸收外资的工作，而且增大了越南工业区和出口加工区的发展后劲。

【工业区】工业区内的外资企业按以下规定缴税：

(1) 进出口税

①生产性企业和服务性企业均免征出口税；

②生产性企业进口构成企业固定资产的各种机械设备、专用运输车免征进口税；对用于生产出口商品的物资，原料，零配件和其他原料可暂不缴进口税，企业出1∶3成品时，再按进出口税法补缴进口税；

③服务性企业按进口税法缴税。

(2) 企业所得税

①产品出口80%以上的生产性企业从盈利之年起免税4年，接着4年按纯利润的5%缴税，此后每年按纯利润的10%缴税；

②出口50%～80%的生产性企业从盈利之年起免税2年，接着3年按纯利润的7.5%缴税，以后每年按纯利润的15%缴税；

③50%以下的生产性企业从盈利之年起免税1年，随后2年按纯利润的10%缴税，以后每年按纯利润的20%缴税；

④服务性企业从盈利之年起免税1年，随后2年按纯利润的10%缴税，以后每年按纯利润的20%缴税。

【出口加工区】出口加工区内的外资企业按以下规定缴税：

(1) 进出口税

①生产性企业和服务性企业均免征出口税；

②生产性企业和服务性企业进口构成企业固定资产的各种机械设备、专用运输车辆和各类物资，原料免征进口税。

(2) 企业所得税

①产品出口80%以上的生产性企业从盈利之年起免税4年，随后4年按纯利润的5%缴税，以后每年按纯利润的10%缴税；

②服务性企业从盈利之年起免税2年，随后3年按纯利润的7.5%缴税，以后每年按纯利润的15%缴税。

越南《劳动法》规定劳务合同应包括工种、工作时间、工作场所、休息时间薪资、合同期限、劳动安全、劳动卫生、社会保险等内容。

**五、越南关于劳动就业的规定**

（一）劳动法的核心内容

越南《劳动法》规定劳务合同应包括工种、工作时间、工作场所、休息时间、薪资、合同期限、劳动安全、劳动卫生、社会保险等内容。

【规定试用期期限】技术性工作的试用期不超过60天，一般性工作的试用期不超过30天，临时性工作的试用期不超过6天。试用期薪资不少于正式录用薪资的70%，试用期内，双方可对合同进行修改和补充。

【社会保险】规定工作时间超过3个月和无期限合同，须办理强制性社会保险。劳工因工受伤残，雇主须支付医疗费，如未投保，亦按社会保险条件支付赔偿。

【业主终止合同】规定业主单方终止劳务合同时应事先通报劳动者的时间要求。业主单方终止劳务合同时，应事先通报劳动者，通报时间要求如下：无期限合同，提前45天；1至3年合同，提前30天通报；1年以下期限合同，提前3天通报。辞退工人时，业主须按每年半个月工资及奖金支付补偿。

【外资企业雇用当地劳务的规定】根据越南《投资法》和《劳动法》有关规定，外资企业可以通过中介机构录用当地劳动力，并可根据生产需要及有关法律规定增减劳动力数量；劳资双方需签署劳动合同。合同内容应包括工作内容、工作地点、工作时间、休息时间、薪水、合同期限、劳动卫生、社会保障、保险等；企业因变更生产经营而裁减已工作12个月以上的工人，应组织相关培训，以便被裁减工人寻求新的工作岗位。如无法安排培训，则应支付不低于两个月薪水的遣散费；若企业被并购，则新的企业主应根据劳动合同继续履行相关义务；在劳动合同执行过程中，任何一方需修改合同内容，应提前3天告知另一方；企业要求员工加班，应根据规定支付加班费；企业应根据生产效益情况给员工发放奖金；员工社会基金来源包括：企业交纳工资总额的15%、员工交纳工资额的5%、政府补贴、基金本身收入及其他来源；劳资双方出现纠纷时，由双方通过协商解决。如无法协商解决，则提交法院处理；企业应为工会的成立创造便利条件。

（二）外国人在越南工作的规定

在越南工作3个月以上外籍劳务人员须办理由省（直辖市）劳动部门颁发的劳动证。

【外籍人员在越南工作条件】

（1）年满18岁；

（2）身体状况符合工作要求；

（3）具高技术水平、在行业及管理方面具有丰富经验。此类人员的技术水平、管理经验等资质须有该人所在国职能部门颁发的认证书；

（4）无犯罪记录；

（5）有越南职能部门颁发的3个月以上工作许可证。

【无须办理劳动证的人员】

（1）工作期在3个月以下；

（2）外籍人员为公司董事会成员、总经理、副总经理、经理、副经理；

（3）在越南代表处代表、分公司领导；

（4）已取得越南司法部颁发行业许可的律师。

**六、与投资合作相关的主要法律**

《民法》规定越南的自然人之间、法人之间以及自然人与法人之间的财产关系，为私有财产提供保护。

《投资法》规定外商在越南投资的项目审批、权利、义务、税收、政策优惠等。

《海关法》规定商品进出越南的原则和方式，以及海关机构和进行商品外贸活动的人的权利和义务等。

［来源：改编自商务部国际贸易经济合作研究院、商务部投资促进事务局、中国驻越南使馆经济商务参赞处共同主编.《对外投资合作国别（地区）指南——越南》. 2009年版第21～29页］

# 企业案例篇

## 广西玉柴：重点突破东南亚市场

创建于1951年的广西玉柴机器集团（以下简称“广西玉柴”），座落在具有“千年古州，岭南都会”美称的广西玉林市，是全球最大的独立柴油发动机生产基地、中国最大的中小型工程机械生产出口基地，具有年产销售各型柴油发动机60万台、中小型工程机械1万台的实力，占据国内高档柴油机半壁江山，位居中国道路运输企业前三甲。多年来，广西玉柴荣登中国企业500强、中国品牌500强、中国机械500强、中国汽车零部件百强企业排行榜前列。

近几年，广西玉柴以年均超过30%以上的大规模高增长速度发展。2007年实现销售收入突破180亿元，生产经营再创新高，连续七年居于行业领先地位。受国际金融危机的影响，2009年中国对外贸易出口额降幅明显。但是，2009年1～11月，广西玉柴机器集团在行业市场普遍低迷的情况下，销售收入仍达到244.03亿元、同比增长24.9%，销售收入超过2008年全年209.88亿元的总额。

东盟市场成为广西玉柴扭转逆势的福地。据统计，2009年1～10月，广西玉柴仅出口东盟国家柴油发动机就达11600多台，较上年同期增长25%，出口金额5.48亿元人民币。出口产品包括卡车、客车、工程机械、船机、机组等，主要出口国家包括越南、菲律宾、印度尼西亚、马来西亚、泰国、老挝、缅甸等。其中，仅出口越南就超过10000台，同比增长28%。

### “国际玉柴”做强做大永续发展

从1964年出口发动机至越南、新加坡等国开始，广西玉柴发动机海外出口已超44年的历史，然而长期以来在国际市场上均无法做大，出口量占总销量比例仅为5%。2004年，广西玉柴调整战略，寻求与国内整车厂合作联手拓展海外市场，但这种配套出口方式受制于供方。因此，广西玉柴再次调整战略，海外经营采用办事处＋商务代表的市场开发模式，从商务、产品、服务、技术等各方面进行详细分析，对每个国家、每个客户都形成可操作的工作方案，广泛开展“一国一案”、“一户一策”的海外销售、服务网络建设。

2006年，广西玉柴初尝国际化道路的甜头，发动机出口量达到8000多台。广西玉柴于20世纪90年代开始自营出口的小型挖掘机的出口量也大幅增长，已占总销量的27.6%，出口网络覆盖加拿大、美国、巴拿马、俄罗斯、芬兰等地，顺利进入了中国工程机械产品最难进入的欧美市场并占据了相当大的份额。

2007年，广西玉柴在海外50个国家注册玉柴商标，并成为国内内燃机行业中首家获得国家质检总局颁发的产品“出口免验证书”的企业，取得了走向国际市场的金牌通行证，为产品出口提供了便利条件。在柴油机出口取得了历史性突破的同时，广西玉柴挖掘机远销欧美、大洋洲等5大洲约30多个国家和地区，拥有70多家国外代理商，内外销比例已达1∶1，在国外市场具有一定的知名度。2007年广西玉柴出口柴油机29566台（含配套出口），出口金额超过1亿美元，出口量同比增长高达269%。海外市场保有量超过5万台，国际化道路取得重大突破。

2008年，广西玉柴以“卓越品质，国际玉柴”为国际化主题，提出了海外市场拓展的目标：2008年实现发动机出口5万台，2009年达7.5万台，2010年达10万台，占广西玉柴总销量的35%。在2010年前，广西玉柴以亚洲、非洲、拉美地区和东欧为目标市场，重点突破东南亚，争取在2到3年内实现出口量占全年销量和销售额的10%～20%；2010～2015年，逐步地、有计划地进入北美、西欧等发达国家市场，同时实现发动机年出口量达30

万台，占年度总销量的30%。

极具战略眼光的广西玉柴集团，早在10年前就开始瞄准东盟市场，抢占市场先机。为加大海外市场的建设力度，做大做强海外市场，实现海外战略目标，2009年7月，广西玉柴将海外市场部从销售公司独立出来，成立海外营销部，并调整了海外办事处机构，如今已在东南亚设立了5个办事处。广西玉柴集团经营业务已经延伸到亚、欧、美、非、大洋洲，目前设立有30多个海内外办事处、40多家分公司、1000多家配送中心及专卖店、2000多家终端服务网点，形成与客户共赢的市场观念，依托YCSS服务信息管理系统和36个坐席的呼叫中心，实施主动跟踪服务，实现40公里服务半径，配件专卖网络保证24小时到位，向海内外用户提供最专业、最快捷、最满意的销售服务。

**重点开拓东南亚市场服务东盟**

广西玉柴的国际化发展战略是重点突破东南亚市场，逐步进入北美、西欧等发达国家市场。目前，广西玉柴在海外的柴油机市场保有量已超过10万台，其中在越南、印度尼西亚、菲律宾、马来西亚等东盟国家的发动机海外市场保有量将近3万台，并且在中东、非洲、东南亚、中南美洲等国际市场具有性价比优势，深受当地用户欢迎。在国际金融危机中，欧美等发达国家的发动机行业受到了不同程度的冲击，而玉柴产品的性价比优势此时发挥了重大作用。2008年，广西玉柴出口发动机超过3万台，同比增长超过263%；出口挖掘机952台，出口额达2013万美元，创历史最好成绩，其中15吨以下挖掘机出口排名全国第一。

与此同时，广西玉柴集团其他子公司也逐渐开拓东盟等海外市场步伐。玉柴专用汽车公司2010年1～10月份出口额达135.16万美元，同比增长20%，主要出口产品为自卸车、水泥搅拌车、摆臂式垃圾车，越南是主要出口国家之一。

玉柴物流公司则凭借广西首家货物运输企业跨国运输的优势，带动玉林市物流、运输行业主动融入中国—东盟自由贸易区和泛北部湾经济圈，拉动玉林进出口物资的营运车辆直达越南、老挝、缅甸、泰国、柬埔寨、马来西亚、新加坡等东南亚各国。物流公司走“以运联贸，以贸促运”的多种经营道路，专注于运输专线、物流项目、仓储配送、物流一体化运作方案、物流园区等核心业务，以遍及全国的服务网络和先进信息系统竭诚为客户提供高质量的第三方物流服务。

目前，东盟各国均有玉柴产品进入。在越南，玉柴产品主要集中在货车市场。在越南轻卡市场上，玉柴发动机4108系列产品表现优异，具有很高的知名度，玉柴6M重型发动机也开始批量进入越南市场；在印尼，玉柴发电用单机和船机出口量保持稳定增长；在马来西亚和菲律宾，玉柴的发动机被广泛使用于多个城市的公交车辆；在泰国，玉柴与多家当地企业合作开展CNG发动机业务，玉柴CNG发动机在泰国市场具有广泛的合作前景。

对广西玉柴而言，已成功举办六届的中国—东盟博览会是一个聚集了丰富资源的平台，通过一年一度的博览会，玉柴的产品给国内外众多客商留下了深刻印象。近几年，玉柴产品的海外销量成倍增长，玉柴品牌国际化进程的不断加快在一定程度上也正是得益于此。2009年9月27日，广西玉柴正式成为第六届中国—东盟博览会的战略合作伙伴。广西玉柴相信，与中国—东盟博览会主办方开展更深领域的合作，将使企业在东盟国家的品牌影响力进一步加强，从而加快拓展东南亚乃至全球市场的步伐。

（来源：广西新闻网—广西日报. http://www.gxnews.com.cn/staticpages/20100122/newgx4b58e52d—2623949.shtml. 2010—01—22）

# TCL全力拓展东盟市场

1997年东南亚金融风暴的爆发促使TCL总裁李东生下定决心拓展海外市场，于第二年成立越南分公司和工厂，拉开了TCL海外自建渠道及自有品牌推广的序幕。

从1998年到2004年，在6年的时间里，TCL先后建立了越南、中国香港、菲律宾、俄罗斯、新加坡、印尼、印度、泰国、墨西哥、中东、澳大利亚等11个分公司，在马来西亚、南非等地的分公司也在筹备中。2008年TCL集团销售总额中有46%来自海外市场。TCL非常重视和中国经济交往紧密的东盟市场，力争将东盟国家打造成TCL国际化的桥头堡。

**开拓东盟市场**

1999年，TCL看中东盟巨大的经济增长潜力和原材料、劳动力、税收等方面的优势，率先开拓越南市场。目前，TCL已在东盟主要国家建立了完整的研产销架构，树立了良好的品牌声誉和形象，占据了领先的市场份额。十几年来，TCL不断开拓和扩大当地市场，积极融入当地社会，多次被越南政府评为优秀外资企业，具有良好的品牌形象和企业声誉，同时也成为中资企业在越南的纳税大户。经过十几年的努力，TCL集团目前近一半营业收入来自海外，已成功转型为全球化企业。

根据东盟市场多样性的特点，在产业布局方面，TCL通过收购香港陆氏在越南的工厂和法国汤姆逊在泰国的生产基地，形成了东盟市场的配套能力，有力地支撑了TCL在东盟市场的业务发展。目前，在越南、菲律宾和泰国均有主要经营TCL品牌的家电企业。在印度尼西亚、缅甸和柬埔寨等国，由TCL投资参股当地有行业影响力的合作伙伴，或指定其代理销售TCL品牌的家电产品。经过十年的经营，TCL已在越南和菲律宾取得了领先的市场地位和影响力，在经营过程中积累了大量的经验，培养了一批国际化经营管理人才，为其在东盟其他国家开展业务奠定了较好的基础。

TCL在东盟市场面临着很好的发展机遇。从宏观环境来看，2010年1月1日中国—东盟自由贸易区全面建成，TCL电器产品依托国内强大的产业竞争力，可直接辐射东盟市场；从产业竞争力来看，TCL已建成投产了国内独立投资规模最大、技术最完备先进的液晶电视模组、整机一体化项目，实现TCL背光模组、液晶模组、整机一体化的整合。2009年11月，TCL与深超科技投资有限公司共同投资245亿元，正式启动8.5代液晶面板项目。TCL是国内首家实现了新型平板电视全产业链整合的企业，并从整体上提升了中国彩电企业的核心竞争力；从政府政策上来看，中国一系列支持企业“走出去”的政策和鼓励措施，为TCL在海外建设品牌和发展营销网络提供了很大的帮助。

### 海外建品牌

在进军海外市场的产品策略上，针对不同的国家，TCL会推出不同的产品。液晶、背投两大新型高端系列彩电，是TCL集团为泰国、新加坡等市场准备的产品，因为这些东南亚富裕的小国，有十足的购买力；而在越南，TCL集团为其准备的是物美价廉的CRT彩电。目前，在亚洲市场，尤其是东盟国家市场，TCL自主品牌业务已经打破日韩品牌的统治。在越南，TCL品牌的彩电市场份额长期位居前三位，年增长超过50%；在菲律宾，TCL自2000年进驻菲律宾市场，同年加入菲律宾家电行业协会，发展速度在17个成员中一直名列前茅，被评为“发展最为迅速的彩电品牌”、“最让竞争对手畏惧的彩电品牌”以及“最具国际品牌形象的中国品牌”，大获总统和民众的赞赏，与索尼、三星等家电品牌齐名。

根据2009年3月下旬发布的财务报表，TCL集团2008年实现营业收入384.14亿元，TCL品牌价值达408亿元人民币，位居中国最有价值的商业品牌第七名。2009年伊始，TCL凭借延续多年的体育营销策略，以2010年广州亚运会合作伙伴的身份启动全球营销行动，率先为环游亚洲的“阔阔真公主号”海船装备高清液晶电视、高清播放器、移动空调、高清DV等顶尖影音和数码设备，通过这一行动向亚洲各国民众传递TCL品牌提供的价值（包括鲜明的品牌视觉体系、产品带来的顶级视听感受、品牌的独特价值理念等），务实地迈出了品牌国际化的第一步。2010年，TCL将进行更为广泛深入的市场推广活动，同时作为2010年广州亚运会合作伙伴，TCL将借助亚运会，继续拓展在各地的渠道和影响力，进一步提升TCL的品牌地位和市场占有率。

### 政府公关提升海外品牌形象

让当地消费者对一个陌生的国外品牌产生好感，是取得市场胜利最基础也是最关键的步骤。

TCL每个海外分公司都非常注重维护好与中国使馆和当地政府的关系，在越南，TCL与越南共青团一起，成立了“青年基金会”；在俄罗斯，中国驻俄罗斯大使馆商务部为TCL在当地的正常经营提供了帮助。

2004年12月26日，东南亚发生海啸，给当地民众带来了巨大伤害和损失。27日，TCL海外事业本部通过了《TCL东南海啸温情公关方案》。28日，相关人员被立即派往相关分公司落实项目。29日，TTE新兴市场与中国两大利润中心，共同递交了赈灾公关方案。31日，TCL集团在广州召开新闻发布会，宣布向东南亚海啸受灾国家捐赠300万元，成为所有国际著名电子企业中捐赠反应速度最快的一家。

此外，TCL泰国分公司除了发动员工捐款，还在泰国开展彩电“义卖”活动，所得善款都用于捐助受灾儿童，并召开当地新闻发布会，邀请全泰国12家主流媒体参加，同时联系中国驻泰国使馆及泰国皇室，给每位经销商写了《致经销商的一封信》，与之紧密配合，共同将本次温情公关效应发挥到最大；在印度及印尼，TCL向当地赠送食品、衣服，并发动员工捐款，融入当地社会，承担起了一个国际化企业所应承担的社会责任，提升了TCL在国际上的品牌形象。

**中国智慧巧打营销牌**

在新兴市场，TCL的主要对手如三星、LG这些品牌的产品线非常完整，品牌影响力也在不断提升，与之相比，TCL的竞争优势体现在对渠道及终端的快速反应上。由于国际家电品牌在海外市场通常都是通过代理制，未像TCL一样直接自建销售渠道，因而TCL能另辟蹊径，找到一个充分发挥中国本土营销智慧的市场空间。

TCL初至越南时，越南市场对电器产品的消费能力并不强，而在当时日韩品牌拥有强大的市场号召力，中国产品的声誉并不佳。在采取政府公关、亲善经销商、强调售后服务的三板斧后，TCL逐渐树立在越南市场的知名度和名誉度，市场人气逐步聚拢。越南彩电市场年销量约在80万～100万台之间，当地家电经销商希望与生产厂商高层多沟通的愿望常被日韩厂商所拒绝，于是TCL海外市场营销团队就主动与经销商联系、聚会，借此增进彼此的感情。此外，越南人都是超级足球迷，赛季若遇到电视机损坏的情况，TCL集团不仅第一时间为用户修好电视，还在修好前提供代用电视，这为TCL赢得了极高的美誉。

（来源：《深圳商报》. http://szsb.sznews.com/html/2009－12/31/content_913121.htm. 2009－12－31）

## 北汽福田在东盟市场的成功运作

近年来，东南亚经济日益繁荣，其成熟的汽车消费市场，对中国汽车厂商而言，无疑是其进军全球市场的前端阵地，因而吉利、奇瑞、力帆等各大厂商积极逐鹿南洋。

福田汽车企业作为中国商用车领域的领军企业，早在几年前就将战略发展目标瞄准了国际市场。福田汽车从2003年开始进入东南亚市场，目前有多款车型在东南亚市场销售。福田汽车丰富的车型和较长的产品线使其能够满足东南亚各国市场不同的需求。

2008年，福田汽车制订了一个目标为未来海外市场销量达20万辆的计划，根据目标市场的输出，制订出相应的产品策略、服务策略，分阶段的分类和规划，为2008年至2010年的海外营销活动做好了具体的规划。为了实现销售20万辆的目标，福田汽车除了在产品开发和验证工作方面力求切合目标市场的法规、当地市场环境以及当地消费者的偏好等要求外，还在市场研究和销售组织等方面也做好了准备工作。

2008年，北汽福田基本完成了产品进入东盟区域的准备工作。通过充分了解东南亚市场的产品情况，如对泰国、马来西亚、印尼、菲律宾等汽车需求大国做产品需求分析，通过对其市场的需求、品牌、数量、车型喜好等各方面情况做深入细致的了解和研究，为产品投入做好了充分的准备。与此同时，北汽福田还根据东盟各国市场汽车进入方面的差异性，在产品进入上做好相应的调整变化准备。

北汽福田自涉足海外业务至今，一年一个台阶稳步发展。2008年，全球金融危机的严重影响使得中国汽车出口在2009年骤降50%，在此背景下，福田的汽车出口逆市飘红，而取得这些成绩有90%应归功于在东盟市场的成功运作。

**正确选择市场，找准业务定位**

通过对各国汽车市场的广度和深度分析，结合北汽福田的实际情况，福田将主要目标市场定位于东南亚国家，并着重对越南、印尼、缅甸、菲律宾等国的经济、文化、汽车产业等进行了全面分析研究。选择CKD关税较低、具备一定零部件工业基础的东盟国家，在当地组装福田产品是福田打入东盟汽车市场的手段之一。

首先，越南国家文化长期受中国文化的影响，与中国文化最为接近，该国汽车产业比东南亚其他各国起步晚，汽车产业基础薄弱，因而，在越南制造的各种零配件较简单，价值较低。福田通过自身产品性价比等优势，利用越南政府鼓励外商投资越南公路、港口、码头、机场、桥梁等基础设施的契机，开拓越南市场，对该市场进行了突破。

其次，印尼是东盟最大的汽车消费国，福田通过对印尼汽车市场环境进行分析并结合印尼人靠右驾车的习惯，对福田汽车产品结构进行了调整，除传统的微卡、轻卡、轻中自卸商用汽车外，有针对性地自主研发出适应印尼市场的全系列“右驾产品”，并成功地推向印尼市场。2009年福田与印尼合作商签订了5000台的意向订单，并分批以散件形式出口到印尼进行KD组装。

最后，随着缅甸、菲律宾等东盟市场的突破，2009年福田东盟国家出口量占据全厂出口总额的90%。在越南、印尼、缅甸等东盟市场的突破为福田海外出口奠定了坚实的基础。

**认真分析目标市场准入及关税政策，确定好出口模式**

通过对不同国家关税政策的研究发现，东盟市场24吨以下中重卡、轻卡、皮卡、客车CBU方式出口关税较高，于是福田对整车进口关税较高的国家（如越南、印尼）和禁止整车进口的国家（如缅甸）采用了以散件的形式出口，降低产品的各种成本，同时提高福田商用车的性价比。

**强化渠道管理，推进市场多元化**

一、整合无效渠道。结合市场渠道的拓展，对无效、低效渠道进行整合，逐步培育核心渠道。

二、稳固成熟渠道。以越南、印尼市场为代表，加强对现有渠道的管理和监控，逐步建立和完善海外市场渠道管理政策，与经销商共同研究终端市场，达到长期共赢、共同发展的目标。

三、全面开发新渠道。以现有业务运作态势良好的越南、印尼、缅甸等东盟市场为代表，重点选择具有汽车销售背景、业务经营实力较强的合作商，逐步将潜力渠道培育为成熟渠道。此外，福田还计划在尼日利亚、伊朗、埃及、阿根廷、南非、委内瑞拉等国家稳步发展7家KD渠道商，达到全面提升销售的目标。

**产品结构调整，提升核心竞争力**

福田加强对产品资源的管理，理顺出口产品资源，在完善欧一产品资源的基础上，加快开发欧二、欧三产品，增加右驾产品和四驱产品，拓展中重卡产品，通过丰富海外出口产品资源，增强海外市场产品组合能力和市场竞争力。

**强化品牌建设，加大宣传力度**

一、通过“BJ 1039右驾产品印尼上市”、“汽油微卡菲律宾上市”等活动的启动加大品牌传播力度，通过产品发布、广告宣传、服务促销等一系列措施，逐步提升福田汽车海外市场的品牌影响力。

二、建立和完善海外市场“FORLAND”（福田）品牌传播体系，明确品牌传播信息和内容，形成海外市场品牌传播基础。

三、通过国内外汽车展会、国际网站推广等丰富品牌传播形式，强化品牌传播手段，积极推动品牌宣传工作。

**搭建服务网络平台，提高服务水平**

一、加强对海外市场服务的分析研究，针对市场服务需求开展服务保障工作及有利于福田品牌传播的服务活动，对市场“非包干”模式的实际操作情况进行掌握。

二、根据海外配件业务的特点及需要，加快推进配件管理信息系统开发工作，集订单处理、出入库管理、结算、统计、价格维护、产品开发维护、技术信息维护、仓储定置定位管理于一体。

三、建立并完善质量服务信息中心，强化市场质量分析、改进及处理能力，加快反应速度。

经过近10年科学有序的发展，北汽福田的产业升级和产品升级已经取得了巨大成就，由单一轻卡产业发展到卡车全系列、客车全系列。旗下八大品牌欧曼、欧V、风景、传奇、欧马可、奥铃、萨普、时代，在短短8年间产销量达100万辆，创下了中国汽车增长最快的纪录，成长为中国商用车第一品牌。对于未来，福田人有着更多的自信和期待。福田相关负责人大胆预测，2010年，福田汽车国内外销量将达到100万辆，销售收入达到800亿元，成为世界上销量最大的商用车制造企业。

（*来源：湖南省商务厅*. http://hunan.mofcom.gov.cn/aarticle/sjgongzuody/201003/20100306 800221.html. 2010－03－01）

# 广西柳工集团深耕东盟市场

近年来随着东盟各国经济进入快速发展期，对工程机械的需求突飞猛进。而中国工程机械产品因为种类齐全、性价比高深受东盟各国施工方的喜爱，尤其是挖掘机、起重机、装载机、叉车、混凝土泵、压路机、摊铺机等工程机械整机及零配件最受客户追捧。中国—东盟自由贸易区全面启动之后，有8种工程机械整机将降低关税，协定税率为5%，比中国国内现行税率低2～3个百分点。

国际金融危机让国内外很多工程机械企业陷入困境，但乘着中国—东盟自由贸易区建设东风，广西柳工集团有限公司凭借优质的产品和服务，依托优越的地理位置，开拓东盟市场，尽显中国工程机械排头兵本色。

在广西柳工集团有限公司（以下简称“柳工”）长盛不衰的发展历程中，有一道清晰的轨迹——引进、消化、吸收、开发、创新，形成强劲的竞争实力，进而持续扩张，不断开拓国内国际市场，收获累累硕果，始终保持国内行业排头兵的地位。1994年柳工自营出口实现零的突破，2002年出口金额增加到700多万美元，装载机出口量位居全国首位。

为了抓住中国特别是广西地区加快对接东盟带来的机遇，柳工多方寻求市场切入点拓展东盟市场。2009年1～5月，柳工在越南市场上实现产品销售额50多万美元，较上年同期成倍增长。

**优越的地理位置**

紧邻东盟市场集散地越南的柳工有着优越的地理位置。早在2009年9月1日，中越红河大桥通车，这条主要运送边贸货物的大道对增强中国与东盟国家贸易关系的作用不言而喻。未来“两廊一圈”和大湄公河次区域经济合作将随着贸易途径的多元化而更加广泛，柳工的工程机械产品在如此优越的地理环境下进入东盟国家更加方便快捷，不仅能在短时间内将产品提供给客户，还能及时掌握东盟客户对工程机械产品的需求，敏锐把握市场动向。

开拓东盟市场是柳工国际化战略中重要的一环。从2002年开始，柳工进入东盟市场，分别在越南设立办事处，在马来西亚、印度尼西亚和柬埔寨等国设立了销售机构。多年的市场开拓也给柳工带来了丰厚的回报，2008年的国际金融危机重创了众多依赖出口的企业，而柳工凭借着东盟市场积累的基础，仅在2009年的1～11月，柳工在东盟市场上累计售出整机250多台，实现销售收入1000多万美元。

**抢先占领东盟市场**

2002年中国—东盟自由贸易区建设开始启动，在很多企业对东盟市场尚保持观望态度时，广西柳工机械股份有限公司就已经把目光投向了东盟这片广阔的市场，开始在东盟开疆辟土。2005年柳工在越南正式设立了办事处，并开始对越南经销商进行扶持培训。2006年底，柳工在越南的销量仅为三四十台，到2008年的时候销量已经达到近400台，2009年更是达到了650台，出口金额2000万美元，同比增长70%以上。

随着市场的开拓，柳工在越南的销售网点也不断增多。刚进入越南的时候，柳工只在河内有两个销售服务点。如今，柳工除了在河内、岘港、胡志明市拥有三家经销商外，还初步建立起了覆盖越南北、中、南全境的销售和服务网络。随后，柳工相继在马来西亚、印度尼西亚和柬埔寨设立了相关销售机构。随着中国与东盟经贸往来愈加密切，特别是中国—东盟自由贸易区正式成立，东盟市场已经逐渐成为柳工在海外业务版图中重要的一块。

**稳健的经营战略**

2009年初，受国际金融危机影响，机械产品市场需求遭遇历史低谷，国内同行厂家整体出口大幅下降，全国装载机厂家大面积停产。为了应对金融危机，柳工及时调整生产库存，降低成本，提高产品质量，牢牢把握市场的主动权，产品市场份额得到逐步提升：挖掘机销量首次突破3000台，同比增长23%；压路机销量首破2000台大关，比2008年翻了一番；起重机销量从行业排名第五位进入行业前三甲；在叉车行业平均降幅17%的情况下，柳工叉车销量实现了18%的增长，从行业第五位升至第四位。

柳工稳健的作风不仅体现在产品被客户评价为“皮实”上，更是渗透到柳工的每一项战略举措中。在东盟的主要国家，除文莱外，柳工建立了自身的销售、营销、售后服务网络等。从中国产品的出口额上看，柳工占中国工程机械行业出口30%以上，在某些国家占比更高。谋求成为国际化企业的柳工，借助交通便利、品牌质量等优势，得到东盟地区客户的广泛认同。

面对国际金融危机造成全球工程机械行业整体下滑的逆境，柳工能够在抢占市场上顺利突出重围，其中一大法宝就是自主创新。近20年来，柳工已经从单一的装载机产品成功地开发和制造出土方、路面、物流搬运等全系列工程机械产品。自主创新，做强企业，做大产业，已成为目前柳工发展的主攻方向。

柳工拥有中国工程机械制造行业第一个国家级技术中心和第一个博士后工作站，每年用于自主创新的资金达到销售收入的3%以上。目前，柳工正在进一步调整出口战略，在欧美市场不景气的情况下，把更多资源投放在东盟市场，加大对东盟市场的投资力度。下一步柳工将采取本地化的营销模式，更进一步地贴近东盟地区客户，积极收集当地市场信息，建立更密集的销售网络，投入更多的营销队伍、售后服务队伍，开发更多的关键客户，持续进行品牌建设。

（来源：广西电视网．http://asean. gxtv. cn/20091231/news_07424976251. html. 2009—12—31）

## 广州纺织品进出口集团有限公司立足品牌优势拓展东盟市场

2008年下半年爆发的全球金融危机给国际市场

带来了严重冲击，各国经济出现不同程度的下滑。对中国出口企业而言，国际市场萎缩成为企业发展面临的最大难题，特别是欧美等传统出口市场受到较大的影响。然而部分企业“危中思变”，以东盟等新兴市场开拓作为突破点，为企业发展寻求新的“制高点”。广州纺织品进出口集团有限公司正是其中颇具代表性的一家。

广州纺织品进出口集团有限公司成立于1980年，公司现有资产总值15亿元人民币，年进出口额达2.8亿美元以上，是中国进出口额最大的500家企业及出口额最大的200家企业之一，是中国海关实施A类管理的企业，一直享有“重合同、守信用”的称号。近年来该公司致力于市场多元化战略的实施，积极拓展东盟市场，盘活市场资源，挖掘潜在客户，而他们的不懈努力在2009年得到了丰硕的回报。2009年该公司对东盟出口增长迅速，全年实现进出口总额5917万美元，同比增长3.3倍，占公司进出口总额的13.4%。

广州纺织品进出口集团有限公司在东盟市场的开拓正在大跨步前进，该公司主要是通过四个法宝拓展东盟市场。

**法宝一：立足产品技术创新**

虽然欧美是中国出口企业的传统优势市场，但广州纺织品进出口集团有限公司已敏锐地意识到，将以往出口至欧美国家的产品照搬到东盟显然是行不通的。另外部分东盟国家自身拥有的服装生产能力也不容小觑，只有找准市场的突破口，才可能真正在东盟市场站稳脚跟。综合考虑各项因素之后，广州纺织品进出口集团有限公司认为，中国在纺织面料和服装配料等方面优势明显，应将这一系列产品定位为主要的出口产品。

作为广州纺织工贸集团的核心企业，广州纺织品进出口集团有限公司是纺织原辅料的优质供应商，一直在业界拥有遥遥领先的设计、研发水准。找准定位后，广州纺织品进出口集团有限公司围绕东盟市场需求开发了一系列新产品，另外，进一步增强售后服务，为占据当地纺织品市场份额发挥了重要作用。同时作为广交会（中国进出口商品交易会）的常客，广州纺织品进出口集团有限公司一直注重产品的推陈出新、更新换代。也是基于这种不断创新的精神，吸引了一批忠实客户。2009年秋交会上，一位来自菲律宾的老客户当场追加订单，将2009年的订单提升为2008年的2倍。

**法宝二：完善市场拓展方式**

诚然，产品质量的好坏对开拓新市场的影响巨大，而营销水平的高低则在更大程度上影响着企业经营效益。广州纺织品进出口集团有限公司通过建立网络交易平台、加强与老客户的沟通联系等途径，对东盟国家不同的政治经济环境和市场需求情况有了更深入的了解。

借助对当地环境的深入了解，广州纺织品进出口集团有限公司收获了营销渠道不断拓宽，客户数量不断增加的发展绩效。同时，广州纺织品进出口集团有限公司充分利用已在东盟地区成功注册的“千佛塔”、“BLUE－TOP”商标，发挥品牌产品优势，并逐步提高产品科技含量，增加产品附加值，提高影响力，推进品牌化经营。

**法宝三：注重客户开发与维护**

一方面，广州纺织品进出口集团有限公司积极通过展览会、洽谈会等方式拓展新客户；另一方面，充分做好与老客户的维系工作，坚持以客户价值观为营销导向，不断满足客户需求。金融危机后，部分境外采购商更加注重经营风险，青睐综合实力强、信誉度高的大型企业。广州纺织品进出口集团有限公司充分发挥这一优势，争取深入挖掘老客户的采购实力，致力做强优质服务，增强双方合作的信心。2009年，很多老客户纷纷加大了和广州纺织品进出口集团有限公司合作的订单量，其中一位老客户将2008年329万美元的订单量一次性提加到2009年的1861万美元，同比增长5.7倍。

**法宝四：把握市场有利因素**

2009年下半年以来，东盟大多数国家经济开始缓慢回升，且2010年发展继续向好，从而成为支撑中国对东盟纺织出口增长的重要经济基础。据亚洲开发银行的预测数据，2009年东南亚经济将增长0.7%，2010年该地区经济有望恢复至2008年4%的水平。

东盟市场纺织消费潜力巨大，截至2009年10月，东盟10国总面积444万平方公里，人口5.84亿，GDP总额达15062亿美元。同时，东盟市场贸易壁垒较发达国家少，市场准入门槛低，东盟与中国的纺织发展存在着互补性，中国—东盟自由贸易区的建立有利于双方在纺织领域开展更深层次的合作。此外，中国—东盟自由贸易区的建成对于推动跨境贸易人民币结算具有重要意义，它将大大加快跨境贸易人民币结算试点的步伐，最终有利于中国纺织企业规避汇率风险，降低经营成本。2009年中国对东盟的纺织服装出口总额在对东盟产品出口总额中的占比为10.35%，较2008年提高了0.5个百分点。

2010年1月1日，中国—东盟自由贸易区全面启动，东盟主要国家自中国进口的纺织产品税率整体上显著降低，有利于进一步增强中国纺织产品的出口竞争力。同时中国—东盟自由贸易区的建立也加快了东盟经济的复苏步伐，使其逐渐摆脱金融危机的影响，从而也将带动对纺织产品的消费需求。最终有利于中国对东盟纺织出口份额的扩大，有利于2010年中国纺织行业更好地落实《纺织工业调整和振兴规划》中实施出口市场多元化的战略方针。

展望未来，广州纺织品进出口集团有限公司坚信市场多元化战略是保持企业长远健康发展的重要保证，只有敏锐抓住市场商机，利用中国—东盟自由贸易区建立的契机，用好用足国家政策，不断扩大产品优势，提升自身综合实力，才能实现企业的更大发展。

（来源：广州纺织品进出口集团有限公司企业发展部.《广州外贸》. 2010年第11期）

## 力帆摩托闯东盟

当其他企业还在国内市场上激烈竞争的时候，力帆先行一步进入越南市场；当很多企业在越南市场上恶性竞争落魄而归的时候，力帆却在越南稳住了阵脚；当越南市场上的中国摩托车如洪水般泛滥时，力帆成为越南唯一的中国摩托车名牌；当摩托车市场风云突变前途莫测时，力帆成为中国历史上摩托车企业首家出口超过1亿美元的企业……这一切，都来自力帆平常的理念：造摩托，更造品牌！

### 打造品牌才能赢得市场

在竞争激烈的东盟市场上，仅仅依靠价格优势在市场上分一杯羹并非长久之计。如何打响力帆品牌，树立良好的品牌形象，是力帆首先必须面对的问题。

一、足球与摩托：天人合一的品牌设计

在力帆的品牌设计中，足球与摩托，这两个可以令外界更好识别的符号，成为力帆品牌的神经中枢——摩托文化与足球文化的双轮驱动，可以形成一种厚积薄发的“双锋贯耳”，对市场实行“一剑封喉”。2000年8月，力帆集团以5580万元收购了寰岛足球俱乐部，并更名为力帆足球队，同时将两届越南足球先生得主、越南人民心目中的偶像黎玄德引进力帆球队，在越南引起了很大轰动。为了树立力帆在越南消费者心目中的良好形象，力帆集团策划了越南公安部足球队和力帆足球队在越南的友谊赛，黎玄德上半场代表中国力帆集团，下半场代表越南公安部，这场比赛使力帆品牌在越南市场家喻户晓，其知名度仅次于日本的本田品牌。力帆人做足球，并非只是买“流动广告”这般简单。按照市场规律，一个摩托企业在未来的5～8年内，很难突破50亿元人民币的销售极限。即使达到这一规模，换算成美元也不过6亿多。而6亿多美元用全球化标准而言，充其量只是一个中小企业。因此，力帆必须寻找新的产业支点。于是，力帆转而在文化产业上寻求突破，收购寰岛足球俱乐部。这一举动使得力帆几乎在一夜间名声大振。一方面，进入甲A的力帆俱乐部尚未给力帆带来直接的投资盈利，但另一方面它为力帆进军文化产业搭建了一个良好的平台。它以大股东身份参股《重庆青年报》《天津青年报》《广西商报》等媒体，标志着力帆“摩托文化”的不断升级——努力摆脱业内其他企业恶性竞争的阴影，标榜自身的文化底蕴和品牌诉求。力帆从一开始就出手不凡，在脱颖而出中标新立异。在足球的带动下，力帆摩托迅速敲开并占领了越南市场。

当其他企业在越南大举淘金的时候，力帆却在大力倡导先进的社会营销理论并且身体力行。当越南发生水灾的时候，力帆大力捐赠物品以帮助越南人民抗灾。此举在越南人民心中留下了美好的印象。当越南政府出台限制进口摩托车的一系列政策后，力帆集团作出了帮助越南人民振兴民族摩托车产业的重大举措。同时，还作出帮助越南建设警用摩托车生产线的决策，并捐赠60辆警用摩托车用于越南公安事业，此举同样受到越南政府及民众的赞誉。

力帆在品牌建设上的努力，已经使其进入到一种境界。进入21世纪，许多优秀的企业，其行为已经不能简单地理解为营销行为或者说不是一般意义上的营销行为。当一个企业发展到一定程度后，关注的不仅仅是投入与产出的比例，企业也不仅仅是创造价值的机器，他们更愿意把自身定位为社会的一个细胞，会在很多方面更大程度地发挥企业的社会作用，从而对整个社会的发展起到一定的推动作用。与此同时，企业也会在这一过程中得到前所未有的发展。

二、科技与文化：合二而一的品牌基因

在摩托车行业，力帆是个“迟到者”。在重庆，雄踞着中国摩托业的两大主力品牌——嘉陵和建设，尽管当时嘉陵和建设实力强大，但由于其不重视产品的质量提升，装配一种发动机的一款车销售了十多年。只要任何一家摩托企业能造出嘉陵和建设所没有的新产品，就不愁打不开新市场。正是有了这样的信念，力帆生产出了当时在全球都堪称最先进的摩托车发动机，进而赢得了市场的青睐。

靠产品质量创新，是力帆的产品竞争力所在。力帆有一个“摩托车时装化”理论，要求科技人员要像推时装品牌一样搞产品开发，短暂的原始积累过后，力帆有了500多万元资金，但他们毫不犹豫地拿出其中的50万进行产品研发，研制出当时全国独一无二的100毫升四冲程发动机。力帆生产的这款发动机，仅边盖形状有所改变，成本就增加了2元，但上市后可多赚50元。消息传出，浙江钱江集团主动上门要求一年包销8万台。接着力帆又一鼓作气，投资100万元开发出100毫升电启发动机，两个“全国没有”，一下子就为力帆创造出3100万元的营业额。

没有国有企业的资源依托，没有先人者的品牌优势，要在夹缝中生存，只有发挥后发优势，立足于从根本上改变本土制造业的“原罪”，在狠抓产品质量的基础上进行在科技创新为主的组织创新、制度创新和企业创新，是力帆企业文化和科技进步的基因。

生产全球化、技术全球化、人才全球化、资本全球化，是力帆推行其市场全球化路线的4只轮子。基于产品创新的力帆品牌就在创新之路上进行了常年的努力和探索。其一，力帆集团每年都拿出销售收入的4%投入新产品研发，其水平超过了该行业的最高水平；其二，每一两个月就推出一个世界领先的新款机型。仅在越南市场上，每两个月就推出一种新产品，令业界和同行刮目相看；其三，以生产出世界首台电喷摩托车为突破口，致力于摩托车的数字化和信息化。目前，力帆加紧在摩托车空调、摩托车防抱死刹车系统、卫星定位、数字导航、车载手机等一系列数字化产品的研制与开发。

如今，仅拿下自营进出口权两年多的力帆，已在南非、伊朗、越南设立了组装厂，并计划在印尼、阿根廷、尼日利亚、美国等地设厂，初步实现其生产的全球化。另外，他们还投资100万美元购买国外“软技术”，以图“站在巨人肩上谋发展”。这种与国际接轨的品牌战略获得了辉煌的战果，力帆所到之处，日本摩托车企业节节败退。力帆这一知名品牌整体的竞争实力已大大提升。

**深耕越南、泰国市场**

面对拥有巨大商机的东盟市场，一些嗅觉灵敏的企业已经开始迈出步伐。早在20世纪90年代初，民营企业自营进出口权获批，力帆集团就开始了生产全球化的步伐，2002年，力帆集团越南分公司投产，越南分公司每年生产3～4万台摩托车，10多万台发动机。力帆集团越南分公司在开拓东盟市场上，起到了重要的作用。在被视为“亚洲四小虎”的泰国建立分厂则是力帆开拓东盟市场的又一强大推动力。目前，在泰国泰中罗勇工业园里安营扎寨的力帆摩托生产基地，正在紧锣密鼓的筹备中。据悉，泰国是东盟摩托车主要的生产基地，仅2009年1～9月，泰国摩托车的总登记量就达到113万辆。虽然目前力帆产品的主要定位还在农村和城乡结合部的中低端客户群，但是凭借多项自主技术和严格的品质把关，力帆已经开始在高端市场上排兵布阵，泰国分厂的建立就是重要的一步。在东盟国家设厂有诸多有利因素，除了一些国家原材料、劳动力便宜外，在当地设厂更有利于产品销售，不仅了解当地消费者对摩托车的喜好和习惯，而且售后服务也可做到更加便捷周到。

力帆主攻的东盟市场集中于越南、印度尼西亚、菲律宾、缅甸和泰国等，这些国家存在的主要问题是政局不稳，政策的连续性不强，并存在各种限制政策。对于在东盟投资建厂的中国企业而言，这些政治变动及经济走势更是他们关注的焦点。另外，加上中国企业对东盟的认识不够深入，这些都为企业走进东盟市场设置了一定的门槛。

根据世界贸易组织的规定，泰国已经取消了摩托车生产当地含量的限定，但是泰国摩托车的生产和销售还是需要一张由泰国工业部颁发的许可证——摩高证。这张摩高证由于申请时间长、材料要求高，对于多数外资企业而言是一证难求。而缅甸，直到2010年1月1日起才准许摩托车的合法进口。

为了对东盟市场有更专业更深入的认识，力帆在2010年1月初成立了专门的政策研究室，专门研究相关的政策，特别是针对东盟各个国家之间的关税政策等，为集团的战略发展、政策的推行提供有力依据。

按照全新制定的东盟攻略，力帆将根据中国—

东盟自由贸易区关于摩托车税率的变化，在摩托车一般贸易、散件组装和属地化生产多种方式间作适时调整、切换，争取在最短时间内将销售额从2009年的5000万美元提高到1亿美元以上。只有走出去才能把产业链拉长，从而增强抵御风险的能力。未来两三年力帆的目标是海外销量占力帆总销量的1/3以上。

（来源：新华网. http://news.xinhuanet.com/topbrands/2010－04/20/content_13391736.htm. 2010－04－20）

## 联想淘金东南亚

在国际金融危机逐步深化，国际化面临考验的大背景下，联想、惠普、戴尔、宏碁等全球PC厂商纷纷淘金南洋（南洋是构成东盟十国的主体）。作为来自中国大陆的华人企业，得益于祖辈华人在东盟市场打下的深厚根基，联想开拓东盟市场具有先天优势。东盟市场最主要的客户是来自金融、传统制造业、能源、港口以及政府采购等领域。东盟地区人口众多，各国文化背景和基础设施条件差别较大，市场增长空间巨大。联想在这一地区的优势在于多样化的销售渠道、产品研发更新、重视长期业务关系培养和对中小企业的支持。

### 新战场

在东盟市场，联想面临的对手是那些熟悉的面孔，如惠普、戴尔、宏碁、东芝、索尼、富士通等。与其他地区不同的是，东盟市场没有绝对的领先者，距离尚未拉开，竞争才刚刚开始。在企业级市场，目前主要是惠普、戴尔、联想三家企业竞争；在消费类市场，主要是惠普、宏碁、联想三家企业竞争。东芝、富士通正在弱化PC业务，其原因是本身在东南亚占据的市场份额比较低，不会对联想构成太大的威胁。索尼借上网本复兴电脑业务，但东南亚市场并非其重点进攻方向，其重点是中国大陆、美国、欧洲等大型经济体。宏碁在消费类市场（交易型业务）对联想构成威胁，但在企业级市场（关系型市场）尚无业务。

在掘金东盟的队伍中，同时在消费类市场与商用市场拥有优势的只有联想。但在东盟市场，联想是个后来者。2004年底，通过并购IBM的PC业务，联想开始进入东盟市场。

IBM作为PC产业的鼻祖，几乎与AST同时涉足东盟市场。早在20世纪60年代，新加坡刚刚独立时，IBM就登陆新加坡设立分公司。20世纪80年代，IBM在东盟发展电脑业务。20世纪90年代，IBM在东盟电脑市场一直占据前三名的位置。

在商用市场，由于原IBM的历史积淀，联想在商用客户中有较大竞争力。学校采购最多的就是联想电脑。如新加坡国立工艺教育局（一所大专学校），在全新加坡有13所分校，与新加坡建有联合技术中心，2008年共采购2000台电脑。IBM的PC业务被联想收购前，客户在采购IBM系统时，IBM会主动推荐其自主研发的PC，收购后，IBM的PC部门员工来到了联想，而原客户信息此时发挥了很大作用，因为原IBM客户会优先选购联想PC。

联想更大的优势是在东盟拥有成熟的华人商圈。东盟经济最发达的新加坡有77%的华人，东盟PC市场增长最快的马来西亚有30%的华人，而在最大的人口国家印尼，华人尽管只有5%，却拥有70%的财富，拥有巨大的影响力。另外东盟市场与中国具有相似性，尽管东盟聚居着多个民族，但华人在东盟国家是社会主流阶层，因此联想在理解其文化和消费习惯方面更具优势，而且还可复制中国市场的整合营销成功和精细营销模式。

而联想也正是这么做的，它试图把中国的“大联想渠道”经验引入的策略居然有意外收获。2009年7月份联想在马来西亚召开“渠道大会”，共邀请数千名当地华商参会。当地华商当场签下超过10000台电脑的订单，远超联想的原定目标6000台。

### 渠道二变五

在被联想收购之前，IBM的PC在东南亚当地的渠道分为两类：一类为分销商，合作伙伴为英迈；另一类为系统集成商。为拓展消费市场，获得更大范围内的覆盖，联想将自身渠道重新调整，重点拓展中小企业及消费类市场。联想将分销商分为两类，一类是新产品上市面向中小企业、系统集成商的二级分销商，另一类是传统的二级分销商，面向消费者。此外拓展面向消费者销售前端，一是LERP，主要指类似国美这样的大零售卖场；二是LES，主要是联想专卖店；三是LMB，为多品牌店。在东盟地区，只有联想才具有这样完善、立体的渠道。

目前，联想在马来西亚吉隆坡的店面达14家，在新加坡的店面达74家。这些店面中的80%都是在过去两年内建立起来的。接下来，联想还将在东盟其他国家拓展更多业务。

### 新策略

从2001年提出“国际化的联想”愿景，到2004年宣布收购IBM的PC业务，再到成为北京奥运会TOP赞助商，联想的国际化是一条在探索之中的不归路，它面临的核心命题仍有待求解：PC的市场是有限的，联想究竟如何才能在其他市场获得像在中国市场一样的成功。

联想曾经一度试图在欧美成熟市场中复制中国模式，但发现难度很大。在发达国家，联想品牌知名度和认可度不高，而发达国家的渠道模式、购买习惯等也与中国市场迥异，原IBM的PC部门只有品牌和研发，其渠道和客户资源均掌握在IGS（IBM全球服务部）部门。加上联想自身没有足够的国际经验，也受制于糟糕的IT整合，在国际化进程中联想交出了沉重的学费——2008/2009财年联想亏损2.264亿美金。

痛定思痛后联想发起变革。将原来的大区结构完全打散，按市场成熟度划分为成熟市场集团（由Milko Van Duijl负责）和新兴市场集团（由陈绍鹏负责）；按产品划分为专注于关系型业务的Think产品集团（由Fran O'Sullivan负责）和交易型业务的Idea产品集团（由刘军负责）。

联想的新战略随之变为“两个拳头”：左手防守，守住中国市场和海外大客户这两个核心业务；右手出击，直指新兴市场和消费业务。联想“右手出击”的具体拳路是增加联想的市场份额和营业额，在最短的时间内实现突破，利润不是关注的重点。联想2009年8月6日公布的业绩显示，2009年第二季度联想税后亏损1600万美金，考虑到第二季度是传统PC销售旺季，11%的毛利率与2008年同期的14.3%相比仍差距明显。引人注意的是在销量增长1.1%的情况下，联想销售额同比下降18%，全球市场份额达到并购之后的高点8.6%，由此可见联想收缩成熟市场的同时，正大力开拓低价的新兴市场和消费业务。

目前，联想品牌在整个东盟地区个人电脑市场份额排名第四，在新加坡排名第三，并拥有80多家零售网点。2009年5月，联想获得了世界名胜新加坡圣淘沙的订单，将在今后三年内为这座综合娱乐城提供超过3000台商务系列笔记本电脑和台式电脑。公司还于2009年10月首次在新加坡销售采用中文视窗（windows7）操作系统的电脑，以满足本地个人消费者和中小企业的需求。

为拓展在东盟的市场份额，联想将继续增加对本地区零售和流通网络的投资，以及向市场推出高质量的创新产品，并借鉴在中国等其他市场的成功运营经验。公司将根据东盟不同国家销售渠道的成熟情况、人口数量以及电脑普及水平等因素来确定未来主攻的市场方向。

（来源：《21世纪经济报道》. http://www.21cbh.com/HTML/2009－9－7/HTML_YH6V3HLNXK DB.html. 2009－09－04）

## 泉州运动鞋品牌集中进军东南亚市场

2010年1月1日，中国—东盟自由贸易区建成，“零关税”时代的到来，给近几年在东南亚试水海外行销的泉州鞋企提供了大好的机会。目前，已有一批泉州运动品牌企业在一些东南亚国家展开深层次的经营，包括开设专卖店、分公司，投资建设厂房、生产基地等，有的企业还就地上市。

### 以自主品牌出征

早在两三年前，东南亚市场已成为泉州几大运动品牌海外角逐的热门市场。进入21世纪，泉州运动品牌在中国国内市场迎来井喷式发展的高速成长时代，并牢牢占据国内大部分市场。国内市场的成功让这些品牌开始转战海外市场。目前，以专卖店形式在东南亚开拓市场的泉州运动鞋品牌有安踏、特步、亚礼得、361°、匹克、鸿星尔克等，其中安踏、特步、亚礼得、鸿星尔克已在东南亚部分国家设立了分公司。

新加坡是安踏品牌进军东南亚的一个市场切入点。2004年，安踏开始将新加坡纳入全球化行销版图。对新加坡市场的开发，安踏采取了快捷、务实的合作模式，与新加坡一家专业运动产品销售公司展开合作，设立合资公司经营。之后，安踏在新加坡的繁华地段、中心区域开设了多家专卖店，为其下一步的东南亚扩张计划打下了坚实的基础。2005年，安踏正式设立新加坡代表处，除了运营新加坡市场，更多的是着力于开拓马来西亚、菲律宾、泰国、印度尼西亚等市场，并陆续在这些国家设立了分公司。

特步公司总裁丁水波从17岁就开始创业成立三兴公司，产品远销亚洲、非洲、大洋洲、北美洲、南美洲的47个国家和地区，十几年的涉外经营基础及近几年在国内时尚运动领域的领先地位让特步在东南亚市场的开拓成绩不俗。目前特步在新加坡、泰国、马来西亚、菲律宾等国都设有专卖店。

特步在海外设专卖店采取的办法主要是寻找一个加盟总代理商，再以加盟设专卖店的方式运作。除了在东南亚设立专卖店，特步公司还在当地配套广告推广以拓展市场。在马来西亚、新加坡等国，特步这两年均增加了在当地的品牌推广投放力度，并且鼓励有实力的经销商走出国门，将其品牌带给全世界。

泉州另一运动品牌361°，于2007年在缅甸开设其在东南亚的第一家专卖店。361°在缅甸迈扎央设立的专卖店正是由其云南分公司一手负责。据透露，该品牌还将以云南为据点，开拓老挝市场。

在海外市场拓展方面，泉州寰球鞋业公司曾是当之无愧的领头羊。其旗下品牌亚礼得在国内虽不及安踏、特步等名头响亮，但在国际市场有着比同城品牌更优秀的业绩。寰球在OEM（贴牌加工）市场经过了20多年的拼搏努力，其OEM产品畅销海外50多个国家和地区，旗下的亚礼得运动品牌在海外市场中先行一步。如今寰球公司在海外100多个国家设立办事处、分公司，以自主品牌进行自主营销。

匹克自提出了品牌国际化的战略设想以来，其自主品牌拓展海外的成绩斐然。近几年，匹克海外的市场更多的是在欧洲、南美洲、大洋洲、中东等地，对东南亚市场虽有产品进入，但还未进行系统开发。然而，2009年9月，乘着匹克在香港上市之势，匹克体育用品有限公司董事长许景南表示，其在菲律宾设立分公司的工作正在筹备中，未来东南亚市场将会是匹克开拓海外市场的又一重地。

### 投建生产基地

除了以自主品牌在东南亚设立专卖店外，还有不少泉州鞋企在东南亚设立工厂，投建海外生产基地。

越南是目前泉州鞋企在海外设厂的一大热门选择地。目前有晋江国辉鞋业有限公司与峰安（中国）皮业有限公司等在该国投资建厂。

除此之外，近年来，一些企业及行业协会组织也曾几次到东南亚国家考察，探索在当地设厂的可行性。宝峰公司自2007年就开始到菲律宾、越南及印度尼西亚等国考察，并有意将海外工厂设在印度尼西亚。福建鞋业协会曾在2008年牵头组织本地鞋企到海外考察，探索建设制鞋基地的可能，其中东南亚是其主要考虑市场。

泉州产的旅游鞋、运动鞋虽然占据世界鞋业相当大的市场份额，然而由于国际市场的变化，以及国内生产成本的日益高涨，鞋企的出口利润不断被压缩，泉州越来越多的鞋企面临较为严峻的挑战。而处于发展中状态的东南亚、中南美洲等地区的一些国家，则在市场需求、土地、劳动力等资源方面呈现出较大优势。若往这些国家拓展市场，直接在当地投资设厂，而后再在当地市场进行销售，甚至将产品销往其他邻近国家，则有利于企业应对目前的国际贸易形势，并走向一条国际化道路。

由于单家企业在一个“人生地不熟”的地方会显得势单力薄，在诸多方面与当地相关方谈判的筹码不多，因此，企业开拓海外市场采取单兵作战的效果并不好。在这种情况下，企业要形成“联合走出去”的思路。一方面，企业抱团后实力将更强大，对发展中国家更具吸引力，为招商成功，发展中国家中的相关方可能会给出更优惠的条件；另一方面，企业联合起来之后，可由政府有关部门及行业协会出面和当地政府进行沟通，并签署有关合作协议，双方都在预先商谈好的框架下进行合作。如此一来，可减少出国设厂的企业进驻之后可能面临的不确定性因素。

### 在东南亚国家上市

除了以自主品牌设立专卖店与投建生产基地，近年来还有一些鞋企在东南亚上市，也成为关注的焦点。

2009年7月10日，总部位于晋江的星泉鞋材有限公司，其关联企业星泉国际体育成为第一家在马来西亚证券交易所上市的中国公司，也是首家直接在大马交易所挂牌的外国公司。2009年11月，来自晋江的喜得狼控股有限公司在马来西亚交易所成功上市。

早在2005年，鸿星尔克集团就作为泉州鞋业品牌在海外上市的第一家，登陆新加坡资本市场。2007年，由泉州运动鞋制造商恒发（福建）轻工业发展有限公司控股的中国体育国际有限公司在新加坡证券交易所上市。

（来源：千龙网. http://qy.qianlong.com/7440/2009/12/15/4722@5351022.htm. 2009－12－15）

## 粤家具在东盟市场发展前景好

在国际金融危机中，中国家具出口的主要市场（欧美等发达国家和地区）受到的影响最为严重，家具企业损失惨重。为帮助企业渡过难关，维护家具出口行业的平稳发展，深圳市龙岗区出入境检验检疫局积极引导企业把目光投向东盟市场。

一直以来，东盟都是中国的重要贸易伙伴。在国际金融危机背景下，东盟避险优势得到充分的体现，东盟市场成为中国家具出口企业的避风港。国际金融危机爆发以来，深圳市龙岗辖区经检验检疫出口到东盟的家具货值累计达到1.51亿美元，其中大部分都是以一般贸易方式出口，部分是企业以自主品牌大力开拓东盟市场。

2009年上半年广东对东盟出口家具主要呈现四大特点：一是广东家具对东盟市场出口持续看好；二是广东家具出口已覆盖除老挝以外的其他东盟国家；三是一般贸易成为最大的出口贸易方式；四是内资企业已成为广东家具对东盟出口的绝对主力。

### 对东盟出口倍增

自2009年6月份家具出口退税提高至15%后，广东家具出口规模稳步扩大，到2009年11月份单月出口强劲反弹，达到10.2亿美元，同比增长13.7%，环比10月份增长16.1%，单月出口创历史新高，对东盟出口更是大幅增长2.8倍。

广州海关2009年12月16日公布的统计数据显示，2009年1～11月，广东累计出口家具及其零件88.1亿美元，比2008年同期下降5.9 %。其中，以一般贸易方式出口家具61.8亿美元，增长4.8%，占同期广东家具出口总值的70.1%；以加工贸易方式出口家具24.2亿美元，下降25%，占同期广东家具出口总值的27.5%。

2009年1～11月，广东对美国出口家具29.7亿美元，下降19%；对欧盟出口19.3亿美元，下降8.9%，两者合计占同期广东家具出口总值的55.6%。此外，广东对东盟出口家具10亿美元，增长1.3倍；对中东出口7.4亿美元，增长14.9%。仅2009年11月，对美国恢复增长1.3%；对东盟大幅增长2.8倍。

其中，深圳、东莞和佛山是主要出口城市。2009年11个月，深圳出口家具26.8亿美元，增长8.6%；东莞出口21.6亿美元，下降15.4%；佛山出口10.9亿美元，下降12.8%；上述三者合计占同期广东家具出口总额的67.3%。

值得关注的是，国际上针对中国家具出口的贸易保护壁垒仍然层出不穷。欧美等国频繁出台的技术壁垒对广东家具出口的限制作用正日益增强。2010年以来美国连续出台了多项法规，不仅会增加广东家具企业对美国的出口成本，而且这些法规也极易被其他国家效仿和滥用，家具出口的外部压力将明显上升。

### 东盟成粤办公家具出口最具潜力的市场之一

广东办公家具业经过20多年的发展，无论是企业的数量、生产总值还是出口总量都占据了中国超过三分之一的份额，广东连续10年成为中国办公家具出口的领军省份。在传统大宗消费品出口方面，办公家具出口仅次于服装和鞋，位列广东省出口前三甲。

据广州海关统计，2009年上半年，广东出口办公家具及其零件44亿多美元，比2008年同期下降20%。其中，对美国和欧盟分别出口15.2亿美元和10.6亿美元，分别大幅下降26%和10%。面对困局，广东办公家具业转而开拓东盟市场。

2009年上半年，广东办公家具已出口到除老挝以外的其他东盟国家。其中，对马来西亚出口额已超过2亿美元，对新加坡出口办公家具1.5亿美元，增幅均迅猛增长2.3倍。广东办公家具越来越受东盟市场消费者的青睐，东盟已成为广东办公家具出口最具潜力的市场之一。

### 出口东盟市场喜忧参半

目前，广东很多中小家具橱柜厂商面临两个选择，一个是完全转向国内市场，另一个是转攻东盟市场。相对比较保守的厂商已经开始抓紧在国内市场布局，多数厂商选择了在东盟市场试水。转向东盟市场其实也是受欧美反倾销举措的无奈之举，由于东盟国家经济没有欧美国家经济发达，各国发展也不平衡，因而针对东盟市场，在经营布局上更要巧妙平衡，在选择经销商方面也要多方比较。

东盟国家的消费水平相对较低，这使国内出口商品的价格空间受到了限制，利润不高成了普遍问题，不过优势也是显而易见。有关数据显示，出口东盟的运输成本和人工成本相比出口欧美市场下降一半以上，这有利于厂商利润的增加，一些转型较早的厂商在东盟市场因此也有不小的收获。在东盟这块新兴的市场上，广东家具出口业可谓喜忧参半。

近些年来，东盟市场慢慢恢复元气，其中蕴含的商机也逐渐凸显：东盟国家与广东的人文、审美观、气候都比较接近，尤其是广东的红木家具在东盟市场备受追捧，因而，广东企业在产品制造、设计等方面更贴近消费者的实际需求；东盟没有技术壁垒和贸易壁垒，对家具的标准要求不高，相比欧美而言，其出口门槛更低；同时，东盟市场由于与广东在地域上的接近性，运输成本更为低廉，服务频率也更快，而且对于大部分东盟国家而言，广东家具具有一定的市场美誉度，物美价廉的优势使其更易被东盟消费者所接受，广东家具对东盟的出口也连年攀升。2009年，广东办公家具在东盟市场的销售前景依然十分乐观，销售额持续攀升，其中三、四月份对东盟出口办公家具连续突破1亿美元大关，上半年累计对东盟出口家具4.4亿美元，增幅高达1.3倍，已接近2008年全年对东盟的出口水平。

尽管近年来广东家具在拓展东盟市场方面取得了骄人业绩，但来自东盟市场的挑战仍不容忽视，目前马来西亚已跻身世界十大家具出口国行列，并成为东盟最大、亚洲第二大家具出口国，出口家具以中高档家具为主。

今后广东家具在东盟市场仍将面临严峻的挑战，广东家具业的发展应从数量扩张转变到质量提高，发掘产品内涵，注重品牌建设，尽快加速从劳动密集型向技术密集型的进程，并通过行业的兼并、重组，加快培育龙头企业。而中、小型企业应通过产业集聚，实现“专业化分工、社会化协作”来取得较高的生产效率，提高产品质量，从而在细分市场中获得生存空间。广东企业在今后对东盟市场的开拓中，仍应注重品牌战略，进一步加强广东品牌在东盟市场的认同度，为进一步拓展东盟市场奠定良好的基础。

### “走出去”具备先天优势

东盟市场与欧美等发达国家和地区相比，具备不少优势：

一是政策支持，关税优惠。在国家的大力推动下，中国—东盟自由贸易区成为中国最早建立、进展最快、效果最好的自贸区。自2010年1月1日起，中国和东盟老成员国（泰国、马来西亚、文莱、印度尼西亚、菲律宾和新加坡）的绝大多数产品关税降为零，与东盟新成员国（柬埔寨、老挝、缅甸和越南）则在2015年产品关税降为零。目前，中国家具出口东盟能享受更大的关税优惠，极大地降低了出口成本。

二是交通方便，文化相近，市场潜力大。东盟地处中国产品输往欧美国家和地区的必经之地，自古就是海运集散地，各国均具备不少优良港口，与中国只一海之隔，海运十分便利。东盟10国人口约5.6亿，其消费观念与中国有不少相似之处。同时，在东盟各国已有不少华裔人士定居，普通话在东盟有一定的流通性。因此，东盟的商业环境与中国内地相似，国内企业能比较容易地把握其消费群体的需求，易于开拓其市场。

三是产品竞争力相对大，出口风险较低。东盟地区的家具生产主要为家庭作坊类的小型企业，其生产、研发能力远远低于国内水平。中国产品在当地具有相当竞争力。同时，东盟地区家具行业的相关法规标准尚未完善，中国产品基本只要达到国际标准即可在东盟市场畅通无阻，产品的退货风险也比较低。

（来源：中国家具导购网. http://www.jiaju360.com/news_read.asp?id=13569.2010－06－30）

## 中冶华天在泰国打造海外精品工程

### 创造东南亚奇迹

2007年8月30日，经过长达一年的前期投标和准备工作，中冶华天工程技术有限公司（下简称“中冶华天”）和塔塔钢铁集团泰国NTS公司正式签约年产50万吨铁前项目EPC总承包交钥匙项目。

NTS铁前项目是泰国有史以来建设的第一座高炉。此次合作是中冶华天继与全球最大钢铁公司——安赛乐米塔尔合作后，与又一家世界钢铁巨头的合作。

该项目包括建设一座450立方米高炉，一台75平方米烧结机，一个年处理原、燃料能力470.16万吨的原料场（含焦炭堆场）、一个热电站（一台12兆伏凝汽式汽轮发电机组和一台60吨/时次高温次高压全烧高炉煤气锅炉）、一个净水站（处理能力600立方米/时）和一座50000立方米煤气柜及配套的铸铁机和喷煤等设施。总承包范围包括设计、设备供货、土建施工、设备安装和调试、及热负荷试车（或试生产）方案的编制及试车指导、生产操作等规程的编制及功能考核期的生产指导、人员培训等。

2008年3月18日，该总承包项目现场正式开工，土建分包单位是泰国当地的两家公司——隆发盛（RFS）工程建设有限公司和隆贵（RK）施工建设有限公司，设备安装由中国中冶宝冶建设有限公司承担。

泰国是个有钢无铁的国家。2006年12月，塔塔钢铁对外发布，将在塔塔钢铁泰国公司（收购的原千年钢公司）建一座小高炉，耗资约1.02亿美元，铁水年产能为50万吨。该小高炉投产后，塔塔钢铁泰国公司的轧制设备产能利用率将大大提高，同时产品结构得到改善，如可生产高质量、高附加值汽车和家电用钢。

此前，塔塔钢铁泰国公司仅安装有电炉，生产长材和工程用钢产品，年产钢材110万吨，其目标是将年产量提高到170万吨，其中包括50万吨汽车用钢和120万吨建筑用钢。2006年4月，塔塔钢铁出资约1.7亿美元完成对泰国千年钢公司67.11%股权的收购，并将其更名为塔塔钢铁泰国公司。

目前，在东南亚地区中其他类似高炉项目或停建或延期的情况下，泰国高炉成功出铁的实践证明，中冶华天向世人展示了海外总承包项目的精彩答卷，向泰国人民和泰国钢铁业献上了大礼。

### 闪亮中冶品牌

中冶华天设计的这座高炉，代表了当前国际同级别高炉的最先进水平，首次在这个级别的高炉上采用皮带上料、首次设置有电梯至高炉炉顶平台、设计采用了具有专利技术的高效顶燃式热风炉、环保的煤气干法除尘、节能型的高压煤气柜，配置了节约焦炭、具有环保除尘设备的出铁场，提高了冶强的喷煤设施。

尤其值得关注的是中冶华天在其中采用了拥有自主知识产权的“1000立方米级高炉新型旋流顶燃热风炉系统开发”最新成果。这项技术成果已在中国广东珠海、云南红河等地的钢铁企业中得到应用。据统计，该项技术成果每年节约生产成本500多万元，与引进国外同类型的技术相比，节约建设资金约300万元。另一个技术亮点是打出了拳头产品——稀油密封型高压干式煤气柜。这意味着中冶华天不仅是在做工程的总承包商，而且在向专有生产设备技术供应商悄然转身。

目前，中冶华天拥有国家专利权74项。在大型、特大型高炉集成创新、棒线材全规格轧制工艺及全线设备国产化、低热值高炉煤气综合利用、工业炉窑节能控制、大型高压煤气柜、电力滤波技术、工业含油废水处理、冶金污水深度处理、城市生活污水处理及回用、制浆造纸污水深度处理等技术领域都有强大的技术优势，有的技术还处于领先地位。

拥有了自有核心技术，中国企业就能在创新能力与创新成果上形成强有力的国际竞争力。于是，向国外出口中国企业生产的成套设备就顺理成章。如今，中国中冶的高炉、烧结设备出口到亚洲、非洲、拉美已经成为现实，乃至今后走向欧美和其他国家也是指日可待，这将是中国钢铁工业历史性的跨越。

通过成功实施泰国NTS总承包项目，中国中冶品牌在泰国社会各界乃至东南亚地区引起高度关注并得到认可。印度塔塔钢铁集团总裁和执行总裁等高层人物视察高炉时盛赞中国高炉建设技术一流。在工程建设中，马来西亚、越南、印度尼西亚等国钢铁业的代表团前来考察，都对该工程给予了热情的评价，同时也期待与中冶进行交流合作。

### 彰显中冶华天服务特色

中冶华天这个项目不仅是一个从原料、电站、烧结到高炉的系统工程，还是一个“三国六方”的合作项目，即印度、泰国和中国成三国，TATA、NTS、RK、RFS、中冶宝冶、中冶华天为六方。由于涉及面广，项目管理协调存在一定的难度。

在与分包方和设备供应厂家的合作协调中，中冶华天秉着“善待合作伙伴，共同推动项目发展”的理念，时时以项目为重，事事以诚信为重，加强与土建和安装单位以及多个合作方的充分沟通、协调与紧密合作。由于泰国两家土建公司之前没有冶金项目的施工经验，施工过程中碰到的困难很多，总承包项目部及时对他们进行培训，耐心进行技术指导。对于设备厂家驻现场服务人员，总承包项目部在工作上严格要求，在生活上尽量关照，在交往中以诚相待。他们也积极参加调试工作，认真、快速地解决施工过程中出现的设备问题。在不违背合同的前提下，总承包项目部尽最大限度与业主和分包单位处理好各方利益关系，尽可能满足业主提出的额外要求，对分包单位合同外发生的工作量给予及时确认，这些都为项目的顺利进展提供了充分保障。

该高炉是泰国的第一座高炉，这对于没有接触过高炉的泰国当地人而言，即便是工程师也很陌生。一旦交付给业主后，他们的生产操作能否顺利进行，质保期内能否达产达标，对于这些问题，泰国总承包项目部把培训工作想在前面。除了合同规定的到中国类似工厂进行培训60多人之外，他们还在现场组织技术人员和设备厂家服务人员开展现场实物培训，这一举措得到业主的积极响应，从而也为业主方人员尽早成为生产的主力军做好了过渡准备。

### 践行“合作多赢”理念

泰国NTS年产50万吨铁前项目是一个基于

EPC总承包的交钥匙工程。

EPC分别是英文设计、采购、建设3个单词的第一个字母。EPC模式，是指由承包者统一负责工程技术设计、生产线设备采购和工程建设安装，它是国际上通行的承包工程的模式之一。而“交钥匙”，意味着项目承包人设计、采购和建设之后，再负责进行生产线调试和对业主的职工培训等，最终把按设备产能生产的生产线完整地交给业主。

这种工程往往具有投资规模大、专业集成高、配套设施全、付款条件苛刻、商务风险大等特点。无强大的项目管理能力和协调能力的工程公司，很难完成这样庞大而复杂的项目，然而中冶华天却能改变这一繁杂的工程。

近几年来，中冶华天海外业务涉足土耳其、阿曼、孟加拉、印尼、莫桑比克等国。截至2009年8月底，中冶华天已经完成和正在实施的十多个国外工程项目中，涉及烧结、高炉炼铁（300立方米～3000立方米）、高炉喷煤、轧钢、建材、热电、钢结构等多个领域。其中，像土耳其ISDEMIR钢厂3000立方米高炉是目前中国出口的容积最大的高炉。但这些项目均为EP总承包或单纯提供设计服务。

中冶华天需要一个真正意义上的海外工程EPC总承包项目来树立样板、展示实力、实现突破。泰国高炉项目提供了这样一个难得的机遇和挑战，中冶华天抓住了机遇，攻坚克难，提升自己，不负众望。

据了解，中冶华天泰国高炉项目仅设备供货一项，就带动了全国120多个设备生产厂家的相关机电设备出口，当然还有劳务合作方面中冶宝冶700多人的机电安装劳动技术出口和马钢股份的生产技术出口。同时还拉动了泰国当地两家土建公司1000多人的施工队伍参加施工大会战。

泰国高炉项目建设为泰国输入了炼铁技术，培养了人才，提供了就业岗位，创造了钢铁史上的奇迹，同时中冶华天也获得了海外项目总承包和市场开发的经验，壮大了队伍，打造了品牌，形成了国际影响，实现了合作多赢的目标。

（来源：中国钢铁企业网. http://www. chinasie. org. cn/newmore. asp? id=24492. 2009－11－30）

# 经商实务篇

## 中国公民赴东盟十国签证

### 文莱签证办理指南

#### 一、签证规定

目前文莱驻华使馆不办理个人旅游签证，可办理团体旅游签证，每团不少于5人，其中一人为导游。如个人办商务、探亲签证，需提供文方邀请信及文莱移民局批准函。自2003年4月起，签证申请人还需提供健康证明。官方代表团则仅凭文方政府邀请信。办理签证时需填写申请表一张、交相片一张，签证费80元。签证需时3个工作日，有效期3个月，入境时文莱移民局盖14天停留章。

新加坡、马来西亚和英国国民（包括海外公民）进入文莱及逗留30天免签证；菲律宾、加拿大、法国、日本、韩国、瑞士、列支敦士登、荷兰、卢森堡、比利时、德国、瑞典、丹麦、马尔代夫、美国及新西兰国民逗留14天可豁免签证；乘飞机抵境及离境的泰国和印尼国民逗留14天也可豁免签证；日本国民若须逗留更久或就业则需要签证；其他国家的国民（古巴、朝鲜和以色列护照除外）可享有72小时落地签证的便利；印度、孟加拉国、巴基斯坦、斯里兰卡、伊朗和中国大陆的旅客，只要具备有声望的文莱本地人担保，也可获准在文莱过境时逗留一个待定的时间。海湾国家护照的持有者，不仅需要填写一张身份表格，而且还需要加上文莱的相关公章才能成效。通常情况下，签证的有效期是两个星期。签证时可在任何一处文莱驻外使馆申办。若没有文莱使馆的国家或地区，代表单位则是英国领事馆。

#### 二、签证类型

**（一）商务签证**

1. 签证规则及条件

签证官有权要求任何申请人面谈或补充其他材料，申请人须无条件配合。

2. 因公护照申请商务签证

（1）所需时间：需提前一周申请签证。

（2）要求项目：照会或公函上应注明访问目的和停留时间；提供邀请函原件及护照复印件两份；申请人无论持何种护照，均须填写签证申请表2张、2张照片；3人以上须填写名单表1份。

（3）签证情况：文方发给3个月有效的一次入境签证。

（4）注意事项：公函上文莱国名须写全称“文莱达鲁萨兰国”。

3. 签证资料

（1）2寸彩色证件近照2张（白底）；

（2）有效期9个月以上的护照原件、同时应提供两张护照（含首页）复印件；

（3）往返飞机票原件和复印件；

（4）文莱公司的邀请函：列明被邀请人的姓名、国籍、护照号码、出生日期、职位、赴文莱的目的以及拟在文莱停留天数；

（5）国内公司的英文派遣函：列明被派遣人的姓名、国籍、护照号码、出生日期、职位、赴文莱的目的以及在文莱期间的具体地址；

（6）申请人必须提供本人身份证复印件及申请人本人所出具的英文委托书；

（7）填写个人资料表。

**（二）团体旅游签证**

签证类型：旅行；

有效期：6个月；

最多停留：14天；

预计工作日：35天；

申请人范围：中国各省因私护照持有人。

签证资料：

5张2寸近照相片；

有效期9个月以上的护照原件；

申请人的身份证正反复印件1份；

申请人个人资料，内容包括：婚姻状况、家庭住址、联系电话等。

**（三）落地（旅游）签证**

来不及事先办妥签证的中国公民，可申办落地签证，具体手续为：由文莱担保人向文莱政府移民局申请批准函，将批准函原件邮寄或传真给拟来文莱的中国公民。中国公民抵达文莱国际机场后凭该批准函原件或传真件、护照和回程机票在文莱移民局机场柜台办理落地签证，签证费20文元。

**（四）个人访问签证**

最多停留时间：14天；

签证有效期：1个月；

所需材料：护照及2张照片。

**（五）短期商务签证**

最多停留：14天；

签证有效期：3个月；

短期访问（公务/商务或学术访问）签证要求：

1. 如实填写亚洲签证申请表一份；

2. 身份证复印件；

3. 2张2寸近期半年内白底彩照；

4. 在前往文莱前，护照必须为9个月的有效期，且护照上有足够页数供签证之用；

5. 文莱公司的英文邀请函：列明被派遣人的姓名、国籍、护照号码、出生日期、职位、赴文莱的目的以及拟在文莱停留天数、赴文莱期间发生的费用由谁支付。邀请函可以传真件，但是传真给大使馆的抬头必须为文莱达鲁萨兰国驻华大使馆签证处，传真给中国公司的抬头为：中国某某公司；

6. 国内公司的英文派遣函：列明被派遣人的姓名、国籍、护照号码、出生日期、职位、薪水、赴文莱的目的以及在文莱期间的具体地址、赴文莱期间发生的费用由谁支付；

7. 往返飞机票原件；

8. 申请者本人所出具的英文委托书。

备注：

1. 签发地为北京，文莱驻华使馆一般受理时间为4个工作日。若无加急，资料来回快递时间为3至4天；

2. 文莱驻华使馆受理日：每周一至周四；

3. 所有提交的相关文件，必须有英文翻译文本；

4. 签证有效期一般为三个月，停留期一般是14天，具体由文莱驻华使馆决定，不得延期；

5. 文莱驻华使馆持有面试与增补申请人资料的权利。

**（六）工作签证**

雇主先向文莱劳工局申请配额，向文莱政府交纳1800文元的保证金，再向文莱移民局申请批准函。当事人凭批准函和本人的健康证明到文莱驻华使馆申请工作签证。

**（七）过境签证**

持有前往第三国有效签证和联程机票（亚洲航空除外）的中国公民，可在文莱机场移民局柜台办理在文莱停留不超过72小时的过境签证。

### 三、注意事项

签证申请表格每一栏均须填写正确资料，若无者请填NIL；周一至周四早上9点至中午12点收件，下午2点至5点领件，工作时间为4天（即今天早上送，4天后下午领），每次入境文莱最多可停留14天，可在当地申办加签延期，最多两次；持台湾护照者，皆须申请签证方得进出文莱。

持以下护照者免签证可免签停留14天：印尼、泰国、菲律宾、韩国、日本、法国、瑞士、荷兰、比利时、卢森堡、列支敦士登、瑞典、丹麦、挪威、西班牙、马尔代夫、加拿大、阿曼苏丹国、秘鲁；

可免签停留30天：马来西亚、新加坡、英国、德国、新西兰；

可免签停留90天：美国。

持澳洲护照可申请落地观光签证，最多可停留14天。

（来源：南博网综合）

## 柬埔寨签证办理指南

### 一、签证规定

中国公民赴柬埔寨须事先向柬埔寨驻华使领馆申请签证，目前柬方在中国上海、广州、重庆、昆明和香港设有总领事馆。

赴柬埔寨签证有效期一般为三个月，入境时柬埔寨移民局在护照上盖有带停留期的入境章，请注意查看，以免签证过期被罚款。根据柬埔寨移民局规定，外国人入境后，如果签证过期，每天罚款5美元。根据来柬埔寨目的，一般分为旅游签证和商务签证。外国人亦可在柬埔寨金边国际机场申办落地签证。

旅游签证（E签证）一般允许在柬埔寨停留一个月，且停留期不能超过签证有效期，可申请延期，但不能改变签证种类。商务签证（T签证）一般允许在柬埔寨停留一至三个月，入境后可通过当地旅行社向柬埔寨移民局申请半年或一年的长期居留签证。

入境时须填写入、出境卡、海关申报单，不得携带违禁品入境，不得随身携带大量美钞出境（一般可携带3000美元以下）。

## 二、签证类型

**（一）短期商务访问签证**

柬方发给两个月有效一次入境签证，有时也发两次入境签证。

申请签证所需的材料：

1. 照会或公函上应注明访问目的及停留时间；

2. 提供邀请函，内容包括邀请者的姓名、电话号码；

3. 持因公普通护照者，需填写签证申请表格4张，交照片4张（白底彩色），持外交、公务护照者免填表格，免交照片；

4. 使领馆有权在个别情况下要求申请人提供其他资料。

**（二）过境签证**

凡经柬埔寨赴第三国者，持联程机票，不出机场且停留不超过24小时，可免办签证。否则，应申办过境签证。柬方发给两个月有效过境签证。

**（三）个人旅游签证**

有效期：3个月；

最多停留日期：30天；

预计工作日：10个工作日；

收证人群：中国各省持因私护照的人群（福建护照暂不受理）；

签证资料：5张2寸证件照近照；护照原件（有效期在9个月以上）；身份证原件及复印件（双面）一份。

**（四）商务签证**

1. 有效期限：1个月1次往返；

2. 最长停留时间：30天；

3. 所需资料：提供有效期在半年以上护照原件及2张2寸白底彩照。

**（五）落地签证**

前往越南和柬埔寨者，在办理越南签证后，可以在柬埔寨办理落地签证（不超过1个月时间内）。对散客而言，只要在东盟国家中办理其中一个国家的一般领事馆签证后，在其他东盟国家就可以办理落地签证。

## 三、申请签证的材料

1. 2张或多张2寸白底彩色照片；

2. 有效期6个月以上的护照，末页须附持照人中文签名；

3. 身份证复印件正反面各一张；

4. 具体签证所需资料要求。

申请人必须按不同类别的签证准备相应的资料，柬埔寨驻华使领馆签证处可能会要求申请人提供其他需要补充的任何材料的原件或复印件。

（来源：南博网综合）

# 印度尼西亚签证办理指南

## 一、签证规定

自2005年8月起，印尼政府开放对中国（大陆）公民赴印尼的落地签证（VISA ON ARRIVAL）申请。申请者可持个人有效因私护照和往返机票在雅加达、泗水、棉兰、巴厘岛等国际机场的专设柜台办理。自2009年1月26日开始，包括中国在内的64个国家的公民进入印尼办理落地签证，逗留30天内收费25美元，满30天后可申请延期最多30天，即总共不超过60天。

除此之外，中国公民赴印尼均须事先在印尼驻华使馆或印尼驻广州总领事馆获得相应签证。为了避免出入境时遇到不必要的麻烦，建议持新护照（无任何出境记录）的中国公民离境前在印尼驻华使领馆办妥签证后再前往印尼。

## 二、签证类型

**（一）商务签证**

签证种类：B

签证有效期：90天

签证停留期：30天及60天

工作日：4天。印尼国家针对中国公民可能遇到的紧急签证的情况，特开设加急业务，可以1个工作日出签；

所需材料：护照正本、2张2寸彩色照片、身份证正反面复印件、在职证明信英文版。

**（二）旅游签证**

签证种类：B

签证有效期：90天

签证停留期：30天及60天

工作日：4天。印尼国家针对中国公民可能遇到的紧急签证的情况，特开设加急业务，可以1个工作日出签；

所需材料：护照正本、2张2寸彩色照片、身份证正反面复印件、在职证明信英文版。

**（三）多次往返签证**

签证种类：B

签证有效期：360天

签证停留期：60天

工作日：4天。印尼国家针对中国公民可能遇到的紧急签证的情况，特开设加急业务，可以1个工作日出签；

所需材料：护照正本、2张2寸彩色照片、身份证正反面复印件、在职证明信英文版。

**（四）工作签证**

签证种类：Z

签证有效期：360天

签证停留期：360天

工作日：4天。印尼国家针对中国公民可能遇到的紧急签证的情况，特开设加急业务，可以1个工作日出签；

所需材料：护照正本、2张2寸彩色照片、身份证正反面复印件、在职证明信英文版。

**（五）过境签证**

签证种类：B

签证有效期：90天

签证停留期：7天

工作日：4天。印尼国家针对中国公民可能遇到的紧急签证的情况，特开加急业务，可以一个工作日出签；

所需材料：护照正本、2张2寸彩色照片、身份证正反面复印件、在职证明信英文版。

**（六）落地签证**

此签证适用于从第三国入境或者中国赴印尼旅游的团体。

详细说明：第三国入境是指从新加坡旅游后进入印尼旅游，不可以持白本护照直接前往印尼办理落地签证。印尼国家针对中国公民可能遇到的紧急签证的情况，特开设加急业务，可以1个工作日出签。

**三、注意事项**

**（一）短期商务签证要求（90天以内）：**

1. 每人需填写一张 VISA APPLICATION FORM FOR VISIT SINGLE / SEVERAL JOURNEY（S）申请表；

2. 彩色照片3张，并须在其中1张照片的背面注明申请人姓名、出生日期、护照号码；

3. 每人一份护照复印件；

4. 一个团组须一封邀请信；

5. 一封致印尼移民总司长并抄送印尼驻华大使的担保信（要求不变）。

注：一般只发给不超过30天的过境、旅游、商务和社交文化类签证。持上述签证抵达印尼后，不得申请延期或另作安排。

**（二）长期工作签证要求（90天以上）：**

1. 每人须填写一张 VISA APPLICATION FORM FOR TEMFORARY STAY IN INDONESIA 表；

2. 彩色照片3张，并须在其中1张的背面注明申请人的中文及拼音姓名、出生日期、护照号码；

3. 每人一份护照复印件；

4. 邀请信：除了要有邀请人的亲笔签名外，还应打印有申请人的姓名及职务；

5. 担保信：担保信的抬头应写“印尼移民局局长”并抄送“印尼驻华大使馆”；

6. 印尼劳工部颁发的工作许可证（传真件亦可，如果几个申请人的姓名在同一份许可证上，则还须为每人复印一份）；

**（三）申请人在填写签证申请表时须注意以下4个事项：**

1. 签证申请表必须用英文正楷大写字母填写；

2. 签证申请表中申请人姓名的书写方式：姓与名分开，名若有两个字必须连在一起，不得分开，姓名亦须用英文正楷大写填写；

3. 填写签证申请表时不能空项，不需填写的项目须划上斜线；

4. 一个团组只能使用一封担保信。如果担保信分开，即使是同一单位的出国人员，签证申请亦须按担保信分开办理。

（来源：南博网综合）

# 老挝签证办理指南

## 一、签证规定

持外交、公务、普通公务护照前往老挝免办签证，持因私普通护照须办签证。一次出入境的商务、旅行签证可在老挝停留30天（签证期满可到老挝移民局申请延期），过境签证停留期7天。申请签证可到北京老挝驻华大使馆或老挝驻昆明总领事馆申请。获取签证进入老挝后，必须按所申请的签证种类从事相应的活动，否则将被视为非法活动并予以处罚。老挝海关限每人携带5000美元现金或同等币值现钞出境，超出5000美元的须得到老挝外汇管理局的许可，否则将视情节轻重处以50%的罚款或全部没收。

老挝签证在北京三里屯老挝驻华大使馆或昆明的茶花宾馆均可办理。

## 二、签证类型

### （一）商务签证

准备进行市场调研的商务人员，应先申请一份单式签证，之后再申办一张为期3个月的商业签证，该签证可以再延长3个月。如外国投资者的工厂建成和动工，外商则可获得一份6个月到1年的签证。办理商务签证时，还需要一封与老挝合作公司的邀请信以及3张照片。

留居老挝处理投资事务的外商和外国雇员，可以获得为期1年的签证，这种签证还可以再延长1年时间，直到工作结束。驻老挝的外国代表，必须向老挝内务部或居留地的省或地区的安全保卫部门，申请一份居住证。

办理签证时须准备6个月以上有效期护照原件、2寸照片4张、身份证复印件、户口本复印件。

### （二）旅游签证

若想到老挝旅行的外国人必须向老挝大使馆申请签证。一般情况下可以获得1份为期15天的单式签证，该签证可以再延长15天。

办理旅游签证时间一般为10至20天，最快两三天便可获批。此前外国旅游者跨省游览必须事先申请通行证，目前旅游者可以直接到老挝全国各地游览。

办理此签证须6个月以上有效期护照原件、2寸照片4张、身份证复印件。

### （四）参观者签证

需要办理为期30天的单式签证，如果需要可以再延长30天。

申请时须附一封老挝亲属的担保书，此人向老挝内务部移民局提交适当文件，老挝外交部将通知使馆是否给予签证。

申请人须向在老挝的担保人提供申请人的姓名、出生日期、地址、护照号码，以及与护照照片大小相同的6张照片。

办理参观者签证所须材料：6个月以上有效期护照原件、1张护照照片、签证申请表1份（可以通过传真索取后复印）；

办理时间：3个工作日；

签证逗留期限：15天，可以在老挝续签。

## 三、老挝签证照片要求

1. 4张2寸白底彩色近照；
2. 尺寸要求35毫米×45毫米；
3. 在照片背面用铅笔写上申请人的姓名；
4. 脸部要处于照片的中心位置，要求表情严肃，不能皱眉，也不能微笑，嘴唇要闭拢；
5. 照相时不能戴墨镜；
6. 照片应为正面（免冠）照片。

## 四、注意事项

按《中老边界制度条约》规定，持中老边境通行证的中国公民只能到老挝的丰沙里省、南塔省、乌多姆赛省和波乔省，超越上述地区的必须持护照前往，否则将按非法入境处罚。

（来源：南博网综合）

# 马来西亚签证办理指南

## 一、签证规定

中国公民赴马来西亚应在境外办妥签证，未事先办好签证的散客如果途经泰国或新加坡入境马来西亚可以申请口岸签证；从中国来访的旅行团可以申办口岸团体签证，前提是马方接待旅行社具有马来西亚移民总局授权并已经备案。经第三国抵达彭亨州刁曼岛的旅客，如能出示有效回程机票可以申请落地签证。

## 二、签证类型

根据中国公民赴马来西亚不同目的可分为以下

三种签证类型：

（一）社交签证

发给以旅游、探亲访友和商务活动为目的的中国公民。有效期3个月，停留期14天。马来西亚移民局已取消发给中国公民停留期为1个月的商务签证。社交签证不能延期，因健康原因、航班问题不能及时回国者，可凭有关医院和航空公司出具证明信函到马来西亚移民局延期签证。

（二）工作和学生签证

在马来西亚工作或学习须分别由马来西亚公司或学校首先向马来西亚移民局申请，获准后，由马来西亚移民局通知申请人所在地区的使领馆颁发社交签证。抵达马来西亚后，再到移民厅换成相应种类的长期签证。就读马来西亚大学的公民可由学校到马来西亚移民局总部申请，就读高中及以下学校的，可向马来西亚各个州的移民厅申请办理。

（三）探亲签证

来马来西亚探亲最长可停留6个月，由在马来西亚工作、学习、居住（马来西亚公民、中国公民同其结婚）的当事人向马来西亚移民局申请，申请签证时须提供亲属关系证明。

根据马来西亚不同的签证签发机构来划分，马来西亚签证分为入境签证（VISA）和入境准证（PASS），VISA由马来西亚驻外代表机构签发；PASS由马来西亚各入境口岸或马来西亚移民总局签发。

（一）入境签证（VISA）

入境签证分两种情况：旅游及商务签证由马来西亚各驻外代表机构直接签发，统称免查询类签证（VIAS WITHOUT REFERENCE）；工作、学习等特殊签证须经马来西亚移民总局核准后由驻外机构签发，统称须查询类签证（VISA WITH REFERENCE）。入境签证有效期一般为3个月，但无停留期。

入境签证类别有以下三种：

1. 一次入境签证：发给以旅游或商务为入境目的的外国人。

2. 多次入境签证：发给以商务或公务为入境目的的外国人，有效期由3至12个月不等。

3. 过境签证：发给以过境为目的外国人。不出机场转机或搭乘同一航班中转的外国人免办过境签证。

（二）入境准证（PASS）

入境准证由马来西亚口岸移民机构或移民总局签发。无论是否已取得入境签证，所有拟入境的外国人必须在取得口岸入境准证后方可入境。旅游及商务入境准证可在抵达口岸时即时办理；工作、学习等特殊入境准证须在抵达口岸前与入境签证同时申请。入境准证规定入境的停留期。

入境准证分为短期和长期两类，短期准证包括旅游、商务、临时雇工和专家四种；长期准证包括工作、相亲和学习三种。

1. 旅游准证：发给入境旅游或探亲者，按不同的国别给予14天至3个月不等的停留期，中国游客一般可获得14天的停留期。如出现特殊情况，如探望马来西亚籍贯的配偶者，可申请最长至6个月的停留期。

2. 商务访问准证：发给入境进行商贸活动、新闻采访及参加体育比赛者，按不同的国别给予1至3个月不等的停留期。来马来西亚进行商务活动的中国人一般可取得一个月的停留期。

3. 临时雇工准证：发给从事种植、建筑、制造、服务及家庭佣工等低技术要求行业的外来劳工。停留期3至6个月不等，期满后可延期。

4. 专家准证：发给来马来西亚履行1年期以下合约的专业技术人员，如从事文艺表演、影视片制作、科研、讲学、设备安装或宗教活动者。

5. 工作准证：发给来马来西亚履行两年期以上合约的专业技术人员。停留期为2至3年，期满后可延期。马来西亚有关公司在为外国人申请此类工作准证前，必须取得马来西亚有关政府主管部门或外侨委员会的核准。马来西亚规定外资达200万美元以上的公司可长期聘请5名外籍人士，并可担任公司高级主管人员；外资在200万美元以下的公司可酌情聘请若干名外籍人士，其中高级主管人员服务年限最长不超过10年，一般技术人员最长不超过5年，目的是鼓励公司培养其国内人才。

6. 依亲准证：发给已取得工作准证者的外籍配偶及子女。停留期与受聘人员相同。

7. 学习准证：发给来马来西亚有关院校就读的学生。停留期一般为6至12个月，期满后可延期。

## 三、申请签证需提交材料

### （一）商务签证提交材料

赴马来西亚商务访问（会议、学术会议、商务洽谈），申请签证须递交以下材料：

1. 每人须填写3份申请表格及提交3张照片；

2. 马来西亚邀请信（公司、团体或组织、政府及半官方机构须用英文），带有公司编号，加盖公司印章，须写明被邀请人的姓名、护照号码及性别、访问的性质和在马来西亚停留的时间；

3. 被证明真实的副本：马来西亚公司注册证书、公司法规定的证书；

4. 6个月以上有效护照；

5. 护照复印件（附有持照人有关资料的页数）；

6. 申请人公司、机构、外办及部委的信函（最好用英文）写明商务或其他活动的性质。

**（二）探亲旅游签证提交材料**

中国公民赴马来西亚探亲旅游签证的申请，应递交以下材料：

1. 每人填写2份申请表格及提交3张照片；

2. 首先由旅居马来西亚的亲属出具担保书，并担保申请人在入境后一定要按期离开马来西亚；

3. 吉隆坡移民局出具1500林吉特（马币）担保金和返往机票副本；

4. 吉隆坡移民局的批准书（原件）；

5. 6个月以上有效护照；

6. 护照复印件。

申办探亲签证者，其探望对象必须为直系亲属或兄弟姐妹，由其在马来西亚的亲属进行担保。

**（三）团体旅游签证提交材料**

中国公民赴马来西亚团体旅游，停留期不超过14天的一次或多次入境，申请签证须递交以下材料：

1. 每人须填写2张申请表及提交2张照片；

2. 来马来西亚旅游，必须由马来西亚内政部和马来西亚旅游促销会注册约马来西亚旅行社组织；

3. 6个月以上有效护照；

4. 护照复印件（载有持照人有关资料的页数）；

5. 中国国内旅行社的信函（英文版）。

**（四）留学签证提交材料**

学生入境资格：

1. 获公立或私立高等教育学府接纳修读全日课程（包括英语课程）；

2. 具备支付学费和生活费用的经济能力；

3. 完成课程后离开马来西亚；

4. 身体状况良好，品行端正；

5. 纯粹为了升学而申请入境。

申请赴马来西亚学习（官方、半官方和私人教育机构），申请签证应递交以下材料：

1. 马来西亚学校录取通知书及复印件；

2. 2份签证申请表；

3. 2份学生个人简历表（使馆领取）；

4. 2份BTR1OO表格（使馆领取）；

5. 马来西亚教育部的批准书；

6. 护照及复印件一份；

7. 4张照片（3.5厘米×5.0厘米）。

有关入境程序详情，外国学生可联系马来西亚移民厅。

**（五）过境签证**

凡经马来西亚赴第三国者，不论停留多长时间、是否出入机场，均需申办过境签证。

申办签证时须提供的材料：

1. 每人须填写3份申请表及3张照片；

2. 已确认的联程机票；

3. 第三国或目的地的有效签证；

4. 6个月以上有效护照；

5. 护照复印件（附有持照人有关资料的页数）。

## 四、出入境注意事项

**（一）临时来马来西亚人员须携带至少500马币现金**

马来西亚移民厅对中国游客（散客）尤其是30岁以下妇女入境要求尤其严格，如在短期内来往马来西亚多次，当事人会被原机遣返。马来西亚移民局有权拒绝有犯罪记录、无经济能力及谎报来马来西亚的外国人入境。

**（二）出入境检查**

入境。入境免税物品有：200支香烟，1升酒，总价值不超过200马币的化妆品、香水，每件限价为25马币的纪念品或礼物。本国货币入境不得超过1000马币。

外国人可携带任何货币入境，外国人出境时可将任何货币带出，只要在入境时向海关和税务部门申请。根据马来西亚海关政策，外国人可将自己的日常生活物品带入马来西亚，数量和品种没有限制，只要海关认定这些物品是日常生活所必需即可。

禁止入境的物品：有色情内容的出版物与雕刻品、短剑、收音机、彩色复印机、爆竹、《古兰经》印刷品、毒品等，录像带须经检查合格后才能放行。

出境。外国人携带本国货币出境不得超过5000马币；外国货币出境不得超过入境时的申报数额。

（来源：中华人民共和国外交部网及南博网综合）

# 缅甸签证办理指南

## 一、签证规定

中国公民进入缅甸，持外交、公务护照者可免办签证。凡持因公普通护照和因私护照来缅甸都须办理有效签证。缅甸驻北京大使馆和驻云南昆明的总领事馆及驻香港总领事馆受理办理签证的业务。目前中国云南省已经与缅甸在旅游方面实现了互免签证，旅游者可以到当地的旅行社办理通行证。目前缅甸较常用的签证种类为旅游签证和商务签证。

从中缅边境陆路进入缅甸可持地方政府边境通行证，但活动范围有限。根据当地规定，外国人出入缅甸一般遵循“飞机来，飞机走；陆路来，陆路走”的原则，例如，乘飞机来仰光的中国公民不允许从中缅边境陆路回国。

根据缅甸政府规定，外国人在缅甸长期经商若需办理签证延期，首先要办理劳动卡。办理劳动卡需要以一个当地合法注册登记的公司雇员身份到缅甸劳动部办理，须提供相片并交费。

往返签证有多次往返签证和一次往返签证。多次往返签证有效期一般为三个月、半年或一年。一次往返签证有效期一般为一个月。

在缅甸注册的外资合资公司董事可申请6个月或1年有效期的多次往返签证。一般外国经商人员可申请3个月有效期的多次往返签证。多次往返签证不分有效期长短，收费均为180美元。一次性往返签证收费54美元。

根据缅甸海关的规定，入境时携带2000美元以上者须向海关申报，离境时不可超过入境时所申报的美元金额，一旦被查出将被没收。乘航班来缅甸在抵达仰光国际机场或曼德勒国际机场时，须提供填好的入境卡和健康情况卡，另须向海关提交申报单，如实申报所携带的外汇和须申报的物品。游客可免税携带500克瓶装酒和200支香烟。海关对客人携带的行李一般要开包检查，没收违反规定或未申报的物品。携带外汇出关须附海关申报单。游客不能将任何专业通讯器材携带入境。

在缅甸旅游应注意保存好个人护照等证件，如护照遗失后应立即报警并报告缅甸驻华使领馆补办。在缅甸旅游可使用美元或缅币，在边境地区和仰光的一些旅游商品店也接受人民币。游客购买珠宝首饰要向店铺索要政府纳税发票，以供出关时备查。

## 二、签证类型

### （一）商务签证

凡持商务签证在缅甸长期经商，须办理以下手续：

1. 劳动卡（LABOUR CARD）

根据缅甸政府规定，外国人在缅甸长期经商若需办理签证延期，首先要办理劳动卡。办理劳动卡需要以一个当地合法注册登记的公司雇员身份到缅甸劳动部办理劳动卡，须提供相片并交费。

2. 办理签证延期（VISA EXTENSION）、逗留许可（STAY PERMIT）

办理劳动卡后，办理签证延期及逗留许可同样要当地合法注册登记公司出具证明，到中国商务部办理手续，然后再到缅甸移民局办理签证延期及逗留许可，一般一次可延期3个月到1年不等。签证逾期每日罚款3美元，也须提供相片并交费。

3. 办理外侨登记证（F. R. C.）

凡到缅甸居住时间超过3个月者，均需提前到缅甸移民局办理外侨登记证，须提供相片并交费。超期未办者将被罚款。凡到缅甸1个月内申请办理外侨证的外籍经商者只须交纳9美元，超过1个月再办理须交18美元。

4. 离境表（DEPARTURE FORM）

凡到缅甸居住超过1个月者，离境前须到缅甸移民局办理离境表。长时间居住者，须向缅甸移民局交回外侨登记证，并领2张离境表，其中一张离开时交缅甸机场移民局，另一张下一次来缅甸时，再到缅甸移民局换回原有的外侨登记证。来到缅甸1个月内换证交6美元，超过1个月须交12美元。

### （二）旅游签证

1. 目前缅甸较常用的签证种类为旅游签证和商务签证，其中旅游签证停留期限一般为28天，不可延期，只能在规定的地区旅游；商务签证停留期限一般为70天，可否延期视情况而定。

2. 从中缅边境陆路进入缅甸可持边境通行证，但活动范围有限。

3. 在缅甸停留超过3个月须办理外侨证，有效期分1个月、3个月和1年。

### （三）个人旅游签证

持中国各省因私护照者均可申请缅甸个人旅游签证，签证可停留天数为28天，有效期为90天。

### （四）落地签证

从2010年5月1日开始，世界各国游客可以在抵达缅甸机场后，再办理入境签证。缅甸此次推出的落地签证共有旅游签证、商务签证、访问签证和过境签证四类，中国公民可根据个人情况前往办理。欲办理落地签证的中国公民须符合以下4个条件：一是申请人护照有效期不得少于6个月；二是只能入住缅甸政府批准的酒店、旅馆，同时注明详细地址；三是如入住亲属家或工厂等地址的，须注明接待人详细地址；四是个人旅游者须报告至少持300美元，家庭须持不得低于600美元或同等价值外币的旅费。

### 三、签证需提交材料

**（一）商务签证所需材料**

1. 护照须有六个月以上的有效期，申请签证前，持照人须在护照上签名；

2. 近期半年内彩色照片四张；

3. 缅甸公司邀请函原件（须有邀请人姓名和电话号码）；

4. 照会或公函上应注明访问目的和停留时间；

5. 缅甸公司有效期内营业执照复印；

6. 填写三份申请表；

7. 填写三份《签证申请表》和一份《到达报告表》，经申请人签字后同邀请函一起交到缅甸总领事馆。

**（二）旅游签证所需资料**

1. 填写两份申请表；

2. 提供3张申请人近期彩色照片（35毫米×45毫米）；

3. 有签证页的有效护照（护照有效期需长于6个月）；

4. 1份《到达报告表》；

5. 填写2份《签证申请表》和1份《到达报告表》，经申请人签字后交到缅甸总领事馆；

6. 旅游签证自签证之日起算，有效期为6个月。停留期自入境之日起算，可停留4周。

**（三）个人旅游签证所需材料**

1. 有效期为6个月以上的护照原件（指回国后还有6个月以上的有效期）护照末页必须由持证人亲笔用蓝、黑色水笔或圆珠笔签名；

2. 护照内应至少有两页完整的空白签证页，不包含备注页；

3. 近2年拍摄的两寸（3.5厘米×4.5厘米）白底光面彩照2张；

4. 在职人员还须提供公司空白抬头公文纸2张并加盖公章（在公文纸中注明仅限缅甸签证使用）；

5. 申请人长期居留地址、身高及申请人父亲的姓名。

**（四）落地签证所需材料**

必要条件：

1. 两份签证申请表；

2. 缅甸有关部级介绍信；

3. 两张申请人近期彩色照片（35毫米×45毫米）；

4. 有空白签证页的有效护照；

5. 一张登陆卡。

以下人员有资格申请落地签证：

1. 居住在距离缅甸使领馆很远的地方不便申请签证者；

2. 居住在没有设立缅甸使领馆的国家的公民；

3. 对于持已过期的正常签证，但过期时间不超过7天者。

（来源：中华人民共和国外交部及南博网综合）

## 菲律宾签证办理指南

### 一、签证规定

由菲方授权的旅行社接待的中国旅游团，可在阿基诺、苏比克、克拉克、佬渥、宿务、达沃和三宝颜国际机场申请停留期为7至14天的落地签证。

持中国香港特区护照、BNO护照、中国澳门特区护照或澳葡护照来菲律宾者，7天之内免签。

持中国台湾护照、中国香港DI（Document of Identity）、CI（Certificates of Identity）或旅行证来菲律宾者，应申请菲方签证。

### 二、签证类型

**（一）旅游签证**

1. 所需材料

护照或旅行证件，有效期至少6个月以上，不包括允许在菲律宾的停留时间（复印护照资料页）；

签证申请表：持中国大陆和其他国籍护照1份，并贴上照片；持中国台湾护照2份，并贴上照片；

工作单位出具的在职证明或介绍信，用英文书写；

通过如下证明证实经济能力，但领馆官员会要求申请人提供更多证明：

（1）个人财产证明；

(2) 银行存款证明；

(3) 有效的国际信用卡（复印件）；

(4) 授权的中国旅行社的保证书，保证当事人能按时离开菲律宾；

(5) 确认的往返或前往他地机票（复印件）。

中华人民共和国公民签证费为250元人民币，其他国籍为300至400元人民币。

2. 手续

申请人必须亲自或通过经认可的旅行社递交申请；

办理和签发签证不超过3个工作日；

一个工作日加急办理加收250元人民币，两个工作日加急办理加收150元人民币；

在签证申请表上写明警告严厉禁止毒品走私和禁止外国游客从事零售买卖。

可在菲律宾的停留时间：7至30天。

**（二）商务签证**

1. 所需材料

护照或旅行证件，有效期至少6个月以上，不包括允许在菲律宾的停留时间（复印护照资料页）；

签证申请表：持中国大陆和其他国籍护照需1份，并贴上照片；持中国台湾护照需2份，并贴上照片；通过以下证明证实经济能力，但领馆官员会要求申请人提供更多证明：

(1) 工作单位出具的在职证明/介绍信，用英文书写；

(2) 菲律宾公民或有声望的菲律宾公司经过公证的担保书原件，保证当事人能按时离开菲律宾；

(3) 授权的中国旅行社的保证书，保证当事人能按时离开菲律宾；

(4) 确认的往返或前往他地机票（复印件）。

中华人民共和国公民签证费为250元人民币，其他国籍为300至400元人民币。

2. 手续

申请人必须亲自或通过经认可的旅行社递交申请；

办理和签发签证不超过3个工作日；

一个工作日加急办理加收250元人民币，两个工作日加急办理加收150元人民币；

在签证申请表上写明警告严厉禁止毒品走私和禁止外国游客从事零售买卖。

可在菲律宾的停留时间：59天。

**（三）过境签证**

1. 所需材料

签证申请表：中国大陆和其他国籍护照1份，并贴上照片；持中国台湾护照2份，并贴上照片；

有效的护照，有效期至少6个月以上，不包括允许在菲律宾的停留时间；

确认的前往别国机票和赴该国的有效签证；

通过如下证明证实经济能力，但领馆官员会要求申请人提供更多证明：

(1) 工作单位出具的在职证明/介绍信，用英文书写；

(2) 个人财产证明；

(3) 授权的中国旅行社的保证书；

(4) 银行存款证明；

(5) 有效的国际信用卡（复印件）；

(6) 菲律宾公民或有声望的菲律宾公司经过公证的担保书原件。

签证费为200元人民币。

2. 个人办理手续

申请人必须亲自或通过经认可的旅行社递交申请；

办理和签发签证不超过3个工作日；

一个工作日加急办理加收250元人民币，两个工作日加急办理加收150元人民币。

3. 过境签证旅行社办理手续

旅行社必须在过境者到达菲律宾前的48小时之内书面通知菲律宾移民局递交其身份、护照号码、旅行安排和其他相关的移民资料，并在48小时内向菲律宾移民局递交过境签证书面申请和担保书；

每位过境者支付1000比索服务费到菲律宾移民局（BI）账户，其地址是Magallanes Drive，Intramuros，Manila；

旅行社出示1000比索服务费的正式发票后，菲律宾移民局通过菲律宾移民控制处（IRD）处长把过境抵达通知（TAN）发布给指定入境口岸的所有移民官。过境抵达通知上有每位到达的过境者名字和信息，指示移民官将过境抵达通知上的每位过境者作为非移民允许入境，限制停留时间为3天。同时菲律宾移民局身份卡会发给每位过境抵达通知上的过境者。

**（四）海员/机务人员签证**

1. 所需材料

海员证和护照，有效期至少6个月以上，不包括允许在菲律宾的停留时间（复印海员证和护照资料页）；

填写签证申请表并附上照片；

确认的往返或前往他地机票；

通过如下证明证实经济能力，但菲律宾领使馆官员会要求申请人提供更多证明：

(1) 工作单位出具的在职证明/介绍信，用英文书写；

(2) 菲律宾公民或有声望的菲律宾公司经过公证的担保书原件。

签证费为 200 元人民币。

2. 手续

办理和签发签证不超过 3 个工作日；

一个工作日加急办理加收 250 元人民币，两个工作日加急办理加收 150 元人民币；

在签证申请表上写明警告严厉禁止毒品走私和禁止外国游客从事零售买卖。

**(五) 临时访问签证：旅行团**

1. 所需材料

护照或旅行证件，有效期至少 6 个月以上，不包括允许在菲律宾的停留时间；

填写好的旅行团签证申请表，以及旅行团每位成员护照资料页复印件（原件递交菲律宾移民局、使领馆存档复印件一套，旅行社保存另一套复印件）；

菲律宾旅行社的担保书；

签证费为 250 元人民币。

2. 手续

办理和签发签证不超过 3 个工作日，菲律宾使领馆有权根据工作量决定是否提前发放签证；

不收取加急费（不适用于菲律宾驻香港领事馆）；

申请表背面将贴上签证，旅行团每位成员的护照上会有如下格式的印章：

Joining GROUP TOUR 参加旅行团

(with ________ persons) (同________位游客)

UNDER VISA NO. __________ 签证号______

Organized by: Name of Agency 组织者：旅行社名称__________

每个旅行团只用 1 个签证号，旅行团每位成员护照上是这个签证号后加一个连续的数字后缀。

在签证申请表上写明警告严厉禁止毒品走私和禁止外国游客从事零售买卖。

**三、签证照片注意事项**

1. 照片规格：申请人最近 6 个月内拍摄的 2 寸彩色白底正面照片 2 张。

2. 人像大小：脸部占据整张相片面积的 70%～80%。

3. 照片表面：无墨迹、折痕、污迹、油渍、指印或粘胶印。

4. 人像衣着：衣着整齐。

5. 照片画质：色彩呈现自然肤色，光源均匀且不能有阴影或闪光反射在脸部。

6. 佩戴眼镜：相片人像不得佩戴眼镜或墨镜，足质辨识人貌。视障者除外。

7. 头巾佩戴：不得佩戴头巾，人貌五官尤其眼部须清楚呈现。宗教因素除外。

8. 头部装饰：相片中人像不得佩戴头帽或其他装备。

9. 隐形眼镜：人像不得佩戴有色隐形眼镜。

10. 签证申请表格含下列照片均一律退件：

(1) 人像眼部呈现红色；

(2) 相片含污迹；

(3) 脸部占据相片面积太大或太小；

(4) 非白色背景；

(5) 画质不清晰；

(6) 眼睛不正视相机镜头拍摄，视障者除外。

（来源：菲律宾驻沪总领事馆）

# 新加坡签证办理指南

## 一、签证规定

新加坡驻华使领馆包括驻北京大使馆、驻上海总领事馆、驻厦门总领事馆（及厦门总领事馆驻广州领事办公室）和驻香港总领事馆。

符合以下标准并持有有效机票，以及在 96 小时内离境的中国和印度国籍公民从所属国或其他国飞抵新加坡转机可享受 96 小时、免签证专机设施（VFTF）。具体为持有以下国家签发的有效签证/长期逗留签证（至少 1 个月）：澳大利亚、加拿大、日本、新西兰、英国、美国、德国、瑞士，在旅行返程途中过境新加坡时，由以上国家签发的单次旅行签证（SJV）可以被用来申请免签证入境新加坡事宜（VFTF）。但需满足以下条件：

旅客直接从发放 SJV 签证的国家出发，过境经过新加坡，而后直接返回游客所属国；

旅客在该单次旅行签证（SJV）上次使用过后，尚未回到其所属国。

## 二、签证类型

**(一) 商务签证**

申请商务签证须提供以下材料，若有必要，新加坡驻华使馆有权要求申请者提供其他材料。

1. 申请者的护照有效期至少 6 个月（从出国日期开始计算）并至少有 1 张空白签证页。

2. 每个申请者须用英文填写一份 14 表格（原件），申请者须附两张 2 寸彩色近照（1 张贴在 14 表格上，另一张供扫描用），照片必须符合下列要求：最近 3 个月内的近照，照片尺寸为 35 毫米（宽），45 毫米（长），无白边；正面免冠（按特殊宗教或风俗要求戴帽或配饰者，帽子和配饰不得遮盖申请者面部特征），面部尺寸为 25 毫米（宽），35 毫米（长）；白色背景。

3. 由新加坡注册公司用英文填写完整的介绍信（即 V39A 表格）原件一份。介绍信上必须注有新加坡注册公司的地址、电话和传真号码。

4. 填写完整的 V52 表格原件一份，须注明申请者的姓名，所在公司及访问目的、日期。该表格须由新加坡注册公司签发。

5. 由新加坡会计与企业管制局（www. acra. gov. sg）出具的新加坡公司的最新商业注册简况的打印件，该简况内容的打印日期距递交日期不得超过 6 个月。

6. 如本人不能亲自到新加坡驻华使馆申请签证，则须出具委托书，委托书中须注明被委托人的姓名及身份证号码（中英文均可）。

7. 由新加坡政府机构、大学邀请或是出席在新加坡召开的展览会、大型会议等的申请者，无须出具 39A 表格、V52 表格和商业注册简况，申请者只需递交该机构或组织签发给申请者的邀请函。

8. 签证办理过程需要 3 个工作日。

**（二）观光签证**

申请观光签证须本人亲自到新加坡驻华使馆办理，以下情况除外：

未满 16 岁的申请者可由父母代办，但必须出具能证明其关系的出生公证书或户口本（原件及复印件）；申请者如已退休，可委托他人办理（须出具注明被委托人的姓名及身份证号码的委托书）；如申请人由新加坡公民或永久居民作担保，请参照第 5 条办理。

申请观光签证须提供以下材料，必要时新加坡驻华使馆有权要求申请人提供其他材料：

1. 申请者护照有效期至少 6 个月（从出国之日起开始计算）并至少有一张空白签证页。

2. 一份用英文填写的 14 表格（表格第 1、2 页每一项都要填写，第 3 页必须由申请者本人签字并注明申请日期）。申请者须附两张 2 寸彩色近照，并将一张彩照粘贴在 14 表格上而另一张彩照供扫描。照片必须符合下列要求：最近 3 个月内的近照，照片尺寸为 35 毫米（宽），45 毫米（长），无白边；正面免冠（按特殊宗教或风俗要求戴帽或配饰者，帽子和配饰不得遮盖申请者面部特征），面部尺寸为 25 毫米（宽），35 毫米（长）；白色背景。

3. 申请者公司出具的同意其休假并说明申请者在该公司任职时间、职务及工资的信函。信函所用信笺须注明公司的名称、地址、电话号码及传真号码。信笺须加盖公章。

4. 申请人如无工作，须提供户口本原件和复印件各一份。原件被审查后将退还给申请人。申请人还可提供相关文件以证明其如期返回中国，如银行存款证明有足够的资金。

5. 如申请人由在华的新加坡公民或新加坡永久居民作担保，则无须按上述第 3、4 条规定办理。但需担保人亲自到新加坡驻华使馆递交申请，并提供填好的 V39A 表格及担保人身份证复印件。

6. 观光签证自签发之日起一般 5 周内有效。签证持有人可在 5 周之内多次进出新加坡。由新加坡移民和关卡局的官员决定每次停留天数，最多不超过 30 天。

7. 签证办理过程为 3 个工作日。

8. 申请人有可能在申请被批准前要求缴纳人民币 5100 元/人的担保金。新加坡驻华使馆将在受理申请的第 2 个工作日通知申请人交纳担保金。申请人须在申请表左上方注明其家庭电话号码或手机号码。

**（三）入境签证**

入境签证仅适用于以下申请者：

1. 已获得新加坡移民与国民登记局批准新加坡永久居民通知书的人士；

2. 原则上已获新加坡移民与国民登记局或新加坡人力部批准即将发给各类准证的人士。如工作许可证、受雇准证、学生准证、长期社交访问准证、职业人士访问准证；

3. 已获新加坡移民与国民登记局批准并被通知在新加坡驻北京大使馆领取签证的人士。

申请入境签证须提供以下材料，必要时新加坡驻华使馆有权要求申请人提供其他材料：

1. 申请者护照有效期至少 6 个月（从出国之日起开始计算）并至少有 1 张空白签证页；

2. 一份用英文填写的 14 表格（表格第 1、2 页每一项都要填写，第 3 页必须由申请者本人签字并注明申请日期），申请者须附 2 张 2 寸彩色近照，请将一张彩照粘贴在14表格上而另一张彩照供扫描。照片必须符合下列要求：

最近3个月内的近照，照片尺寸为35毫米（宽），45毫米（长），无白边；正面免冠（按特殊宗教或风俗要求戴帽或配饰者，帽子和配饰不得遮盖申请者面部特征）。面部尺寸为25毫米（宽），35毫米（长）；白色背景。

3. 申请者须提供新加坡移民与国民登记局或新加坡人力部批准函的复印件。

4. 签证费为每人102元人民币。

5. 签证办理过程为两个工作日。

6. 签证地点：北京市朝阳区建国门外秀水北街1号，邮编：100600。

### 三、担保金交纳须知

被要求交纳担保金的申请者将在其递交申请表的第2个工作日由新加坡驻华使馆通知其办理交纳手续。

申请者需领取一份四联的进账单（送款单上须填写本人姓名、存款日期、身份证号码及联系电话），到中国银行总行一层16～18号柜台存入担保金5100元人民币后，持经中国银行盖章的进账单首联和第三联（回单和收账通知）和填写完整并有申请者亲自签名的担保函到新加坡驻华使馆再次办理签证。上述手续办理完毕后于第2个工作日领取签证。

观光签证到期后，不得继续在新加坡停留；

不可以在新加坡谋求长期居留；

不可打工（有偿或无偿）、经商或参与其他专业活动及不利于新加坡安全的活动；

不可吸毒、走私或贩卖毒品；

违反上述规定者将被没收担保金5100元人民币。

### 四、担保金退款须知

当进入新加坡时，入境者应主动出示护照及旅游签证卡。在离境时新加坡边防检查站官员会收回签证卡并在护照上加盖出境章。如签证卡未被收回，入境者应主动交给边防检查站官员。

担保金只有在新加坡驻华使馆收到新加坡移民与关卡局的通知后方能退还。申请者在离开新加坡后1个月可打电话咨询，得到确认后可预约领取担保金的时间。领取担保金的时间为每月的5日至25日。

在指定时间到新加坡驻华使馆领取现金支票，再到中国银行总行一层19～24号柜台兑现。

若申请者不能亲自办理担保金退还手续，申请者可出具委托书，并附上被委托人身份证复印件。被委托人凭委托书、申请者护照复印件及担保金收据到新加坡驻华使馆办理手续。

若申请者在签证有效期内未前往新加坡，申请者本人需持护照、签证卡、收据及本人写的解释信到新加坡驻华使馆，经确认后方能预约时间领取担保金。

若收据遗失，申请者必须提交公安局丢失证明或相关公证书予以证明。

若未交回签证卡或新加坡驻华使馆未得到新加坡移民与关卡局退款授权，申请人将担保金收据，护照首页及有入境、离境章的签证页复印，一起送交到新加坡驻华使馆。新加坡驻华大使馆在接到退款申请后致函新加坡移民与关卡局查询。这需要两个月以上的时间。

### 五、注意事项

（一）从2009年8月1日起，赴新加坡签证申请的递交与领取时间更改如下：

材料递交：周一至周五上午9:00至11:00

领取签证：周一至周五下午4:00至4:30

（二）申请表格可从 http://www.ica.gov.sg 下载。

（三）申请材料原件在签证窗口审核后会立即返还给申请者。

（四）未填好的表格、材料不齐或不符合要求的有可能导致拒签或推迟受理。

（五）签证申请是否被批准及批准的有效期限都由签证官根据申请者个别情况决定。

（六）申请者应在签证批准后再购买机票。

（七）签证的签发日期一般是签证的申请日，签证一旦被签发，有效期将不再变更。申请者不应过早递交申请材料。若签证已过期，申请者需重新递交申请材料。申请者在领取签证时，应仔细核对签发日期及签证有效期。建议申请者在出国前1至2周递交申请。

（八）签证持有者并不一定可以入境新加坡。签证持有人须符合入境规定方可准许入境，如持有有效护照、足够的资金和往返机票。新加坡移民与关卡局官员有权决定其是否可入境。

（九）新加坡移民与关卡局官员在签证持有者入境时决定其停留天数。申请者应留意护照的入境章和批准的停留期限。

（来源：中华人民共和国外交部网站及南博网综合）

## 泰国签证办理指南

### 一、签证规定

自2008年2月25日起，携带超过2万美元或等值货币出入泰国境内时需向泰国海关申报。

2009年6月25日至2010年3月4日期间，泰国政府对全世界范围内的所有在泰国使领馆申请旅游签证，以及所有在指定边境检查站符合条件申请落地签证的外国公民免收旅游签证费用。而自2010年3月5日起恢复收取旅游签证费用。

### 二、签证类型

**（一）商务短期签证**

凡赴泰国联系业务、出席会议、参加培训和进行学术交流不超过90天者须办此类签证。申请者须递交如下材料：

1. 填写签证申请表一式四份，申请表必须由本人签名；2寸照片4张。

2. 泰国有关部门单位负责人署名的邀请信原件，并注明申请人在泰国停留时间和邀请单位的营业执照复印件（含公司股东登记证），上述材料均须另外加盖公司印章，并由公司法人代表签名才被视为有效，署名法人代表须提供其身份证复印件，身份证复印件亦需本人亲笔签名。

3. 申请者的工作单位或者户口所在地街道致泰王国驻上海总领事馆的英文照会信原件，确认申请人为本单位（街道）人员及其赴泰国目的；在泰国停留时间，保证其在照会信注明的期限内离开泰国，该英文照会必须加盖公章并有负责人署名。

4. 出示确认往返时间的出入泰国的机票，并递交该票的复印件1份、护照和护照复印件1份。

**（二）旅游签证**

凡赴泰国旅游、访友和探亲者须办此类签证。具体做法如下：

申请者可以到经中国国家旅游局批准、特许经营中国公民自费出国旅游业务的旅行社中的任何一家办理有关手续。

特许经营出境旅游业务的旅行社和泰王国驻沪总领事馆协定为申请者做担保。

申请者可亲自到泰王国驻沪总领事馆办理相关手续，届时须递交如下材料：

1. 填写旅游签证申请表1式1份，申请表必须由本人签名；2寸照片1张。

2. 申请者本人在中国工作的单位或街道办事处的英文担保信原件，内容包括申请者姓名、赴泰国目的及在泰国停留期。该信必须担保申请者按期返回国内，使用印有申请者本人单位抬头的信纸打印，并附有该单位的地址及电话。此信还必须加盖单位公章、负责人签字及签字人的姓名和职务。

3. 出示往返泰国的机票，并递交该票的复印件1份、护照和护照复印件一份。未满16周岁的公民须提供中英文出生证或者中英文的关系公证书原件及复印件。

**（三）过境签证**

凡目的地是第三国仅从泰国过境者，或者从第三国经泰国返回国内者须办此类签证。在申请过境签证时，须递交如下材料：

1. 填写过境签证申请表一式三份，申请表必须由本人签名；2寸近照3张；前往第三国的有效签证或者入该国国境不需要国境签证的证明。

2. 出示往返泰国的机票，该机票必须注明飞往泰国和第三国的日期或者从第三国途径泰国回中国的日期，并递交该机票的复印件1份、护照和护照复印件1份。

3. 银行存款证明或者可兑付票证（旅行支票、信用卡等），其所有金额足以满足申请者在泰国所需，并递交复印件1份。

**（四）落地签证**

中国公民如果赴泰国旅游不超过15天，可以直接到下列泰国移民边防检查站申请落地签证。

申请落地签证的边防检查站：

曼谷国际机场

清迈国际机场

普吉国际机场

合艾国际机场（宋卡府）

乌塔抛机场（罗勇府）

夜柿移民边防检查站（清莱府）

清盛移民边防检查站（清莱府）

清堪移民边防检查站（清莱府）

百东移民边防检查站（雅拉府）

昔罗移民边防检查站（宋卡府）

落地签证规定：

申请人须出示泰国政府承认的有效护照或旅行证；

出示已经确认并在泰国停留不超过15天的往返机票；

申请人未被列入曾经违反泰国移民法的黑名单之内；

申请人必须持有足以证明携带不少于200美金的银行存款证明或可兑票证；

手续费300泰铢。

**三、泰国出境及安检注意事项**

1. 出境流程：办理登机牌和行李托运手续——持护照和登机牌到出境处办理出境手续（盖边检章）——进行出境安检——进入候机厅。

2. 国际航班须提前1个半小时到达机场。如果对机场不熟悉，或者还要办理托运，须提前2个小时。

3. 安检：随身携带的行李中，不得有超过150毫升的液体。关于液体标准，每个机场标准略有不同。

4. 不得随身携带尖锐物品，如瑞士军刀。若需携带，请务必托运。

备注：以上所有签证须本人申请，申请需两个工作日，护照有效期在半年以上。

（来源：泰王国驻沪上海总领事馆）

## 越南签证办理指南

**一、签证规定**

根据1992年3月15日中越关于互免签证的协定，中国公民持有效外交、公务、因公普通护照及其使用同一本护照的偕行人入境、出境或者过境越南时免办签证，停留期为30天，如需要延期，须由越方接待单位提出申请，在越南公安部出入境管理局办理。

中国公民持有效普通护照入境、出境或过境越南须事先办理签证。越南驻华大使馆、越南驻广州总领事馆及越南驻昆明总领事馆都可为中国公民签发赴越南签证。签证种类分为旅游、商务两种，中国公民可本人前往越南驻华大使领馆办理，或委托旅游公司代办。

中国公民赴越南，持外交、公务与因公普通护照免签证。持因私护照须向越南驻华大使馆申请签证。

**二、签证类型**

**（一）旅游签证**

最便捷的方法是找本地旅行社代办签证或直接到越南驻当地领事馆或大使馆申请。

申请者本人亲自去越南驻当地领事馆申请签证时须提交以下材料：

按照要求和统一式样，填报入境签证申请书3份，并附上3张2寸近照。

1份附有照片的申请书寄到就近的越南驻外国领事馆，其余2份申请书及照片游客可随身携带，入境时交给越南当地的旅游机关。

如需亲自前往越南驻香港领事馆申请特快旅游签证，申请时请备带申请人的原籍护照及申请人的证件照2张。申请人须在周一至周六（香港公众假期除外）中午12时前前往越南驻香港领事馆申请。申请人可在申请后第二个工作日中午12时30分前领取签证。

15天及30天旅游签证须提交材料：2寸近照3张；有效期9个月以上的护照原件；申请人身份证复印件1份。

**（二）商务签证**

跟旅游签证相比，商务签证申请手续繁琐并需多付一倍的费用，所以不建议参展商申请商务签证。申请人须先向越南入境处申请签证邀请信，再到越南驻当地领事馆或大使馆申请签证。

参展商如持有中国大陆公务护照，无须办理赴越南签证。持有普通护照的中国参展商办理越南签证时，须以旅游或业务为由申请。一些海外主办单位可以免费为中国参展商申请“邀请函”。参展商凭此“邀请函”到驻北京、广州或香港的越南领事馆或大使馆，便可办理越南签证。

若有批文半年内多次商务签证的须提交以下材料：2寸近照3张；有效期9个月以上的护照原件；申请人身份证复印件1份；批文复印件1份；填写表格1份。

无批文但有邀请函半年内多次商务签证的须提交以下材料：2寸近照3张；有效期9个月以上的护照原件；申请人身份证复印件1份；越南公司邀请函复印件1份。

**（三）其他签证**

探亲人士可申请单程或多程签证。单程入境签证通常停留期不超过3个月，但个别情况可再延期3个月；多程签证有效期则可达1年，并可再延期1年。

在越南单程或双程过境者，经申请可获有效期最多为15天的过境签证。在越南领土逗留不超过72小时，不离开过境者住区的过境者，免除过境签证。

赴越南持有其国家合作与投资委员会发给的投资许可证或经营许可证的外国人，则可获多次出入境有效签证，期限自3个月至1年不等，视在越南的工作性质而定。申请赴越南探讨贸易投资可能性而没有越南相关单位邀请或接待的，以及留学、治病、旅游、探亲等情况的，当事人可委托越南各组织（越境工商会、投资咨询劳务公司、有经营国际旅游许可证的公司）或者在越南常住的亲属（父母、夫妻、子女、亲兄弟）向越南内务部出入境管理局申请入境许可，至少在入境前15天申请。

**三、注意事项**

暂住越南的外国人的签证若需要延期，应由本人或越南主管机关向所在地出入境管理处或管理局书面申请，附上护照和越南常住证。

如签证期满，而暂住期限未满，签证无需延期。如签证和暂住也已期满，需要再住的公民只需办理暂住延期。暂住证可以延期，每次不超过12个月。

入境越南的外国人向越南口岸公安站出示护照或代护照证件和入出境证后，立即获发暂住证。在越南口岸签发的暂住证有效期与入境许可证有效期相适应，自签发之日起不超过12个月。

商务签证可通过越南的某个贸易公司提出申请，旅游签证则可在驻任何国家的越南大使馆或泰国和越南各旅行社办理签证（越南已授权国外旅游机构代办赴越南旅游签证业务）。

用传真办理签证，须提供申请人的姓名、出生日期、地点、籍贯、家庭地址、职业、护照号码、逗留时间和入境地点。越南河内发出的签证可允许在越南境内活动，越南胡志明市发出的签证则只允许在胡志明市内活动。

（来源：中华人民共和国外交部网及南博网综合）

# 东盟商标指南

## 东南亚商标指南

东南亚各国都拥有自己悠久的历史，且是当今世界经济发展最有活力和潜力的地区之一。在未来新的世界政治和经济格局中，东南亚的作用与战略地位将更加重要。

**东南亚品牌保卫策略**

商标是企业品牌的无形资产，是品牌所有权的唯一法律凭证。商标所有权关系到企业和品牌的生死存亡、兴衰成败，历来是企业争夺的宝贵资源，因为知名商标的无形资产比企业有形资产更有价值。

企业开拓东南亚市场，需要先了解东南亚的商标保卫策略，不仅要保卫商标商誉，更要防止其他企业在东南亚抢先注册其商标，以免痛失进军东南亚的机会。

**东南亚商标防御策略**

企业有必要定下明确的东南亚发展计划，建立一套适合自己的商标防御体系。最好的商标保护措施就是针对东南亚目标市场，委托当地专业事务所，以逐一注册的方式申请海外商标，同时也注册相关分类。

目前，东南亚成员国执行的是国际分类尼斯协定（Nice Agreement）。《商标注册用商品与服务国际分类尼斯协定》于1957年6月15日在法国尼斯签订，于1961年4月8日生效。

尼斯协定主要规定商品与服务分类法，将商品分为34大类，服务项目分为11大类，为商标检索和商标管理提供了便利。申请商标注册时，应按商品与服务分类表的分类，确定使用商标的商品或服务类别。

在东南亚注册商标，不同国家有不同的法律规定，风俗和禁忌也是注册时需要考虑的因素。企业很难了解所有东南亚国家的法律规定，如想亲自去各国申请，难度较大，因而可以委托专门的中介机构办理。

世界多数国家均设置“商标注册异议公告”程序。商标事务所定期追踪目标国家的商标注册公告，一旦发现有雷同或近似商标，便可提出异议。被异议人应当在接到通知后答辩，否则被异议人的申请作废。

**东南亚商标反抢策略**

如果商标已被海外注册，可通过正当手段尽力挽回，最直接的方式是依靠法律。《保护工业产权巴黎公约》第六条规定：“商标所有人的代理商或代表人，未经商标所有人授权而以自己的明文申请注册商标，该所有人有权对所申请的商标提出异议或请求撤销。”如果企业能够提供商标的原始凭证及公证材料，被抢注企业有可能依靠法律夺回商标。

法律手段往往成本较高。搜集证据及委托律师所需的费用并不低，而法律程序又历时较久，致使企业坐失市场发展时机。因而，最便捷的挽回手段是商标谈判。抢注者的动机不外乎一个“利”字，如果企业可以坐下来与抢注者谈判，不失为一个兼顾市场和效益的周全之策。

假使企业无法通过谈判拿回自己的商标，又无心力应对法律程序，那就只有换标了。

### 东南亚商标打假策略

做好商标打假工作。东南亚有许多小型公司以假冒为生，恶意使用与名牌相似的商标。要预防商标相似事件，只能及时进行打假。首先须建立一个庞大的反假冒商标情报网络，发动所有业务人员密切关注市场上的假冒商标产品。此外，大型展销会也是假冒商标泛滥的场所，应当派专人调查。一旦发现假冒商标产品，须及时保留证据，之后借助政府有关机构和法律的力量，对假冒商标企业进行严厉打击。

### 东南亚商标保护制度

目前，世界各国主要有两种商标确认制度：使用优先制与注册优先制。使用优先制是依据商标的原始凭证认定权利人，此原则在东南亚范围内适用于马来西亚、菲律宾、新加坡、柬埔寨、泰国、缅甸、印尼、文莱等。注册优先制可依据商标在该国的注册记录确定权利人，此原则在东南亚范围内适用于越南、老挝。针对这两种商标确认制度，不同的企业可采取不同的商标保护策略。

一般情况下，中小企业取得了一定的中国国内业务，也有一些产品销往东南亚，但其产品在国内外均不具备领导市场的能力，自身商标还只是起“区别”作用的标识。此时，企业可不急于在东南亚注册，特别是在使用优先制国家，只需委托中国国内商标事务所监察企业海外潜在市场的商标注册情况，同时保留商标原始凭证，如广告、发票、合同、公证材料、报关单等。

市场领先企业的产品在中国市场已成为主流，伴有较大数额出口业务，其商标在“区别标识”作用之外也具备了“价值增值”功能，此时，企业应该开始考虑“马德里商标注册”（以下简称“马德里体系”），以避免商标被抢注所带来的损失。

马德里体系是注册人仅提交一份申请，即可确保其商标在多国受保护的国际条约体系，包括“商标国际注册马德里协定”和“马德里议定书”两部分。该体系的优点：1. 费用较低。注册费用只包括“基础注册费”、“指定国家注册费”、“本国商标主管机关费用”三部分；2. 节省时间。申请人从提交商标国际注册申请书至商标局之日算起，6 个月左右即可取得世界知识产权组织（WIPO）国际局颁发的商标国际注册证明；3. 手续简单。申请人向本国商标局递交一份申请，即可指定众多国家进行申请保护，后期变更名称或地址、续展等手续均可通过单一程序办理。

马德里体系既保护自身品牌，又没有额外增加企业经营费用，在注册优先制国家非常适用。而对于非马德里体系成员国，企业可根据自身需要，采取逐一注册方式或继续委托国内事务所监察，同时妥善保存有利自身的商标原始凭证，已备解决可能纠纷之用。

（来源：马来西亚大将出版社.2007 年版《东南亚商标注册》）

## 文莱商标指南

### 一、文莱商标法简介

文莱的新商标法律——1999 年紧急（商标）条规于 2000 年 6 月 1 日生效。这个以 1994 年英国商标法令为基础的新条规取代了原有仿照英国 1938 年商标法的商标法令。新商标法律接受服务商标的注册申请，废除 AB 簿注册制度，成为单一注册簿注册制度。

文莱目前是世界贸易组织（WTO）的成员，已加入世界知识产权组织（WIPO），但尚未加入《商标国际注册马德里协定》等有关商标保护的国际条约。

### 二、文莱商标制度

**（一）商标的构成要素**

文字、图形、记号与他人之商品或服务相区别者，成为商标。其中含商品的形状或包装、颜色，不含声音、气味、味道等非视觉上的商标为立体商标。有关商标必须是新颖独特的，避免和其他商标混淆。

**（二）种类**

商品商标、服务商标。

**（三）主体**

商标的拥有者，不管是个人、还是合伙或公司都可以申请注册商标。若想在文莱申请商标的注册者须在当地设有营业所或住所。

**（四）注册商标的期限**

在文莱旧法律下，商标注册后的有效日期为7年，更新可延用至14年。在新法律下，于2000年6月1日或以后更新的商标有效期为10年，在2000年6月1日以前更新的商标则继续享有14年的有效期。

**（五）异议制度**

对审定商标的异议改由法院就双方提供的证据及书面资料判定是否成立。利害关系人因权利人未使用该商标而欲申请撤销该注册的，须向法院提出申请。

**（六）商标有移转或授权**

商标有移转或授权等情形，应向文莱当局办理移转或授权登记。倘若商标所有权人拒绝处理侵害案件，被授权人自通知商标所有权人相关侵害起2个月内，可自行进行侵害诉讼程序。

**（七）商标侵害行为**

商标侵害行为包括：将他人的商标使用于相同或类似商品；将他人在文莱当地已拥有商誉的商标，使用于相同、类似或其他任何商品；将他人在巴黎公约联盟成员国或世界贸易组织成员承认的驰名商标，使用于相同、类似或其他任何商品。

**（八）商标侵害的救济方式**

商标侵害的救济方式包括：要求禁止令；要求损失赔偿或相当的利润赔偿；要求侵害人消掉或除去相关侵害标示；针对无法消掉或除去侵害标示的物品，可要求侵害人销毁；要求交出侵害物品等。

### 三、申请商标注册程序

在文莱，使用商标的第一人可向有关当局注册。该国的商标分类是根据国际分类法，文莱接受服务商标的注册，文莱也提供多元分类、个别分类和综合分类的申请。

注册商标有下列情形的，有遭撤销的可能：商标连续五年在文莱无正当理由而未使用的情况，该五年期间自完成注册之日起算；商标的使用结果变成通用的商品或服务名称；商标的使用结果易于在社会大众间造成混淆误认。依新法之规定，提出上述撤销的申请人资格，不限定为利害关系人。并且提出未使用撤销的申请人不必提出该商标未使用调查报告，举证责任由商标所有权人提出。

### 四、商标注册申请流程

**（一）商标查询**

商标查询通常是指商标注册申请人在申请注册商标前，为了解是否存在与其申请注册商标可能构成冲突的在先商标权利而进行的有关商标信息的查询。一件商标从申请到核准注册历时长久。如果商标注册申请被驳回，一方面损失商标注册费，另一方面重新申请注册商标还需要较长时间，而且再次申请能否被核准注册仍然处于未知状态。因此，申请人在申请注册商标前最好先进行商标查询，了解在先权利的情况。虽然查询结果不等于审查结果，但是，到政府申请查询服务，极大程度地降低了申请人在申请注册过程中的风险。

**（二）审查**

确认费用已交齐的前提下，文莱商标局会审查商标记录，以确定在相同或类似的商品或服务中，是否有其他商户已经注册或申请注册相同或类似的商标；同时，核查有关商标是否符合商标法律法规的注册规定。如审核通过，申请程序将进入下一阶段——登宪公告阶段。

**（三）登宪公告**

文莱商标局核准申请后，便会在商标周刊上公告，为期3个月。若无人提出异议，该商标就可以成功注册。

**（四）注册**

商标注册申请被核准后，便会把该商标的详细资料记入注册纪录册，并向申请人发出注册证明书。此外，文莱商标局会在商标周刊中公布有关的注册公告。注册日期为申请之日。

**（五）申请商标时间**

有关申请如无异议，则整个程序（由文莱商标局接获申请至批准商标注册）需时可短至14个月。

（来源：全国知识产权局系统政府门户网站广西子站．http://www.sipo.gov.cn/dfzz/guangxi/dmzscq/200902/t20090226_442351.htm．2009－02－26）

## 柬埔寨商标指南

### 一、柬埔寨商标法简介

柬埔寨商标法于2000年制定，但商标注册工作在此之前已开展。

柬埔寨还没有加入WTO，是WIPO的成员。于1989年加入了巴黎公约，尚未加入马德里协定。

二、柬埔寨商标制度

（一）商标的构成要素

单词、字母、数字、图形或照片、徽章、颜色或者颜色组合、商品的容器或外包装的形状（不能仅是为了获得某种功能的形状），以及上述要素的组合等。

（二）种类

商品商标、服务商标、集体商标和立体商标。

（三）主体

商标的拥有者，不管是个人、还是合伙或公司都可以申请注册商标。

（四）注册商标的期限

商标权的期限10年，期满可以续展，每次续展注册的有效期为10年。

（五）使用要求

每5年向柬埔寨知识产权主管当局报告使用或未使用情况，若没有报告使用或未使用情况，该商标将被取消。

（六）禁止注册条件

误导公众；公用标志；商品或服务的特征，如性质、质量或数量等；商品的形状或组成部分；违反道德、秩序、习惯或法律；未经所有人的同意，与已经注册的商标相同或类似等。

（七）使用优先制

柬埔寨是使用优先制国家，凭商标的原始凭证认定权利人。

三、申请商标注册程序

（一）申请文件

如果通过代理律师代理申请注册的，须提交代理律师的授权委托书、商标的种类、一类商品一份申请以及申请人的签名。

（二）注册程序

柬埔寨商标注册流程：申请——形式审查——修改——实质审查——注册——异议（90天内）——行政决定——诉讼。

1. 搜查

申请注册的商标不得与他人在先取得的合法权利相冲突。有鉴于此，搜查及收集资料是第一个必然的步骤，也是重要的第一步，这就避免了与他人的专利有相似之嫌。

2. 申请

申请者必须提呈指定的委任书、商标模式、服务及商品例表，第一次注册号码、日期、国家及申请日。

3. 审查

确认费用已交齐的前提下，柬埔寨商标局会审查商标记录，以确定在相同或类似的货品或服务，是否有其他商户已经注册或申请注册相同或类似的商标。同时，核查有关商标是否符合商标法律法规的注册规定。

如审核通过，申请程序将进入下一阶段——登宪公告阶段。

4. 登宪公告

柬埔寨商标局批准申请后，便会在商标周刊上公告，为期三个月。若无人提出异议，该商标就可以成功注册。

5. 注册

注册时间至少2个月，有效期自申请日起生效。

（来源：全国知识产权局系统政府门户网站广西子站. http://www.sipo.gov.cn/dfzz/guangxi/dmzscq/200902/t20090226_442352.htm. 2009－02－26）

# 印度尼西亚商标指南

一、印度尼西亚商标法简介

印度尼西亚最新修订的商标法于2001年8月1日开始施行，取代1961年印度尼西亚商标法。

目前，印度尼西亚是WTO成员，于1979年加入WIPO。1950年加入了巴黎公约，尚未加入马德里协定及其议定书。

二、印度尼西亚商标制度

（一）商标的构成要素

单词、字母、数字、图形或照片、徽章、颜色或者颜色组合、商品的容器或外包装的形状（不能仅是为了获得某种功能的形状），以及上述要素的组合等。

（二）种类

商品商标、服务商标、集体商标和立体商标。

（三）主体

商标的拥有者，不管是个人、还是合伙或公司都可以申请注册商标。

（四）注册商标的期限

商标权的期限10年，有效期满后可申请续展，每次续展注册的有效期为10年。

关于商标的续展，旧商标法规定续展申请应在商标专用期满日前一年起至半年内提出。目前则放宽于专用期满日前一年起至有效期满日止，为当事人提供了便利。

（五）优先权

关于优先权，印度尼西亚旧商标法规定，主张优先权之商标申请案，未在3个月内补齐优先权的文件，则被认定失效。目前的印度尼西亚商标法则规定，未在3个月内补齐优先权文件的商标申请案，则依非主张优先权的申请案进行审查。

（六）商标争议

商标撤销争议案应向印度尼西亚商业法院提起，也可通过仲裁程序解决商标纠纷。另外，第三人提出异议的时间则由公告日起6个月缩短为3个月。

（七）使用优先制

印度尼西亚是使用优先制国家，凭商标的原始凭证认定权利人。

三、申请程序

（一）搜查

申请注册的商标，应当有显著特征，有便于识别，并不得与他人在先取得的合法权利相冲突。有鉴于此，搜查及收集资料是第一个必然的步骤，也是重要的第一步，这将避免与他人的商标有相似之嫌。

（二）申请注册

在决定本身的商标后，所有申请者必须提呈所需的文件给有关部门，有关文件如下：委任书、申请文件、标志样本、申请授权文件。

（三）审查

在提呈上述文件给予商业标志单位后，有关单位将依据法定程序给予审查，有关申请者将拥有两个月的时间对有关的商标申请文件作出修正。一旦所有的申请文件符合所有的法定需求，商业标志单位将会发出申请日期。此外，在该单位发出申请日期后，属第三方独立机构在9个月内将进行审查。

（四）公告

有关单位将对所有的商标申请发布在官方商标公告上，为期6个月，再进行3个月的公告程序。

（五）异议

若有人对有关商标申请提出异议，必须提出反对有关商标注册的有利文件，包括申请注册商标与他人先取得的合法权利商标相冲突，存有共同点或存有违反法令等嫌疑证据。一旦呈交反对信件后，反方必须在两个月内提呈有关有利的反对文件。有关单位将会对商标申请重新作出审查，所需时间约2个月。

（六）注册

一旦完成所有的程序，这包括反方反对的案件调查完结后，有关单位将会向申请者收取注册费用，后发注册文凭。有关申请注册程序需时12至18个月，生效期从其申请日期起开始生效，有效保护期为10年。

（来源：全国知识产权局系统政府门户网站广西子站. http://www.sipo.gov.cn/dfzz/guangxi/dmzscq/200902/t20090226_442353.htm. 2009－02－26）

# 老挝商标指南

一、老挝商标法简介

老挝的商标法制定于1994年，自1995年1月起施行。

老挝还没有加入WTO，于1995年加入WIPO。1998年加入巴黎公约，尚未加入马德里协定。

二、老挝商标制度

（一）商标的构成要素

单词、字母、数字、图形或照片、徽章、以及上述要素的组合等。

以下商标不能获得注册：没有显著性，即不能区别商品或服务的来源；商标有违反国家的文化精神或公共秩序；误导公众，特别是关于产地标记、商品或服务的特征等；商标相同于或模仿于、组成于老挝的军旗、军徽、国家的文化或历史遗迹、国家名称或其简称、政府间组织的名称，检验检疫标记以及与驰名商标相同或类似的商标。

（二）种类

商品商标、服务商标、集体商标和立体商标。

（三）主体

商标的拥有者，不管是个人、还是合伙或公司都可以申请注册商标。

（四）注册商标的期限

商标权的期限10年，期满可以续展，每次续展注册的有效期为10年。

（五）注册优先制

老挝是注册优先制国家，依据商标在该国的注册纪录确定权利人。

### 三、申请程序

**（一）申请文件**

如果通过代理律师代理申请注册的，须提交代理律师的授权委托书。要求优先权的，须提交商标在其原注册国的注册证书及其英文译本；公司工商执照的复印件；12份商标图样，尺寸不小于5厘米或不大于10厘米。

**（二）注册程序**

申请人提出申请后，老挝科技和环境部将对申请进行审查；若申请无异议，申请将在5至6个月内被核准注册，老挝科技和环境部将颁发商标注册证书，并进行公告。

1. 搜查

申请注册的商标，不得与他人在先取得的合法权利相冲突。有鉴于此，搜查及收集资料是第一个必然的步骤，也是重要的第一步，这就避免了与他人的专利有相似之嫌。

2. 申请

申请者必须提呈指定的委任书、商标模式、服务及商品例表、优先权文件；必须按《商标注册用商品和服务国际分类尼斯协定》（第八版）的分类，按类提出商标注册申请。

外国人申请老挝的商标，应当使用老挝语、英语或法语。所有申请文本要求用打印稿，并由老挝的代理组织代理。

申请人应对其申请注册的商标进行描述，该种描述应当反映商标每一个要素的意义。

**（三）保障有效期和续展**

注册商标有效期为10年，有效期满前可申请续展。

（来源：全国知识产权局系统政府门户网站广西子站. http://www.sipo.gov.cn/dfzz/guangxi/dmzscq/200902/t20090226_442355.htm. 2009－02－26）

## 马来西亚商标指南

### 一、马来西亚商标法简介

马来西亚商标法制定于1976年。服务业的商标注册在马来西亚起步较晚，是在1997年12月1日开始施行。

在2000年修订的商标法于2001年8月起实施，取消了A、B簿的注册制度，保护驰名商标，增加海关执法措施。

目前，马来西亚是WTO成员，于1989年加入WIPO和巴黎公约，尚未加入马德里协定。

### 二、马来西亚商标制度

**（一）商标的构成要素**

单词、字母、数字、图形或照片、徽章、颜色或者颜色组合、商品的容器或外包装的形状（不能仅是为了获得某种功能的形状），以及上述要素的组合等。

**（二）种类**

商品商标、服务商标。

**（三）主体**

商标的拥有者，不管是个人、还是合伙或公司都可以申请注册商标。想在马来西亚申请商标的注册者须在当地设有营业所或住所。

**（四）注册商标的期限**

自申请之日算起，注册商标的有效期为10年。注册商标有效期满后，需要继续使用的，应当在有效期满前3个月内申请续展注册，每次续展注册的有效期为10年。

**（五）负责管理商标主体**

马来西亚贸易与消费人事务部（简称“贸消部”）属下的商标局负责管理商标注册转让注册、续展注册、变更、补证、评审及其他有关事项。该商标局也负责刊登《商标公告》于宪报（GAZETTE）上，同时刊载注册商标及有关注册事项。

**（六）使用优先制**

马来西亚是使用优先制国家，凭商标的原始凭证认定权利人。

### 三、申请商标注册程序

**（一）申请规定**

申请商标注册，应该依据1997年商标条文（TRADEMARK REGULATION 1997）公布的商品分类表按类别申请。每一份商标注册申请应向马来西亚商标局呈交《商标注册申请书》（TM5）5份、商标图样5份、宣誓书（STATUTORY DECLARATION）1份。商标注册的申请日期以马来西亚商标局收到申请书的日期为准。申请手续完整并按照以下填写申请书者，马来西亚商标局将配发申请编号。可以公司名义申请或者个人（要求年满18周岁）名义申请。

**（二）办理申请资料**

1. 商标注册委托书

商标注册委托书可从 Pintas 网站“资料下载”栏目中下载或者到中国香港永达会计事务所索取。注：申请人必须在该委托书上签字盖章。

2. 申请人资格证明资料：

(1) 以公司名义申请，须附企业营业执照复印件；

(2) 以个人名义申请，须附身份证或者护照复印件。

3. 商标图样

清晰商标图样 12 份，图片尺寸在 5 厘米×5 厘米到 10 厘米×10 厘米。

4. 优先权证明

根据《巴黎公约》，享有优先权者，请详细列出该优先权涉及的商品或服务以及相关证明。优先权的获得期限是在第一次申请的六个月内。

5. 商标类别

列出寻求注册的商品或者服务，指出商标类别。所有商品或者服务必须严格按照商标分类表列举。马来西亚 1976 年商标法令采纳了《尼斯协定》分类法。手续不完整或不按照规定填写申请书的，有关申请将被退回。马来西亚商标局对编定申请号码的申请进行审查，将初步审定的商标，刊登在《商标公告》。被驳回申请的，该商标局则会向申请人发出驳回通告。

对马来西亚商标局初步审定予以公告的商标，如有异议，异议人应当将异议书寄送马来西亚商标局，异议书应当写明被异议商标刊登于《商标介绍》的期号及初步审定号。之后，马来西亚商标局将异议书呈交，并根据当事人陈述的事实和理由予以裁定。当事人对马来西亚商标局的异议裁定不服时，可以提出上诉。商标注册申请一经审核批准，马来西亚商标局将发出《商标注册证》（CERTIFICATE OF REGISTRATION），予以公告。

**（三）商标注册申请流程**

1. 商标查询

商标查询通常是指商标注册申请人在申请注册商标前，为了解是否存在与其申请注册商标可能构成冲突的在先商标权利而进行的有关商标信息的查询。一件商标从申请到核准注册历时长久，如果商标注册申请被驳回，一方面损失商标注册费，另一方面重新申请注册商标还需较长时间，而且再次申请能否被核准注册仍然处于未知状态。因此，申请人在申请注册商标前最好先进行商标查询，了解在先权利情况。虽然查询结果不等于审查结果，但是，到政府申请查询服务，极大程度地降低了申请人在申请注册过程中的风险。

2. 审查

确认费用已交齐的前提下，马来西亚商标局会审查商标记录，以确定在相同或类似的货品或服务中，是否有其他商户已经注册或申请注册相同或类似的商标。同时，核查有关商标是否符合商标法律法规的注册规定。

如审核通过，申请程序将进入下一阶段——登宪公告阶段。

3. 登宪公告

马来西亚商标局核准申请后，便会在商标周刊上公告，为期三个月。若无人提出异议，该商标就可以成功注册。

4. 注册

商标注册申请被核准后，马来西亚商标局会将该商标的详细资料记入注册记录册，并向申请人发出注册证明书。此外，马来西亚商标局会在商标周刊中公布有关的注册公告。注册日期为申请之日。

5. 申请商标时间

有关申请如无异议，则整个程序（由马来西亚商标局接获申请至批准商标注册）需时可短至 14 个月。

（来源：全国知识产权局系统政府门户网站广西子站. http://www.sipo.gov.cn/dfzz/guangxi/dmzscq/200902/t20090226_442356.htm. 2009－02－26）

# 缅甸商标指南

## 一、缅甸商标法简介

缅甸商标体系实际上是一种登记制度，而不是由某个政府部门授予的专用权。

目前，缅甸是 WTO 成员，于 2007 年加入 WIPO，尚未加入巴黎公约和马德里协定。

## 二、缅甸商标制度

**（一）商标的构成要素**

缅甸民法没有对商标具体含义和构成要件的阐述，但一般认为，商标应当具有显著性。一个商标应当含有一个或多个具有创造性的词语，也可以是针对某些特定的产品进行注册。缅甸的法律中，没有任何对颜色组合注册的限制。

**（二）商标使用主义**

缅甸采用商标使用主义，注册主要是防止他人仿冒。因此，曾经使用过的特有品牌或标签是否构成商标并不重要，因为制造商可以通过使用，受到法律的保护，这是缅甸普通法在打击假冒行为方面的特有优势，而在其他建立了商标注册制度的国家往往需要通过反不正当竞争法来实现。缅甸商标专用权自商标首次使用日起至商标专用权人允许他人使用该商标止。

**（三）保障期限**

商标权的注册期限3年，期满可以续展，每次续展注册的有效期为3年。

**（四）使用优先制**

缅甸是使用优先制国家，凭商标的原始凭证认定权利人。

### 三、申请程序

**（一）所有权声明**

在缅甸，商标可以通过向缅甸注册局发布所有权声明的形式进行注册，这个声明必须包括名称、注册个人的签名等。所有权声明是声明方单方面的事实陈述，通常要求地方官员、公证员或司法官员的认证。所有权声明并不是商标专用权的最终凭证，却是初步证据，在刑事诉讼或民事诉讼过程中，当事人出具这种注册证书，将会对诉讼起到很大的帮助。

**（二）注册文件**

在注册过程中，应当提交以下文件：商标所有人以销售为目的在制造或销售的商品上使用商标；该商标是由商标所有人创造出来的；该商标不是对他人商标的假冒或模仿；据该所有人所知，到目前为止，没有人在类似商品上使用该商标。

**（三）登记制**

缅甸采用登记制，商标所有权声明的登记通常需要3至4个月，之后代理人将在缅甸的《英语日报》上刊登敬告启事，或在使用缅甸语的报纸上刊登启事，届时就可完成商标注册程序。

**（四）申请文件**

1. 委任状：须经缅甸法院、外交部审查的公证和签证材料。

2. 商标权声明书：由申请人签署后须经他人见证。

**（五）注册商标所有权声明程序**

1. 呈报业者身份：业者在申请商标时必须呈报有关业者的身份。

2. 申请商标的授权律师：外国业者若需申请商标注册，必须提名申请商标的授权律师，该授权律师将赋有在公证人前执行签署呈报文件的权力。有关文件必须在缅甸邻近的大使馆签署执行。

3. 注册：缅甸当地执法局将有关的呈报业者申请注册登记于契约及保证登记录上，缅甸当局将发布临时的注册号码给予申请者，而真正的批准程序则需要2至3个星期。

4. 公告：业者有权利在获得注册批准后，选择是否公告在缅甸当地报纸上。公告主要是为了避免有关的商标受到侵犯。

（来源：全国知识产权局系统政府门户网站广西子站. http://www.sipo.gov.cn/dfzz/guangxi/dmzscq/200902/t20090226_442357.htm. 2009－02－26）

## 菲律宾商标指南

### 一、菲律宾商标法简介

菲律宾于1997年7月制定知识产权法典与商标规则，自1998年1月起施行。

菲律宾是WTO成员，于1980年加入WIPO。1965年加入了巴黎公约，尚未加入马德里协定。

### 二、菲律宾商标制度

**（一）商标的构成要素**

单词、字母、数字、图形或照片、徽章、颜色或者颜色组合、商品的容器或外包装的形状（不能仅是为了获得某种功能的形状），以及上述要素的组合等。若申请彩色商标则必须确切指明色彩。

**（二）种类**

商品商标、服务商标。

**（三）主体**

商标的拥有者，不管是个人、还是合伙或公司都可以申请注册商标。想在菲律宾申请商标的注册者须在当地设有营业所或住所。

**（四）注册商标期限**

自申请之日算起，注册商标的有效期为10年。注册商标有效期满后，需要继续使用的，应当在有效期满前6个月内申请续展注册，每次续展注册的有效期为10年。

**（五）使用规定**

若连续5年未使用该申请注册商标，将丧失商标专用权。相关事项：1998年修订的新商标法则规定申请人须在提出申请3年内递交商标使用宣誓书及证明，否则商标局将会撤销此次申请。

**（六）对注册商标撤销的规定**

商标注册期间在5年之内；在注册期间此注册商标缺乏显著性；申请人放弃使用专用权；商标注册以不正当方式取得商标名称，使消费者对于商品的产地或服务（服务标章）产生误认；3年无正当事由而未使用该商标。

**（七）使用优先制**

菲律宾是使用优先制国家，凭商标的原始凭证认定权利人。

### 三、申请商标注册程序

**（一）搜查**

申请注册的商标，应当有显著特征，有便于识别，并不得与他人在先取得的合法权利相冲突。有鉴于此，搜查及收集资料是第一个必然的步骤，也是重要的第一步，这就避免了与他人的商标有相似之嫌。申请商标注册前，申请人可对申请的商标进行检索，了解是否有相同或类似的商标已经在相同或类似商品、服务上申请、注册。通常情况下10个工作日内可得到查询结果。

**（二）申请**

若查询结果显示他人未有相同或类似的商标在类似商品或服务上存在，申请人可提出申请。根据《商标注册用商品和服务国际分类》（又称“尼斯分类”）的规定，商品和服务共分为45个类别。

所有申请者必须提呈以下文件：

1. 申请者的名字、地址、国籍、住址。

2. 若申请者是法人实体，阐明有关的法人实体身份。

3. 列出欲申请注册的商品名单。

**（三）审查**

审查期限为提呈日期后的12至18个月。菲律宾商标局在收到商标注册申请后，便会对商标申请进行形式审查和实质审查，以确定所提交的申请文件是否备齐，申请商标是否具备显著性，是否违反商标法有关禁用条款的规定以及是否与他人在先申请或注册的商标相同或类似。如果经审查申请不符合注册规定，商标申请将被驳回。如果申请人对商标局做出的裁定不服，可向菲律宾上诉法院提出上诉。若审查员对于申请人所提交的申请文件内容有异议，可要求申请人提出证明文件以证明文件的正确性。审查员也可要求申请人删除某些指定商品，但以不损害申请人的利益为主。

**（四）提交使用声明书**

申请人须自申请日起3年内向菲律宾商标局提交经公证的“商标使用声明书”，并附上相应的使用证据。使用证据为商标实际使用标签或清楚显示该商标的产品外包装的图片或照片。

**（五）公告**

有关当局将在申请期后12至24个月内公告有关的申请及发出允许通知，申请者必须在获得有关允许通知后的两个月内，缴纳申请注册费用。之后有关当局会将有关申请刊登在公报上，以接受有关方面的异议。

**（六）异议**

在异议期内，任何人都可以对该商标申请提出异议。申请人可以对该异议进行答辩。异议方必须在公报刊登的30天内提出异议，并提呈有利的文件。之后，审查官将对异议结果做出裁定。

**（七）发出申请批准通知**

若在公报刊登期间并未接获申请的反对，有关当局将会在发出允许通知后的3个月内批准有关申请。

**（八）注册**

有关当局一旦接获申请者的注册费用后，将会在5至7个月内发出注册准证，注册时间为18至24个月。

（来源：全国知识产权局系统政府门户网站广西子站. http://www.sipo.gov.cn/dfzz/guangxi/dmzscq/200902/t20090226_442358.htm. 2009－02－26）

## 新加坡商标指南

### 一、新加坡商标法简介

新加坡商标法制定于1998年，自1999年1月起施行。

新加坡是WTO成员，于1990年加入WIPO。1995年加入巴黎公约，2000年加入马德里协定议定书。

### 二、新加坡商标制度

**（一）商标的构成要素**

单词、字母、数字、图形或照片、徽章、颜色或者颜色组合、商品的容器或外包装的形状（不能仅是为了获得某种功能的形状），以及上述要素的组合等。新加坡也接受非视觉性商标如声音、味道、嗅味的商标。

（二）种类

商品商标、服务商标。

（三）主体

商标的拥有者，不管是个人、还是合伙或公司都可以申请注册商标。想在新加坡申请商标的注册者须在当地设有营业所或住所。

（四）注册商标的期限

自申请之日算起，注册商标的有效期为10年。注册商标有效期满后，需要继续使用的，应当在有效期满前6个月内申请续展注册，每次续展注册的有效期为10年。

（五）商标注册管理部门

新加坡知识产权署属下的商标注册处。

（六）使用优先制

新加坡是使用优先制国家，凭商标的原始凭证认定权利人。

三、新加坡商标注册程序

（一）搜查

申请注册的商标，应当有显著特征，有便于识别，并不得与他人在先取得的合法权利相冲突。有鉴于此，搜查及收集资料是第一个必然的步骤，也是重要的第一步，这将避免与他人的商标有相似之嫌。申请商标注册前，申请人可以考虑对申请商标进行检索，看是否有相同或类似的商标已经在相同或类似商品、服务上申请、注册。通常情况下10个工作日可以得到查询结果。

（二）申请

申请者必须提呈指定的文件及申请书、注册费、使用商标的商品或服务类别和名称、商标的详细解说、商标图样。若有关申请商标是附有颜色的，在申请时必须准确提供6份商标图案，如拟注册商标是黑白图案，则只需提供一份商标图案。

办理商标申请所需材料如下：

1. 申请人的姓名、地址或注册国家。

2. 采用拟注册商标的产品或服务的详细清单及欲注册类别。

3. 优先权文件，如申请优先注册。

4. 如果拟注册商标有任何字面上的描述，须附上一份译本。

5. 申请人无须签署委任状即可提出申请。

（三）审查

新加坡知识产权局收到注册商标申请后将进行审查，确保不会与之前的注册商标出现相同或类似之处。在获得有关的审查报告后，申请者可检查以确定该申请商标是否获允许注册。新加坡知识产权署受理申请后，将对申请进行初审，如果申请符合商标条例规定的标准，且未与曾经申请的个案重复或类同，申请将进入公告阶段。

（四）公告

有关商标申请会公布在商标公告上，反方在公告后2个月内可提出异议。在公告期间，若无异议，有关商标将被获批注册。

（五）异议

在该异议期内，任何人可以对该商标申请提出异议。申请人可以对该异议进行答辩。

（六）注册

若异议不成立或并无任何一方提出异议，有关申请注册商标将被核准注册，新加坡知识产权局将会发出注册证书。

（来源：全国知识产权局系统政府门户网站广西子站. http://www.sipo.gov.cn/dfzz/guangxi/dmzscq/200902/t20090226_442360.htm. 2009—02—26）

# 泰国商标指南

一、泰国商标法简介

泰国商标法颁布于1991年，最新的一次修订是2000年，修订后商标法于2000年6月起施行。

泰国是WTO成员，于1989年加入WIPO，目前尚未加入巴黎公约和马德里协定。

二、泰国商标制度

（一）商标的构成要素

泰国商标法对商标注册和商标保护进行了规定，并将商标定义为用于说明商品所属的符号，包括立体商标和颜色商标。

（二）种类

商品商标、服务商标、集体商标、证明商标。

（三）主体

商标的拥有者，不管是个人、还是合伙或公司都可以申请注册商标。想在泰国申请商标的注册者须在当地设有营业所或住所。

（四）注册商标的期限

自申请之日算起，注册商标的有效期为10年。

注册商标有效期满后，需要继续使用的，应当在期满前3个月内申请续展注册，每次续展注册的有效期为10年。

（五）商标侵权处罚措施

对非法使用注册商标的行为，包括买卖行为，可进行刑事起诉，并将处以拘留不超过1年或罚款2万铢的惩罚，甚至两罚并施。

对任何伪造他人注册商标的行为，或任何买卖伪造商标的行为将处以入狱不超过4年或罚款不超过4万铢的惩罚，甚至两罚并施。

（六）使用优先制

泰国是使用优先制国家，凭商标的原始凭证认定权利人。

三、泰国商标注册程序

（一）搜查

申请注册的商标，应当有显著特征，有便于识别，并不得与他人在先取得的合法权利相冲突。有鉴于此，搜查及收集资料是第一个必然的步骤，也是重要的第一步，这将避免与他人的商标有相似之嫌。申请商标注册前，申请人可以考虑对申请商标进行检索，看是否有相同或类似的商标已经在相同或类似商品、服务上申请、注册。通常情况下7至10个工作日可以得到查询结果。

（二）申请

若查询结果显示他人相同或类似的商标未先在类似商品服务上存在，申请人可提出申请。

1. 有关的申请必须由业者或其代理（在泰国拥有固定商业住址者）提出。

2. 根据《商标注册用商品和服务国际分类》（又称“尼斯分类”）的规定，商品和服务共分为45个类别。

3. 优先权的文件的复印版本。

（三）审查

泰国商标局在收到商标注册申请后的3至4个月内便会对商标申请进行形式审查和实质审查，以确定申请商标是否违反泰国商标法中有关禁用条款的规定以及是否同他人在相同或类似商品上在先申请或注册的商标相同或类似。

如果经审查该申请不符合注册规定，商标申请将被驳回。如果申请人对泰国商标局作出的裁定不服，可向泰国商标委员会申请复审。

（四）公告

在该异议期内，任何人可以对该商标申请提出异议。申请人可以对该异议进行答辩。异议方必须在公报刊登的90天内提出异议，并提呈有利的文件。审查官将对异议结果做出裁定。

（五）异议

在公布期90天后，若无人提出异议，有关商标将被批准注册。

（六）注册

申请者在获得通知书后的30天内必须缴纳注册费用，商标注册需12至18个月。

（七）保障及更新

有关商标在获得批准注册后，将受泰国法令保护10年，自申请日期起开始生效，并允许在往后的每10年后作出更新申请，所有的申请者必须在商标届期前90天提出申请。商标注册后，商标注册人应在泰国商业上使用该注册商标。如果商标注册人连续3年未在泰国对其商标进行商业使用，他人可以以注册人未实际使用该注册商标为由要求泰国商标局撤销该注册商标。

（来源：全国知识产权局系统政府门户网站广西子站. http://www.sipo.gov.cn/dfzz/guangxi/dmzscq/200902/t20090226_442361.htm. 2009－02－26）

## 越南商标指南

一、越南商标法简介

越南商标法于1982年12月14日生效，实施的法律有1989年2月11日颁布的保护知识产权法令，以及1996年10月24日颁布的政府法令。

越南目前是WIPO、巴黎公约及马德里协定成员。

二、越南商标制度

（一）商标的构成要素

单词、字母、数字、图形或照片、徽章、颜色或者颜色组合、商品的容器或外包装的形状（不能仅是为了获得某种功能的形状），以及上述要素的组合等。

（二）种类

商品商标、服务商标。

（三）主体

商标的拥有者，不管是个人、还是合伙或公司都可以申请注册商标。想在越南申请商标的注册者须在当地设有营业所或住所。

**（四）注册商标的期限**

自申请之日算起，注册商标的有效期为10年。注册商标有效期满后，需要继续使用的，应当在有效期满前6个月申请续展注册，每次续展注册的有效期为10年。

**（五）多类申请及商品分类**

以自然人或者法人直接向越南国家知识产权局提出申请，允许多类申请，商品分类根据尼斯协定分为45类。

**（六）商标使用**

注册商标必须使用。如果在注册后连续5年未使用，有可能会被撤销申请。

**（七）商标转让及许可**

商标申请或注册商标均可转让。注册商标的转让必须登记，才有法律效力，商标申请的转让只有在注册后才能登记。只有注册商标才能许可。许可合同必须进行登记。

**（八）注册优先制**

越南是注册优先制国家，依据商标在该国的注册纪录确定权利人。

**三、越南商标注册程序**

**（一）搜查**

申请注册的商标，应当有显著特征，有便于识别，并不得与他人在先取得的合法权利相冲突。有鉴于此，搜查及收集资料是第一个必然的步骤，也是重要的第一步，这将避免与他人的专利有相似之嫌。

**（二）申请**

申请者必须提呈指定的文件及申请书、包括委托书、申请注册商标样本、商品及服务分类、优先权文件。申请资料包括：

1. 申请人签署的经公证的授权书一份（申请时可先递交委托书复印件，3个月内提交原件）。

2. 商标的描述：商标含义，非英文单词的英文翻译或者音译。

3. 申请人名义，地址中英文。

4. 商标图样。

5. 需要保护的类别和商品、服务名称。

6. 优先权声明（如需要）。

**（三）审查**

进行形式审查（3个月左右）。对合格者发出注册受理通知书，给予申请号、申请日期。对不合格者发出驳回通知书并要求其补正或更正。

形式审查结束后，进入实质审查阶段（9个月左右），以确定申请商标是否违反越南商标法中有关禁用条款的规定以及是否同他人在相同或类似商品上在先申请或注册的商标相同或近似。不通过则先发出准备驳回的通知，给申请人两个月的时间作出答复或修改申请。申请者可要求对有关的申请文件作出纠正，期限是申请纠正日期2个月之内。如仍不能通过，则发出驳回通知书，申请人可在3个月内就此向越南知识产权局作出上诉。

**（四）公告**

有关商标申请会公布在宪报上。任何第三人均可以在注册商标有效期内对该商标提出异议。在公告期间，若无异议，有关商标将被批准注册。

**（五）注册**

若完成所有的步骤，有关申请注册商标将被核准注册，申请注册时间需至少12个月，并自申请之日起开始生效。

（来源：全国知识产权局系统政府门户网站广西子站. http://www.sipo.gov.cn/dfzz/guangxi/dmzscq/200902/t20090226_442362.htm. 2009－02－26）

# 东盟十国税制概述

## 文莱税制概述

文莱现行税制中的主要税种是：公司所得税、石油税等，尚未开征个人所得税、增值税。

**一、主要税种**

1. 公司所得税

（1）纳税人

公司所得税的纳税人分为居民公司和非居民公司。居民公司是指，在文莱组建的或者在文莱从事经营活动，并且其控制和管理实际上是由其公司董事会负责执行的公司。

（2）征税对象、税率

非居民公司就文莱境内发生的所得缴税。居民公司则就来源于文莱境内和境外的从事经营活动所获取的所得、利息、财产运营的收入和来自文莱国内公司的股息缴税。公司所得税的税率为30%。

文莱政府对于居民公司支付给非居民个人或者非居民公司的利息，征收20%的预提税。

（3）应纳税所得额和应纳税额的计算

①折旧：工业用的建筑物（直线折旧法）和机

械、设备（余额递减折旧法），按照规定的折旧率计提折旧。

②亏损结转：亏损额可以向后结转，期限为6年。亏损额向前结转时，期限为1年。

③费用扣除：与非居民公司、外国关联企业之间的费用，如果是适当的合理的，可以扣除。2001年6月1日以后，允许公司对在海外贸易机构的维持运营费用或者贸易会、展览会费用、开发出口市场费用和特定的广告费用、研究和开发费用、为获得技术和特许产品的认可而支付的评审费用进行扣除。

④外国税收抵免：文莱与英国之间签订了防止双重征税的协定。此外，文莱的居民公司和非居民公司，在有相互外国税收抵免协定的英联邦诸国发生的所得，允许在一方国家抵免，在文莱抵免时，最高抵免率不得超过文莱税率的一半。

⑤税款的缴纳：公司所得税按照日历年度缴纳。公司提交的所得税申报表由所得税征税员审核，税款核定通常在每年的2月进行。公司通常在收到核定税款通知书以后的30日之内缴纳税款。

2. 其他主要税种

（1）石油税

石油资源开采企业的所得税，是按照所得税法中有关石油资源开采企业的特殊规定征收。

（2）印花税

文莱政府对各种书立凭证课征印花税。税率根据书立凭证性质不同而有所差别。

## 二、主要税收优惠

1. 外国投资、融资的优惠政策

（1）新兴产业的投资

按照文莱政府经济发展规划的要求，投资于新兴产业的外国投资企业，可以根据投资额的标准，在5年之内免缴公司所得税和用于生产的原材料的进口关税。符合一定条件的，免税期限可以继续延长。为吸引更多外资，文莱政府决定再次削减公司税，自2011年起，公司税将从23.5%下调至22%。同时，政府还将调整税制，为新成立企业和利润低于25万的小企业提供更多税收优惠。

（2）外国融资

对于经文莱政府许可的非居民个人提供的外国贷款的利息，免征预提税。

2. 企业扩大生产的鼓励政策

扩大生产企业获得文莱政府的认可，满足新增固定资本支出的一定标准，就可以享受5年以内的免税待遇。

（来源：秦皇岛市国家税务局网. http://www.he－n－tax.gov.cn/qhdgsww/gszt/ssxdzt/200811/t20081112_151430.htm. 2008—11—12）

# 柬埔寨税制概述

柬埔寨现行税制中的主要税种是：公司所得税、个人所得税、增值税、特定商品和服务税、土地和房屋的租赁税、印花税等。

## 一、主要税种

1. 公司所得税

（1）纳税人

柬埔寨公司所得税的纳税人分为居民公司和“永久性常设机构”。居民公司是指在柬埔寨组建和管理或者其主要经营场所在柬埔寨境内的公司。“永久性常设机构”是指外国公司的分支机构或者居民代理人通过非居民人员在柬埔寨境内从事经营活动的场所。此外，对于有外国投资的公司纳税人还有一些特殊的规定。

（2）征税对象、税率

公司所得税的征税对象是营业利润和规定的消极所得。营业利润包括资本利得，消极所得包括利息、特许权使用费、租金等。公司和常设机构的标准税率为20%，政府鼓励的投资企业可以享受9%的优惠税率，从事石油、天然气和特定矿产资源开发公司的税率为30%。

保险企业应以纳税年度所接收的保险金总额的5%缴纳公司所得税。

关于预提所得税。柬埔寨对于支付给非居民的利息、股息、租金、特许权使用费、技术管理服务费等按照14%的税率征收预提所得税；对于银行支付的定期储蓄存款利息、活期储蓄存款利息分别按照6%、4%的税率征收预提所得税。

（3）应纳税所得额和应纳税额的计算

①折旧。有形资产的折旧率与折旧方法：楼房及其附属建筑物部分的折旧率为5%，使用直线折旧法；计算机、电子信息系统、软件与数据处理设备等的折旧率为50%，使用余额递减折旧法；汽车与办公用具设备等的折旧率为25%，使用余额递减折旧法；其他有形资产的折旧率为20%，使用余额递减折旧法；对于合格投资项目的有形资产实行特别再折旧，即购买资产以后第一年可以按照该资产

成本加提折旧40%。无形资产的折旧率按照其规定年限使用直线折旧法摊销。自然资源的折耗有特别规定。

②亏损结转。亏损额可以向后结转，期限为5年，不允许向前结转。

③其他扣除。利息扣除不能超过当年实现的利息收入，不能扣除的部分可以结转到下一年度扣除。

2. 个人所得税

(1) 纳税人

个人所得税的纳税人分为居民个人和非居民个人。一个人在12个月中居住在柬埔寨的时间超过182天，即被视为柬埔寨居民。

(2) 征税对象、税率

柬埔寨的个人所得税的征税对象主要是工资、薪金收入。柬埔寨居民个人就其来自柬埔寨境内、境外的工资收入纳税，非居民个人仅就其来源于柬埔寨境内的工资收入纳税。

应税工资分为现金工资和附加福利工资，两者适用不同的税率。

现金工资包括工资、奖金、加班补助等。附加福利工资包括教育补助（与雇用有关的教育除外）、住宿补助、特定保险的补助、社会福利等。

可以免税的工资包括得到认可的国际组织、外交机构的雇员的工资等。柬埔寨的国会议员不缴纳工资、薪金所得税。

工资、薪金所得税税率表

| | 级数 | 月应纳税所得额 | 税率(%) |
|---|---|---|---|
| 现金工资 | 1 | 500000瑞尔以下的部分 | 0 |
| | 2 | 超过500000瑞尔至1250000瑞尔的部分 | 5 |
| | 3 | 超过1250000瑞尔至8500000瑞尔的部分 | 10 |
| | 4 | 超过8500000瑞尔至12500000瑞尔的部分 | 15 |
| | 5 | 超过12500000瑞尔的部分 | 20 |
| 附加福利工资 | 附加福利工资部分的税款由雇主缴纳，税率为福利工资的市场价值的20%。 | | |

非居民个人的工资所得税税率为20%。

3. 其他主要税种

(1) 增值税

在柬埔寨境内提供货物或者劳务的企业和个人有缴纳增值税的义务。增值税的税率为10%，出口货物和劳务适用零税率。

提供下列劳务免征增值税：公共邮电业的服务、医疗卫生业的服务、国有公共运输业和电力事业、保险业和特定的金融服务。

(2) 最低税

不属于公司所得税和增值税的纳税人有缴纳最低税的义务。最低税的计税依据为提供服务和货物者的营业收入，税率为1%。

(3) 特定商品和服务税

特定商品和服务税对进口商品或者特定商品和服务征收，税率从0%至33.33%不等。

(4) 土地和房屋的租赁税

从事土地、建筑物租赁等业者有缴纳土地和房屋的租赁税的义务。土地和房屋的租赁税以从事土地、房屋租赁者取得的租赁费为计税依据，税率为10%。

(5) 印花税

印花税是针对特定的正式文书、特定的广告等征收的，税额根据广告等所设置的场所、使用的照明和国家语言的不同而定。

(6) 未使用土地税

未使用土地税对城市和指定地域的土地上没有从事建设的、或者有建筑物没有使用的、以及特定的开发地的未使用土地征收，税额于每年6月30日由未使用土地评价委员会决定，按照每平方米土地的市场价格的2%计算，1200平方米以内的土地免税。应税土地的所有者必须在每年的9月30日以前缴纳未使用土地税。

(7) 注册税

柬埔寨对企业的设立、合并或者撤销等有关特定文书以及特定资产转让的有关文书征收注册税，税额按照转让价格的4%计算。

(8) 运输工具税

运输工具税是对卡车、船舶等特定运输工具注册时的法定手续费征收的。

## 二、主要税收优惠

1. 投资鼓励政策

根据2005年9月颁布的《柬埔寨王国投资法修正法实施细则》规定，柬埔寨政府对符合政府鼓励投资项目的企业给予如下的税收优惠：

(1) 投资企业获利之后，免征3年公司所得税。之后，根据投资行业的不同，投资企业还可以追加2～5年的免税期。

(2) 符合规定的投资企业可以免征进口生产设备、原材料的关税。

2. 再投资优惠政策

柬埔寨政府对于将符合政府鼓励的投资项目所取得的利润在柬埔寨境内进行再投资的企业，给予加速折旧税收优惠。

（来源：秦皇岛市国家税务局网. http://www.he－n－tax.gov.cn/qhdgsww/gszt/ssxdzt/200902/t20090216_175925.htm. 2009－02－16）

# 印度尼西亚税制概述

印度尼西亚实行中央和地方两级课税制度，税收立法权和征收权主要集中在中央。

印度尼西亚现行的主要税种是：公司所得税、个人所得税、增值税、奢侈品销售税、土地和建筑物税、离境税、印花税、娱乐税、电台与电视税、道路税、狗税、机动车税、自行车税、广告税、外国人税和发展税等。

## 一、主要税种

1. 公司所得税

（1）纳税人

印度尼西亚公司所得税的纳税人，包括设在本国的公司和外国公司设在本国的分支机构及常设机构。石油、天然气和采矿公司按照合同的规定纳税。

（2）课税对象、税率

印度尼西亚公司应就来源于全世界的所得纳税。外国公司设在印度尼西亚的分支机构和常设机构就其在印度尼西亚所从事经营活动取得的有关所得纳税。除特殊规定外，资本利得视为普通所得征税。

1995 年公司所得税的税率如下：

① 一般公司按以下税率征税：

单位：印尼盾

| 级数 | 应纳税所得额 | 税率(%) |
|---|---|---|
| 1 | 25000000 以下的部分 | 10 |
| 2 | 超过 25000000 至 50000000 的部分 | 15 |
| 3 | 超过 50000000 的部分 | 30 |

②按照产品分成合同进行经营活动的石油天然气公司按以下税率征税：

合同在 1984 年 1 月 1 日以前生效的公司税率为 45%。

合同在 1984 年 1 月 1 日以后，1994 年 12 月 31 日以前生效的公司税率为 35%。

合同在 1995 年 1 月 1 日以后生效的公司税率为 30%。

税后所得还要缴纳 20%的预提税。这样上述三类合同的实际税负分别为 56%、48%和 44%。

③按照作业合同进行生产经营活动的采矿公司按以下税率征税：

合同在 1985 年以前生效的公司税率（%）表如下：

| 年数 | 金矿 | 煤矿 |
|---|---|---|
| 开始生产经营的第一个 5 年 | 35 | 35 |
| 开始生产经营的第二个 5 年 | 40 | 35 |
| 此后 | 45 | 45 |

合同在 1985 年以后，1994 年 12 月 31 日以前生效的公司税率为 35%；

合同在此后生效的公司税率为 30%。

资本利得按照一般公司所得税税率征税。但对出售上市股票的收入征收 0.1%的预提税（发起股东为 5.1%）。对出售土地和建筑物的收入按出售价格的 5%征税。对在地方银行定期存款的利息按 15%的税率征税，并实行源泉扣缴。

外国公司设在印度尼西亚的分支机构和常设机构除按公司所得税税率纳税外，税后所得还要缴纳 20%的预提税（有协定的国家按协定规定的税率纳税），如果税后所得用于在印尼再投资，则可免缴 20%的预提税。在印度尼西亚没有常设机构的外国公司来源于印尼的所得，仅就规定的几种类型的所得缴纳预提税，税率为 20%。

（3）应纳税所得额的计算和应纳税额的计算

折旧：除建筑物外固定资产的折旧可以使用直线法和余额递减法。选择一种方法后，必须始终使用这一方法。建筑物只能采用直线折旧法，永久性建筑折旧期限为 20 年，非永久性建筑折旧期限为 10 年。

股息：居民公司之间取得的股息免税。其他公司之间的股息按一般公司所得纳税。

亏损结转：亏损一般可以向以后年度结转 5 年，有些农业和采矿公司可以结转 8 年。有些经营项目和位于偏远地区的公司，亏损可以向以后年度结转 10 年。亏损不能向以前年度结转。

关联实体交易：关联实体的交易应遵循公平独立原则，如果税务当局认为关联实体没有按照公平独立原则进行交易，就要对其所得进行调整。关联实体主要是指，一纳税实体对另一纳税实体直接或间接拥有25%以上的所有权。

资本利得：资本利得是指资产的销售价格和账面净值之间的差额。资本损失作为费用处理。

税款的缴纳：公司所得税税款按月预缴。预缴额是上年公司缴纳的全部公司税额减去第三方代扣代缴的数额再除以12。支付给公司的股息、利息、租金、特许权使用费和服务费要求代扣公司所得税。年终应缴与全年预缴税款的差额必须在公司向税务当局提交公司税申报表之前缴清。公司的所得税申报表必须在公司的资产负债表日之后3个月内提交印尼税务当局。滞纳税款要处以罚金，罚金按每月2%计算，最高不超过滞纳税款的48%。如果被认为是偷税则罚金更高。

2. 个人所得税

(1) 纳税人

印度尼西亚个人所得税的纳税人为居民和非居民个人。个人在12个月中居住在印尼的时间超过183天，则被视为印尼居民。

(2) 课税对象、税率

居民个人就其来源于全世界的所得纳税，非居民个人就其来源于印尼的所得纳税。

个人在一个纳税期内的应纳税所得按照与公司税相同的税率征税。配偶双方除工薪以外的所得一般要合并纳税，并提交联合纳税申报表。非居民个人按20%的税率征税。

以下项目可以扣除：职业培训费用，按全年工薪收入的5%扣除，但最高不得超过64.8万印尼盾；缴纳给政府批准的退休和养老基金款项。

每个纳税人每年的免税额为172.8万印尼盾，配偶的免税额为86.4万印尼盾。每个被扶养人的免税额为86.4万印尼盾，但享受此待遇的被抚养人不得超过3个。

一次性获得的所得，如抚恤金、奖金、退伍金等，按15%的税率扣税。

资本利得一般按普通所得征税。但出售土地和建筑物按售价的5%征税。在印尼的证券公司出售的股票按0.1%的税率征税，发起股税率为5.1%。

3. 其他主要税种

(1) 增值税

出口商品的税率为零，其他商品和劳务为10%。

下列项目的进项税额不能抵扣：不是以直接销售为目的购进的商品；在登记为缴纳增值税的企业之前购买的商品；购置的某些车辆；购买商品所开的增值税发票不完整；免增值税的商品和劳务；简化的增值税发票中注明的增值税纳税额；纳税通知书中注明的增值税额；税务审计发现的增值税及申报表中未注明的增值税额。

免征增值税的项目：经加工的商品（如农产品等），金融、保险、租赁和证券业务，社会、健康、宗教和教育服务等，公共交通、邮电服务、电台和电视广播等，旅馆和饭店业，提供劳动力，电力、自来水。

主要优惠项目：进口用于动力和地热工程的设备；购买用于出口的商品；进口用于救援和采矿的物资；临时进口用于石油和天然气工业的设备及石油和地热开采公司在开始生产之前的钻探成本。

(2) 奢侈品销售税

主要对某些进口或印尼国内生产的奢侈品征收。根据印尼政府确定的奢侈品的类型，税率分别为10%、20%、35%。出口奢侈品税率为零。

(3) 土地和建筑物税

按照土地和建筑物的市场价格征收，税率为5%。

(4) 印花税

印花税对特定的商事凭证征税，税率分为两档，即1000印尼盾和2000印尼盾。商事凭证包括收据、合同、委托书等。

(5) 离境税

居民离开印尼要缴纳离境税。乘飞机税额为25万印尼盾，如果是雇主代为缴纳，则这笔税款就作为预缴的公司税。乘船税额为10万印尼盾。

(6) 货物税

货物税的征税对象为特定产品，如卷烟、雪茄烟、烈性酒等。

地方政府开征的税种包括：娱乐税、电台和电视税、道路税、狗税、机动车税、自行车税、广告税、外国人税和发展税（对餐饮业和旅馆业征收）等。

## 二、主要税收优惠

印尼政府对东部的一些省份和一些产业给予税收优惠，主要有：亏损结转的年限扩大到10年；允许加速折旧；降低股息税负。另外，对资本品、原材料及特定投资项目给予减免关税的优惠。

2009年8月18日，印尼国会首次通过对地方政府辖区内商业活动进行征税规定。该法令于2010年1月1日生效，目的是提高印尼地方政府税收和取消非法、无理地方税。此法实施后可能会导致车辆和烟草价格升高。新的法令规定，印尼地方政府可以对摩托、车辆、烟草、酒店、酒吧、广告和矿产等行业征税。新的税率根据各地情况而定，或高于现税率，或低于现税率。预计到2011年该规定将全面实施，印尼全国地方财政收入将增长24%。该法令也会鞭策印尼地方政府用财政收入来刺激经济持续增长的需要。新法令瞄准了一些关键的商品和服务，如第二辆汽车、香烟、广告价格将会更加昂贵，但是具体价格有地域差别。法令中一项重要规定是允许印尼地方政府对购买的第二辆或额外的车辆（包括摩托车）征收较高税额。新法允许印尼地方政府对第二辆或额外的车辆在原价格基础上增收2%～10%的税。

（来源：江苏省国家税务局网. http://www.js—n—tax.gov.cn/Page/NewsDetail.aspx? NewsID=112659.2007—04—15）

## 老挝税制概述

老挝现行税制中的主要税种是：公司所得税、个人所得税、营业税、消费税、最低税及土地和其他财产租赁税等。

### 一、主要税种

1. 公司所得税

（1）纳税人

公司所得税的纳税人分为老挝国内的法人企业、个体事业经营者和外国投资企业。

（2）征税对象、税率

公司所得税的征税对象是来源于老挝境内和境外的企业净所得。老挝的国内法人企业适用35%的税率。外国投资企业适用税率为10%、15%和20%（详见后述税收优惠政策）。

个体事业经营者适用下列的超额累进税率。

个体事业经营者适用的税率表

| 级数 | 全年应纳税所得额 | 税率（%） |
|---|---|---|
| 1 | 36万基普以下的部分 | 0 |
| 2 | 超过36万基普至150万基普的部分 | 10 |
| 3 | 超过150万基普至300万基普的部分 | 15 |
| 4 | 超过300万基普至600万基普的部分 | 20 |

续表

| 级数 | 全年应纳税所得额 | 税率（%） |
|---|---|---|
| 5 | 超过600万基普至1200万基普的部分 | 25 |
| 6 | 超过1200万基普至2400万基普的部分 | 30 |
| 7 | 超过2400万基普至3600万基普的部分 | 35 |
| 8 | 超过3600万基普至6000万基普的部分 | 40 |
| 9 | 超过6000万基普的部分 | 45 |

（3）应纳税所得额和应纳税额的计算

①折旧。有形资产按照税法第三十四条的规定计提折旧，如：为工业服务的建筑物折旧年限20年，折旧率为5%；陆路运输工具折旧年限5年，折旧率为20%。土地不作为折旧资产。折旧方法可以在直线折旧法和余额递减折旧法中任选其一。

②亏损结转。亏损额可以向后结转，期限为3年，不允许向前结转。

2. 个人所得税

（1）纳税人

个人所得税的纳税人包括老挝公民和外国人。外国人在老挝取得的工资、薪金所得应当在老挝缴纳个人所得税。

（2）征税对象、税率

个人所得税的征税项目有工薪所得、不动产租赁所得、特许权使用费所得、红利所得等。工薪所得包括工资、加班费、补贴、董事费等，还有税法和政令规定的实物报酬和补助等。一次性补助金、退休金补贴、存款利息、公债利息、彩票奖收入、科研和发明创造成果的奖金等是免税所得。外国人的工薪所得一律适用10%的税率。老挝公民和移居老挝的外国人的工薪所得适用下列超额累进税率：

老挝公民和移居老挝的外国人适用的税率表

| 级数 | 月应纳税所得额 | 税率（%） |
|---|---|---|
| 1 | 30000基普以下的部分 | 0 |
| 2 | 超过30000基普至基普的部分 | 5 |
| 3 | 超过125000基普至250000基普的部分 | 10 |
| 4 | 超过250000基普至500000基普的部分 | 15 |
| 5 | 超过500000基普至1000000基普的部分 | 20 |
| 6 | 超过1000000基普至2000000基普的部分 | 25 |
| 7 | 超过2000000基普至3000000基普的部分 | 30 |
| 8 | 超过3000000基普至5000000基普的部分 | 35 |
| 9 | 超过5000000基普的部分 | 40 |

不动产租赁所得、红利所得等税率为10%，特许权使用费所得的税率为5%。

3. 其他主要税种

（1）最低税

在老挝境内开展经营的个人和企业都必须按照年度总营业收入的0.25%缴纳最低税。一般贸易和服务业者（包括从事自由职业者）必须按照年度总营业收入的1%缴纳最低税。按照《鼓励外国投资法》的规定，在认可的免税期间，外国投资企业免征最低税。

（2）营业税

营业税对进口和老挝国内出售的商品货物和普通服务业征收。进口和老挝国内出售的商品货物具体分为64大类，税率有3%、5%和10%。普通服务业是指提供劳务以收取服务费为报酬的行业，如：邮电通信业，运输业，建筑业，修理业，市场管理承包业，出售土地使用权的开发业，宾馆，餐饮，旅游业，文艺表演，体育业，娱乐业，医疗业，以提供劳务并收取报酬的各种行业的代理或委托业。服务业具体分为37大类，税率有3%、5%和10%。

特定的商品和服务可以免征营业税，它们包括进口的种子、农药，用于科研的原料、设备等，还包括教育事业、慈善事业、国际运输以及与该运输业直接相关的服务业等。

（3）消费税

消费税是对税法规定的特定商品和服务征收，应税商品和服务有如下10大类：

①燃油类（汽油、柴油等），税率在5%～24%之间。

②酒及含酒精的饮料，税率为50%、60%。

③汽水及保健饮料，税率为30%。

④卷烟包括雪茄，税率为50%。

⑤香水及化妆品，税率为20%。

⑥骨牌及其类似品、烟花等，税率为70%。

⑦轿车、巴士、面包车、摩托车等，税率在15%～104%之间。

⑧电器类（冰箱、彩电等），税率为12%。

⑨台球、乒乓球、游戏机等，税率为10%。

⑩服务类：台球、保龄球及彩票业税率为10%，舞厅、卡拉OK厅税率为15%。

（4）土地和其他财产租赁税

租赁土地和其他财产者，一律按照租赁收入的25%的税率缴纳土地和其他财产租赁税。租赁房屋者，按照租赁收入的25%、30%两档税率缴税，或者依据房屋类型、租赁对象的不同，按照月每平方米计算税额纳税。

（5）增值税

老挝政府决定于2010年1月1日起实行增值税。增值税属于一种消费类税收；征收对象为所有在老挝进行税务登记的法定企业及未进行税务登记的进口商的全部进口产品；所有货物类和服务类产品均按10%的同一税率进行征收，而现行的营业税率分5%和10%两种；年收入在4亿基普（折合4.7万美元）的企业列入首批征收范围，不足上述收入的企业仍按现行税率执行，但企业自愿也可进入首批范围。另外，自老挝加入中国—东盟自由贸易区到2015年后，大部分进口关税降为零，老挝政府可以从增值税渠道中获得部分补偿。

## 二、主要税收优惠

根据2004年11月15日颁布的《鼓励外国投资法》，老挝政府鼓励外国投资企业投资如下行业和地区，并给予各种税收优惠政策。

1. 鼓励外资企业投资的行业项目

（1）出口商品生产。

（2）农林业、农林业和手工业产品加工。

（3）利用先进技术的加工制造业，科学研究与开发项目，环境保护和生物多样性项目。

（4）有关人力资源和劳动力技能开发以及公民医疗保健方面的项目。

（5）基础设施建设项目。

（6）服务于重要工业生产的原料和设备生产项目。

（7）旅游工业和过境服务发展项目。

2. 鼓励外资企业投资的三类地区

（1）一类地区：尚无基础设施提供给投资者的山区、高原和平原地区。

（2）二类地区：有基础设施，并可以接受部分投资的山区、高原和平原地区。

（3）三类地区：已接受过投资、且基础设施较好的山区、高原和平原地区。

3. 税收优惠政策

投资上述行业和地区的外资企业可以享受如下税收优惠政策：

（1）在一类地区投资，可在7年内免征公司所得税，之后可按10%的税率缴纳公司所得税。

（2）在二类地区投资，可在5年内免征公司所得税，之后3年内可按15%的一半税率缴纳公司所得税，此后将按15%的税率缴纳公司所得税。

（3）在三类地区投资，可在2年内免征公司所得税，之后2年内可按20%的一半税率缴纳公司所得税，此后将按20%的税率缴纳公司所得税。

公司所得税免征时间从外资企业经营之日起计算。植树造林项目免征公司所得税的时间从企业赢利之日起计算。

除上述优惠政策外，外资企业还可以享受如下税收优惠：

（1）在减免公司所得税期间，可免缴最低税。

（2）经批准，用于扩大再生产项目的投资可免缴公司所得税。

（3）直接用于生产的材料、零配件、交通工具，老挝国内没有或者有但不足的原料，用于加工或装配出口产品所进口的半成品可以免征进口关税和进口环节中的其他税款。

（4）出口产品可以免征出口关税。

（来源：秦皇岛市国家税务局网、中华人民共和国商务部网站综合整理）

## 马来西亚税制概述

马来西亚实行中央政府一级征税制度，税收立法权和征收权均集中在中央政府。

马来西亚现行税制中的主要税种是公司所得税、个人所得税、不动产利得税、石油所得税、销售税、合同税、暴利税、服务税、关税等。

### 一、主要税种

1. 公司所得税

（1）纳税人

纳税人为居民公司和非居民公司。马来西亚税法规定，居民公司指公司董事会每年在马来西亚召开，公司董事在马来西亚境内掌管公司业务的法人。居民公司就来自全世界的所得（经营和非经营所得）纳税，非居民公司仅就来自马来西亚的所得纳税。

（2）征税对象和税率

法人所得大致分为4种：经营所得；股息、利息所得；租赁费、使用费、佣金所得；其他利得和收益所得。

2006年居民公司采用20%和28%的比例税率，实行申报纳税制度。不超过50万林吉特的应纳税所得额适用税率为20%，超过50万林吉特的应纳税所得额适用税率为28%。

非居民公司实行预提税制度。预提税税率为10%至15%。非居民公司来自马来西亚的利息和特许权使用费缴纳预提税，但是，非居民公司为马来西亚中央政府、州政府、地方当局或法定实体提供信贷收取的利息不征预提税。1983年以后，马来西亚加强了对建筑行业非居民承包商的预提税征收，按照承包合同，对非居民承包商的预提税税率为20%（包括法人税15%，个人所得税5%）。

（3）应纳税所得额和应纳税额的计算

对经营所得的扣除项目，马来西亚税法采取实务操作上的判断标准：①所得税法或其他法律没有特别规定不列支出的项目；②与经营活动有关的支出项目；③为创造所得发生的支出项目；④不属于资本性的支出项目。

税务上的扣除项目主要包括：

①折旧。税务机关依法认可的折旧资产有：工业用建筑、机械及设备。部分地区对机械设备购进时的初期折旧采用20%的折旧率，而进口重型机械设备则按10%计提折旧。机械设备在使用过程中按每年10%至20%的比率提取折旧。加速折旧适用于计算机、通信技术设备、环保设备和资源再生设备。

②亏损处理。经营亏损在当期从其他经营所得以及投资或资产所得中扣除。不足扣除的经营亏损可以往以后年度无期限结转，但只能冲抵经营所得。

③向外国子公司的支付。对国外子公司支付的使用费、管理服务费和利息费用经申请可以从公司所得税中扣除，但必须使用公平交易价格（即非关联公司间的交易价格）。

④税额扣除。通常不允许从应纳税所得额中扣除，但是，一些间接税如销售税和服务税可以从应纳税所得额中扣除。

2. 个人所得税

（1）纳税人

纳税人为居民和非居民。居民就来自全世界的所得纳税，非居民只对来自马来西亚境内的所得纳税。马来西亚个人所得税法规定，居民的4种认定标准为：该年在马来西亚居住时间超过182天；该年在马来西亚居住时间不足182天，但该年前一年或后一年的持续居住时间超过182天；该年居住时间超过90天，包括该年在内的4年中有3年是居民或居住90天以上；即使该年不在马来西亚居住，最近3年或者以后年度都被认定为居民。不符合上述4个标准则判定为非居民。

（2）征税对象和税率

马来西亚居民就来自马来西亚的所得、派生所得和国外汇往马来西亚的所得缴纳个人所得税。

2006年个人所得税采用19%至28%的5级累进税率，实行申报纳税制度。个人所得税起征点为5万林吉特。

2006年马来西亚个人所得税、工薪所得税税率表

| 级数 | 全年应纳税所得额 | 税率(%) |
|---|---|---|
| 1 | 不超过5万林吉特的部分 | 0 |
| 2 | 超过5万至7万林吉特的部分 | 19 |
| 3 | 超过7万至10万林吉特的部分 | 24 |
| 4 | 超过10万至15万林吉特的部分 | 27 |
| 5 | 超过15万至25万林吉特的部分 | 27 |
| 6 | 超过25万林吉特的部分 | 28 |

居民取得的利息按照5%的比例税率缴纳利息税。一年期存款利息免税。特种国债及证券利息免税。马来西亚的商业银行及其他金融机构支付给非居民的利息免税。

对非居民的全部应纳税所得额适用28%的比例税率。

（3）应纳税所得额和应纳税额的计算

居民扣除项目有10个：①基础扣除：8000林吉特。②配偶扣除：3000林吉特。③抚养扣除：（未满18岁的子女）每人1000林吉特。④人寿保险扣除及雇员退休公积金扣除：最高限额5000林吉特。⑤教育及医疗保险扣除：最高限额3000林吉特。⑥医疗费扣除：纳税人双亲最高限额为5000林吉特。纳税人、配偶或者子女每人5000林吉特，只限于重大疾病的治疗费用。⑦残疾人扣除：纳税人5000林吉特，配偶2500林吉特，子女5000林吉特。购买残疾人辅助器具的费用最高至5000林吉特。⑧税额返还：对应纳税所得达不到35000林吉特的居民给予350林吉特的税额返还。⑨书籍扣除：500林吉特。⑩教育费扣除：5000林吉特。

3.其他税

（1）不动产利得税

纳税人为转让不动产的个人和法人（不论居民或者非居民），出售马来西亚境内的土地和土地上的权利产生的利得要缴纳不动产利得税。转让收益按照转让价格减去购进成本和转让费用的公式计算。转让损失可与不动产利得相抵。税率取决于不动产在转让日以前的持有期限。见下表：

马来西亚不动产利得税率表

| 转让资产前持有期限 | 个人（%） | 法人（%） |
|---|---|---|
| 不超过2年 | 30 | 30 |
| 不超过3年 | 20 | 20 |
| 不超过4年 | 15 | 15 |
| 超过5年 | 0 | 5 |

（2）销售税

销售税对所有进口商品和在马来西亚生产的商品从价征税，但是有多种免税规定，出口商品已纳销售税款可以退还。销售税税率为5%至25%。

（3）服务税

服务税按照5%的税率对法定劳务和商品征税。

（4）暴利税

对价值超过每吨2000林吉特的天然椰油、天然椰果，从量征收暴利税。

（5）合同税

合同税按照0.25%的税率对每位在建筑工业发展委员会注册的承包商所订立的合同金额超过50万林吉特的合同文本征税。

（6）石油所得税

石油所得税对在马来西亚境内经营石油所得按照38%的税率征税。

## 二、主要税收优惠

马来西亚政府鼓励马来西亚国内投资与资本性投资的措施有：新兴企业（包括制造业、农业、饭店、旅游及其他产业投产5年内，70%的法定所得免纳所得税；对从事资本密集型和高技术投资的企业可以按照逐案审查原则给予全部免税，免税期设定在最初5年；其他免税项目包括纳入国家重点战略的森林种植计划、多媒体高级通道以及电子芯片的生产等。

再投资优惠：对再投资生产重型机械和普通机械、设备的公司给予再投资优惠。再投资减免额为5年内进行再投资所产生增量收入的70%；对利用椰油生物资源和再投资生产附加值产品的企业，其利润给予全额免税优惠，优惠期10年；对从事产业扩张计划、产业现代化、自动化以及制造工艺多样化的企业，给予再投资扣除的优惠，再投资扣除额为在15年内发生的用于上述目的的机械设备、厂房的资本性支出的60%。

促进出口的优惠措施：对制造业、农业、饭店、旅游以及服务部门为促进产品出口而产生的费用，采取双倍扣除等优惠措施。

技术与职业培训扣除：对经批准的培训雇员项目发生的费用允许双倍扣除。培训费用双倍扣除的规定同样适用于中小型制造业公司。

产业调整扣除：对致力于改善产业调整计划的制造业企业在5年内产生的厂房、成套设备和机器的资本性支出给予100%的产业调整扣除。产业调整的含义是通过重组、再建、企业合并或兼并等各种活动强化产业自立能力、改善产业技术、提高劳动生产率、加强自然资源的有效利用和有效的人力资源管理。对1990年12月31日以前的运营企业和从事羊毛纺织业或机械工程产业的企业给予产业调整扣除优惠。根据上述行业类别和从事活动，扣除率在60%至100%之间。企业盈利额等于产业调整扣除额的部分免征所得税，并作为免税股息分配给股东。

研发优惠：向第三方企业提供研发服务的企业享有先端企业地位，100%免征公司所得税，优惠期为5年。第二轮先端企业的优惠期仍为5年。上述企业也可选择投资税额扣除，扣除率为100%，优惠期10年；对从事公司内部研发项目的企业给予50%的投资税额扣除的优惠，优惠期10年。对企业研发成果商品化的投资项目给予与其投资额相等的扣除优惠。对于得到认可的研发项目所产生的费用和对固定的研发企业的各种支付给予双倍扣除优惠；地方大学是社会认可的研究机构，企业为使用这些大学的服务而进行的现金捐赠和各种支付可允许申请双倍扣除。

（来源：安徽省芜湖市地方税务局网. http://61.191.29.222/wuhu/dsfw/bszn/zcqqy/1214792494702086.htm. 2008—07—01）

## 缅甸税制概述

### 一、税制概况

1988年9月，由军人组成的缅甸国家恢复法律秩序委员会接管了管理国家的权力，并确立对外开放、实行市场经济的政策，11月，该委员会颁布了《缅甸联邦外国投资法》（MFIL），规定了吸引外国投资的优惠政策，同时也揭开了缅甸税制改革的序幕。一是调低了偏高的税率，增加了新的规定：对《所得税法》税率做了大幅调整，外国居民的纳税人地位的收入年度期限由300天减为183天；二是新规定：在纳税年度内，除资产损失外的有关业务损失，可从该年的收入中得到抵消或允许结转到随后的三年收入中冲销；三是增加了固定资产折旧率（新建筑物的折旧率为15%，机器和工厂的折旧率为20%）；四是《商业税法》取代了《商品和服务税法》，拓宽了直接税税源，两次降低了商品和服务的税率。私人企业的税收经两次调整后，由原来的5%～60%调整为0.5%～20%。一些严格控制商品的税率也做了大幅下调，如香烟由125%调为7.5%，朗姆酒由225%调为20%，劳工和低收入工人所喜爱的烈酒也由200%调为20%；五是《海关税法》取代了《海关法》，并大幅降低关税，由0%～500%降低为0%～40%，同时，使缅甸海关管理向国际标准化迈进。

1991年3月，缅甸成为“世界海关组织”成员；1992年，缅甸颁布了新的《海关税法》；1994年11月成为《统一代码制度公约》（HSC）缔约成员，并使该法于1995年1月1日在缅甸正式生效。

缅甸税收负担表

单位：10亿缅甸元

| 项目 | 96/97 | 97/98 | 98/99 | 99/20 |
|---|---|---|---|---|
| GDP | 791.98 | 1119.5 | 1609.8 | 2190.3 |
| 税收收入 | 28.9 | 45.9 | 52.9 | 54.4 |
| 占GDP% | 3.7 | 4.1 | 3.3 | 2.5 |
| 其中：所得税 | 9.2 | 15.3 | 20.9 | 21.5 |
| 商业税 | 9.5 | 18.1 | 22.7 | 24.6 |
| 关税 | 7.8 | 8.6 | 5.2 | 5 |
| 非税收入 | 24.2 | 40.7 | 63.5 | 61.3 |

资料来源：2001 IMF Country Report NO.01/

根据统计数据显示，缅甸的税收收入不到其财政收入的50%，其主要税种有所得税、商业税、财产税、消费税、关税、机动车税、印花税等，其中所得税、商业税、关税占了缅甸税收收入的90%以上。从1996～2000这几个财政年度的数字看，其宏观税收负担很低，1999～2000间财政年度宏观税收负担率（税负）仅为2.5%。

### 二、所得税法

1. 基本规定

（1）划分标准

外国人或外国企业所得税是按“居民外国人”和“非居民外国人”进行划分，具体标准如下：

如果外国人在纳税年度内，居住在缅甸的时间不少于183天，则可作为居民外国人；按照缅甸公司法或其他现行法律设立的公司，其股东全部或部分为外国人或外国机构，可成为居民外国人；全部或部分合作伙伴由外国人组成的协会（而非公司），如果其业务的监控、管理和决策完全在缅甸境内进行并实施，应视为居民外国人；

非居民外国人是指并非缅甸居民的外国人，因此，外国公司在缅甸的分公司是“非居民”，因为是在缅甸以外设立的；

但上述分类与按《缅甸联邦外国投资法》设立的企业无关。

（2）纳税年度

所得税纳税年度是以财政年度为基础，从当年的4月1日起到次年的3月31日止。在财政年度中，有收入的年份称为“所得税年”，下一年则为“评估年”。收入的资料应在所得税年度的6月31日或之前报送税收办公室，但如果业务终止，有关资料应在终止之日起的一个月内提交。资本收益的资料应在处置有关资产后的一个月内提交。不合理的收益将以罚代税（最高为10%）。

（3）税源

居民外国人或企业的所得税收入，无论来源于缅甸或国外均应纳税。非居民外国人或企业收入来源于缅甸境内，应按非居民所规定的税率纳税。主要来源分为：职业收入、业务收入、其他收入、财产收益和未申明收入。

（4）所得税的计算

在计算一项业务的净利润时，应扣除为此产生的费用，如：合理的业务开支、业务损失的抵偿、固定资产的折旧费、向慈善机构捐献的减免（不得超过总收入的25%）等，但以下费用不得扣除：资本消耗、个人花费、与业务不相称的花费，除职业服务外，支付给并非公司或合作社的任何协会成员的费用等。在“职业、财产和其他收入”项下的收入，也按上述方法计算，但与财产收入有关的折旧费不能扣除。

2. 免征所得税

根据《所得税法》，对以下收入免征所得税：

（1）宗教或慈善机构的收入，并且该收入只能用于宗教或慈善事业。

（2）政府当局的收入（如发展委员会）。

（3）与存款（储蓄）有关的任何收入。

（4）抚恤金收入。

（5）死亡或受伤补偿。

（6）人寿保险收入。

（7）除资本收益和企业收入（如业务、职业或假期）之外的非定期或一次性收入。

（8）来源于协会或公司、工厂等个人的分利或分红收入。

3. 主要税率

（1）个人所得税

个人所得税

| 纳税人或收入的类型 | 税率 |
|---|---|
| 1. 工资、薪金 | 20% |
| 经特别许可参与国家主办项目、企业或任何事业的外国人 | 10% |
| 为MFIL企业工作的外国人 | 10% |
| 为非MFIL企业工作的外国人 | 15% |
| 国民赚取外汇收入 | 10% |
| 2. 外国人其他收入 | >35%或5%～40% |
| 3. 居民资本收益 | 10% |
| 非居民资本收益 | 40% |

（2）公司所得税

公司所得税

| 纳税人或收入的类型 | 税率 |
|---|---|
| 在缅甸依照《缅甸公司法》组建的公司 | 30% |
| 依照MFIL运作的企业 | 30% |
| 经特别许可参与国家主办项目、企业或任何事业的外国组织 | 30% |
| 非居民外国组织如外国公司分支机构 | >35%或5%～40% |
| 居民公司资本收益 | 10% |
| 非居民公司资本收益 | 40% |

（3）预扣税税率：雇主发工资时替政府预扣的所得税，具体如下：

预提税

| 纳税人或收入的类型 | 居民税率% | 非居民税率% |
|---|---|---|
| 利息 | 0 | 15 |
| 许可证、商标、专利等使用费 | 15 | 20 |
| 支付给外国承包人的费用 | 2.5 | 3 |
| 根据政府合同支付的费用 | 3 | 3.5 |

### 三、商业税法

1. 商业税是根据《商业税法》规定对生产产品或进口商品五种服务征收的营业税，其税率如下：

商业税税率

| 按收入征收的项目 | 税率 |
|---|---|
| 贸易收入（缅元） | 5% |
| 贸易收入（美元） | 8% |
| 运输 | 8% |
| 娱乐 | 15%～30% |
| 酒店、餐馆、寄宿 | 10% |
| 销售食品和饮料 | 10% |
| 旅游 | 5% |
| 机动车清洗和加油 | 10% |
| 保险（人身保险除外） | 5% |
| 美容、美发、健身等 | 5% |
| 印刷 | 5% |

自2010年1月起，之前以美元上交的商业税改为以缅币上税。此前，上缴商业税最多的是香烟、酒类等商品，以美元销售后，上交10%的税，这也是给以美元交税者的优惠。如果以缅币纳税，按商品的种类，税率在0%至200%之间，有些威士忌等商品税率为200%。为了实现公平，以后酒类和香烟等商品都将以缅币纳税。除了将纳税货币都改用缅币以外，商业税将以市场汇率计算上交。此前，以美元进口的商品，用缅币折算商品总值后交税，折算价为1美元兑450缅币。2010年1月1日以后，对汽车、机械设备等是以市场价进行折算（1美元约兑1000缅币）。商业税率不变，仍按商品种类征税0%至200%。由于是按市场汇率计算，进口商品的商业税额就增多了。从2010年2月第一个星期开始，电瓶、轮胎、汽车配件等也开始以市场价折算税费。

2.《商业税法》对下列行为给予免税或减税的优惠：

（1）政府可对任何商品、服务和被评估人给予免税或减税；

（2）政府可确定无须征税的销售和服务收入的金额；

（3）任何有关的新建企业，为新建项目安装而使用的进口的商品可免税或减税，并给予企业不超过3年的免税或减税；

（4）给予在缅甸本国生产并供出口的任何商品免税或减税。

### 四、关税法

1. 新的《关税法》共四章，将商品按统一代码（H.S）分成6062个税目，具体税率如下：

第一章进口税：由24个税率组成，税率范围为0～40克。

第二章特许税：免税或最高为10元。

第三章出口税：一般商品出口不计税，但以下商品须计税：大米及其制品，按每吨100缅元计征；豆类及其他作物、油籽饼、生皮和皮，按5%计征；竹，按5%计征。

第四章边境出口税：0%～15%。

因缅甸已被列为最不发达国家之一，故可享有普惠制（GSP）税率。

2. 缅甸财税部部长有权根据《关税法》的规定，确定对进口或出口商品免税或减税。为鼓励发展出口导向型项目，对以下进口业务给予免税待遇：

（1）为复出口而进口的原材料；

（2）以切割、制作和包装方式（C.M.P）进口而复出口的商品；

（3）为出口而进口的包装材料。

3. 退税与保税：如果进口商品能在缅甸海关监管的指定仓库内存放，则无须支付进口关税和其他税。即使征税后，如能在两年内将所进口的商品复出口，则可退还已征关税的八分之七。

4. 财产税

缅甸仰光市政发展委员会（YCDC）将按《仰光市政法》赋予的权力征收"财产税"，包括：一般税、灯光税、资源保护税、用水税。除一般税外，其他税实际上是仰光市政发展委员会收取的管理费或服务费，其金额将根据具体情况而定。如灯火税，如果其建筑物或地基远离仰光市政委员会设立的街灯1000英尺（约305米）以外则免收。用水税，也只对使用仰光市政委员会所提供水的单位或个人征收。财产税税率由YCDC根据建筑物或土地价值来确定。一般税以不超过其财产年价值12%的税率计征，但总的原则是：该税收应足够弥补仰光市政委员会完成其职责所需的费用。灯火税、资源保护税和用水税率的确定原则也一样。

### 五、主要税收优惠

缅甸联邦投资委员会将依法确定给予外国投资

项目的税收减免，以吸引外国投资者，其具体规定如下：

1. 任何从事生产或服务性行业的单位，从投产或启用之年算起，连续三年免征所得税。如有需要，可依实际情况，经批准后可延长减免所得税的期限；

2. 若将利润作为积累且在一年内再投资，可减免所得税；

3. 机器、设备、建筑物及其他资产可按 MIC 同意的比例加快折旧；

4. 如果企业生产产品是供出口的，其产品销售国外所得利润的 50%免征所得税；

5. 投资者有义务向缅甸政府支付外籍受聘人员所得税，该项所得税可从应征税中扣除；

6. 外国人的收入可按缅甸公民支付所得税税率计征；

7. 如属缅甸国内确需的科研项目和开发性项目的费用支出，允许从应征的税收中扣除；

8. 企业在享受减免所得税优惠后，连续两年亏损者，可从亏损当年算起，连续三年予以结转和抵消；

9. 企业开办期间确需进口的机器、设备、仪器、零部件、备件和有关材料可减免关税或国内税，或两种税同时减免；

10. 企业建成后的最初三年，因用于生产而进口的原材料减免征收关税或国内税，或两者都予以减免。

（来源：南博网. http://info.caexpo.com/zixun/cafta/2008—04—29/12642.html. 2008—04—29）

## 菲律宾税制概述

菲律宾现行税制中的主要税种是：公司税、个人所得税、增值税、社会保障税、附加福利税等。

### 一、主要税种

1. 公司所得税

1997 年菲律宾通过税改法案，对国内收入法典进行了重大修正，该法案已于 1998 年 1 月 1 日生效执行。该法案包括征收附加福利税、最低公司所得税，以及对外币储蓄取得的所得征税。

（1）纳税人

根据菲律宾法律建立或者组建的公司，或者在菲律宾从事贸易或者经营的公司，是公司所得税的税收居民。

（2）征税对象、税率

对于外国居民公司，仅就其菲律宾来源的所得缴纳公司所得税，其征税方法同于菲律宾国内公司。对于外国非居民公司，其来源于菲律宾境内的所得，在一般情况下其征税方法也同于菲律宾国内企业。

对于菲律宾国内公司来说，其所有来源的净所得适用 35%的公司所得税税率（自 2009 年 1 月 1 日起，税率减为 30%）。自其开始经营的第四个应纳税年度起，就总所得征收 2%的最低公司所得税（MCIT）。对于私立教育机构和非营利医院，其从事与教育、医疗无关的贸易，经营所得不超过其总所得 50%的，其净应纳税所得适用 10%的税率；对于其非相关活动超过所有来源所得 50%的，税率为 35%；对于其所有财产和收入实际上直接完全用于教育目的的非营利教育机构，免予征税。

对于外国居民公司的征税，一般适用菲律宾国内公司相同的税率。对于外国非居民公司，其来源于菲律宾境内的毛收入，通常按照 35%的税率征税。但是其再保险的保险费收入免予征税；其外国贷款利息的税率为 20%；其从菲律宾国内公司取得的股息，如果该外国公司的所在国对该项股息免予征税，或者视为已征税按照 20%给予抵免，则该项股息在菲律宾适用 15%的最终预提税；如果股息的收款人是与菲律宾签订协定的国家的居民，则可以适用较低的协定税率。

关于预提所得税。对于公司和从事经营的个人向非居民支付的一些类型的所得，被要求扣除适当的税收。对于支付给非居民外国公司的款项，预提税率为 32%；对于支付给不在菲律宾从事贸易或者经营的非居民外国人的款项，其预提税率为 25%，有税收协定的除外。按照规定，对于菲律宾国民向非居民船舶所有者支付的租金和包租费，适用 4.5%的最终预提税；对于菲律宾国民向非居民飞机、机械和设备的所有者支付的租金，适用 7.5%的最终预提税。

关于非适当留存收益税。对于公司为了逃税的目的不向股东分配留存收益，就其非适当留存收益额，征收 10%的非适当留存收益税。公有公司、银行和非银行金融中介机构和保险公司除外。

（3）应纳税所得额和应纳税额的计算

①存货计价：通常按照成本计价，或者按照成本与市价孰低法计价。在税收上不允许使用后进先出法。

②折旧方法：尽管企业可以选择任何合理的方

法计算折旧，但是通常是按照直线法计算折旧。

③资本利得：销售不同的资本财产取得的资本利得，其适用的税率不同。所发生的资本亏损仅可在资本利得中扣除。

④亏损结转：对于企业任何应纳税年度发生的净经营亏损，允许向后结转3年。

2. 个人所得税

（1）纳税人

菲律宾对其居民公民的境内外所得征税。对于非居民公民，以及无论是否是菲律宾居民的外国人，只就其在菲律宾境内来源的所得征税。非居民外国个人来到菲律宾，在一个日历年度内停留超过183天，将被视为在菲律宾从事贸易和经营的非居民外国人，否则，该个人不被视为在菲律宾从事贸易和经营的非居民外国人。

（2）征税对象、税率

对于居民外国人和从事经营的非居民外国人取得的报酬，以及任何受雇或者从事专业劳务的个人，无论公民或者居民外国人，其税率如下：

菲律宾个人所得税税率表

| 级数 | 应纳税所得额 | 税率（%） |
|---|---|---|
| 1 | 不超过10000菲律宾比索的部分 | 5 |
| 2 | 超过10000菲律宾比索至30000菲律宾比索 | 10 |
| 3 | 超过30000菲律宾比索至70000菲律宾比索 | 15 |
| 4 | 超过70000菲律宾比索至140000菲律宾比索 | 20 |
| 5 | 超过140000菲律宾比索至250000菲律宾比索 | 25 |
| 6 | 超过250000菲律宾比索至500000菲律宾比索 | 30 |
| 7 | 超过500000菲律宾比索的部分 | 32 |

（3）应纳税所得额和应纳税额的计算

对于从事经营或者专业服务的个人，其下列经营费用，可以从总所得中扣除：①在该纳税年度发生的与其贸易、经营或者专业活动有关的正常费用，包括原材料、物品和直接劳动；②实际提供个人服务取得的工资和其他形式的报酬，包括附加福利的货币价值以及经营或者专业活动所发生的履行费用；③经营租赁费；④在纳税人从事贸易、经营或者专业活动的有关纳税年度所支付或者发生的利息，减去一定百分比的利息所得；⑤不超过规定限额的招待费；⑥各种税收；⑦亏损、坏账和折旧；⑧一定限额的慈善和其他赠与；⑨研究和开发费用。

对于居民外国人，以及在某些条件下，在菲律宾从事贸易和经营的非居民外国人，可享受个人免税待遇。单身者所允许的个人免税额为20000菲律宾比索；户主25000菲律宾比索；已婚者32000菲律宾比索。对于已婚者的每个未成年子女（不超过4个），允许额外扣除8000菲律宾比索。对于年总所得不超过250000菲律宾比索的家庭，允许扣除不超过2400菲律宾比索的健康或者住院保险的保险金款项。

3. 其他主要税种

（1）社会保障税

在2002年度，每个纳税人应支付的年社会保障和健康缴款最多为7500菲律宾比索。

（2）附加福利税（Fringe benefits tax）

对于雇主向其管理和监督层的雇员提供的附加福利，就其附加福利的货币价值，征收32%的最终附加福利税。所谓附加福利，包括：住房、家政服务人员、交通工具、国外旅费、休假费等等。该税按季由雇主支付，是最终税收，可以作为附加福利费用扣除。适用附加福利税的附加福利，不再计人雇员的应纳税所得额。

（3）增值税

增值税适用于提供服务、进口产品、销售、易货贸易、调换、租赁货物或者资产（有形资产或者无形资产）。自2006年2月1日起，增值税税率为12%。其税基是所售货物或者资产的总售价或者提供服务收到的总收人。对于进口货物，其税基为海关部门在确定关税时所使用的价值，加上关税、消费税（如存在），以及其他附加。如果海关部门采取按照容积或者数量确定价值，其增值税的税基为到岸成本。办理增值税税务登记的标准为年销售额150万菲律宾比索以上。此外，对于政府合同的款项适用5%的最终预提增值税。某些交易适用零税率或者免征增值税。

## 二、主要税收优惠

对于先进企业或位于不发达地区的企业，以及位于不发达地区的非先进企业和产品出口企业，在公司所得税方面，可以享受定期免税或者按照减低税率纳税。对于位于不发达地区的先进企业，自开始商业经营或者目标经营之日（以其两者中的较早者为准）起，6年内全额免除公司所得税；对于位于不发达地区的先进企业，免税期为4年；对于扩大出口型企业，免税期为3年。如果符合以上各条件，所享有的免税期最长不超过8年。对于设在国家首都地区（National Capital Region，简称“NCR”）和马尼拉（Metro Manila）的企业新建项目和延期项目，不再享受免税期。

对于进口育种材料和遗传材料，享受10年免除关税和一切税收。

（来源：秦皇岛市国家税务局网. http://www.he－n－tax.gov.cn/qhdgsww/gszt/ssxdzt/200901/t20090112_170210.htm. 2009—01—12）

## 新加坡税制概述

新加坡现行税制中的主要税种：公司所得税、个人所得税、商品和劳务税、社会保障税、遗产税、外国工人税、财产税、印花税等。

### 一、主要税种

1. 公司所得税

（1）纳税人

公司所得税的纳税人分为居民公司和非居民公司两类。居民公司是指在新加坡组建或在新加坡从事经营活动，并且其控制和管理是在新加坡的公司。一般情况下，公司的控制和管理是由公司董事负责执行，因此，如果一个公司的董事会主要在新加坡举行，通常这个公司就被认为是居民公司。

（2）征税对象、税率

居民公司和在新加坡有常设机构的非居民公司就其来源于新加坡和在新加坡收到的来源于新加坡以外的收入纳税，没有常设机构的非居民公司仅就来源于新加坡的所得纳税。

如果非居民公司从事的生产经营活动中的一部分是在新加坡进行的，其所获得的利润中与其在新加坡以外的地方从事这种经营活动没有直接联系的部分，就被视为来自于新加坡的所得。

2007年公司所得税税率为18%。

股息和利息的预提税税率一般为15%，适用税收协定的按协定规定预提。

新加坡对公司资本利得不征税，同时资本损失也不能抵补。

（3）应纳税所得额的计算

应纳税所得额在100000新加坡元以下的部分，可以扣除52500新加坡元。

①折旧的计算。新加坡的税收折旧一般要求采用直线法，年度基本折旧率如下：

建筑物3%

重型设备7.5%

建筑设备12.5%

办公家具和设备10%～15%

客运车辆25%

②加速折旧：

对符合规定的资本支出可在三年期内折旧，每年扣除率33.3%；计算机和指定的自动化仪器100%。

③计算应税所得时应包括股息。对股息的征税实行抵免制，即股东的股息所得在公司环节已交纳20%的公司所得税，因而股东在交纳所得税时，其股息所得可以少交20%的所得税。

一般情况下，任何经营亏损都可无限期向后结转。

新加坡的收入法和各种双边税收协定都含有专门条款，规定相互关联的经济实体之间的交易应遵守公平独立的定价原则。新加坡税务当局有权取消、修改或调整关联实体之间出于避税的目的，而不是纯商业上的原因确定的价格。

新加坡税务局向纳税人发出纳税通知书后，纳税人必须在一个月内按纳税通知书中注明的税款纳税，而不论其是否有异议。如果纳税人没有按期纳税，将被处以应纳税款的5%的罚款。此后，滞纳期每增加一个月罚款就增加1%，最高罚款为滞纳税款的12%。

2. 个人所得税

（1）纳税人

个人所得税的纳税人分为居民个人和非居民个人两类。居民个人一般是指居住在新加坡的个人。在一个纳税年度中，居留在或受雇于新加坡的时间超过183天的个人，在这个纳税年度中也被视为居民个人。

（2）征税对象、税率

一般情况下，居民个人与非居民个人都就其来源于新加坡的收入纳税，在新加坡收到的来源于新加坡以外的收入免税。

当非居民从事的生产经营活动中的一部分是在新加坡进行的，其所获得的利润中与其在新加坡以外的地方从事这种经营活动没有直接联系的部分，就被视为来自于新加坡的所得。

新加坡对个人资本利得不征税，同时资本损失也不能抵补。

如果非居民个人的所在国与新加坡签订有税收协定，这种非居民个人就可根据税收协定的规定申请相应的减免税。

2007年度居民个人所得税税率表

| 级数 | 全年应纳税所得额 | 税率(%) |
|---|---|---|
| 1 | 超过20000新加坡元至30000新加坡元的部分 | 3.5 |
| 2 | 超过30000新加坡元至40000新加坡元的部分 | 5.5 |
| 3 | 超过40000新加坡元至80000新加坡元的部分 | 8.5 |
| 4 | 超过80000新加坡元至160000新加坡元的部分 | 14 |
| 5 | 超过160000新加坡元至320000新加坡元的部分 | 17 |
| 6 | 超过320000新加坡元的部分 | 20 |

一般情况下非居民个人收入按20%的比例税率纳税；适用税收协定的，按协定的规定纳税。

非居民个人受雇用收入可按15%的税率纳税。

（3）应纳税所得额和应纳税额的计算

在计算应纳税所得额时，与个人从事经营活动和专门职业有关的支出原则上都可以扣除。大部分固定资产的折旧（除土地和非工业建筑外）按照规定的比例扣除。

新加坡居民个人每年可以享受3000新加坡元的免税额，另外还有其他根据不同家庭情况而制定的名目繁多的扣除项目，如一个残疾儿童可以扣除3500新加坡元。

个人所得税征税年度是日历年度。每个纳税人都必须在4月15日之前向新加坡税务当局提交上一年度的纳税申报表。

3.其他主要税种

（1）商品和劳务税

新加坡对所有提供的商品和劳务都征这种税，税率为5%。这种税类似于增值税，已登记的纳税人在计算应纳税款的时候可以扣除进项税额。进行商品和劳务交易的纳税人，其应税营业额在一百万新加坡元以上的，就要求进行商品和劳务税的纳税登记。免税项目包括人身保险、某些金融交易、住宅财产交易等。出口商品和劳务适用0税率。

（2）社会保障税

社会保障税对雇主和雇员征收，一般情况下，雇主按照普通货币工资总额13%的税率缴纳社会保障税，雇员按收到的普通货币工资20%的税率纳税。

（3）遗产税

新加坡的遗产税对死者在新加坡的不动产和动产征收。税率为：遗产价值不超过1千万元的部分，按5%计征；超过1千万元的部分，按10%计征。死时居住在新加坡的人其动产不论在何处都要交纳遗产税。

死者拥有的住宅财产如果其价值不超过三百万新加坡元可以免交遗产税，其他财产的免税额为50万新加坡元。

（4）外国工人税

某些行业的雇主每月要为雇用每一名外国工人缴纳这种税，税额最高不超过470新加坡元。

（5）财产税

财产税对所有住房、土地、建筑物及工商业财产征收，税基为财产的年度价值，税率为10%。工商业财产有一定的免征额。

（6）印花税

印花税对与证券和不动产有关的书面文件征收，不同类型及所列价值不同的文件，税率也不同。

## 二、主要税收优惠

新加坡采取的税收优惠政策主要是为了鼓励新加坡投资、出口、增加国内就业机会以及对高新技术产品的生产，从而使整个新加坡经济更加具有活力。例如，对具有新技术开发性质的产业给予5至15年的免税期；出口产品的生产可以享受最高达所获利润的90%的免税待遇，期限为3至15年；对计算机软件和信息服务，农业技术服务，医药研究、试验室和检测服务等生产和服务公司用于研究和开发的支出允许双倍扣除。

在涉外税收方面，居民公司来源于国外的收入在汇到新加坡时应该纳税，但有税收协定的，可以根据协定的规定得到抵免。另外，对于居民来源于与新加坡没有税收协定的某些国家的特定项目所得也可以得到新加坡提供的单方减免税优惠。这些所得包括：提供专业技术、咨询获得的所得，以及税法规定的金融等服务业所获得的所得。

在东盟国家取得的所得也可以获得对应的单方税收减免。汇到新加坡的股息可以得到相应的抵免。

（来源：秦皇岛市国家税务局网．http://www.he－n－tax.gov.cn/qhdgsww/gszt/ssxdzt/200902/t20090216_175926.htm.2009—02—16）

# 泰国税制概述

泰国实行中央和地方两级课税制度。现行税制中的主要税种包括国税：公司所得税、个人所得税、增值税、特别营业税；地方税：土地房产税、地方发展税、广告税等。

## 一、主要税种

1. 公司所得税

公司所得税的纳税人为依法设立的公司、法人有限责任合作企业、合资企业，取得经营收入的基金或协会以及居民公司和非居民公司。

公司所得税标准税率为30%。对于特定上市公司如泰国股票交易公司（SET）和替代投资市场（MAI）——由SET新设的交易委员会，设置优惠税率如下：对2001年9月6日以前在SET上市的公司净利润至3亿泰铢的部分按25%征收，超过3亿泰铢的部分按30%征收；对2001年9月6日以后在SET和MAI上市的公司分别按25%和20%的税率征收。

针对资本金额不超过500万泰铢的中小企业，优惠税率设置如下：净利润不超过1亿泰铢的部分按15%的税率征收；对超过1亿至3亿泰铢的部分按25%的税率征收；对超过3亿泰铢的部分按30%的税率征收。

泰国居民公司实行居住地原则。按泰国法律注册的公司为居民公司。在海外注册的公司只要在泰国经营业务即为泰国居民。管理与控制地没有明确规定。"在泰国经营业务"是很宽泛的概念，根据避免双重征税协定的规定，导致一个外国公司在泰国产生所得或利得的雇员、代表处等的存在均包含在其中。

2. 个人所得税

个人所得税采用申报纳税制度。个人所得税采用0%至37%的5档累进税率征收。在泰国居住180天以上为居民，不满180天为非居民。居民的国外来源所得汇往泰国时要征税，非居民则免税。工薪所得采用预提税制度。泰国没有个人经营扣除的规定。

2006年泰国个人所得税税率表

| 级数 | 全年应缴纳所得税 | 税率（%） |
|---|---|---|
| 1 | 不超过100000泰铢的部分 | 0 |
| 2 | 超过100000至500000泰铢的部分 | 10 |
| 3 | 超过500000至1000000泰铢的部分 | 20 |
| 4 | 超过1000000至4000000泰铢的部分 | 30 |
| 5 | 超过4000000泰铢的部分 | 37 |

泰国没有经营费用扣除的规定。对非经营费用的扣除规定如下：对慈善机构的捐赠不超过应纳税所得额10%的部分给予扣除；纳税人或其配偶向泰国保险公司缴纳的人寿保险费每人最多可扣除5万泰铢。但是，如果配偶没有经济来源，该配偶最多可扣除1万泰铢；向泰国法定基金的捐赠最多可扣除30万泰铢；在泰国购买或建造居住用房屋所发生的按揭贷款利息最多可扣除5万泰铢；向泰国保险基金的捐赠也可扣除。

自2003年1月1日起，销售纳税人主要居所的收入免征个人所得税，但是，当该纳税人在其住所居住1年以上并在销售其住所之前1年以内购买了新住所时，则免税额等于其购买的房产价值，但不能超出其新居价值。

个人扣除项目的规定如下：工薪所得扣除额为工薪所得的40%，扣除限额为6万泰铢；纳税人和其配偶的个人扣除额各自为3万泰铢，每个子女扣除额为1.5万泰铢，对在泰国政府认可的教育机构就读的子女额外增加2000泰铢；在泰国居住的非居民可享受子女和配偶扣除。

此外，社会保障税是与个人所得税紧密相连的税种，从2004年1月1日起，泰国要求所有雇主按每个雇员工资的5%向社会保障基金缴纳社会保障税（每人每月的最大限额为750泰铢）。政府雇员的社会保障税已降至工资额的2.75%（每人每月的最大限额为412泰铢）。

3. 增值税

增值税不论居民或非居民均承担纳税义务。增值税税率为10%，至2007年9月临时按7%的优惠税率征收。出口产品实行零税率。另外，有一些免税商品、劳务，比如基本生活用品、教育、卫生、利息、不动产租赁和销售。

4. 特别营业税和都市税

特别营业税对特定业务的收入总额征税。其中重要的项目如银行和其他金融机构的利息和外汇收入、人寿保险佣金以及不动产交易等，税率为3%。

都市税作为特别营业税的附加税征收，税率为10%。

5. 其他主要地方税种

地方政府作为征税主体征收的税称为地方税，地方税有土地房产税、地方发展税、广告税。土地房产税对应纳税租赁收入按12.5%的税率征收；广告税根据广告大小税率不同，每年最低为200泰铢；地方发展税对地方权力部门评估的土地评估价按0.25%至0.95%的税率征收。如财产缴纳土地房产税时则不适用此税。

**二、税收鼓励措施**

泰国政府鼓励进口的措施：对进口机械设备、原材料减免进口税；免征公司税3至8年；对营业权、特许权使用费、或汇往海外的资金免征预提税最多至5年；在税收优惠期内免除适用对象企业的股息应纳税所得额。

鼓励出口措施：对再出口的商品免征进口税；对减除运费和保费以外的上一年度出口收入增额的5%，允许从法人应纳税所得额中扣除。

鼓励特区投资企业的措施：在正常的所得税优惠期过后，或未设税收优惠期自取得收入之日起，对法人所得减半征收；允许从法人应纳税所得额中双倍扣除水电费和交通费。

经授权在泰国从事国际金融业务的商业银行拥有以下特权：对国际金融机构业务收入按10%征收公司所得税；向境外贷款时，支付给外国存款人或债权人的利息免征预提税。

为吸引外国公司在泰国设立地区经营总部(ROH)，对符合规定条件的ROH设置了一些税收鼓励措施，如ROH向子公司和分支机构提供行政管理服务、技术援助、研发及培训收取的服务费按10%征收公司所得税，还有其他相关减免税规定。

（来源：秦皇岛市国家税务局网. http://www.he－n－tax.gov.cn/qhdgsww/gszt/ssxdzt/200811/t20081112_151431.htm. 2008—11—12）

## 越南税制概述

越南是以间接税为主的国家，现行税制中的主要税种是：公司所得税、个人所得税、增值税、特别销售税、社会保障税、健康保险、进出口税、生产特许权使用费、财产税和预提税。

**一、主要税种**

1. 公司所得税

(1) 纳税人

越南公司税的纳税人分为居民公司和非居民公司。公司所得税法对常设机构作了规定。外国对越南投资必须得到越南有关当局批准且取得营业执照，而取得公司所得税纳税人身份是获得批准的手续之一。居民纳税人身份与外汇管制和税收协定相关。

(2) 征税对象、税率

居民公司应当就其来源于全世界的经营所得纳税，非居民公司仅就来源于越南的经营所得纳税。

从2004年1月1日起，外国投资公司、国内公司、外国公司的分支机构以及不受《外国投资法》管辖的外国承包商适用的标准公司所得税税率为28%。建设—经营—移交（BOT）企业的标准税率为10%。

国内外石油、天然气企业的标准税率为50%，优惠税率最低为32%。

符合越南政府规定条件（见税收鼓励政策）的外国投资公司和越南国内公司，优惠税率为20%、15%和10%。

外国企业的分支机构目前已允许在越南开业，但有许多限制条件。外国银行、烟草公司和法律公司等分支机构取得的利润，按照28%的税率纳税。

(3) 应纳税所得额和应纳税额的计算

存货估价。对存货的估价目前没有专门规定。存货的税务处理采用会计处理方法，遵循《越南会计标准》。

资本利得。取得资本利得应当缴纳公司所得税。根据资产的属性，某些销售收入还应当缴纳增值税。外国投资者转让在越南注册公司的权益取得的利得，按照28%的标准税率纳税。

公司间股息。公司间股息目前不征税。外国所得。按照越南税法的规定，取得外国所得在缴纳公司所得税之前可以享受税收抵免。

折旧的扣除。从2004年1月1日起，税收折旧应与会计折旧区别对待。在计算公司所得税时，超过规定折旧率的部分不能扣除。对各类资产（包括无形资产在内）规定了最长和最短使用年限。一般采用直线折旧法计算，在特殊情况下也可采取双倍余额递减折旧法和生产折旧法。现行折旧率如下：

越南公司税折旧率表

| 资产种类 | 折旧率（%） |
| --- | --- |
| 建筑物 | 2～4 |
| 办公设备 | 10～20 |
| 汽车 | 10～16.66 |
| 机器和设备 | 3.33～6.66 |

2.个人所得税

（1）纳税人

越南个人所得税纳税人分为居民纳税人和非居民纳税人。外国人12个月中在越南居住和工作的时间满183天，则为居民纳税人，按累进税率纳税；在越南居住和工作不满183天，则为非居民纳税人，按单一税率纳税。

（2）征税对象、税率

居民纳税人应当就来源于全世界的所得纳税。非居民外国人仅就来源于越南的所得纳税，第一年适用25%的税率，以后年度适用居民外国人的税率。与越南签订了避免双重征税协定国家的居民个人纳税人，如果是越南的非居民纳税人并符合一定条件，则可以免缴个人所得税。

从2004年7月1日起，对居民外国人取得定期所得，征收个人所得税的应纳税所得额、税率如下（所得按月计算）：

越南居民外国人个人所得税税率表

| 级数 | 每月应纳税所得额 | 税率（%） |
| --- | --- | --- |
| 1 | 800万越南盾以下 | 0 |
| 2 | 超过800万至2000万越南盾 | 10 |
| 3 | 超过2000万至5000万越南盾 | 20 |
| 4 | 超过5000万至8000万越南盾 | 30 |
| 5 | 超过8000万越南盾以上 | 40 |

对不定期所得，应就每笔交易所得按照以下税率纳税：

越南不定期所得个人所得税税率表

| 级数 | 每月应纳税所得额 | 税率（%） |
| --- | --- | --- |
| 1 | 200万越南盾以下 | 0 |
| 2 | 200万至400万越南盾 | 5 |
| 3 | 400万至1000万越南盾 | 10 |
| 4 | 1000万至2000万越南盾 | 15 |
| 5 | 2000万至3000万越南盾 | 20 |
| 6 | 3000万越南盾以上 | 30 |

技术转让费按照每次5%的税率纳税（低于200万越南盾的所得无须纳税）。

博彩所得按照每次10%的税率纳税（低于1250万越南盾的所得无须纳税）。

海外赠与按照5%的税率纳税（低于200万越南盾的赠与无须纳税）。

（3）应纳税所得额和应纳税额的计算

①雇员毛所得的计算。个人取得的各种形式的所得都应纳税。经常性所得包括：工资、薪金、董事费、津贴、奖金，雇主提供的住房、电、水也应纳税。但如果实际住房费用低于雇员毛收入的15%，则只按毛收入的15%纳税。

一般情况下非现金福利都应当纳税，但是以下由雇主提供的费用除外：外籍儿童的学费、外国人的搬家费、雇员的教育或者培训费。

不定期所得（如海外赠与、博彩奖金、技术转让费、工业设计费、版税、技术研讨或者科学研究费）应当分别就每笔交易按照与固定所得不同的税率纳税。经营所得缴纳公司所得税而非个人所得税。

②资本利得和投资所得。按照越南税法规定，某些资本利得和投资所得暂时免税，包括银行存贷款利息、购买债券或者股票取得的利润、证券投资所得和证券买卖所得。

③经营性费用的扣除。经营性所得及费用的计算，按照公司所得税而非个人所得税的规定执行。非经营性费用不能扣除。

④个人补贴。某些类型的补贴无须纳税，如艰苦工作补贴、夜班补贴、固定的餐费补贴等。无个人扣除。

⑤净营业亏损的扣除。亏损可以向后结转5年，不允许向前结转。

⑥支付给外国子公司费用的扣除。支付给外国子公司的特许权使用费和服务费没有特殊限制规定，但是技术转让法规在特许权使用费和其他技术转让费方面有一些限制。债务和权益的限制比例为70∶30。

⑦已缴纳的特别销售税，在计算公司所得税时可以扣除。

在计算公司所得税时以下费用不允许扣除：

罚款；由于自然灾害或者偷盗等引起的财产损失；无论何种原因引起生产混乱而造成的损失；超过越南财政部规定的折旧率部分；超过总支出百分比限制（10%）的各类支出。

3.其他主要税种

(1) 增值税

增值税是对商品和服务的增值额征税。在越南设立的本国和外国的所有经营机构都应当缴纳增值税。从 2004 年 1 月 1 日起，根据商品和服务的种类，增值税税率分别为 0%、5%、10%（标准税率），此外还有许多税收减免措施。制造类和加工类产品的出口和出口劳务实行零税率。进口增值税的优惠政策从 2004 年 1 月 1 日起取消。

(2) 特别销售税

特别销售税只对部分商品和服务征收，如酒类、进口汽车、汽油、香烟、扑克、迪斯科舞厅、按摩、卡拉 OK、赌场、高尔夫球俱乐部、经营赌博和彩票的娱乐场所等。对于商品，只在生产或者进口环节征收特别销售税，税率为 15%至 100%。从 2004 年 1 月 1 日起，缴纳特别销售税的商品也应当纳税增值税。因自然灾害引起的损失以及汽车组装商，可以暂时免缴特别销售税。

(3) 社会保障税

雇主和雇员分别按照雇员工资的 15%和 5%按月缴纳社会保障税。外国人免缴社会保障税。

(4) 健康保险

健康保险由雇主和雇员分别按雇员工资的 2%和 1%缴纳。外国人免缴健康保险。

雇员缴纳的社会保障税和健康保险可以在计算个人所得税时扣除。

(5) 进出口税

一般商品的进口税税率是 0%到 50%。但是对某些产品，如酒和烟，税率高达 100%。对外国投资中作为资本投入的商品和来料加工再出口的商品，给予免税。由于越南加入东南亚国家联盟后，该国的关税到 2006 年降至 5%以内，所以越南政府修改了税率。在与东南亚国家联盟的成员国开展进出口贸易时，部分产品已实行修改后的新税率。

出口税只对出口自然资源征收，税率为 0%到 45%。

(6) 生产特许权使用费

生产特许权使用费以自然资源税的形式，对开采石油、天然气、其他矿产品、森林、鱼类和矿泉水等自然资源的产业征收，税基为产品价值，税率为 0%到 40%。

(7) 预提税

1998 年 12 月 31 日之后签订的贷款协定，其利息应缴纳 10%的预提税。但外国政府或政府性机构提供的海外贷款，按照双边税收协定的规定，可以免缴预提税。知识产权按 10%的税率纳税。

外国承包商应缴纳的增值税和公司所得税由承包方按应税流转额的一定比例预缴，转包额除外。根据合同的性质不同，预缴的比例不同。公司所得税和增值税的预提税税率都为 1%至 10%，预缴的增值税可以在增值税申报表中作进项抵扣。

增值税和公司所得税的预缴比例如下：

| 企业活动 | 增值税预缴比率(%) | 公司所得税预缴比率(%) |
|---|---|---|
| 贸易（包括提供水、食品、粮食，以及石化物资） | 1 | 1 |
| 服务 | 5 或 10 | 5 |
| 建筑及安装（不提供材料、机器和设备）、设计、监理、勘探 | 2.5 | 2 |
| 建筑及安装（提供材料、机器和设备） | 1.5 | 2 |
| 其他制造和运输 | 2.5 或 1.5 | 2 |
| 利息 | 免税 | 10 |
| 特许权使用费 | 免税 | 10 |

公司所得税和增值税的预提和缴纳义务由合同中的越方承担。

越南获得跨境租赁而向境外租赁者支付的租金应缴纳预提税，由 5%的公司预提税和 5%的增值税预提税组成，共计 10%。

## 二、主要税收优惠

越南政府规定，符合某些条件的企业和在鼓励投资的行业或者地区进行投资的企业，其公司所得税可以享受 10%、15%和 20%的优惠税率，优惠期为开始经营年度起 10 年之内或在整个项目存续期间。优惠期满后，税率调整回标准税率 28%。

外国投资者还可以享受免税期，即从企业开始赢利（冲抵亏损之前）起的一定时期内可以免缴公司税，并且在以后的一定时期内减半征税。免税期的长短直接与该项目适用的税率有关，最长可以达到 8 年。

位于出口加工区、工业区和高技术区的外国投资企业和建设—经营—移交项目，如果符合一定条件，还可以享受其他税收优惠。

（来源：安徽省芜湖市地方税务局网. http://61. 191. 29. 222/wuhu/dsfw/bszn/zcqqy/1214792496524415. htm. 2008—07—01）

# 在东盟十国开展投资合作的手续

## 在文莱开展投资合作的手续

### 一、在文莱投资注册企业需要办理的手续

1. 设立企业的形式

在文莱可以设立以下几种形式的企业：独资经营企业、合资或合伙经营企业、公司（私人或公共）及外国公司的子公司。

【独资与合伙经营企业】可以是个人、当地企业及外国公司的分支机构，具体规定包括：（1）合作伙伴不超过20个；（2）主管部门批准后，将签发企业名称证书，并征收30文币；（3）外国人申请必须事先获得文莱移民局、经济规划和发展局及劳工局的许可。

【公司（私人或公共）】可以是以股票或担保或股票及担保承担的有限责任企业，或无限责任企业。具体规定包括：（1）必须有至少2名及不超过50名股东；（2）股东可以是非文莱公民或居民；（3）股东转让股份的权力有限制，禁止任何公众股票招募；（4）子公司可以持有其母公司股票；（5）合伙协议必须填写公司注册人及公司名称，同时提供其他标准表格的企业文件；（6）主管部门批准后，将签发企业证书，并征收2文币；（7）注册费用取决于公司股票资本授权规模；（8）没有企业最低股本限制。私营企业还有以下要求：①指定当地注册的会计师；②逐年准备资产负债表。

所有企业必须注册名称，名称须经注册师的确认。每个名称征税5元文币。

2. 注册企业的受理机构

在文莱注册企业，须向文莱工业与初级资源部企业登记处申请。

3. 注册企业的主要程序

注册私人有限公司程序如下：

（1）按照指定格式（Form A）向文莱总检查长署企业注册部门提出申请，审核公司名称是否符合要求；（2）公司名称获《对外投资合作国别（地区）指南》批准后，30天内向公司注册处提供公司合作协议、章程、董事名单、情况说明、所有股东及董事的身份证或护照复印件等规定文件。注册费按照公司资本股金计收。最低档为资本金不超过2.5万文元的，按300文元征收；最高档为资本金达到1.5亿文元的，按3.5万文元征收注册费。

外国公司的子公司须提供以下材料：（1）有关章程企业等证明文件副本；（2）董事会名单及详细情况；（3）获批准后，将签发证书，并征收25文币费用；（4）没有最低股本要求。

还需完成以下程序：（1）指定在当地注册的会计师；（2）准备年度财务表、资产负债表及董事会报告；（3）准备分支机构账目；（4）每年提交账目报表；逐年向公司注册处提交申报表。

除合伙经营外，其他形式企业均须交纳公司税23.5%。

### 二、承揽工程项目的程序

1. 获取信息

文莱政府各部门在其公告栏刊登招标公告，并同时在每周的政府公报上刊登。此外，各主要报刊也定期发布招标信息。

2. 招标投标

按照有关规定，文莱政府投资项目一律采用招标方式。大型项目的招标要经过漫长和严密的法律程序。自筹资金承建项目，可通过议标方式进行。

文莱政府工程项目均无预付款，支付方式一般采用按工程进度支付，滞后三个月左右，因此承包商须垫资承包。文莱政府项目一般不存在工程款拖欠现象。

按惯例，项目标的在500万文元以下的项目一般会发标给第一标即最低标，而500万文元以上的项目则不一定是第一标中标，还要考虑其他因素。

3. 许可手续

在文莱承包工程的主管部门是发展部。承包商承揽当地工程需要到该部门申请承包建筑工程许可证，并接受该机构对承包工程的审查和项目监督。

### 三、申请专利

文莱总检查长署（Attomey General's Chambers）负责商标、专利、工业设计等的注册。在英国、马来西亚和新加坡申请的专利，在文莱注册后前3年有效。在文莱申请注册的专利，有效期为7年，可延长至14年。

文莱对版权保护尚无特别立法，但在需要时可适用英国的相关法律。

## 四、企业在文莱报税的相关手续

1. 报税时间

报税时间根据企业最初注册时间每年申报一次，最长逾期不能超过规定时间的 3 个月。

2. 报税渠道

通过文莱会计师事务所到文莱税务部门上报。

3. 报税手续及报税资料

文莱税收较少，报税手续比较简单，相关资料可向文莱当地会计师事务所咨询。

## 五、赴文莱的工作准证的办理

1. 主管部门

文莱负责外国人工作许可管理的部门是内务部劳工局。

2. 工作许可制度

外国人赴文莱工作，必须获得文莱当地劳动部门签发的工作许可。赴文莱就业则需事先由雇主申请工作准证，配偶及 18 岁以下的未成年人需要办理附属签证。外国人来文莱就业需要得到 3 年有效的工作准证，需事先向文莱劳工局申请。经文莱劳工局的推荐，文莱移民局将发给许可证。文莱劳工局要求申请者提供金额为文莱至劳工来源国单程机票款的押金或银行担保。工作准证在签发后 6 个月内不得更改。公司或外国公司的分支机构批准注册之前，申请将不会被接受。

3. 申请程序

在引进劳工的问题上，文莱对外宣称实施的是开放的政策，但为了确保劳工的流入不影响文莱本地人的生活习惯和价值观，实际操作中实行一事一批、个案处理。基本操作程序：

（1）由需要输入劳务的本地公司将公司经营情况、所需劳务的数量、国别及申请理由上报到文莱劳工局。

（2）由文莱劳工局、移民局等相关部门组成的审查委员会审批后下达劳务输入配额。

（3）申请单位获得配额后须在文莱政府认可的银行开设专门账户，按输入劳务的数量存入相应的劳务保证金（按法规要求此数额应相当于回到派出国的机票款），东盟国家劳务每人 600 文元，东盟以外国家（包括中国）每人 1800 文元。

（4）申请单位获取配额后直接招工或委托招工，招工时应出示的文件包括：文莱劳工局配额批准函、已交纳保证金的证明。

（5）申请单位到文莱移民局申领劳务人员工作签证后，劳务人员到文莱使馆申办签证。

（6）劳务人员抵达文莱后接受文莱卫生部的体检，体检通过后办理为期 1 年或 2 年的工作准证。文莱卫生部将疟疾、肺结核、艾滋病、性病、乙肝、羊癫疯、精神病和毒瘾等疾病列为“不适合工作”病症，除疟疾患者外，其他患者均需遣返。

（7）劳工工作准证到期须回国或申请工作准证延期。

根据上述流程，从申请到获得配额一般需 3 个月或更长的时间。

另外，专业人士短期到文莱可以办理有效期三个月（可以延续三次，最长一年）的专业工作签证，由雇佣公司持申请信函和护照、执业证书等到文莱移民局申请，此手续办理较快，但现已停办。

建筑公司申请劳工时须出示有关项目的清单，如不能证明项目能超过一年，则只能得到一年的配额，如此后再获得新的项目，则可以申请延续配额的有效期。

文莱业主办理保证金的方法：

（1）业主在拿到文莱劳工局的配额通知后即向文莱政府指定的银行存入保证金，项目结束外籍劳工都回国后，文莱政府退还保函，业主可以获得全额退款。这种方法只有在输入人数较少时或政府有强制要求时使用。它要占用业主一定数额的资金，而且退还保证金的时间较长。

（2）业主在拿到文莱劳工局的配额通知后即向保险公司按比例交纳少量金额，申请一份担保函，凭此担保函到文莱银行办理银行保函，交给政府抵押用。项目执行完毕外籍劳工都回国后，政府取消银行保函即可。实际上业主并没有付出多少钱就可以拿到一大笔银行保函，既节约了资金，也减少了风险。如果劳务人员出了问题，需要扣除保证金，也由文莱银行负责。

4. 提供资料

提供的资料包括：（1）雇主或赞助人的申请函；（2）工作准证申请表；（3）签证申请表；（4）护照复印件或有效旅行文件；（5）雇主的劳工执照；（6）劳工局表格 Form500。

［来源：改编自商务部国际贸易经济合作研究院，商务部投资促进事务局、中国驻文莱大使馆经济商务参赞处共同主编.《对外投资合作国别（地区）指南——文莱》. 第 43～47 页］

# 在柬埔寨开展投资合作的手续

## 一、在柬埔寨投资注册企业需要办理的手续

任何在柬埔寨从事商业活动的企业都必须进行注册，否则将被以非法从事商业活动罪论处。

1. 设立企业的形式

在柬埔寨进行经济贸易活动，环境比较宽松，经商标准比较低，可以个人、合伙、公司等各种商业组织形式注册。

2. 注册企业的受理机构

柬埔寨商业部负责管理工商登记簿，企业应在设立前向柬埔寨商业部商业注册局或商业部指定的工商登记处进行注册。

在柬埔寨设立分支机构或代表处的企业也应到商业部商业注册局注册。

在柬埔寨从事投资的企业或个人如需获得投资优惠，则还应首先向柬埔寨发展委员会（CDC）提交投资申请，获得有条件注册证书后再进行注册。

3. 注册企业的主要程序

【注册申请】企业的一位董事或股东应亲自前往主管部门填写注册登记表，提出申请。柬埔寨商业注册局可为注册者提供公司章程蓝本。注册应提交的文件包括：注册登记申请表、公司章程、文件属实证明、在指定刊物上发布广告的申请、全部董事或股东的身份证或护照复印件和照片、董事无犯罪记录证明、股权分配决定（如有自然人参与）、办公地点以及其他商业部要求的文件。

【注册审批】主管部门受理注册申请后，将颁发标有注册号的注册证书。该证书自颁发之日超1个月内为临时证书，在此期间，登记员发现申报材料有误的，可提出异议并吊销注册号。注册审批时间视情况而定，一般为1周。注册费用视公司的形式和规模而定。

【注册时效】注册证书从注册之日起，有效期3年。企业应在注册证书到期前30天再次申请换发新的证书。若企业延误申请新的证书，则被视为违法，其原有证书作废，企业必须重新申请注册并缴纳有关费用。

【开立银行账户】注册的公司应在柬埔寨境内银行开立1个或1个以上银行账户。

## 二、承揽工程项目的程序

1. 获取信息

国家项目由各主管部门发布信息，各省及主要城市也发布本地区的项目信息。此外，各主要报刊也定期发布招标信息。

2. 招标投标

柬埔寨国家投资项目或国际组织贷款和援助项目，一律采用招标方式。

招投标基本程序包括：

（1）准备阶段：设计及其费用估算；向银行提交设计及其费用估算，征求银行意见并获得批准；招标文件准备；向银行提交招标文件，征求意见并获得批准。

（2）资格预选阶段：邀请参加资格预选（在报纸上登广告）；评估委员会对资格预选进行评估；资格预选评估报财政部批准；资格预选评估报银行批准；向承包商通知资格预选结果；确定符合资格预选条件的承包商。

（3）招标及评标阶段：发标；承包商准备投标；开标；评标委员会评标；评标结果和授标建议报财经部批准；评标结果和授标建议报银行批准；签署合同。

（4）选择决选名单阶段：邀请说明取费率；顾问或监理准备说明取费率；向项目执行部提交取费说明；评估委员会对取费说明进行评估；公司决选名单报财经部批准；公司决选名单报银行批准。

（5）方案准备阶段：邀请决选名单中的公司提出方案；决选名单中的公司准备方案；提交方案。

（6）技术和财政评估阶段：评估委员会对技术方案进行评估；技术方案报财经部批准；技术方案报银行批准；请决选名单中的公司公开财政方案；评估委员会对财政方案进行评估；按技术方案和财政方案综合最高分的授标建议报财经部批准；按技术方案和财政方案综合最高分的授标建议报银行批准；签署合同。

3. 许可手续

在柬埔寨承包工程需要提供公司资质证明、母国出具的对外承包工程权证书、柬埔寨商业部注册证书及银行提供履约保函，还要经过招标资审，且要通过评标并中标。

## 三、申请专利

柬埔寨《专利、实用新型与工业设计法》规定柬埔寨工业矿产能源部为申请专利、注册实用新型和工业设计的主管部门。

发明专利的申请书应该向柬埔寨工业矿产能源部申报，其内容应包括申请文、关于发明的陈述、

坚称及图案的显示。倘若有必要的话，还应附有发明项目的简介。递交的申请书应按《柬埔寨王国知识产权法》第一百三十条款中所作出的规定交纳一定的税款。允许延迟时间为6个月，缴税时应连同滞纳金一起上缴。倘若不按照本条款所阐明的条件缴纳年度税金，将把发明专利的申请书退回，或宣布发明专利证书无效。

为管理专利和专利申请，专利权所有人每年需提前向专利登记处缴纳年费。专利登记处授予或驳回专利申请之前，专利申请人可转为申请实用新型证书。专利登记处授予或驳回实用新型证书申请之前，专利申请人可转为申请专利。

在申请注册时，若想得到持簿官承认其申请书申请注册日期，必须在申请书上附有以下可靠资料：阐明要求获得发明申请专利证书的愿望；表明申报者的身份的资料；附在申请书资料中应有一部分是专门用来论述发明项目的。

工业设计注册有效期5年。注册后可连续延期两次，每次5年。

发明专利证书的有效期，从发明专利申请注册之日起为期20年。

**四、企业在柬埔寨报税的相关手续**

1. 报税时间

企业完成商业注册后，需在1个月之内到柬埔寨财经部税务司进行税务登记。税务登记后，企业按月报税，于每月15日前将税务月报表呈交柬埔寨税务局，并按额缴税。每年年初呈交上一年度税务年报表。

2. 报税渠道

企业可自行或通过会计师事务所、律师事务所等中介进行报税。

3. 报税资料

每月提供税务月报表（企业注册资本、当月营业额、当月利润），年初提供上一年度税务年报表（企业注册资本、年营业额、年利润）。

**五、赴柬埔寨工作准证的办理**

1. 主管部门

柬埔寨劳工部负责外国人工作许可管理。

2. 工作许可制度

外国劳工必须持有劳工部颁发的工作许可证，该工作许可证的有效期为1年，可以延期，但延期不得超过居留许可证确定的期限。外国人的工作合同每次期限不超过2年。工作合同可以用外文，但应附有一份柬文。工作合同应明确规定符合柬埔寨劳动法的主要雇佣条件。外国人在合同工作期满后要在柬埔寨继续工作应重新报批。

3. 申请程序

根据柬埔寨劳工法的规定：需要雇佣外国专业技术和管理人员的企业，必须在每年11月底前向柬埔寨劳工部申请下一年度雇佣外劳的指标。每个企业所雇佣的外劳不得超过企业职工总数的10%。未申请年度用工指标将不被允许雇佣外劳。

4. 提供资料

(1) 雇主预先获得在柬埔寨工作的合法就业证；(2) 雇主的聘用证书；(3) 有效护照；(4) 有效签证；(5) 健康证明。

［来源：改编自商务部国际贸易经济合作研究院，商务部投资促进事务局、中国驻柬埔寨大使馆经济商务参赞处共同主编.《对外投资合作国别（地区）指南——柬埔寨》. 第49～54页］

## 在印尼开展投资合作的手续

在印尼投资合作办理相关手续，可向印尼投资协调委员会等官方机构咨询，也可向律师、投资顾问、咨询机构和中国驻印尼使领馆经商处等部门咨询。

**一、在印尼投资注册企业需要办理的手续**

1. 设立企业的形式

在印尼投资设立企业的形式包括有限责任公司和代表处两种。

2. 企业注册的受理机构

设立有限责任公司和代表处均需得到印尼投资协调委员会（BKPM）批准。外国投资可以在印尼雅加达由投资协调委员会（BKPM）批准，也可以由其在印尼各地和驻国外的代表机构批准。但是，外资欲在保税区内投资项目，投资者必须经过各保税区管理机构向投资协调委员会（BKPM）递交其投资申请。

3. 企业注册的主要程序

投资者在印尼投资前，首先应查阅《非鼓励投资目录》(DNI)，该目录包含了对国外投资者禁止和限制经营的业务范围；如在印尼进行资金投资，投资者必须专门查阅《资金投资技术指南》(PTP-PM)，该《指南》中的一些章节列明了允许投资的具体经营范围，资金投资的申请和运作行为，必须按有关规定操作。

若投资申请得到批准，由投资协调委员会（BKPM）主席、印尼政府海外代表机构首席代表、或地区投资协调委员会（BKPMD）主席颁布投资批准证书。从收到申请到颁布投资批准证书的全过程，最多只需10个工作日。在颁布投资批准证书后，外国投资公司即可按照有限责任公司的有关条款，以章程公证的形式依法成立。

在印尼投资注册主要程序如下：

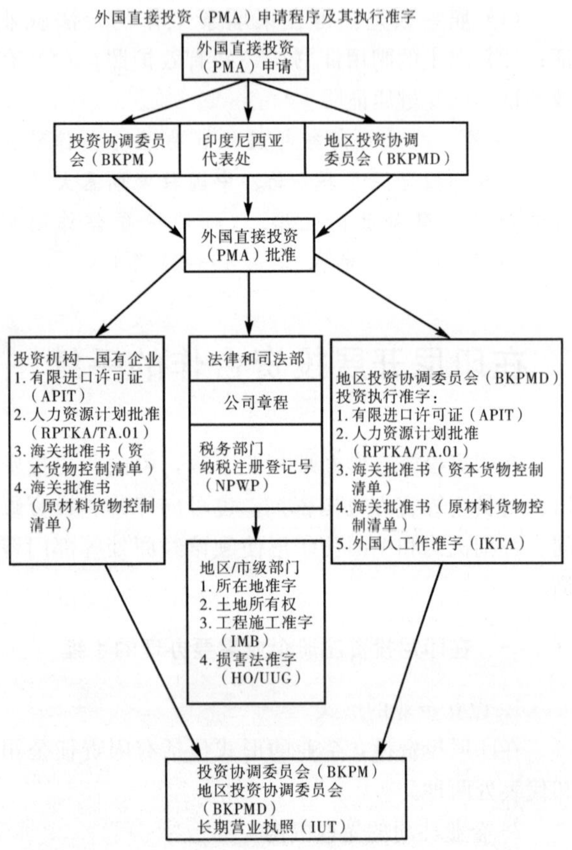


图1　外国直接投资（PMA）申请程序及其执行准则

## 二、承揽工程项目的程序

1. 获取信息

印尼的承包工程项目主要分为四类，即国际金融机构援助项目，如世界银行、亚洲开发银行、欧洲复兴开发银行等提供资金的项目；外国资金援助的印尼政府项目；外国和本国资金投资的政府项目；私人资金项目。前三类项目由印尼国家计委或印尼公共工程部、能矿部、交通部和国家电力公司等具体实施项目部门对外发布项目招标信息。私人项目则多通过商业关系寻求合作伙伴。以上信息，大多可通过印尼当地报纸、电视、网络等途径获得。

2. 投标方式

根据印尼国家法律和国际金融组织项目要求规定，由国际金融组织贷款或援助项目，一律采用招标方式；而使用某一国家特定贷款项目，一般采用在援助国国际公司中公开招标形式，但也可通过两国政府协商确定项目实施公司；印尼政府自筹资金项目的招标形式比较灵活，视情况可进行国际招标或只在印尼公司中招标；私人项目则由项目业主自行决定议标或招标。

3. 办理许可

在印尼承包工程的主管部门是公共工程部。中标的外国公司必须在印尼成立有限责任公司或代表处并取得印尼公共工程部颁发的承包工程准字，方可与项目业主签约。从事承包工程业务的外国公司，其印尼合作伙伴必须是具有“A”级资格的印尼承包商或印尼承包商联合会成员。进行工程业务咨询的公司，印尼合作伙伴必须是具有“A”级资格的印尼咨询商协会成员。“A”级资格的承包商是指拥有价值1亿盾的设备，至少有3名工程师，一年至少有10亿盾营业额的工程承包商。

## 三、申请专利

现行的印尼《专利法》为2001年颁布的第14号法律。按照印尼《专利法》规定，专利申请要由发明人或者申请人提出，申请专利需以印尼文书面向印尼知识产权理事会提出。专利申请应自申请之日起18个月内公开，公开时间为6个月，申请人提出审查请求之后36个月之内结案，不服驳回的可在三个月内提出复审请求。

专利代理人必须是知识产权理事会注册的知识产权法律顾问。

专利申请文件包括：申请日期、申请人地址、发明人姓名及国籍、专利代理人姓名及地址（通过专利代理人提出申请时）、特别授权专利代理人、专利请求书、申请发明专利名称、权利要求书、专利说明书、该专利照片、专利摘要。专利申请相关的费用包括申请费、专利公告费、专利转让记录和公告费、专利许可登记和公告费、强制许可申请费及专利年费。

印尼《专利法》要求发明人在印尼实施新产品生产后方能申请专利。专利的保护期限为自申请日起20年，小专利（印尼无实用新型专利）的保护期限为自申请日起10年，两种专利均不得续展。

现行《专利法》规定，涉及以下内容的发明不得授予专利权：1. 违反法律法规、宗教道德、公共秩序和伦理；2. 人和/或动物的检查治疗、治疗方法；3. 科学和数学理论、方法以及除微生物外的活体生物；4. 动植物培育过程中不可或缺的生物方法。

此外，印尼《专利法》还规定，在规定期限内不缴纳专利费用的取消专利资格。有关专利的诉讼案件必须在案件提交之后的180个工作日之内结案。侵犯他人专利权者最高可处4年监禁和/或5亿印尼盾的罚金。侵犯小专利者则最高可处2年刑期和/或2.5亿印尼盾的罚金。

### 四、企业在印尼报税的相关手续

1. 报税时间

除根据印尼政府从1月1日到12月31日财政年度报税外，企业也可使用会计年度报税，企业纳税通过月度分期付款的方式来进行。

2. 报税渠道

企业自行到印尼税务部门报税。

3. 报税手续

纳税年度期间应当由纳税人本人每月缴纳分期支付税款的数额，应当等于根据前一纳税年度的《年度所税申报表》到期应付的税款，并且扣除下列所得税：已按规定扣缴的所得税和已征收的所得税；在境外已付或到期应付，并且属于规定的可抵免的所得税。在提交前一年纳税年度《年度所得税申报表》的到期日前，纳税人本人应立即缴纳的分期支付税款的数额，等于年度最后月份的分期支付税款的数额。如果在前纳税年度期间签发了前一纳税年度的税收查定，就应当以有关的税收查定为基础重新计算分期支付税款的数额，并且应当自前一纳税年度的最后月份起生效。

### 五、赴印尼的工作准证的办理

1. 主管部门

印尼负责外国人工作许可管理的是移民局。

2. 工作许可制度

外国人在印尼工作，必须向印尼大使馆申请工作签证，以及通过雇主办妥印尼劳工部工作准证，并在抵达印尼后在规定时间内办理临时居留等相关手续。

3. 申请程序

印尼雇主向投资协调委员会（BKPM）申请人力资源计划（RPTKA），并向印尼劳工部申请TA.01推荐表。以TA.01表格推荐为基础，印尼移民局局长将向印尼驻外机构发出指示，允许为有关外国人签发限期居留证（VITAS）后，便到印尼相关移民局办理临时居留证（KITAS）和工作准字。

4. 提供资料

护照或旅行证件的有效期必须在18个月以上；一封海外或印尼担保人的推荐信；由外国投资公司（PMA）或印尼国内投资公司（PMDN）雇用的申请人、作为海外技术援助专家的外国申请人必须附上行业主管部门和人力资源部、投资协调委员会（BKPM）的推荐信和使用外国人的人力资源计划（RPTKA）批准书；入境费（签证费）：限期居留签证每人40美元，限期居留准证每人125000印尼盾。

［来源：改编自商务部国际贸易经济合作研究院，商务部投资促进事务局、中国驻印度尼西亚使馆经济商务参赞处共同主编.《对外投资合作国别（地区）指南——印度尼西亚》. 第35～40页］

## 在老挝开展投资合作的手续

### 一、在老挝投资注册企业需要办理的手续

1. 设立企业的形式

可以设立私营企业、股份企业和公司三种。

私营企业指的是个人拥有全部所有权，以个人名义开展经营并无限制承担企业一切债务的企业形式。

股份企业指的是两个或几个以上个人在协议的基础上共同出资、共同经营、共负盈亏的企业形式。股份企业分为一般股份企业和有限股份企业两种。一般股份企业指的是股东以相互信任为基础共同经营并无限制共同承担债务的企业形式；有限股份企业指的是对债务负有限责任，即“债务有限股东”的企业形式。

公司指的是以资金入股，各股价值相同，股东按照八股比率来承担公司债务的企业形式。公司分为有限公司（含一人有限公司）和大众公司两种。有限公司指的是两个或两个以上但不超过三十个股东持股的公司形式。只有一个人持股的有限公司叫“一人有限公司”；大众公司指的是由至少九个股东成立并可以自由转让股份和对外公开销售股份的公司形式。

2. 注册企业的受理机构

企业注册由老挝工业贸易部（或省/直辖市工业贸易厅）企业注册办公室受理。

3. 注册企业的主要程序

（1）向老挝计划投资部（或省/直辖市计划投资厅）申请外国投资许可证；

（2）获得外国投资许可证2日内向老挝工业贸易部（或省/直辖市工业贸易厅）企业注册办公室递交企业注册申请材料（含：企业注册申请书、企业名称许可证、投资许可证、成立协议、企业章程及授权书等）；

（3）递交申请后10个工作日获得批复（如未获批准将有书面说明）。

为便于外国投资者到老挝投资，老挝政府在计划投资部投资促进管理局及省/直辖市设立“一站式”服务办公室，受理外国投资并负责办理企业投资、注册的相关手续。

在老挝注册的外国企业可以在老挝银行开设外汇账户，用于进出口结算。外汇进出老挝需要申报。携带现金如超过5000美元，需要申报并获得同意后方可出入境。在老挝工作的外国人，其合法税后收入可全部转出国外。

## 二、承揽工程项目的程序

1. 获取信息

国家筹资的项目由老挝各主管部门发布信息；各省及主要城市也设有市政基础设施管理部门，负责发布本地区的发展战略与项目信息。一般而言，招标项目均在老挝主要报刊上发布招标信息。

2. 招标投标

一般而言，老挝国家投资或国际组织贷款和援助项目，多数采用招标方式；自筹资金承建项目或国别援助项目可通过议标方式进行。

3. 许可手续

在老挝承包重大工程项目，一般是通过项目业主向老挝总理府报批，获批后即可签订工程承包协议并进行施工，监理单位可由施工单位推荐，由项目业主最终决定。

## 三、申请专利

老挝国家科技署是负责包括专利在内的一切知识产权事务的主管部门，下设省/市科技厅，企业或个人申请专利须向其提交申请。专利保护期为创作者终身及死后50年。

## 四、企业在老挝报税的相关手续

1. 报税时间

报税时间是12月31日前，但利润税按季度缴纳，个人所得税逐月缴纳。

2. 报税渠道

根据老挝法律，企业按规定直接向所在税务登记部门缴纳。

3. 报税手续

根据老挝的法律，企业在老挝的纳税手续是企业自己到所在税务登记部门申报并缴纳。

4. 报税资料

企业在老挝纳税需要提供的相关材料：税务报表、发票、外国投资许可证、企业营业执照、企业经营许可证等。

## 五、赴老挝的工作准证的办理

1. 主管部门

老挝负责外国人工作许可管理的部门是老挝劳动社会福利部外国工作人员管理司。

2. 工作许可制度

外国人赴老挝工作，必须获得老挝当地劳动部门签发的工作许可，并在老挝驻申请所在国大使馆或领事馆办理B2商务签证。

3. 申请程序

工作许可证由在老挝的雇主（公司或个人）向老挝所在地劳动主管部门提出申请，经审核后，14个工作日内发放工作许可证。

4. 提供资料

申请工作许可证需携带聘用单位的聘用许可证明；一张一寸照片；含B2商务签证的护照和办证费用（120美元/人/年）。

## 六、投资经营程序和法定手续

1. 事先咨询

企业或个人进入老挝投资经商应事先向老挝计划投资部外国投资促进管理局、老挝工业贸易部对外贸易政策司、老挝国家工商会、老挝贸易促进中心等老挝政府部门以及中国驻老挝大使馆经商处、老挝中资企业商会等机构咨询相关政策、环境情况。

2. 深入考察

企业或个人进入老挝投资经商应对感兴趣的领域和项目作全面深入的考察。

3. 提交申请

企业或个人完成投资经营考察后，决定在老挝投资经营者应向老挝计划投资部投资促进管理局递交相关投资申请并获得投资许可证。

4. 审批部门和权限

（1）目前老挝开展外国投资合作的审批程序

为：中央和省二级审批，一个窗口对外，即由老挝计划投资部的投资促进局及各省的计划投资厅统一受理投资合作项目的申请。其中涉及水电、矿产项目及投资金额超过500万美元、土地租赁面积超过100公顷的项目须向老挝计划投资部的投资促进局提出申请；涉及木材加工行业直接向老挝工贸部申请；其他项目向各省计划投资厅提出申请。由老挝投资促进局和老挝投资厅分别征求同级有关部门意见。汇总意见后由老挝计划投资部报老挝总理府审定，经授权由老挝计划投资部同投资业主签订合同并颁发投资许可证；省级投资项目由计划投资厅汇总后报省政府审定，经授权由计划投资厅同投资业主签订合同并颁发投资许可证。其中涉及水电、矿产的重点项目，由老挝总理府提交老挝党政治局批准；土地面积超过1万公顷的项目由老挝总理府提交国会批准。

（2）申请项目前的准备阶段：涉及水电、矿产现场踏勘须向老挝能矿部有关司咨询和申请；涉及其他工业投资项目按500万美元审批权限分别向老挝工贸部和各省工贸厅咨询有关情况；涉及农业、林业投资项目按500万美元及100公顷土地面积审批权限分别向老挝农林部和各省农林厅咨询有关情况。

（3）老挝政府正在对现行的投资法进行修订，将把现有国内、国外两部投资法合二而一，并将进一步扩大省级审批权限等等，该修订案于2009年12月的国会全会上审批通过。

5. 注册企业或办事处

企业或个人决定在老挝投资经营，须按照老挝法律法规向老挝计划投资部（或省/直辖市计划投资厅）申请外国投资许可证；获得外国投资许可证2日内向老挝工业贸易部（或省/直辖市工业贸易厅）企业注册办公室递交企业注册申请材料（含：企业注册申请书、企业名称许可证、投资许可证、成立协议、企业章程及授权书等）；递交申请后10个工作日获得批复（如未获批准将有书面说明）。企业注册后，须在3个月内注入30%的注册金；办事处须按年缴纳管理费等约600美元。

为便于外国投资者到老挝投资，老挝政府在计划投资部投资促进管理局及省/直辖市设立“一站式”服务办公室，受理外国投资并负责办理企业投资、注册的相关手续。

6. 办理国内有关手续

企业或个人决定在老挝投资经营，须按照中国商务部境外投资管理办法，到所属中央或地方主管部门递交境外投资申请并获得境外投资批准证后办理有关外汇、海关、出入境等手续。

7. 到经商处报到登记备案

中国企业在进入老挝市场过程中，应按照中老双方政府的规定，办理两国政府批准投资的法律文件，并在当地注册后，及时将上述相关法律文件复印件［含：（1）（商务部）企业境外投资或设立机构批准证书；（2）省/直辖市商务厅（局）的批复；（3）境外中资企业（机构）报到登记表；（4）（老挝）外国投资许可证；（5）（老挝）公司或办事处营业执照；（6）（老挝）公司或办事处税务登记；（7）（老挝）项目经营许可证；（8）公司负责人和联络人联系方式］到使馆经商处报到登记备案。正常情况下，保持与经商处的联络，每年1月10日前将公司上年度经营情况抄报经商处。

［来源：改编自商务部国际贸易经济合作研究院，商务部投资促进事务局、中国驻老挝大使馆经济商务参赞处共同主编《对外投资合作国别（地区）指南——老挝》. 第19～20页］

## 在马来西亚开展投资合作的手续

在马来西亚办理投资合作相关手续，需向当地律师、专门秘书或代理机构以及相关咨询机构寻求帮助，有关政策事项也可与中国驻当地使馆经参商处/经商室联系。

### 一、在马来西亚注册企业需要办理的手续

1. 设立企业的形式

在马来西亚，外商投资设立企业的形式主要包括公司代表处（办事处）、分公司、有限责任公司和股份有限公司四种。

2. 注册企业的受理机构

中国企业在马来西亚设立代表处（办事处）、分公司、有限责任公司或股份有限公司，均须到马来西亚公司注册委员会（简称SSM）或通过互联网络（http://www.ssm.gov.my）提交申请，进行注册登记。

3. 注册企业的主要程序

【注册申请】申请企业填写有关申请表格，向马来西亚公司注册委员会提出申请。

【注册审查】公司注册官员审查拟议中的公司名称是否被使用，如未被使用，则该名称为申请者保留3个月。

【提交材料】3个月之内，申请者依据不同的企业形式相应地向注册官提供不同的文件，具体需提供的文件清单可咨询专业秘书公司或律师事务所。

【批准申请】公司注册官审查申请材料，批准公司注册，并发出同意公司注册文书以及公司代码（主要供缴纳税务使用）。

【开设银行账户】公司注册完毕后，可凭有关文件到马来西亚当地银行开设公司银行账号。

## 二、承揽工程项目的程序

1. 获取信息

马来西亚大型工程项目从可行性研究、设计到最后实施需要较长时间，工程公司应从各种渠道获取工程前期信息，密切跟踪，适时介入。一般而言，政府出资项目由政府主管部门发布信息，私人项目通过主要报刊定期发布招标及项目信息。

2. 招标投标

在马来西亚，由世界银行、亚洲开发银行和其他外来资金参与的项目均按国际标准公开招标。政府财政拨款的工程项目，一般把招标对象限定在拥有A级资格的马来西亚本地公司，外国公司需从中分包或合作。私人发展项目招标对象限制较少，但最大的风险是支付保障问题，要慎重选择有实力有信誉的业主。在马来西亚，无论是哪类项目，均存在议标的情况。

3. 许可手续

在马来西亚主管承包工程的政府部门是建筑业发展局（CIDB）。承包商与当地发展商签订承包合同后，需要向该局申请办理施工许可证，并由其查验承包公司资质和监督审查项目进展情况。一般情况下，承包公司还需申请的许可有机械设备使用许可（机械管理部门）和工人现场驻地和设备材料堆放许可（市政管理部门）。

## 三、申请专利

马来西亚的专利管理机构是马来西亚专利委员会，委员会主席由马来西亚国内贸易及消费者事务部秘书长担任，企业申请专利须向该委员会的专利特许处申请。

申请程序：

1. 申请工业新式样专利注册时，须提呈相关数据至马来西亚专利局，如申请人数据、图标、新颖性说明及委任状等。

2. 修正：申请人可针对其新式样专利申请案进行修正。然若该修正会扩大原专利范围，则不被允许。若经修正后，决定将一项或数项新设计从原申请案移除，则申请人可在原申请案告准前的任何时候针对被移除的新设计提出分割案申请。而该分割案可延用母案之申请日。

3. 进入审查阶段：一旦新式样专利申请案取得申请日且未被撤回，即直接进入形式审查阶段，而不需新颖性调查。若审查结果为本案不符合形式审查的要求，则申请人可在期限内进行修正答辩的作业，以期符合审查委员的要求，否则马来西亚专利局将拒绝本案注册。

4. 核准注册及公告：一旦新式样专利案准予注册后，马来西亚专利局将纪录相关数据以进行注册作业，并颁发注册证书予申请人。之后，马来西亚专利局将尽快将该专利相关资料（如申请人姓名、地址等）公告于公报上。

新式样专利案自申请日起算5年，可延展2次，每次延展5年，共15年。

## 四、企业在马来西亚报税的相关手续

1. 报税时间

在马来西亚，个人必须于每年4月30日前呈报前一年度的个人税务；企业必须于企业财政年度结束后的七个月内向税务机关报税。

2. 报税渠道

马来西亚企业可以指派内部有专业资格的人员到税务机关报税，也可委托有税务代理执照的会计师向税务机关报税。

3. 报税手续

根据法律规定，在马来西亚报税的基本程序是企业按照成立时领取的报税编号向税务机关索取有关报税表格，填写有关呈报内容，缴纳税务。

4. 报税资料

企业在马来西亚报税需要提供的资料包括：企业报税编号、企业基本资料（股份及董事会构成等）、企业银行账户、企业财政年报、派发股息情况以及企业资产损益表等。

根据规定，企业每月须向税务机关缴纳自行估计的税务，到财政年度结束时再统一报税，多缴退还，少缴补足。但是如果少缴的税务超过30%，则要罚款10%。如果个别月份利润增长发生变化，需要单独报告说明。

## 五、赴马来西亚的工作准证的办理

1. 主管部门

负责具体办理外国人工作准证的管理部门是马

来西亚内政部移民局（http://www.imi.gov.my）。

2. 工作许可制度

外国人赴马来西亚工作，必须获得马来西亚内政部移民部门签发的工作许可，赴马来西亚前应事先办理好工作准证。

3. 申请程序

（1）制造业公司外籍管理人员职位。由外资公司向马来西亚工业发展局提出申请，马来西亚工业发展局视公司投资额核定名额，再交由其内部"一站式"服务部门统筹审批。外籍管理人员期限一般为5年，期满后可再延长5年。

（2）制造业公司雇佣外籍劳务。由雇主向马来西亚工业发展局提交申请，由其内部"一站式"服务部门统筹处理。外籍劳务的基本雇用期为3年，表现良好可再延长2年。

（3）制造业以外其他领域雇佣外籍劳务。由雇主向马来西亚内政部外籍劳工处提交申请。政府对外籍劳工实行个案批准制度，并附带一定条件；雇主必须在尝试雇用马来西亚本国公民未果后，才可以考虑雇佣外籍劳工。

4. 提供资料

公司申请信函（申请职位及说明、工作时间、每月工资等）；已缴纳印花税的雇佣合同；公司注册文件；护照原件及复印件、学历证明或技术等级证书复印件及英文翻译件；申请人个人简历；标准护照照片；相关申请表格（一般为Form DP11）。

需要资料及有关费用要求详情请查阅马来西亚内政部移民局官方网站：http://www.imi.gov.my/eng/perkhidmatan。

办理工作准证过程中应该注意：根据马来西亚法律规定，雇主应该亲自向政府提出雇用外籍员工的申请，但由于马来西亚外籍人士办理工作准证手续比较复杂，建议中国企业办理前向马来西亚当地有经验的人力资源顾问公司咨询，请其提供有关协助。还需注意：最好亲自申请，但必须了解员工情况，熟知程序；合理控制办理准证费用；和马来西亚移民局官员交涉时注意掌握技巧；委托马来西亚政府认可并批准的中介代理。

［来源：改编自商务部国际贸易经济合作研究院，商务部投资促进事务局、中国驻马来西亚大使馆经济商务参赞处共同主编《对外投资合作国别（地区）指南——马来西亚》. 第41～44页］

# 在缅甸开展投资合作的手续

## 一、在缅甸投资注册企业需要办理的手续

1. 设立企业的形式

根据外国投资法规定，外国投资可独资或合资或成立股份有限公司，如果成立合资经营企业，外资比例不得低于总投资的35%。

2. 注册企业的受理机构

企业注册的受理机构为缅甸投资委员会（MIC）。

3. 企业注册的主要程序

（1）根据《缅甸联邦外国投资法》要求，向缅甸投资委员会提交申请表（FORM1），申请表应含以下文件：

①企业财务状况表（近几年账务审计情况）；

②开户银行推荐信；

③项目经济可行性报告；

④根据合作性质，如果项目属外商独资，则须提供一份拟与主管部门签署的草本合同；如果项目属合资项目，则须提供一份拟与合作公司签署的草本合同。准备必需的协议草案，如：合资协议；租赁协议；独资项目协议（由有关主管部门代表签字）；

⑤若该项目是以有限公司的名义经营的，应提交按《缅甸公司法》起草的《公司备忘录》或《公司章程》；

⑥按《缅甸联邦外国投资法》第十章26款规定提交税务减免申请函。

（2）由投资和公司管理指导委员会（DICA）对所提交项目建议书进行详细研究。并从以下几方面进行审查：

①实施项目是否符合被推选条件；

②文件是否齐全一致；

③经济可行性和项目的商业期限；

④技术适用性；

⑤市场状况；

⑥提供就业机会；

⑦项目实施对环境影响。

（3）投资和公司管理指导委员会（DICA）向政府代理公司或投资者及其代表咨询有关技术问题，并将文件提交MIC；

（4）如果所需提交的文件资料齐全，约在2个

月内完成报批手续。

## 二、承揽工程项目的程序

1. 获取信息

一般情况下，缅甸政府各部门及下属司局或直属企业可直接对外发布工程项目招标信息，省级政府亦有部分自筹资金项目对外招标，但市以下级政府对外招标项目数量极少。缅甸主流媒体（《缅甸新光报》《镜报》等）也会定期发布一些项目招标信息。中国企业一般通过直接联系有关政府部门或通过缅方合作伙伴介绍等方式获取项目信息。

2. 备案及协调制度

按照《商务部关于加强中国驻外使（领）馆经商参处（室）管理对外投资合作工作的指导意见》（商合发〔2008〕270号）、《对外承包工程项目投（议）标协调办法》以及《对外承包工程项目投（议）标协调办法实施细则》等有关文件规定，中国企业在缅甸承揽工程项目须由驻缅经商机构出具推荐函的（详见商合发〔2008〕270号），须按照有关规定在驻缅经商机构对有关项目信息进行备案，并接受驻缅经商机构的指导和协调。

3. 投标方式及流程

缅甸政府规定，承包工程项目原则上采用公开招标的形式，但由政府部门自筹资金且金额在10万美元以上的项目，必须有3家以上的承包商进行投标。

通常，发标部门对各投标方的技术细节与价格进行比较，形成授标意见后报请缅甸国家采购委员会审批。缅甸国家采购委员会一般要与竞标企业再进行一轮价格谈判，之后或维持发标部门的意见，或做出新的授标决定。根据缅甸国家采购委员会的意见，发标部门须上报缅甸国家贸易委员会审批，批准后再报缅甸内阁批准通过，最后进入实施阶段。

## 三、申请专利

专利注册与商标注册类似，也采用注册登记制度，在缅甸农业灌溉部设在各省、邦的注册局办理。依照现行规定，外国人不能直接提出专利注册申请，需以合法注册的缅甸公司的名义或者缅甸当地代理人的个人名义提出申请。注册成功后，需要在报纸上发布公示，时间一周。公示期间如没有人提出异议，登记注册即可生效。专利权受到侵犯时，可参照缅甸商标权的有关规定提起民事诉讼。

## 四、企业在缅甸报税的相关手续

1. 报税时间和渠道

根据《缅甸税务法》（1992）、《缅甸国内税收实施细则》（1987）规定，企业可以在取得收益之年年底算起三个月内，凭可靠的证明向缅甸各省/邦税务人员申请交纳所得税，纳税人的收入按从当年的4月1日起至次年3月31日止的财政年度来计算。税款一般在下一个年度按照上一个年度的收入进行估算，做出估算后，既可每个月也可每个季度交纳一次税。

纳税人如果想离开缅甸，必须向缅甸移民局提交一份完税证明。

2. 报税手续和资料

中国在缅甸纳税的企业需聘请缅甸当地注册的会计师协助整理账务，中方同意签字后，由该会计师代交缅方税务机关，待缅甸税务官核定税款后即通知中国公司签字交税。目前缅方对纳税管理不严，上税的多少，很大程度上取决于与当事人的关系。

## 五、赴缅甸的工作准证的办理

1. 商务签证

目前，外国人赴缅甸工作，须持有效护照及商务签证进入缅甸。办理商务签证需要缅甸政府有关部门或企业出具的邀请函。中国公民可在缅甸驻华使馆以及缅甸驻昆明总领馆办理商务签证。缅甸商务签证有效期为70天，可办理延期。逾期停留1天需缴纳罚金3美元，超过90天以上者每天缴纳罚金5美元。

2. 暂住证

外国人连续在缅甸居留90天以上须到缅甸移民局办理暂住证（Foreigner's Registration Certificate—FRC）。未办理暂住证的外国人，缅甸政府将不再予以办理居留延期。

对中国来缅甸的经商或务工人员，缅甸政府尚未明文规定是否需办理工作许可。但为了保护中国公民的合法权益和人身安全，建议中国来缅甸人员严格遵守居留有效期的规定，居留逾期者尽快返回国内重新办理入缅签证。

[来源：改编自商务部国际贸易经济合作研究院，商务部投资促进事务局、中国驻缅甸大使馆经济商务参赞处共同主编.《对外投资合作国别（地区）指南——缅甸》. 第51～54页]

# 在菲律宾开展投资合作的手续

## 一、在菲律宾投资注册企业需要办理的手续

1. 设立企业的形式

根据菲律宾《1991年外国投资法》及其他相关法律，外国人在菲律宾可设立的企业形式包括：

【个人独资企业】由个人全部出资、独享收益并承担全部责任的企业形式，须向菲律宾贸工部申请设立。

【合伙企业】由两名以上合伙人建立，具有区别于其合伙人的独立人格，可为有限责任或无限责任。在菲律宾证券交易委员会申请设立，要求每名合伙人至少出资3000比索。

【公司】根据《公司法典》，由5～15名发起人设立，向菲律宾证券交易委员会申请注册，实缴资本至少为5000比索。

【分公司】外国公司的延伸机构，不是独立法人，可以在菲律宾境内取得收入，注册时须向菲律宾境内汇入20万美元资本。

【代表处】代表母公司在菲律宾境内从事信息发布、联络、促销、质量控制之类的活动，不在菲律宾境内取得收入，注册时须向菲律宾境内汇入3万美元资本。

2. 注册企业的受理机构

（1）证券交易委员会（SEC）负责注册法人企业（5人以上）和合伙企业（3人以上）；

（2）菲律宾贸工部（DTI）负责注册商业名称（有效期5年）和注册独资企业（以个人名义办公司）；

（3）菲律宾投资署（BOI）负责注册优先投资计划下的享受优惠企业；

（4）菲律宾经济区署（PEZA）、苏比克湾管理署、克拉克发展署、卡加延经济区署、菲弗德克工业署和三宝颜经济区署负责注册其他享受优惠的投资促进代理机构；

（5）菲律宾中央银行（BSP）负责外国投资注册（以资本回收和利润汇出为目的）；

（6）纳税人还应到对其营业所在地有管辖权的BIR地区税务办公室（RDO）注册；

（7）在社会保险系统（SSS）取得雇主社会保险号，在菲律宾健康保险公司（PHIC）取得政府保健保险系统成员资格。

另外，在SEC和DTI注册之后应取得公司所在地的市长批准。

3. 注册企业的主要程序

【在SEC的注册】

（1）投资人向SEC递交申请；

（2）SEC审核申请；

（3）如果申请批准，投资人支付登记费（相当于实收资本的1/1000），并递交相关文件。

SEC审批和评估文件，如果用“快速”流程，时间为1周。

如果批准，SEC发给注册证明。

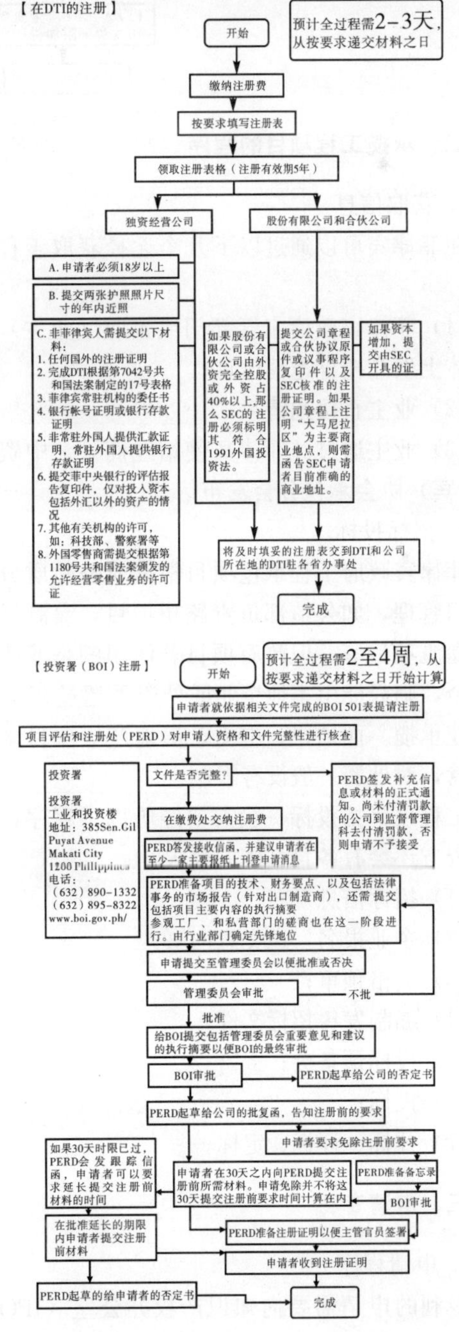

【在菲律宾经济区署（PEZA）的注册】

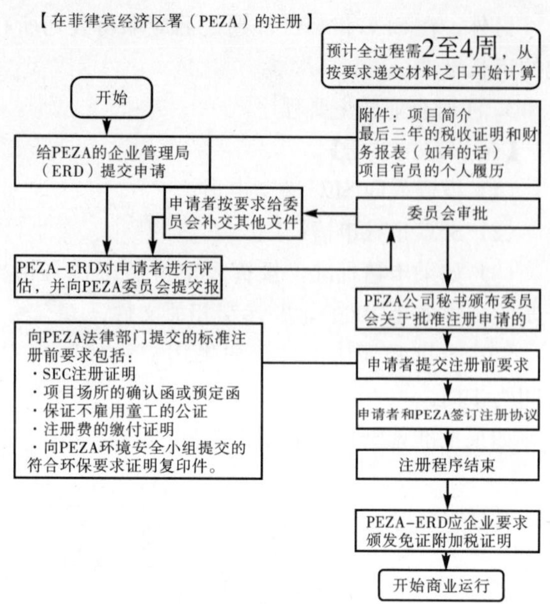


## 二、承揽工程项目的程序

1. 获取信息

在菲律宾可以通过以下几个途径获取工程招标信息：

（1）菲律宾政府主管部门或企业（业主）在当地媒体上发布招标邀请信息；

（2）业主直接邀请；

（3）业主通过驻菲律宾使馆经商处、中资企业（菲律宾）协会承包分会发布信息。

2. 招标投标

菲律宾政府工程承包项目根据业务性质分属不同部门管理，如公造部负责路桥项目，灌溉局主管水利灌溉项目等，但政府项目若使用的是菲律宾政府资金，则只能由本地企业或外资不超过25%的合资企业承揽。而通讯、电力、房地产等项目多为私人经营，对外资一般没有限制。

工程项目招投标一般需要经历以下程序，业主或融资方还会有各自具体的要求：

（1）招标信息发布；

（2）企业报名，递交意向书；

（3）资格预审；

（4）编制发售招标文件；

（5）投标预备会；

（6）投标；

（7）开标、评标、定标。

## 三、申请专利

1. 申请程序

专利的申请需要向知识产权办公室（IPO）的专利局（BOP）提出，在提出申请时必须提交以下材料：

（1）专利申请请求书；

（2）申请人姓名、地址和签名；

（3）对申请专利的发明或实用新型作出说明，必要时应当有附图；

（4）申请费用；

（5）申请人要求优先权的，应当在申请的时候提出书面声明，写明在外国提出申请的申请日和受理该申请的国家。

在一项发明或实用新型专利被最终批准之前，BOP还要对该发明或实用新型进行实质审查，审查通过后，BOP将会把审查报告送达申请人。申请人在收到报告2个月之内，可做以下任何一种决定：

（1）将实用新型申请转换为发明专利申请；

（2）撤销申请；

（3）修改申请；

（4）请求BOP出具注册可行性报告；

（5）不采取任何行动（但如果申请符合BOP的所有要求，且已付清有关费用，BOP将视为自动注册）。

经IPO注册的发明或实用新型应在登记后半年内，在IPO的公报上按照目录或样图予以公告。

2. 保护专利

目前被认可的专利类型有两种——发明和实用新型。

可通过两种方式注册取得专利。一种是直接向菲律宾知识产权局提交申请。另一种可以通过专利合作条约（PCT）途径，向瑞士的世界知识产权组织申请指定菲律宾。这是一个符合成本效益的体系，据此可以指定很多国家进行保护。

申请人需要通过一系列的权利要求详细说明请求保护的范围，并通过技术性描述和图样来解释该项发明如何操作。

3. 注册专利的时间和期限

一般而言从申请到登记需要花4到5年时间。实用新型注册要快些。专利的实质审查需经申请。菲律宾知识产权局将在专利申请提交之时对该申请进行形式审查。然后，该申请将进行到实质审查阶段，这需由申请人自专利在菲律宾知识产权局公报公布之日起6个月内向菲律宾知识产权局专利部门提出明确的请求。

符合条件的专利一般情况下保护期限为20年。

4. 授予专利的条件

任何发明要赋予专利必须具备下列条件：

新颖性。之前没有同样的技术在菲律宾国内外出现过（例外是发明在申请之前已经由下列人公布达12个月。1. 发明者；2. 从发明者处直接或间接获得资料的第三人；3. 专利局，要么是发明人提交的尚未被专利局公布的另一份申请，要么是从发明者处直接或间接获得资料的第三人提交的申请。）

独创性。与人们已有的技术不同并且具有工业实用性。

除此之外还有某些类别不能获得专利（如计算机程序或纯粹的商业方法）。

## 四、企业在菲律宾报税的相关手续

外国投资者在菲律宾注册企业后、开始经营活动前，应到菲律宾税务局（BIR）取得税收证明号（TIN）。具体程序为：携带证券交易委员会颁发的企业登记证明（或在菲律宾经商证明）和市长许可证（或申请市长许可证的文件），前往对其营业所在地有管辖权的BIR地区税务办公室（RDO），填写1903号BIR表格，到RDO指定银行缴纳500比索的年检费用，向RDO支付15比索的办证费和15比索的印花税，RDO将签发税务登记证明（2303号表格）。相关详情可以查询菲律宾国内税务局网站：www. bir. gov. ph/reginfo/regtin. htm。

1. 报税时间

前一年所得税（Income Tax）的报税截止时间是当年的4月15日。

2. 报税渠道

可通过地区办公室授权代理银行（Authorized Agent Bank，AAB）或收入采集官（Revenue Collection Officer）等。

3. 报税手续

（1）填写3份1702号表格；

（2）如果有收入返还的情况：到注册地临近的AAB，提交填好的1702号表格及收入相关附件；在没有AAB的地区，提交给收入采集官表格和相关材料；从相关地点取回盖章的表格及确认件。

（3）没有收入返还的情况：向注册地的地区收入办公室或税收填报中心提交填写好的1702表格及相关附件；从RDO或税收填报中心取回盖章和确认的表格。

4. 报税资料

申报所得税时，企业或合伙者需要提交以下资料：

（1）不需交纳预提税（withholding Tax）的，提交收入证明，并填写BIR表2304（如果满足减免条件）；

（2）税收减免的，填报BIR表2307（如果满足相关条件）；

（3）税收减免备忘录（如果满足相关条件）；

（4）国外税收减免（如果满足相关条件）；

（5）如果税收返还有调整，返还前期返还税收；

（6）账户信息表格（Account Information Form，AIF）和独立的注册会计师（CPA）和/或经审计的财务报告；

（7）上一年税收应返还数额（如果满足相关条件）。

## 五、赴菲律宾的工作签证的办理

1. 主管部门

菲律宾劳动和就业部、移民局。

2. 工作许可制度

外国人在菲律宾需获得工作签证（签证代码为9G），菲律宾外籍劳务就业签证分以下类别：

（1）多次往返特别签证：签发给离岸银行和地区总部的执行官。有效期1年，每次可续延1年。持有此签证者免移民局注册和费用、免（除税收检查以外的）任何政府机构的安全检查；

（2）经商签证：由美国、德国或日本拥有，并在菲律宾有真实投资的企业可以为其外国雇员申请此签证。外籍雇员必须是来自与公司主要投资者相同国家的高级管理者或执行官；

（3）特别非移民签证：由总统通过有关政府部门签发给石油勘探公司、出口加工区企业和投资署注册企业。有效期1年，每次可续延1年；

（4）预先安排就业签证：外籍人将要到在菲律宾公司担任执行官或高级技术职务时可申请此签证。签证有效期与就业合同有关，但不能超过2年，可以年度延续，但总延续期不超过3年，在个别案例中，延续期不可以超过5年。申请者必须先获得菲律宾劳工部的外侨就业许可；

（5）苏比克自由港工作签证：拥有经菲律宾劳工部确认为苏比克自由港内菲律宾籍人没有的高级技术和管理技能的外籍人可以向苏比克管理署申请此工作签证。签证有效期2年，可以延续2年。

3. 申请程序

主要有以下两个步骤：

到菲律宾劳动和就业部（Department of Labor and Employing，DOLE）申办劳工许可证（AEP — Alien Employment Permit）；

到菲律宾移民局（Bureau of Immigration）申办9G签证，并办理1—CARD身份证。

4. 提供资料

需要提交以下材料：公司在菲律宾证券交易委员会（SEC）注册文件；

公司有效营业执照；

公司最近一年的税务报表或近期经过审计的财务报告，新公司提供在菲律宾税务局的登记证明；

申办人的护照原件；

个人简历；

个人税号；

两寸照片8张，1寸照片6张；

申办人和用人单位的劳动合同。

办理工作签证程序较繁琐，周期较长，外国员工多通过中介或代理办理。办理时需注意甄别中介资质和诚信，比较代理费用。

［来源：改编自商务部国际贸易经济合作研究院，商务部投资促进事务局、中国驻菲律宾大使馆经济商务参赞处共同主编《对外投资合作国别（地区）指南——菲律宾》，第29～38页］

# 在新加坡开展投资合作的手续

在新加坡投资合作办理相关手续，需向新加坡法律事务所、公司秘书事务所或会计师事务所寻求咨询和帮助，具体事项可与中国驻新加坡大使馆商务处、中资企业（新加坡）协会联系。

## 一、在新加坡投资注册企业需要办理的手续

按照新加坡《公司法令》的有关规定，注册成立的公司应该是一个商业实体。要组建公司，必须按照《公司法令》得规定注册。要组建有限责任合伙公司，必须按照《有限责任合伙法令2005》的规定注册。

1. 设立企业的形式

在新加坡投资设立企业的形式主要有：公司代表处或办事处、分公司、私人有限公司、股份有限公司和有限责任公司。

2. 注册企业的受理机构

会计与企业管理局（ACRA）是《公司法令》、《有限责任合伙法令2005》的执行机构，负责监管新加坡的公司、商业机构、有限责任合伙以及公共会计师。

新加坡国际企业发展局（IE Singapore）负责为制造业、贸易、贸易物流及与贸易有关的服务业注册代表处。

3. 注册企业的主要程序

在新加坡注册不同的企业形式，需到不同的机构申请。

【注册公司】可以通过在线商业注册服务（Online Business Licensing Service）注册公司和申请所需的许可证，网址为http://www.licences.business.gov.sg；也可以通过专业事务所或服务事务所代为注册。

【注册外国公司或分支机构】需聘请专业人士帮助准备所需文件并在企业与会计管理局网站http://www.acra.gov.sg通过Bizfile申请注册。

【注册代表处或办事处】只需从新加坡国际企业发展局的网站下载注册表格或上网http://www.roms.iesingapore.gov.sg注册。

【注意事项】

（1）在注册公司之前，需要确定公司商业活动的性质。可通过会计与企业管理局网站http://www.acra.gov.sg的SSIC Search在线查找商业活动的相应新加坡标准产业分类（SSIC）代码。

（2）公司在进行某些范围的商业活动前，还需要获得许可证。如公众娱乐、食品商店、广告等。

（3）一家公司可以有一名董事，该董事必须是新加坡公民、新加坡永久居民或者持有就业准证/原则同意书/家属准证的居民。

（4）外国公司必须在新加坡有两位本地代理人代表公司。代理人必须是新加坡公民、新加坡永久居民或者持有就业准证/原则同意书/家属准证的居民。外国人也可作为外国公司在本地的代理人，需向新加坡人力部（MOM）工作准证署申请就业准证或原则同意书。

## 二、承揽工程项目的程序

新加坡建设局（BCA）是新加坡国家发展部属下的法定机构，也是新加坡对建筑业的管理机构。它对整个新加坡建筑业行使行业管理职能，代表新加坡政府健全和完善市场机制，保证市场秩序，提供相关服务，培育和发展健康、统一、完善的市场。

在新加坡有注册资质等级的建筑施工企业共2518家，建筑业从业人数近20万人。这些施工企业绝大部分是私人企业，具有大型企业少、中小型企业多的金字塔形结构特点。上述企业按资产规模、技术资质和企业信誉分为A1～C3七个等级，

不同等级可承包不同规模、不同类型的项目。其中，A1是最高等级的公司，它们多是资金、技术、管理密集型企业，以项目总承包为主，不限制标的金额，目前共有31家企业。其次为A2等级，共24家，此类企业投标金额上限为一亿新元。其余均为中小型企业及各类专业分包公司，如：打桩、预应力张拉、砼、电器安装、门窗安装等，投标限额从5000万新元至75万新元不等。

1. 获取信息

新加坡所有公共工程项目的招标均由各主管部门负责对外公开发布消息，可通过新加坡政府电子政务网站查询项目信息，网站地址：http://www.gebiz.gov.sg。

2. 许可手续

建筑公司首先在新加坡商业注册局（RCA）完成公司注册，之后到新加坡建设局（BCA）申领资质等级。个人公司或合伙制的企业，首次只能申请C1和L1资质等级。

## 三、申请专利

在新加坡规范专利授予的主要法律是专利法(Patents Act)。

新加坡知识产权局（IPOS）是负责专利事务的主管部门，企业申请专利需向专利登记处（Registry of Patents）提交专利申请。专利申请中应当包含发明的相关信息，包括发明以及它如何操作的说明或披露。专利法没有明确列出哪些发明是受法律保护的，但规定了不能取得专利的发明，如具有攻击性、不道德以及反社会的行为。而可以获得专利的发明要具有新颖性、创造性和工业应用性。在现行法律下，专利有效期是自申请之日起20年，该期限不得被延长。

申请专利必须提交一整套文件。其中一套叫规格文件（specification），包括说明书、权利要求书、说明书摘要及各种附图。一般由专利代理人（多数为工程师或技术专家出任）负责。说明书要阐述清楚要求保护的发明是属于何种领域的，如电气工程或生物科技、背景技术，发明的内容以及具体使用这项发明的方式或方法。如有需要，要附上各种示意图。

申请程序：

1. 新加坡专利局作初步审查，看文件是否备齐；

2. 在13个月内，申请人要向新加坡专利局提出，要求检索报告；

3. 在申请的18个月内，新加坡专利局会把正在申请的专利之摘要公告；

4. 申请人必须在21个月之内，向新加坡专利局要求对其申请做实质性检查，即看其发明是否符合新颖性，有具体发明步骤以及是否可应用在有关工业上（新加坡申请的检索和实质性审查都是送到澳洲、奥地利、丹麦及匈牙利专利局，新加坡没有提供这方面的服务）；

5. 若审查员发现有问题，会提出书面意见，由新加坡专利局转给申请人，申请人可以与审查员联系。有需要的话，可以修改其说明书及权利要求书。但审查员必须在39个月之内，提出其审查报告；

6. 申请人要在申请后的42个月内向新加坡专利局要求批准其申请。若发明之前未曾有人拿过该项专利，并且申请的主题与发明专利申请均符合单一性，新加坡专利局一般会允准。

## 四、企业在新加坡报税的相关手续

1. 报税时间

新加坡的所得税（包括个人所得税和企业所得税）的申报为年度申报。个人所得税的申报是每年的4月15日之前申报上一年度的个人所得税。2009年估税年度及以后估税年度，企业所得税申报的截止日期为每年的10月31日。

新加坡消费税按季度申报，季度完结后的一个月内要完成申报。纳税义务人也可向税务机关申请每一个月或每六个月申报一次。无论是每一个月申报还是每六个月申报，申报时间均为相关期间结束后的一个月内。

2. 报税渠道

新加坡的个人所得税可通过网络或电话进行电子申报（e-filing），也可进行纸质申报（paper-filing）。通过网络申报个人所得税可登录http://www.mytax.iras.gov.sg，网上填写提交申报资料；通过电话申报个人所得税，可拨打1800－3568322进行申报。

新加坡企业所得税的申报也分电子申报和纸质申报。电子申报可通过登录http://www.mytax.iras.gov.sg，网上填报资料；纸质申报可从新加坡税务局网站上下载申报表或致电1800－356 8622索取申报表，填好后邮寄到税务机关。

新加坡税务局规定，消费税必须通过新加坡税务局网站（http://www.iras.gov.sg）进行电子申报。

3. 报税手续

新加坡个人所得税申报手续为：纳税人在规定时间内进行纳税申报后，税务机关会向纳税人出具缴税通知（Notice of Assessment），纳税人须在接到缴税通知后一个月内缴纳税款，否则税务机关会对欠交税款征收罚款。

新加坡的企业所得税申报手续为：纳税人在财年结束后三个月内向税务机关报送预估应税收入表（ECI），即使纳税人没有应税收入，也要进行零申报，此为预申报；税务机关在每年3月份会向纳税人寄送有编号的申报表C，纳税人收到申报表后，按照要求填好，通过电子申报或邮寄等方式报送给税务机关；税务机关会对纳税人报送的申报资料进行审核，并向纳税人寄出缴税通知书（Notice of Assessment），纳税人应在收到缴税通知后一个月内，通过银行转账等方式缴纳税款，否则税务机关会对欠交的税款征收罚款。

如果纳税人在4月底未收到新加坡税务局寄出的有编号的申报表C，可从新加坡税务局网站上下载或致电1800－3568322索取。

4. 报税资料

个人所得税申报资料为个人所得税纳税申报表（表B或B1），若税务机关对个人申报的数据有疑问，会要求纳税人提交相关支持材料；企业所得税的申报资料为申报表C、审计报告，以及税款计算表和相关支持文件；消费税的报税资料为消费税申报表，此外，纳税人需按照要求保存经营及账目记录、税务发票，以及进出口等相关文件，以备税务机关检查。

### 五、赴新加坡的工作准证的办理

1. 主管部门

新加坡负责外国人工作许可管理的部门是新加坡人力部（Ministry of Manpower）。

2. 工作许可制度

工作准证系统由三个部分构成：就业准证——适用于高技术和管理人才，主要针对受过良好教育，拥有较高文凭，在新加坡企业中担任行政、管理、财务等较高职位，月薪在2500新元以上的外籍人员；S准证——新加坡政府为弥补国内技术工人不足，从2004年7月1日起，推出S准证以促进引进中等技术水平的外籍工人。持S准证在新加坡务工的外籍劳工需要满足最低月薪1800新元、拥有大专学历和相关工作经验等条件；工作准证适用于技能比较低的外籍劳工，月薪低于1800新元。

3. 申请程序

雇主或由雇主委托的中介公司可通过互联网向新加坡人力部提出拟聘用外籍劳工的准证申请，新加坡人力部签发工作准证预核准通知书后，外籍劳工凭该通知可入境新加坡。

［来源：改编自商务部国际贸易经济合作研究院，商务部投资促进事务局、中国驻新加坡使馆经济商务参赞处共同主编.《对外投资合作国别（地区）指南——新加坡》. 第47～51页］

## 在泰国开展投资合作的手续

### 一、在泰国投资注册企业需要办理的手续

1. 设立企业的形式

在泰国，投资设立企业的形式包括合资/合伙企业（两合公司）、私营有限责任公司、公众有限责任公司、合营/合作企业、外国公司分支机构（分公司）、外国公司代表处、跨国公司地区代表处。

【合资/合伙企业】根据责任制的不同，泰国主要分为三种不同的合资/合伙形式：

（1）未注册的普通合资/合伙企业的所有合伙人共同承担法律责任，合资的偿还债务责任没有上限。此类合资/合伙企业不是一个合法的实体，并只作为私人个体来收税。

（2）已注册的普通合资/合伙企业是一个法律实体，在商业注册部门进行登记后即拥有一个单独、清楚、对所有合伙人相对独立的法人身份。已注册的普通合资/合伙企业作为一个公司实体进行征税。

（3）有限责任合资企业是一个或多个合伙人的个人偿还债务责任以他们各自的投入金额作为上限，以及一个或多个合伙人对所有债务共同承担连带的法律责任的合伙企业。有限责任合资企业作为公司实体来征税。

【私营有限责任公司】泰国的私营有限责任公司与通常而言的公司相似，可能完全由外国人拥有。然而，对泰国国家政策规定中有所保留和保护的商业行业和领域，外资所占的比例通常不能超过49%。

公司股东的债务偿还责任以其被认可的注册资本份额作为上限。然而，如果在公司的合股备忘录或公司章程条款中有所规定，董事会成员的偿还责

任也可能没有上限。依据公司的契约宪章以及法律规定，有限责任公司由其董事会进行管理。

虽然法律对私营有限责任公司没有设定其最低资本的下限，但要求其注册资本必须能满足公司目标的实现。所有的公司股份都必须得到认购，并且至少25%的认购股份必须付清。公司可以发放普通和优先两种股份，但所有的股份都要有投票权。泰国法律禁止发放没有票面价值的股票，并且规定股票的票面价值在5铢或5铢以上才允许发售。

泰国公司法有一些规定可能不被外国经商者所熟悉。其中就有禁止发售库存股票（债券股票）；要求私营有限责任公司的股份持有者在任何时间都不能少于7位。另外，对于无投票权的股份，无论是普通股还是优先股都不允许发售；原始授权资本股份必须要全额认购。

【公众有限责任公司】公众有限责任公司的设立程序与私营有限责任公司很相似。1992年的公众有限责任公司法案中的条款规定，私营有限责任公司可转化为公众有限责任公司。公众有限责任公司与私营有限责任公司最主要的区别在于，私营有限责任公司禁止向公众发售其公司股票。其他区别在下表中列出：

表1　私营有限责任公司和公众有限责任公司比较

| | 私营有限责任公司 | 公众有限责任公司 |
|---|---|---|
| 作为公司发起者的自然人最低 | 3人 | 15人 |
| 最低持股人数 | 3人 | 15人 |
| 发行计划书的公众认购股份 | 不允许 | 允许 |
| 发行计划书的公众认购债券 | 在特殊条款下允许 | 允许 |
| 每百万注册资本的注册费用（泰铢） | 5500 | 2000 |

【合营/合作公司】通常情况下合营/合作公司指的是一定数量的人（自然人和/或者法人）签署一份联合备忘录/协议来共同运作一项事业。在民法和商法典中还未将其认定为一个法律实体。然而，在税收法典中将合营/合作公司的收入纳入公司税收之下并将其归类为一个独立实体。

【外国公司的分支机构/分公司】在外国法律下成立的公司可在泰国设立其分支机构。在泰国，外国分支机构只允许维持与其业务相关的账目往来。然而，预先将机构的收入组成向泰国税务部门进行澄清尤为重要，因为泰国税务部门可能将外国总部机构从泰国国内市场资源直接赚取的利润纳入泰国税收范围之内。

作为批准外国公司分支机构的外资营业执照的条件之一，外资公司必须注入泰国的注册资本最低不能少于300万泰铢。但是，如果内阁法案有特殊规定，这个数目也可有所变化。分支机构存在期限可为无限期，直至其自行解散之日。

【外国公司代表处】一个外国法人实体可在泰国设立其代表处来运作有限度的、无利润收入的相关运营活动。这些运营活动的限制如下：

为公司总部开发在本地市场的产品及服务资源，对其总部生产的产品质量及数量进行监控；

对其公司总部直接销售给本地分销商和消费者的产品提供相关的、全方位的建议和售后服务；

提供和散发其公司总部新产品和服务的信息资料；

向公司总部汇报本地业务发展及活动情况；

外国公司代表处的最低注册资本与外国公司分支机构一致。

【跨国公司地区代表处】一个跨国公司可在泰国设立其地区代表处来运作有限度的、无利润收入的相关运营活动。这些运营活动的限制如下：

为本区域内公司相关的业务活动进行联系、合作及监督；

为公司相关的分支机构和子公司提供如下服务，包括顾问建议及管理服务、培训及人力资源发展、财务管理、市场监控及促销、产品的研发和发展。

跨国公司地区代表处所有发生的费用均必须来自跨国公司总部。跨国公司地区代表处的最低注册资本与外国公司分支机构一致。

2. 企业注册受理机构

在泰国注册上述不同的企业形式，特别是设立有限公司等均需到泰国商业部商业发展厅企业注册处进行申请。

3. 企业注册的主要程序

【有限公司注册程序】

（1）公司名称登记和核准。在建立一个有限公司之前，首先要将选定的公司名称进行注册登记并通过商业注册厅的审核。登记的公司名称不能与其他公司的名称相似或相同。一些专门的名称不允许登记且必须遵守泰国商业部商业发展厅的公司名称登记准则。批准后的登记公司名称有效注册期为30天，不能延期。

起草一份联合备忘录（公司章程），其内容包括：已批准的公司的登记名称、公司的详细注册地址、公司目标和经营范围、公司7个发起者的名字等个人详细资料。股东的股份认购情况以及公司经批准后的注册资本数据。资本信息必须包括股份数量及每股面值，资本可以分期投入，但总额应明确。

法律上没有明确规定最低资本金额，但要求投入资本应能满足业务运作和发展的需要。公司章程的登记费用为注册资本的万分之五，最低下限为500泰铢，最高上限为25000泰铢。

（2）召开法定会议。一旦公司股份架构确定后，在法律和公司宪章的批准下组织全体股东召开法定会议，选举出公司董事会，批准公司发起人的交易和支出，任命审计师。第一次投入的资本不应低于资本总额的25%。

（3）注册。在法定会议召开后3个月之内，公司董事会必须向商业注册厅提交公司注册申请。注册费用为注册资本的千分之五，最低下限为5000泰铢，最高上限为250000泰铢。

（4）税务登记。在公司正式成立开始营业后60天之内，必须向税收部门申请公司纳税登记卡和企业代码（税号），缴纳所得税。经营者如果年收益超过600000泰铢，必须在其销售额达到600000泰铢之日起30天内申请产品增值附加税（VAT）的登记，成为增值税纳税人。

【分支机构、代表处和地区办公室】外国公司如希望通过设立分支机构、代表处和地区办公室在泰国开展业务，必须提交相关的文件资料。这些文件资料必须由其公司总部提供并得到公证部门的公证或泰国在其本地的大使馆或领事部门的证明和批准。在泰国注册上述不同的企业形式，特别是设立有限公司，均需到泰国商业部商业发展厅企业注册处进行申请。详情可以在泰国商业部商业发展厅的官方网站上查询，网址是 www. dbd. go. th/mainsite/index. php？ id＝40&L＝1。

## 二、承揽工程项目的程序

1. 获取信息

泰国政府项目信息通常通过下列渠道获得：

（1）政府公告。泰国各政府部门都会定期发布各自项目招标公告，投标人可派人到各部门索取投标资料；

（2）政府各部门网站。政府各部门会同时在其各自网站上发布招标信息，投标人可从网站上查找；

（3）报纸公告。某些大型项目，特别是国外资金的大型基础设施项目，主管部门通常会在泰国英文报上发布公告；

（4）邀请投标。某些大型项目——特别是国外资金的大型基础设施项目，主管部门通常会通过商会、大使馆等渠道向各自所在国的承包商发出投标信息。

2. 招标投标

泰国政府项目的招标和投标方式视项目情况而定，通常采用的方式有：一是直接投标，通常适用于一般规模项目，有资格的投标人在购买标书后直接进行商务投标。二是资格预审＋投标，通常适用于大型项目，尤其是资金来自国外的大型基础设施项目通常采用此方法。投标人须根据标书要求先进行资格预审，通过者方可有资格参加商务投标。资格审查通常分为一般性资审和技术性资审。一般性资审是投标公司背景、以往业绩、财务状况、人员和设备情况等；技术性资审是投标公司必须根据项目的特性提出具体的施工技术方案，甚至设计或设计扩充方案等。超大型项目通常都要进行一般性资审和技术性资审，而某些国内预算项目则可能只要求一般性资审。三是特别招标/议标，国家预算的小项目（通常不超过1亿泰铢）有可能采用议标特别聘雇的方式招标，而国家预算的国外项目如驻外使领馆等也通常采用议标聘雇的方式招标。

泰国所有政府项目在招标前都必须完成预算，确定项目的中间价，上述前两种招标中若项目的中间价大于1亿泰铢，商务投标就必须采用电子竞标（E—Auction）的方式进行。

3. 许可手续

泰国承包公司（泰国法人）可在政府各部门进行资质申请，相关部门会根据申请人的公司情况审批其资质。最高资质为一级，其次为二级、三级等。必须具有各级资质的承包公司方能有资格参加相应的国家预算（非外资）项目的投标，而招标人在招标文件规定（Terms of Reference，简称 TOR）中通常会规定投标人必须具备的资质等级。泰国没有国家统一的资质注册，在不同部门（如内政部、交通部、农合部等）注册的资质只适用于该部门，不能相互替代。但是参加某些大型基础设施项目，特别是建设资金来源为外资的项目投标的外国承包商，或投标联营体中的外国承包商不受此规定限制。

## 三、申请专利

【专利申请的程序】专利申请者在发明或设计一个产品后，可根据其产品性质特点（如发明的复杂性和先进性）和需要来申请合适的专利保护种类。选择的种类有：专利（Patent）、次要专利（petty Patent）和专利保护（Patent Protection）。申请的种类不同，需要的申请费用和手续也相应不同。

在具备专利申请条件后，申请程序如下：

填写专利申请表格（含费用），申请文件包括：专利申请表格、专利发明的法律规定描述、主张的权利、摘要、图纸（如有）、其他文件（如有，例如书面委托协议、雇佣合同、代理人权利及法人证明等）。

如填写的申请文件有明显错误，专利审批官员会通知申请人或其代理人在自通知之日起90天之内进行修改，同时视情况加收申请费用。如逾期不能完成修改则其申请作废。

将专利申请进行公示，期限为90天。公示费用为500泰铢，必须在通知后60天内缴纳。

如果申请的是发明专利，申请者须在公示之日起5年内请求对专利进行审核检查，并缴纳费用。之后，专利审核官员将进行审核是否符合条件与法律，并要求缴纳注册费用及保证金，最后发放发明专利证书。

如果申请的是产品设计专利，则不需要进行审核申请。专利审核官员将在公示后90天后对提交的文件进行审核，并要求缴纳注册费用及保证金，最后发放产品设计专利证书。

【专利期限】发明的专利从申请日起有效期为20年，产品设计专利从申请日起有效期10年，法庭审议专利期间不计算在内。

在专利的有效期内，专利所有者是唯一具有使用专利发明和设计、生产和销售产品的权利人。在专利通过前，任何有关该专利的侵权案都不被视为违法。专利所有人可以将其专利授权给其他人所有或使用，但受以下条件限制：专利人不得附加任何条件或限制，或引起不良竞争；在专利的有效期过后，专利所有者不得要求被授权人付费。任何与以上相悖的授权都无效。任何协定或许可必须以书面的形式进行正式注册。

【专利的取消】尽管专利已获批准，任何对此有异议的人或检察官都可上诉法庭，取消其专利权。

还没有在泰国获准专利的国外专利，不受专利法的保护。但国外专利的持有者或发明、设计权的享有者可与泰国机构合作进入泰国的商务领域，同时通过在特许协定上的契约义务得到相同的保护。由于国外专利、发明和设计不受专利法的保护，泰国不受理因第三机构生产销售外国专利的持有人的产品而未付相关费用，或在泰国申请已在其他国家申请的专利而引起的纠纷。

## 四、企业在泰国报税的相关手续

泰国的税务条例规定了有关所得税的征收细节。概括起来，泰国的所得税可分为公司所得税、增值税（或特定行业营利税）及个人所得税三大类。在此主要介绍公司所得税报税的相关情况。

泰国财政部是泰国负责财政和税收管理的主管部门，下辖财政政策办公室、总审计长厅、财政厅、海关厅、国货税厅、税务厅、国债管理办公室等8个厅和政府彩票办公室、烟草专卖局、住房银行、泰国进出品银行、扑克牌厂、资产管理公司等16个国有企业。其中负责税收征收管理的主要是税务厅、国货税厅，以及负责关税征收的海关厅。税务厅主要负责征收所得税、增值税、特种行业税以及印花税，国货税厅征收特定商品消费税，海关厅负责进出口关税的征收。地方政府负责财产税以及地方税的征收。泰国税务厅负责税收征管的最高管理机关，主要征收和管理以下税种：个人所得税、法人所得税、增值税、特别营业税、印花税和石油所得税。泰国税务厅实行厅长负责制，并设四个副厅长。泰国税务厅的组织机构在全国分为两个部分，即中央税收管理和各府税收管理机构。

各府的税收管理包括府税务办公室和曼谷以外的区税务办公室。府以下的税务管理机构由府尹或区行政长官直接管理。

1. 报税时间

公司所得税款征收期以半年为基准，第一次在年度会计期间的前半期，法人应从当年会计年度前半期截止日起2个月内填写报表申报纳税；第二次在当年会计年度后半期终了日起150天内填写报表申报纳税。雇主须从其雇员薪金中扣除个人所得税。除新成立公司外，会计年度一般定为12个月。报税单必须和公司财务报表一并提交给有关部门。

公司纳税人在会计年度的第八个月底前缴付50%的预估年税。纳税人没有按期缴付或者少缴超过25%者将被罚款，罚款额一般为少缴税款的20%。

个人所得税须在获取收入的第二年的3月底之前进行申报，并缴纳及返还。

2. 报税渠道

泰国政府对于报税方式和渠道无硬性规定。但是，泰国的公司所得税申报比较复杂，计算比较繁琐，因此公司一般都聘请专业的会计师事务所来准备申报材料，帮助企业处理申报工作。

3. 报税手续

企业在申报期限之内自行或委托有资格的会计师填写报税表格，准备所需相关材料，然后呈递至当地（府、县）税务部门，缴纳税金。

4. 报税资料

公司报税所需文件有：填写申报税务表格；经过有资格的审计师确认的公司的账簿（收支明细表）、损益表、资产负债表以及其他一些要求出具的相关文件。

## 五、赴泰国工作准证的办理

1. 主管部门

泰国劳工部就业厅是外籍人在泰国工作许可的归口管理部门，下属外籍人工作许可证管理局直接管理外籍人在泰国工作许可申请的受理与审批。泰国劳工部会同泰国投资促进委员会、泰国移民局在首都曼谷设立境外投资者“一站式服务”窗口。取得当地投资促进优惠政策的企业，其外籍人在申请材料完备的前提下，可在三小时内办妥工作许可证。泰国的外国人就业法规定所有在泰国工作的外国人都必须首先取得工作许可证，如获得泰国投资促进委员会批准的项目，其外籍雇员可在30天内办理申请，并允许其在办理工作证期间工作。申请工作证必须持有非移民签证。

2. 工作许可证制度

泰国于1973年开始实施《外国人工作法》。该法仍然要求所有在泰国工作的外国人在该国工作前都需取得工作许可。该法于1978年进行了修订，对工作许可证的签发、延期程序，以及有可能禁止外国人从事的工作种类作了规定。

【豁免】该法规定从事下述职业的外国人可以不必有工作许可证：外交使节团成员；领事团成员；联合国及其特别机构的成员国代表和官员；从国外来为上述人员工作的私人服务人员；执行泰国政府与他国或国际机构协议项下公务的人员；为教育、文化、艺术或体育事业而进入泰国的外国人员；经泰国政府特别批准来泰国履行义务或执行任务的外国人。

【特别例外】尽管大多数外国人必须申请工作许可证，而且必须在许可证签发后才可开始工作，《外国人工作法》仍然为下列情况提供了特别的待遇：

（1）紧急和重要的工作

根据移民法，对暂时进入泰国执行任何紧急和重要的事件而且在泰国停留时间不超过15天者，可以不必取得工作许可证。但是此类人必须提交由本人签字并由其雇主背书的书面报告，并经泰国移民局局长或其指定的委托人同意。享有此项待遇的外国人可凭任何一种签证进入泰国。关于“紧急、重要的工作”法律上并没有明确的规定，是否给予工作证的豁免完全由泰国管理机关决定。

（2）投资促进

根据《投资促进法》，试图在泰国得到工作许可的外国人必须在收到泰国投资促进委员会的任职通知后30天内提交工作许可申请。这类人可以在政府处理其申请期间从事经授权的工作。

3. 申请程序

该法要求在泰国工作的外国人必须在开始工作前获得工作许可。该法第八章规定，在开始工作前雇主可代其填写申请表格。但是根据移民法，只有当该外国人根据移民法进入泰国后方给予发放工作许可证，而且必须由本人亲自领取。

工作许可开始的有效期限仅仅是根据该外国人的非移民签证所允许他在泰国居留的时间。因此工作许可将根据签证的延期和更新而进行更新。对于持有泰国居留证的外国人，工作许可证可每年更新。泰国劳工厅具体负责办理更新事宜，原则上工作许可的初始有效期限为一年。工作许可证必须在其到期以前更新，否则将自动失效。

4. 提供资料

申请工作许可需备齐如下文件：

（1）对于非永久性居留，要有一本非移民签证的有效护照；

（2）对于永久居留，需一本有效护照、居留证以及外国人身份证；

（3）申请人的学历证明和原雇主的推荐信（详细说明该申请人过去的职务、职责、表现、工作地点及期限）。如果文件是英文，须附有泰文译文并经泰国大使馆或泰国外交部认证；

（4）近期体检证明；

（5）三张5厘米×6厘米照片；

（6）如申请表非本人填写，须附有符合规定格式的有效的委托书及10铢税票；

（7）填写申请表“工作描述”一栏时，须详细说明申请者将从事何种工作，该工作涉及何人以及工作中所需何种设备原料等；

(8) 根据移民法，如果申请的工作须依照一些特别的法律审批发放执照（证件），则还须附有该执照（证件）的复印件一份（如教师证、医生行医证、新闻记者证等）；

(9) 如申请人已和泰国人结婚，须提交下列各项文件的原件及复印件：结婚证明、配偶身份证、子女出生证明（如有）、户口登记表以及申请人护照复印件（每页都要）；

(10) 如申请的工作不在泰国曼谷，则申请表应在相关府的劳工厅填写，如不存在这样的机构，就在该府市政厅填写；

(11) 其他需要的证明。

[来源：改编自商务部国际贸易经济合作研究院，商务部投资促进事务局、中国驻泰国大使馆经济商务参赞处共同主编.《对外投资合作国别（地区）指南——泰国》. 第 45～55 页]

## 在越南开展投资合作的手续

### 一、在越南投资注册企业需要办理的手续

1. 设立企业的形式

在越南，投资设立企业的形式包括：贸易公司、有限责任公司、股份公司等。

2. 注册企业的受理机构

在越南，所有投资企业都要到项目所在地的省级计划投资厅办理投资登记手续，而后根据项目规模和性质，由所在省市政府或计划投资部或政府总理分级审批。

投资金额在 3000 亿越盾（约合 1800 万美元）以下，不属于限制投资领域的外资项目，投资商在省（直辖市）级计划投资厅办理投资登记手续。所在省（直辖市）政府自收齐符合要求的投资登记资料之日起 15 天内，颁发投资许可证。

投资金额在 3000 亿越盾（约合 1800 万美元）以上和属于限制投资的项目须通过审查后才能颁发投资证书。审查期限自收齐符合要求的资料之日起不超过 30 天；必要时，可以延长期限，但不超过 45 天。对于国家重大项目，由国会决定项目投资立项，越南政府总理负责审查并颁发投资许可证。

3. 注册企业的主要程序

【外国独资企业】

(1) 申请书：成立公司之前，创办者必须向省、中央直辖市人民委员会或公司设立办公地点所在地相当一级行政单位递交成立公司申请书。

(2) 经营登记：公司必须在省、中央直辖市经济仲裁组织或同级的行政单位进行经营登记。

(3) 成立公告：根据相关法律法规，在越南投资的外资企业成立后，必须在中央或地方报纸必须连登三期公告。

【代表处】按照越南法律规定，企业只要根据中国法律规定已登记进行合法经营，即可获得在越南成立代表处的许可证。需要注意的是，外国企业在越南成立的分公司不能进一步设立代表处。

【分公司】成立分公司要把材料寄到越南贸易部。企业申请获得成立分公司许可证所需的文件包括：

(1) 企业申请成立分公司的申请表（按越南贸易部和旅游总局统一规定的格式）。

(2) 营业执照副本。

(3) 越南国内公证机关或越南驻中国大使馆、领事馆证明的营业执照的越文译本，并经中国权威公证办事处签字盖章。

### 二、承揽工程项目的程序

1. 获取信息

越南计划投资部通过报刊、网站等渠道公布全国范围的投标信息。中国企业可订购由越南计划投资部主办的《投标报》或通过该部网站（请见附录）获取项目招标信息。

2. 招标投标

根据越南《投标法》规定，越南国家投资项目或国际组织贷款项目，一律采用招标方式。大型项目的招标需经过较长时间的审批，自筹资金项目可通过议标方式进行。

越南对项目审批采取分级管理办法，具体包括：

对于由越南政府总理审批的项目：越南总理批准投标计划；批准或委托批准承包商评选结果；批准或委托批准投标过程中产生的相关情况并处理违法行为。

对属于国家机密的项目、为国家利益而紧急实施的项目、涉及能源安全的项目，由越南总理批准或委托批准投标计划和承包商评选结果。

对于由部长、部级机关领导、中央其他机关领导、中央直属各省市人委会主席审批的项目：由该部门行政首长负责批准投标计划，批准或委托批准

招标标书、承包商评选结果。

对于由省以下各级地方政府行政首长审批的项目：由该部门行政首长负责审批授权范围内的招投标内容；

对于本部门审批权限范围内的项目，可批准项目招投标计划，批准或授权批准标书、承包商评选结果等。

3. 优惠政策

【优惠政策享受对象】越南《投标法》规定，在国际投标中享受政策优惠的对象包括：(1) 根据越南《企业法》和《投资法》在越南成立和经营的企业。

(2) 承包联合体中含有上述规定企业，且其实施的合同价值占合同总价值的50%以上，则该联合体可享受政策优惠。

(3) 对于商品供应项目，承包商所供应的商品其国内价值占30%以上的，该承包商可享受政策优惠。

【优惠政策具体实施办法】

(1) 对于设计咨询项目：享受优惠的承包商，其标书综合分数可增加7.5%。如果该项目为高技术项目，则承包商的技术分可增加7.5%。

(2) 对于建造和安装项目，不在政策优惠享受之列的承包商，若其标书出现错误并进行修改后，其评标价需加上参加投标价格的7.5%。

(3) 对于商品采购项目，不在政策优惠享受之列的承包商，其评标价需加上相当于商品进口税费总额的价格。不需交纳进口税费的商品除外。

【进出口管理】越南《投标法》规定，除国家禁止进出口的商品外，承包商可进口或暂进再出用于实施项目的商品。对于许可证管理的进口商品或专业商品，承包商得到越南工贸部或有关行业管理部委批准后方可进口。进口手续如下：

(1) 进口施工设备：承包商中标后，可在越南海关直接办理施工设备进口手续。

(2) 从国外租借施工设备：在实施项目过程中，承包商可免税从国外租借有关施工设备。项目完成后，承包商需再出口所租借的设备。如果在越南处理租借的施工设备，需按越南关于进口二手设备有关规定办理手续。

(3) 承包商可免税暂进口施工设备，项目完成后，需进行再出口；承包商可暂出口施工成套设备中的损耗部件，在国外修复或更换后再进口。可直接在越南海关办理暂进再出或暂出再进手续。

## 三、申请专利

目前，越南的知识产权立法主要是《2005年知识产权法》和《2005年民法》中与知识产权有关的条款。上述法律已于2006年7月1日生效。在此之前，知识产权主要受《越南民法》中相关规定的保护。越南国家知识产权局（NOIP）是越南知识产权事务的行政主管机构。

目前，越南共有三种专利保护类型：发明专利、实用专利（utility solution patent）和外观设计专利。

(一)《越南民法》第782条规定，发明技术如具有新颖性、创造性并可付诸工业应用，则可授予专利权。保护期限为自申请之日起20年，发明专利在申请中可请求转换为实用新型专利；

(二)《越南民法》第783条规定，实用技术如具有新颖性并可付诸工业应用，则可授予专利权，创造性不是实用专利授权的必要条件。实用专利的保护期限为自申请之日起10年；

(三) 外观设计可以包括产品的线条、三维形状和颜色，或上述任一组合。授予专利权的外观设计应具有新颖性，并可进行工业或手工生产。保护期限为自申请之日起5年，可续展2次，每次可续展5年。

委托申请越南专利，委托书需要公证。越文的专利申请文件、专利代理委托书原件及优先权证明原件等，可在提交申请后3个月内提交。提交申请时，可接受的专利文本的外国语种包括英文、法文和俄文。越南采取延迟审查，发明专利应在优先权起42个月内提出审查请求，实用新型专利应在优先权日起36个月内提出实质审查请求。年费应在期限届满前6个月内支付，推迟支付1个月需要支付额外的10%。

## 四、企业在越南报税的相关手续

1. 报税时间

外资企业的计税年度为公历1月1日至12月31日。外资企业可建议越南财政部准予采用其12个月会计年度制，以便计算和缴纳企业所得税。

2. 报税方式

企业所得税应税利润，为企业在计税年度中，企业收入总额与支出总额的差额，加上企业其他副业所得的利润后，扣除可转入下一年度的亏损额。外资企业可将经越南税务机关确认为慈善、人道等目的，向越南组织与个人提供捐助的合理开支，一并计入其总支出。

经营过程中，外资企业在向越南税务机关应税决算后出现亏损的，可将其亏损额结转入下年度，该亏损额可从应税收入中扣除。亏损结转期不超过5年。

**五、赴越南的工作准证的办理**

1. 主管部门

越南公安部所属出入境管理机关、各省（直辖市）劳动部门。

2. 工作许可制度

在越南工作3个月以上外籍劳务人员须办理由越南省（直辖市）劳动部门颁发的劳动证。劳动证有效期根据合同期规定，但不超过3年。依用工单位的要求，劳动证可延长。

3. 申请程序

【居留规定】外国人须申报入境目的、时间及居留地址，入境活动应与申报相符；外国人不得在禁区内居留；外国人在越南公安部所属出入境管理机关办理长期居留手续；越南公安部所属出入境管理机关将为获准在越南居留1年以上的外国人颁发长期居留证。居留证有效期为1～3年；持证人出入境免签证：长期居留在越南的外国人须每3年一次定期向越南公安部所属出入境管理机关报告；签证、签证加注、签证变更、居留证及居留许可延期申请将在受理之日起5个工作日内完成。

【工作许可】越南企业、机关、组织及个人雇佣外籍劳务人员均须签署劳动合同。劳动合同内容应包括：工种、工作时间、工作场所、休息时间、薪资、合同期限、劳动安全、劳动卫生、劳动保险。劳动合同包括书面合同和口头协议两种。外籍劳动者在获得劳动许可证后，用人单位有责任将劳资双方签署的劳动合同复印件呈交给越南劳动许可证颁发机关，但外籍劳动者系由外方选派到越南工作除外。

【社会保险】工作时间超过3个月和无期限合同，须办理强制性社会保险。

劳工因工受伤残，雇主须支付医疗费，如未投保，亦按社会保险条款支付赔偿。

4. 提供资料

（1）就业申请书；

（2）越南职能部门颁发的司法履历，如已在越南就业6个月以上的，需增加由越南所在地司法厅发的司法历履；

（3）体检表；

（4）大学毕业或以上学历证书、工艺技术证等专门技术证书的复印件。如劳工属于具有传统工艺或管理经验的人才，需有该国职能部门的证明；

（5）交纳3张1年内照近彩照（3厘米×4厘米，免冠、正面、不戴眼镜）。

所提交的材料须公认证，并译成越文。须有复印件与原件、翻译件与原件相符公认证。

［来源：改编自商务部国际贸易经济合作研究院，商务部投资促进事务局、中国驻越南使馆经济商务参赞处共同主编.《对外投资合作国别（地区）指南——越南》. 第30～35页］

# 区域合作篇

## 中国—东盟自由贸易区

### 概 述

中国—东盟自由贸易区于2010年1月1日正式建成，英文China—ASEAN Free Trade Area，缩写CAFTA，是中国与东盟十国组建的自由贸易区，即“10+1”。中国—东盟自由贸易区是中国对外商谈的第一个自贸区，也是东盟作为整体对外商谈的第一个自贸区。建成后的中国—东盟自由贸易区将覆盖1300万平方公里，惠及19亿人口，是世界上拥有消费者最多和覆盖面积最大的自贸区，也是发展中国家间最大的自贸区，被称为继欧盟、北美自贸区之后的未来世界第三大经济体。

东南亚国家联盟，简称东盟，正式成立于1967年8月，由文莱达鲁萨兰国、柬埔寨王国、印度尼西亚共和国、老挝人民民主共和国、马来西亚、缅甸联邦、菲律宾共和国、新加坡共和国、泰王国和越南社会主义共和国组成。

20世纪90年代以来，中国与东盟的经济联系日益紧密，双边贸易持续攀升。2010年1月，中国—东盟自由贸易区建成后，东盟成为中国第四大贸易伙伴。

建立中国—东盟自由贸易区的设想于2000年在新加坡召开的中国与东盟领导人会议期间提出。领导人会晤期间，针对东盟方面关注中国加入WTO对东盟的影响，时任中国国务院总理朱镕基提议就中国与东盟之间建立自由贸易区的可行性进行研究。随即成立的中国—东盟经济合作专家组经过研究，向领导人提出了建立中国—东盟紧密经济伙伴关系的建议，其中包括建立中国—东盟自由贸易区，该建议被双方领导人采纳。

到2000年，中国与东盟之间的贸易额达到395亿美元。东盟在中国的商品贸易市场上的份额提高到8.3%，为中国的第五大贸易伙伴；中国在东盟的对外贸易中的份额提高到3.9%，为东盟的第六大贸易伙伴。当时，中国和东盟共有17亿人口，中国国内生产总值为2万亿美元，对外贸易额1.7万亿美元。据全球贸易分析模型（GTAP）计算，如果在中国与东盟之间建立自由贸易区，可以使东盟向中国的投资增加48%，使东盟的GDP增加0.9个百分点；使中国向东盟的出口增加55%，使中国的GDP增加0.2个百分点。中国—东盟自由贸易区不仅可以增加区内贸易，而且能促进外部对区内的投资以及区内本身的投资，从发展区内的角度来看，中国对东盟国家的投资将会大大增加。

中国—东盟自由贸易区是中国与东盟共同协议构建的所有货物贸易取消关税和非关税壁垒、实现涵盖众多部门的服务贸易自由化、建立开放和竞争的投资机制、便利和促进中国与东盟相互投资的贸易区，即指在中国与东盟十国之间构建的自由贸易区。

中国—东盟自由贸易区计划始于1992年，原计划用15年时间完成。中国—东盟自由贸易区的建设是通过落实“共同有效优惠关税”计划（CEPT）来进行的。1994年，东盟决定把CEPT完成的时间由15年缩短为10年，即从2008年提前到2003年，规定被列入“暂时排除项目单”的商品2000年到期失效，并使CEPT扩展到未加工的农产品。1998年东盟决定把实施CEPT的时间再提前一年，即到2002年，6个老成员国承诺到2000年把85%的CEPT关税降到0%～5%，2000年把CEPT关税比例提高到90%，2002年提高到100%。新成员中，越南到2003年，老挝和缅甸到2005年实现目标。建立中国—东盟自由贸易区的时间表一再提前，开放的项目一再扩大。此外，东盟还制定了“东盟投资区”建设计划，规定东盟老成员到2003年，新成员到2010年完成计划目标。中国—东盟自由贸易区的建设既包括关税减让，也包括非关税削减。为了扫除削减非关税障碍，东盟制定了《流转商品便利化框架协议》《相互承认安排框架协议》等。

中国和东盟之间存在很强的互补性，同时也存在一些竞争性很强的产品，因此，在如何安排敏感产品的开放，如何保护弱势产品，即如何达到双方互利双赢的问题上，还有不少难题需要解决。尤其是近几年来，东盟因为金融危机的影响，经济陷入困境，经济增长放慢，外资流入减少，使新竞争性产品能力的形成缓慢。即便在金融危机的影响下，中国经济仍能继续保持增长，外资继续大量流入，形成了许多新的具有竞争力的产品，因此中国与东盟之间出现了新的竞争不平衡的局面，东盟对中国竞争的担忧由此增加。但最终东盟还是同意与中国建立自由贸易区，其根本原因在于东盟不仅看到了竞争压力的一面，同时也看到了机会的一面。一个拥有 13 亿人口、经济持续发展的大市场，对东盟而言意义是非常重大的。

中国和东盟建立自由贸易区有利于东亚合作进程，将成为加快东亚一体化的一个有利因素。从积极的方面来看，可以设想它可能起到三个方面的效应：一是中国和东盟先行在一个大的范围内建成自由贸易区，把其他国家吸引进来；二是激励其他国家采取更积极的态度加快与东盟建立自由贸易区的步伐；三是推动整个东亚地区自由贸易区建设的进度，从而激励东亚领导人及早对“东亚合作展望小组”关于建立东亚自由贸易区的建议做出决定，提出规划并开始落实。

**提 出**

2000 年 9 月，在新加坡举行的第四次东盟与中国（10+1）领导人会议上，时任中国国务院总理朱镕基提出建立中国—东盟自由贸易区的建议得到东盟有关领导人的积极响应。2001 年 11 月，在文莱举行的东盟首脑会议期间，中国和十个东盟成员国宣布在未来 10 年内建成中国—东盟自由贸易区的日标。2002 年 11 月 4 日，第六次东盟与中国领导人会议在柬埔寨首都金边举行。时任中国国务院总理朱镕基和东盟十国领导人签署了《中国—东盟全面经济合作框架协议》，宣布 2010 年建成中国—东盟自由贸易区，启动中国—东盟自由贸易区的建设进程。

**目 标**

第一，用 10 年的时间完成所有关税和非关税的削减，消除中国与东盟双方之间存在的关税及非关税壁垒；第二，建立一个综合框架，包含市场一体化等一系列措施，如投资促进、贸易便利化及投资规则与标准。

**重要性**

建立中国—东盟自由贸易区是中国和东盟合作进程中历史性的一步。它充分反映了双方领导人加强双边睦邻友好关系的良好愿望，也体现了中国和东盟之间不断加强的经济联系，是中国与东盟关系发展的新里程碑。

中国—东盟自由贸易区的建成，创造了一个拥有 19 亿消费者、近 6 万亿美元国内生产总值、1.2 万亿美元贸易总量的经济区。按人口算，其将是世界上最大的自由贸易区；从经济规模上看，其将是仅次于欧盟和北美自由贸易区的全球第三大自由贸易区，是发展中国家组成的最大的自由贸易区。

**内容框架**

由于中国和东盟成员国经济发展水平差距巨大，所处的经济发展阶段各不相同，合作的目标和承受的能力也不尽相同，加上实行的社会制度有所差异，必须要综合考虑各国的实际情况，才能兼顾各成员国的利益。因此，中国—东盟自由贸易区关税减让的时间表安排是一个复杂的过程。此外，中国—东盟自由贸易区合作的领域不仅限于货物贸易自由化，还将扩大到其他领域。中国—东盟自由贸易区的内容可大致概括为以下几方面：

第一，中国—东盟自由贸易区目前存在两个关税时间表：一是中国加入 WTO 后，关税将按 WTO 的规则逐渐降低，而在 2007 年之前，东盟七个成员国（新加坡、马来西亚、印尼、菲律宾、文莱、泰国和缅甸）是 WTO 成员国，中国与东盟 WTO 成员国于 2003 年 7 月 1 日实行 WTO 最惠国关税率。《中国—东盟全面经济合作框架协议》规定中国与非 WTO 东盟成员国也于 2003 年 7 月 1 日实施 WTO 最惠国关税率；二是根据《中国—东盟全面经济合作框架协议》的规定，2010 年中国和原东盟六国建立自由贸易区，而与东盟新成员国建成的时间是 2015 年。

中国—东盟自由贸易区的货物贸易关税减让分为正常类和敏感类。

正常类：经各方同意各自实施的最惠国关税税率依照特定的减让表和税率逐步削减或取消。对于中国与原东盟六国，实施期从 2005 年 1 月 1 日到 2010 年；对于东盟新成员国，实施期从 2005 年 1 月 1 日到 2015 年。

敏感类：一方根据自身安排纳入敏感类的产品，应依照相互同意的最终税率和最终时间削减或取消，而敏感产品的数量应在各缔约方相互同意的基础上设定一个上限。

由于各成员国经济发展情况不同，中国与东盟各国有不同的关税减让时间表。泰国率先提出与中国进行果蔬零关税贸易，双方已同意于2003年10月1日起将双方的果蔬关税减至0%。越南也提出提前享受果蔬的零关税待遇。同样，其他东盟国家也会根据本国与中国经济的发展情况提出不同的关税减让方案。

第二，早期收获。中国—东盟自由贸易区的关税减让还根据双方的具体情况，分行业制定减税时间表。《中国—东盟全面经济合作框架协议》对中国—东盟自由贸易区的“早期收获”作了规定，产品范围包括活动物、肉及食用杂碎、鱼、乳品、其他动物产品、活树、食用蔬菜、食用水果及坚果。关税减让时间最迟在2004年初开始下调农产品的关税，并于2006年取消全部农产品关税。

第三，逐步取消非关税壁垒（措施），简化和协调关税程序，但仍保留各自对非成员国的贸易保护政策。非关税壁垒（措施）包括但不限于对任何产品的进口或者对任何产品的出口或出口销售采取的数量限制或禁止，缺乏科学依据的动植物卫生检疫措施以及技术性贸易壁垒。

第四，实施有效的贸易便捷化措施，包括但不限于简化海关程序和制定相互认证安排。

第五，逐步实现涵盖众多部门的服务贸易自由化。

第六，中国—东盟自由贸易区对东盟新成员国给予特殊和差别待遇及灵活性。2001年，中国宣布向老挝、柬埔寨和缅甸提供特殊优惠关税待遇，给予非WTO东盟成员国享受WTO最惠国关税税率，以增加从这些国家的商品进口量。2002年11月，中国还宣布免除老挝、柬埔寨、缅甸等国家的全部或部分债务。为推进建立中国—东盟自由贸易区，双方已经落实一些具体的合作项目，如中方出资500万美元资助湄公河通航问题，中方愿以援助的方式承建昆明—曼谷公路中老挝境内三分之一路段。中方对建设泛亚铁路继续持积极的态度，表示只要东盟最后确定选线方案，中方将尽快启动境内相关线路的修建或改造。

第七，建立中国—东盟自由贸易区，除了货物贸易自由化外，中国与东盟的合作还扩大到金融、旅游、投资、农业、人力资源开发、中小企业、产业合作、知识产权、环境保护、林业及其产品、能源及次区域开发等领域。在2001年东盟和中国“10＋1”首脑会议上，双方领导人确定了中国与东盟在新世纪重点加强五个领域的合作：农业、信息及通讯技术、人力资源开发、投资和湄公河流域开发。

农业合作。农业在中国与东盟国家中均占有十分重要的地位，双方在农业技术、农作物品种、农产品加工、农产品市场等方面存在十分明显的互补性。双方除了签署《中国与东盟农业中长期合作谅解备忘录》之外，在农业方面的技术培训与合作也开展顺利。

金融合作。1997年东南亚金融危机后，中国与东盟有关国家签订了《清迈倡议》。2001年12月和2002年3月、6月，中国分别同泰国、日本、韩国签署了双边货币互换协议，而与其他东盟国家也就双边货币互换协议的问题开始进行接触。此外，中国与东盟还举办各种研讨会和培训班，以加强双方金融方面的合作。

投资合作。加强双方投资领域的合作，创造透明、自由和竞争的投资机制，提供投资保护，便利和促进中国—东盟自由贸易区的投资。

信息技术合作。中国积极支持并参加“电子东盟”的建设，加大对东盟人员信息技术的培训力度，积极参加东盟国家信息通讯基础设施的建设。中国与东盟签署《中国与东盟信息产业中长期合作谅解备忘录》。中方经举办多期培训班，为东盟培训信息技术方面的人才。

人力资源开发合作。自宣布加强中国与东盟在人力资源开发方面的合作以来，中方向中国—东盟合作基金出资500万美元，举办了通讯技术与管理、人员交流、地震学、社会保障、农药管理、商务信息网、农业技术、交通管理技术、艾滋病实验室、媒体等研讨会和培训班，效果良好。

旅游合作。中国和东盟都积极发展旅游业。目前，东盟十国均已成为中国公民出国旅游目的地国。中国还与泰国、新加坡、菲律宾、越南、缅甸等东盟国家分别签署了政府旅游合作协定或旅游合作谅解备忘录。2002年1月23～25日，首次东盟和中、日、韩“10＋3”旅游部长会议在印尼日惹召开，标志着在“10＋3”框架下的双边旅游合作正式启动。

非传统安全领域的合作。中国与东盟除了加强以经济为重点的合作外，还拓展非传统安全领域的合作，如打击跨国犯罪、禁毒、防治艾滋病、环境保护、打击恐怖主义等。中国已与缅甸、泰国、越南、柬埔寨、老挝和联合国禁毒署共同建立了六国七方禁毒合作机制，与东盟签署了《东盟和中国禁毒合作行动计划》，与缅甸、老挝、泰国举行了四国禁毒合作部长会议，在禁毒技术和人员培训、替代种植等方面，中国给予了东盟北部国家大力支持。在打击跨国犯罪方面，中国提出中国与东盟可重点建立高效的情报交流机制，并加强执法人员的交流和培训。2002年5月，中方在东盟地区论坛上提交了《关于加强非传统安全领域合作的中方立场文件》。2002年11月，在柬埔寨金边召开的东盟与中国“10+1”首脑会议上，双方将反对恐怖主义与地区安全纳入中国与东盟合作议题。

2003年上半年，面对SARS的挑战，中国与东盟国家加强了合作。双方于2003年4月26日在马来西亚吉隆坡召开的东盟和中国、日本、韩国“10+3”卫生部长会议及2003年4月29日在泰国曼谷召开的东盟和中国首脑特别会议上，分别发表了《东盟与中、日、韩卫生部长会议关于SARS的联合声明》和《中华人民共和国与东盟国家领导人特别会议联合声明》，双方决定就防治SARS和重振地区经济与信心方面进一步加强合作。SARS的挑战使中国—东盟自由贸易区的合作进一步扩大到医疗卫生以及应对突发事件等领域。

第八，中国—东盟自由贸易区的标准将以东盟自由贸易区为基础，与WTO倡导的贸易自由化宗旨和目标相一致（如便利和促进对与贸易有关的知识产权进行有效和充分的保护）。另外，它在市场上的开放程度比WTO更进一步。

此外，中国—东盟自由贸易区的谈判内容还包括原产地原则，配额外税率的处理，补贴、反补贴措施及反倾销措施的各项规定等。

## 发展进程

1997年12月，中国和东盟领导人在首次东盟—中国领导人非正式会议上确定了建立睦邻互信伙伴关系的方针。为扩大双方的经贸交往，1999年，时任中国国务院总理朱镕基在菲律宾马尼拉召开的第三次中国—东盟领导人会议上提出，中国愿加强与东盟自由贸易区的联系，这一提议得到东盟国家的积极回应。2000年11月，时任中国国务院总理朱镕基在新加坡举行的第四次中国—东盟领导人会议上首次提出建立中国—东盟自由贸易区的构想，并建议在中国—东盟经济贸易合作联合委员会框架下成立中国—东盟经济合作专家组，就中国与东盟建立自由贸易关系的可行性进行研究。

2001年3月，中国—东盟经济合作专家组在中国—东盟经济贸易合作联合委员会框架下正式成立。专家组围绕中国加入世界贸易组织的影响及中国与东盟建立自由贸易关系两个议题进行了充分研究后，建议中国和东盟用10年时间建立自由贸易区。这一建议获得中国—东盟高官会和经济部长会议的认可，于2001年11月在文莱举行的第五次中国—东盟领导人会议上正式宣布。

2002年11月，第六次中国—东盟领导人会议在柬埔寨首都金边举行，时任中国国务院总理朱镕基和东盟十国领导人签署了《中国—东盟全面经济合作框架协议》，决定到2010年建成中国—东盟自由贸易区。这标志着中国—东盟建立自由贸易区的进程正式启动。

1995～2002年，中国与东盟双边贸易额年均增长15%。

2003年，中国与东盟双边贸易额创下历史性的782亿美元。比2002年增长42.9%。

2004年1月1日，中国—东盟自由贸易区实施早期收获计划，下调农产品关税。到2006年，约600项农产品的关税降为零。

2004年10月30日，第十次东盟首脑会议举行，在中国国务院总理温家宝和东盟十国领导人的见证下，中国与东盟签署了《中国—东盟全面经济合作框架协议货物贸易协议》，时任中国商务部部长薄熙来与东盟十国经济部长共同签署了《中国—东盟全面经济合作框架协议争端解决机制》。这标志着中国—东盟建设自由贸易区进程的全面启动进入实质性执行阶段。东盟在协议中承认了中国的市场经济地位。

2005年4月，中国国家主席胡锦涛访问文莱、印尼和菲律宾时提出，到2010年，中国和东盟双边贸易额将达到2000亿美元。

2005年7月20日，中国—东盟自由贸易区《中国—东盟全面经济合作框架协议货物贸易协议》降税计划开始实施，中国和东盟的7000种产品在大幅降低关税、免除配额以及其他市场准入条件进一步改善的情况下，更加顺畅地进入对方市场，这有助于东盟国家的产品扩大对中国市场出口，也有助于中国企业以更低成本从东盟进口原材料、零部件和设备。

自2005年7月中国—东盟自由贸易区《中国—东盟全面经济合作框架协议货物贸易协议》实施以来，中国对东盟各国已减免了5375种产品的关税，平均税率从9.9%降到5.8%。同时，东盟各国对中国的平均关税也有不同程度的降低。

2006年，中国与东盟贸易额达1608.4亿美元，同比增长23.4%。其中中国进口895.3亿美元，增长19.4%；出口713.1亿美元，增长28.8%。

2007年1月14日，中国与东盟十国签署了中国—东盟自由贸易区《中国—东盟全面经济合作框架协议服务贸易协议》。这是中国—东盟经贸合作领域取得的又一重大成果，标志着中国—东盟自由贸易区建设向前迈出关键的一步。

2007年7月1日，中国—东盟自由贸易区《中国—东盟全面经济合作框架协议服务贸易协议》开始正式实施。

2007年1～7月，双边贸易额达1097.7亿美元，同比增长27.5%。其中中国进口587.7亿美元，增长22.4%；出口510.0亿美元，增长34%。

2007年11月20日，中国国务院总理温家宝在新加坡出席第十一次中国与东盟领导人会议，并与东盟各国领导人一同出席了《中国—东盟关于加强卫生和植物卫生合作谅解备忘录》的签字仪式。

截至2008年8月，双边贸易额已提前3年突破2000亿美元，约7000种税目商品开始实施全面降税。双方签署了《服务贸易协议》，60多个服务部门相互作出了高于WTO水平的市场开放承诺，中国—东盟自由贸易区投资谈判取得了积极进展。

2008年，中国自东盟进口受惠货物61亿美元，企业优惠税款32亿元人民币。同时，中国企业申领了18.4万份中国—东盟自由贸易区优惠原产地证，向东盟出口受惠货物51亿美元。随着中国—东盟自由贸易区宣传力度加大和税率进一步降低，双方企业将享受到更多的优惠。

2009年8月15日，第八次中国—东盟经贸部长会议在泰国曼谷举行，中国商务部部长陈德铭与东盟十国的经贸部长共同签署了中国—东盟自贸区《投资协议》。《投资协议》的签署标志着双方成功地完成了中国—东盟自由贸易区协议的主要谈判，中国—东盟自由贸易区将如期在2010年全面建成。

2010年1月1日，按照《中国—东盟全面经济合作框架协议》的时间框架，中国—东盟自由贸易区全面启动。这标志着由中国和东盟十国组成接近6万亿美元国民生产总值、4.5万亿美元贸易额的区域开始步入零关税时代。

2010年1月7日至8日，中国—东盟自由贸易区论坛在广西南宁举行。中国与东盟签署18个项目，签约金额48.96亿美元。项目涉及通讯技术、电力、农业等行业。此外还举行了钦州保税港区、南宁保税物流中心揭牌仪式，既为中国—东盟自由贸易区建成献礼，也为中国—东盟自由贸易区下一步发展提供动力、夯实基础。

（来源：中国新闻网、广西日报、中华人民共和国中央人民政府网综合整理）

# 大湄公河次区域合作

## 背景

大湄公河次区域经济合作（GREAT MEKONG SUBREGION COOPERATION，简称GMS）是由亚洲开发银行于1992年根据银行成立时制定的宗旨和其章程中关于促进银行发展中国家成员间合作的授权，并为贯彻银行于1991年通过的中期发展框架性计划，经与湄公河沿岸中、柬、老、泰、缅、越等六国进行一系列磋商后发起的项目。1991年至1995年间，亚洲开发银行根据上述六国政府的要求，进行了两次较大规模的大湄公河次区域经济合作可行性研究（称为“可行性研究第一阶段”和“可行性研究第二阶段”）。这两次研究得到了中、柬、老、泰、缅、越等六国政府的全力支持和配合。最后框架性报告得出大湄公河次区域经济合作是大势所趋、人心所向的结论，这为六国彼此间的合作奠定了坚实的基础。

大湄公河次区域的范围以及依据：亚洲开发银行把促进亚太地区发展中国家之间的合作定名为区域经济合作，为此在亚太区域经济合作框架下的中、柬、老、缅、泰、越之间的合作定名为次区域经济合作。除柬、老、缅、泰、越之外，中国主要指的是中国云南省。大湄公河次区域的界定有以下八个方面的理由：

1. 共同拥有湄公河。湄公河在六国的经济生活中占有重要地位。六国都需要在湄公河开发利用方面加强合作；

2. 六国除泰国外均属转型经济；

3. 六国都推进对外开放；

4. 六国都是资源富集地区，在合理使用低廉劳动力来进行开发方面，各国相互间有巨大的互补关系；

5. 六国边贸日趋繁荣；

6. 基础设施极为落后，其中中国云南省和老挝无出海口；

7. 六国发展资金极度匮缺；

8. 六国文化背景极为相似。

大湄公河次区域经济合作部长级会议：大湄公河次区域经济合作项目启动后，为保证相关的投融资计划与亚洲开发银行按成员国组成董事会决定重大投融资事项的体制相衔接并讨论和决定大湄公河次区域经济合作的重大问题的实施，大湄公河次区域经济合作部长级会议应运而生。

2008年3月31日，大湄公河次区域经济合作第三次领导人会议在老挝首都万象开幕。这是中国国务院总理温家宝（右三）同其他王国与会领导人和亚洲开发银行行长合影。

## 地理态势

大湄公河次区域涉及澜沧江—湄公河流域内的中国、缅甸、老挝、泰国、柬埔寨、越南，面积达256.86万平方公里，总人口约3.2亿，连接着中国和东南亚地区，地理位置十分重要。

贯穿大湄公河次区域的澜沧江—湄公河是亚洲一条重要的国际河流，中国境内段称为澜沧江，中国境外段称为湄公河。澜沧江—湄公河发源于中国青藏高原唐古拉山，自北向南流经中国青海、西藏、云南三省区和缅甸、老挝、泰国、柬埔寨、越南五国，于越南胡志明市附近注入南中国海，全长4880公里。

大湄公河次区域涵盖了多种气候类型，又兼具多种地理特征，蕴藏着丰富的水资源、生物资源和矿产资源，经济潜能和开发前景巨大。次区域内居住着多个民族，建筑、风情、服饰、宗教习俗各不相同。次区域各国还拥有不少名胜古迹，包括中国的丽江古城、缅甸的仰光大金塔、老挝的琅勃拉邦古都、柬埔寨的吴哥窟、泰国的大王宫和越南的下龙湾等。

大湄公河次区域拥有丰富的生物资源、农业资源、水能资源、矿产资源、土地资源、人力资源、人文资源和旅游资源，区位优势特别明显，在资源和市场方面具有较强的互补性，充满着巨大的贸易和投资机会，具有极大的发展潜力。深入一点看，大湄公河次区域腹地涉及东南亚和南亚的许多国家和地区，拥有大约20亿人口，是当今世界经济最具活力的地区之一，也是世界重要的战略物资补给地，有望成为21世纪世界和亚洲巨大的新兴市场。

## 合作目标

加强经济联系，消除贫困，促进发展。

## 主要机制

亚洲开发银行大湄公河次区域合作（GREAT MEKONG SUBREGION COOPERATION，简称GMS）。

亚洲开发银行大湄公河次区域合作项目自1992年起开始实施，经过初期规划、项目选择，现已进入项目实施阶段。亚洲开发银行大湄公河次区域合作范围包括湄公河流域的老挝、缅甸、柬埔寨、泰国、越南五国和中国云南省，涉及7个合作领域，即交通、能源、电讯、环境、旅游、人力资源开发以及贸易与投资。该合作机制分为两个层次：其一是部长级会议，自1992年起每年一次；其二是司局级高官会议和各领域的论坛（交通、能源、电讯）和工作组会议（环境、旅游、贸易与投资），每年分别举行会议，并向部长级会议报告。

亚洲开发银行大湄公河次区域合作是湄公河开发三个国际合作机制中起步较早并取得实质性进展的机制。自1992年起至2005年，亚洲开发银行为湄公河流域国家的基础设施建设累计提供贷款7.7亿美元，帮助融资2.3亿美元，已经在运输和能源领域完成了9个项目。截至2001年，亚洲开发银行共向大湄公河次区域开发项目提供32个累计2500万美元的技术援助项目。亚洲开发银行除向湄公河开发项目提供技术援助外，还利用自身的影响力呼吁西方发达国家尤其是私人投资者为这些备选项目提供融资。湄公河沿岸各国政府也十分重视亚洲开发银行大湄公河次区域合作项目。目前亚洲开发银行大湄公河次区域合作的重点是加强次区域的基础设施建设和有关贸易投资政策等软环境建设。

东盟—湄公河流域开发合作（ASEAN—MEKONG BASIN DEVELOPMENT COOPERATION，简称AMBDC）。

东盟—湄公河流域开发合作于1996年6月在马来西亚首都吉隆坡举行首次部长级会议。根据会议通过的框架协定，部长级会议将至少每年举行一次。两次部长级会议期间由成员国选派司局级官员举行指导委员会会议，为部长级会议做准备并提供政策建议。同时确定基础设施建设、投资贸易、农业、矿产资源开发、工业及中小企业发展、旅游、人力资源开发和科学技术等八大合作领域。东盟—湄公河流域开发合作第一次部长级会议确定由东盟7国加湄公河沿岸国老挝、缅甸、柬埔寨和中国为该合作机制的核心国。随着老挝、缅甸和柬埔寨三国相继加入东盟，日本和韩国也应邀加入东盟—湄公河流域开发合作。从此，东盟—湄公河流域开发合作组织的核心实际上衍变成东盟10国加中、日、韩3国的区域合作格局。

东盟—湄公河流域开发合作第一次部长级会议结束后不久，便因亚洲金融危机的影响中断，从1997年起至1999年连续三年没有举行。直到2000年，随着亚洲各国逐渐摆脱金融危机的阴影，第二届东盟—湄公河流域开发合作部长级会议才于2000年7月初在越南首都河内召开，会议根据日本和韩国政府的申请，讨论了吸收日韩为东盟—湄公河流域开发合作核心成员的问题。东盟—湄公河流域开发合作第三届部长会议于2001年10月8～9日在泰国清莱举行。此后，东盟—湄公河流域开发合作的主席国在各核心成员之间轮任。

湄公河委员会（MEKONG RIVER COMMISSION，简称MRC）。

新湄公河委员会（MRC）是在1957年成立的湄公河下游调查协调委员会（老湄公河委员会）的基础上产生的。1995年4月，湄公河下游泰国、老挝、柬埔寨和越南四国在泰国清莱签署了《湄公河流域可持续发展合作协定》，承认“湄公河流域和相关的自然资源及环境是沿岸所有国家争取经济发展和社会富足以及提高本国人民生活水平的具有巨大价值的自然资产。”此后四个国家决定在湄公河流域共同开发和管理一切领域，包括河流资源、河上航运、洪水控制、渔业、农业、发电及环境保护等所有可能产生跨越国界影响的领域。

依照协定，建立的新湄公河委员会（MEKONG RIVER COMMISSION）取代原来的湄公河临时委员会。新湄公河委员会的职责范围并不限于调查和协调湄公河下游水资源的综合开发，而是根据可持续发展思想，强调对整个湄公河的水资源和相关资源以及全流域的综合开发制订计划并实施管理。新湄公河委员会由三个常设机构组成：理事会、联合委员会和秘书处。理事会由每个成员国各派一名级别不低于司长级的官员组成，每年至少举行两次会议。秘书处负责为联合委员会和理事会提供技术和行政服务，其工作在首席执行官（CEO）的领导下进行，而首席执行官的任免则由理事会决定。湄公河委员会各成员国还分别成立了负责本国的湄公河开发和协调任务的机构。新湄公河委员会自成立之日起，就邀请上游的两个国家即中国和缅甸加入该组织，并于1996年开始与两国定期举行对话会，迄今已举行过6次对话会。

## 领导人会议

2002年11月3日，大湄公河次区域经济合作首次领导人会议在柬埔寨金边举行（下图）。时任中国国务院总理朱镕基出席会议并就加强次区域合作的重要性等问题作了主旨发言。会议批准了《次区域发展未来十年战略框架》，并决定其后每三年在成员国轮流举办一次领导人会议。会后，有关国家签署了《大湄公河次区域便利运输协定》谅解备忘录、《大湄公河次区域便利运输协定》中方加入书和《大湄公河次区域政府间电力贸易协定》。

2002年11月3日，大湄公河次区域经济合作首次领导人会议在柬埔寨金边举行

2005年7月4日至5日，大湄公河次区域经济合作第二次领导人会议在中国云南省昆明举行，中国国务院总理温家宝主持会议并在会议开幕式上发表了讲话。会议围绕“加强伙伴关系，实现共同繁荣”的主题进行深入讨论并达成广泛共识，确立了以“相互尊重、平等协商、注重实效、循序渐进”为主要内容的合作指导原则，并发表了《昆明宣言》。此外，与会六国领导人还签署了便利客货运输、动物疫病防控、信息高速公路建设和电力贸易等多项合作文件，同时批准了贸易投资便利化行动框架和生物多样性保护走廊建设等多项合作倡议。

2008年3月30日至31日，大湄公河次区域经济合作第三次领导人会议在老挝万象举行，六国领导人围绕“加强联系性、提升竞争力”的主题，就加强基础设施互联互通，贸易运输便利化，构建伙伴关系、促进经贸投资，开发人力资源、增强竞争力，可持续的环境管理，次区域合作与发展伙伴关系等方面的合作构想交换意见。中国国务院总理温家宝在会上就加强次区域合作的问题阐述了中方的倡议主张。与会各国领导人签署了《领导人宣言》，指出了大湄公河次区域经济合作面临的机遇与挑战以及未来行动的方向，提出2008～2012年大湄公河次区域经济合作发展行动计划。与会领导人还签署了《实施次区域跨国电力贸易路线图谅解备忘录》以及《经济走廊可持续与均衡发展谅解备忘录》等一系列合作文件。

## 进展

最近17年来，大湄公河次区域已经成为世界和东亚一体化发展速度最快的地区之一，年平均经济增长速度超过6%，在基础设施建设和经贸领域均取得显著的突破和进展。

GMS经济走廊的发展分为三个阶段：交通走廊建设阶段、物流走廊建设阶段、经济走廊建设阶段。2007年，沿南北、东西、南部走廊城市间的铁路、公路、水运等基础设施建设已初具规模，交通状况得到明显改善。

大湄公河次区域经济合作以项目为主导，根据区域内成员的实际需要提供资金和技术支持。2008年3月21日，合作重点项目之一的昆明—曼谷公路（昆曼公路）中国路段全线贯通。作为连接东南亚、南亚国家的4条陆路通道之一，昆曼公路对于完善区域路网结构、优化地区投资环境、促进区域经济交流及推动各国经济社会全面发展都具有重要意义。

自合作机制启动以来，大湄公河次区域各国围绕基础设施建设、跨境贸易与投资、私营部门参与、人力资源开发、环境保护和自然资源可持续利用五大战略重点加强合作，取得显著成果。

截至2007年底，在次区域经济合作框架内，在交通、能源、电信、环境、农业、人力资源开发、旅游、贸易便利化与投资九大领域共开展180个合作项目，其中投资项目达34个，总投资达98.7亿美元；技术援助项目146个，涉及资金1.66亿美元。

大湄公河次区域其他各国都是中国的友好邻邦，与中国的友谊源远流长。中国历来重视参与大湄公河次区域经济合作，不断推进与次区域各国间的睦邻友好关系。2010年是澜沧江—湄公河国际航道正式通航十周年。十年来，澜沧江—湄公河国际航道已经成为中国连接东南亚各国的国际黄金水道，在建设中国 东盟自由贸易区、加强大湄公河次区域经济合作、促进中老缅泰四国间经贸文化交流中发挥着不可替代的作用。

截至2009年，中国通过澜沧江—湄公河国际航运完成累计运输量达300万吨以上，有效带动了中老缅泰4国农业、轻工、运输、造船、商贸、宾馆服务等行业的协调发展。同时，澜沧江—湄公河国际航运也为中国与东盟国家建立跨国旅游经济区奠定了基础。澜沧江—湄公河对接了中国西南及泰国金三角、老挝琅勃拉邦等国际旅游热点，中国景洪—泰国清盛、老挝琅勃拉邦旅游班轮开通后，进一步改变了澜沧江—湄公河沿岸区域的国际旅游格局，多条富有吸引力的国际旅游特色线路也在规划之中。

2010年，中国—东盟自由贸易区的政策逐步实施到位，澜沧江—湄公河国际航运迎来新一轮的发展机遇。预计到2015年，中国澜沧江—湄公河国际货运量可达到150万吨，客运量可达到20万人次以上，其在区域经济合作中将发挥更大的作用。

广西壮族自治区是中国参与大湄公河次区域经济合作的主要省区。近年来，广西利用身处多个中国—东盟次区域合作交汇点的区位优势，依靠中国—东盟博览会的平台，与大湄公河次区域经济合作各国就共同推进交通设施建设，加强贸易投资便利化和产业合作，推进跨境经济合作区节点建设等方面展开合作。

2010年4月6日，大湄公河次区域核心环境项目——中越跨境生物廊道建设一期增资项目启动会在广西南宁召开。项目从2010年2月1日开始到2011年12月31日结束，实施地点为广西靖西邦亮自然保护区及附近方圆200平方公里的区域。该项目由亚洲开发银行提供建设资金，将围绕5个部分展开。该项目的顺利实施，将对加强次区域生物多样性保护、减贫、提高环境管理水平等起到重要推动作用。

为推动大湄公河次区域经济合作的深入开展，2009年9月17日，第二届大湄公河次区域（GMS）经济走廊论坛在柬埔寨首都金边举行。论坛的主题是“大湄公河次区域经济走廊：走向一体化、和谐与繁荣次区域的通道”，论坛主要就加强区域内国家跨境合作和加快经济走廊建设等发展战略进行了探讨。论坛结束后，柬埔寨与泰国签署了《跨境运输协议》，允许对方每天有40辆货车直接进入本国，并将根据需要增加数量，这是本届论坛取得的重要成果之一。此后，跨境运输的障碍将逐步消除。

2009年11月15日，由中国科技部政策法规司和国家发改委地区经济司共同主办的“大湄公河次区域发展高层论坛”在云南省昆明市举行。

论坛研讨主题包括“次区域经济合作的战略构想”、“次区域产业经济技术合作”、“次区域经贸合作与科技支撑”等诸多涉及大湄公河次区域未来发展与合作的重要论题。对加强中国同周边国家的国际交流与合作、探索发展中国家进行经济合作的模式与相关机制、促进中国经济社会的协调发展、推动西南东盟一体化发展、提高中国在大湄公河次区域合作水平等均将发挥积极作用。此次“大湄公河次区域发展高层论坛”全面总结了大湄公河次区域合作的历程、成效与经验，系统分析了新时期大湄公河合作与开发面临的新问题、新挑战，深入探讨中国在战略与策略层面上针对未来大湄公河次区域合作的方式、机制和政策。2009年6月19日，大湄公河次区域经济合作（GMS）第十五次部长级会议在泰国举行，来自中国、缅甸、泰国、柬埔寨、越南、老挝的部长级官员以及亚洲开发银行和国际组织的代表参加了会议。各国部长在会议上签署了扩大现有跨境能源贸易的路线图，除电力以外，次区域各国还将寻求水能、石油、天然气以及煤等多种能源的跨境整合。

联合声明还表示，在接下来的三年中，各国应当优先实施《跨境便利运输协定》以及提出其他贸易便利化建议，将交通走廊发展成为全面发展的经济走廊。

2010年4月5日，首届湄公河委员会峰会在泰国华欣举行，会议发表了《湄公河委员会华欣宣言》，委员国承诺要致力于建设“一个经济繁荣、社会公正和环境良好的湄公河流域”。

主办国泰国总理阿披实在会上宣读了《华欣宣言》。这一宣言以“满足需要，保持平衡，面向湄公河流域的可持续开发”为主题，指出湄委会的任务是促进和协调水资源以及相关资源的管理和可持续发展，谋求各国的共同利益和人民福利。

宣言还强调了湄委会与国际及地区伙伴之间的合作日益扩大，其中包括中国为应对当前出现的区域性干旱问题而向下游国家应急提供两个水文站旱季水文资料，并承诺湄委会将进一步加强合作，降低洪水对生命财产带来的损失，减轻干旱对人民生产生活带来的影响，更好地把可持续发展和流域水电资源开发结合起来。

## 国际关注

在国际政治多极化、世界经济全球化和区域化迅速发展的推动下，澜沧江—湄公河次区域国际合作成为亚太地区经济、贸易及投资的新热点。自亚洲开发银行倡导大湄公河次区域合作以来，西方发达国家以及东盟都高度重视对该地区的合作，纷纷参与到该区域内合作中来。

日本一直是湄公河地区开发的重要捐助国。2009年11月16日，日本和湄公河地区5个国家的领导人出席了首次在日本东京举行的“日本—湄公河地区各国首脑会议”。会议通过了《东京宣言》，旨在加强日本与湄公河地区国家之间的合作。日本将把湄公河地区作为外援重点，继续扩充对该地区整体，特别是柬埔寨、老挝、越南三国的政府开发援助，今后3年内将向该地区提供5000亿日元（1美元约合90日元）以上的政府开发援助。此外，从2010年开始启动相关项目推进环保领域合作；扩大双方人民特别是青少年交流；规定每3年在日本召开一次首脑会议等。会议还通过了双方合作行动计划，计划涵盖了基础设施和地区性经济制度建设、地区稳定合作及文化遗产保护等10个方面。美国也积极关注湄公河地区的发展，2009年7月23日，美国国务卿希拉里·克林顿与湄公河下游的泰国、越南、老挝和柬埔寨等四国外长在普吉举行外长会议，与会的五国外长就如何加强河流灾害预防等领域的合作达成共识，决定各国成立一个专门工作小组，对有关情况进行研究并将成果提交给美国，以便共享灾害预防方面的专业建议。同时还决定将“美湄会议”定为东盟与对话伙伴外长会议期间举行的年度会议。欧洲及其他西方国家大部分是通过官方的开发援助和直接投资、捐助开发和研究等方式参与澜沧江—湄公河的开发合作。如澳大利亚、新西兰、瑞典等国积极参与湄公河地区开发的方式是以官方开发援助和人力资源开发为主。英法等国在多极化的推动下，重点的投资、捐助和合作主要集中在原旧殖民地国家。欧盟及其他欧洲国家以亚欧首脑会议为契机，对湄公河地区的开发也有一定兴趣，已在“共同合作湄公河开发计划”方面达成共识，表示积极支持开发合作。

东盟近年来也越来越重视湄公河流域的开发合作。1995年，第五次东盟首脑会确定了东盟走向21世纪的战略发展目标，决定加快东盟经济政治一体化的进程，并将“东盟自由贸易区”计划从2008年提早到2003年实现。为实现十国“大东盟”计划，东盟积极地介入湄公河开发计划，考虑到东盟的几个新盟员是该地区经济较不发达的国家，经济、社会、政治、法律制度及历史文化背景与原东盟成员国之间有较大差异和距离，但这一地区与中国有着密切的关系，因此1996年6月在吉隆坡召开的东盟—湄公河流域开发合作第一次部长级会议上通过了《东盟—湄公河流域开发合作基本框架》，以提高湄公河流域国家的经济水平，加速将湄公河沿岸国如老挝、缅甸和柬埔寨纳入东盟的轨道。同时，也将“东盟—湄公河流域开发合作”作为东盟与中国经济合作关系的重要组成部分。

（来源：中国新闻网、新华网、广西新闻网、云南网综合整理）

# 2009 泛北部湾经济合作论坛

**时 间**

2009 年 8 月 6 日～7 日

**宗 旨**

本届论坛以共建中国—东盟新增长极为宗旨，围绕世界金融危机等新形势下泛北部湾经济合作的展望与推进，泛北部湾经济合作的核心项目选择与资金支持，广西北部湾经济区的开放开发与泛北部湾经济合作等问题深入展开研讨，积极推动泛北部湾经济合作正式成为中国—东盟（10＋1）框架下新的次区域合作机制，进一步丰富和拓展中国—东盟全面合作关系。

**主 题**

共建中国—东盟新增长极——拓展合作、化危为机。

**主要议题**

议题一：全球金融危机与泛北部湾经济合作

议题二：泛北部湾区域基础设施项目建设与合作

议题三：北部湾地区与东盟各次区域的合作发展

**组织机构**

主办单位：

中国国家发展和改革委员会

中国商务部

中国交通运输部

中国人民银行

中国海关总署

中国国家旅游局

中国国务院发展研究中心

人民日报社

中国国家开发银行

泰国商务部

广西壮族自治区人民政府

广东省人民政府

海南省人民政府

**特 点**

一是主题、议题设计更有针对性。论坛紧紧围绕泛北部湾经济合作面临的新形势、新挑战和新机遇设计主题、议题，既切合当前背景，又符合各方需要，体现出论坛常办常新的特点。

二是主办单位更具广泛性。泰国商务部和广东省政府首次参与论坛主办，既强化了泛北部湾经济合作的东盟元素和国际化色彩，也为泛北部湾经济合作注入了新的活力。

三是各方参会更趋热烈。一批重要官员，重要外交使节，知名专家学者，世界 500 强企业、国内 100 强、跨国大公司的总裁、副总裁及中国进出口银行、柬埔寨国家银行等境内外十多家主要银行的行长或副行长纷纷参加论坛并发表演讲，周边省份、港澳台地区不仅组织代表团参会，还安排会后到广西各地考察投资商机，显示了论坛影响力的日益扩大和凝聚力的不断提升。

四是泛北部湾经济合作机制化建设取得新突破。论坛期间，泛北部湾经济合作论坛联合专家组召开工作会议，讨论泛北部湾经济合作可行性研究成果，一旦通过将提交 2009 年中国—东盟有关会议审议。泛北部湾经济合作论坛中方专家组秘书处也将在论坛期间挂牌成立，泛北部湾经济合作机制化建设取得新的突破。

**论坛成果**

一是对金融危机下开展泛北合作的必要性、重要性有了新的认识；

二是对以南宁—新加坡经济走廊为重点务实推进泛北合作有了进一步的具体论述和认识；

三是泛北联合专家组讨论通过了泛北合作可行性研究报告，泛北合作中方专家组秘书处正式挂牌成立；

四是对如何利用中国—东盟合作的新进展、新机遇、新政策、新举措深化泛北合作形成了一系列的共识和观点。

（来源：新华网、广西新闻网、中国经济网综合整理）

# 活动篇

## 中国—东盟博览会

### 概况

中国—东盟博览会是由中国国务院总理温家宝倡议，由中国和东盟十国经贸主管部门及东盟秘书处共同主办，广西壮族自治区人民政府承办的国家级、国际性经贸交流盛会，每年在广西南宁举办。博览会以“促进中国—东盟自由贸易区建设、共享合作与发展机遇”为宗旨，涵盖商品贸易、投资合作和服务贸易三大内容，是中国与东盟扩大商贸合作的新平台。

截至目前，中国—东盟博览会已成功举办了六届，为推动中国与东盟经贸关系的发展发挥了重要作用。

2005 年，中国—东盟博览会被评为中国十大知名品牌展会，博览会常设机构——中国—东盟博览会秘书处荣获中国会展业特别贡献奖。

2006 年，中国—东盟博览会荣获“2006 年中国十大最具影响力的政府主导型展会”称号。

2007 年，中国—东盟博览会获得“2007 年中国十大最具影响力的国家级品牌展会”称号。

2008 年，中国—东盟博览会在第六届中国会展节事财富论坛上被评为“2008 年度十大会展”。

2009 年，中国—东盟博览会在第七届中国会展高峰论坛上被评为 2009 年度十大国家级品牌展会。

第七届中国—东盟博览会将于 2010 年 10 月 20～24 日在广西南宁举办。

中国—东盟博览会是目前中国境内唯一由多国政府共同主办且长期在一地举办的展会。

中国—东盟博览会以展览为中心，同时开展多领域多层次的交流活动，搭建了中国与东盟交流合作的平台。

**会徽**

**凝　聚**

作者的设计灵感源自“10＋1”概念。

十一条彩带分别代表着美丽的中国和旖旎的东盟十国。

合作的平台凝聚人心、汇聚人气。中国与东盟十国的朋友相聚在广西南宁，以中国—东盟博览会为平台，通过广泛深入的交流与合作，实现优势互补、共同发展的美好愿望。

凝聚产生力量。中国—东盟博览会将是国际盛会，中国人民带着美好的期盼与憧憬，与东盟各国朋友携手并肩，抒写梦想，挥洒欢乐，分享荣耀!

**绽　放**

美丽的花瓣，像无数双欢迎的手臂。这不仅体现了中华民族好客的传统，也表达了广西各族人民待客的诚意。

盛开的朱槿，标志着中国—东盟博览会这个盛大聚会的开放与包容，寓意发展空间永无止境。

同时，作者巧妙地运用了现代艺术手法，将南宁的市花朱槿与广西标志性建筑——南宁国际会展中心有机地结合起来，传递出中国—东盟博览会举办地的信息，表达了广西 5049 万（截至 2008 年末）人民作为十几亿中国人的代表，向世界敞开博大的胸怀!

**繁　荣**

繁花似锦。11 片花瓣间铺满了光荣与梦想，预示着中国与东盟十国人民互利合作、共享繁荣美好的未来。

作者将中国传统的书法绘画艺术与现代设计手

法相融合。缤纷的色调，流畅的线条，演绎着一个区域的活力、变革与发展，弹奏出这片热土的激越情怀。

东盟十国中多数国家毗邻海洋，中国—东盟博览会举办地——广西亦具沿海优势。因此，会徽以蓝色为主色调，意在体现中国—东盟博览会将奏响和平进步的人类赞歌，弘扬“10＋1”各国人民的民族智慧。

## 会歌

中国—东盟博览会会歌——“相聚到永久”。

中国—东盟博览会会歌“相聚到永久”综合性强，兼具传统与时尚感，易于传唱。歌名和歌词内容切合博览会主题，尤其是“相聚”和“永久”，既概括了博览会的内容、特点，又表达了人们友谊、合作、发展、繁荣的美好愿望。

会歌歌词：

再大的城市也装不下
双眼的眺望梦想的宽广
共同的梦想才能拥有
不熄的信念和力量
再高的山峰不能阻挡
坚强的拥抱超越的渴望
广阔的天空才能书写
腾飞的希望和辉煌
相聚到永久
风雨并肩走
共患难我们手牵手
永远是朋友
相聚到永久
风雨并肩走
看东方我们同声唱
我们永远是朋友

## 吉祥物

中国—东盟博览会吉祥物——“合合”。

吉祥物“合合”以独产于广西的珍稀动物白头叶猴为创作原型。“合合”形象活泼、可爱，富有人情味，构思新颖，用笔灵动洗练，用色单纯明快。“合合”寓意合作、融合，反映了中国—东盟博览会“合作与发展”的宗旨。“合合”又是“和平、和气”之“和”的谐音，体现了中国与东盟建立和平与繁荣的战略合作伙伴关系的内涵。它不仅具备中国文化和广西的特色文化底蕴，同时兼容东盟国家等不同的文化背景，充分体现了中国—东盟博览会的主题。

## 缘起

2003 年 10 月 8 日，中国国务院总理温家宝在第七次中国与东盟“10＋1”领导人会议上倡议，从 2004 年起每年在中国南宁举办中国—东盟博览会，同期举办中国—东盟商务与投资峰会。这一倡议得到了东盟各国领导人的积极响应，并写入了会后发表的主席声明。

## 背景

纵观世界经济的发展形势，区域经济一体化与经济全球化已成为当今世界经济发展的两大潮流。中国同东盟领导人审时度势，高瞻远瞩地作出了建立中国—东盟自由贸易区的重大战略决策。

2002 年 11 月，在柬埔寨金边召开的第六次中国—东盟“10＋1”领导人会议上，中国与东盟领导人签署了《中国—东盟全面经济合作框架协议》，共同启动了中国—东盟自由贸易区的建设进程。

根据《中国—东盟全面经济合作框架协议》，2004 年 1 月 1 日，中国—东盟自由贸易区的先期成果“早期收获计划”开始实施。

2004 年 11 月，中国和东盟签署了《中国—东盟全面经济合作框架协议货物贸易协议》和《中国—东盟全面经济合作框架协议争端解决机制协议》，标志着中国—东盟自由贸易区建设进入了全面启动的实施阶段。

2005 年 7 月，《中国—东盟全面经济合作框架协议货物贸易协议》实施，中国与东盟开始对 7000 种商品相互降税。自 2007 年起，又进行了第二阶段降税。中国降低了 5375 种产品的关税，对东盟的平均关税由 8.1%下降为 5.8%。东盟各国对中国的平均关税也有不同程度的降低。《协议》承诺，到 2010 年，中国—东盟自由贸易区正式建成，中国和东盟老成员国的绝大多数产品关税降为零。中国与东盟四个新成员国（柬埔寨、老挝、缅甸、越南）则在 2015 年将双方绝大多数产品的关税降为零。

2007 年 7 月，中国—东盟自由贸易区《中国—东盟全面经济合作框架协议服务贸易协议》实施，标志着中国—东盟自由贸易区的建设向前迈出了关键的一步，为如期全面建成自贸区奠定了更为坚实的基础。

2010年1月1日，中国—东盟自由贸易区正式全面启动。自贸区建成后，东盟和中国的贸易占到世界贸易的13%，成为一个涵盖11个国家、19亿人口、GDP达6万亿美元的巨大经济体，是目前世界人口最多的自贸区，也是发展中国家间最大的自贸区。

中国—东盟博览会以中国—东盟自由贸易区为依托。自贸区建设的成果为博览会持续发展提供了内在的市场动力。同时，博览会为企业分享自贸区建设成果，进一步开拓市场，提供了难得的好平台。

## 定 位

中国—东盟博览会以促进中国—东盟自由贸易区建设，共享合作与发展机遇为宗旨，围绕《中国与东盟全面经济合作框架协议》以双向互利为原则，以自由贸易区内的经贸合作为重点，面向全球开放，为各国商家共同发展提供新的机遇。

## 内 容

商品贸易、投资合作、服务贸易、高层论坛、文化交流。

## 特 色

1. 进口与出口相结合。以进口为特色，强调对东盟市场开放，成为东盟商品进入中国的桥梁。

2. 投资与引资相结合。以中国企业“走出去”为特色，成为中国企业投资东盟的平台。

3. 商品贸易与服务贸易相结合。以旅游服务和中小企业技术创新成果转让为切入点，培育中国与东盟经贸合作的新增长点。

4. 展会结合，相得益彰。中国—东盟商务与投资峰会和中国—东盟博览会同期举办，二者有机结合，相互促进。“两会”期间，既有实实在在的经贸活动，又有政府、企业、专家学者的相互对话与交流。

5. 经贸盛会与外交舞台。中国—东盟博览会既是一次经贸盛会，又是一次多边国际活动，充分体现了中国与东盟睦邻友好、建立面向和平与繁荣的战略合作伙伴关系的宗旨和意图，务实地推动了中国与东盟国家区域经济合作的深入发展。

6. 经贸活动与文化交流相结合。中国—东盟博览会期间同时举办“风情东南亚”晚会、“南宁国际民歌艺术节”开幕晚会、“中华情”晚会、高尔夫名人赛、“网球之友”名人赛、时装节、美食节等，五彩纷呈的文化体育活动穿插其间。

## 组织机构

主办单位：
中国商务部
文莱工业和初级资源部
柬埔寨商业部
印度尼西亚贸易部
老挝工业贸易部
马来西亚国际贸易和工业部
缅甸商务部
菲律宾贸易和工业部
新加坡贸易和工业部
泰国商业部
越南工业贸易部
东盟秘书处

承办单位：
广西壮族自治区人民政府

协办方：
中国科学技术部
中国交通运输部
中国国家旅游局
中国国际贸易促进委员会
香港贸易发展局

国内外支持商协会：
文莱中华商会
文中友协
柬埔寨总商会（又名金边总商会）
柬埔寨成衣厂商协会
柬埔寨中国商会
柬埔寨港澳侨商总会
印尼工商会馆中国委员会
印尼中华总商会
印尼—中国经济社会与文化合作协会
老挝国家工商会
马来西亚中国经济贸易总商会
马来西亚制造商联合会
马中友好协会
马来西亚中华工商联合会
缅甸联邦工商会
缅甸林木产品商协会
缅甸豆类商协会
缅甸渔业协会
缅甸工业联合会

菲华商联总会
新加坡中华总商会
新加坡工商联合总会
新加坡制造商联合会
新加坡中国商会
新加坡中小企业工会
泰国中华总商会
泰国工商总会
泰中商务委员会
越南工商会
中国纺织品进出口商会
中国轻工工艺进出口商会
中国五矿化工进出口商会
中国食品土畜进出口商会
中国机电产品进出口商会
中国医药保健品进出口商会
中国对外承包工程商会
中国食品和包装机械工业协会

## 常设机构

中国—东盟博览会秘书处

主要负责：

中国—东盟博览会的总体规划和重大活动的组织实施；

统筹和组织实施中国—东盟博览会境内外招商招展，展会的展区规划、现场管理与服务；

展馆租赁、展位经营、广告赞助以及中国—东盟博览会专有品牌资源的管理和经营；

中国—东盟博览会的整体形象设计和宣传推介工作等。

中国—东盟博览会秘书处内设综合协调部、研究发展部、招商招展部、展览管理部、对外联络部、宣传推介部、会议接待部、经营开发部、人力资源部、财务会计部等十个职能部门。

## 历届出席领导

第一届·2004年11月3～6日
中共中央政治局委员、国务院副总理吴仪
柬埔寨首相洪森
老挝总理本扬
缅甸总理梭温
泰国副总理披尼
越南副总理范家谦

第二届·2005年10月19～22日
中共中央政治局常委、国家副主席曾庆红
老挝国家副主席朱马里
柬埔寨首相洪森
缅甸总理梭温
泰国第一副总理颂奇
越南常务副总理阮晋勇

第三届·2006年10月31日～11月3日
中共中央政治局常委、国务院总理温家宝
东盟轮值主席国菲律宾总统阿罗约
文莱苏丹哈桑纳尔
柬埔寨首相洪森
印度尼西亚总统苏西洛
老挝总理波松
马来西亚总理巴达维
缅甸总理梭温
新加坡总理李显龙
泰国总理素拉育
越南总理阮晋勇

第四届·2007年10月28～31日
中共中央政治局委员、国务院副总理曾培炎
文莱王储穆赫塔迪·比拉
柬埔寨首相洪森
老挝总理波松
越南总理阮晋勇

第五届·2008年10月22～25日
中国国务院副总理王岐山
中国全国人大常委会副委员长顾秀莲
中国全国政协副主席李兆焯
柬埔寨首相洪森
柬埔寨副首相贺南洪
缅甸总理登盛
老挝国家副主席本扬
菲律宾众议长普罗斯培·诺格拉雷斯
越南副总理黄忠海
文莱公主玛斯娜

第六届·2009年10月20～24日
中共中央政治局常委、中国国务院副总理李克强
老挝总理波松
菲律宾众议长诺格拉雷斯
缅甸国家和平与发展委员会第一秘书长丁昂敏乌
越南常务副总理阮生雄

## 主题

中国—东盟博览会从第四届开始，每届选择一个重点合作领域作为主题，以推动中国—东盟合作的更快发展。第四届中国—东盟博览会的主题为：港口合作；第五届中国—东盟博览会的主题为：信息通信合作；第六届中国—东盟博览会的主题为：海关和商界合作；第七届中国—东盟博览会的主题将定为：自贸区与新机遇。

# 成果与述评

六届中国—东盟博览会吸引国内外企业踊跃参会，参展参会企业及客商人数稳步增长，贸易成交额和经济合作项目签约额逐年提高，东盟国家参展参会积极性不断增强，展会专业性明显提升，取得了显著的经贸成效。

## 成果

| 项目 | 第一届 | 第二届 | 第三届 | 第四届 | 第五届 | 第六届 | 合计 |
|---|---|---|---|---|---|---|---|
| 总展位数（个） | 2,506 | 3,300（+31.8%） | 3,663（+11%） | 3,400（—7%） | 3,300 | 4000（+17%） | 20,169 |
| 东盟展位数（个） | 626 | 696（+11.2%） | 837（+20.3%） | 1,124（+35%） | 1,154 | 1168（+11%） | 5.605 |
| 东盟展位占比 | 25% | 21%（—4%） | 23%（+2%） | 33%（+10%） | 35% | 29.2% | 平均27.7% |
| 参展企业总数（家） | 1,505 | 2,000 | 2,000 | 1,908（—4.6%） | 2,100 | 2450 | 11,963 |
| 其中：东盟企业数（家） | 275 | 330（+20%） | 356（+7.9%） | 667（+87.4%） | 670 | 1168 | 3,466 |
| 参展参会客商人数（人） | 18,000 | 25,000（+38.9%） | 38,900（+55.6%） | 41,600（+7%） | 36,500（+9%） | 48,619（+33.2%） | 208,619 |
| 境外采购商人数（人） | 4,000 | 6,000（+50%） | 7,000（+16.7%） | 7,500（+6.3%） | 7,650（+2%） | 8262（+8%） | 40,412 |
| 贸易成交（亿美元） | 10.8 | 11.5（+6.5%） | 12.7（+10.4%） | 14.2（+12.1%） | 15.97（+12.18%） | 16.54（+3.8%） | 81.71 |
| 国际合作项目签约额（亿美元） | 49.68 | 52.9（+6.5%） | 58.5（+10.6%） | 61.5（+5.3%） | 63.64（+3.41%） | 64.4（+1.19%） | 350.62 |
| 国内合作项目签约额（亿元） | 485.4 | 501.8（+3.4%） | 553.7（+10.3%） | 582.1（+5.1%） | 612.01（+5.13%） | 618.45（+1.05%） | 3353.46 |

## 述评

### 合作化危为机　信心照亮航程

第六届中国—东盟博览会已成功落下帷幕。回顾本届博览会，成就辉煌，硕果累累。本届博览会是在中国—东盟自由贸易区即将全面建成特别是中国—东盟自贸区《投资协议》成功签署，国际金融危机尚未退潮的特殊背景下举办的，大家聚集一堂，寻找机会，迎接挑战。本届博览会不负众望，在商品贸易、投资与合作，确保经贸成效措施等方面取得了一系列骄人的成绩，在服务国家战略、服务自贸区建设，服务广西发展方面，取得了阶段性的显著成果。

### 保持高规格　规模创新高

第六届博览会继续保持高规格，成为中国与东盟领导人之间、部长之间和地方领导人之间交流的新渠道。

中共中央政治局常委、国务院副总理李克强，老挝总理波松·布帕万，菲律宾众议长诺格拉雷斯，缅甸国家和平与发展委员会第一秘书长丁昂敏乌，越南常务副总理阮生雄出席本届博览会。中国和东盟国家的商务部、财政部、央行、海关、农业等部门的部长级官员，东盟秘书长素林、联合国贸发会议副秘书长佩特科·德拉加诺夫等国际组织负责人出席博览会。东盟10国和东盟秘书处代表团全部由部级以上官员率团出席。国内23个省、区、市派出以省级领导为团长的代表团参展参会。15个组委会成员单位中有14个由部级领导带队参会。出席本届博览会、商务与投资峰会的部长级贵宾达到206位，其中，东盟国家67位。中国和东盟国家领导人、部长级官员和国际组织负责人的出席，体现了中国和东盟以及区域外各方对博览会、商务与投资峰会平台的重视和认可，展示了各方在应对国际金融危机中相互合作、共克时艰，共同实现2010年建成中国—东盟自贸区目标的坚定信心。

本届博览会在中国—东盟自由贸易区即将建成和应对国际金融危机的背景下举办，激发了各方参展的热情。本届中国—东盟博览会参展参会规模进一步扩大，参展企业2450家，比上届增长16.7%，共设展位4000个，比上届增长17.6%。其中中国内地使用展位2733个，占设置展位数的68.3%。

东盟各国的投资合作和办会参会积极性空前高涨，东盟国家展位数创历史新高。东盟10国使用展位1168个，比上届增长1.2%，占总展位数的29.2%。此外，印尼、老挝、马来西亚、缅甸、泰国、越南6个东盟国家包馆。

同时，东盟国家也成为本届博览会举办推介活动的主角，9个东盟国家在博览会上共举办了16场推介会、说明会及对接会。马来西亚独揽4场活动，位居榜首，其中“马来西亚—中国”商机推介会详细介绍了马来西亚的经济发展情况以及投资机遇、投资政策、鼓励和便利措施，获得了与会者的好评。

众多区域外的国家也踊跃参展。除法国、日本、韩国等历届参展的国家，还有首次参展的匈牙利、马达加斯加等国。美国、意大利、西班牙、阿联酋、澳大利亚、新西兰等国家和地区继续组织采购商参会，哈萨克斯坦、印度等国也首次组团到会采购。

对于第六届博览会和商务与投资峰会的成功举办，中国与东盟国家领导人和贵宾都给予了较高评价。

李克强副总理表示，展会工作做得很好。

老挝总理波松表示，本届博览会呈现出许多新亮点，这些亮点充分体现了中国和东盟各国经济社会发展的成就和特点，六届中国—东盟博览会的成功举办使中国与东盟的战略伙伴关系得到了进一步加强。

越南常务副总理阮生雄表示，本届博览会和商务与投资峰会不仅向东盟，更向世界展示了广西取得的巨大成就，也让大家看到了广西与越南、广西与东盟的合作前景十分广阔。

中国贸促会会长万季飞表示，参加过国内很多展会，广西是其中最突出的。

东盟秘书长素林表示，博览会办得很成功。支持广西在2010年1月举办中国—东盟自贸区建成论坛活动以及在第七届博览会期间举办自贸区建成系列庆典活动。

**紧扣自贸区　经贸实效好**

为确保本届中国—东盟博览会经贸实效，提振企业应对国际金融危机的信心，为企业共享中国—东盟自贸区建设带来的商机和便利，中国—东盟博览会秘书处采取了多项创新措施：展期增加1天，给企业提供了更多的展示、洽谈、交易机会；扩大规模，增加700个展位；设立分会场，举办农业专题展；举办金融服务展和金融论坛应对金融危机；内容更具针对性，由中国海关总署举办海关主题论坛，加强海关与商界合作，适应双边贸易扩大的需求。同时，博览会紧扣形势特点，及时调整展览内容，设置了适合各国各类企业商家需要的专题，吸引了东盟国家和中外企业的踊跃参与。

增设农业展和金融服务展，内容针对性增强。农业展展示了农用生产资料、农产品食品和农业企业及园区形象。期间还举办了中国—东盟农业产业发展高端论坛、国际合作社跨国采购说明会、农产品专场配对会等商贸促进活动，经贸成效显著。广西农垦集团在本届博览会上签订了39个双向投资合作项目，成为签约项目最多的明星企业。

金融服务展抓住跨境贸易人民币结算试点的契机，中国知名银行、保险、金融服务机构，以及南洋商业银行、新加坡星展银行、越南西贡商信银行、中国香港交易所等一批境外金融机构踊跃参展，促进了银企合作。

经过各方共同努力，本届中国—东盟博览会经贸实效得到进一步提高。本届博览会累计交易总额达到16.54亿美元，同比增长3.8%。东盟国家贸易成交额与2009年基本持平，订单数大幅增加。中国国内贸易额达到3.5亿元人民币，在扩大内需和促进经济发展方面进一步发挥了平台作用。其中来自中国和越南的10家企业签订了20亿美元正式出口合同，这是中国—东盟博览会举办以来签订的最大出口合同，也是广西外经贸史上最大的出口订单。

本届博览会共签订国际合作项目136个，总投资额64.40亿美元，比上届增长1.19%，其中利用外资项目88个、总投资额45.48亿美元，“走出去”项目48个、总投资18.92亿美元；签订国内合作项目204个，总投资额618.45亿元，比第五届增长1.05%。

本届博览会举办了国内外15场大型采购对接会。其中，青岛橡胶采购商与越南最大的橡胶总公司进行了对接，并达成订单意向。青岛美扬与泰国投资促进机构洽谈60万美元的面粉加工项目。上海、江西、福建、广东、厦门举办了专场采购说明会，与马来西亚、菲律宾、泰国、中国台湾的客商进行了对接。印尼一家大公司在本国对中国钢铁开展反倾销调查的情况下，仍签下大额合同。马来西亚、泰国的采购商对接会场面火爆。广西与印尼、缅甸、老挝、柬埔寨的商贸对接活动，吸引了广西本地企业的积极参与。据目前统计数据趋势分析，东盟国家成交量比2008年同期有所增长，进一步增强博览会的国际性。

**合作大平台　开放新起点**

第六届中国—东盟博览会期前后，共举办论坛11个，扩大了多领域交流，彰显了“南宁渠道”作用。

各场论坛均取得丰硕成果。中国—东盟海关与商界合作主题论坛通过了《南宁倡议》，促进了贸易便利化。中国—东盟金融合作与发展领袖论坛通过了《共同宣言》，为加强中国—东盟金融合作提出了新的机制安排。中国—东盟农业产业发展高端论坛达成了《南宁共识》，共同构筑东盟“10＋1”与泛珠“9＋2”叠加双边交流平台。这些文件的发表，丰富了中国—东盟合作“南宁渠道”的内容和提升了层次。

第六届博览会也使广西与东盟的开放合作站在了又一个新的高度。2010年广西壮族自治区领导参加了几乎所有重大活动、会见、洽谈，分别会见了东盟国家领导人、代表团团长、东盟秘书长、央企负责人、金融机构负责人、兄弟省区市领导，就共建广西北部湾经济区、共促泛北部湾经济合作、共同服务自贸区建设达成了广泛共识。在“全国人民代表大会”和“中国人民政治协商会议”（简称“两会”）开幕式和系列论坛上，广西壮族自治区领导通过演讲、致辞、推介，集中宣传了广西，增进了外界对广西的了解，增强了各方与广西合作的意愿。

博览会期间，广西企业出口额成倍增长，与东盟国家成交总额最大。广西企业与境外企业成交3.31亿美元，比第五届增长98.2%，占成交总额的63.9%。其中与东盟国家成交3.17亿美元，比第五届增长1.38倍，缅甸成为广西最大贸易伙伴，成交额最多，达1.13亿美元；其次是越南，达0.90亿美元；第三位是新加坡，达0.54亿美元。广西企业与境内成交额1.73亿美元，比第五届增长1.74倍，占成交额的2.7%。广西各市在博览会期间也纷纷与东盟各国和国内各省市签约，促成了一大批外资和内资合作项目。

广西还与交通银行、河南省、广东核电集团、中国建筑公司签署了战略合作框架协议，北部湾港务集团与越南造船工业集团、BIDV银行签署了合作协议，一批国际知名企业、金融机构深入广西考察，洽谈合作。这些都在更高层次上促进了广西与东盟、国内大型央企、兄弟省区市之间的合作，使广西开放合作提高到了新的水平。

（来源：中国—东盟博览会秘书处. http://www.caexpo.org/gb/aboutcaexpo/caexponews/t20091104_85705.html. 2009－11－04）

# 中国—东盟商务与投资峰会

## 概　况

### 背景

2003年10月8日，中国国务院总理温家宝在第七次中国与东盟（10＋1）领导人会议上倡议，从2004年起每年举办一次中国—东盟商务与投资峰会。

这一倡议，作为中国推动中国—东盟自由贸易区建设的一项实际行动。得到了东盟国家领导人的积极响应，并写入会后发表的主席声明。

中国—东盟商务与投资峰会与中国—东盟博览会同期举办，已成功举办六届。

### 会徽

十一道彩色弧线的组合，仿佛一双充满力量的翅膀，象征着中国与东盟十国的诚挚协作，共谋发展；仿佛两张充满希望的风帆，象征着中国与东盟各国在商务与投资峰会这一东风的强劲助推下，迎接着新的机遇与挑战；它又像天边绚丽夺目的彩虹，昭示了饱含激情的澎湃商机与热力四射的光明前景。

**宗 旨**

中国—东盟商务与投资峰会以推动中国与东盟国家全面经济合作与中国—东盟自由贸易区建设为目标，为中国和东盟十国的政府官员、企业界和学术界人士建立起宣传经贸政策与推介合作项目、开展多向互动与信息交流的合作平台，为各国采购商、生产商和投资商提供更多的商业机会，向各国政府表达商界意愿，促进政策制定与经贸合作，推动中国与东盟经济合作的全面发展。

**组织机构**

主办机构：

中华人民共和国商务部

中国国际贸易促进委员会

中国广西壮族自治区人民政府

协办机构：

东盟工商会

中国—东盟商务理事会

东盟十国国家工商会

承办机构：

中国—东盟商务与投资峰会秘书处

常设机构：

名称：中国—东盟商务与投资峰会秘书处

地址：中国广西南宁市东葛路3号

邮编：530022

网址：http://www.cabiforum.org

邮箱：cabi@cabiforum.org

境内联系电话：0771—2801173 2809149

传真：0771—2809149

境外联系电话：86－771－2800607 2618812

传真：86－771－2800607

**历届概况**

| | 时间 | 主题 | 出席领导 |
|---|---|---|---|
| 第一届中国—东盟商务与投资峰会 | 2004年11月3日至4日 | 促进互利合作谋求共同发展 | 中国国务院副总理吴仪、柬埔寨首相洪森、老挝总理本南、缅甸总理梭温、泰国副总理比尼、越南国家副总理范家谦、东盟秘书长王景荣。 |
| 第二届中国—东盟商务与投资峰会 | 2005年10月19日至20日 | 中国与东盟国家市场的开放及开发 | 缅甸总理梭温、老挝国家副主席朱马里·赛雅贡、泰国第一副总理颂奇、越南常务副总理阮晋勇、中国商务部部长薄熙来、中国贸促会会长万季飞、广西壮族自治区党委书记曹伯纯、广西壮族自治区主席陆兵、东盟秘书处秘书长王景荣等。 |
| 第三届中国—东盟商务与投资峰会 | 2006年10月31日至11月3日 | 共同的需要，共同的未来 | 中国国务院总理温家宝、菲律宾总统阿罗约、文莱苏丹博尔基亚、柬埔寨首相洪森、印度尼西亚总统苏西洛、老挝总理波松、马来西亚总理巴达维、缅甸总理梭温、新加坡总理李显龙、泰国总理素拉育、越南总理阮晋勇。 |
| 第四届中国—东盟商务与投资峰会 | 2007年10月28日至10月31日 | 创新合作——加快提升区域增长力 | 中国国务院副总理曾培炎、文莱王储穆赫塔迪·比拉、柬埔寨首相洪森、老挝总理波松、越南总理阮晋勇和东盟秘书长王景荣。 |
| 第五届中国—东盟商务与投资峰会 | 2008年10月22日至10月25日 | 广阔的视野，积极的行动 | 中国国务院副总理王岐山、柬埔寨首相洪森、缅甸总理登盛、老挝国家副主席本扬、菲律宾众议长普罗斯培·诺格拉雷斯、越南副总理黄忠海、联合国贸发会议秘书长素帕猜。 |

# 第六届中国—东盟商务与投资峰会

## 时间

2009年10月22日至10月24日

## 主题

中国—东盟自由贸易区与东盟一体化：合作共进；

圆桌对话会专题：携手应对危机，促进共同发展；

论坛专题：市场开放与新商机。

## 出席领导

中国国务院副总理李克强、老挝总理波松、菲律宾众议长普洛斯彼罗·C·诺格拉雷斯、缅甸和平与发展委员会第一秘书长丁昂敏乌、越南常务副总理阮生雄、东盟秘书处秘书长素林等出席开幕式。

## 领导发言

### 立足当前　着眼长远　在新的起点上合作共进

——在第六届中国—东盟商务与投资峰会开幕式上的讲话

中国国务院副总理　李克强

（2009年10月20日，广西南宁）

2009年10月20日，第六届中国—东盟商务与投资峰会在广西南宁开幕。中国国务院副总理李克强出席开幕式并发表讲话。

尊敬的波松总理，各位贵宾，女士们、先生们、朋友们：

第六届中国—东盟博览会刚刚开幕，中国—东盟商务与投资峰会又隆重举行。此次峰会以“中国—东盟自贸区与东盟一体化：合作共进”为主题，表明了中国—东盟携手应对国际金融危机、推动经济融合、促进发展繁荣的共同意愿和行动。在此，我谨代表中国政府，对峰会的召开表示热烈的祝贺，对出席会议的东盟国家领导人和各位嘉宾表示诚挚的欢迎！

中国与东盟各国地缘相近，文化相通，友好交往的历史源远流长。多年来，双方各领域合作不断深入，睦邻友好关系顺利发展，经贸合作作为中国—东盟战略伙伴关系的重要基石，结出了丰硕成果。中国—东盟自由贸易区建设进程启动以来，双方贸易和投资快速增长，经济联系日益加深。目前，中国—东盟已互为第四大贸易伙伴，2009年前9个月尽管受到国际金融危机冲击，双边贸易额仍接近1500亿美元。双方相互投资不断扩大，至今累计已超过600亿美元。中国—东盟经贸合作已经达到一个新的水平。

2008年，世界经历了国际金融危机的严峻挑战。中国政府及时出台了应对国际金融危机的一揽子计划，东盟国家也采取了一系列刺激经济增长的举措。各国同舟共济，加强协作，应对危机取得初步成效。当前，中国经济形势总体向好，经济增幅逐月回升；东盟经济下滑趋势得到遏制，一些主要经济指标开始好转。中国和东盟经济出现积极变化，得益于各自的有效应对和有力举措，双方日益紧密的经贸合作也为克服困难提供了有力支撑。中国设立了总规模为100亿美元的“中国—东盟投资合作基金”，并将在今后3～5年内向东盟国家提供150亿美元贷款。中国还与印尼、马来西亚签署了双边本币互换协议，开展了跨境贸易人民币结算试点，促进了金融合作和经济发展。

女士们、先生们！

中国和东盟国家人口达19亿，约占世界的1/3；经济总规模近6万亿美元，约占全球的1/9。中国—东盟自由贸易区地处太平洋和印度洋的交汇处，是世界上人口最多的自贸区，也是重要的国际贸易通道、能源走廊和经济纽带，在世界经济格局中扮演着重要角色。中国和东盟作为全球经济体系中一个十分重要的新兴力量，近些年来经济快速发展，已成为当今世界上最具活力的经济体之一。中国与东盟大多数国家又处在工业化、城镇化发展时期，市场空间和增长潜力巨大，合作发展的前景十分广阔。

经过10年的不懈努力，中国—东盟自由贸易区将于2010年1月1日如期建成。届时，中国和东盟国家90%的贸易产品将实现零关税，并将实质性地开放服务贸易市场。这是区域经济一体化进程中具有里程碑意义的一件大事，标志着双方经贸关系站在一个新的起点上。在世界经济尚未复苏的大背景下，如期建成中国—东盟自贸区，充分表明中国和东盟携手推进贸易和投资便利化、共同反对任何形式的贸易和投资保护主义的决心和信心。

综观全球，世界经济结构、国际金融经济秩序正酝酿重大变革和调整，能源、粮食等市场引人关注，应对气候变化成为热门话题，世界发展不平衡尤其是南北发展不平衡的状况需要改变。我们应当立足当前，继续应对国际金融危机，保持宏观经济政策的连续性和稳定性，增强政策的针对性、有效性和可持续性，促进经济长期平稳较快发展，推动世界经济全面复苏；同时着眼长远，考虑“后危机”乃至更长一些时间，为适应未来发展变化做好充分准备，调整经济结构，创新发展模式，促进经济转型，推动世界经济全面持续平衡发展。中国和东盟各国应顺势而为，抓住自贸区即将建成的机遇，拓展和加深经贸合作，促进彼此经济朝着更大规模、更高质量、更可持续的方向发展，为全球经济恢复增长和稳定繁荣作出贡献。在此，我提三点建议：

一是全面深化贸易合作。双方应根据已经达成的货物贸易、服务贸易的安排，充分交流意见，密切协作配合，简化政策程序，加大宣传力度，把自贸协定的优惠政策转化为实实在在的行动。在此基础上，进一步探讨和完善有利于贸易便利化的政策措施，为企业提供更为充分的法律保护，创造更为有利的贸易环境。在巩固传统商品贸易的同时，努力增加机电、高新技术等高附加值产品的进出口，不断扩大贸易规模，让企业实现更大的发展，使人民得到更多的实惠。

二是突出加强投资合作。中国与东盟国家经济互补性强，生产要素各有优势，加强多边与双边投资合作，有利于优化区域资源配置。中国—东盟投资协议已全面生效，双方应共同努力，将投资便利化的措施落到实处。中国支持本国企业到东盟国家建立若干个经济贸易合作区，推动集群式投资，发展地区经济，回报当地社会，同时欢迎东盟国家企业来华投资。公路、铁路、水运、通信等基础设施互联互通十分重要，应当予以重点投资。双方还应发挥各自优势，进一步加强农业、资源开发利用和新兴产业等方面的投资合作，更多地关注民生工程建设，以投资带贸易促发展，实现互利共赢。

三是积极推进次区域合作。开展次区域合作，可以更好地发挥地缘优势，更有针对性地推动地区发展。中方积极支持东盟经济一体化建设，鼓励企业参与东盟东部增长区、大湄公河、泛北部湾等次区域合作，使其成为经贸合作的新亮点。广西作为中国与东盟交流合作的重要窗口，在实施西部大开发战略的带动下，经济社会发展取得显著成就。2008年，广西北部湾经济区开发开放规划已由中国政府批准实施。在应对国际金融危机中，广西经济保持了平稳较快发展的良好势头。面向未来，我们深入推进西部大开发的决心不会动摇，政策不会改变，力度还会加大。欢迎更多东盟企业到广西、到中国西部地区来投资兴业、共谋发展。

女士们、先生们！

中国—东盟博览会、中国—东盟商务与投资峰会已连续举办六次。东盟国家领导人多次出席，各国工商界踊跃参加。会议办出了实效，得到了肯定。希望各位企业家、专家学者和政府官员充分利用博览会和峰会的平台，深入探讨发展之计，广泛寻求合作机遇，具体落实合作项目，努力开创中国—东盟合作共进的新局面。

最后，祝第六届中国—东盟商务与投资峰会取得圆满成功！祝出席会议的东盟国家领导人和各位来宾在华工作愉快，身体健康！谢谢大家！

（来源：新华网. http://news.xinhuanet.com/politics/2009－10/21/content_12293206.htm. 2009－10－21）

# 会议论坛

## 2009海外华商相聚中国—东盟博览会暨广西北部湾经济区项目推介会

2009年10月21日，海外华商相聚中国—东盟博览会暨广西北部湾经济区项目推介会在绿城南宁隆重举行。来自美国、加拿大、新西兰、马来西亚、泰国、新加坡、柬埔寨、越南、阿根廷、西班牙、匈牙利、瓦努阿图、中国香港、中国澳门和中国台湾等世界五大洲的26个国家和地区的华商以及中国东部沿海地区的广东、江苏和深圳等省（市）的侨商会近200人聚集邕城，共同“把脉”广西北部湾经济区，洽谈合作项目，谋求合作发展。广西壮族自治区人大副主任刘新文、中国国务院侨办经济科技司副司长张毅出席大会并致辞。广西壮族自治区侨办主任李汉金主持大会。

广西壮族自治区人大副主任刘新文代表广西区向出席推介会的各位嘉宾表示热烈欢迎，向长期以来关心和支持广西发展的国务院侨办和广大华商表示衷心的感谢。刘新文在介绍广西经济社会发展情况时表示，广西是中国南部的一个边疆省区，是中国经济增长最快、富有活力和潜力的地区之一，是中国唯一与东盟既有陆地接壤又有海上通道的省区，是连接中国与东盟的重要桥梁和战略枢纽。近年来，广西政府审时度势，全力抓住多区域合作的新兴机遇，以大开放促进大开发，以大开发促进大发展，取得了良好的成果。中国—东盟“一轴两翼”区域合作战略构想得到广泛认同，泛北部湾经济合作从共识走向实践，并不断创新发展。2009年，广西各级各部门全面贯彻落实中央一系列宏观调控政策措施，积极应对国际金融危机，保增长、扩内需政策效应逐步显现，经济企稳回升，实现平稳较快增长，总体形势好于预期，多项经济指标出现止降转升的势头。海外华商拥有雄厚的资金、领先的技术、广博的人才以及遍布世界的商业网络，他们积极参与祖国的经济建设，成为中国改革开放的一支重要力量，为中国的经济繁荣和社会进步做出了独特的贡献。刘新文希望广大海内外华商继续关心广西、宣传广西、支持广西，紧紧抓住《广西北部湾经济区发展规划》全面实施、泛北部湾经济合作务实推进、中国—东盟自由贸易区即将如期建成的难得机遇，利用本次活动提供交流考察的难得契机，进一步增进对彼此的了解和沟通，进一步密切双方合作，努力实现共赢发展。

国务院侨办经济科技司副司长张毅在致辞中表示，中国—东盟博览会已成为加快中国—东盟自由贸易区的建设进程，推动中国特别是广西与东盟乃至世界其他国家和地区交流合作的重要舞台。与此同时，博览会为海外华商把握寻找商机，为中外合作交流发挥独特的桥梁纽带作用，实现事业更大发展的重要平台。从某种意义来看，中国—东盟博览会已成为海外华商互动、交流、合作、发展的盛会。为更好地支持、协助华侨华人把握和参与中国大发展所带来的机遇，实现事业的更大发展，国务院侨办近年来同国家有关部门、地方政府主办了一系列大型经济科技主题活动，此次国侨办经科司与广西侨办共同主办2009海外华商相聚中国—东盟博览会暨广西北部湾经济区项目推介会就是特别为华商量身定做的一个合作交流的平台，力图充分发挥海外华侨华人尤其是东盟华商的资源优势，加大广西与海外华商间的交流与合作，促进广西的引资引智和对外开放工作，推动泛北部湾经济合作和广西北部湾经济区的全面开放开发。

推介会上，北部湾广西经济区管委会以及南宁、北海、钦州、防城港、崇左和玉林等广西北部湾经济区所在市都作了项目推介发言，分别介绍了南宁—东盟经济开发区（南宁华侨投资区）、北海出口加工区、钦州港经济开发区、凭祥市边境经济合作区、防城港市大西南工业园区、玉林市龙潭经济开发区等广西北部湾经济区第一线上的开发区和工业区的具体投资项目情况。大会还举行了项目签约仪式，南宁—东盟经济开发区、崇左凭祥边境经济合作区、玉林龙潭产业区、钦州港经济开发区、防城港大西南临港工业园分别和参会的华商签订了11个合作项目，投资规模达24.89亿元人民币，项目涉及合金钢铸锻、再生资源、现代化养殖场、有机肥料生产、农机合作发展、钛白粉、淀粉技改、车辆制造、半导体模块制造和信息系统研发等十多个领域，成果显著。

此次2009海外华商相聚中国—东盟博览会暨广西北部湾经济区项目推介会作为2009年“两会”论坛之一，由广西区侨务办公室和国务院侨办经济科技司联合主办，会议主题为“机遇、合作、发展、共赢”。大会旨在向海外华商和东部沿海地区侨商会介绍广西北部湾经济区发展的新情况、新发展、新政策、新亮点，加大广西与海外华商间的交流与合作，充分发挥海外华侨华人的优势，推动广大华商抓住广西北部湾经济发展的新机遇，实现共赢发展，为广西北部湾经济区建设和中国—东盟自由贸易区建设发展服务，促进广西的全面开放开发。

中国—东盟博览会作为中国与东盟政治、外交、经贸、文化交流与合作的重要盛会，到2009年，已经成功举办了五届。从首届中国—东盟博览会开始，广大华侨华人特别是海外华商积极踊跃组团参加，成为推动中国—东盟博览会成功举办的重要力量。海外华侨华人尤其是华商经过长时期甚至是几代人的努力，艰苦创业，勤俭节约，华侨华人经济迅速崛起，成为住在国民族经济的重要组成部分，为住在的国家和地区的经济社会发展做出了积极的贡献，对增进住在国与中国的友好关系和经贸合作起了重大的促进作用。海外华商拥有雄厚的经济实力，是广西引进外资的重要渠道，是实施“走出去”战略的重要桥梁和提高对外开放水平的重要力量。在广西北部湾经济区的开放开发和加快中国

—东盟自由贸易区建设的进程中，海外华商是不可或缺的活跃因素。广西巨大的市场潜力和无限商机，也吸引了华商纷纷前来进行投资贸易。据统计，在广西实有外资企业和外资投资总额中，华侨华人、港澳台同胞占外商投资企业总数的七成，投资额占外商投资总数也约有七成。世界各地的桂籍侨胞还“以侨引台”、“以侨引外”，据不完全统计，截至2009年10月，在广西北部湾经济区所在市投资的涉侨项目金额达48.8亿元人民币。此次受邀前来参加推介会的都是在当地有着一定影响力和号召力的华商、华侨华人代表以及东部沿海省市的侨商会代表，这对大力推动华商了解广西北部湾经济区，到广西来投资贸易，促进广西北部湾经济区的开放开发和中国—东盟自由贸易区的加快建设具有积极意义。

（来源：广西壮族自治区侨务办公室. http://www.gxqb.gov.cn/fl03newscontent.asp? pdid=7&pdtype=2&articleid=1264&Page=3. 2009-10-22）

## 中国—东盟金融合作与发展领袖论坛

时间和地点：2009年10月20～21日，广西南宁国际会展中心。

主题：深化金融合作，建立中国—东盟可持续发展的金融服务体系。

议题：

1. 加强金融监管，维护金融安全与稳定
2. 稳定区域内货币的汇率
3. 推动金融创新和改革
4. 利用中国与东盟金融政策支持经济贸易活动
5. 加快中国—东盟金融合作的倡议

参会代表及规模：

邀请中国和东盟国家的金融主管部门领导，世界银行、亚洲开发银行相关代表、中国和东盟及欧美等区域的商业金融机构首脑、其他银行代表、金融界知名专家学者及有关企业代表等，规模约400人。

论坛特点：

1. 依托区域内最具影响力的品牌展会之一即中国—东盟博览会。旨在维护区域经济稳定，推动区域内金融交流与合作、金融服务发展、资本市场发展，建立有利于中国—东盟经贸合作的金融服务体系，打造一个全新的金融合作发展与交流平台。

2. 中国和东盟国家的金融主管部门领导，世界银行、亚洲开发银行相关代表，中国和东盟及欧美驻亚太区域的商业金融机构高层管理人员、金融界知名专家学者约400人齐聚盛会。

3. 国际金融界广泛关注，全球数百家媒体全程聚焦跟踪报道。

重要活动：

1. 讨论通过中国—东盟金融合作与发展领袖论坛共同宣言（倡议）

旨在维护区域经济稳定，推动自由贸易和投资、建立有利于中国—东盟经贸合作的金融服务体系。

2. 中国—东盟博览会金融服务展

第六届中国—东盟博览会特设的专题展，一个以企业金融服务和资本服务为主题的国际性金融展会。

3. 金融论坛欢迎酒会

为全世界的金融界精英创造一个更加融洽的交流环境，丰富金融论坛。

发言摘录：

广西壮族自治区主席马飚：金融是中国—东盟合作的重要支柱，近年来，中国与东盟在金融领域的合作不断取得新进展，促进了双方资本、货物、人员的流动，推动了中国—东盟自由贸易区建设，为本区域经济持续快速发展作出了重要的贡献。随着中国—东盟自由贸易区2010年1月1日如期建成，这将对金融服务提出更高的要求，给双方金融合作带来了更大的机遇和发展前景；另一方面，国际金融危机也给包括中国和东盟各国在内的世界经济带来了冲击，使中国—东盟金融合作面临新挑战。

在这一形势下中国和东盟各国的金融界高层和企业精英齐聚广西南宁，共同举办中国—东盟金融合作与发展领袖论坛，共同搭建区域金融合作平台，共商区域金融合作大计，这充分体现了区域各方加强金融合作、促进互利共赢的信心和决心，这对于发挥金融机构在抵御风险、维护区域金融安全的作用，促进资源优化配置，让双方金融界和企业界更好地共享区域经济一体化、商计促进互利合作与发展共赢具有十分重要的意义，同时，本次论坛创新形式，在中国—东盟博览会增设金融服务展，以跨境人民币结算业务试点为契机，为双方金融机构之间，金融机构与企业之间开展合作提供务实平台。我们相信，本次论坛对于维护地区经济金融稳定，推动贸易投资便利化，建立有利于中国—东盟经贸合作的金融服务体系必将产生重要的促进作用。

今后要继续通过博览会平台共同把金融论坛办成常规化的论坛。通过金融论坛，加强沟通与联系，增进信任与合作，共同研究区域金融合作的长远规划，逐步建立金融政策的多边协调机制，推动区域金融合作向纵深化、多元化方向发展。通过中国—东盟博览会的金融专题，为双方金融机构提供务实的合作平台。同时，加强区域性金融合作，我们愿意积极推动和参与共同建立和完善区域金融合作机制，加强区域金融创新合作，推进区域金融体系的建设，促进区域金融稳定，规避金融风险，增强区域抵御金融风险能力。建议务实推动广西金融业与东盟金融业的互利合作以及加强区域金融生态建设，为区域金融合作创造良好的市场环境。

中国人民银行副行长苏宁：目前，中国和东盟都处在金融快速发展的阶段，合作潜力巨大，前景广阔。这次国际金融危机发生后，中国和东盟国家深化金融合作的共识进一步增强。人民银行将在坚持平等互信的原则基础上，进一步加强与东盟各国的中央银行的对话和协调，推动区域金融合作向纵深化、多元化方向发展。中国人民银行将与其他银行一道致力于创造稳健和充满活力的机制，推动本地区经济的可持续增长。

近年来，中国与东盟国家交往日益频繁，经济合作快速推进。特别是2002年11月中国与东盟双方正式签署《全面经济合作框架协议》后，双方经济合作进入了新的阶段。目前，中国和东盟双方已互相成为对方的第四大贸易伙伴和重要投资对象。2010年，中国—东盟自由贸易区将建成，成为世界上由发展中国家组成的最大的自由贸易区。随着中国—东盟经济合作的深入发展，本地区的金融合作也取得了重要进展。《清迈倡议》框架下的地区性金融危机救助机制建设迈出了实质性的步伐。顺应中国与东盟国家间贸易便利化的需求，2009年7月，中国在上海市和广东省的4个城市实施了人民币跨境贸易结算试点，进一步促进了中国与周边国家和地区的贸易发展。目前，中国与越南、老挝中央银行签署了双边结算与合作协议，大力推动主要贸易口岸的边贸结算。此外，中国与东盟国家的双边金融监管合作也有序推进，取得了积极进展。

但是，从总体上看，中国—东盟区域金融合作目前仍属于初级阶段，金融市场的开放与创新还没有达到应有的水平。今后，中国将进一步加强与东盟各国在增加货币互换的基础上推动货币互换机制的多元化，促进资本的合理有序流动。中国人民银行将推动各国央行间的对话和协调，共同研究区域金融合作的长远规划，推动区域金融合作向纵深化、多元化方向发展。

中国证券会主席助理朱从玖：从这次博览会开展的各项活动来看，下一步中国—东盟的各项合作特别是金融领域的合作会更有序地深入开展。为了深化中国—东盟的经贸关系，我想借这个机会谈一点看法，大力发展资本市场会有助于深化中国—东盟的经贸合作。中国资本市场的改革和深化发展将会促进中国和东盟之间的经贸自由化、经济全面合作和投资的相互渗透。资本市场的发展可以优化资源配置，可以在区域内形成更加合理的经济结构，这样使得中国和东盟之间的贸易自由化可以建立在有效的产业分工的基础上，经济的互补性由于资本市场的作用会加强，从而使经济合作更加全面和更富有深度。资本的流动和投资的相互渗透能够以实体经济的互补和合作作为基础，这样可以降低资本流动的盲目性和投机性，进一步提升中国和东盟区域经济一体化的程度，成为全球经济协调可持续发展的积极力量。由于中国与东盟国家资本市场的发展不平衡，资本市场的总体规模对该经济体系中的重要性不能与中国国内需求相适应，因此这个发展空间比较大，同时这个局面也会对全面的经贸合作的深度有影响，为此有若干建议：第一，中国与东盟各国应积极推动资本市场的发展，使得资本市场的机制成为本国经济发展的重要机制；第二，要积极采取措施，缩短资本市场发展的差异；第三，推动资本市场成为跨境资本市场流动的平台，便利直接投资，形成资本的合理流动；第四，基于经济区域合作的内在需求，逐步展开资本市场的合作与协同发展，优化区域内的资本配置，进而促进区域经济的一体化。

中国银监会广西银监局局长熊良俊：中国与东盟的合作已经进入新的发展阶段，加强中国与东盟金融领域的合作有利于促进双方资本和人员的流动，有利于推动中国—东盟自由贸易区的建设，也有利于本地区经济持续快速健康发展。与此同时，随着区域经济合作的推进，资本流动规模和频率空前提升，金融风险的传染性增强。在这些背景下，为有效地防范金融风险推动金融的发展，有必要进一步完善地区金融合作机制。为此，我们提出以下建议：一是进一步扩大合作规模，我们欢迎东盟国家符合条件的金融机构来中国开拓市场，同时，我们也积极鼓励和支持更多的中资金融机构走出去，到东盟国家拓展业务；第二，进一步完善合作机制，充分利用中国—东盟博览会、中国—东盟商务与投资峰会积极开辟中国与东盟多领域、多层次的金融交流的合作与方式，完善合作对话机制；第三，加强信息共享和金融合作，建立客户共享机制，使银行机构可以掌握跨境企业整体的信用状况，建立银行业培训基地，推动双方的金融合作；第四，建立规避风险；第五，充分发挥广西在中国东盟中的作用，广西是唯一一个与东盟国家既有陆路接壤又有海上通道的省区，是中国与东盟经贸往来的“桥头堡”，中国—东盟博览会、中国—东盟商务与投资峰会使得广西成为东盟的助推器。国务院批准广西北部湾发展规划进一步提升了广西的地位，广西应充分利用这些优势与契机广泛参与到金融合作中来，中国银监会将给予大力支持。

中国保监会办公厅主任陈方磊：经济越发达，社会越进步，保险越重要。保险作为社会的互助机制以及管理机制，发挥资金补偿和社会管理的功能，可以为中国—东盟自由贸易区的建设发挥保障性的服务。第一，保险业可以为中国—东盟自由贸易区的建设提供有利的支持，它起源于贸易的发展，同时促进贸易进一步发展。作为国际通行的政策性的金融工具，出口信用的保险已经在世界贸易中普遍使用；第二，中国与东盟国家保险业的发展可以相互借鉴，相互促进，中国的保险业与东盟的保险业处于完善发展阶段，人文环境也有很多相似之处，因此，有很多可以学习和相互借鉴的地方。近年来，东盟保险业呈现出强劲的发展势头，改革开放以来，中国的保险业发展十分快速，有着自己的特色和经验，加强中国与东盟国家保险业之间的交流，对于促进双方保险业有积极的意义。中国保监会高度重视与东盟国家保持保险方面的合作，2005年，我们首创发起的亚洲保险监管机制，包括东盟国家的11个国家和地区讨论通过了《亚洲区保险监管室言》，随着中国—东盟自由贸易区的建成，中国保监会愿意与东盟国家 起开展多层次、多领域的双方及多边合作，为进一步把中国与东盟保险业的发展提高到新水平而努力。

联合国贸发会议副秘书长佩特科·德拉甘诺夫：我先介绍一下全球的经济形势以及亚洲在当中的位置。世界的GDP在2009年的增长可能会降低1.1%，亚洲经济增长可能有6.2%的增长，这是因为亚洲的很多国家都采取了积极和反周期的政策，而且他们大大增加了公共开支和信贷投入。2009年中国的增长率可能超过7%。按照我们的预测，亚洲应该是2010年世界经济发展的主要驱动力。

在金融合作方面，东盟国家进行了一系列的区域合作，启动了东盟“10＋3”机制。在这之前，亚洲国家在1997年通过了《清迈倡议》，当时正值亚洲金融危机期间，这个措施很好地补充了国际货币基金组织的不足，它有了双边互换的网络。首先是韩国启动了与中国的互换机制，在2009年还启动了清迈多边协议，它使得东盟“10＋3”的这些国家能够超越IMF借款的额度。而且在内部机制上，建立了更平等的结构机制，“一国一票”。此外，更为重要的是，各国建立了各个地区对金融的监管机制。所有的这些发展都展示出东盟和东亚三国在建立地区性的应对危机的措施方面走在了前列，这对提升地区的金融稳定具有非常重要的意义。

另外东盟“10＋3”机制是亚洲债券基金和亚洲债券市场的发展以及在这一系列框架之下采取的措施，它将促进这个地区资本市场的一体化进程和区域内的金融合作。我还想对这些地区应对危机的多边体系的建立发表一些看法。事实上，G20峰会肯定了在应对危机方面，更多的进行多边合作是必要的。我想东盟“10＋3”机制以及“清迈”多边倡议当中所展现的远见卓识，不仅会使我们的地区获得稳定和发展，其意义还可以提升到一个全球化的程度，给更多的国家和地区予以借鉴。

老挝中央银行行长普佩·卡普冯：在金融合作方面，老挝政府意识到开放与融合是非常有效的。下一阶段，老挝需要在多边和双边的层面上融入区域合作中去。从全球领域上讲，老挝正在准备加入世界贸易组织，同时，老挝也在积极加入到东盟的框架中。在东盟“10＋3”的框架中，老挝支持并推动金融贸易自由化、清迈倡议的签订以及亚洲债券市场的发展。在我们不断加入全球和地区融合的过程中，老挝还致力于加强与东盟以及东盟“10＋3”的合作。

中国与东盟在不同的领域加强了合作，特别是贸易、投资、旅游、交通和金融方面。中国和老挝两国的贸易额一直在不断增长。比如，中国在老挝有许多大型的投资项目，这些项目的数量也是在不断的增长。到2008年，中国在老挝的对外投资额处于领先地位，尤其是采矿业。在银行业合作方面，老挝中央银行和中国人民银行签署了一个双边合作协议。在这个协议框架下，双方会共同构建一个有利的环境来推动信息交换和互访，鼓励双方的商业银行能够在自愿的基础上设立合资公司，同时还同意在中老边界开放本地账户，以此推动跨境贸易的便利化。除了和中国人民银行合作外，我们还与中国国家开发银行签订一个合作协议，这个合作协议的内容也是关于金融合作的。老挝的银行业已经从融合中获益良多，并且通过不断提升自己来与国际接轨。

通过融合与合作，老挝政府意识到，要为合作建立一个良好的并且是可信的环境是至关重要的。最近几年来，老挝政府致力于营造稳定和谐的社会环境，今后还将继续它的改革进程。比如说改革商业运行环境，提高政府工作效率，以更好地与世界接轨。老挝会加入WTO并且与其他的国家开展积极的合作，推动中国—东盟“10＋3”合作框架，在双边和多边领域进行广泛的合作。

中国进出口银行董事长李若谷：中国—东盟合作应该致力于实现经济的一体化，加快建设一体化的中国—东盟交通通讯网络，打通连接中国与东盟的陆路通道，加快沿线经济走廊的建设，加强重点行业与领域的合作，促进产业转移和合理分工，推进区内产业融合，达到完全的经济一体化，实现中国与东盟的互利共赢。

推动中国—东盟经济一体化必须加强金融合作与创新。应当进一步加大金融合作的力度。第一，进一步推动区内金融市场和资本市场的开放，为经济合理化提供资本支持，区域内各国应逐步放宽金融准入的限制，降低户社金融机构的门槛，改善金融结构和服务，加强区内资本市场的合作，加快债券市场的合作，逐步实现区内自由资本的流动。近期应该研究经双方和东盟批准的东盟国家银行在中国发行人民币债券的可能性，在积累一定的经验后，再考虑允许东盟其他有实力的经济体在中国发行人民币债券，通过相互开放逐步形成稳定的、多层次的自由便利的机制，进而实现区内金融市场的一体化；第二，研究适合区内金融市场的金融工具，开发新的金融品种，拓宽金融服务的范围，逐步建立多层次、宽领域的金融体系；第三，进一步推动结算合作，为减少对美元的依赖以及交易成本和汇率波动对各国国际收支的影响，中国与东盟需加强本币结算的合作；第四，共同制定适合各自特点的金融标准和法规，在银行债券、报信领域探讨监管的制度和标准；第五，完善中国和东盟金融合作与对话平台，除了中国与东盟国家中央银行加强合作之外，还应该在银行和其他的金融机构之间建立对话与合作的机制；第六，加强在改革国际货币体系和国际监管体系的合作，共同推动国际货币基金组织和世界银行的改革，建立多元化的国际货币体系。

中国银行股份有限公司董事长肖钢：随着中国和东盟地区的经济发展，区域内各国银行间的合作也得到了加强和拓展。2009年，中国决定对广西和云南与东盟的货物贸易进行人民币结算试点，试点的中资银行纷纷与东盟的银行签订了人民币跨境代理的协议，在满足客户贸易需求的同时，为区域经济的发展提供了重要的保障。虽然现阶段中国的银行和东盟各国的银行已经开展了一些合作，但总体而言这些合作还不全面，覆盖面不够广泛，合作仍处在潜层次和初步的阶段，与中国和东盟的发展速度和规模相比还远远不够，需要进一步的加强。在此，我倡导建立中国和东盟区域银行的合作机制，在业务交流、信息交流、人才培训三个方面开展合作。

首先建立全面的业务合作机制，在不断巩固现有的合作关系上，结合双方在产品创新、网络建设、服务质量提高等方面的优势互补，在融资服务、产品设计和客户服务方面推进实质性的合作；其次建立信息交流与沟通机制，通过信息交换、研讨交流等形式，形成在市场、客户、产品、技术、服务等方面的信息共享，就区域内的经济热点问题交换看法和意见，结合新的金融需求研究解决措施，探讨解决方案；第三，建设人才培训机制，通过互访、商务培训等方式加大双方人员的交流，促进先进经验的传播。总之，中国与东盟各国的银行应该在相互尊重、平等合作、互惠共赢的基础上共同探索一条务实可行的合作道路，开创中国与东盟地区银行间合作的新局面。

（来源：广西壮族自治区政府门户网．http://www.gxzf.gov.cn/jr/jrdt/200910/t20091026_152342.htm．2009－10－26）

## 中国—东盟海关与商界合作主题论坛

2009年10月20～21日，由中国海关总署和广西壮族自治区人民政府联合主办的“推进贸易便利化——中国—东盟海关与商界合作主题论坛”在广西南宁隆重举行。期间，中央政治局常委、国务院副总理李克强亲切接见了出席论坛的部分代表，并就推进贸易和投资便利化发表重要讲话。世界海关组织秘书长御厨邦雄发来贺信。中国海关总署署长盛光祖分别致开幕词和闭幕词，副署长李克农、商务部副部长高虎城、贸促会副会长于平分别发表主旨演讲，广西自治区党委书记郭声琨、自治区主席马飚分别致辞，对海关与商界合作的广阔前景寄予厚望，对本次论坛取得的成果予以高度评价。论坛讨论并一致通过了《中国—东盟贸易便利化南宁倡议》。

论坛期间，与会代表纷纷建言献策，围绕“进一步推进中国—东盟贸易便利化”这一主题进行了深入研讨并达成广泛共识，取得了丰硕成果。来自东盟国家的政府部门嘉宾以及国内外有关企业界代表，从不同角度对贸易便利化主题进行了阐释，介绍了在各自领域对促进贸易便利化所做的工作以及对贸易便利化的需求和设想。东盟秘书处秘书长素林在论坛上盛赞中国—东盟海关与商界合作是一个非常关键的活动，有助于推动中国—东盟贸易便利化进程。通过深入研讨，与会代表共同表明了加强国际海关间以及海关与商界间沟通与务实合作的意愿，并一致通过了《中国—东盟贸易便利化南宁倡议》。

（来源：中华人民共和国海关总署. http://www.customs.gov.cn/tabid/399/ctl/InfoDetail/InfoID/194313/mid/60432/Default.aspx?ContainerSrc=[G]Containers%2f_default%2fNo+Container. 2009－10－27）

## 中国—东盟农业产业发展高端论坛

为充分利用中国—东盟博览会平台，促进中国泛珠区域各方与东盟进行农业产业的全面对接，加快推进和深化中国—东盟自由贸易区的农业产业合作，“中国—东盟农业产业发展高端论坛”（以下简称论坛）于2009年10月19日在广西南宁市锦华大酒店举办。本次论坛由广西壮族自治区人民政府和中国农业大学主办，广西壮族自治区农业厅和广西社会科学院、广西壮族自治区博览事务局共同承办，是第六届中国—东盟博览会重要活动之一。

中国—东盟农业产业发展高端论坛以促进中国与东盟国家农业产业合作为宗旨，以“中国泛珠区域与东盟农业产业合作”为主题，各位与会嘉宾重点围绕以下4个议题展开交流与探讨：中国泛珠区域与东盟农业产业合作的战略意义、机遇与条件；中国泛珠区域与东盟农业产业合作的机制构建与路径选择；广西北部湾经济区在中国泛珠区域与东盟农业产业合作中的地位与作用；中国农业大省参与泛珠区域与东盟农业产业合作的战略构想。

本次论坛得到了国家有关部委、各地有关涉农政府部门、科研机构、高校以及东盟国家农业部门和各界人士的高度重视、支持和通力配合。另外，一些国际知名企业的负责人也出席会议并发表演讲。广西壮族自治区人民政府副主席陈章良在论坛上代表广西壮族自治区人民政府致辞并发表主题演讲；老挝农林部部长代表国外来宾，中国农业大学党委书记瞿振元代表国内来宾分别在论坛开幕式上致辞。会上菲律宾、马来西亚、老挝、印度尼西亚、俄罗斯、以色列等外国农业部门高官和跨国公司地区代表等发表了专题演讲。农业部、中国农业大学、中国热带农业科学院、台湾国策基金会和广西等相关省区的农业部门负责人及专家学者分别从不同视角对中国—东盟农业产业发展与合作问题进行了深入探讨。本次论坛参会嘉宾人数约为150人，其中境外嘉宾达到70%以上。

随着中国—东盟自由贸易区建设的加快推进，中国与东盟国家在农业产业方面的合作也不断深入，中国—东盟博览会也不断为中国与东盟国家创造更多的农业合作机会。2008年，中华人民共和国科技部和广西壮族自治区政府共同举办了第五届中国—东盟博览会农村先进适用技术暨高新技术展。2009年，第六届中国—东盟博览会首次举办中国—东盟农业专题展，集中展示中国与东盟国家的农业产品，拓展双方在农业领域的合作商机。

作为第六届中国—东盟博览会的重要活动之一，中国—东盟农业产业发展高端论坛首次举办就体现了以下特点：一是规格高。论坛邀请了东盟国家及国外的政府农业部门高官和国内知名专家及相关省区市的农业部门负责人作为论坛演讲嘉宾和特邀嘉宾。二是主题鲜明。论坛紧跟中国—东盟自由贸易区建设、泛珠三角区域合作和中国—东盟农业产业发展与合作的最新形势，以“中国泛珠区域与东盟农业产业合作”为主题，具有鲜明的时代特色，体现了时代发展的需要。三是影响广泛而深远。除了演讲嘉宾之外，参加论坛的国内外嘉宾还包括中国与东盟国家各级农业部门的官员、专家学者和相关企业负责人，来自多方面的与会人员对中国与东盟国家农业产业合作进行了多领域和多视角的探讨，这对中国与东盟农业产业的发展与合作产生积极而深远的影响。中国与东盟国家的媒体也对本次论坛给予了高度关注，他们对扩大本次论坛在国内外的影响发挥了不可替代的作用。四是突出了中国与东盟农业产业加强合作的实际成效。为了深化与会各方农业合作，本次论坛形成了《南宁共识》，旨在探讨不同区域经济体谋求更广泛区域的农业合作，为进一步深化中国与东盟国家在农业产业领域的全面合作，促使各方在农业产业发展上实现互利共赢发挥了重要的作用。

（来源：中国—东盟博览会秘书处. http://www.caexpo.org/gb/aboutcaexpo/caexponews/t20091016_85233.html. 2009－10－16）

## 首届亚洲商品发展圆桌会议

旨在推动亚洲国家初级商品发展的首届亚洲商品发展圆桌会议于2009年8月17日在中国广西南宁开幕，会议由联合国商品共同基金（Common Fund For Commodities，CFC）主办，中国商务部协办、广西壮族自治区人民政府承办。会议集中讨论商品在亚洲国家经济发展中的重要性，以及CFC如何协助亚洲各国充分发挥各自商品的潜力。

总部设在荷兰阿姆斯特丹的商品共同基金是一个由联合国发起成立的国际金融机构，通过对成员国进行无偿项目援助的方式致力于初级产品开发、生产和贸易促进。商品共同基金每年在各大洲之间轮流举办年度商品发展圆桌会议，这是首次在中国召开商品发展圆桌会议。

随着区域及全球出口需求的增长，许多国家的初级商品发展面临着不少新问题。为期四天的亚洲商品发展圆桌会议重点讨论商品在亚洲国家经济发展中的重要性，针对主要农产品、矿产品的贸易、生产、加工及多样化问题提出解决方案。会议还就中国现代发展模式的经验进行研讨。

与会者有来自中国商务部、农业部的官员，还有来自国际和亚洲区域的高层决策者、高级代表以及联合国商品共同基金亚洲地区成员国的代表。

出席会议的商品共同基金总裁阿里·慕秋莫表示，中国是最大的发展中国家和商品共同基金的重要成员，危机时刻希望中国对发展中国家给予更大的援助和投资。

阿里·慕秋莫接受记者采访时透露，选择在中国举行亚洲商品发展圆桌会议，是因为中国在发展中国家的合作中扮演重要的角色。他指出，2008年全球金融危机对发展中国家的影响大大超过对发达国家的影响。金融危机爆发之后，发达国家对发展中国家的援助和投资减少。为推动初级商品贸易的发展，推动“南南合作”，希望中国政府对发展中国家提供更多的援助和投资，而中国也具备这样的能力。

此前，商品共同基金工作重心主要在非洲。中国商务部官员称，中国政府希望加强与商品共同基金的联系，使其协助亚洲各国充分发挥各自商品方面的潜力。

迄今，商品共同基金在亚太地区共资助了70个初级商品项目，资助金额达1.7亿美元，涉及诸如黄麻、茶叶、咖啡、可可、高粱等多个领域。

与会各国代表认为，联合国商品共同基金亚洲商品发展圆桌会议致力于促进亚洲各国初级产品开发、生产和贸易的合作，而每年在南宁举办的中国—东盟博览会以“促进中国—东盟自由贸易区建设，共享合作与发展机遇”为宗旨，推动商品贸易、投资合作、服务贸易和其他更多领域的合作。亚洲商品发展圆桌会议选在南宁召开，有力地推动了广西与其他区域的友好合作。

（来源：中国新闻网．http://www.chinanews.com.cn/gn/news/2009/08－18/1822372.shtml.2009－08－18）

## 首届中国—东盟电视交流论坛

2009年10月24日，由中国国家广播电影电视总局与广西壮族自治区政府联合主办的首届“中国—东盟电视论坛”在广西南宁举行。中共中央宣传部副部长、国家广播电影电视总局局长王太华在开幕式上致辞，广西壮族自治区党委书记、自治区人大常委会主任郭声琨出席开幕式，自治区主席马飚在开幕式上致辞。

此次论坛的主题是“深化合作，共创未来”，议题包括中国和东盟各国电视业发展的政策与现状、电视媒体如何应对新媒体的竞争、中国与东盟国家电视领域国际合作展望等，旨在通过中国与东盟国家电视界的交流深化彼此间的合作，增进中国与东盟国家人民之间的了解和友谊，为中国—东盟共同发展提供支持。

与会代表就行业政策、媒体融合、金融危机背景下电视业的发展以及中国与东盟电视领域交流合作等议题展开讨论，并达成共识。

与会代表在发言中一致认为，在经济全球化、科技发展日新月异和全球金融危机的背景下，中国与东盟政府主管部门应进一步加强政策交流与沟通，相互借鉴管理经验，努力为媒体业的交流合作与发展创造良好的政策环境。配合中国—东盟自由贸易区建设，加强电视媒体间的交流合作，相互借鉴有益经验，深化内容产业和服务贸易领域的合作关系，推动本地区电视业的共同发展。

就如何加强双方交流合作等问题，与会代表表示，将致力于开展多种形式的节目交换，播出更多介绍对方国家政治、经济、文化和社会发展情况的节目，联合制作反映本地区历史文化和社会经济发展情况的各类节目；加强技术交流合作，分享各自发展数字化、新媒体技术等方面的经验；通过举办研讨会、培训班等形式进行人力资源开发领域的合作交流，加强人力资源建设，提升从业人员的专业技术水平。

论坛期间，还举办了“中国—东盟电视节目展播周”活动，双方电视媒体机构进行了对口交流。广西电视台与老挝国家电视台、越南数字电视台分别签署了合作协议。2009年10月22～23日，与会代表在广西钦州、北海、南宁等地考察了北部湾开发及中国与东盟开展经济文化交流的相关情况。

经过论坛与会代表的发言和深入讨论，中国与东盟十国在以下方面取得共识：

1. 在经济全球化、科学技术发展日新月异和全球金融危机的背景下，中国与东盟政府主管部门应进一步加强政策交流与沟通，相互借鉴管理经验，努力为媒体业的交流合作与发展创造良好的政策环境。

2. 配合中国—东盟自贸区建设，加强电视媒体间的交流与合作，相互借鉴有益经验，深化内容产业和服务贸易领域的合作关系，推动本地区电视业的共同发展。

3. 进一步加强节目交流合作。双方开展多种形式的节目交换，播出更多介绍各方国家政治、经济、文化和社会发展情况的新闻和专题节目，联合制作反映本地区历史文化和社会经济发展情况的各类节目。

4. 加强技术交流合作，分享各自发展数字化、新媒体技术等方面的经验，促进共同发展。

5. 加强人力资源建设。双方通过举办研讨会、培训班等形式进行人力资源开发领域的交流合作，提升从业人员的专业技术水平。

（来源：东盟经济时报网. http://www.aseanecon.com/?action－viewnews－itemid－279. 2009－10－25）

## 中国—东盟智库战略对话

2009年10月17～18日，以“全球环境变化中的中国与东南亚”为主题的第二届“中国—东盟智库战略对话”论坛在广西南宁举行。来自中国、美国、韩国、新加坡、马来西亚、菲律宾等国家的100多位专家学者在论坛上展开对话，为中国—东盟合作提供战略性智力支持和理论支撑。

在开幕式上，广西壮族自治区党委常委黄道伟作了“共同推动区域合作，携手共克时艰”的讲话。他提出了“继续务实推进中国—东盟自由贸易区合作、创新开展中国—东盟次区域合作，共同打造新经济增长区、共同探讨和创新中国—东盟合作机制，加强规避经济风险的各项合作”等项目合作建议。他表示，十多年来，东亚地区以东盟为中心，区域经济合作取得了显著的成效。2004年以来，中国—东盟博览会和中国—东盟商务与投资峰会每年在南宁举办，而广西北部湾经济区的开发纳入了国家的发展战略，广西已经成为中国与东盟交流合作的重要平台，正在向建设成为国际区域经济合作新高地和中国沿海经济发展新一极大步迈进。

广西社会科学院院长、广西北部湾发展研究院院长吕余生研究员表示，中国—东盟智库战略对话成为中国—东盟自由贸易区建设贡献智慧的平台。在这个平台上，各方为共同探索中国与东盟的友好合作、增强互信、共同发展献计献策，为中国与东盟建立面向和平与繁荣的战略伙伴广西做出专家学者应有的贡献。广西社会科学院作为广西的智库之一，近年来，曾多次与东南亚国家的智库和研究机构的学者互相交流，进行学术访问，促进了广西社会科学院在科学建设、科研队伍等方面的发展壮大。

老挝社会科学院副院长可可欧·索依撒亚代表老挝社会科学院对本次会议的召开表示衷心的祝贺。他认为对话有利于共同探讨如何在日新月异的全球环境下推动东南亚和中国向前发展。印尼战略与国际问题研究中心副主席尤素夫·瓦南迪在致辞中表示，在互信与有力的决策环境下，中国与东盟关系的基础更加牢固。

本次会议分为“应对金融危机：经济调整与新战略”、“新东亚地区合作倡议”、“加强中国—东盟战略伙伴合作”和“次区域合作的作用”四个议题和“泛北部湾合作”专题五个部分。

（来源：新华网东盟频道. http://www.gx.xinhuanet.com/dm/2009－10/18/content_17973301.htm. 2009－10－18）

## 2009年中国—东盟传统医药高峰论坛

2009年10月28日，中国—东盟传统医药高峰论坛在广西南宁举行。本次论坛是第六届中国—东盟博览会、中国—东盟商务与投资峰会系列论坛之一，是一个规格高、影响大、涉及面广的国际性政府间论坛。论坛由中国中医药管理局、中国民族事务委员会、广西壮族自治区政府共同主办。论坛期间，还举行了中国—东盟传统医药文化合作交流广西基地揭牌仪式。中国与东盟国家、世界卫生组织、东盟秘书处官员以及院士、专家学者、行业和企业负责人共260人出席本次论坛和传统医药展系列活动。

中国卫生部副部长、中国中医药管理局局长王国强，国家民族事务委员会副主任丹珠昂奔，广西壮族自治区副主席陈章良，世界卫生组织西太区传统医学顾问那然图亚·杉丹，东盟秘书处金塔那·丝丽旺萨等官员出席开幕式并致辞。老挝卫生部部长本梅·达拉洛、缅甸卫生部副部长斑梭、柬埔寨卫生国务秘书欧库·摩那应邀出席开幕式。

论坛上，中国中医药管理局和东盟10国传统医药机构，以及中国香港、中国澳门、广西卫生行政部门和传统医药机构的14位嘉宾作了主旨发言。在论坛设立的3个专题会场上，29位传统医药专家围绕“传统医药可及性与国家卫生体系建设”主题进行了精彩演讲。通过政府合作研讨，中国与东盟10国就传统医药合作达成了一致，共同发表了《南宁宣言》。在为期两天的论坛中，还举行了中国—东盟传统医药文化合作交流广西基地揭牌、传统医药项目签约仪式，广西中医学院等5个单位分别与泰国庄甲盛叻察帕大学等8个传统医药机构签订合作协议。而与论坛同期举办的传统医药展，也展示了新中国成立60年以来的传统医药优秀成果和广西中医药、民族医药的建设成就。

通过政府合作研讨，中国与东盟10国就传统医药合作达成了一致，共同发表了《南宁宣言》。《南宁宣言》指出，应根据中国及东盟各国的具体情况，尊重、保护、促进以及广泛并且适当地传播传统医学及其治疗和实践的知识。建立中国与东盟国家传统医学交流与合作不定期协调机制。中国及东盟各国政府将在传统医学的医疗保健、教育培训、科研开发、文化交流等领域开展广泛交流与合作，共同促进传统医学在中国和东盟国家健康快速的发展。

（来源：广西壮族自治区人民政府门户网站. http://www.gxzf.gov.cn/jrgx/jryw/200910/t20091029_153156.htm. 2009－10－29）

## 中国—东盟自由贸易区法律事务论坛

2009年10月22日，由中国—东盟博览会秘书处、柬埔寨王国律师协会、（中国）法制日报、新加坡国际仲裁中心、广西壮族自治区检察官协会、广西社会新阶层知识界人士联谊会共同举办的第六届中国—东盟自由贸易区法律事务论坛在广西南宁国际会展中心隆重召开。来自东盟各国、中国和世界各地区的司法、中介与法律服务、商协会和知名企业代表120人参加了会议。

作为中国—东盟博览会的正式系列活动，法律论坛伴随中国—东盟博览会已成功举办了五届。自2004年论坛项目启动以来，通过自贸区成员方的普遍参与，共同对中国—东盟自由贸易区与经贸、投资、争端解决机制和法律建设中具有全局性、战略性、前瞻性的课题进行广泛和深入的研讨与交流，为区域经济运行提供法律保障，促进自贸区的平衡、有序、可持续和健康发展。每年的博览会期间，论坛通过联合国、东盟秘书处、东盟国家商协会代表、律政等机构的官员、专家及各知名企业的代表的广泛参与，以搭建交流平台，促进和完善自贸区成员方联合服务为目标，为自贸区争端解决机制及法制的建立与完善起到了积极的推进作用，促进了自贸区成员方法律了解和司法交流与合作。

近年来，中国与东盟等自贸区成员方双边、多边投资与经贸往来频繁，中国与东盟之间贸易与投资以及文化交流飞速发展，蓬勃发展的自贸区交往和处于起步阶段的自贸区法律合作的滞后形成了鲜明的比照，随着2010年中国—东盟自由贸易区的建成，中国与东盟主要国家将基本实现货物贸易自由化，在服务贸易与投资贸易方面，双边与多边合作也将实质性地开放彼此市场。在全球金融危机蔓延的形势下，贸易保护主义明显增温。增进了解，促进司法、法律服务的交流与合作，营造良好、完备、开放的法制环境显得十分重要。经过近十年的建设，在中国—东盟自由贸易区的背景下，各成员方坚实的合作基础和强烈的交流与合作愿望为建立中国—东盟自由贸易区联合服务机制奠定了良好的基础。

本届论坛会议主要议题：“金融危机下的国际贸易与投资风险规避”，重要议题包括：如何运用法律手段保障中国—东盟自由贸易区区域经济可持续发展；自贸区双边、多边经贸与法律规范、法律服务状况解读；中国—东盟自由贸易区法律环境建设及合作新前景；合作项目联合服务运行机制。中国—东盟自由贸易区双边、多边项目联合服务运行机制。

会议期间，法制日报社周秉键副社长、越南法学家协会陈大兴副会长、中国社会科学院亚太研究所教授、著名东盟经济专家陆建人教授、印尼国家投资商会高级投资顾问姚子英、深圳市律师彭云霞等嘉宾围绕主题和议题进行演讲发言。

本届论坛特点：

（一）主题鲜明。针对本届议题，面对全球金融危机下的贸易与投资风险席卷全球的国际问题，论坛重点解读和研讨金融危机给自贸区经贸与投资带来的影响，协调各方利益，携手抗击金融危机给自贸区各成员国带来的影响，进一步深化法律交流，促进司法合作，提醒贸易保护主义危害，提出规避、防范、抵御的措施。

（二）强化务实。在论坛会议期间，组委会与印度尼西亚相关部门重点讨论联合提供法律服务事宜问题并签署相关文件。

（三）继往开来。为推进和落实自贸区成员方联合服务计划，解决投资、经贸交往中对政策、法律了解不足的问题，在2008年的基础上，本届论坛会议邀请了自贸区成员国部分法学会和律师协会等机构官员，进一步推进中国—东盟联合法律服务项目，讨论和完善《中国—东盟联合服务南宁宣言》文本（或部分签署），推进中国—东盟自由贸易区联合服务机制的正常运行。

中国—东盟自由贸易区法律事务论坛是中国—东盟博览会项下举办最早、最成功的系列活动，论坛在博览会期间的连续成功举办，不仅在中外常设展会上开创法律服务项目的先河，同时向世界传递着中国在向法制博览会方向发展的信息。

（来源：光明网. http://www.gmw.cn/content/2009－10/23/content_998032.htm. 2009－10－23）

## 中国与东盟打击跨国犯罪执法合作研讨会

2009年10月14～15日，中国与东盟打击跨国犯罪执法合作研讨会在广西南宁举行。来自中国与东盟执法部门负责官员60余人出席了会议。广西壮族自治区副主席、公安厅厅长梁胜利出席了研讨会。梁胜利在会见与会代表时表示，广西公安机关愿以更加积极开放的态度，建立和加强与东盟各国警方的友好往来和务实合作，共同为中国—东盟自由贸易区的成立创造安全的环境，为中国与东盟的人员和经贸往来保驾护航。

中国与东盟执法合作是中国与东盟战略伙伴关系的重要组成部分。近年来，公安部紧密配合国家整体外交工作，积极推动以东盟为主渠道的东亚区域执法合作，成效显著。广西是连接中国与东盟的重要枢纽，是中国—东盟博览会及投资峰会永久承办地，在中国与东盟的各领域合作中占有重要地位。这次研讨会，也是中国—东盟博览会系列论坛之一。

会上，各国与会代表介绍了本国打击跨国犯罪的刑事司法体制及成功经验，重点就加强打击跨国犯罪的务实合作进行了研讨。通过面对面的交流，与会各方进一步增进了彼此间的理解和信任，在巩固和完善中国与东盟框架下执法合作机制、加大执法培训力度等方面达成广泛共识。与会各方表示，今后将进一步加强深层次、宽领域的执法合作，共同打击跨国犯罪，为中国—东盟自贸区的发展提供保障。

本次的研讨会加强了各国之间打击跨国犯罪的合作。各国之间将在反毒品走私、买卖人口、海盗、武器走私、洗钱、恐怖活动、电脑犯罪和国际金融犯罪8个领域加强国际合作。

（来源：中国经济网. http://www.ce.cn/xwzx/gnsz/gdxw/200910/15/t20091015_20199767.shtml. 2009－10－15）

## 中国广西与越南部分地方法院法官研讨会

2009年10月11日，来自越南和中国的100多位资深法官及司法代表，汇聚中越边境重镇凭祥市，以“司法与中越边境贸易的繁荣发展”为主题，对广西与越南边境贸易及商贸纠纷的预防和解决办法，发挥司法保障作用，促进经贸繁荣发展等问题进行交流与研讨。

广西壮族自治区党委常委、政法委书记温卡华，自治区副主席、公安厅厅长梁胜利，自治区高级人民法院院长罗殿龙，最高人民法院审判委员会委员及民四庭庭长刘贵祥出席开幕式。越南最高人民法院副院长徐文儒及20多位来自越南高平省、广宁省、谅山省及河江省人民法院的院长应邀参加。

温卡华在开幕式致辞中表示，中国—东盟自由贸易区2010年正式建成，努力创造良好的区域法制环境、深化双边和多边司法交流是区域合作与发展的迫切需要。本次研讨会的举办有利于中国广西与越南法官之间的司法交流，增进相互间的理解和信任，推进司法务实问题的探讨交流，促进相互间司法沟通渠道的建立和完善，为促进中国—东盟自由贸易区的建设和发展，共同营造良好的区域司法环境。

刘贵祥希望通过此次两国之间法官的交流，不断增进中越法律文化间的相互理解和信任，期望大家在研讨会上畅所欲言，求同存异，取长补短，为中越双方贸易往来特别是边境贸易提供司法制度上的有益做法和成功经验。

徐文儒代表越南最高人民法院，真诚感谢中国广西高级人民法院倡议并举办本次研讨会，认为本次研讨会是双方交流如何解决边境商贸纠纷的好机会。他表示，中越两国经贸、文化各方面的关系十分密切，在交流过程中难免会发生一些纠纷，代表团希望通过这次研讨会，各方达成关于如何在法律层面上依法解决纠纷的共识，另外还要提高效率，切切实实为双边经贸的合作和发展提供服务。

本次研讨会为期两天。在开幕式后进行的专题研讨中，与会代表围绕“中越友好关系及边境地区的交流与合作”、“预防边境贸易纠纷，促进中越边境繁荣”等问题，对商贸和边境贸易纠纷和解决途径进行探讨，交流各自审判工作的经验。

相关数据显示，2008 年广西与越南贸易额达到 31.2 亿美元，同比增长 31.4%，越南连续 10 年成为广西第一大贸易伙伴。目前，广西与越南之间已经建立了凭祥—谅山、同登中越边境合作区，广西还设立了中国第 4 个综合保税区——凭祥市综合保税区，推动了广西与越南贸易的跨越式发展。中国—东盟自由贸易区于 2010 年建成，在加强中越双边经贸往来的同时，积极开展区域法律合作并为边境贸易提供快捷高效的司法服务，已成为中越两国的共同需要和选择。

（来源：广西壮族自治区政府门户网站. http://www.gxzf.gov.cn/gxzf_zfgz/zfgz_gzdt/zfgz_gzdt_gzdt/200910/t20091012_148655.htm. 2009—10—12）

## 越南政府领导与中国企业 CEO 圆桌对话会

2009 年 10 月 20 日下午，作为第六届中国—东盟商务与投资峰会的重要议程，越南政府领导与中国企业 CEO 圆桌对话会在广西人民会堂举行。越南常务副总理阮生雄、中国国际贸易促进委员会会长万季飞、自治区副主席杨道喜、自治区政协副主席李达球参加了会议。

本次会议的议题是“携手应对危机，促进共同发展”，中越两国 13 家大型企业的领导，就中越企业如何以坚定的信心应对国际金融危机，加快推进中越企业合作的实施进程等问题进行了深入的交流和探讨。

阮生雄在致辞中表示，中越两国山水相连，地理优势明显，中国 30 年改革开放取得了巨大成就，越南 20 年革新推动经济迅速发展，中越两国共同面对中国—东盟这个巨大的市场，两国劳动力资源丰富，企业合作推进良好，并具有进一步推进合作的巨大潜力。越南政府将加快体制改革步伐，创造更加有利于中国企业到越南投资发展的良好环境。

万季飞在致辞中表示，中越双方的贸易投资合作取得了巨大成就，双方互为重要贸易伙伴，合作发展的前景广阔。在当前国际金融危机影响依然严峻的背景下，在国际经济交往中，圆桌对话是一种协调利益平衡、实施会议决议的有效机制。中越双方企业利用圆桌对话机制进行对话，有利于发现和解决当前中越共同面临的困难和问题，促使双边企业合作，共同应对国际金融危机，减缓危机的冲击，有利于促进中越双边经贸关系的良性发展。

中国建设银行董事长郭树清、中国进出口银行副行长诸鑫强、中国机械进出口（集团）有限公司总裁唐毅、中国寰球工程公司总裁汪世宏、中国技术进出口集团副总裁吴多誉、华为技术有限公司副总裁杨蜀、中国路桥工程有限责任公司副总裁刘弘等 7 家中国大型企业的领导，就如何进一步推进中越双方合作，与阮生雄进行了对话，阮生雄一一回答了中国企业领导人提出的问题。

杨道喜在闭幕演讲中表示，中越双方根据优势互补、互利共赢的原则，已经在基建、能源和交通等领域开展了合作，取得了显著成效，增进了两国的友谊，并且进一步合作的前景广阔。2010 年中国—东盟自由贸易区的建成，将为中越双方企业合作提供一个美好的前景，希望中越双方的合作取得更大的成就。

本次对话会由中国贸易促进会和越南贸易促进局联合主办，中国—东盟商务与投资峰会秘书处承办。

（来源：广西日报. 2009 年 10 月 21 日要闻 06 版）

# 大 事 记

## 2009 年 7～12 月

### 7 月

1 日　中国外交部长杨洁篪在北京与来华访问的印尼外长哈桑举行会谈，双方就两国关系和共同关心的国际地区问题交换了意见。会谈结束后，杨洁篪外长与哈桑外长签署了《中华人民共和国与印度尼西亚共和国引渡条约》。

1 日　中国国务院副总理李克强在人民大会堂会见了来华访问的印尼外长哈桑。李克强表示，中国和印尼是战略伙伴，经过双方共同努力，两国关系已走上成熟、快速、稳定的发展轨道，政治互信不断增强，各领域合作成效显著，在重大国际和地区事务中配合密切。哈桑表示，印尼政府高度重视中国在地区发展中的建设性作用，愿与中方一道，推动两国战略伙伴关系不断走向深入。

2 日　中国国务院侨办副主任许又声在北京香格里拉饭店会见并宴请了菲律宾中国商会访华团。许又声希望菲律宾新老侨之间要相互包容，无论老侨、新侨，都要合法经营，避免恶性竞争。

2～7 日　应中国国务院侨办邀请，以菲律宾中国商会董事局主席许克宜为团长的菲律宾中国商会访华团一行 35 人于 2 日～7 日访问北京和福建，并于 6 日抵达泉州开始为期 2 天的访问。

3 日　中国外交部副部长宋涛在钓鱼台国宾馆会见并宴请菲律宾中国商会访华团一行。宋涛表示中菲经贸关系有较强的互补性，在这方面菲律宾中国商会大有可为。

3～8 日　广西壮族自治区党委书记郭声琨率领经贸代表团访问印尼。期间，分别拜会了印尼外交部长哈桑、贸易部长冯慧兰及东盟秘书长素林。访问期间，代表团在雅加达举行了中国—印尼经贸合作区项目贷款签约仪式，同时举办了印尼—广西经贸交流会。

8～12 日　应缅甸外长吴年温邀请，广西自治区党委书记郭声琨于 7 月 8 日至 12 日率团访问缅甸。期间，郭声琨书记拜会了缅甸总理登盛，分别会见了吴年温外长、国家计划与经济发展部长吴梭达、宣传部长觉山、商务部副部长昂吞、仰光市长昂登林，出席了中国—东盟博览会招商招展合作协议签约仪式、广西向缅方赠送公务用车仪式、广西电视周开播启动仪式、南宁—仰光友城备忘录签约仪式。

15 日　中国政府以优惠贷款形式援建的大湄公河次区域信息高速公路一期工程举行竣工仪式。

16 日　第四届中国—东盟民间友好组织大会在马来西亚吉隆坡举行。中国—东盟协会会长顾秀莲、马来西亚交通部长翁诗杰和约 650 名来自中国和其他东盟国家的民间友好组织代表出席了开幕式。大会期间还将举办中国—东盟商品展览会、中国—东盟经贸洽谈会和中国—东盟教育合作论坛等活动。

19 日　陕西省省长袁纯清在西安曲江惠宾苑宾馆会见了泰国国务部长威拉差·威拉梅提农率领的泰国政府代表团一行，对“2009 泰国农产品中国巡展”在西安成功开幕表示祝贺。

21 日　中国外交部长杨洁篪在泰国普吉会见了出席东盟地区论坛外长会的菲律宾外长罗慕洛。杨洁篪表示中国政府鼓励和支持有实力的企业赴菲律宾投资兴业，推动双方在农业、新能源等领域的合作。

22 日　中国外交部长杨洁篪在泰国普吉会见了出席东盟地区论坛外长会的泰国外长格实。双方表示，进一步推进农业、投资、旅游等各领域的务实合作，促进中泰共同发展，不断充实中泰战略性合作的内涵。

23 日　第 16 届东盟地区论坛外长会在泰国普吉举行。中国外交部长杨洁篪出席会议并发表讲话，阐述中方对亚太地区形势和东盟地区论坛未来发展方面的看法。

**23～24日** 陈士球大使作为中国外交部长杨洁篪的特别代表访问印尼。期间，陈大使分别会见了印尼国会议长阿贡、副外长特利约诺以及穆哈玛迪亚总主席杉苏丁、印尼穆斯林知识分子联合会总主席穆斯里敏等宗教界和学界人士，就两国双边关系和共同关心的国际地区问题交换意见。

**28日** 中国银行马尼拉分行与菲律宾中央银行签订了《人民币现钞买卖、转运协议》。根据此协议，中国银行可以在菲律宾开办人民币现钞买卖、存取款以及现钞调运业务，并为当地商业银行及非银行金融机构办理人民币账户开立、人民币存取款、人民币买卖等业务。

## 8月

**12～16日** 2009年亚非文化艺术节在巴厘岛举行。中国广东顺德艺术团一行33人参加了为期5天的亚非文化艺术节。

**15日** 第八次中国—东盟（10＋1）和第十二次东盟—中日韩（10＋3）经贸部长会议在泰国首都曼谷举行。来自东盟10国、韩国经贸部长、日本经济产业审议官和东盟秘书长出席了上述会议。中国商务部长陈德铭率团与会。会议期间，中国与东盟各国部长共同签署了中国—东盟自由贸易区《投资协议》。

**17日** 中泰宁夏经贸合作洽谈会在宁夏回族自治区银川市悦海宾馆举行。宁夏回族自治区领导齐同生、李锐等出席洽谈会，泰国商务部副部长维拉萨率领泰国南部14府商会的代表一同参加并与中国国际贸易促进委员会宁夏分会签订合作备忘录。另有14家泰国商会与宁夏回族自治区30家企业在会上进行了对接洽谈，有4家企业与泰方达成了直接进口泰国水果和农产品的意向。

**20日** 中国外交部长杨洁篪在外交部会见了来访的老挝副外长蓬沙瓦，双方就中老关系和共同关心的国际地区问题交换了意见。

**21日** 由泰国总理府、泰国商务部和泰国农业部共同举办的“2009泰国农产品中国巡展”在中国辽宁省大连市举行巡展开幕活动。开幕式上举办“泰国农业经济论坛暨农产品经贸合作洽谈会”，会上大连市与泰国签订了《中泰农业合作备忘录》。

**24日** 中国和新加坡双边合作联合委员会第六次会议在新加坡举行。中国国务院副总理王岐山和新加坡副总理黄根成共同主持会议。

**26日** 以“投资泰国，放眼亚洲”为主题的泰国投资合作机遇北京研讨会在北京中国大饭店举行，来自各行业的企业家代表、政府官员、投资机构以及行业协会代表共计200多人参加了会议。此次会议将进一步加强中泰两国企业之间的交流与合作，为国际金融危机背景下的中国企业开拓泰国及东盟新型国际市场提供新的机遇。

**25日** 中国国家工商总局副局长付双建代表国家工商总局与越南国家知识产权局局长陈越雄签署了《中华人民共和国国家工商行政管理总局和越南社会主义共和国国家知识产权局商标及商标相关领域合作谅解备忘录》。这标志着中越在商标及相关领域正式建立了双边战略合作框架。

**26～28日** 应缅甸计划与经济发展部副部长都因佐上校的邀请，中国商务部副部长陈健率团访问缅甸。期间，陈健分别拜会了缅甸总理登盛上将、缅甸国家和发委第一秘书长丁昂敏乌上将和计划与经济发展部部长吴梭达，双方就增进友谊和加强经贸合作等事宜进行了友好的交谈。

**29日** 2009中国沈阳国际旅游节——中国—印尼友好交流演出在中国辽宁省沈阳市政府广场上演，50多位印尼艺人参加表演，他们表演的迎宾舞等舞蹈给沈阳带来了浓郁的“巴厘岛气息”。

## 9月

**1日** 横跨红河的中越公路大桥竣工暨试通车仪式拉开序幕，这意味着又一座中国云南省通往越南的重要通道正式投入使用。中越公路大桥将进一步满足中越双方人员往来和货物运输的需要，推动中越边贸发展。

**5日** 由泰国阿玛宁国际集团有限公司投资10亿元人民币兴建的泰国东盟生态产业园项目奠基仪式在湖北省黄梅县大胜关工业园举行。黄梅东盟产业园将以此为契机，加大力度吸引企业的投资。

**9日** 中共中央总书记、国家主席胡锦涛在人民大会堂与来华进行工作访问的老挝人民革命党中央委员会总书记、国家主席朱马里·赛雅贡举行会谈。双方就进一步发展两党两国关系达成广泛共识，一致同意把中老关系提升为全面战略合作伙伴关系。

**9日** 中国交通运输部部长李盛霖与老挝贸易和工业部副部长肯马尼·奔舍那在北京人民大会堂分别代表各自政府签署关于在磨憨—磨丁口岸实施《大湄公河次区域（GMS）便利货物及人员跨境运输协定》（简称《便运协定》）的谅解备忘录。中共中央总书记、国家主席胡锦涛与老挝总书记朱马里共同出席了签字仪式。

15 日　中国－越南经贸合作委员会贸易合作工作组首次会议在越南河内举行。中方工作组组长、中国商务部亚洲司梁文洮副司长和越方工作组组长、越南工贸部亚太司陶陈仁司长共同主持会议。

16 日　中国国家副主席习近平在钓鱼台国宾馆会见了柬埔寨国王诺罗敦·西哈莫尼。双方举行了亲切友好的会谈。

18 日　在中华人民共和国建国 60 周年即将来临之际，中国驻马来西亚大使馆于 9 月 18 日在使馆多功能厅举办了在马中资企业座谈会，刘健大使和高文宽商务参赞出席并发表讲话，50 多家中资企业代表参加了会议。

29 日　中国工商银行与泰国盘谷银行大众有限公司（“盘谷银行”）联合宣布，双方已就泰国 ACL 银行大众有限公司（“ACL 银行”）股权买卖交易达成协议。同时，中国工商银行宣布向 ACL 银行全部股东发起要约收购。而盘谷银行根据上述协议向工商银行出售其所持 ACL 银行股份构成该要约收购的一部分。

10 月

12 日　中国商务部长陈德铭在北京与来访的越南工贸部长武辉煌举行双边会谈。双方就制定经贸合作发展规划、发展边境贸易、建设经贸合作区、基础设施互联互通及多边合作等问题深入交换了意见。

13 日　来自泰国、马来西亚以及柬埔寨的首批中国—东盟博览会展品运抵中国广西南宁，此后陆续运抵的东盟各国的食品、农产品、手工艺品等需使用 1264 个展位展出。

13 日　第六届中国—东盟博览会上，东盟国家各大商协会再度掀起采购热潮。文莱、菲律宾、新加坡、泰国和越南明确表达组织采购商参会的意向。文莱文中友协、文莱中华总商会、菲律宾菲华新联工会、菲华通贸展投资有限公司、新加坡益嘉诚集团有限公司和新加坡制造商联合会、泰国工业院、泰国工商总会、越南工商会等都在积极筹备组织采购商参会。

15 日　中共中央军委副主席徐才厚在八一大楼会见来华参加第三届中印尼国防部防务安全磋商的印度尼西亚国防部秘书长沙弗利。

15 日　柬埔寨首相洪森率柬政府代表团乘专机离金边飞赴中国四川成都，应邀出席第十届中国西部国际博览会暨第二届西部国际合作论坛，并顺访四川省。柬埔寨副首相兼外交国际合作部大臣贺南洪、国务兼商业部大臣占蒲拉西等官员随行。

15 日　第六届中国—东盟博览会“魅力之城”全部确定，中国广东省深圳市作为“中国魅力之城”参加第六届中国—东盟博览会，东盟 10 国的“魅力之城”分别是文莱的斯里巴加湾、柬埔寨的西哈努克、印度尼西亚的西加里曼丹、老挝的沙湾拿吉、马来西亚的古晋、菲律宾的怡朗市和卡加延德奥罗、缅甸的木姐、新加坡的新加坡城、泰国的沙没巴干、越南的芹苴。

16 日　第十届中国西部国际博览会暨第二届中国西部国际合作论坛在四川成都开幕。中国国务院总理温家宝出席开幕式并致辞。柬埔寨首相洪森、科特迪瓦总理索罗、肯尼亚总理奥廷加、斯里兰卡总理维克勒马纳亚克、东帝汶总理沙纳纳、越南总理阮晋勇出席开幕式。

18 日　马来西亚华总会长方天兴率领近 30 位中委拜访中国驻马来西亚大使刘健，获亲切接待，刘健大使希望华总会在新团队的领导下，全面发展中马经贸和文化层面的合作。方天兴希望在未来时机成熟时，能废除签证制度，真正达到中马建交的最终成果。

19 日　中国国务院副总理李克强在广西南宁分别会见了出席第六届中国—东盟博览会的老挝总理波松、越南常务副总理阮生雄、缅甸国家和平与发展委员会第一秘书长丁昂敏乌。李克强高度评价中国—东盟战略伙伴关系的良好发展，表示中国愿与东盟各国一道把区域合作推向更高水平。

19 日　文莱工业及初级资源部长叶海亚会晤广西壮族自治区党委组织部部长陈向群时表示，中国一直是文莱重要的贸易伙伴，文莱希望在水稻加工方面加强与中国的合作，同时也希望有条件和有实力的企业到文莱投资和开展合作。

19 日　越南常务副总理阮生雄率团前往广西南宁出席第六届中国—东盟博览会。越南代表团由 24 个省市的 110 个企业组成，是东盟 10 国中规模最大的代表团。商品参展面积为 3 千平方米，参展行业涉及农产品、加工食品、木制品、手工艺品、纺织品、旅游和投资领域。

20 日　第六届中国—东盟博览会在广西南宁开幕。中国国务院副总理李克强、老挝总理波松、菲律宾众议长诺格拉雷斯、越南常务副总理阮生雄等中国和东盟的政要为博览会开幕式剪彩。

20 日　第六届中国—东盟博览会在广西南宁饭店举行了国际、国内合作项目签约仪式。出席签约仪式的有越南、印度尼西亚、马来西亚、新加坡、泰国、柬埔寨、老挝等7个东盟国家和美国、加拿大、意大利、日本等欧、美、亚洲国家以及中国香港、澳门、台湾地区和国内各省区市的企业家代表200多人。广西壮族自治区人大常委会副主任邵博文、自治区副主席高雄等出席了签约仪式。

**20日** 云南省东南亚南亚经贸合作发展联合会与泰国城乡发展基金会共同签署了十一项合作发展协议，双方将就经济、贸易、投资、旅游、服务、工业、物流等领域展开合作。

**20日** 越南常务副总理阮生雄在广西南宁与多家中国企业领导人进行了一场“高端对话”，探讨双边发展大计，协商两国企业间的合作前景。

**20日** 泰国采购商组团（FIT泰国工业院）采购对接会在广西南宁国际会展中心举行。泰国采购商组团参加第六届中国—东盟博览会的主要采购目标是电子电器、包装机械和汽车配件。

**20～24日** 2009年10月在广西南宁举行的第六届中国—东盟博览会上，文莱、缅甸等东南亚国家代表纷纷表示希望加强与中国的农业合作，特别是在农产品加工方面。文莱工业与初级资源部部长叶海亚表示，希望在水稻加工方面加强与中国的合作，同时也希望有条件和有实力的企业到文莱投资和开展合作。

**21日** 柬埔寨代表团在广西南宁举办“柬埔寨西哈努克经济特区投资推荐会”，柬埔寨经济特区发展委员会副秘书长谢威提介绍了柬埔寨的投资环境和优惠政策，鼓励中国企业到西哈努克经济特区发展投资。

**21日** 中共中央政治局常委、全国人大常委会委员长吴邦国在人民大会堂分别会见了菲律宾众议院议长、基督教穆斯林民主团结力量党副主席诺格拉莱斯和哥斯达黎加民族解放党主席、议长帕切科。

**21日** 中国进出口银行行长李若谷宣布，总规模100亿美元的中国—东盟投资合作基金已经进入设立阶段，一期募资10亿美元，计划于2009年底前开始正式运作。作为中国与东盟间首个政府指导、市场化运作的私募股权基金，这一投资基金的设立将助推中国—东盟区域合作迈上新台阶。

**21日** 国家电网公司党组书记、总经理刘振亚在公司总部会见了到访的菲律宾众议长诺格拉雷斯一行，双方就共同促进菲律宾国家输电网发展等内容深入交换了意见。

**21日** 第六届中国—东盟博览会“中国—东盟金融合作与发展领袖论坛”落下帷幕，与会人士发表了中国—东盟金融合作宣言，宣言希望推进区域金融市场稳定，促进区域货币合作。

**21日** 中国和越南两国企业在广西南宁国际会展中心签订了20亿美元正式出口合同，签订的项目包括交通、消防设施、建筑机械及建筑材料、农资及农业设备、航运及船舶设备、陶瓷餐具、餐饮卫生设备等。这是中国—东盟博览会举办以来签订的最大出口合同，也是广西外经贸史上最大的出口订单。

**24日** 历时5天的第六届中国—东盟博览会、第六届中国—东盟商务与投资峰会落下帷幕。中共中央政治局常委、中国国务院副总理李克强，老挝总理波松，菲律宾众议长诺格拉雷斯，缅甸国家和平与发展委员会第一秘书长丁昂敏乌，越南常务副总理阮生雄等领导人出席盛会。

**24日** 中国国务院总理温家宝在泰国华欣会见了缅甸总理登盛。温家宝表示中方愿加强双方在经贸、基础设施、水电、能源等领域的合作，为两国关系发展注入新的活力。

**24日** 第十二次东盟与中日韩领导人会议在泰国华欣举行。中国国务院总理温家宝、日本首相鸠山由纪夫、韩国总统李明博、东盟10国领导人出席会议。会上各国领导人就应对国际金融危机、深化务实合作交换了意见。

**24日** 中国国务院总理温家宝在第十二次中国与东盟领导人会议上表示，“中国—东盟投资合作基金”首期基金10亿美元募资工作已近完成，年内可开始投资运作。同时，中方决定向东盟国家提供的150亿美元信贷中的优惠性质贷款额度增加到67亿美元。

**25日** 第四届东亚峰会在泰国华欣举行。中国国务院总理温家宝、日本首相鸠山由纪夫、韩国总统李明博、印度总理辛格、澳大利亚总理陆克文、新西兰总理约翰·基和东盟10国领导人出席会议。会上各国领导人就推动地区合作和共同关心的问题交换了意见。

**25日** 中国国务院总理温家宝在泰国华欣会见了泰国总理阿披实。温家宝表示中泰应充分利用中国—东盟自由贸易区全面建成提供的有利条件，拓展各领域交流合作，将中泰关系提升到更高水平。

**25日** 第十二次东南亚国家联盟（东盟）与中国、日本、韩国（10+3）领导人会议发表了东盟与中日韩关于粮食安全与生物能源开发合作的声明。

**25日** 在签署了一系列文件、发表了多份声明之后，第15届东盟峰会与对话国系列峰会正式闭幕，并在泰国华欣举行了闭幕式。在此次峰会上，中国对东盟国家采取的多项扎实有力的支持措施，受到了东盟国家的欢迎。

29日　菲律宾总统阿罗约在马尼拉会见了正在菲律宾进行正式访问的中国外交部长杨洁篪。双方就保持高层交往，扩大经贸、旅游等领域的互利合作，加强在国际和地区事务中的协调与配合，推动中菲战略性合作关系继续向前发展等方面交换了意见。

29日　正在菲律宾访问的外交部长杨洁篪与菲律宾外长阿尔韦托·罗慕洛在马尼拉正式签署了《中华人民共和国和菲律宾共和国领事协定》。这是继老挝、越南之后，中国与东盟国家签署的第三份双边领事协定。

29日　中国福建省福州（平潭）综合实验区管委会与星桥国际新加坡私人有限公司在福州签署规划合作备忘录，联合规划平潭国际旅游商贸城。双方就平潭岛部分区域从城市建设、文化创意、旅游商贸三个方面进行规划合作。同时，双方还在合作规划的基础上，就进一步合作开发进行商讨。

11月

3日　中印两国举行外交政策磋商。中国外交部政策规划司司长乐玉成与印尼外交部政策规划司司长道彬在雅加达举行了第四轮中印尼外交政策磋商。期间，乐玉成司长还拜会了印尼外交部秘书长伊慕容。

3日　在印尼雅加达省政府、印尼文旅部、中国驻印尼大使馆的共同支持下，中央电视台海外中心“走遍亚洲”摄制组在雅加达省政府隆重举行《走遍亚洲——印度尼西亚》7集系列片开机仪式。

10日　中国国家主席胡锦涛在吉隆坡会见马来西亚最高元首米詹并出席米詹为他来访举行的欢迎宴会，两国领导人发表了重要讲话。双方对中马关系目前发展的良好势头感到满意，双方愿继续共同努力，深化中马合作，造福两国人民，为本地区的和平与发展作出更大贡献。

10日　“2009中国（广东）—泰国经贸合作洽谈会”在曼谷举行，1500多名中泰企业家和政府官员、知名商协会代表济济一堂，共签订各类贸易和投资项目合作金额17.68亿美元。洽谈会期间，还举行了重大项目、合作备忘录签约仪式和投资政策咨询活动。

10～11日　第31届东盟国家农林部长会议暨第9届东盟与中日韩（10+3）农林部长会议在文莱召开，会议签署了农业及林业合作框架协议。中国农业部副部长张桃林率团出席会议。

11日　中国国家主席胡锦涛在新加坡会见新加坡内阁资政李光耀。胡锦涛表示，中新自由贸易协定的有效实施，标志着中新双边经贸合作进入了更为密切、成熟的新阶段。李光耀表示新方将全力开展对华的各领域合作。

11日　中国国家主席胡锦涛在吉隆坡会见马来西亚总理纳吉布，就进一步加强中马战略性合作深入交换意见，达成广泛共识。胡锦涛强调，中方愿同马方一道努力，不断拓展和深化各领域的务实合作，努力将中马战略性合作关系推向更高水平。纳吉布表示马来西亚愿同中方一起，在新的基础上探索新的合作领域，进一步深化和巩固两国战略性合作关系。

11日　中国农业部副部长张桃林、文莱工业及初级资源部长叶海亚、中国驻文莱大使佟晓玲出席中国与文莱水稻种植、渔业养殖合作项目签约仪式。

12日　中国国家主席胡锦涛在新加坡会见新加坡总理李显龙，就中新关系及两国共同关心的国际和地区问题深入交换了意见。

12日　中国国家主席胡锦涛出席新加坡工商界及友好团体举行的欢迎宴会并发表热情洋溢的讲话。胡锦涛在致辞中对长期以来致力于中新友好互利合作的各位朋友表示感谢，向新加坡人民转达中国人民的诚挚问候和良好祝愿。

12日　中国援助柬埔寨优惠贷款项下78号国家公路修复项目举行开工仪式。

13日　中国国家主席胡锦涛在新加坡会见印度尼西亚总统苏西洛，双方就双边关系和共同关心的重大国际问题深入交换意见，达成重要共识。

13日　中国外交部长杨洁篪在新加坡会见印度尼西亚外交部长马蒂·纳达勒加瓦。

14日　中国—东盟博览会秘书处发表文告称，从2010年1月起，东盟6个老成员国（泰国、印尼、菲律宾、马来西亚、文莱和新加坡）将实行零关税。

14～15日　中国国家主席胡锦涛出席在新加坡举行的亚太经合组织第十七次领导人非正式会议。

16日　“中国—柬埔寨商务投资研讨会”在柬埔寨金边举行。中柬两国企业界人士一致表示将以2010年1月1日中国—东盟建立自由贸易区为契机，推动中柬经贸关系全面快速发展。柬埔寨商业部、国家发展理事会、中国驻柬埔寨大使馆代表等参加了当天的研讨会。

18日　中国和越南在北京签署了《越中陆地边界勘界议定书》等文件，由此结束了历时35年的中越陆地边界勘界问题谈判。

19日　“2009中国技术设备和商品展”在印尼雅加达国际会展中心隆重开幕。

19日　应菲律宾参议院议长恩里莱邀请，中国全国政协主席贾庆林乘专机抵达菲律宾首都马尼拉，开始对菲律宾进行正式友好访问。

20日　中国全国政协主席贾庆林在马尼拉会见了菲律宾总统阿罗约。双方就扩大两国在各领域合作、推动两国关系再上新台阶的问题上取得共识。期间，贾庆林还会见了菲律宾代众议长维拉罗莎。

22～25日　中国—东盟博览会秘书处副秘书长农融率团访问文莱。在访期间，代表团先后拜访文莱工业与初级资源部、财政部，与文莱斯市中华总商会、文中友好协会等组织进行了会谈，并接受当地中英文媒体的专访。

22～28日　中国最高人民检察院检察长曹建明率团出席在越南河内举行的第六届中国—东盟总检察长会议并顺访越南。此次会议主题是“加强合作，落实刑事司法互助的要求，增强打击跨国组织犯罪的效果”。

23日　新加坡卫生部同中国中医药管理局签署第四个中医合作计划备忘录，共同制订双方在中医药的合作方案，以及两国在中医教学、执业和管制三方面的专业交流和信息交换。

24日　新加坡—南京生态科技岛项目综合开发主体——中新南京生态科技岛开发有限公司在江苏南京举行公司成立暨银企合作签约仪式，标志着江心洲—南京对外经济技术合作中规模最大的整体合作项目正式进入实际运作。

26日　新加坡凯发（Hyflux）与中国江苏银行签署战略合作协议，后者在接下来三年内，将为新加坡凯发及其在中国，特别是江苏省内的联号公司提供最多价值30亿元人民币（约6亿新元）的融资。

28～30日　为期3天的“2009中越（凭祥）商品交易会”、“2009中越边关（凭祥）国际文化旅游节”在广西凭祥市开幕。此次商交会以“贸易交流，合作发展”为主题，旨在利用商交会平台不断发展和壮大中越贸易，促进国际经济贸易的交流与合作。

30日　由印尼雅加达汉语教学中心孔子学院主办，中国驻印尼大使馆及雅加达华文教育协调机构等多个教育文化机构支持和协办的“汉字五千年”主题演出活动——走进东南亚歌舞晚会圆满落幕。

12月

1日　印尼总统苏西洛在总统府会见正在该国访问的中共中央政治局委员、北京市委书记刘淇。

4～9日　“2009芒街—东兴商贸·旅游博览会”在越南广宁省芒街市鸿运贸易中心举行。本届博览会以“合作友谊、共同发展”为主题，主要活动内容包括博览会开幕仪式、国际研讨会、越中青年界河联欢活动、越中国际高尔夫球友谊赛、给优秀参展企业颁奖和博览会闭幕仪式。

7日　中国全国人大常委会委员长吴邦国、全国政协主席贾庆林分别在人民大会堂会见了印尼人民协商会议主席陶菲克。

9日　中国外交部部长杨洁篪在外交部会见了即将离任的马来西亚驻华大使诺尔扎曼，双方就进一步推动中马友好合作交换了意见。

14日　中国银行与印尼国家电力公司在印尼财政部大楼举行印尼阿瓦阿瓦电站项目贷款协议签约仪式，贷款总金额为3.7亿美元。印尼国家电力公司总裁法赫米、中国银行印尼分行总经理张雷分别代表双方签字。印尼财政部长慕莉雅妮、中国驻印尼大使章启月和房秋晨公参出席签字仪式。

15日　中国全国人大常委会委员长吴邦国在人民大会堂会见了来华举办第四届“中泰一家亲”音乐歌舞晚会的泰国公主朱拉蓬一行，双方进行了亲切友好的会谈。朱拉蓬公主还登台演奏了古筝曲《春到拉萨》。

18日　第六届马来西亚—中国进出口商品展览会暨投资洽谈会在马来西亚吉隆坡国际会议中心隆重开幕。中国驻马来西亚大使刘健、福建省政府秘书长冯声康、马来西亚国内贸易和消费部部长代表马哈尼女士以及马来西亚工商界人士约500人应邀出席。

19日　中国国家副主席习近平抵达仰光，开始对缅甸进行正式访问。

20日　中国国家副主席习近平抵达暹粒，开始对柬埔寨进行正式访问。此次是习近平亚洲四国之行的最后一站。

**20日** 中国国家副主席习近平在缅甸首都内比都与缅甸国家和平与发展委员会副主席貌埃举行会谈，双方就进一步深化中缅睦邻友好合作关系达成广泛共识。

**20日** 中缅两国政府就经贸、金融、电力以及交通等16项合作项目文件签字仪式在缅甸首都内比都举行。中共中央政治局常委、国家副主席习近平与缅甸联邦和平与发展委员会副主席貌埃出席了签字仪式。

**21日** 中国国家副主席习近平在金边柬埔寨政府办公大楼与柬埔寨首相洪森举行会谈，双方就两国关系及共同关心的国际和地区问题深入交换意见，达成广泛共识。

**22日** 中国国家副主席习近平在金边会见了柬埔寨国王西哈莫尼。习近平表示两国在政治、经济、文化和教育等领域的友好交流和互利合作得到进一步拓展，并取得丰硕成果。

**22日** 中国国家副主席习近平在金边分别会见了柬埔寨参议院主席谢辛和国会主席韩桑林，双方就中柬关系交换了意见。

**22日** 新加坡公共事务对外合作局与中国外国专家局签署合作谅解备忘录，以推进中新两国在官员培训与知识转移方面的合作。

**24日** 由中华人民共和国驻泰王国大使馆、泰国教育部、泰中友好协会、中国国家汉语国际推广领导小组办公室（以下简称“国家汉办”）、云南省人民政府新闻办公室、云南省东南亚南亚经贸合作发展联合会、泰国和谐社会基金会、中国《湄公河》杂志社8家单位联合主办的“泰国首届学唱中文歌曲大赛”决赛在曼谷举行。此次活动得到了中国国务院新闻办、国家汉办、云南省委、云南省政府、云南省委宣传部以及泰国政界的高度重视。

**28日** 继2009年5月东盟与中日韩（10＋3）财长会就清迈倡议多边化主要要素达成共识后，中日韩10＋3财长和央行行长以及中国香港金融管理局总裁宣布正式签署清迈倡议多边化协议。

# 2010年1～6月

## 1月

**1日** 中国—东盟自由贸易区正式建成启动。这是中国对外商谈的第一个自贸区，也是东盟作为整体对外商谈的第一个自贸区。中国—东盟自贸区涵盖19亿人口、6万亿美元国民生产总值以及4.5万亿美元贸易额。中国与东盟各国内将陆续实现90％商品零关税的目标，促进各国进一步的双边贸易和其他产业、投资等领域的密切合作。

**7日** 大唐（云南）水电联合开发公司与缅甸联邦电力一部水电规划司关于合作开发缅甸育瓦迪、南邦河、南丹帕河及莱谬河四个水电项目谅解备忘录签字仪式在缅甸首都内比都举行。

**11日** 中国全国人大常委会委员长吴邦国在人民大会堂会见了泰国国会主席猜·奇触。吴邦国表示中国全国人大愿与泰国国会共同努力，加强各领域的交流与合作，为两国关系持续发展注入新的活力。猜·奇触表示泰国国会希望加强与中国全国人大的友好往来，相互学习借鉴立法、监督等方面的经验，促进泰中关系、泰中人民间的友谊进一步向前发展。

**21日** 中国—印度尼西亚副总理级对话机制第二次会议在印尼首都雅加达举行，中国国务委员戴秉国和印尼政治、法律和安全事务统筹部长佐科·苏扬托共同主持。双方对两国关系发展的良好势头表示满意，就推动两国战略伙伴关系进一步发展达成广泛共识。

**21～26日** 应印度尼西亚政治法律安全统筹部长苏延多和文莱政府邀请，中国国务委员戴秉国对上述两国进行正式访问。

**22日** 印度尼西亚总统苏西洛在雅加达总统府会见了中国国务委员戴秉国。双方就不断提升两国战略伙伴关系，加强经贸等领域的交流与合作交换了意见。

**22日** 中国国务委员戴秉国在印度尼西亚首都雅加达东盟秘书处会见了东盟秘书长素林。戴秉国积极评价东盟共同体建设和一体化发展取得的成就。他指出，作为战略伙伴，中国支持东盟的发展，愿意看到东盟在地区和国际事务中发挥更大作用。戴秉国表示，中国—东盟关系稳步发展，各领域合作成果丰硕，对中国—东盟的未来充满信心。

**25日** “2010年东盟旅游论坛”在文莱正式开幕。论坛回顾了东盟地区旅游业发展的历程，讨论当前全球金融危机等给旅游业带来的挑战，探讨今后如何加强交流与合作以促进东盟地区旅游业的发展。

**25日** 中国水电建设集团国际工程公司与文莱发展部在文莱首都班达斯里巴加湾帝国酒店正式签署合同额

4.37亿元人民币的“文莱都东水坝项目”合同。文莱都东水坝项目是中国水电集团进入文莱市场的第一个项目，该项目的签约填补了中国水电集团在文莱的市场空缺，对中国水电集团公司进入文莱建筑市场，扩大中国水电品牌在东南亚地区的影响力，促进中国水电集团在文莱市场的深度开发起到了积极的作用。

**26～27日** 中国驻老挝大使潘广学应邀考察了位于老挝南部沙湾那吉省的中国五矿集团下属MMG公司色奔铜金矿项目。中国驻老挝使馆商务参赞张玉成、MMG公司执行董事Mark Liu等陪同考察。

**28日** 出席“2010年世界经济论坛年会”的中国国务院副总理李克强在瑞士达沃斯会见了越南政府总理阮晋勇。双方就不断加强各层次、各领域友好交往与务实合作，推进中越全面战略合作伙伴关系交换了意见。

**28日** “工展会·香港时尚产品博览会”在广西南宁开展，展期7天。这是桂港会展界首度联手，将国际品牌博览会引进、移植广西，也是“购物天堂”香港首次赴桂展出时尚名品。

**30日** 中国驻文莱大使佟晓玲与文莱工业与初级资源部部长叶海亚共同出席在文莱马来奕县举行的中国杂交水稻收割推介仪式。该水稻由中国广西玉林旺旺大农牧公司与文莱文中农业科技有限公司合作试种。

## 2月

**2～3日** 应越南友好组织联合会的邀请，中国全国人大常委会副委员长、中国人民争取和平与裁军协会会长韩启德率团访问胡志明市。期间，中国全国人大常委会副委员长分别会见越南胡志明市人民议会主席范芳草和胡志明市友联会主席黎兴国，并进行友好会谈。

**3日** 中老两国政府经济技术合作协议签字仪式在老挝万象举行，老挝政府常务副总理宋沙瓦·凌沙瓦、政府秘书长征·宋本坎等老方官员出席仪式。中国驻老挝大使潘广学和老中经济技术合作委员会副主席、工贸部部长肯玛尼·奔舍那分别代表中老两国政府签署了上述协议。

**10日** 中国海关总署公布统计数据显示，2010年1月份中国与东盟双边贸易额达214.8亿美元，比去年同期上升80%。其中，中国对东盟出口105.5亿美元，比去年同比上升52.8%，自东盟进口109.3亿美元，比去年同期上升120%，对东盟贸易逆差3.8亿美元，而去年同期对东盟贸易顺差18.7亿美元。东盟超过日本成为中国第三大贸易伙伴。

**23日** 中国全国人大常委会委员长吴邦国在人民大会堂会见了柬埔寨国王诺罗敦·西哈莫尼。吴邦国指出，中方高度重视发展中柬关系，愿同柬方共同努力，进一步深化务实合作，增进议会交流，推动中柬全面合作伙伴关系长期健康发展。西哈莫尼表示愿秉承柬中友好传统，把老一辈领导人开创的柬中友好关系建设得更加坚固。

**25日** 中国航天科技集团所属的中国亚太移动通信卫星有限责任公司、中国长城工业总公司与老挝总理府科学与技术署的《老挝卫星广播通信系统建设项目合同》签约仪式在老挝万象举行。这一合同的签署标志着中国航天科技集团以卫星商业服务为代表的航天技术应用产业与服务业正式走向国际市场。

**26日** 应缅甸联邦巩固与发展协会总书记泰乌的邀请，中共中央委员、中共中央对外联络部部长王家瑞率中共代表团离京前往缅甸进行友好访问。

**30日** 马来西亚将开始实施新的玩具安全保护法规《2009消费者保护法规（玩具安全标准）》。新法规要求，所有玩具必须进行检测以证明符合马来西亚玩具安全标准。

## 3月

**18日** 在柬埔寨访问的中国国务院副总理回良玉在金边会见了柬埔寨首相洪森。

**20日** 中国国务院副总理回良玉在老挝万象分别会见了老挝人民革命党中央总书记，国家主席朱马里及老挝人民革命党中央政治局委员、政府总理波松。双方举行亲切友好的会谈，并达成了共识。

**22～26日** 第四届东盟10＋3文化部长会议在菲律宾克拉克特区成功召开。中国文化部外联局局长助理项晓炜作为蔡武部长的代表出席本次会议，并在会议上发表了题为“推进文化合作，共建精神家园”的讲话。

**26日** 老挝人民革命党中央总书记、国家主席朱马里在老挝万象会见了中国全国人大常委会副委员长严隽琪，双方进行了亲切友好的交谈。双方表示将共同努力，加强政治、经贸、科教文卫等各领域合作，进一步丰富两国全面战略合作的内涵，更好地造福两国人民。

**27日** 第七届中国教育展暨首届中越大学校长论坛在越南河内开幕。中国驻越南使馆临时代办翟雷鸣、中国国家留学基金管理委员会秘书长刘京辉、中国驻越南使馆文化参赞刘东生、越南教育培训部国外培训局副局长张荣福等出席开幕仪式。本次教育展共有31所中国知名高校参展，18位中国高校校长和15位越南高校校长参加了中越大学校长论坛。

30～4月3日　由中国全国友协和越南友好组织联合会共同发起和主办的“中越人民论坛”第一次会议在越南举行，中国—东盟协会副会长王运泽应邀率团出席。双方就不断巩固和加强两国人民传统友谊，推动各领域务实合作深入交换了意见，取得了广泛共识。

31日　“中国陕西—越南河内经贸合作推介会”在越南首都河内举行。越南工贸部副部长阮成边和越南工商会副主席范家足、富寿省人委会副主席范光涛以及数十家越南企业等近百人与会。在本次推介会上，双方企业签署了价值近3000万美元的商务合作协议。

4月

3日　中国—印尼经贸联委会第十次会议在印尼日惹举行，中国商务部长陈德铭和印尼贸易部长冯慧兰共同主持会议。会后，陈德铭和冯慧兰共同签署了《中国—印尼关于进一步加强贸易投资合作会谈纪要》并会见了记者。

4日　中国全国政协主席贾庆林在人民大会堂会见了来访的泰国公主诗琳通。

4日　柬埔寨首相洪森和老挝总理波松分别在泰国华欣会见了出席首届湄公河委员会峰会的中国外交部副部长宋涛。波松表示，中老双方应结合本国发展，对今后双边合作进行规划。希望双方继续努力，推动两国关系按照两国领导人达成的共识不断向前发展。宋涛表示愿同老方共同努力扩大经贸合作，实现共同发展，加强多边配合，维护发展利益，不断充实中老全面战略合作内涵。

7日　中国全国政协主席贾庆林在钓鱼台国宾馆会见了马来西亚上议院议长王苐明。贾庆林表示，中国全国政协愿进一步加强同马来西亚上议院的友好交往，开展多层次、多渠道的交流与合作。王苐明表示，马方重视发展对华友好合作关系，愿与中方共同努力，不断提升两国互利合作的水平。

7日　中国越南两国政府代表就合作开发板约—德天瀑布的旅游事宜进行了谈判。双方一致同意建立合作机制共同开发板约—德天瀑布区，对该区域的旅游发展进行总体规划，并视其为新的合作模式。

8日　中国全国人大常委会委员长吴邦国在北京人民大会堂会见马来西亚上议院议长王苐明。吴邦国表示中方愿与马方共同努力，进一步发挥经济互补性强、合作基础好的优势，深化在经贸、投资、金融、基础设施等领域的务实合作，特别是大项目合作，推动中马关系不断向前发展。王苐明表示，希望双方在保持高层互访的同时，加强议员与代表之间的交流，为马中关系发展多做实事。

8日　第十四届东盟财长会议在越南庆和省芽庄市召开。与会的有来自东盟10国的财政高官和央行行长，另外还有亚洲开发银行主席Kuroda、国际货币基金副总裁Shinohara以及世行执行官Daboub等。越南副总理阮生雄出席并发表开幕致辞。

9日　第七届中国—东盟博览会高官会在广西南宁召开。商务部亚洲司司长吕克俭与东盟秘书处经济一体化合作司高级官员蓬猜女士共同主持会议，中国—东盟博览会秘书处、商务部合作司、投资促进事务局和东盟10国高官出席会议。会上，各国高官就第七届中国—东盟博览会筹备工作深入交换了意见。

9日　中国国家副主席习近平在海南博鳌会见老挝国家主席朱马里。朱马里表示愿在新形势下进一步加强老中两党两国关系，扩大在治国理政经验方面的交流，深化在经贸、投资、教育等领域的合作，促进双方关系更加坚实稳固。

14日　中国路桥工程有限责任公司和越南基础发展与金融投资总公司（VIDIFI）在越南河内签署合同，承建越南河内至海防高速公路EX—3标段项目。该项目全长14公里，合同总额约1.73亿美元。

15日　中国外交部副部长宋涛在外交部橄榄厅会见菲律宾新任驻华大使民尼迪托。宋涛欢迎民尼迪托就任驻华大使，积极评价民尼迪托为促进两国友好关系所做的工作，并表示愿为民尼迪托在华工作提供必要的协助和便利。

16日　中国建设银行在越南的第一家分行——胡志明市分行成立，中国建设银行董事长郭树清、越南国家银行副行长阮文平、中国驻越南大使馆临时代办翟雷鸣和越南各界以及在越中资企业代表等200多人出席了成立庆典。

19日　作为双方教育交流合作的重要平台，第三届中国南京—新加坡中小学校长教育论坛在南京举行。围绕“教学质量的管理与评价”这一主题，南京和新加坡中小学校长们进行为期3天的现场考察和深入研讨。

20日　由中国—东盟商务与投资峰会秘书处、北部湾矿产品交易中心、中国—东盟矿产资源网主办的“2010年中国—东盟矿权项目对接交流会”在广西南宁举行。来自全国各地以及东盟10国的134家矿产企业家和众多投资商参加了此次交流会。

**22日** 中共中央政治局常委、国家副主席习近平在人民大会堂会见了来访的越南共产党中央政治局委员、国防部长冯光青一行。双方进行了亲切友好的会谈。

**24日** 由云南昆钢集团、上海外经公司和老挝CK公司合资经营的老挝钢铁有限公司钢厂项目开工仪式在老挝首都万象市举行。云南省副省长顾朝曦和老挝计划投资部部长辛拉冯分别致辞，高度评价近年来中老两国在经贸投资等领域合作所取得的丰硕成果，祝愿钢厂项目顺利投产运营，为中老全面战略合作伙伴关系作出贡献。

**24日** 在缅甸首都内比都，中国水电集团国际公司代表与缅甸一电部计划司、泰国产电机构国际有限公司(EGATi)、缅甸IGOEC公司签署哈吉水电站协议备忘录。哈吉水电站涉及三国四方，该项目的成功实施为中缅泰三方经济合作树立新的里程碑，创造与周边国家经贸合作的典范。

**26～27日** 第十六次中国—东盟高官磋商在越南顺化举行。中国外交部长助理胡正跃、东盟10国外交部高官及东盟副秘书长出席会议。会议由胡正跃部长助理和越南外交部长助理范光荣共同主持。

**27日** 中国工商银行马来西亚分行在马来西亚吉隆坡东方文华酒店隆重举行开业庆典。中国工商银行行长杨凯生专程赴马来西亚主持庆典，马来西亚总理纳吉布、总理府部长许子根、央行行长洁蒂、中国驻马来西亚大使刘健等500余名贵宾出席了典礼。

**27日** 中国商务部部长陈德铭和新加坡贸易和工业部部长林勋强在京共同出席中国—新加坡投资促进委员会第二次联席会议。会上，中新双方就积极推动双向投资、加强新加坡与中国地方政府投资合作机制建设、支持中新企业在第三国联合开展投资合作、中新自贸区协定最新进展、人民币跨境贸易结算试点等议题深入交换了意见，达成了广泛共识。

## 5月

**1～10月31日** 2010年世界博览会在中国上海举行。

**1日** 中国国家主席胡锦涛在上海会见前来出席上海世博会开幕式的柬埔寨首相洪森。胡锦涛指出，中方愿同柬方一道努力，不断推进两国各领域的务实合作，实现互利双赢，促进共同发展。

**11日** 菲律宾选举委员会宣布选举结果最新统计显示，阿基诺三世获得1192万张选票，前总统埃斯特拉达获得758万票，阿基诺当选菲律宾新一任总统。

**8日** 上海世博会文莱国家馆日活动在上海世博中心隆重举行。中国外交部副部长宋涛、文莱外交与贸易部长穆罕默德亲王和王妃、驻华大使张慈祥以及两国各界人士共500余人出席活动。

**13日** “中国—东盟自由贸易区零关税政策宣讲会”在山东济南举行。此次宣讲会为企业详细解读政策，并鼓励山东企业用好政策，扩大与东盟国家之间的进出口规模。

**14日** 老挝人民革命党总书记、国家主席朱马里在万象会见了正在老挝进行正式友好访问的中国人民解放军副总参谋长马晓天。双方就不断深化在国防和军队建设领域的友好交往，落实好两党、两国和两军领导人商定的重要合作项目等方面达成了共识。

**14日** 中国驻泰国经济商务参赞高文宽率经商参处全体秘书赴泰国春武里府和北柳府实地考察正大集团开展的新农村建设项目。

**17日** 中共中央政治局常委、国务院副总理李克强在人民大会堂会见了新加坡内阁资政李光耀一行。双方就深化中新各领域合作及共同关心的国际和地区问题交换了意见。

**23～25日** 柬埔寨国际酒店设备及用品展览会在柬埔寨吴哥窟举行。

**24日** 第二十一届东盟劳工部长会议在越南河内举办，中国驻越南大使孙国祥作为中国政府代表团团长出席了会议，并在大会上作主旨演讲。

**26日** 印度尼西亚塑料制品协会举办主题为“中国—东盟自由贸易区对产业的影响”的研讨会。中国驻印尼大使章启月应邀出席并讲话。印尼国会第六委员会主席爱尔朗卡、印尼贸易部秘书长帕尔曼等出席并讲话，来自印尼政府、工商界人士约200人参加了活动。

## 6月

**1日** 自2010年6月1日起，外资在泰国设立企业总部（ROH）将免收15年法人所得税。具体规定：来自国外的收入不需要交纳所得税，之前纳税额为10%；至于在泰国所获得的收入，法人所得税纳税额从30%降至10%；在ROH工作的外国人，8年内个人所得税率为15%，之前只有4年，同时取消50%收入来自国外的规定。

**3日** 中国国务院总理温家宝在缅甸首都内比都与缅

甸总理登盛举行会谈。温家宝表示，中缅两国地缘相连，经济互补性强，开展互利合作前景广阔。温家宝提出，希望缅甸政府继续为旅缅华侨华人的工作、生活、教育提供便利。登盛表示愿同中方保持沟通协调。会谈后，两国总理还共同见证了双边合作文件的签署。

3日　“2010年文莱清真食品展”在文莱首都斯里巴加湾市隆重开幕，文莱苏丹哈桑纳尔、王储比拉和外交贸易部部长穆罕默德、文莱工业与初级资源部部长叶海亚出席开幕仪式。此次展会共设有258个展位，来自日本、迪拜、叙利亚以及东盟国家等近20个国家的清真食品企业到会参展。中国新疆的西域盛大果蔬有限公司等4家企业在会上也设有展位。

3～7日　泰国商业部副部长阿隆功率领商业部高层人员及国内物流业者赴中国进行访问，宣传泰国商品，并希望增强泰国与中国上海的物流关系。

4～8日　应越南政府邀请，中国全国政协副主席王志珍率团出席在越南胡志明市举办的世界经济论坛东亚会议，并对越南进行友好访问。会议期间，王志珍先后出席论坛开幕式并发言，会见了越南政府总理阮晋勇，出席了由越南国家主席阮明哲主持的招待会。另外，王志珍还分别会见了越南国会主席阮富仲、越南祖国阵线主席黄担，并出席了由越南祖国阵线副主席阮蓝主持的欢迎宴会。

8日　中国外交部长杨洁篪与来访的缅甸外交部长吴年温在北京举行会谈。杨洁篪表示，中方愿同缅方一道，进一步扩大和深化各领域合作，推动两国关系不断迈上新台阶。吴年温表示，缅方愿同中方共同努力，深化两国务实合作，为两国人民带来更多实惠。

8日　中国人民对外友好协会与缅甸驻华使馆在北京联合举办招待会，庆祝中缅建交60周年。中国全国政协副主席孙家正和缅甸外交部长吴年温出席了招待会。

9日　澳门—泰国商会举行成立典礼。该会以促进区域合作为目标，尤其是加强中国澳门地区与泰国的双边贸易。泰国商务部部长娜卡莎依表示，商会成立将推动中国澳门地区与泰国的经济贸易关系更上一层楼，通过中国与澳门的更紧密经贸关系协定，该商会将为泰国企业在澳门及中国内地市场开拓一个优越平台，吸引中国及澳门企业到泰国进行贸易与投资。

11日　中国香港特别行政区政府发言人宣布，已接获缅甸驻港总领事馆的正式通知，由即日起香港特区护照持有人前往缅甸旅游，在抵达缅甸的仰光和曼德勒国际机场后，将获签发可逗留28天的旅游签证。

12日　广西产品博览会在越南胡志明市会展中心举行开幕仪式。中国驻胡志明市总领事许明亮应邀出席并致辞。此次广西产品博览会共有104家企业参展，展品不仅汇集了广西的制糖、机械、电力等传统产业的优势产品，也展示了新兴的医药、电子信息和软件开发等高新技术产品。

13日　中国外交部长杨洁篪会见来华进行第12次中马外交磋商的马来西亚外交部秘书长拉斯丹，胡正跃部长助理和马来西亚驻华大使伊斯甘达会见时在座。

15日　应老挝国家副主席本南·沃拉芝邀请，中国国家副主席习近平抵达老挝万象，开始对老挝进行正式访问。在访期间，中国国家副主席习近平分别会见了老挝人民革命党中央总书记、国家主席朱马里、老挝国家副主席本南·沃拉芝、老挝总理波松及老挝交通、运输、邮电和建设部长宋马、工业和商业部副部长肯马尼等老挝对华友好人士。

16～20日　为庆祝中越建交60周年和中越友好年，应越南文化体育和旅游部的邀请，中国广东艺术团一行43人赴越南演出。中国驻越南大使孙国祥、越南文化体育和旅游部副部长黎进寿以及越南各界人士观看了演出。艺术家们娴熟精湛的技艺博得了在场观众的阵阵喝彩与掌声，演出获得圆满成功。

22日　中共中央政治局常委、中央政法委书记周永康在人民大会堂会见了来访的越南最高人民法院院长张和平。周永康指出，中方着力推进司法体制和工作机制改革，狠抓法院队伍建设，也愿意与越南司法机关加强交流互鉴，共同提高司法水平。张和平表示，越中两国司法机关有良好的合作基础，希望进一步密切两国法院之间的合作，加强人员交流培训，学习借鉴中国在司法体制改革、知识产权保护、信息化建设等方面的有益经验。

29日　中国华电集团公司与越南新造能源公司在北京签署越南坚良（Kien Luong）一期燃煤电厂总承包（EPC）合同，总金额16亿美元。

30日　贝尼尼奥·西米恩·阿基诺三世宣誓就职菲律宾第十五任总统。在22分钟的就职演说中，阿基诺重提其竞选口号“没有腐败就没有贫困”，表示将继承其父母的精神遗产，相信人民的力量，始终将人民利益放在第一位，矢志不渝打击腐败。

30日　应菲律宾政府邀请，中国全国人大常委会副委员长严隽琪作为中共中央总书记、国家主席胡锦涛特使赴菲律宾出席菲律宾新总统就职仪式。

# 数据统计篇

## 2009 年 1～12 月中国对东盟国家贸易统计

金额单位：亿美元

| | 进出口 | | 出口 | | 进口 | | 贸易差额 | |
|---|---|---|---|---|---|---|---|---|
| | 金额 | 同比 | 金额 | 同比 | 金额 | 同比 | 当年 | 上年同期 |
| 东盟 | 2,130.11 | -7.8% | 1,062.97 | -6.9% | 1,067.14 | -8.8% | -4.17 | -28.32 |
| 文莱 | 4.23 | 93.5% | 1.40 | 8.4% | 2.82 | 217.5% | -1.42 | 0.41 |
| 缅甸 | 29.07 | 10.7% | 22.61 | 14.3% | 6.46 | -0.2% | 16.15 | 13.31 |
| 柬埔寨 | 9.44 | -16.7% | 9.07 | -17.1% | 0.37 | -5.2% | 8.70 | 10.56 |
| 印度尼西亚 | 283.84 | -10.0% | 147.21 | -14.4% | 136.64 | -4.6% | 10.57 | 28.62 |
| 老挝 | 7.44 | 79.0% | 3.77 | 40.5% | 3.67 | 149.2% | 0.09 | 1.21 |
| 马来西亚 | 519.63 | -2.8% | 196.32 | -8.2% | 323.31 | 0.7% | -126.99 | -107.19 |
| 菲律宾 | 205.31 | -28.2% | 85.85 | -5.4% | 119.47 | -38.7% | -33.62 | -104.24 |
| 新加坡 | 478.63 | -8.7% | 300.66 | -6.9% | 177.97 | -11.6% | 122.70 | 121.65 |
| 泰国 | 382.04 | -7.4% | 133.07 | -14.7% | 248.97 | -2.9% | -115.90 | -100.42 |
| 越南 | 210.48 | 8.1% | 163.01 | 7.8% | 47.47 | 9.3% | 115.54 | 107.79 |

注：占总值比中的“增长”为同比增减点数

（来源：中华人民共和国商务部亚洲司. http://yzs. mofcom. gov. cn/aarticle/g/date/l/201002/20100206775934. html 62526906=850387913. 2010-02-04）

## 中国对文莱进出口商品构成表（2009 年）

单位：美元

| 名称 | 2009 年出口 | 2009 年进口 |
|---|---|---|
| 总值 | 140,442,775.00 | 281,993,307.00 |
| 第一类　活动物；动物产品 | 1,546,206.00 | 55,726.00 |
| 第 1 章　活动物 | — | — |
| 第 2 章　肉及食用杂碎 | 1,407,063.00 | — |
| 第 3 章　鱼及其他水生无脊椎动物 | 126,359.00 | 55,726.00 |
| 第 4 章　乳；蛋；蜂蜜；其他食用动物产品 | 12,784.00 | — |
| 第 5 章　其他动物产品 | — | — |
| 第二类　植物产品 | 2,453,443.00 | 0.00 |

续表

| 名称 | 2009 年出口 | 2009 年进口 |
| --- | --- | --- |
| 第 6 章　活植物；茎、根；插花、簇叶 | 57,110.00 | — |
| 第 7 章　食用蔬菜、根及块茎 | 1,874,056.00 | — |
| 第 8 章　食用水果及坚果；甜瓜等水果的果皮 | 202,302.00 | — |
| 第 9 章　咖啡、茶、马黛茶及调味香料 | 255,579.00 | — |
| 第 10 章　谷物 | — | — |
| 第 11 章　制粉工业产品；麦芽；淀粉等；面筋 | — | — |
| 第 12 章　油籽；子仁；工业或药用植物；饲料 | 60,646.00 | — |
| 第 13 章　虫胶；树胶、树脂及其他植物液、汁 | 3,750.00 | — |
| 第 14 章　编结用植物材料；其他植物产品 | — | — |
| 第三类　动、植物油、脂及其分解产品；精致的食用油脂；动、植物蜡 | 0.00 | 0.00 |
| 第 15 章　动、植物油、脂、蜡；精制食用油脂 | — | — |
| 第四类　食品；饮料、酒及醋；烟草、烟草及烟草代用品的制品 | 3,183,902.00 | 6,450.00 |
| 第 16 章　肉、鱼及其他水生无脊椎动物的制品 | 498,857.00 | 400.00 |
| 第 17 章　糖及糖食 | 608,368.00 | — |
| 第 18 章　可可及可可制品 | — | — |
| 第 19 章　谷物粉、淀粉等或乳的制品；糕饼 | 332,445.00 | 5,797.00 |
| 第 20 章　蔬菜、水果等或植物其他部分的制品 | 1,146,509.00 | 253.00 |
| 第 21 章　杂项食品 | 538,576.00 | — |
| 第 22 章　饮料、酒及醋 | 9,147.00 | — |
| 第 23 章　食品工业的残渣及废料；配制的饲料 | 50,000.00 | — |
| 第 24 章　烟草、烟草及烟草代用品的制品 | — | — |
| 第五类　矿产品 | 1,845,514.00 | 280,059,036.00 |
| 第 25 章　盐；硫黄；土及石料；石灰及水泥等 | 1,822,614.00 | — |
| 第 26 章　矿砂、矿渣及矿灰 | — | — |
| 第 27 章　矿物燃料、矿物油及其产品；沥青等 | 22,900.00 | 280,059,036.00 |
| 第六类　化学工业及其相关工业的产品 | 2,933,804.00 | 4,238.00 |
| 第 28 章　无机化学品；贵金属等的化合物 | 411,052.00 | — |
| 第 29 章　有机化学品 | 1,300,643.00 | — |
| 第 30 章　药品 | 127,809.00 | — |
| 第 31 章　肥料 | 28.00 | — |
| 第 32 章　鞣料；着色料；涂料；油灰；墨水等 | 52,144.00 | — |
| 第 33 章　精油及香膏，芳香料制品，化妆盥洗品 | 37,050.00 | 2,586.00 |
| 第 34 章　洗涤剂、润滑剂、人造蜡、塑型膏等 | 329,929.00 | 653.00 |
| 第 35 章　蛋白类物质；改性淀粉；胶；酶 | 118,551.00 | — |
| 第 36 章　炸药；烟火；引火品；易燃材料制品 | 409,646.00 | — |
| 第 37 章　照相及电影用品 | — | — |
| 第 38 章　杂项化学产品 | 146,952.00 | 999.00 |
| 第七类　塑料及其制品；橡胶及其制品 | 9,633,198.00 | 472,069.00 |
| 第 39 章　塑料及其制品 | 3,228,811.00 | 472,069.00 |
| 第 40 章　橡胶及其制品 | 6,404,387.00 | — |

续表

| 名称 | 2009 年出口 | 2009 年进口 |
| --- | --- | --- |
| 第八类　生皮、皮革、毛皮及其制品；鞍具及挽具；旅行用品、手提包及类似品；动物肠线（蚕胶丝除外）制品 | 1,309,102.00 | 0.00 |
| 第 41 章　生皮（毛皮除外）及皮革 | — | — |
| 第 42 章　皮革制品；旅行箱包；动物肠线制品 | 1,309,102.00 | — |
| 第 43 章　毛皮、人造毛皮及其制品 | — | — |
| 第九类　木及木制品；木炭；软木及软木制品；稻草、秸秆、针茅或其他编结材料制品；篮筐及柳条编结品 | 794,087.00 | 54,239.00 |
| 第 44 章　木及木制品；木炭 | 427,786.00 | 54,239.00 |
| 第 45 章　软木及软木制品 | — | — |
| 第 46 章　编结材料制品；篮筐及柳条编结品 | 366,301.00 | — |
| 第十类　木浆及其他纤维状纤维素浆；回收（废碎）纸或纸板；纸、纸板及其制品 | 954,946.00 | 1,190,490.00 |
| 第 47 章　木浆等纤维状纤维素浆；废纸及纸板 | — | 1,190,490.00 |
| 第 48 章　纸及纸板；纸浆、纸或纸板制品 | 694,557.00 | — |
| 第 49 章　印刷品；手稿、打字稿及设计图纸 | 260,389.00 | — |
| 第十一类　纺织原料及纺织制品 | 11,706,300.00 | 26,241.00 |
| 第 50 章　蚕丝 | 315,951.00 | — |
| 第 51 章　羊毛等动物毛；马毛纱线及其机织物 | — | — |
| 第 52 章　棉花 | 135,702.00 | — |
| 第 53 章　其他植物纤维；纸纱线及其机织物 | — | — |
| 第 54 章　化学纤维长丝 | 2,151,945.00 | — |
| 第 55 章　化学纤维短纤 | 524,591.00 | 21,966.00 |
| 第 56 章　絮胎、毡呢及无纺织物；线绳制品等 | 100,957.00 | — |
| 第 57 章　地毯及纺织材料的其他铺地制品 | 808,143.00 | — |
| 第 58 章　特种机织物；簇绒织物；刺绣品等 | 143,403.00 | 723.00 |
| 第 59 章　特种机织物；簇绒织物；刺绣品等 | 258,291.00 | — |
| 第 60 章　针织物及钩编织物 | 1,435,238.00 | — |
| 第 61 章　针织或钩编的服装及衣着附件 | 3,475,457.00 | 22.00 |
| 第 62 章　非针织或非钩编的服装及衣着附件 | 1,075,973.00 | 56.00 |
| 第 63 章　其他纺织制品；成套物品；旧纺织品 | 1,280,649.00 | 3,474.00 |
| 第十二类　鞋、帽、伞、杖、鞭及其零件；已加工的羽毛及其制品；人造花；人发制品 | 1,038,401.00 | 964.00 |
| 第 64 章　鞋靴、护腿和类似品及其零件 | 662,370.00 | — |
| 第 65 章　帽类及其零件 | 63,745.00 | — |
| 第 66 章　伞、手杖、鞭子、马鞭及其零件 | 251,891.00 | — |
| 第 67 章　加工羽毛及制品；人造花；人发制品 | 60,395.00 | 964.00 |
| 第十三类　石料、石膏、水泥、石棉、云母及类似材料的制品；陶瓷产品；玻璃及其制品 | 10,558,081.00 | 10,152.00 |
| 第 68 章　矿物材料的制品 | 1,463,633.00 | — |
| 第 69 章　陶瓷产品 | 6,924,641.00 | 10,152.00 |

续表

| 名称 | 2009 年出口 | 2009 年进口 |
| --- | --- | --- |
| 第 70 章　玻璃及其制品 | 2,169,807.00 | — |
| 第十四类　天然或养殖珍珠、宝石或半宝石、贵金属、包贵金属及其制品；仿首饰；硬币 | 76,224.00 | — |
| 第 71 章　珠宝、贵金属及制品；仿首饰；硬币 | 76,224.00 | — |
| 第十五类　贱金属及其制品 | 17,748,554.00 | 101,061.00 |
| 第 72 章　钢铁 | 3,054,789.00 | — |
| 第 73 章　钢铁制品 | 10,591,090.00 | — |
| 第 74 章　铜及其制品 | 231,175.00 | 101,002.00 |
| 第 75 章　镍及其制品 | — | — |
| 第 76 章　铝及其制品 | 2,460,458.00 | — |
| 第 77 章 | — | — |
| 第 78 章　铅及其制品 | — | — |
| 第 79 章　锌及其制品 | 88,276.00 | — |
| 第 80 章　锡及其制品 | — | — |
| 第 81 章　其他贱金属、金属陶瓷及其制品 | 956.00 | — |
| 第 82 章　贱金属器具、利口器、餐具及零件 | 598,320.00 | — |
| 第 83 章　贱金属杂项制品 | 723,490.00 | 59.00 |
| 第十六类　机器、机械器具、电气设备及其零件；录音机及放声机、电视图像、声音的录制和重放设备及其零件、附件 | 35,809,808.00 | 431.00 |
| 第 84 章　核反应堆、锅炉、机械器具及零件 | 13,940,317.00 | 431.00 |
| 第 85 章　电机、电气、音像设备及其零附件 | 21,869,491.00 | — |
| 第十七类　车辆、航空器、船舶及有关运输设备 | 11,466,595.00 | 0.00 |
| 第 86 章　铁道车辆；轨道装置；信号设备 | — | — |
| 第 87 章　车辆及其零附件，但铁道车辆除外 | 3,676,072.00 | — |
| 第 88 章　航空器、航天器及其零件 | 8,013.00 | — |
| 第 89 章　船舶及浮动结构体 | 7,782,510.00 | — |
| 第十八类　光学、照相、电影、计量、检验、医疗或外科用仪器及设备、精密仪器及设备；钟表；乐器；上述物品的零件、附件 | 2,416,366.00 | 1,564.00 |
| 第 90 章　光学、照相、医疗等设备及零附件 | 2,215,197.00 | 1,564.00 |
| 第 91 章　钟表及其零件 | 165,279.00 | — |
| 第 92 章　乐器及其零件、附件 | 35,890.00 | — |
| 第十九类　武器、弹药及其零件、附件 | 0.00 | 0.00 |
| 第 93 章　武器、弹药及其零件、附件 | — | — |
| 第二十类　杂项制品 | 24,959,259.00 | 10,646.00 |
| 第 94 章　家具；寝具等；灯具；活动房 | 22,801,572.00 | 3,983.00 |
| 第 95 章　玩具、游戏或运动用品及其零附件 | 1,391,561.00 | 6,663.00 |
| 第 96 章　杂项制品 | 766,126.00 | — |
| 第二十一类　艺术品、收藏品及古物 | 26.00 | 0.00 |
| 第 97 章　艺术品、收藏品及古物 | 26.00 | — |
| 第二十二类　特殊交易品及未分类商品 | 8,959.00 | 0.00 |
| 第 98 章　特殊交易品及未分类商品 | 8,959.00 | — |

数据来源：海关总署——海关统计资讯网 www.hgtj.cn

## 中国对柬埔寨进出口商品构成表（2009 年）

单位：美元

| 名称 | 2009 年出口 | 2009 年进口 |
|---|---|---|
| 总值 | 907,259,533.00 | 36,891,518.00 |
| 第一类　活动物；动物产品 | 1,132,151.00 | 6,215,752.00 |
| 第 1 章　活动物 | — | 5,962,090.00 |
| 第 2 章　肉及食用杂碎 | 54,051.00 | — |
| 第 3 章　鱼及其他水生无脊椎动物 | — | 253,662.00 |
| 第 4 章　乳；蛋；蜂蜜；其他食用动物产品 | — | — |
| 第 5 章　其他动物产品 | 1,078,100.00 | 1,329,645.00 |
| 第二类　植物产品 | 3,447,604.00 | 145,743.00 |
| 第 6 章　活植物；茎、根；插花、簇叶 | 1,200.00 | — |
| 第 7 章　食用蔬菜、根及块茎 | 423,946.00 | 756.00 |
| 第 8 章　食用水果及坚果；甜瓜等水果的果皮 | 336,528.00 | — |
| 第 9 章　咖啡、茶、马黛茶及调味香料 | 41,939.00 | — |
| 第 10 章　谷物 | 371.00 | 5,099.00 |
| 第 11 章　制粉工业产品；麦芽；淀粉等；面筋 | 2,642,085.00 | 30,872.00 |
| 第 12 章　油籽；子仁；工业或药用植物；饲料 | 1,535.00 | 108,947.00 |
| 第 13 章　虫胶；树胶、树脂及其他植物液、汁 | — | — |
| 第 14 章　编结用植物材料；其他植物产品 | — | 69.00 |
| 第三类　动、植物油、脂及其分解产品；精致的食用油脂；动、植物蜡 | 0.00 | 0.00 |
| 第 15 章　动、植物油、脂、蜡；精制食用油脂 | — | — |
| 第四类　食品；饮料、酒及醋；烟草、烟草及烟草代用品的制品 | 9,667,550.00 | 80,287.00 |
| 第 16 章　肉、鱼及其他水生无脊椎动物的制品 | 1,050,871.00 | — |
| 第 17 章　糖及糖食 | 252,562.00 | 35.00 |
| 第 18 章　可可及可可制品 | — | — |
| 第 19 章　谷物粉、淀粉等或乳的制品；糕饼 | 165,987.00 | — |
| 第 20 章　蔬菜、水果等或植物其他部分的制品 | — | 25,570.00 |
| 第 21 章　杂项食品 | 1,109,013.00 | — |
| 第 22 章　饮料、酒及醋 | 2,634,173.00 | 674,260.00 |
| 第 23 章　食品工业的残渣及废料；配制的饲料 | 13,490,305.00 | 54,682.00 |
| 第 24 章　烟草、烟草及烟草代用品的制品 | 4,312,440.00 | — |
| 第五类　矿产品 | 473,240,655.00 | 117,724.00 |
| 第 25 章　盐；硫黄；土及石料；石灰及水泥等 | 1,515,673.00 | 116,008.00 |
| 第 26 章　矿砂、矿渣及矿灰 | 564,905.00 | 1,716.00 |
| 第 27 章　矿物燃料、矿物油及其产品；沥青等 | 10,568,043.00 | — |
| 第六类　化学工业及其相关工业的产品 | 21,901,290.00 | 5,245.00 |
| 第 28 章　无机化学品；贵金属等的化合物 | 1,128,985.00 | 5,038.00 |
| 第 29 章　有机化学品 | 5,993,413.00 | — |
| 第 30 章　药品 | 7,188,026.00 | — |
| 第 31 章　肥料 | 1,069,615.00 | — |

续表

| 名称 | 2009 年出口 | 2009 年进口 |
| --- | --- | --- |
| 第 32 章　鞣料；着色料；涂料；油灰；墨水等 | 270,701.00 | 125.00 |
| 第 33 章　精油及香膏，芳香料制品，化妆盥洗品 | 1,776,334.00 | — |
| 第 34 章　洗涤剂、润滑剂、人造蜡、塑型膏等 | 749,096.00 | — |
| 第 35 章　蛋白类物质；改性淀粉；胶；酶 | 629,770.00 | — |
| 第 36 章　炸药；烟火；引火品；易燃材料制品 | 67,965.00 | — |
| 第 37 章　照相及电影用品 | 317,870.00 | — |
| 第 38 章　杂项化学产品 | 2,709,515.00 | 82.00 |
| 第七类　塑料及其制品；橡胶及其制品 | 11,545,523.00 | 8,169,609.00 |
| 第 39 章　塑料及其制品 | 7,011,274.00 | 11,479.00 |
| 第 40 章　橡胶及其制品 | 4,534,249.00 | 8,158,130.00 |
| 第八类　生皮、皮革、毛皮及其制品；鞍具及挽具；旅行用品、手提包及类似品；动物肠线（蚕胶丝除外）制品 | 1,795,774.00 | 7,480.00 |
| 第 41 章　生皮（毛皮除外）及皮革 | 524,242.00 | 6,400.00 |
| 第 42 章　皮革制品；旅行箱包；动物肠线制品 | 1,245,955.00 | 1,080.00 |
| 第 43 章　毛皮、人造毛皮及其制品 | 25,577.00 | — |
| 第九类　木及木制品；木炭；软木及软木制品；稻草、秸秆、针茅或其他编结材料制品；篮筐及柳条编结品 | 301,347.00 | 8,791,123.00 |
| 第 44 章　木及木制品；木炭 | 264,032.00 | 8,791,091.00 |
| 第 45 章　软木及软木制品 | — | — |
| 第 46 章　编结材料制品；篮筐及柳条编结品 | 37,315.00 | 32.00 |
| 第十类　木浆及其他纤维状纤维素浆；回收（废碎）纸或纸板；纸、纸板及其制品 | 7,069,185.00 | 34,543.00 |
| 第 47 章　木浆等纤维状纤维素浆；废纸及纸板 | — | — |
| 第 48 章　纸及纸板；纸浆、纸或纸板制品 | 4,931,591.00 | 33,804.00 |
| 第 49 章　印刷品；手稿、打字稿及设计图纸 | 2,137,594.00 | 739.00 |
| 第十一类　纺织原料及纺织制品 | 526,132,212.00 | 11,759,070.00 |
| 第 50 章　蚕丝 | 1,031,491.00 | — |
| 第 51 章　羊毛等动物毛；马毛纱线及其机织物 | 5,397,951.00 | 45,925.00 |
| 第 52 章　棉花 | 114,815,815.00 | 10,650.00 |
| 第 53 章　其他植物纤维；纸纱线及其机织物 | 11,484,615.00 | 33,927.00 |
| 第 54 章　化学纤维长丝 | 16,904,121.00 | 2,220.00 |
| 第 55 章　化学纤维短纤 | 53,383,126.00 | 892.00 |
| 第 56 章　絮胎、毡呢及无纺织物；线绳制品等 | 7,422,983.00 | 1,956.00 |
| 第 57 章　地毯及纺织材料的其他铺地制品 | 62,458.00 | — |
| 第 58 章　特种机织物；簇绒织物；刺绣品等 | 16,138,081.00 | 53,162.00 |
| 第 59 章　特种机织物；簇绒织物；刺绣品等 | 1,189,732.00 | 1,030.00 |
| 第 60 章　针织物及钩编织物 | 268,468,431.00 | 70,797.00 |
| 第 61 章　针织或钩编的服装及衣着附件 | 25,700,923.00 | 7,808,550.00 |
| 第 62 章　非针织或非钩编的服装及衣着附件 | 1,469,788.00 | 2,969,474.00 |
| 第 63 章　其他纺织制品；成套物品；旧纺织品 | 2,662,697.00 | 760,487.00 |

续表

| 名称 | 2009 年出口 | 2009 年进口 |
|---|---|---|
| 第十二类　鞋、帽、伞、杖、鞭及其零件；已加工的羽毛及其制品；人造花；人发制品 | 5,566,882.00 | 345,107.00 |
| 第 64 章　鞋靴、护腿和类似品及其零件 | 4,060,660.00 | 335,810.00 |
| 第 65 章　帽类及其零件 | 873,849.00 | 226.00 |
| 第 66 章　伞、手杖、鞭子、马鞭及其零件 | 45,770.00 | 16.00 |
| 第 67 章　加工羽毛及制品；人造花；人发制品 | 586,603.00 | 9,055.00 |
| 第十三类　石料、石膏、水泥、石棉、云母及类似材料的制品；陶瓷产品；玻璃及其制品 | 41,618,204.00 | 6,818.00 |
| 第 68 章　矿物材料的制品 | 4,612,611.00 | 6,456.00 |
| 第 69 章　陶瓷产品 | 33,959,584.00 | — |
| 第 70 章　玻璃及其制品 | 3,046,009.00 | 362.00 |
| 第十四类　天然或养殖珍珠、宝石或半宝石、贵金属、包贵金属及其制品；仿首饰；硬币 | 260,416.00 | 0.00 |
| 第 71 章　珠宝、贵金属及制品；仿首饰；硬币 | 260,416.00 | — |
| 第十五类　贱金属及其制品 | 30,536,819.00 | 86,644.00 |
| 第 72 章　钢铁 | 8,218,914.00 | — |
| 第 73 章　钢铁制品 | 15,385,364.00 | 1,902.00 |
| 第 74 章　铜及其制品 | 280,780.00 | 84,520.00 |
| 第 75 章　镍及其制品 | — | — |
| 第 76 章　铝及其制品 | 3,716,700.00 | — |
| 第 77 章 | — | — |
| 第 78 章　铅及其制品 | — | — |
| 第 79 章　锌及其制品 | 1,255.00 | — |
| 第 80 章　锡及其制品 | — | — |
| 第 81 章　其他贱金属、金属陶瓷及其制品 | 86.00 | — |
| 第 82 章　贱金属器具、利口器、餐具及零件 | 1,426,244.00 | 116.00 |
| 第 83 章　贱金属杂项制品 | 1,507,476.00 | 106.00 |
| 第十六类　机器、机械器具、电气设备及其零件；录音机及放声机、电视图像、声音的录制和重放设备及其零件、附件 | 195,334,559.00 | 45,270.00 |
| 第 84 章　核反应堆、锅炉、机械器具及零件 | 72,923,952.00 | 944.00 |
| 第 85 章　电机、电气、音像设备及其零附件 | 122,410,607.00 | 44,326.00 |
| 第十七类　车辆、航空器、船舶及有关运输设备 | 24,360,527.00 | 577,130.00 |
| 第 86 章　铁道车辆；轨道装置；信号设备 | 218,240.00 | — |
| 第 87 章　车辆及其零附件，但铁道车辆除外 | 14,172,699.00 | — |
| 第 88 章　航空器、航天器及其零件 | — | — |
| 第 89 章　船舶及浮动结构体 | 9,969,588.00 | 577,130.00 |
| 第十八类　光学、照相、电影、计量、检验、医疗或外科用仪器及设备、精密仪器及设备；钟表；乐器；上述物品的零件、附件 | 2,929,583.00 | 370.00 |
| 第 90 章　光学、照相、医疗等设备及零附件 | 2,889,419.00 | 370.00 |
| 第 91 章　钟表及其零件 | 36,830.00 | — |

续表

| 名称 | 2009 年出口 | 2009 年进口 |
| --- | --- | --- |
| 第 92 章　乐器及其零件、附件 | 3,334.00 | — |
| 第十九类　武器、弹药及其零件、附件 | 40,275.00 | 0.00 |
| 第 93 章　武器、弹药及其零件、附件 | 40,275.00 | — |
| 第二十类　杂项制品 | 10,671,519.00 | 503,603.00 |
| 第 94 章　家具；寝具等；灯具；活动房 | 5,622,194.00 | 502,737.00 |
| 第 95 章　玩具、游戏或运动用品及其零附件 | 386,191.00 | 253.00 |
| 第 96 章　杂项制品 | 4,663,134.00 | 613.00 |
| 第二十一类　艺术品、收藏品及古物 | 2,692.00 | 0.00 |
| 第 97 章　艺术品、收藏品及古物 | 2,692.00 | — |
| 第二十二类　特殊交易品及未分类商品 | 296,800.00 | 0.00 |
| 第 98 章　特殊交易品及未分类商品 | 296,800.00 | — |

数据来源：海关总署——海关统计资讯网 www.hgtj.cn

## 中国对印度尼西亚进出口商品构成表（2009 年）

单位：美元

| 名称 | 2009 年出口 | 2009 年进口 |
| --- | --- | --- |
| 总值 | 14,720,527,678.00 | 13,668,229,375.00 |
| 第一类　活动物；动物产品 | 90,000,004.00 | 54,715,223.00 |
| 第 1 章　活动物 | 9,936.00 | 1,661,631.00 |
| 第 2 章　肉及食用杂碎 | — | — |
| 第 3 章　鱼及其他水生无脊椎动物 | 75,114,268.00 | 48,357,197.00 |
| 第 4 章　乳；蛋；蜂蜜；其他食用动物产品 | 1,771,241.00 | 590,024.00 |
| 第 5 章　其他动物产品 | 13,104,559.00 | 4,106,371.00 |
| 第二类　植物产品 | 618,928,066.00 | 129,320,167.00 |
| 第 6 章　活植物；茎、根；插花、簇叶 | 147,292.00 | 67,627.00 |
| 第 7 章　食用蔬菜、根及块茎 | 279,541,246.00 | 24,716,377.00 |
| 第 8 章　食用水果及坚果；甜瓜等水果的果皮 | 258,127,924.00 | 17,406,940.00 |
| 第 9 章　咖啡、茶、马黛茶及调味香料 | 8,009,285.00 | 3,231,736.00 |
| 第 10 章　谷物 | 11,375,973.00 | — |
| 第 11 章　制粉工业产品；麦芽；淀粉等；面筋 | 27,522,470.00 | 1,400,836.00 |
| 第 12 章　油籽；子仁；工业或药用植物；饲料 | 21,341,920.00 | 56,604,051.00 |
| 第 13 章　虫胶；树胶、树脂及其他植物液、汁 | 12,837,562.00 | 2,323,634.00 |
| 第 14 章　编结用植物材料；其他植物产品 | 24,394.00 | 23,568,966.00 |
| 第三类　动、植物油、脂及其分解产品；精致的食用油脂；动、植物蜡 | 1,867,174.00 | 1,991,498,684.00 |
| 第 15 章　动、植物油、脂、蜡；精制食用油脂 | 1,867,174.00 | 1,991,498,684.00 |
| 第四类　食品；饮料、酒及醋；烟草、烟草及烟草代用品的制品 | 314,500,356.00 | 69,505,302.00 |
| 第 16 章　肉、鱼及其他水生无脊椎动物的制品 | 15,048,469.00 | 6,860,518.00 |
| 第 17 章　糖及糖食 | 34,301,604.00 | 1,799,934.00 |
| 第 18 章　可可及可可制品 | 543,525.00 | 25,133,714.00 |
| 第 19 章　谷物粉、淀粉等或乳的制品；糕饼 | 5,753,691.00 | 9,789,904.00 |

续表

| 名称 | 2009 年出口 | 2009 年进口 |
| --- | --- | --- |
| 第 20 章　蔬菜、水果等或植物其他部分的制品 | 52,749,906.00 | 3,915,790.00 |
| 第 21 章　杂项食品 | 33,555,183.00 | 4,620,899.00 |
| 第 22 章　饮料、酒及醋 | 7,330,591.00 | 25,957.00 |
| 第 23 章　食品工业的残渣及废料；配制的饲料 | 38,131,222.00 | 13,646,867.00 |
| 第 24 章　烟草、烟草及烟草代用品的制品 | 127,086,165.00 | 3,711,719.00 |
| 第五类　矿产品 | 1,298,655,926.00 | 5,662,760,288.00 |
| 第 25 章　盐；硫黄；土及石料；石灰及水泥等 | 38,789,871.00 | 19,396,723.00 |
| 第 26 章　矿砂、矿渣及矿灰 | 783,212.00 | 1,377,368,931.00 |
| 第 27 章　矿物燃料、矿物油及其产品；沥青等 | 1,259,082,843.00 | 4,265,994,634.00 |
| 第六类　化学工业及其相关工业的产品 | 1,395,674,796.00 | 806,250,462.00 |
| 第 28 章　无机化学品；贵金属等的化合物 | 306,895,469.00 | 28,343,303.00 |
| 第 29 章　有机化学品 | 503,603,656.00 | 581,044,758.00 |
| 第 30 章　药品 | 15,545,282.00 | 1,002,688.00 |
| 第 31 章　肥料 | 133,576,690.00 | 93,813.00 |
| 第 32 章　鞣料；着色料；涂料；油灰；墨水等 | 155,463,765.00 | 27,376,640.00 |
| 第 33 章　精油及香膏，芳香料制品，化妆盥洗品 | 30,387,288.00 | 3,181,311.00 |
| 第 34 章　洗涤剂、润滑剂、人造蜡、塑型膏等 | 29,758,398.00 | 31,893,351.00 |
| 第 35 章　蛋白类物质；改性淀粉；胶；酶 | 33,527,296.00 | 782,622.00 |
| 第 36 章　炸药；烟火；引火品；易燃材料制品 | 21,154,750.00 | — |
| 第 37 章　照相及电影用品 | 23,238,052.00 | 17,411.00 |
| 第 38 章　杂项化学产品 | 142,524,150.00 | 132,514,565.00 |
| 第七类　塑料及其制品；橡胶及其制品 | 376,378,299.00 | 1,068,560,006.00 |
| 第 39 章　塑料及其制品 | 274,329,594.00 | 183,083,420.00 |
| 第 40 章　橡胶及其制品 | 102,048,705.00 | 885,476,586.00 |
| 第八类　生皮、皮革、毛皮及其制品；鞍具及挽具；旅行用品、手提包及类似品；动物肠线（蚕胶丝除外）制品 | 38,757,112.00 | 58,933,871.00 |
| 第 41 章　生皮（毛皮除外）及皮革 | 5,739,941.00 | 55,969,709.00 |
| 第 42 章　皮革制品；旅行箱包；动物肠线制品 | 31,845,641.00 | 2,959,232.00 |
| 第 43 章　毛皮、人造毛皮及其制品 | 1,171,530.00 | 4,930.00 |
| 第九类　木及木制品；木炭；软木及软木制品；稻草、秸秆、针茅或其他编结材料制品；篮筐及柳条编结品 | 50,521,801.00 | 159,231,970.00 |
| 第 44 章　木及木制品；木炭 | 43,797,785.00 | 158,777,972.00 |
| 第 45 章　软木及软木制品 | 74,811.00 | 59.00 |
| 第 46 章　编结材料制品；篮筐及柳条编结品 | 6,649,205.00 | 453,939.00 |
| 第十类　木浆及其他纤维状纤维素浆；回收（废碎）纸或纸板；纸、纸板及其制品 | 106,399,195.00 | 756,885,527.00 |
| 第 47 章　木浆等纤维状纤维素浆；废纸及纸板 | 16,719,999.00 | 577,952,917.00 |
| 第 48 章　纸及纸板；纸浆、纸或纸板制品 | 80,619,532.00 | 178,826,541.00 |
| 第 49 章　印刷品；手稿、打字稿及设计图纸 | 9,059,664.00 | 106,069.00 |
| 第十一类　纺织原料及纺织制品 | 1,548,849,376.00 | 245,335,920.00 |
| 第 50 章　蚕丝 | 16,758,756.00 | 35,207.00 |

续表

| 名称 | 2009 年出口 | 2009 年进口 |
| --- | --- | --- |
| 第 51 章　羊毛等动物毛；马毛纱线及其机织物 | 35,821,224.00 | 207,255.00 |
| 第 52 章　棉花 | 364,504,071.00 | 62,680,003.00 |
| 第 53 章　其他植物纤维；纸纱线及其机织物 | 19,870,685.00 | 5,346,994.00 |
| 第 54 章　化学纤维长丝 | 178,695,358.00 | 39,333,360.00 |
| 第 55 章　化学纤维短纤 | 161,632,593.00 | 79,089,116.00 |
| 第 56 章　絮胎、毡呢及无纺织物；线绳制品等 | 39,047,093.00 | 3,960,047.00 |
| 第 57 章　地毯及纺织材料的其他铺地制品 | 8,846,356.00 | 72,256.00 |
| 第 58 章　特种机织物；簇绒织物；刺绣品等 | 77,923,845.00 | 910,722.00 |
| 第 59 章　特种机织物；簇绒织物；刺绣品等 | 169,993,394.00 | 9,262,013.00 |
| 第 60 章　针织物及钩编织物 | 235,823,061.00 | 11,766,118.00 |
| 第 61 章　针织或钩编的服装及衣着附件 | 159,074,114.00 | 9,335,741.00 |
| 第 62 章　非针织或非钩编的服装及衣着附件 | 48,705,139.00 | 16,240,299.00 |
| 第 63 章　其他纺织制品；成套物品；旧纺织品 | 32,153,687.00 | 7,096,789.00 |
| 第十二类　鞋、帽、伞、杖、鞭及其零件；已加工的羽毛及其制品；人造花；人发制品 | 172,637,077.00 | 60,590,374.00 |
| 第 64 章　鞋靴、护腿和类似品及其零件 | 123,708,121.00 | 57,279,380.00 |
| 第 65 章　帽类及其零件 | 4,049,469.00 | 156,890.00 |
| 第 66 章　伞、手杖、鞭子、马鞭及其零件 | 30,165,726.00 | 9,265.00 |
| 第 67 章　加工羽毛及制品；人造花；人发制品 | 14,713,761.00 | 3,144,839.00 |
| 第十三类　石料、石膏、水泥、石棉、云母及类似材料的制品；陶瓷产品；玻璃及其制品 | 231,188,114.00 | 19,018,412.00 |
| 第 68 章　矿物材料的制品 | 46,810,851.00 | 2,350,212.00 |
| 第 69 章　陶瓷产品 | 93,266,109.00 | 1,715,970.00 |
| 第 70 章　玻璃及其制品 | 91,111,154.00 | 14,952,230.00 |
| 第十四类　天然或养殖珍珠、宝石或半宝石、贵金属、包贵金属及其制品；仿首饰；硬币 | 4,142,480.00 | 323,123.00 |
| 第 71 章　珠宝、贵金属及制品；仿首饰；硬币 | 4,142,480.00 | 323,123.00 |
| 第十五类　贱金属及其制品 | 1,340,298,945.00 | 788,061,956.00 |
| 第 72 章　钢铁 | 339,172,044.00 | 23,137,470.00 |
| 第 73 章　钢铁制品 | 588,633,257.00 | 16,107,848.00 |
| 第 74 章　铜及其制品 | 35,963,747.00 | 323,843,817.00 |
| 第 75 章　镍及其制品 | 2,688,837.00 | 239,230,890.00 |
| 第 76 章　铝及其制品 | 166,093,619.00 | 16,620,514.00 |
| 第 77 章 | — | — |
| 第 78 章　铅及其制品 | 6,606,414.00 | 504,039.00 |
| 第 79 章　锌及其制品 | 3,743,635.00 | 180,217.00 |
| 第 80 章　锡及其制品 | 864.00 | 166,837,564.00 |
| 第 81 章　其他贱金属、金属陶瓷及其制品 | 7,141,496.00 | 22,117.00 |
| 第 82 章　贱金属器具、利口器、餐具及零件 | 63,166,170.00 | 325,349.00 |
| 第 83 章　贱金属杂项制品 | 127,088,862.00 | 1,252,131.00 |

续表

| 名称 | 2009 年出口 | 2009 年进口 |
| --- | --- | --- |
| 第十六类　机器、机械器具、电气设备及其零件；录音机及放声机、电视图像、声音的录制和重放设备及其零件、附件 | 5,717,839,125.00 | 1,704,932,192.00 |
| 第 84 章　核反应堆、锅炉、机械器具及零件 | 3,183,819,213.00 | 665,832,920.00 |
| 第 85 章　电机、电气、音像设备及其零附件 | 2,534,019,912.00 | 1,039,099,272.00 |
| 第十七类　车辆、航空器、船舶及有关运输设备 | 591,466,820.00 | 5,405,872.00 |
| 第 86 章　铁道车辆；轨道装置；信号设备 | 22,999,480.00 | — |
| 第 87 章　车辆及其零附件，但铁道车辆除外 | 413,684,205.00 | 5,363,224.00 |
| 第 88 章　航空器、航天器及其零件 | 1,016,474.00 | 42,648.00 |
| 第 89 章　船舶及浮动结构体 | 153,766,661.00 | — |
| 第十八类　光学、照相、电影、计量、检验、医疗或外科用仪器及设备、精密仪器及设备；钟表；乐器；上述物品的零件、附件 | 474,874,352.00 | 55,475,270.00 |
| 第 90 章　光学、照相、医疗等设备及零附件 | 444,044,804.00 | 42,385,985.00 |
| 第 91 章　钟表及其零件 | 5,367,209.00 | 612,959.00 |
| 第 92 章　乐器及其零件、附件 | 25,462,339.00 | 12,476,326.00 |
| 第十九类　武器、弹药及其零件、附件 | — | — |
| 第 93 章　武器、弹药及其零件、附件 | — | — |
| 第二十类　杂项制品 | 342,329,103.00 | 31,347,264.00 |
| 第 94 章　家具；寝具等；灯具；活动房 | 187,087,581.00 | 15,099,809.00 |
| 第 95 章　玩具、游戏或运动用品及其零附件 | 53,555,256.00 | 10,778,615.00 |
| 第 96 章　杂项制品 | 101,686,266.00 | 5,468,840.00 |
| 第二十一类　艺术品、收藏品及古物 | 97,418.00 | 41,492.00 |
| 第 97 章　艺术品、收藏品及古物 | 97,418.00 | 41,492.00 |
| 第二十二类　特殊交易品及未分类商品 | 5,122,139.00 | 36,000.00 |
| 第 98 章　特殊交易品及未分类商品 | 5,122,139.00 | 36,000.00 |

数据来源：海关总署——海关统计资讯网 www.hgtj.cn

## 中国对老挝进出口商品构成表（2009 年）

单位：美元

| 名称 | 2009 年出口 | 2009 年进口 |
| --- | --- | --- |
| 总值 | 377,172,126.00 | 374,632,728.00 |
| 第一类　活动物；动物产品 | 0.00 | 3,350,760.00 |
| 第 1 章　活动物 | — | 3,350,760.00 |
| 第 2 章　肉及食用杂碎 | — | — |
| 第 3 章　鱼及其他水生无脊椎动物 | — | — |
| 第 4 章　乳；蛋；蜂蜜；其他食用动物产品 | — | — |
| 第 5 章　其他动物产品 | — | — |
| 第二类　植物产品 | 1,938,508.00 | 22,846,856.00 |
| 第 6 章　活植物；茎、根；插花、簇叶 | 63,856.00 | — |
| 第 7 章　食用蔬菜、根及块茎 | 709,538.00 | 311,067.00 |
| 第 8 章　食用水果及坚果；甜瓜等水果的果皮 | 777,526.00 | 1,057,536.00 |

续表

| 名称 | 2009年出口 | 2009年进口 |
|---|---|---|
| 第9章　咖啡、茶、马黛茶及调味香料 | — | 109,577.00 |
| 第10章　谷物 | — | 14,881,631.00 |
| 第11章　制粉工业产品；麦芽；淀粉等；面筋 | — | 407,394.00 |
| 第12章　油籽；子仁；工业或药用植物；饲料 | 387,588.00 | 5,814,373.00 |
| 第13章　虫胶；树胶、树脂及其他植物液、汁 | — | 259,542.00 |
| 第14章　编结用植物材料；其他植物产品 | — | 5,736.00 |
| 第三类　动、植物油、脂及其分解产品；精致的食用油脂；动、植物蜡 | 0.00 | 0.00 |
| 第15章　动、植物油、脂、蜡；精制食用油脂 | — | — |
| 第四类　食品；饮料、酒及醋；烟草、烟草及烟草代用品的制品 | 4,338,535.00 | 224,460.00 |
| 第16章　肉、鱼及其他水生无脊椎动物的制品 | — | — |
| 第17章　糖及糖食 | — | — |
| 第18章　可可及可可制品 | — | — |
| 第19章　谷物粉、淀粉等或乳的制品；糕饼 | — | — |
| 第20章　蔬菜、水果等或植物其他部分的制品 | — | — |
| 第21章　杂项食品 | — | — |
| 第22章　饮料、酒及醋 | 670,474.00 | 224,460.00 |
| 第23章　食品工业的残渣及废料；配制的饲料 | — | — |
| 第24章　烟草、烟草及烟草代用品的制品 | 3,668,061.00 | — |
| 第五类　矿产品 | 4,606,378.00 | 256,960,969.00 |
| 第25章　盐；硫黄；土及石料；石灰及水泥等 | 1,836,769.00 | 25,696.00 |
| 第26章　矿砂、矿渣及矿灰 | — | 255,412,158.00 |
| 第27章　矿物燃料、矿物油及其产品；沥青等 | 2,769,609.00 | 1,523,115.00 |
| 第六类　化学工业及其相关工业的产品 | 10,268,013.00 | 2,928,268.00 |
| 第28章　无机化学品；贵金属等的化合物 | 348,790.00 | — |
| 第29章　有机化学品 | 376,608.00 | — |
| 第30章　药品 | 653,998.00 | 2,317.00 |
| 第31章　肥料 | 5,150,939.00 | — |
| 第32章　鞣料；着色料；涂料；油灰；墨水等 | 686,184.00 | — |
| 第33章　精油及香膏，芳香料制品，化妆盥洗品 | 132,138.00 | 2,925,951.00 |
| 第34章　洗涤剂、润滑剂、人造蜡、塑型膏等 | 826,132.00 | — |
| 第35章　蛋白类物质；改性淀粉；胶；酶 | 136,087.00 | — |
| 第36章　炸药；烟火；引火品；易燃材料制品 | 1,006,934.00 | — |
| 第37章　照相及电影用品 | 69,878.00 | — |
| 第38章　杂项化学产品 | 880,325.00 | — |
| 第七类　塑料及其制品；橡胶及其制品 | 11,164,526.00 | 14,484,669.00 |
| 第39章　塑料及其制品 | 4,988,898.00 | 52,210.00 |
| 第40章　橡胶及其制品 | 6,175,628.00 | 14,432,459.00 |
| 第八类　生皮、皮革、毛皮及其制品；鞍具及挽具；旅行用品、手提包及类似品；动物肠线（蚕胶丝除外）制品 | 1,555,121.00 | 0.00 |
| 第41章　生皮（毛皮除外）及皮革 | — | — |
| 第42章　皮革制品；旅行箱包；动物肠线制品 | 1,555,121.00 | — |

续表

| 名称 | 2009年出口 | 2009年进口 |
|---|---|---|
| 第43章　毛皮、人造毛皮及其制品 | — | — |
| 第九类　木及木制品；木炭；软木及软木制品；稻草、秸秆、针茅或其他编结材料制品；篮筐及柳条编结品 | 315,003.00 | 34,741,186.00 |
| 第44章　木及木制品；木炭 | 315,003.00 | 34,741,186.00 |
| 第45章　软木及软木制品 | — | — |
| 第46章　编结材料制品；篮筐及柳条编结品 | — | — |
| 第十类　木浆及其他纤维状纤维素浆；回收（废碎）纸或纸板；纸、纸板及其制品 | 1,255,665.00 | 8,091.00 |
| 第47章　木浆等纤维状纤维素浆；废纸及纸板 | — | 7,451.00 |
| 第48章　纸及纸板；纸浆、纸或纸板制品 | 484,678.00 | 634.00 |
| 第49章　印刷品；手稿、打字稿及设计图纸 | 770,987.00 | 6.00 |
| 第十一类　纺织原料及纺织制品 | 32,737,380.00 | 577,293.00 |
| 第50章　蚕丝 | — | — |
| 第51章　羊毛等动物毛；马毛纱线及其机织物 | — | — |
| 第52章　棉花 | 158,364.00 | — |
| 第53章　其他植物纤维；纸纱线及其机织物 | 28,366.00 | — |
| 第54章　化学纤维长丝 | 1,699,457.00 | 32,106.00 |
| 第55章　化学纤维短纤 | 158,806.00 | 279,800.00 |
| 第56章　絮胎、毡呢及无纺织物；线绳制品等 | 960,073.00 | 123.00 |
| 第57章　地毯及纺织材料的其他铺地制品 | 525,670.00 | — |
| 第58章　特种机织物；簇绒织物；刺绣品等 | 113,963.00 | 5,972.00 |
| 第59章　特种机织物；簇绒织物；刺绣品等 | 158,025.00 | 1,690.00 |
| 第60章　针织物及钩编织物 | 553,761.00 | 6,444.00 |
| 第61章　针织或钩编的服装及衣着附件 | 16,710,078.00 | 234,563.00 |
| 第62章　非针织或非钩编的服装及衣着附件 | 5,876,337.00 | 16,595.00 |
| 第63章　其他纺织制品；成套物品；旧纺织品 | 5,794,480.00 | — |
| 第十二类　鞋、帽、伞、杖、鞭及其零件；已加工的羽毛及其制品；人造花；人发制品 | 850,858.00 | 637.00 |
| 第64章　鞋靴、护腿和类似品及其零件 | 188,838.00 | — |
| 第65章　帽类及其零件 | 205,435.00 | 577.00 |
| 第66章　伞、手杖、鞭子、马鞭及其零件 | 456,585.00 | 60.00 |
| 第67章　加工羽毛及制品；人造花；人发制品 | — | — |
| 第十三类　石料、石膏、水泥、石棉、云母及类似材料的制品；陶瓷产品；玻璃及其制品 | 2,713,392.00 | 365.00 |
| 第68章　矿物材料的制品 | 857,881.00 | — |
| 第69章　陶瓷产品 | 1,356,970.00 | — |
| 第70章　玻璃及其制品 | 498,541.00 | 365.00 |
| 第十四类　天然或养殖珍珠、宝石或半宝石、贵金属、包贵金属及其制品；仿首饰；硬币 | 14,415.00 | 0.00 |
| 第71章　珠宝、贵金属及制品；仿首饰；硬币 | 14,415.00 | — |

续表

| 名称 | 2009 年出口 | 2009 年进口 |
|---|---|---|
| 第十五类　贱金属及其制品 | 34,325,720.00 | 37,705,794.00 |
| 第 72 章　钢铁 | 6,379,253.00 | — |
| 第 73 章　钢铁制品 | 15,710,714.00 | — |
| 第 74 章　铜及其制品 | 302,155.00 | 36,925,912.00 |
| 第 75 章　镍及其制品 | — | — |
| 第 76 章　铝及其制品 | 7,619,933.00 | — |
| 第 77 章 | — | — |
| 第 78 章　铅及其制品 | 6,840.00 | 319,377.00 |
| 第 79 章　锌及其制品 | 148,240.00 | — |
| 第 80 章　锡及其制品 | 1,650.00 | — |
| 第 81 章　其他贱金属、金属陶瓷及其制品 | 14,944.00 | 460,500.00 |
| 第 82 章　贱金属器具、利口器、餐具及零件 | 3,665,151.00 | 5.00 |
| 第 83 章　贱金属杂项制品 | 476,840.00 | — |
| 第十六类　机器、机械器具、电气设备及其零件；录音机及放声机、电视图像、声音的录制和重放设备及其零件、附件 | 171,587,128.00 | 195,435.00 |
| 第 84 章　核反应堆、锅炉、机械器具及零件 | 53,074,553.00 | 35,956.00 |
| 第 85 章　电机、电气、音像设备及其零附件 | 118,512,575.00 | 159,479.00 |
| 第十七类　车辆、航空器、船舶及有关运输设备 | 66,700,528.00 | 0.00 |
| 第 86 章　铁道车辆；轨道装置；信号设备 | 2,150.00 | — |
| 第 87 章　车辆及其零附件，但铁道车辆除外 | 48,797,069.00 | — |
| 第 88 章　航空器、航天器及其零件 | 17,701,171.00 | — |
| 第 89 章　船舶及浮动结构体 | 200,138.00 | — |
| 第十八类　光学、照相、电影、计量、检验、医疗或外科用仪器及设备、精密仪器及设备；钟表；乐器；上述物品的零件、附件 | 21,554,584.00 | 420.00 |
| 第 90 章　光学、照相、医疗等设备及零附件 | 21,551,582.00 | 420.00 |
| 第 91 章　钟表及其零件 | 3,002.00 | — |
| 第 92 章　乐器及其零件、附件 | — | — |
| 第十九类　武器、弹药及其零件、附件 | 8,960.00 | 0.00 |
| 第 93 章　武器、弹药及其零件、附件 | 8,960.00 | — |
| 第二十类　杂项制品 | 7,587,412.00 | 607,525.00 |
| 第 94 章　家具；寝具等；灯具；活动房 | 6,739,927.00 | 607,232.00 |
| 第 95 章　玩具、游戏或运动用品及其零附件 | 292,373.00 | — |
| 第 96 章　杂项制品 | 555,112.00 | 293.00 |
| 第二十一类　艺术品、收藏品及古物 | 0.00 | 0.00 |
| 第 97 章　艺术品、收藏品及古物 | — | — |
| 第二十二类　特殊交易品及未分类商品 | 3,650,000.00 | 0.00 |
| 第 98 章　特殊交易品及未分类商品 | 3,650,000.00 | — |

数据来源：海关总署——海关统计资讯网 www.hgtj.cn

## 中国对马来西亚进出口商品构成表（2009 年）

单位：美元

| 名称 | 2009 年出口 | 2009 年进口 |
|---|---|---|
| 总值 | 19,631,776,197.00 | 32,335,915,167.00 |
| 第一类　活动物；动物产品 | 222,614,477.00 | 44,521,074.00 |
| 第 1 章　活动物 | 176,026.00 | 3,583.00 |
| 第 2 章　肉及食用杂碎 | 37,512,719.00 | — |
| 第 3 章　鱼及其他水生无脊椎动物 | 172,701,704.00 | 38,380,507.00 |
| 第 4 章　乳；蛋；蜂蜜；其他食用动物产品 | 6,929,885.00 | 6,110,310.00 |
| 第 5 章　其他动物产品 | 5,294,143.00 | 26,674.00 |
| 第二类　植物产品 | 655,292,075.00 | 12,377,069.00 |
| 第 6 章　活植物；茎、根；插花、簇叶 | 2,797,927.00 | 262,615.00 |
| 第 7 章　食用蔬菜、根及块茎 | 357,966,456.00 | 71,287.00 |
| 第 8 章　食用水果及坚果；甜瓜等水果的果皮 | 170,389,265.00 | 2,763,707.00 |
| 第 9 章　咖啡、茶、马黛茶及调味香料 | 73,285,162.00 | 7,021,949.00 |
| 第 10 章　谷物 | 543,008.00 | — |
| 第 11 章　制粉工业产品；麦芽；淀粉等；面筋 | 18,072,457.00 | 117,850.00 |
| 第 12 章　油籽；子仁；工业或药用植物；饲料 | 26,414,265.00 | 104,832.00 |
| 第 13 章　虫胶；树胶、树脂及其他植物液、汁 | 4,748,256.00 | 17,026.00 |
| 第 14 章　编结用植物材料；其他植物产品 | 1,075,279.00 | 2,017,803.00 |
| 第三类　动、植物油、脂及其分解产品；精致的食用油脂；动、植物蜡 | 9,158,763.00 | 2,769,463,264.00 |
| 第 15 章　动、植物油、脂、蜡；精制食用油脂 | 9,158,763.00 | 2,769,463,264.00 |
| 第四类　食品；饮料、酒及醋；烟草、烟草及烟草代用品的制品 | 325,838,254.00 | 142,524,400.00 |
| 第 16 章　肉、鱼及其他水生无脊椎动物的制品 | 98,201,588.00 | 264,099.00 |
| 第 17 章　糖及糖食 | 36,270,087.00 | 5,789,475.00 |
| 第 18 章　可可及可可制品 | 1,960,209.00 | 42,495,384.00 |
| 第 19 章　谷物粉、淀粉等或乳的制品；糕饼 | 19,458,102.00 | 30,431,947.00 |
| 第 20 章　蔬菜、水果等或植物其他部分的制品 | 79,507,945.00 | 592,297.00 |
| 第 21 章　杂项食品 | 28,663,159.00 | 28,319,232.00 |
| 第 22 章　饮料、酒及醋 | 9,480,754.00 | 2,092,434.00 |
| 第 23 章　食品工业的残渣及废料；配制的饲料 | 32,211,166.00 | 22,767,454.00 |
| 第 24 章　烟草、烟草及烟草代用品的制品 | 20,085,244.00 | 9,772,078.00 |
| 第五类　矿产品 | 145,867,163.00 | 2,756,674,712.00 |
| 第 25 章　盐；硫黄；土及石料；石灰及水泥等 | 31,124,293.00 | 8,900,661.00 |
| 第 26 章　矿砂、矿渣及矿灰 | 710,206.00 | 135,763,830.00 |
| 第 27 章　矿物燃料、矿物油及其产品；沥青等 | 114,032,664.00 | 2,612,010,221.00 |
| 第六类　化学工业及其相关工业的产品 | 988,909,009.00 | 1,078,503,693.00 |
| 第 28 章　无机化学品；贵金属等的化合物 | 173,689,064.00 | 22,166,348.00 |
| 第 29 章　有机化学品 | 353,326,230.00 | 582,310,368.00 |
| 第 30 章　药品 | 30,523,340.00 | 165,017.00 |
| 第 31 章　肥料 | 105,185,614.00 | 64,209.00 |

续表

| 名称 | 2009 年出口 | 2009 年进口 |
|---|---|---|
| 第 32 章　鞣料；着色料；涂料；油灰；墨水等 | 46,912,369.00 | 52,181,219.00 |
| 第 33 章　精油及香膏，芳香料制品，化妆盥洗品 | 36,495,046.00 | 963,967.00 |
| 第 34 章　洗涤剂、润滑剂、人造蜡、塑型膏等 | 41,381,426.00 | 103,063,377.00 |
| 第 35 章　蛋白类物质；改性淀粉；胶；酶 | 42,881,828.00 | 11,327,942.00 |
| 第 36 章　炸药；烟火；引火品；易燃材料制品 | 3,223,753.00 | — |
| 第 37 章　照相及电影用品 | 27,401,665.00 | 2,973,818.00 |
| 第 38 章　杂项化学产品 | 127,888,674.00 | 303,287,428.00 |
| 第七类　塑料及其制品；橡胶及其制品 | 507,482,886.00 | 2,428,435,869.00 |
| 第 39 章　塑料及其制品 | 369,036,394.00 | 1,076,634,813.00 |
| 第 40 章　橡胶及其制品 | 138,446,492.00 | 1,351,801,056.00 |
| 第八类　生皮、皮革、毛皮及其制品；鞍具及挽具；旅行用品、手提包及类似品；动物肠线（蚕胶丝除外）制品 | 247,605,228.00 | 1,973,898.00 |
| 第 41 章　生皮（毛皮除外）及皮革 | 5,067,126.00 | 944,905.00 |
| 第 42 章　皮革制品；旅行箱包；动物肠线制品 | 242,019,550.00 | 1,028,993.00 |
| 第 43 章　毛皮、人造毛皮及其制品 | 518,552.00 | — |
| 第九类　木及木制品；木炭；软木及软木制品；稻草、秸秆、针茅或其他编结材料制品；篮筐及柳条编结品 | 157,527,265.00 | 261,891,862.00 |
| 第 44 章　木及木制品；木炭 | 55,336,962.00 | 261,873,058.00 |
| 第 45 章　软木及软木制品 | 79,966.00 | — |
| 第 46 章　编结材料制品；篮筐及柳条编结品 | 102,110,337.00 | 18,804.00 |
| 第十类　木浆及其他纤维状纤维素浆；回收（废碎）纸或纸板；纸、纸板及其制品 | 167,576,031.00 | 30,571,221.00 |
| 第 47 章　木浆等纤维状纤维素浆；废纸及纸板 | 43,634.00 | 1,498,614.00 |
| 第 48 章　纸及纸板；纸浆、纸或纸板制品 | 154,923,180.00 | 26,454,509.00 |
| 第 49 章　印刷品；手稿、打字稿及设计图纸 | 12,609,217.00 | 2,618,098.00 |
| 第十一类　纺织原料及纺织制品 | 1,980,595,385.00 | 125,934,389.00 |
| 第 50 章　蚕丝 | 35,152,960.00 | — |
| 第 51 章　羊毛等动物毛；马毛纱线及其机织物 | 10,039,885.00 | 3,178,235.00 |
| 第 52 章　棉花 | 177,630,296.00 | 24,327,645.00 |
| 第 53 章　其他植物纤维；纸纱线及其机织物 | 7,010,258.00 | 4,270,984.00 |
| 第 54 章　化学纤维长丝 | 146,824,764.00 | 34,281,491.00 |
| 第 55 章　化学纤维短纤 | 83,645,305.00 | 31,963,163.00 |
| 第 56 章　絮胎、毡呢及无纺织物；线绳制品等 | 43,702,283.00 | 5,356,695.00 |
| 第 57 章　地毯及纺织材料的其他铺地制品 | 31,670,959.00 | 829,184.00 |
| 第 58 章　特种机织物；簇绒织物；刺绣品等 | 104,844,300.00 | 204,300.00 |
| 第 59 章　特种机织物；簇绒织物；刺绣品等 | 109,184,520.00 | 4,329,774.00 |
| 第 60 章　针织物及钩编织物 | 59,164,818.00 | 7,088,976.00 |
| 第 61 章　针织或钩编的服装及衣着附件 | 841,879,240.00 | 4,016,012.00 |
| 第 62 章　非针织或非钩编的服装及衣着附件 | 197,184,748.00 | 4,640,984.00 |
| 第 63 章　其他纺织制品；成套物品；旧纺织品 | 132,661,049.00 | 1,446,946.00 |

续表

| 名称 | 2009 年出口 | 2009 年进口 |
| --- | --- | --- |
| 第十二类　鞋、帽、伞、杖、鞭及其零件；已加工的羽毛及其制品；人造花；人发制品 | 536,882,313.00 | 1,857,536.00 |
| 第 64 章　鞋靴、护腿和类似品及其零件 | 428,721,034.00 | 1,646,474.00 |
| 第 65 章　帽类及其零件 | 12,542,796.00 | 128,931.00 |
| 第 66 章　伞、手杖、鞭子、马鞭及其零件 | 75,891,435.00 | 2,517.00 |
| 第 67 章　加工羽毛及制品；人造花；人发制品 | 19,727,048.00 | 79,614.00 |
| 第十三类　石料、石膏、水泥、石棉、云母及类似材料的制品；陶瓷产品；玻璃及其制品 | 434,537,784.00 | 46,189,105.00 |
| 第 68 章　矿物材料的制品 | 78,613,878.00 | 4,039,722.00 |
| 第 69 章　陶瓷产品 | 171,093,143.00 | 9,725,284.00 |
| 第 70 章　玻璃及其制品 | 184,830,763.00 | 32,424,099.00 |
| 第十四类　天然或养殖珍珠、宝石或半宝石、贵金属、包贵金属及其制品；仿首饰；硬币 | 9,756,995.00 | 19,790,505.00 |
| 第 71 章　珠宝、贵金属及制品；仿首饰；硬币 | 9,756,995.00 | 19,790,505.00 |
| 第十五类　贱金属及其制品 | 1,163,534,770.00 | 1,191,770,302.00 |
| 第 72 章　钢铁 | 254,977,530.00 | 101,596,844.00 |
| 第 73 章　钢铁制品 | 458,696,597.00 | 62,388,677.00 |
| 第 74 章　铜及其制品 | 76,976,681.00 | 580,510,341.00 |
| 第 75 章　镍及其制品 | 1,808,184.00 | 405,501.00 |
| 第 76 章　铝及其制品 | 115,388,847.00 | 381,957,088.00 |
| 第 77 章 | — | — |
| 第 78 章　铅及其制品 | 1,877,416.00 | 396,002.00 |
| 第 79 章　锌及其制品 | 17,407,326.00 | 3,082,029.00 |
| 第 80 章　锡及其制品 | 1,742,530.00 | 38,935,293.00 |
| 第 81 章　其他贱金属、金属陶瓷及其制品 | 4,394,466.00 | 748,477.00 |
| 第 82 章　贱金属器具、利口器、餐具及零件 | 99,275,313.00 | 5,279,330.00 |
| 第 83 章　贱金属杂项制品 | 130,989,880.00 | 16,470,720.00 |
| 第十六类　机器、机械器具、电气设备及其零件；录音机及放声机、电视图像、声音的录制和重放设备及其零件、附件 | 8,612,009,331.00 | 20,892,736,503.00 |
| 第 84 章　核反应堆、锅炉、机械器具及零件 | 3,818,588,648.00 | 2,579,131,405.00 |
| 第 85 章　电机、电气、音像设备及其零附件 | 4,793,420,683.00 | 18,313,605,098.00 |
| 第十七类　车辆、航空器、船舶及有关运输设备 | 1,012,551,056.00 | 72,565,224.00 |
| 第 86 章　铁道车辆；轨道装置；信号设备 | 30,300,682.00 | 314,235.00 |
| 第 87 章　车辆及其零附件，但铁道车辆除外 | 431,930,137.00 | 72,157,168.00 |
| 第 88 章　航空器、航天器及其零件 | 2,233,330.00 | 93,821.00 |
| 第 89 章　船舶及浮动结构体 | 548,086,907.00 | — |
| 第十八类　光学、照相、电影、计量、检验、医疗或外科用仪器及设备、精密仪器及设备；钟表；乐器；上述物品的零件、附件 | 1,240,281,210.00 | 406,746,839.00 |
| 第 90 章　光学、照相、医疗等设备及零附件 | 1,202,331,192.00 | 399,504,785.00 |
| 第 91 章　钟表及其零件 | 24,186,673.00 | 6,521,115.00 |

续表

| 名称 | 2009年出口 | 2009年进口 |
|---|---|---|
| 第92章　乐器及其零件、附件 | 13,763,345.00 | 720,939.00 |
| 第十九类　武器、弹药及其零件、附件 | 4,310.00 | 0.00 |
| 第93章　武器、弹药及其零件、附件 | 4,310.00 | — |
| 第二十类　杂项制品 | 1,209,846,442.00 | 32,978,581.00 |
| 第94章　家具；寝具等；灯具；活动房 | 911,261,515.00 | 10,315,579.00 |
| 第95章　玩具、游戏或运动用品及其零附件 | 156,883,796.00 | 10,488,803.00 |
| 第96章　杂项制品 | 141,701,131.00 | 12,174,199.00 |
| 第二十一类　艺术品、收藏品及古物 | 552,586.00 | 42,210.00 |
| 第97章　艺术品、收藏品及古物 | 552,586.00 | 42,210.00 |
| 第二十二类　特殊交易品及未分类商品 | 3,352,864.00 | 18,366,911.00 |
| 第98章　特殊交易品及未分类商品 | 3,352,864.00 | 18,366,911.00 |

数据来源：海关总署——海关统计资讯网 www.hgtj.cn

## 中国对缅甸进出口商品构成表（2009年）

单位：美元

| 名称 | 2009年出口 | 2009年进口 |
|---|---|---|
| 总值 | 2,253,994,256.00 | 646,126,728.00 |
| 第一类　活动物；动物产品 | 8,051,917.00 | 60,791,815.00 |
| 第1章　活动物 |  | — |
| 第2章　肉及食用杂碎 | — | — |
| 第3章　鱼及其他水生无脊椎动物 | 262.00 | 59,514,433.00 |
| 第4章　乳；蛋；蜂蜜；其他食用动物产品 | 4,694,004.00 | 228,224.00 |
| 第5章　其他动物产品 | 3,357,651.00 | 1,049,158.00 |
| 第二类　植物产品 | 24,593,760.00 | 100,667,672.00 |
| 第6章　活植物；茎、根；插花、簇叶 | 15,100,260.00 | 97,797.00 |
| 第7章　食用蔬菜、根及块茎 | 591,231.00 | 9,846,373.00 |
| 第8章　食用水果及坚果；甜瓜等水果的果皮 | 1,030,932.00 | 28,527,690.00 |
| 第9章　咖啡、茶、马黛茶及调味香料 | 3,610,930.00 | 397,089.00 |
| 第10章　谷物 | 234,116.00 | 5,667,967.00 |
| 第11章　制粉工业产品；麦芽；淀粉等；面筋 | 3,820,678.00 | — |
| 第12章　油籽；子仁；工业或药用植物；饲料 | 133,375.00 | 54,727,255.00 |
| 第13章　虫胶；树胶、树脂及其他植物液、汁 | 72,238.00 | 17,649.00 |
| 第14章　编结用植物材料；其他植物产品 | — | 1,385,852.00 |
| 第三类　动、植物油、脂及其分解产品；精致的食用油脂；动、植物蜡 | 24,523.00 | 6,098.00 |
| 第15章　动、植物油、脂、蜡；精制食用油脂 | 24,523.00 | 6,098.00 |
| 第四类　食品；饮料、酒及醋；烟草、烟草及烟草代用品的制品 | 41,303,520.00 | 6,253,892.00 |
| 第16章　肉、鱼及其他水生无脊椎动物的制品 | 154,803.00 | 99,873.00 |
| 第17章　糖及糖食 | 1,711,769.00 | 3,604,178.00 |
| 第18章　可可及可可制品 | — | — |
| 第19章　谷物粉、淀粉等或乳的制品；糕饼 | 1,135,384.00 | 230.00 |

续表

| 名称 | 2009 年出口 | 2009 年进口 |
|---|---|---|
| 第 20 章　蔬菜、水果等或植物其他部分的制品 | 173,181.00 | 199.00 |
| 第 21 章　杂项食品 | 12,394,748.00 | 378.00 |
| 第 22 章　饮料、酒及醋 | 16,904,783.00 | — |
| 第 23 章　食品工业的残渣及废料；配制的饲料 | 324,751.00 | 2,549,034.00 |
| 第 24 章　烟草、烟草及烟草代用品的制品 | 8,504,101.00 | — |
| 第五类　矿产品 | 99,378,282.00 | 166,231,728.00 |
| 第 25 章　盐；硫黄；土及石料；石灰及水泥等 | 16,165,532.00 | 7,890,537.00 |
| 第 26 章　矿砂、矿渣及矿灰 | 28,783.00 | 100,814,082.00 |
| 第 27 章　矿物燃料、矿物油及其产品；沥青等 | 83,183,967.00 | 57,527,109.00 |
| 第六类　化学工业及其相关工业的产品 | 150,388,429.00 | 1,288,560.00 |
| 第 28 章　无机化学品；贵金属等的化合物 | 24,881,215.00 | — |
| 第 29 章　有机化学品 | 51,348,356.00 | — |
| 第 30 章　药品 | 19,625,521.00 | — |
| 第 31 章　肥料 | 17,316,270.00 | — |
| 第 32 章　鞣料；着色料；涂料；油灰；墨水等 | 3,687,556.00 | — |
| 第 33 章　精油及香膏，芳香料制品，化妆盥洗品 | 1,809,322.00 | 791,383.00 |
| 第 34 章　洗涤剂、润滑剂、人造蜡、塑型膏等 | 8,409,660.00 | — |
| 第 35 章　蛋白类物质；改性淀粉；胶；酶 | 4,004,344.00 | — |
| 第 36 章　炸药；烟火；引火品；易燃材料制品 | 4,962,603.00 | — |
| 第 37 章　照相及电影用品 | 2,019,777.00 | — |
| 第 38 章　杂项化学产品 | 12,323,805.00 | 497,177.00 |
| 第七类　塑料及其制品；橡胶及其制品 | 91,556,482.00 | 23,673,481.00 |
| 第 39 章　塑料及其制品 | 32,519,975.00 | 101,492.00 |
| 第 40 章　橡胶及其制品 | 59,036,507.00 | 23,571,989.00 |
| 第八类　生皮、皮革、毛皮及其制品；鞍具及挽具；旅行用品、手提包及类似品；动物肠线（蚕胶丝除外）制品 | 3,827,353.00 | 100,035.00 |
| 第 41 章　生皮（毛皮除外）及皮革 | 397,855.00 | 84,200.00 |
| 第 42 章　皮革制品；旅行箱包；动物肠线制品 | 709,154.00 | 92.00 |
| 第 43 章　毛皮、人造毛皮及其制品 | 2,720,344.00 | 15,743.00 |
| 第九类　木及木制品；木炭；软木及软木制品；稻草、秸秆、针茅或其他编结材料制品；篮筐及柳条编结品 | 1,519,675.00 | 185,922,735.00 |
| 第 44 章　木及木制品；木炭 | 1,487,850.00 | 185,915,979.00 |
| 第 45 章　软木及软木制品 | — | — |
| 第 46 章　编结材料制品；篮筐及柳条编结品 | 31,825.00 | 6,756.00 |
| 第十类　木浆及其他纤维状纤维素浆；回收（废碎）纸或纸板；纸、纸板及其制品 | 12,973,674.00 | 8,184,824.00 |
| 第 47 章　木浆等纤维状纤维素浆；废纸及纸板 | — | 8,102,612.00 |
| 第 48 章　纸及纸板；纸浆、纸或纸板制品 | 12,607,090.00 | 82,182.00 |
| 第 49 章　印刷品；手稿、打字稿及设计图纸 | 366,584.00 | 30.00 |
| 第十一类　纺织原料及纺织制品 | 288,324,404.00 | 1,392,848.00 |
| 第 50 章　蚕丝 | 1,619,971.00 | — |

续表

| 名称 | 2009 年出口 | 2009 年进口 |
|---|---|---|
| 第 51 章　羊毛等动物毛；马毛纱线及其机织物 | 3,269,330.00 | — |
| 第 52 章　棉花 | 67,570,035.00 | 14,619.00 |
| 第 53 章　其他植物纤维；纸纱线及其机织物 | 1,972,830.00 | 153,847.00 |
| 第 54 章　化学纤维长丝 | 26,344,335.00 | 827.00 |
| 第 55 章　化学纤维短纤 | 113,373,491.00 | 2,375.00 |
| 第 56 章　絮胎、毡呢及无纺织物；线绳制品等 | 6,521,854.00 | 95,048.00 |
| 第 57 章　地毯及纺织材料的其他铺地制品 | 6,749,580.00 | — |
| 第 58 章　特种机织物；簇绒织物；刺绣品等 | 13,228,711.00 | 1,788.00 |
| 第 59 章　特种机织物；簇绒织物；刺绣品等 | 12,235,426.00 | 981.00 |
| 第 60 章　针织物及钩编织物 | 11,413,044.00 | 83,158.00 |
| 第 61 章　针织或钩编的服装及衣着附件 | 4,358,767.00 | 63,756.00 |
| 第 62 章　非针织或非钩编的服装及衣着附件 | 1,190,569.00 | 410,992.00 |
| 第 63 章　其他纺织制品；成套物品；旧纺织品 | 18,476,461.00 | 565,457.00 |
| 第十二类　鞋、帽、伞、杖、鞭及其零件；已加工的羽毛及其制品；人造花；人发制品 | 19,866,208.00 | 461,732.00 |
| 第 64 章　鞋靴、护腿和类似品及其零件 | 16,576,700.00 | 18,817.00 |
| 第 65 章　帽类及其零件 | 1,346,895.00 | — |
| 第 66 章　伞、手杖、鞭子、马鞭及其零件 | 1,070,010.00 | — |
| 第 67 章　加工羽毛及制品；人造花；人发制品 | 872,603.00 | 442,915.00 |
| 第十三类　石料、石膏、水泥、石棉、云母及类似材料的制品；陶瓷产品；玻璃及其制品 | 28,903,218.00 | 401,183.00 |
| 第 68 章　矿物材料的制品 | 6,760,614.00 | 389,714.00 |
| 第 69 章　陶瓷产品 | 11,575,461.00 | 269.00 |
| 第 70 章　玻璃及其制品 | 10,567,143.00 | 11,200.00 |
| 第十四类　天然或养殖珍珠、宝石或半宝石、贵金属、包贵金属及其制品；仿首饰；硬币 | 31,092.00 | 71,559,392.00 |
| 第 71 章　珠宝、贵金属及制品；仿首饰；硬币 | 31,092.00 | 71,559,392.00 |
| 第十五类　贱金属及其制品 | 342,605,493.00 | 2,782,367.00 |
| 第 72 章　钢铁 | 102,388,404.00 | 2,535,283.00 |
| 第 73 章　钢铁制品 | 200,996,336.00 | 4,490.00 |
| 第 74 章　铜及其制品 | 1,883,994.00 | 203,366.00 |
| 第 75 章　镍及其制品 | 20,150.00 | — |
| 第 76 章　铝及其制品 | 19,676,092.00 | — |
| 第 77 章 | — | — |
| 第 78 章　铅及其制品 | 2,773.00 | 39,228.00 |
| 第 79 章　锌及其制品 | 5,031,295.00 | — |
| 第 80 章　锡及其制品 | 15,220.00 | — |
| 第 81 章　其他贱金属、金属陶瓷及其制品 | 981.00 | — |
| 第 82 章　贱金属器具、利口器、餐具及零件 | 4,071,104.00 | — |
| 第 83 章　贱金属杂项制品 | 8,519,144.00 | — |

续表

| 名称 | 2009 年出口 | 2009 年进口 |
|---|---|---|
| 第十六类　机器、机械器具、电气设备及其零件；录音机及放声机、电视图像、声音的录制和重放设备及其零件、附件 | 803,002,792.00 | 5,559,750.00 |
| 第 84 章　核反应堆、锅炉、机械器具及零件 | 534,536,647.00 | 1,076.00 |
| 第 85 章　电机、电气、音像设备及其零附件 | 268,466,145.00 | 5,558,674.00 |
| 第十七类　车辆、航空器、船舶及有关运输设备 | 274,660,439.00 | 0.00 |
| 第 86 章　铁道车辆；轨道装置；信号设备 | 11,890,017.00 | — |
| 第 87 章　车辆及其零附件，但铁道车辆除外 | 247,747,829.00 | — |
| 第 88 章　航空器、航天器及其零件 | 154,072.00 | — |
| 第 89 章　船舶及浮动结构体 | 14,868,521.00 | — |
| 第十八类　光学、照相、电影、计量、检验、医疗或外科用仪器及设备、精密仪器及设备；钟表；乐器；上述物品的零件、附件 | 24,719,639.00 | 10,748,047.00 |
| 第 90 章　光学、照相、医疗等设备及零附件 | 24,324,759.00 | 10,748,047.00 |
| 第 91 章　钟表及其零件 | 374,990.00 | — |
| 第 92 章　乐器及其零件、附件 | 19,890.00 | — |
| 第十九类　武器、弹药及其零件、附件 | 723.00 | 0.00 |
| 第 93 章　武器、弹药及其零件、附件 | 723.00 | — |
| 第二十类　杂项制品 | 38,250,183.00 | 87,099.00 |
| 第 94 章　家具；寝具等；灯具；活动房 | 18,311,765.00 | 81,015.00 |
| 第 95 章　玩具、游戏或运动用品及其零附件 | 3,331,031.00 | — |
| 第 96 章　杂项制品 | 16,607,387.00 | 6,084.00 |
| 第二十一类　艺术品、收藏品及古物 | 450.00 | 2,248.00 |
| 第 97 章　艺术品、收藏品及古物 | 450.00 | 2,248.00 |
| 第二十二类　特殊交易品及未分类商品 | 12,000.00 | 11,222.00 |
| 第 98 章　特殊交易品及未分类商品 | 12,000.00 | 11,222.00 |

数据来源：海关总署——海关统计资讯网 www.hgtj.cn

## 中国对菲律宾进出口商品构成表（2009 年）

单位：美元

| 名称 | 2009 年出口 | 2009 年进口 |
|---|---|---|
| 总值 | 8,590,589,753.00 | 11,948,409,884.00 |
| 第一类　活动物；动物产品 | 164,074,999.00 | 4,794,151.00 |
| 第 1 章　活动物 | — | 2,896.00 |
| 第 2 章　肉及食用杂碎 | 1,349,539.00 | — |
| 第 3 章　鱼及其他水生无脊椎动物 | 135,576,690.00 | 3,461,610.00 |
| 第 4 章　乳；蛋；蜂蜜；其他食用动物产品 | 31,209.00 | — |
| 第 5 章　其他动物产品 | 27,117,561.00 | 1,329,645.00 |
| 第二类　植物产品 | 283,104,393.00 | 175,500,147.00 |
| 第 6 章　活植物；茎、根；插花、簇叶 | 429,183.00 | 21 |
| 第 7 章　食用蔬菜、根及块茎 | 81,764,484.00 | 2,129.00 |
| 第 8 章　食用水果及坚果；甜瓜等水果的果皮 | 134,644,647.00 | 164,883,573.00 |

续表

| 名称 | 2009年出口 | 2009年进口 |
| --- | --- | --- |
| 第9章　咖啡、茶、马黛茶及调味香料 | 5,671,150.00 | 41,631.00 |
| 第10章　谷物 | 4,404,640.00 | 81,740.00 |
| 第11章　制粉工业产品；麦芽；淀粉等；面筋 | 40,168,823.00 | 122,424.00 |
| 第12章　油籽；子仁；工业或药用植物；饲料 | 9,346,869.00 | 5,676,714.00 |
| 第13章　虫胶；树胶、树脂及其他植物液、汁 | 6,652,255.00 | 4,365,760.00 |
| 第14章　编结用植物材料；其他植物产品 | 22,342.00 | 326,155.00 |
| 第三类　动、植物油、脂及其分解产品；精致的食用油脂；动、植物蜡 | 433,479.00 | 21,166,810.00 |
| 第15章　动、植物油、脂、蜡；精制食用油脂 | 433,479.00 | 21,166,810.00 |
| 第四类　食品；饮料、酒及醋；烟草、烟草及烟草代用品的制品 | 266,386,362.00 | 19,157,901.00 |
| 第16章　肉、鱼及其他水生无脊椎动物的制品 | 27,581,471.00 | 2,264,872.00 |
| 第17章　糖及糖食 | 45,716,116.00 | 12,455.00 |
| 第18章　可可及可可制品 | 4,729,834.00 | 6,378.00 |
| 第19章　谷物粉、淀粉等或乳的制品；糕饼 | 13,592,223.00 | 3,453,786.00 |
| 第20章　蔬菜、水果等或植物其他部分的制品 | 63,537,178.00 | 8,579,973.00 |
| 第21章　杂项食品 | 46,130,532.00 | 2,642,146.00 |
| 第22章　饮料、酒及醋 | 9,218,662.00 | 674,260.00 |
| 第23章　食品工业的残渣及废料；配制的饲料 | 13,490,305.00 | 1,524,031.00 |
| 第24章　烟草、烟草及烟草代用品的制品 | 42,390,041.00 | — |
| 第五类　矿产品 | 473,240,655.00 | 523,598,594.00 |
| 第25章　盐；硫黄；土及石料；石灰及水泥等 | 15,303,481.00 | 2,647,880.00 |
| 第26章　矿砂、矿渣及矿灰 | 909,257.00 | 470,037,274.00 |
| 第27章　矿物燃料、矿物油及其产品；沥青等 | 457,027,917.00 | 50,913,440.00 |
| 第六类　化学工业及其相关工业的产品 | 565,550,524.00 | 82,887,477.00 |
| 第28章　无机化学品；贵金属等的化合物 | 105,987,764.00 | 3,309,073.00 |
| 第29章　有机化学品 | 114,513,625.00 | 26,343,640.00 |
| 第30章　药品 | 31,107,669.00 | 344,939.00 |
| 第31章　肥料 | 92,841,637.00 | 280,000.00 |
| 第32章　鞣料；着色料；涂料；油灰；墨水等 | 31,468,478.00 | 421,039.00 |
| 第33章　精油及香膏，芳香料制品，化妆盥洗品 | 21,814,318.00 | 705,239.00 |
| 第34章　洗涤剂、润滑剂、人造蜡、塑型膏等 | 22,524,754.00 | 9,907,041.00 |
| 第35章　蛋白类物质；改性淀粉；胶；酶 | 23,855,004.00 | 441,648.00 |
| 第36章　炸药；烟火；引火品；易燃材料制品 | 3,591,649.00 | 29,615.00 |
| 第37章　照相及电影用品 | 14,661,341.00 | 17 |
| 第38章　杂项化学产品 | 103,184,285.00 | 41,105,226.00 |
| 第七类　塑料及其制品；橡胶及其制品 | 393,152,146.00 | 301,922,339.00 |
| 第39章　塑料及其制品 | 274,495,106.00 | 270,654,876.00 |
| 第40章　橡胶及其制品 | 118,657,040.00 | 31,267,463.00 |
| 第八类　生皮、皮革、毛皮及其制品；鞍具及挽具；旅行用品、手提包及类似品；动物肠线（蚕胶丝除外）制品 | 58,435,777.00 | 5,114,606.00 |
| 第41章　生皮（毛皮除外）及皮革 | 459,621.00 | 4,192,710.00 |
| 第42章　皮革制品；旅行箱包；动物肠线制品 | 57,485,268.00 | 915,775.00 |

续表

| 名称 | 2009 年出口 | 2009 年进口 |
| --- | --- | --- |
| 第 43 章　毛皮、人造毛皮及其制品 | 490,888.00 | 6,121.00 |
| 第九类　木及木制品；木炭；软木及软木制品；稻草、秸秆、针茅或其他编结材料制品；篮筐及柳条编结品 | 25,813,781.00 | 32,225,284.00 |
| 第 44 章　木及木制品；木炭 | 21,182,935.00 | 31,922,274.00 |
| 第 45 章　软木及软木制品 | 144,349.00 | 172,630.00 |
| 第 46 章　编结材料制品；篮筐及柳条编结品 | 4,486,497.00 | 130,380.00 |
| 第十类　木浆及其他纤维状纤维素浆；回收（废碎）纸或纸板；纸、纸板及其制品 | 103,965,990.00 | 10,750,577.00 |
| 第 47 章　木浆等纤维状纤维素浆；废纸及纸板 | 625,268.00 | 10,058,532.00 |
| 第 48 章　纸及纸板；纸浆、纸或纸板制品 | 92,659,907.00 | 637,167.00 |
| 第 49 章　印刷品；手稿、打字稿及设计图纸 | 10,680,815.00 | 54,878.00 |
| 第十一类　纺织原料及纺织制品 | 1,057,147,596.00 | 58,733,887.00 |
| 第 50 章　蚕丝 | 2,795,334.00 | 3,460.00 |
| 第 51 章　羊毛等动物毛；马毛纱线及其机织物 | 7,163,494.00 | 809 |
| 第 52 章　棉花 | 142,148,992.00 | 227,719.00 |
| 第 53 章　其他植物纤维；纸纱线及其机织物 | 5,146,167.00 | 6,464,391.00 |
| 第 54 章　化学纤维长丝 | 101,644,325.00 | 35,677,536.00 |
| 第 55 章　化学纤维短纤 | 77,048,378.00 | 50,618.00 |
| 第 56 章　絮胎、毡呢及无纺织物；线绳制品等 | 26,984,236.00 | 1,244,216.00 |
| 第 57 章　地毯及纺织材料的其他铺地制品 | 9,634,105.00 | 179 |
| 第 58 章　特种机织物；簇绒织物；刺绣品等 | 45,247,457.00 | 3,710,075.00 |
| 第 59 章　特种机织物；簇绒织物；刺绣品等 | 84,691,867.00 | 121,863.00 |
| 第 60 章　针织物及钩编织物 | 132,621,195.00 | 288,288.00 |
| 第 61 章　针织或钩编的服装及衣着附件 | 278,240,660.00 | 4,444,796.00 |
| 第 62 章　非针织或非钩编的服装及衣着附件 | 49,313,900.00 | 4,816,455.00 |
| 第 63 章　其他纺织制品；成套物品；旧纺织品 | 94,467,486.00 | 1,683,482.00 |
| 第十二类　鞋、帽、伞、杖、鞭及其零件；已加工的羽毛及其制品；人造花；人发制品 | 287,799,639.00 | 823,357.00 |
| 第 64 章　鞋靴、护腿和类似品及其零件 | 151,185,180.00 | 567,058.00 |
| 第 65 章　帽类及其零件 | 8,570,154.00 | 225,822.00 |
| 第 66 章　伞、手杖、鞭子、马鞭及其零件 | 124,604,370.00 | 30,477.00 |
| 第 67 章　加工羽毛及制品；人造花；人发制品 | 3,439,935.00 | — |
| 第十三类　石料、石膏、水泥、石棉、云母及类似材料的制品；陶瓷产品；玻璃及其制品 | 235,196,119.00 | 37,055,442.00 |
| 第 68 章　矿物材料的制品 | 33,196,180.00 | 708,783.00 |
| 第 69 章　陶瓷产品 | 110,566,319.00 | 284,533.00 |
| 第 70 章　玻璃及其制品 | 91,433,620.00 | 36,062,126.00 |
| 第十四类　天然或养殖珍珠、宝石或半宝石、贵金属、包贵金属及其制品；仿首饰；硬币 | 5,095,740.00 | 1,342,168.00 |
| 第 71 章　珠宝、贵金属及制品；仿首饰；硬币 | 5,095,740.00 | 1,342,168.00 |

续表

| 名称 | 2009 年出口 | 2009 年进口 |
| --- | --- | --- |
| 第十五类　贱金属及其制品 | 693,147,527.00 | 536,871,622.00 |
| 第 72 章　钢铁 | 232,841,534.00 | 29,410,841.00 |
| 第 73 章　钢铁制品 | 233,573,791.00 | 7,843,706.00 |
| 第 74 章　铜及其制品 | 16,093,127.00 | 419,841,605.00 |
| 第 75 章　镍及其制品 | 557,030.00 | — |
| 第 76 章　铝及其制品 | 93,220,066.00 | 74,736,835.00 |
| 第 77 章 | — | — |
| 第 78 章　铅及其制品 | 1,002,707.00 | 2,905,473.00 |
| 第 79 章　锌及其制品 | 2,429,411.00 | 16,620.00 |
| 第 80 章　锡及其制品 | 20,804.00 | 86,958.00 |
| 第 81 章　其他贱金属、金属陶瓷及其制品 | 7,071,129.00 | 15,325.00 |
| 第 82 章　贱金属器具、利口器、餐具及零件 | 42,497,922.00 | 1,467,833.00 |
| 第 83 章　贱金属杂项制品 | 63,840,006.00 | 546,426.00 |
| 第十六类　机器、机械器具、电气设备及其零件；录音机及放声机、电视图像、声音的录制和重放设备及其零件、附件 | 3,109,853,913.00 | 9,791,296,913.00 |
| 第 84 章　核反应堆、锅炉、机械器具及零件 | 1,023,175,868.00 | 3,111,412,514.00 |
| 第 85 章　电机、电气、音像设备及其零附件 | 2,086,678,045.00 | 6,679,884,399.00 |
| 第十七类　车辆、航空器、船舶及有关运输设备 | 294,425,863.00 | 8,184,394.00 |
| 第 86 章　铁道车辆；轨道装置；信号设备 | 2,854,685.00 | — |
| 第 87 章　车辆及其零附件，但铁道车辆除外 | 232,434,966.00 | 7,045,246.00 |
| 第 88 章　航空器、航天器及其零件 | 5,529,554.00 | 1,139,148.00 |
| 第 89 章　船舶及浮动结构体 | 53,606,658.00 | — |
| 第十八类　光学、照相、电影、计量、检验、医疗或外科用仪器及设备、精密仪器及设备；钟表；乐器；上述物品的零件、附件 | 149,537,191.00 | 169,634,949.00 |
| 第 90 章　光学、照相、医疗等设备及零附件 | 123,994,283.00 | 168,551,822.00 |
| 第 91 章　钟表及其零件 | 16,696,541.00 | 1,081,568.00 |
| 第 92 章　乐器及其零件、附件 | 8,846,367.00 | 1,559.00 |
| 第十九类　武器、弹药及其零件、附件 | 750,532.00 | — |
| 第 93 章　武器、弹药及其零件、附件 | 750,532.00 | — |
| 第二十类　杂项制品 | 419,336,127.00 | 167,316,695.00 |
| 第 94 章　家具；寝具等，灯具；活动房 | 139,882,161.00 | 9,386,489.00 |
| 第 95 章　玩具、游戏或运动用品及其零附件 | 207,433,919.00 | 157,532,969.00 |
| 第 96 章　杂项制品 | 72,020,047.00 | 397,237.00 |
| 第二十一类　艺术品、收藏品及古物 | 325,904.00 | 4,171.00 |
| 第 97 章　艺术品、收藏品及古物 | 325,904.00 | 4,171.00 |
| 第二十二类　特殊交易品及未分类商品 | 3,815,496.00 | 28,400.00 |
| 第 98 章　特殊交易品及未分类商品 | 3,815,496.00 | 28,400.00 |

数据来源：海关总署——海关统计资讯网 www.hgtj.cn

## 中国对新加坡进出口商品构成表（2009 年）

单位：美元

| 名称 | 2009 年出口 | 2009 年进口 |
|---|---|---|
| 总值 | 30,051,936,081.00 | 17,803,933,383.00 |
| 第一类　活动物；动物产品 | 43,222,342.00 | 5,782,401.00 |
| 第 1 章　活动物 | 173,000.00 | 62,158.00 |
| 第 2 章　肉及食用杂碎 | 7,282,316.00 | 51,600.00 |
| 第 3 章　鱼及其他水生无脊椎动物 | 26,945,337.00 | 4,454,972.00 |
| 第 4 章　乳；蛋；蜂蜜；其他食用动物产品 | 6,629,331.00 | 1,213,671.00 |
| 第 5 章　其他动物产品 | 2,192,358.00 | — |
| 第二类　植物产品 | 150,947,893.00 | 2,756,423.00 |
| 第 6 章　活植物；茎、根；插花、簇叶 | 5,256,202.00 | 10,877.00 |
| 第 7 章　食用蔬菜、根及块茎 | 53,836,171.00 | 14,797.00 |
| 第 8 章　食用水果及坚果；甜瓜等水果的果皮 | 40,100,957.00 | 3,696.00 |
| 第 9 章　咖啡、茶、马黛茶及调味香料 | 17,722,725.00 | 894,693.00 |
| 第 10 章　谷物 | 59,119.00 | — |
| 第 11 章　制粉工业产品；麦芽；淀粉等；面筋 | 10,196,794.00 | 1,934.00 |
| 第 12 章　油籽；子仁；工业或药用植物；饲料 | 16,971,074.00 | 604.00 |
| 第 13 章　虫胶；树胶、树脂及其他植物液、汁 | 6,259,581.00 | 1,660,480.00 |
| 第 14 章　编结用植物材料；其他植物产品 | 545,270.00 | 169,342.00 |
| 第三类　动、植物油、脂及其分解产品；精致的食用油脂；动、植物蜡 | 17,316,797.00 | 6,532,956.00 |
| 第 15 章　动、植物油、脂、蜡；精制食用油脂 | 17,316,797.00 | 6,532,956.00 |
| 第四类　食品；饮料、酒及醋；烟草、烟草及烟草代用品的制品 | 212,090,541.00 | 411,036,539.00 |
| 第 16 章　肉、鱼及其他水生无脊椎动物的制品 | 74,858,967.00 | 61,609.00 |
| 第 17 章　糖及糖食 | 11,661,168.00 | 577,771.00 |
| 第 18 章　可可及可可制品 | 865,926.00 | 22,410,056.00 |
| 第 19 章　谷物粉、淀粉等或乳的制品；糕饼 | 16,931,992.00 | 325,066,924.00 |
| 第 20 章　蔬菜、水果等或植物其他部分的制品 | 26,677,674.00 | 161,016.00 |
| 第 21 章　杂项食品 | 37,016,666.00 | 14,212,457.00 |
| 第 22 章　饮料、酒及醋 | 20,208,603.00 | 83,628.00 |
| 第 23 章　食品工业的残渣及废料；配制的饲料 | 4,485,855.00 | 2,871,428.00 |
| 第 24 章　烟草、烟草及烟草代用品的制品 | 19,383,690.00 | 45,591,650.00 |
| 第五类　矿产品 | 2,447,449,492.00 | 2,918,226,689.00 |
| 第 25 章　盐；硫黄；土及石料；石灰及水泥等 | 24,971,619.00 | 4,152,460.00 |
| 第 26 章　矿砂、矿渣及矿灰 | 472,923.00 | 802,898.00 |
| 第 27 章　矿物燃料、矿物油及其产品；沥青等 | 2,422,004,950.00 | 2,913,271,331.00 |
| 第六类　化学工业及其相关工业的产品 | 797,271,475.00 | 1,619,429,294.00 |
| 第 28 章　无机化学品；贵金属等的化合物 | 62,908,982.00 | 25,234,966.00 |
| 第 29 章　有机化学品 | 348,630,337.00 | 1,018,652,514.00 |
| 第 30 章　药品 | 67,106,798.00 | 7,177,640.00 |
| 第 31 章　肥料 | 1,282,483.00 | 2,439,591.00 |

续表

| 名称 | 2009 年出口 | 2009 年进口 |
| --- | --- | --- |
| 第 32 章　鞣料；着色料；涂料；油灰；墨水等 | 56,104,288.00 | 72,215,984.00 |
| 第 33 章　精油及香膏，芳香料制品，化妆盥洗品 | 74,104,950.00 | 19,831,998.00 |
| 第 34 章　洗涤剂、润滑剂、人造蜡、塑型膏等 | 27,016,028.00 | 75,471,974.00 |
| 第 35 章　蛋白类物质；改性淀粉；胶；酶 | 23,969,044.00 | 9,257,837.00 |
| 第 36 章　炸药；烟火；引火品；易燃材料制品 | 1,341,757.00 | 1,186.00 |
| 第 37 章　照相及电影用品 | 43,168,306.00 | 2,083,934.00 |
| 第 38 章　杂项化学产品 | 91,638,502.00 | 387,061,670.00 |
| 第七类　塑料及其制品；橡胶及其制品 | 407,798,297.00 | 1,937,507,706.00 |
| 第 39 章　塑料及其制品 | 299,623,851.00 | 1,887,659,334.00 |
| 第 40 章　橡胶及其制品 | 108,174,446.00 | 49,848,372.00 |
| 第八类　生皮、皮革、毛皮及其制品；鞍具及挽具；旅行用品、手提包及类似品；动物肠线（蚕胶丝除外）制品 | 177,649,933.00 | 1,095,033.00 |
| 第 41 章　生皮（毛皮除外）及皮革 | 1,703,197.00 | 928,119.00 |
| 第 42 章　皮革制品；旅行箱包；动物肠线制品 | 175,659,701.00 | 166,914.00 |
| 第 43 章　毛皮、人造毛皮及其制品 | 287,035.00 | — |
| 第九类　木及木制品；木炭；软木及软木制品；稻草、秸秆、针茅或其他编结材料制品；篮筐及柳条编结品 | 173,859,073.00 | 402,415.00 |
| 第 44 章　木及木制品；木炭 | 76,006,377.00 | 402,415.00 |
| 第 45 章　软木及软木制品 | 134,846.00 | — |
| 第 46 章　编结材料制品；篮筐及柳条编结品 | 97,717,850.00 | — |
| 第十类　木浆及其他纤维状纤维素浆；回收（废碎）纸或纸板；纸、纸板及其制品 | 124,145,936.00 | 57,189,226.00 |
| 第 47 章　木浆等纤维状纤维素浆；废纸及纸板 | — | 952,229.00 |
| 第 48 章　纸及纸板；纸浆、纸或纸板制品 | 109,978,151.00 | 16,796,587.00 |
| 第 49 章　印刷品；手稿、打字稿及设计图纸 | 14,167,785.00 | 39,440,410.00 |
| 第十一类　纺织原料及纺织制品 | 1,258,318,597.00 | 27,706,368.00 |
| 第 50 章　蚕丝 | 44,641,093.00 | 15,418.00 |
| 第 51 章　羊毛等动物毛；马毛纱线及其机织物 | 18,221,047.00 | 353,870.00 |
| 第 52 章　棉花 | 84,389,292.00 | 527,546.00 |
| 第 53 章　其他植物纤维；纸纱线及其机织物 | 2,846,323.00 | 11,360.00 |
| 第 54 章　化学纤维长丝 | 37,608,526.00 | 20,427,906.00 |
| 第 55 章　化学纤维短纤 | 32,973,769.00 | 716,794.00 |
| 第 56 章　絮胎、毡呢及无纺织物；线绳制品等 | 24,464,540.00 | 1,002,114.00 |
| 第 57 章　地毯及纺织材料的其他铺地制品 | 20,739,660.00 | 77,926.00 |
| 第 58 章　特种机织物；簇绒织物；刺绣品等 | 63,910,684.00 | 320,820.00 |
| 第 59 章　特种机织物；簇绒织物；刺绣品等 | 58,239,867.00 | 2,231,077.00 |
| 第 60 章　针织物及钩编织物 | 23,335,579.00 | 548,633.00 |
| 第 61 章　针织或钩编的服装及衣着附件 | 554,803,387.00 | 265,246.00 |
| 第 62 章　非针织或非钩编的服装及衣着附件 | 194,389,735.00 | 530,601.00 |
| 第 63 章　其他纺织制品；成套物品；旧纺织品 | 97,755,095.00 | 677,057.00 |

续表

| 名称 | 2009 年出口 | 2009 年进口 |
| --- | --- | --- |
| 第十二类　鞋、帽、伞、杖、鞭及其零件；已加工的羽毛及其制品；人造花；人发制品 | 326,648,018.00 | 140,814.00 |
| 第 64 章　鞋靴、护腿和类似品及其零件 | 278,543,577.00 | 71,528.00 |
| 第 65 章　帽类及其零件 | 6,634,644.00 | 33,227.00 |
| 第 66 章　伞、手杖、鞭子、马鞭及其零件 | 27,953,339.00 | 5,706.00 |
| 第 67 章　加工羽毛及制品；人造花；人发制品 | 13,516,458.00 | 30,353.00 |
| 第十三类　石料、石膏、水泥、石棉、云母及类似材料的制品；陶瓷产品；玻璃及其制品 | 387,019,277.00 | 22,560,056.00 |
| 第 68 章　矿物材料的制品 | 75,623,141.00 | 1,356,244.00 |
| 第 69 章　陶瓷产品 | 170,690,969.00 | 3,217,494.00 |
| 第 70 章　玻璃及其制品 | 140,705,167.00 | 17,986,318.00 |
| 第十四类　天然或养殖珍珠、宝石或半宝石、贵金属、包贵金属及其制品；仿首饰；硬币 | 32,840,279.00 | 20,033,478.00 |
| 第 71 章　珠宝、贵金属及制品；仿首饰；硬币 | 32,840,279.00 | 20,033,478.00 |
| 第十五类　贱金属及其制品 | 1,620,084,037.00 | 390,583,461.00 |
| 第 72 章　钢铁 | 263,049,204.00 | 29,643,200.00 |
| 第 73 章　钢铁制品 | 802,660,229.00 | 129,741,932.00 |
| 第 74 章　铜及其制品 | 105,071,814.00 | 85,987,764.00 |
| 第 75 章　镍及其制品 | 96,863,351.00 | 4,571,811.00 |
| 第 76 章　铝及其制品 | 197,104,785.00 | 85,420,370.00 |
| 第 77 章 | — | — |
| 第 78 章　铅及其制品 | 530,674.00 | 469,253.00 |
| 第 79 章　锌及其制品 | 7,471,078.00 | 289,766.00 |
| 第 80 章　锡及其制品 | 8,907,477.00 | 25,981,338.00 |
| 第 81 章　其他贱金属、金属陶瓷及其制品 | 3,521,956.00 | 315,936.00 |
| 第 82 章　贱金属器具、利口器、餐具及零件 | 55,733,159.00 | 21,958,627.00 |
| 第 83 章　贱金属杂项制品 | 79,170,310.00 | 6,203,464.00 |
| 第十六类　机器、机械器具、电气设备及其零件；录音机及放声机、电视图像、声音的录制和重放设备及其零件、附件 | 14,891,964,389.00 | 9,010,800,212.00 |
| 第 84 章　核反应堆、锅炉、机械器具及零件 | 6,858,539,040.00 | 3,184,279,277.00 |
| 第 85 章　电机、电气、音像设备及其零附件 | 8,033,425,349.00 | 5,826,520,935.00 |
| 第十七类　车辆、航空器、船舶及有关运输设备 | 5,231,351,651.00 | 743,840,426.00 |
| 第 86 章　铁道车辆；轨道装置；信号设备 | 29,107,660.00 | 2,736,974.00 |
| 第 87 章　车辆及其零附件，但铁道车辆除外 | 152,608,521.00 | 34,026,408.00 |
| 第 88 章　航空器、航天器及其零件 | 8,453,346.00 | 6,396,618.00 |
| 第 89 章　船舶及浮动结构体 | 5,041,182,124.00 | 700,680,426.00 |
| 第十八类　光学、照相、电影、计量、检验、医疗或外科用仪器及设备、精密仪器及设备；钟表；乐器；上述物品的零件、附件 | 478,355,812.00 | 518,126,022.00 |
| 第 90 章　光学、照相、医疗等设备及零附件 | 445,306,598.00 | 488,050,549.00 |
| 第 91 章　钟表及其零件 | 23,364,693.00 | 30,074,965.00 |

续表

| 名称 | 2009 年出口 | 2009 年进口 |
|---|---|---|
| 第 92 章　乐器及其零件、附件 | 9,684,521.00 | 508.00 |
| 第十九类　武器、弹药及其零件、附件 | 42,961.00 | 0.00 |
| 第 93 章　武器、弹药及其零件、附件 | 42,961.00 | — |
| 第二十类　杂项制品 | 1,234,075,176.00 | 9,557,915.00 |
| 第 94 章　家具；寝具等；灯具；活动房 | 991,517,780.00 | 8,468,374.00 |
| 第 95 章　玩具、游戏或运动用品及其零附件 | 175,416,093.00 | 646,426.00 |
| 第 96 章　杂项制品 | 67,141,303.00 | 443,115.00 |
| 第二十一类　艺术品、收藏品及古物 | 1,040,379.00 | 73,342.00 |
| 第 97 章　艺术品、收藏品及古物 | 1,040,379.00 | 73,342.00 |
| 第二十二类　特殊交易品及未分类商品 | 38,443,726.00 | 100,552,607.00 |
| 第 98 章　特殊交易品及未分类商品 | 38,443,726.00 | 100,552,607.00 |

数据来源：海关总署——海关统计资讯网 www.hgtj.cn

## 中国对泰国进出口商品构成表（2009 年）

单位：美元

| 名称 | 2009 年出口 | 2009 年进口 |
|---|---|---|
| 总值 | 13,285,508,390.00 | 24,905,307,403.00 |
| 第一类　活动物；动物产品 | 96,187,214.00 | 100,266,991.00 |
| 第 1 章　活动物 | 65,186.00 | 692,043.00 |
| 第 2 章　肉及食用杂碎 | 89,230.00 | — |
| 第 3 章　鱼及其他水生无脊椎动物 | 51,438,467.00 | 95,688,988.00 |
| 第 4 章　乳；蛋；蜂蜜；其他食用动物产品 | 1,231,089.00 | 1,090,775.00 |
| 第 5 章　其他动物产品 | 43,363,242.00 | 2,795,185.00 |
| 第二类　植物产品 | 472,056,527.00 | 1,477,362,666.00 |
| 第 6 章　活植物；茎、根；插花、簇叶 | 6,155,510.00 | 16,554,877.00 |
| 第 7 章　食用蔬菜、根及块茎 | 209,990,638.00 | 581,629,666.00 |
| 第 8 章　食用水果及坚果；甜瓜等水果的果皮 | 161,028,420.00 | 493,829,804.00 |
| 第 9 章　咖啡、茶、马黛茶及调味香料 | 19,209,392.00 | 581,542.00 |
| 第 10 章　谷物 | 1,029,595.00 | 196,875,728.00 |
| 第 11 章　制粉工业产品；麦芽；淀粉等；面筋 | 22,662,834.00 | 176,426,039.00 |
| 第 12 章　油籽；子仁；工业或药用植物；饲料 | 42,329,666.00 | 10,429,390.00 |
| 第 13 章　虫胶；树胶、树脂及其他植物液、汁 | 9,206,584.00 | 892,485.00 |
| 第 14 章　编结用植物材料；其他植物产品 | 443,888.00 | 143,135.00 |
| 第三类　动、植物油、脂及其分解产品；精致的食用油脂；动、植物蜡 | 4,939,156.00 | 8,778,708.00 |
| 第 15 章　动、植物油、脂、蜡；精制食用油脂 | 4,939,156.00 | 8,778,708.00 |
| 第四类　食品；饮料、酒及醋；烟草、烟草及烟草代用品的制品 | 262,518,588.00 | 107,943,490.00 |
| 第 16 章　肉、鱼及其他水生无脊椎动物的制品 | 42,382,103.00 | 4,200,970.00 |
| 第 17 章　糖及糖食 | 15,988,880.00 | 50,200,205.00 |
| 第 18 章　可可及可可制品 | 3,416,626.00 | 254,114.00 |
| 第 19 章　谷物粉、淀粉等或乳的制品；糕饼 | 15,616,635.00 | 11,163,177.00 |

续表

| 名称 | 2009 年出口 | 2009 年进口 |
|---|---|---|
| 第 20 章　蔬菜、水果等或植物其他部分的制品 | 92,489,310.00 | 11,145,601.00 |
| 第 21 章　杂项食品 | 32,650,734.00 | 8,993,564.00 |
| 第 22 章　饮料、酒及醋 | 2,343,732.00 | 802,472.00 |
| 第 23 章　食品工业的残渣及废料；配制的饲料 | 53,571,326.00 | 21,183,387.00 |
| 第 24 章　烟草、烟草及烟草代用品的制品 | 4,059,242.00 | — |
| 第五类　矿产品 | 205,035,521.00 | 1,318,850,963.00 |
| 第 25 章　盐；硫黄；土及石料；石灰及水泥等 | 40,774,217.00 | 13,353,152.00 |
| 第 26 章　矿砂、矿渣及矿灰 | 6,003,583.00 | 116,304,135.00 |
| 第 27 章　矿物燃料、矿物油及其产品；沥青等 | 158,257,721.00 | 1,189,193,676.00 |
| 第六类　化学工业及其相关工业的产品 | 1,516,350,473.00 | 1,492,922,988.00 |
| 第 28 章　无机化学品；贵金属等的化合物 | 336,546,060.00 | 14,974,236.00 |
| 第 29 章　有机化学品 | 532,904,939.00 | 1,165,075,387.00 |
| 第 30 章　药品 | 31,179,018.00 | 5,512,430.00 |
| 第 31 章　肥料 | 120,036,015.00 | 169,470.00 |
| 第 32 章　鞣料；着色料；涂料；油灰；墨水等 | 112,958,886.00 | 49,940,155.00 |
| 第 33 章　精油及香膏，芳香料制品，化妆盥洗品 | 28,592,834.00 | 26,196,336.00 |
| 第 34 章　洗涤剂、润滑剂、人造蜡、塑型膏等 | 40,262,145.00 | 45,848,938.00 |
| 第 35 章　蛋白类物质；改性淀粉；胶；酶 | 36,559,286.00 | 70,768,674.00 |
| 第 36 章　炸药；烟火；引火品；易燃材料制品 | 17,430,235.00 | 1,644,762.00 |
| 第 37 章　照相及电影用品 | 34,176,835.00 | 983,043.00 |
| 第 38 章　杂项化学产品 | 225,704,220.00 | 111,809,557.00 |
| 第七类　塑料及其制品；橡胶及其制品 | 405,052,033.00 | 4,234,185,981.00 |
| 第 39 章　塑料及其制品 | 308,547,442.00 | 1,798,504,066.00 |
| 第 40 章　橡胶及其制品 | 96,504,591.00 | 2,435,681,915.00 |
| 第八类　生皮、皮革、毛皮及其制品；鞍具及挽具；旅行用品、手提包及类似品；动物肠线（蚕胶丝除外）制品 | 52,836,411.00 | 145,050,359.00 |
| 第 41 章　生皮（毛皮除外）及皮革 | 3,457,215.00 | 137,126,024.00 |
| 第 42 章　皮革制品；旅行箱包；动物肠线制品 | 49,374,819.00 | 7,924,335.00 |
| 第 43 章　毛皮、人造毛皮及其制品 | 4,377.00 | — |
| 第九类　木及木制品；木炭；软木及软木制品；稻草、秸秆、针茅或其他编结材料制品；篮筐及柳条编结品 | 90,116,118.00 | 410,343,103.00 |
| 第 44 章　木及木制品；木炭 | 79,547,866.00 | 410,315,429.00 |
| 第 45 章　软木及软木制品 | 11,980.00 | — |
| 第 46 章　编结材料制品；篮筐及柳条编结品 | 10,556,272.00 | 27,674.00 |
| 第十类　木浆及其他纤维状纤维素浆；回收（废碎）纸或纸板；纸、纸板及其制品 | 115,145,436.00 | 109,437,545.00 |
| 第 47 章　木浆等纤维状纤维素浆；废纸及纸板 | 3,947,956.00 | 53,375,266.00 |
| 第 48 章　纸及纸板；纸浆、纸或纸板制品 | 106,431,208.00 | 55,400,662.00 |
| 第 49 章　印刷品；手稿、打字稿及设计图纸 | 4,766,272.00 | 661,617.00 |
| 第十一类　纺织原料及纺织制品 | 1,039,883,930.00 | 363,739,627.00 |
| 第 50 章　蚕丝 | 6,106,953.00 | 75,480.00 |

续表

| 名称 | 2009 年出口 | 2009 年进口 |
| --- | --- | --- |
| 第 51 章　羊毛等动物毛；马毛纱线及其机织物 | 10,676,972.00 | 250,965.00 |
| 第 52 章　棉花 | 209,694,653.00 | 65,270,219.00 |
| 第 53 章　其他植物纤维；纸纱线及其机织物 | 16,421,467.00 | 13,341,080.00 |
| 第 54 章　化学纤维长丝 | 110,088,103.00 | 90,562,831.00 |
| 第 55 章　化学纤维短纤 | 145,227,523.00 | 67,757,628.00 |
| 第 56 章　絮胎、毡呢及无纺织物；线绳制品等 | 38,126,527.00 | 24,958,858.00 |
| 第 57 章　地毯及纺织材料的其他铺地制品 | 8,436,579.00 | 13,543,500.00 |
| 第 58 章　特种机织物；簇绒织物；刺绣品等 | 54,070,354.00 | 11,451,206.00 |
| 第 59 章　特种机织物；簇绒织物；刺绣品等 | 143,544,212.00 | 10,872,806.00 |
| 第 60 章　针织物及钩编织物 | 87,015,848.00 | 20,893,331.00 |
| 第 61 章　针织或钩编的服装及衣着附件 | 126,746,218.00 | 27,272,537.00 |
| 第 62 章　非针织或非钩编的服装及衣着附件 | 25,546,867.00 | 12,746,953.00 |
| 第 63 章　其他纺织制品；成套物品；旧纺织品 | 58,181,654.00 | 4,742,233.00 |
| 第十二类　鞋、帽、伞、杖、鞭及其零件；已加工的羽毛及其制品；人造花；人发制品 | 169,718,735.00 | 30,717,034.00 |
| 第 64 章　鞋靴、护腿和类似品及其零件 | 111,330,698.00 | 30,433,060.00 |
| 第 65 章　帽类及其零件 | 3,561,780.00 | 149,868.00 |
| 第 66 章　伞、手杖、鞭子、马鞭及其零件 | 49,217,322.00 | 3,715.00 |
| 第 67 章　加工羽毛及制品；人造花；人发制品 | 5,608,935.00 | 130,391.00 |
| 第十三类　石料、石膏、水泥、石棉、云母及类似材料的制品；陶瓷产品；玻璃及其制品 | 275,843,559.00 | 118,698,276.00 |
| 第 68 章　矿物材料的制品 | 51,749,980.00 | 6,711,539.00 |
| 第 69 章　陶瓷产品 | 126,197,536.00 | 13,897,888.00 |
| 第 70 章　玻璃及其制品 | 97,896,043.00 | 98,088,849.00 |
| 第十四类　天然或养殖珍珠、宝石或半宝石、贵金属、包贵金属及其制品；仿首饰；硬币 | 87,210,153.00 | 125,228,114.00 |
| 第 71 章　珠宝、贵金属及制品；仿首饰；硬币 | 87,210,153.00 | 125,228,114.00 |
| 第十五类　贱金属及其制品 | 1,208,983,286.00 | 227,377,805.00 |
| 第 72 章　钢铁 | 424,686,916.00 | 68,602,188.00 |
| 第 73 章　钢铁制品 | 364,720,010.00 | 78,598,875.00 |
| 第 74 章　铜及其制品 | 85,740,374.00 | 24,179,929.00 |
| 第 75 章　镍及其制品 | 5,956,297.00 | 74,575.00 |
| 第 76 章　铝及其制品 | 136,806,853.00 | 12,503,659.00 |
| 第 77 章 | — | — |
| 第 78 章　铅及其制品 | 22,618,617.00 | 1,374,506.00 |
| 第 79 章　锌及其制品 | 3,999,720.00 | 16,253,594.00 |
| 第 80 章　锡及其制品 | 56,037.00 | 16,293,879.00 |
| 第 81 章　其他贱金属、金属陶瓷及其制品 | 27,027,971.00 | 281,343.00 |
| 第 82 章　贱金属器具、利口器、餐具及零件 | 57,549,817.00 | 6,331,635.00 |
| 第 83 章　贱金属杂项制品 | 79,820,674.00 | 2,883,622.00 |

续表

| 名称 | 2009 年出口 | 2009 年进口 |
| --- | --- | --- |
| 第十六类　机器、机械器具、电气设备及其零件；录音机及放声机、电视图像、声音的录制和重放设备及其零件、附件 | 5,736,435,905.00 | 14,219,523,203.00 |
| 第 84 章　核反应堆、锅炉、机械器具及零件 | 3,115,224,551.00 | 8,443,184,711.00 |
| 第 85 章　电机、电气、音像设备及其零附件 | 2,621,211,354.00 | 5,776,338,492.00 |
| 第十七类　车辆、航空器、船舶及有关运输设备 | 376,993,079.00 | 49,504,584.00 |
| 第 86 章　铁道车辆；轨道装置；信号设备 | 5,543,660.00 | 65,032.00 |
| 第 87 章　车辆及其零附件，但铁道车辆除外 | 283,873,333.00 | 47,620,569.00 |
| 第 88 章　航空器、航天器及其零件 | 3,723,842.00 | 14,001.00 |
| 第 89 章　船舶及浮动结构体 | 83,852,244.00 | 1,804,982.00 |
| 第十八类　光学、照相、电影、计量、检验、医疗或外科用仪器及设备、精密仪器及设备；钟表；乐器；上述物品的零件、附件 | 771,277,588.00 | 325,940,807.00 |
| 第 90 章　光学、照相、医疗等设备及零附件 | 747,732,233.00 | 277,002,815.00 |
| 第 91 章　钟表及其零件 | 13,811,117.00 | 47,585,651.00 |
| 第 92 章　乐器及其零件、附件 | 9,734,238.00 | 1,352,341.00 |
| 第十九类　武器、弹药及其零件、附件 | 3,957.00 | 0.00 |
| 第 93 章　武器、弹药及其零件、附件 | 3,957.00 | — |
| 第二十类　杂项制品 | 397,544,869.00 | 39,281,951.00 |
| 第 94 章　家具；寝具等；灯具；活动房 | 256,167,251.00 | 11,529,671.00 |
| 第 95 章　玩具、游戏或运动用品及其零附件 | 67,460,932.00 | 24,557,397.00 |
| 第 96 章　杂项制品 | 73,916,686.00 | 3,194,883.00 |
| 第二十一类　艺术品、收藏品及古物 | 270,186.00 | 140,708.00 |
| 第 97 章　艺术品、收藏品及古物 | 270,186.00 | 140,708.00 |
| 第二十二类　特殊交易品及未分类商品 | 1,105,666.00 | 12,500.00 |
| 第 98 章　特殊交易品及未分类商品 | 1,105,666.00 | 12,500.00 |

数据来源：海关总署——海关统计资讯网 www.hgtj.cn

## 中国对越南进出口商品构成表（2009 年）

单位：美元

| 名称 | 2009 年出口 | 2009 年进口 |
| --- | --- | --- |
| 总值 | 16,297,649,727.00 | 4,747,527,600.00 |
| 第一类　活动物；动物产品 | 30,856,283.00 | 30,402,972.00 |
| 第 1 章　活动物 | — | 2,059,488.00 |
| 第 2 章　肉及食用杂碎 | 180,094.00 | — |
| 第 3 章　鱼及其他水生无脊椎动物 | 21,156,483.00 | 27,768,560.00 |
| 第 4 章　乳；蛋；蜂蜜；其他食用动物产品 | 974,849.00 | 3,353.00 |
| 第 5 章　其他动物产品 | 8,544,857.00 | 571,571.00 |
| 第二类　植物产品 | 674,247,403.00 | 691,825,123.00 |
| 第 6 章　活植物；茎、根；插花、簇叶 | 2,750,416.00 | 507,582.00 |
| 第 7 章　食用蔬菜、根及块茎 | 209,697,838.00 | 282,884,590.00 |
| 第 8 章　食用水果及坚果；甜瓜等水果的果皮 | 257,783,912.00 | 301,642,123.00 |

续表

| 名称 | 2009 年出口 | 2009 年进口 |
| --- | --- | --- |
| 第 9 章 咖啡、茶、马黛茶及调味香料 | 5,873,254.00 | 29,029,566.00 |
| 第 10 章 谷物 | 18,506,711.00 | 1,038,076.00 |
| 第 11 章 制粉工业产品；麦芽；淀粉等；面筋 | 37,479,180.00 | 73,130,051.00 |
| 第 12 章 油籽；子仁；工业或药用植物；饲料 | 140,772,237.00 | 1,593,044.00 |
| 第 13 章 虫胶；树胶、树脂及其他植物液、汁 | 1,218,240.00 | 1,546,659.00 |
| 第 14 章 编结用植物材料；其他植物产品 | 165,615.00 | 453,432.00 |
| 第三类 动、植物油、脂及其分解产品；精致的食用油脂；动、植物蜡 | 1,134,639.00 | 1,209,064.00 |
| 第 15 章 动、植物油、脂、蜡；精制食用油脂 | 1,134,639.00 | 1,209,064.00 |
| 第四类 食品；饮料、酒及醋；烟草、烟草及烟草代用品的制品 | 223,833,441.00 | 9,953,769.00 |
| 第 16 章 肉、鱼及其他水生无脊椎动物的制品 | 9,398,077.00 | 224,160.00 |
| 第 17 章 糖及糖食 | 36,082,431.00 | 909,556.00 |
| 第 18 章 可可及可可制品 | 1,045,078.00 | 113,836.00 |
| 第 19 章 谷物粉、淀粉等或乳的制品；糕饼 | 2,653,110.00 | 1,310,224.00 |
| 第 20 章 蔬菜、水果等或植物其他部分的制品 | 11,298,559.00 | 985,704.00 |
| 第 21 章 杂项食品 | 18,569,215.00 | 1,826,876.00 |
| 第 22 章 饮料、酒及醋 | 1,209,413.00 | 77,309.00 |
| 第 23 章 食品工业的残渣及废料；配制的饲料 | 122,980,083.00 | 4,506,104.00 |
| 第 24 章 烟草、烟草及烟草代用品的制品 | 20,597,475.00 | — |
| 第五类 矿产品 | 1,670,721,845.00 | 1,978,744,519.00 |
| 第 25 章 盐；硫黄；土及石料；石灰及水泥等 | 33,607,684.00 | 3,242,492.00 |
| 第 26 章 矿砂、矿渣及矿灰 | 2,359,095.00 | 217,520,708.00 |
| 第 27 章 矿物燃料、矿物油及其产品；沥青等 | 1,634,755,066.00 | 1,757,981,319.00 |
| 第六类 化学工业及其相关工业的产品 | 1,485,719,514.00 | 34,278,494.00 |
| 第 28 章 无机化学品；贵金属等的化合物 | 210,524,076.00 | 1,527,896.00 |
| 第 29 章 有机化学品 | 339,801,557.00 | 7,262,788.00 |
| 第 30 章 药品 | 31,615,049.00 | 16,611.00 |
| 第 31 章 肥料 | 455,224,791.00 | 2,002,580.00 |
| 第 32 章 鞣料；着色料；涂料；油灰；墨水等 | 112,072,495.00 | 1,294,621.00 |
| 第 33 章 精油及香膏，芳香料制品，化妆盥洗品 | 21,511,405.00 | 281,665.00 |
| 第 34 章 洗涤剂、润滑剂、人造蜡、塑型膏等 | 26,293,520.00 | 1,867,089.00 |
| 第 35 章 蛋白类物质；改性淀粉；胶；酶 | 54,546,698.00 | 2,700,493.00 |
| 第 36 章 炸药；烟火；引火品；易燃材料制品 | 1,283,847.00 | 804.00 |
| 第 37 章 照相及电影用品 | 19,257,262.00 | 116,833.00 |
| 第 38 章 杂项化学产品 | 213,588,814.00 | 17,207,114.00 |
| 第七类 塑料及其制品；橡胶及其制品 | 396,052,802.00 | 242,146,464.00 |
| 第 39 章 塑料及其制品 | 308,312,705.00 | 34,669,845.00 |
| 第 40 章 橡胶及其制品 | 87,740,097.00 | 207,476,619.00 |
| 第八类 生皮、皮革、毛皮及其制品；鞍具及挽具；旅行用品、手提包及类似品；动物肠线（蚕胶丝除外）制品 | 80,972,103.00 | 59,555,473.00 |
| 第 41 章 生皮（毛皮除外）及皮革 | 14,618,336.00 | 49,909,932.00 |
| 第 42 章 皮革制品；旅行箱包；动物肠线制品 | 59,119,981.00 | 9,581,118.00 |

续表

| 名称 | 2009年出口 | 2009年进口 |
|---|---|---|
| 第43章　毛皮、人造毛皮及其制品 | 7,233,786.00 | 64,423.00 |
| 第九类　木及木制品；木炭；软木及软木制品；稻草、秸秆、针茅或其他编结材料制品；篮筐及柳条编结品 | 98,817,905.00 | 177,707,311.00 |
| 第44章　木及木制品；木炭 | 97,112,042.00 | 176,673,544.00 |
| 第45章　软木及软木制品 | 14,064.00 | 554.00 |
| 第46章　编结材料制品；篮筐及柳条编结品 | 1,691,799.00 | 1,033,213.00 |
| 第十类　木浆及其他纤维状纤维素浆；回收（废碎）纸或纸板；纸、纸板及其制品 | 104,675,898.00 | 2,183,059.00 |
| 第47章　木浆等纤维状纤维素浆；废纸及纸板 | 416,708.00 | 32,151.00 |
| 第48章　纸及纸板；纸浆、纸或纸板制品 | 92,019,160.00 | 2,106,626.00 |
| 第49章　印刷品；手稿、打字稿及设计图纸 | 12,240,030.00 | 44,282.00 |
| 第十一类　纺织原料及纺织制品 | 3,120,737,252.00 | 312,236,222.00 |
| 第50章　蚕丝 | 16,528,565.00 | 21,569.00 |
| 第51章　羊毛等动物毛；马毛纱线及其机织物 | 46,962,945.00 | 453,979.00 |
| 第52章　棉花 | 634,611,087.00 | 181,433,024.00 |
| 第53章　其他植物纤维；纸纱线及其机织物 | 28,610,287.00 | 13,825,023.00 |
| 第54章　化学纤维长丝 | 273,882,415.00 | 40,311,963.00 |
| 第55章　化学纤维短纤 | 354,843,248.00 | 16,544,053.00 |
| 第56章　絮胎、毡呢及无纺织物；线绳制品等 | 82,557,888.00 | 3,620,860.00 |
| 第57章　地毯及纺织材料的其他铺地制品 | 10,222,464.00 | — |
| 第58章　特种机织物；簇绒织物；刺绣品等 | 71,552,533.00 | 1,008,498.00 |
| 第59章　特种机织物；簇绒织物；刺绣品等 | 164,254,739.00 | 5,880,110.00 |
| 第60章　针织物及钩编织物 | 471,848,337.00 | 3,935,443.00 |
| 第61章　针织或钩编的服装及衣着附件 | 643,382,026.00 | 12,680,094.00 |
| 第62章　非针织或非钩编的服装及衣着附件 | 222,152,083.00 | 27,785,584.00 |
| 第63章　其他纺织制品；成套物品；旧纺织品 | 99,328,635.00 | 4,736,022.00 |
| 第十二类　鞋、帽、伞、杖、鞭及其零件；已加工的羽毛及其制品；人造花；人发制品 | 91,452,881.00 | 139,570,485.00 |
| 第64章　鞋靴、护腿和类似品及其零件 | 75,379,031.00 | 138,733,840.00 |
| 第65章　帽类及其零件 | 2,923,717.00 | 823,530.00 |
| 第66章　伞、手杖、鞭子、马鞭及其零件 | 8,972,946.00 | 427.00 |
| 第67章　加工羽毛及制品；人造花；人发制品 | 4,177,187.00 | 12,688.00 |
| 第十三类　石料、石膏、水泥、石棉、云母及类似材料的制品；陶瓷产品；玻璃及其制品 | 306,350,189.00 | 57,473,443.00 |
| 第68章　矿物材料的制品 | 109,243,032.00 | 139,994.00 |
| 第69章　陶瓷产品 | 103,258,219.00 | 2,291,270.00 |
| 第70章　玻璃及其制品 | 93,848,938.00 | 55,042,179.00 |
| 第十四类　天然或养殖珍珠、宝石或半宝石、贵金属、包贵金属及其制品；仿首饰；硬币 | 32,409,341.00 | 54,385.00 |
| 第71章　珠宝、贵金属及制品；仿首饰；硬币 | 32,409,341.00 | 54,385.00 |

续表

| 名称 | 2009 年出口 | 2009 年进口 |
| --- | --- | --- |
| 第十五类　贱金属及其制品 | 1,598,160,812.00 | 31,715,631.00 |
| 第 72 章　钢铁 | 798,194,757.00 | 7,704,430.00 |
| 第 73 章　钢铁制品 | 449,294,834.00 | 8,695,710.00 |
| 第 74 章　铜及其制品 | 43,795,726.00 | 6,849,087.00 |
| 第 75 章　镍及其制品 | 3,356,718.00 | 7,732.00 |
| 第 76 章　铝及其制品 | 111,830,706.00 | 2,474,775.00 |
| 第 77 章 | — | — |
| 第 78 章　铅及其制品 | 16,714,609.00 | 53,963.00 |
| 第 79 章　锌及其制品 | 1,917,480.00 | 3,078,934.00 |
| 第 80 章　锡及其制品 | 73,625.00 | 575,850.00 |
| 第 81 章　其他贱金属、金属陶瓷及其制品 | 4,167,069.00 | 190,578.00 |
| 第 82 章　贱金属器具、利口器、餐具及零件 | 73,284,301.00 | 1,475,954.00 |
| 第 83 章　贱金属杂项制品 | 95,530,987.00 | 608,618.00 |
| 第十六类　机器、机械器具、电气设备及其零件；录音机及放声机、电视图像、声音的录制和重放设备及其零件、附件 | 5,142,183,363.00 | 856,403,745.00 |
| 第 84 章　核反应堆、锅炉、机械器具及零件 | 2,550,026,157.00 | 244,737,270.00 |
| 第 85 章　电机、电气、音像设备及其零附件 | 2,592,157,206.00 | 611,666,475.00 |
| 第十七类　车辆、航空器、船舶及有关运输设备 | 688,870,415.00 | 12,331,859.00 |
| 第 86 章　铁道车辆；轨道装置；信号设备 | 15,377,996.00 | 1,500.00 |
| 第 87 章　车辆及其零附件，但铁道车辆除外 | 635,685,594.00 | 12,060,659.00 |
| 第 88 章　航空器、航天器及其零件 | 856,815.00 | — |
| 第 89 章　船舶及浮动结构体 | 36,950,010.00 | 269,700.00 |
| 第十八类　光学、照相、电影、计量、检验、医疗或外科用仪器及设备、精密仪器及设备；钟表；乐器；上述物品的零件、附件 | 238,511,775.00 | 27,808,112.00 |
| 第 90 章　光学、照相、医疗等设备及零附件 | 227,953,936.00 | 27,560,080.00 |
| 第 91 章　钟表及其零件 | 6,713,291.00 | 154,675.00 |
| 第 92 章　乐器及其零件、附件 | 3,844,548.00 | 93,357.00 |
| 第十九类　武器、弹药及其零件、附件 | 367,077.00 | 0.00 |
| 第 93 章　武器、弹药及其零件、附件 | 367,077.00 | — |
| 第二十类　杂项制品 | 286,987,368.00 | 81,912,576.00 |
| 第 94 章　家具；寝具等；灯具；活动房 | 168,161,741.00 | 58,020,811.00 |
| 第 95 章　玩具、游戏或运动用品及其零附件 | 31,024,761.00 | 21,077,092.00 |
| 第 96 章　杂项制品 | 87,800,866.00 | 2,814,673.00 |
| 第二十一类　艺术品、收藏品及古物 | 55,982.00 | 14,894.00 |
| 第 97 章　艺术品、收藏品及古物 | 55,982.00 | 14,894.00 |
| 第二十二类　特殊交易品及未分类商品 | 24,531,439.00 | 0.00 |
| 第 98 章　特殊交易品及未分类商品 | 24,531,439.00 | — |

数据来源：海关总署——海关统计资讯网 www.hgtj.cn

## 印度尼西亚对外贸易年度和月度表

金额单位：百万美元

| 时间 | 总额 | 同比% | 出口 | 同比% | 进口 | 同比% | 差额 | 同比% |
|---|---|---|---|---|---|---|---|---|
| 2001 年 | 87,283 | −8.9 | 56,321 | −9.3 | 30,962 | −8.0 | 25,359 | −10.9 |
| 2002 年 | 88,448 | 1.3 | 57,159 | 1.5 | 31,289 | 1.1 | 25,870 | 2.0 |
| 2003 年 | 93,609 | 5.8 | 61,058 | 6.8 | 32,551 | 4.0 | 28,508 | 10.2 |
| 2004 年 | 118,109 | 26.2 | 71,585 | 17.2 | 46,525 | 42.9 | 25,060 | −12.1 |
| 2005 年 | 143,361 | 21.4 | 85,660 | 19.7 | 57,701 | 24.0 | 27,959 | 11.6 |
| 2006 年 | 161,864 | 12.9 | 100,799 | 17.7 | 61,065 | 5.8 | 39,733 | 42.1 |
| 2007 年 | 188,574 | 16.5 | 114,101 | 13.2 | 74,473 | 22.0 | 39,627 | −0.3 |
| 2008 年 | 266,218 | 41.2 | 137,020 | 20.1 | 129,197 | 73.5 | 7,823 | −80.3 |
| 2009 年 | 213,339 | −19.9 | 116,510 | −15.0 | 96,829 | −25.1 | 19,681 | 151.6 |
| 其中：1 月 | 13,881 | −33.3 | 7,280 | −35.0 | 6,601 | −31.3 | 680 | −57.1 |
| 2 月 | 13,073 | −35.9 | 7,134 | −32.3 | 5,939 | −39.7 | 1,195 | 70.1 |
| 3 月 | 15,169 | −31.9 | 8,615 | −28.3 | 6,554 | −36.2 | 2,061 | 19.0 |
| 4 月 | 15,161 | −32.8 | 8,454 | −22.6 | 6,707 | −42.4 | 1,747 | −341.0 |
| 5 月 | 16,850 | −31.4 | 9,209 | −28.7 | 7,641 | −34.5 | 1,567 | 25.8 |
| 6 月 | 17,317 | −30.5 | 9,381 | −26.8 | 7,935 | −34.5 | 1,446 | 104.3 |
| 7 月 | 18,367 | −27.7 | 9,684 | −22.7 | 8,683 | −32.5 | 1,001 | −392.7 |
| 8 月 | 20,251 | −18.3 | 10,544 | −15.4 | 9,707 | −21.2 | 836 | 494.8 |
| 9 月 | 18,359 | −22.1 | 9,843 | −19.8 | 8,517 | −24.6 | 1,326 | 35.1 |
| 10 月 | 21,673 | 0.7 | 12,243 | 13.5 | 9,430 | −12.1 | 2,813 | 4794.2 |
| 11 月 | 19,590 | 4.5 | 10,775 | 11.5 | 8,815 | −2.9 | 1,961 | 235.5 |
| 12 月 | 23,648 | 42.1 | 13,348 | 50.0 | 10,300 | 33.0 | 3,048 | 164.1 |

（来源：中华人民共和国商务部亚洲司. http://countryreport. mofcom. gov. cn/record/view. asp? news_id=18863. 2010—4—09）

## 印度尼西亚对主要贸易伙伴出口额（2009 年）

金额单位：百万美元

| 国家和地区 | 金额 | 同比% | 占比% |
|---|---|---|---|
| 总值 | 116,510 | −15.0 | 100.0 |
| 日　本 | 18,575 | −33.1 | 15.9 |
| 中　国 | 11,499 | −1.2 | 9.9 |
| 美　国 | 10,850 | −16.8 | 9.3 |
| 新加坡 | 10,263 | −20.2 | 8.8 |
| 韩　国 | 8,145 | −10.7 | 7.0 |
| 印　度 | 7,433 | 3.8 | 6.4 |

续表

| 国家和地区 | 金额 | 同比% | 占比% |
|---|---|---|---|
| 马来西亚 | 6,812 | 5.9 | 5.9 |
| 中国台湾 | 3,382 | 7.2 | 2.9 |
| 澳大利亚 | 3,264 | −20.6 | 2.8 |
| 泰　国 | 3,234 | −11.7 | 2.8 |
| 荷　兰 | 2,909 | −25.9 | 2.5 |
| 菲律宾 | 2,406 | 17.2 | 2.1 |
| 德　国 | 2,327 | −5.6 | 2.0 |
| 中国香港 | 2,112 | 16.8 | 1.8 |
| 西班牙 | 1,830 | 9.9 | 1.6 |

（来源：中华人民共和国商务部亚洲司. http://countryreport. mofcom. gov. cn/record/view. asp? news_id=18864. 2010−04−09)

## 印度尼西亚自主要贸易伙伴进口额（2009 年）

金额单位：百万美元

| 国家和地区 | 金额 | 同比% | 占比% |
|---|---|---|---|
| 总值 | 96,829 | −25.1 | 100.0 |
| 新加坡 | 15,550 | −28.6 | 16.1 |
| 中　国 | 14,002 | −8.2 | 14.5 |
| 日　本 | 9,844 | −34.9 | 10.2 |
| 美　国 | 7,084 | −10.1 | 7.3 |
| 马来西亚 | 5,688 | −36.2 | 5.9 |
| 韩　国 | 4,742 | −31.5 | 4.9 |
| 泰　国 | 4,613 | −27.2 | 4.8 |
| 澳大利亚 | 3,436 | −14.1 | 3.6 |
| 沙特阿拉伯 | 3,136 | −34.7 | 3.2 |
| 中国台湾 | 2,393 | −16.0 | 2.5 |
| 德　国 | 2,374 | −22.7 | 2.5 |
| 印　度 | 2,209 | −23.9 | 2.3 |
| 中国香港 | 1,698 | −28.3 | 1.8 |
| 法　国 | 1,633 | −3.4 | 1.7 |
| 科威特 | 1,442 | −22.3 | 1.5 |

（来源：中华人民共和国商务部亚洲司. http://countryreport. mofcom. gov. cn/record/view. asp? news_id=18865. 2010−04−09)

## 印度尼西亚贸易差额主要来源（2009年）

金额单位：百万美元

| 国家 | 2009年 | 上年同期 | 同比% |
|---|---|---|---|
| 总　值 | 19,681 | 7,823 | 151.6 |
| 主要逆差来源 | | | |
| 新加坡 | —5,288 | —8,927 | —40.8 |
| 中　国 | —2,503 | —3,611 | —30.7 |
| 沙特阿拉伯 | —2,180 | —3,613 | —39.7 |
| 泰　国 | —1,379 | —2,673 | —48.4 |
| 科威特 | —1,341 | —1,720 | —22.1 |
| 法　国 | —763 | —751 | 1.6 |
| 阿塞拜疆 | —755 | —98 | 666.9 |
| 苏　丹 | —588 | —590 | —0.3 |
| 瑞　典 | —568 | —897 | —36.7 |
| 文　莱 | —565 | —2,357 | —76.0 |
| 主要顺差来源 | | | |
| 日　本 | 8,731 | 12,616 | —30.8 |
| 印　度 | 5,224 | 4,261 | 22.6 |
| 美　国 | 3,766 | 5,157 | —27.0 |
| 韩　国 | 3,403 | 2,197 | 54.9 |
| 荷　兰 | 2,355 | 3,324 | —29.1 |

（来源：中华人民共和国商务部亚洲司. http://countryreport. mofcom. gov. cn/record/view. asp? news_id＝18868. 2010—04—09）

## 马来西亚对外贸易年度和月度表

金额单位：百万美元

| 时间 | 总额 | 同比% | 出口 | 同比% | 进口 | 同比% | 差额 | 同比% |
|---|---|---|---|---|---|---|---|---|
| 2001年 | 162,068 | —10.1 | 88,202 | —10.1 | 73,866 | —10.1 | 14,336 | —10.4 |
| 2002年 | 173,241 | 6.9 | 93,370 | 5.9 | 79,870 | 8.1 | 13,500 | —5.8 |
| 2003年 | 180,205 | 4.0 | 100,113 | 7.2 | 80,093 | 0.3 | 20,020 | 48.3 |
| 2004年 | 231,154 | 28.3 | 125,857 | 25.7 | 105,297 | 31.5 | 20,560 | 2.7 |
| 2005年 | 255,606 | 10.6 | 140,979 | 12.0 | 114,626 | 8.9 | 26,353 | 28.2 |
| 2006年 | 292,068 | 14.3 | 160,845 | 14.1 | 131,223 | 14.5 | 29,622 | 12.4 |
| 2007年 | 323,376 | 10.7 | 176,311 | 9.6 | 147,065 | 12.1 | 29,245 | —1.3 |
| 2008年 | 356,844 | 10.3 | 199,759 | 13.3 | 157,086 | 6.8 | 42,673 | 45.9 |
| 2009年 | 281,434 | —21.1 | 157,527 | —21.1 | 123,907 | —21.1 | 33,621 | —21.2 |
| 其中：1月 | 19,165 | —35.1 | 10,718 | —34.0 | 8,447 | —36.3 | 2,271 | —23.7 |

续表

| 时间 | 总额 | 同比% | 出口 | 同比% | 进口 | 同比% | 差额 | 同比% |
|---|---|---|---|---|---|---|---|---|
| 2月 | 18,450 | —30.1 | 10,884 | —25.5 | 7,566 | —35.8 | 3,318 | 17.4 |
| 3月 | 20,312 | —32.2 | 11,864 | —26.9 | 8,448 | —38.4 | 3,416 | 36.0 |
| 4月 | 20,758 | —33.9 | 11,404 | —35.4 | 9,354 | —32.0 | 2,050 | —47.4 |
| 5月 | 21,530 | —35.2 | 12,187 | —35.9 | 9,343 | —34.2 | 2,843 | —41.0 |
| 6月 | 23,047 | —27.7 | 12,821 | —28.4 | 10,226 | —26.7 | 2,595 | —34.3 |
| 7月 | 25,337 | —26.6 | 13,775 | —29.3 | 11,562 | —23.2 | 2,213 | —50.1 |
| 8月 | 24,467 | —23.6 | 13,592 | —24.1 | 10,874 | —23.0 | 2,718 | —28.2 |
| 9月 | 24,390 | —23.6 | 13,523 | —25.3 | 10,867 | —21.4 | 2,657 | —38.0 |
| 10月 | 28,529 | 3.3 | 15,950 | 5.1 | 12,579 | 1.1 | 3,371 | 23.6 |
| 11月 | 26,929 | 4.8 | 14,775 | 2.3 | 12,154 | 8.2 | 2,621 | —18.4 |
| 12月 | 28,519 | 25.6 | 16,034 | 23.5 | 12,486 | 28.3 | 3,548 | 9.1 |

（来源：中华人民共和国商务部亚洲司. http://countryreport. mofcom. gov. cn/record/view. asp? news_id=18920. 2010—01—05）

## 马来西亚对主要贸易伙伴出口额（2009年）

金额单位：百万美元

| 国家和地区 | 金额 | 同比% | 占比% |
|---|---|---|---|
| 总　值 | 157,527 | —21.1 | 100.0 |
| 新加坡 | 21,987 | —25.3 | 14.0 |
| 中　国 | 19,169 | 0.5 | 12.2 |
| 美　国 | 17,242 | —30.9 | 11.0 |
| 日　本 | 15,481 | —28.0 | 9.8 |
| 泰　国 | 8,504 | —11.3 | 5.4 |
| 中国香港 | 8,214 | —3.8 | 5.2 |
| 韩　国 | 5,998 | —23.2 | 3.8 |
| 澳大利亚 | 5,695 | —22.6 | 3.6 |
| 荷　兰 | 5,251 | —25.4 | 3.3 |
| 印度尼西亚 | 4,924 | —21.2 | 3.1 |
| 印　度 | 4,830 | —34.9 | 3.1 |
| 德　国 | 4,228 | —8.5 | 2.7 |
| 中国台湾 | 4,108 | —16.1 | 2.6 |
| 阿联酋 | 2,852 | —24.1 | 1.8 |
| 越　南 | 2,324 | —4.8 | 1.5 |

（来源：中华人民共和国商务部亚洲司. http://countryreport. mofcom. gov. cn/record/view. asp news_id=18921. 2010—01—05）

## 马来西亚自主要贸易伙伴进口额（2009 年）

金额单位：百万美元

| 国家和地区 | 金额 | 同比% | 占比% |
| --- | --- | --- | --- |
| 总　值 | 123,907 | －21.1 | 100.0 |
| 中　国 | 17,287 | －14.0 | 14.0 |
| 日　本 | 15,465 | －21.2 | 12.5 |
| 美　国 | 13,846 | －18.4 | 11.2 |
| 新加坡 | 13,722 | －20.7 | 11.1 |
| 泰　国 | 7,495 | －15.0 | 6.1 |
| 印度尼西亚 | 6,562 | －9.8 | 5.3 |
| 韩　国 | 5,736 | －21.4 | 4.6 |
| 中国台湾 | 5,267 | －30.5 | 4.3 |
| 德　国 | 5,244 | －22.4 | 4.2 |
| 中国香港 | 3,078 | －25.3 | 2.5 |
| 澳大利亚 | 2,697 | －23.6 | 2.2 |
| 印　度 | 2,233 | －28.2 | 1.8 |
| 越　南 | 2,061 | －11.7 | 1.7 |
| 法　国 | 2,017 | －11.2 | 1.6 |
| 阿联酋 | 1,742 | －31.0 | 1.4 |

（来源：中华人民共和国商务部亚洲司. http://countryreport. mofcom. gov. cn/record/view. asp? news_id＝18922. 2010—01—05

## 马来西亚贸易差额主要来源（2009 年）

金额单位：百万美元

| 国家和地区 | 2009 年 | 上年同期 | 同比% |
| --- | --- | --- | --- |
| 总　值 | 33,621 | 42,673 | －21.2 |
| 主要逆差来源 | | | |
| 印度尼西亚 | －1,639 | －1,028 | 59.4 |
| 中国台湾 | －1,159 | －2,679 | －56.8 |
| 德　国 | －1,016 | －2,135 | －52.4 |
| 哥斯达黎加 | －725 | －318 | 127.6 |
| 爱尔兰 | －724 | －1,075 | －32.6 |
| 阿根廷 | －495 | －481 | 2.9 |
| 法　国 | －465 | －356 | 30.6 |
| 意大利 | －458 | －504 | －9.1 |
| 加　蓬 | －300 | －150 | 99.7 |
| 巴　西 | －298 | －197 | 51.6 |

续表

| 国家和地区 | 2009 年 | 上年同期 | 同比% |
|---|---|---|---|
| 主要顺差来源 | | | |
| 新加坡 | 8,266 | 12,138 | －31.9 |
| 中国香港 | 5,136 | 4,419 | 16.2 |
| 荷　兰 | 4,244 | 5,925 | －28.4 |
| 美　国 | 3,395 | 7,968 | －57.4 |
| 澳大利亚 | 2,998 | 3,822 | －21.6 |

（来源：中华人民共和国商务部亚洲司. http://countryreport.mofcom.gov.cn/record/view.asp? news_id＝18925. 2010－01－05）

## 新加坡对外贸易年度和月度表

金额单位：百万美元

| 时间 | 总额 | 同比% | 出口 | 同比% | 进口 | 同比% | 差额 | 同比% |
|---|---|---|---|---|---|---|---|---|
| 2001 年 | 237,635 | －12.7 | 121,691 | －11.6 | 115,943 | －13.8 | 5,748 | 76.4 |
| 2002 年 | 241,578 | 1.7 | 125,156 | 2.8 | 116,422 | 0.4 | 8,734 | 52.0 |
| 2003 年 | 296,517 | 22.7 | 160,116 | 27.9 | 136,401 | 17.2 | 23,715 | 171.5 |
| 2004 年 | 372,510 | 25.6 | 198,791 | 24.2 | 173,719 | 27.4 | 25,072 | 5.7 |
| 2005 年 | 429,755 | 15.4 | 229,681 | 15.5 | 200,075 | 15.2 | 29,606 | 18.1 |
| 2006 年 | 510,816 | 18.9 | 271,916 | 18.4 | 238,900 | 19.4 | 33,016 | 11.5 |
| 2007 年 | 562,651 | 10.1 | 299,404 | 10.1 | 263,247 | 10.2 | 36,157 | 9.5 |
| 2008 年 | 657,891 | 16.9 | 338,143 | 12.9 | 319,748 | 21.5 | 18,395 | －49.1 |
| 2009 年 | 515,761 | －21.6 | 269,909 | －20.2 | 245,852 | －23.1 | 24,057 | 30.8 |
| 其中：1 月 | 34,889 | －38.3 | 17,714 | －40.4 | 17,175 | －36.1 | 539 | －81.0 |
| 2 月 | 35,557 | －27.6 | 18,177 | －29.1 | 17,379 | －25.9 | 798 | －63.4 |
| 3 月 | 38,795 | －31.5 | 20,741 | －28.3 | 18,054 | －34.9 | 2,686 | 129.1 |
| 4 月 | 39,154 | －35.1 | 20,757 | －32.9 | 18,396 | －37.4 | 2,361 | 54.7 |
| 5 月 | 39,374 | －31.6 | 20,498 | －30.8 | 18,876 | －32.4 | 1,623 | －4.6 |
| 6 月 | 42,400 | 29.0 | 22,005 | 28.6 | 20,395 | 30.7 | 1,609 | 17.5 |
| 7 月 | 45,801 | －29.5 | 24,164 | －27.3 | 21,637 | －31.8 | 2,527 | 68.9 |
| 8 月 | 44,429 | －22.0 | 23,601 | －20.7 | 20,828 | －23.3 | 2,773 | 5.9 |
| 9 月 | 47,976 | －18.6 | 24,693 | －18.3 | 23,283 | －19.0 | 1,409 | －3.2 |
| 10 月 | 48,623 | －7.4 | 25,492 | －3.6 | 23,132 | －11.3 | 2,360 | 539.6 |
| 11 月 | 48,129 | 9.0 | 25,603 | 13.4 | 22,526 | 4.4 | 3,077 | 206.3 |
| 12 月 | 50,635 | 26.9 | 26,465 | 30.5 | 24,170 | 23.2 | 2,295 | 242.9 |

（来源：中华人民共和国商务部亚洲司. http://countryreport.mofcom.gov.cn/record/view.asp? news_id＝18520. 2010－03－15）

## 新加坡对主要贸易伙伴出口额（2009年）

金额单位：百万美元

| 国家和地区 | 金额 | 同比% | 占比% |
|---|---|---|---|
| 总　值 | 269,909 | —20.2 | 100.0 |
| 中国香港 | 31,262 | —10.9 | 11.6 |
| 马来西亚 | 30,969 | —24.3 | 11.5 |
| 中　国 | 26,320 | —15.4 | 9.8 |
| 印度尼西亚 | 26,102 | —26.9 | 9.7 |
| 美　国 | 17,592 | —25.7 | 6.5 |
| 韩　国 | 12,568 | 2.3 | 4.7 |
| 日　本 | 12,284 | —26.2 | 4.6 |
| 澳大利亚 | 10,569 | —23.8 | 3.9 |
| 泰　国 | 10,082 | —23.5 | 3.7 |
| 印　度 | 9,243 | —22.7 | 3.4 |
| 中国台湾 | 8,721 | —8.3 | 3.2 |
| 越　南 | 6,984 | —20.1 | 2.6 |
| 巴拿马 | 5,972 | —8.5 | 2.2 |
| 菲律宾 | 5,048 | —30.8 | 1.9 |
| 荷　兰 | 4,959 | —31.4 | 1.8 |

（来源：中华人民共和国商务部亚洲司. http://countryreport. mofcom. gov. cn/record/view. asp? news_id=18521. 2010—03—15）

## 新加坡自主要贸易伙伴进口额（2009年）

金额单位：百万美元

| 国家和地区 | 金额 | 同比% | 占比% |
|---|---|---|---|
| 总　值 | 245,852 | —23.1 | 100.0 |
| 马来西亚 | 28,548 | —25.3 | 11.6 |
| 美　国 | 28,542 | —23.7 | 11.6 |
| 中　国 | 25,959 | —23.0 | 10.6 |
| 日　本 | 18,760 | —27.7 | 7.6 |
| 印度尼西亚 | 14,261 | —18.9 | 5.8 |
| 韩　国 | 14,065 | —21.9 | 5.7 |
| 中国台湾 | 12,844 | —22.0 | 5.2 |
| 法　国 | 8,357 | 6.0 | 3.4 |
| 泰　国 | 8,225 | —27.1 | 3.4 |

续表

| 国家和地区 | 金额 | 同比% | 占比% |
|---|---|---|---|
| 沙特阿拉伯 | 8,102 | −44.9 | 3.3 |
| 德　国 | 7,885 | −14.6 | 3.2 |
| 印　度 | 5,608 | −33.9 | 2.3 |
| 菲律宾 | 5,145 | 4.6 | 2.1 |
| 卡塔尔 | 4,610 | −39.8 | 1.9 |
| 英　国 | 4,523 | −3.2 | 1.8 |

(来源：中华人民共和国商务部亚洲司. http://countryreport. mofcom. gov. cn/record/view. asp? news_id=18522. 2010−03−15)

## 新加坡贸易差额主要来源（2009年）

金额单位：百万美元

| 国家和地区 | 2009年1～12月 | 上年同期 | 同比% |
|---|---|---|---|
| 总　值 | 24,057 | 18,395 | 30.8 |
| 主要顺差来源 | | | |
| 中国香港 | 28,570 | 31,621 | −9.7 |
| 印度尼西亚 | 11,840 | 18,127 | −34.7 |
| 澳大利亚 | 6,570 | 9,292 | −29.3 |
| 巴拿马 | 5,958 | 6,503 | −8.4 |
| 越　南 | 4,714 | 6,353 | −25.8 |
| 印　度 | 3,635 | 3,474 | 4.7 |
| 马来西亚 | 2,421 | 2,694 | −10.2 |
| 泰　国 | 1,858 | 1,901 | −2.3 |
| 荷　兰 | 1,767 | 3,085 | −42.7 |
| 利比里亚 | 1,652 | 2,629 | −37.2 |
| 主要逆差来源 | | | |
| 美　国 | −10,950 | −13,741 | −20.3 |
| 沙特阿拉伯 | −7,358 | −13,759 | −46.5 |
| 日　本 | −6,476 | −9,288 | −30.3 |
| 法　国 | −4,802 | −3,753 | 27.9 |
| 卡塔尔 | −4,362 | −7,367 | −40.8 |

(来源：中华人民共和国商务部亚洲司. http://countryreport. mofcom. gov. cn/record/view. asp? news_id=18525. 2010−03−15)

## 泰国对外贸易年度和月度表

金额单位：百万美元

| 时间 | 总额 | 同比% | 出口 | 同比% | 进口 | 同比% | 差额 | 同比% |
| --- | --- | --- | --- | --- | --- | --- | --- | --- |
| 2001 年 | 126,861 | −2.6 | 64,909 | −5.3 | 61,952 | 0.3 | 2,957 | −56.4 |
| 2002 年 | 133,207 | 5.0 | 68,594 | 5.7 | 64,614 | 4.3 | 3,980 | 34.6 |
| 2003 年 | 155,949 | 17.1 | 80,253 | 17.0 | 75,679 | 17.1 | 4,573 | 14.9 |
| 2004 年 | 192,295 | 23.3 | 97,098 | 21.0 | 95,197 | 25.8 | 1,901 | −58.4 |
| 2005 年 | 227,961 | 18.5 | 109,848 | 13.1 | 118,112 | 24.1 | −8,264 | — |
| 2006 年 | 259,273 | 13.7 | 130,621 | 18.9 | 128,652 | 8.9 | 1,969 | — |
| 2007 年 | 314,822 | 21.4 | 163,119 | 24.9 | 151,703 | 17.9 | 11,416 | 479.9 |
| 2008 年 | 358,430 | 13.9 | 177,846 | 9.0 | 180,583 | 19.0 | −2,737 | — |
| 2009 年 | 286,390 | −20.1 | 151,793 | −14.7 | 134,597 | −25.5 | 17,196 | — |
| 2010 年 1～6 月 | 179,966 | 43.7 | 92,647 | 36.8 | 87,319 | 52.0 | 5,328 | −48.2 |
| 其中：1 月 | 27,089 | 39.7 | 13,729 | 33.0 | 13,361 | 47.3 | 368 | −70.6 |
| 2 月 | 28,149 | 43.7 | 14,211 | 23.7 | 13,938 | 72.1 | 273 | −91.9 |
| 3 月 | 31,961 | 54.6 | 16,478 | 45.8 | 15,484 | 65.3 | 994 | −48.8 |
| 4 月 | 28,455 | 40.8 | 14,009 | 34.9 | 14,447 | 46.9 | −438 | — |
| 5 月 | 30,707 | 43.4 | 16,364 | 37.8 | 14,343 | 50.4 | 2,021 | −13.8 |
| 6 月 | 33,604 | 40.5 | 17,857 | 44.4 | 15,747 | 36.3 | 2,110 | 160.8 |

（来源：中华人民共和国商务部亚洲司. http://countryreport. mofcom. gov. cn/record/view. asp? news_id=20445. 2010—08—10）

## 泰国对主要贸易伙伴出口额（2010 年 1～6 月）

金额单位：百万美元

| 国家和地区 | 金额 | 同比% | 占比% |
| --- | --- | --- | --- |
| 总　值 | 92,647 | 36.8 | 100.0 |
| 中　国 | 10,059 | 47.8 | 10.9 |
| 日　本 | 9,357 | 32.2 | 10.1 |
| 美　国 | 9,123 | 24.8 | 9.9 |
| 中国香港 | 5,936 | 39.9 | 6.4 |
| 马来西亚 | 5,168 | 62.4 | 5.6 |
| 澳大利亚 | 5,019 | 41.9 | 5.4 |
| 新加坡 | 4,129 | 26.9 | 4.5 |
| 印度尼西亚 | 3,730 | 88.8 | 4.0 |
| 越　南 | 2,616 | 35.9 | 2.8 |
| 菲律宾 | 2,442 | 89.7 | 2.6 |
| 瑞　士 | 2,293 | 17.3 | 2.5 |
| 印　度 | 2,121 | 54.4 | 2.3 |
| 韩　国 | 1,808 | 42.3 | 2.0 |
| 荷　兰 | 1,739 | 20.7 | 1.9 |
| 英　国 | 1,693 | 20.1 | 1.8 |

（来源：中华人民共和国商务部亚洲司. http://countryreport. mofcom. gov. cn/record/view. asp? news_id=19189. 2010—08—10）

## 泰国自主要贸易伙伴进口额（2010 年 1～6 月）

金额单位：百万美元

| 国家和地区 | 金额 | 同比% | 占比% |
|---|---|---|---|
| 总　值 | 87,319 | 52.0 | 100.0 |
| 日　本 | 17,834 | 76.1 | 20.4 |
| 中　国 | 11,501 | 58.5 | 13.2 |
| 马来西亚 | 5,341 | 43.3 | 6.1 |
| 美　国 | 5,118 | 32.3 | 5.9 |
| 韩　国 | 3,986 | 63.9 | 4.6 |
| 阿联酋 | 3,900 | 41.1 | 4.5 |
| 中国台湾 | 3,269 | 64.4 | 3.7 |
| 新加坡 | 3,215 | 15.4 | 3.7 |
| 印度尼西亚 | 2,766 | 68.8 | 3.2 |
| 沙特阿拉伯 | 2,682 | 70.9 | 3.1 |
| 澳大利亚 | 2,569 | 52.9 | 2.9 |
| 瑞　士 | 2,466 | 167.2 | 2.8 |
| 德　国 | 2,217 | 34.1 | 2.5 |
| 俄罗斯 | 1,631 | 201.9 | 1.9 |
| 阿　曼 | 1,469 | 87.2 | 1.7 |

（来源：中华人民共和国商务部亚洲司. http://countryreport. mofcom. gov. cn/record/view. asp? news_id＝20447. 2010－08－10）

## 泰国贸易差额主要来源（2010 年 1～6 月）

金额单位：百万美元

| 国家和地区 | 2010 年 1～6 月 | 上年同期 | 同比% |
|---|---|---|---|
| 总值 | 5,328 | 10,282 | －48.2 |
| 主要顺差来源 | | | |
| 中国香港 | 5,084 | 3,369 | 50.9 |
| 美　国 | 4,004 | 3,442 | 16.3 |
| 澳大利亚 | 2,450 | 1,857 | 32.0 |
| 越　南 | 1,986 | 1,321 | 50.4 |
| 菲律宾 | 1,309 | 602 | 117.4 |
| 荷　兰 | 1,287 | 1,067 | 20.6 |
| 柬埔寨 | 1,167 | 725 | 61.0 |
| 印　度 | 1,019 | 655 | 55.5 |
| 印度尼西亚 | 964 | 337 | 186.4 |
| 新加坡 | 914 | 468 | 95.3 |
| 主要逆差来源 | | | |
| 日　本 | －8,477 | －3,051 | 177.8 |
| 阿联酋 | －2,528 | －1,606 | 57.5 |
| 韩　国 | －2,178 | －1,161 | 87.5 |
| 中国台湾 | －1,814 | －1,023 | 77.3 |
| 沙特阿拉伯 | －1,585 | －701 | 126.2 |

（来源：中华人民共和国商务部亚洲司. http://countryreport. mofcom. gov. cn/record/view. asp? news_id＝19193. 2010－05－04）

# 文　献

## 重要讲话

**2009年11月13日，中华人民共和国国家主席胡锦涛在新加坡举行的2009年亚太经合组织工商领导人峰会上发表了题为《坚定合作信心　振兴世界经济》的重要演讲。全文如下：**

### 坚定合作信心　振兴世界经济

——在2009年亚太经合组织工商领导人峰会上的演讲

（2009年11月13日，新加坡）

尊敬的主席女士，女士们，先生们，朋友们：

非常高兴同亚太工商界朋友们相聚在新加坡，围绕“重建世界经济：危机和机遇”的主题交换看法。

当前，世界经济出现企稳回升的积极迹象。这是国际社会齐心协力、共同应对的结果，有助于各方进一步提振信心、深化合作。同时，我们也要看到，这场国际金融危机充分暴露了世界经济发展方式不可持续、国际金融体系存在重大缺陷等突出问题。当前，国际金融危机的深层次影响依然存在，世界经济形势好转的基础并不牢固，国际经济体系的内在矛盾尚未得到根本解决，推动世界经济全面恢复增长还面临诸多不确定不稳定因素。

从世界经济长远发展考虑，我们在努力应对当前困难的同时，还应该从多方入手，切实解决世界经济中的深层次、结构性问题，化危机为契机，为世界经济全面恢复增长奠定坚实基础。为此，我愿提出以下几点主张。

第一，坚定立场，积极推动贸易和投资自由化便利化。贸易和投资自由化便利化是恢复和保持世界经济增长的必要条件。在国际金融危机冲击下，各种形式的贸易和投资保护主义明显抬头，这不仅无助于各国摆脱危机影响，反而对世界经济复苏的脆弱势头构成威胁。我们应该继续推动贸易和投资自由化便利化，反对任何形式的保护主义，特别是要反对对发展中国家采取不合理的贸易和投资限制。我们应该推动多哈回合谈判在锁定已有成果、尊重多哈授权的基础上，抓紧解决遗留问题，早日取得全面、均衡的成果，实现发展回合目标。亚太经合组织发达成员应该采取有效措施，确保2010年如期实现茂物目标，为本地区经济贸易持续增长注入新的活力。

第二，多管齐下，积极推动区域经济一体化。区域经济一体化有助于增强区域内贸易和投资活力，是推动地区和世界经济增长的重要途径。我们应该继续探讨通过多种途径加快亚太经济一体化进程，本着自主自愿、灵活务实的原则，推动以规制改革为重点的经济体制改革，不断改善商业运营环境，便利商业跨境运营。我们应该不断改进本地区贸易、通信、运输网络，加强基础设施建设，为区域经济一体化提供物质基础和机制保障。

第三，再接再厉，积极推进国际金融体系改革。当前，世界经济形势有所好转，但我们不能因此放慢国际金融体系改革的步伐。我们应该继续努力，坚持全面性、均衡性、渐进性、实效性的原则，推动国际金融体系改革朝着公平、公正、包容、有序方向发展，营造有利于世界经济健康发展的制度环境。我们应该继续提高发展中国家在国际金融机构中的代表性和发言权，尽快落实二十国集团领导人在匹兹堡峰会上确定的量化改革目标，完善国际金融机构决策程序和机制。我们应该推进国际金融监管体系改革，完善最根本的监管原则和目标。我们应该推动国际社会加强金融监管合作，扩大金融监管覆盖面，尽快制订普遍接受的金融监管标准。

第四，创新思路，积极推动经济发展方式转变。转变经济发展方式是实现世界经济平衡有序发展的根本途径。历史经验表明，每次重大经济危机都会伴生重大科技突破和产业调整，强力推动经济发展方式转变。我们应该加快实施科技创新和产业改造，大力发展绿色经济、循环经济，充分依靠科技进步增强世界经济增长内在动力。我们应该加强经济技术合作，降低人为技术转让壁垒，缩小发展中成员同发达成员的技术差距特别是绿色技术差距，避免形成新的“绿色鸿沟”。发达成员应该帮助发展中成员获得有助于转变经济发展方式的资金和技术，推动世界经济平衡有序发展。

女士们、先生们！

国际金融危机也给中国经济发展带来了前所未有的困难和挑战。危机发生后，中国及时调整宏观经济政策，果断实施积极的财政政策和适度宽松的货币政策，实施并不断完善应对国际金融危机冲击的一揽子计划和政策措施，坚持把扩大内需特别是消费需求作为应对国际金融危机的基本立足点。具体讲，主要有以下几个方面。

一是扩大内需、增强发展动力。我们通过大规模政府投资带动民间投资，重点用于民生工程、生态工程、技术创新等领域；改善消费环境，调整分配关系，增强消费能力，积极培育新的消费热点；实行结构性减税政策，减轻企业和居民负担，同时增加对企业信贷支持。通过这些措施，推动形成消费、投资、出口协调拉动经济增长的新格局。我们加快经济发展方式转变和经济结构调整，大范围实施产业调整振兴规划，加大科技创新力度，拓展国内市场特别是农村市场，控制污染物排放总量，促进自然生态系统和社会经济系统良性循环。

二是深化改革、激发经济活力。我们加大重点领域和关键环节改革力度，推进资源型产品价格、财税体制、金融体制、国有企业等方面改革，增强全社会创造活力。

三是改善民生、巩固发展基础。我们把刺激经济增长的政策措施向民生领域倾斜，集中力量加快推进重点民生工程建设，着力解决就业、医疗、住房、养老、环保等关系人民切身利益的实际问题，尤其是加快完善社会保障体系、大幅提高社会保障水平，既增加投资、释放社会消费潜力，也为经济长远发展奠定坚实基础。

四是扩大开放、寻求互利共赢发展。我们奉行互利共赢的开放战略，在努力稳定出口的同时，推进加工贸易升级转型，不断优化贸易结构；同时努力扩大进口，重点引进先进技术装备、关键零部件、重要能源资源和原材料；加快实施自由贸易区战略，积极推动区域经济一体化，同其他经济体共享扩大市场、深化分工带来的利益。

这些政策措施已取得积极成效，既保持了中国经济平稳较快发展势头，也为中国经济持续发展积蓄了后劲。中国将进一步扩大内需，大力开拓国内市场，推动内需和外需平衡发展；进一步推动经济发展方式转变，促进产业升级、节能减排，推动经济建设和环境保护平衡发展；进一步改善民生，重点推动教育、医疗、养老、住房等社会事业进步，推动经济建设和社会建设平衡发展；进一步实施区域发展战略，推动各地区平衡发展。

中国的发展离不开世界，世界的发展也需要中国。中国越是发展，给世界带来的机遇和作出的贡献就越大。中国应对国际金融危机冲击的一系列措施，有利于保持中国经济平稳较快发展，有利于缓解国际金融危机影响、推动恢复世界经济增长，也为其他国家发展提供了更多机遇，为亚太工商界提供了更多商机。我们欢迎亚太工商界人士积极参与中国发展进程，使你们的事业同中国经济发展实现互利共赢。

女士们、先生们！

2009年10月1日，中国人民热烈庆祝了中华人民共和国成立60周年。60年来特别是改革开放30年来，中国取得了举世瞩目的发展成就，经济实力和综合国力显著增强，各项社会事业全面进步，人民生活从温饱不足发展到总体小康，中国社会迸发出前所未有的活力和创造力。同时，我们清醒地认识到，中国仍然是世界上最大的发展中国家，中国在发展进程中遇到的矛盾和问题无论规模还是复杂性都世所罕见。要全面建成惠及十几亿人口的更高水平的小康社会，进而基本实现现代化、实现全体人民共同富裕，还有很长的路要走。我们将继续从本国国情出发，坚持中国特色社会主义道路，坚持改革开放，推动科学发展，促进社会和谐，全面推进经济建设、政治建设、文化建设、社会建设以及生态文明建设，全力做到发展为了人民、发展依靠人民、发展成果由人民共享。

女士们、先生们！

作为近年来世界经济发展最快和最具活力的地区，亚太地区已经成为世界经济发展的重要推动力量，在世界经济格局中的作用和影响日益增强。工商界是亚太经济发展的主力军和国际经贸发展的重要推动力量，在应对国际金融危机冲击、引领亚太经济复苏、促进世界经济增长方面发挥着重要作用。在座各位都是亚太工商界的领军人物，有着远见卓识和丰富的国际合作经验，应该把握世界经济调整的重要时机，在危机中寻找新的发展机遇，为推动世界经济全面复苏和长远发展发挥积极作用。

我相信，只要我们携手努力、深化合作，不断推动亚太大家庭建设，就一定能够创造亚太地区持久和平、共同繁荣的美好未来！

谢谢各位！

（来源：中华人民共和国中央人民政府门户网站. http://www.gov.cn/ldhd/2009-11/13/content_1463810.htm. 2009-11-13）

**2009年11月20日，中华人民共和国全国政协主席贾庆林出席了在菲律宾马尼拉举行的第十届世界华商大会开幕式并发表了题为《加强华商联系　促进共同发展》的讲话。全文如下：**

## 加强华商联系　促进共同发展

——在第十届世界华商大会开幕式上的讲话

（2009年11月20日，菲律宾马尼拉）

尊敬的阿罗约总统，各位侨胞，各位朋友，女士们，先生们：

在椰风送爽、茉莉飘香的美好时节，来自世界各地的华商朋友和各界人士相聚在美丽的马尼拉，隆重召开第十届世界华商大会。首先，我代表中国政府和人民，向大会的召开表示热烈的祝贺！向阿罗约总统和菲律宾政府为本次大会成功召开所提供的大力支持，表示衷心的感谢！向各位华商朋友和各界人士，致以亲切的问候和良好的祝愿！

世界华商大会是全球华商两年一度的盛事。自1991年创办以来，世界华商大会规模不断扩大，为全世界华商提供了一个增进相互了解、加强交流合作的重要平台，在推动举办国、中国以及华商所在国家和地区的经济发展，扩大华侨华人国际影响等方面发挥着重要作用。本届华商大会以“加强华商联系、促进世界繁荣”为主题，围绕国际银行业与金融业改革、政府与民间合作推动华商企业发展、全球华商制造业与服务业前瞻等问题进行探讨，体现了当今时代的要求和广大华商的愿望。我相信，在全球华侨华人的大力支持和积极参与下，本届大会一定能够取得圆满成功。

各位侨胞、各位朋友！

中华人民共和国已走过60年的辉煌历程。60年来，在中国共产党的坚强领导下，中国人民同心同德、艰苦奋斗，取得了举世瞩目的伟大成就。1952年到2008年，中国国内生产总值从679亿元人民币增加到30多万亿元人民币，年均增长8.1%，经济总量已跃居世界第三位；进出口贸易总额从19.4亿美元增加到2.56万亿美元，从1993年起中国已经连续17年成为世界上吸引外资最多的发展中国家，中国企业在170多个国家和地区累计投资达到1800多亿美元。1978年至2008年，中国贫困人口从2.5亿下降到4000万左右，人民生活实现了从温饱不足到总体小康的历史性跨越。全社会创新活力不断增强，继“两弹一星”之后，又取得了载人航天、探月工程、超级杂交水稻、三峡工程、青藏铁路、高速铁路等一大批重大科技成果，在建设创新型国家的道路上迈出了重大步伐。2008年，中国成功举办了北京奥运会、残奥会，赢得了世界人民的广泛赞誉。2008年下半年以来，面对国际金融危机的严重冲击，中国及时实施了促进经济平稳较快发展的一揽子计划和政策措施，使经济增速下滑趋势得到较快扭转，企稳回升势头不断巩固。2009年1到9月，国内生产总值同比增长7.7%，全社会固定资产投资同比增长33.4%，社会消费品零售总额同比实际增长17%。这为实现全年8%左右的国内生产总值增长目标打下了坚实基础，也增强了中国保持经济社会长期又好又快发展的信心。

我们也清醒地认识到，中国仍然是世界上最大的发展中国家，要全面建成惠及十几亿人口的更高水平的小康社会，进而基本实现现代化、实现全体人民共同富裕，还有很长的路要走。中国将继续从本国国情出发，坚持走中国特色社会主义道路，坚持以经济建设为中心，坚持改革开放，深入贯彻落实以人为本、全面协调可持续的科学发展观，全面推进经济建设、政治建设、文化建设、社会建设以及生态文明建设，更好地造福广大人民。中国将始终不渝走和平发展道路，始终不渝奉行互利共赢的开放战略，坚持在和平共处五项原则的基础上同所有国家发展友好合作。中国人民将继续和世界人民一道，为实现人类的美好理想而不懈努力。

中国的经济社会发展之所以能够取得辉煌的成就，几千万海外侨胞贡献卓著，功不可没。长期以来，包括海外华商在内的广大华侨华人筚路蓝缕、艰苦创业，取得了骄人的业绩，向世人展示了中华民族坚忍不拔、吃苦耐劳、合群随众、团结互助的传统美德，展示了华侨华人目光敏锐、勇于进取、顽强拼搏、干事创业的独特魅力，赢得了各国政府和人民的赞誉。广大华侨华人在开拓自身事业的同时，始终关心、关注中国的发展和进步，积极投身改革开放和现代化建设，为中国的经济社会发展作出了重要贡献。广大华侨华人发挥自身在资金、技术、人才、管理等方面的优势，积极兴办企业，极大地促进了中国经济的发展以及技术和管理水平的提高，推动了对外经济贸易合作的开展。广大华侨华人积极捐资捐款、奉献爱心，特别是在2008年四川汶川特大地震发生后，纷纷慷慨解囊、倾力相助，充分体现了人道主义的大爱情怀和血浓于水的同胞深情。广大华侨华人充分利用各种机会、场合和渠道，向住在国政府、人民介绍中国政府和平统一的立场和政策主张，积极争取国际社会对中国和平统一事业的理解和支持，坚决反对“台独”分裂活动，在全球产生了极大的影响。广大华侨华人大力弘扬中华文化的优良传统，善于从中华民族的文化宝库中汲取精神营养，同时以开阔的视野和宽广的胸怀，学习借鉴世界各国的优秀文明成果，使中华文明在新的时代条件下焕发出新的生机和活力。广大华侨华人积极穿针引线、铺路搭桥，促进中国同世界各国发展友好关系，开展政府和民间多渠道、多领域的合作与交流，扩大中国对外影响，增进了中国人民和世界各国人民的友谊。在此，我代表中国政府和人民，向包括各位华商在内的广大华侨华人，表示崇高的敬意和衷心的感谢！

各位侨胞、各位朋友！

中国和菲律宾是一水相隔的友好邻邦。在漫漫历史长河中，中菲两国人民建立起了亲戚般的深厚情谊。公元1417年，菲律宾苏禄国王满怀着菲律宾人民的美好愿望率团访问中国，谱写了中菲两国友好往来的历史篇章，留下了中菲友好史上的一段佳话。祖籍中国福建省的菲律宾民族英雄黎刹，深受中国人民的景仰和爱戴。出生于菲律宾奎松省的新中国开国上将叶飞，更被菲律宾人民视为菲律宾的荣耀和骄傲。1975年两国建交以来，在双方的共同努力下，中菲关系取得了长足发展，政治互信明显增强，各领域合作成果显著，高层互访更加密切。2005年4月，中国国家主席胡锦涛对菲律宾进行国事访问，双方建立了致力于和平与发展的战略性合作关系，两国关系进入新的发展阶段。两国经贸、农业、基础设施建设等方面的合作进展显著，文化、科技、司法、旅游等领域的交流不断深化，两国关系处于历史上最好的时期。2008年，双边贸易额达到285.8亿美元，中菲两国缔结的友好省市达到24对。实践证明，全面加强中菲友好合作，不仅符合两国的自身利益，而且有利于推动中国—东盟关系发展和东亚合作进程，有利于维护本地区的和平、稳定与繁荣。我们愿与菲律宾各界朋友一道，弘扬传统友谊，增进友好往来，加强务实合作，推动共同发展，携手开创中菲关系更加美好的明天。

各位侨胞、各位朋友！

当今世界正处在大发展大变革大调整时期，中国面临千载难逢的历史机遇和前所未有的严峻挑战，正站在新的历史起点上。中国的发展，将给全世界作出越来越大的贡献，给全世界带来越来越多的机遇，也给包括海外华商在内的广大华侨华人提供更加广阔的舞台。借此机会，我愿向华侨华人提出四点希望。

第一，主动融入当地社会，不断推动住在国经济社会发展。广大华侨华人要发扬中华民族勤劳善良、讲信修睦、互助友爱的传统，自觉遵守住在国的法律，尊重当地的社会风俗和民族习惯，积极履行社会责任，热心参与公益事业，以开放包容的心态更加积极主动地融入当地社会，与当地人民友好交往、和睦相处，用自己的辛勤劳动和诚信经营赢得当地人民的信任和尊重，为当地的经济发展和社会进步贡献智慧和力量。

第二，继承爱国爱乡传统，积极参与中国现代化建设。广大华侨华人要充分发挥血缘相亲、感情相近、文化相通的优势，充分运用雄厚的资金、先进的技术和遍布世界的商业网络，到中国投资兴业，协助引进高端技术和人才，帮助中国企业走出去，开拓国际市场，以多种方式支持和参与中国的现代化建设，同时发展壮大自己的事业。

第三，推动两岸交流交往，努力促进中国和平统一大业。2008年以来，两岸关系实现历史性转折，两岸人员往来和各项交流出现新局面，两岸关系和平发展呈现出光明前景。希望广大华侨华人一如既往地关心和支持中国的和平统一大业，推动两岸协商与合作，帮助两岸拓展经贸文化交流和人员往来，努力使两岸同胞感情更融洽、合作更深化，为推动两岸关系和平发展，早日完成中国和平统一大业作出更大贡献。

第四，发挥桥梁纽带作用，切实增进中国人民和世界各国人民的相互了解和友谊。分布在世界各地的华侨华人，是中国走向世界、世界了解中国的重要桥梁。希望广大华侨华人积极向各国人民介绍中华优秀文化，介绍中国科学发展、和谐发展、和平发展的理念，介绍中国改革开放和现代化建设的成就，帮助世界各国人民了解一个真实的中国，推动中国与世界各国的交流合作，不断增进中国人民与世界人民的友谊。

各位侨胞、各位朋友！

中国唐朝诗人张九龄有句诗："悠悠天宇旷，切切故乡情。"广大华侨华人有共同的祖先、共同的历史、共同的文化、共同的传统，无论走到哪里，都忘不了对故乡的深情，舍不下对亲人的眷恋。面向未来，让我们进一步弘扬中华民族的优良传统，深化交流合作，促进互利共赢，为中国的繁荣与进步、为世界的和平与发展作出更大的贡献！

谢谢大家！

（来源：中华人民共和国外交部网站. http://www.fmprc.gov.cn/chn/gxh/wzb/zxxx/t628188.htm.2009－11－20）

**2009年4月18日，中华人民共和国国务院总理温家宝出席了在海南琼海市博鳌镇举行的博鳌亚洲论坛2009年年会并发表了题为《增强信心　深化合作　实现共赢》的演讲。全文如下：**

## 增强信心　深化合作　实现共赢

——在博鳌亚洲论坛2009年年会开幕式上的演讲

（2009年4月18日，海南博鳌）

尊敬的各位来宾，女士们，先生们，朋友们：

很高兴参加博鳌亚洲论坛2009年年会。首先，我谨代表中国政府对年会的召开表示热烈的祝贺！对各位来宾表示诚挚的欢迎！本届年会把"经济危机与亚洲：挑战和展望"作为主题，对于凝聚共识、增强信心、深化合作、战胜危机，具有十分重要的意义。我衷心祝愿本届年会取得圆满成功！

2008年9月以来，世界经济遭受了20世纪大萧条以来最为严峻的挑战。各国纷纷采取措施，应对国际金融危机的严重冲击。中国政府及时果断调整宏观经济政策，实施积极的财政政策和适度宽松的货币政策，迅速出台促进经济平稳较快发展的一揽子计划，对缓解经济运行中的突出矛盾、增强信心、稳定预期发挥了重要作用。这个一揽子计划最直接、最重要的目标，是扭转经济增速下滑趋势、保持经济平稳较快增长，并力求解决制约中国经济发展的结构性问题，加快转变发展方式，全面提升各种生产要素的质量和水平，为中国经济长远发展打下更加牢固的基础。

一是全面扩大内需，增强消费需求对经济增长的拉动力，推动中国经济均衡发展。这场百年一遇的国际金融危机对中国的冲击，主要是外部需求的急剧收缩，导致经济减速、企业生产经营困难、失业增加，结构性矛盾进一步凸显。我们把政策的着力点放在全面扩大国内需求上，努力保持投资较快增长和刺激消费，着力调整内需外需结构，加快形成内需为主和积极利用外需共同拉动经济增长的格局，使中国经济向更加均衡的发展方式转变。

二是全面加强基础设施建设，推动中国经济协调发展。城乡、区域发展不平衡，既是中国经济社会发展中的突出矛盾，也是经济增长的巨大潜力所在。我们把应对国际金融危机和解决这些矛盾有机结合起来，在新增投资计划中，重点加强农村建设和中西部基础设施建设。着眼于巩固农业基础地位，加快农田水利重大工程建设，增强农业稳定增产、农民持续增收的能力。加快修建农村道路，改造农村电网，推进农村中小学标准化建设，改善农民生活条件。着眼于促进生产要素跨区域流动，加快重大交通基础设施建设，完善综合运输体系，特别是围绕发挥中西部地区优势，建设煤运通道、西部干线铁路和机场。着眼于扶持落后地区，帮助困难群众，积极支持保障性安居工程建设，重点解决城市低收入家庭、林区、垦区、煤矿等棚户区居民的住房问题，扩大农村危房改造试点范围，实施少数民族地区游牧民定居工程等。这些措施的逐步落实，必将使发展的薄弱环节得到加强，使广大中西部地区和农村发展环境得以改善，对中国经济协调发展产生巨大推动力。

三是全面提升产业竞争力和自主创新能力，推动中国经济可持续发展。推动产业结构优化升级，是关系经济全局紧迫而重大的战略任务。我们制定实施十大重点产业调整振兴规划，推动企业兼并重组，积极支持企业加快技术改造，淘汰落后产能，发展先进生产力，努力提高产业集中度和资源配置效率。我们加快实施国家中长期科学和技术发展规划纲要，选择那些带动力强、影响面大、见效快的项目，集中力量攻关，突破一批核心技术和关键共性技术，为经济发展提供科技支撑，推动中国经济尽快走上创新驱动的轨道。我们把投资的重点放在节能环保和生态建设上，加大对重点防护林和天然林资源保护工程、城镇污水、垃圾处理设施、重点节能减排工程建设的投入，推动中国经济的可持续发展。

四是全面提高人的素质，推动中国经济集约发展。全面提高人的素质是中国经济增长的优势和活力源泉，是长远发展的战略重点。在实施扩大内需的计划中，我们把公共资源配置向教育、医疗卫生和社会保障领域倾斜。制定实施国家中长期教育规划，大幅度增加教育投入，加强基础教育，发展职业教育，提高高等教育，增强全民族的文化素质；我们积极推进医药卫生体制改革，建设基本医疗保障制度，建立国家基本药物制度，健全基层医疗卫生服务体系，推进公立医院改革试点，促进基本公共卫生服务逐步均等化；我们加快完善社会保障体系，扩大社会保障覆盖范围，提高社会保障水平；我们千方百计扩大就业，特别是大学生和农民工就业。所有这些都有利于扩大国内即期需求，增强消费者信心，同时也有利于推动经济增长由主要依靠物质资源消耗的粗放型增长，向主要依靠科技进步、劳动者素质提高、体制创新的集约型增长转变。

总之，我们制定实施一揽子计划，是标本兼治、远近结合的，既是保增长、保民生、保稳定的应急之举，也是推动中国经济实现科学发展、和谐发展的长远之策。中国正处在工业化和城镇化快速推进阶段，蕴藏着巨大需求和增长潜力，有改革开放 30 年建立的物质、科技和体制基础，有充裕的资金、丰富的劳动力等要素支撑，有集中力量办大事的制度优势、和谐安定的社会环境。只要我们不懈努力，在战胜危机的同时，一定能够使中国经济发展的体制性、结构性矛盾明显缓解，国民经济的整体素质和竞争力明显提升。中国经济发展的潜力必将进一步释放，在改善本国人民福祉的同时，为世界各国提供更多的贸易投资机会。

女士们，先生们，朋友们：

中国实施的一揽子计划已初见成效，经济运行出现积极变化，形势比预料的好。主要表现：一是投资增速加快，消费较快增长，国内需求持续提高。一季度国内生产总值增长 6.1%。全社会固定资产投资增长 28.8%，比去年同期和四季度分别提高 4.2 和 6.4 个百分点；城镇新开工项目计划总投资增长 87.7%。社会消费品零售总额实际增长 15.9%，增幅同比提高 3.6 个百分点。在“家电下乡”和小排量汽车减税等政策带动下，家电、农机等行业产销大幅增长，汽车销售创历史新高。商品房销售面积增长 8.2%，初步扭转一年多来的下降局面。二是工业生产逐步企稳，农业形势总体稳定。2009 年 3 月份，规模以上工业增加值同比增长 8.3%，增幅比 2009 年前两个月提高 4.5 个百分点；消费品工业呈现回升态势，装备制造业和部分原材料工业出现转机。强农惠农政策加快落实，产生积极效果。粮食播种面积增加，夏粮长势较好；农资供应充足，春耘备耕进展顺利。三是结构调整积极推进，区域发展协调性强，产业升级加快。中西部地区固定资产投资、工业增加值、社会消费品零售总额增长，都明显高于全国平均水平。沿海地区工业总体增速虽然较低，但恢复加快。高新技术产业增势较强，生物生化制品、通信交换设备、医疗设备及器械制造业等增速明显超过工业平均增速。四是城镇就业增加，居民收入提高。2009 年一季度城镇新增就业 268 万人，城镇居民人均可支配收入和农民人均现金收入同比实际分别增长 11.2%和 8.6%。五是银行体系流动性充裕，金融市场平稳运行，社会信心提振，市场预期改善。

应该看到，国际金融危机还在扩散蔓延，世界经济衰退的基本态势没有改变，金融体系存在的问题没有解决，实体经济恶化超出预期，全球经济复苏可能经历较长和曲折的过程。受国际金融危机的影响，中国经济社会发展面临的困难很大，主要是：外部需求持续萎缩，出口下降幅度较大；农业稳定生产、农民持续增收难度加大；一些行业产能过剩，工业增长回升乏力，经济效益继续下滑，财政收入减少，就业形势十分严峻。

在错综复杂的国内外形势下，我们既要看到经济社会发展的有利条件和积极因素，坚定战胜困难的决心和信心。又要充分估计形势的不确定性、不稳定性，保持清醒头脑，增强忧患意识，宁可把形势估计得严峻一些，把困难考虑得充分一些，做好应对更大困难的长期准备。我们要坚定不移地贯彻执行积极的财政政策和适度宽松的货币政策，毫不放松地全面实施应对危机的一揽子计划，努力把金融危机的影响降到最低限度，促进中国经济平稳较快发展。

女士们，先生们，朋友们：

在经济全球化条件下，世界各国的命运已紧紧联系在一起，没有一个国家可以在国际金融危机中独善其身，没有一个国家能够以一己之力战胜这场危机。亚洲是全球经济最具活力和潜力的地区之一。人口约占全球总人口的 60%，经济总量、贸易总额分别约占全球的 1/4 和 1/3。虽然各国国情不同，但维护国家主权、加快经济发展、弘扬公平正义、增进国民福祉的目标是相同的；应对国际金融危机，打击恐怖主义和跨国犯罪，遏制疫病蔓延、环境恶化等方面面临的挑战是相似的；深化双边多边合作、实现互利共赢的意愿是一致的。目前亚洲地区各种合作机制相继建立并取得积极成效，经济、科技、人文等领域交流与合作不断深化，合作的基础日益牢固。有效应对这场金融危机，亚洲各国不仅要把本国的事情办好，而且要进一步加强合作，携手努力，同舟共济，推动亚洲共赢发展，成为世界经济复苏的重要引擎。

中国是亚洲合作的积极参与者与建设者，坚定不移地奉行与邻为善、以邻为伴的周边外交方针和睦邻、安邻、富邻的周边外交政策。特别是近些年来，我们与亚洲多个国家和地区签署了双多边自贸协定，推进了贸易和投资的发展。我们还与一些国家和地区签署了6份总额为235亿美元双边货币互换协议，6份总额为6500亿元人民币的双边本币货币互换协议，丰富了区域金融合作的内容和形式，增强了地区资金救助机制的作用。拥有19亿人口、GDP近6万亿美元的中国—东盟自由贸易区于2010年全面建成。我很高兴地看到，2003年10月我在第七次东盟与中日韩领导人会议上提出的“推动清迈倡议多边化”的设想，正在成为区域财金合作的重点，已经迈出实质性步伐。

面对国际金融危机的肆虐，中国愿意继续同亚洲国家一道，积极应对挑战，全面加强合作，使各领域合作更加充实和富有活力，促进地区和平与繁荣。为此，我提出如下主张：

一是密切经贸合作，坚决反对贸易保护主义。更加重视促进自由贸易，扩大区内贸易规模。在海关、检验检疫、物流和商务人员流动等方面采取有效措施，以实际行动降低贸易壁垒，避免设置新的贸易障碍。积极推进自由贸易区建设，充分利用多双边自由贸易安排，发挥各国经济互补优势。中国决定在上海市和广东省4个城市开展跨境贸易人民币结算试点，这一举措对促进与周边国家和地区经贸关系的发展必将产生积极作用。

二是加强财金合作，努力维护区域金融稳定。充分发挥双边货币互换协议作用，研究扩大互换额度和签约国范围。2008年10+3国家决定建立800亿美元外汇储备库，最近又将其规模扩大到1200亿美元，显示了本地区加强金融合作的迫切需要和强烈意愿。希望加快清迈倡议多边化进程，最大限度照顾彼此关切，尽早达成共识，建成区域外汇储备库，增强本地区抵御金融风险能力。推进亚洲债券市场建设，更好地利用区内资金，促进亚洲经济发展。

三是深化投资合作，发挥投资在区域经济增长中的拉动作用。加快区域和次区域交通、电力、通讯领域建设步伐，逐步实现基础设施的互联互通和网络化。中国决定设立总规模为100亿美元的“中国—东盟投资合作基金”，支持区域基础设施建设。各国扩大投资都要秉承开放精神，允许其他国家企业公平参与。鼓励各国企业在区域内相互投资，加强劳务合作，避免大规模遣返外国劳工。

四是推动“绿色”合作，促进亚洲经济可持续发展。积极有效地协调政策和行动，加强亚洲国家在节能环保、开发利用新能源和可再生能源等领域的合作，培育亚洲经济新的增长点。坚持“共同但有区别的责任”和公平原则，在《联合国气候变化框架公约》下，深化对话与交流，积极开展务实合作，为全球应对气候变化做出力所能及的贡献。

五是加强在国际事务中的配合与协调，促进世界和平稳定繁荣。通过APEC、亚欧会议和东亚—拉美合作论坛、亚洲—中东对话等平台，加强与其他地区的合作，提高合作效率和质量。落实二十国集团领导人伦敦金融峰会共识，加强宏观经济政策协调；推进国际金融体系改革，提高新兴市场和发展中国家的代表性和发言权，加强对主要储备货币发行经济体宏观经济政策的监督，推进多元化国际货币体系建设；推动多哈回合谈判取得全面、平衡的结果，特别要加强对发展中国家的贸易支持；认真落实联合国千年发展目标，推进国际减贫进程，避免因金融危机减少对发展中国家的援助。

这里，我还想强调一点，工商界要在应对国际金融危机、促进亚洲地区发展方面发挥积极作用。企业家要注重社会责任，妥善处理各种风险和隐患，要善于把握世界经济调整时机，不断开拓创新，寻找新的发展机遇。亚洲发展潜力巨大，区内各类企业特别是跨国企业，只要坚守在这块土地上，尽量少关闭工厂、少裁员，加强各国企业在生产经营、技术研发等方面合作，一定能够在应对危机中实现新的跨越。

女士们、先生们！我曾经说过，信心比黄金和货币更重要。今天，我还要讲一句话，希望像一盏永不熄灭的明灯，给各国、各企业和世界人民照亮方向。让我们坚定信心，满怀希望，携手合作，共同开创亚洲更加美好的未来！

谢谢大家！

（来源：中华人民共和国外交部网站. http://www.fmprc.gov.cn/chn/pds/ziliao/zyjh/t55 7933.htm. 2009－04－18）

**2009年5月25日，中华人民共和国外交部长杨洁篪出席了在越南河内举行的第九届亚欧外长会议并发表了题为《平等协作　共迎挑战　谱写亚欧合作新篇章》的讲话。全文如下：**

## 平等协作　共迎挑战　谱写亚欧合作新篇章

——在第九届亚欧外长会议上的讲话

（2009年5月25日，越南河内）

主席先生：

很高兴来到即将迎来千年华诞的河内出席本届外长会议。我对东道国越南的热情接待和周到安排表示感谢。相信在各方共同努力下，本届会议一定会取得积极成果。

主席先生，

2008年10月，在国际金融危机不断蔓延加剧之际，亚欧会议45方领导人汇集北京参加第七届亚欧首脑会议，本着对话合作、互利共赢的宗旨，深入讨论了合作应对金融危机和气候变化、粮食安全、救灾合作等全球性挑战，达成广泛共识，发表了《关于国际金融形势的声明》《可持续发展北京宣言》和《主席声明》等成果文件，批准了17项合作倡议，成果丰硕。会议有力地向全世界展示了我们的信心、团结与协作精神。

在全球化深入发展的今天，亚欧是命运紧密相连的共同体。解决亚欧国家共同面临的问题，需要亚欧各方共同努力。为此，我们应进一步加强互信，深化合作，建立更紧密的亚欧新型伙伴关系。

这种伙伴关系要建立在平等对话、相互理解的基础之上。我们要继续坚持和发扬平等相待、相互尊重、求同存异、扩大共识的精神，理解彼此的社会制度、文化背景，尊重各国主权和自主选择社会制度和发展道路的权利，通过平等对话加强互信、增进友谊，共同为亚欧合作创造良好的政治氛围。

这种伙伴关系要着眼于深化合作，促进发展。各方应将经济合作作为亚欧新型伙伴关系的重要推动力，充分发挥各自优势，加强在经贸、金融、中小企业、能源、交通等领域的全面交流与务实合作，推动亚欧各国及世界经济的早日复苏与发展。

这种伙伴关系要提倡扩大交流，相互包容。我们应充分尊重亚欧各国不同文化、不同宗教和不同文明的多样性，坚持开放兼容，摒弃狭隘偏见；提倡包容理解，反对歧视排斥；倡导对话共处，拒绝对抗冲突。要相互借鉴学习，共同推动建立和谐世界。

这种伙伴关系需要保持活力，强化机制。我们要保持亚欧合作进程开放、渐进的特点，适时吸收有能力、有意愿作出贡献的国家加入亚欧会议。进一步加强亚欧会议机制化建设，为亚欧合作提供更加有力的支持和保障。

主席先生，

当前，国际金融危机仍未见底，全球经济复苏缓慢，亚欧各国发展普遍面临困难。近期突然爆发的甲型H1N1流感，威胁着人民的健康。能源和粮食价格大幅波动，影响人民的生产和生活。与此同时，国际和地区热点问题等传统和非传统安全威胁相互交织，危及有关地区的稳定与发展。

为更好地应对挑战，更有效地落实第七届亚欧首脑会议成果，我们应坚持亚欧会议合作的基本原则，在以下方面积极采取有效行动：

第一，坚定信心，共同克服国际金融危机。我们应致力于恢复并推动经济增长，保持宏观经济政策协调，开展贸易和投资等实体经济合作，稳定市场，增加就业，改善民生，减轻危机对实体经济的冲击。我们应推动国际金融秩序朝着公平、公正、包容、有序的方向发展，按时完成国际金融机构改革路线图，保持主要储备货币汇率相对稳定，促进国际货币体系多元化、合理化。我们应坚决反对任何形式的保护主义，反对以各种借口提高市场准入门槛和各种以邻为壑的保护主义行为。我们应认真履行二十国集团伦敦峰会的承诺，向低收入国家和贫困国家提供援助和优惠融资。发达国家要承担应尽的责任和义务，切实保持和增加对发展中国家援助，切实帮助发展中国家维护金融稳定、促进经济增长的努力，保证联合国千年发展目标如期实现。

第二，着眼未来，加强应对气候变化合作。2009年是气候变化谈判的关键年，我们应加大谈判力度，争取在年底哥本哈根会议上就全面、有效实施《联合国气候变化框架公约》及其《京都议定书》取得积极成果。有关谈判进程应以公约和议定书为基本框架，严格执行“巴厘路线图”授权；坚持发达国家与发展中国家“共同但有区别责任”原则；坚持在可持续发展框架下应对气候变化；减缓、适应、技术转让、资金支持应并重并举。发达国家应在《京都议定书》第二承诺期继续率先减排，并切实兑现向发展中国家提供资金、技术转让和开展能力建设的承诺。发展中国家也要实施可持续发展战略，为应对气候变化作出力所能及的贡献。

第三，加大投入，维护世界能源、粮食安全。能源、粮食安全事关各国经济与民生，影响世界稳定与发展。我们应树立和落实互利合作、多元发展、协同保障的新能源安全观，加强互利合作，特别是在清洁能源开发利用方面的合作。我们应本着共同发展的理念，努力提高粮食产量，增加粮食库存，改善贸易环境，加强宏观协调，抑制投机，稳定粮价，在金融、贸易、援助、环境、知识产权、技术转让等领域多管齐下，共同维护世界粮食安全。

第四，全力以赴，积极应对甲型H1N1流感等传染病威胁。有效防控甲型H1N1流感，事关各国人民健康和经济社会稳定。国际社会应迅速行动，在《国际卫生条例》的框架下，密切多、双边沟通与协作，全面建立有效防控机制。加紧病毒研究，在病毒机理、快速检测技术、疫苗和药物研发等方面密切合作，积极推进应急储备和物资准备。扩大信息交流，跟踪疫情及防控进展，分享技术和防控经验，全力保障全球公共卫生安全。此外，要在情况允许的范围内确保贸易、人员的正常流动，将流感对国际贸易和经济活动的冲击降到最低。

第五，劝和促谈，推动解决热点问题和地区争端。我们应在相互尊重、互信合作的基础上，以对话求安全，以合作求稳定，公正合理地解决地区冲突和热点问题，反对以制裁和武力相威胁。在本质上属于一国内部事务的问题上，国际社会应充分尊重当事国的主权和领土完整，积极提供建设性帮助，不应动辄施压或制裁。

主席先生，

中国作为国际社会负责任的一员，坚持走和平发展道路，以自身发展促进全球繁荣，以建设性态度参与全球重大问题的解决。

面对国际金融危机这一当前最重大挑战，中国政府果断实施积极的财政政策和适度宽松的货币政策，形成了进一步扩大内需、稳定外需的一揽子经济刺激计划，实施总额4万亿元人民币的投资计划。面对危机压力，中国保持了人民币汇率基本稳定。中国还积极参与应对国际金融危机的国际合作，向国际金融公司提供15亿美元的融资支持；以购买债券的方式向国际货币基金组织注资；同有关国家和地区签署了总额达6500亿元人民币的双边货币互换协议；设立100亿美元的“中国—东盟投资合作基金”；积极参与清迈倡议区域外汇储备库建设；组织大型采购团赴海外采购，推动全球需求。中国将继续同国际社会加强宏观经济政策协调，推动国际金融体系改革，积极维护多边贸易体制稳定，促进恢复世界经济增长。

主席先生，

13年来，亚欧各国在经济上优势互补，政治上彼此重视，文化上相互借鉴，有力地推动了多边主义的发展，深化了亚欧合作进程。中国愿继续与各方携手合作，推动全面建立和发展亚欧新型伙伴关系，共同谱写亚欧合作的新篇章。

（来源：中华人民共和国外交部网站. http://www.fmprc.gov.cn/chn/pds/ziliao/zyjh/t56 5406.htm. 2009—05—26）

# 中国—东盟自由贸易区重要文献

## 《中华人民共和国政府与东南亚国家联盟成员国政府全面经济合作框架协议投资协议》

中华人民共和国（以下简称“中国”）政府，文莱达鲁萨兰国，柬埔寨王国，印度尼西亚共和国，老挝人民民主共和国，马来西亚，缅甸联邦，菲律宾共和国，新加坡共和国，泰王国和越南社会主义共和国等东南亚国家联盟成员国（以下将其整体简称为“东盟”或“东盟各成员国”，单独提及一国时简称“东盟成员国”）政府，（以下将其整体简称为“各缔约方”，单独提及东盟一成员国或中国时简称为“一缔约方”）：

忆及2002年11月4日在柬埔寨金边由中国和东盟领导人签订的《中华人民共和国政府与东南亚国家联盟成员国政府全面经济合作框架协议》（以下简称《框架协议》）；

进一步忆及《框架协议》第五条及第八条，为建立中国—东盟自由贸易区和促进投资，建立一个自由、便利、透明及竞争的投资体制，各缔约方同意尽快谈判并达成投资协议，以逐步实现投资体制自由化，加强投资领域的合作，促进投资便利化和提高投资相关法律法规的透明度，并为投资提供保护；

注意到《框架协议》所认识到的缔约方之间不同的发展阶段和速度，和对柬埔寨、老挝、缅甸和越南等东盟新成员国实行特殊和差别待遇及灵活性的必要性；

重申各缔约方按既定的时间表建成中国—东盟自由贸易区的承诺，并允许各缔约方在处理《框架协议》所包含的各自敏感领域中具有灵活性，在平等互利的基础上实现经济的可持续增长与发展，实现双赢的结果；

重申各缔约方在世界贸易组织（WTO）和其他多边、区域及双边协定和安排中的权利、义务和责任。

达成协议如下：

第一条　定义

一、就本协议而言：

（一）“AEM”是指东盟经济部长会议；

（二）“可自由兑换货币”是指国际货币基金组织在其协议相关条款及任何修正案中指定为可自由兑换货币的任何货币；

（三）“GATS”是指世界贸易组织协定附件1B《服务贸易总协定》；

（四）“投资”是指一方投资者根据另一缔约方相关法律、法规和政策在后者境内投入的各种资产，包括但不限于：

1. 动产、不动产及抵押、留置、质押等其他财产权利；

2. 股份、股票、法人债券及此类法人财产的利息；

3. 知识产权，包括关于版权、专利权和实用模型、工业设计、商标和服务商标、地理标识、集成电路设计、商名、贸易秘密、工艺流程、专有技术及商誉等权利；

4. 法律或依合同授予的商业特许经营权，包括自然资源的勘探、培育、开采或开发的特许权；

5. 金钱请求权或任何具有财务价值行为的给付请求权。就本目中的投资定义而言，投资收益应被认作投资，投入或再投入资产发生任何形式上的变化，不影响其作为投资的性质。

（五）“一缔约方的投资者”是指正在或已在其他缔约方境内进行投资的一缔约方自然人或一缔约方法人；

（六）“一缔约方的法人”是指根据一缔约方适用法律适当组建或组织的任何法人实体，无论是否以营利为目的，无论属私营还是政府所有，并在该缔约方境内具有实质经营，包括任何公司、信托、合伙企业、合资企业、个人独资企业或协会；

（七）“措施”是指一缔约方所采取的，影响投资者和/或投资的，任何普遍适用的法律、法规、规则、程序、行政决定或行政行为，包括：

1. 中央、地区或地方政府和主管机关所采取的措施；

2. 由中央、地区或地方政府和主管机关授权行使权力的非政府机构所采取的措施。

（八）“MOFCOM”指中华人民共和国商务部；

（九）“一缔约方的自然人”是指根据一缔约方法律法规拥有该缔约方国籍、公民身份或永久居民权的任何自然人；

（十）“收益”是指获利于或源自一项投资的总金额，特别是指但不限于利润、利息、资本所得、红利、版税或酬金；

（十一）“SEOM”是指东盟经济高官会议；

（十二）“WTO协定”是指1994年4月15日于摩洛哥马拉喀什订立的《马拉喀什建立世界贸易组织协定》。

二、上述每一术语的定义应适用于本协议，除非文中另有规定，或者一缔约方对任何上述术语对其承诺或保留的适用另有特殊定义。

三、除非文中另有规定，本协议中单数形式的定义措辞应包括复数形式，及所有复数形式的定义措辞应包括单数形式。

第二条　目标

本协议的目标是旨在通过下列途径，促进东盟与中国之间投资流动，建立自由、便利、透明和竞争的投资体制：

（一）逐步实现东盟与中国的投资体制自由化；

（二）为一缔约方的投资者在另一缔约方境内投资创造有利条件；

（三）促进一缔约方和在其境内投资的投资者之间的互利合作；

（四）鼓励和促进缔约方之间的投资流动和缔约方之间投资相关事务的合作；

（五）提高投资规则的透明度以促进缔约方之间投资流动；

（六）为中国和东盟之间的投资提供保护。

第三条　适用范围

一、本协议应适用于一缔约方对下列相关情形采取或保留的措施：

（一）另一缔约方的投资者；

（二）另一缔约方投资者在其领土内的投资：

1. 对于中国，根据2001年12月11日中国加入世界贸易组织时世界贸易组织定义的全部关税领土。就此而言，本协议中对中国“领土”的表述是指中国的关税领土；

2. 对于东盟成员国，指其各自的领土。

二、除非本协议另有规定，本协议应适用于一缔约方投资者在另一缔约方境内的所有投资，无论其设立于本协议生效前或生效后。为进一步明确，本协议的规定不对任何缔约方，涉及在本协议生效之前发生的任何行动或事实或已终止的任何状态，具有约束力。

三、就泰国而言，本协议仅适用于在泰国境内被确认并依据泰国适用的国内法律、法规和政策，获得其主管机构明确书面批准保护的另一方投资者的投资。

四、本协议不适用于：

（一）任何税收措施。本项不应损害缔约方关于下列税收措施的权利和义务：

1. 依据WTO的权利和义务准予或征收的；

2. 第八条（征收）和第十条（转移和利润汇回）的规定；

3. 第十四条（投资者与国家之间的争端解决）的规定，若争端源自第八条（征收）；

4. 关于避免双重征税的任何税收协定的规定。

（二）规范政府机构为政府目的（政府采购）进行货物或服务采购的法律、法规、政策或普遍适用的程序，只要该采购不以商业转售或为商业销售生产货物或提供服务为目的；

（三）一缔约方提供的补贴或补助，及接受或持续接受此类补贴或补助所附带的任何条件，无论此类补贴或补助是否仅提供给国内投资者和投资；

（四）一缔约方相关机构或主管机关行使政府职权时提供的服务。就本协议而言，行使政府职权时提供的服务指既不以商业为基础，也不与一个或多个服务提供者竞争的任何服务；

（五）一缔约方采取或维持的影响服务贸易的措施。

五、尽管有第四款第（五）项的规定，第七条（投资待遇）、第八条（征收）、第十条（转移和利润汇回）、第九条（损失的补偿）、第十二条（代位）和第十四条（缔约方与投资者间争端解决），经必要修改后，应适用于影响一缔约方服务提供者在另一缔约方境内通过商业存在的方式提供服务的任何措施，但仅限于此类措施与本协议相关的投资和义务，无论此服务部门是否列于2007年1月14日于菲律宾宿务签订的《中华人民共和国与东南亚国家联盟全面经济合作框架协议服务贸易协议》的缔约方的具体承诺减让表中。

第四条　国民待遇

各方在其境内，应当给予另一方投资者及其投资，在管理、经营、运营、维护、使用、销售、清算或此类投资其他形式的处置方面，不低于其在同等条件下给予其本国投资者及其投资的待遇。

第五条　最惠国待遇

一、各缔约方在准入、设立、获得、扩大、管理、经营、运营、维护、使用、清算、出售或对投资其他形式的处置方面，应当给予另一缔约方投资者及其相关投资，不低于其在同等条件下给予任何其他缔约方或第三国投资者及/或其投资的待遇。

二、尽管有第一款的规定，如果一缔约方依据任何其为成员的将来的协定或安排，给予另一缔约方或第三国投资者及其投资更优惠的待遇，其没有义务将此待遇给予另一缔约方的投资者及其投资。但是，经另一缔约方要求，该缔约方应给予另一缔约方充分的机会，商谈其间的优惠待遇。

三、尽管有第一款和第二款的规定，此待遇不包括：

（一）在任何现存与非缔约方的双边、地区及国际协定或任何形式的经济或区域合作中，给予投资者及其投资的任何优惠待遇；

（二）在东盟成员国之间及一缔约方同其单独关税区之间的任何协定或安排中，给予投资者及其投资的任何现有或未来优惠待遇。

四、为进一步明确，本条规定的义务不包含要求给予另一方投资者除本章规定内容以外的争端解决程序。

第六条　不符措施

一、第四条（国民待遇）和第五条（最惠国待遇）不适用于：

（一）任何在其境内现存的或新增的不符措施；

（二）任何第（一）项所指不符措施的延续或修改。

二、各方应当尽力逐步消除不符措施。

三、各方应根据第二十四条（审议）展开讨论，以推进第二条第（一）项和第二条第（五）项中的目标。在根据第二十二条（机构安排）设立的机构监督下，各方应尽力实现上述目标。

第七条　投资待遇

一、各缔约方应给予另一方投资者的投资公平和公正待遇，提供全面保护和安全。

二、为进一步明确：

（一）公平和公正待遇是指各方在任何法定或行政程序中有义务不拒绝给予公正待遇；

（二）全面保护与安全要求各方采取合理的必要措施确保另一缔约方投资者投资的保护与安全。

三、违反本协议其他规定或单独的国际协定的决定，并不构成对本条的违反。

第八条　征收

一、任何一缔约方不得对另一缔约方投资者的投资实施征收、国有化或采取其他等同措施（“征收”），除符合下列条件：

（一）为公共目的；

（二）符合可适用的国内法包括法律程序；

（三）以非歧视的方式实施；

（四）按照第二款规定给予补偿。

二、此补偿应以征收公布时或征收发生时被征收投资的公平市场价值计算，孰为先者作准。补偿应允许以可自由兑换货币从东道国自由转移。补偿的偿清和支付不应有不合理的拖延。公平市场价值不应因征收事先被公众所知而发生任何价值上的变化。

三、一旦发生拖延，补偿应包括按主要商业利率计算的从征收发生日起到支付日之间的利息。包括应付利息在内的补偿，应当以原投资货币或应投资者请求以可自由兑换货币支付。

四、尽管有第一段、第二段和第三段的规定，任何相关土地征收的措施，应由各缔约方各自现有的国内法律、法规及任何修正案进行解释，对于补偿金额也应依据上述法律、法规解释。

五、对于一缔约方所征收的法人财产，若该法人为根据其法律、法规以股份形式组成或建立，且另一缔约方的投资者拥有其中股份，本条前述几款的规定应适用，以保证支付给此投资者的补偿符合其所征收财产的利益。

六、本条不适用于根据 WTO 协定附件 1C《与贸易有关的知识产权协定》给予的与知识产权相关的强制许可。

第九条　损失补偿

一缔约方投资者在另一缔约方境内的投资，如果因另一方境内战争或其他武装冲突、革命、国家紧急状态、叛乱、起义或骚乱而遭受损失，则另一缔约方在恢复原状、赔偿、补偿和其他解决措施方面，在同等条件下，给予该投资者的待遇不应低于其给予任何第三国投资者或本国国民的待遇，并从优适用。

第十条　转移和利润汇回

一、任一缔约方应允许任何其他方投资者在该缔约方境内的投资的所有转移，能以转移当日外汇市场现行汇率兑换为可自由兑换货币，允许此类转移不延误地自由汇入或汇出该方领土。此类转移包括：

（一）初始投资，及任何用于保持或扩大投资的追加资本；

（二）任何其他缔约方投资者的任何投资所产生的净利润、资本所得、分红、专利使用费、许可费、技术支持、技术及管理费、利息及其他现金收入；

（三）任何其他缔约方投资者的任何投资的全部或部分销售或清算所得款项，或减少投资资本所得款项；

（四）一缔约方投资者偿付任何其他方投资者的借款或贷款，只要各缔约方已认定其为投资；

（五）任何其他缔约方自然人的净收入和其他补偿，该自然人受雇佣并允许从事与在该方境内投资相关的工作；

（六）依据任何其他缔约方投资者或其投资所订立合同进行的支付，包括依据贷款业务进行的支付；

（七）依据第八条（征收）和第九条（损失补偿）进行的支付。

二、各方给予第一款所述转移的待遇，在同等条件下，应等同于任何其他缔约方或第三国投资所产生的转移。

三、尽管有第一款和第二款的规定，一缔约方在公平、非歧视和善意实施其与下列内容相关的法律法规基础上，可以阻止或延迟某一项转移，包括：

（一）破产，丧失偿付能力或保护债权人权利；

（二）未履行东道方的关于证券、期货、期权或衍生产品交易的转移要求；

（三）未履行税收义务；

（四）刑事犯罪和犯罪所得的追缴；

（五）社会安全、公共退休或强制储蓄计划；

（六）依据司法判决或行政决定；

（七）与外商投资项目停业的劳动补偿相关的工人遣散费；

（八）必要时用于协助执法或金融管理机构的财务报告或转移备案记录。

四、为进一步明确，本条前述各款所指的转移应遵守各自外汇管理国内法律和法规所规定的相关程序，只要此类法律和法规不被用做规避缔约方本协议义务的手段。

五、本协议的任何规定不得影响各方作为国际货币基金组织成员在《国际货币基金协定》项下的权利和义务，包括采取符合《国际货币基金协定》的汇兑行动，但是一方不得对任何资本交易设置与其在本协议中具体承诺不一致的限制，但以下情形除外：

（一）依据第十一条（国际收支平衡保障措施）；

（二）应国际货币基金组织的要求；

（三）在特殊情形下，资本的流动导致相关缔约方严重的经济或金融动荡，或存在导致上述情况的威胁。

六、根据第五款第（三）项所采取的措施（为进一步明确，为维持汇率稳定包括为防止投机资本流动而采取或维持的任何措施，不应以保护某一特定部门为目的）。

（一）应与《国际货币基金组织协定》条款相一致；

（二）不得超过处理第五款第（三）项所指情况所必需的程度；

（三）应是暂时的，并在其设立和维持不再具有合理性时予以取消；

（四）应尽早通知其他缔约方；

（五）应使任何一方所获待遇不低于任何其他方或非缔约方所获待遇；

（六）应在国民待遇的基础上实施；

（七）应避免对其他缔约方的投资者、所涉投资和商业、经济和财政利益造成不必要的损害。

第十一条　国际收支平衡保障措施

一、若发生国际收支严重不平衡、外部金融困难或威胁，一缔约方可采取或保留投资限制措施，包括与此类投资相关的支付和转移。认识到缔约方在经济发展过程中面临的保持国际收支平衡的特别压力，可在必要时采取限制措施或其他方式，确保维持适当的外汇储备水平以实施其经济发展计划。

二、第一段所指的限制措施应：

（一）与国际货币基金组织协议的条款相一致；

（二）在缔约方之间没有歧视；

（三）避免对任何其他缔约方的商业、经济和金融利益造成不必要的损害；

（四）不超越处理第一段所描述情形的必要限度；

（五）属临时性的，并在第一段所述情形改善时逐步取消；

（六）给予任一其他缔约方的待遇不低于任何第三国。

三、一缔约方依据第一款采取或保留的任何限制措施，或对这些措施的任何修改，应及时通知所有其他缔约方。

第十二条　代位

一、如果任何一方或其指定的任何代理、机构、法定机构或公司，依照保险向其本国投资者就相关投资或其中任何一部分依据本协议形成的要求权进行了支付，其他相关方应当承认前述缔约方或其指定的任何代理、机构、法定机构或公司有资格代位履行其投资者的权利和要求权。代位权利或要求权不应超过投资者的原始权利或要求权。

二、如一方或其指定的任何代理、机构、法定机构或公司已向其投资者进行了支付，并已接管该投资者的权利及请求，则该投资者不得向另一方主张这些权利或请求，除非其得到授权，代表该方或进行支付的代理机构采取行动。

第十三条　缔约方间争端解决

2004 年 11 月 29 日于老挝万象签订的《中国—东盟全面经济合作框架协议争端解决机制协议》的规定，适用于本协议缔约方间争端解决。

第十四条　缔约方与投资者间争端解决

一、本条适用于一缔约方与另一缔约方的投资者之间产生的，涉及因前一缔约方违反本协议第四条（国民待遇）、第五条（最惠国待遇）、第七条（投资待遇）、第八条（征收）、第九条（损失补偿）、第十条（转移和利润汇回），通过对某一投资的管理、经营、运营、销售或其他处置等行为给投资者造成损失或损害的投资争端。

二、本条不适用于：

（一）在本协议生效前，已发生的事件引发的投资争端、已解决的投资争端或者已进入司法或仲裁程序的投资争端；

（二）争端所涉投资者拥有争端所涉缔约方的国籍或公民身份的情况。

三、争端所涉方应尽可能通过磋商解决争端。

四、如果按第三款规定提出磋商和谈判的书面请求后 6 个月内，争端仍未解决，除非争端所涉方另行同意，则应当根据投资者的选择，将争端：

（一）提交有管辖权的争端缔约方法院或行政法庭；

（二）如果争端所涉缔约方和非争端所涉缔约方均为国际投资争端解决中心公约的成员，则可根据《国际投资争端解决中心公约》及《国际投资争端解决中心仲裁程序规则》提交仲裁；

（三）如果争端所涉缔约方和非争端所涉缔约方其中之一为国际投资争端解决中心公约的成员，则可根据国际投资争端解决中心附加便利规则提交仲裁；

（四）根据《联合国国际贸易法委员会的规则》提交仲裁；

（五）由争端所涉方同意的任何其他仲裁机构或根据任何其他仲裁规则进行仲裁。

五、在一争端已被提交给合格的国内法院的情况下，所涉投资者如果在最终裁决下达前从国内法院撤回申请，可将其提交给国际争端解决机构。对于印尼、菲律宾、泰国和越南，一旦投资者将争端提交给其合格的法院和行政法庭，或根据本条第四款第（二）项、第（三）项、第（四）项或第（五）项规定的仲裁程序之一，则选定的程序是终局性的。

六、与本条内容保持一致，根据如上第四款第（二）项、第（三）项、第（四）项或第（五）项将争端提交调解或仲裁，应取决于：

（一）将争端提交调解或仲裁发生在争端所涉投资者知道，或者在合理情况下应当知道对本协议义务的违反对其或其投资造成损失或损害之后的 3 年内；

（二）争端所涉投资者在提交请求 90 日前以书面方式将他（或她）欲将此争端提交调解或仲裁的意愿通知争端所涉缔约方。争端所涉缔约方收到通知后，可要求争端所涉投资者在提交争端前根据第四款第（二）项、第（三）项、第（四）项或第（五）项完成其国内法规规定的国内行政复议程序。通知应：

1. 指定第四款第（二）项、第（三）项、第（四）项或第（五）项之一作为争端解决法庭，在第四款第（二）项的情况下，指明是寻求调解或是仲裁；

2. 在第四款所指的任何争端所涉法庭上，放弃其发起或进行任何程序（不包括第七款所指的中期保护措施的程序）的权利；

3. 简要总结本协议（包括被认为所违反的条款）项下争端所涉缔约方被认为违反规定的情况，以及对投资者或其投资造成的损失或损害。

七、任何缔约方不得阻止争端所涉投资者，在第四款所指任何争端解决机制的程序之前，寻求过渡性保护措施，以保护其权利和利益，只要该措施不涉及需争端缔约方法院判决和行政裁决的伤害补偿和争端实质问题的解决。

八、任何缔约方不得对其投资者和任一其他缔约方依照本条应同意提交或已提交调解或仲裁的相关争端，提供外交保护或国际要求，除非此缔约方对此争端未能遵守所做出的裁定。对于本款，外交保护不包括为便利一项争端解决的单一目的进行的非正式外交交涉。

九、当一投资者提出争端缔约方采取或执行税收措施已违背第八条（征收），应争端缔约方请求，争端缔约方和非争端缔约方应举行磋商，以决定争议中的税收措施是否等效于征收或国有化。任何依照本协议设立的仲裁庭应根据本款认真考虑缔约双方的决定。

十、如缔约双方未能启动此类磋商，也未能在自收到第四款所指的磋商请求的 180 天内，决定此类税收措施是否等效于征收或国有化，则不应阻止争端所涉投资者根据本条款将其要求提交仲裁。

第十五条　利益的拒绝

一、经事先通知及磋商，一方可拒绝将本协议的利益给予：

（一）另一方投资者，如果该投资是由非缔约方的人拥有或控制的法人进行的，且该法人在另一方境内未从事实质性商业经营；

（二）另一方投资者，如果该投资是由拒绝给予利益一方的人拥有或控制的法人进行的。

二、尽管有第一款规定，对于泰国，根据其适用的法律和/或法规，可以拒绝将与投资准入、设立、收购和扩大相关的本协议利益给予作为另一方法人的投资者或此类投资者的投资，如果泰国确定该法人被一非缔约方或拒绝给予利益方的自然人或法人所控制或拥有。

三、在不影响第一款的前提下，菲律宾可拒绝将本协议利益给予另一方的投资者和该投资者的投资，如果其确定该投资者所设投资违反了名为“惩治规避某些权利、特权或优先权的国有化法行为的法案”的《第 108 号联邦法案》，该法案由第 715 号总统令修订，并可经修订称作《反欺诈法》。

第十六条　一般例外

一、在此类措施的实施不在情形类似的缔约方、缔约方的投资者或投资者的投资之间构成任意或不合理歧视的手段，或构成对任何一方的投资者或其设立的投资的变相限制的前提下，本协议的任何规定不得解释为阻止任何成员采取或实施以下措施：

（一）为保护公共道德或维护公共秩序所必需的措施；

（二）为保护人类、动物或植物的生命或健康所必需的措施；

（三）为使与本协议的规定不相抵触的法律或法规得到遵守所必需的措施，包括与下列内容有关的法律或法规：

1. 防止欺骗和欺诈行为或处理服务合同违约而产生的影响；

2. 保护与个人信息处理和传播有关的个人隐私及保护个人记录和账户的机密性；

3. 安全。

（四）旨在保证对任何一方的投资或投资者公平或有效地课征或收取直接税；

（五）为保护具有艺术、历史或考古价值的国宝所采取的措施；

（六）与保护不可再生自然资源相关的措施，如这些措施与限制国内生产或消费一同实施。

二、对于影响提供金融服务的措施而言，WTO 协议附件 1B GATS 关于金融服务的附件第二款（国内规制），经必要调整后并入本协议，构成协议的一部分。

第十七条　安全例外

本协议的任何规定不得解释为：

（一）要求任何一方提供其认为如披露会违背其基本安全利益的任何信息；

（二）阻止任何一方采取其认为对保护基本安全利益所必需的任何行动，包括但不限于：

1. 与裂变和聚变物质或衍生这些物质的物质有关的行动；

2. 与武器、弹药和作战物资的贸易有关的行动，及与此类贸易所运输的直接或间接供应军事机关的其他货物和物资有关的行动；

3. 为保护关键的公共基础设施免受使其丧失或降低功能的故意袭击行动；

4. 战时或国内或国际关系中其他紧急情况下采取的行动。

（三）阻止一方为履行其在《联合国宪章》项下的维护国际和平与安全的义务而采取的任何行动。

第十八条　其他义务

一、若任何一方在协议实施之时或此之后的法律或缔约方之间的国际义务使得另一方投资者的投资所获地位优于本协议下所获地位，则此优惠地位不应受本协议影响。

二、各方应遵守其对另一方投资者的投资业已做出的任何承诺。

第十九条　透明度

一、为实现本协议的目标，各方应：

（一）发布在其境内关于或影响投资的所有相关法律、法规、政策和普遍使用的行政指南；

（二）及时并至少每年向其他方通报显著影响其境内投资或本协议下承诺的任何新的法律或现有法律、法规、政策或行政指南的任何变化；

（三）建立或指定一个咨询点，其他方的任何自然人、法人或任何人可要求并及时获取第（一）项和第（二）项下要求公布的与措施相关的所有信息；

（四）至少每年一次通过东盟秘书处向其他方通报该方作为缔约方的任何未来的给予任何优惠待遇的投资相关协议或安排。

二、本协议的任何规定不得要求一方提供或允许接触机密信息，披露此类信息会阻碍法律实施、违背公共利益或损害特定法人、公众或私人的合法商业利益。

三、根据第一款的所有通报和通信应使用英文。

第二十条　投资促进

在其他方面，缔约方应合作采取以下措施加强中国—东盟投资地区意识：

（一）增加中国—东盟地区投资；

（二）组织投资促进活动；

（三）促进商贸配对活动；

（四）组织并支持机构举行形式多样的关于投资机遇和投资法律、法规和政策的发布会和研讨会；

（五）就与投资促进和便利化相关的互相关心的其他问题开展信息交流。

第二十一条　投资便利化

在其他方面，缔约方应按照其法律法规，在中国和东盟间开展以下投资便利化合作：

（一）为各类投资创造必要环境；

（二）简化投资适用和批准的手续；

（三）促进包括投资规则、法规、政策和程序的投资信息的发布；

（四）在各个东道方建立一站式投资中心，为商界提供包括便利营业执照和许可发放的支持与咨询服务。

第二十二条　机制安排

一、鉴于常设机构尚未建立，由中国—东盟经济高官会支持与协助的中国—东盟经济部长会应监督、指导、协调并审议本协议的实施。

二、东盟秘书处应监控并向中国—东盟经济高官会报告协议的实施情况。所有缔约方应在履行东盟秘书处职责方面与秘书处进行合作。

三、各方应指定一个联系点，促进缔约方间就本协议涵盖的任何事务开展交流。应一方要求，被要求方的联系点应指明某事务的办事机构或负责人员，便利与要求方的交流。

第二十三条　与其他协议的关系

本协议不得减损一方作为任何其他国际协议缔约方的现有权利和义务。

第二十四条　一般审议

中国—东盟经济部长会或其指定代表应在协议实施之日起一年内召开会议，之后应每两年或在其他适当时候召开会议，审议本协议，以推进第二条（目标）所设定的目标。

第二十五条　修订

缔约方可书面修订本协议，此类修订应在缔约方同意的日期生效。

第二十六条　交存

对于东盟成员国，本协议应交存于东盟秘书长，东盟秘书长应及时向每一个东盟成员国提供一份经核证的副本。

第二十七条　生效

一、本协议自签订之日起 6 个月生效。

二、缔约方承诺完成使本协议生效的国内程序。

三、如一缔约方未能在签订之日起 6 个月内完成使协议生效的国内程序，该缔约方依照本协议的权利与义务应自其完成此类国内程序之日后 30 天开始。

四、一缔约方一俟完成使本协议生效的国内程序，应书面通知其他缔约方。

下列代表经各自政府正式授权，特签订《中华人民共和国政府与东南亚国家联盟成员国政府全面经济合作框架协议投资协议》，以昭信守。

本协议于二〇〇九年八月十五日在泰国曼谷签订。

（来源：中华人民共和国商务部网站. http://tradeinservices. mofcom. gov. cn/b/2009－08－15/76314. shtml. 2009—08—15）

## 第十二届东盟＋中日韩财长会联合声明

（2009 年 5 月 3 日，印尼巴厘岛）

### 前言

一、我们东盟、中国、日本和韩国（10＋3）财长在印度尼西亚巴厘岛召开了第十二届财长会。泰国财长功·扎迪瓦尼阁下和韩国财长尹增铉阁下联合主持了会议。亚洲开发银行行长和东盟秘书长参加了会议。

二、我们就区域经济金融形势与政策交换了意见，审议了清迈倡议多边化、亚洲债券市场倡议（ABMI）、10＋3 研究小组等区域财金合作倡议进展情况，并探讨了如何进一步加强这些倡议活动以提高其效率，扩大积极影响。

三、我们高兴地宣布我们已就区域外汇储备库的全部主要要素达成一致，清迈倡议多边化取得了重大进展。

四、我们注意到，尽管亚洲各经济体自 1997 年亚洲金融危机以来一直保持稳健增长，目前却正面临着全球经济急剧收缩所带来的严峻挑战。全球经济进一步放缓，金融市场过度规避风险，对本地区贸易和投资造成了负面影响。我们也注意到金融形势进一步恶化和保护主义抬头等下行风险所带来的挑战。因此，在当前全球形势下，各国应进一步共同努力，增强市场信心，维护金融稳定，防止经济继续下滑。此外，我们须警惕新型流感（H1N1）蔓延可能带来的潜在威胁。

五、2009年4月2日的伦敦峰会取得了一系列成果，承诺要恢复经济增长和就业，加强金融监管，增强国际金融机构的资金实力，抵制保护主义，促进全球贸易和投资，确保各国恢复稳健、可持续的经济发展，对此我们表示欢迎。通过强化基础设施、促进贸易平衡和解决发展问题，多边开发银行在恢复经济增长方面发挥了重要作用。我们重申要尽快实施亚洲开发银行（亚行）第五次普遍增资，并期望亚行新增资本能够得到合理使用，发挥亚行在亚洲的作用，尤其是在当前全球经济下滑时的促进作用。

六、我们也欢迎各成员国为维护金融市场稳定、恢复经济发展所共同采取的经济刺激方案等积极的政策措施。此外，在当前国际经济形势动荡的情况下，我们认为应以合作和负责任的态度执行有关经济政策，以保证本地区经济恢复增长。我们一致认为要加强各国的金融体系建设，促进区域内资金流动，进一步推动区域财金合作以维护本地区的金融稳定和提振市场信心。

七、清迈倡议（CMI）。我们已就包括各国出资份额、借款额度和监测机制在内的区域外汇储备库全部主要要素达成一致。区域外汇储备库是10＋3成员间的互助框架，其主要要素符合清迈倡议的两个核心目标，即解决本区域短期流动资金困难和弥补现有国际融资安排的不足。

八、我们同意在2009年年底前正式建立区域外汇储备库。为此，我们指示10＋3副手们尽快商定区域外汇储备库的法律文本、运作细节和执行计划。

九、我们同意尽快建立独立的区域监测机构，对区域经济形势进行监测和分析，并为区域外汇储备库的决策机制提供支持。在初始阶段，我们同意设立专家咨询委员会，与亚洲开发银行和东盟秘书处一道加强现有监测机制，为区域外汇储备库的监测工作夯实基础。此外，我们欢迎中国香港加入区域外汇储备库。

十、亚洲债券市场发展倡议（ABMI）。我们强调，ABMI在促进本币债券市场发展、推动本地区储蓄用于区域债券市场发展方面发挥了重要作用。我们同意按照伦敦峰会所达成的成果改进ABMI路线图。

十一、我们支持以亚行信托基金的形式建立区域信用担保与投资机制（CGIM）。CGIM初始资金为5亿美元，以后可以根据实际需要继续扩大规模。CGIM旨在支持区域内公司发行本币债券。这一倡议将有助于促进区域债券市场的发展。10＋3工作层将围绕CGIM相关的一系列问题进一步开展研究，包括业务范围、杠杆比率以及国别投资上限等问题，以使CGIM能于2010年财长会前正式开始运作。

十二、此外，我们同意亚行为老挝政府在泰国发行跨境基础设施融资债券提供技术援助。我们还将研究区域内各成员相互开放本国证券市场的各种可能途径。我们注意到由私人部门代表组成的专家小组在探讨促进跨境债券交易和清算等方面所做的积极努力和取得的工作进展。

十三、10＋3研究小组。我们对研究小组就区域金融市场发展等相关课题所做的各项研究表示感谢。我们批准了研究小组2009～2010年度的两项研究课题：“促进东亚区域内贸易本币结算”和“加强银行流动性风险管理的监督与调控”。

十四、我们感谢泰国政府和韩国政府作为2009年10＋3财长会联合主席国对会议所做的精心安排，同时对东道主印度尼西亚政府的热情款待和积极合作表示感谢。

十五、我们同意于2010年在乌兹别克斯坦塔什干召开下届会议。中国和越南将担任2010年10＋3财长会机制的联合主席国。

附件：

1. 清迈倡议多边化的目的是：（1）解决本地区短期流动资金困难；（2）弥补现有国际融资安排的不足。

2. 该多边机制将以单一协议形式建立。清迈倡议多边化的总规模为1200亿美元，其中东盟国家和中、日、韩三国的出资比例为20：80。每个国家能借用的最大金额是其出资额乘以各自的借款乘数。

| 国家 | 出资（亿美元） | | 借款乘数 |
|---|---|---|---|
| 文莱 | 0.3 | | 5 |
| 柬埔寨 | 1.2 | | 5 |
| 中国 | 384 | 中国(不包括中国香港)342 | 0.5 |
| | | 中国香港42 | 2.5＊ |
| 印度尼西亚 | 47.7 | | 2.5 |
| 日本 | 384 | | 0.5 |
| 韩国 | 192 | | 1 |
| 老挝 | 0.3 | | 5 |
| 马来西亚 | 47.7 | | 2.5 |
| 缅甸 | 0.6 | | 5 |
| 菲律宾 | 36.8 | | 2.5 |
| 新加坡 | 47.7 | | 2.5 |
| 泰国 | 47.7 | | 2.5 |
| 越南 | 10.0 | | 5 |

＊中国香港的借款仅限于IMF脱钩部分，因为中国香港不是IMF成员。

3. 关于清迈倡议多边化的决策机制，重大问题将由10＋3成员协商一致决定；贷款问题将由多数票表决通过。

<table>
<tr><th></th><th>问题</th><th>决策规则</th></tr>
<tr><td>重大问题</td><td>审议（总规模、各方出资、借款乘数），重新接纳成员，成员资格，贷款条款等</td><td>协商一致</td></tr>
<tr><td rowspan="2">贷款问题</td><td>贷款</td><td rowspan="2">多数票</td></tr>
<tr><td>贷款展期、贷款违约</td></tr>
</table>

（来源：中华人民共和国财政部. http://www.mof.gov.cn/zhuantihuigu/12jiecaizhenghui/lijieshengming/200905/t20090508_141000.html. 2009—05—08）

## 东盟和中日韩（10+3）合作应对全球经济和金融危机联合新闻声明

东盟和中日韩于2009年6月3日在泰国曼谷发表《10+3合作应对全球经济和金融危机联合新闻声明》。以下为声明全文：

泰王国总理阿披实作为东盟主席和10+3合作协调人，经10+3国家领导人授权发表《10+3合作应对全球经济和金融危机联合新闻声明》。

10+3国家领导人忆及2008年10月24日在北京召开的10+3领导人特别会议，为此继续商讨当前全球经济和金融危机的影响及发展。

他们欢迎2009年3月1日东盟领导人在泰国昌安华欣发表的关于全球经济和金融危机的新闻声明，认为自1997～1998年亚洲金融危机以来，各国通过大力的结构性改革，亚洲经济基础显著改善。但是，全球经济下滑日益加深、金融市场风险转移加剧都对本地区贸易与投资产生严重不利影响。因此，各国需要加强共同努力，以增强自信，维护金融稳定，防止经济衰退。

他们欢迎2009年5月3日在印尼巴厘岛召开的第十二届10+3财长会取得的成果。在此次会议上，地区金融合作倡议取得实质性进展。

他们欢迎各成员国采取积极政策措施，包括经济和财政一揽子刺激方案，共同努力保持金融市场稳定和经济增长。

为加强区域合作，有效应对全球经济和金融危机，10+3领导人：

批准2009年2月22日在普吉召开的10+3特别财长会关于将清迈倡议多边化规模从800亿美元增至1200亿美元的决定，以及2009年5月3日在印尼巴厘岛召开的第十二届10+3财长会的成果。在此次会议上，各方就清迈倡议多边化所有主要要素达成共识。

强调清迈倡议多边化尽早实施的重要性，为此，欢迎第十二届10+3财长会关于2009年年底前实施清迈倡议多边化的共识。

支持财长们的建议，即作为过渡措施，现行双边货币互换安排网络应在地区自我救助机制中发挥全面作用，当10+3国家发生流动资金短缺和短期国际支付困难时可提供互助。

支持加强地区监测机制建设，尽快建立一个独立的地区监测机构，以有效实施清迈倡议多边化，监督地区和全球经济形势。

赞赏亚洲债券市场倡议路线图的现行努力，推动本币定价的债券市场发展，帮助拓展进入本地区债券市场的更多渠道。欢迎批准建立初始资金为5亿美元的区域信用担保和投资机制，以支持在本地区发行本币主导的公司债券。

承认多边发展银行在解决发展议程和支持地区基础设施建设和贸易融资领域的重要作用，因此呼吁亚洲开发银行尽早实施第五批全面增资，确保亚洲开发银行拥有适当的资金履行其在亚洲的职责，特别是在当今全球经济下滑的形势下。

责成各国财长密切关注本地区以及全球经济和金融稳定存在的风险，评估当前危机的影响，进一步提出强有力措施，全面、迅速应对危机。

一致认为应采取果断、协调和全面的宏观经济政策，应对全球经济减缓，责成财政部长和其他相关部长继续紧密合作，落实支持经济增长和保持金融稳定的政策。

责成相关部长探讨通过贸易便利化和贸易融资等措施促进地区贸易的方法，以及减轻危机影响的具体措施，包括社会安全网络计划和对中小企业进行支援。

注意到东亚自由贸易区倡议能进一步促进地区间贸易。因此，他们责成经济部长向2009年10月举行的第十二次10+3领导人会议提交东亚自贸区第二阶段可行性研究的最终报告。

重申致力于自由和公平贸易，坚决反对贸易保护主义措施，不设立新的贸易壁垒，与其他各方合作确保早日结束多哈回合谈判。

一致认为东盟引领的其他亚洲和亚太地区组织及论坛磋商机制，将对保护本地区免受未来地区与全球经济、金融危机影响作出贡献。

决定10+3国家将尽最大努力刺激本地区的经济增长和投资，从而与东亚峰会、亚太经合组织和二十国集团等其他合作框架一起为全球经济复苏作出贡献。

支持2009年4月2日伦敦峰会达成的共识，包括恢复信心、经济增长和就业，反对贸易保护主义，促进全球贸易与投资，加强金融监管以重建信任，改革国际金融机构，另外注资1.1万亿美元以加强全球金融流动性，决定采取必要的单边和集体举措以实现二十国集团致力于达到的目标。

二OO九年六月三日在泰国曼谷发表。

（来源：中华人民共和国外交部. http://chinaembassy.org.nz/chn/pds/ziliao/1179/t56 6096.htm. 2009—06—03）

## 中国—东盟自由贸易区论坛主席声明

2010年1月8日闭幕的中国—东盟自由贸易区论坛

发表了“主席声明”，全文如下：

2010年1月7日～8日，中国—东盟自由贸易区论坛在中国广西南宁举行。本次论坛由中国商务部、东盟10国经贸主管部门、菲律宾财政部、东盟秘书处和广西壮族自治区人民政府共同主办。来自中国和东盟国家的领导人、政府官员、企业学术界代表共400多人出席了论坛。本届论坛以“互利共赢，再创辉煌”为主题，围绕“贸易提振产业活力”、“投资共创经济繁荣”、“打造区域经济合作新亮点”三项议题进行了广泛交流，取得了积极成果。

一、会议回顾了中国—东盟自由贸易区的发展历程，强调中国—东盟自由贸易区在推动双边经贸关系发展、促进双向投资、为企业和人民带来更多福利等方面起到的积极作用。与会代表认为，在此次全球金融危机期间，双方通过认真履行自贸协定的义务，相互不断开放市场，携手应对挑战，反对贸易保护主义，推进中国—东盟自由贸易区建设，不仅进一步密切了双边经贸关系，还由此减轻了危机带来的消极影响，使中国和东盟的经济率先走出低谷，为世界经济复苏作出了贡献。双方应继续严格实施中国—东盟自由贸易区各项协议规定的义务，宣传并扩大中国—东盟自由贸易区的积极效应，鼓励企业用好中国—东盟自由贸易区提供的各项优惠政策，巩固中国—东盟自由贸易区建设取得的成果。

二、扩大中国—东盟贸易合作，提振区域产业活力。与会代表认为，推进贸易投资自由化、反对贸易和投资保护主义，促进中国—东盟贸易快速增长，符合各国的根本利益。区域内各国应根据已经达成的货物贸易、服务贸易制度安排，积极推进贸易便利化，把中国—东盟自由贸易区的优惠政策安排转化为实实在在的行动，利用好中国—东盟博览会等贸易促进平台，加强贸易合作，探索促进贸易与产业紧密结合的有效途径，通过贸易发展吸引各种生产要素在区域内加速流动，带动产业在区域内合理布局，优化区域供应链、价值链系统，推动区域产业结构升级，提升区域产业竞争力。

三、突出加强中国—东盟投资合作，共创区域经济繁荣。投资合作是中国—东盟自由贸易区建设的强大推动力。与会代表认为，区域内各国应进一步相互开放投资市场，推进投资便利化和逐步自由化，创造便利、透明及公平的投资环境，加快完善中国—东盟投资促进体制，加快开展重大项目合作，积极推进跨境经济合作区、产业园区等建设，打造无障碍投资增长区，扩大双向投资规模，使投资合作成为区域经济增长的新引擎。

四、全面推进中国—东盟交通合作，共同增强区域连通性。交通基础设施是区域发展的脊梁。与会代表认为，区域内各国应该继续共同努力，协调促进有关交通基础设施技术标准的对接与统一，加快区域内港口、干线铁路、高等级公路、枢纽机场等基础设施建设，特别是加快推进泛亚铁路东线和南宁—新加坡高等级公路、铁路建设。要继续推进区域运输便利化和规范化，互换跨境交通运输权限，统一运输标准和规范，在口岸实施单一窗口和一站式联检服务，使相邻国家的货物和人员运输工具能直通对方境内目的地，增强区域连通性，充分发挥交通在支持可持续经济发展方面的作用。

五、扎实推进中国—东盟次区域合作，打造成为中国—东盟合作的新亮点。次区域合作是《中国—东盟全面经济合作框架协议》的重要内容。与会代表认为，中国和东盟各国应继续推进东盟东部增长区、大湄公河、泛北部湾等次区域合作，建立和完善次区域合作机制，落实次区域合作相关行动计划，在优先领域启动一批重大合作项目，促进各次区域之间的相互借鉴、相互协作、相互促进，把次区域合作打造成为中国—东盟合作的新亮点，推进中国—东盟自由贸易区向更高阶段发展。

（来源：新华网. http://www.gx.xinhua.org/topic/2010—01/08/content_18718401.htm.2010—01—08）

# 附　录

## 中国驻东盟各国大使馆

（名称/大使/地址/电话/电子邮箱/网址）

**驻文莱达鲁萨兰国大使馆**/闵永年（Min Yongnian）/NO. 1，3，5 SIMPANG 462，KAMPUNG SUNGAI HANCHING BARU，JALAN MUARA，BC2115，BANDAR SERI BEGAWAN，BRUNEI DARUSSALAM/00673—2—334163；335710（传真）/EMBPROC@BRUNET. BN，BN@MOFCOM. GOV. CN/http：//bn. china—embassy. org

**驻柬埔寨王国大使馆**/潘广学（Pan Guangxue）/No. 156，Blvd Mao Tsetung，Phnom Penh，Cambodia?/00855—12810928，12901923；00855—23—720922（传真）/chinaemb _ kh@mfa. gov. cn/http：//kh. china—embassy. org

**驻印度尼西亚共和国大使馆**/章启月（女）（Zhang Qiyue）/JL. MEGA KUNINGAN NO. 2 JAKARTA SELATAN 12950 INDONESIA/0062—21—5761037；5761038（传真）/administrative@chnemb. or. id/http：//id. china—embassy. org

**驻老挝人民民主共和国大使馆**/布建国（女）（Bu Jianguo）/WAT NAK ROAD，SISATTANAK，VIENTIANE，LAO P. D. R. /00856—21—315100；315104（传真）/CHINAEMB _ LA@MFA. GOV. CON

**驻马来西亚大使馆**/柴玺（Chai Xi）/229，JALAN AMPANG，50450 KUALA LUMPUR，MALAYSIA，50450（邮编）/00603—21411729，21447652；21414552，21453924（传真）/CHINAEMBMY@MFA. GOV. CN/http：//my. china—embassy. org/chn/

**驻缅甸联邦大使馆**/叶大波（Ye Dabo）/NO. 1 PYIDAUNGSU YEIKTHA ROAD，YANGON，UNION OF MYANMAR/0095—1—221280，221281；227019（传真）/chinaemb _ mm@mfa. gov. cn/http：//mm. china—embassy. org

**驻菲律宾共和国大使馆**/刘建超（Liu Jianchao）/4896 Pasay Road，Dasmarinas Village，Makati，Metro Manila，the Philippines/0063—2—8443148，8437715（总机）；8452465（传真）/chinaemb _ ph@mfa. gov. cn/http：//ph. china—embassy. org

**驻新加坡共和国大使馆**/魏苇（Wei Wei）/东陵路 150 号新加坡 247969 邮区，247969（邮编）/（0065）64180252，67344737；64793250（传真）/chinaemb _ sg@mfa. gov. cn/http：//www. chinaembassy. org. sg

**驻泰王国大使馆**/管木（Guan Mu）/57 RACHADAPISAKE ROAD HUAY KWANG，BANGKOK 10310，THAILAND/0066—2—2457044；2468247（传真）/chinaemb _ th@mfa. gov. cn/http：//www. chinaembassy. or. th

**驻越南社会主义共和国大使馆**/孙国祥（Sun Guoxiang）/46 HOANG DIEU ROAD，HANOI，VIETNAM，P. O. BOX 13（信箱）/00844—38453736；38232826（传真）/chinaemb _ vn@mfa. gov. cn/http：//vn. china—embassy. org

（来源：中华人民共和国外交部网站．http：//www. fmprc. gov. cn/chn/pds/wjb/zwjg/zwsg/yz/. ）

## 东盟各国驻中国外交机构

（名称/大使/地址/电话/电子邮箱）

**文莱达鲁萨兰国驻华大使馆**/张慈祥（H. E. Mrs. Magdalene Teo）/北京市朝阳区亮马桥北街 1 号 North Street 1，Liang Ma Qiao，Chaoyang District/010—65329773，65329776，65324093；65324097（传真）

**柬埔寨王国大使馆**/凯·西索达（H. E. Mrs. Khek Caimealy Sysoda）/北京市东直门外大街 9 号 No. 9，Dongzhimenwai Dajie/010—65321889；65323507（传真）/cambassy@public2. bta. net. cn

**印度尼西亚共和国驻华大使馆**/苏德加（H. E. Mr. Sudrajat）/北京市朝阳区东直门外大街 4 号 No. 4，Dong Zhi Men Wai Da Jie，Chaoyang District/010－65325486－88，65325489；65325368，65325782（传真）/set. indonesia. kbri@deplu. go. id

**老挝人民民主共和国驻华大使馆**/维吉·欣达翁（H. E. Mr. Vichit Xindavong）/北京市三里屯东四街 11 号 No. 11，Dong Si Jie，San Li Tun/010－65321224；65326748（传真）

**马来西亚驻华大使馆**/伊斯甘达·萨鲁丁（H. E. Mr. Iskandar Sarudin）/北京市朝阳区亮马桥北街 2 号，100600（邮编）No. 2，Liang Ma Qiao Bei Jie，Chaoyang District，100600/010－65322531；65325032（传真）/mwbjing@kln. gov. my

**缅甸联邦驻华大使馆**/吴登伦（H. E. Mr. Thein Lwin）/北京市东直门外大街 6 号 No. 6，Dong Zhi Men Wai Da Jie，Chaoyang District/010－65320359，65320360；65320408（传真）/info@myanmarembassy. com

**菲律宾共和国驻华大使馆**/民尼迪托（H. E. Mr. Francisco L. Benedicto）/北京市建国门外秀水北街 23 号，100600，23 Xiu Shui Bei Jie，Jian Guo Men Wai，100600/010－65321872；65323761（传真）/Philemb _ beijing@ yahoo. com

**新加坡共和国驻华大使馆**/陈燮荣（H. E. Mr. Chin Siat Yoon）/北京市朝阳区建国门外秀水北街 1 号，100600（邮编）No. 1 Xiu Shui Bei Jie，Jian Guo Men Wai，Chao Yang District，100600/010－65321115；65329405（传真）

**泰王国驻华大使馆**/马纳塔（H. E. Mr. Rathakit Manathat）/北京市光华路 40 号，100600 NO. 40，Guang Hua Lu，100600/010－65321749；65321748（传真）/thaibej @public. bta. net. cn

**越南社会主义共和国驻华大使馆**/阮文诗（H. E. Mr. Nguyen Van Tho）北京市建国门外光华路 32 号 NO. 32，Guang Hua Lu，Jian Guo Men Wai/010－65321155；65325720（传真）

（来源：中华人民共和国外交部网站）

## 中国驻东盟各国总领馆

（名称/总领事/地址/电话/电子邮箱）

**驻古晋总领馆（马来西亚）**/谢福根（Xie Fugen）/马来西亚砂捞越州古晋市王长水路 10 段 276 号/0060－82－240344；0060－82－232344（传真）/zhicun@tm. net. my

**驻曼德勒总领馆（缅甸）**/唐英（Tang Ying）/YADANAR LANE，YANGYI AUNG ROAD/00952－34457；00952－35944（传真）/chinaconsul _ man _ mm@ mfa. gov. cn/http://mandalay. china－consulate. org（网址）

**驻宿务总领馆（菲律宾）**/何时敬（He Shijing）/Cebu Fil－Chinese Volunteers Fire Brigade Building，Don Julio Llorente Street，Barangay Capitol Site，Cebu City 6000，Philippines/0063－32－2563422，2563455；2563499（传真）chinaconsul _ cb _ ph@ mail. mfa. gov. cn/http://cebu. china－consulate. org(网址)

**驻宋卡总领馆（泰国）**/王灿芬（Wang Canfen）/NO. 9，SADAO ROAD，AMPUR MUANG，SONGKHLA，90000（邮编）/0066－74－322034；323772（传真）/chinaconsul _ skh _ th@mfa. gov. cn

**驻清迈总领馆（泰国）**/祝伟敏（Zhu Weimin）/泰国清迈昌罗路 111 号（No. 111，CHANGLO ROAD，CHIANGMAI 50000，THAILAND）/6653－276125；274614（传真）/http://chiangmai. chineseconsulate. org(网址)

**驻胡志明市总领事馆（越南）**/许明亮（Xu Mingliang）/39 NGUYEN THI MINH KHAI STREET，DISTRICT 1，HO CHI MINH CITY，VIETNAM/00848－8292457；8295009（传真）/chinaconsul _ hcm _ vn@mfa. gov. cn

（来源：中华人民共和国外交部网站．http://www. fmprc. gov. cn/chn/pds/wjb/zwjg/zwzlg/yz/）

## 东盟国家贸促机构与商协会通讯录

| 国家 | 机构名称 | 地址 | 电话、传真 | 电邮、网址 |
|---|---|---|---|---|
| 文莱 | 文莱国家工商会 | No. 1，Block D，Beribi Industrial Complex 1，Kg. Beribi BE 1119 Negara Brunei Darussalam | Tel：00673－2433750<br>Fax：00673－2422751，2237843 | E-mail：sybas@brunet. bn |
|  | 文莱斯市中华总商会 | 72 Jalan Robert 2/3/4 Floor，Bandar Seri Begawan BS8811，Brunei Darussalam | Tel：00673－2235495<br>Fax：00673－2235492 | E-mail：ccc@brunet. bn |

续表

| 国家 | 机构名称 | 地址 | 电话、传真 | 电邮、网址 |
|---|---|---|---|---|
| 柬埔寨 | 商业部 | Russian Federation Blvd.，Toeuk Thla Village，Sangkat Toeuk Thla，Khan Sen Sok，Phnom Penh，Cambodia | Tel：023—866469<br>Fax：023—866469 | E-mail：moccab@moc.gov.kh/moccabdir@yahoo.com<br>http：//www.moc.gov.kh |
| | 中国商会 | 金边市106街19号（捷运旅游集团大厦2楼） | Tel：023—986937 | E-mail：sinocam@hotmail.com |
| | 柬埔寨金边总商会 | no.7B the corner of Road no.81—109，sangkat boeung Raing，khan daun penh，phnom phenh | Tel：00855—23—212265<br>Fax：00855—23—212270 | |
| 印尼 | 印尼中华总商会 | 23rd Fl.，Tower A Landmark Building Tower，Jl.Jend.Sudirman Kav.1，Jakarta 12190，Indonesia | Tel：0062—21—5209393<br>Fax：0062—21—5202680 | |
| | 印尼工商会 | Menara Kadin Indonesia 29th FloorJl. H.R.Rasuna Said X— 5Kav.2—3，Jakarta 12950 | Tel：0062—21—5274485，9165535<br>Fax：0062—21—5274486 | E-mail：inquiry@kadinnet.com<br>http：//www.kadinnet.com |
| | 印中商务理事会 | Gedung Pusat Niaga Lt.4，Arena PRJ Kemayoran，Jakarta 10620 Indonesia | Tel：0062—21—3910947<br>Fax：0062—21—6678353，6612338 | |
| | 印尼工贸部出口促进局 | ITC Building，Jl.Abdul Muis No.8，Jakarta 10180，Indonesia | Tel：0062—21—3800654<br>Fax：0062—21—38558850 | E-mail：kabpen@dprin.go.id<br>E-mail：kabpen@nafed.go.id<br>http：//www.nafed.go.id |
| 老挝 | 老挝国内外投资促进管理局 | Luang Prabang Road，Vientiane，Laos | Tel：00856—21—217005<br>Fax：00856—21—215491 | E-mail：fimc@laotel.com<br>http：//www.invest.laopdr.org |
| | 老挝工商会 | Rue Ponexay Post Box 4596 Vieentiane | Tel：00856—21—414383<br>Fax：00856—21—414383 | |
| 马来西亚 | 国际贸易及工业部 | Block 10，Kompleks Pejabat—Pejabat Kerajaan，Jalan Duta，50622 Kuala Lumpur | Tel：0060—3—62033022<br>Fax：0060—3—62012337 | http：//www.miti.gov.my |
| | 马来西亚中华工商联合会 | Lot 6.05 & 6.06，6th Floor，Menara Promet，Jalan Sultan Ismail，50250 Kuala Lumpur | Tel：0060—3—21452503，21452653<br>Fax：0060—3—21452562，21457819 | E-mail：acccim@acccim.org.my<br>http：//www.acccim.com.my |
| | 马来西亚中国经济贸易总商会 | No.10—11，13th Floor，Sun Complex，Jln Bukit Bintang，55100 Kuala Lumpur | Tel：0060—3—21411278<br>Fax：0060—3—21411406 | E-mail：sino@tm.net.my<br>http：//www.malaysia—china.com.my |
| | 马来西亚国家工商会 | 37，Jln Kia Peng，50450 Kuala Lumpur | Tel：0060—3—21419600<br>Fax：0060—3—21413775 | E-mail：enquiry@nccim.org.my<br>http：//www.nccim.org.my |
| 缅甸 | 缅甸中国企业商会商务中心 | Room 0305，Business Suite，Sedona Hotel，Yangon，Myanmar | Tel：0095—1—666900—7904<br>Fax：0095—1—666900—7904 | E-mail：dongbobo@myanmar.com.mm |
| | 缅甸联邦商业和工业联合会 | 504—506，Merchant St.，Kyauktada TSP，Yangon，Myanmar | Tel：0095—1—246495，243151<br>Fax：0095—1—248177 | E-mail：umcci@mptmail.net.mm<br>http：//www.umfcci.com.mm |
| | 缅甸华商商会 | No.1—5，Shwe Dagon Pagoda Road，Latha Tsp.，Yangon | Tel：0095—1—246076 | |

续表

| 国家 | 机构名称 | 地址 | 电话、传真 | 电邮、网址 |
|---|---|---|---|---|
| 菲律宾 | 菲律宾工商联合会 | G/F，Philippine International Convention Center，East Wing，Secretariat Building，CCP Complex，Roxas Blvd.，Pasay City，Metro Manila，Philippines. | Tel：0063－2－8338591，8338595<br>Fax：0063－2－8338895 | |
| | 菲律宾中华总商会 | 1122 Soler St.，Manila，Philippines. | Tel：0063－2－7114141，2327231<br>Fax：0063－2－7436366 | |
| | 菲华工商总会 | 6th Floor Birch Tree Plaza Bldg.，825 Muelle de la Industria，Binondo，Manila，Philippines | Tel：0063－2－2444991，2444996<br>Fax：0063－2－2444997，2416475 | http://www.cfbc.com.ph |
| | 菲华商联总会 | 6th Floor，Federation Center，Muelle De Binondo St. Manila，Philippines | Tel：0063－2－2419201<br>Fax：0063－2－2422361，2422347 | E-mail：secretariat@ffcccii，com.ph<br>http://www.ffcccii.com.ph |
| 新加坡 | 新加坡中华总商会 | 47 Hill Street ＃09－00，Singapore 179365 | Tel：0065－63378381<br>Fax：0065－63390605 | http://www.sccci.org.sg |
| | 新加坡中小企业协会 | ASME Secretariat 167 Jalan Bukit Merah Tower 4，＃03－13 Singapore 150167 | Tel：0065－65130388<br>Fax：0065－65130399 | E-mail：sme@asme.org.sg |
| | 新加坡贸易与工业部 | 100 High Street ＃09－01 The Treasury，Singapore 179434 | Tel：0065－62259911<br>Fax：0065－63327260 | http://www.mti.gov.sg/ |
| | 新加坡中国商会 | 6001 Beach Road ＃11－01 Golden Mile Tower，Singapore 199589 | Tel：0065－62213900<br>Fax：0065－62251558 | http://www.scbworld.com |
| | 新加坡工商联合总会 | 19 Tanglin Shopping Centre，Singapore 247909 | Tel：0065－68276828<br>Fax：0065－68276807 | http://www.sbf.org.sg |
| | 新加坡国际商会 | 6 Raffles Quay ＃10－01 Singapore 048580 | Tel：0065－62241255<br>Fax：0065－62242785 | E-mail：general@sicc.com.sg<br>http://www.sicc.com.sg/ |
| | 新加坡制造商联合会 | The Enterprise ＃02－02，No. 1 Science Centre Road，Singapore 609077 | Tel：0065－68263000<br>Fax：0065－68228323 | http://www.smafederation.org.sg |
| 泰国 | 泰国中华总商会 | No. 889 Thai C. C. Tower，9th Floor，Sathorn Road. Bangkok 10120，Thailand | 02－6758574－84<br>02－2123917<br>02－2123916 | |
| | 泰国贸易院 | 150 Rajbopit Rd.，Bangkok 10200 | Tel：02－2211827<br>02－2332069<br>02－2253995 | E-mail：Bot@bkk.a-net.net.th |
| | 泰国工商总会 | 464/11 Nakornchaisri Rd.，Dusit，Bangkok 10300 | 02－2792914<br>02－2430484 | |
| | 泰华进出口商会 | No. 1249/143 Gems Tower 16Fl.，Charoenkrung Rd.，Bangrak，Bangkok 10500 | 02－2677662<br>02－2677670 | |
| | 泰中促进投资贸易商会 | 16th Asok Tower BLDG.，219/53 Sukhumvit 21 Rd.，Bangkok 10110 | 02－2600181<br>02－2611155<br>02－3921888<br>02－2611156 | |
| | 泰国商会 | 150 Rajbopit Rd.，Bangkok 10200，P. O. Box 2－146 | 02－6221860－77<br>02－2253372 | |
| | 泰国华人青年商会 | 138/6 10th Fl.，Jewellery Center BLDG.，Nares Rd.，Bangrak，Bangkok | 02－2673456<br>02－2672034 | |

续表

| 国家 | 机构名称 | 地址 | 电话、传真 | 电邮、网址 |
| --- | --- | --- | --- | --- |
| 越南 | 越南工商会 | 9 Dao Duy Anh Str.，Hanoi，Vietnam | Tel：0084—4—5742017<br>Fax：0084—4—5742020 | http：//www.vcci.com.vn |
| | 越南科技联合总会 | 53 Nguyen Du Str.，Hanoi | Tel：0084—4—9438108<br>Fax：0084—4—8227593 | Email：vanphonglhh@yahoo.com<br>http：//www.vusta.org.vn |
| | 越南工业财产协会 | 100B Ngoc Ha Street，Ba Dinh，Hanoi | Tel：0084—4—7332266<br>Fax：0084—4—7340645 | Email：Vipa@fpt.vn |
| | 越南标准及消费者协会 | 214 ngo 22 pho Ton Tat Tung，Hanoi | Tel：0084—4—8527769<br>Fax：0084—4—8527769 | Email：Vanatas@fpt.vn |
| | 青年企业协会 | 64 Ba Trieu，Hanoi | Tel：0084—4—9437527 | Email：Dnt@hn.vnn.vn |
| | 越南银行协会 | 193 Ba Trieu Str.，Hanoi | Tel：0084—4—8218679<br>Fax：0084—4—8218732 | |

（来源：中华人民共和国驻各国大使馆经济商务参赞处）

## 中国—东盟自由贸易区部分关税削减时间表

| 起始时间 | 关税税率 | 覆盖关税条目 | 参与的国家 |
| --- | --- | --- | --- |
| 2000 年 | 对所有东盟成员国 0%～5% | 85%的 CEPT 条目 | 原东盟 6 国 |
| 2002 年 1 月 1 日 | 对所有东盟成员国 0%～5% | 全部 CEPT 条目 | 原东盟 6 国 |
| 2003 年 7 月 1 日 | WTO 最惠国关税税率 | 全部 | 中国与东盟 10 国 |
| 2003 年 10 月 1 日 | 中国与泰国果蔬关税降至 0% | 中泰水果蔬菜 | 中国、泰国 |
| 2004 年 1 月 1 日 | 农产品关税开始下调 | 农产品 | 中国与东盟 10 国 |
| 2005 年 1 月 | 对所有成员开始削减关税 | 全部 | 中国与东盟 10 国 |
| 2006 年 | 农产品关税降至 0% | 农产品 | 中国与东盟 10 国 |
| 2010 年 | 对所有东盟成员国 0% | 全部减税产品 | 原东盟 6 国 |
| 2010 年 | 关税降至 0% | 全部产品（部分敏感产品除外） | 中国与原东盟 6 国 |
| 2015 年 | 对所有东盟成员国 0% | 全部产品（部分敏感产品除外） | 东盟新成员国 |
| 2015 年 | 对中国—东盟自由贸易区成员国关税降至 0% | 全部产品（部分敏感产品除外） | 东盟新成员国 |
| 2018 年 | 对东盟自由贸易区和中国—东盟自由贸易区所有成员国 0% | 剩余的部分敏感产品 | 东盟新成员国 |

（来源：2002 年 11 月签署的《中国与东盟全面经济合作框架协议》）

## 中国和东盟各国的主要港口及国际航空港

| 国家 | 主要港口 | 国际航空港（机场） |
| --- | --- | --- |
| 中国 | 海港：大连、营口、秦皇岛、天津、烟台、青岛、日照、连云港、上海、宁波、厦门、汕头、广州、湛江、北海、钦州、防城、海口、香港、澳门、基隆、高雄<br>河港：重庆、万州、武汉、武汉、芜湖、南京、扬州、常州、张家港、南通、广州、梧州、贵港 | 北京首都、广州白云、上海浦东、上海虹桥、深圳宝安、昆明巫家坝、成都双流、西安咸阳、厦门高崎、重庆江北、天津滨海、大连周水子、杭州萧山、福州长乐、南京禄口、沈阳桃仙、桂林两江、南宁吴圩、哈尔滨阎家岗 |
| 文莱 | 海港：穆阿拉、斯里巴加湾、马来亦、卢穆 | 斯里巴加湾 |

续表

| 国家 | 主要港口 | 国际航空港（机场） |
| --- | --- | --- |
| 柬埔寨 | 海港：西哈努克 | 金边、暹粒 |
| 印度尼西亚 | 海港：丹戎不碌、泗水（丹戎佩拉）、三宝垄、勿拉湾 | 巴厘岛登帕萨、雅加达苏加诺—哈达 |
| 老挝 | 河港：沙湾拿吉 | 琅勃拉邦、万象瓦岱、巴色 |
| 马来西亚 | 海港：巴生港、槟城、关丹、新山、纳闽（拉布安）、哥打基纳巴卢<br>河港：古晋 | 吉隆坡、槟城、兰卡威、哥打基纳巴卢、古晋 |
| 缅甸 | 海港：仰光<br>河港：勃生 | 仰光敏加拉洞、曼德勒 |
| 菲律宾 | 海港：宿务、马尼拉、怡朗、三宝颜 | 马尼拉阿基诺、宿务马克丹、达沃、苏比克、克拉克、拉瓦格 |
| 新加坡 | 海港：新加坡 | 新加坡樟宜 |
| 泰国 | 海港：宋卡、普吉<br>河港：曼谷 | 曼谷素旺那普、清迈、普吉、合艾 |
| 越南 | 海港：海防、岘港、金兰湾、广宁、炉门、归仁、义安、芽庄、西贡 | 河内内排、岘港、胡志明市新山一 |

（来源：《中国—东盟自由贸易区与广西》）

## 东盟国家的主要报纸

| 国家 | 本国文报纸 | 华文报纸 | 英文（其他语言）报纸 |
| --- | --- | --- | --- |
| 文莱 | 《婆罗洲公报》《文莱灯塔》 | 《文莱美里日报》《文莱诗华日报》 | 《婆罗洲公报》 |
| 柬埔寨 | 《柬埔寨之光报》《人民报》《和平岛报》《柬埔寨日报》《柬埔寨时报》 | 《华商日报》《柬华日报》《星洲日报》《大众日报》《新时代日报》 | 《柬埔寨日报》《金边邮报》《柬埔寨时报》 |
| 印度尼西亚 | 《罗盘报》《专业之声报》《印尼媒体报》《共和国日报》《革新之声报》《印尼商报》《华文邮报》 | 《印度尼西亚日报》《华文邮报》《国际日报》《商报》《新生日报》《和平日报》《龙阳日报》《广告日报》《世界日报》《千岛日报》 | 《雅加达邮报》《印尼观察家报》 |
| 老挝 | 《人民报》《新万象报》《人民军报》《青年报》 | | 《VINTIANETIMES》(英文报)<br>《LERENOVATEUR》(法文报) |
| 马来西亚 | 《马来西亚使者报》《每日新闻》《祖国报》 | 《南洋商报》《星洲日报》《中国报》 | 《新海峡时报》《星报》《马来邮报》 |
| 缅甸 | 《缅甸之光》《镜报》《首都报》《曼德勒报》《雅德那崩报》 | 《缅甸华报》 | 《缅甸新光》 |
| 菲律宾 | 《消息报》《菲律宾快报》 | 《世界日报》《商报》《菲华时报》《联合日报》《环球日报》 | 《马尼拉公报》《菲律宾星报》《菲律宾询问日报》《自由报》《马尼拉时报》《马尼拉纪事报》 |
| 新加坡 | 《每日新闻》《泰米尔日报》 | 《联合早报》《联合晚报》《新明日报》 | 《海峡时报》《商业时报》《新报》 |
| 泰国 | 《泰叻报》《民意报》《每日新闻》《国家报》《沙炎叻报》《经理报》等 | 《新中原报》《中华日报》《星暹日报》《亚洲日报》《京华中原日报》《世界日报》等 | 《曼谷邮报》《民族报》 |
| 越南 | 《人民报》《人民军队报》《大团结报》《西贡解放日报》 | 《西贡解放日报》 | 《西贡时报》 |

（来源：据新华网相关资料整理）

## 东盟各国主要通讯社、电台、电视台

| 国家 | 通讯社 | 电台 | 电视台 |
| --- | --- | --- | --- |
| 中国 | 新华通讯社（简称新华社，1931年11月7日创建）、中国新闻社（简称中新社，于1952年9月14日正式成立，并于1952年10月1日正式对海外播发电讯通稿） | 中央人民广播电台（中华人民共和国国家广播电台，诞生于1940年12月30日）、中国国际广播电台（中国唯一使用外语以及汉语普通话和方言向全世界广播的国家广播电台，创建于1941年12月3日） | 中央电视台（中华人民共和国国家电视台，1958年5月1日试播，1958年9月2日正式播出，英文简称CCTV） |
| 文莱 | 文莱新闻社（唯一官方新闻机构，创建于1959年） | 文莱广播电台（创建于1957年5月，拥有两个广播网，一个用马来语和方言广播，一个用英语、华语和廓尔喀语广播） | 文莱广播电视台（创建于1957年5月，从1975年起开设彩色电视频道，播放马来文和英文节目） |
| 柬埔寨 | 柬新社（AKP）（成立于1980年，为柬埔寨唯一的官方通讯社） | FM103国家台 | 国家电视台（建台于1984年，以柬语广播为主）、仙女台第11频道（私营）、第9频道（私营）、第5频道（军队频道）、首都第3频道（官方开办）、巴戎台（私营，每日有中文新闻报道）。有线电视台：柬埔寨有线电视台、金边有线电视台、微波无线电视台 |
| 印度尼西亚 | 安塔拉通讯社（创办于1937年12月13日，系印度尼西亚国家通讯社）、印尼民族通讯社（私营，1967年成立） | 印度尼西亚共和国广播电台（国营，1945年9月11日成立） | 印度尼西亚共和国电视台（1962年8月17日正式运营）、鹰记电视台、太阳电视台、教育电视台、美都电视台 |
| 老挝 | 巴特寮通讯社（1968年1月成立，国营） | 老挝国家广播电台（用老挝语广播，对外用越、柬、法、英、泰语广播）、老挝人民军广播电台 | 老挝国家电视台（建于1983年12月，每天播放老挝语节目5小时左右） |
| 马来西亚 | 马来西亚国家新闻社（简称马新社，半官方通讯社，成立于1968年） | 马来西亚广播电台（官方创办，建于1946年，拥有6个广播网，用马来语、英语、华语和泰米尔语广播）、马来西亚之声电台（建于1963年，用马来语、阿拉伯语、英语、印尼语、缅甸语、他加禄语和泰语等8种语言对外广播） | 马来西亚电视台（官方创办，建于1963年）、第三电视台（TV3）、城市电视台（METRO VISION）、国民电视台（NTV）、ASTRO卫星有线电视频道、8TV电视台 |
| 缅甸 | 缅甸通讯社 | 缅甸之声（建于1937年，目前用缅甸语、英语及八种少数民族语言广播） | 缅甸电视台（建于1980年）、妙瓦底电视台（创办于1995年3月27日，军方创办） |
| 菲律宾 | 菲律宾通讯社（官方通讯社，成立于1973年3月1日） | 菲律宾广播局 | 人民电视台 |
| 新加坡 |  | 新加坡国际广播电台（每天用华语、英语、马来语及印尼语播音） | TCS（新加坡最大的电视公司，有3个频道，占新加坡80%的收视率） |

续表

| 国家 | 通讯社 | 电台 | 电视台 |
| --- | --- | --- | --- |
| 泰国 | 泰国通讯社 | 泰国国家广播电台（设有国外部，用泰、英、法、中、马来、越、老、柬、缅、日等语言广播） | 泰国国家电视台 |
| 越南 | 越南通讯社（国家通讯社，1945 年创立，1976 年合并越南南方解放通讯社） | 越南之声广播电台（目前共有六个频率，以中波（SW）AM，调频和短波（SW）AM 等向越南各地和世界其他地区播出） | 越南电视台（VTV）（越南社会主义共和国的国家电视台，成立于 1970 年 9 月 7 日，1987 年 4 月 30 日正式取名为“越南电视台”） |

（来源：综合中国网、新华网有关资料）

## 中国—东盟博览会参展物主要入境口岸局一览

| 名称 | 简介 | 地址 | 邮编 | 电话 | 传真 |
| --- | --- | --- | --- | --- | --- |
| 桂林检验检疫局 | 桂林检验检疫局成立于 1999 年 10 月。下设办公室，检务科，检验检疫 1 科、2 科、3 科，两江机场办事处，旅检 1 科、2 科等 12 个科室。 | 桂林市漓江路 25 号 | 541004 | 0773－5813528 | 0773－5845585 |
| 东兴检验检疫局 | 东兴检验检疫局成立于 1999 年 10 月。下设办公室、检务科、检验检疫科、旅检科、货场办事处、垌中办事处、江山办事处等 11 个科室。 | 东兴市新华路北段 | 538100 | 0770－7685017 | 0770－7682477 |
| 凭祥检验检疫局 | 凭祥检验检疫局成立于 1999 年 10 月。下设办公室、检务科、检验检疫科、友谊关办事处、浦寨办事处、爱店办事处等 10 个科室。 | 凭祥市南大路 1 支 9 号 | 532600 | 0771－8522935 | 0771－8521560 |
| 北海检验检疫局 | 北海检验检疫局成立于 1999 年 10 月。下设办公室，检务科，检验检疫 1 科、2 科、3 科，机场办事处，铁山港办事处，烟花爆竹检测中心等 13 个科室。 | 北海市广东南路康宇大厦 | 536000 | 0779－3206192<br>0779－3206191 | 0779－3206199 |
| 防城港检验检疫局 | 防城港检验检疫局成立于 1999 年 10 月。下设办公室，检务科，检验检疫 1 科、2 科、3 科、4 科，铁山港办事处等 11 个科室。 | 防城港市兴港大道 31 号 | 538001 | 0770－2822966 | 0770－2821830 |

（来源：广西出入境检验检疫局网. http://caexpo.gxciq.gov.cn/list/31/index.htm.2008－07－31）

## 东南亚国家联盟

### 成立日期

1967 年 8 月 8 日

### 目 标

《东盟宪章》确定的目标包括：(一) 维护和促进地区和平、安全和稳定。(二) 通过加强政治、安全、经济和社会文化合作，提升地区活力。(三) 维护东南亚的无核武器区地位，杜绝大规模杀伤性武器。(四) 确保东盟人民和成员国与世界和平相处，生活于公正、民主与和谐的环境中。(五) 建立一个稳定、繁荣、极具竞争力和一体化的共同市场和制造基地，实现货物、服务、投资、人员资金自由流动。(六) 通过相互帮助与合作减轻贫困，缩小东盟内部发展鸿沟。(七) 在充分考虑东盟成员国权利与义务的同时，加强民主，促进良政与法律，促进和保护人权与基本自由。(八) 根据全面安全的原则，对各种形式的威胁、跨国犯罪和跨境挑战作出有效反应。(九) 促进可持续发展，保护本地区环境、自然资源和文化遗产，确保人民高质量的生活。(十) 通过加强教育、终生学习以及科学技术领域的合作，开发人力资源，提高人民素质，强化东盟共同体意识。(十一) 为东盟人民提供适当的就业机会、社会福利和公正待遇，提高其福利和生活水平。（十二）加强合作，为东盟人民营造一个安全、没有毒品的环境。（十三）建设一个以人为本的东盟，鼓励社会各界参与东盟一体化和共同体建设进程，并从中受益。（十四）增强对本地区丰富文化和遗产的认识，促进东盟意识。（十五）在一个开放、透明和包容的地区架构内，发展与域外伙伴的关系与合作，维护东盟的主导力量、中心地位和积极作用。

## 成员

10个（截至2009年底）：文莱、柬埔寨、印度尼西亚、老挝、马来西亚、缅甸、菲律宾、新加坡、泰国、越南。总面积约446万平方公里，人口5.76亿。观察员国：巴布亚新几内亚。

## 主要负责人

首脑会议是东盟最高决策机构，由东盟各国轮流担任主席国，负责召集。现任主席国为越南，2010年1月接任。东盟秘书长是东盟首席行政官，向东盟首脑会议负责，由东盟各国轮流推荐资深人士担任，任期5年。素林·披苏旺（SURIN PITSUWAN，泰国前外长）于2008年1月接任东盟秘书长。

## 总部

东盟秘书处设在印度尼西亚首都雅加达（70A Jl. Sisingamangaraja，Jakarta 12110，Indonesia）。网址：http://www.asean.org/。

## 出版物

东盟拥有众多定期或不定期发行的出版物，如《东盟年度报告》《东盟商务通讯》等。

## 组织机构

2008年12月，《东盟宪章》正式生效。根据该宪章，东盟调整了组织机构，主要包括：（一）首脑会议：就东盟发展的重大问题和发展方向做出决策，每年举行两次。（二）东盟协调理事会：由东盟各国外长组成，是综合协调机构，每年举行两次会议。（三）东盟共同体理事会：包括东盟政治安全共同体理事会、东盟经济共同体理事会和东盟社会文化共同体理事会，协调其下设各领域工作，由担任东盟主席的成员国相关部长担任主席，每年至少举行两次会议。（四）东盟领域部长机制：加强各相关领域合作，支持东盟一体化和共同体建设。（五）东盟秘书长和东盟秘书处：负责协助落实东盟的协议和决定，监督落实。（六）常驻东盟代表委员会：由东盟成员国指派的大使级常驻东盟代表组成，代表各自国家与东盟秘书处和东盟领域部长机制进行协调。（七）东盟国家秘书处：是东盟在各成员国的联络点。（八）东盟人权机构：负责促进和保护人权与基本自由的相关事务。（九）东盟基金会：与东盟相关机构合作，支持东盟共同体建设。（十）与东盟相关的实体：包括各种民间和半官方机构。

## 主要活动

自1976年以来东盟共举行了16次首脑会议。

2003年10月举行的第九届东盟首脑会议发表《东盟协调一致第二宣言》（亦称《第二巴厘宣言》），宣布将于2020年建成东盟共同体，其三大支柱分别是"东盟政治安全共同体"、"东盟经济共同体"和"东盟社会文化共同体"。2004年11月举行的第十届东盟首脑会议通过为期6年的《万象行动计划》（VAP），以进一步推进一体化建设，并决定建立"东盟发展基金"以保障其落实。2005年12月举行的第11届东盟首脑会议签署《关于制定〈东盟宪章〉的吉隆坡宣言》。2007年1月第12届东盟首脑会议签署《关于加速于2015年建立东盟共同体的宿务宣言》、《关于〈东盟宪章〉蓝图的宿务宣言》和《关于建设一个关爱和共享的共同体的宿务宣言》。同年11月举行的第13届东盟首脑会议签署《东盟宪章》、《东盟经济共同体蓝图宣言》、《东盟环境可持续性宣言》和《东盟关于第十三次〈联合国气候变化框架公约〉缔约方会议和第三次〈京都议定书〉缔约方会议的宣言》。

2009年2月在泰国曼谷举行的第14届东盟首脑会议以落实《东盟宪章》和合作应对全球金融危机为重点。会议签署《东盟政治安全共同体蓝图》、《东盟社会文化共同体蓝图》、《东盟共同体2009～2015年路线图宣言》，发表《关于全球经济和金融危机的新闻公报》、《东盟地区食品安全声明》和《关于东盟实现千年发展目标的联合宣言》、第二份《东盟一体化倡议工作计划》，并见证签署《东盟货物贸易协定》、《东盟全面投资协定》和《东盟石油安全协定》。

2009年10月泰国昌安华欣举行的第15届东盟首脑会议以"促进互联互通，提高人民能力"为主题，强调推进基础设施建设，以及通过教育合作和能力建设加强各国民众的东盟意识和认同感。会议发表《东盟领导人关于东盟互联互通的声明》《关于加强教育合作实现东盟关爱与共享的共同体的昌安华欣宣言》《关于成立东盟政府间人权委员会的昌安华欣宣言》和《东盟关于气候变化的联合声明》，通过《东盟协调理事会职责范围》，签署《东盟特权与豁免协议》。

2010年4月第16届东盟首脑会议在越南河内举行，主题为"迈向东盟共同体：从愿景到行动"，重点就进一步落实《东盟宪章》、加快共同体建设和加强金融危机后合作等进行讨论。会议签署《东盟宪章争端解决机制议定书》，发表

《东盟关于持续复苏和发展的声明》《东盟领导人关于联合应对气候变化的声明》，宣布启动东盟促进和保护妇女儿童权利委员会，并将妇女儿童发展等确定为社会文化共同体建设优先领域。

**对外关系**

东盟积极开展多方位外交。1994 年 7 月，东盟倡导成立东盟地区论坛（ARF），主要就亚太地区政治和安全问题交换意见。1994 年 10 月，东盟倡议召开亚欧会议（ASEM），促进东亚和欧盟的政治对话与经济合作。1999 年 9 月，在东盟的倡议下，东亚—拉美合作论坛（FEALAC）成立。此外，自 1978 年始，东盟国家每年与其对话伙伴（时为美国、日本、澳大利亚、新西兰、加拿大、欧盟，后相继增加韩国、中国、俄罗斯和印度）举行对话会议，就重大国际政治和经济问题交换意见。

近年来，美、日、韩、澳等主要域外国家不断加强与东盟关系。2009 年 7 月，美国签署《东南亚友好合作条约》。日本提出“亚洲经济倍增倡议”，对以东盟为主的亚洲发展中国家提出包括官方发展援助、贷款保险、贸易融资担保、环保投资倡议等共约 700 亿美元援助计划。韩国于 2009 年 6 月举行了纪念与东盟建立对话关系 20 周年特别峰会，宣布东盟—韩国自贸区将于 2010 年 1 月正式启动。澳大利亚、新西兰与东盟签署自贸区协议。

（来源：中华人民共和国外交部网. http://www.fmprc.gov.cn/chn/pds/gjhdq/gjhdqzz/lhg_14/. 2010—05—31）

## 中国—东盟博览会出入境检验检疫服务指南

为了办好中国—东盟博览会，方便各国客商和有关人士出入境检验检疫，根据《中华人民共和国进出口商品检验法》《中华人民共和国进出境动植物检疫法》《中华人民共和国国境卫生检疫法》和《中华人民共和国食品卫生法》的规定，以及国家质量监督检验检疫总局（以下简称“国家质检总局”）专为中国—东盟博览会批准的便利措施，特制订本服务指南。

**一、广西出入境检验检疫局机构设置**

中国—东盟博览会期间，广西出入境检验检疫局在各主要口岸设置中国—东盟博览会入境参展物检验检疫专用通道、参会人员礼遇通道和专用通道，实行优先检验检疫，优先通关。主要航空口岸有南宁、桂林、北海；海港口岸有北海、防城港；边境陆路口岸有凭祥、东兴。中国—东盟博览会秘书处委托中国外运广西公司全权办理参展物出入境检验检疫有关事宜。

**二、入境参展物检验检疫方式和工作流程**

**（一）检验检疫方式**

广西出入境检验检疫局对参展物实行“口岸查验，展出地集中检验检疫监管”的方式。

广西出入境检验检疫局在南宁国际会展中心专门设立有中国—东盟博览会检验检疫现场办公室（以下简称“检验检疫现场办公室”），负责会展现场的咨询、报检和检验检疫监管工作，并在会展期间实行 24 小时电话值班制度。

**（二）参展物出入境检验检疫工作流程（见下图）**

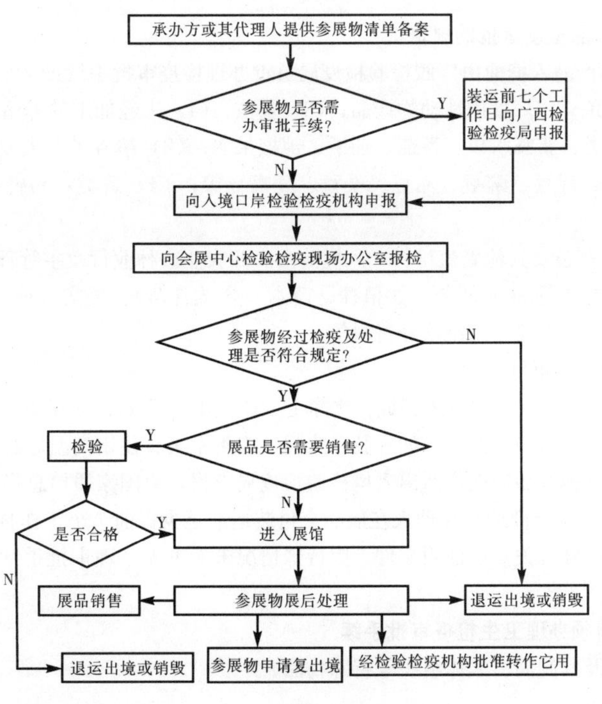

**三、入境参展物的报检管理**

（一）参展物主要是指展品、礼品及样品等，需由参展商或其代理人在入境时向口岸检验检疫机构申报，提交参展物清单及有关参展物的证明文件、提单/运单等，并注明是否展后销售。

（二）入境口岸检验检疫机构根据参展物的性质，实施感观检查或检疫处理后，予以放行。必要时，出具通关单或有关检验检疫证单。

（三）参展物运达展出地点后由参展商或其代理人向检验检疫现场办公室申请办理报检手续。

（四）对非销售的展品可免予检验，涉及放射性检测的重金属矿、石材产品等除外。

（五）展品为动植物及其产品的，报检时必须附有输出国官方出具的动物检疫证书或植物检疫证书；属于需要办理检疫审批的，还须提交国家质检总局或者广西出入境检验检疫局签发的《中华人民共和国进境动植物检疫许可证》，或农业、林业部门签发的检疫审批单。

（六）需要展后销售的预包装食品、化妆品，报检时应申请品质、安全卫生、标签等项目的检验，报检时需提供下列材料：

1. 标签样张和翻译件；

2. 当标签中有特别强调某一内容，如获奖、获证、法定产区等内容时，应提供相应的证明材料；

3. 化妆品还应提供成分配比等相关材料。

已获得国家质检总局签发的《进出口食品/化妆品标签审核证书》的预包装食品、化妆品，可免于提交上述材料，报检时只需出示证书原件并提交1份复印件即可。

（七）展品为微生物、生物制品和血液及其制品等特殊物品的，报检时须持有广西出入境检验检疫局签发的入境《特殊物品卫生检疫审批单》。

（八）进境参展物使用木质包装的，应当在输出国家或者地区政府检疫主管部门监督下按照国际植物保护公约（以下简称“IPPC”）的要求进行除害处理，并加施IPPC专用标识。除害处理方法和专用标识应当符合国家质检总局公布的检疫除害处理方法和标识要求。

（九）为提高通关速度，参展商或其代理人可提前办理报检手续，参展物运抵入境口岸时，进行必要的查验后，即可快速放行。

（十）参展物一律免收检验、检疫、除害处理和监管费用。

**四、中国对入境参展物品的有关规定**

**（一）下列物品禁止入境**

动植物病原体（包括菌种、毒种等）、害虫及其他有害生物；动物尸体、土壤；动植物疫情流行的国家和地区的有关动植物、动植物产品和其他检疫物，其目录可参阅国家质检总局在网站 http://www.aqsiq.gov.cn上《动植物检疫》栏目公布的《禁止从动物疫情流行国家/地区输入的动物及其产品一览表》和《中华人民共和国进境植物检疫禁止进境物名录》。

**（二）参展的动植物及其产品检疫审批的规定**

1. 以下参展的动植物及其产品入境前由广西检验检疫局负责办理检疫审批手续：

动物及其产品：(1) 观赏鱼；(2) 食用性动物产品；(3) 蚕茧；(4) 未经加工的养殖珍珠。

植物及其产品：(1) 果蔬类：新鲜水果、番茄、茄子、辣椒果实；(2) 粮谷类：大麦、黑麦、燕麦、高梁等及其加工产品，如麦芽等；(3) 豆类：绿豆、豌豆、赤豆、蚕豆、鹰嘴豆等；(4) 薯类：马铃薯、木薯、甘薯等；(5) 饲料类：麦麸、豆饼、豆粕等。

2. 以下参展的植物种子、种苗及其他繁殖材料，入境前由广西农业或林业行政主管部门审批：

栽培或野生的可供繁殖的植物全株或部分，如植株、苗木（含试管苗）、果实、种子、砧木、接穗、插条、叶片、芽体、块根、块茎、鳞茎、球茎、花粉、细胞培养材料等。

3. 以下参展物不需要办理检疫审批手续：

动物产品：蓝湿（干）皮、已鞣制皮、净洗羽绒、洗净毛、碳化毛、条毛、贝壳类、水产品、蜂产品、蛋制品（不含鲜蛋）、奶制品（鲜奶除外）、熟制肉类产品（如香肠、火腿、肉类罐头、使用高温炼制的动物油脂）。

除上述以外的动物产品，其他产品应向广西出入境检验检疫局申报，由国家质检总局检疫审批。

4. 需要检疫审批的参展物，参展商或其代理人在展品交付装运前至少提前7个工作日向广西出入境检验检疫局提出申请，申办时须提交参展物清单和有关参展证明文件。因特殊情况未能事先办理审批手续的，在入境时可向广西出入境检验检疫局申请补办。

**（三）下列特殊物品报检前须办理卫生检疫审批手续**

微生物、生物制品、血液及其制品、人体组织等特殊物品。

参展商或其代理人在展品交付装运前至少提前7个工作日向广西出入境检验检疫局提出申请，申办时须提交中国政府省级以上主管部门签发的《医用特殊物品准入境证明》。

**（四）需要进行展后销售，而未获得中国强制性产品认证的下列展品须申报备案核准手续**

电线电缆、电路开关及保护或连接用电器装置、低压电器、小功率电动机、电动工具、电焊机、家用和类似用途设备、音视频设备类、信息技术设备、照明设备、电信终端设备、机动车辆及安全附件、汽车零部件、机动车辆轮胎、安全玻璃、农机产品、乳胶制品、医疗器械产品、消防产品、安全技术防范产品、装饰装修产品、玩具、无线局域网产品。

有关详细产品目录和信息可在网站 http://www.cnca.gov.com/上查阅国家质检总局、国家认证认可监督委员会（以下简称“国家认监委”）发布的2001年第33号、2002年第60号、2004年第6号、62号、2005年第3号、137号、198号及2006年第103号等公告。

参展商或其代理人在展品交付装运前至少提前7个工作日向广西出入境检验检疫局提出申请，由国家认监委备案核准。申报时须提供有关参展证明、生产厂家产品合格证书、生产国官方认可的检测机构出具的安全检测合格证书以及生产厂家对该展品在使用过程中的安全问题负责的自我申明等。申报的数量不应超出展览用途。因特殊情况未能事先办理备案核准手续的，在入境时可向广西出入境检验检疫局申请补办。

需要申报汽车产品的，由广西检验检疫局请示国家认监委，经同意后方可予以报检。

**五、参展物的展后处理**

**（一）参展物展后处理的基本要求**

展后需在中国境内销售的展品，须由参展商或其代理人填写《入境货物报检单》，并补齐相关的手续，随附入境时检验检疫机构签发的相关证单，经检验检疫合格后方可销售；参展后复出境的参展物，应填写《出境货物报检单》，并附上入境时检验检疫机构签发的相关证单，检验检疫机构依法出具通关单。

**（二）动植物及其产品的展后处理**

展览结束后，参展的动植物及其产品一般应退回参展国或作销毁处理。参展商或代理人要求保留的，必须经广西出入境检验检疫局批准，并按规定进行检验检疫。经检验检疫合格的，准许保留使用；经检验检疫不合格的，作除害或销毁处理。

**（三）预包装食品、化妆品的展后处理**

需要展后销售的预包装食品、化妆品，应当在入境报检时申请进行品质、安全卫生、标签等项目的检验，经检验合格者方可销售，不合格者不准销售，展后作退运出境、销毁或技术处理。

**（四）列入中国强制性产品认证展品的展后处理**

列入中国强制性产品认证（“3C”认证）管理的入境参展物，对已获得“3C”认证并加施“3C”认证标志及已经办理备案核准手续的展品可以在展后进行销售；未获得“3C”认证资格或未经办理备案核准手续的，不准在中国境内销售，展后一律作退运出境或销毁处理。

**六、人员出入境检验检疫流程**

（一）入境检验检疫：旅客入境时按规定申报⟶测量体温⟶现场检疫查验⟶查验携带物品⟶合格放行。

（二）出境检验检疫：旅客出境时按规定申报⟶测量体温⟶现场检疫查验⟶合格放行。

如果有发热、寒战、咳嗽、呼吸困难、腹泻、呕吐等体征或症状之一的旅客，以及患有传染性疾病、精神病的旅客，在出入境时，须主动口头向检疫官员申报，并接受检验检疫。

**七、人员携带物入境检验检疫管理规定**

携带的参展物品按入境参展物的规定执行。广西出入境检验检疫局将在各出入境口岸公告栏和中国—东盟博览会秘书处网站（http://www.caexpo.org）上公布人员携带物出入境检验检疫的有关信息。根据国家质检总局第56号公告《出入境人员携带物管理办法》的规定：

**（一）禁止携带入境的物品**

1. 人类血液及其制品（除人血清白蛋白以外）；
2. 水果、辣椒、茄子、西红柿；
3. 动物尸体及标本；
4. 土壤；
5. 动植物病原体、害虫及其他有害生物；
6. 活动物（伴侣犬、猫除外）及动物精液、受精卵、胚胎等遗传物质；
7. 蛋、皮张、鬃毛类、蹄骨角类，油脂类，动物肉类（含脏器类）及其制品，鲜奶、奶酪、黄油、奶油、乳清粉，蚕蛹、蚕卵，动物血液及其制品，水生动物产品；

8. 转基因生物材料；

9. 废旧服装。

如携带了上述物品，请主动交由检验检疫官员处理。

**（二）允许携带入境但须向检验检疫机关申报，并接受检疫的物品**

1. 种子、苗木及其他繁殖材料、烟叶、粮谷、豆类（入境前须事先办理检疫审批手续）；

2. 鲜花、切花、干花；

3. 植物性样品、展品、标本；

4. 干果、干菜、腌制蔬菜、冷冻蔬菜；

5. 藤、柳、草、木制品；

6. 犬、猫等宠物（每人限带一只，须持有狂犬病免疫证书及出发地所在国家或者地区官方检疫机构出具的检疫证书，入境后须在检验检疫机构指定的地点隔离检疫 30 天）；

7. 特需进口的人类血液及其制品、微生物、人体组织及生物制品（入境前须事先办理检疫审批手续）。

如携带了上述物品，请主动向检验检疫机关口头申报并接受检疫。

**八、法律责任及解释**

（一）对不如实申报或逃避检验检疫监管的，或造成疫情疫病扩散等严重后果的，检验检疫机构依据有关法律法规追究其法律责任。检验检疫工作人员应严格履行职责，违法、失职的依法给予行政处分，构成犯罪的追究刑事责任。

（二）本服务指南由广西出入境检验检疫局负责解释。

广西出入境检验检疫局

二〇〇八年四月二日

（来源：广西出入境检验检疫局网. http://caexpo.gxciq.gov.cn/article/2008－8－6/240－1.htm.2008—8—20）

# 索引

## 说明

一、本索引是《中国—东盟商务年鉴·2010》的内容分析索引。

二、本索引按照汉语拼音字母（同音字按声调）顺序排列。类目、分目作索引款目用黑体字排印，其余款目用宋体字排印。图表、图片在其款目后分别注明“表”、“图”。

三、索引款目后的数字表示内容所在的页码，数字后的拉丁字母（a、b）表示栏别（即版面的1、2栏）。

四、空两字起排的款目为上一主题的“附见”。同一主题的“参见”，只标页码。内容有交叉的款目，为便于读者检索，在本索引中重复出现。

## A



## B



## C

# D

# E



# F



# G

# H



# J

# K



# L

# M

# N



# P



# Q



# R



# S

# T

# W

# X

# Y

## Z

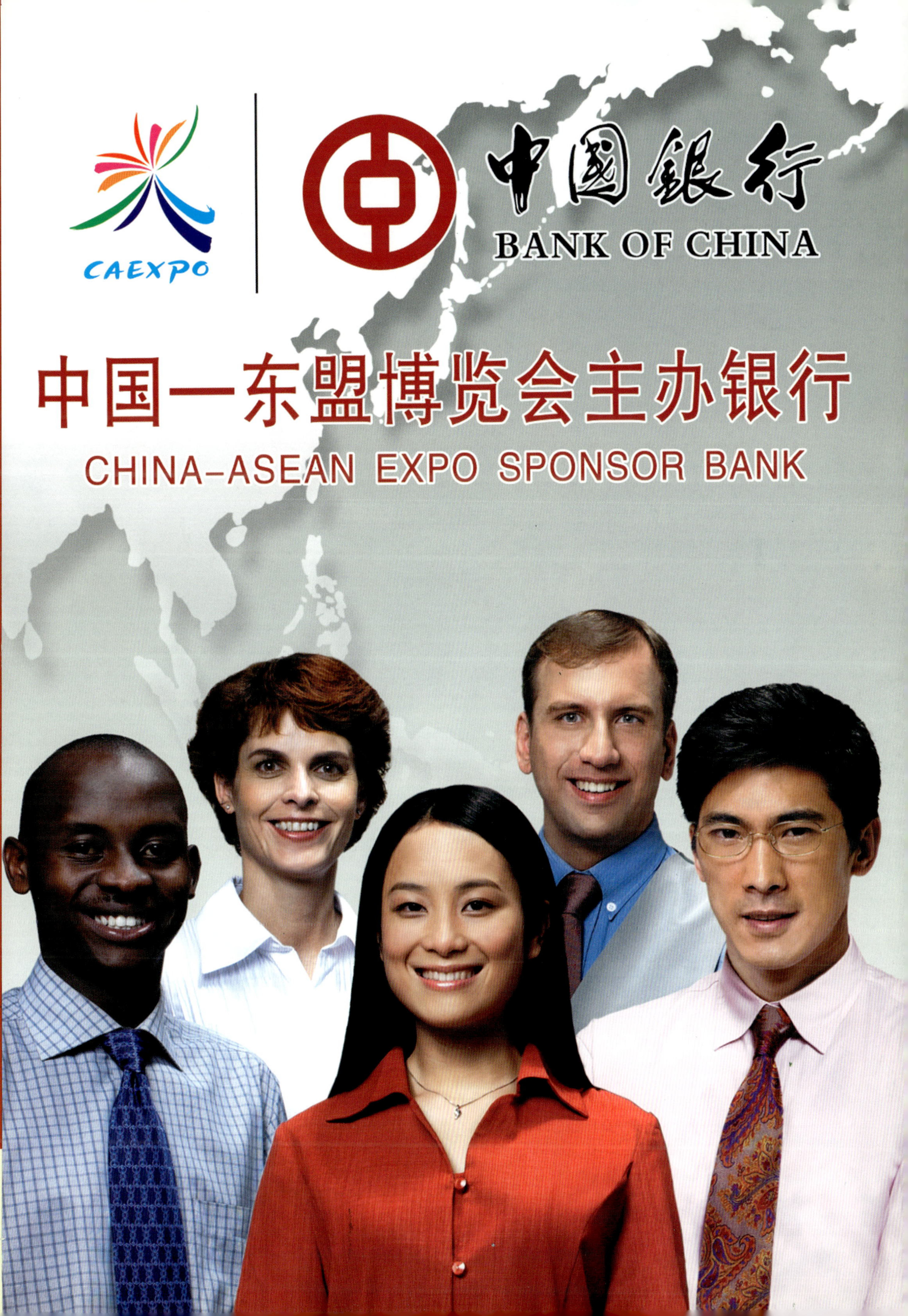

中国—东盟博览会主办银行

CHINA-ASEAN EXPO SPONSOR BANK

北部湾畔的璀璨明珠

A Brilliant Pearl on the Beibu Gulf

◎中国北海市地处于祖国大陆南端、北部湾东北岸，辖合浦县和海城区、银海区、铁山港区，陆地面积3337平方公里，人口160万。

◎**北海是一座开放历史悠久的城市。**早在2000多年前就成为古代海上丝绸之路的始发港，1984年被国务院列为十四个沿海开放城市之一，是西南地区走向世界的出海通道。今天，北海是广西北部湾经济区的重要城市，在泛北部湾经济合作中占有独特而重要的位置。

◎**北海是一座生态环境优良的城市。**北海阳光充足，雨量充沛，气候温和，植被丰茂，天蓝海碧，树绿花红，风光秀丽。空气质量优良，享有“中国最大城市氧吧”的美誉，是休闲度假的最佳去处，被专家称为“中国最适宜人类居住的城市之一”，先后两次荣获“中国人居环境范例奖”。

◎**北海是一座自然资源丰富的城市。**北海具有丰富的海洋、旅游、淡水、石油、天然气和高岭土、石膏、石英砂等矿产资源。有多处天然良港，可建万吨级泊位200个。北海旅游资源丰富，“天下第一滩”银滩、中国第二美岛涠洲岛、中国三大红树林保护区之一的山口红树林、名列中国十大淡水湖的星岛湖，人文景观和自然景观交相辉映。

◎**北海是一座文化底蕴深厚的城市。**北海的南珠文化、海洋文化、疍家文化源远流长。近万座的合浦汉代古墓，保存完好的百年老街，东坡亭、大士阁、白龙珍珠城、文昌塔等大批名胜古迹汇聚成北海宝贵的文化遗产。北海申报国家级历史文化名城已顺利通过评审。

◎**北海是一座投资条件优越的城市。**北海地处华南、西南、东盟等三个经济圈的结合部，处于泛北合作区域的中心位置，同时享受国家少数民族地区、沿海开放城市、西部大开发以及广西北部湾经济区等多重优惠政策。北海基础设施完善，是中国西部地区唯一同时拥有深水海港、全天候机场、铁路和高速公路立体交通的城市；拥有北海出口加工区等8个、面积近200平方公里的国家级、自治区级经济园区，建成标准厂房近20万平方米。近年来，北海先后被评为“中国投资环境40优城市”、“中国最具投资潜力的特色城市”。

◎**北海是一座发展前景广阔的城市。**近年来，特别是2009年初以来，北海保持了经济社会发展的良好势头，各项主要经济指标增幅位居广西14个地级市前列，一批事关发展大局的重大项目取得重大突破，北海炼油异地改造石化（20万吨／年聚丙烯）等项目正抓紧建设，电子信息产业连续几年高速增长，其他一批临港产业异军突起。当前，北海市正全力实施“北海三年跨越发展工程”，力争到2012年，基本建设成为区域性国际化的现代产业集聚基地、旅游商贸物流中心、开放合作重要平台和生态宜居文明城市。

北海城市夜色

涠洲岛风光

石化项目开工典礼

北海银滩

■ 地址(Add): 中国广西南宁市科园大道滨河路5号中盟科技园二楼 ■ 邮编(Zip Code): 530007
■ 电话(Tel): +86-771-5519777 ■ 传真(Fax): +86-771-5519058
■ E-mail: service@caexpo.com

城市信息化运营商

致力于帮助客户IT系统持续高效运行

公司致力于成为城市信息化运营商，利用信息技术提升政府的城市管理水平以及政府为企业和公众服务的水平，推动城市的快速发展。

■ 地址(Add): 中国广西南宁市科园大道滨河路5号中盟科技园二楼 ■ 邮编(Zip Code): 530007

■ 电话(Tel):0771-5519777 ■ 传真(Fax): 0771-5519058 ■ 网址(Website): www.caii.com.cn